Jesus der Christus im Glauben der Kirche

Jesus der Christus im Glauben der Kirche

Begründet von Alois Grillmeier †

Fortgeführt von Theresia Hainthaler

Band 2/5

Die Kirche in Persien

Jesus der Christus im Glauben der Kirche

Band 2/5

Die Kirche in Persien

Von

Luise Abramowski †

Herausgegeben,
bearbeitet und mit weiteren Kapiteln ergänzt
von

Theresia Hainthaler

HERDER

FREIBURG · BASEL · WIEN

MIX
Paper | Supporting responsible forestry
FSC® C004378
FSC
www.fsc.org

www.herder.de
Umschlaggestaltung: Finken & Bumiller, Stuttgart
Umschlagmotiv: Das Lamm Gottes, frühchristliches Gewölbe-Mosaik,
Baptisterium des Hl. Johannes des Evangelisten, S. Giovanni in Laterano, Rom
Satz: SatzWeise, Bad Wünnenberg
Herstellung: PBtisk a. s., Příbram
Printed in the Czech Republic
ISBN 978-3-451-39025-8

Vorwort

Dieser Band des Werkes „Jesus der Christus im Glauben der Kirche" hat – leider – eine lange Entstehungsgeschichte.

Zur Entstehung dieses Bandes

Prof. Dr. Alois Grillmeier SJ und ich kamen überein, Prof. Dr. Luise Abramowski[1] um dieses Kapitel, das nun ein großes Buch geworden ist, zu bitten. Am 17.11.1992 sagte sie telefonisch zu, das Kapitel über die Assyrische Kirche für den Band II/3 von „Jesus der Christus im Glauben der Kirche" zu übernehmen. Sie begann diese Studien mit dem Kapitel über Johannes von Dalyatha und Timotheus I. in den Neunzigern des letzten Jahrtausends und setzte sie mit der umfangreichen Analyse zu Narsai fort. Dem Ergebnis dieser Studie zufolge kam es nach einer Phase der Lehre von den zwei Naturen und dem einen Prosopon der Sohnschaft, die auf Theodor von Mopsuestia (nicht auf Nestorius) zurückgeht, unter Babai dem Großen zur Ausprägung der Formel von zwei Naturen, zwei *qnome*, zwei *prosopa* und dem einen Prosopon der Sohnschaft.

Unterbrochen durch vielfache Krankheiten, aber auch durch andere Arbeiten, von denen sie getreulich berichtete, arbeitete sie unermüdlich bis zuletzt an diesem Werk, das ihr am Herzen lag. Es enthält auch zuweilen Umformulierungen oder Retractationes ihrer frühen Arbeiten. Über der Arbeit an Ishoyahb III. verstarb sie am 3. November 2014 in Tübingen. Bis dahin waren alle von ihr verfaßten Texte von mir abgetippt, überprüft, ggf. korrigiert und mit ihr besprochen worden.

Durch meine eigenen Arbeiten, Organisation von Tagungen und die Tätigkeit in Dialog-Kommissionen und anderen Kommissionen kann ich leider erst jetzt diesen Band vorlegen.

---

[1] Ihre Publikationsliste beginnt, abgesehen von einer Rezension 1952, bereits mit einem einschlägigen ostsyrischen Thema, dem Aufsatz über Narsai 1954/55, siehe Bibliographie in diesem Band.

Schritte in der Entwicklung der Christologie der Persischen Kirche

Die folgenden Schritte haben sich bei der Erforschung der Christologie der Persischen Kirche gezeigt.

Frau Abramowski widmete Narsai eine neue Monographie zu seiner Christologie, „von Edessa nach Nisibis“. Wie sich Narsai zu Ḥabib, dem Gegner des Philoxenus verhält, wie aber auch Theodor nachwirkte in den Schulen von Edessa und Nisibis, so dass man von „edessenischen Theodorianern“ sprechen kann, erfährt man im 2. Kapitel, neben der Zusammenfassung der Christologie Narsais. Aber auch die edessenisch-theodorianischen Züge bei Jakob von Sarug, die er seiner Ausbildung in der Schule von Edessa verdankte, konnte Abramowski neu wahrnehmen. Von zwei Hypostasen in der Christologie ist bei Narsai nicht die Rede.

Ein nächster Schritt in der Entwicklung der Christologie stellt sich durch den Katholikos Mar Aba und seine Schüler dar (Zweiter Teil). Durch seine Reise in den Westen kam der *Liber Heraclides* des Nestorius in die Persische Kirche, wurde übersetzt und konnte seine Wirkung entfalten. Mar Abas Christologie ist auffällig unauffällig, obgleich an seiner Ausrichtung an Theodor von Mopsuestia nicht zu zweifeln ist.

Die Synodalbekenntnisse der persischen Kirche und einzelne Theologen zeigen zunehmend eine Auseinandersetzung mit der Christologie Ḥenanas (Dritter Teil), die als bedrohlich empfunden wurde angesichts der Verurteilung Theodors auf dem 2. Konzil von Konstantinopel (553) und der Formel von der einen zusammengesetzten Hypostase durch Ḥenana in der Kirche des Ostens selbst.

Die Antwort auf diese Bedrohung dürfte dann in der energischen Entfaltung der Lehre von den zwei Hypostasen durch Babai den Großen in einer Zeit großer Bedrängnis und ohne die Autorität eines Katholikos liegen. Die Christologie seines Hauptwerkes *De unione* wird prägend für die Kirche des Ostens (Vierter Teil).

Die folgenden Katholikoi nach Babai in der ersten Hälfte des 7. Jh., bis 680 – eine Zeit, in der das Sassanidenreich untergeht und die arabische Eroberung sich vollzieht – treten für diese Form der Christologie ein. Sie ist noch nicht unumstritten in der Kirche des Ostens, wie der Konflikt um Sahdona zeigt, der für die eine Hypostase eintritt, wenn auch innerhalb des Denkens seiner Kirche („chalcedonische“ Neigungen kann man ihm nicht zuschreiben, obwohl es solche sonst gegeben haben mag, vgl. Kyriakos).

In der seit Babai angelegten Linie verbleibt christologisch auch Timotheus I., der Große. Mystische Strömungen in der Kirche des Ostens geraten in Konflikt mit der Hierarchie bzw. werden von der Hierarchie als Bedrohung empfunden und gemaßregelt; eingehend würdigt Abramowski Johannes von Dalyatha mit seinem Christusbild (Fünfter Teil).

Eine eigene literarische Gattung der *causae* entwickelt sich in der Kirche des Ostens vor allem unter den Schülern des Mar Aba ab dem 6. Jh., aber auch darüber hinaus (mehr als 20 sind bekannt). Diese Gattung zeigt sich wesentlich beeinflusst – zumindest in den uns erhaltenen Exemplaren – von der Theologie Theodors von Mopsuestia, allerdings wenig ausgeprägt in den christologischen Formeln. Theodor erweist sich damit auch hier als der Interpret *kat' exochen* dieser Kirche. Die Erforschung dieser Gattung hat in den letzten 20 Jahren eine große Entwicklung genommen; deshalb ist ihr am Ende noch ein Kapitel gewidmet.

Diesem Band habe ich eine ausführliche Einführung mit einer Skizze zur Ausbreitung des Christentums in Mesopotamien und Persien und zur Entstehung der Kirche des Ostens vorangestellt, das Kapitel zu Ishoyahb III. verfasst unter Berücksichtigung von Notizen und Entwürfen von Frau Abramowski, das Kapitel zu Sahdona erarbeitet und das Kapitel über die *causae* zum Ausklang hinzugefügt.

* * *

Ursprünglich war geplant, auf die Liturgie der Kirche des Ostens einzugehen – manche werden eine Behandlung der Addai-und-Mari-Liturgie vermissen; es lag auch freundlicherweise seit langem ein Exposé von Prof. Dr. Baby Varghese zur Christologie sowohl der westsyrischen wie der ostsyrischen Kirche bereit. Eine entsprechende Behandlung der Liturgie würde nun den Umfang sprengen und die Publikation noch weiter hinauszögern, was nicht mehr zu vertreten wäre. Ich hoffe, dass das im Zusammenhang mit der Behandlung der kaukasischen Kirchen (Armenien und Georgien) nachgeholt werden kann.

Die langen Jahre der Arbeit in ökumenischen Dialogen mit der Kirche des Ostens im Rahmen des Syriac Dialogue von Pro Oriente (begonnen 1994) und dann im offiziellen Dialog in der „Joint Commission for Theological Dialogue between the Catholic Church and the Assyrian Church of the East" (JCTD) fanden hier kaum ihren Niederschlag. Diese Entwicklung ist in anderen Publikationen nachzulesen[2]. Doch Luise Abramowski nahm am Syriac Dialogue (1994 und 1997) teil, wie auch die Herausgeberin (1994–2004), die zudem in den offiziellen Dialog mit der Assyrischen Kirche des Ostens eingebunden ist. Die Verbindung dieser Forschungen mit dem ökumenischen Dialog, die Alois Grillmeier in den Bänden von „Jesus der Christus" vermerkte[3], setzt sich auch hier fort.

---

[2] Vgl. *D. W. Winkler*, Ostsyrisches Christentum. Untersuchungen zu Christologie, Ekklesiologie und zu den ökumenischen Beziehungen der Assyrischen Kirche des Ostens (Münster 2003). Vgl. die Dokumentation in Syriac Dialogue 1–6, ed. Pro Oriente (Wien 1994, 1996, 1998, 2001, 2003, 2004); die Texte der 7. Consultation (2004) wurden nicht publiziert. Vorträge der Treffen der JCTD sind nicht veröffentlicht.

[3] Dazu vgl. *T. Hainthaler*, Einleitung, in: dies., D. Ansorge, A. Wucherpfennig (hgg.), Jesus

Auf die Serie der internationalen Konferenzen über die Kirche des Ostens in China und Zentralasien in Salzburg, zunächst 2003 von Peter Hofrichter zusammen mit Roman Malek, dann von Dietmar W. Winkler zusammen mit Li Tang, kann hier nur hingewiesen werden[4].

* * *

Einige Kollegen haben regen Anteil am Entstehen dieses Buches genommen, die Fertigstellung aber nicht mehr erleben dürfen, so Prof. Dr. Ernst-Ludwig Grasmück († 23. November 2017) und Prof. Dr. Geevarghese Chediath († 21. Februar 2021), selbst Spezialist für Babais Christologie. Prof. Dr. Frederick G. McLeod SJ war großherzig in steter Freundlichkeit behilflich, Spezialliteratur zu besorgen; er ist am 7. März 2022 verstorben.

Herzlich danke ich für vielfache Unterstützung und Korrekturlesen vor allem Prof. Dr. Peter Knauer SJ aber auch Prof. Dr. Lucas Van Rompay. Frau Dr. Mechthild Kellermann danke ich herzlich für alle umsichtige und liebenswürdige Bereitstellung diverser Unterlagen aus dem Nachlass von Frau Abramowski.

Einfügungen oder Nachträge von mir in Texten von Frau Abramowski sind mit (T.H.) markiert. Kapitelüberschriften hat sie nur sparsam angegeben. Diese und die Gliederung überließ sie der Endredaktion, die sie nicht mehr erlebt hat. Zur besseren Orientierung habe ich, dem Text entsprechend, Abschnitte hervorgehoben, insbesondere im langen Kapitel über die Christologie Babais, das tatsächlich einen Kommentar zu *De unione* darstellt. Frau Abramowski war mit solcher redaktioneller Arbeit einverstanden, wie auch mit der Anpassung an den Style in „Jesus der Christus“. Ergänzt habe ich fehlende Angaben sowie einige Literatur-Nachträge hinzugefügt. Angesichts der langen Entstehungszeit aber auch des besonderen Stils[5] von Frau Abramowski war es mir kaum möglich – und es war vielleicht auch nicht geraten –, überall

---

der Christus im Glauben der einen Kirche. Christologie – Kirchen des Ostens – Ökumenische Dialoge (Freiburg, Basel, Wien 2019) 11–12.

[4] R. Malek, P. Hofrichter (eds.), Jingjiao. The Church of the East in China and Central Asia (Sankt Augustin 2006), mit umfangreicher Bibliography (499–698), eine Dokumentation der ersten Konferenz „Research on Nestorianism in China“, Salzburg 2003. Weitere Konferenzen sind dokumentiert in der Reihe orientalia – patristica – oecumenica, Band 1 (2009), 5 (2013), 9 (2016), 17 (2020), 21 (2022), herausgegeben von Dietmar W. Winkler und Li Tang. Vgl. *Li Tang,* Le christianisme syriaque dans la Chine des Mongols Yuan. Diffusion, statut des chrétiens et déclin (XIIIe–XIVe siècles), in: P. G. Borbone, P. Marsone (eds.), Le christianisme syriaque en Asie centrale et en Chine (Paris 2015), 63–88, für einen Überblick.

[5] Die Herausgeber H. C. Brennecke, V. H. Drecoll und C. Markschies ihrer postum herausgegebenen Aufsatzsammlung Neue christologische Untersuchungen = TU 187 (Berlin, Boston 2021), p. VII, sprechen von ihrem „sparsamen wissenschaftlichen Stil“: „Sehr ausführliche Zitate, umfassende Belege und lange Listen von Sekundärliteratur in umfangreichen Fußnoten waren ihr regelrecht zuwider“.

entsprechende Aktualisierungen und Literaturnachträge geschweige denn Textanpassungen vorzunehmen. Bei der Umschrift syrischer Worte (ursprünglich im Manuskript handschriftlich in syrischer Schrift eingetragen) lässt Frau Abramowski Längungszeichen etc. fort; es wird eine einfache Transliteration geboten, auf die wir uns frühzeitig verständigten, um Probleme bei der Drucklegung zu minimieren.

Für die umsichtige Drucklegung danke ich dem Verlag Herder herzlich.

Frankfurt am Main, Juli 2022 *Theresia Hainthaler*

Biographische Anmerkung

Alois Grillmeier (1910–1998) und Luise Abramowski (1928–2014) begegneten sich 1955 auf der „Second International Conference on Patristic Studies" in Oxford[6]. Es entwickelte sich bald ein wissenschaftlicher und freundschaftlicher Austausch. Über Jahrzehnte war Luise Abramowski mit Grillmeier in brieflichem, zuweilen auch in telefonischem Kontakt; beide unterrichteten sich über ihre Forschungen. Grillmeier schätzte das Urteil Abramowskis, die ihrerseits etwa von Grillmeiers „opus mirabile" schrieb (Brief vom 12. 11. 87).

André de Halleux (18. 1. 1929–30. 1. 1994), ein Freund Grillmeiers, an den wir ebenfalls als Autor für dieses Kapitel dachten, verwies seinerseits auf Abramowski, insbesondere im Hinblick auf ihre profunde Kenntnis des Theodor von Mopsuestia (Brief vom 10. 11. 1992). Sie hingegen schlug de Halleux vor und erbot sich, dann seinen Text aus dem Französischen ins Deutsche zu übersetzen. André de Halleux verstarb am 30. Januar 1994[7].

---

[6] Persönliche Mitteilung von L. Abramowski. Sie hielt den Vortrag „Reste der Apologie Theodorets für Diodor und Theodor bei Facundus", publiziert 1957 als „Reste von Theodorets Apologie für Diodor und Theodor bei Facundus" im Tagungsband hg. K. Aland, F. L. Cross, TU 63 (Berlin 1957) 61–69. Grillmeier sprach über „Die theologische Christus-Symbolik und die ältere Kreuzigungsdarstellung". 1956 erschien sein Buch *Der Logos am Kreuz. Zur christologischen Symbolik der älteren Kreuzigungsdarstellung* (München 1956). – Zu Grillmeier bzw. L. Abramowski vgl. *T. Hainthaler,* „Jesus Christus ist der Herr" (Phil 2,11). Zum Werk von Alois Kardinal Grillmeier SJ (1910–1998), ThPh 74 (1999) 85–97; *dies.,* Nachruf auf Luise Abramowski (1928–2014), OrChr 97 (2013/4) 208–210.

[7] Vgl. RTL 25 (1994) 425–437 (theologische, patristische und ökumenische Arbeiten de Halleuxs), darunter *S. Brock,* La contribution du Professeur André de Halleux aux études syriaques, RTL 25 (1994) 433–437; G. *Van Belle,* In Memoriam André de Halleux, EThL 70 (1994) 235–243 (Bibliographie).

Inhalt

Vorwort V

Einführung
Zur Ausbreitung des Christentums in Mesopotamien und Persien und zur Entstehung der Kirche des Ostens
(Theresia Hainthaler) 1

Die Selbstbezeichnung „Kirche des Ostens“ 1

I. Die Anfänge des Christentums in Mesopotamien 4
1. Zwei Phasen der Missionierung 6
2. Apostolische Traditionen 7
3. Quellen 11
a) Die Aberkios-Inschrift 11
b) Das Buch der Gesetze der Länder *(Liber legum regionum)* . . 12
c) Die Mari-Akten 13
Glaubensbekenntnisse 15
d) Die Chronik von Arbela und weitere Quellen 18

II. Persische Märtyrer 19

III. Die Organisation der Kirche des Ostens 21
1. Der Titel Katholikos 25
2. Der Titel Patriarch 27
a) Zum Gebrauch des Titels bis Ende des 5. Jh. 27
b) Der Patriarchen-Titel im Synodicon Orientale (bis zu Mar Aba) 29
c) Der Patriarchen-Titel bei Mar Aba 31
d) Zusammenfassung 36
3. Die Synode von Dadisho von 424 37
a) Die Gliederung der Akten 38
b) Die petrinischen Aussagen 40
c) Die patriarchale Sprache 41
d) Ergebnis *(Abramowski)* 42

4. Die Sendschreiben der westlichen Väter und der Briefwechsel Papas . . . 43
a) Das erste Sendschreiben der westlichen Väter . . . 44
Die arabischen sog. nicaenischen Canones . . . 46
b) Das zweite Sendschreiben und der Briefwechsel Papas . . . 49
Zur Person des Papa . . . 49
Der Briefwechsel Papas . . . 50
5. Abhängigkeit von Antiochien? . . . 52

ERSTER TEIL
VON EDESSA NACH NISIBIS

(Luise Abramowski)

ERSTES KAPITEL
Narsai (gest. 502/3) . . . 59

I. Einleitung . . . 59

II. Homilien über Jesus Christus . . . 70
1. „Unser König Jesus“, der „gekreuzigte Mann“ (Hom. LIV [30]) . 71
a) Eine in Nisibis gehaltene Predigt . . . 71
b) Das korrekte Verständnis der Kreuzesverehrung . . . 73
c) Verächtlichkeit und Herrlichkeit des Gekreuzigten und des Kreuzes . . . 74
d) Der „gekreuzigte Mann“ . . . 75
e) Der „König“ . . . 76
f) Ein Echo auf den Philoxenus-Brief an die Mönche von Teleda – Datierung . . . 79
2. Das Bekenntnis der Kirche (Hom. LVI) . . . 83
a) Die Hörer der Homilie und die Gegner des Homileten – Abfassungsort Edessa . . . 83
b) Die zweite Hypostase der Trinität, die Weise ihres Kommens in die Welt, die zwei Naturen und die Einheit der Person Christi . . . 88
3. Zu Joh 1,14 (Hom. LXXXI) . . . 97
a) Einleitung . . . 97
b) Terminologische Probleme: Die Übersetzung von *qnwm'* und *'yty'* . . . 99
c) Hörer und Gegner; Abfassungsort Edessa . . . 103
d) Der trinitarische Ausgangspunkt und die christologische Anwendung . . . 104

4. Über die Väter, die Lehrer (Hom. XI) 112
a) Einleitung 112
b) Die von Narsai erwähnten Synoden „auf dem Gebiet der Römer“ 114
c) Datierung der Homilie 118
d) „Logos und Leib“ 119
5. Über die Auferweckung des Lazarus (Hom. XXVIII) 123
6. Über die Arbeiter im Weinberg (Hom. XLVII) 124
7. Über die Vision des Jesaja (Hom. LVIII [31]) 127
8. Über die Erwählung des Mose, den brennenden Busch und die Befreiung der Israeliten (Hom. LXXII [42]) 129
9. Über den Tadel der Priester (Hom. LXXVIII [45]) 131
10. Über die schlechten Zeiten und die falsche Theologie (Hom. LXXIX [46]) 134
11. Über die Geburt unseres Herrn aus der hl. Jungfrau (Hom. IV) 135
12. Über die Epiphanie (Über die Taufe Jesu) (Hom. VI) 145
Exkurs: Über „Gott-Mensch“, *ʾlh brnš* 149
13. Über die Oikonomia unseres Herrn im Leib und über das Erleiden von Tod und Kreuz (Hom. XXXVI) 154
14. Homilie für den großen Sonntag der Auferstehung (Hom. XL) 161
15. Homilie für den Festtag der Himmelfahrt (Hom. XLV) 165
16. Ein kleines Florileg aus Narsai-Zitaten 173

ZWEITES KAPITEL
Die nachephesinische Christologie der edessenischen Theodorianer . . 177

I. Ḥabib und Narsai 177
1. „Eure Lehre“ nach den Hinweisen des Philoxenus in seiner Widerlegung des Ḥabib 177
2. Bei Philoxenus/Ḥabib nur angedeutete Theologumena, die sich aus Narsais Homilien erläutern lassen 179

II. Narsai 180
1. Die menschliche Natur Christi und die Trinität 180
2. *qnoma* und *prosopon* in trinitarischem und christologischem Gebrauch 183
3. Die Aktivität des Gott Logos in der Oikonomia um unseretwillen 190
4. Das Sichtbare ist unser Zugang zum Unsichtbaren, das Offenbare zum Verborgenen, hier und dort 192
5. Die Wirkung des Gott Logos auf die von ihm angenommene menschliche Natur und damit auf uns 195

III. Die edessenisch-theodorianische Schulung des Kyrillianers Jakob von Sarug . . . 200

IV. Barsauma von Nisibis . . . 212

Exkurs: Barsaumas Brief 3 über den Aufruhr in Nisibis . . . 214

V. Die Kommentare Theodors in den Schulen von Edessa und Nisibis 217

VI. Das Glaubensbekenntnis der Synode des Katholikos Aqaq 486 . . 224

VII. Ein spätes Echo des zentralen anti-philoxenianischen Theologumenons der edessenischen Theodorianer . . . 228

ZWEITER TEIL
MAR ABA I., KATHOLIKOS 540–552, SEINE SCHÜLER UND DIE EINFÜHRUNG DES *LIBER HERACLIDIS* NACH PERSIEN

(Luise Abramowski)

I. Mar Aba . . . 233
1. Vita . . . 233
2. Eine Glaubensunterweisung Mar Abas . . . 243
3. Der Kanon 40 des Mar Aba . . . 251

II. Thomas von Edessa . . . 255

III. „Kosmas Indikopleustes“ . . . 263

IV. Cyrus von Edessa . . . 271

V. Die Einführung des *Liber Heraclidis* in Persien . . . 278

DRITTER TEIL
DER BEGINN DER AUSEINANDERSETZUNG MIT ḤENANAS CHRISTOLOGIE
SYNODALBEKENNTNISSE DER PERSISCHEN KIRCHE UND EINZELNE THEOLOGEN

(Luise Abramowski)

I. „Die Disputation, die Kaiser Justinian mit Paul, dem Bischof von Nisibis, veranstaltete“ 285
1. Datierung? 285
2. Die Debatte 294

II. Die Synode des Katholikos Joseph (554) 308

III. Die Synode des Katholikos Ezechiel (576) 311

IV. Išoʿyahb I. (582–595) 316
1. Die „causa“ über das Trishagion 316
2. Die Canones 1 und 2 der Synode von 585 320
3. Der Brief an den Bischof Jakob von der Insel Darai 326
Symbol des rechten Glaubens 327
4. Išoʿyahb als Gesandter des Großkönigs Hormizd beim Kaiser Maurikios 333

V. Sabrišo I. (596–604) 340
1. Das Synodalprotokoll von 596 340
2. Pacte et conventions des frères moines appelés de Bar Qaiti (vom März 598) 343
3. Brief des Katholikos Sabrišoʿ an die Mönche der Konvente, die „von Bar Qaiti“ hießen 344

VI. Gregor I. (605–609) und die Synode von 605 347

VII. Ḥenana von Adiabene, Leiter der Schule von Nisibis (gest. ca. 610) 351
1. Die beiden „Causae“ 352
a) Die „Causa des Goldenen Freitags“ 352
b) Die Causa der Gebete 356
2. Das Ḥenana freundliche Bild 356
a) Barḥadbšabba, (später) Bischof von Ḥolwan, über Ḥenana . 356
b) Ḥenanas Ausgabe der Statuten der Schule von Nisibis . . . 358
3. Die Polemik gegen Ḥenana 366
a) Babai der Große, De unione 366
b) Babai der Große, Vatikanischer Traktat 371
c) Babai der Große, Euagrius-Kommentar 372
d) Babai der Große, Vita des Märtyrers Georg 374

VIERTER TEIL
DIE VOLLSTÄNDIGE ENTFALTUNG DER CHRISTOLOGIE DER ZWEI HYPOSTASEN

(Luise Abramowski)

ERSTES KAPITEL
Die dem Großkönig vorgelegten Dokumente des Jahres 612 383
1. Einleitung 383
2. Die Texte 389

ZWEITES KAPITEL
Babai der Große und seine Christologie 412

I. Einleitung 412

II. Babais Christologie 416
1. Der Euagrius-Kommentar 416
Exkurs: Die syrischen Versionen der Kephalaia gnostica des Euagrius und die beiden Kommentare Babais 426
Keph. VI 77 431
Keph. VI 14 434
2. „Über die Gottheit und die Menschheit und das Prosopon der Union" (= De unione) 438
a) Einleitung zu *De unione* und Buch I (mit I 1, I 2, I 3, I 4 und I 5) 438
b) Das II. Buch (II 6, II 7 und II 8) 444
c) Das III. Buch (III 9, III 10 und III 11) 452
III 10 (Versio, p. 82–99) „Quandoquidem facta sit illa unio adoranda divinitatis et humanitatis Christi ad unam personam oeconomiae" 461
III 11 (Versio, p. 99–106) „Quomodo, cum Deus sit in omni loco infinite, dicimus eum habitare in homine suo unitive et peculiariter" 466
d) Das IV. Buch (mit IV 12–17) 469
IV 12 De hoc: Über den zweifachen Gebrauch des Wortes „Salbung" 470
IV 13 De hoc: Idem nomen filiationis dupliciter de eo dicitur 471
IV 14 Über die dreifache Erstgeburtschaft des ‚Menschen unseres Herrn' 472
IV 15 Über die Taufe und über das Problem der Taufe unseres Herrn 473
Exkurs zur Taufe Jesu (Mt 3,14–15) 476

IV 16 Daß es nicht zwei Söhne gibt; und daß die christologische Union keine Hinzufügung zur Trinität bedeutet . . . 480
IV 17 „Was ist der Unterschied von Hypostasis und Prosopon, und wie wird das prosopon genommen und bleibt und die Hypostase wird nicht genommen?" . . 485
e) Das V. Buch (V 18 und V 19) . . . 492
V 18 Kreuzigung . . . 492
V 19 „Über die Auferstehung unseres Herrn Christus, in welcher Weise er gesehen wurde, zugleich auch über seine Himmelfahrt" . . . 495
f) Das VI. Buch (VI 20 und VI 2) . . . 499
VI 20 „Über die Namen Christi, des Sohnes Gottes …" für seine Gottheit und für seine Menschheit . . . 499
VI 21 Was bedeuten uns „assumptio, habitatio, templum, vestimentum, coniunctio et unio?" . . . 506
g) Das VII. Buch – Widerlegung von 12 Sätzen . . . 512
„Gegen (jene, die) leugnen, daß der Erstling aus unserm Geschlecht vom Gott Logos ‚unitive' angenommen wurde und gegen jene, die gottlos von der natürlichen und hypostatischen Union reden und Gott leiden lassen" . . . 512
3. Der vatikanische Traktat . . . 522
„Memra gegen jene, die sagen: Wie Seele und Leib eine Hypostase (sind), so (sind) der Gott Logos und der Mensch eine Hypostase . . . 522
Teil I . . . 523
Teil II „Darüber: Warum wird das prosopon gegeben und genommen, während die Hypostase nicht gegeben und genommen wird?" . . . 525
Teil III über einen Einwand der Gegenseite: „Siehe auch die alten Väter benutzten die Bezeichnung ‚eine Hypostase aus zwei Naturen'" . . . 527
Gegen die „Theopaschiten", und zwar: „Diese Elenden sagen: Zwei Naturen in Christus, eine Hypostase" . . . 528
4. Ein titelloser Text (Nestorian collection) . . . 529
5. Die Vita des Märtyrers Georg . . . 532
Anhänge . . . 538
„Christus unser Gott" . . . 539
„Der Mensch unseres Herrn" . . . 540

Schluss: Trinitätslehre und Christologie . . . 552

FÜNFTER TEIL
NACH BABAI DEM GROẞEN

(Luise Abramowski
Theresia Hainthaler)

ERSTES KAPITEL
Išoyahb II. (von Gedala) 628–646 565

(Luise Abramowski)

I. Leben und Wirken 565

II. Erhaltene Schriften Išoyahbs II. 574

III. Die hymnische Paraphrase des Vaterunsers 575

IV. Das Glaubensbekenntnis für Kaiser Heraklius (Aleppo 630) 577

V. Der „Christologische Brief“ (vor 628) 578

VI. Schluss 592

ZWEITES KAPITEL
Die Krise um Sahdona
und der Beginn der arabischen Herrschaft 594

(Theresia Hainthaler)

I. Mar Emmeh (646–649) und die Affäre um Kyriakos von Nisibis . . 595

II. Isho'yahb III. der Große (649–659) 597
1. Leben und Wirken 598
2. Bischof von Ninive – Kampf gegen die Antichalcedonier 601
3. Metropolit der Adiabene – Liturgiereform – Literarisches Werk 604
4. Katholikos – Verhältnis zu den Muslimen – Abfall Persiens und Qatars 605
a) Die Briefe Ep. III 14 und III 16 an Simeon Bischof von Rev Ardashir *(L. Abramowski)* 607
b) Ep. III 16 an Simeon (und an die Bischöfe, Priester, Diakone, Gläubige der Provinz Persia) *(T. Hainthaler)* 608
5. Die Christologie Ishoyahbs III. *(L. Abramowski – T. Hainthaler)* 609
a) Die Briefe an Sahdona und ihn betreffend 609
aa) Die Briefe Ep. II 6 und II 7 609
bb) Die Briefe II 28, II 29 und II 30 613
b) Weitere Briefe (Ep. II 21, I 42, III 3) 616
6. Zusammenfassend zu Ishoyahb III. 618

III. Martyrios-Sahdona und sein christologischer Ansatz 620
1. Zu Leben und Werk des Sahdona 620
2. Sahdonas Christologie in *De perfectione* 623
a) Christologie in *De perfectione* II 2, 19–38 625
b) Die Beziehung der Eigenschaften zu ihren jeweiligen Naturen 626
c) Die Herkunft des „hypostatischen prosopon" aus dem *Liber Heraclidis* 628
d) Das „genommene Prosopon" 631
3. Sahdona und Theodor von Mopsuestia 632
a) Die eine Hypostase 632
b) Wörtliche Übereinstimmungen mit Theodors *Contra Eunomium* 634

DRITTES KAPITEL
Katholikos Georg I. (660–680/1) 637

(Luise Abramowski)

Katholikos Georg I. (660–680/1) und sein Brief an den Chorbischof Mina. Ein Enchiridion ostsyrischer Christologie 637

VIERTES KAPITEL
Johannes von Dalyatha – Timotheus I. 656

(Luise Abramowski)

I. Die Schönheit Jesu Christi unseres Gottes – Das Christusbild des Johannes von Dalyatha (8. Jh.) 656
Hom. 24 658
Ep. 2 659
Ep. 4 661
Ep. 5 662
Ep. 7 und 11 663
Ep. 12 665
Ep. 18 und 19 670
Ep. 22 und 24 671
Ep. 25, 26, 27 und 28 672
Ep. 29 und 31 673
Ep. 36 674
Ep. 37 675
Ep. 38 und 39 677
Ep. 40 678

Ep. 42 679
Ep. 43, 44 und 45 680
Ep. 46 und 47 681
Ep. 51 682
Schluss 685

II. Gottesschau und Christologie 686
1. Homilie 25 des Johannes von Dalyatha 686
2. Die Synode von 786 oder 787 des Timotheus I. 693
3. Die „Verpflichtung" des Nestorius von Bet Nuhadra 694

III. „Christus im Fleisch, der Gott über allem ist" (Röm 9,5 Pesh.). Die Christologie des Katholikos Timotheus I. (780–823) 703
1. Einführung 703
2. Die Christologie des Katholikos Timotheus I. nach seinen Briefen 706
a) Ep. 1 (über die Taufe) 706
b) Ep. 16 (an Sergius) 709
c) Ep. 26 (an Maranzeka von Ninive) 710
d) Ep. 34 (nach Baṣra) 711
e) Die Briefe an Naṣr 726
f) Die Briefe 38 und 39 an Sergius 734
g) Der Brief an die Mönche von Mar Maron (ep. 41) 739
Adresse und Prolog 740
De theologia 741
De incarnatione 743
Der Theotokos-Titel 748
Subjekt der Leidensaussagen 750
Trishagion-Zusatz 752
Epilog 755
3. Schluss 756

Ausklang
Die literarische Gattung der *causae festorum* im 6.–8. Jh. in der Kirche des Ostens 761

(Theresia Hainthaler)

I. Die Gattung der *causae* 761
1. Zur Definition von *causae* – *ʿellata* 762
2. Erhaltene Schriften 764
3. Liste von *causae* der Kirche des Ostens 766

4. *Causae* über die Errichtung von Schulen 768
a) Elīšaʿ bar Qūzbāiē 769
b) Abraham von Bet Rabban 771
c) Barḥadbšabba ʿArbaya 771

II. Bemerkungen zur Christologie 772
1. Die Christologie der Traktate des Thomas von Edessa 774
a) *De nativitate* 774
Der *Mensch unseres Herrn* 777
b) *De epiphaniae* 779
Das christologische Kapitel IX 780
Die Formulierung *Mensch unseres Herrn* 782
2. Die Christologie des Cyrus von Edessa – „Christus unser Herr, der Anführer unseres Heils“ 783
a) Über das Fasten 783
b) Über das Pascha 785
c) Über die Passion 787
d) Über die Auferstehung 788
e) Über die Himmelfahrt und über Pfingsten 788
3. Die *causa* des Išai über die Märtyrer 789
4. Die beiden *causae* des Ḥenana 790
5. Die *causa* über Maria 791

Schluss: 792

Die Causa-Literatur und Theodor von Mopsuestia 792

Liste der Sassaniden-Könige und der Oberhäupter der Kirche des Ostens 797
Liste der Sassaniden-Könige 797
Liste der Katholikoi des Ostens unter den Sassaniden 798

Bibliographie 799

1. Quellen 799
Ausgaben 799
Weitere Editionen 803

2. Sekundär-Literatur 804

Register 821
1. Verzeichnis der Stellen aus der Heiligen Schrift 821
2. Verzeichnis altsprachlicher Wörter 825
3. Personenverzeichnis 826
4. Sachverzeichnis 836

Abkürzungen

Die Abkürzungen für Zeitschriften und Reihen richten sich nach S. M. Schwertner, IATG³. Internationales Abkürzungsverzeichnis für Theologie und Grenzgebiete (Berlin, New York ³2014). Abweichend bzw. ergänzend dazu wird verwendet:

Assemani, BO III, 2	*J. S. Assemani,* Bibliotheca Orientalis Clementino-Vaticana 3,1 (Rom 1725)
CCG	Corpus Christianorum, series graeca, Turnholti 1, 1977 ff.
CCL	Corpus Christianorum, series latina, Turnholti 1, 1953 ff.
Chalkedon I–III	A. Grillmeier / H. Bacht (Hg.), Das Konzil von Chalkedon. Geschichte und Gegenwart, Band I–III (Würzburg 1951–1954, ⁵1979)
Fragmente	A. Grillmeier, Fragmente zur Christologie. Studien zum altkirchlichen Christusbild, hg. von T. Hainthaler, Freiburg i. B. 1997
GEDSH	Gorgias Encyclopedic Dictionary of the Syriac Heritage, ed. S. P. Brock, A. M. Butts, G. A. Kiraz, L. Van Rompay (Piscataway, NJ 2011)
HistJ	Historisches Jahrbuch der Görres-Gesellschaft, München, Freiburg i. Br. 1, 1880 ff.
Jesus d. Chr.	A. Grillmeier, Jesus der Christus im Glauben der Kirche, Freiburg i. B. etc.
KWCO	Kleines Wörterbuch des christlichen Orients
LACL	Lexikon der antiken christlichen Literatur, hg. S. Döpp und W. Geerlings, Freiburg i. B. ²1998
Lampe, PGL	G. W. H. Lampe (ed.), A Patristic Greek Lexicon. With Addenda and Corrigenda (Oxford ²1968)
Mit ihm und in ihm	A. Grillmeier, Mit ihm und in ihm. Christologische Forschungen und Perspektiven (Freiburg i. Br., Basel, Wien 1975, ²1978)
Mus	Le Muséon, Louvain 1, 1882 ff.; 34, 1921 ff.
OLP	Orientalia Lovaniensia Periodica, Louvain 1, 1970 ff.
OstKSt	Ostkirchliche Studien, Würzburg, 1, 1952 ff.
Payne-Smith, Dictionary	J. Payne Smith (Mrs. Margoliouth) (ed.), A Compendious Syriac Dictionary, founded upon the Thesaurus Syriacus of R. Payne Smith, (Oxford 1903, repr. 1957, 1990)
SubsHag	Subsidia Hagiographica (= AnBoll, Beihefte), Brüssel 1, 1886 ff.
Thesaurus Syriacus	R. Payne Smith (ed.),Thesaurus Syriacus collegerunt S. M. Quatremère, auxit, digessit, exposuit, vol. 1, 2, Suppl. (Oxford 1879, 1901, 1927)

EINFÜHRUNG
Zur Ausbreitung des Christentums in Mesopotamien und Persien und zur Entstehung der Kirche des Ostens

(Theresia Hainthaler)

DIE SELBSTBEZEICHNUNG „KIRCHE DES OSTENS"

Das Bewusstsein, „Kirche des Ostens" zu sein, zeigt sich deutlich im Synodicon Orientale und wird uns in den Texten im Folgenden immer wieder begegnen. Bereits auf der Synode von 410 ist „Isaak, Bischof von Seleukia und Ktesiphon, Katholikos, Erzbischof des ganzen Ostens"[1]. Auf der Synode von 497 heißt Babai bei der Unterschrift des Erzdiakons Šila „episkopos katholikos des Ostens", oder bei anderen Klerikern „Mar Babai, *Patriarch* des Ostens"[2], Mar Aba trägt 544 (im II. Schriftstück) als Absender den doppelten Titel „Katholikos, Patriarch des Ostens"[3]. Der Name „Kirche des Ostens" findet sich auch im Brief des Katholikos Timotheus des Großen (780–823) an die Mönche von Mar Maron (ep. 41)[4], datiert auf die Zeit 795–798[5]. Die Conclusio dieses Briefes zeigt eindrucksvoll, wie der Katholikos seine Kirche sieht: Sie habe die „Perle der Wahrheit" *(margarita veritatis)*[6] treu bewahrt, dem Glauben nichts hinzugefügt und nichts weggelassen, gerade deswegen, weil es dort keine christlichen Herrscher gegeben habe.

Neben dieser Selbstbezeichnung der Kirche sind weitere Bezeichnungen in Gebrauch. „Ostsyrische Kirche" wird von Marie-Louise Chaumont vermieden; der Name sei zwar zutreffend, was den Gebrauch des Syrischen in der Liturgie und der religiösen Literatur angeht, die Kirche habe aber im Parther-

---

1 Synodicon Orientale, ed. J. B. Chabot (Paris 1902), p. 254 (syr. 18,10–12); p. 256 (syr. 19,1–2); p. 257 (syr. 19,20). – *Sozomenos,* HE II 9,1 nennt Symeon den „Erzbischof von Seleukia und Ktesiphon, den persischen Hauptstädten". (FC 73,1, G. C. Hansen, 2004, 232–233).

2 Syn. Or., Chabot, 315 (syr. 65 bzw. 66).

3 Syn. Or., Chabot, 550.

4 *R. Bidawid,* Les lettres du Patriarche nestorien Timothée I. Étude critique avec en appendice La lettre de Timothée I aux moines du Couvent de Mar Maron (traduction latine et texte chaldéen) = ST 187 (Città del Vaticano 1956), 125: Ecclesia Catholica Orientis (syr. 702: *'dt' qtwlyq' dbmdnḥy'*). Zur Analyse dieses Briefes von *L. Abramowski,* vgl. unten p. 741–757. Dazu auch *T. Hainthaler,* Christus im Fleisch, der Gott über alles ist (Röm 9,5) – Katholikos Timotheus I. (780–823) und sein Brief an die Mönche von Mar Maron, in: P. Bruns, H. O. Luthe (Hgg.), Orientalia Christiana. FS H. Kaufhold = Eichstätter Beiträge zum Christlichen Orient 3 (Wiesbaden 2013), 195–206.

5 Bidawid, 74.

6 Bidawid, 121 (syr. 698). Conclusio, 120–124.

reich, unter iranischem Einfluss begonnen. Zwar habe sich das Christentum zuerst unter der Bevölkerung aramäischer Rasse und Sprache („chez les populations de race et de langue araméennes") verbreitet, aber auch nach Norden und Osten in iranisches Gebiet: in die Persis, Medien, Parthien und Zentralasien bis hin nach Indien und China. Zudem gab es bedeutende Konvertiten aus dem Mazdaismus und die Attraktivität des Christentums scheint in den letzten Jahrhunderten der Sassanidenzeit noch zugenommen zu haben. Chaumont entscheidet sich daher, vom „Iran" oder von „Persien" zu sprechen – oder vom „Partherreich" – und entsprechend von der „Kirche des Iran" oder „Kirche von Persien". Iranisches Reich („Empire iranien") umfasst bei ihr sowohl das Partherreich als auch das Sassanidenreich[7]. Gernot Wießner spricht vom „frühchristlichen Iran"[8].

William Macomber[9] wählt aus Konvenienzgründen „Chaldäische Kirche" für die Kirche, die dem Katholikos-Patriarch von Seleukia-Ktesiphon unterstellt ist. Auch Colette Pasquet[10] überlegt, ob man von der „chaldäischen Tradition" sprechen soll, da in Egerias Reisetagebuch[11] Perser und Chaldäer gleichgesetzt werden; 1445 wurde erstmals der Name Chaldäer für die Gläubigen der Kirche des Ostens verwendet, die eine (freilich fragile) Union mit Rom eingingen[12]. Für Macomber spricht gegen „Kirche von Persien", dass damit nicht ihre tatsächliche Ausdehnung bezeichnet sei, „ostsyrische Kirche" gebe einen irrigen Eindruck ihrer Beziehung zu anderen syrisch-sprachigen Kirchen, und „nestorianische Kirche" sei insgesamt inakzeptabel[13]. Zur letztgenannten Bezeichnung vermerkte Sebastian Brock[14], dass Narsai zwar Ne-

---

[7] *M.-L. Chaumont,* La christianisation de l'empire iranien. Des origines aux grandes persécutions du IVe siècle = CSCO 499, Subs. 80 (Louvain 1988), p. VII–VIII.

[8] *G. Wießner,* Untersuchungen zur syrischen Literaturgeschichte I. Zur Märtyrerüberlieferung aus der Christenverfolgung Schapurs II. = AAWG.PH III 67 (Göttingen 1967), 9. „Persisches Christentum" (287).

[9] *W. Macomber,* The Authority of the Catholicos Patriarch of Seleucia-Ctesiphon, in: I. Žužek (ed.), I patriarcati orientali nel primo millennio = OCA 181 (1968) 179–200, 179, Anm. 1. – *W. F. Macomber,* A History of the Chaldean Mass, J. Assyrian Academic Studies 11 (1997) 70–81, 71–72, mit Überlegungen zu den verschiedenen Bezeichnungen.

[10] *C. Pasquet,* L'homme, image de Dieu, seigneur de l'univers. L'interprétation de Gn 1,26 dans la tradition syriaque orientale (Lille 2006) (Diss. theol.), Anm. 4, p. 12.

[11] *Egeria,* Itinerarium 20,12: Röwekamp, FC 20, p. 210–211. „Haec autem pars specialiter orientales appellatur quae est in confinium Romanorum et Persarum vel Chaldeorum. Dieser Teil wird eigens ‚östlich' genannt, der im Grenzgebiet der Römer und Perser oder Chaldäer ist."

[12] Dazu *J. Yaqoub,* La reprise à Chypre en 1445 du nom de „Chaldéens" par les fidèles de l'Église de l'Orient, Istina 49 (2004), 378–390, bes. 387–388.

[13] Ebenso *Chaumont,* p. VII: „Nestorianismus" ist ungeeignet vor 485, absurd für die parthische Zeit. Es gab nie einen brutalen Schnitt mit der Vergangenheit, Nestorius kommt in den Konzilsdokumenten bis Anfang 7. Jh. nicht vor. Man hat auch i. a. nicht Stellung bezogen zum Theotokos-Titel.

[14] *S. Brock,* The Christology of the Church of the East in the Synods of the fifth to early

storius schätzte (wobei eine Kenntnis der Werke des Nestorius nicht erkennbar ist) und der Liber Heraklides die Christologie Babais († 628) stark beeinflusste, doch „es muss daran erinnert werden, dass Nestorius nie zu irgendeiner Autoritätsstellung kam, vergleichbar der des Theodor von Mopsuestia, dem ‚Exegeten' par excellence. Es ist daher äußerst irreführend, von einer ‚Nestorianisierung' der persischen Kirche im Laufe der eineinhalb Jahrhunderte, die den Synoden der 480er Jahre folgten, zu sprechen (wie es oft geschieht); tut man es, dann lässt man sich täuschen von der rhetorischen Übertreibung der theologischen Gegner der Kirche des Ostens, die regelmäßig alles, was mit Theodor zu tun hat, als nestorianisch abstempelten." Man muss aber zugeben, dass „Nestorianer" zu gewissen Zeiten auch als Selbstbezeichnung zu finden ist, wie etwa in der Rechtssammlung des Gabriel von Baṣra vom Ende des 9. Jh.[15].

Über die dogmengeschichtliche Forschung zu Nestorius informiert der instruktive Überblick von Luise Abramowski anlässlich der 1. Konsultation 1994 im inoffiziellen Syriac Dialogue, den Pro Oriente initiierte (mit 7 Konsultationen 1994 bis 2004)[16]. Zu diesen Forschungen über Nestorius zählt auch der wirkmächtige Aufsatz von Grillmeier „Das Scandalum oecumenicum des Nestorius" und die Darstellung zur Christologie des Nestorius in Band 1 von Jesus der Christus ab 1979 in Deutsch und in der englischen Version ab 1975.

Wir werden neben der Selbstbezeichnung „Kirche des Ostens" auch die Termini „Persische Kirche" oder „Ostsyrische Kirche" verwenden.

Das Werden der Kirche des Ostens ist im Folgenden in zweierlei Hinsicht zu untersuchen: die Ausbreitung des Christentums in Mesopotamien – falls damit das Land zwischen den Flüssen Euphrat und Tigris verstanden wird und nicht bloß die römische Provinz Mesopotamia mit der Metropole Amida, (in der der entsprechende Metropolit im späteren Patriarchat Antiochien seinen Sitz hatte)[17] –, und die Entwicklung der kirchlichen Organisation.

---

seventh centuries: Preliminary considerations and materials, in: G. Dragas (ed.), Aksum-Thyateira = FS Archbishop Methodios (London 1985), 125–142, hier 130.

[15] Vgl. dazu die Edition von *H. Kaufhold,* Die Rechtssammlung des Gabriel von Baṣra und ihr Verhältnis zu den anderen juristischen Sammelwerken der Nestorianer (Berlin 1976), 262–263 (deutsch, syr.), Fragen 46 und 48, 276–277, Frage 58.

[16] Dazu *L. Abramowski,* The History of Research into Nestorius, in: *dies.,* Neue christologische Untersuchungen (Berlin 2021), 363–374, hier verbesserte Druckfassung gegenüber dem mit Druckfehlern behafteten Erstdruck in Syriac Dialogue 1, Vienna 1994, 54–65. Vgl. oben p. VII, Anm. 2. – *A. Grillmeier,* Das Scandalum oecumenicum des Nestorius in kirchlich-dogmatischer und theologiegeschichtlicher Sicht, Schol 36 (1961) 321–356; überarbeitet in: *ders.,* Mit ihm und in ihm (Freiburg i. B. 1975, ²1978), 245–282; *ders.,* Jesus d. Chr. I (1979) 642–672, 707–726. In der englischen Version: *ders.,* Christ in Christian Tradition I (1975), 447–472, 501–519.

[17] Zur kirchlichen Organisation von Antiochien vgl. Jesus d. Chr. 2/3, 179–181 *(A. Grillmeier)*; Amida ist heute Diyarbakir. Vgl. *Fiey,* Jalons (Anm. 18), 36–37, wonach die Alten

I. DIE ANFÄNGE DES CHRISTENTUMS IN MESOPOTAMIEN

Wie kam es zur Evangelisierung im Gebiet des späteren persischen Reiches[18]? Die Anfänge sind historisch schwer zu fassen und umstritten.

Nina G. Garsoïan schließt ihre komprimierte Einleitung über „Persien. Die Kirche des Ostens" mit den Worten ab[19]: „Man muss also annehmen, dass das Christentum sicher die römischen Grenzen überschritten hat und über die Osrhoene und die Adiabene in iranisches Gebiet bereits vor dem Umsturz durch die Revolution vordrang, die die Sassaniden-Dynastie um 224 an die Macht brachte. Der gegenwärtige Stand der Quellen läßt aber kaum genaue Angaben über ihre Größe und Organisation zu."

Das ist ein Resumé auf der Grundlage der Forschungen von Jérôme Labourt, Eugène Tisserant, Jean Maurice Fiey, Marie-Louise Chaumont und noch vor der kritischen Edition einzelner Quellen wie den Acta Mar Maris[20].

Die Anfänge des Christentums im Partherreich und den Ursprung dieser Evangelisierung untersucht Chaumont 1988 (und überarbeitet damit ihre Studie von 1964, die auf das Sassanidenreich begrenzt war[21]), da Labourt in seinem „magistral ouvrage" von 1904, aber auch Tisserant (1931) sie nicht eingehend behandelt haben[22]. Schon Adolf Harnack (1902) behandelte „die Verbreitung der christlichen Religion" in Mesopotamien, Persien, Parthien und Indien und das durchaus berechtigt im Zusammenhang mit Edessa

unter „Mesopotamien" Nord-Mesopotamien, d. h. das Gebiet um Edessa, verstanden und nicht den Irak, d. h. Mittel- und Süd-Mesopotamien.

[18] Grundlegend ist nach wie vor *J. Labourt,* Le christianisme dans l'empire Perse sous la dynastie sassanide (224–632) (Paris 1904); dazu *E. Tisserant,* L'église nestorienne, in: DTC 11 (1931) 157–187 (bis zur arabischen Eroberung), der gesamte Artikel: 157–323. *J. M. Fiey,* Jalons pour une histoire de l'église en Iraq = CSCO 310, Subs. 36 (Louvain 1970), widmet sich dem status quaestionis der hauptsächlichen Probleme im Irak nach Labourt und Tisserant, die er als bekannt voraussetzt (ebd., p. VI). Vgl. ferner den Überblick von *S. Brock,* The Church of the East in the Sassanian Empire up to the Sixth Century and its Absence from the Councils in the Roman Empire, in: Syriac Dialogue 1 (1995) 69–84; *W. Hage,* Art. Nestorianische Kirche, in: TRE 24 (1994) 264–276. – Dazu *S. Vailhé,* Formation de l'église de Perse, EOr 13 (1910) 269–276. – Für die ersten Jahrhunderte vgl. den groben Überblick: *P. Maraval,* Die neuen Grenzen, in: Geschichte des Christentums, Band 2: Das Entstehen der einen Christenheit (250–430) (Freiburg i. B. 1996), 1076–1084.

[19] *N. Garsoïan,* Persien: Die Kirche des Ostens, in: L. Pietri (hg.), Die Geschichte des Christentums, Band 3: Der lateinische Westen und der byzantinische Osten (431–642) (Freiburg, Basel, Wien 2001) 1161–1186, hier: 1162 (deutsche Übersetzung und wissenschaftliche Redaktion: T. Hainthaler)

[20] *C. & F. Jullien* (eds.), Les Actes de Mar Mari = CSCO 602, Syr. 234 (T); CSCO 603, Syr. 235 (V) (Leuven 2003).

[21] *M.-L. Chaumont,* Les Sassanides et la christianisation de l'Empire iranien au IIIe siècle, RHR 165 (1964), 165–202; *dies.,* La christianisation de l'empire iranien. Des origines aux grandes persécutions du IVe siècle = CSCO 499, Subs. 80 (Louvain 1988).

[22] *Chaumont,* La christianisation, p. V.

(Osrhoene)[23]. Dass das Christentum in Edessa[24], anknüpfend an Addai um 100, an Tatian und Bardesanes, „so früh und so fest Fuß gefaßt hat", dass 201 oder vielleicht schon früher das Königshaus christlich wurde, konstatierte Harnack als „eine der merkwürdigsten Tatsachen in der Geschichte des Christentums"[25]. In Edessa und Umgegend war bereits vor 190 das Christentum stark verbreitet, die ersten Anfänge dürften schon bis ins erste Jahrhundert heraufreichen. Edessa war „wahrscheinlich prozentual die am stärksten von Christen bevölkerte größere Stadt in der vorkonstantinischen Zeit"[26].

In die Persis kam das Christentum von Susiana und durch Kriegsgefangene aus dem Westen und es traf auf günstige Bedingungen, wie dem Bericht aus der Chronik von Séert zu entnehmen ist[27]:

„Im 11. Jahr der Herrschaft des Schapor I. (= 252) zog er nach dem Römerreich, blieb dort eine Zeitlang, zerstörte eine Anzahl Städte, besiegte den König Valerian und nahm ihn gefangen nach Beth-Lapaṭ. Die Bischöfe, welche der verfluchte Valerian verbannt hatte, kehrten darauf in ihre Diözesen zurück. Nachdem Schapor aus dem Römerreich zurückgekehrt war, die Gefangenen mit sich führend, siedelte er sie an in Babylonien, Susiana und Persis, und in den Städten, die sein Vater erbaut hatte".

„In diesen Städten siedelte er Leute von den Gefangenen an, übergab ihnen Länder zum Bebauen und Wohnungen zum Wohnen. Aus diesem Grunde wurden die Christen zahlreich im Perserreich, und es wurden Klöster und Kirchen gebaut. Es befanden sich unter ihnen Priester, die gefangen aus Antiochia weggeführt waren; sie wohnten in Gundischapur (= Beth-Lapat), erwählten sich den Antiochener Ardak und machten ihn zum Bischof; denn Demetrius, der Patriarch von Antiochien, war krank geworden (in der Gefangenschaft) und gestorben. Es hatte sich aber vor dieser zweiten Deportation Paulus von Samosata erhoben und war Patriarch geworden (syrische Partei), nachdem der Patriarch Demetrius in die Gefangenschaft geraten war. Daniel Ibn Mariam hat des Paulus Geschichte beredt dargestellt. … Die Christen verbreiteten sich im ganzen Reich und wurden zahlreich im Orient. In Rew-Ardaschir, dem Sitz der Bischöfe der Persis, wurden zwei Kirchen gebaut, von denen die eine die Kirche der Römer, die andere die der Syrer genannt wurde. Der Gottesdienst in ihnen wurde in griechischer und syrischer Sprache verrichtet. Gott entschädigte die Römer für ihre Gefangenschaft

---

[23] Dazu vgl. als Quelle *Euseb.*, HE I 13 und II 1,6–8 mit dem Bericht im Anschluss an Thaddaeus und der Abgar-Tradition. Zur Abgar-Legende: *H. J. W. Drijvers*, 2. Abgarsage, in: Schneemelcher Neutestamentliche Apokryphen, 389–395; *J. Wasmuth*, A. III.1. Die Abgarlegende, in: C. Markschies, Antike christliche Apokryphen in deutscher Übersetzung I 1 (Tübingen 2012) 222–230.

[24] Vgl. zu Edessa *A. Grillmeier*, Jesus d. Chr. 2/3, 188–191. Zu Tatian nun *C. & F. Jullien*, Apôtres des confins. Processus missionnaires chrétiens dans l'empire iranien = Res Orientales 15 (Bures-sur-Yvette 2002), 209–214.

[25] *A. v. Harnack*, Die Mission und Ausbreitung des Christentums in den ersten drei Jahrhunderten (Leipzig 1902, 4. Aufl. 1924) 678–698, hier 678–679.

[26] *Harnack*, Mission, 682.

[27] Hist. Nest. cap. II: PO 4 (1907), 220–223. Deutsch hier nach *Harnack*, Mission, 695–696 mit Anm. 2, mit Korrekturen. Der Titel „Patriarch" ist für die Chronik von Séert bereits selbstverständlich.

und Knechtschaft, die sie betroffen hatte, durch die günstigen Verhältnisse, die ihnen zuteil wurden. Es ging sehr aufwärts mit ihnen im Perserreiche, und sie erlangten größeren Wohlstand, als sie in ihrer Heimat gehabt hatten. Gott vernachlässigte sie nicht. ... Gott setzte diese Römer in Gunst bei den Persern; sie erwarben Ländereien, ohne dafür zu zahlen, und durch sie verbreitete sich das Christentum im Orient."

Demetrius von Antiochien[28] wird nur hier in der Chronik von Séert und darüber hinaus bei Mari b. Sulayman und Amr erwähnt (dort freilich in einer anachronistischen Situation mit dem späteren Papa). Nach Berücksichtigung auch der arabischen Nachrichten kommt Peeters zum Schluß, dass „der Bericht der Chronik von Seert, was Demetrianus betrifft, plausibel und in all seinen Teilen kohärent ist"[29]. Freilich ist der Patriarchentitel zu dieser Zeit für Antiochien anachronistisch[30].

Mit dem Gottesdienst in griechischer und syrischer Sprache deutet sich, so Harnack, eine „doppelte Wurzel"[31] des Christentums in Persien an (dabei sieht Harnack offenbar eine Verpflanzung des „antiochenischen Gegensatzes von Römern [Griechen] und Syrern nach Persien"). Ein Nebeneinander zweier Gemeinden (Griechisch sprachig bzw. Syrisch sprachig) ist nach Schwaigert in Huzistan spätestens unter Shapur II. feststellbar, aber schon für die Zeit Shapurs I. zu erschließen.[32] Die Entstehung neuer Griechisch sprachiger christlicher Gemeinden in Susiana, Mesena und Huzistan durch Gefangene (von Armeen des Shapur I.) aus Syrien ist für Peeters eine logische Folgerung[33].

1. Zwei Phasen der Missionierung

Nach einer Prüfung der nicht sehr zahlreichen Quellen geht Chaumont[34] von zwei Phasen der Missionierung aus, einer ersten Phase spätestens in der 2. Hälfte des 2. Jh., die das Christentum im West-Teil des Arsakiden-Reiches verbreitete.

---

28 Dazu die Untersuchung bereits von *P. Peeters*, S. Démétrianus évêque d'Antioche?, AnBoll 42 (1924) 288–314. Vgl. *W. Schwaigert*, Das Christentum in Ḫūzistān im Rahmen der frühen Kirchengeschichte Persiens bis zur Synode von Seleukeia-Ktesiphon im Jahre 410 (Diss. Marburg 1989) 19–23, mit Anmerkungen, p. 192–193. *Chaumont*, La christianisation, 74–84.

29 *Peeters*, Démétrianus, 309.

30 Vgl. *T. Hainthaler*, Einige Überlegungen zum Titel „Patriarch des Westens", in: T. Hainthaler, F. Mali, G. Emmenegger (hgg.), Einheit und Katholizität der Kirche. Forscher aus dem Osten und Westen Europas an den Quellen des gemeinsamen Glaubens = PRO ORIENTE 32. Wiener Patristische Tagungen IV (Innsbruck, Wien 2009) 59–77.

31 *Harnack*, Mission, 696.

32 *Schwaigert*, 38.

33 *Peeters*, Démétrianus, 313.

34 Für die ersten vier Jahrhunderte vgl. *M.-L. Chaumont*, La christianisation. Wenn die Autorin allerdings schreibt, p. VII: „Quand *le patriarche* Barṣauma de Nisibe fera adopter les

„Diese erste Evangelisation war gewiss zum großen Teil das Werk von Missionaren, die eine Sprache sprachen, die der der Bevölkerung, an die sich ihre Verkündigung richtete, sehr nahe war. Die hagiographische Literatur veranschaulicht ihr Apostolat unter den Namen Addai, Aggai und Mari, ohne dass es möglich wäre, die wahre Identität der Persönlichkeiten zu entschlüsseln, die sich unter diesen Namen verbergen."[35]

Diese erste Evangelisierung ging hauptsächlich von Edessa aus und geschah ab der Mitte des 2. Jh., vielleicht sogar schon vorher. Eine tiefgehende Einpflanzung des Christentums in der Weite des iranischen Reiches gehe, so Chaumont, aber auf das Konto der *zweiten Evangelisierung*[36]. Sie ist ganz unabhängig von edessenischen Missionaren und eine Folge der wiederholten Invasionen, die Shāhpūr I. (240/42–270) gegen die römischen Gebiete des Orient unternahm und bei denen er zahlreiche Gefangene deportierte – hauptsächlich Syrer und ganz besonders Antiochener, neben Menschen aus Kilikien und Kappadokien. Sie wurden auf verschiedene Provinzen – Susiana, Fars, Babylonia, Parthien – aufgeteilt. Vor allem in Susiana, Babylonien aber auch in Persien führte die Präsenz dieser Christen erstaunlich rasch zu einer Verbreitung des Christentum. Gundishapur wurde der Wohnsitz des Bischofs von Antiochien[37]. Shāhpūr zeigte sich den Christen gegenüber sehr tolerant; unter Bahrām II. (274–293) kam es dagegen durch den zoroastrischen Mobed Kartir zur Verfolgung fremder Kulte. 40 Jahre nach der Deportation unter Shāhpūr gibt es Diözesen mit einem Bischof (oder mehreren Bischöfen).

2. *Apostolische Traditionen*

Nach Fiey[38], der sich in seinen „Jalons" auf das Gebiet des heutigen Irak beschränkt[39], geschah die erste Missionierung durch Mari, und zwar sei der christliche Glaube Ende des 1. Jh., spätestens Anfang des 2. Jh., in der Haupt-

dogmes essentiels de *l'hérésie dyophysite* (486)" (Hervorhebung T. H.), dann ist zu bemerken, daß weder Barsauma je Patriarch war, noch an der Synode von 486 teilnahm (dazu *S. Gero,* Barsauma of Nisibis and Persian Christianity in the fifth century = CSCO 426, Subs. 63, Louvain 1981, 49). Darüber hinaus stellt sich die Frage, was mit „der dyophysitischen Häresie" gemeint ist? Die Aussagen der Synode von 486 müssen nicht häretisch verstanden werden; dazu bereits *Brock,* Christology, 1985, 126: „its language markedly belongs to the Antiochene tradition of Christology, but it can in no way be described as openly ‚Nestorian'", gegen Auffassungen von W. de Vries und W. Macomber (ebd. Anm. 8). Mit Recht schrieb *Gero,* 49, „this synod … does signal the reaffirmation of the theological allegiance of the Persian Church to strict Antiochene two-nature christology". – Außerdem vgl. *W. Schwaigert,* Das Christentum in Ḫūzistān.

[35] *Chaumont,* La christianisation, 47.

[36] *Chaumont,* La christianisation, 157.

[37] *Chaumont,* La christianisation, 158.

[38] Zur Evangelisierung des Irak vgl. *Fiey,* Jalons, 32–44, hier: 42–43.

[39] *Fiey,* Jalons, p. V: „laissant de côté ce que les anciens appelaient la Mésopotamie, avec Nisibe et Édesse, et tout le domaine de l'Iran actuel et des ‚provinces de l'extérieur'".

stadt der Arsakiden eingeführt worden. Mari sei zwischen 79 und 116 nach Ktesiphon gekommen und habe seine erste Kirche zwischen den Hütten auf einem Hügel südlich der Stadt erbaut. Dafür sprechen – neben der alten Tradition, die Seleukia als Sitz des Mar Mari bezeichnet – geographische Gegebenheiten[40]; die Mari-Akten[41] seien allerdings wegen ihrer Anachronismen wenig beweiskräftig, da sie etwa den Katholikos Papa Anfang des 4. Jh. zum direkten Nachfolger Maris machen. Viele Historiker nehmen hingegen die Gründung der Kirche von Seleukia Ende des 2. oder Anfang des 3. Jh. an. Die sonst angeführten Traditionen, etwa Thomas und sein Schüler Addai als Apostel und Gründer von Seleukia-Ktesiphon, können historisch nicht befriedigen, wie nun im Folgenden kurz skizziert.

Traditionen über eine apostolische oder nach-apostolische Missionierung in Mesopotamien und Iran sind in mehrfacher Gestalt zu finden[42]. Wir nennen hier nur exemplarisch einige davon. So wird Judas Thomas/Didymus Parthien als Missionsgebiet zugewiesen nach Euseb, HE III 1, der als Quelle für diesen Abschnitt am Ende Origenes' (nicht erhaltenen) Genesis-Kommentar III nennt. Diese Verbindung zwischen Parthien und Thomas ist somit früh bezeugt. Darüber hinaus gibt es spätere Berichte von der Verkündigung des Evangeliums an Parther, Meder, Perser, Hyrcaner, Karmanen, Baktrer, Marger durch Thomas[43]. Vor allem ist Thomas mit der Missionierung Indiens durch die Thomas-Akten[44] (Anfang 3. Jh.) verbunden.

---

[40] Der Tigris änderte gerade zwischen 79 und 116 seinen Lauf. Damit ist aber die Aussage aus den Mari-Akten in Einklang, dass Mari von Ktesiphon kam – sie lässt sich exakt in diesen Zeitabschnitt datieren. *J. M. Fiey,* La topographie chrétienne de Maḥozé, OrSyr 12 (1967) 399, 402–403; *ders.,* Jalons, 40f., auf p. 42–43 zeigt er in Zeichnungen die Änderungen im Lauf des Tigris. Angesichts zahlreicher Anachronismen (Jalons, 40), aber auch des Gewichts der ehrwürdigen Tradition, die Mari mit Seleukia-Ktesiphon verbindet und mit Koḫe, dem späteren Sitz des Katholikos, wo Ardashir um 230 Mahoza baute, das iranische Veh Ardashir, später arabisch Bahrasir, östlich des (hellenist.) Seleukia, und das neue Seleukia genannt.

[41] Hist. de Mar Mari: trad. lat. *Abbeloos,* AnBoll 4 (1885) 50–131; deutsch: *R. Raabe,* Die Geschichte des Dominus Mâri, eines Apostels des Orients (Leipzig 1893). Dazu weiter unten.

[42] Vgl. *Chaumont,* La christianisation, 9–16. – Dazu nun detailliert *C. & F. Jullien,* Apôtres des confins. Processus missionnaires chrétiens dans l'empire iranien = Res Orientales 15 (Bures-sur-Yvette 2002), 43–117. Unsere Zusammenstellung entstand unabhängig davon.

[43] Zu Thomas vgl. die Zusammenfassung von *Th. Schermann,* Propheten- und Apostellegenden, nebst Jüngerkatalogen des Dorotheus und verwandter Texte = TU 31 (Leipzig 1907) 272–276. Als Missionsgebiet für Thomas wird angegeben: Parther, Meder, Perser, Hyrcaner, Karmaner, Baktrer, Marger" (ebd. 273); vgl. De vitis apostolorum V (Thomas), PL 23, 721 (lat.-griech.), berichtet von der Tradition, dass Thomas: Parthis et Medis et Persis et Carmanis et Hyrcanis et Bactris et Magis (Μάγοις) praedicavit Evangelium Domini. CPG 1911–1913, griech. Text: Th. Schermann, Prophetarum vitae fabulosae indices apostolorum discipulorumque domini Dorotheo, Epiphanio, Hippolyto aliisque vindicata (Leipzig 1907) 111,1 (Epiphanius), 155,16–156,2 (Ps.-Dorotheus), 166,1–4 (Ps.-Hippolyt), vgl. Index, 246.

[44] Acts of Thomas, ed. W. Wright, Apocryphal Acts I (London 1871, repr. 1968), 172–333 (syr.). *H. J. W. Drijvers,* Thomasakten, in Schneemelcher II (Tübingen 1989) 289–367 (mit

Barhebraeus schreibt, Thomas habe den Parthern und Medern gepredigt[45]. Euseb, HE V 10, weiß von einer Tradition, wonach Bartholomaeus das Mt-Evangelium nach Indien brachte, man schrieb ihm auch die Evangelisierung Mesopotamiens und Babylons zu. Matthaeus wird mit Parthien verbunden[46], Philippus gilt als Apostel Phrygiens, aber apokryphe Akten behaupten auch, dass er in Parthien war. Hagiographische Traditionen bringen Simon Kananaeus und Judas mit der Evangelisierung in Babylon und Persien in Verbindung, wo sie auch den Tod fanden[47].

Addai, der Apostel Edessas, mit seiner Tradition der Abgar-Legende[48] (Bericht des Euseb von Caesarea, HE I 13 und II 1; der Doctrina Addai und den Papyrus-Fragmenten der Abgar-Jesus-Korrespondenz, der späten Epistula Abgari), wurde als einer der 70 Jünger Jesu von Thomas nach der Himmelfahrt Jesu zu König Abgar gesandt und heilte ihn von seiner Krankheit. Er predigte in Edessa und legte den Grund für das frühe Christentum dort. In den Acta Mar Maris[49] erscheint Addai als derjenige, durch den letztlich ganz Mesopotamien zum christlichen Glauben kam: „Wegen der Zeichen, die durch Mar Addai geschahen, wurde beinahe ganz Mesopotamien zum Glauben an den Messias geführt, und viele von denen, die glaubten, mühten sich auf dem Weg der Vollkommenheit ab."[50] Die Mari-Akten knüpfen direkt an die Abgar-Tradition an (§§2–5). Mari wird von Addai kurz vor dessen Tod nach Babylon gesandt und verlässt dann Edessa.

Addai selbst ist nicht mit Mittel- und Süd-Mesopotamien verbunden, außer in späten Quellen. Sein Titel „Apostel des Ostens" bezieht sich nur auf die

---

deutscher Übersetzung). Vgl. *J. W. Childers,* Thomas, Acts of, in: GEDSH (2011) 410. Dass Thomas in Indien gepredigt habe, berichten auch Apostellisten. *Schermann,* Propheten- und Apostellegenden, 273: „In der weiteren Angabe, dass Thomas in Indien gwirkt habe, sind so ziemlich alle Texte einig."

45 *Barhebraeus,* Chron. Eccl. I: Abbeloos-Lamy, p. 33–34.

46 Die Bemerkung bei *Paulinus Nol.,* Carm. 19, 81 (CSEL 30, 121; PL 61, 514): „Parthia Matthaeum conplectitur, India Thomam, ... = Parthien umarmt Matthaeus, Indien Thomas ...", bezieht sich wohl auf Reliquien des Apostels Matthäus (mit Dank für Angaben von Sigrid Mratschek!). Vgl. *P. G. Walsh,* The Poems of St. Paulinus of Nola = ACW 40 (New York 1975), 378, Anm. 12 (auf p. 133): „Matthew's burial place is claimed by many communities; the Hieronymian Martyrology and other authorities cite Parthia / Persia" mit Verweis auf die o.g. Notiz des Paulinus; es geht um Reliquien.

47 *Chaumont,* La christianisation, 13.

48 Dazu vgl. auch A. Desreumaux (hg.), Histoire du roi Abgar et de Jésus. Présentation et traduction du texte syriaque intégral de La Doctrine d'Addaï (Turnhout 1993); K. Dietz, C. Hannick, C. Lutzka, E. Maier (hgg.), Das Christusbild. Zu Herkunft und Entwicklung in Ost und West = ÖC 62 (Würzburg 2016), darin bes. die Beiträge von *P. Bruns, G. Emmenegger, A. Palmer, R. Riesner.*

49 *M. Illert,* FC 45 (Turnhout 2007) 73–75.

50 Acta Mar Maris 5: Illert, FC 45, p. 257–258. Zu den Acta Mar Maris vgl. *M. Illert,* FC 45 (Turnhout 2007) 73–75, aber ohne eine Kenntnis der Arbeiten von Jullien und Harrak; er stützt sich auf Raabe.

Osrhoene, die Addai evangelisiert habe, seine Schüler aber sind weitergezogen. Der Titel „Sitz von Mar Addai" für Seleukia-Ktesiphon erscheint erst im 17. Jh. (1616)[51]. Man dürfe Addai aber nicht, so Fiey[52], als Gründer der Kirche des Iraq ansehen, der einzige Kandidat dafür sei in der Tradition nur Mari. Nach armenischer Legende wirkte Addai/Thaddaeus in Armenien und fand in Artaz den Tod auf Befehl des Königs[53]. Chaumont hält ihn „sans aucun doute le premier évangélisateur de l'Osrhoène, sinon le premier évêque d'Édesse"[54], ist aber auf jeden Fall früher als die Regierung von Abgar dem Großen, der den *Sieg* des Christentums, nicht aber seine *Anfänge* in Edessa erlebt hat. Das Apostolat des Addai ist Mitte des 2. Jh. zu datieren[55].

Bei den Magiern (μάγοι ἀπὸ ἀνατολῶν) in Mt 2,1, die den neugeborenen Jesus in Betlehem aufsuchten, ist mit Recht zu fragen, welches Christentum sie verkündigen konnten, nachdem Jesus erst 30 Jahre später seine Verkündigung begann. Es gibt ferner keine Kirchen oder Gedenktage zu ihren Ehren[56], was auf eine späte Tradition hindeutet. Für Timotheus I. sind die Magier ein Beleg dafür, dass „wir Orientalen als erste an Christus geglaubt" haben und dem Sitz Seleukia-Ktesiphon der Vorrang in der Kirche gebühre[57].

Mit Apg 2,9 ist keine historische Präsenz von Parthern, Medern und Elamitern beim Pfingstereignis zu belegen; hier ist eine Völkerliste gegeben, die illustrieren soll, dass „Männer aus allen Völkern" (Apg 2,5) zugegen waren.

1 Petr 5,13 spricht von den Mitauserwählten (ἡ ἐν Βαβυλῶνι συνεκλεκτή[58]) in Babylon[59] – ob damit aber das biblische Babylon gemeint ist, oder statt

---

51 Vgl. zum Ganzen *Jullien & Jullien*, Apôtres, 67–71, Zusammenfassung: 71; *Chaumont*, La christianisation, 14–16.

52 *Fiey*, Jalons, 39.

53 *Chaumont*, La christianisation, 15.

54 *Chaumont*, La christianisation, 16.

55 Wenn *Harnack*, Mission, 681, Addai „um d.J. 100" einordnet, ist das wohl zu früh.

56 Zur Tradition der Magier als Evangelisatoren vgl. *Jullien*, Apôtres des confins, 111–117. Die Verehrung der Magier nimmt eine gewisse Breite in den westlichen Kirchen ein, besonders mit Augustinus, dazu *J. Lemarié*, Épiphanie, in: DSp 4 (1960), 863–879, hier 869–872. Die Epiphaniepredigten des Augustinus, Sermones 199–204 bei *H. R. Drobner*, Augustinus von Hippo. Predigten zu Neujahr und Epiphanie (Sermones 196,A – 204,A). Einleitung, Text, Übersetzung und Anmerkungen (Frankfurt 2010), 321–411, dazu vgl. Einleitung, 58–69 (Festtheologie). Die Evangelisation im mazdäischen oder heidnischen Kontext berechtigte zweifellos eine Wiederaufnahme der Thematik durch die Missionare, besonders ostsyr. (China).

57 *Timotheus I.*, ep. 26 an Maranzeha von Ninive: franz. JA 288 (2000), 1–13, hier: 10–11. Der Brief wird um 785 datiert.

58 Ein hapaxlegomenon im bibl. Schrifttum, vgl. *M. Vahrenhorst*, Der erste Brief des Petrus (Stuttgart 2016), 201.

59 *Assemani*, BO III, 2, p. VI gibt einige Autoren an, darunter *Cosmas Indicopleustes*, Top. Chr. II 77: Auf dem Gebiet der Römer hat sich die christliche Botschaft zuerst verbreitet und bald danach in Persien durch den Apostel Thaddaios. Es ist wohl in den katholischen Briefen geschrieben: die Kirche, die in Babylon ist, grüßt dich. – Das röm. Reich hat viele Vorzüge, es war das erste, das an Christus geglaubt hat. – Cosmas redet auch über die Magier: „die Ma-

dessen Rom, ist umstritten; außerdem wird diese Stelle bei den alten Autoren nie in Anspruch genommen.

Sozomenus nimmt an, dass die Perser durch Kontakte mit Osrhoenern und Armeniern (denkt Sozomenus an Armenia IV?) christianisiert wurden, wenn er schreibt:

„Anschließend [scl. an die Bekehrung der Armenier] gelangte der Glaube auch zu den benachbarten Stämmen und gewann in großer Zahl Anhänger. Unter den Persern, so nehme ich an, wurden anfangs diejenigen zu Christen, die wegen des Verkehrs mit Osrhoenern und Armeniern[60], wie es natürlich ist, mit den dort wirkenden heiligen Männern zusammenkamen und ihre sittliche Leistung kennenlernten."[61]

„Anschließend" meint hier, im Anschluß an die Bekehrung Georgiens und die der Armenier. Doch die Bekehrung Georgiens ist in die erste Hälfte des 4. Jh. zu datieren, zur Zeit Kaiser Konstantins, und die Armenier „noch früher", d.h. Anfang 4. Jh. (gewöhnlich um 300).

3. Quellen

a) Die Aberkios-Inschrift

In der sog. Aberkios-Inschrift wird für Syrien und Nisibis eine Verbreitung des Christentums bezeugt. Dort heißt es in Griechisch, hier nach der Übersetzung von Wolfgang Wischmeyer[62]:

„Und Syriens Ebene sah ich und alle Städte, (bis) Nisibis, nachdem ich den Euphrat überquert hatte; überall aber fand ich Glaubensgenossen".

Die Inschrift, d.h. das Grab-Epigramm steht am Ende der Vita eines Bischofs Aberkios von Hierapolis (Ende 4. Jh.), und ist 1882/3 beim antiken Hierapolis in Phrygien (nicht das syrische Hierapolis, das später Mabbug und heute Manbiğ heißt)[63] in zwei Inschriften gefunden worden: a) Die Alexander-Inschrift von 216 mit vv. 1–3.20–22, b) Die Aberkios-Inschrift in zwei Fragmenten mit vv.7–15[64]. Die Inschrift ist nicht nur eines der ältesten christlichen Monumente, sondern steht mit dem Genus Grabgedicht an einem Anfang

gier haben gewisse Würden unter dem Herrn Christus erhalten, weil sie sich vor ihm niedergeworfen und ihn verehrt haben" (SC 141, p. 392).

60 *Hansen*, 233, übersetzt: „den Bewohnern der Provinzen Osrhoëne und Armenia (minor)".

61 *Sozomen.*, HE II 8,2: Hansen, FC 73,1 (Turnhout 2004), 233. Diese Hypothese, dass Armenien Ursprung des iranischen Christentums war, ist wenig plausibel, so *Garsoïan*, Persien, 1162, Anm. 6.

62 *W. Wischmeyer*, Die Aberkios-Inschrift als Grabepigramm, JAC 23 (1980) 22–47, hier 25. Vgl. *E. Wirbelauer*, Aberkios, der Schüler des Reinen Hirten, im Römischen Reich des 2. Jahrhunderts, Historia 51 (2002) 359–382, hier 367.

63 *Wirbelauer*, 360.

64 Diese zwei Fragmente wurden Papst Leo XIII. [1878–1903] zu seinem goldenen Bischofs-

der christlichen Dichtung. Sie verwendet eine Bildersprache, die fast verschlüsselt wirkt, mit einem der ältesten christlichen Belege für das Fischsymbol.

In der Inschrift nennt sich Aberkios Schüler eines heiligen Hirten, der seine Schafe gehütet und der ihn gelehrt habe, das Buch des Lebens zu verehren. Dieser Hirte habe ihn nach Rom gesandt, wo er eine prächtige Königin gesehen habe. Danach sei er nach Syrien gereist, wo er Brüder im Glauben angetroffen habe. Er sei mit einem großen Fisch gespeist worden, den eine Jungfrau aus einer Quelle gezogen habe und man habe ihm den Wein der Tugend und Brot gegeben. „Aberkios erfährt die Katholizität der Kirche von Rom bis zum Euphrat als Eucharistiegemeinschaft“[65].

Die Debatte über das Christentum des Aberkios darf „gegenwärtig als abgeschlossen betrachtet werden“[66]. Die metaphernreiche Sprache der Inschrift hat zu verschiedenen Interpretationen geführt. So ging Gerhard Ficker 1894 davon aus, dass der Text des Epitaphs beweise, dass Aberkios ein Priester der Kybele gewesen sei, während Adolf Harnack 1895 in ihm Zeichen für einen religiösen Synkretismus erkennen wollte. Giovanni Battista de Rossi, Louis Duchesne und Franz Cumont widersprachen solchen Theorien jedoch und sprachen sich dafür aus, in dem Autor des Epitaphs einen Christen zu sehen; dieser Meinung wird heute allgemein gefolgt.

b) Das Buch der Gesetze der Länder *(Liber legum regionum)*

Eines der frühesten Erzeugnisse syrischer Literatur und zwar aus der Schule des Bardaisan (154–222)[67], da von seinem Schüler Philippos redigiert, ist das Buch der Gesetze der Länder *(Liber legum regionum)*[68] (oder: Dialog über das Schicksal). Bardaisan, der Hauptsprecher in diesem Dialog, unterstreicht die menschliche Freiheit innerhalb der vom Schicksal bestimmten Lebensereignisse. Das Schicksal hat keine absolute Macht, sondern ist durch Gesetze in den verschiedenen Ländern begrenzt, denen sich die Menschen unterwerfen. So enthält die Schrift zahlreiche ethnographische Nachrichten und kam dadurch auch zum Titel *Liber legum regionum*, redigiert zwischen 196–226[69].

jubiläum 1892 vom türkischen Sultan und vom Ausgräber geschenkt und befinden sich jetzt in den Vatikanischen Museen.

[65] *W. Wischmeyer,* Aberkios-Inschrift, in: LThK 1 (1993), 46–47.

[66] So *Wirbelauer,* 372, mit Verweis auch auf Wischmeyer, der schon 1980 schrieb: „An dem christlichen Charakter der Inschrift dürfte … nicht zu zweifeln sein“ (*Wischmeyer,* 22); vgl. dort der Hinweis auf die Diskussion.

[67] Dazu *H. W. J. Drijvers,* Art. Bardesanes, TRE 5 (1980) 206–212; *ders.,* Bardaiṣan of Edessa (Assen 1965). Vgl. auch *T. Krannich, P. Stein,* Das „Buch der Gesetze der Länder“ des Bardesanes von Edessa, ZAC 8 (2005) 203–229, hier 203.

[68] Ed. F. Nau, Liber legum regionum, in: Patrologia Syriaca I, 2 (1907) 490–657. *H. Drijvers,* The book of the laws of countries. Dialogue on fate of Bardaiṣan of Edessa (Assen 1965).

[69] So *W. Cramer,* KWCO, 93.

Am Ende (§ 46) wird aufgeführt, welche üblen Bräuche die Jünger Christi alle nicht beobachten; in diesem Zusammenhang werden Gegenden erwähnt, in denen Christen („unsere Brüder") leben, darunter Parthia, Persien, Medien, Edessa, Hatra[70]. Somit bezeugt das Buch die Anfänge des Christentums in diesen Regionen ab etwa Mitte des 2. Jhs.

c) Die Mari-Akten

Die Akten[71] berichten die Geschichte von Mari, einem der 70 Jünger Jesu (Lk 10,1.17) und Schüler des Addai (oder Thaddäus, Mt 10,3; Mk 3,18) in Edessa. Mari wurde von Addai nach Osten gesandt, predigte in Nisibis, in Erbil und zog nach Süden bis nach Seleukia und Ktesiphon, wo er die erste Kirche gründete. Durch Predigten und Wunder gewann er die Menschen für den Glauben. Sobald eine Stadt bekehrt war, gründete Mari eine Kirche, ein Kloster und eine Schule [Schulgründung ist ein Phänomen ab Ende des 4. Jh.], und setzte Priester, Diakone und Lehrer ein. In dem Ort Dūr Qunnī, in dem er früher gepredigt und eine Kirche errichtet hatte, starb er und wurde dort begraben.

Die Akten berichten die Evangelisierung Mesopotamiens durch Mari bis hin nach Persien (d. h. dem antiken Iran). Christelle und Florence Jullien sehen sie als einen im Dienst der kirchlichen Einheit stehenden Gründungstext für den Sitz Seleukia-Ktesiphon und eine wirkliche Relecture der Positionierung des Bischofssitzes Seleukia-Ktesiphon und seiner Politik nach primatialer Unabhängigkeit und Souveränität[72].

---

[70] Liber legum regionum, 46: Nau, PS I 2, 606–609; *I. Ortiz de Urbina,* Patrologia syriaca (Rom 1965), 42 (lat.). Drijvers, 58–61. Vgl. *Chaumont,* La christianisation, 6–8.

[71] Editionen: *C. & F. Jullien* (eds.), Les Actes de Mar Mari = CSCO 602, Syr. 234 (T); CSCO 603, Syr. 235 (V) (Leuven 2003). Offenbar unabhängig von den Julliens (sie werden nirgends zitiert), bietet *A. Harrak* (ed.), The Acts of Mar Mari the Apostle (Atlanta GA 2005) den syr. Text der Mar Mari-Akten und die Erzählung aus dem Liber Turris (ed. Gismondi) mit engl. Übersetzung und Anmerkungen. *I. Ramelli* (ed.), Atti di Mar Mari (Brescia 2008) dagegen geht von der Edition der Jullien aus, gibt aber Überschriften hinzu (ebd. 146). Sie bietet eine ital. Übersetzung (147–207) der Akten nach einer langen Einleitung (19–144). Dazu vgl. Rezension von *S. Brock,* in: Ancient Narrative 7 (2009), 123–129 (some „blemishes ... but a very useful contribution to the study of this intriguing text"). Brock datiert den Text frühestens Mitte 7. Jh. (ebd. 128). – Vgl. auch die alte deutsche Übersetzung: *R. Raabe,* Die Geschichte des Dominus Mâri, eines Apostels des Orients (Leipzig 1893), der den Text mit Nummern versah (so auch Harrak); *J.-B. Abbeloos,* Acta Sancti Maris Assyriae Babyloniae ac Persidis Seculo I apostoli aramaice et latine, AnBoll 4 (1885) 43–138, mit lat. Übers. (Einteilung in Paragraphen). Eine Analyse der Mari-Akten bietet auch *Th. Mannooramparampil,* Acts of Mar Mari, The Harp 25 (2010) 137–154. Vgl. *Chaumont,* La christianisation, 16–22 (zu den Akten Mar Maris), 23–29 (Wertung).

[72] Ähnlich *J.-N. Mellon Saint Laurent,* Missionary Stories and the Formation of the Syriac Churches (Oakland, Ca. 2015), 56–71 mit Anm., p. 152–161, am Ende: „Monks of the sixth century wrote the *Acts of Mari* to present themselves as the heirs of Mari's conversion, and they legitimized their relationships with the Persian imperial regime and Christians of the Roman Empire through this narrative." (71)

Gegen die Akten wurde vorgebracht, sie hätten keine Autorität (vgl. Tisserant, Duval) und seien legendarisch (Baumstark, Aßfalg, Segal). Sie stellten eine Erweiterung der Addai-Tradition dar (zu Beginn wird die Abgarlegende wiederholt). Die assyrische Kirche verehrt Mari bis heute als historischen Evangelisten des Tigris-Tals. Ein iranischer Hintergrund (Chaumont) wird deutlich. Der Text will die Apostolizität des Sitzes Seleukia-Ktesiphon, der Hauptstadt des Perserreichs, begründen.

Der historische Kern der Akten liegt möglicherweise in der Person des Mar Mari und seiner Schlüsselrolle in der Konversion Babyloniens. Die Akten vermischen syrische Spiritualität und Geschichte mit erfundenen Geschichten. Die literarische Gestalt ist die einer Apostelgeschichte, aber sie hat mehr mit apokryphen Apostelakten gemeinsam und schöpft aus den Thomas-Akten und der Doctrina Addai.

Die oft als legendär eingestuften Akten bieten eine Darstellung, die ihre Ausdrucksweise der Heiligen Schrift entnimmt und auf diese Weise das Wirken des Mari wiedergibt, der als großer Heiler in Erscheinung tritt, ein Merkmal, das auch in der Abgar-Legende wichtig ist.

Wahrscheinlich sind die Acta S. Maris gegen Ende der Sassaniden-Zeit verfasst worden, der Hagiograph hatte aber Dokumente aus erster Hand zur Verfügung, die auf die ältesten christlichen Gemeinden Mesopotamiens zurückgehen können[73]. Diese Datierung ist auch das Ergebnis von Christelle und Florence Jullien, der Editoren der Mar Mari-Akten.

Die Akten werden von Harrak in vorislamische Zeit datiert[74], genauer ins 6. Jh. Jullien sprechen vom Ende des 6. Jh.[75]. Diese Datierung kann sich auf die folgenden Beobachtungen stützen: Es werden keine arabischen Namen verwendet; ein Hinweis auf das Ende der Sassanidenzeit fehlt (in § 17). Der Feuerkult wurde nicht von der semitischen Bevölkerung ausgeübt, was erklärt, dass er selten erwähnt ist. In § 23 ist Feuer eine Göttin. Die Schrift ist aber auch nicht vor dem 4. Jh. entstanden, denn sie erwähnt Papa, sowie Klöster und Schulen, die erst Mitte 5. Jh. entstanden; Doctrina Addai, Anfang 5. Jh. datiert, wird in den Acta Mari benutzt. Dargestellt wird ein gut etabliertes Christentum (§ 32), was es erst im 6. Jh. gibt[76]. Jullien kommen in ihrer Conclusion (107–113) auf eine Spanne zwischen Ende des 6. Jh. und 7. Jh.: Die ältesten Zeugen, die Mar Mari als Apostel und Evangelisator von Mesopotamien und Babylon ausweisen, stammen aus dem 6. Jh. (Chronik von Karka dBet Seloq), die Glaubensbekenntnisse bewegen sich in der Linie der Synoden vom 4.–5. Jh. – eine Verortung im 6. Jh. ist m. E. durchaus möglich –

---

73 *Chaumont,* La christianisation, 29.

74 Zur Datierung *Harrak,* p. xiv–xvii.

75 *Jullien,* CSCO 603, p. 1.

76 *Harrak,* xvii.

dann Ishoyahb I. (585). Semantische Belege weisen auf 6.–7. Jh.[77]. Nach Brock[78] sind die Akten schon aus sprachlichen Gründen mindestens in das 6. Jh. zu datieren, er selbst kommt auf Mitte 7. Jh.

Der Autor ist ein Mönch von Dūrā dQunnī *(dwr' dqwny)*, wo Mari begraben ist (§ 34), vielleicht waren die Acta für den Gedächtnistag komponiert. – Schon Labourt vermerkte den Propaganda-Charakter der Akten für Dar Qunni[79]. Dort sind auch die Patriarchen Isaak († 410/1) und Dadisho Samuel († 456) begraben, und von Mar ʿAbda wurde Ende 4. Jh. eine Schule mit Kloster gegründet[80]. Später, 10.–11. Jh., gab es dort berühmte Gelehrte; das Kloster wurde im 13. Jh. zerstört.

Die Glaubensbekenntnisse

Auffallend ist, dass in den Mari-Akten an einigen Stellen und zwar im Kontext von Heilungen verschiedene Glaubensbekenntnisse zu finden sind (in §§ 8, 20, 23, 27), mit geprägten Formulierungen, die aus der Symbolliteratur bekannt sind. Man kann verstehen, dass Christelle und Florence Jullien diese Texte für ihre Datierung herangezogen haben[81]. Christologische Aussagen bzw. Bekenntnisse finden wir in den §§ 7, 8 und 13[82]:

7: „Ich glaube an Christus, den Sohn Gottes, ihn, welcher am Ende der Zeiten vom Himmel herabgestiegen ist und die Welt weggewendet hat von dem Irrtum der Dämonen[83], in welchem sie befangen war … Im Namen des Herrn Jesu Christi, welchen die Juden in Jerusalem ans Kreuz geschlagen haben, stehe auf deinen Füßen!"

8: „Dass er von den Juden, den Hassern der Wahrheit, wie du gehört hast, getötet und auch begraben worden ist, – dies Wort beruht auf Wahrheit[84]. Dass er aber vom Grabe auferstanden ist und in Herrlichkeit in den Himmel erhoben worden ist und sich zur Rechten des Vaters gesetzt hat … dass er allein der wahre Gott ist, und dass außer ihm keiner ist" [cf. Jes 44,6.8].

---

[77] Ältere Datierung: *Illert,* FC 45 (Turnhout 2007) 73, datiert die Acta Mar Maris „zwischen 642 und 944", da der Untergang des Sassanidenreichs 642 vorausgesetzt sei (vgl. *Raabe,* Acta Mar Maris, 10) und die Translation des Christusbildes 944 nicht bekannt ist (*Dobschütz,* Christusbilder 2, 196*). *Chaumont,* La christianisation, 29, datiert auf 7. Jh. Die Abfassungszeit der Vita Mar Mari datiert *Schwaigert,* 176–177, auf „zwischen 642 und der 1. Hälfte des 11. Jhdts n. Chr."; dabei folgt Schwaigert Raabe (10–11) gegen Abbeloos (44: 5. oder 6. Jh.) (dem folgt auch Westphal), vgl. dazu das Schaubild p. 7.

[78] *Brock,* Rez. Ramelli, Ancient Narrative 7 (2009) 128.

[79] Vgl. *Labourt,* Christianisme, 14–15.

[80] Zu Dayr Qunni vgl. *J. M. Fiey,* Assyrie chrétienne vol. III (Beyrouth 1968), 188–193 und Index s.n.

[81] *Jullien,* CSCO 604, Subs. 114, p. 60–65.

[82] Wir zitieren die deutsche Übersetzung von Raabe in heutiger Rechtschreibung.

[83] Raabe verweist mit Recht auf Apg 14,15.

[84] Jullien übersetzen hier mit „wahrhaft, er ist das Wort". Aber es ist nicht erkennbar, dass sonst vom Logos die Rede ist.

13: [Christus ist] „Der Sohn des erhabenen, lebendigen Gottes, des Schöpfers von Himmel und Erde samt allen Kreaturen."

Klar wird Christus als Sohn Gottes bekannt, seine Herabkunft am Ende der Zeiten, seine Kreuzigung, sein Tod und Begräbnis in Wahrheit, seine Auferstehung und Himmelfahrt, Sitzen zur Rechten des Vaters. Solche bekenntnishaften Formulierungen sind aus den Symbola bekannt[85]. Ins Auge fallen antijüdische Wendungen (§§7 und 8).

Trinitarische Bekenntnisse findet man in §§20, 23 und 27.

20: „Es ist nicht ein neuer Gott, denn er ist von Anfang her und steht in Ewigkeit fest[86]. Und er hat Himmel und Erde gemacht und die Meere und alles, was in ihnen ist. Und er wird nichterforscht und nicht erfaßt. Und der Sohn, welcher von ihm ist, ist aus seiner Natur *(mn kynh)* geboren (gezeugt), und seine Zeugung wird von Menschen nicht erforscht und nicht begriffen. Denn er ist der Abglanz (Glanz)" [Hebr 1,3] „seiner Gottheit, und er hat ihn in die Welt gesandt, damit sie (die Menschen) durch ihn seinen Vater kennen lernten. Und durch *einen* heiligen Geist, welcher durch die Propheten geredet hat, (geschieht) die ewige Erlösung. Und (es sind) drei wirkliche Personen" *(qnome[87])* „welche in allem gleich sind, und sie umfassen alles Sichtbare und alles Unsichtbare, und sie vermögen alles und richten das All. Dies also ist die Erlösung der Christen, und im Namen dieses (scl. Christi) tun wir alles und heilen wir die Kranken und treiben wir die bösen Geister von den Menschen aus. ... Die erste Zeugung des Sohnes Gottes geschah nicht von (mit) einer Frau" [Gal 4,4], „sondern er ist gezeugt worden aus der Natur (dem Wesen) des Vaters, (als) Kraft und Weisheit[88]. Er ist wahrer Gott; der Sohn Gottes und zugleich wahrer Gott."

Die Gottheit Christi als Sohn Gottes ist klar zum Ausdruck gebracht (antiarianisch), sowohl am Ende wie auch schon durch die Formulierung von der Zeugung „von seiner Natur" *(mn kynh)*.

23: „Glaubt an den allmächtigen" *('ḥyd kl,*[89] Jullien, p. 33,13) „Gott, der Himmel und Erde gemacht hat, und außer welchem es keinen Gott gibt" [cf. Jes 44,6.8] – und an seinen Sohn Jesus Christus, der vom Himmel herabgestiegen ist und einen Menschenkörper angezogen *(lbš pgr')* und sie (die Menschen) zu ihm (Gott) hingewendet hat, – und glaubt an den heiligen Geist, welcher selbst in unsre Hände Kräfte gegeben hat,

---

[85] Vgl. *J. N. D. Kelly,* Altchristliche Glaubensbekenntnisse. Geschichte und Theologie (Göttingen 1972); Early Christian Creeds (London ³1972).

[86] Ganz ähnlich im Bekenntnis von Mar Aba: „one eternal God who has no beginning or end, but he was continually and is always." (Nach der engl. Übersetzung bei *Brock,* Christology, 1985, 134).

[87] Die drei *qnome* auch bei Mar Aba (*Brock,* Christology, 1985, 135).

[88] Das könnte eine Anspielung auf 1 Kor 1,24: Christus, Gottes Kraft und Gottes Weisheit, sein.

[89] So ebenfalls im Persicum, vgl. *A. de Halleux,* Le symbole des évêques perses au synode de Séleucie-Ctésiphon (410), GOF.S 17 (Wiesbaden 1978), p. 162 („omnitenant"), aber auch praktisch in allen bekannten Symbola, seit dem altrömischen bis zu griechischen und syrischen Symbola, incl. derer in der nestorianischen und chaldäischen Liturgie (ebd. 168 mit Anm. 2).

und es wurden diese Häupter eurer Gesellschaften geheilt. ... Mein Gott ist nicht sichtbar und wohnt in Herrlichkeit in den Höhen, und alles, was er will, macht er."

Betont wird der einzige und allmächtige Gott als Schöpfer von allem. Die Inkarnation ist mit *lbš pgr'* ausgedrückt, die Erlösung wird als Rückholen zu Gott verstanden. Der Heilige Geist gibt heilende Kraft.

27: „... dass wir an *einen* wahren Gott glauben, ein in sich verborgenes Wesen" [*'yty'*]. Und er wird nicht erforscht von den Gemachten (Geschaffenen), und seine Vaterschaft wird nicht erfaßt von seinem Gebilde und seine Herrschaft ist unüberwindlich. Und (wir glauben) an seinen einigen Sohn, dessen Geburt (Zeugung) von Menschen nicht erforscht wird, welcher selbst *(ipse)* einen Menschenkörper anziehen [*lbš pgr'*] wollte, und der die Welt lebendig gemacht hat durch das Erbarmen dessen, der ihn gesandt hat. Und (wir glauben) an einen Heiligen Geist, welcher die Vollendung[90] *(consummatio)* der Gottheit ist. Und glaube nicht bei dir, dass wir, indem wir drei Namen wiederholen, drei Götter voneinander unterscheiden. Sondern der Vater ist (zwar) für sich (in seiner Hypostase)" (in seinem *qnoma*), „und der Sohn wiederum, welcher vom Vater aus [geht], ist für sich" (in seinem *qnoma*),„und der Heilige Geist, welcher vom Vater ausgeht [*npq*], ist für sich" (in seinem *qnoma*). Die Gottheit aber ist eine. Wenn du glaubst (glauben willst), so glaube so."

Hier sind die Einzigkeit Gottes und vor allem seine Nicht-Erforschbarkeit herausgestellt. Auch die Geburt des Sohnes aus dem Vater entzieht sich menschlichem Erforschen. Die Inkarnation ist wieder mit *lbš pgr'* zum Ausdruck gebracht. Als Besonderheit ist zu notieren, dass der einzige Sohn der Lebendigmacher ist (nicht der Heilige Geist, wie sonst im Credo), der Heilige Geist ist als Vollendung der Gottheit gesehen. Für den Hervorgang von Sohn und Heiligem Geist aus dem Vater werden zwei verschiedene Ausdrücke verwendet.

Insgesamt wird in diesen Bekenntnissen deutlich der Monotheismus ausgesagt, sowie die Verborgenheit und Unerforschlichkeit des göttlichen Wesens unterstrichen und die Trinität als Einheit in drei *qnome* formuliert. Hervorzuheben ist die Aussage über das belebende Erbarmen Gottes (sie findet man in Glaubensbekenntnissen sonst selten) und die Formulierung über den Heiligen Geist als Vollendung der Gottheit. Durch den Namen Christi heilt Mar Mari Kranke und treibt er Dämonen aus (§ 20) – damit klingen ntl. Formulierungen an (Mk 16,17–18; Lk 10,9.17). Mari heilt aber auch durch die Kraft des Heiligen Geistes (§ 23).

Wenn mehrfach eine Betonung der Einzigkeit Gottes zu finden ist, dann ist das sicher biblisch verwurzelt; es könnte aber auch im konkreten Umfeld von Bedeutung gewesen sein (ob man schon an den Islam denken will, sei dahin gestellt). Die ausdrückliche Ablehnung eines Tritheismus – dass durch drei Namen nicht drei Götter unterschieden werden (§ 23) – kann aber muss nicht

---

[90] *Harrak,* 63, übersetzt *šwmly'* als completion, *Jullien,* 43, als achèvement.

zwingend gegen aktuelle Bestreitungen gerichtet sein, auch wenn der Tritheismus Mitte des 6. Jh. unter den Antichalcedoniern aufkam[91].

Im Bekenntnis des Mar Aba (Katholikos 540–552) findet man die trinitarischen drei *qnome* und der eine Gott ohne Anfang wird betont, was aber andererseits nicht so spezifisch ist, um für die Datierung einen Anhaltspunkt zu liefern. Insgesamt wird man sagen können, dass die Glaubensbekenntnisse in den Acta Mari nicht vor Ende des 6. Jh. zu datieren sind.

d) Die Chronik von Arbela und weitere Quellen

Heftig umstritten ist die Echtheit der Chronik von Arbela[92] – schon Peeters war skeptisch[93] –, sei es als Manuskript (Aßfalg), sei es inhaltlich (Fiey)[94]. Inzwischen wird der Chronik zumindest in einigen Aussagen eine gewisse Glaubwürdigkeit bescheinigt, so Chaumont („mérite une certaine créance“[95]). Christelle und Florence Jullien haben dieses Dokument einer wohl als umfassend zu bezeichnenden Untersuchung unterzogen. Sie sehen den Text als eine historische Kompilation, in der man sichere Tatsachen ausmachen kann, zusammen mit einem anderen Teil, den man vielleicht als „historischen Roman von kirchlichen und politischen Ereignissen“ der Adiabene betrachten kann[96].

An drei Stellen (cap. 6, 7 und 8) wird explizit auf Euseb von Caesarea und seine Kirchengeschichte Bezug genommen[97]. Der übertreibende, romanhafte Stil erinnert an apokryphe Apostelakten (vgl. Thekla).

---

[91] Vgl. insbesondere Johannes Philoponus und unsere Darstellung in Jesus d. Chr. 2/4 und 2/3.

[92] Ed. P. Kawerau, Die Chronik von Arbela = CSCO 467/468, Syr. 199/200 (Louvain 1985).

[93] Vgl. *Tisserant,* 162.

[94] Dezidiert gegen die Echtheit *J. M. Fiey,* Auteur et date de la Chronique d'Arbèles, OrSyr 12 (1967) 265–302. Zum Manuskript *J. Aßfalg,* Zur Textüberlieferung der Chronik von Arbela. Beobachtungen zu Ms. or. Fol. 3126, OrChr 50 (1966) 19–36. Aßfalg hat das (bisher?) einzige vorhandene Manuskript einer eingehenden Untersuchung unterzogen. Er zeigte (ebd. 36), „dass die Textüberlieferung der Chronik von Arbela keineswegs über jeden Zweifel erhaben ist. … nicht nur innere Kriterien, sondern auch die unklaren Verhältnisse der Textüberlieferung mahnen zu größter Vorsicht gegenüber der Chronik von Arbela.“ *J. M. Fiey* sieht Mingana als Autor der Chronik von Arbela und nennt den Kopisten mit Namen (Priester …)

[95] Dazu *Chaumont,* La christianisation, 29–38; ebd. 35.

[96] *Ch. Jullien, F. Jullien,* La Chronique d'Arbèles. Propositions pour la fin d'une controverse, OrChr 85 (2001) 41–83, bes. 83 Hypothese eines Originals für einige genaue Punkte der Chronik. *Dies.,* Apôtres des confins. Processus missionnaires chrétiens dans l'empire iranien = Res Orientales 15 (Bures-sur-Yvette 2002), 133–136. *E. Kettenhofen,* Die Chronik von Arbela, in: L. Criscuolo (hg.), Simblos. Scritti di Storia antica (Bologna 1995) 287–319, sagt auch, dass es sich um spätes literarisches Werk handelt, das er auf Ende 11., Anfang 12. Jh. datieren würde, aufgrund der Annalen des Tabari und vielleicht der Chronik von Séert.

[97] Kawerau, 42 (syr. 23); E. Sachau, Die Chronik von Arbela (Berlin 1915) 57.

Hinzufügen kann man zu den genannten Quellen auch eine weitere lokale Chronik, die Geschichte von Karka de Beth Sloq[98], die auf das 6. Jh. zurückgehen kann und der Fiey – und nun auch Josef Rist[99] – größere Glaubwürdigkeit zuspricht.

Dazu kommen ergänzend Patriarchenlisten, wie von Elias von Nisibis, Mari ibn Suleyman, ʿAmr und Barhebraeus[100].

II. PERSISCHE MÄRTYRER

Kaiser Konstantin I. (†337) hatte erfahren, „dass bei dem Volk der Perser die Kirchen Gottes zahlreich waren und unzählige Menschen sich den Herden Christi angeschlossen hatten"; in seinem Brief an Shapur II. (309–379) empfiehlt und vertraut er sie dem persischen König an[101].

„Was diese Aufzählung von Menschen angeht, ich meine die Christen ..., wie meinst Du habe ich mich gefreut, als ich hörte, dass auch die wichtigsten Gebiete Persiens weithin, wie es mein Wunsch ist, mit ihnen geschmückt sind! Dir nun möge ebenso wie jenen auf die möglichst beste Art und Weise das Beste widerfahren, weil Dir auch jene angehören. Denn so wirst Du den Herrscher des Universums als milde, sanftmütig und wohlwollend erleben: Diese nämlich empfehle ich Dir, da Du so mächtig bist, eben diese vertraue ich Dir an, weil Du auch durch Frömmigkeit ausgezeichnet bist. Liebe diese im Einklang mit Deiner Menschenliebe (φιλανθρωπία). Dir selbst und uns wirst Du unermessliche Huld dafür durch den Glauben erweisen."[102]

---

[98] *Chaumont,* La christianisation, 38–41. *J. M. Fiey,* Vers la réhabilitation de l'Histoire de Karka de Bét̲ Slōḫ, AnBoll 82 (1964) 189–222.

[99] *J. Rist,* „Die Geschichte von Kark̲ā d̲-Bēt̲ Slok̲ und der Märtyrer darin" (BHO 705). Bemerkungen zu einem spätantiken hagiographischen Text und seinem Sitz im Leben, in: D. W. Winkler (hg.), Syrische Studien. Beiträge zum 8. Deutschen Syrologie-Symposium in Salzburg 2014 = orientalia – patristica – oecumenica 10 (Wien 2016) 181–197, hier 194.

[100] Vgl. Tabellen bei *Chaumont,* La christianisation, 42–47; *M. Kmosko,* Praefatio, c. I, De vita et scriptis s. Simeonis Bar Sabba'e, PS I (Paris 1926), 664–667.

[101] So *Euseb. Caesar.,* Vita Constantini 4, 8: H. Schneider, FC 83 (2007), 420–421. der Brief an Shapur II. (Vita Const. 4, 9–13) folgt anschließend.

[102] *Euseb. Caesar.,*Vita Const. 4, 13: FC 83, 424–427. Vgl. F. Winkelmann, L. Pietri, M.-J. Rondeau (ed.), Vie de Constantin IV 13, SC 559 (Paris 2013) 470–471. Zur Authentizität des Briefes: *L. Pietri,* Introduction, SC 559 (Paris 2013), 43–45 (mit zwei Argumenten für die Echtheit). Vgl. *T. D. Barnes,* Constantine and the Christians of Persia, JRS 75 (1985) 127–136, bes. 131–132; Barnes datiert den Brief auf kurz nach Oktober 324 (ebd. 132). *K. M. Girardet,* Der Kaiser und sein Gott. Das Christentum im Denken und in der Religionspolitik Konstantins des Großen (Berlin 2010) 160 („sein erstaunlicher, wohl ca. 324/25 geschriebener Brief an den jungen persischen Großkönig Shapur II."). *Kyle Smith,* Constantine and the Captive Christians of Persia. Martyrdom and religious identity in Late Antiquity (Oakland Ca. 2016), 17–44, untersucht (in Auseinandersetzung mit neuerer Literatur) von neuem Echtheit und Datierung und argumentiert dafür (45), dass der Brief Konstantins an Shapur II. ein authentischer kaiserlicher Brief sei, der wahrscheinlich 324/5 geschrieben sei.

Die darauf folgende 40jährige Verfolgung unter Shapur II., in der 344 auch Simon Bar Sabba'e starb[103], wurde häufig als eine „bittere“[104] Folgeerscheinung auf diesen Brief angesehen[105].

Perioden der Verfolgungen führten zu Martyrien[106] in der Zeit der Regierung von Bahrām IV. (388–399), Bahrām V. Gor (421–439) und Yazdgerd II. (439–457), unter Piroz (459–484) erst am Ende, vereinzelt unter Kawādh I. (488–531) oder Chosroes I. Anoshirwan (531–579), Chosroes II.[107], jeweils unterbrochen von friedlichen Zeiten. Insbesondere von Yazdgerd I. (399–420) wird festgestellt, dass kein sassanidischer König je so tolerant und freundlich den Christen gegenüber war wie er[108]. Inwieweit die Christen Verfolgungen selbst provoziert haben, etwa am Ende der Regierungszeit des Yazdgerd I., muss mit Van Rompay differenzierter gesehen werden. Zweifellos spielte aber dabei das sich ausbreitende Christentum unter Zoroastriern eine besondere Rolle, neben anderen Faktoren. Ein eigenes Forschungsthema stellt das kulturelle Umfeld im Iran dar, den Payne einen „state of mixture“ nennt[109], wie

---

[103] *G. Wießner,* Untersuchungen zur syrischen Literaturgeschichte I. Zur Märtyrerüberlieferung aus der Christenverfolgung Schapurs II. = AAWG.PH III 67 (Göttingen 1967) – „eine literar-kritische Untersuchung“, um „die Grundlage für die Beurteilung des historischen Aussagewertes der syro-persischen Märtyrerakten aus der Christenverfolgung Schapurs II. zu schaffen“ (39). Zu unterscheiden sind Adiabenische Märtyrerakten, Martyrien des sog. Simon-Kreises, etc. – Vgl. nun die Ausgabe von *Kyle Smith,* The Martyrdom and the History of Blessed Simeon bar Sabba'e (Piscataway, NJ 2014). Einen „Guide“ zu persischen Märtyrer-Akten mit ausgewählter Bibliographie bietet *S. P. Brock,* The History of the Holy Mar Ma'in. With a Guide to the Persian Martyr Acts (Piscataway, NJ 2009), 77–95. In der Geschichte des Confessors Mar Ma'in hat Kaiser Konstantin (§ 46, 47, 62, 65, 73, 90) eine prominente Rolle, der dafür sorgt, dass der in der Verfolgung des Großkönigs Shapur II. gefolterte Ma''in (ein bekehrter General des Shapur) nicht zu Tode kommt, sondern wieder befreit wird und letztlich im Sinjar-Gebirge 96 Klöster gründet. Ein Wirken in der Zeit 370–374 könnte, nach Fiey, angenommen werden (*Brock,* 8–10).

[104] Vgl. *Barnes,* Constantine, 136.

[105] Vgl. resumierend *Kyle Smith*, Constantine, 45.

[106] Vgl. die chronologische Aufstellung syr. Texte von Märtyrer-Akten in *Brock,* History, 78–84.

[107] Dazu *Fiey,* Jalons 85–99 (Chapître IV. Persécutions); Überblick bei *Garsoïan,* Persien, 1165–1169. Zu beachten ist die Analyse: *J. Rist,* Die Verfolgung der Christen im spätantiken Sasanidenreich: Ursachen, Verlauf und Folgen, OrChr 80 (1996) 17–42. *C. Jullien,* Peines et supplices dans les actes des martyrs persans et droit sassanide. Nouvelles prospections, Studia Iranica 33 (2004) 243–269.

[108] *L. Van Rompay,* Impetuous Martyrs. The Situation of the Persian Christians in the Last Years of Yazdgird I (419–420), in: M. Lamberigts, P. Van Deun (hg.), Martyrium in multidisciplinary perspective. Memorial Louis Reekmans = BEThL 117 (1995) 363–375, hier 372. Ebenso *Gribomont,* FS Vööbus, 286; und schon *Th. Nöldeke,* 103: er [„Jezdegerd“] zeigte „den Christen große Duldung“, wenn er „darum noch lange“ kein Christ war. In der persischen Tradition wird er als schlechter Charakter charakterisiert und mit dem Beinamen „der Sünder“ belegt.

[109] *R. E. Payne,* A State of Mixture. Christians, Zoroastrians, and Iranian Political Culture in Late Antiquity (Oakland, Ca. 2015).

auch überhaupt die persische Geschichte[110], worauf hier nicht eingegangen werden kann. Zweifellos hatte die sprachliche Verschiedenheit im Reich und die Auseinandersetzung mit dem Zoroatrianismus im hier betrachteten Zeitraum immer wieder ihre Auswirkungen.

III. DIE ORGANISATION DER KIRCHE DES OSTENS

Sebastian Brock[111] verweist darauf, dass es 410 bereits sechs Metropolitansitze[112] und über 30 Bischofssitze gab; am Ende der Sassaniden-Dynastie Mitte des 7. Jhs waren daraus zehn Metropolitansitze und 96 Bischofssitze geworden. Wie kam es zu dieser kirchlichen Organisation?

Auf der Synode von 410 bestimmte can. 21 die folgende Rangordnung: erster und Haupt-Sitz ist Seleukia-Ktesiphon, der Bischof von Kaškar (heute al-Wasiṭ) sei sein Vertreter im Falle seines Todes, dann folgen Bet Lapat, Metropole von Bet Huzaye, danach Nisibis, dann Pherat und Maisan mit der Metropole Karka (de Maisan), sowie Arbela (später Mossul) von Ḥedayab, und Karka de Bet Seloq von Bet Garmai.

Die verschiedenen Stadtgemeinden in Bēt Lapaṭ, Nisibis, Bēt Selōk, Karkā de Lēdān oder in der Hauptstadt Seleukia-Ktesiphon hatten sich getrennt entwickelt, wie Garsoian[113] zusammenfasste; es fehlen Indizien dafür, dass sie zu einer Einheit, der Kirche des Ostens, organisiert waren mit einem Primas an der Spitze, dem Katholikos-Patriarchen. Die einzelnen Kirchen und Gemeinden, die sich durch die deportierten Griechen und in der aramäisch-sprachigen[114] oder persisch-sprachigen Bevölkerung gebildet hatten, zuweilen mit

---

[110] Vgl. *Th. Nöldeke,* Geschichte des Reichs der Sâsâniden, in: *ders.,* Aufsätze zur persischen Geschichte (Leipzig 1887) 86–134; in dieser Publikation bringt Nöldeke seine Aufsätze aus der Encyclopaedia Britannica über Persien, in der ursprünglichen deutschen Fassung aber überarbeitet.

[111] *S. P. Brock,* Christians in the Sasanian empire. A Case of Divided Loyalties, in: S. Mews (ed.), Religion and National Identity. Studies in Church History XVIII (Oxford 1982), 1–19 = Syriac Perspectives in Late Antiquity (London 1984), nr. VI.

[112] *E. Sachau,* Zur Ausbreitung des Christentums in Asien = APAW.PH 1919,1 (Berlin 1919), 14, nennt die folgende Rangordnung, die immer unverändert geblieben sei: Bet Armaye mit Seleukia, Susiana oder Bet Huzaye mit Bet Lapat, Bet ʿArbaye mit Nisibis, Maisan/Mesene mit Perat-Maisan (Baṣra), Adiabene mit Arbela, Bet Garmai mit Karka de-Bet Selok (Kerkuk). Ein Bischof von Fars mit Rew-Ardašir wird erst 424 und 485 genannt.

[113] *N. Garsoïan,* Persien: Die Kirche des Ostens, in: Die Geschichte des Christentums, Band 3: Der lateinische Westen und der byzantinische Osten (431–642) (Freiburg, Basel, Wien 2001) 1161–1186, hier 1169.

[114] *Brock*, Christians in the Sasanian empire, hält es für möglich, dass die zoroastrischen Autoritäten diese Christen mit verschiedenen Namen bezeichneten, nämlich die aramäischsprachigen einheimischen Christen als *naṣrāyē* und die Christen westlicher Herkunft als *krestyānē*. Dazu ausführlich *S. Brock,* Some Aspects of Greek Words in Syriac, in: A. Dietrich (hg.), Synkretismus im syrisch-persischen Kulturgebiet = AAWG.PH III 96 (1975), 80–108,

mehreren Bischöfen im selben Ort, existierten nebeneinander[115]. Dabei darf man auch die Präsenz und den Einfluss ethnisch iranischer Christen nicht außer Acht lassen[116].

Die darauf folgende Entwicklung hat Garsoïan prägnant zusammengefasst[117]. Als Bischof Pāpā bar Aggai Anfang des 4. Jh. erstmals versuchte, dem Sitz in der Hauptstadt einen Vorrang zuerkennen zu lassen, kam es zu einer heftigen Opposition der Bischöfe, die offenbar trotz Pāpās Appell an die „westlichen Väter" von Antiochien[118] letztlich seinen Rücktritt erzwang und die Nachfolge seines Hauptrivalen, des späteren Märtyrers Simeon/Šimʿūn bar Ṣabbaʿē[119] nach sich zog. Jede weitere Entwicklung wurde durch die große Verfolgung von Shāpūr II. unterbrochen. Nur mit der Genehmigung von Yazdagird I., der mit dem zoroastrischen Klerus schlecht stand, und unter dem Vorsitz zweier Gesandter aus dem römischen Reich, die „Briefe der westlichen Väter" überbrachten, den Bischöfen Marutha von Maipherqat und Acacius von Amida, gelang es Bischof Ishaq von Seleukia-Ktesiphon, in der Hauptstadt im Jahr 410 das Konzil zu versammeln, „das für die persischen Christen vielleicht das war, was das Konzil von Nicaea für die Kirchen des römischen Einflussbereichs war", wie Labourt zu Recht meint[120].

---

hier 91–95. Eine solche Theorie ist gestützt durch *Aphrahat,* Dem. 20,10, wo dieser *krisṭyane* (aus Apg 11,26) durch *mšiḥaye* (auch in Dem. 23,3) erklärt, also vermutlich durch die unter einheimischen Christen geläufige Bezeichnung, die dann außer Gebrauch kam. – Vgl. nun *Kyle Smith,* Constantine, 132–135 mit weiterer Literatur.

[115] *Labourt,* Christianisme, 20, formuliert: „Aucun lieu ne rattachait ces églises les unes aux autres."

[116] Dazu *G. Wießner,* Christlicher Heiligenkult im Umkreis eines sassanidischen Großkönigs, in: W. Eilers (hg.), Festgabe deutscher Iranisten zur 2500-Jahrfeier Irans (Stuttgart 1971), 141–155; vorher kurz *ders.,*Zur Auseinandersetzung zwischen Christentum und Zoroastrismus in Iran, in: W. Voigt (hg.), ZDMG Supplementa I,2 (= XVII. Deutscher Orientalistentag, 21.–27. Juli 1968, Würzburg) (Wiesbaden 1969), 411–417. *S. Gero,* The see of Peter in Babylon: Western influences on the ecclesiology of early Eastern christianity, in: N. G. Garsoïan, Th. F. Mathews, R. W. Thompson (eds.), East of Byzantium: Syria and Armenia in the formative period (Washington D.C. 1982), 45–51, hier 45 mit Anm. 2, weist auf dieses Phänomen hin mit Angabe der beiden Artikel von Wießner und Zurückweisung der Übertreibung von Mingana, wonach „the immense majority of the members of the Nestorian church living East of the Tigris were of Persian, and not of Semitic or Aramaean birth and extraction" (*A. Mingana,* The early spread of christianity in Central Asia and the Far East. A new document, Manchester 1925, 6). Zum Christentum unter iranisch-sprachigen Persern vgl. A. Mustafa, J. Tubach (hg.), Inkulturation des Christentums im Sasanidenreich (Wiesbaden 2007).

[117] Vgl. *Garsoïan*, Persien, 1169–1170.

[118] Die Beziehungen zu den „westlichen Vätern" werden später behandelt, vgl. 5. Sendschreiben.

[119] Akten von Miles: Acta martyrum (syr.) II, 260–275; BO I, 186–187; III/1, 51; Syn. Or., Chabot, 289–292; vgl. *Labourt,* Christianisme 20–24; *M. J. Higgins,* Chronology of the Fourth-Century Metropolitans of Seleucia-Ctesiphon, Trad 9 (1953) 45–99; *Fiey,* Jalons 72–75; *Chaumont,* Christianisation 137–147, für eine Diskussion der Schwierigkeiten dieses Pontifikats.

[120] Syn. Or., Chabot, 253–275; *Labourt,* Christianisme 93.

Beim Konzil von 410 in Seleukia-Ktesiphon wurden das Symbol von Nicaea und die canones übernommen. Aber in welcher Form? Im Synodicon Orientale steht das „reine Nicaenum" aber in einer revidierten syrischen Terminologie, die erst um 500 durch Philoxenus von Mabbug eingeleitet wurde: in einer Revision der Symbola von Nicaea und Konstantinopel wurden für die Inkarnation die Verbformen *etgašam* und *hwa barnaša* ersetzt durch *etbasar* und *etbarnaš*, sowie *bar kyana* (für homoousios) ersetzt durch *bar ituta*, so André de Halleux[121]. Gribomont[122] stellte bereits fest, dass im Synodicn Orientale das „reine Nicaenum" vom Kompilator eingesetzt wurde. Das Glaubensbekenntnis im westsyrischen Synodicon – ediert von Arthur Vööbus[123] – dagegen zeigt sich terminologisch deutlich älter; de Halleux bezeichnet dieses Symbol der persischen Bischöfe als P. Bruns nennt es *Persicum*. Dass in den Akten von 410 ein Glaubensbekenntnis vorangestellt war, ist sehr wahrscheinlich[124]. André de Halleux fasst das Ergebnis seiner philologischen und historischen Analyse am Ende zusammen:

„Das syrische Symbol vom antiochenischen Typ, das die Synode von 410 in P umformte, stellt die älteste bekannte Version des ostsyrischen Typs dar. Ist es das Ursymbol der persischen Kirche? Wahrscheinlich haben die Väter von 410 als Modell ihres nicaenischen Bekenntnisses eines ihrer traditionellen lokalen Symbola genommen, vielleicht das von Seleukia-Ktesiphon?"[125]

Im Schutz der Toleranz des Königs empfing das Konzil das Glaubenssymbol der Väter von Nicaea und übernahm dessen Kanon über die Bischofsweihen[126]. Auf dieser Synode wurde eine hierarchische Ordnung der Kirche etabliert: Der Primat des Sitzes der Hauptstadt wurde anerkannt, und sein Inhaber erhielt den Titel „Groß-Metropolit und Haupt aller Bischöfe"; in ab-

---

[121] *A. de Halleux,* Le symbole des évêques perses au synode de Séleucie-Ctésiphon (410), in: G. Wießner (hg.), Erkenntnisse und Meinungen II = GOF.S 17 (Wiesbaden 1978) 161–190.

[122] *J. Gribomont,* Le symbole de foi de Séleucie-Ctésiphon (410), in: R. H. Fisher (ed.), A tribute to Arthur Vööbus. Studies in early Christian literature and its environment. Primarily in the Syrian East (1977) 283–294, hier 290.

[123] *A. Vööbus,* New Sources for the Symbol in early Syrian Christianity, VigChr 26 (1972) 291–296, hier 294–295.

[124] *A. de Halleux,* Le symbole, 178–179.

[125] *A. de Halleux,* Le symbole, 190. Vgl. weitere Zusammenfassungen: *P. Bruns,* Bemerkungen zur Rezeption des Nicaenums in der ostsyrischen Kirche, AHC 32 (2000) 1–22, hier 9–16, für das Symbol (P = Persicum). *D. W. Winkler,* Zur Rezeption „Ökumenischer Konzilien" am Beispiel der persischen und armenischen Kirche, in: P. Bruns / H. O. Luthe (Hg.), Orientalia Christiana. FS für H. Kaufhold zum 70. Geburtstag (Wiesbaden 2013), 615–636, bes. 623–627.

[126] Syn. Or., Chabot, 254–257, 259–260, 262–263; siehe auch *Chabot,* p. 259, Anm. 3; *J. Gribomont,* Le symbole de foi de Séleucie-Ctésiphon (410), in: FS Vööbus, 283–294; *Chaumont,* Christianisation 147–157; *Fiey,* Jalons 67–71, 75–76, 82–83, zur Frage des Bischofs Johannes von Persien auf dem Konzil von Nicaea, der Autorität des Patriarchen von Antiochien über Seleukia-Ktesiphon, wie auch zur Frage der echten Canones und der von den „westlichen Vätern" an Marutha von Maiferqat gesandten sog. arab. oder Ps.-Canones.

steigender Reihenfolge folgten sein Stellvertreter der Metropolit von Kaškar [das heutige al-Wāsiṭ, zwischen Bagdad und Basora] und darauf die Metropoliten von Bēt Lapaṭ, von Nisibis, von Karkā de Maišan, Arbela und Karkā de Bēt Selok [das heutige Kirkuk], jeweils mit der Liste ihrer Suffragane[127]. Der Shah-in-shah sanktionierte die Entscheidungen des Konzils, und seine Amtsträger, die den Vorsitz auf der letzten Sitzung des Konzils führten, verkündeten sie; jede Opposition dagegen wurde unter Androhung königlicher Strafe[128] verboten. Nicht zu Unrecht konstatiert Garsoïan[129], dass damit die persische Kirche, obgleich eine Minderheit in einem zoroastrischen Staat, den offiziellen Charakter einer Staatskirche erlangte. Die ambivalenten Folgen – die Eingriffe der königlichen Macht in der Kirche – werden von Garsoïan für die Jahre bis ins 7. Jh. dann auch aufgelistet.

Diese hier kurz zusammengefasste Entwicklung der kirchlichen Organisation[130] soll im Folgenden unter der Fragestellung der Titel „Katholikos" und „Patriarch" für den Bischof von Seleukia-Ktesiphon genauer untersucht werden. Mit diesen beiden Titeln wird, so Jean-Maurice Fiey, das doppelte Problem der Autonomie der Kirche von Persien in Bezug auf Antiochien und ihrer Zentralisierung um den Sitz der Königsstädte, nämlich Seleukia und Ktesiphon angezeigt. Zur Identität der Kirche des Ostens gehört es, dass ihr Oberhaupt den Doppeltitel Katholikos-Patriarch trägt, der auch liturgisch bezeugt ist[131]. So stellt sich u. a. die Frage: Was zeigen die beiden Termini jeder für sich an? Was will ihre Zusammensetzung aussagen? Seit welcher Zeit hat der Inhaber des Sitzes von Mar Mari sie getragen? Die Untersuchungen über die Titel Katholikos und Patriarch für den Bischof von Seleukia-Ktesiphon, die Luise Abramowski ursprünglich als Exkurs zum vorliegenden Band verfasst, aber bereits 2011 publiziert[132] hat, sollen hier im Ergebnis zusammengefasst und mit weiteren Belegen präsentiert werden.

---

[127] Syn. Or., can. XXI, Chabot, p. 271–273. Zu diesen Eparchien siehe *E. Sachau,* Zur Ausbreitung des Christentums in Asien = APAW.PH 1919,1 (Berlin 1919); *N. Garsoïan,* Quelques précisions préliminaires sur le schisme entre les Églises byzantine et arménienne au sujet du concile de Chalcédoine. III: Les évêchés méridionaux limitrophes de la Mésopotamie, REArm 23 (1992) 39–80; *Fiey,* Oriens, s.n.

[128] Syn. Or., Chabot, 260–261.

[129] Vgl. *Garsoïan,* Persien, 1170.

[130] Dazu *Labourt,* Christianisme, 18–28.

[131] *Fiey,* Jalons, 66–84, hier 66. – Im Ritus Consecrationis patriarchae, V, nennt der Archidiakon diesen Doppeltitel (*qtwlyq' pṭryrkys*, BO III, 2, p. 673).

[132] *L. Abramowski,* Der Bischof von Seleukia-Ktesiphon als Katholikos und Patriarch, in: D. Bumazhnov, H. R. Seeliger (hgg.), Syrien im 1.–7. Jahrhundert nach Christus: Akten der 1. Tübinger Tagung zum Christlichen Orient, 15.–16. Juni 2007 = Studien und Texte zu Antike und Christentum 62 (Tübingen 2011) 1–55. Wieder abgedruckt als Nr. 5.3 in: *L. Abramowski,* Neue christologische Untersuchungen, Bearbeitet von A. Schilling, hgg. V. H. Drecoll, H. C. Brennecke, C. Markschies = TU 187 (Berlin 2020). – Im Folgenden gebe ich die Ergebnisse dieses Exkurses wieder, vermehrt um weitere Literatur und Belege.

1. Der Titel Katholikos

Jean Maurice Fiey konstatierte 1967, man wisse nicht, wann der Begriff „Katholikos" in kirchlichen Gebrauch gekommen sei[133]. In den persischen Märtyrerakten ist nur vom „Bischof von Seleukia-Ktesiphon" die Rede, und Sozomenus spricht vom „Erzbischof Symeon von Seleukia und Ktesiphon den persischen Hauptstädten"[134], das Synodicon Orientale aber anlässlich der Synode von 410 vom Erzbischof und Katholikos.

Die „Selbstverständlichkeit, mit der die Vokabel" Katholikos auf der Synode von 410 dem Synodicon Orientale zufolge „auftritt", spreche gegen eine nachträgliche Einfügung in die Akten, so mit Recht Abramowski, die daraus folgert: „sie muss den Teilnehmern der Synode bereits vorher geläufig gewesen sein."[135] Für die Datierung kommt sie zum Schluss: „Wenn nun die Märtyrerakten der Verfolgung unter Shapur II. den Titel Katholikos für den Bischof der Hauptstadt noch nicht kennen, die Akten der Versammlung von 410 ihn aber benutzen, dann muss der Gebrauch in der Zwischenzeit aufgekommen sein"[136].

Der Ausgangspunkt für den kirchlichen Titel Katholikos war aber, so Abramowski, nicht ein weltlicher Titel (wovon Fiey ausging), sondern vielmehr das Adjektiv *katholikos* bei *episkopos* (wobei die griechischen Worte in aramaisierter Form aufgegriffen wurden), „denn bis zum Beweis des Gegenteils ist anzunehmen, dass diese Form des Titels in der Bedeutung ‚allgemeiner Bischof' innerhalb der ostsyrischen Kirche für den Bischof der Hauptstadt gebildet" worden sei[137]. Mit diesem Titel wird der Anspruch erhoben, dass der Titelträger ein Bischof ist, der der gesamten Kirche des Ostens und der angrenzenden Gebiete vorsteht. Abramowski nimmt ferner an, dass es Isaak (399–410) selbst war, der den Titel prägte. „Der Zustand der Kirche *nach der Verfolgung* konnte so dem Bischof Isaak die Chance bieten, seinen Anspruch durch den neuen Titel auszudrücken."[138]

Dass das Synodicon Orientale häufig von *episkopos katholikos* sprach, ist durch die Übersetzungspraxis von Chabot verdeckt, der mit „évêque, catholicos" übersetzte, anstatt etwa mit „évêque général". Der vollständige Titel *episkopos katholikos* blieb neben dem Kurztitel Katholikos weiter erhalten[139],

---

[133] *J. M. Fiey,* Les étapes de la prise de conscience de son identité patriarcale par l'église syrienne orientale, OrSyr 12 (1967) 3–22, hier 3–4; Fiey „complète" diesen Artikel im Kapitel „Catholicat et patriarcat" seines Buchs Jalons pour une histoire de l'église en Iraq = CSCO 310, Subs. 36 (Louvain 1970), 66–84, hier: 66–67.

[134] *Sozomenos,* HE 2, 9, 1: G. C. Hansen, FC 73,1 (2004), p. 233. Über die persischen Märtyrer handelt *Sozomenos,* HE 2, 8–15, vgl. *Fiey,* Jalons, 86.

[135] *Abramowski,* Bischof, 2.

[136] *Abramowski,* Bischof, 3.

[137] Ibid.

[138] Ibid.

[139] Belege bei *Abramowski,* Bischof, p. 4, Anm. 18.

wie die Unterschriftslisten der Synoden von 410, 420, 486, 497, 554 belegen; auch Cosmas Indicopleustes in der ersten Hälfte des 6. Jhs.[140] bezeichnet Mar Aba als καθολικὸς ἐπίσκοπος[141]. Bei Mar Aba kommt dann der Titel Patriarch neu hinzu, der Cosmas offenbar noch nicht vertraut ist.

Abramowski weist nun auf eine Besonderheit im Titelgebrauch des Protokolls der Synode von 410 hin, die „bisher in ihrer Bedeutung für das Verhältnis der Kirche im persischen Reich zur Kirche in der römischen Diözesis Oriens mit Antiochien als Hauptstadt nicht erkannt“[142] wurde: Der Titel des Bischofs von Antiochien (in diesem Fall Porphyrios) lautet *episkopos katholikos*[143], wenn vom Brief der westlichen Bischöfe (von Antiochien, Aleppo, Edessa, Tella, Amida) die Rede ist, den Marutha vor dem Großkönig verlesen soll. *„Das heißt, daß die Stellung oder der Rang des Bischofs von Antiochien dem des Bischofs der persischen Hauptstadt gleichgesetzt wird (wie auch umgekehrt);* zwar ist wie gesagt der Titel griechisch, aber er ist in der syrisch sprechenden Kirche Persiens geläufig und wird offensichtlich vom *dortigen* Verfasser des Protokolls auf den Antiochener angewendet.“[144]

Außer *episkopos katholikos* oder *katholikos* und „Erzbischof des ganzen Ostens“[145] heißt der Bischof von Seleukia-Ktesiphon auch Groß-Metropolit, dies aber nur in der Synode von 410 und nur in den folgenden Kanones[146]:

can. 1: der „Groß-Metropolit, Katholikos von Seleukia und von Ktesiphon“[147]; can. 6: der „Groß-Metropolit, der den Sitz von Kôkê innehat“[148]; can. 18: der Groß-Metropolit[149]; can. 19: den Groß-Metropoliten[150]; can. 21: „der erste und Hauptsitz ist der von Seleukia und von Ktesiphon; der Bischof, der ihn innehat, ist der Groß-Metropolit und das Haupt aller Bischöfe … Der Metropolit einer Provinz ist unter der Autorität dieses Groß-Metropoliten, der den Sitz von Seleukia und von Ktesiphon innehat“[151];

---

[140] Die Abfassungszeit der *Topographia christiana* wird auf 547–549 datiert, vgl. *T. Hainthaler*, Cosmas Indicopleustes, in: Jesus d. Chr. 2/4 (1990), 150–158, hier 151.

[141] *Cosmas Ind.*, Top. christ. II 2: SC 141, 307: (Πατρίκιος = Aba) … ὃς καὶ αὐτὸς νυνὶ ἐκ θείας χάριτος ἐπὶ τοὺς ὑψηλοὺς καὶ ἀρχιερατικοὺς θρόνους ἀνήχθη τῆς ὅλης Περσίδος, καθολικὸς ἐπίσκοπος τῶν αὐτόθι κατασταθείς. – Spiegelt sich in dieser Reihenfolge, καθολικὸς ἐπίσκοπος, schon die Vertrautheit mit dem Kurztitel Katholikos wider?

[142] *Abramowski*, Bischof, 5.

[143] Chabot, p. 255: „évêque, catholicos“ (syr. 18,23–24: *ʾpysqwpʾ qṭwlyqʾ*).

[144] *Abramowski*, Bischof, 6.

[145] Vgl. Synode von 410, „Isaak, Bischof von Seleukia und Ktesiphon, Katholikos, Erzbischof des ganzen Ostens“ Chabot, p. 254 (syr. 18,10–12); p. 256 (syr. 19,1–2); p. 257 (syr. 19,20); p. 259 (syr. 20,31–32), ohne den „ganzen Osten“.

[146] *Abramowski*, Bischof, 6.

[147] Chabot, 263 (syr. 23,20–21).

[148] Chabot, 264–265 (syr. 25,4–5).

[149] Chabot, 270 (syr. 31,13–14 und 31,21).

[150] Chabot, 271 (syr. 32,4–5).

[151] Chabot, 272 (syr. 33,12–17).

der „Groß-Metropolit" setzt den Bischof für eine Insel ein und vor ihm unterschreiben zensierte Bischöfe ihre Absetzung[152].

Aus den Kanones von 410 ergibt sich das Bild einer dreistufigen Bischofshierarchie bestehend aus Bischof, Metropolit und Groß-Metropolit oder Katholikos. Erklärend fügt Abramowski hinzu[153]: „Man könnte sagen, dass der ‚allgemeine Bischof' seinen Anspruch auf Leitung in diesem riesigen Kirchengebiet in seiner *Funktion* als Obermetropolit verwirklicht." Und man könne vermuten, dass Maruta den Titel Groß-Metropolit in die kanonischen Bestimmungen von 410 einführte. Tatsächlich hat sich dieser Titel in der Kirche des Ostens aber nicht durchgesetzt.

Wichtig ist die Beobachtung, dass der Ober- oder Großmetropolit von Antiochien und der Großmetropolit von Persien sich somit auf gleicher Ranghöhe befinden, doch besteht keine kanonische Abhängigkeit der Kirche des Ostens von Antiochien, was aber eine konkrete Hilfe nicht ausschließe[154].

2. *Der Titel Patriarch*

a) Zum Gebrauch des Titels bis Ende des 5. Jh.

Das griechische Wort Patriarch, im AT (LXX) und NT belegt, wird von den christlichen Schriftstellern bis 429 benutzt und auf die atl Patriarchen bezogen; es gibt aber auch ein Patriarchenamt bei den Juden[155] und den Montanisten. Außerdem können ältere, ehrwürdige Bischöfe mit dem Ehrentitel Patriarch belegt werden[156].

Eine Sonderstellung nimmt allerdings der Kirchenhistoriker Sokrates (geb. 380–390, gest. 439–450) aus Konstantinopel ein[157]. In seiner Kirchengeschichte, die vermutlich vor 439 fertiggestellt und bis etwa 443 überarbeitet wur-

---

152 Chabot, 273 (syr. 34,24 und 35,3).

153 *Abramowski*, Bischof, 7.

154 *Abramowski*, Bischof, 7.

155 *T. Hainthaler*, Einige Überlegungen zum Titel „Patriarch des Westens", in: dies., F. Mali, G. Emmenegger (hgg.), Einheit und Katholizität der Kirche. Forscher aus dem Osten und Westen Europas an den Quellen des gemeinsamen Glaubens = Pro Oriente 32. Wiener Patristische Tagungen IV (Innsbruck, Wien 2009) 59–77, hier 63–64: Der Codex Theodosianus kennt nur Patriarchen der Juden; die letzte Bestimmung des Codex Theodosianus vom 30. Mai 429 nach dem Erlöschen der Dynastie der jüdischen Patriarchen (XVI 8, 29) übernimmt der Codex Iustinianus in I 9,17.

156 Vgl. etwa *Gregor von Nazianz*, Oratio 42, 23 (PG 36, 485B; J. Bernardi, SC 384, Paris 1992, p. 100), über Bischöfe, die man „besser Patriarchen nennen würde", oder seine Trauerrede auf Basilius (Or. 43), in der er seinen alten Vater Gregor den Älteren, Bischof von Nazianz (329–374), als „neuen Abraham und unseren Patriarchen" (Or. 43, 37: PG 36, 545C; J. Bernardi, SC 384, p. 208) bezeichnet.

157 Datierung nach *M. Wallraff*, Der Kirchenhistoriker Sokrates. Untersuchungen zu Geschichtsdarstellung, Methode und Person = FKDG 68 (Göttingen 1997) 209–210; zustim-

de[158], berichtet er (HE V 8,13–19) zusammenfassend über die Bestimmungen des I. Konzils von Konstantinopel (381); in V 8, 14 schreibt er, „Patriarchen“ seien konstituiert [eingesetzt] (πατριάρχας κατέστησαν)[159] und Provinzen verteilt worden. In V 8, 15 ist von „Patriarchat“ (πατριαρχία)[160] in Bezug auf die „pontische Diözese“, implizit auch für die „asianische (Diözese)“ die Rede. Vom Zusammenhang her ist deutlich, dass unter „Patriarchen“ Bischöfe mit überregionaler Leitungsfunktion verstanden werden. Später erwähnt er beiläufig die Intentionen des „Patriarchen“, wobei Nestorius von Konstantinopel gemeint ist[161]. „Es besteht kein Grund daran zu zweifeln, daß es sich hier um den originalen Sprachgebrauch“[162] des Sokrates handelt, wie die drei Belege für Patriarch bzw. Patriarchat lehren. „Patriarch“ und „Patriarchat“ sind jedoch nicht in den canones von Konstantinopel I zu finden, insbesondere nicht in can. 2. Die von Sokrates (in V 8,15–16) erwähnten Bischöfe[163] stimmen – wenn auch in anderer Reihenfolge und mit Ausnahme von zwei Bischöfen von Skythia bzw. Moesia inferior (also auf der europäischen Seite gelegen) – mit den im Codex Theodosianus XVI 1,3 (Edikt vom 30. Juli 381)[164] genannten „Normbischöfen“[165] für den katholischen Glauben überein, mit denen man in Communio stehen musste. Daher die Erklärung des Editors Hansen[166], Sokrates habe can. 2 mit den Gesetzesbestimmungen des Codex Theodosianus XVI 1, 3 (ebenfalls von 381) kombiniert.

Wie kommt Sokrates dazu, von „Patriarchen“, vom „Patriarchat der pontischen Diözese“ (dazu rechnet er: Kappadokien, Melitene von Armenien)

---

mend dazu *P. Maraval,* SC 477 (2004), 9–10. Sokrates war Novatianer, vgl. *Wallraff,* Sokrates, 235–257.

158 *Wallraff,* Sokrates, 210–212.

159 *Socrates,* HE V 8, 14: G. C. Hansen, GCS (Berlin 1995), p. 280,21; P. Périchon, P. Maraval, SC 505 (Paris 2006), p. 170–171 mit Anm. 3–4.

160 *Socrates,* HE V 8, 15: SC 505, p. 170,49.

161 *Socrates,* HE VII 31,2: Hansen, GCS, p. 379,14; SC 506, p. 114,8, bzw. p. 113.

162 So *Wallraff,* Sokrates, 115.

163 Nektarius von Konstantinopel (dem er auch, zumindest ungenau, Thrakien zuschreibt); Helladius von Caesarea, Gregor von Nyssa, Otreius von Melitene (Diözese Pontus); Amphilochius von Ikonium, Optimus von Antiochien in Pisidien (Asia); Timotheus von Alexandrien; Pelagius von Laodicaea und Diodor von Tarsus (Antiochien), Meletius von Antiochien sei noch anwesend gewesen.

164 Codex Theodosianus XVI 1,3: ed. Th. Mommsen, J. Rougé, SC 497 (Paris 2005), 116–119. Das Edikt betrifft nur den Osten. Alle Kirchen müssen den Bischöfen zurückgegeben werden, die die Trinitätslehre recht bekennen und in Communio stehen mit den folgenden Bischöfen: Nektarius von Konstantinopel, Timotheus von Alexandrien, Pelagius von Laodicaea, Diodor von Tarsus, Amphilochius von Iconium, Optimus von Antiochien, Helladius von Caesarea, Otreius von Melitene, Gregor von Nyssa; Terennius von Scythia, Marmarius von Marcianopolis.

165 *A. M. Ritter,* Das Konzil von Konstantinopel und sein Symbol. Studien zur Geschichte und Theologie des II. Ökumenischen Konzils = FKDG 15 (Göttingen 1965) 128 spricht von „Normalbischöfen“.

166 *G. C. Hansen,* GCS NF 1 (Berlin 1995), p. 281, Anm.

oder auch vom asianischen Patriarchat (mit Ikonium und Antiochien in Pisidien) zu sprechen, nicht aber von *Patriarchat* Alexandria oder Antiochia? Dass hier nicht der Terminus technicus späterer Zeit vorliegt, zeigt sich schon an der Tatsache, dass drei Bischöfen ein Patriarchat zugewiesen wird[167], selbst wenn später im Kontext von Nestorius von Konstantinopel von „Patriarch" die Rede ist.

Ab 450 wird Papst Leo in Briefen aus dem Osten (von Kaisern, alexandrinischen Klerikern) als Patriarch angesprochen[168]. 475 ist ein Brief von Bischöfen aus der Provinz Asia an den Erzbischof von Konstantinopel als „Patriarch" adressiert; auch die Vandalen kennen einen Patriarchen[169]. Für Antiochien sind Anfang des 6. Jh. Belege für den Patriarchen-Titel bekannt[170].

Doch bereits in der Kirchengeschichte des Zacharias Rhetor (V 10) wird der Brief einer antiochenischen Synode von 485 unter dem Bischof Petrus Fullo an Petrus (Mongus) von Alexandrien wiedergegeben, wie Abramowski gefunden hat. Darin heißt es[171]: „Als wir zusammenkamen und mit dem der göttlichen Liebe Geschuldeten von unserm gläubigen *Vater*, dem *Patriarchen (pṭryrk'*, p. 234,16) *Petrus*, empfangen wurden, der uns deutlich Freundlichkeit und Leutseligkeit zeigte, da hielten wir in Allem Eintracht mit ihm, und er mit uns, und wir waren (miteinander) verbunden im Dienst des Geistes ...".

b) Der Patriarchen-Titel im Synodicon Orientale (bis zu Mar Aba)

Auf der Grundlage dieses Befundes kann man das von Fiey aufgestellte Kriterium aufrechterhalten[172]: „Die Worte ‚Patriarch' und ‚Patriarchat' sind grie-

[167] Ähnliche Argumentation bei *Ritter*, 129, Anm. 4. – Vgl. vor allem die Untersuchung von *G. Rauschen*, Jahrbücher der christlichen Kirche unter dem Kaiser Theodosius dem Großen (Freiburg 1897), 479–481, wonach ein Irrtum des Sokrates vorliegt, „und die Synode keineswegs den im Gesetz des Theodosius genannten Bischöfen die höhere Jurisdiktion der Patriarchen hat geben wollen" (Rechtschreibung modernisiert). – *H. Leclercq*, in: *Hefele-Leclercq*, Histoire des conciles d'après les documents originaux 2/1 (Paris 1908), p. 22–23, Anm. 2: „Il ne s'agit pas ici des patriarches au sens rigoureux de ce terme, le fait d'en rencontrer trois pour une seule province le montrerait assez."

[168] Dazu *Hainthaler*, Patriarch, 64.

[169] *Hainthaler*, Patriarch, 66.

[170] *Hainthaler*, Patriarch, 72.

[171] *Zachar. Rh.*, HE V 10: E. W. Brooks CSCO 83 (Syr. 38), p. 234,14–19; CSCO 87 (Syr. 41), p. 162,2–6; deutsche Übersetzung: K. Ahrens, G. Krüger, Die sogenannte Kirchengeschichte des Zacharias Rhetor (Leipzig 1899), 81, hier im Wortlaut von *Abramowski*, Bischof, 13. Nur an dieser Stelle wird Petrus Fullo Patriarch genannt, siehe *Abramowski*, Bischof, 13 mit Anm. 58. Dieser Synodalbrief ist nicht von Evagrius Scholasticus übernommen worden (vgl. *P. Allen*, Zachariah Scholasticus and the Historia Ecclesiastica of Evagrius Scholasticus, JThS 31 (1980) 471–488, hier 481.

[172] *Fiey*, Jalons p. 77. – Wenn *Sokrates*, HE V 8: SC 505 (2006), p. 171, zum Konzil von Konstantinopel 1 (381) berichtet, dort seien Patriarchate errichtet worden, dann kombiniert er

chische Worte. Glaubt man den Spezialisten, dann erscheinen diese Worte im heutigen Sinn erst nach Chalcedon (451). Man kann also nicht erwarten, sie in nicht-griechischen Texten, syrischen z. B., vor diesem Datum zu finden. Wenn man sie darin findet, beweist das ohne jeden Zweifel, dass der Text in der Folgezeit bearbeitet worden ist, um in ihnen die seitdem definierten Termini einzufügen".

Dieses Kriterium wendet er auf die Texte des Synodicon orientale an. Zwar habe man insgesamt an deren Glaubwürdigkeit nicht gezweifelt, doch sei es nicht erstaunlich, wenn bei einer Sammlung, die erstmals am Ende des 8. Jh. zusammengestellt und geordnet worden sei[173], der Text hie und da kleine Änderungen erfahren habe. Deshalb stellt er ausdrücklich fest: „Für den Punkt, der uns betrifft, müssen wir hartnäckig sein und das Wort ‚Patriarch' in den Texten des Synodicons überall da streichen, wo wir es vor 451 im eigentlichen Sinne gebraucht finden."[174] Abramowski übernimmt dieses Kriterium, allerdings mit der Einschränkung, dass ein bloßes Durchstreichen des Patriarchentitels zu simpel wäre und man differenzierter verfahren müsse[175]. Sie geht daraufhin die Synoden der Kirche des Ostens bis zu Mar Aba hinsichtlich des Patriarchentitels durch.

Was die Synode von 410 betrifft, so erscheint der Titel nur im Lemma zu 410[176] (wo er später eingefügt worden sein kann) und in der Synode von 420 gar nicht[177]. In der Synode von 424 unter Dadisho' finde ich den Titel Patriarch etwa fünfmal und fünfzehnmal auch Katholikos, doch diese Synode wird unten eigens behandelt (2.4.).

Die Synode von 486 unter Acacius hat nur den Titel *katholikos* und *episkopos katholikos*. Die Briefe des Barsauma an Aqaq von 485 zeigen aber einen überschwänglichen Gebrauch der Titulatur für Aqaq als Vater und Patriarch[178].

In den Akten der Synode von 497 (unter Babai) zähle ich den Patriarchentitel 6 mal und den Katholikos-Titel 11 mal[179]. Auffallend ist m. E., dass der Katholikos-Titel an prominenter Stelle und oft verwendet wird, der Patriar-

den Konzilskanon, can. 2, mit den Gesetzesbestimmungen des Codex Theodosianus XVI 1, 3 über die für die Orthodoxie normgebenden Bischöfe, vgl. SC 505, p. 170–171, Anm. 3 und 4; *Hainthaler,* Patriarch, 64–65.

173 *Fiey,* Jalons, p. 17–18: „wahrscheinlich zwischen 775 und 790, vielleicht unter Patriarch Timotheus". *L. Van Rompay,* art. Synodicon Orientale, in: Gorgias Encyclopedic Dictionary of the Syriac Heritage, ed. S. P. Brock, A. M. Butts, G. A. Kiraz, L. Van Rompay (Piscataway, NJ 2011) 387–389; auch https://gedsh.bethmardutho.org/Synodicon-Orientale (15. 07. 2022).

174 *Fiey,* Jalons, 78.

175 *Abramowski,* Bischof, 8.

176 Syn. Or., Chabot, p. 253 (syr. 17).

177 *Fiey,* Jalons, 78; *Abramowski,* Bischof, 8.

178 Syn. Or., p. 531–539. Dazu die Analyse des Befunds bei *Abramowski,* Bischof, 9–11.

179 Syn. Or., Chabot, 310–317 (syr. 62–68). Eingehende Untersuchung bei *Abramowski,* Bischof, 13–17.

chen-Titel aber in gesetzlichen Bestimmungen vorkommt, die auch in späterer Zeit noch gültig waren[180]. So ist vom „Patriarch“ die Rede, wenn die Bestimmung von 410 wiederholt wird, dass zweimal jährlich Provinzialsynoden stattfinden sollen, oder wenn darüber hinaus festgelegt wird, dass alle vier Jahre beim „Patriarchen“ die Synode der Gesamtkirche im Oktober stattfinden solle[181]. Es ist gut vorstellbar, dass der Titel dann stillschweigend später hier eingefügt (oder statt „Katholikos“ ersetzt) wurde. Aqaq und Babai tragen immer den Titel Katholikos, nur in der Unterschriftenliste wird einmal Babai als „Patriarch des Ostens“ erklärt, bzw. *episkopos katholikos* des Ostens[182].

c) Der Patriarchen-Titel bei Mar Aba

Wesentlich für die Einführung des Patriarchentitels in der Kirche des Ostens wird nun Mar Aba, der sich selber als Patriarch bezeichnet hat, möglicherweise um nach der Beseitigung des Schismas – der „Zweiheit“ in Gestalt von Mar Elišeʿ und Mar Narsē – die Autorität des *einen* Oberhaupts zu verdeutlichen. Dazu untersuchte Abramowski die folgenden sechs Dokumente, die unter Mar Aba verfasst wurden[183]. Wir geben sie hier in der Diktion Abramowskis an:

- Das *erste* Schriftstück: ‚Abgehandelte Punkte der hauptsächlichen Reform‘ (p. 320–332). Darin ein zweiter Text (das Verfahren gegen Abraham, ‚genannt Sohn des Audmihr, aus Beit Lapat‘), ab p. 324 unten (syr. p. 73,16) bis 332.
- Das *II. Schriftstück*: ‚Über die Orthodoxie des Glaubens‘ (p. 550–553)[184].
- Das *III. Schriftstück*: ‚Über den Lebenswandel nach festen Regeln‘ (p. 332–338).
- Das *IV. Schriftstück* (p. 338–345), nach Segestan gerichtet, bereits der zweite Brief Mar Abas in der darin verhandelten Angelegenheit.
- Das *V. Schriftstück* ‚Über Definitionen und Kanones aller Distinktionen der kirchlichen Verwaltung‘ (p. 345–351).
- Das *VI. Schriftstück*: ‚Aus dem VI. Brief, der überschrieben ist *Praktikē*‘ (p. 553–555).

Im ersten Teil des *I. Schriftstücks* trägt Mar Aba durchweg den Titel „Patriarch“. Im zweiten Teil ist vom *Katholikos* Šila die Rede. Von Mar Paulus, dem unmittelbaren Vorgänger des Mar Aba, heißt es, „qui était patriarche“ (syr. p. 74,21, Übers. p. 326), was Abramowski so kommentiert: „Ich finde diese

---

[180] Syn. Or., p. 312, 313, 314.
[181] Chabot, Syn. or. 313. Vgl. *Abramowski*, Bischof, 15.
[182] Syn. Or., p. 315, Unterschrift nr. 1 (syr. 65,25–26, *episkopos katholikos* des Ostens) und nr. 11 (syr. 66,21, Patriarch). Vgl. *Abramowski*, Bischof, 16.
[183] Syn. Or., Chabot, p. 320–351 und p. 550–555.
[184] Analysiert von Abramowski in diesem Band im Kapitel Mar Aba, p. 245–251.

Formulierung auffällig, weil sie nicht einfach ‚Patriarch' nach dem Namen einfügt, sondern eine Identifikationsformel benutzt. Zur Unterscheidung von dem andern Paul, dem Metropoliten von Beit Lapat[185]? Oder ist das ein Hinweis darauf, dass mit dem Katholikos Paul die Titulierung mit ‚Patriarch' begonnen hat?"[186] Kurz danach wird ebenfalls von Mar Aba gesagt: „qui était évêque patriarche" (syr. p. 74,31 f., Übers. p. 326), was Abramowski so erklärt: „Es müßte dieselbe Hand sein, die im Text des Mar Aba und im Bekenntnis des Abraham diese Formel eingefügt hat. In diesem zweiten Fall ist der Titel aus zwei Bestandteilen zusammengesetzt und erinnert an *episkopos katholikos*; aber anders als *katholikos* ist in dieser Zusammensetzung *patriarches (pt. ryrkys)* eindeutig ein Nomen. – Abraham jedenfalls fährt fort: ihm (sc. Paul) folgte Mar Aba ‚im Besitz der Regierung des Patriarchats' (Chabot hat das Adjektiv ‚patriarcal')."[187]

Im Bericht selbst ist dann vom „Haus des Katholikos" die Rede. Im Schuldbekenntnis heißt es: „unser Vater, der Patriarch", „väterliche Besorgnis" des Herrn Patriarchen; dagegen aber: „Šila *Katholikos*" (syr. p. 75,28; Übers. p. 327), Mar Aba: Katholikos, Patriarch, der verstorbene Paulus Patriarch. Es wird die Versammlung derer erwähnt, die den wählen sollten, der des Patriarchats würdig war (d. h. Mar Aba); unser Vater Mar Aba, Katholikos.

Der verurteilte Abraham spricht von „l'élu de Dieu, Mar Aba, évêque, patriarche", mit derselben Kombination von *episkopos patriarches* wie oben bei Paul. – Im Bericht über das weitere Verhalten des Abraham und die amtliche Reaktion darauf erscheint schlicht der Titel „Patriarch" ohne Namen. Das abschließende Urteil beginnt: „Ich Aba, Patriarch …", weiter „… wir haben", „… ich, Patriarch". Am Anfang der Unterschriftenliste: „Und ich, Aba, Patriarch habe geschrieben …".

Die Analyse des *I. Schriftstücks*[188] ergibt somit, dass Mar Aba sich selbst als Patriarch bezeichnet hat und nicht bloß so angeredet wurde; der Titel wird konsequent nicht auf den Vorgänger Šila angewendet, was dafür spreche, dass Šilas Vorgänger Babai den Titel auch noch nicht führte. Schließlich wird die Titulierung des Paul, des unmittelbaren Vorgängers von Mar Aba, als Patriarch zumindest im Nachhinein vorgenommen. Ob er tatsächlich in seiner Amtszeit so genannt wurde, oder ob er sich selber so bezeichnete, lasse sich nicht entscheiden.

Im *II. Schriftstück*[189] bezeichnet sich Mar Aba als „Katholikos, Patriarch des Ostens"[190].

---

[185] Der im Kontext ebenfalls erwähnt wird.
[186] *Abramowski*, Bischof, 24.
[187] *Abramowski*, Bischof, 24.
[188] Syn. Or., p. 320–323.
[189] Chabot, 550–553. Über die darin entfaltete Trinitätslehre und Christologie siehe die Analyse von Abramowski im Kapitel über Mar Aba.
[190] Syn. Or., p. 550 (Syr. 540).

Das *III. Schriftstück* „Über den Lebenswandel nach festen Regeln" ist von „Aba, Patriarch" an den ganzen Klerus adressiert und erinnert an „die Zweiheit auf dem Thron des Patriarchats"; nun habe die „Zweiheit des Regimes" aufgehört und die „Einheit des *katholischen Throns*" sei hergestellt[191].

Im *IV. Schriftstück* bezeichnet sich der Absender als „Aba, Katholikos" und im ganzen Brief werden *nur* dieser Titel und seine Derivate verwendet[192] werden, „Patriarch" und Derivate dagegen *überhaupt nicht.*

Die „Zweiheit", die eine Schande und eine Anomalie in der Kirche Christi darstellt, wurde überwunden und der *Katholikos* Paul stellte mit Hilfe des Großkönigs die Einheit der Autorität des *Katholikos* wieder her. Narses und Elisa hatten sich, so Mar Aba, die Autorität des *Katholikos* angemaßt *ohne die Zustimmung der beiden Städte Seleukia und Ktesiphon*; niemand dürfe sie als *Katholikos* bezeichnen.

Im gesamten Schriftstück fehlt jegliches patriarchale Vokabular, nur der Katholikos-Titel wird gebraucht. Die Vermutung Abramowskis geht dahin[193], dass der Patriarchen-Titel eben erst unter Mar Aba eingeführt worden war und in entfernten Gegenden, wie Segestan[194] (heute teils im Iran teils im südlichen Afghanistan gelegen)[195] noch ungewohnt war, ähnlich wie auch Cosmas Indicopleustes nur den Titel Katholikos für Patrikios (= Mar Aba) kennt.

Das *V. Schriftstück* von „Aba, Patriarch" (so zu Beginn und am Ende unterschrieben) adressiert an namentlich genannte Metropoliten und Bischöfe namentlich genannter Metropolien, darunter die vom ‚patriarchalen Thronos' abhängigen, enthält Mar Abas Ekklesiologie und wird von Abdishoʿ zitiert[196].

Christus setzte die Apostel ein, um die Menschen zu unterweisen, Die Sorge des hl. Paulus für die Hirten der Kirche brachte ihn dazu, Metropoliten in den Metropolen und Bischöfe in den Städten zu ordinieren[197] – womit der zweistufigen Bischofshierarchie ein paulinischer Ursprung zugeschrieben wird[198]. Dieser apostolischen Begründung seien die Väter gefolgt und das sehe man so auch im Westen[199] und in benachbarten Gebieten. Die Ordnung in der Kirche, die den Gehorsam in der Hierarchie erfordert, vom Patriarchen zum

---

[191] Syn. Or., p. 334 (syr. 81,30–31).

[192] Auf der ersten Seite der Übersetzung wird das verwischt, weil Chabot einmal „Patriarchat" für „Katholikat" setzt und einmal „patriarcal" für „Katholikat" (danach ist seine Übersetzung korrekt)

[193] *Abramowski,* Bischof, 27.

[194] *J. M. Fiey,* Chrétientés syriaques du Ḫorāsān et Ségéstan, Mus 86 (1973), 75–104 = *ders.,* Communautés syriaques en Iran et Irak des origines à 1552 (Aldershot 1979), Nr. VI.

[195] *Fiey* ibid. p. 75, cf. die Kartenzeichnung p. 78; zu Mar Abas Brief p. 95.

[196] Der Text bei Chabot, p. 346–348 (syr. 90–92), bei *Abdisho,* Coll. Can. Syn., tr.VIII, 19: A. Mai, Scriptorum veterum nova collectio X (Rom 1838), p. 146.

[197] Chabot, 347.

[198] *Abramowski,* Bischof, 28.

[199] *Abramowski,* Bischof, 28: „beiläufig wird die Aufrechterhaltung der hierarchischen Ordnung im ‚Gebiet des Westens' idealisiert".

Metropoliten, vom Metropoliten zum Bischof, sei ein Werk des Heiligen Geistes: „Le Saint-Esprit a ordonné la hiérarchie sacerdotale de telle sorte que les ordres inférieurs dépendent des moyens, et les moyens des supérieurs“[200] – so dass die einen, die würdig sind, die Verheißungen des Himmels empfangen, und die anderen, die nicht der Wahrheit gehorchen, die tiefe Bestrafung. Es folgen zwei konkrete Fälle, in Beit Lapat bzw. Nisibis, die der Regelung durch den Katholikos, Mar Aba, bedürfen:

„der Metropolit Paul von Beit Lapat ist gestorben, *und wir können nicht hinabziehen*, wie man uns bittet, um die Nachfolge zu regeln. In Nisibis herrscht Unruhe seit einigen Jahren: der Bischof wird unterdrückt, lebt (eingeschlossen?) in seinem Haus, *und wir sind gehindert hinaufzuziehen. Im Augenblick ist unsere Lage voller Schwierigkeiten, wir können keine Synode zusammenrufen.* Solange dieser Zustand dauert, und damit nicht das Gleiche passiert wie früher in der Persis, wo manche sich der Metropolitenautorität bemächtigten ohne Zustimmung des Katholikos, bestimmen wir, dass weder in Beit Lapat noch in Nisibis noch sonstwo ein Metropolit oder Bischof eingesetzt werde ohne unsere Bevollmächtigung, Gegenwart oder Briefe.“ (Chabot, 349; Abramowski, 29).

Soweit ich (TH) sehe, gebraucht Mar Aba konsequent in den allgemeinen Bestimmungen, die er theologisch begründet, den Titel Patriarch (Chabot, 346–348). Wenn er über Vorgänge in der Vergangenheit spricht – etwa in der Persis –, verwendet er „nur“ den Titel Katholikos. Im Zusammenhang der Beseitigung der „Zweiheit“ werden aber Patriarchat und Katholikat zugleich genannt: „cette dualité qui souillait le patriarcat, et l'unité du gouvernement catholique“[201], was eigentlich heißen müsste „l'unité du gouvernement du catholicat“ („die Einheit des Kirchenregiments des Katholikats“, *mdbrnwtʾ dqṭwlyqwṭʾ*).

Das *VI. Schriftstück* regelt die Wahl des Patriarchen nach dem Tod von Mar Aba und war 544 von ihm an seinem Exilsort verfasst worden. Die Wahl hat durch zumindest drei der vier Bischöfe von Bet Lapat, Perat von Maisan, Arbela und von Bet Sloq, mit je drei Bischöfen aus den vier Provinzen, in den „Städten“ stattzufinden und in Übereinstimmung mit ihnen. „Nach der Tradition der heiligen Väter“ muss der Gewählte auf dem „katholischen Thron“ (d. h. Thron des Katholikos) in „der großen Kirche von Kōkē“ eingesetzt werden, sonst ist die Einsetzung ungültig[202]. Diese Bestimmungen wurden von ihm als Patriarch, den Metropoliten und Bischöfen vorgenommen und sollen immer gelten. Wer immer anders verfährt, werde ausgeschlossen und seines Amtes enthoben.

---

[200] Chabot, 348.
[201] Chabot, 349, syr. p. 93,2–3.
[202] Syn. Or., p. 555 (Syr. 544–545).

Die von „Mar Aba, Patriarch" und den Bischöfen bei ihm aufgestellten 40 *Kanones*[203] erwähnen zu Beginn die Quellen: zuerst westliche Synoden (Nicaea, Ankyra, Caesarea, Neocaesarea, Gangra, Kirchweihsynode von Antiochien, Chalcedon), dann die Synode des Ostens in Seleukia-Ktesiphon unter dem Katholikos Isaak (410) und die „Synode des heiligen Mar Aba selbst". Hier wird Isaak der Titel „Patriarch" nicht beigelegt, also keine Rückprojektion vorgenommen. In den Kanones erscheint der Titel Katholikos nicht, wohl aber der des Patriarchen[204].

Mit Mar Aba 544 beginnt die Selbstbezeichnung ‚Patriarch' neben dem Kurztitel ‚Katholikos'. Die Durchsicht der Schriftstücke ergibt eindeutig, dass sich Mar Aba selber mit dem Titel Patriarch bezeichnet hat (und zwar nach seiner Wahl 540, wenn er gleich danach seine Visitationsreise beginnt); unsicher sei aber, ob bereits sein Vorgänger Paul den Titel trug[205]. In der Tat ist es auffallend, wie schon zu Beginn der kirchlichen Schriften des Erzbischofs Mar Aba immer „Patriarch" (zu Katholikos) hinzugefügt wird.

Abramowski vermutet: Wie nach der langen Verfolgungszeit des 4. Jh. der Titel Katholikos eingeführt wurde, so kam es später analog zur Hinzufügung des Titels Patriarch nach der Doppelwahl von 524 als Verstärkung, um den Primat und die Vollmacht des Bischofs von Seleukia-Ktesiphon zu unterstützen[206]. In beiden Situationen werde „nach Zeiten des Niedergangs ein Titel gewählt, der den Bischof der Hauptstadt vor allen anderen Bischöfen seiner Kirche auszeichnet: *episkopos katholikos* steht für den Anspruch, dem ‚Ganzen' vorzustehen, ‚Patriarch' verleiht eine entrückende Würde von ‚Alter' sowohl im geistlichen wie im dienstlichen Sinn und enthält zugleich das emotionale Element der Väterlichkeit ... Die Betonung des obersten Amtes in seiner Bedeutung für die Wiederherstellung und den Erhalt der Einheit der Kirche wurde zu einer geradezu verzweifelten Notwendigkeit, nachdem Mar Aba von den Vertretern der persischen Religion angeklagt und in ein fernes Exil nach Azerbeidjan verbannt worden war, von wo aus er seine kaum reformierte Kirche zusammenhalten mußte. Dies gelang immerhin soweit, dass sich kein Gegen-Katholikos/Patriarch erhob."[207]

In der Einleitung der Synode des Mar Aba (544) wird formuliert, dass das wiederhergestellte Kirchenregiment des Katholikos („gouvernement catholique") nach apostolischer Tradition dem patriarchalen Sitz der Kirche von

---

[203] Syn. Or., p. 555–561.

[204] Can. 37 bestimmt, der Metropolit habe den eben ordinierten Bischof zum Patriarchen zu schicken, damit dieser ihn bestätige, und can. 39 verlangt, dass auch ungerecht erscheinende Zensuren durch alle hierarchischen Ränge hindurch einzuhalten sind (z. B. eine Zensur einen Metropoliten betreffend durch den Patriarchen), bis die Angelegenheit auf Antrag des mit der Zensur belegten in der „allgemeinen Versammlung" geklärt wird.

[205] *Abramowski,* Bischof, 18.

[206] *Abramowski,* Bischof, 18.

[207] *Abramowski,* Bischof, 18–19.

Kokhe in der Stadt Seleukia zukomme, von deren Kirche alle Diözesen des östlichen Gebiets und der benachbarten Gebiete abhängen, was den wahren Glauben, Definitionen und Vorschriften betrifft, die die christliche Praxis ausmachen[208]. In der Tat ist es auffallend, wie hier das Patriarchat nicht bloß als Autorität vorgestellt wird, „sondern sogar Quelle und Ursprung aller anderen Autorität, die als aus ihr abgeleitet erscheint", wie Abramowski kommentiert[209]. In diesen und anderen Texten scheint das Selbstverständnis als „Kirche *des Ostens*" durch.

d) Zusammenfassung

Abramowski bietet folgende Schlussfolgerung[210]:

„Die Durchsicht der Dokumente hat Fieys Beobachtung bestätigt, dass der Titel *Patriarch* erst seit Mar Aba für den Bischof von Seleukia-Ktesiphon als Obermetropoliten der persischen Kirche fest etabliert ist, unter Beibehaltung des älteren Titels *Katholikos*. Zusätzlich konnte die Entwicklung einer bestimmten Topik durch Mar Aba festgestellt werden. Dass die Übernahme des Titels in Analogie zum westlichen Gebrauch (d.h. vor allem zu dem in Antiochien) und unter dessen Einfluß geschah, mußte postuliert werden; Voraussetzung ist die Gleichrangigkeit der Sitze von Seleukia und Antiochien, wie sie sich aus dem Protokoll der Synode von 410 ergab.

Es konnten Übergangsstufen für den Titelgebrauch festgestellt werden: die Schmeichelei des Barsauma gegenüber Acacius; Kosmas Indikopleustes, der nur den Titel *episkopos katholikos* für Mar Aba kennt; der Verzicht auf den neuen Titel gegenüber dem hohen Klerus im weit abgelegenen Segestan, für den ‚westliche' Analogien nicht viel bedeuten konnten. – Die Benutzung des Titels im Synodalprotokoll von 497 ist wohl spätere Eintragung; der Nachfolger Babais erhält noch 540/544 im Rückblick nicht den Titel ‚Patriarch'.

Deutlich ausgesprochen wird die Analogie zu den ‚westlichen' Patriarchen später bei Išoyahb I., in can. 29 der Synode von 585 (der ganze Kanon ist ein Traktat über die hierarchische Struktur der Kirche): ‚Der heilige Geist ... setzte ein vier Patriarchen im Gebiet des Westens ... und einen fünften im Gebiet des Ostens'[211] – hier haben wir die Pentarchie aus ostsyrischer Sicht."

Die vier westlichen Patriarchate sind in den sog. arabischen nicänischen Canones in dieser Reihenfolge: Rom, Alexandrien, Ephesus, Antiochien (can. 2), wobei der Sitz Ephesus nach can. 3 auf Konstantinopel übertragen wurde[212].

---

[208] So Syn. Or., Chabot, 319 (Syr. 69).
[209] *Abramowski*, Bischof, 22.
[210] *Abramowski*, Bischof, 31–32.
[211] Syn. Or., p. 419–420 (syr. 160,7–11).
[212] *O. Braun*, De sancta Nicaena synodo. Syrische Texte des Maruta von Maipherkat nach einer Handschrift der Propaganda zu Rom übersetzt (Münster 1898), 63–64.

3. Die Synode unter Dadisho von 424

Dadishos 35jährige Amtszeit wird von den Quellen einstimmig bezeugt und fällt ungefähr mit den Jahren 421–456[213] in die Zeit der christologischen Auseinandersetzungen um die Konzile von Ephesus und Chalcedon[214]. Zu Beginn standen ihm Gegner gegenüber, die seine Weihe zum Katholikos nicht akzeptierten[215] und die er exkommunizierte. Diese abgesetzten Bischöfe erwirkten Anklagen, die ihn im ersten Jahr seiner Amtszeit in den Kerker brachten, aus dem er 422 nach dem römisch-persischen Friedensschluss zwischen Theodosius II. und Bahram V. durch Vermittlung der kaiserlichen Gesandten befreit wurde; er zog sich ins Kloster zurück und wollte abdanken. Auf der Synode in Markabta d-Tayaye[216] wird er von den Bischöfen mit auffallend patriarchaler und petrinischer Terminologie gebeten zu bleiben, und am Ende beschließen die Bischöfe selbst unter Anrufung der heiligen Trinität[217]:

- Die Orientalen dürfen sich nicht mehr gegen ihren Patriarchen bei den westlichen Patriarchen beschweren. Was nicht vor dem Patriarchen entschieden werden kann, sei dem Gericht Christi vorbehalten.
- Niemand dürfe eine Synode gegen den Katholikos halten, Streit, Schismen erregen, Anklagen gegen ihn schreiben und in den Provinzen verteilen, wie bei Mar Papa.
- Der Katholikos des Ostens kann nicht von denen unter ihm gerichtet werden – oder von einem Patriarchen wie er.
- Sein Urteil ist allein Christus vorbehalten, der ihn erwählt und an die Spitze seiner Kirche gestellt hat.
- Was immer der Katholikos entscheide, „wir Bischöfe stimmen zu und geben unsere Billigung, ob anwesend oder abwesend“.

Diese erstaunlichen Bestimmungen, aber auch die Darstellung der Synode in den Akten mit ihrer patriarchalen und petrinischen Terminologie – wie Gero formuliert, die Erklärung der vollen Autonomie der persischen Kirche und eine absolutistische Interpretation der Autorität ihres Oberhaupts, gekleidet

[213] *J. M. Fiey,* Assyrie chrétienne III (Beyrouth 1968), 99, gibt als Amtszeit: 421–456.

[214] Zu Dadisho nach den Patriarchenchroniken *G. Westphal,* Untersuchungen über die Quellen und die Glaubwürdigkeit der Patriarchenchroniken des Mari ibn Suleiman, ʿAmr ibn Matai und Ṣaliba ibn Joḥannan (Kirchhain N.-L. 1901), 159–163, zur Zeitgeschichte in der Amtszeit des Dadisho, ibid. 163–170. Vgl. *Labourt,* Christianisme, 119–125.

[215] Syn. Or., 287–288.

[216] D. h. einem Ort der Ṭayaye, einem christlichen arabischen Stamm; *markabta:* Thron. Der Ort wurde nicht identifiziert, es ist ein ḥīra der nomadischen Araber; die Niederlassung muss stark christlich gewesen sein, vgl. *J. S. Trimingham,* Christianity among the Arabs in pre-Islamic times (London 1979), 190–191. Hatte Dadisho besondere Beziehungen zu arabischen Christen, da er auch in al-Hīra (*Westphal,* Untersuchungen, 159) begraben wurde? Nach *Fiey,* Assyrie chrétienne III, 210 mit Anm. 3, war Dadisho der erste von sechs Katholikoi bis Ende des 6. Jh., die in Hīra begraben wurden.

[217] Syn. Or., p. 296–297 (syr. 51,16–52,3).

in die Sprache des petrinischen Primats[218] – ließen mehrfach an der Authentizität dieser Synode zweifeln[219]. So bereits Labourt[220], der auch auf die Arbeit von Westphal von 1901 und die darin aufgezeigten Vorbehalte verwies[221]; auch Oscar Braun[222] oder schon Assemani fanden Verdachtsmomente.

Doch, so Abramowski: „Am Faktum der Synode von 424 als solchem hat, so weit ich sehe, bisher niemand gezweifelt, ebensowenig wie an ihrem eigentlichen Anlass, der Wiedereinsetzung des Katholikos Dadishoʿ."[223] Wir geben zunächst einen Überblick über die Akten und gehen dann auf die petrinischen und patriarchalen Aussagen ein.

a) Die Gliederung der Akten

Zu Beginn beschreibt Dadisho die Revolte gegen ihn und den Schaden, der für die Kirche entstanden ist.

Die Rede des Agapet[224] schildert drei Ereignisse, in denen Bischöfe gegen den Katholikos opponierten und woraufhin durch den Eingriff der westlichen Väter die Autorität des Katholikos wiederhergestellt worden sei.

---

[218] *S. Gero,* The See of Peter in Babylon. Western Influences on the Ecclesiology of Early Persian Christianity, in: N. G. Garsoïan, T. F. Mathews, R. W. Thomson (eds.), East of Byzantium: Syria and Armenia in the Formative Period (Washington 1982) 45–51, hier 48: „the council of 424 is presented in the *Synodicon* as simultaneously declaring the full autonomy of the Persian church and espousing an absolutistic interpretation of the authority to be exercised by its head, couched in the language of Petrine primacy."

[219] *W. de Vries,* Antiochien und Seleucia-Ctesiphon. Patriarch und Katholikos?, ST 233 (1964) 429–450, sieht den Zentralismus unter Führung von Seleukia-Ktesiphon in Persien im Bericht der Dadisho-Synode als Anachronismus (ibid. 441). *W. Macomber,* The Authority of the Catholicos Patriarch of Seleucia-Ctesiphon, in: I. Žužek (ed.), I patriarcati orientali nel primo millennio = OCA 181 (1968) 179–200, hier 183: schon der Gebrauch von „Patriarch" zeige, dass Interpolationen vorliegen. „In its present form, ... the text can only be taken as reflecting the mentality of the epoch of Patriarch Timothy I (780–823), under whom the acts of the synods of the chaldean Church seem to have been collected." (Ibid. 183).

[220] So *Labourt,* Christianisme, 125, Anm. 1.

[221] *G. Westphal,* Untersuchungen, 162: „Es ist fraglich, ob diese Versammlung von Geistlichen überhaupt die Bezeichnung ‚Synode' rechtfertigt, die Akten über sie machen einen äusserst künstlichen Eindruck; die lange Rede des Agapetus von Lapat, die Verlesung der abendländischen Schreiben, betreffend das Patriarchat, die Festsetzung, dass nicht mehr an den Patriarchen von Antiochien appelliert werden solle, passt sehr wenig in die Situation und scheint vom Verfasser der Synhados oder einer früheren Quelle künstlich eingeschoben zu sein, um den zahlreichen kirchenrechtlichen Fälschungen, die sich auf das Patriarchat von Ktesiphon beziehen, eine grössere, durch feierliche Sanktion auf einer Synode gesicherte Geltung zu verschaffen."

[222] *O. Braun,* Das Buch der Synhados. Nach einer Handschrift des Museo Borgiano übersetzt und erläutert (Stuttgart 1900), 53, Anm. 3: schon wegen der chronologischen Widersprüche sei der Brief der abendländischen Väter, den Agapet verliest, „fingiert".

[223] *Abramowski,* Bischof, 38.

[224] Syn. Or., Chabot, 289–294, Braun, Synhados, 50–55. Vgl. *W. Schwaigert,* Das Christentum in Ḫūzistān, 71–76.

a) Papa, der auf die Opposition unter Mar Miles trifft, worauf die abendländischen Väter eingreifen: Sie setzen die noch lebenden Widersacher ab, heben die Maßnahmen gegen Papa auf, Simon, der statt Papa ordiniert wurde, soll Erzdiakon des Mar Papa sein und sein Nachfolger werden. Dafür wird eine Begründung geliefert durch eine Folge von mehreren Überlegungen: Schüler dürfen nicht ihren Meister richten (wie Kinder nicht die Eltern, Knechte nicht die Herren, Ehefrauen nicht die Männer). Die Einheit in der Kirche wird trinitarisch begründet, wie *ein* Vater, *ein* Sohn, *ein* Geist ist, so *ein* Simon bar Jona; es ist *ein* Prinzipat, d.h. geistige Vaterschaft. Oder noch einmal anders: *ein* Gott – *ein* Verwalter. Das gelte auch in der Kirche; wenn jemand sich von seinem Oberen schlecht behandelt fühlt, solle er seine Klage der jährlichen Synode mit dem Patriarchen vorlegen. Daraus folgen die beiden Bestimmungen der Abhaltung einer jährlichen Synode und das Verbot, dass Bischöfe nicht gegen ihr Haupt eine Versammlung halten. {Bis hierher Inhalt des Briefes der westlichen Väter}
b) Auch gegen Isaak erhoben Bischöfe Anklagen, sogar beim König, damit er ihn ins Gefängnis werfe. Wieder erfolgte der Eingriff der westlichen Väter, die daraufhin Marutha zum Großkönig gesandt haben. Marutha „ordnete alles, was durch die ungehorsamen Bischöfe in Unordnung gebracht war."
c) Unter Yahbalaha erzwangen sich „freche anmaßende Leute" durch Christen und Heiden („Aussenstehende") den Episkopat. Es gab Spaltungen und Parteiungen, keine Unterwerfung unter Yahbalaha. Westliche Väter schickten einen Gesandten, der Gericht hielt und Frieden herstellte.

Diese Abfolge der Ereignisse, eindrucksvoll in ihrem gleichen Schema, führt zur Conclusio: Jedesmal wenn Streit und Spaltung unter uns entstand, waren die westlichen Väter Stütze und Helfer der einen Vaterschaft[225].

Die Rede des Bischofs Hoshaʿ von Nisibis[226] schließt sich an. Die Bischöfe bitten Dadisho, wieder ihr Oberhaupt zu sein, und nehmen die früheren „väterlichen Gesetze" an. Am Ende folgt die eingangs erwähnte Verordnung der Bischöfe.

Dadisho geht auf die Bitte der Bischöfe ein, die ihre Aussagen bekräftigen „durch das lebendige Wort der Trinität" (297). Am Ende gibt es keine Unterschriftenliste, nur den Bericht, dass Unterschriften geleistet wurden, doch zu Beginn eine Liste der Teilnehmer.

Der Text macht den Eindruck, dass aufgrund der großen Streitigkeiten um den Katholikos – die man der Rede des Agapet zufolge dreimal hinter ein-

---

[225] Syn. Or., p. 293–294. „Ihr wißt es, o unsere Väter", jedesmal wenn das Schisma und die Uneinigkeit unter uns existierte, waren die westlichen Väter die Unterstützer und Helfer dieser Vaterschaft, der wir alle als Schüler und Kinder verbunden und angehängt sind wie die Glieder des ganzen Leibes es an das Haupt sind, die Königin der Glieder. Sie haben uns auch befreit von den Verfolgungen gegen unsere Väter und gegen uns durch die Magier, dank der Gesandten, die sie zu unseren Gunsten zu verschiedenen Zeiten gesandt haben.
[226] Syn. Or., Chabot, 294–295; Braun, Synhados, 55–56.

ander erlebt hat –, solchem Aufruhr ein für allemal der Boden entzogen werden soll, und dies mit der höchst verbindlichen Rhetorik („wir definieren durch die heilige Trinität", p. 296).

b) Die petrinischen Aussagen

In den Akten der Synode von Dadisho (424) fallen die petrinischen Aussagen ins Auge. Es sind zumindest drei Stellen hier zu nennen.

- Zu Beginn der Akten überreichen die Bischöfe dem Katholikos Mar Dadisho eine Bittschrift, „dass er zurückkehre zu seinem Stuhle, der Kirche Gottes vorstehe, und die Leitung der Herde Christi in allen Ländern des Ostens wieder aufnehme, die ihm in Christus anvertraut worden ist durch das Hohepriestertum, das er erhalten wie Petrus der Apostelfürst"[227],
- Bischof Agapet richtet sich an „das Haupt der Bischöfe, den Regenten des ganzen Ostens"[228] und zitiert später den Brief der abendländischen Väter, in dem aus der Einheit des Vaters, des Sohnes, des Geistes auf den *einen* Verwalter Simon bar Jona, der auch Petrus heißt, geschlossen wird[229]. Wenn auch die Gnade des Priestertums bei allen Aposteln war, so sei doch „der eine Prinzipat, welcher ist die geistige Vaterschaft, nicht bei allen. Sondern wie dem einen wahren Gott, so kommt es auch dem einen getreuen Verwalter zu, Haupt, Regent und Fürsorger für seine Brüder zu sein."[230] – Hier ist mit dem Monotheismus die Einheit der kirchlichen Leitung begründet.
- Am Ende der Rede des Agapet heißt es ausdrücklich: „Er ist unser Regent, unser Fürsorger, der Geber aller Schätze der göttlichen Gnade, Mar Dadisho der Katholikos. Er ist uns Petrus, das Haupt unserer Kirchengemeinschaft. ... bis er unsere Bitte aufnimmt, zu seinem väterlichen Stuhle zurückkehrt und unsere Regierung gemäß dem Auftrage Christi an Petrus das Haupt der Apostel in die Hand nimmt"[231].

Im Synodicon Orientale findet sich petrinische Terminologie sonst erst voll entfaltet in der Synode des Ḥenanisho II. (775), wenn es heißt[232], Christus habe als Vater und Haupt den Petrus, das Haupt der Zwölf, eingesetzt wie einen Teil von sich selbst und sein Bild. Der, der auf diesem katholischen Thron sitzt, sei Petrus selbst, denn er sei der Erbe des Petrus. Hier stößt man überraschend auf Gedanken, die an das Primatsverständnis der römischen Bischofs Leo I. erinnern[233].

---

[227] Syn. Or., Chabot, p. 286; Braun, Synhados, p. 47.
[228] Syn. Or., Chabot, p. 289 (syr. 46,9–10); Braun, Synhados, p. 50.
[229] Syn. Or., Chabot, p. 292 (syr. 48,9); Braun, Synhados, p. 52.
[230] Syn. Or., Chabot, p. 292 (syr. 48,12–14); Braun, Synhados, p. 52–53.
[231] Syn. Or., p. 294 (syr. 50); Braun, Synhados, 55.
[232] Syn. Or., p. 517–518 (syr. 247).
[233] Wenn es etwa in Sermo 3 (29. September 443; CCL 138, p. 10–15) heißt, dass im jeweili-

Vorher ist in der Synode von Ishoyahb I. (585) einmal die Rede von Petrus *und* Paulus, wenn der Anspruch erhoben wird, dass der Katholikos ein 5. Patriarch sei[234].

Dass die petrinische Terminologie in den Akten der Synode von 424 eigentlich einer späteren Zeit angehört, begründet Gero[235] damit, dass diese Sprache in späteren Synoden des 5. Jh. verschwindet, wo man sie hätte erwarten können (etwa beim Konflikt mit Barsauma). Auch seien Spuren des Wachstums einer petrinischen Ideologie im Osten vor dem 8. Jh. nicht rekonstruierbar. So sei es „hoch wahrscheinlich, dass die petrinischen ekklesiologischen Merkmale dem Kollektor und Redaktor des Synodikons zugeschrieben werden können, nämlich Timotheus I.[236]. Geros Hypothese ist daher, dass die petrinischen Bezüge auf den Katholikos im 5. Jh. anachronistisch sind und nicht die Ekklesiologie des Agapet und der griechischen Partei in Persien wiedergeben. Abramowski kann vorführen, wie sich diese petrinischen Elemente, „die mit guten Gründen einer Bearbeitung des 8. Jh. zugewiesen werden“[237], herauslösen lassen.

c) Die patriarchale Sprache

Vor allem im Beschluss der Bischöfe am Ende (296–297) ist zweimal vom Patriarchen die Rede, aber auch viermal vom Katholikos, darunter auch einmal „Katholikos des Ostens“. Direkt davor in den Bestimmungen der westlichen Väter wird auch einmal vom Patriarchen gesprochen. – Kann es nicht

---

gen Amtsinhaber Petrus wirke. Durch die Einsetzung des Petrus hat Christus der Kirche einen bleibenden apostolischen Schutz geschenkt. Petrus verläßt das Steuer der Kirche nicht, er bleibt in der engen societas Christi und erfüllt die ihm übertragene Aufgabe „in und mit“ Christus. In Sermo 4 (29. September 444; CCL 138, p. 16–21): Petrus hat bleibende Gemeinschaft *(consortium)* mit dem ewigen Hohenpriester, d. h. Christus. Die Festigkeit, die Petrus von Christus empfing, geht auf die Erben Petri über. *T. Hainthaler,* Die Petrus-Idee bei Leo I. von Rom, in: dies., F. Mali, G. Emmenegger (hgg.), Heiligkeit und Apostolizität der Kirche (Innsbruck 2010) 211–234, bes. 217–222.

[234] Syn. Or., p. 420. – Weitere Stellen im Synodicon Orientale, in denen von „Petrus“ die Rede ist, stehen im Kontext von Bibelstellen. Georg (Brief an Mina, 680): p. 505 (Petrus, dem die Schlüssel gegeben sind), p. 510 (Ignatius als Nachfolger des Petrus), p. 511 (mit Petrus einen einzigen Christus bekennen). Synode von 612: p. 592 (Apg 10,38; 17,31).

[235] *S. Gero,* The see of Peter in Babylon, bes. 48–49.

[236] Timotheus habe einmal den Katholikos mit Petrus identifiziert, vgl. *Ibn aṭ-Ṭaiyib,* Das Recht der Christenheit, ed. W. Hoenerbach, CSCO 168, Ar. 19 (1957), 127. Vgl. *Timoth.,* ep. 26, Braun, CSCO 75, Syr. 31 (= II 67 V), 101, wo Timotheus argumentiert: Wenn der Sitz Rom durch Petrus den Vorrang habe, um wieviel mehr Seleukia-Ktesiphon durch *den Herrn* des Petrus. Wir Orientalen haben als erste Christus bekannt und an ihn geglaubt – die 12 Magier. – Zu ep. 26 und der Begründung des Vorrangs des Sitzes Seleukia Ktesiphon vgl. *F. Briquel Chatonnet, C. & F. Jullien, C. Moulin Paliard, M. Rashed,* Lettre du patriarche Timothée à Maranzᵉkā évêque de Ninive, JA 288 (2000) 1–13, bes. 4–5, 9–12 (Text) (statt De Wries lies: De Vries).

[237] *Abramowski,* Bischof, 33, und 33–34.

sein, dass diese Passage, die ja auch von Abdisho in seine Canones-Sammlung aufgenommen wurde, stillschweigend schon in die später übliche Terminologie abgeändert wurde?

Patriarchale Terminologie zeigt sich ferner in Begriffen wie Patriarchat (286) oder patriarchaler Sitz (292), sie klingt an bei „Väterlichkeit", die väterlichen Gesetze (295). Anachronistisch ist es, wenn Mar Papa als Patriarch bezeichnet wird („un patriarche comme lui"), oder ganz selbstverständlich von Patriarchen im Westen die Rede ist, was 424 sicher noch nicht üblich war[238].

Abramowski hat den Text eingehend analysiert und diskutiert. Sie kommt unter Berücksichtigung der Beobachtungen von Labourt zur Feststellung[239], es lasse sich leicht erkennen, dass die angebliche Überbringung des angeblichen westlichen Briefes durch Agapet aus der Einleitung zur Rede des Agapet auf der Synode[240] herausgesponnen ist.

d) Ergebnis *(Abramowski)*

Es gab, so Abramowski, einen ursprünglichen Text der Synode, der jetzt vorliegende Text der Synode „ist eine erhebliche Erweiterung des Ursprünglichen"[241]. Insgesamt formuliert sie ihr Ergebnis[242] so: „Die Akten der Synode von 424 sind also in der uns vorliegenden Gestalt das Produkt einer späteren Zeit auf der Basis eines ursprünglichen Grundbestandes", der von geringem Umfang war. „Für den Zeitpunkt der Erweiterung lässt sich ein *terminus a quo* angeben: die Zeit des Mar Aba, weil die von diesem ausgebildete Patriarchalterminologie benutzt wird. Es wird aber niemand auf die Idee kommen, in Mar Aba den Produzenten" des Textes zu vermuten. „Ein guter Kandidat" wäre für Abramowski jedoch Katholikos Joseph (552–567), der auch die patriarchale Diktion Mar Abas übernimmt[243].

---

238 Dagegen spricht auch nicht der unspezifische Gebrauch bei Sokrates (s. o.).

239 *Abramowski*, Bischof, 37. – Ergänzend kann auf *Westphal*, Untersuchungen, 55–56 (von Abramowski nicht verwendet) verwiesen werden, der ganz ähnlich annimmt, dass die Nachricht über die Verlesung der Briefe und Erlasse durch Agapet „recht wohl historisch sein" (55) kann. Da aus den Akten nichts Näheres bekannt sei, „so ist es nicht unwahrscheinlich, dass Spätere an diese Bemerkung anknüpften und es unternahmen, jene Briefe mit ihren eigenen auf die Erhöhung der Würde des nestorianischen Patriarchats tendierenden Gedanken zu füllen" (55–56). „Im Gefolge dieser ganzen Mache sind dann auch die Akten der Synode von Dadisoʿ gefälscht." (56)

240 Syn. Or., p. 289 Mitte.

241 In einer eingehenden Analyse bringt Abramowski (bes. 38–44) eine Unterscheidung von ursprünglichen und später eingefügten Abschnitten der Akten (Syn. Or. 285–298).

242 *Abramowski*, Bischof, 46–47. Vgl. schon *Labourt*, Christianisme, 21, Anm. 1, der auf *Barhebraeus* Chron. II 10, Abbeloos-Lamy, p. 31–32, verweist, er habe den Ursprung des Dossiers bei Joseph I. gesehen.

243 Dazu vgl. die Adresse in den Akten seiner Synode von 554, Syn. Or. p. 352 (syr. 95,13–22): ‚Aux vénérables amis de Dieu, nos frères et collègues, les métropolitains et évêques des provinces de la région orientale, qui dans la vraie foi au Christ, sont en communion, *par*

4. Die Sendschreiben der westlichen Väter und der Briefwechsel Papas

In der Diskussion der Forschung um die Autonomie und den Patriarchentitel spielen „Sendschreiben der westlichen Väter“, so Agapet von Bet Lapat in seiner Rede auf der Dadisho-Synode, eine Rolle, die hier genauer in den Blick genommen werden sollen. Wir können folgende Texte unterscheiden[244]:

1. Epistula synodica patriarcharum occidentalium, quae ad orientales missa est[245], die Seleukia-Ktesiphon eine gewisse Autonomie „verleiht“ wegen der Gefährlichkeit der Reise. Der Wortlaut des Sendschreibens ist zu finden in der Canones-Sammlung des Abdisho und in der Patriarchen-Chronik bei Ṣaliba. Der Text des Abdisho ist ursprünglicher, bei Ṣaliba ist er erweitert[246].
2. Der Brief der westlichen Väter, aus dem Agapet von Bet Lapat bei der Dadisho Synode zitiert[247], in dem der Katholikos des Ostens dem Gericht derer, die unter ihm stehen, entzogen wird und eine Appellation gegen ihn, auch bei den Patriarchen des Westens, für unzulässig erklärt wird.
3. Dazu sind zwei Fragmente bei Abdisho (Mai, 163–164; syr. 325–326) zu erwähnen, wobei
   a. das erste Fragment, das eine Zusammenfassung der Definition am Ende der Dadisho-Synode (Syn. Or. 295–296) darstellt und festhält: Kein Metropolit oder Christ im Osten hat das Recht, gegen den eigenen Patriarchen bei den westlichen Vätern Anklage (in Wort oder Schrift) zu erheben. Der Patriarch des Ostens ist Richter über alle Christen im Osten und sein Richter ist Christus.
   b. Das zweite Fragment (Mai, 164) ist ein Zitat aus ep. 8 im Briefwechsel Papas[248], worin erklärt wird: Die Patriarchalgewalt (die die westlichen Väter früher bestimmt haben) beinhaltet, dass der Patriarch des Ostens

---

l'institution paternelle, avec le trône apostolique qui est (fixé) en l'église de Kôkê, dans les villes royales de Séleucie et Ctésiphon; ... Joseph ... *institué catholicos, patriarche* ... et ... les évêques de la *grande province du siège apostolique, patriarcal et paternel, établi dans la grande église de Kôké, à Séleucie et Ctésiphon ... :* Paix abondante ...'. *Abramowski,* Bischof, 46.

[244] Vgl. zum Ganzen *W. Macomber,* Authority, OCA 181 (1968) 179–200, hier: Anm. 4, p. 179–180. Siehe auch *H. Kaufhold,* Die Rechtssammlung des Gabriel von Baṣra und ihr Verhältnis zu den anderen juristischen Sammelwerken der Nestorianer (Berlin 1976) 104–108, mit etwas anderer Einteilung.

[245] Bei *Abdisho,* Coll. Can. Syn. IX 5: Assemani, BO III, 52–54 (syr.), 54–55 (lat.); A. Mai, Scriptorum veterum nova collectio, e Vaticanis codicibus edita X (Rom 1838), 161–163 (syr. 323,10–325,26). Bei Ṣaliba (zu Ahadabues): Gismondi, p. 4–7 (arab. 7–12). Zur Unterscheidung zwischen ʿAmr und Ṣaliba, vgl. *Westphal,* Untersuchungen, 2–8; der Text des Sendschreibens findet sich nur bei Ṣaliba, ibid. 8. *H. Kaufhold,* Rechtssammlung, 106: Abdisho hat „offenbar die Originalquelle“ für seine Wiedergabe zugrundegelegt; er gibt den Brief im Ganzen wieder, während Gabriel von Baṣra und Ibn aṭ-Ṭaiyib den Brief kürzen und teilen.

[246] Dazu *Westphal,* Untersuchungen, 45–58.

[247] Syn. Or., Chabot, 291–292 (Syr. 47–48); Braun, Synhados, 51/52–53.

[248] *O. Braun,* Der Briefwechsel des Katholikos Papa von Seleukia, ZKTh 18 (1894) 163–182

Metropoliten ordiniert, wo es ihm nützlich scheint, Gewalt über sie hat (er kann sie ein- und absetzen) und Richter über alle Bischöfe in seinem Gebiet, d.h. im Osten, ist.

In die Betrachtung kann/soll daher auch einbezogen sein:

4. das „Synodalschreiben der abendländischen Väter an Mar Papa, den Katholikos, worin sie das aufheben, was gegen ihn von den Anhängern des Miles und ihren Genossen geschehen war", nämlich ep. 8 im Briefwechsel Papas[249].

a) Das erste Sendschreiben der westlichen Väter

Fiey[250] bezeichnet als 1. Brief der westlichen Väter ein Schreiben, das Seleukia-Ktesiphon eine gewisse Autonomie „verleiht" wegen der Gefahren auf dem Reiseweg. Der älteste Beleg für eine solche Verfügung scheint Ende des 7. Jh. in der Weltchronik des Johannes Bar Penkaye zu finden zu sein[251], wenn es dort zu Beginn der Regierungszeit von Sapor II. (309–379) heißt:

> „Zu einer Zeit vorher [also vor 309] wurden die Rechte des patriarchalen Sitzes von Syria auf die Kirche von Kōkē im Osten übertragen wegen der Feindschaft, die zwischen den Reichen des Ostens und Westens existierte, die täglich miteinander im Krieg waren. Viele Bischöfe wurden getötet, wenn sie sich von hier nach dort begaben und von dort nach hier, wegen der Entlegenheit des Patriarchats. Sie klagten sie als Spione an, während sie es in Wirklichkeit taten wegen ihres Dursts nach dem Blut der Heiligen. Und die Vater-Bischöfe, aus Kummer um den Mord an ihren Kollegen, ordneten an, dass der Patriarch der Kirche von Kōkē volle Jurisdiktion haben solle über die Bischöfe des Ostens gemäß den Verfügungen der kirchlichen Canones."

In den Patriarchenchroniken von Mari und Amr[252], also im 12. und im 14. Jh., wird über die Weihe des Aḥadabui, Bischof von Seleukia-Ktesiphon in der Zeit von 205–220 (nach Amr) erzählt: Aḥadabui sei zusammen mit einem Qa-

---

(deutsche Übersetzung); 546–565 (Untersuchung), hier: 181. Diese Identifikation hat Macomber nicht.

249 *Braun,* Briefwechsel, ZKTh 18 (1894), 178–182. Der Brief ist unvollständig, das Ende fehlt.

250 *Fiey,* Jalons, p. 69, Anm. 20.

251 *Johannes Bar Penkāyē,* Liber summorum capitum historiae mundi (Ktābā d-rīš mellē) XIV, ed. A. Mingana, Sources syriaques II (Leipzig 1907); Englische Übersetzung bei *A. Mingana,* The early Spread of Christianity in Central Asia and the Far East. A new document, BJRL 9,2 (1925), 362 Anm., bzw. Reprinted with Additions, 67–68, Anm. 1. Zu Johannes vgl. *Ortiz de Urbina,* Patrologia Syriaca § 101. Das Werk ist entstanden zwischen 687 und 691, höchstwahrscheinlich 687/688, so *R. Hoyland,* Seeing Islam as others saw it (Princeton N.J. 1997) 199–200. Das Werk des Johannes ist bisher nicht (krit.) ediert worden, vgl. *K. Pinggéra,* Nestorianische Weltchronistik. Johannes Bar Penkaye und Elias von Nisibis, in: M. Wallraff (Hg.), Iulius Africanus und die christliche Weltchronistik = TU 157 (Berlin, New York 2006), 263–283, hier 267 mit Anm. 14. Vgl. *Fiey,* Jalons, 70–71 mit Anm. 22.

252 Vgl. *Westphal,* Untersuchungen, 45.

misoʿ nach Antiochien geschickt worden, damit einer der beiden zum Patriarchen des Ostens ordiniert würde. Dort habe man sie als Spione des Perserkönigs denunziert. Aḥadabui konnte nach Jerusalem fliehen und wurde dort geweiht, sein Begleiter und der Patriarch von Antiochien seien gekreuzigt worden. Daraufhin traten die vier Patriarchen des Westens zusammen und bestimmten, dass fortan die neu zu wählenden Patriarchen nicht mehr in Palästina, sondern im Osten/Seleukia-Ktesiphon gewählt und ordiniert werden sollten. Dazu verfassten sie ein offizielles Schreiben, das sie nach Seleukia-Ktesiphon sandten.

Das Sendschreiben, wie es ʿAbdīšōʿ († 1318) überliefert, setzt inhaltlich fest: Wann immer ein Großmetropolit von Seleukia stirbt, solle kein Metropolit nach Antiochien gehen, um gemäß alter Sitte die Weihe zu empfangen, damit kein unschuldiges Blut vergossen werde, „wie in unserer Zeit“; dann wird die Kreuzigung von zwei Vätern erwähnt. „Wir gewähren das Charisma der patriarchalen Würde dem hl. Stuhl des Großmetropoliten, der in der Kirche der königlichen Stadt der Arsakiden Seleukia in Kokhe im Osten ist“, und geben die Zustimmung zu dem, was immer von diesem in patriarchaler Regierung geschehe. Am Ende stehen schließlich die Vollmachten des Patriarchen[253]: zur Weihe der Metropoliten und Bischöfe, und zur Vervollkommnung der Bischöfe, wie auch das Recht, richterliche Sentenzen und Absolutionen, Abrogationen, Reservation, insoweit diese ihm anvertraut sind, und er die Macht und Autorität hat. Beim Tod des Patriarchen sollen sich Metropoliten und Bischöfe versammeln, und der Patriarch werde „von uns“, d. h. von den westlichen Patriarchen, durch die Hand von jenen eingesetzt, und durch „unsere Zustimmung“ wird dieser Patriarch durch die Gnade und Gabe des Heiligen Geistes vervollkommnet.

Die Geschichte, wie sie die Patriarchenchroniken überliefern, ist aufgrund ihrer Anachronismen Legende, wobei nach Westphal Aḥadabui historisch sein kann, „aber mehr als den Namen und vielleicht eine bescheidene Wirksamkeit in kleinem christlichen Kreise in Ktesiphon werden wir der geschichtlichen Wirklichkeit kaum konzedieren dürfen“[254]. Die ganze Geschichte über die vier „Patriarchen“, die zusammenkamen und über die Wahl des seleukidischen Patriarchen berieten, ist „ebenso eine Fiktion, wie jenes Sendschreiben“.

Tatsächlich ist die Unechtheit des Sendschreibens[255] angesichts der zahlreichen Anachronismen offensichtlich. Westphal erwähnt dazu: „in keiner der selbständigen Schriften (ist) auch nur eine Andeutung von einer Abhängigkeit des Episkopats Ktesiphon von Antiochien zu finden“, schon die Voraussetzungen seien ganz unmöglich – kein persischer König hätte das geduldet, abgesehen von der Undurchführbarkeit wegen der Entfernungen. Die

---

[253] Mai, p. 163.
[254] *Westphal,* 46–47, hier 47.
[255] Dazu *Westphal,* 53–58.

Titel Metropolit und Patriarch waren noch nicht im Westen üblich, auch nicht die streng monarchisch errichtete Hierarchie. Wenn von vier Patriarchen im Westen die Rede ist, dann sind wohl schon die arabischen sog. nicaenischen Canones vorauszusetzen. Dazu ist mit Fiey zu bedenken: „Die angeblichen Canones von Nicaea können eine Rolle in der Entwicklung des späteren *Rechts* gespielt haben, doch sie haben kein Gewicht in der Entwicklung der *Tatsachen*, da sie erst zutage getreten sind, als diese Entwicklung beendet war.“[256]

Die arabischen sog. nicaenischen Canones[257]

Die authentischen Akten von Nicaea (325) sprechen nicht von Seleukia-Ktesiphon, das trifft allein für die arabischen sog. nicaenischen Canones[258] zu. Dass diese arabischen Canones einer viel späteren Zeit als Nicaea angehören, hat Karl Joseph Hefele[259] nachgewiesen. Zunächst ist klar – und das ist sehr gut bezeugt –, dass es auf Nicaea (325) 20 Canones waren und nicht mehr. Die arabischen sog. nicänischen Canones sind 80 oder 84[260]; die von Braun[261] aus

---

[256] *Fiey,* Jalons, p. 76. Hervorhebung T. H.

[257] Canones arabici, ed. F. Turrianus (= Torres), in: G. D. Mansi (ed.), Sacrorum conciliorum nova et amplissima collectio II (1759), 952–982, mit 80 canones.

[258] *C. Korolevskij,* Studi storici sulle fonti de diritto canonico orientale = Codificazione canonica orientale. Fonti Ser. 1, 8 (Rom 1932), 668–671, Anm. 5-a (zur Geschichte). K. sagt, dass die Datierung dieser Canones weder Hefele noch jemand anderer je versucht habe – doch *Hefele,* Conciliengeschichte I, 364–366, hat einzelne canones, wie can. 38 E/33 T, 42 E/36 T, 43 E/37 T, can. 38–39, 42 E (33–34 und 36 T) als nach-nizänisch mit Argumenten eingeordnet. – Interne Kritik erlaube nicht, sie über die 2. Hälfte des 5. Jh. hinaus zu datieren, die Anspielungen auf Chalcedon, can. 49 T entspreche can. 2 (Chalcedon) – so schon *Hefele,* 365. Die Canones können nicht später als 500, die ursprüngliche Kompilation kann nicht arabisch erfolgt sein, eine Sprache, die von den Christen nicht in großem Maß vor dem 10. Jh. gebraucht wurde. Das Original müsste also syrisch gewesen sein und der Kompilator ein Melkit – was heißt das im 5. Jh.? Offenbar meint K. einen Chalcedonier aus Antiochien. *Korolevskij,* 670, Anm. 5-a: Es fehlt noch eine gute kritische Edition dieser berühmten Canones, mit Vergleich zwischen den verschiedenen Versionen. Erst dann wird man sich mit größerer Sicherheit über ihr ursprüngliches Datum und ihre Herkunft äußern können. Die nestor. Rezension wurde ins Deutsche übersetzt von Braun. – *Fiey,* Jalons, 76 mit Anm. 45: wahrscheinlich melkitischen Ursprungs, aus dem 5. Jh., nach einer unpublizierten These von R. Rabban, Rom 1957.

[259] *K. J. Hefele,* Die Akten des ersten Concils zu Nicäa, TQ 33 (1851) 41–84, hier bes. 54–61. Dazu auch *C. J. von Hefele,* Conciliengeschichte I (Freiburg i. B. 1873 2. Aufl.), §41, 356–375, 20 canones (356–360); arab. Canones (360–364), aus beträchtlich späterer Zeit: 364. 367 (nicht-nicänischer Ursprung völlig unzweifelhaft).

[260] Zu den arab. Canones, *O. Braun,* De sancta Nicaena synodo. Syrische Texte des Maruta von Maipherkat. Nach einer Handschrift der Propaganda zu Rom = KGS IV, 3 (Münster i. W. 1898), 18–25. Die arab. Rezension ist nur in latein. Übersetzung zugänglich, in der des Turrianus (Torres = T) mit 80 Canones oder des Abraham Ecchellensis (E), der die 80 canones des Turrianus in 84 aufteilt und dazu noch weitere canones hinzufügt. Der arabische Makarioscodex (Ma), nach dem angeblich die Turrianus-Version entstand, ist aber mehr ver-

dem Syrischen übersetzten, Marutha zugeschriebenen[262], Canones von Nicaea umfassen insgesamt 73, sie stellen eine bis dahin unbekannte ältere Rezension der arabischen nicaenischen Canones dar[263]. Hefele weist darauf hin, dass man bei Kanon-Sammlungen die Canones von Nicaea wegen ihres Ansehens allen anderen, auch älteren Canones, vorangestellt hat. Die Überschrift „nicänische Canones" stand dann über allen. Irrtümlich hielt man dann alle für nicaenisch[264].

Marutha von Maipherqat wurde von Kaiser Arkadius 399 nach Persien zu Yazdgerd I. als Gesandter geschickt; auf einer Synode in Seleukia wurde Ishaq als Bischof gewählt; 410 wurde Marutha wieder nach Persien entsandt und wirkte auf der Synode unter Ishaq; er starb vor 420[265].

Can. 2 (Marutha)[266] (= can. 37, Mansi) spricht von vier Patriarchen (Rom, Alexandrien, Ephesus, Antiochien) analog zu den vier Evangelisten und den

---

wandt mit E. All diese Versionen zusammen bezeichnet Braun als die alexandrinisch ägypt. Rezension (ebd. 19). Die 73 canones des Marutha nennt Braun dagegen die syrisch nestorianische Rezension (ebd. 20). Sie ist systematisch geordnet. Die canones, die Abdisho in seinen Nomokanon aufgenommen hat (unter der Überschrift: Oecumenicorum) stimmen mit geringen Abweichungen mit denen von Marutha überein (ebd. 21). Vor Abdisho hat diese Canones schon Ibn aṭ-Ṭaiyib († 1043) ins Arabische übersetzt. Verhältnis der beiden Rezensionen: die ägyptische ist aus der nestorianischen geflossen (ebd. 21). Beide Male stellt die Sammlung eine Auswahl aus einem größeren Corpus und zwar mit Rücksicht auf die persischen Verhältnisse dar (die spezifisch ägyptischen Anspielungen müssen später eingeschoben worden sein); in beiden Rezensionen steht das Patriarchat Seleukia im Vordergrund; die ägypt. Rezension ist eine Umarbeitung der nestorianischen, die die älteste Textgestalt bietet, entweder aus einem griechischen Original oder unter griechischem Einfluss (ebd. 23). – Syr. Edition mit englischer Übersetzung: *A. Vööbus* (ed., transl.), The Canons Ascribed to Mārūtā of Maipherqaṭ and Related Sources = CSCO 439, 440, Syr. 191, 192 (Louvain 1982), 51–95 (engl.), 56–115 (syr.).

261 *Braun,* De Sancta Nicaena synodo, bietet eine deutsche Übersetzung der 73 syrischen Kanones, mit einer Einleitung.

262 *Hefele,* TQ 33, 63: zitiert Assemani, dass Marutha eine Sammlung von Canones übersetzt hat.

263 *Braun,* De Sancta Nicaena Synodo, 18 bzw. 18–25 (zu den Canones des Marutha insgesamt).

264 *Hefele,* TQ 33, 59; Conciliengeschichte I, 368.

265 *Braun,* De Sancta Nicaena Synodo, 4–11; zum Werk Maruthas: 11–26. Vgl. *I. Ortiz de Urbina,* Patrologia syriaca (Rom 1965, 2. Ed.), 51–54; *P. Bruns,* Marutha von Maipherkat, in: LACL (Freiburg, i. B., 1998, 3. Aufl. 2002), 492–493. Ausführlich *E. Tisserant,* Marouta de Maypherqat (saint), in: DThC 10 (1928) 142–149; er erzählt den Bericht des Yaqut über Marutha, als Lokaltradition. Wiederhersteller, „restaurateur", der persischen Kirche nach den Verfolgungen (cf. *Tisserant,* 145 und 146).

266 Can. 2 Marutha, Braun, De Sancta Nicaena Synodo, 63–64: „Es ist der Wille auf der allgemeinen Synode, dass [nur] vier Patriarchen sein sollen auf der ganzen Welt gleich den vier Evangelisten, den vier (Paradiesesströmen), den vier Weltteilen, wie auch die Weltweisen sagen, es gebe vier Elemente, die Eltern der Welt. Das Haupt sei der von Rom gemäss dem Befehl der Apostel, die (es) bestimmt in ihren Kanonen. Nach ihm (sei) der von Alexandrien, dann der von Ephesus, dann der von Antiochien. Alle Bischöfe sollen unter die Macht dieser vier verteilt sein."

vier Himmelsrichtungen. Can. 3 (Marutha)[267] (= can. 33–34 T bzw. 38–39 E, Mansi) stellt den Inhaber des Stuhls von Seleukia im Osten (can. 39 E: „quae est Almodajen“, cf. 38 E) unter die vier Patriarchen (mit dem Titel Katholikos bei T und E) an 7. Stelle, aber über die Metropoliten des römischen Reichs. Can. 8 (Marutha)[268] (= can. 39 T bzw. 44 E, Mansi) stellt generell den Patriarchen über alle Metropoliten (und den Patriarchen von Rom über alle Patriarchen).

Zur Datierung des Sendschreibens kann man mit Westphal wohl nur sagen, dass es zur Zeit des Timotheus I. vorlag, und darüber hinaus: „Da der zweite Abschnitt[269] besonderen Nachdruck darauf legt, dass der Patriarch keiner Jurisdiktion unterstellt werden kann und unabsetzbar ist, hat die interessante Hypothese J. S. Assemanis[270] manches für sich, wonach der Katholikus Joseph (555–557) der Verfasser dieser Fälschung sein soll“.[271]

---

[267] Can. 3 Marutha, Braun, De Sancta ..., 64–65: Ephesus soll auf die Reichshauptstadt [d. h. Konstantinopel] übergehen. „Auch der Bischof von Jerusalem soll Cäsarea nicht unterworfen sein, sondern um des heiligen Ortes willen soll er ebenfalls geehrt sein. Auch der Stuhl von Thessalonike soll geehrt sein, wie wir in den folgenden Kanonen bestimmen. Auch der Stuhl von Seleucia im Orient soll von jetzt an und in Zukunft die Erlaubnis haben, wie ein Patriarch Metropoliten zu kreieren, damit nicht durch ihr Hinauf- und Hinabziehen zum Patriarchen des Orients, das heisst von Antiochien in Syrien, das im römischen Gebiete liegt, die Heiden einen Vorwand gegen unsere dortigen christlichen Brüder finden und gegen sie Verfolgungen erregen. Auch ist der Patriarch von Antiochien in Folge des Zuredens der Versammlung gewillt, sich nicht darüber zu betrüben, dass die Macht des ganzen Orients ihm abgenommen wurde. Wir tun es ja um der Ruhe unserer christlichen Brüder im Perserreich willen, damit sie nicht zwecklos von den Heiden angeklagt und getötet werden. Wenn aber eine Ursache drängt und auf römischem Gebiete eine Synode zusammentritt und auch der (Bischof) von Seleucia sich dort unter ihnen einfindet, so soll er in der Sitzordnung besondere Ehre haben vor den übrigen Metropoliten des römischen Gebietes. Denn durch Bevollmächtigung vertritt er die Stelle des Patriarchen im Orient. Und er soll an siebenter Stelle sitzen; sein Sitz sei nach dem Bischof von Jerusalem.“ – Die 7. Stelle ergibt sich dadurch, dass Thessalonike noch nach Jerusalem kommt. Die Version von Turrianus (can. 34 T – wie bei Mansi) unterdrückt Thessalonike und nennt Seleukia an 6. Stelle.

[268] Braun, De Sancta ..., 68: „Es ist der Wille der allgemeinen Synode, dass bezüglich aller Dinge, welche nicht in rechter Weise von einem Metropoliten oder anderen Bischofe geschehen sind, der Patriarch die Macht haben soll, eigenmächtig zu entscheiden. Denn er steht über der Gesamtheit und alle Bischöfe sind die Söhne seines Erbes. ... Die Ehre des Patriarchen ist wie die des Vaters, der über seine Söhne Gewalt hat. Und wie der Patriarch die Macht hat, alles was er will, in gültiger Weise zu tun in dem, was seiner Macht untersteht, [so] soll der von Rom Macht haben über alle Patriarchen wie der selige Petrus über die ganze Gemeinschaft. Denn er hat auch die Stelle Petri inne in der ganzen Kirche von Rom.“ Vgl. Mansi II, 965 (Turrianus); 995 (Ecchellensis).

[269] Dieser Abschnitt beginnt mit der Beschreibung der Vollmachten des „Großmetropoliten, der die patriarchale Würde über den ganzen Osten empfangen hat“, „Hic itaque magnus metropolita, qui patriarchicam dignitatem super universum orientem accepit“ (BO III, 53b, 7. Zeile (syr.); 55a, 19. Zeile; Mai, p. 162b).

[270] *Assemani,* BO III, 58b.

[271] *Westphal,* Untersuchungen, 57; die weiteren Bemerkungen, dass Joseph der erste Patri-

b) Das zweite Sendschreiben und der Briefwechsel Papas

Der Eingriff der westlichen Väter bezieht sich auf einen konkreten Fall: Das Urteil gegen Mar Papa wird als unzulässig aufgehoben und die Angelegenheit neu geregelt. Generell wird festgestellt, dass es nur einen „Prinzipat (*ršnwtʾ*, 48,13), der die geistliche Vaterschaft ist", gibt; er findet sich nicht bei allen Aposteln, sondern nur bei einem – Braun verweist hier auf can. 8 (Marutha)[272] – ein einziges Haupt.

Es soll jährliche Versammlungen geben. Und Bischöfe haben nicht das Recht, gegen ihren Patriarchen eine Versammlung zu halten. Als Begründung wird angeführt: natürliches Recht und Einsetzung durch Petrus.

Zur Person des Papa[273]

Im Unterschied zu seinen Vorgängern ist Papa, ohne Wundertäter oder Märtyrer zu sein, allgemein bekannt[274]. Papa war Perser von Geburt und beherrschte das Syrische und Persische gleichermaßen. Barhebraeus[275] zufolge wurde er 266 von Daniel von Maisan zum Bischof ordiniert und starb nach 69jähriger Regierung, was das Todesjahr 335 ergibt. Kurz nach Nicaea kam es vermutlich zu einer Verfolgung durch die staatlichen Autoritäten (vermutlich 326/7), die ihn in den Kerker brachte. Eine innerkirchliche Kontroverse mit Anklageschriften gegen ihn führte, vielleicht 334, zu einer Synode gegen ihn[276], nach der er im folgenden Jahr in sehr hohem Alter starb. Bald nach seinem Tod begann die 40 Jahre währende Verfolgungszeit unter Shapur[277].

---

arch war, der Katholikos genannt wurde ist und dass der Titel durch Justinian eingeführt worden sei, sind durch Abramowskis Studie überholt.

[272] Braun, De sancta Nicaena synodo, 68: „… bezüglich aller Dinge, welche nicht in rechter Weise von einem Metropoliten oder anderen Bischof geschehen sind, der Patriarch die Macht haben soll, eigenmächtig zu entscheiden. Denn er steht über der Gesamtheit und alle Bischöfe sind die Söhne seines Erbes." „Die Ehre des Patriarchen ist wie die des Vaters, der über seine Söhne Gewalt hat." (Folgt der Primat Roms über alle Patriarchen „wie der selige Petrus über die ganze Gemeinschaft")

[273] Ein Lebensbild von Papa aufgrund der vorher diskutierten Quellen und Ereignisse zusammengefasst bei *O. Braun,* Briefwechsel, ZKTh 18 (1894), 561–565. Vgl. auch *Westphal,* Untersuchungen, 44 und 60–81 (zu Papas).

[274] *Westphal,* Untersuchungen, 44.

[275] *Greg. Barhebraeus,* Chronicon eccl. 10: Abbeloos-Lamy III, p. 27–34. Vgl. *Braun,* Briefwechsel, ZKTh 18 (1894) 561.

[276] Die Vorgänge auf dieser Synode in Seleukia-Ktesiphon, vgl. schon *H. Leclercq,* in *K. J. Hefele, H. Leclercq,* Histoire des conciles d'après les documents originaux 1.2 (Paris 1907) 1119–1124 (Un concile tenu à Séleucie-Ctésiphon avant 325).

[277] Andere Nachrichten: die Acta Mari machen Papa zum Zeitgenossen von Mar Mari – das ist ins Reich der Fabel zu verweisen, vgl. *Braun,* Briefwechsel, 562. Die späteren Patriarchenchroniken von Mari und Amr sind insgesamt weniger verlässlich als Barhebraeus. Zu Pâpas: *Mārī Ibn-Sulaimān,* De patriarchis nestorianorum commentaria, ed. H. Gismondi (Rom 1899), p. 7–14 (lat.), arab.: 8–16, berichtet das Leben des Papas, aber auch eine kirchen-

Der Briefwechsel Papas

Im syrischen Codex KVI 6 der Propaganda fidei, Rom, fand Oscar Braun[278] die Kopie einer Mossuler Hs (1–561: ostsyrische Konziliensammlung, Nicaenum, Synoden Isaak bis Henanisho) mit einem Briefwechsel des Papa von Seleukia (Ms, p. 219–241), bestehend aus acht Briefen mit den folgenden Titeln (deutsch nach Braun).

1. Brief des Eusebius, Patriarchen von Rom[279], an Papa den Katholikos des Morgenlandes (164 f.)
2. Ein anderer (Brief) des Juda Kyriakos, Bischofs von Jerusalem, an Papa (165)
3. (Brief) der Königin Helena an Papa (165 f.)
4. (Brief) des heiligen Papa an die Königin Helena (166 f.)
5. Brief des heiligen Jakob, des Bischofs, an Papa (167–169)
6. Folgt (der Brief) des Mar Aphrem des Lehrers an Mar Papa den Katholikos, den Patriarchen (169–174)
7. Brief des Mar Papa an die Nisibener (174–178)
8. Synodalschreiben der abendländischen Väter an Mar Papa, den Katholikos, worin sie das aufheben, was gegen ihn von den Anhängern des Miles und ihren Genossen geschehen war. (178–182).

In seiner Untersuchung des Briefwechsels unterscheidet Braun begründet zwei Gruppen, ep. 1–4 und ep. 5–8, die sich auch vom Stil und der Länge her unterscheiden. Für die erste Gruppe sei die Echtheit mit Sicherheit zu verneinen, wie man an den historischen Unmöglichkeiten sehen kann[280]. Für die 2. Gruppe, ep. 5–8 gewinnt Braun den „Eindruck einer einheitlichen Arbeit“[281]. Schon Barhebraeus[282] weiß, dass einige das Trostschreiben des Jakob

geschichtliche Chronik der Ereignisse zu dessen Lebzeiten. Deutsche Übersetzung bei O. Braun, ZKTh 18 (1894) 547–548 (noch vor der späteren Edition mit latein. Übersetzung durch H. Gismondi!). Amr (arab.13,7–15,5) behauptet, Papa wäre 78 Jahre im Amt gewesen. Vgl. auch die Tabelle bei *M. Kmoskó*, S. Simeon Bar Sabbaé, Praefatio, in: PS I 2 (Paris 1907), p. 665, und die Quellen zu Papa, ebd., 667–674.

[278] *O. Braun*, Der Briefwechsel des Katholikos Papa von Seleucia. Ein Beitrag zur Geschichte der ostsyrischen Kirche im vierten Jahrhundert, ZKTh 18 (1894), 163–182 (Übersetzung), 546–565 (Untersuchung). Dazu vgl. die Analyse von *Abramowski*, Bischof, 48–55.

[279] Eusebius von Rom war i. J. 309 vier Monate im Amt; Patriarchen-Titel völlig anachronistisch.

[280] *Braun*, Briefwechsel, 556: Im 4. Jh. hat kein ‚Patriarch von Rom‘ um den Segen des Stuhles des Mar Thoma und Mar Addai gebeten. Seleukia wird nirgends genannt als ein vom Apostel Thomas oder von Addai errichteter Bischofssitz. Als ‚Stuhl des Mar Addai‘ gilt sonst immer Edessa.

[281] *Braun*, Briefwechsel, 557. Die in den vier letzten Briefen besprochenen Begebenheiten machten „den Eindruck der Wahrheit“ (*Braun*, 563). Daher hält er eine zweimalige Verfolgung des Papa für wahrscheinlich, vielleicht 326/7. Die zweite „Verfolgung“ ist die innerkirchliche Kontroverse mit Anklageschriften und der Synode gegen ihn, vielleicht 334. Nach Barhebraeus starb Papa im folgenden Jahr (Abbeloos-Lamy III 31–32), also 335. Bald nach seinem Tod begann die 40jr. Verfolgung Schapurs.

von Nisibis und Ephraem dem Patriarchen Joseph zuschreiben. Der in unserem Kontext wesentliche Brief 8 ist „unecht" bzw. „sicher unecht" (vgl. die Namen der angeblichen Teilnehmer an der Synode gegen die Arianer) und hat den Zweck, „das Recht des Stuhles von Seleukia auf die Patriarchalgewalt im persischen Osten nachzuweisen"[283].

In diesem 8. Brief, der am Ende abbricht, steht die Zustimmung der abendländischen Bischöfe zu dem

„: ... was unsere Väter früher bestimmt, als sie die Patriarchalgewalt jenem eurem morgenländischen Stuhle ..., der in der Kirche von Kuke (ist), verliehen, dass er nämlich Metropoliten ordiniere, wo er es als nützlich erkennt, daß er über sie Gewalt habe, sie aufzustellen, wenn sie würdig sind, und sie abzusetzen um ihrer Vergehen willen, und ebenso solle der Patriarch Richter und Bestrafer sein über alle Bischöfe in der ganzen Kirche eures Gebietes; er solle die Gewalt und die Macht haben. Und auch wir bestimmen, indem wir dem zustimmen, daß jeden, der Streit und Unruhe stiftet und von seinem Nacken die Dienstbarkeit des Patriarchen abschüttelt, der Patriarch absetze und einen anderen an seiner Stelle ordiniere. Und er soll Gewalt haben über alle Ordinationen, Irritationen, Absetzungen, ... Zurechtweisungen, über die Aufstellung von Canones, über die Vermehrung und Vergrößerung der Kirchen, Klöster und auch der Bischofsitze; auch wenn es nötig ist, dieselben zu verkleinern wegen des Bestandes und Vorteiles der anderen Kirche und Bischofsitze."[284]

D.h. also, dass „früher" die westlichen Väter dem Stuhl von Seleukia (erklärt hier mit der Spezifizierung von Mar Aba: „in der Kirche von Kokhe") die Patriarchalgewalt „verliehen" haben. Das vorherige Kriterium betr. der Patriarchen-Terminologie zeigt, dass der Text nach 450 entstanden ist[285]. Neu kommt nun hinzu („wir bestimmen"), dass der Patriarch absetzen kann, wer sich seiner Gewalt entzieht. Eine Umschreibung der patriarchalen Befugnisse folgt. In der scharfen Formulierung scheint aber auch das Bewusstsein von immer wieder drohenden innerkirchlichen Streitigkeiten und Unruhen durch.

Fazit

Was Labourt von den literarischen und historischen Problemen des „Briefwechsels des Katholikos Papa" und denen im Zusammenhang mit der Dadisho-Synode sagt: „La question est, cependant, loin d'être tirée au clair"[286],

[282] *Greg. Barhebraeus,* Chron. 10: Abbeloos-Lamy III, 31–32. *Braun,* Briefwechsel, 559.
[283] *Braun,* Briefwechsel, 558. – Einzelheiten bzgl. Demetrianus sind erfunden (562) um das Renommee von Seleukia zu erhöhen.
[284] *Braun,* Briefwechsel, 181.
[285] *Macomber,* Authority, 180, Anm. 4, nimmt für die Abfassung der Briefe eine Zeit der Krise der patriarchalen Autorität an, wie 484 Synode von Beth Lapat oder Absetzung von Joseph 567.
[286] *Labourt,* Christianisme, p. 125, Anm. 1. (p. 126) und p. 21, Anm. 1. Vgl. *Kaufhold,*

behält offenbar leider weiter Gültigkeit. Auch Abramowski hatte „nicht die Absicht, zu vollständiger Klarheit zu gelangen, sondern bescheidener unter Anwendung des Fieyschen Kriteriums der Verwendung des Patriarchentitels und in Erweiterung des Kriteriums auf die von Mar Aba ausgebildete und von Joseph übernommene patriarchale Topik, die anachronistischen Züge noch deutlicher herauszuarbeiten.“[287]

An das Ende ihrer Studie stellt sie die folgende Zusammenfassung[288]: „Unsere Untersuchung oben hat gezeigt, dass die konsequente Durchführung des Metropolitansystems unter dem ‚Großmetropoliten‘ (410) und die selbstbewusste Formulierung der Patriarchalideologie (540) nicht zusammenfallen[289] und dass der Patriarchentitel dem Katholikos von Seleukia-Ktesiphon nicht verliehen wurde, sondern dass dieser ihn für sich in Anspruch nahm, weil er im Westen üblich geworden war für einen Obermetropoliten, mit dem man sich als gleichrangig erachtete, d.h. für den von Antiochien. Das Protokoll der Synode von 410 ist das Dokument des Bewusstseins der Gleichrangigkeit, das dort vom ‚westlichen‘ Beobachter offensichtlich geteilt wurde. Sowohl das Metropolitansystem wie der Patriarchentitel sind allerdings westlichen Ursprungs; das erste wurde in Persien aus pragmatischen Gründen vervollkommnet, unter kanonistischer Mithilfe der geographisch nächsten kirchlichen Nachbarn, die unter günstigeren politischen Bedingungen leben konnten; das Motiv für die Übernahme des zweiten habe ich genannt: die bestehende Gleichrangigkeit von Seleukia und Antiochien auch in der nun im ‚Westen‘ üblichen Terminologie auszudrücken.“

5. Abhängigkeit von Antiochien?

Mit vielen Forschern kann gesagt werden, dass keine der antiken Quellen eine ursprüngliche Abhängigkeit vom Sitz Antiochien belegt[290].

Erst in späterer Zeit wird der Ursprung des Sitzes einer angeblichen Bestätigung und Weihe des orientalischen Katholikos durch den Patriarchen dieser Stadt zugeschrieben: Für die Westsyrer, wie Michael den Syrer (1126–1199), bezieht sich dies auf die Zeit 480–490 unter Barsauma von Nisibis und dem

---

Rechtssammlung, 104: „Was es mit den erwähnten Briefen der ‚westlichen Väter‘ auf sich hat, läßt sich wohl nicht recht klären.“

[287] *Abramowski*, Bischof, 48.

[288] *Abramowski*, Bischof, 54–55.

[289] Schon *A. de Halleux,* Autonomy and centralization in the ancient Syrian Churches Edessa and Seleucia-Ctesiphon, in: WuW Supplementary Issue 4 (1978) 59–67, 64, schreibt, es sei wichtig, klarer als bisher Autonomie und Zentralisierung der Autorität in der ostsyrischen Kirche zu unterscheiden.

[290] So schon *Westphal*, Untersuchungen, 53; vgl. *W. de Vries,* Antiochien und Seleucia-Ctesiphon. Patriarch und Katholikos?, ST 233 (1964) 429–450, hier 447; *A. de Halleux*, Autonomy, 64.

ihm zugeschriebenen Übergang zum Nestorianismus (und dem Mord an Baboi)[291]. Für ostsyrische Quellen lasse sich das implizit an dem Ereignis der Weihe von Ahadabui 205 ablesen, wie die Patriarchenchroniken ab dem 12. Jh. berichten und erstmals auch im 7. Jh. Johannes bar Penkaye. Das erste Sendschreiben, überliefert von Abdisho, ist anachronistisch, wenn es das Ereignis von 205 als „in unserer Zeit“ berichtet. Die Gründe sind oben genannt.

Wenn Papa Anfang des 4. Jh. den Vorrang erstrebt, auf Widerstand stößt und dann die Hilfe der westlichen Väter sucht, deren Unterstützung er auch erhält, dann handelt es sich nicht um ein autoritatives Eingreifen aus dem Westen[292]. Etwas anders sieht das Auftreten der Gesandten Marutha von Maipherqat[293] und Acacius von Amida aus, die aber Legaten des Kaisers waren und im Namen der ganzen Reichskirche kamen, nicht im Namen von Antiochien. Im Synodicon Orientale lässt sich keine Abhängigkeit von Antiochien erkennen, sondern allenfalls von den „westlichen Vätern“ insgesamt, zu denen unter anderen auch Antiochien gehört. Die westlichen Väter sind hier, wie de Vries zutreffend sagt[294], „Vertreter der Gesamtkirche“, der sich die Kirche des Ostens als zugehörig und als deren Teil sie sich begreift. Daher auch die Übernahme der Canones, zuerst derer von Nicaea. 420 überbringt dann Acacius die Canones nicht bloß von Nicaea, sondern auch von Ankyra, Antiochien, Gangra, Neocaesarea, Laodicaea, also von Galatien, Phrygien, Kappadokien[295]. So sollen die Canones, die im ganzen Reich der Römer gelten, auch im persischen Reich Geltung haben.

In der Synode von 410 trägt der *episkopos katholikos* von Seleukia-Ktesiphon denselben Titel wie der von Antiochien, und das offenbar auch in Einklang mit dem Gesandten des Westens. Es geht nicht um ein Appellationsrecht an Antiochien, sondern an den Westen überhaupt.

---

[291] Dazu *Michael Syr.*, Chron. XI 9: Chabot II, 433b–434b (Syr. 423–424) mit dem Brief von Patr. Johannes I. Sedra von Antiochien (630/1–648) an Marutha von Tagrit (†649), Maphrian. *Ortiz de Urbina*, Patrologia Syriaca, § 124. Im Brief des Johannes heißt es: „... seit der Zeit der Verfolgung von Bar Sauma von Nisibis bis zur Zeit des Patriarchen Mar Athanasius, meinem Vorgänger, seid ihr wie ein getrennter Teil der Herde gewesen. Denn früher waren der Sitz des Katholikos der Perser und der des Katholikos von Armenien, von Gurzan und Aran dem Sitz von Antiochien unterstellt bis zum Mord des Katholikos Babai.“ Zu diesem Brief *J. Martikainen*, Johannes I. Sedra = GÖF 1. Reihe Band 34 (Wiesbaden 1991), 11–12. Sowie die Darstellung von *S. Gero*, Barṣauma of Nisibis and Persian Christianity in the fifth century = CSCO 426, Subs. 63 (Louvain 1981), 99–100.

[292] Vgl. *W. de Vries*, Antiochien, 444 und 447.

[293] Syn. Or., Chabot, 293: Marutha wurde zum persischen Großkönig geschickt durch das Übereinkommen der westlichen Väter und auf Befehl des christlichen Kaisers.

[294] *W. de Vries*, Antiochien, 446.

[295] Syn. Or., Chabot, 280. Zur Entwicklung des antiochenischen Corpus canonum graecum und seinen Versionen vgl. *W. Selb*, Orientalisches Kirchenrecht. Band I. Die Geschichte des Kirchenrechts der Nestorianer (von den Anfängen bis zur Mongolenzeit), (Wien 1981), 83–91. Eine Version dieses griechischen Corpus Canonum Antiochiens wurde ins Syrische übersetzt und spätestens 419 nach Persien übermittelt, vgl. ebd. 88–89.

Am Ende ihrer Studie stellte Abramowski die Frage: „Was aber ist das Motiv ..., die Patriarchenwürde als eine von ‚westlichen Vätern' an den Bischof von Seleukia-Ktesiphon verliehene aufzufassen?"

Für André de Halleux wird die Idee einer jurisdiktionellen Abhängigkeit von Antiochien in der ostsyrischen ekklesiologischen Tradition dann glaubwürdig, wenn die 73 ps.-nicänischen Canones rezipiert werden[296].

Das in diesen Canones entwickelte Konzept übermittelt die kanonistische Tradition[297]. So geht Abdisho zunächst davon aus[298], es gebe fünf Mütter der Städte: an erster Stelle Babylon, dann Alexandria, Antiochien, Rom und Byzanz. In diesen fünf Städten setzten die Apostel Metropolitan-Bischöfe ein, die auch Patriarchen genannt wurden. Die patriarchale Würde richtet sich nach der Würde des Apostels, der in der jeweiligen Stadt lehrte, und so kam es zur folgenden Reihenfolge der apostolischen patriarchalen Sitze: Rom, das wegen Petrus und Paulus das Haupt der Patriarchen sei, zweiter Sitz Alexandrien, dritter Ephesus, vierter Antiochien. Babylon sei fünfter Sitz wegen dreier Apostel, Thomas, Lehrer der Inder und Chinesen, Bartholomaeus, der Nathanael ist, der Aramäer, Addai einer der 70, Lehrer von Aghae und Mari, von Mesopotamien und ganz Persien. Es folgt dann die Geschichte der Kreuzigung von zwei Patriarchen, woraufhin die patriarchalen Rechte als erster Šaḥlufa empfing und als zweiter Papa. Zur Bestätigung folgen dann zwei der sog. nicaenischen Canones (can. 37 E und can. 38 E)[299]. Darin werden die vier Sitze mit den vier Evangelien, den vier Paradiesesflüssen, den vier Elementen verglichen (can. 2 Marutha[300], can. 37 E). Sodann wird dem Bischof von Seleukia das Recht gewährt, *wie* ein Patriarch Metropoliten zu kreieren, und dies im Geiste der vier Patriarchen. Der Patriarch von Antiochien stimmt dem

---

[296] *A. de Halleux,* Autonomy, 64. – *C. & F. Jullien,* Apôtres des confins. Processus missionnaires chrétiens dans l'empire iranien (Bures-sur-Yvette 2002), 239, schreiben de Halleux die Vermutung zu, dass die Gegner des Dadisho die Hilfe des Acacius von Amida erbeten haben. Eine entsprechende Vermutung hat *S. Brock* zum Ausdruck gebracht: The Church of the East in the Sasanian Empire up to the sixth century and its absence from the councils in the roman empire, in: Pro Oriente, Syriac Dialogue 1. First Non-Official Consultation on Dialogue within the Syriac Tradition (Vienna 1994) 69–85, hier 75 mit Anm. 15. Vgl. *J. Dauvillier,* art. Chaldéen (droit), in: DDC 3 (Paris 1942) 307.

[297] Zur Sammlung des Gabriel von Baṣra, Metropolit (884–893) und deren Verwertung bei Ibn aṭ-Ṭaiyib († 1043) und Abdisho († 1318) insbesondere *Kaufhold,* Rechtssammlung, bes. 1–64. Ferner W. Hoenerbach, O. Spies (hgg.), Ibn-aṭ-Ṭaiyib, Abu-'l-Farağ ʿAbdallāh, Recht der Christenheit = CSCO 161–162,167–168, Ar. 16–19 (Louvain 1956, 1957).

[298] *Abdisho,* Coll. Can. Syn. IX, 1: Mai, 154–155; auch in: Codex liturgicus ecclesiæ universæ VIII De ordine, pars VI, ed. J. A. Assemani (Rom 1766, repr. Paris 1902), p. 148–152. Zu diesem Text des Abdisho vgl. *Kaufhold,* Rechtssammlung, 109.

[299] Can. 37 E: Mansi II, 992; can. 38 E: Mansi II, 993; can. 37 und 38: Mai X, 155–156. Diese von Abdisho angeführten „nicaenischen" canones 37 und 38 folgen ebenso anschließend im Codex lit. eccl. univ., Assemani, 152–156 (lat. – syr.).

[300] Can. 2 Marutha: Braun, De Sancta Nicaena Synodo, 63–64; Vööbus, CSCO 440, p. 53–54; syr. CSCO 439, 59–60.

ausdrücklich zu (can. 3 Marutha). Can. 4 Marutha bestimmt, dass keine Erlaubnis zur Abhaltung einer großen Synode im Osten, im persischen Gebiet gegeben wird; sie sollen auch nicht die Vollmacht haben, Kanones aufzustellen. Die Bestimmung in can. 3 Marutha[301] ist wohl der stärkste Beleg zugunsten einer ursprünglichen jurisdiktionellen Abhängigkeit der persischen Kirche von Antiochien, die aber – angeblich in Nicaea, 325 – bereits aufgegeben wurde.[302]

In Persien kam es zu einer sehr konstantinischen Situation durch die Zentralisierung der kirchlichen Macht im Bischof auf dem Stuhl des Apostelschülers Mari, mit dessen Missionierung aber nicht die Hegemonie in der ostsyrischen Kirche begründet wurde.

Hervorzuheben ist mit Recht, dass die Kirche in Persien sich selbst als Glied der größeren patriarchalen Familie betrachtet hat, was de Halleux als „Geist der Offenheit für die Universalkirche“[303] bezeichnete.

---

[301] Can. 3 Marutha: Braun, De Sancta Nicaena Synodo, 64–65; Vööbus, CSCO 440, p. 54–55; syr. CSCO 439, 60–61. Text siehe oben Anm. 267.

[302] *Vööbus,* CSCO 440, p. VI, Anm. 10, wendet sich gegen Chabot, der meinte (Syn. Or., p. 259–260, Anm. 3), in dem Band *(penqita)*, den Marutha auf der Synode von 410 vorlas, seien nur die authentischen Canones von Nicaea gestanden. Dagegen *Vööbus,* p. VII, dann könne man schlecht von einem Band reden; er meint vielmehr (p. VIII), dass das, was Marutha vorlas, der Kern („gist“) für die später überlieferten, Marutha zugeschriebenen Canones gewesen sei.

[303] *A. de Halleux,* 67, „a spirit of openness to the Church Universal“.

ERSTER TEIL
Von Edessa nach Nisibis

(Luise Abramowski)

ERSTES KAPITEL
Narsai (gest. 502/3)

I. EINLEITUNG

Während die ältere Forschung[1] ein Geburtsdatum für Narsai errechnete (a. 399), das ihm eine Lebenszeit von über 100 Jahren zumaß, hat die erneute Durchmusterung der Quellen durch Arthur Vööbus[2] zu einer Reduktion der Lebensjahre auf weniger als 90 geführt. Narsais Geburt wird „sometime in the first quarter of the 5th c."[3] angesetzt; auf der Grundlage von Vööbus kommt man auf das Jahr 415[4]. Ein einziges Datum innerhalb dieses, auch nach der Kalkulation von Vööbus, langen Lebens ist durch ein offizielles Dokument gesichert, die „Statuten der Schule von Nisibis" von 496, in denen Narsais Name genannt ist. Sonst fehlen alle genauen Daten: „How many years passed between his arrival in Edessa and his election as director is subject to debate, as is the duration of his directorship prior to his departure for Nisibis"[5]. Narsais Name fehlt interessanterweise in der Liste der Anhänger des edessenischen Bischofs Ibas, der auf der Synode von Ephesus 449, dem sog. Räuberkonzil,

---

[1] So aber auch noch *P. Bruns,* Art. Narses von Edessa, in: LACL (1998, ^{3}2002) 447–448.

[2] *A. Vööbus,* A History of the School of Nisibis = CSCO 266, Subs. 26 (Louvain 1965).

[3] *J. Frishman,* The Ways and Means of the Divine Economy. An Edition, Translation and Study of Six Biblical Homilies of Narsai (Diss. Leiden 1992) (abgekürzt als: Ways). – Die Arbeit besteht aus drei Teilen, die gesondert paginiert sind, hier: III, p. 1.

[4] So *Frishman,* Ways III, p. 5. – Sie gibt dabei das Ergebnis der Überlegungen von *F. G. McLeod* in seiner unpublizierten Dissertation: The Soteriology of Narsai (Rom 1968) 1–30, wieder, die dieser auf der Basis von Vööbus anstellt. *McLeod,* p. 9, schreibt selbst, er „agrees more or less with Vööbus". Seine Überlegungen zum Geburtsjahr entfaltet *McLeod* ibid., p. 5–8 (Frishman gibt nur *McLeod,* p. 6 an); die Datierung der übrigen Ereignisse, die *Frishman,* ibid., als „Vööbus's calculations" mitteilt: „expulsion [from Edessa] in 471, directorship in 451, first arrival in Edessa in 432 and birth in 415", legt *McLeod,* p.1–30, in seiner Introduction (unterbrochen von einem Exkurs über Narsais Memre über die drei Lehrer) vor. Bei Vööbus selbst lassen sich diese Daten explizit so nicht finden. *McLeod,* p. 6, kommt auf das Geburtsjahr Narsais „about 415" durch die Überlegung, daß die erste Phase von Narsais Erziehung ab dem 7. Lebensjahr von einer Verfolgung unterbrochen wurde. Wie *Vööbus,* History, 58 mit Anm. 8–13, deutlich macht, kommt dafür die Regierungszeit Vahrams V. (421–428) in Frage, und zwar ab seinem 2. Regierungsjahr (als das Martyrium des Miharšābōr geschah). McLeod errechnete offenbar hieraus das Geburtsjahr als „about 415". (T. H.)

[5] *Frishman,* Ways III, p. 1–2.

abgesetzt wurde. Das „hat einige Forscher zur Schlußfolgerung veranlaßt, daß Narsai“ zu diesem Zeitpunkt „noch nicht Haupt der Schule“ von Edessa war, so Vööbus[6]. Andererseits gab es Abwesenheit(en) Narsais von Edessa, wo er anderen Aufgaben nachging[7]. Nach der älteren Annahme fiel die Vertreibung Narsais aus Edessa in die Zeit nach dem Tod des (in Chalcedon 451 rehabilitierten) Bischofs Ibas, 457; nach anderen war der Vertreiber der Bischof Qura (471–498). Ein *terminus ad quem* ist die Schließung der Schule von Edessa 489. Vööbus nimmt 471 als *terminus a quo* und möchte den Fortgang Narsais nahe an dies Datum heranrücken. Es handelte sich nicht um den Auszug mehrerer Lehrer von der gleichen Gesinnung, sondern Narsai ging als Einzelner; tatsächlich war er zur Flucht gezwungen[8]. Dies läßt die Heftigkeit der Auseinandersetzung zwischen den Theodorianern und ihren kyrillischen Gegnern an der Schule erahnen. Narsais Flucht führte zur Gründung der Schule in Nisibis in Persien, wo der Bischof Barsauma ein Studiengenosse Narsais in Edessa gewesen war[9]. Nisibis fungierte vermutlich als natürliches Auffang-

---

[6] *Frishman,* Ways III, p. 2, mit Verweis auf *A. Vööbus,* CSCO 266, p. 63.

[7] *Frishman,* Ways III, p. 2, unter Bezug auf *Barḥadbešabba ʿArbaya,* Histoire XXXI, ed. Nau, PO 9, 596–597.

[8] *Frishman,* Ways III, p. 2–3. Dazu *Vööbus,* CSCO 266, p. 42–47.

[9] *S. Gero,* Barsauma of Nisibis and Persian christianity in the fifth century = CSCO 426, Subs. 63 (Leuven 1981), hat hinsichtlich seines Helden mit ähnlichen Schwierigkeiten zu kämpfen wie die Biographen Narsais: für eine konventionelle Biographie reicht das Material nicht aus (p. 1), wie überhaupt die Nachrichten über die Christen im Sassanidenreich in der zweiten Hälfte des 5. Jh. nicht reichhaltig sind (ibid.). – Ich will schon an dieser Stelle die Korrektur an einem Übersetzungsfehler Geros vornehmen, betreffend die Synode des Katholikos Aqaq von 486 mit ihren Aussagen über den Zölibat. Schon Barsauma selber war (spät) verheiratet mit einer Nonne. Von der Synode 486 behauptet Gero (p. 81 mit Anm. 15), daß sie nicht nur Kleriker-Ehen autorisierte, sondern sie *obligatorisch* („compulsory“) gemacht habe (cf. auch p. 86; p. 87, Anm. 45; p. 95). Einen solchen „Zwang“ schreibt eine antichalcedonische Quelle [*Zach. Schol.,* Life of Severus, PO 2, 112,4–13] schon den Verordnungen des Barsauma zu (p. 85–86 mit Anm. 39), was Gero für so nicht haltbar erklärt. Tatsächlich bestimmt die Synode von 486 im can. III *nicht* die zwangsweise Aufhebung des Zölibats durch Heirat, sondern fordert vielmehr die Bischöfe auf, solche Heiraten nicht mit Zwang und Gewalt zu verhindern. *Chabot,* Synodicon Orientale, p. 56,6–8 (syr. Text): „Von jetzt an und fernerhin soll niemand von den Bischöfen Gewalt und Zwang *zur Verhinderung einer Ehe* einsetzen im Gebiet, das er verwaltet, und in der Kirche, der er dient“. Milder ausgedrückt in Chabots Übers. (p. 303 Mitte): „… qu'aucun évêque n'établisse des obstacles ou des difficultés pour empêcher le mariage …“. Wenige Zeilen weiter, p. 56,11–12: „Und niemand von uns soll mit Zwang auferlegen diese Verpflichtung auf seinen Klerus oder die Dorfpriester oder die Bundessöhne unter seiner Autorität“. „Diese Verpflichtung“ kann im Zusammenhang des Kanons nur die zum Zölibat sein; cf. p. 56,23 f. das freiwillige Eingehen dieser Verpflichtung. Später heißt es im gleichen Kanon, p. 56,32–57,2: „Jeder von uns soll eins von zweien wählen: Entweder er entsage vollkommen oder er gehe anständig (zu einer Frau)“, d. h. er heirate. Dem Kleriker, welchen Grades auch immer, oder dem Mönch ist enthaltsames Leben nicht verboten – unter der Voraussetzung, daß er auch wirklich enthaltsam lebt; aber es gibt eben auch die Möglichkeit der Heirat (offenbar unter Beibehaltung des Status). Und die ist in der Tat eine „Befreiung von der alten Gewohnheit“ (p. 57,10; cf. auch

becken für die edessenischen Theodorianer nach der Schließung ihrer Schule. Durch die beiden Gründergestalten, deren Verhältnis zueinander keineswegs immer harmonisch war (auch hier gab es eine Periode der Abwesenheit Narsais), wurde die theologische Richtung für die Exegese und Dogmatik der Schule bestimmt: Sie setzte die dyophysitische, theodorianische Tradition von Edessa fort. Diese Ausrichtung der ersten höheren christlichen Bildungsanstalt in Persien formte damit die gelehrte Theologie der „Kirche des Ostens" für die Zukunft, wie es sich in den Synodalbekenntnissen seit 484 niederschlägt.

Der fast völlige Mangel an Daten affiziert auch den zeitlichen Ansatz der literarischen Hinterlassenschaft des Narsai, also der metrisch gebundenen Homilien. Nur gelegentlich scheint es möglich, aus dem Inhalt auf den Abfassungs*ort* zu schließen.

Einen Überblick über Bestand und Editionen der Homilien verschafft man sich am besten mit Hilfe einer *Konkordanz,* die mir Sebastian Brock zur Verfügung gestellt hat und für die wir ihm nicht dankbar genug sein können. Ich schicke dieser Liste eine kleine *Bibliographie* voraus, zur Erklärung der in der Liste erscheinenden Namen[10].

François Martin, Homélie de Narsès sur les trois docteurs nestoriens, Journal Asiatique, sér. 9, 14 (1899) 446–483; 15 (1900) 469–515 (syrischer Text und französische Übersetzung);
Alfons Mingana, Narsai doctoris syri homiliae et carmina, vol. I–II (Mossul 1905) (syrischer Text);
Philippe Gignoux, Homélies de Narsaï sur la création. Édition critique du texte syriaque, introduction et traduction française, PO 34, 3–4 (1968).
Homilies of Mar Narsai, Vol. 1–2, published by the Patriarchal Press, San Francisco, California 1970 (syrischer Text);
Frederick G. McLeod, Narsai's Metrical Homilies on the Nativity, Epiphany, Passion, Resurrection and Ascension. Critical edition of Syriac text, English translation. PO 40,1 = Nr. 182, 1979.
Emmanuel Pataq Siman, Narsaï. Cinq homélies sur les paraboles évangéliques. Introduction et traduction (Paris 1984) (syrischer Text und französische Übersetzung);

Gero, p. 81, Anm. 15). Es ist deutlich, daß nicht alle Bischöfe mit dieser neuen Freiheit einverstanden waren, sondern versuchten, die „alte Gewohnheit" mit Zwangsmitteln in Geltung zu halten.

[10] Die jüngeren unter den genannten Titeln führen in ihren Bibliographien ältere Einzelausgaben oder Übersetzungen an, die ich hier nicht aufzähle. – Für jede weitere Editionsarbeit ist unentbehrlich die von *W. F. Macomber* aufgestellte Liste von Narsai-Hss.: The manuscripts of metrical homilies of Narsai, OCP 39 (1973) 275–306. – Mingana hat in der Einleitung seiner Ausgabe, Vol. I (Mossul 1905) 26–31 eine numerierte Liste aller ihm bekannten Homilien unter Narsais Namen aufgestellt. Nicht alle davon hat er gedruckt (dazu siehe unten); die von ihm publizierten versah er wiederum mit durchlaufenden Nummern. Die Diskrepanz zwischen den beiden Zählungen beginnt schon nach den ersten drei Homilien. – Nach Fertigstellung des Kapitels erschien: *S. P. Brock,* A Guide to Narsai's Homilies, Hugoye 12 (2009) 21–40. (T. H.)

Judith Frishman, The Ways and Means of the Divine Economy. An Edition, Translation and Study of Six Biblical Homilies (Diss. Leiden 1992).

* *
*

Ibrahim Ibrahim, La doctrine christologique de Narsai. Essai d'interprétation (Diss. Rom 1974–1975) (Pont. Stud. Univ. A. S. Thoma Aq. in Urbe); auf p. 97–222 Regesten sämtlicher Homilien.

Sebastian Brock, Konkordanz der Narsai-Homilien (teils vereinfacht, teils ergänzt von Luise Abramowski)

(Zu den als unecht bezeichneten Homilien siehe die Bemerkungen am Ende der Liste)

Mingana Liste	**Mingana Ausgabe**	**Patriarchal Press**	**Andere**
Nr.	Nr., Bd., p.	Bd., p.	
I	1 I 1–28	I 1–39	
II	2 I 29–56	I 39–77	
III	3 I 57–68	–	
IV	–	I 77–98	McLeod, PO 40, Nr. 1, 36–69
V	–	I 104–128	
VI	–	I 134–157	McLeod, PO 40, Nr. 2, 70–105
VII	–	I 168–185	
VIII	4 I 68–89	I 191–220	
IX	–	I 220–241	
X	5 I 90–99	I 241–253	
XI	–	I 253–287	F. Martin, JA 9 sér. 14 (1899) 446–483; 15 (1900) 469–515
XII	6 I 100–117	II 654–678	
XIII	7 I 117–133	II 219–242	
XIV	8 I 134–149	II 242–263	
XV	9 I 149–167	II 263–288	
XVI	16 I 257–270	II 288–305	

Mingana Liste	Mingana Ausgabe	Patriarchal Press	Andere
Nr.	Nr., Bd., p.	Bd., p.	
XVII	–	–	
XVIII	–	I 743–764	
XIX	–	II 596–617	
XX	10 I 167–181	I 293–312	
XXI	–	I 312–334	
XXII	–	II 337–355	
XXIII	11 I 181–194	–	
XXIV	12 I 195–209	II 679–699	
XXV	13 I 210–223	II 830–850	
XXVI	14 I 223–243	–	
XXVII	15 I 243–256	II 699–716	Siman, Nr. 1, 6–22
XXVIII	–	I 341–363	
XXIX	–	I 382–393	
(XXX	–	II 305–318)	unecht! (Frishman)
XXXI	18 I 299–312	I 363–382	
XXXII	–	–	
XXXIII	–	II 318–336	Siman, Nr. 2, 23–39
XXXIV	19 I 313–327	I 399–419	
(XXXV	17 I 270–290	–)	unecht! (McLeod, Brock, Frishman, Abramowski)
XXXVI	–	I 419–438	McLeod, PO 40, Nr. 3, 106–135
XXXVII	20 I 327–340	I 438–457	
XXXVIII	21 I 341–356	I 457–479	
XXXIX	22 I 356–368	II 617–634	
XL	–	I 479–495	McLeod, PO 40, Nr. 4, 136–161
XLI	24 II 28–45	I 495–520	
XLII	25 II 46–55	II 355–368	
(XLIII	–	–)	unecht! (Mingana, McLeod, Macomber, Brock, Frishman)
XLIV	26 II 55–72	II 369–393	

Mingana Liste	**Mingana Ausgabe**	**Patriarchal Press**	**Andere**
Nr.	Nr., Bd., p.	Bd., p.	
XLV	–	I 546–563	McLeod, PO 40, Nr. 5, 162–187
XLVI	27 II 72–84	I 563–581	
XLVII	–	–	Siman, Nr. 4, 61–80
XLVIII	28 II 84–99	II 850–872	Siman, Nr. 3, 40–60
XLIX	29 II 100–113	II 57–77	Gignoux, PO 34, Nr. 4, 610–637
L	–	II 578–596	
LI	–	–	
LII	23 II 1–28	II 539–578	
LIII	–	II 872–886	Siman, Nr. 5, 81–106
LIV	30 II 114–130	II 414–439	
LV	–	II 439–455	Frishman, Nr. 6
LVI	–	I 581–598	
LVII	–	II 455–471	Frishman, Nr. 5
LVIII	31 II 131–144	II 471–490	
LIX	32 II 144–156	II 505–522	
(LX	33 II 156–167	II 490–505)	unecht! (McLeod, Frishman)
LXI	34 II 168–180	II 21–39	Gignoux, PO 34, Nr. 2, 556–581
LXII	35 II 180–192	II 39–57	Gignoux, PO 34, Nr. 3, 582–609
LXIII	36 II 193–207	II 1–21	Gignoux, PO 34, Nr. 1, 526–555
LXIV	37 II 207–222	II 77–99	Gignoux, PO 34, Nr. 5, 638–671
LXV	38 II 222–237	II 99–122	Gignoux, PO 34, Nr. 6, 672–705
LXVI	39 II 238–254	II 182–206	
LXVII	–	II 716–735	Frishman, Nr. 3
LXVIII	–	II 735–756	Frishman, Nr. 4
LXVIX	40 II 254–264	II 167–182	
LXX	41 II 265–288	I 691–725	
LXXI	–	II 145–167	Frishman, Nr. 2
LXXII	42 II 288–302	II 393–414	
LXXIII	43 II 303–314	II 756–773	

Mingana Liste	Mingana Ausgabe	Patriarchal Press	Andere
Nr.	Nr., Bd., p.	Bd., p.	
LXXIV	–	II 773–796	
LXXV	–	II 796–812	
LXXVI	–	II 122–145	Frishman, Nr. 1
LXXVII	44 II 314–328	I 526–546	
LXXVIII	45 II 328–339	II 522–539	
LXXIX	46 II 340–352	II 635–654	
LXXX	47 II 353–365	II 812–830	
LXXXI	–	II 206–218	

Fortführung der Liste durch Ibrahim, Doctrine, p. 216–222:

LXXXII	nur Incipit erhalten: „Ami des hommes, qui as amené les hommes à ta connaissance; amène encore mon esprit à la doctrine de la parole de vie.“ (Barḥadb. Arbaya, Histoire, PO 9, p. 613) In 12-silbigen Versen. Enthält „harte Worte“ gegen den Stolz des persischen Königs Pirouz.
LXXXIII	nur Anfang des Incipit erhalten: „L'Orient a répondu à l'ordre du pouvoir …“ (ibid.) In 12-silbigen Versen. Reaktion auf die Vorwürfe, die gegen die vorige Predigt erhoben wurden, Loyalität gegenüber dem persischen Herrscher beteuert, sein Reich gepriesen. Als einzige Homilie noch zu Lebzeiten Narsais ins Persische übersetzt. Tod Narsais bald danach.
LXXXIV	Von Mingana weder herausgegeben noch erwähnt, „elle se trouve pourtant dans les trois premiers manuscrits les plus anciens des homélies de Narsai“ (Ibrahim, p. 217). Macomber[11] wollte sie einem Rabban Gabriel zuschreiben. In Versen von 12 Silben. Über die Fußwaschung. Ibrahim, p. 219: „Il est absolument hors de doute que cette homélie correspond et pour la forme et pour le fond à la pensée de Narsai“. Ihr Platz wäre am besten vor XXXVI über die Passion.

[11] OCP 39 (1973) 305, die unbezifferte Homilie ganz unten auf der Seite. *Ibrahim,* Doctrine, 217 dazu: „Peut-être voulait-il dire Rabban Emmanuel“.

LXXXV	Ibrahim sagt p. 220: „En tout cas la forme et le fond de l'homélie correspondent parfaitement à la pensée narsaienne", nachdem er eine nicht besonders deutliche Auseinandersetzung mit Macomber[12] über die Zuschreibung geführt hat, p. 219f. Der Titel der Homilie lautet „Encore par la force de Dieu adoré nous écrivons l'homélie de Mar Sliwa Zakkaya", wogegen Macomber die letzten beiden Wörter als „Slibazka" oder „Sliw ..." vokalisiert und als Personennamen genommen hatte. Wenn ich Ibrahim richtig verstehe, will er „Mar" als Ehrentitel für das „siegende Kreuz" betrachten. Hierzu sagt er (p. 220): „On peut remarquer que la même particule ‚Mar' se trouve dans l'hom. LV sur la sainte croix." Hier liegt eine Verwechslung vor, weil Hom. LV von der Ehernen Schlange handelt (Frishman Nr. VI), wogegen Hom. LIV das Kreuz zum Thema hat wie LXXXV.

Bemerkungen zu den als unecht bezeichneten Homilien

Zu Mingana Liste Nr. XXX vgl. Frishman, Ways III, p. 15: „Finally, I would like to add Hom. 30 to the list of inauthentic homilies. As I have noted elsewhere (Frishman, Palm Festival, p. 221) this homily may be divided in two. The first part (Ms. British Library, Oriental 5463, fol. 117r,2–118r,21) is a revision of sections from Narsai's Hom. 29 (Ms. Vatican, Syriac 588, fol. 38r,14–17; 38v,13–20.26; 39r,6.9–19.21–22) whereby the twelve syllable meter of Hom. 29 has been exchanged for one of seven syllables in Hom. 30. The second part of Hom. 30 (Ms. British Library, Oriental 5463, fol. 118r,21–120r,13) is derived from Jacob of Sarug's ‚Homily for the Palm Festival' (Bedjan, Homiliae, V, p. 613–631)."

Zu Mingana Liste Nr. XXXV: Die Unechtheit dieser Homilie ist seit langem, mit sich ständig vermehrenden Argumenten, bewiesen worden. Über die Beiträge von McLeod, Brock, Frishman, s. Frishman, Ways, III, p. 12–14; ein weiteres Referat und neue Argumente bei L. Abramowski, Die liturgische Homilie des Ps. Narses mit dem Meßbekenntnis und einem Theodor-Zitat, BJRL 78 (1996) 87–100. Die Homilie ist liturgiegeschichtlich wichtig, weil sie die Einführung des Glaubensbekenntnisses in den eucharistischen Gottesdienst auch der Ostsyrer als noch nicht lange zurückliegend erscheinen läßt (ibid. 90–93).

Zu Mingana Liste Nr. XLIII, vgl. Frishman, Ways III, p. 12: Mingana selbst „identified Hom. 43, ‚On the Martyrs' as having been attributed to Jacob of Sarug (Mingana, I, intro. p. 23). This homily has since been located by both Macomber (Macomber, ‚Manuscripts', p. 301, n. 1) and McLeod (McLeod, p. 8) among the homilies of Jacob of Sarug edited by Bedjan (Bedjan, Homiliae, II, p. 636–649)." Brocks Liste gibt die Nr. der Homilie bei Bedjan an: 56.

Zu Mingana Liste Nr. LX, vgl. Frishman, Ways III, p. 14–15: „I fully agree with McLeod's voiced suspicion of Hom. 60, which he would ascribe to Jacob of Sarug in view of its style (Diss., p. 35). Although he elaborates no further on this remark, I would like to add the following in support of his view: The comparison of Christ and the church to the bride and bridegroom, the juxtaposition of biblical references to

[12] Vgl. OCP 39 (1973) 306, es handelt sich um die erste Homilie oben auf der Seite.

Christ one after another including psalms not recognized by Theodore or the East-Syrian exegetes as christological and the rabid anti-Jewish tone all correspond to Jacob of Sarug's style rather than Narsai's. Parallels may be found in the conclusion of Jacob's homily ‚On the Brazen Serpent' (Bedjan, Homiliae, I, esp. p. 63–66) and in the homily ‚On Symbols and Types' (ibid. III, p. 305–321) as well as in the sixth homily ‚Against the Jews' (Albert, Homélies contre les juifs, p. 160–181)."

Hier muß ein Wort über die *Zugänglichkeit* (oder die Beschränkung einer solchen) der in der Bibliographie oben aufgezählten Titel gesagt werden. Die umfangreichste Ausgabe ist die der Patriarchal Press: Sie enthält 72 Homilien. Aber diese Ausgabe ist nach Brocks Mitteilung „extremely rare", er selber ist im Besitz eines Exemplars, was die Herstellung seiner Konkordanz ermöglichte[13]. Auch Mingana ist nicht überall zu finden, ich arbeite mit einer Kopie des Exemplars der UB Halle. Sehr ärgerlich ist, daß die Angelica in Rom trotz verschiedener Versuche nicht zu einer Ausleihe der Ibrahimschen Dissertation bereit war. Glücklicherweise stellte mir Judith Frishman eine Kopie einer Kopie in ihrem Besitz her; für ihre und ihrer Mitarbeiterinnen Mühe danke ich an dieser Stelle auch öffentlich[14]. Das Repertorium der Narsai-Homilien bei Ibrahim wäre für alle Interessenten ein willkommenes Arbeitsmittel[15]. Es gibt zu jeder Homilie in der Reihenfolge von Minganas Liste die ältesten Handschriften an und referiert über den Inhalt, außerdem nennt er die bis dahin bekannten (Einzel)Editionen. Es ist zu bedauern, daß nicht wenigstens dieses „répertoire" veröffentlicht worden ist.

Kritische Editionen sind unter den genannten die beiden in der Patrologia Orientalis und in Frishmans Dissertation. In allen drei Fällen wurden thematisch bestimmte Gruppen von Homilien zusammengestellt. Schon seit längerem ist geplant, die Frishmansche Ausgabe im CSCO zu publizieren, aber anscheinend ist es bisher nicht dazu gekommen. Siman hat in der Einleitung zu den Homilien über die Gleichnisse alle ihm bekannten Hss. zusammengestellt, konnte die im Orient befindlichen aber, allen Bemühungen zum Trotz, nicht benutzen und beschränkte sich resignierend auf den Druck nach *einer* Hs.

---

[13] Durch die Freundlichkeit von Mar Bawai Soro, der Brock seinerzeit die Ausgabe übermittelte, kam auch T. Hainthaler in den Besitz eines Exemplars. Für dieses großzügige Geschenk sei herzlich gedankt (T. H.).

[14] Die Herausgeberin hat ihrerseits an dieser Stelle Prof. Dr. Frederick G. McLeod SJ, St. Louis MO, sehr herzlich für seine rasche und großzügige Hilfsbereitschaft zu danken, mit der er das einzige Exemplar seiner Dissertation sowie das der Dissertation von I. Ibrahim zur Verfügung stellte. (T. H.)

[15] Nachdem *Ibrahim,* Doctrine, p. 95–96, verschiedene ihn nicht befriedigende Versuche beschrieben hat, die Homilien irgendwie zu klassifizieren, sagt er p. 96 mit Recht: „Il me semble par conséquent, plus logique de faire un répertoire complet du contenu de toutes les homélies de Narsai. Cette méthode permettra de connaître la pensée exacte de notre auteur et d'inventorier les sujets qu'il a traité au long de sa vie. Ce répertoire devrait avoir l'avantage de faciliter l'accès à l'oeuvre de Narsai".

Aus der *Geschichte der Editionen,* die Ibrahim beschreibt, ist mitteilenswert, daß dem Unternehmen Minganas ein anderer Versuch voranging, der jedoch scheiterte[16].

„Le premier auteur qui s'est intéressé à l'œuvre de Narsai est un maronite, le Père Nothaim, de l'ordre de St. Antoine des maronites de Rome. En 1882 il obtint l'autorisation de publier les homélies de Narsai à l'imprimerie Polyglotte de la Propagation de la Foi. Il utilisa les manuscripts Borgia du Vatican n. 83, et 79. L'imprimerie fit sortir les deux premières homélies de Narsai. C'est alors qu'un prêtre chaldéen résidant à Rome, G. Guriel, un persan, empêcha la réalisation du projet. S'appuyant sur le fait que les écrits de Narsai contenaient des erreurs nestoriennes, il obtint du Cardinal Simeoni l'ordre du suspendre le travail. Les homélies imprimées furent détruites à l'exception d'un nombre très limité d'exemplaires."

Ibrahim bezieht diese Mitteilung aus einem Aufsatz von Pietro Giauad Sfair von 1917[17], in dem der Autor gegen Martins Urteil[18] über die im Journal Asiatique 1899/1900 veröffentlichte Homilie (Nr. XI in Minganas Liste) protestierte. – Tatsächlich war Martins Publikation die erste, die einen Narsai-Text der wissenschaftlichen Welt zugänglich machte und die in der Folgezeit nicht ohne Einfluß auf die Beurteilung Narsais blieb. – „L'honneur de faire connaître l'œuvre de Narsai revint à A. Mingana, prêtre chaldéen de Mossoul", fährt Ibrahim fort. Mingana plante eine vollständige Ausgabe, übte jedoch Selbstzensur, denn er gab nur 47 Homilien von den 81, die er aufgelistet hatte, heraus. Als Begründung gibt Mingana an[19]:

„Nous avons rejeté tous les memré (les homélies) qui contredisent la vraie foi de l'Église Romaine, qui sont en effet comme une pierre d'achoppement et obscurcissent la perle de la foi des jeunes gens dans les écoles. Cependant avec l'aide de Dieu nous entreprendrons aussi leur édition à part dans un troisième volume".

Dieser dritte Band ist nie erschienen. Ibrahim zitiert das Bedauern Tisserants über Minganas Auswahl, weil er damit vielleicht die theologiegeschichtlich interessanteren Homilien fortgelassen habe[20]. Ibrahim seinerseits fügt hinzu:

---

[16] *Ibrahim,* Doctrine, p. 91–93; das folgende Zitat p. 91–92.

[17] *P. G. Sfair,* L'ortodossia de Narsai rilevata dalla sua Omelia sui Dottori Greci, Bessarione 33 (1917) 313–327, bes. p. 313, Anm. 1.

[18] Man sehe JA 14 (1899) 446–447 in Martins Einleitung und in der Übersetzung JA 15 (1900) 474, Anm. 1 und 499, Anm. 5.

[19] *A. Mingana,* Narsai homiliae I, Einleitung, p. 59 (syr.), hier in der franz. Übersetzung von Ibrahim, Doctrine, p. 92–93. In der latein. Einleitung schreibt Mingana, p. 25 dazu: „Codicem non in integritate suâ in lucem edere praesumpsimus, sed eam partem tantum quae utpote a Catholicis Orientalibus prae manu habenda, nil acatholicum sapit. Textus supra allatos ad manifestandam doctrinam Narsai in re theologica, fere omnes ex homiliis neglectis desumpsimus, quas forsan et ipsas aliquando evulgare curabimus."

[20] *E. Tisserant,* Art. Narsai, in: DThC 11,1 (1931) 26–30, hier: 29. Bei Ibrahim zitiert p. 93.

„On peut regretter grandement l'impression que Mingana a donné de Narsai en le présentant comme hérétique et nestorien, alors que Narsai aurait mérité d'être étudié sans aucun a priori défavorable".

Ließe sich eine *chronologische Ordnung* der in Minganas Liste angeführten Homilien herstellen? McLeod hat für seine Predigten versucht (in Einleitung und Apparat), eine relative Chronologie aufzustellen, nach „früher" oder „später" in ihrem Verhältnis zueinander. Frishman fällt für den Gesamtbestand das scharfe Urteil[21]:

„Attempts made at ordering the homilies on the basis of their dates of composition ... seem doomed to fail. Narsai's remarks in several of his homilies that Christianity has existed for more or less 500[22] years may serve to authenticate these homilies, or at least permit their being attributed to a writer of the 5th/6th c. Precise dating of these homilies, however, remains impossible".

Auch die Nennung bestimmter Gegner helfe nicht viel. Brock stimmt dem zu, vermutet aber doch, daß die Texte in die letzten Jahrzehnte des 5. Jhs. gehören[23]. – Würde das bedeuten, daß die Predigten alle in Nisibis gehalten wurden? Bei einem Geburtsdatum ca. 415 wäre Narsai 471 etwa 55 Jahre alt gewesen. Es ist kaum anzunehmen, daß er vorher, in Edessa, nicht gepredigt haben sollte. In der Tat sind die Homilien mit scharfer christologischer Polemik nur in Edessa denkbar, wo sich in Schule und Stadt die theologischen *factiones* feindlich gegenüber standen. In solchen Zusammenhängen hören wir auch von Angriffen, die sich gegen Narsai persönlich richten, wegen seiner Lehre.

Frederick G. McLeod gibt in der Einleitung seiner Ausgabe der Homilien über die Heilsereignisse[24] eine Zusammenfassung der Christologie des edessenisch-nisibenischen Lehrers. In einer Anmerkung führt er die älteren Darstellungen der Christologie Narsais an. Die jüngste davon ist die Ibrahims, die von McLeod folgendermaßen charakterisiert wird: „It is the most comprehensive, detailed and thought-provoking study of Narsai's Christology published up to present." In ihr verteidige Ibrahim energisch die Orthodoxie Narsais[25]. – Kap. V von Ibrahims Arbeit stellt denn auch lehrmäßige Affinitäten zur Definition von Chalcedon fest. (Über die Einstellung des Narsai zur Synode von Chalcedon, die durchaus kritisch ist, wird weiter unten gesprochen werden).

---

[21] *Frishman,* Ways III, 9–10.

[22] *Frishman,* Ways III, p. 10, Anm. 63, gibt solche Stellen in Minganas Edition an. Ibrahim jedoch verwertet diese Angaben für die Datierung, was nicht überzeugen kann.

[23] *S. Brock,* The Christology of the Church of the East: some considerations, in: D. Afinogenov, A. Muraviev (eds.), Tradition and Heritage of the Christian East (Moskau 1996) 159–179, hier: 172.

[24] PO 40,1 Nr. 182 (1979), p. 22–29.

[25] Ibid. 22 mit Anm. 84. McLeod sagt zweimal „published"; aber aus Rom wurde mir die Ausleihe mit der Begründung verweigert, die These sei *nicht* veröffentlicht.

Ibrahim hat seiner Untersuchung der christologischen Aussagen Narsais die treffliche Beobachtung vorangeschickt, daß sich diese Aussagen voneinander unterscheiden je nach dem, ob es sich um nicht-polemische Homilien handelt oder um polemische. So finden wir bei ihm einen Abschnitt „L'unicité de Jésus-Christ dans les homélies pastorales non polémiques"[26], und darauf folgend „Dans les homélies polémiques"[27]. In den nicht-polemischen Predigten, „qui sont proposées à la foi de la communauté des croyants, (il) parle de Jésus-Christ, toujours et dans toutes les étapes de son économie, comme d'un seul être, d'une seule personne. Il emploie des phrases qu'il n'aurait pas osé employer dans un contexte polémique"[28]. So scheue Narsai nicht vor Formulierungen zurück, die vom Tod des Sohnes Gottes reden, vom Tod Jesu, der Gottes Sohn ist. „Jesus" und „Sohn Gottes" werden austauschbar[29]. – Zu den in diesem Zusammenhang von Ibrahim zitierten Passagen ist zu bemerken, daß „Herr" und „Sohn Gottes" Titel für die gottmenschliche Person Christi sind, Einheitstitel. Etwas genauer als Ibrahim muß man daher sagen, daß Narsai hier darauf verzichtet, die leidensunfähige göttliche Natur von der leidensfähigen menschlichen zu unterscheiden. „Sohn" wäre in solchen Fällen der Unterscheidung Name des Logos, des Eingeborenen. Wenn Ibrahim sagt: „Je crois qu'on ne peut pas douter de la foi de Narsai en l'unicité du Verbe de Dieu incarné dans la nature humaine parfaite"[30], kann man ihm nur zustimmen.

II. HOMILIEN ÜBER JESUS CHRISTUS

Ich wähle absichtlich diese sehr allgemeine Überschrift, weil ich meine Auswahl mit einer Predigt beginne, die uns das Christusbild Narsais, seine Christusfrömmigkeit, im Unterschied zur Behandlung des christologischen Problems im strengen Sinn, vor Augen führt.

Die drei Homilien, die darauf folgen, halte ich für besonders interessant und wichtig. Danach ließ ich mich von den Angaben bei Ibrahim leiten (für sechs Homilien) und griff auf Minganas Text zurück, soweit möglich. Am Schluß werden die von McLeod edierten Predigten herangezogen, die von ihrer Thematik her sich alle mit der Christologie befassen[31].

---

[26] *Ibrahim*, Doctrine, p. 338–345.
[27] *Ibrahim*, Doctrine, p. 345–351.
[28] *Ibrahim*, Doctrine, p. 339–340.
[29] *Ibrahim*, Doctrine, p. 340.
[30] *Ibrahim*, Doctrine, p. 342.
[31] Für jede Homilie wird ihre Nummer in Minganas Liste in römischen Ziffern angegeben, daneben in Klammern in arabischen Ziffern ihre Nummer in seiner Ausgabe – sofern die Predigt in ihr enthalten ist.

1. *„Unser König Jesus", der „gekreuzigte Mann" (Hom. LIV [30])*[32]

Die Homilie handelt von der Heilswirkung des Kreuzes und wird liturgisch dem Fest der Kreuzesauffindung[33] zugeordnet (so der Titel bei Mingana).

a) Eine in Nisibis gehaltene Predigt

Verschiedene Hinweise in dieser Homilie erlauben uns glücklicherweise als ihren Vortragsort das auf persischem Gebiet liegende Nisibis zu bestimmen.

Narsai sagt p. 119 Mitte (V. 92 nach meiner Zählung[34]), wenn man die Kraft des gekreuzigten Mannes kennen lernen wolle, dann solle man sich vorstellen, wo seine Botschaft ausgebreitet worden ist. V. 93: „Sieh also im Osten, wie er ausgesendet hat die Kraft seiner Strahlen, / und es leuchtete Persien, das dunkel war im Heidentum". Das könnte natürlich auch von einem Standpunkt auf römischem Gebiet gesagt sein, aber nicht, wenn man die Fortsetzung liest, V. 94 und 95: Blicke im Gedanken nach Westen „und sieh dort die Größe seiner Kraft an seinen Verehrern: / Alle Könige und Krieger hat er gebunden in seinem Netz[35] / und hat sie befestigt auf der Grundlage seines Glaubens" (d. h. des Glaubens an ihn). „Dort" ist das römische Reich, wo alle „Könige und Krieger" Christen sind.

In den V. 99–116 (p. 119–120) beschreibt Narsai den Sieg des Kreuzes über die Religionen. Abgesehen vom Judentum sind das Religionen, die in Persien verbreitet waren oder es noch sind.

100 „Viertausend Jahre hatte das *Chaldäertum* die Oberhand,
– und daß alles seiner Lehre unterworfen würde, war (trotzdem) nicht möglich[36].
101 Und obwohl es sich ausbreitete auf der Erde im Altertum,
– das Kreuz in seinem Aufgang riß es aus und warf es heraus und enthüllte seinen Betrug".

Das Judentum, V. 102–103 (p. 119 unten): 1500 Jahre hatte das *Gesetz des Mose* Geltung, aber „keins von den Völkern[37] wendete sich und kam zu seiner Lehre". Das Magiertum ist 1000 Jahre alt, es verfolgte das Christentum blutig,

---

[32] Mingana II, p. 114–130. – Die Stichworte sind von mir als charakteristisch für diese Homilie hervorgehoben. – Das folgende Kapitel über diese Homilie ist mit minimalen Differenzen bereits in der FS W. Bienert, hg. von P. Gemeinhardt, U. Kühneweg, Patristica et Oecumenica (Marburg 2004) 157–166, veröffentlicht worden.

[33] Über die Kreuzesauffindung gehen nur V. 277–282, davor die Vision Kaiser Konstantins, V. 273–276.

[34] Ich zähle nach Doppelzeilen, die im Druck bei Mingana durch den großen Satztrenner leicht voneinander abzuheben sind.

[35] Zum „Netz" vergleiche auch V. 3, p. 114: „Durch einen gekreuzigten Mann fing er die wilde Welt / und führte sie gefangen unter dem Gesetz seiner Verkündigung".

[36] S. auch V. 112, p. 120 Mitte.

[37] „Völker" im Sinn von ἔθνη, im Unterschied zum „Volk", d. h. Israel.

ohne jedoch seine Ausbreitung zu verhindern. V. 104–110. 116 (p. 119 letzte Zeile, p. 120):

104 „Tausend Jahre, siehe, seit das *Magiertum* begann,
und es verbreitete sich seine Unruhe bei vielen.
105 Nicht war es fähig[38], obwohl Könige aufstanden zu seiner Unterstützung,
(und) mit Richtern zu Hilfe kamen mit der Wut ihrer Drohungen.
106 Mit schrecklichen Foltern und harten Tod(esstrafen) töteten sie (Menschen) aller Stände
und vermochten nicht einen Menschen zu ihrer Lehre zu bekehren.
107 Und obwohl sie sich erfrechten und Krieg führten gegen das Volk Jesu,
wendeten sich um von ihren eigenen (Leuten) (Menschen) ohne Zahl und glaubten an Jesus.
108 Sie schmeckten aus der Kirche die süße Quelle der Taufe
und wurden Verteidiger für das Bekenntnis unseres Glaubens.
109 Nichts bewirkten die Foltern der verfluchten blutdürstigen Menschen,
und viel wurden die Kinder der heiligen Kirche ohne Zahl.
110 Der ganze Irrtum des Magiertums ergriff so Besitz von den Mächtigen und harten Königen, die aus ihnen entsprossen[39]. …
116 Es (das Kreuz) ließ aufhören das Murren des Magiertums, Geschwätz des Irrtums,
und riß aus die Altäre, die der Irrtum dem Feind gebaut hatte."

Die Zahlen für das Alter der genannten Religionen sind sämtlich runde Zahlen, leicht zu merken; daher ist auch die Altersangabe für das Christentum in diesem Sinne aufzufassen, eine Jahreszahl für das Datum dieser Homilie kann daraus nicht abgeleitet werden[40]. V. 111 (p. 120): „Das Kreuz also *in mehr oder weniger fünfhundert* Jahren / brachte die Völker zu seiner Lehre". Narsai sagt also selber, daß es sich um eine ungefähre Ziffer handelt; „weniger" als fünfhundert ist der Wirklichkeit am nächsten.

Ein großer Teil der Homilie rechtfertigt die Verehrung des Kreuzes durch die Christen. Narsai stellt in diesem Zusammenhang einen Vergleich mit dem Siegel des Herrschers an, und der Herrscher heißt „König der Könige", ist also der persische Großkönig. V. 233 (p. 127 Mitte): „Das Zeichen unseres Herrn, dem sie (sc. die Kirche) anverlobt ist, preist sie in Herrlichkeit / und ehrt es wie das Siegel des Königs der Könige". Derselbe Titel in V. 252 (p. 128 Mitte): „Dies Zeichen (sc. das Kreuz) hat befestigt in der Kirche der verehrte König (sc. Jesus), / damit sie (sc. die Christen) ihm sich nähern sollen wie dem Bild des Königs der Könige".

Der materielle Träger des autoritativen Zeichens kann an Wert gering sein, geehrt wird es wegen des Königs (V. 234). Das Holz des Kreuzes ist „in seiner

---

[38] *spqt.* Man ergänze den nicht genannten Zweck aus V. 106b.

[39] Im Gegensatz zu den „Königen und Kriegern" „dort", die im „Netz" des Glaubens gebunden sind.

[40] Anders als *Ibrahim* es tut, Doctrine, p. 178: „Puisqu'il est question dans cette homélie de 500 ans depuis le Christ, il faut donc supposer qu'elle fut écrite quelques années avant la mort de Narsai."

Natur gering, aber *seinet*wegen ist es sehr kostbar: wegen Jesus“ (V. 235). Daß zu dem geringen Material für den Abdruck des (groß)königlichen Siegels der Lehm (Ton) gehört, ist eine weitere Veranschaulichung für die Zuhörer, ihrem eigenen, dem persischen Lebenskreis entnommen. V. 240–245 (p. 127 unten – 128 oben):

240 „Das Siegel[41] des Königs und die Abbildungen seiner Handschrift
küssen die Menschen oft und ehren es wie den König.
241 Lehm ist verächtlich, auch Papier ist etwas Geringes,
verächtlich ist es in seiner Natur und wird bei den Kennern für nichts gehalten.
242 Wenn der König siegelt seine Worte auf dem Papier,
ehrt es jedermann wie die Materie des geläuterten Goldes.
243 Der verächtliche weiche Lehmklumpen aus der Erde,
– wenn ihn siegeln die Könige der Erde, besitzt er Ehre.
244 Wenn ausgesandt wird ein Edikt des Königs mit dem Siegel seiner Hände,
erhebt sich jedermann[42] und küßt es oft wie den König.
245 Durch das Siegel seines Namens zeigt der König das Versprechen seiner Worte;
und nichts wird ausgesandt durch seine Hände ohne sein Siegel“.

Die Autorität des Kreuzeszeichens ist jedoch größer als der Siegelabdruck des Großkönigs, V. 246 (p. 128 oben): „Wieviel gültiger ist das Siegel Jesu, unseres Königs, / der gesiegelt hat seine Worte durch das große Siegel seiner Kreuzigung“, ähnlich V. 248 und 249.

b) Das korrekte Verständnis der Kreuzesverehrung

Narsai muß sich gegen den Vorwurf der Vergötzung des Kreuzes wehren, V. 213–222 (p. 126 Mitte):

213 „Wir wollen also sagen gegen die Heiden und mit (ihnen gegen) die Juden,
die zugleich über unsere Verkündigung spotten:
214 sie haben gemeint, daß die heilige Kirche das Kreuz verehrt
und es ehrt wie Gott anstelle von Gott.
215 Weil sie die Geschöpfe statt des Schöpfers verehren,
haben sie sich erhoben in Verleumdung und beschimpfen uns durch das gekreuzte Holz“.

Das ist ein Irrtum (V. 216), vielmehr verhält es sich so:

217 „Nicht die sichtbare Materie verehrt die Kirche,
sondern das Zeichen des gekreuzigten Königs, der am Holz gesiegt hat.
218 Wenn aber die Kirche das Holz verehrte, wie sie gemeint haben,
wozu macht sie auch aus anderen Stoffen das Kreuz?

---

[41] Der Druck hat den Fehler *ḥtn’* „Schwiegersohn“ für *ḥtm’* „Siegel“.

[42] Auch die Synode des Johannes von Antiochien in Ephesus, 26. Juni 431, erhebt sich zur Verlesung der kaiserlichen Sacra durch den comes Candidianus, ACO I 1, 5, p. 120,6–7.

219 Aus allen Stoffen, kleinen und großen, auch edlen,
macht die Kirche das offenbare Bild des verborgenen Königs.
220 Im lebendigen, den Sieg besitzenden Zeichen hat sie Zuflucht gefunden
und küßt es oft in reiner Liebe ohne Zweifel. …
222 Wenn sie verehrt das lebendige Zeichen, – wo sie (mit ihm) siegelt[43],
verehrt sie unsern Herrn und nicht die vergängliche Materie".

c) Verächtlichkeit und Herrlichkeit des Gekreuzigten und des Kreuzes

Die Heilswirkung des Kreuzes gründet sich natürlich auf den Kreuzestod Jesu. Mit Paulus weiß Narsai, daß der Tod am Kreuz etwas Verächtliches und eine Schande ist und daß deswegen auch die Verkündigung dieses Todes der Verachtung anheimfällt (cf. 1 Kor 1,18–21)[44]. Dies Verächtliche gehört aber zum Heilsplan Gottes, wie wir in V. 12–13 (p. 115 oben) hören, wo Narsai den Apostel beinahe wörtlich wiedergibt (s. 1 Kor 1,21).

12 „Weil aber durch die Weisheit des Gottes des Alls
die Welt nicht die ganze Kraft seiner Weisheit begriff,
13 wollte der Schöpfer durch die Verächtlichkeit der Verkündigung
lebendig machen[45] und erlösen die Menschen durch einen gekreuzigten Mann".

Nach einer Darlegung über das Wirken des Weltschöpfers kehrt Narsai zum vorigen Thema zurück, die paulinischen Anspielungen erscheinen wieder, und am Schluß (V. 36) fällt auch der Name des Apostels. V. 27–36 (p. 115 unten – 116 oben):

27 Die Welt versteht es nicht, aus den Geschöpfen ihren Herrn zu erkennen.
28 „Deswegen wollte der Schöpfer am Ende der Zeiten
durch die Verächtlichkeit der Verkündigung die Menschen lebendig machen.
29 Durch einen gekreuzigten Mann, der ertrug die Verachtung von den Verleugnern,
wollte er lebendig machen alles, damit er durch seine Kreuzigung die Menschen lebendig mache.
30 Verächtlich war sein Tod und schändlich war sein Leiden durch die Frechen,
und durch die Verächtlichkeit seiner Verkündigung erlöste er die Verlorenen".

Die nächsten Verse enthalten den Umschlag von der Verächtlichkeit zur Herrschaft des Gekreuzigten[46] und zur Leuchtkraft des Kreuzes, das wie eine Sonne aufgegangen ist.

---

[43] Das Verb *ḥtm*, „siegeln", hat daher auch die abgeleitete Bedeutung „das Kreuzeszeichen machen".

[44] Narsai bevorzugt statt des *šṭywt'* = μωρία des paulinischen Textes die Vokabel *šyṭwt'* = „Verachtung". (Aber auch *šṭywt'* hat als eine mögliche Bedeutung „contempt"). *šyṭ'*, „verächtlich", in Jes 53,3 und *šṭnyhy* Jes 53,3, „wir haben ihn verachtet", haben vielleicht Narsais Wortwahl beeinflußt.

[45] Bis hierher geht die Wiedergabe des Paulustextes.

[46] Cf. V. 46, p. 116 unten: „Sie sahen das Kreuz am Ende der Zeiten (und) was es vollführt

31 „Es waren beschämt die Redebegabten, es schwiegen die Weisen, es fielen hin die Widerspenstigen,
es band sie der gekreuzigte Mann unter seine Herrschaft. …
33b und es ging auf das Kreuz und verdunkelte ihre (sc. der Philosophen) Torheiten.
34 Als sie betrachteten die Kraft der Größe des gekreuzigten Mannes,
verließen sie das Ihre und liefen alle und hingen ihm an. …
36a Es ist also erfüllt das Wort des Paulus, des Verkündigers des Geistes“[47].

Die Kreuzigung als Sonnenaufgang des Heils bereits am Eingang der Predigt, V. 2 (p. 114 Mitte): „Wie die Sonne (Akk.) ließ er ihn aufgehen (und) brachte ihn oben am Holz an[48], / und sie erleuchtete[49] den ganzen Erdkreis, der in Finsternis war“. Man beachte, daß in der ersten Zeile des Verses das grammatische Subjekt der Schöpfer von V. 1 ist, der den „gekreuzigten Mann“ (ebenfalls V. 1) am Kreuz anbrachte. Kurz darauf erscheint dieser harte Gedanke noch deutlicher: Gott hat ihn am Kreuz „befestigt“ *(qbʿ)*, V. 6 (p. 114) „Durch einen Menschen wollte der Allherrscher die Menschen lebendig machen / und befestigte ihn am Holz, daß er durch ihn zerstöre die Sünde der Menschen“. Die Meinung des Narsai wird verständlicher, wenn man den vorausgesetzten neutestamentlichen Bezug entfaltet.

d) Der „gekreuzigte Mann“

Die Homilie beginnt mit dem Vers „In einem gekreuzigten Mann offenbart der Schöpfer der (Dativ) der ganzen Welt / den Namen seines (göttlichen) Wesens[50] und die große Kraft seiner Gottheit“. Die Bezeichnung Jesu als „Mann“ hat Narsai der Petrusrede in Apg 2,22 entnommen. Apg 2,23 spricht von Jesu Kreuzestod: durch ὡρισμένῃ βουλῇ und πρόγνωσις Θεοῦ ist er diesem ausgeliefert worden; die durch die Hand der Gesetzlosen (d.h. der Römer) ihn „Annagelnden“ (προσπήξαντες) sind die angeredeten Juden. Der Ausdruck „der gekreuzigte Mann“ ist also eine Kurzfassung der Aussagen über Jesus in Apg 2,22 und 23; ebenso ist es eine äußerste Zusammenraffung von Apg 2,23, daß der Schöpfer diesen Menschen am Kreuz „anbrachte“, „befestigte“: Gottes Ratschluß, der zwei Stadien der Vermittlung – „ihr“ und die

hat, / welches, obwohl es für verächtlich gehalten wurde, die Welt hinter seiner Herrlichkeit herzog.“

[47] Gemeint ist „der mit Geist begabte Verkündiger“.

[48] „brachte ihn oben am Holz an“ = *smh ʿl rš qysʾ*.

[49] Das Verb ist feminin und kann sich nur auf „Sonne“ beziehen; nach Brockelmann kann dies maskuline Nomen feminin konstruiert werden, wenn auch „selten“.

[50] Ich übernehme von McLeod die Wiedergabe von *ʾytwtʾ* mit „(göttliches) Wesen“, „(divine) essence“, auch wenn das eingeklammerte Adjektiv ständig den Versrhythmus der Übersetzung stört. Wie dieser Vers besonders schön zeigt, ist *ʾytwtʾ* für Narsai ein (bevorzugtes) Synonym für *ʾlhwtʾ*, „Gottheit“. *Ibrahim*, Doctrine, p. 177 übersetzt im selben Vers die Vokabel mit „Existence“; das ist zwar eine der möglichen lexikalischen Bedeutungen, aber bei Narsai nicht zutreffend.

„Hand der Gesetzlosen“ – zur Ausführung braucht, wird im Blick auf die Heilsfolge für die Ausführung selbst genommen.

„Gekreuzigter Mann“ ist in dieser Homilie die am häufigsten (20 mal) gebrauchte Bezeichnung für Christus, richtiger muß man sagen: für Jesus. Der Name „Jesus“ ist hier seinerseits viel häufiger (13 mal) als der Titel „Christus“ (nur zweimal).

Es ist die Wirkung des gekreuzigten Mannes, die sich in der Ausbreitung des Christentums zeigt. V. 34 (p. 116): Sie wurden überzeugt von „der Kraft und Größe des gekreuzigten Manns“. Was Mose nicht vergönnt war (V. 40–47), das vollbringt er, V. 48 (p. 116f.): „Alle Völker in Übereinstimmung trugen sein Joch[51], / und siehe, sie verehren in Ernsthaftigkeit des Herzens den gekreuzigten Mann“. V. 81 (p. 118) ist fast eine Wiederholung von V. 48, nur wird jetzt der gekreuzigte Mann zum Instrument der Verehrung des einen Gottes: „Alle Völker, siehe, verehren ihn in Übereinstimmung, / den einen Gott, der sie (zu sich) gewendet hat durch einen gekreuzigten Mann“. V. 92 (p. 119) ist wiederum beinahe eine Wiederholung von V. 34: „Und wenn du die Kraft des gekreuzigten Mannes (kennen)lernen willst, / (dann) betrachte in deinem Denken, wo (überall) ausgebreitet worden ist seine Botschaft“.

Eine Abbildung des Kreuzes ist die Ausbreitung des Christentums in alle vier Himmelsrichtungen. Und selbstverständlich werden alle kosmischen und alttestamentlichen Vorwegabbildungen des Kreuzes ausführlich und eindrücklich erklärt.

Einmal wird der Tod am Kreuz beschrieben als „Ausziehen des Fleisches“, V. 11 (p. 114): „In seiner Kreuzigung machte er zuschanden die Mächte und Gewalten, / und im Ausziehen seines Fleisches stellte er sie bloß vor den Zuschauern“[52]. Das ist die systemische Entsprechung zu V. 9 (p. 114): „Unseretwegen kam zur Welt der Herr der Welt, / im Gewand unseres Leibes erwies er seine Gnade bei den Menschen“.

e) Der „König“

In unserer Homilie wird zweimal von Christus und 13 mal von Jesus als König gesprochen. Ich gebe zunächst die Stellen an. Im Rahmen der Auslegung der Geschichte von Noah auf Christus hin erläutert Narsai in V. 51–53 (p. 117):

51 „Durch den gerechten Noah hatte die Welt Ruhe vor den Übeln,
und er wurde ein Lösegeld[53] für die ganze Welt durch die Arche.

---

[51] Cf. Mt 11,29–30.

[52] Das „Ausziehen des Fleisches“, der Tod also, als „Bloßstellung der Mächte *vor allen Zuschauern*“ hat wahrscheinlich Lk 23,46 vor Augen, als hörbare Anrede an Gott, dem der Geist des Sterbenden anbefohlen wird.

[53] Mit Hilfe des Thesaurus syriacus finde ich, daß Narsai hier auf Sir 44,17 anspielt, wo *ḥlpt’* die Übersetzung von ἀντάλλαγμα ist.

52 Der Noah der Wahrheit (= der wahre Noah) ist *Christus unser König*, der alles befriedende,
er setzte die Welt in den Hafen des Friedens seiner Kreuzigung.
53 Wie eine Arche wurde für unsere Natur sein lebendiges Kreuz,
und sind wir gerettet worden vor der Flut der Strafe."

Nachdem Narsai von der Vielgötterei gehandelt hat, fährt er fort V. 78–79 (p. 118):

78 „Nicht ist (sc. von mir) genannt die Sünde, die die Welt vorher beging,
und nicht ist erläutert der Frevel, den sie zu allen Zeiten ausübte.
79 Kurz ist die (d.h. meine) Rede, die beschreiben soll die Weisen des Frevels, den begingen
alle Menschen vor der *Ankunft des gekreuzigten Königs*".

Von der Kreuzesform, die man überall finden kann, heißt es V. 127 (p. 121):

„Die ganze Welt durch ihre Gestalten trägt den Sieg (d.h. das Siegeszeichen) / *des gekreuzigten Königs*, der offenbart wurde am Ende zur Erlösung der Menschen".

Nebeneinander stehen „gekreuzigter Mann" und „König der Höhe" in V. 152–153 (p. 122):

152 „Eine Ähnlichkeit mit der Höhe trägt das Land, das Abraham geerbt hat,
– jene Katastase[54], die offenbart werden sollte durch einen *gekreuzigten Mann.*
153 Als einen zweiten Ruheplatz hat der *König der Höhe* den Himmel gesetzt
und in ihm will er zur Ruhe bringen das Schiff der Welt im Hafen der (himmlischen) Güter".

Hier kann man sich natürlich fragen, ob der „König der Höhe (d.h. des Himmels)" vielleicht Gott der Vater ist. Zieht man V. 123 (p. 121) heran, dann sieht man, daß diesen seligen Ort der „Bräutigam der Höhe" zugänglich macht, also Christus; im Vers davor ist er der „gekreuzigte Mann". V. 122–123 (p. 121):

122 „Die Sünde wurde ausgelöscht und der Tod aufgelöst durch den *gekreuzigten Mann,*
und es entsprang Leben ohne Ende für das Geschlecht Adams.
123 Das Brautgemach der Höhe öffnete in seinem Kreuz der *Bräutigam der Höhe*
und ließ die Irdischen aufsteigen, damit sie seiner genössen".

Nebeneinander von „gekreuzigtem Mann" und „angebetetem König" auch V. 180–181 (p. 124):

180 „Wie die Ägypter ertranken die Aufsässigen *durch einen gekreuzigten Mann,*
und es vertilgte sie die große Kraft vom Erdkreis.
181 Judentum und Samaritertum mit dem Heidentum
löste auf durch das Kreuz der *angebetete König* und herrschte über alles".

---

[54] *twqn*ʿ ist wohl die Entsprechung zu κατάστασις.

Als weiterer Christus-Titel wird „Sohn Gottes“ mit dem Königstitel verbunden, V. 186 (p. 124): „Der Sohn Gottes, *Jesus, unser König,* siegte durch das Kreuz, / und durch seine Kreuzigung verurteilte er den Satan und vernichtete den Tod“. In V. 188b (p. 124) hören wir von der „Kreuzigung des Gottessohns“. Man vergleiche auch V. 209 (p. 126): „Der Sohn Gottes stieg durch das Kreuz in das Meer des Todes / und führte herauf die Toten aus dem Strudel der Unsterblichkeit“. – Solche Sätze bestätigen aufs Beste Ibrahims Beobachtung von der Verschiedenartigkeit der Aussagen über Christus in den nichtpolemischen und den polemischen Predigten.

Im Zusammenhang mit der rechten Kreuzesverehrung[55] V. 217 (p. 126): „Nicht die sichtbare Materie verehrt die Kirche, / sondern das Zeichen des *gekreuzigten Königs,* der am Holz gesiegt hat“. V. 219 (p. 126) „Aus allen Stoffen, kleinen und großen, auch edlen, / macht die Kirche das *offenbare Bild* des *verborgenen Königs*“[56].

Das Bild des irdischen Königs auf der Münze wird akzeptiert wie der König selber (V. 237, p. 127); wer das kostbare Siegel des Königs verachtet, verachtet auch den König (238, p. 127). V. 239 (p. 127): „In dieser Ordnung trägt das verehrte Zeichen der Kreuzigung / in seinem Anblick (*bhzth*, = wenn man es anschaut) *das große Bild des Königs Christus*“. – Ist das Kreuz selber das Bild oder ist Christus am Kreuz abgebildet?[57]

Hat das königliche Siegel schon fraglose Autorität (V. 245, p. 128), V. 246 (p. 128): „wieviel gültiger ist das Siegel *Jesu, unseres Königs,* / der gesiegelt hat seine Worte durch das große Siegel seiner Kreuzigung“. Und noch einmal V. 248 (p. 128): „Wenn aber die Siegel der Könige der Zeit (= der zeitlichen Könige) geehrt werden auf der Erde, / wieviel mehr sollen wir ehren das kreuzförmige Siegel des *Königs der Höhe*“.

Das Kreuz ist das Zeichen der Kirche, verliehen vom König, V. 252–253 (p. 128):

252 „Dies Zeichen hat befestigt in der Kirche *der verehrte König,*
daß sie ihm sich nähern sollen wie dem Bild des Königs der Könige.
253 In ihm werden geheiligt und beschnitten die unbeschnittenen Völker,
und sind das Volk für den *großen König,* der alle regiert.“

Schließlich werden die Zuhörer gegen Ende der Homilie aufgefordert, V. 288[58] (p. 130): „Zu diesem König kommt, sucht Zuflucht (bei ihm), o Sterbliche, / und zeichnet sein Kreuz auf eure Leiber“. – Dies könnte man als Aufruf zur

[55] Dazu s. schon oben Abschnitt b).

[56] Hier wird das von Narsai gern verwendete Begriffspaar „offenbar – verborgen“ vom materiellen Kreuz in kirchlichem und privatem Besitz und vom nicht sichtbar anwesenden Christus benutzt. Üblicherweise erscheint das Begriffspaar bei Narsai christologisch, zur Kennzeichnung der menschlichen und göttlichen Natur in Christus, so auch V. 1 unserer Homilie.

[57] Chronologisch wäre das gerade schon möglich – aber auch kunstgeographisch?

[58] Die Homilie hat 295 Verse.

Taufe verstehen, aber der nächste Vers bezieht das auf das Alltagsleben der Christen, 289 (p. 130): „In seinem Namen vollführt euer Handeln und Wandeln, / und nähert euch keinem Vorhaben ohne das Kreuz".

f) Ein Echo auf den Philoxenus-Brief an die Mönche von Teleda – Datierung

Der Königstitel für Jesus entstammt natürlich dem NT. Er ist der verheißene König, „der kommt" (Einzug in Jerusalem, Mt 21,5). Er ist der gerade geborene König der Juden, den die Magier aus dem Osten anbeten wollen (Mt 2,2); die Kostbarkeit ihrer Gaben entspricht der Würde des Königs und steht doch in scharfem Kontrast zur prekären Situation der Besuchten. „König der Juden" wird zum Titel des Spottes und der Anklage in der Passionsgeschichte einschließlich der Kreuzesinschrift; noch in Apg 17,7 wird für seine Anhänger der Vorwurf, sie hätten einen „anderen König", lebensgefährlich. Im Verhör vor Pilatus (Joh 18,33–37) erklärt Jesus den Königstitel als ihm von außen beigelegt, in diesem Fall von Pilatus (18,37), erklärt aber auch (18,36), daß sein Reich „nicht von dieser Welt sei", „nicht von hier". D. h. daß er, der gefesselte Angeklagte, den Titel nicht ablehnt, ihn jedoch neu interpretiert, ihm einen neuen Gehalt gibt.

Der Königstitel war also geeignet, Menschliches und Göttliches in Jesus Christus vereint zu sehen, er entzieht sich aber einer Analyse im Sinne der Zwei-Naturen-Lehre, wie die oben angeführten Stellen aus unserer Homilie aufs Beste zeigen. All das machte ihn geeignet zum doxologischen Gebrauch, für die kultische Frömmigkeit, für die Frömmigkeit überhaupt. Wir werden den Königstitel wieder in der Homilie über die Epiphanie (VI, McLeod Nr. II) antreffen, dort aber nicht in gedanklicher Verbindung mit dem Kreuz.

Vergleichen wir unsere Homilie mit den übrigen, eigentlich christologischen Predigten des Narsai, dann fällt auf, daß sie ganz „untechnisch" ist. V. 1 allerdings könnte den Leser oder Hörer eine Darlegung der Unterscheidung von göttlicher und menschlicher Natur in Christus erwarten lassen: Gekreuzigter Mann und (göttliches) Wesen, die Gottheit offenbart durch den Gekreuzigten. Aber *'ytwt'*, „(göttliches) Wesen", dieser terminus der theologischen Fachsprache, kommt dann in der ganzen Homilie nicht mehr vor[59]. Auf die typisch antiochenische Rede vom An- und Ausziehen des Leibes/ Fleisches wurde schon hingewiesen, ebenso auf den Leib Christi als Tempel. Aber für jeden dieser Ausdrücke ist hier nur ein einzelner Beleg zu finden.

[59] Einmal finden wir *'yty'*, V. 26 (p. 115): „Die ganze Schöpfung erweist seine Herrlichkeit wie eine Lehrerin / und lehrt die Menschen *eine* Lehre, die über den *einen 'yty'*." Das Wort ist offensichtlich hier mit „Gott" zu übersetzen. Bei Ḥabib habe ich es mit „Seiender" übersetzt, Jesus d. Chr. 2/3 (2002), 619, dem Hinweis des Ḥabib folgend, daß für *'yty'* ein „Werden" per se auszuschließen sei (*'yty'* ist eine Ableitung von *'yt* = „ist"), Jesus d. Chr. 2/3, 621.

Und um wessen „Gewand“ oder „Tempel“ handelt es sich? Nach der Sprache der Schule würde man als Antwort erwarten: das oder den des Logos. Aber in V. 9 (p. 114) lesen wir: „Unseretwegen kam zur Welt der *Herr der Welt,* / im Gewand unseres Leibes erwies er seine Gnade bei den Menschen“. *„Unser Herr“*, V. 283 (p. 130), ist das grammatische Subjekt des folgenden V. 284 (p. 130): „Im Tempel seines Leibes auf Golgatha schien er auf am Kreuz / und erleuchtete die Welt im herrlichen Licht aus seiner Glorie“. Nicht nur hier, sondern überhaupt in der ganzen Homilie wird nicht vom Logos gesprochen.

Trotz ihres ruhigen Stils ohne jede Polemik sind die für uns interessanten Züge dieser Predigt durch zeitgenössische Auseinandersetzungen angeregt, nämlich durch solche über die in Antiochien eingeführten Zusätze des Trishagion[60]. Diese haben für eine kurze Frist den Hymnus so aussehen lassen:

ἅγιος ὁ θεός
ἅγιος ἴσχυρος
ἅγιος ἀθάνατος (Zusatz II:) Χριστὲ βασιλεῦ
(Zusatz I:) ὁ σταυροθεὶς δι᾽ ἡμᾶς, ἐλέησον ἡμᾶς.

Der Zusatz I wurde von Petrus Fullo verpflichtend gemacht, Zusatz II fügte der Chalcedonenser Kalandion in seiner kurzen Zeit als Patriarch (482–484) vor dem ersten Zusatz ein, um dessen theopaschitischen Charakter abzumildern. Die beiden Zusätze hintereinander gelesen, umgesetzt aus dem Vokativ in den Nominativ, Χριστὸς βασιλεῦς, ὁ σταυροθεὶς δι᾽ ἡμᾶς, ergeben das Thema unserer Predigt, was die Prädikationen der Person Christi betrifft – *jedoch ergeben sie es nicht vollständig*. Philoxenus, dessen Parteigängerschaft für Petrus Fullo sich u.a. in seiner heftigen Verteidigung von Zusatz I gegen die Theodorianer (s. auch seinen Streit mit Ḥabib)[61] zeigt, hat sich auch mit Zusatz II befaßt. Er tut das, wie de Halleux dargestellt hat[62], im Brief an die Mönche von Teleda, wo er den Zusatz des Kalandion als „nestorianisch“ bezeichnet[63]. „Der unmittelbare Anlaß, der Philoxenus dazu führte, an die Mönche von Teleda zu schreiben, scheint ein Brief gewesen zu sein, in dem die ‚Nestorianer‘ ihre Einwände gegen das monophysitische Trishagion zusammengestellt hatten“ und mit dem Philoxenus sich auseinandersetzt[64]. „Die ‚nestorianischen‘ Autoren jenes Briefes werden im Plural ohne jede weitere Differenzierung genannt“, nur einmal richtet sich die Polemik gegen eine Ein-

---

60 In Antiochien wurden alle Kola des Hymnus auf Christus bezogen und nicht auf die drei Hypostasen der Trinität verteilt.

61 Siehe meine Darstellung der Auseinandersetzung in Jesus d. Chr. 2/3, 570–647.

62 *A. de Halleux*, Philoxène de Mabbog. Sa vie, ses écrits, sa théologie (Louvain 1963) 192–196.

63 Das ermöglicht die Datierung des Briefes, *de Halleux,* Philoxène, 194.

64 *A. de Halleux*, Philoxène, 195.

zelperson, einen Mönch. De Halleux erwägt, ob dieser Gegner identisch mit Ḥabib sein könnte, entscheidet sich aber mit guten Gründen dagegen[65].

Sehr interessant ist, daß aus demselben Brief des Philoxenus an die Mönche von Teleda hervorgeht, daß er die Schrift *Ad Theopompum* kannte, einen Dialog, der dem Gregor Thaumaturgos zugeschrieben wurde. Das Thema des Werkes ist die Leidensunfähigkeit Gottes; nach seinem archaischen Charakter muß es ins 3. Jh. gehören. Ich habe an anderer Stelle gezeigt, wie sympathisch dem Philoxenus das Denken des Verfassers sein mußte[66]. Der Dialog ist in Edessa in eine griechische Sammlung aufgenommen worden, deren syrische Übersetzung in der Hs Brit. Libr. Add. 12.156 vorliegt[67]. Es ist anzunehmen, daß er auch dem Narsai nicht unbekannt war[68]. Die sehr umständlichen apologetischen Darlegungen des Verfassers, die bald zu einem reinen Monolog werden, laufen schließlich auf die Identifikation des „zum Tode kommenden Gottes" mit dem „König Jesus" hinaus. Das spricht dafür, daß unter den Christen, aus deren Kreis der Verfasser stammt, diese Prädikation Christi geläufig und vertraut war – so wie noch dem Narsai (und dessen Hörern gewiß auch). Ich zitiere hier aus dem Schluß des Dialogs in M. Slussers englischer Übersetzung[69]. Aus c. 16 (p. 172):

„Should we not say that *God,* who is the teacher of philosophy and who is truly most blessed and munificent, *of his own accord came here,* where the hordes of passions have made their nest, *to visit* those who are taken captive by the passions?"

Und c. 17 (p. 172–173):

„*He came therefore,* o happy one, *Jesus came, who is king over all things,* that he might heal the difficult passions of human beings, being the most blessed and generous one. *But yet he remained what he is,* and the passions were destroyed by his impassibility, as darkness is destroyed by light. *He came* therefore, *he came in haste,* to make people blessed and rich in good things, immortals instead of mortals, and has renewed and recreated them blessed forever. To him *who is the glorious king* be glory forever. Amen."

---

[65] Ibid., 195–196.

[66] *L. Abramowski,* Die Schrift Gregors des Lehrers „Ad Theopompum" und Philoxenus von Mabbug, ZKG 89 (1978) 273–290; englische Übersetzung durch L. Wickham in meinem Sammelband „Formula and Context" (Aldershot 1992), Nr. VIII.

[67] Über den Aufbau dieser Sammlung in Korrektur von Wrights Beschreibung s. *L. Abramowski,* Zur geplanten Ausgabe von Brit. Mus. add. 12156, in: J. Dummer et al. (hg.), Texte und Textkritik = TU 133 (Berlin 1987) 23–28.

[68] Beiden muß er in Edessa zugänglich gewesen sein.

[69] St. Gregory Thaumaturgus. Life and works, translated by *M. Slusser* = The Fathers of the Church 98 (Washington 1998). – Slusser hebt meine Unterscheidung zwischen Gregor „dem Großen" = Gregor Thaumaturgus und Gregor dem Lehrer wieder auf, mit dem unwiderleglichen Argument, daß bei Gregor von Nyssa beide *epitheta* für den Thaumaturgen verwendet wurden, p. 60, Anm. 33. – Kannte der Nyssener vielleicht „Ad Theopompum"? Die Verfasserfrage für letzteren bleibt davon unberührt.

Nun bezieht sich Narsais Homilie nicht auf die *ganze* gedankliche Sequenz θεός ... ἀθάνατος Χριστὲ βασιλεῦ ὁ σταυρωθεὶς δι' ἡμᾶς des Trishagion, jedenfalls nicht ausdrücklich, weil ihr ja *jede Polemik gegen die Rede von Leiden und Tod Gottes fehlt* (in anderen Homilien – alle in Edessa gehalten? – hat sich der Prediger umso schärfer dazu geäußert). Es ist auch nicht anzunehmen, daß im Nisibis des Bischofs Barsauma ein Trishagion in monophysitischer Form gesungen wurde, lokal bestand also gar nicht die Notwendigkeit einer Abwehr des theopaschitischen Zusatzes I. Es muß der Brief des Philoxenus an die Mönche von Teleda gewesen sein, der Narsai zu seiner Interpretation des Satzes vom „für uns gekreuzigten König Christus" veranlaßte. Philoxenus hatte mit seiner Kritik an Zusatz II ein weiteres Element in den Streit unter den syrischen Theologen von der theodorianischen und von der kyrillianischen Observanz gebracht. Wir können sicher sein, daß dem Narsai dieser Brief nicht unbekannt geblieben ist. Dessen Verfasser[70] hatte es für richtig erklärt, daß „die Kirche Gottes proklamiert: Gott, Unsterblicher, für uns gekreuzigt". Er unterstellt der Einfügung des Kalandion, daß sie den König Christus vom unsterblichen Gott unterscheide (über de Halleux hinausgehend würde ich sogar sagen: trenne, im Sinn von Abrücken): „Mais ceux qui disent que (c'est) le Christ roi, distinct (*lbr* = „außerhalb von"!) de Dieu immortel, (qui) a été crucifié pour nous ..." (Guidi[71] p. 496). „Cette acclamation: Christ roi!" (Guidi, p. 498).

Für die Kenner unter den Zuhörern dieser zu einem Kirchenfest und daher in der Kirche gehaltenen Homilie und für ihre mönchischen Leser mußte deutlich sein, daß der Beginn mit dem „gekreuzigten Mann" und der starke Akzent, der im folgenden Text auf diese (biblisch abgeleitete) Bezeichnung für Jesus gelegt wird, implizit auf das „theopaschitische" Trishagion anspielt. Man ist wohl berechtigt zu sagen, daß hier ein bewußter Gegenbegriff zum „gekreuzigten Gott" vorliegt. Aber dieser gekreuzigte Mensch ist nicht ohne die Gottheit zu denken, wie ebenfalls gleich im ersten Vers gesagt wird. Die Tatsache der christologischen Einheit, durch die Polemik des Philoxenus gegen die Lösung des Kalandion auch in dieser speziellen Debatte problematisiert, wird so von vornherein festgestellt. Dies Thema wird im Lauf der Predigt nicht weiter behandelt, sondern Narsai setzt die Einheit durch die Art und Weise voraus, wie er Einheitstitel, also „Gottes Sohn", „unser Herr", „Hirte" und eben „König" verwendet. Selbstverständlich predigt Narsai nicht über Christus „abgesehen von Gott", aber ebensowenig kann und will er die Heilswirkung der Kreuzigung um unseretwillen abgesehen vom „gekreuzigten Mann" verkünden.

---

[70] Von hier bis zum Ende des Absatzes ist Anm. 13 aus *de Halleux,* Philoxène, 194 in leichter Überarbeitung übernommen worden.

[71] *I. Guidi,* La lettera di Filosseno ai monaci di Tell 'Addâ = AANL III 12 (Rom 1884).

Die versteckte Beziehung zum Brief des Philoxenus an die Mönche von Teleda ergibt die Datierung unserer Homilie in die Zeit des Kalandion 482–484 oder kurz danach.

2. Das Bekenntnis der Kirche (Hom. LVI)[72]

In seiner Inhaltsangabe bezeichnet Ibrahim die Homilie als „toute christologique“[73]; man könne in ihr finden „une profession de foi de Narsai en ce qui concerne le mystère de l'incarnation et le mode d'union des deux natures“[74]. Das hat mich bestimmt, mir einen Text der Predigt zu beschaffen[75]. Narsai selber bezeichnet mehrfach das von ihm Vorgetragene als Bekenntnis *(twdyt')*[76]. Zur Lehre der Kirche gehört auch die Trinität; aber was den *modus unionis* in Christus betrifft, von dem Ibrahim spricht, so handelt es sich eher um die *Statuierung* der christologischen Einheit, nicht nur um ihr Wie.

Die Kirche hat „das große Geheimnis erklärt“, V. 2 (p. 581)[77], sie hat zuerst vom Sohn gelehrt (V. 4), der Geist hat in der Kirche seinen Reichtum ausgeteilt (V. 5). V. 7 (p. 581–582): „*Einen* Gott verkündigt / Israel, wie geboten war, / und die Kirche lernte die *Deutung,* / daß sie bekennen solle *drei Hypostasen*“[78]. Ohne Zweifel ist es die von Narsai behauptete Kirchlichkeit seiner Lehre hinsichtlich der Christologie, die Mingana daran hinderte, diese Homilie zu drucken.

a) Die Hörer der Homilie und die Gegner des Homileten – Abfassungsort Edessa

Aus den Appellen an seine Hörer, die Narsai ergehen läßt, sieht man, daß er vor einem weiteren Kreis spricht, also in der Kirche predigt. Er weiß, daß seine Nomenklatur Anstoß erregen kann. Solche Hörer möchte er überzeugen und sie dem Einfluß seiner Gegner entziehen. V. 24 (p. 583): „Der Hörer rege sich nicht auf / und zweifle (nicht) an dem, was er gehört hat! / Komm, nähere dich der Überzeugung / und höre und lerne gründlich!“. V. 29 (p. 583): „Und nicht soll der Hörer meinen, / weil ich ihn (sc. Christus) Mensch genannt

---

[72] Hom. LVI: Patriarchal Press I, p. 581–598.

[73] *Ibrahim,* Doctrine, p. 180.

[74] *Ibrahim,* Doctrine, p. 181.

[75] Ich danke Sebastian Brock auch an dieser Stelle herzlich, daß er mir eine Kopie hat zukommen lassen. – Der liturgische Gebrauch bestimmt die Homilie für das Kirchweihfest.

[76] V. 37 (p. 584), 121 (592), 139 (594), 146 (594); und im letzten Vers der Homilie: 184 (598).

[77] Die Homilie ist im Metrum von 7 Silben geschrieben, 4 Zeilen bilden einen Vers. Die Zählung der Verse stammt von mir.

[78] Ich bleibe bei meiner Praxis, *qnwm'* durchgängig mit Hypostase zu übersetzen, immer mit Ausnahme des Reflexivpronomens (cf. Jesus d. Chr. 2/3, p. 575).

habe, / daß ich zwei Söhne aussage, / wie es die Übeltäter vorgeben". – Es ist also von vornherein für die Homilie ein Zustand der Konfrontation gegeben. V. 83 (p. 588): „Nicht aber soll der Hörer denken, / daß ich damit die Naturen getrennt habe, / (und) daß ich zwei *prosopa*[79] sage, / die eins vom anderen Abstand haben." Umgekehrt gilt: V. 104 (p. 590) „Und nicht soll, weil ich gesagt habe, daß waren / zwei Naturen in der Union, / der Hörer für sich meinen, / daß eine Mischung war in den Naturen". V. 114,3.4; 115,1.2 (p. 591): „Komm also, o Hörer, / sei ein Schüler der Schriften, / und wandle auf dem Weg der Richtigkeit / und führe nicht auf den Pfad des Falschen". V. 121,3.4; 122,1.2 (p. 592): „Siehe das Bekenntnis der Wahrheit / ohne ermüdende Länge, / nicht tragend eine Last von Worten, / so daß der Hörer dadurch verwirrt würde".

Viel öfter ist von den Gegnern und ihrer Polemik die Rede. In V. 29 (s. o.) trafen wir schon auf die „Übeltäter", die Narsai eine Lehre von zwei Söhnen vorwarfen. In V. 42 (p. 585) wird den „Streitsüchtigen", die „in die Irre führen", entgegengehalten, daß das Heranwachsen (des Kindes Jesus von Lk 2) „unserm Geschlechtsgenossen gehört", „der gekommen war zur Vollkommenheit (sc. des Menschseins) / in der Einheit mit dem Logos". In V. 46 (ibid.) sollen die „neuen Schriftgelehrten" erklären, „wessen Hunger und Versuchung" sind. V. 60 (p. 586): Die Tränen Jesu bei der Nachricht vom Tod des Lazarus, „wessen sind die, / Unverständige, die abgeirrt sind vom Weg, / wenn nicht des Leibes aus dem Geschlecht Adams". Die „Schriften der Torheit" von V. 64 (p. 587) sind allerdings arianische Schriften, in denen steht, „daß Gott einen Vater hat / und der verborgene Gott *('yty')*[80] einen Schöpfer". Die V. 67.68 (ibid.) zeigen, wie die Widerlegung arianischer Theologumena durch die Unterscheidung von Göttlichem und Menschlichem in Christus in der gegenwärtigen Auseinandersetzung ihren erneuten Nutzen hat. So können hier die „Streitsüchtigen ohne Verstand", die in die Irre führenden „Frechen", sowohl die Arianer wie die Gegner des Narsai sein. In den Zusammenhang der anti-arianischen Polemik gehört daher „die Sohnschaft aus Gnade", nach Ibrahim die einzige Stelle in den Homilien, die diese Formulierung gebraucht[81]. V. 69.70 (ibid.): Die Leiden sind die des Menschen, „der die Sohn-

[79] Ich gebrauche die Umschrift von griechisch πρόσωπον, wo im Original das Lehnwort *prṣwp'* steht (cf. Jesus d. Chr. 2/3, p. 575, Anm. 22).

[80] Die oben in 1. f) zu Hom. LIV (30), Anm. 59, p. 79, gemachte Beobachtung bestätigt sich hier. An dieser Stelle ist es die anti-arianische Polemik, die Übersetzung von *'yty'* mit „Gott" erfordert, der Parallelismus membrorum unterstützt die Auffassung; keines der sonstigen Übersetzungssynonyme ist inhaltlich stark genug. (Eine Diskussion besonders schwieriger Stellen in den Homilien, *'yty'* im Sing. und Plural betreffend, findet man unten in 3. b), p. 99–102 zu Hom. LXXXI. – Kommt vielleicht noch ein stilistischer Nutzen hinzu, der die häufige Verwendung von *'yty'* und *'ytwt'* erklärt? Beide Wörter sind in der gesprochenen vokalisierten Form eine Silbe kürzer als *'lh'* und *'lhwt'*.

[81] *Ibrahim,* Doctrine, p. 244; eine weitere Stelle jedoch in Hom. VI (= McLeod, Nr. II), PO 40, p. 96/97, Z. 431–432.

schaft aus Gnade besitzt, / nicht des eingeborenen Logos, / der Gott *('yty')* mit dem Vater ist. / Nicht aber habe ich vom Logos gesagt, / daß er die Sohnschaft aus Gnade besitzt. / Nicht soll sich rühmen Arius, / daß ich etwa zu seiner Meinung neigte". Gegenstand der Auseinandersetzung ist ferner das hermeneutische Problem, das auch Ḥabib verhandelt[82]:

V. 112–114,1.2 (p. 591): „Und obwohl seine (sc. Gottes) Natur überall ist, / heißt es, daß er herabstieg und daß er hinaufstieg. / Die Toren aber, die das gehört haben, / haben das nicht richtig verstanden; / sie legen die Schwächen / geradewegs dem Schöpfer bei. / Und nicht genug der Frechheit, / daß sie dadurch in die Irre geführt haben, (weg) vom Geziemenden, / sondern sie haben Listiges konstruiert / und haben verschlagen gehandelt gegen die Wahrheit".

V. 142 (p. 594) mahnt die „Irrenden" zur Umkehr, „solange (noch) Zeit zum Gehorsam ist". Andererseits haben die „Toren" etwas bewirkt, V. 145 (ibid.): „Der Eifer der Toren, die anmaßend geworden sind, / hat mich gedrängt, die Naturen (sc. in Christus) zu unterscheiden". Dieselben Leute können ironisch auch „Weise" heißen, V. 149[83] (p. 595): Die „Weisen" sollen nicht denken, „daß der Sohn ein Geschöpf ist, wie sie gemeint haben". Die Polemik setzt sich durch die nächsten Verse fort, bis 154 einschließlich, eine inhaltliche Aussage enthält nur V. 150 (ibid.): Die „Weisen" sprechen zu ausführlich (man vergleiche oben den Hinweis Narsais auf seine eigene Kürze!), unterwerfen Gott *('yty')* dem „Verächtlichen"[84], verweigern unserer eigenen Natur „die Ehre des sie Annehmenden". Ihre Lehre hat durchaus Erfolg, V. 155,1–3 (ibid.): „Die Einfachen aber ohne Einsicht / liefen hinter ihren Worten her / und verließen den Weg des Richtigen". V. 157 (ibid.): Den Glauben der Kirche haben die „Toren" verlassen, sie „sind ertrunken in der Debatte wie im Meer". Aus der Polemik der folgenden Verse bis 169 einschließlich (bis p. 597 oben) notiere ich das Folgende wegen der Hinweise auf die konkrete Situation, in der die Homilie gehalten wurde. V. 161 (p. 596): „Bisher waren sie nicht Schüler / und meditierten nicht über den Schriften, / und in der Unverschämtheit ihrer Gesinnung / wollten sie Lehrer *(rbn')* werden". V. 164 (ibid.): Narsai will sie davon überzeugen, daß sie Häretiker sind. Sie andererseits „betrachten als Fremden" den, der richtig lehrt, – also auch Narsai, müssen wir ergänzen. Trotzdem versucht es der Prediger noch einmal, die Gegner zu gewinnen, V. 178 (p. 597, gegen Ende der Homilie, die 184 Verse hat): „Hausgenossen, die in die Irre gingen und auszogen, / wendet euch zum Weg zurück, solange ihr lebt, / und ärgert euch nicht daran, / daß ich euch mit dem Namen ‚Hausgenossen' gerufen habe".

---

[82] Siehe Jesus d. Chr. 2/3, p. 579–580 und öfter.

[83] Die dritte und vierte Zeile des Verses fehlen.

[84] D.h. den Miserabilitäten der menschlichen Natur. Man erinnere sich der Rolle, die das „Verächtliche" in der Predigt zum Fest der Kreuzesauffindung spielte.

Also: Kampf zweier theologischer Gruppen, die bis zum gegenseitigen Ausschluß geht („Fremder“, „Häretiker“), wortreiche Auseinandersetzungen, Übergänge von der einen zur anderen Seite (man denke an Philoxenus![85]), Einflüsse auf die Laien. Man braucht nur die Darstellung, die de Halleux von den Zuständen in der Schule von Edessa gibt[86], zu lesen, um zu erkennen, daß wir hier eine Beschreibung durch einen der Beteiligten vor uns haben, der sich nolens volens in die dogmatischen Kämpfe hineingezogen sieht. Ich denke, daß man V. 145 (s. o.) nicht als rhetorische Floskel abtun darf: Die Agitation der theologischen Gegner hat Narsai zur „Unterscheidung der Naturen“ veranlaßt. Das kann nicht bedeuten, daß er sich jetzt erst eine Meinung in dieser Sache gebildet hat, sondern daß er sie nun in der für ihn charakteristischen scharfen Gestalt vorträgt. Erinnert man sich an die Christologie des Ḥabib, so kann man wohl von einer typisch edessenischen Form der antiochenischen Christologie sprechen, die für die dortigen Theodorianer der nachephesinischen Zeit verbindlich war.

Wenn Narsai es „wagt“, die Gegner als „Hausgenossen“ zu bezeichnen, sollte man auch das konkret nehmen. Es kann sich nicht um den Appell an ihr Bekenntnis zum Christentum handeln, sondern eher schon an ihre Zugehörigkeit zur Kirche von Edessa und wahrscheinlich sogar an ihre Zugehörigkeit zur Schule als Institution. In diesem Licht scheint auch V. 161 (s. o.) auf Auseinandersetzungen im Schulbetrieb selbst hinzudeuten, z. B. auf Ansprüche der Gegenseite auf Stellen im Lehrkörper[87]. Aber natürlich kann man den Satz auch allgemeiner verstehen: als Anmaßung der Unwissenden, die Rechtgläubigen belehren zu wollen, während sie erst „Schüler der Schriften“ werden müßten, V. 114 (s. o.).

Ist mir auch die Lokalisation der Homilie in Edessa nicht zweifelhaft, so ist ihre Datierung schwieriger. Man weiß nicht, wann Narsai seine Lehr- und Leitungstätigkeit an der Schule begann, man weiß nicht, wann Philoxenus (geboren wann?)[88] dort studierte (und dabei die Fronten wechselte, von der theodorianischen zur kyrillianischen Partei). Für einen anderen Kyrillianer, Jakob (später Bischof) von Sarug, haben wir immerhin eine ungefähre Zeitangabe für seinen Aufenthalt in Edessa, nämlich 465/466. Er wäre demnach

---

[85] Wahrscheinlich tat das auch Narsai.

[86] *A. de Halleux,* Philoxène, p. 24–30.

[87] Ein über 1500 Jahre hinweg lebendiges Problem! Cf. Jesus d. Chr. 2/3, p. 626, die Vorwürfe des Ḥabib gegen Philoxenus in dieser Sache.

[88] Siehe die Debatte darüber bei *A. de Halleux,* Philoxène, p. 13. Die älteren Datierungsversuche (ibid., Anm. 13) reichen vom 2. Viertel des 5. Jh. über dessen Mitte bis ins 3. Viertel. Je nachdem, wie hoch man das Alter des Philoxenus zum Zeitpunkt seiner Selbsteinschätzung als Greis kurz vor seinem Tod (521) ansetzt, ist die Datierung seiner Geburt vom Beginn bis zum Ende des 2. Drittels des 5. Jh. möglich. De Halleux neigt eher zum frühen Ansatz, also bald nach 430. Dann wäre er bei seiner Bischofsweihe 485 ca. 50 Jahre alt gewesen. Seine literarische Aktivität ist von etwa 480 bis 521 nachweisbar, *de Halleux,* p. 23 mit Anm. 2. Wäre er also Ende der 50er Jahre in Edessa gewesen?

noch zu den Zeiten Narsais dort gewesen. Jakob wird mit seiner eigenen Produktion von metrischen Memrē in einen (ursächlichen?) Zusammenhang mit der gleichen Tätigkeit des Narsai gebracht. Barḥadbešabba Arbaia (Ende des 6. Jh.) schreibt im Narsai-Kapitel seiner Kirchengeschichte, gegen Ende, Folgendes[89]:

„Und weil die Häretiker, Söhne des Irrtums, sahen, daß sie dadurch nicht die Oberhand über den Heiligen erringen und die Kirche seinetwegen erregen konnten wie früher, begann einer von ihnen, mit Namen Jakob von Sarug, der redebegabt war für das Böse und mit der Häresie übereinstimmte, seine Häresie und seinen Irrtum heuchlerisch aufzuschreiben in der Weise von Memrē, die er verfaßte, damit er durch eine angenehme Komposition und verführerische Töne die Menge abwende vom Berühmten" (sc. Narsai). „Was also tat der Erwählte Gottes? Auch hiervor scheute er nicht zurück, sondern tat nach den Worten des Psalmisten, der gesagt hat: ‚Du wirst mit dem Erwählten erwählt werden und mit dem Verdorbenen wirst du verdorben werden' (Ps 17,27): er setzte die wahre Gesinnung der Orthodoxie nieder in der passenden Weise von Memrē auf süße Melodien, und er schrieb auf die Deutung der Schriften nach der Gesinnung der heiligen Väter in angenehmen Antiphonen nach dem Muster Davids" (es folgen Angaben über die Zahl der Homilien Narsais und die Menge der Bände dieser Homilien).

Diese Mitteilungen des Barḥadbešabba stehen zwischen verschiedenen Nachrichten vom Leben Narsais in Nisibis. Baumstark[90] zieht die scheinbar naheliegende Folgerung in der vorsichtigen Form eines Konditionalis: Das „dichterische Schaffen" Narsais „müßte wesenhaft den späten Jahrzehnten seines Lebens angehören, wenn es mit der Behauptung seine Richtigkeit haben sollte, daß er mit demselben bereits der Wirkung der entsprechenden monophysitischen Poesie eines" Jakob von Sarug „habe entgegentreten wollen". A. Vööbus behandelt die Passage bei Barḥadbešabba in seiner „History of the School of Nisibis" in einem eigenen Abschnitt über den „Hintergrund" von Narsais „literarischer Schöpfung"[91]. Hier weist er korrekt darauf hin, daß „this account does not appear in the section which describes Narsai's stay and activities in Edessa, but is placed into a section dealing with the difficulties he had to experience"[92]. Vööbus ist also der Meinung, daß stoffliche und nicht chronologische Gründe den Kirchenhistoriker veranlaßt hätten, von der beidseitigen Produktion von Memrē erst an dieser Stelle zu berichten. Die Diskussion der relevanten Daten für die literarische Tätigkeit des Jakob bringt Vööbus schließlich dazu, die dogmatisch-literarische Konkurrenz der beiden Autoren „nahe ans Ende" von Narsais „Karriere in Edessa" zu rücken[93]. Er übersieht

[89] *F. Nau* (ed.), La seconde partie de l'Histoire de Barḥadbešabba ʿArbaïa, PO IX, 5 (Paris 1913), p. 612,1–10/1–11.

[90] *A. Baumstark*, Geschichte der syrischen Literatur (Bonn 1922) 110.

[91] *A. Vööbus*, History of the School of Nisibis = CSCO 266, Subs. 26 (Louvain 1965) 65–69.

[92] Ibid. 66, Anm. 6.

[93] *Vööbus*, op. cit. 68.

dabei die Zeitangabe des Barḥadbešabba am Anfang des obigen Zitats (dieser Eingangssatz wird von Vööbus nicht zitiert): „wie früher" *('yk dbqdmyt')*[94], womit die beinahe mörderischen Schwierigkeiten seinerzeit in Edessa gemeint sind. Der Kirchenhistoriker verlegt also tatsächlich die Homilien Narsais alle in die *nisibenische* Zeit, sowohl die dogmatischen wie die exegetischen. Die Frage ist, ob er damit Recht hat. Unsere Predigt LVI jedenfalls setzt eine Situation voraus, wie sie nur in des Dichters edessenischer Zeit bestanden haben kann, so daß Barḥadbešabbas chronologischer Ansatz nicht für alle Homilien stimmen kann. Aber könnte er vielleicht für *Jakob* zutreffen?

Die Aussagen des Barḥadbešabba können den Eindruck erwecken, daß die Homilienproduktion Narsais in Reaktion auf die Jakobs eingesetzt habe. Vööbus sagt, die „Bewunderer Narsais" bei den Nestorianern hätten niemals von sich aus eine solche Sequenz fabriziert, also eine Priorität Jakobs, wenn nicht „historische Gründe" sie dazu gezwungen hätten. Da die Mitteilung nicht zur Glorifizierung ihres Helden dient, sei sie vertrauenswürdig[95]. Dies Argument ist an sich einleuchtend. Jedoch wird seine Beweiskraft eingeschränkt durch die apologetische Funktion, die die Nachricht bei Barḥadbešabba hat: Narsai wetzt mit den Homilien die Scharte seiner Niederlage, d. h. der erzwungenen Flucht aus Edessa, wieder aus, indem er sich dem theologischen Feind entgegenstellt. Was er bietet, ist den Homilien der anderen Seite nicht nur gleichwertig, sondern überlegen, weil orthodox. – So ist der Gewinn für die Datierungsfragen aus dem Bericht des syrischen Kirchenhistorikers sehr gering. Es bleibt dabei, daß eine evtl. Lokalisierung und daraus folgende annähernde Datierung nur aus der jeweiligen Homilie selbst gefunden werden kann – und keineswegs sind die nötigen Anhaltspunkte immer vorhanden. Homilie LIV (30), die oben besprochen wurde, ist in dieser Hinsicht ein besonderer Glücksfall.

b) Die zweite Hypostase der Trinität, die Weise ihres Kommens in die Welt, die zwei Naturen und die Einheit der Person Christi

Narsai verbindet in dieser Homilie die genannten Themen derart, daß eine Zerlegung in ebensoviele Abschnitte zu vielen Wiederholungen führen müßte. Oben in Abschnitt a) hat sich schon gezeigt, daß hier wie auch sonst bei Narsai und allen Vertretern der antiochenischen Christologie, die neunicänische Trinitätslehre vertreten wird: ein Wesen, drei Hypostasen, wobei besonders die Gleichwesentlichkeit der Gottheit des Sohnes im Verhältnis zum Vater betont wird: „verborgen und geheimnisvoll wie er" (V. 4, p. 581, cf. V. 8, p. 582: „Verborgen war der Sohn mit seinem Erzeuger").

---

[94] PO IX, 5, p. 612,2.

[95] *Vööbus,* op. cit. 67.

Diesen Sohn sandte Gott, wie in V. 9 (p. 582) unter Verwendung von Gal 4,2.4 gesagt wird; die Absicht der Sendung ist, „daß er komme (und) erneuere unseren Bestand *(twqnn)*". Hier muß sich Narsai mit derselben Problematik befassen, die später Ḥabib aus Anlaß der Epistula dogmatica des Philoxenus beschäftigen wird: Wie kann der Sohn Gottes sein und „kommen"?

Es folgt eine Antwort in zweifacher Hinsicht in V. 10–13 (p. 582).

V. 10 „Er brach auf dort, wo er gewesen war, / und kam dorthin, wo er gewesen war, / er brach auf vom Vater und entfernte sich nicht, / und es kam zur Welt sein Wille *(ṣbynh)*"[96].

Das „Aufbrechen" des Sohnes ist paradox: er bricht auf und entfernt sich nicht; sowohl am Ausgangspunkt wie am Ziel „war er immer schon gewesen", d. h. als Logos war er immer beim Vater *und* überall (s. V. 12,3). Aber in der Sendung des Sohnes handelt es sich um ein spezielles „Aufbrechen", ein Kommen zu unserer Erneuerung, dafür braucht es eine besondere Bestimmung der Weise seines Kommens: „Es kam zur Welt sein Wille", der zu unterscheiden ist von seiner (göttlichen) Natur – aber der Wille kann ja auch nur göttlich sein, er muß als göttlicher Aspekt des göttlichen Sohnes betrachtet werden. – Von der göttlichen Natur können Aussagen lokaler Bewegung *per definitionem* nicht gemacht werden,

[96] Ich habe natürlich überlegt, ob *ṣbyn'* nicht besser mit „Wohlgefallen" zu übersetzen wäre, wie McLeod und auch andere es tun. Damit würde es εὐδοκία entsprechen, man denke an die wichtige Rolle, die εὐδοκία (weil ein biblischer Begriff) bei Theodor von Mopsuestia in seinem Jugendwerk *De incarnatione* spielt. – Wie die Fundstellen in den Deuteropaulinen zeigen, sind εὐδοκία und θέλημα fast deutungsgleich. Eph 1,5 κατὰ τὴν εὐδοκίαν τῆς θελήματος αὐτοῦ, Pesh. *'yk dšpr lṣbynh* = „wie es seinem Willen gefällt". Eph 1,9 γνωρίσας ἡμῖν τὸ μυστήριον τοῦ θελήματος αὐτοῦ, κατὰ τὴν εὐδοκίαν αὐτοῦ ἣν προέθετο ἐν αὐτῷ, Pesh. empfindet εὐδοκίαν als Verdoppelung von θέλημα und läßt sie fort, fügt aber andererseits das Ziel des „Vorsatzes" hinzu: *w'wd'n 'rz' dṣbynh hw dqdm hw' sm dns'wr bh* = „Und es machte uns bekannt das Geheimnis seines Willens er, der sich vorsetzte, durch ihn zu tun". Schließlich Kol 1,19, fundamental wegen des „Einwohnens"; hier wird εὐδόκησεν durch *ṣb'*, „wollen" übersetzt: ὅτε ἐν αὐτῷ εὐδόκηεν πᾶν τὸ πλήρωμα κατοικῆσαι; das Syrische entspricht im übrigen syntaktisch und im Wortbestand so weitgehend dem Original, daß ich es nicht übersetze: *dbh hw ṣb' klh mwly' lm'mr.* – εὐδοκία und *ṣbyn'* überschneiden sich wie gesagt in ihrer Bedeutungsbreite. Ich illustriere das der Einfachheit halber für εὐδοκία aus Schmollers Handkonkordanz zum griechischen NT an den Vulgata-Übersetzungen: εὐδοκία – voluntas, bona voluntas, propositum, beneplacitum, und für *ṣbyn'* aus *Payne-Smith*, Dictionary: „will, desire, device, delight", aber auch „decision"; *ṣb' b*, „to have pleasure in, be pleased with, delight in". Als mask. Nomen hat „Wille" den Vorteil, vom selben grammatischen genus zu sein wie „Sohn" oder „Logos". „Wohlgefallen" ist im Deutschen zu passiv geworden, die ebenso wörtliche Übersetzung „Gutdünken" enthält zwar das wichtige Element der Entscheidung, erweckt aber Anklänge an Willkür. „Wille" impliziert Aktivität ohne jene Beiklänge („guter Wille" wäre schon wieder eine Abschwächung).

V. 11: „Nicht nämlich kann[97] er in seiner Natur / sich von Ort zu Ort bewegen, / denn Zeiten und Äonen (sind) in ihm, / und nicht umschließen ihn die Geschöpfe.
12 Er *kam* gänzlich in seinem Willen *(bṣbynh)* / und *blieb* vollständig in seiner Natur, / und seine Natur ist überall, / und sein Wille geht und kommt."

Jetzt kann Narsai sich wieder dem soteriologischen Ziel des Kommens zuwenden; dies macht die Beteiligung der menschlichen Natur nötig, V. 13: „Er kam zur Wohnung der Sterblichen, / damit er erneuere unser Bild, das alt geworden ist; / und aus dem, was verächtliche Natur (war), / machte er sich einen Tempel und wohnte in ihm". – Das Subjekt „er" ist wie in V. 12 der Sohn, nicht der „Wille". Der Name „Sohn" umschließt also beides: seine Natur *und* seine Aktivität, wie aus V. 12,3 und 4 hervorgeht. In der Kurzfassung des Gedankens in V. 10,4 verselbständigt sich der Wille (scheinbar oder anscheinend?). Aber mit Ibrahim zu sagen, der Wille werde auf diese Weise personifiziert[98], halte ich nicht für zutreffend.

In den V. 17–20 (p. 582–583) geht es um Joh 1,14, also auch um das Kommen. Die johanneische Aussage wird charakterisiert als „die Stelle, an der Anstoß genommen haben die streitsüchtigen Häretiker", sie haben daraus einen Kampfplatz gemacht (V. 17). V. 18 ist nicht nur durch den Inhalt, sondern auch durch ein *lm* als gegnerische Argumentation gekennzeichnet: „‚Der Logos wurde verwandelt, / und es *wurde* der Logos in seiner Hypostase, / und nicht trug er einen Leib aus Maria, / sondern seine Hypostase war[99] Fleisch'". Von diesen vier Zeilen ist die zweite eine korrekte Wiedergabe der Meinung der Gegenseite; die dritte lehnt die theodorianische Auffassung ab; die erste Zeile ist eine Karikatur, wogegen die vierte einige Wahrscheinlichkeit der Korrektheit für sich hat. – Man beachte, daß es die Gegner sind, die den Logos von Joh 1,14 als Hypostase bezeichnen.

Die Verse 19 und 20 ziehen die Konsequenzen: Verwandlung des Logos sei gleichbedeutend mit Zusammensetzung[100], und dann hätte der Logos einen Anfang, also wäre er ein Geschaffener und (nur) dem Namen nach Schöpfer. Was ist damit gewonnen (V. 23, p. 583), „daß ihr Gott *('yty')* leiden machen wollt, (ihn) der nicht leidet", und den, der dem Vater gleich ist, zum Geschöpf macht?

Die Antwort auf V. 18 ist V. 25 (p. 583): „*Nicht* ist der Logos verwandelt worden / und wurde Fleisch in seiner Hypostase, / sondern der Logos zog das Fleisch an, / damit er durch es die Sterblichkeit befreie". Das bedeutet für das

[97] Sc. weil er es nicht nötig hat.
[98] *Ibrahim*, Doctrine, p. 332–334, über „Wille" in der „Theologie der Inkarnation".
[99] „Wurde" in der zweiten Zeile ist durch diakritische Punkte als starkes Verb gekennzeichnet, wogegen das „war" der vierten Zeile ein enklitisches *hw'* (linea occultans!) übersetzt.
[100] Ein verkürzter Gedankengang? Die Antiochener waren gegen beides.

richtige Verständnis von Joh 1,14 (V. 26, ibid.): „Nichts anderes ist ‚Der Logos wurde Fleisch', / als[101]: Er trug den Menschen[102], / der war vollkommen in allem, / in Leib und Seele gleichermaßen". – Der Satz „der Logos wurde" darf also nicht vom Logos als (trinitarischer) Hypostase gesagt werden. Was über die Widerfahrnisse Christi auf Erden berichtet wird, sind Aussagen über einen Menschen, V. 27 (p. 583): „Ein Mensch ist es, dem widerfahren ist Empfängnis" bis „Tod". Ihn als „Menschen" zu bezeichnen, heißt nicht, von zwei Söhnen zu sprechen (V. 29, ibid.). Um die Einheit in Christus darzustellen, setzt Narsai wieder beim ewigen Sohn an, der beim Vater verborgen ist (V. 30) „bis zur Zeit seiner Ankunft". Und dann, V. 31 (p. 584): „Und wegen der Liebe zu uns / trug er den vollkommenen Menschen / und machte ihn mit sich Eines[103] *(ḥd mdm)* / in der Herrschaft und in der Macht". „Eines", *ḥd mdm*, finden wir viel später auch bei Babai dem Großen in Sätzen, die Zitate aus Theodor von Mopsuestia sein müssen[104], so daß wir auch hier die Aufnahme des Ausdrucks aus Theodor annehmen müssen; griechisch ist ἕν τι vorauszusetzen.

Die Einheit besteht seit dem Augenblick der Empfängnis (so alle Antiochener), von da an ist er (sc. der Mensch) „Herr und Erbe und mächtig", V. 32 (ibid.). – Hier wie auch anderswo ist es schwierig, die mit der Einheit von Beginn an gegebene „Herrschaft" mit dem Antritt der Herrschaft durch die Erhöhung in ein Verhältnis zu setzen (oder vielmehr umgekehrt). – Das grammatische Subjekt in V. 33 (ibid.) ist der göttliche Sohn wie vorher in V. 31. Der Sohn konnte „in seiner Natur von den Sterblichen nicht betrachtet werden", er „trug einen Menschen", um darin „seinen Glanz" zu verbergen. Aber nicht nur machte der Sohn uns so seinen Anblick möglich, sondern (V. 34, ibid.) „er machte *uns* groß", indem „er unsere verächtliche Natur anzog / und sie mit sich hinaufführte in den Himmel / zur Ehre zu seiner Rechten". – Wollte man die Lokation wörtlich nehmen, so säße die menschliche Natur Christi rechts vom Logos-Sohn, der seinerseits rechts vom Vater sitzt – Narsai kann das unmöglich meinen. „*Seine* Rechte" müßte sich in diesem Fall auf Gott den Vater beziehen. Oder unterscheidet er den mit dem göttlichen Sohn vereinten Menschen von der geretteten Menschheit im allgemeinen und plaziert *diese* auf den Ehrenplatz rechts von Christus? – Die beiden nächsten V. 35–36 (ibid.) behandeln die Erhöhung „des Anfangs aus uns".

V. 37 (ibid.) wendet sich wieder dem Problem des Leidens Gottes zu, dessen rechtes Verständnis in den Rang eines schriftgemässen Bekenntnisses erhoben wird: Gott verwandelt sich nicht, er fällt nicht unter das Leiden; V. 38: „die Leiden sind die des Menschen", der Mensch „aber nahm teil an den herr-

---

101 „Nichts anderes … als": *lw … 'l' d.*

102 Wie man ein Gewand trägt.

103 Die ungeschickt wirkende Form des artikellosen Neutrums ist absichtlich gewählt.

104 Siehe *L. Abramowski*, Die Christologie Babais des Grossen, in: Symposium Syriacum 1972 = OCA 197 (1974) 219–244, hier: 235; *dies.*, Babai der Große: Christologische Probleme und ihre Lösungen, OCP 41 (1975) 289–343, hier: 329.

lichen (Dingen) / wegen der Liebe des ihn Annehmenden". – Die positive Auswirkung der Einheit auf die angenommene menschliche Natur wird nicht als „physische" dargestellt, sie ist eine Gabe.

Von V. 39 an werden seitenlang die Widerfahrnisse und Handlungen Jesu daraufhin untersucht, ob sie seiner menschlichen oder seiner göttlichen Natur zuzuschreiben sind. Ich greife nur Einzelnes heraus. V. 40 (p. 584): „Kreuz und Tod sind sein (sc. des Menschen) / (wobei) abgesehen (ist) vom[105] Gott Logos". V. 43 (p. 585): „unser Geschlechtsgenosse" ist zur „Vollkommenheit" gekommen „in der Einheit mit dem Logos", d.h. innerhalb dieser Einheit findet die Entwicklung des Jesusknaben zum erwachsenen Menschen statt. V. 44 (ibid.) führt das Thema weiter unter Einbeziehung des Motivs der „Macht": „Nicht daß es ihm an Macht gemangelt hätte / vom Tag seiner Bildung an, / sondern daß *dies* sich ziemte, / daß mit seinem Heranwachsen seine Würde (Schritt hielt)". – Narses versucht auf diese Weise dem Mißverständnis entgegenzuwirken, als ob die „Würde" eine Belohnung für den vollkommenen Wandel des Menschen Jesus darstellte.

Zur Versuchungsgeschichte (V. 53, p. 586): Der Mensch wurde versucht, „während der Logos in ihm wohnte".

V. 63 (p. 587) deutet eine (verkürzte Form von) Joh 20,17, „Ich gehe zu meinem Vater und zu meinem Gott", als Aussprechen von „Niedrigem" durch den Redenden über sich selbst, es geschieht „offen" vor seinen Jüngern. Kein Wunder, daß V. 64 sich auf die arianische Auslegung des Wortes bezieht, die daraus die Subordination des Logos ableitete. Narsai dagegen bezieht in V. 65 den johanneischen Satz auf *den,* der dem Schöpfer „gleich ist durch Gnade" – und das kann nur der Mensch sein, wie man aus den V. 69 und 70 (die ich schon oben im Abschnitt a) zitiert habe); in V. 70 fällt ja auch der Name des Arius.

Noch eine weitere arianische Kernstelle, Joh 14,28, „Der Vater ist größer als ich", wird mit den bewährten Mitteln der Zwei-Naturen-Lehre ausgelegt, V. 71–72 (ibid.). Der Vater ist „größer als er im (göttlichen) Wesen / seiner Natur ohne Anfang; kleiner als Gott *('yty')* in seiner Natur / (ist) der, dessen Natur unter einem Anfang ist" – und das ist wieder der Mensch.

Die V. 73–75 (p. 587–588) reden vom Hohenpriester des Hebräerbriefs: „Der Hohepriester ist Jesus, / und sein Schöpfer ist der verborgene Gott *('yty');* / und der dem Schöpfer zur Wohnung wurde, / den machte er zum Erben seiner Besitztümer (V. 75)".

---

[105] *sḥr mn,* cf. in Hebr 2,9 die nur noch schwach bezeugte innergriechische Lesart χωρὶς θεοῦ (statt χάριτι θεοῦ); über die Spuren ihrer Bekanntschaft auch im lateinischen Westen siehe den Apparat im NT graece[27]. Pesh. hat ursprünglich „ohne Gott" gelesen. Aber von den Hss, die *B. Aland / A. Juckel,* Das NT in syrischer Überlieferung II,3 (Berlin, New York 2002) 39, aufführen, belegen das nur noch zwei durch die Rasuren, in die Änderungen eingetragen sind.

1 Tim 2,5 über den „einen Mittler" (V. 76, p. 588) mußte Narsai besonders willkommen sein, weil nach dem syrischen Text der „Mensch Jesus Christus (sic)" der Mittler ist[106] („Christus" hat Narsai weggelassen, was nach der syrischen Wortstellung leichter ist als nach der des griechischen Originals, wahrscheinlich weil „Christus" der Einheitsname ist). Der anschließende Relativsatz sieht anders aus als in 1 Tim 2,6, nämlich so: „der groß wurde / und wurde Herr und Mächtiger". Das „Großwerden" ist wohl auf das Heranwachsen zu beziehen, „Herr und Mächtiger" wird der „Mensch" durch die „Erhöhung" (nach Phil 2). – Auch hier wieder das Problem, wie sich Macht und Herrschaft aus der Erhöhung zur Macht verhalten, die der Mensch durch seine Union mit dem Logos seit seiner Empfängnis hat. Der nicht eigens ausgesprochene Gedanke ist vermutlich, daß die Erhöhung die Herrschaft erst offenbar macht.

Die Erinnerung an Hebr 2,9 veranlaßt eine Wiederkehr der Leidensproblematik, V. 78 (ibid.): „‚Den Tod schmeckte er' (cf. Hebr 2,9) in seiner Natur, / ‚ohne (den) Gott' Logos[107]. / Und als der Logos in ihm wohnte / brachte er (sc. der Mensch) das Leiden nicht seiner (sc. der göttlichen) Natur nahe". Die Verse 81 und 82 (ibid.) kontrastieren die beiden Naturen hinsichtlich des Leidens:

81 „Nicht wird er (sc. der Schöpfer = Logos, cf. V. 78) geringer als seine Natur, / auch wird er nicht größer, als was er ist; / auch fällt nicht unter Leiden / (der,) dessen Natur erhaben ist über die Leiden.
82 Leiden unseres Geschlechtsgenossen sind sie, / der gering war und größer wurde und erhöht[108] wurde; / gering war er, weil er den Tod der Zeit (= den zeitlichen Tod) schmeckte, / und groß wurde er, weil er in die Sohnschaft kam"[109].

Narsai ist sich bewußt, zu welchen Mißverständnissen seine christologischen Unterscheidungen führen können. Er lehre nicht zwei *prosopa*, „die fern sind voneinander" (d.h. einen räumlichen Abstand voneinander haben), V. 83 (ibid.)[110]. Vielmehr, V. 84 (p. 588–589):

„*Ein* (p. 589) *prosopon* sage ich / des Logos und des Tempels, den er erwählt hat, / und ich bekenne *einen* Sohn, / und zwei Naturen verkünde ich:
85 die angebetete und verherrlichte Natur / des Gott *('yty')* Logos, der mit seinem Vater ist, / und unsere Natur, die er (der Logos) trägt, / nach den Verheißungen, die er versprochen hat".

V. 86 (ibid.) spricht wie das Unionsbekenntnis von 433 (und wie das Chalcedonense) von der Vollkommenheit beider Naturen. V. 87 (ibid.) ist in seiner

[106] Griechisch: ἄνθρωπος Χριστὸς Ἰησοῦς – in diesem späten Brief haben wir an dieser Stelle die ältere Namensform, die auch der echte Paulus benutzen kann; in ihr ist „Messias" noch Titel.
[107] Siehe die vorvorige Anm. 105.
[108] Cf. Phil 2,9.
[109] Ist das die Sohneserklärung bei der Taufe? – „Kam" übersetzt *hw'* als starkes Verb.
[110] Siehe schon oben im Abschnitt a) dieses Kapitels.

Bedeutung vielleicht weniger evident, als man denken könnte: „Zwei, die wurden in der Einheit / eine Liebe und ein Wille, / der eingeborene Logos aus dem Vater / und die Knechtsgestalt, die er angenommen hat". – Wenn man auf die folgenden Verse achtet und an die auch bisher schon deutlich gewordene *Aktivität des Logos* denkt, dann kann es sich nicht um eine vorgängige Symmetrie von göttlichem und menschlichem Willen handeln, in der beide auf gleiche Weise zusammenwirken, sondern um den Willen und die Liebe des Logos zur angenommenen Knechtsgestalt. Das „Annehmen" durch den Logos wirkt sich auf Logos und Mensch aus, V. 88 (ibid.): „Und wegen der Liebe des Annehmenden / ehrt er durch sein Eigenes den Angenommenen / und hat sich klein gemacht in Bezeichnungen *(šh')*, / während er in seiner Natur nicht gering wurde". – Zu solchen „verkleinernden" Bezeichnungen gehört gewiß die „Knechtsgestalt" von Phil 2. Die erste Hälfte von V. 88 wird durch V. 89 (ibid.) erläutert: „Es wurde der Staubgeborene durch Gnade / Erbe und Herr mit dem Logos, / und der ehrte ihn durch alles (was) seiner (eigenen) Natur (zukommt), / und unterwarf ihm die Höhe und die Tiefe". Die dritte Zeile von V. 88 findet man wieder in der ersten Hälfte von V. 90 (ibid.): „Es nahm an der Logos Niedriges / des Staubgeborenen im übertragenen Namen *(šm')*". – Da etwa „Knechtsgestalt" nicht zu den eigentlichen Namen des göttlichen Logos gehören kann, muß dieser Name als „metaphorisch" im buchstäblichen (!) Sinn verstanden werden: Vom angenommenen Menschen „überträgt" der Logos den Namen auf sich selber. Wenn man sich an die Argumentation des Ḥabib erinnert, so ist das Arbeiten mit übertragenen Bezeichnungen offensichtlich ein Bestandteil der edessenischen Schulchristologie.

Die zweite Hälfte von V. 90 und der V. 91 sind dann schon wieder bei der Ehrung des „Sterblichen durch die Herrlichkeiten des Eingeborenen" und zwar nicht nur damals, sondern bis in alle Ewigkeit, „so daß kein Ende ist seiner Macht".

Die Verse 92–94 sprechen ein weiteres Mal vom Hohenpriestertum Christi (im Sinne Narsais natürlich). In V. 94 haben wir den Gebrauch von *qnoma* als Reflexivpronomen, wo man bei oberflächlicher Lektüre eine *menschliche* Hypostase Christi herauslesen könnte, was sich aber schon deswegen verbietet, weil der Logos in christologischen Zusammenhängen *nicht* „Hypostase" heißt. V. 94 (589–590): „Nicht ging er ein durch das Blut von Tieren / nach der Ordnung der Hohenpriester, / sondern er selbst *(qnwmh)* war das Opfer, / und sein Blut vergoß er für alle".

Ps 110,1 wird auf den mit dem Logos vereinten Menschen bezogen, V. 95 (p. 590): „Zu *ihm* hat er gesagt, ‚Setze dich zu meiner Rechten', / bis daß ihm alles unterworfen sein würde", / – die nächste Zeile nimmt Ps 2,6 hinzu: „indem er ihn als König einsetzt über alles, was geworden ist, / mit Gott[111], seinem Annehmenden". Auch das Folgende spricht von der Existenz der

111 Wegen der Silbenzahl gewählt. „Gott Logos" wäre viel zu lang gewesen.

menschlichen Natur Christi im Bereich des Eschatologischen (immer in Einheit mit dem Logos), es ist nun die Existenzweise des Verherrlichten. V. 96 (ibid.): „Sein ist auch das Kommen, / jenes, das bevorsteht am Ende; / und der Mensch, der gelitten hat auf der Erde, / wird im Triumph geführt, wenn er kommt“, was in den nächsten drei Versen als gewaltiger kosmischer Vorgang von ungeheurer Wirkung weiter ausgeführt wird. Auch bei dieser Wiederkunft am Ende der Zeit gilt noch, daß der Leib als Vorhang vor der Gottheit dient; V. 100 (ibid.): „Die Offenbarung seines Leibes[112] sehen / die Himmlischen und die Irdischen, / während seine Gottheit verborgen ist / durch den Türvorhang seiner Menschheit“. Es ist der Leib, der es überhaupt möglich macht, den Wiederkommenden zu *sehen,* V. 101 (ibid.): „Ihn betrachten die Sterblichen / offen von Angesicht zu Angesicht, / und wie ein Bild durch seine Enthüllung / zieht er zu sich alle Geschaffenen“.

V. 102 erinnert erneut daran, daß er dies alles nicht ohne „seinen Annehmer“ tut, der von Anfang bis Ende mit ihm ist, ohne Verwandlung. Folglich weist V. 103 (p. 590) auf die Einheit des Sohnes und des *prosopon* hin, „zwei Naturen, die eins wurden“. Aus der Einheit zweier Naturen darf man aber nicht eine Mischung *(mwzg')* ableiten (V. 104, ibid.)[113]. Weder wird das (göttliche) Wesen vermischt oder verwandelt (V. 105, p. 591), noch „die heilige Wohnung“, „weil ihre Natur bewahrt wird mit dem Logos“ (V. 106, ibid.).

Interessant (und für manchen vielleicht überraschend) ist die Bestimmung der Unterscheidung der beiden Naturen als eine *gedankliche,* V. 107 (ibid.): „Im Denken *(br'yn')* aber wird unterschieden[114] / Herrliches und Niedriges, / und auf den einen Herrn wird angewendet *(mtnsbn)* / das (Eigentümliche) der beiden Naturen, die eins wurden“. – „Herr“ ist Einheitsname, von ihm kann daher sowohl Hohes wie Niedriges ausgesagt werden. V. 108 (ibid.) nimmt sogleich wieder die Unterscheidung vor, indem Narsai die „Schwächen“ und „Herrlichkeiten“ dem aus Maria Geborenen bzw. dem Logos zuteilt.

V. 109 (ibid.) beginnt mit einer Art zusammenfassenden Bemerkung (obwohl die Homilie ja noch lange weitergeht): „Und hier hat sich (die Sache) vollendet *(whrk' šqlt šwlm')*“; was da zusammengefaßt wird, ergibt sich aus den nächsten Zeilen, nämlich die Heilsgeschichte, die mit der Schöpfung des Menschen durch den Logos als Bild Gottes beginnt und endet mit dem Logos *im* Bild Gottes[115]. Aber das Abbild hat keine physische Gleichheit mit seinem

---

[112] Über dieses Thema s. unten die Homilie über die Himmelfahrt (XLV).

[113] Siehe schon oben Abschnitt a).

[114] Siehe wiederum die Himmelfahrtspredigt.

[115] Die Soteriologie des Narses als Erneuerung des Bildes Gottes ist dargestellt in den Narses-Arbeiten von *F. G. McLeod,* The Soteriology of Narsai (Rome 1968) (Diss. Pont. Inst. Orient.); siehe auch *ders.,* The Soteriology of Narsai. Excerpta ex dissertatione ad Lauream (Rom 1973); *ders.,* Man as the Image of God: Its Meaning and Theological Significance in Narsai, TS 42 (1981) 458–467; und bei *Ibrahim,* Doctrine, 299–305.

Urbild, sondern (V. 109): „Jener, der uns sein eigenes Bild genannt hat, / war nicht im Bild seiner Natur, / sondern im Bild seiner Ehre", – das „Bild der Ehre", *in* dem der Logos war, ist der „Genosse aus unserm Geschlecht".

Die folgenden Verse repetieren uns bereits bekannte topoi. Es ist aber noch hinzuweisen auf das schöne Motiv des Trostes, den uns das *Sehen* des Sichtbaren gewährt, da wir doch die Hypostase des Logos nicht sehen können, V. 130. 134 (p. 593). V. 131 (ibid.), wo die Hypostase des Logos genannt wird, enthält noch ein zweites *qnoma,* das einen nun in der Tat zur Annahme einer Lehre von zwei christologischen Hypostasen bei Narsai verführen könnte – sprächen nicht zwei Dinge dagegen: erstens der Duktus des Textes und zweitens die bewußte Beschränkung des nominalen Gebrauchs von *qnoma* bei Narsai (wie bei Ḥabib) auf die Trinitätslehre.

V. 131: „Und *dort* (sc. im Gericht) mit offenem Antlitz / sehen wir *lh lqnwmh*, / (jedoch) nicht die Hypostase des Logos, / denn das kann nicht geschehen,
132 sondern den Genossen aus unserm eigenen Geschlecht / und den Anfang aus unserer Natur".

Das „dort" bezieht sich zurück auf V. 130,2–4: „In gewisser Weise sehen wir ihn / *hier*" (d.h. in den Zeiten vor seiner Wiederkunft) *„in Mysterien und Rätseln, / in einem Spiegel* nehmen wir wahr"[116]. D.h. seit der Himmelfahrt entbehren wir des unmittelbaren Anblicks des verherrlichten Jesus, *dort* aber, in der Wiederkunft zum Gericht, wird er uns gewährt: – und ich nehme jetzt V. 131 noch einmal auf –: „Und *dort* mit *offenem Antlitz* / sehen wir *ihn selbst (lh lqnwmh)*, / (jedoch) nicht die Hypostase *(qnwm')* des Logos, / denn das kann nicht geschehen". Die zwei Verwendungen von *qnoma,* die gängige pronominale und die spezifizierte nominale, in nächster Nachbarschaft nebeneinander zu stellen, ist wahrscheinlich nur für uns auffällig; man kann nicht voraussetzen, daß Narsai seinen (vor ihm sitzenden) Gegnern eine Handhabe hätte bieten wollen, ihm die Lehre von zwei christologischen Hypostasen aus dem Wortlaut der Homilie nachzuweisen.

Etwas später treffen wir auf den doxologischen Aspekt der Einheit der Person Christi. Nachdem in V. 146 (p. 594) das Bekenntnis zur Einheit des Sohnes erneuert wurde, fährt V. 147 (p. 594–595) fort: „Ich bete an in gleicher Weise / den Logos und die Wohnung, die er erwählt hat; / ich bekenne den König, der angezogen hat / den Purpur des Leibes Adams". Die Lehre der Gegner verweigert „unserer Natur die Ehre des sie Annehmenden" (V. 150, p. 595).

Narsai hatte in Hom. LVI erklärt, seine Gegner nähmen Anstoß an Joh 1,14 und machten diese Stelle zum „Kampfplatz" der Auseinandersetzung[117]. So ist

[116] „Rätsel", „Spiegel" und „Antlitz" natürlich aus 1 Kor 13,12, aber dort nicht auf das Wiedererblicken Jesu bezogen, sondern auf die „Erkenntnis". „Antlitz": *'p'*, im griechischen NT πρόσωπον.

[117] Siehe oben zu V. 17–20 der Homilie.

es angemessen, hier seine Homilie über diesen Vers des Johannes-Evangeliums folgen zu lassen.

3. Zu Joh 1,14 (Hom. LXXXI)[118]

a) Einleitung

Vor Jahren schon stellte mir Judith Frishman eine Kopie dieser Homilie aus der Hs Birmingham Selly Oak Colleges Library, Mingana Syriac 55, f. 107a–112a zur Verfügung. Ich danke ihr auch an dieser Stelle sehr herzlich. J. Frishman plant seit langem eine Edition der Homilie; inzwischen hat sie einen Aufsatz über sie veröffentlicht und dazu ein weiteres Ms herangezogen[119]. Die Homilie gehört zu den 7-silbigen, in der wie bei Hom. LVI vier Zeilen einen Vers bilden[120]. Die Zahl der Zeilen in den beiden Hss ist nicht identisch, in der einen sind es 539 (eine merkwürdig krumme Ziffer)[121], in der anderen 548. Diese letztere Zahl muß sich auf Birm. Selly Oaks beziehen, wo ich allerdings 546 Zeilen gezählt habe[122]. Inzwischen konnten wir den Text der Patriarchal Press heranziehen, wo eine dritte Handschrift reproduziert ist; auch hier weist die Homilie 546 Zeilen auf[123].

Als Ursache für die Längenunterschiede erwägt Frishman *homoioteleuton* (auf der einen Seite) oder spätere Hinzufügungen (auf der anderen); nach ihrer Meinung handelt es sich um letztere. Leider sagt sie nicht, was ihre Kriterien für diese Entscheidung sind. Mir selber ist eine Stelle wegen ihres, für Narsai überraschenden, Inhalts aufgefallen, die deswegen als Zusatz in Frage kommt.

---

[118] Hom. LXXXI: Patriarchal Press II, p. 206–218.

[119] *J. Frishman,* Narsai's Christology According to His Homily „On the Word Became flesh", The Harp 8–9 (1995–1996) 289–303, das andere Ms dort p. 290, Anm. 6: Brit. Libr. Oriental 5463, f. 340a–343a.

[120] Ich habe für dies Kapitel die vierzeiligen Verse durchgezählt und stieß dabei auf die weiter unten erwähnte Anomalie.

[121] Nicht durch 4 teilbar, anders als 540 = 135 Verse. Die krumme Ziffer 539 (falls die Zählung stimmt), könnte ein Hinweis auf das Fehlen einer Zeile sein, vermutlich der Zeile 444 der beiden anderen Hss, wo sie in einem Fall auch am Rand von späterer Hand nachgetragen worden ist (Selly Oak f. 111a).

[122] In ihrer Gliederung der Homilie kommt Frishman auf 544 Zeilen (falls es sich nicht um einen Druckfehler handelt). Meine 546 Zeilen ergeben 136 1/2 Verse, was auch nicht original sein kann.

[123] Meine Kollation von Selly Oak und Patriarchal Press ergab einen praktisch identischen Text. Ausnahmen: Patr. Press *enthält* die Zeile 444, die in Selly Oak nur marginal nachgetragen ist und in einer Passage stimmt die Verseinteilung nicht überein, s. u.; Vers 1,3: *hw bh* Selly Oak, *bh hw* Patr. Press; Vers 4,1 *ʿm'* Selly Oak, *ʿ'* Patr. Press; V. 23,1 *'tt'* Selly Oak, *b'tt'* Patr. Press; V. 93,3 *ṣbyn'* Selly Oak, *ṣbynh* Patr. Press; V. 101,1 *qryn ḥnn* Selly Oak, *qrynn* Patr. Press; V. 109,3 = 110,1 *lwtn* Selly Oak, *lwth* Patr. Press; V. 112,1 = 112,3 *h'* Selly Oak, *t'* Patr. Press (eindeutig ein Fehler); V. 123,1 *qdmyk* Selly Oak, *bl'* Patr. Press (in den Kontext paßt beides).

Ich zitiere sie mit etwas Kontext, von dem sie sich deutlich abhebt. V. 129–131 (f. 111b / p. 218,5–12)[124]:

129 „Unsere Tröstung hat er aufgerichtet, / den Tempel des Fleisches, und wohnte in ihm, / damit wir anbeten im äußeren Heiligtum / ihn, der verborgen ist im Allerheiligsten.
130 *Das äußere Heiligtum seines Leibes / sehen wir mit dem Auge des Fleisches / und das Allerheiligste der Verborgenheit / mit geistlichen Regungen der Seele,*
131 *durch die Hülle des Leibes Adams (hindurch) / alle Höhen und Tiefen.* / Und die Geschaffenen haben keine Macht, / das Heiligtum des (göttlichen) Wesens[125] zu sehen".

Es sind 6 Zeilen, die ich hervorgehoben habe[126]. V. 129 beginnt mit dem uns vertrauten Gedanken des Trostes, den uns das menschliche Erscheinungsbild Christi bietet. V. 130 nimmt geschickt das Stichwort[127] „äußeres Heiligtum" auf, fährt dann aber mit zwei Arten des Sehens fort, von denen das „geistliche" das „Allerheiligste der Verborgenheit" („Verborgenheit" steht für Gottheit) schauen kann – „verborgen" ist (der) Gott (Logos) bei Narsai, und Narsai erklärte in Hom. LVI kategorisch, daß wir auch bei der Wiederkunft Christi zum Gericht die Hypostase des Logos *nicht* sehen werden. Genau dasselbe sagt die zweite Hälfte von V. 131! So gut auch die Einfügung des Zusatzes an seinem Anfang gelungen ist, an seinem Ende stößt er hart mit der Auffassung des echten Narsai zusammen, so daß er sich ohne Schwierigkeit abgrenzen läßt. Der Zusatz stammt von einem Abschreiber, dem die Ansicht des Narsai über die Möglichkeit der Gottesschau als unzureichend und daher unbefriedigend erschienen war.

Frishman bietet eine eingehende Gliederung der Homilie[128] und schließt eine Übersicht der von Narsai gebrauchten Argumente an[129]. Ihr nächster Ab-

---

[124] Im Folgenden betreffen die Angaben *vor* dem Schrägstrich das Ms von Selly Oak; *nach* dem Schrägstrich ist der Fundort in der Patriarchal Press angegeben.

[125] Das „Heiligtum des (göttlichen) Wesens" von V. 131,4 ist nichts anderes als das „Allerheiligste" von 129,4, in dem der göttliche Bewohner „verborgen" ist.

[126] Beim Durchzählen der Verse bemerkte ich, daß in beiden hier benutzten Mss. der große Satztrenner zum Ausgleich einmal erst nach 6 Zeilen gesetzt ist, ohne daß eine inhaltliche Auffälligkeit festgestellt werden könnte; in Selly Oak betrifft das V. 105, in der Patr. Press V. 113. Das hat zur Folge, daß von V. 105 bis V. 113 die Verseinteilung zwischen den beiden Mss. um einen halben Vers verschoben ist, von V. 114 ab herrscht wieder Gleichlauf. Brit. Libr. Or. 5463 hat offenbar den Zusatz nicht, daher die niedrigere Zeilenzahl. Da hier keine kritische Ausgabe von Hom. LXXXI vorgesehen ist, ist das Londoner Ms. nicht benutzt worden. *Hier* wirkt sich der Zusatz von 130,1–4; 131,1.2 quantitativ aus.

[127] Auch „Höhen und Tiefen" ist ein beliebter Ausdruck Narsais selber, wie unsere Homilie zeigt.

[128] *Frishman,* Narsai's Christology, 290–293. Auf p. 291 könnte sie mit dem Ausdruck „appended confession of faith" mißverstanden werden; es folgt kein „Anhang", sondern in den V. 133–135 am Ende gibt Narsai eine Zusammenfassung des dogmatischen Inhalts seiner Homilie (s. auch *Frishman,* 296!) und bezeichnet den Inhalt als Bekenntnis. Der Schlußvers 136 fordert zum Dank auf.

[129] *Frishman,* Narsai's Christology, 293–296.

schnitt dient einem Vergleich mit dogmatischen Aussagen in den von Gignoux und McLeod edierten Homilien über die Schöpfung bzw. die Heilsereignisse[130]. Zum Schluß fragt die Verfasserin nach den Ursprüngen von Narsais Christologie und findet sie wie andere bei Theodor von Mopsuestia[131].

b) Terminologische Probleme: Die Übersetzung von *qnwm'* und *'yty'*[132]

Frishmans Aufsatz gibt Anlaß zu einigen terminologischen Bemerkungen. In ihrer Gliederung faßt sie die Zeilen 281–288 (= V. 71. 72 / p. 212,19–23) folgendermaßen zusammen: „If the body is of Mary then the Self-Existent One *('yty')* can't have become flesh in His own substance *(qnwm')*"[133]. (*'yty'*[134] meint hier natürlich den Logos). Die Übersetzung von *qnwm'* mit „substance" an dieser Stelle beruft sich auf Ibrahim: „*qnwm'* is used to mean the person himself, his very substance, or in the Trinity, hypostasis[135]." Aber derselbe Ibrahim erklärt mit Recht, daß Narsai in der Christologie den Terminus *qnoma* im Sinne von *hypostasis* nicht gebrauche, sondern nur *prosopon* und Natur[136]. Frishman schließt offensichtlich aus der Tatsache, daß es sich hier um eine christologische Aussage handelt, daß *qnoma* deswegen nicht mit Hypostase übersetzt werden dürfe. Aber für die Theologie Narsais ist es gerade charakteristisch, daß die *Hypostase* Logos auch in christologischen Zusammenhängen immer die trinitarische ist, und daher Aussagen über die Hypo-

---

[130] *Frishman,* Narsai's Christology, 297–299. Die Absicht des Vergleichs ist die weitere Sicherung der Echtheit der Homilie, die auch dem Emmanuel bar Šaḥḥarē zugeschrieben wird, aber diesem Autor des 10. Jh. gewiß nicht gehört. – Wenn man, wie wir, die Homilie nach der vorher besprochenen liest, kann die Einheit des Autors der beiden nicht zweifelhaft sein.

[131] *Frishman,* Narsai's Christology, 299–303.

[132] Für meine Entscheidung, *'yty'* mit „Gott" zu übersetzen, siehe oben schon in 1. f) zu Hom. LIV (30), Anm. 59, p. 79 und in 2. a) zu Hom. LVI, Anm. 80, p. 84,

[133] *Frishman,* Narsai's Christology, 292 – das ist wörtlich V. 71,1 und 72,1.2.

[134] „Self Existent Being" für *'yty'* auch ibid., p. 295 oben; gleich danach wird *yth* mit „Being" übersetzt: „If the Word can divide His Being *(yth)* …". Das stammt aus V. 46,3 (= Zeile 183 / p. 210,11). Aber dort ist *yth* Reflexivpronomen: „daß er vermag, *sich* zu teilen", „… divide *himself*".

[135] *Frishman,* ibid. 219, Anm. 16 mit Verweis auf *Ibrahim,* Doctrine, 322–327.

[136] *Ibrahim,* Doctrine, p. 325. – Aber *Ibrahim,* Doctrine, p. 325–327 schließt aus der Exegese von Joh 1,14 in den Homilien LVI und LXXXI (er zitiert je eine Passage), daß *ausnahmsweise* hier Hypostase synonym mit Natur sei. Doch das ist zu simpel. Das Zitat p. 326–327 aus unserer Hom. LXXXI entspricht den Versen 66 und 67 in meiner Zählung (= Zeile 261–268 / p. 212,7–12). Es genügt hier V. 67 zu zitieren: „Wenn seine *Hypostase* Fleisch wurde, / hat er auch nicht das Fleisch aus Maria getragen. / Was hätte es unserer Natur geholfen, daß er Fleisch wurde in seiner eigenen (sc. Natur)?" – Damit ist keine Synonymität von „Hypostase" und „Natur" statuiert, sondern berücksichtigt, daß die Hypostase Logos von göttlicher Natur ist. Wenn die göttliche Hypostase Logos Fleisch geworden wäre, wäre das eine Aussage, die auch seine göttliche Natur beträfe. Man kann noch V. 69 (= Zeile 273–276 / p. 212,14–16) dazu nehmen: „Wie wäre den Sterblichen geholfen / vom Logos, der Fleisch wurde, der in *seiner* Natur Fleisch wurde, / und *unsere* Natur bliebe in ihrer Schwäche?"

stase Logos immer auf ihre Angemessenheit hinsichtlich der göttlichen Natur dieser Hypostase zu überprüfen sind – mit negativem Ergebnis im Fall des (Fleisch) Werdens. Natürlich werden vom Logos zahllose positive christologische Aussagen gemacht, aber eben nicht vom Logos qua Hypostase. An der oben von Frishman zitierten Stelle ist also statt „in his own substance" zu lesen: „in his hypostasis".

Das zweite auch hier wieder auftauchende terminologische Problem betrifft die Übersetzung von *'yty'*. Frishman sagt dafür „Self-Existent One" im obigen Zitat und folgt damit dem Thesaurus, der dies als die vorwiegende Bedeutung des (substantivierten) Adjektivs *'yty'* angibt. Aber damit wäre die Vokabel praktisch synonym mit *qnoma* = Hypostasis (eigentlich sogar gleichbedeutend mit αὐθυπόστατος[137]). Aus dem Zitat oben würde so eine Tautologie. Aber eine solche ist aus Narsai selber zu widerlegen. In der Homilie LXI (34)[138] finden wir die Erklärung (PO 34, p. 562/563, 99–103):

„Nicht drei *'yt'* habe ich gesagt durch das (Wort) ‚drei',
sondern drei Hypostasen[139], die gleich sind in der (göttlichen) Wesenheit.
Eine (göttliche) Wesenheit ist es, habe ich gesagt und sage es wiederum.
Und in der (göttlichen) Wesenheit (sind) drei Hypostasen, die nicht zerschnitten sind[140]".

Wenige Zeilen vorher sagt Narsai, „mein Bekenntnis" (PO 34, p. 560/561, 92) ist, „daß der Vater Vater ist und der Sohn Gezeugter und der Geist *'yty'*" (ibid., 91). Zwischen Vater, Sohn und Geist gibt es weder einen räumlichen noch einen zeitlichen Abstand (PO 34, p. 562/563, 93). Drei *'ty'* in der Trinität abzulehnen, drei Hypostasen aber zu erlauben, gibt nur einen Sinn, wenn „drei *'ty'*" drei Götter bedeuten. Die Ablehnung des Mißverständnisses, daß die drei Hypostasen der neunicaenischen Trinitätslehre drei Götter zur Folge hätten, war immer wieder nötig. Dieser Abwehr wird die Deutlichkeit genommen, wenn man wie Gignoux „drei *'yt'*" mit „trois Êtres" übersetzt. Daß auch der *Geist* Gott ist, war ein Ergebnis der Auseinandersetzung mit den Pneuma-

137 Die Belege für αὐθυπόστατος bei *Liddell/Scott* sind neuplatonisch, beginnend mit Kaiser Julian, die patristischen Belege in *Lampe,* PGL sind noch später, sie beginnen bei den beiden Leontii.

138 Homilie LXI (bei Gignoux, Nr. II) ist in Nisibis gehalten worden. Siehe PO 34, p. 578/579,360: „Wie den Palast des *Königs der Könige* baute er seine Schöpfung". Der Vergleich p. 556/557,13.14 könnte auch vom Palast des Kaisers gemacht werden.

139 Gignoux schreibt „personnes", was zur Klarheit nicht beiträgt.

140 In der Einleitung seiner Ausgabe der Homilien über die Schöpfung hat Gignoux einen Abschnitt „Les doctrines sur Dieu et sur la Trinité" (PO 34, p. 432–440). Hier sagt er zur „göttlichen Natur", p. 433: „Narsaï définit Dieu par le terme d'Essence *(ithūthā)*. Dieu existe par son Essence même; c'est pourquoi il est le seul à pouvoir être nommé *Ithyâ,* c'est-à-dire être essentiel, existant par soi". Dieser Name sei nicht einmal auf die drei göttlichen Personen anwendbar, wie Narsai ausdrücklich sage – es folgt unser Zitat. Aber meine folgenden Darlegungen belegen das Gegenteil: Jede der drei Hypostasen kann *'yty'* heißen, man darf nur nicht von *drei 'ty'* sprechen, also im Plural einer Dreizahl.

tomachen in der letzten Phase der Debatten über die korrekte Weise, von der Trinität zu sprechen.

In Schwierigkeiten kann man allerdings durch eine Stelle in der von Martin edierten Hom. XI geraten (sie wird als ganze unten im nächsten Abschnitt behandelt werden). Im syrischen Text[141] heißt es: „Verborgen war uns das Geheimnis des Erscheinens[142] des Sohnes und des Geistes, / und wir wußten nicht, daß sie *ʾytʾ* sind von Anfang". Das wären dann „Götter", also ein Plural, den Narsai für die Dreizahl abgelehnt hat. Hier wäre es einfacher, eine der anderen Übersetzungen zu wählen; man käme dann vielleicht zu der Bedeutung „… und wir wußten nicht, daß sie von Anfang an *waren*". Aber man könnte sich auch fragen, ob die eigentliche Meinung Narsais ist: „wir wußten nicht, daß Sohn und Geist (beide) Gott sind von Beginn an". Im Johannesprolog ist der Logos, also der Sohn, *Gott* bei Gott. Und in unserer Homilie LXXXI wird der Logos nahezu durchgängig als *ʾytyʾ* bezeichnet, als Gott. Ich erwäge, ob das eine bequeme Kurzform für „(der) Gott (Logos)" sein könnte, zumal ja *ʾytyʾ* gegenüber *ʾlhʾ* den metrischen Vorzug hat, eine Silbe kürzer zu sein, wie bereits früher erwähnt.

In Hom. LIV (30), V. 26, wird von der Lehre über den „einen *ʾytyʾ*" gesprochen, was selbstverständlich mit „ein Gott" wiederzugeben ist[143]. In Hom. LXIV (37) gibt es einen Abschnitt „Réfutation des doctrines de Mani et de Bardesane"[144]. Bardesanes bezeichnet die (an der Schöpfung beteiligten) Dämonen als *ʾytʾ* („Êtres") (Z. 385–406). (Man kann natürlich umgekehrt sagen, daß Narsai die *ʾytʾ* des Bardesanes als Dämonen denunziert)[145]. Z. 396: Die *ʾytʾ* der Bardesanes-Anhänger sind „nicht wahr" (d.h. nicht wirklich)[146]. Z. 397: „*Einer* ist der *ʾytyʾ*, der ist (*ʾytwhy*, so auch im Rest der Zeile) und ist als der, der ist" (cf. Ex 3,14)[147]. Von ihm stammt die Schöpfung aus dem Nichts,

---

[141] JA 1899, p. 456, 21.22.

[142] *bwdqʾ*, wohl im Sinne von Offenbarwerden.

[143] Siehe schon oben zur Stelle.

[144] Bei Gignoux Hom. V, hier: PO 34, p. 660f./661f., 381–414.

[145] Das entspräche der Erniedrigung der heidnischen Götter zu Dämonen bei den griechischen Apologeten.

[146] Die Nichtigkeit der heidnischen Götter ebenfalls bei den griechischen Apologeten und längst vorher im AT.

[147] *Gignoux* in seiner Einleitung PO 34, p. 433, Anm. 19: „Cette définition de Dieu, par la répétition du verbe être, est fréquente chez Narsaï", auch in den von Gignoux edierten Homilien. Gignoux verweist auf die Erläuterung der Formel durch *T. Jansma* in dessen langem Aufsatz „Étude sur la pensée de Narsai. L'homélie XXXIV, Essai d'interprétation", OrSyr 11 (1966) 396–397. Jansma zitiert dort aus Mingana II, p. 291,13–20 (d.h. aus Hom. LXXII/42, siehe oben die Konkordanz). Narsai zeige an dieser Stelle, so *Gignoux*, „que la double répétition de nom de l'Essence a été révélée par Dieu à Moïse" in Ex 3,15, so jedenfalls interpretiert Narsai den Gottesnamen: „Dieu lui [à Moïse] apprit à révéler aux Hébreux le nom de son Essence, à savoir qu'il est et est sans commencement et sans fin … Si tu veux apprendre un nom qui proclame ma seigneurie, je suis seulement appelé Dieu, et, de plus, Créateur. Āhjāh āšār-āhyāh" (Umschrift der hebräischen Selbstbezeichnung) „est le nom de mon Es-

für die er keiner Hilfe bedurfte (398–399). „Jenseits von allem ist der *'yty'*, der ohne Anfang ist" (401). „In seiner Schöpfung eingeschlossen ist die Materie der Manichäer, / und die *'yt'* der Bardesanes-Anhänger dienen seinem Gebot" (405–406) (also gibt es sie doch? Man sieht, wie das Argument wechselt). Gignoux übersetzt *'yty'* im Singular wie immer mit „Être"[148], aber sachlich wäre man berechtigt, dafür an allen Stellen „Gott" zu setzen.

'yty' = „Gott" war schon für Ephraem selbstverständlich. Der Thesaurus Syriacus führt „Gott" als eine von mehreren Bedeutungen der Vokabel an und sagt: „Idem ac Deum affirmat Ephr.". Ich übersetze die beigegebene Belegstelle: „Wenn es keine Götter gibt, gibt es auch keine *'yt'*. Der Name der zwei ist einer, und eine ist die Herrlichkeit von *'yty'* und Gott".

An allen bisher besprochenen Stellen ist *'yty'* substantiviertes Adjektiv. Es gibt aber auch Fälle, wo es als simples Adjektiv einem Nomen zugeordnet ist. Zwei solche fand ich in Hom. LXII (35), Gignoux Nr. III. Nach einem Abschnitt „Définition de l'Essence divine" folgt als nächster, p. 584 f./585 f. (Zeile 49–70), „Les trois Personnes de la Trinité" (lies „Hypostasen"). Zeile 49 f.: „Er war ohne Anfang *kyn' 'yty' wgmyr'* (‚nature existante par soi et parfaite'), Vater, Sohn und Heiliger Geist, drei Hypostasen (‚Personnes'), eine Macht". Die mechanische Übersetzung „nature existante par soi" wirkt hier beinahe komisch. Ich plädiere dafür, in diesem trinitarischen Fall das Adjektiv *'yty'* als Derivativ des gleichlautenden Nomens zu betrachten: „göttlich", abgeleitet von „Gott". Das ergibt: „Er war ohne Anfang göttliche und vollkommene Natur". Es folgen drei Zeilen, je über Vater, Sohn und Geist. Die über den Geist fordert noch stärker eine solche Übersetzung, denn hier sind *qnwm'* als Nomen und *'yty'* als Adjektiv zusammengestellt. Gignoux: „Et l'Esprit qui (procède) de (sa) nature, est une Personne existante (par soi) et véritable". Das muß jedoch heißen: „Und der Geist, der aus (seiner) Natur (ist), ist göttliche *('yty')* und wahre Hypostase *(qnwm')*". Die nächste Zeile (54) bestätigt die schon weiter oben getroffene Feststellung, daß der Geist Gott ist. In Gignouxs Übersetzung geht das unter: „Car c'est l'égalité de nature qui atteste qu'avec le Père, il existe (par soi)"; während man übersetzen sollte: „Denn es ist die Gleichheit der Natur, die bezeugt, daß er *'yty'* ist mit dem Vater", also Gott ist mit dem Vater.

---

sence et, afin que cela soit confirmé, il mentionne à deux reprises le nom". – An unserer Stelle ist das Ende des Satzes, nämlich „als der, der ist" Übersetzung des hebräischen Relativsatzes.

[148] *S. Brock*, Christology of the Church of the East (1996), p. 170, übersetzt *'yty'* mit „being" in einem Zitat aus Hom. LXVI, das partiell von mir oben zu Beginn des Abschnitts 2. a) der Untersuchung von Hom. LXVI angeführt worden ist. Auch in Brocks Zitat ist die Übersetzung „God" die passende, sie ist auf den Logos bezogen.

c) Hörer und Gegner; Abfassungsort Edessa

Nur zweimal werden (in Hom. LXXXI) die Hörer angeredet; das erste Mal in V. 85–86 (Zeile 337–344 / p. 213,24–214,4), wo sie nicht nur aufgefordert werden, die Richtigkeit der Worte des Homileten zu prüfen (V. 85), sondern dieser auch seine Benutzung der polemischen Disputationsmethode rechtfertigt, die offensichtlich nicht allen gefällt:

„Nicht soll dich stören das Vernehmen der Worte, / die gesagt sind in Widerreden *(bhkt')*, / sie sind nicht (unnütze) Untersuchung *(bzt')*, / sondern Frage *(bʿt')* nach dem Nützlichen“ (V. 86).

Später, V. 122–123 (Zeile 487–494 / p. 217,12–17), setzt er verständige Aufnahme durch den Hörer voraus (V. 122,1), hält es aber doch für nötig, eventuell erstaunte oder irritierte Hörer zu beruhigen, die vielleicht die ganze Debatte über Joh 1,14 überflüssig finden: „Nicht sollen dich beunruhigen die Gedanken / über den Logos, der Fleisch wurde“ (V. 122,3–4). Im nächsten Vers wirbt Narsai um religiöse Gefolgschaft:

„Siehe, ich habe gesucht einen Weg vor dir her, / komm, folge meinen Worten, / wir wollen bitten, daß du das Leben findest / am Ende des Weges, den ich für dich gesucht habe“ (V. 123).

Viel öfter werden die Gegner apostrophiert, in der 2. Person, aber auch in der dritten. Sie sind „Streitsüchtige“, „Häretiker“, „Unbeschnittene“, „Freche“, „Lehrer von Neuheiten“; ihre „Frechheit“, ihre „List“, ihre „Gottlosigkeit“ wird getadelt (ich verzichte auf Stellenangaben). Sie sind Kyrillianer: Joh 1,14 „die Waffe eures Meisters“[149] (V. 58,1; Zeile 229 / p. 211,13–14); „kommt mit eurem *ägyptischen* Meister, und wir wollen die Bedeutung des Zitats untersuchen“ (V. 59,1–2; 233–234 / p. 211,16–17). Trotz aller bösen Epitheta gehören die so Bezeichneten noch zur „Herde“, in der sie nicht für jedermann kenntlich sind, V. 77,1–2 (305–306 / p. 213,8): „Geht hinaus aus der Herde, Freche! In Gestalt der Lämmer solltet ihr nicht irreführen!“ – Die Irreführung besteht darin, daß sie „die Unterscheidung der zwei Naturen, die eins geworden sind“, „verdorben“ haben – so in der zweiten Hälfte des Verses.

Der Schluß der Homilie beginnt mit einer werbenden Aufforderung an die „Streitsüchtigen“ ähnlich der an die Hörer, V. 132 (527–530 / p. 218,12–14):

„Siehe den gebahnten Weg zum Leben, / kommt, Streitsüchtige, und lauft auf ihm, / und nicht sollt ihr stolpern auf dem Pfad / des Zweifels eurer Gedanken“.

Wie in der Hom. LVI befinden wir uns auch hier in der Konfrontation mit den Kyrillianern am Ort und unter den Hörern, also ebenfalls in Edessa. Die polemischen *topoi* in Hom. LXXXI sind dieselben (einschließlich des Vorwurfs

---

[149] Man denke an die Rolle des Anfangs von Joh 1,14 in den 12 Anathemata Kyrills, wo diese Worte eine Art von Refrain bilden.

des Arianismus) wie in LVI (siehe dort den Abschnitt b)). Ein Unterschied ist, daß in LXXXI der Anspruch auf die Stellung von Rabbanē (an der Schule von Edessa) (noch?) keine Rolle spielt. Vielleicht handelt es sich um ein früheres Stadium der Auseinandersetzungen, so daß man LXXXI vor LVI ansetzen könnte. Narsai fühlt sich anscheinend noch nicht als „Fremder" behandelt (obwohl er doch die Gegner aus der „Herde" vertreiben will).

d) Der trinitarische Ausgangspunkt und die christologische Anwendung

Narsai nimmt den Beginn des Johannesprologs als Verkündigung der Homoousie von Vater und Sohn, V. 2 (Zeile 5–8 / p. 206,9–11). Die Zitation von Joh 1,1 in V. 5 (17–20 / p. 206,16–17) wird durch ein Kolon verlängert, das das Stichwort für die ganze Abhandlung liefert:

„Im Anfang war der Logos, / und er war bei Gott, / und *der Logos war Gott / in der Hypostase und Macht*".

Die Homoousie zwischen Vater und Sohn schließt (diesen Bezeichnungen zum Trotz) jede noch so minimale zeitliche Distanz zwischen den beiden aus – ein altes anti-arianisches Argument. Wegen der Homoousie ist der Sohn Hypostase wie der Vater, V. 12,1–2 (45–46 / p. 207,6–7): „Der Vater ist wahrhaftige Hypostase / und der Sohn Hypostase wie er". Der Begriff der Zeit ist für Vater und Sohn nicht gegeben, wie ausführlich dargelegt wird.

Nun setzt Joh 1,14 ja das *Kommen* des Logos in die Welt voraus (Joh 1,9–10), was sowohl mit räumlichen wie mit zeitlichen Vorstellungen verbunden ist. Auf welche Weise betreffen sie die Hypostase Logos, die die absolute Jenseitigkeit mit dem Vater gemeinsam hat? Narsai greift zum Vergleich mit dem *logos*[150] in der Seele, V. 17–21 (65–84 / p. 207,17–208,5).

17 „Logos nennt Johannes / den, der von Ewigkeit mit seinem Vater ist, / wie der *logos* mit der Seele (ist), / der aus ihr ist und mit ihr ist.
18 Der *logos* ist mit der Seele, / und von ihr ausgehend ist er auch *in* ihr. / Der Sohn war mit seinem Vater / und kam zur Welt und war mit ihr.
19 Nie ist der *logos* von der Seele fortgegangen / und hat sie verlassen, / und nicht ist der Sohn fortgegangen von seinem Erzeuger / und (= oder) hat sich entfernt von ihm durch Verlassen.
20 Der in alle Richtungen ausgehende *logos* / geht auch nicht fort von der Seele; / und wenn er auf Gesandtschaft ist, / ist er in der Seele, (da) wo sie ist.
21 Ausgegangen ist auch der Logos vom Vater / und kam zu unsrer sterblichen Wohnung. / Und als er in unserer Natur wohnte, / war er ganz in seinem Vater".

[150] Absichtlich mit kleinem Anfangsbuchstaben geschrieben, um den innerseelischen *logos* vom trinitarischen zu unterscheiden. In der Zeit des Narses hatte es sich längst eingebürgert, das nach der syrischen Wortbildung feminine *mlt'* für den Logos aus dem Vater, analog zum griechischen maskulinen Original, als maskuline Vokabel (Verb, Adjektive, Suffixe) zu behandeln. Für die anthropologische Verwendung blieb man dagegen beim ursprünglichen femininen *genus* der syrischen Vokabel.

Die nächsten Verse setzen die Doppelbedeutung von *logos,* Vernunft/ Wort, voraus: mit Tinte und Buchstaben werden die Worte (gedachte oder gesprochene) festgehalten und sichtbar gemacht. Aber unser *logos* ist sowenig sichtbar wie der göttliche. V. 22 (85–88 / p. 208,5–7): „nicht wird offen gesehen / der *logos,* der aus der Seele ist, / und wenn er aufgezeichnet worden ist mit Tinte, / ist er sichtbar (nur) durch Buchstaben". Die Gefangenschaft des *logos* durch die Buchstaben hebt seine Freiheit nicht auf; es ist deswegen ein uneigentliches Eingeschlossensein, ein bloß nominelles. V. 23 (89–92 / p. 208,8–9): „Und obwohl ihn gefangen haben die Buchstaben / und eingeschlossen haben in das Gewand der Tinte, / ist er in den Buchstaben dem Namen nach / und wohnt ganz in der Seele".

Das Sehen, eine sinnliche Wahrnehmung, „begrenzt" das Wahrgenommene; anders als räumlich umgrenzt wäre es für die Augen nicht sichtbar. Den *logos* kann man nicht sehen (das wird e fortiori für den Logos gelten, siehe unten V. 27), weil er die dafür nötige Umgrenzung nicht zuläßt. V. 24 (93–96 / p. 208,10–11): „Tinte sehen die Augen, / wenn sie die Buchstaben betrachten, / und der *logos* hat seiner Natur nicht gestattet, / daß sie eingegrenzt würde von den Augen". Das Nicht-Eingegrenztsein des Logos wird im Folgenden zu einem durchgängigen Stichwort werden. – Aber die Sichtbarkeit ist ja nicht per se etwas Schlechtes, sie muß einen Sinn für die Sehenden haben, und diesen Sinn hat der Logos gestiftet: die Sichtbarkeit durch ein äußerliches Medium ist von ihm gewollt. V. 25 (97–100 / p. 208,12–13): „Verborgen war der Sohn mit seinem Erzeuger / vor den Hohen und den Niedrigen, / und er hat sich uns gezeigt durch seinen Willen / durch die Tinte des Leibes Adams". Der nächste Vers scheint mir anzudeuten, daß Narsai den Ausgleich zwischen dem alten christologischen Bild vom „Anziehen" des Leibes / der menschlichen Natur und seiner eigenen Differenzierung zwischen dem Logos/Sohn und dessen Willen als ein Problem empfindet. V. 26 (101–104 / p. 208,14–15): „Und obwohl die Gewänder unserer Natur / angezogen wurden durch seine Gottheit / – sein *Wille* wohnte in unserer Natur, / und es blieb *seine* Natur in ihrer Verborgenheit". Auf keinen Fall ist der Logos begrenzt, weder durch den Leib, noch durch das Sehen. V. 27 (105–108 / p. 208,16–17): „Nicht hat begrenzt der Leib, den er anzog, / seine Natur, die nicht begrenzt ist, / und nicht das Sehen des Auges des Fleisches / die Verborgenheit seiner Gottheit".

Die nächsten V. 28-34 (109–136 / p. 208,18–209,9) sind Wiedergaben von Joh 1,3–5.9–13, wobei V. 33 unsere „geistliche Geburt durch die Taufe" im Zusammenhang unserer Sohneswerdung erwähnt.

Mit V. 35 (137–140 / p. 209,9–11) ist Narsai bei Joh 1,14, er zitiert den Vers bis τὴν δόξαν αὐτοῦ. Zunächst erklärt er das „Sehen der Herrlichkeit" und noch nicht das „Werden", das einen viel größeren Aufwand erfordern wird. Die Erläuterung des „Sehens" ist nötig, wenn man sich an dessen begrenzende Funktion erinnert. Zudem teilt die „Herrlichkeit" die Verborgenheit der göttlichen Natur. Nun wird aber das Sehen der Herrlichkeit entsprechend der

Reihenfolge der Kola des Textes auf den *Fleischgewordenen* bezogen, es besteht also kein Anlaß, von der menschlichen Natur Christi abzusehen. Dies ist das Ergebnis von Narsais Exegese:

V. 35 (137–140) „‚Der Logos', sagte Johannes, / ‚wurde Fleisch und wohnte in uns, / und wir sahen die Herrlichkeit' seiner Verborgenheit / durch den Vorhang unserer Menschheit".

V. 36 (141–144 / p. 209,11–13) wiederholt in den ersten beiden Zeilen, was in den ersten drei Zeilen von V. 35 gesagt ist. Die zweite Hälfte des Verses bekräftigt: „Und obwohl er verborgen ist in seiner Natur, / hat er durch unseren Leib uns seine Herrlichkeit gezeigt". Charakteristisch für Narsai ist der soteriologische Bezug, der sich im Pronomen „unser" bei „Menschheit" und „Leib" ausdrückt.

Nach Klärung dieses Problems wendet sich Narsai dem „Werden" aus Joh 1,14 zu. „Werden" wird als starkes Verb verstanden, im Sinne von „Entstehen", und das ist für Narsai nicht akzeptabel, wegen der Aussagen über den Logos zu Beginn des Prologs. Die Beziehung des Logos zum „Fleisch" kommt auf andere Weise zustande: Der Logos „stellt" sich das Fleisch „her" (*rkb* im Pael: zusammensetzen, konstruieren, machen). V. 37 (145–148 / p. 209,14–15):

„Nicht ist er zum Werden erniedrigt worden, / weil er gesagt hat: ‚Er wurde Fleisch', / sondern er bildete sich das Fleisch / und wohnte in ihm durch seinen Willen".

Die Verse 38–45 (149–180 / p. 209,16–210,10) sprechen von der Unmöglichkeit des „Werdens" für den, der *war* (cf. Joh 1,1–2: dreimal ἦν), der der Schöpfer ist (Joh 1,3.10). Er kann nicht „zum *Werden* gekommen" sein (vgl. ἦλθεν, Joh 1,11 und ἐγένετο 1,14). „Kommen zum Werden" wird in seinen absurden Konsequenzen vorgeführt in den Versen 38–39. 40. 42. Damit ist verknüpft das Problem der Begrenztheit, das auch die Natur des Vaters treffen würde, wenn der Sohn (durch das „Wohnen" im Mutterleib) begrenzt wäre. Und was hat die Wohnung aufgenommen – ihn als Ganzen oder einen Teil von ihm? V. 40 (157–160 / p. 209,20–22): „Nicht hat Anfang und Ende / das (göttliche) Wesen, das immer ist; / und was zum Werden kommt, / dessen Werden (geht) seiner Natur voran" – dann hätte die göttliche Natur einen Anfang, was unmöglich ist.

V. 43 (169–172 / p. 210,3–5): „Wenn er ganz begrenzt worden ist, / hat er nicht das besessen, daß er nicht begrenzt ist; / und wenn er teilweise begrenzt wurde, / ist er (unausweichlich) ganz begrenzt worden", – was genauso unmöglich ist.

Als Einwand der „Streitsüchtigen" führt Narsai in V. 46 (181–184 / p. 210,10–12) an, daß „er in der Höhe und Tiefe ist, (er) der Macht hat, sich[151]

---

[151] Zu dieser von Frishman abweichenden Übersetzung siehe oben Abschnitt b).

zu teilen, damit er im Mutterleib sei und in der Höhe". Aber haben die Gegner wirklich von „teilen" gesprochen? Das klingt nach einer Unterstellung Narsais. Der Einwand wird viel einfacher gelautet haben, der göttliche Logos könne sein, wo er wolle – wenn in Höhe und Tiefe, dann eben auch im Mutterleibe *und* in der Höhe. Die Gegner müssen ausdrücklich vom Willen gesprochen haben, denn diese Vokabel beherrscht die Verse 47–49 (185–196 / p. 210,12–19). In diesen Versen wird aus dem Einwand der Gegner die *reductio ad absurdum* abgeleitet, daß „sein Wille der Natur voran (geht)", der Natur, „die immer ist", ja sie „unterwirft und begrenzt", sie also auch „verwandelt". Was bleibt dann vom göttlichen Wesen?

Die „Streitsüchtigen" ziehen die Anklagen auf sich, V. 50 (197–200 / p. 210,19–21), weil sie „(den) Gott (Logos) *('yty')*[152] dem Verächtlichen unterworfen haben", sie haben ihn „begrenzt im Schoß der Menschentochter". Die folgenden Verse befassen sich wieder mit den Dilemmata, die sich aus einer „Begrenzung" der göttlichen Natur ergeben.

Die richtige Auslegung von Joh 1,14 spielt sich ab als Kampf zwischen zwei Richtungen, das Haupt der einen ist der „ägyptische Meister", also Kyrill von Alexandrien. V. 57 (225–228 / p. 211,11–13):

„Über das Wort, das Fleisch wurde, / ist der ganze Kampf. / Und ich weiß, daß deswegen / ihr die Waffen gegen uns vorbereitet habt".

„Wir wollen die Bedeutung des Zitats untersuchen" (V. 59,2; Z. 234 / p. 211,16–17). Das geschieht in den Versen 59,3–65 (235–260 / p. 211,17–212,7) in Bezug auf das „Werden" mit denselben Argumenten, die schon in den vorangegangenen Abschnitten vorgetragen wurden.

Nach „Sehen" und „Werden" ist jetzt aus Joh 1,14 „Fleisch" zu erklären. V. 66 (261–264 / p. 212,7–9):

„Wenn das Wort Fleisch geworden ist,
wollen wir fragen, wessen Fleisch es ist.
Ließ er es mit sich herunterkommen aus der Höhe?
Oder ist es Fleisch des Menschen?"

Wenn die Gegenseite sagt, die *Hypostase*[153] (des Logos) sei Fleisch geworden, hat das für Narsai als Konsequenz: dann „hat er auch nicht das Fleisch aus Maria getragen" (V. 67,1–2; 265–266 / p. 212,10–11). Sogleich werden die soteriologischen Folgen aufgezeigt: Was hätte das unserer Natur geholfen? Auch wäre die Verheißung an David nutzlos; unsere Natur würde in ihrer Schwäche verharren, und wer hätte das Todesurteil von uns genommen? (V. 67,3–70; 267–280 / p. 212,11–18). Und eine christologische Folge wäre, daß die Akkla-

---

[152] Dies ist meine umständliche Übersetzung von *'yty'*, wenn es sich um den Gott Logos handelt. Im Folgenden gebe ich in diesen Fällen den syrischen Terminus nicht mehr an.
[153] *Brock*, Christology (1996), 171, nimmt *qnwmh* hier als Reflexivpronomen: „he himself".

mation Jesu als „Sohn Davids" zu einer uneigentlichen Bezeichnung würde, denn er wäre es ja nicht wirklich (V. 68,3–4; 271–272 / p. 212,13–14)[154].

Die Alternative zu V. 67,1–2 wird als die ihrem Gegenstand angemessene Aussage in V. 71–72 (281–288 / p. 212,19–23) vorgelegt:

71 „Wenn aber den Leib aus Maria / der Logos getragen hat und in ihm wohnte, / so ist das geziemend für die Wissenden, / und die Wahrheit zeugt für ihre Worte.
72 Also kann (der) Gott (Logos) nicht / Fleisch werden in seiner Hypostase, / und das Werden des Fleisches ist fern / vom (göttlichen) Wesen ohne Anfang".

In den Versen 73–80 (289–320 / p. 212,23–213,16) betreibt Narsai hauptsächlich Polemik, über deren Inhalt siehe oben Abschnitt c).

Aus Joh 1,14 muß noch das „Wohnen" erklärt werden (ἐσκήνωσεν ἐν ἡμῖν), das geschieht in V. 81–99 (321–396 / p. 213,16–215,8). Die Gegner haben das „Werden" akzeptiert, aber haben „er wohnte unter uns" vergessen und nicht untersucht, was das heißt (V. 81). Wer wohnte in wem? Schon die Rede vom Wohnen impliziert „zwei, die eins wurden" (V. 82). „Es ist also möglich, daß er wohnen sollte, / obwohl das Werden nicht (möglich) ist" (V. 83). Das Wohnen ist seiner Natur angemessen, er wird dadurch nicht begrenzt (V. 84)[155].

Mit den Versen 85–86 richtet der Homilet eine *captatio benevolentiae* an die Hörer: Die Dringlichkeit seiner Darlegungen gründe in deren soteriologischen Implikationen; diese werden in V. 87 (345–348 / p. 214,4–6) dargestellt in der Topik des wiederherzustellenden Bildes (Gottes).

Während das „Werden" den Logos erniedrigt hätte, beteuert Narsai, daß das „Wohnen" den Logos nicht gering mache (V. 88,1–2 = 349–350 / p. 214,7–8), „daß nicht vermindert worden ist das (göttliche) Wesen / im Wohnen mit der Menschheit" (V. 89,3–4; 355–356 / p. 214,10–11). Kurz gesagt: „‚Er wurde' ist ‚er wohnte', / und ‚er wohnte' ist ‚er hat einen Menschen angenommen', / und verbarg den Glanz seiner Größe / im Gewand des sterblichen Leibes" (V. 90; 357–360 / p. 214,11–13).

Aber was da im Menschen wohnt, ist nicht die Natur des Logos, sondern sein Wille „in Einheit ohne Trennung" (V. 93 = 369–372 / p. 214,17–19). Der Wille kann begrenzt werden, so bleibt die göttliche Natur des Logos von der Begrenzung frei, V. 97 (385–388 / p. 215,2–4): „Seinen ganzen Willen erfüllte *(šmly)* / der Logos im Leib und wohnte in ihm, / und während er seinen Willen

[154] Derselbe Gedanke positiv und explizit V. 96 (381–384): „Nicht ist der Logos Sohn Davids! / Was streitet ihr, Streitsüchtige! / Sohn Davids, Sohn unseres Geschlechts ist *der,* / den der Logos annahm und in ihm wohnte".

[155] Man fragt sich, wieso eigentlich nicht? Ist die „Wohnung" nicht geradezu exemplarische räumliche Begrenzung? Weiter unten wird eine differenziertere Antwort gegeben werden. Aber als unausgesprochenes Fundament der Aussage ist wohl zu supponieren, daß „Werden" im Unterschied zu „Wohnen" passiv verstanden wird, während „Wohnen" etwas Aktives ist. Das Prinzip der Aktivität des Logos in der Konstitution der einen christologischen Person ist immer wieder zu beobachten.

in ihm begrenzte, / hat er seine Natur in ihm nicht begrenzt“, cf. V. 99,3–4 (395–396 / p. 215,7–8).

Mit V. 100 (397–400 / p. 215,8–10) beginnt ein Abschnitt über das eine *prosopon* Christi, der mit V. 112 (447–450 / p. 216,14–16) endet. Es ließe sich die Frage stellen, – Narsai legt sie als mögliche („vielleicht“) den Gegnern in den Mund, geht aber von seinen eigenen Voraussetzungen aus – „wie Geschaffener und Schöpfer ein *prosopon*“ heißen können. Antwort (V. 101 = 401–404 / p. 215,11–12): „Geschaffen nennen wir den Tempel, / den der Logos sich zu seiner Wohnung errichtete, / und Schöpfer den Eingeborenen, / der wohnen wollte in seinem Werk“. Auch Seele und Leib heißen ein *prosopon,* V. 102 (405–408 / p. 215,13–15). Im Folgenden wechseln anthropologischer Vergleich und christologische Anwendung mit einander ab. In beiden Fällen werden „zwei, die sich voneinander unterscheiden“, „ein prosopon genannt“ (V. 103,1–2; 409–410 / p. 215,15–16). „Ein *(ḥd)* Geschaffener und ein *(ḥd)* Schöpfer, / einer *(ḥd)* sind sie in der Einheit“ (V. 104,1–2; 413–414 / p. 215,17–18).

„The soul and the Word are within and without simultaneously“, faßt Frishman[156] V. 104,3–4 und 105[157] (415–422[158] / p. 215,19–24) zusammen, „innen“ und „außen“ beziehen sich auf den Leib. Weder Seele noch Gottheit leiden die Leiden des Leibes, V. 106 (423–426 / p. 215,24–216,2), wobei noch eigens der Schluß *a minore ad maius* gezogen wird: Wenn schon die Seele, die doch geschaffen ist wie der Leib, nicht leidet[159], so erst recht nicht das erhabene (göttliche) Wesen, V. 107 (427–430 / p. 216,2–4). Freilich bleiben Seele und Logos gegenüber den Leiden ihres Leibes nicht neutral, so daß man von Mitleiden sprechen kann, V. 108 (431–434 / p. 216,4–7): „Es leidet die Seele mit dem Leib / aus Liebe und nicht aus Natur, / und es werden ausgesagt die Leiden des Leibes / auch von der Seele *übertragenerweise*“. Die Anwendung auf Christus übersteigt die menschliche Analogie in zweifacher Weise: Die Einheit von Gott und Mensch in Christus beschert seiner menschlichen Natur die Herrlichkeit, und die Liebe, mit der der Logos „die Niedrigkeiten“ auf sich nimmt, ist eine, die auch uns mit einbezieht. In beiden Hinsichten ist es die Aktivität des Logos. V. 109 (435–438 / p. 216,7–9): „Eins hat er gemacht mit sich in Herrlichkeit / den Menschen, den er aus uns getragen hat, / und wegen seiner Liebe zu uns / nahm er seine Niedrigkeiten auf sich“. Die Seele ist unsichtbar; obwohl sie in ihrer Natur begrenzt ist (V. 110 = 439–442 / p. 216,9–11), sind es nicht die Augen des Betrachters, die ihre Begrenzung bewirken (weil sie ja sinnlich nicht wahrnehmbar ist, siehe oben). Auch der

---

[156] *Frishman,* Narsai's Christology, 293.
[157] Das ist der Vers, der gegen die Regel aus 6 Zeilen besteht, siehe oben Abschnitt a).
[158] Nach Frishman's Zählung sind das die Zeilen 413–420.
[159] So die allgemein verbreitete, von den Philosophen vertretene Auffassung, die der Nichtkörperlichkeit der Seele entsprechen soll.

Logos „wohnt" (wie die Seele), aber er ist in seiner Natur nicht begrenzt, also kann nicht seine Natur wohnen, sondern sein Wille tut das (V. 111 = 443–446 / p. 216,12–14). Mit V. 112 (447–450 / p. 216,14–16) schließt dieser Abschnitt ausdrücklich ab: „Siehe den Erweis an unserer Natur / der zwei Naturen, die eins wurden".

V. 113 (451–454 / p. 216,16–18) eröffnet in Anrede an die Gegner „eine Diskussion *(bʿtʾ)*[160] des Geziemenden", was wohl heißt, daß es sich um ein Thema handelt, dessen Untersuchung sich ziemt. Dieser Abschnitt geht bis V. 121 (483–486 / p. 217,10–12) einschließlich. Die Untersuchung des (göttlichen) Wesens wird jetzt verlassen (V. 114,1–2 = 455–456 / p. 216,18–19), es wird nun die Rede sein von dem, „der aus unserm Geschlecht angenommen wurde", in dem (der) Gott (Logos) wohnte, V. 114,3–4). Der größere Teil des Abschnitts, V. 116–121, spricht von der angenommenen menschlichen Natur unter dem Gesichtspunkt des Abbilds und dessen Funktion in der christologischen Einheit. Ein „vernunftbegabtes Abbild stellte er sich her, / damit er in ihm seine Macht zeige" (V. 116,1–2 = 463–464 / p. 216,23); während (der) Gott (Logos) im „Allerheiligsten seiner Verborgenheit" wohnt, sehen wir „im Mittler aus unserem Geschlecht das Abbild seiner Herrlichkeit" (V. 117 = 467–470 / p. 217,1–3). „Durch den Vorhang seiner Offenbarung" d. h. die angenommene menschliche Natur, „wollen wir anbeten seine verborgene Natur" (V. 118 = 471–474 / p. 217,3–5). Dies ist die mitgeteilte Herrlichkeit, V. 119 (475–478 / p. 217,5–8): „Er hat ihn zum Herrn über sein Haus gemacht / und zum Vollmächtigen über seine Besitzungen, / und er hat ihm unterworfen die Höhe und die Tiefe, / Wortbegabte (= Vernünftige) und Stumme gleichermaßen". Es ist der Logos, der den von ihm angenommenen Menschen zum κύριος (Phil 2) macht. Der nächste Vers, 120 (479–482 / p. 217,8–10), kehrt zum Abbildgedanken zurück: „In ihm ist erneuert worden die Schöpfung / unseres Abbildes, das schmutzig war durch die Sünde, / und es wurde vollständig bei uns in Wirklichkeit, / daß er uns (sc. bei der Schöpfung) sein eigenes Bild genannt hat". „Abbild" und „Sehen der Herrlichkeit" werden noch einmal verbunden in V. 126 (503–506 / p. 217,22–24): „Weil die Natur der Geschöpfe nicht vermag, / den verborgenen Gott (Logos) zu betrachten, / hat er im Abbild, das er sich herstellte, uns gezeigt / die schöne Herrlichkeit seiner Verborgenheit".

Die oben angestellte Beobachtung, daß Narsai seine Auslegung von Joh 1,14 mit dem „Sehen der Herrlichkeit" beginnt, scheint mir von zentraler Bedeutung für seine Christologie: Die gesehene Herrlichkeit ist einerseits die des *in uns* Wohnenden, also des Logos *im angenommenen Menschen* – von der Inkarnation kann also für die Gottesschau nicht abgesehen werden. Andererseits ist diese Herrlichkeit zu sehen „als die des Eingeborenen vom Vater her" –

---

[160] *bʿtʾ* selbst ist der „geziemende" Ausdruck für dies Nachdenken, im Unterschied zu dem „unnützen" *bṣtʾ*.

es ist also wirklich die des Logos (siehe auch oben die „schöne Herrlichkeit seiner Verborgenheit“ – „Verborgenheit“ = Gottheit). Die Menschwerdung ist die Weise, in der sie uns zugänglich gemacht wird, kein Wunder, daß Narsai immer wieder diese unerhörte Erhöhung des Menschen Jesus und damit unserer eigenen Natur preist. Es liegt hier ein Gedankenkomplex vor, der auf dem „Sehen“ von Joh 1,14, der Erhöhung zum Kyrios von Phil 2 und zwei Stellen aus der Apostelgeschichte beruht; das sind Apg 1,11, die Verheißung der Engel bei der Himmelfahrt, daß der in den Himmel Aufgenommene auf dieselbe Weise[161] *zu sehen* sein wird, wenn er (wieder)kommt, und Apg 7,55–56 aus der Steinigung des Stephanus. Stephanus *sah* gen Himmel blickend die Herrlichkeit Gottes und Jesus zu seiner Rechten, er sagt „Siehe, ich *sehe*[162] die Himmel offen und den Menschensohn zur Rechten Gottes“. „Menschensohn“ wird von der altkirchlichen Exegese bekanntlich als Bezeichnung für die menschliche Natur Christi genommen. *Sichtbar* sein kann die Herrlichkeit der unsichtbaren Gottheit nur an der, durch den ihr einwohnenden Logos verherrlichten, menschlichen Natur. Im Johannesprolog steht ja nicht, daß wir den *Logos* an sich – (in der Sprache Narsais „die Hypostase des Logos“) gesehen hätten. Da der Logos Gott ist (Joh 1,1), ist für Narsai ohne Zweifel Joh 1,18 auf ihn anzuwenden: Niemand hat Gott je gesehen, der Eingeborene Gott hat von ihm *erzählt,* das konnte nur er als Gott, aber für uns vernehmlich nur als Mensch in menschlicher Sprache, und das ist die Heilsgelegenheit, da wir ihn gesehen haben.

Der Logos macht sich also selbst für uns zugänglich, weil und wie er es will. Es ist diese spezifische Aktivität des Logos, der wir unser Heil verdanken, sie ist es, die von Narsai als sein Wille bezeichnet wird. So wieder die Zusammenfassung unserer Homilie in V. 134–135 (535–542 / p. 218,16–21):

134 „Wir wollen bekennen, daß der Logos Fleisch angezogen hat / und wohnen wollte in unserer Natur, während er seine Natur nicht begrenzte. / Der Tempel des Fleisches, in dem er wohnte –

135 er wohnte in ihm ganz durch seinen Willen / und blieb ganz in seinem (göttlichen) Wesen. / Er nahm an im Namen Erniedrigungen / und gab ihm Anteil an den Herrlichkeiten“.

---

161 ὃν τρόπον, in der Pesh. *hkn'*.

162 Für die verschiedenen griechischen Verben des Sehens an den angegebenen Stellen (Joh 1,14, ἐθεασάμεθα; Apg 1,11 ἐθεάσασθε; 7,55 εἶδεν; 7,56 θεωρῶ) werden in Pesh. durchgängig Formen von *ḥz'* gebraucht. Der Anfang von Apg 7,55 lautet in Pesh.: „Und er war voll von *Glauben und* heiligem Geist“, eine Angleichung an 6,5 (Berufung des Stephanus).

4. Über die Väter, die Lehrer (Hom. XI)[163]

a) Einleitung

Die Überschrift der Homilie stammt aus der handschriftlichen Überlieferung, die auch die Namen der Väter angibt: Diodor, Theodor, Nestorius[164]. Narsai selber spricht vom Schicksal der „*Gerechten*“, daher auch im vorangestellten Kehrvers die Aufforderung zum „Gedächtnis der Gerechten“[165]. Die Gerechten sind die drei genannten Bischöfe und Theologen. Martin sagt in seiner Einleitung richtig, daß Narsai selbst „se place parmis les ‚justes‘ que le démon cherche à opprimer depuis l'origine du monde“. Mit ihrer Sache verficht er die seine. „Ces ressentiments donnent à sa parole une âpreté mais aussi un intérêt que nous ne sommes guère habitués à rencontrer dans ce genre de composition“[166]. – Die Bitterkeit und das persönliche Betroffensein von der seinen Vorgängern geltenden Verfolgung erklären sich leicht aus der notwendig gewordenen Flucht Narsais aus Edessa und deren Vorgeschichte.

In seiner Ausgabe hat Martin dem Text den Titel gegeben „Homélie de Narsès sur les trois docteurs nestoriens“. Er versteht „nestorianisch“ natürlich pejorativ; das hat die weitere Arbeit an der Homilie beeinflußt. Jedoch ergänzt er, historisch korrekt: „Les deux premiers n'avaient pas été, à proprement parler, des apôtres du nestorianisme; ils étaient morts avant que l'hérésie ne se manifestât au grand jour. Mais leur enseignement, surtout celui de Théodore, contenait en germe la doctrine que Nestorius devait afficher avec tant d'éclat“[167].

Die Darstellungsweise des Narsai beschreibt Martin (erstens) so: „Il ne faut pas y chercher un modèle de l'application des règles oratoires telles que nous les entendons aujourd'hui. Les conceptions des Syriens n'étaient pas les nôtres. La longueur et les répétitions, qui nous paraissent si fastidieuses, leur plaisaient beaucoup“, weswegen Narsai sie auch nicht vermeide. Der Homilet folge (zweitens) nicht dem Ablauf der Ereignisse, vielmehr: „il laisse sa parole errer au gré de sa pensée, de la vie de ses héros à l'histoire du concile d'Ephèse, pour recommencer la biographie des trois docteurs au moment où nous attendrions la conclusion du discours“[168].

---

[163] Hom. XI: F. Martin, JA, sér. 9, 14 (1899) 446–483 (Text); 15 (1900) 469–515 (Übersetzung).

[164] JA 14 (1899), p. 450,2–3. – In *Brock*, Christology (1996), 176–177, stellt Brock Erwägungen über das Verhältnis der „Kirche des Ostens“ zu Nestorius an und nennt unsere Homilie als ältesten Beleg für das Auftreten des Bischofs in der ostsyrischen Literatur. Jedoch unterschätzt Brock (177) den direkten (und indirekten) Einfluß des pseudonymen *Liber Heraclidis* auf die offizielle Christologie der persischen Kirche.

[165] JA 14 (1899), p. 450,4.

[166] JA 14 (1899) 448–449.

[167] *Martin,* JA 14 (1899) 447.

[168] *Martin,* JA 14 (1899) 448.

Zum ersten der beiden Punkte, dem Redestil des Narsai, liegt uns die jüngste Untersuchung der Homilie XI durch Kathleen McVey vor[169]. Sie bezeichnet die Homilie als „a piece of forensic rhetoric in the Greco-Roman style“[170], man könne den Text weder als Biographie noch als Panegyricus klassifizieren[171]. McVey datiert die Homilie auf „wahrscheinlich“ ca. 489, das Datum der Schließung der Schule von Edessa durch Zeno, „when Monophysites began to direct their polemics especially against Theodore, Diodore and Nestorius“[172].

Der zweite Punkt, die Behandlung der historischen Gegebenheiten durch Narsai, hat verschiedene Unklarheiten zur Folge. Es läßt sich nicht immer entscheiden, wo Unkenntnis vorliegt und wo die verschleiernde oder verschwimmende Darstellung Absicht des Verfassers ist. Mit Martin angefangen versuchte man sich Klarheit über das Gemeinte zu verschaffen.

Schon 1904 wertete J. Labourt die Edition der Homilie durch Martin für seine grundlegende Geschichte des Christentums im persischen Reich aus[173]. Als Lehre des Narsai gibt Labourt an: „zwei Naturen, zwei Hypostasen“ (!)[174] „und eine Person“[175]. Aber die Angabe über die Hypostasen ist falsch. Sie scheint mir auf Martin[176] zu beruhen, wo es u. a. heißt: „La doctrine nestorienne ne distinguait pas seulement deux natures dans le Christ, la nature divine et la nature humaine; elle y distinguait aussi *deux personnes*[177], celle du Fils de Dieu et celle du Fils de l'homme“; zur Begründung verweist Martin auf die bald darauf folgenden Verse: „einer ist der aus dem Vater geborene Logos ohne Anfang / und einer der Mensch aus der adamitischen Menschheit“[178], ohne den unmittelbaren Kontext mit seinen Aussagen über die Einheit von Gott und Mensch (in Christus) heranzuziehen. Außerdem erscheint in den beiden zitierten Zeilen weder die Vokabel *parsopa* noch *qnoma*. Ich vermute, daß Labourt von den „zwei Personen“ Martins auf „zwei *qnome*“ des Originals zurückgeschlossen hat (für Labourt = Hypostasen), weil ihm die verbrei-

---

[169] *K. McVey,* The *Mēmrā* of Narsai on the three Nestorian Doctors as an example of forensic rhetoric, in: R. Lavenant (ed.), III Symposium Syriacum 1980 = OCA 221 (Rom 1983) 87–96.

[170] Eine Gliederung unter diesem Gesichtspunkt, ibid. 88–89.

[171] Ibid. 87.

[172] Ibid. 95 mit Anm. 22 (dort Hinweis auf *A. de Halleux,* Philoxène, 27ff.).

[173] *J. Labourt,* Le christianisme dans l'empire perse sous la dynastie sassanide (224–632), (Paris 1904) 263–265.

[174] Es macht gerade den interessanten Unterschied zu Nestorius aus, daß Narsai von Hypostase(n) in der Christologie *nicht* redet. – Wenn in *jüngeren* Arbeiten die Behauptung von zwei Hypostasen bei Narsai auftritt, dann beruht sie auf der Unkenntnis von der Unechtheit von Hom. XXXV (17).

[175] *Labourt,* Christianisme, p. 264; im Unterschied zu manchen seiner Kollegen betrachtet er *qnwm'* richtig als Übersetzung für ὑπόστασις, ibid. Anm. 2.

[176] *Martin,* JA 15 (1900), p. 474, Anm. 1.

[177] Meine Hervorhebung.

[178] JA 14 (1899), p. 453,22–23.

tete Gewohnheit, *qnoma* mit „Person" zu übersetzen, bekannt sein mußte. – Die angeblichen „zwei Hypostasen" wiederum geben offenbar die Basis für Labourts Urteil ab, daß der Homilet „expose la doctrine nestorienne dans toute sa pureté"[179], und für die Bezeichnung des Verfassers als „Nestorien rigide"[180]. Labourt datiert die Homilie auf die Zeit zwischen 485 und 490.

b) Die von Narsai erwähnten Synoden „auf dem Gebiet der Römer"

Narsai spricht von drei „Versammlungen" im „Land der Romanier" (= Römer)[181]; er befindet sich also nicht mehr auf römischem Boden in Edessa, sonst würde er sich nicht so ausdrücken. Auch ist es undenkbar, daß er in Edessa öffentlich hätte den Nestorius verteidigen können.

Weder Labourts Datierung noch die aus dem Text sich ergebende Lokalisierung außerhalb des Römischen Reiches sind von Ibrahim berücksichtigt worden. Seine Verwertung der Homilie für die Chronologie Narsais[182] führt ihn leider zu einem Datum „un peu antérieure à 449", denn da der Name des Eutyches nicht falle, könne das sog. Räuberkonzil von 449 noch nicht stattgefunden haben. Wahrscheinlich bezeichne die Homilie die Anfänge der literarischen Aktivität des Narsai[183]. Da Ibrahim sich besonders für das Verhältnis der Christologie Narsais zu der von Chalcedon interessiert, muß die Debatte darüber, ob der Verfasser Chalcedon – der Ortsname fällt *nicht,* daher die Schwierigkeit – indirekt erwähnt oder nicht, hier noch einmal aufgenommen werden. R. Devreesse hatte 1948 die Meinung vertreten, „on n'y trouve aucune allusion au concile de Chalcédoine et, probablement, Narsaï ne l'approuvait-il pas"[184]. Dies veranlaßte mich seinerzeit (1954) zur Überprüfung von Devreesses Behauptung, nachdem ich die Homilie auf Nachrichten über Nestorius durchgesehen hatte (völlig unergiebig)[185]. Ich kam zu dem Ergebnis, daß Narsais „ökumenische Synode" (467,14–25; 468,21) nur Chalcedon sein

---

179 *Labourt,* Christianisme, p. 264.

180 Zweimal: p. 264, Anm. 1, und p. 266.

181 JA 14 (1899), p. 466,17. – Ich zitiere im Folgenden nur Seiten und Zeilen des syrischen Textes, in der Übersetzung werden diese Ziffern mitgeführt und die Zeilentrennung gekennzeichnet.

182 *Ibrahim,* Doctrine, p. 35–49.

183 Ibid. p. 48.

184 *R. Devreesse,* Essai sur Théodore de Mopsueste = ST 141 (Città del Vaticano 1948) 272, Anm. 5.

185 *L. Abramowski,* Das Konzil von Chalkedon in der Homilie des Narses über die drei nestorianischen Lehrer, ZKG 66 (1954) 140–143. Damals datierte ich den Fortgang des Narsai aus Edessa nach der communis opinio noch auf 457 (d.h. nach dem Tod des Ibas), p. 141. Auch ich schrieb vom „strengen Nestorianer", p. 143 – besser wäre gewesen „strikter Antiochener". – Ibrahim führt zwar meine Miszelle in seiner Bibliographie an und gelegentlich in einer Anmerkung, gelesen hat er sie (gewiß aus sprachlichen Gründen) aber nicht, wie man an seiner Darstellung sieht.

könne. Ebenso Vööbus: „The ‚general synod' which seems to be the Synod of Chalcedon"; die Homilie XI sei nach 485 verfaßt[186]. Ibrahim hält die Meinung von Vööbus für falsch[187]. Aber sein eigener Vorschlag, daß das „ökumenische Konzil" „sehr wahrscheinlich" „das Unionskonzil" von 433 sei[188] (s. aber auch Labourt, der jedoch korrekt vom Unions*symbol* spricht)[189], ist schon deswegen nicht haltbar, weil es sich bei dem Friedensschluß zwischen Johannes von Antiochien und Kyrill von Alexandrien nicht um ein Konzil handelte, sondern um einen Austausch von Dokumenten, der durch bischöfliche Abgesandte aus Antiochien vorgenommen wurde.

Ehe aber von den „*drei* Versammlungen" gesprochen wird, kommt noch eine weitere vor, nämlich die Synode von Ephesus 431 (samt ihrer Vorgeschichte) mit der Verurteilung des Nestorius (462,20–465,24)[190]. Der Ortsname Ephesus fällt so wenig wie später der von Chalcedon. Nestorius als Bischof der „Byzantiner" (der Einwohner von Byzanz) wird in diesem Text als „énergique"[191] charakterisiert (462,20), als Bekämpfer der Häretiker, deren Haß er erregte (462,21–463,2). Falsche Zeugen werden gegen ihn aufgerufen, „et des femmes chassèrent le véridique de son sacerdoce" (463,10). – „Priestertum" und „Priester" stehen für Bischofsamt und Bischof. – Von Bestechungen und Gold ist die Rede (463,13), auf den Empfänger, den Eunuchen Scholasticus, wird angespielt mit „Scholastikoi der Lüge" (463,12). „O combien fut grande l'iniquité que commirent des prêtres contre un prêtre!" (463,19), ihnen fehlte die Ehrfurcht vor dem Priesteramt, das sie doch selber ausübten (463,20). Sie jagten den Priester frevlerisch aus dem Priesteramt und verurteilten ihn ungerecht zum Exil (463,21–24). Was war die Ursache der Verdammung dieses Menschen? (464,3). Er wurde gehaßt wegen „der Rede *(mlt')* über den Glauben, den er schön erläuterte" (464,16). Diese (Glaubens)„Gesundheit" mißfiel dem „Ägypter" (464,19–20). Die nächsten vier Zeilen (464,21–24) sind vom Inhalt her als Einwände zu erkennen, die Kyrill teils in den Mund gelegt werden, teils tatsächlich von ihm stammen; das Zitatzeichen *lm* hätte in Anführungszeichen umgesetzt werden können. Der Ägypter berief eine „Versammlung der Falschheit" (465,7) und gab ihr die Bezeichnung einer „erwählten und reinen Synode *(swnhdws)*. / Diese Versammlung vertrieb den Gerechten aus dem Priesteramt / mit Beteiligung der Frauen, die den Priestern halfen" (465,8–10). Narsai hält seine Darstellung für unwiderleglich, 466,1–2:

---

[186] *A. Vööbus,* History of the School of Nisibis = CSCO 266, Subs. 26 (Louvain 1965) 85.

[187] *Ibrahim,* Doctrine, p. 38.

[188] Ibid. p. 45.

[189] *Labourt,* Christianisme, p. 265.

[190] Von *McVey,* Mēmrā, p. 89, verteilt auf ihre Abschnitte IV D, „The case for Nestorius" (462,20–464,10) und V A, „Cyril's jealousy of Nestorius caused his unjust condemnation" (464,11–465,24).

[191] *ḥryp z''* = „agile, quickwitted, acute".

„Und wenn es jemand gibt, der sagt, daß ich die Affäre nicht gerecht erzählt habe, / der soll uns sagen, worin ich vom Zutreffenden abgewichen bin“[192].

Hinsichtlich der drei „Versammlungen auf römischem Boden“ entsteht das Problem dadurch, daß nur die beiden ersten klar bestimmt sind: das erste fand statt zur Zeit Kaiser Konstantins wegen Arius (466,19–20) – also Nicaea 325; das zweite zur Zeit des Kaisers Theodosius (I.) wegen Macedonius (466,21–22) – Konstantinopel 381. Für Nicaea trifft Narsais Argument natürlich zu, daß die drei Gerechten dort nicht anwesend waren und auch nicht verurteilt wurden. Aber schon für Konstantinopel 381 paßt die analoge Behauptung nicht für Diodor. Dieser nahm sehr wohl als Bischof von Tarsus an der Synode teil und wurde vom Kaiser als einer der Garanten der (neu)nicaenischen Rechtgläubigkeit genannt. Die historischen Kenntnisse Narsais scheinen nicht weit her zu sein – wäre es anders, hätte er doch aus der Teilnahme Diodors und seiner anerkannten Orthodoxie Kapital für seine Argumentation schlagen können: Nicht nur wurde Diodor dort nicht verurteilt, sondern im Gegenteil hatte sich Rechtgläubigkeit an der Gemeinschaft mit ihm zu erweisen.

Von der dritten Synode heißt es, sie habe unter der Herrschaft der zwei Kaiser stattgefunden und ihre Ursache sei die Eifersucht des „Ägypters“, also Kyrills gewesen (466,23–25). Vor allem die Angabe der „Ursache“ läßt wieder an Ephesus 431 denken[193]; die beiden Kaiser wären dann Theodosius II. für den Osten und Valentinian für den Westen – so Ibrahim[194]. Nun ist aber zu beachten, daß Narsai die erste ephesinische Synode schon einmal in dieser Homilie behandelt und wie er sie dabei bewertet hat: als „Versammlung der Falschheit“ (465,7; siehe oben). Da die beiden Synoden gegen Arius und Macedonius in ihrer Autorität von Narsai nicht angefochten werden, müßte die dritte Synode von vergleichbarer Autorität sein – davon kann aber für Ephesus 431 in der Sicht Narsais keine Rede sein. Außerdem sagt Narsai, daß zur Zeit des dritten Konzils alle drei Theologen nicht mehr unter den Lebenden gewesen seien (467,6); es sei töricht, Tote grundlos anzuklagen (467,7). Aber 431 lebte Nestorius ja noch; und selbst Martin, der den Tod des Nestorius viel früher ansetzt, als wir das heute tun[195], findet den Irrtum Narsais, eines Zeitgenossen, „kaum glaublich“[196]. Aber mit dieser Anmerkung bezieht sich Martin bereits auf 467,16–21. Hier (Z. 16) wird zum ersten Mal die „ökumenische Synode *(swnhdws)*“ erwähnt:

„Si l'on cite ce concil œcuménique, / en quoi se rapporte-t-il à des hommes qui étaient morts? / Et si l'on examine l'affaire de Nestorius, qui eut lieu dans ce temps, / lui non

---

192 Über den Ablauf der Sitzung des Konzils (22. Juni 431), auf der Nestorius abgesetzt wurde, siehe *A. de Halleux,* La première session du concile d'Éphèse (22 Juin 431), EThL 69 (1993) 48–87.

193 So auch ich 1954.

194 *Ibrahim,* Doctrine, p. 42 („romain“ und „oriental“ in Anm. 131 sind zu vertauschen).

195 *Martin,* JA 14 (1900), p. 493, Anm. 4: „frühestens 439 oder 440“.

196 Ibid. p. 494, Anm. 1.

plus n'entendit pas l'article qui décréta sa condamnation. / Il n'était pas auprès des juges qui l'ont condamné sans raison, / car il mourut avant de se rendre auprès de ses juges".

Nestorius ist tatsächlich zur Zeit von Chalcedon 451 nicht mehr am Leben gewesen. Nachrichten über sein Lebensende[197] rücken es aber nahe an dieses Datum. Er selber zeigt am Ende seiner Zweiten Apologie (im Liber Heraclidis) Kenntnis des Tomus Leonis von 449[198], so daß man einen sicheren *terminus post quem* hat. Auch wenn die „Richter" und die „Verurteilung ohne Ursache" wie gesagt an 431 erinnern, kann das kyrillische Konzil von 431 für Narsai nicht das „ökumenische Konzil" sein[199]. Es bleibt nichts übrig, als das „dritte Konzil" mit dem „ökumenischen Konzil", also Chalcedon zu identifizieren, wo die Verurteilung des Nestorius rezipiert wurde[200]. Die beiden Kaiser von 466,23–25 sind dann Pulcheria und Marcian.

Ein weiteres Mal wird „diese ökumenische Synode" 468,21 genannt. Vorher werden die Auseinandersetzungen mit den 12 Anathematismen Kyrills[201] in Andeutungen geschildert (468,3–23)[202]. Anathema stand gegen Anathema, „juste était le jugement qui a brisé les anathèmes de l'Égyptien, / et il fut injuste de condamner l'homme qui en avait proclamé la nullité" (468,17–18). „Diese ökumenische Synode" wird von Narsai in den Kampf der Anathemata beider Seiten folgendermaßen hineingestellt (468,21–469,1): „Ce concil œcuménique mêla l'anathème à l'anathème, / et sema la controverse entre les doctes et les ignorants. / Personne ne peut distinguer l'anathème de son contraire, / parce que leurs anathèmes sont enfermés dans un seul anathème"[203]. Gemeint sein kann eigentlich nur das Proömium zur Definition von Chalcedon, wo sowohl Eutyches wie auch Nestorius mit ihren Lehren verurteilt werden. Als günstig kann man also das Urteil Narsais über Chalcedon nicht bezeichnen, schon gar nicht, wenn man die Folgen aus der Sicht des Homile-

---

[197] Cf. was ich in ZKG 66 (1954), p. 143, oben zusammengestellt habe: *Joh. Ruf.*, Pleroph., PO 8, p. 78 und 83–85; *Barhadb.*, PO 9, 585–586.

[198] *L. Abramowski*, Untersuchungen zum Liber Heraclidis des Nestorius = CSCO 242, Subs. 22 (Louvain 1963), p. 121.

[199] *S. Brock*, Christology (1996), 161: „The disorderly conduct of the Council of Ephesus, and the shabby treatment accorded to John of Antioch and his followers, naturally ensured that this Council was never received by the Church of the East".

[200] Anders als ich das 1954 tat.

[201] Die von *Martin*, JA 15 (1900), p. 495, Anm. 2, genannten „Gegenanathematismen" sind inzwischen längst als unecht erwiesen, siehe *E. Schwartz*, Die sog. Gegenanathematismen des Nestorius, SBAW 1922, 1 (München 1922) 3–29; Schwartz hält diese Anathematismen für das Werk eines Nestorianers Ende des 5. Jh. / Anfang des 6. Jh. (ibid. 27–29). Vgl. z. B. *L. I. Scipioni*, Nestorio e il concilio di Efeso. Storia dogma critica (Milano 1974) 17: „i Controanatematismi, che E. Schwartz ha dimostrato sicuramente inautentici".

[202] *Martin*, JA 15 (1900), p. 496, Anm. 2, bezieht den Abschnitt auf die noch in Ephesus selbst erfolgten Auseinandersetzungen.

[203] *Martin*, JA 15 (1900), p. 497, Anm. 1, sieht hierin eine Anspielung auf das Unionssymbol von 433, Labourt ist ihm darin gefolgt.

ten betrachtet: Spaltung der Christen und allgemeine Unsicherheit. Man folgt nicht mehr „dem Weg der Wahrheit" (469,8). Er könne das nicht mitansehen und schweigen, sagt Narsai (469,11). Die Gerechten sind von den Toren unterdrückt worden (469,22). „J'ai lu les livres qu'ils (= les justes) ont écrits[204] et j'ai considéré combien ils sont distingués" (469,24).

Die besondere Loyalität Narsais gilt Theodor. Hyperbolisch sagt er, daß erst die Lektüre der Schriften Theodors die Unkenntnis im Verstehen „der (heiligen) Bücher" beseitige. Theodor müsse „Lehrer der Lehrer" heißen, ohne ihn gäbe es keinen Lehrer, der recht lehrte (475,7–10). Es sind seine Kommentare, die Auslegung möglich machen (475,12). Und Narsai ist durch Lektüre bzw. Unterricht anhand seiner Schriften Schüler Theodors, wie er bekennt: „Von ihm habe ich gelernt, was ich gelernt habe zu stammeln, und im Umgang mit ihm habe ich erworben den Umgang mit der Erwägung der (göttlichen) Worte" (475,13–14). Gegen die Worte der Gegner Theodors „war mein Wort wachsam von Anfang an" (475,25).

Etwas später redet Narsai vom „Haus Diodors", d. h. den Anhängern Diodors und ihren Auseinandersetzungen mit den Arianern, die unter dem Kaiser Valens begannen (481,2–3). Die Anhänger Diodors sind ein Beispiel dafür, daß dem Satan der Kampf gegen die „Gerechten" nicht immer gelingt (479,14–480,3). Für seine Demütigung will er sich an Diodor, Theodor und Nestorius, den Siegern über die Häretiker, rächen (480,4–5). Die Worte der Gerechten haben die Häretiker von den Gläubigen ferngehalten, vor allem der große Eifer der Anhänger Diodors. Ihre Schriften zeugen von ihren Mühen und von ihren Triumphen, vom Beginn und vom Ende ihrer Kämpfe (480,20–481,1).

c) Datierung der Homilie

Was die ungefähre Datierung von Homilie XI betrifft, so leuchtet mir der späte Ansatz (um 489) durch die meisten Fachleute ebensowenig ein wie der sehr frühe durch Ibrahim. Der späte Ansatz ist mit der älteren Annahme, daß Narsai schon (nach) 457 aus Edessa geflohen sei, besonders schlecht in Übereinstimmung zu bringen. Als *terminus post quem* für die Abfassung unserer Homilie ist jetzt das wahrscheinlichere Fluchtdatum von 471 anzusetzen. Daß diese Rede nur in Persien gehalten worden sein kann, steht fest. Ibrahim hat sie an den Anfang der literarischen Aktivität ihres Verfassers setzen wollen, eine unhaltbare These, wie schon gesagt; sie läßt sich aber variieren zu einer plausibleren Gestalt: Die Homilie gehört an den *Anfang der literarischen Aktivität Narsais in Persien, also in Nisibis.* Der anti-kyrillische *impetus* ist vorherrschend; die „ökumenische Synode" wird noch mit der „Eifersucht" Kyrills zusammengebracht, obwohl Kyrill 451 doch mehrere Jahre tot war; die

---

[204] Die letzte Schrift des Nestorius, die zweite Apologie, kannte Narsai nicht.

Synode schließt sich an die Kämpfe um die und mit den Anathemata an. Vor allem: ihre Auswirkungen sind immer noch spürbar. Auch muß daran erinnert werden, daß es zwischen den beiden ephesinischen Konzilien eine Kampagne Kyrills gegen Diodor und Theodor gab, die empörte Reaktionen im Patriarchat Antiochien hervorrief und eine Gegenschrift Theodorets veranlaßte[205]. Narsai selber sagt, daß er von Anfang an (in Edessa) Theodor habe verteidigen müssen; das Ende der kyrillischen Kampagne hatte die Feindschaft seiner Anhänger gegen Theodor keineswegs beendet. In Edessa gab es die anti-theodorianische Fraktion seit dem Seitenwechsel Rabbulas noch vor 433. Was Narsai über sein Leiden als Folge seines Eintretens für die drei Gerechten sagt, kann nur seine edessenischen Erfahrungen und das abrupte Ende seiner dortigen Lehrtätigkeit meinen. Seine Andeutungen über den ungerechten Prozess gegen Nestorius (die durchaus einige harte Fakten enthalten) lassen erkennen, was für ein Trauma dieser Prozess und sein Ausgang und das weitere Schicksal des Nestorius bei den antiochenischen Theologen hinterlassen hatte.

Ich halte es für möglich, daß die Homilie die Vorstellungsrede des Narsai in Nisibis ist, gehalten vielleicht bei der Eröffnung der Schule dort. Ein zeremonieller Anlaß würde den ungeheuren rhetorischen Aufwand erklären; der Redner wollte (und sollte) so seine Eignung für den Posten demonstrieren. Gleichzeitig beschreibt er seine Schulherkunft, zeichnet zur Information der Hörer ein Bild von der kirchlichen Lage und ihrer Vorgeschichte und gibt trotz des apologetischen Charakters seiner Rede die theologische Richtung für die Schule vor. Wir hätten hier den Moment der *traditio* im wörtlichen Sinn vor uns. Die Synode des Barsauma von 484 wird die fundamentale Rolle Theodors als Exegeten kirchlich bestätigen, aber auch sie in Abwehr „häretischer Verleumdungen“, unter Androhung eines Anathems[206].

d) „Logos und Leib“

„Logos und Leib“ sind die leitenden christologischen Stichworte der Homilie. Die drei Lehrer haben „(den) Gott (Logos) und den Menschen wie ein Feldzeichen vor die Menschheit gesetzt, / damit sie“ (die Menschen) „es verstehen, den Logos und den Leib zu proklamieren. / Den Logos und den Leib haben verkündigt die(jenigen) ausgezeichnet von Verstand“ (453,14–16). „Mit *einer*

---

205 *L. Abramowski,* Der Streit um Diodor und Theodor zwischen den beiden ephesinischen Konzilien, ZKG 67 (1955/6) 252–287. In der englischen Übersetzung von L. Wickham in meinem Band ausgewählter Aufsätze „Formula and Context“, 1992, Nr. I.

206 Diese Synode fällt bereits in die Zeit der heftigen kirchenpolitischen Aktivitäten des Philoxenus, ab 485 Bischof von Mabbug. Das Bekenntnis der Synode von 484 ist uns innerhalb einer pro-theodorischen Deklaration der Synode von 605 überliefert, Synodicon Orientale, ed. Chabot, p. 211,2–13 (Text), p. 475 unten – 476 oben (Übers.). Die Synode von 605 hat Abweichler im Blick, bei denen es sich nur um Ḥenana und seine Anhänger handeln kann – ein Name fällt nicht.

Benennung haben die Wahrhaftigen[207] Logos und Leib genannt" (453,20) – die eine Benennung ist „ein *prosopon*" (453,21). Wie wichtig dem Narsai in dieser Rede das Wortpaar ist, zeigt sich daran, daß er die vierzeilige Zusammenfassung der Vorwürfe Kyrills gegen Nestorius (464,21–24, s. schon oben) damit beginnen läßt. McVey nennt die vier Zeilen „this confused little speech"[208]. Aber der Text ist nicht konfus, sondern in höchstem Maße komprimiert. Seine zweite Hälfte enthält eine Anspielung auf den 1. Anathematismus Kyrills[209], wie aus dem folgenden Vergleich hervorgeht.

464,23–24	Kyrill, 1. Anathem.
„Warum sagt er nicht, daß Maria die Mutter der Gottheit [Martin: ‚Dieu'] ist, / die geboren hat das Fleisch fleischlich, weil er (sc. der Logos) Fleisch wurde [Martin: ‚était']".	Wer nicht bekennt ... καὶ διὰ τούτον θεοτόκον τὴν ἁγίαν παρθένον (γεγέννηκε γὰρ σαρκικῶς σάρκα γεγονότα τὸν ἐκ θεοῦ λόγον) ἀνάθεμα ἔστω.

Die beiden vorangehenden Zeilen (464,21–22) sind als Vorwurf im Sinn des 4. Anathematismus zu verstehen; dort verurteilt Kyrill die Verteilung der Aussagen Christi und über Christus in den Evangelien auf die beiden Naturen. „Warum verkündet er die beiden Namen des Logos[210] und des Leibes, / und warum nennt[211] er die Knechtsgestalt und die des Schöpfers?" – Letzteres natürlich auf Phil 2,7 und 6 anspielend. Z. 21 kann nur Joh 1,14 meinen, und zwar in der älteren syrischen Übersetzung, die σάρξ mit *pgr'*, „Leib", wiedergab. Narsai kann voraussetzen, daß die Stichworte der beiden zentralen christologischen Texte seinen Hörern bekannt waren. Die Absurdität des Vorwurfs, die Narsai gar nicht auszusprechen braucht, besteht darin, daß die vertrauten Worte überhaupt zum Gegenstand eines Vorwurfs gemacht werden. Eine Variante des kyrillischen Vorwurfs besteht in einem Verbot des „Ägypters", „Leib und Gottheit" zu sagen (468,11–12). Wogegen die Evangelisten in „ihren Büchern geschrieben haben die Unterscheidung von Logos und Leib" (470,21). Unser Herr selbst müßte unter den Tadel fallen, der „an seinem Leib" die Wunden der Nägel und der Lanze gezeigt hat. Er und seine Jünger sind dem Weg dieser Unterscheidung gefolgt (470,22–23) und zeigten beide Naturen (471,1). „*Ein prosopon*[212] nannten die Sterblichen den Logos

[207] Martin: „les justes".
[208] *McVey,* Mēmrā, p. 93.
[209] Von Martin nicht bemerkt.
[210] Martin übersetzt unbegreiflicherweise mit „l'âme".
[211] Martin: „distingue".
[212] Martin: „Une seule figure" – wobei „figure" die Bedeutung von „Angesicht" (eine der möglichen Bedeutungen) zu haben scheint. Analog „l'unité d'une seule figure" (471,3) für „Einheit des einen prosopon". Besonders irreführend, aber auch sehr aufschlußreich, *Martin,* JA 15 (1900), p. 499–500, Anm. 5, zu dieser Stelle: „Le mot *prṣwp'*, que Narsès emploie assez souvent dans cette homélie, pourrait à la rigueur se traduire par ‚personne', *ce qui don-*

und den Leib, und diesem Zeichen folgten die Lehrer der wahren Religion", darunter Diodor und Theodor (471,4–6). Nur die Häretiker wollten nicht das eine Bekenntnis zu Logos und Leib annehmen (471,10–11). Am Ende der Häretikerliste stehen die Kyrillianer: sie „leugnen den Leib, den er aus uns getragen hat", weil sie sagten, daß nicht der Mensch gelitten habe und versucht worden sei (472,17–18).

„Einen heftigen Zorn hatten die Unwissenden *(hdyṭ')* gegen die Wissenden, / weil sie die natürlichen (Eigentümlichkeiten) von Logos und Leib unterschieden. / Den Leib aus uns trug der Schöpfer, der Logos des Vaters / und nannte ihn in seiner Liebe Sohn Gottes in seiner eigenen Ordnung" (476,16–19).

„Diese Unterscheidung von Logos und Leib haben offengelegt die Wahrhaftigen, / und die Toren sind streitsüchtig, weil sie (sc. die Wahrhaftigen) das nicht Offenbare[213] gezeigt haben" (477,4–5).

Nach dieser Zusammenstellung der Passagen über den Logos und den Leib sind noch weitere christologische Aussagen zu notieren. Die drei Männer lehrten den Teufel „la force de la divinité qui était *en eux (b'nš')*[214]" (453,11); das muß richtig heißen: „sie lehrten ihn die Kraft der Gottheit, die *im Menschen* verborgen ist". Es handelt sich also um eine christologische Aussage, nämlich um eine Anspielung auf die Versuchungsgeschichte. 453,18 und 19 bilden einen Vers, der mir inhaltlich problematisch erscheint: „Eine (göttliche) Wesenheit, die drei ist, haben die Gerechten verkündet, / und sie verbanden *mit ihr* einen *(ḥd)* Menschen in Einheit". Die „Verbindung" des einen Menschen mit der Gottheit als trinitarischer ist eine erstaunliche Aussage[215] im Munde des Narsai. Zunächst erwog ich den Verlust von zwei Zeilen, in denen der Homilet den Übergang von der Trinität auf die Christologie hätte vornehmen müssen. Aber von dieser Idee bin ich wieder abgekommen, nachdem ich in Hom. XLVII (Siman Nr. 4) eine analoge Aussage fand. Sie wird unten besprochen werden.

Die Einheitsaussagen der nächsten Zeilen habe ich schon weiter oben zitiert. Ich fahre deswegen mit 453,24–454,2 fort: „Zwei in der Natur in allem, was Gott *('yty')* und dem Menschen zukommt, / ein Sohn Gottes in Ehre und

---

nerait un sens très orthodoxe à cette phrase et à plusieurs autres" (meine Hervorhebung; aber weil nicht sein kann, was nicht sein darf, fährt Martin fort:) „Mais les Nestoriens l'entendaient dans un sens très différent et très vague. Lorsque Narsès veut parler des personnes divines dans le sens catholique, il emploie un tout autre mot, le mot *qnwm'*". – Martins Übersetzung von *prṣwp'* mit „figure" wird von *Ibrahim,* Doctrine, p. 282, getadelt unter Verweis auf den älteren Aufsatz von *P. G. Sfair* (Bessarione 33, 1917, p. 313–327); Sfair kritisiert und korrigiert verschiedene Einzelheiten von Martins Übersetzung und verteidigt die Orthodoxie des Narsai.

213 = das nicht Offensichtliche.

214 Von *'nš'* sagt die Grammatik zwar: „meist kollektiv ‚Leute'", daher Martins Übersetzung. Aber ich halte es hier für die ja auch mögliche Einzahl der Grundbedeutung.

215 Es ist verwunderlich, daß Martin das nicht anmerkt.

Macht. / Der Sohn Gottes ist ein *prosopon*[216] nicht von Natur, / da Gott Gott *(ʾytyʾ ʾytyʾ)* ist und der Mensch Mensch – zwei, die eins wurden". Die Einheit des *prosopon* aus Gott und Mensch ist Gegenstand der Glaubenserkenntnis, 454,23–455,9: „Durch den Glauben sieht die Seele den Glauben", er befähigt sie, Unsichtbares zu sehen. „Nicht-Offenbares haben offenbart die Wahrhaftigen durch ihre Erläuterungen"[217]. „Das Geheimnis des einen *prosopon* von Gott *(ʾytyʾ)* und Mensch war verborgen" den Unverständigen, weil sie nicht verstanden, „schön" auf das nicht Offenbare zu blicken. Die Wissenden dagegen legen offen alles Verborgene *und* Offenbare. „Hell haben sie das Geheimnis des Glaubens aufgezeigt, / und wie ein (Stand-?)Bild[218] haben sie es auf der Erde befestigt für die Sehenden".

Auch die Trinitätslehre war ein solches Geheimnis und deswegen unbekannt, die „Gerechten" haben uns darüber belehrt (456,21 ff.)[219]. Theodor erklärte den Einwohnern von Mopsuestia die „verborgenen Geheimnisse"[220] (459,19); „und er lehrte sie, mit drei Namen die (göttliche) Wesenheit zu nennen" (459,25).

Später führt Narsai Apostelworte über Jesus als Mensch an (470,11–19). „Das Haupt der Zwölf" ruft den Juden zu: „Der Mann Jesus ist auch ein Mensch aus Gott", vgl. Apg 2,22 (470,12–13). Paulus nennt ihn den „einen *(ḥd)* Mittler zwischen Gott *(ʾytyʾ)* und uns", 1 Tim 2,5 (470,15). Lukas und Matthäus zählen seine Vorfahren auf (470,16–17). „Der Donnersohn" (Johannes) „hat mit heller Stimme seine Menschheit offenbart: / Wenn sie aufgelöst wird, wird die göttliche Kraft sie auferwecken", vgl. Joh 2,19 (470,18–19).

Die Unterscheidung der beiden Naturen und ihre Zusammenführung zum einen *prosopon* haben schon Christus und seine Jünger gelehrt: „Sie offenbarten und legten offen die Natur der (göttlichen) Wesenheit und die Natur des Menschen. / Sie unterschieden die Naturen, damit nicht zusammengeschüttet würde *(ntblbl)*[221] die Ordnung zwischen ihnen, / und sie führten sie zur Einheit des einen *prosopon*" (471,1–3).

Zwar wird die „Ordnung" nicht verwischt, sie wird jedoch durch den Logos überwunden. Der Logos nennt den Leib, den er trägt, „aus seiner Liebe

[216] Martin: „un par la figure".

[217] *glnʾ*, Martin: „visions". Ich ziehe hier die vierte der möglichen Bedeutungen („nota, elucidatio") im Thesaurus syr. vor, obwohl damit das von Narsai beabsichtigte Wortspiel (dreimal der Stamm *glʾ* in einer Zeile) gewissermaßen säkularisiert wird.

[218] *ywqnʾ*, Martin: „symbole". Das Wort hat eigentlich nicht die konkrete Bedeutung „Standbild", aber das sehr konkrete Verb *qbʿ* erfordert ein ebenso konkretes Objekt.

[219] Über das Problem von *ʾytyʾ* im Plural (456,22) siehe oben 3. b), p. 100–102, in der Untersuchung der Hom. LXXXI. In der Abwehr der Makedonianer spricht Narsai von den Hypostasen von Vater, Sohn und Geist, 472,15 f.

[220] Das kann sich konkret auf die Katechetischen Homilien Theodors beziehen, die ja von den μυστήρια, *ʾrzʾ*, der Taufe und der Eucharistie handeln. Damit würde Narsai diese Unterweisungen in Mopsuestia ansiedeln, wogegen ich für Antiochien plädiert habe.

[221] Der Stamm *bl* dient zur Wiedergabe von συγχέω und seinen Derivaten.

‚Sohn Gottes' in seiner eigenen Ordnung" (476,18–19). Die Fortsetzung betont die gewissermaßen einseitige Aktivität des Logos: „Den eigenen (Rang) hat er ihm gegeben[222], während er nichts verloren hat *(ḥsr),* von dem, was er ist"[223] (476,20) – hier ist der Grundsatz des „undiminished giving" ausgesprochen. Von seiner Natur kann weder Verringerung noch Vermehrung ausgesagt werden, über Schäden und Verwandlungen ist sie erhaben; und nicht berühren sie die natürlichen (Eigenschaften) der Natur des Menschen, deren Niedrigkeiten betreffen vielmehr die menschliche Natur (476,21–24). „Dem Menschen kommt zu alles, was über den Menschen[224] geschrieben ist: / Empfängnis, Geburt, Heranwachsen, Leiden und Tod. / Das ist die Unterscheidung von Logos und Leib, die die Wahrhaftigen vorgenommen haben" (477,2–4).

5. Über die Auferweckung des Lazarus (Hom. XXVIII)[225]

Im Fall dieser Homilie habe ich darauf verzichtet, mir eine Kopie aus der amerikanischen Ausgabe zu erbitten, sondern begnüge mich mit der Inhaltsangabe bei Ibrahim[226]:

„Dans l'introduction de son homélie Narsai décrit comment la mort a dominé tout le genre humain. Le Créateur a voulu renouveler notre vêtement (notre humanité) déchiré par la mort, et pour cela, Il a envoyé son Verbe pour revêtir ce vêtement, et Il a annoncé la vie aux mortels.

Vient alors le commentaire du récit de la mort de Lazare selon Jn 11/1 ss. Narsai paraphrase le dialogue de Jésus avec ses apôtres à propos de la mort de Lazare.

Il profite de la parole de Jésus ‚Je me réjouis de n'avoir pas été là' pour demander l'Égyptien, c'est à dire Cyrille, si cela est vrai pour le Verbe de Dieu qui remplit le ciel et la terre. La réponse c'est qu'il s'agit ici du corps de Jésus. Après cette parenthèse, Narsai revient de nouveau à son récit pour continuer le commentaire. Ici aussi Narsai souligne presque chaque mot et chaque mouvement de Jésus, son départ pour Béthanie, sa rencontre avec les deux sœurs, et la réponse de Marthe ‚Oui, Seigneur, je crois que tu es le Christ, le Fils de Dieu', le frémissement de Jésus devant le tombeau, et ensuite sa prière. À nouveau il se demande comment le Verbe de Dieu pouvait adresser la prière à son Père qui est un avec lui, et il répond que c'est le fils d'Adam qui a pleuré et qui prie maintenant.

On peut noter une discussion entre la mort qui se vante de dominer le genre humain depuis la faute d'Adam, et Jésus qui veut payer la faute du genre humain pour le sauver.

Narsai fait remarquer que la résurrection de Lazare par Jésus se distingue des autres

---

[222] Martin: „Il se l'est donné lui-même".

[223] Martin, ibid.: „alors qu'il n'avait besoin de rien de ce qui existe". „Besoin" wäre durch *ḥsyr* ausgedrückt worden, also durch das *passive* Partizip; auch bestätigt die nächste Zeile meine Übersetzung.

[224] Martin: „Fils de l'homme"; aber die folgenden Zuschreibungen sind nur z. T. solche (Leidensweissagungen!), die im NT vom „Menschensohn" gemacht werden.

[225] Hom. XXVIII: Patriarchal Press I, p. 114–130.

[226] *Ibrahim,* Doctrine, p. 136–137; insgesamt zu Hom. XXVIII: p. 135–137.

résurrections des morts opérées par les prophètes, qui eux, opéraient comme des serviteurs, alors que Lui est un avec le Père.

Narsai termine son homélie en affirmant que la résurrection de Lazare est la signe de la ‚Résurrection des morts' promise par Jésus".

Die Hauptlinien der Auslegung von Joh 11,1–46 sind dieselben wie in Theodors Kommentar zu Beginn des 5. Buches[227], was niemand überraschen wird.

6. Über die Arbeiter im Weinberg (Hom. XLVII)[228]

Nur diese unter den fünf von Patak Siman herausgegebenen Homilien über Gleichnisse Jesu[229] hat einen Abschnitt mit eigentlich christologischen Aussagen. – Ich übernehme Simans Zählung der Verse.

81 „La parole de Notre-Seigneur traça sur la terre la voie du Royaume
et enseigna aux hommes d'aller par elle là où il est.
82 Il devait révéler aux hommes la condition d'en-haut
et Il dessina ses images chez les terrestres avant qu'elles se réalisent".
84 „Leiblich ging der Leibliche voran den Leiblichen[230]
und zeigte den Menschen zu wandeln auf dem Wege der geistlichen (Dinge)".
87 „Les terrestres entendirent une voix nouvelle venant d'un terrestre
qui annonce, dans la terre, un Évangile nouveau qui ne fut pas proclamé".

Der „frühe Morgen" (des Gleichnisses) ist der Beginn seiner Epiphanie *(dnḥ')* (91).

92 „‚Mann' (Mt 20,1 Pesh. *gbr'*, griechisch ἄνθρωπος) nannte er sich selbst *(lqnwmh*,
von Siman richtig als Reflexivpronomen übersetzt), weil er auch ein Mann ist,
und seine Lehre nannte er ‚Königreich voller Leben'".

Die Arbeiter des frühen Morgens waren die zwölf Apostel (93), die mit Judentum und Heidentum zu kämpfen hatten (95–100). Die Apostel warfen die Namen der Nicht-Götter nieder „durch den Namen der einen Kraft" (101), sie säten auf der Erde „den Namen des einen Gottes" aus (103).

Von V. 117 an zieht der Redner Elemente aus dem Gleichnis von den bösen Weingärtnern (Mt 21) hinzu, nämlich die Sicherungsbauten für den Weinberg, im Gleichnis ausgeführt vom Besitzer, in unserer Predigt von den Aposteln.

---

227 Ed. Vosté, CSCO 115, Syr. 62, p. 218 unten – 230,14 (textus); CSCO 116, Syr. 63, p. 155 unten – 164,5 (versio).

228 Hom. XLVII: Siman Nr. 4, p. 61–80.

229 Siman legt seiner Ausgabe nur eine der modernen Hss zugrunde; da ihm trotz aller Bemühungen die drei mittelalterlichen Hss nicht erreichbar waren, verzichtete er auf die Herstellung eines kritischen Textes. – Interessant ist, daß seine fünf Homilien in der Hs Nummern tragen, Spuren einer älteren Zählung, Siman p. 3f.; die letzten drei folgten laut dieser Zählung aufeinander. Mit Recht nennt Siman (p. 5) die von Mingana in seiner Einleitung vorgenommene Numerierung „assez arbitraire".

230 Dreimal „leiblich": Siman übersetzt „charnellement" und zweimal „de chair".

Die folgenden Verse setzen offensichtlich die Gleichung Weinberg = Kirche voraus.

128 „Ils lui“ (sc. dem Weinberg) „firent de Trois Noms“ (= Trinität) „un rempart pour garder sa vie,
afin que la construction de sa vie mortelle fut solide.
129 Ils savaient que la constitution de son corps était faible,
c'est pourquoi ils lui mirent comme poutres, les Trois Noms“.
130 „Mit dem Trägerbalken des Geistes bauten die Bauleute das Gebäude der Menschen und befestigten sein Fundament mit dem Namen der (göttlichen) Wesenheit[231], die unzerstörbar ist“,

auf diesem Namen errichteten sie das Bekenntnis der Menschen (131).

152 „Den Namen der (göttlichen) Wesenheit, die ist und ist[232], verkündigten sie auf der Erde,
und wieder und wieder die Trinität, die nicht zerteilte.
153 Drei Namen gaben sie den drei Hypostasen, wie ihnen befohlen war (cf. Mt 28)
und verbanden[233] sie zur einen Macht des Namens der (göttlichen) Wesenheit.
154 Mit der (göttlichen) Wesenheit zählten sie auch das Geheimnis[234] der Leiblichkeit[235],
damit die Trinität nicht Quaternität werde.
155[236] In *einer* Bezeichnung faßten sie ein und umschlossen sie den Namen der Menschheit;
Sohn Gottes und Sohn der Menschheit: ein *prosopon.*
156 Ein prosopon schrieben sie mit den Buchstaben des Namens des Sohnes,
des Logos des Vaters, der von Ewigkeit ist, und des Menschen aus uns.
157 Zwei in der Natur, weil die Naturen zwei sind,
und ein *prosopon* entsprechend der Zahl, die nicht geändert wird.
158 Nicht wird geändert die Zahl von Vater, Sohn und Geist,
und nicht wird vermischt die Natur der (göttlichen) Wesenheit mit der Natur des Menschen,
159 weil für sich[237] bleibt die Natur der (göttlichen) Wesenheit mit der Menschheit,
auch die Menschheit wird in sich[238] bewahrt mit der (göttlichen) Wesenheit.

---

[231] Siman übersetzt *'ytwt'* unmittelbar mit „divinité“, das ist inhaltlich natürlich richtig, aber gleich beim nächsten Fall verwischt er damit die Beziehung zur üblichen Paraphrase von Ex 3,14, siehe auch die nächste Anm.
[232] In Simans Übersetzung fehlt das zweite „und ist“.
[233] Siman inhaltlich richtig: „unir“.
[234] *'rz'* hier wohl besser noch „Mysterium“.
[235] Siman zu allgemein: „humanité“. – Zum Verhältnis Trinität und menschliche Natur Christi vgl. auch Hom. XI Martin, p. 453,18f.: „Eine (göttliche) Wesenheit, die drei ist, haben die Gerechten verkündet, / und sie verbanden mit ihr einen Menschen in Einheit“.
[236] Zum „Namen“ in den Versen 155 und 156 vgl. Hom. XI Martin, p. 453,20f.
[237] Siman: „par elle-même“.
[238] *byth.* Siman verwendet „essence“, aber der syrische Ausdruck steht parallel zum *lh* der ersten Vershälfte, ist also als Reflexivpronomen aufzufassen.

160 Nicht werden vermischt die natürlichen (Eigentümlichkeiten), die die Naturen haben,
und erst recht (nicht) die Natur des Schöpfers und die der Geschöpfe".

Die „Frechen" *haben* vermischt (161), deswegen hat der Homilet in seiner Auslegung des Gleichnisses eine Abweichung auf „den Weg des Logos und des Leibes[239]" vorgenommen (162). Anders als die „Frechen" unterscheidet[240] er Logos und Leib (163) (und dann verwendet Narsai drei Verse darauf, die Rückkehr von der Digression zur Fortsetzung der Auslegung eigens auszusprechen).

Der Weg zum Himmelreich wird also vom Herrn auf der Erde vorgezeichnet, die „Höhe" hier auf Erden mit „Ähnlichkeiten" veranschaulicht (81–82). Der „Leibliche" ging den Leiblichen leiblich voran im „Geistlichen" (84). Die neue Botschaft, noch nie gehört, kommt von einem *Irdischen* (87). Ja er nennt sich selbst einen „Mann" (92). – Dies alles, weil wir anders für die Botschaft nicht aufnahmefähig wären.

Die Apostel bearbeiten den Weinberg „der Vernünftigkeit" *(mlylwt'),* den „vernünftigen" *(mlyl')* Weinberg (126–127), Siman übersetzt an beiden Stellen mit „raisonnable". Die syrischen Vokabeln würden einem griechischen λογικός entsprechen, aber das heißt nicht bloß „vernünftig", sondern auch „geistig". Das Dictionnaire von Costaz gibt als mögliche Bedeutung der syrischen Ausdrücke ebenfalls „spirituel" an, was hier natürlich viel besser paßt als „vernünftig": der Weinberg in geistlicher Deutung. Daß in dieser Deutung der Weinberg für die Kirche steht, habe ich oben schon gesagt.

Auffallend finde ich die Art und Weise, wie Trinität und Christologie in den Versen 153–160 zusammengebracht werden.

Narsai arbeitet hier sowohl für die Trinitätslehre wie für die Christologie mit „Namen" und „Zahlen", die jeweils festliegen; die Beziehung der beiden Lehrstücke zueinander wird von diesen Zahlen und Namen reguliert. Drei Hypostasen, drei Namen, eine (göttliche) Wesenheit, deren Einheit und Dreiheit durch die Menschwerdung als nicht verändert zu denken ist. *Ein prosopon* (in Christus), dessen zwei Naturen unterschieden bleiben trotz der „Zählung" der „Leiblichkeit" bzw. des Menschen (Jesus) „mit der (göttlichen) Wesenheit" (mit Recht spricht Narsai vom „*Mysterium*" der Leiblichkeit gerade in diesem Zusammenhang!). Diese uns so merkwürdig erscheinende Aussage ist eine trinitarische Konsequenz aus der Tatsache, daß christologisch von der „Natur der (göttlichen) Wesenheit" und der „Natur des Menschen" (158) zu reden ist. Es ist ferner die Konsequenz aus dem hier wie in Hom. XI nicht eigens verhandelten „negativen" Umgang mit dem Logos als trinitarischer *Hypostase* im Rahmen der Christologie, daß „Hypostase" nämlich *kein* Be-

---

[239] Siman: „chair", ebenso V. 163.
[240] Siman. „séparer", aber *prš* hat zwei Bedeutungen.

griff der *oikonomia* ist, wie Ḥabib es ausspricht[241]. Trotz der Einheit von (göttlicher) Wesenheit und Mensch ist die menschliche Natur in Christus *nicht* mit der ganzen Trinität in der Weise eines *prosopon* vereint, sondern mit *einem* der drei Namen, mit dem Sohn (156). „Sohn“ ist der Name des einen christologischen *prosopon* (ibid.). Das eine *prosopon* und „Sohn“ sind austauschbar. Vom einen Namen „Sohn“, vom einen *prosopon* läßt sich sagen, daß er den „Namen der Menschheit“ „enthält und umschließt“ (155), zumal die menschliche Natur in Christus auch „Sohn des Menschen“ heißt. Ist also der Einheitsname auf der simplen Homonymie des ersten Bestandteils der beiden Sohnestitel begründet? Man muß zunächst beachten, daß zu den vorgegebenen Zahlen in der Christologie die Zahl *Eins* gehört, dahinter kann man nicht zurückgehen. Die Frage ist, wie man von diesem Einen zu sprechen hat. Nach der Definition der edessenischen Schule kam *hypostasis, qnoma,* dafür nicht in Frage, da innertrinitarisch festgelegt; so blieb die andere zur Verfügung stehende Vokabel, *prosopon,* übrig, die offenbar in der Schulsprache nicht für die Personen der Trinität benutzt wurde.

Der Skopus in der Benutzung der *beiden* Sohnestitel liegt darin, daß der Name „Sohn Gottes“ nach der Menschwerdung auch die menschliche Natur einbezieht und ein Name für beide Naturen ist, deren Unterschied nicht aufgehoben wird (die festgelegte *Zwei).* „Sohn Gottes“ meint immer auch den „Sohn des Menschen“, aber bei Präponderanz der göttlichen Natur: der Name „Sohn Gottes“ „enthält und umschließt“ die konkrete Bezeichnung der menschlichen Natur.

Die Berührung unserer Hom. XLVII mit Hom. XI hinsichtlich des trinitarisch-christologischen Konnexes in der eben diskutierten Form, wie auch die häufige Anwendung des Kettenverses, läßt mich vermuten, daß Hom. XLVII ebenfalls in der nisibenischen Zeit Narsais verfaßt und vorgetragen wurde.

Die beiden Homilien, die jetzt folgen, enthalten keine eigentlich christologischen Abschnitte, aber ihr theologisches Interesse ergibt sich aus den ausgelegten Bibeltexten: der Vision des Jesaja (Jes 6) – Deutung der Gottesschau – und der Selbstoffenbarung Gottes (Ex 3,14) – der „Name“ Gottes. Der Zusammenhang mit unserem Hauptthema stellt sich von selber her.

7. Über die Vision des Jesaja (Hom. LVIII [31])[242]

„Dans l'introduction Narsai mentionne les autres manifestations divines faites à Adam, à Noé, à Abraham, à Joseph, à Moïse et à Élie, pour mettre, dit-il, la vision d'Isaïe dans cette ligne“, referiert Ibrahim[243]. Die Auslegung des Drei-

[241] Cf. im Kapitel über Ḥabib und Philoxenus in Jesus d. Chr. 2/3, 641–647.
[242] Hom. LVIII (31): Mingana II, p. 131–144.
[243] *Ibrahim,* Doctrine, p. 183.

mal-Heilig des Seraphenrufs auf die Trinität, die Narsai vornimmt, ist nicht überraschend. Unerwartet ist jedoch das Fehlen jeder Anspielung auf das Trishagion, das doch aus der Prophetenvision abgeleitet worden ist. Genauer gesagt ist es erstaunlich, daß sich in der Homilie keine polemische Anspielung auf die theopaschitische Erweiterung des Trishagion findet, die Petrus Fullo im Jahr 471 offiziell in die Liturgie in Antiochien einführte. Das ergibt einen *terminus ad quem* für die Abfassung der Predigt, nämlich jenes Jahr 471, und damit auch die Bestimmung des Abfassungsortes Edessa, wenn man sich an die Datierung der Flucht des Narsai durch Vööbus hält.

Für Narsai stellt der Visionsbericht des Propheten ein Problem dar und zwar wegen des Satzes „Ich *sah* den Herrn" (Jes 6,1). Gott kann in seiner Natur unter keinen Umständen sinnlich wahrgenommen werden. Also muß erstens die Weise der Gegenwart Gottes im Tempel genau bestimmt werden, und zweitens als Folge davon der modus des Sehens durch den Propheten.

Wenn Gott im Tempel „sitzt", muß er auch dorthin gekommen sein, aber (p. 132,11–12): „Er (Gott) stieg herab von der Höhe und hielt sich in der Tiefe auf *nicht in Natur* / und stand auf der Erde *nicht in Wirklichkeit (šrrʾ), sondern im Namen*". Man erinnert sich daran, daß von der göttlichen Natur Bewegung nicht ausgesagt werden kann, ebensowenig wie lokale Begrenzung. Aber dort im Tempel war nicht nichts, sondern vielmehr die *Kraft* seiner (göttlichen) Wesenheit war „ohne Veränderung" in den „Reihen (der Engel)" (p. 132,17), und das Beben der Erde beim Ruf der Engel lehrt die *Kraft* der nicht begrenzten (göttlichen) Wesenheit.

Dem muß entsprechen, *wie* Jesaja die Erscheinung im Tempel sah (p. 132,21–23):

„*Ein (ḥd)* Mensch sah das Gesicht *(ḥztʾ)* nicht mit dem Gesicht *(ḥztʾ)*, /
sondern im Intellekt, wie ein Geschöpf zu sehen vermag[244]. /
Im verborgenen Intellekt sah er das unsichtbare Gesicht *(ḥztʾ)*"[245].

Wenn Gott nicht sinnlich wahrnehmbar ist, dann kann die Schau nicht eine solche der leiblichen Augen sein, zumal sie eine „Begrenzung" des Gesehenen bedeutet, wie wir aus Hom. LXXXI wissen. Daher p. 138, 3. und 4. Zeile von unten: „Mit den Augen des Intellekts sah er das unsichtbare Gesicht / und mit seinem Denken vernahm er die nicht wahrnehmbare Stimme". Die Realität der Vision ist nicht zu bestreiten, nur ist das Organ der Wahrnehmung geistig, p. 139,2–3: „Ein Gesicht war es, das wirklich sichtbar war, / nicht im Leib, sondern im Sehen ohne Zusammensetzung" (d.h. unkörperlich). Im Bereich der alttestamentlichen Heilsgeschichte bleibt es etwas Einzigartiges (s.o. „*ein* Mensch"), p. 140,1–2: „Etwas Neues ist, was der Seraph des Geistes bei Jesaja

[244] D.h. im Rahmen seiner beschränkten Möglichkeiten.

[245] Die dreimaligen Benutzung desselben Wortes mit seiner Mehrfachbedeutung ist natürlich Absicht; das deutsche „Gesicht" entspricht dem glücklicherweise.

tat, / und es gibt nichts Vergleichbares in der gesamten gesetzlichen Ordnung".

Die Verkündigung der Trinität durch das Dreimal Heilig wird in der vertrauten Sprache der neunicaenischen Lehre dargestellt. Die drei *Namen*, Vater, Sohn und Geist, blieben damals noch verborgen, p. 133,17–18: „Drei ‚Heilig' riefen sie zugleich, eine Macht / zeigten sie und in ihren drei (Rufen) eine Herrschaft *(mrwt')* über alles". Damit verkündeten sie die Trinität auf Erden (p. 133,19), „und bereiteten den Menschen einen Weg, die drei Namen zu rufen. / Drei verborgene Namen waren im Namen dieses Heiligtums" (p. 133,21–22). Später werden sie bekannt werden: „Einen gebahnten Weg bereiteten sie der Schöpfung hin zum Schöpfer, / damit sie schön wandern sollten zum Ort des Vaters und des Sohnes und des Geistes" (p. 134,20–21).

Der Dreizahl wird nichts hinzugefügt oder abgezogen (p. 134,1–2), drei Hypostasen sind in Gottes Wesen verborgen (p. 134,13–14); „drei gleiche Hypostasen verkündeten sie in ihren ‚Heilig' (Rufen)" (p. 140, 3.–2. Zeile von unten), „sie lehrten die Ordnung, die in der (göttlichen) Wesenheit ist: drei in einem" (p. 140,17–18).

8. Über die Erwählung des Mose, den brennenden Busch und die Befreiung der Israeliten (Hom. LXXII [42])[246]

Aus dieser Homilie ziehe ich nur den Abschnitt über die Selbstoffenbarung Gottes heran. Ibrahim sagt dazu: „Narsai observe que Dieu ne révèle pas à Moïse son nom, malgré la volonté de Moïse de connaître le nom de son Dieu. Il lui révèle ce qu'Il est, et ce sont ses actions qui vont dévoiler son identité"[247]. Aber eine Überprüfung des Abschnittes p. 291,8–21 ergibt ein komplizierteres Bild. Bei der Bemühung um genaue Übersetzung fiel mir ein konsistenter Gebrauch von *šm'*, „Name", im status constructus *šm*, mit dem ihm folgenden Genitiv auf. Wegen der Häufigkeit des Phänomens in nur 10 Versen kann es sich nicht um zufällige Erfordernisse der Silbenzählung handeln. *šm 'lh'*, „Name Gottes", und *šm 'ytwt'*[248], „Name der (göttlichen) Wesenheit" würde man normalerweise so verstehen, daß der eigentliche Name ein drittes Wort wäre, wie etwa „Jahwe" für Gott. (Nur daß „Jahwe" nicht in Frage kommt, weil die Pesh. wie alle Übersetzungen in Ex 3,15, wo das „Geschriebene" den Namen Jahwe hat, das „zu Lesende" übersetzt, also *mry'*; das folgende „Elohim" im status constructus wird mit *'lh' d* wiedergegeben). Aber könnte es nicht sein, daß gemeint ist „der Name ‚Gott'" und „der Name ‚(göttliche) Wesenheit'"?

246 Hom. LXXII (42): Mingana II, p. 288–302.

247 *Ibrahim*, Doctrine, p. 202.

248 *'ytwt'* kann in dieser Verbindung auch mit Suffix erscheinen.

Ich schlage daher die folgende Übersetzung der Ausdrücke vor, die mir (mit einer Ausnahme, nämlich Vers i)) einen guten Sinn zu ergeben scheint. Mose spricht zu Gott, p. 291,8–21:

a) „‚Siehe, ich verkünde den Namen ‚Gott' *(šm 'lh')* in die Ohren des Volkes;
und siehe, sie werden den genauen Namen erfragen – und was soll ich sagen?
b) Den Namen (sic, sing.) ‚Götter' *(šm 'l')* gibt es ohne Zahl in der Schöpfung,
und wenn ich den Namen ‚Gott' *(šm 'lḧ')* bringe, werden sie sagen: Welcher ist es?
c) Den Namen *(šm')* werden sie zuerst erfragen durch mich und dann die Taten;
und wie soll ich dich nennen vor den Fragen der nach deinem Namen Fragenden?'
d) Der Schöpfer sah, daß er (sc. Mose) drängend die Forderung nach einem Namen stellte
und offenbarte und zeigte den Namen ‚(göttliche) Wesenheit' *(šm 'ytwt')*, die ohne Anfang ist.
e) Seinen Namen ‚(göttliche) Wesenheit' *(šm 'ytwth)* lehrte er ihn zu offenbaren vor den Hebräern,
daß (weil?) er ist und ist, ohne Anfang und Ende.
f)[249] ‚(Wie es heißt = *lm*:)[250] ‚Nicht mit Namen werde ich genannt von den Toren',
sondern durch Kraft und Taten und Schöpfertätigkeit.
g) Der Seiende *('yty')*[251] bin ich *('yty)*, und mein Name ‚(göttliche) Wesenheit' *(šm 'ytwty)* ist unerforschlich,
und niemand legt mir einen fremden Namen bei, außer „Ich bin" *('yty)*[252].
h) Wenn du den Namen, der meine Herrschaft *(mrwt')* verkündet, zu lehren bittest:
Gott *('lh*, stat. abs.[253]) werde allein ich genannt und wiederum Schöpfer.
i) ‚Ich werde sein, der ich sein werde'[254] aber ist der Name meiner (göttlichen) Wesenheit *(šm 'ytwty)*'[255],
und damit er bestätigt würde, verdoppelte er die Vokabel (sc. „ich werde sein"), zum zweiten Mal (sagte er sie).
j) Höre[256], Sohn Amrams (= Mose), den Namen ‚(göttliche) Wesenheit' *(šm 'ytwt')*,
die ist *('yt)* und verborgen (ist)".

Der offenbarte Gottesname ist also „Ich bin", *'yty* (Vers g)), der vokalisiert wie der stat. abs. von *'yty'* klingt; dies letztere und das abstractum *'ytwt'* sind ebenfalls Gottesnamen. Ich nehme nicht an, daß es erst Narsai ist, der diese

[249] Mit f) beginnt eine Gottesrede.
[250] Das Folgende ist offensichtlich biblisches Zitat, aber ich habe es bisher nicht gefunden.
[251] In diesem Kontext ist „Seiender" die richtige Übersetzung.
[252] Hier habe ich das *d* vor *'yty* durch die Anführungszeichen reproduziert.
[253] Wieso steht hier der status absolutus? Sollte sich an dieser Stelle noch die ursprüngliche Bedeutung dieses status als „selbständiges unbestimmtes Nomen" zeigen und in dieser Absicht von Narsai gebraucht worden sein? Dann wäre *'lh* im Deutschen „ein Gott", wobei „ein" nicht das Zahlwort, sondern der unbestimmte Artikel wäre. Das Kolon würde dann besagen, daß die generische Bezeichnung „Gott" nur auf den sich selbst so nennenden zutrifft.
[254] Umschrift des Hebräischen.
[255] Ende der Gottesrede, die mit Vers f) begann.
[256] M.E. Anrede des Mose durch den Verfasser.

sprachliche Sequenz für die Auslegung von Ex 3,14 unter Benutzung vorhandener Wortbildungen entwickelt hat. Zu *'yty'* = „Gott" siehe oben zu Hom. LXXXI den Abschnitt b). Die ältesten Belegstellen für *'ytwt'* im Thesaurus syr. sind Ephraem und die Pesh. von Hebr 1,3 (hier für ὑπόστασις) und nach Aland/Juckel[257] *vor* der Pesh. die Übersetzung von Hebr 1,3 in der syrischen Fassung von Eusebs Theophanie[258].

9. Über den Tadel der Priester (Hom. LXXVIII [45])[259]

Hauptthema ist nach Ibrahim „l'état dans lequel se trouvent les prêtres de son époque …, pour évoquer de façon manifeste les querelles, nuisibles aux chrétiens, causées par les prêtres"[260]. Diese Streitigkeiten haben zur Zerteilung der Kirche geführt. Im Zusammenhang dieser Vorwürfe gibt es ein kurzes christologisches Stück, das wegen der Dialektik seiner Aussagen über den Logos auffällt und das ich wegen einer weiteren Merkwürdigkeit hier zitiere und bespreche: p. 336,2–20. Ich zähle die Verse mit Buchstaben; zur Erleichterung der Analyse werden auch die Halbverse mit Ziffern versehen.

a1) „*Einer* ist der Leib, der Opfer wurde um unserer Versöhnung willen;
a2) und die Toren haben ihn zerstört durch die Vermischung *(mwzg')* des einen mit einem anderen.
b1) *Eine* ist die Natur ‚die ist und ist'[261], wie sie ist;
b2) und es haben sie die Hartnäckigen vermischt mit dem Gebilde, das seine Hände gemacht haben.
c1) In Leib und Seele war vollständig das Opfer der Erlösung unseres Lebens,
c2) und es haben es (sc. das Opfer) gemacht ohne Seele und ohne Intellekt die Abscheulichen.
d1) *Eins* ist der Logos, der Sohn Gottes, mit seinem Erzeuger,
d2) und es hat zerrissen der Stolz diese Gleichheit, während er sie nicht zerrissen hat.
e1) Ohne Begrenzung und ohne (Möglichkeit zur) Schau (durch uns)[262] ist die Natur der (göttlichen) Wesenheit,
e2) und es haben ihn eingeschlossen die Verrückten in den Gliedern, während sie ihn nicht eingeschlossen haben.

---

[257] *B. Aland, A. Juckel,* Das NT in Syrischer Überlieferung II. Die paulinischen Briefe. Teil 3 (Berlin, New York 2002) 249. Von Philoxenus an erscheint auch *qnwm'* für ὑπόστασις. Die ganze Seite, die bei Juckel (verantwortlich in Teil 3 u. a. für das Textmaterial) für die zahlreichen Zeugen zu diesem Hebr-Vers erforderlich ist, zeigt über die Jahrhunderte hinweg den abwechselnden Gebrauch von *'ytwt'* und *qnwm'*.

[258] *B. Aland / A. Juckel,* Das NT in Syrischer Überlieferung II. Die paulin. Briefe. Teil 1 (Berlin, New York 1991) 625.

[259] Hom. LXXVIII (45): Mingana II, p. 328–339. – Gemeint ist Tadel *an* den Priestern. „Priester" sind hier, wie auch anderswo bei Narsai, die Bischöfe.

[260] *Ibrahim,* Doctrine, p. 210.

[261] Cf. Ex 3,14.

[262] Darüber ausführlicher oben Hom. LXXXI und LVIII.

f1) Unterschiedliche Naturen wurden *ein prosopon* durch die (göttliche) Wesenheit,
f2) und nicht verstanden die Hartherzigen die Weise, wie sie (die Naturen) durch sie[263] (die göttliche Wesenheit) (ein *prosopon)* wurden.
g1) Sie wurden (eins) durch sie[264] (die göttliche Wesenheit), habe ich gesagt, nicht durch (deren) Natur, sondern durch (deren) Liebe,
g2) und (dies) obwohl so verschieden ist die eine (sc. Natur) von der anderen, wie sie (nur) verschieden sein kann.
h1) Unterschieden ist der Schöpfer und nicht vermischt mit dem Werk seiner Hände,
h2) und geringer ist das Geschöpf als die Größe der Kraft, die es geschaffen hat.
i1) Das Geschöpf ist Geschöpf, wieviel es auch groß werden mag durch seine Notwendigkeiten[265],
i2) und Gott *('yty')* ist Gott *('yty'),* wieviel er auch gering gemacht wird durch einen übertragenen Namen.
j1) In einem übertragenen Namen hat sich der Schöpfer gering gemacht, während es ferne sei, daß er sich gering gemacht hat.
j2) Weil auch diese (Argumentation mit) dem übertragenen Namen (Sache) von Anmaßung ist,
k1) von der(selben) Anmaßung, daß jemand Gott *('yty')* Verwandlung beilegt,
k2) ist es auch von Arroganz zu sagen, daß er gering geworden ist, sei es auch nur dem Namen nach.
l1) Die (göttliche) Wesenheit hat von Ewigkeit kein Geringerwerden von dem (fort), was sie ist,
l2) nicht übertragen und nicht in Wirklichkeit und überhaupt nicht!
m1) Die Neigung der Bösen maßte sich an das Verringern der verborgenen Natur,
m2) und dieser Strafwürdigkeit ist niemand verfallen als die Priester".

Zunächst sticht hervor die Betonung der Zahl *Eins: ein* Leib a1), *eine* ewige Natur b1), *Einheit* des Logos mit seinem Vater d1) – so weit ist es entweder Einheit der menschlichen oder der göttlichen Natur. Dann aber: zwei Naturen *ein prosopon* f1). Die Konstitution dieser Eins ist eine andere: zwei verschiedene Naturen, ihr Zustandekommen ist nicht in der Kategorie des „von Natur aus" zu erfassen, sondern beruht auf der *göttlichen Aktivität* der Liebe. Man kann die Reihung der Einheitsaussagen wohl so deuten, daß sie alle die *gleiche theologische* Wertigkeit haben, die Einheit des christologischen *prosopon* ist nicht geringer einzuschätzen als die trinitarische Einheit von Vater und Sohn.

Die Verse a) und b) richten sich gegen die Vermischung von Leib und göttlicher Natur; die Vermischung wird als Angriff auf die innere Einheit des Leibes einerseits und der Gottheit andererseits gesehen. Vers c) trägt ein antiapolinaristisches Argument nach. Das „Zerreißen der Gleichheit" von Vater und Sohn in d2) wirft den Gegnern Rückfall in den Arianismus vor. In dieser Zeile macht sich ein dialektisches Element bemerkbar, das sich in den Ver-

---

[263] Der Druck hat *bh maskulin,* aber die Präposition kann sich nur auf *'ytwt'* beziehen, also lese ich *bh feminin.*
[264] Siehe die vorigen Anmerkung.
[265] Plural von *'lt';* von den bekannten Bedeutungen ist dies wohl die passende, aber ich bin nicht sicher, was für „Notwendigkeiten" gemeint sind.

sen e) und j) wiederfindet. In d2) hat „der Stolz die Gleichheit *zerrissen, während er sie nicht zerrissen hat*" – d.h. der verbale Angriff auf die Gottheit hat keinen Effekt in ihr selbst. Analog in Zeile e2): die Christologie der Gegner bedeutet Einschließen des Unbegrenzten und Unsichtbaren in die menschlichen Glieder, *aber tatsächlich ist er nicht eingeschlossen,* weil ein solches Verfahren mit der Gottheit nicht möglich ist. Schließlich j1): der Schöpfer hat sich durch einen „übertragenen Namen" gering gemacht, d.h. er hat einen nichtgöttlichen Namen übernommen, *aber dennoch hat er sich nicht gering gemacht,* d.h. seine Natur hat dadurch nichts verloren. Auch hier liegt eine göttliche Aktivität vor. Der „geringmachende übertragene Name" ist vermutlich die „Knechtsgestalt" aus Phil 2.

Mit der Zeile j2) nimmt der Gedankengang eine überraschende Wende: die Rede vom „übertragenen Namen" ist eine Anmaßung, vergleichbar mit der Zuschreibung von Verwandlung an Gott, k1); es ist eine Anmaßung, von der Verringerung Gottes „auch nur dem Namen nach" zu sprechen, k2). Die Tonhöhe steigert sich weiter in Zeile l2): *„nicht übertragen* und nicht in Wirklichkeit *und überhaupt nicht!"* darf man vom Geringwerden Gottes sprechen. Zeile l1) dagegen schließt sich gut an j1) an und scheint nicht dieser aufgeregten Stimme zu gehören, die wir in den Zeilen j2), k1 und 2), und l2) vernehmen. Es ist die Stimme eines Lesers, der das Konzept der edessenischen Christologie vom übertragenen Namen nicht akzeptieren will und Narsai deswegen korrigiert; die Gottheit Gottes scheint dem Korrektor offensichtlich nicht zureichend gewahrt, wenn man so argumentiert wie Narsai.

Beiläufig bemerken wir, daß der kritische Kopist, der den Einschub vorgenommen hat, darauf geachtet hat, daß kein überschießender Halbvers zustandegekommen ist, anders als jener Korrektor, der in einer anderen Homilie für die unmittelbare Schau der verborgenen Gottheit plädierte[266]. Gewiß sind die beiden Korrektoren nicht identisch, dazu sind ihre Interessen zu verschieden. Die Fähigkeit zur Herstellung von 7-silbigen Vierzeilern oder 12-silbigen Zweizeilern muß leicht erlernbar gewesen sein, denn aus dem echten Narsai-Text fallen die gekennzeichneten Stellen nicht aus sprachlichen oder rhythmischen Gründen heraus, sondern nur wegen ihres Inhalts. Der Anschluß ist jedesmal so geschickt vorgenommen, daß erst vom Ende des Einschubs her dessen Anfang sichtbar wird.

---

[266] Siehe oben zu Hom. LXXXI.

10. Über die schlechten Zeiten und die falsche Theologie (Hom. LXXIX [46])[267]

Ibrahim charakterisiert die Homilie folgendermaßen[268]:

„Le siècle, dans lequel Narsai vit, semble“, so die Meinung Narsais, „être plus mauvais et plus vil que les autres siècles qui l'ont précédé ... Narsai constate que l'église a négligé la fidélité à son divin époux, et que ses fils se sont égarés dans la montagne de l'erreur. Il attribue cette situation lamentable de l'église et des hommes à la doctrine de ceux qui prétendent que ‚Dieu est mort‘, ou à celle de ceux qui attribuent la souffrance au Verbe de Dieu, ou encore à celle de ceux qui professent le mélange (commixtion) des natures dans le Christ“.

Die Predigt gehört zu jenen, die man in Edessa lokalisieren kann. Narsai spricht ein „Wehe“ über die Seele der Priester (p. 349,9), die den Glauben, „das begehrenswerte Gewand“, „ausgezogen haben“ (p. 349,11–12) und herumlaufen, um „jedermann“ ebenfalls dazu zu veranlassen (p. 349,12–13). „Aus ihnen ist hervorgegangen Sterblichkeit in der Lebendigkeit unseres Lebens, / weil sie zu sagen wagten, daß der Geber des Lebens“ (d.h. der Logos) „am Kreuz gestorben sei“ (p. 349,14–15). „Jene Lebendigkeit (= die göttliche Natur), die Leben gab dem (= Jesus), der uns lebendig gemacht hat“, haben die Priester durch ihre Lästerungen getötet (p. 349,16–17). – An diesen wenigen Zeilen schon wird die stilistische Kunst Narsais deutlich; durch seine Wortspiele verrätselt er seine Aussagen so weit, daß die Zuhörer sich beträchtlich haben konzentrieren müssen; aber es ist zu vermuten, daß sie die Redeweise des Meisters genossen. Ein weiteres Beispiel p. 349,24–350,1: „Das Schwert der Leiden trägt der Leidenmachende auf der Spitze seiner Zunge / und zerstört die Reihen derer, die nicht mit ihm übereinstimmen in (Sachen der) Leidensfähigkeit (Gottes)“.

Der nächste Satz kann nur die Situation Narsais in den edessenischen Auseinandersetzungen betreffen (p. 350,1–2): „Ein *neuer Krieg* der Leidensfähigkeit findet *jetzt gegen mich statt*“. Der Homilet sieht sich genötigt gegen die „Vorbereiter“ des Krieges „Worte zu schleudern“, „damit sie vielleicht abgebracht werden von der Übereinkunft (in Sachen der) Leidensfähigkeit“: „Dieser *ihr Streit* läßt es nicht zu, daß ich mich nicht mit ihnen befasse, / und das zwingt mich, daß ich ihren Namen in alle meine Darlegungen mische“ (350,4–5), d.h. daß er von Polemik nicht absehen kann. „Ein *stupor* hat mich ergriffen wegen dieses Leidens, das in der Gottheit (sein soll), / und verringert hat sich in mir der Gedanke unserer Leiden im Vergleich mit seinen eigenen“ (350,9–10), während doch „der *Krieg mit uns heftiger* ist als zu allen Zeiten“ (350,11–12). Daß noch einmal Frieden unter den Streitenden hergestellt werden kann,

---

[267] Hom. LXXIX (46): Mingana II, p. 340–352.
[268] *Ibrahim,* Doctrine, p. 212.

hält Narsai für unmöglich, er sieht niemanden, der dazu in der Lage wäre (350,20–351,7).

Schließlich kommt der Prediger wieder zur heilsgeschichtlichen, soteriologisch-christologischen Behandlung des Problems, p. 351,8–11:

„Durch Leiden befleckt ist das ganze adamitische Geschlecht,
und wer ist der Adam, dessen Leibeszusammenhang nicht Erde ist?
Es ist *ein* Adam, der nicht befleckt worden ist durch sein Adamsein,
jener, dessentwegen Streit erregen die Toren in Sachen seiner Leiblichkeit.
Einer ist es, den er (Gott) gestärkt hat für den harten Zeitpunkt der Leidensfähigkeit,
er, durch dessen Leiden leiden lassen die Hartherzigen den Leidensunfähigen".

* * *

Hier folgen die von McLeod edierten Homilien Narsais über die Heilsereignisse von Jesu Geburt bis zu seiner Himmelfahrt. Diese Gruppe beieinander zu lassen hat seinen praktischen Nutzen für mich wie für den Leser; vom Inhalt her legt es sich ohnehin nahe.

11. Über die Geburt unseres Herrn aus der hl. Jungfrau (Hom. IV)[269]

Das soteriologische Ziel wird in den zwei Anfangszeilen angegeben: Es ist die Aufgabe des von Gott gesandten Sohnes (cf. Gal 4,4), „to restore the universe to His knowledge" (p. 36/37,2)[270].

Der Logos brach auf *(ḥzq)* vom Vater, wechselte aber nicht den Ort *(l' šny)*, er kam zu unserer Wohnung, während er in ihr und in Allem war (Z. 3–4). McLeod zitiert zu diesem und zum nächsten Vers eine passende Stelle aus Theodor von Mopsuestia[271]. Was da „ausging", sagt Narsai, war „sein Wille *(zbynh)*" (McLeod nimmt das als Wiedergabe von εὐδοκία und übersetzt deswegen hier und sonst mit „His (good) pleasure") „und er kam *in seiner Liebe* zu den Irdischen" (5). Die *Natur* des Logos blieb jedoch ohne Verwandlung in

[269] Hom. IV: McLeod Nr. I, PO 40,1, 3 = fasc. 182, p. 36–69. – McLeod versieht die von ihm herausgegebenen Homilien mit gliedernden Zwischenüberschriften, die im Inhaltsverzeichnis am Schluß zusammengestellt sind. – Aus dieser Homilie über die Geburt Jesu ist in Text V der „Nestorian Collection" (ed. Abramowski/Goodman) ein kleines Florileg zusammengestellt worden, s. darüber den Appendix, p. 173–176.

[270] Da die Ausgabe eine durchlaufende Zählung der Zeilen für jede Homilie hat, verzichte ich von hier an auf die Angabe der Seitenzahlen.

[271] McLeod, PO 40, p. 37, Anm. 2, aus Theodors Psalmenkommentar (ed. Devreesse, ST 93, 1939, p. 56): Affectionaliter autem non localiter, Deus vel recedere vel accedere dicitur – nam qui ubique per naturam est omnibus semper praesens. „dicitur – nam": so Edition, keine Auslassung; weiter oben „autem" aus der Edition eingefügt für Auslassungszeichen. – Zu Ps 9,22 LXX: ut quid, Domine, recessisti longe?

dem, was sie war (6)[272]. Es gibt keinen „Ort[273] in seinen Geschöpfen *(twnyh)*, zu dem hin die (göttliche) Wesenheit aufbrechen" könnte (8), auch würde das Verwandlung bedeuten (10). Die Aktivität des Gott Logos zu unserem Heil wird hier, wie auch sonst bei Narsai, von seiner Natur unterschieden.

Nach dieser Vorrede darüber, wie man korrekt vom Kommen des Sohnes hinsichtlich seiner Gottheit zu sprechen hat, folgt eine Passage, der McLeod den Titel gibt „The Honoring of God's Image" (11–24). Den Aufbau dieses Abschnitts finde ich verwirrend, wogegen die Fortsetzung „The Fall of Adam"[274] (25–38) keine Schwierigkeiten macht. Z. 11–24 zerfällt seinerseits in die zwei Stücke 11–18 und 19–24; 19–24 hat nur ein Thema: der Mensch als Bild (Gottes), aber selbst hier erscheint sowohl der Anschluß an das Vorangegangene wie die Gedankenfolge holprig.

Z. 11 knüpft an Z. 4 und 5 an mit „er kam": „Seine Liebe[275] zeigte er dem Geschlecht der Menschen darin, daß er kam", und der Zweck seines Kommens ist: „damit er sehr groß mache den Namen seiner Erlösung[276] vor ihren Augen" (12). Unter dem „Namen seiner Erlösung" muß man „Jesus" verstehen, cf. Mt 1,21 („Du sollst seinen Namen ‚Jesus' nennen; er wird nämlich sein Volk retten …"[277]), und es ist dieser Jesus-Name, der in Phil 2,9–10 „sehr erhöht wird".

Die Zeilenpaare 13–14 und 17–18 haben die Vorstellung vom Herabsteigen gemeinsam – aber meinen sie damit das Gleiche? Z. 13–14: „Die Verächtlichkeit des Lehmklumpen Adams (gen. expl.) ehrte er mit dem Namen ‚Herabsteigen' *(mḥtt')*, / denn wenn seine (göttliche) Wesenheit auf ihn herabstieg, wieviel größer ist er (dann) als alle (anderen)!" Das *Herabsteigen* der (göttlichen) Wesenheit steht in direktem Widerspruch zu Z. 7–8 der Vorrede. Auch wenn mit der Vokabel „Verächtlichkeit" eine Lieblingsvorstellung Narsais aufgenommen wird, kann dies Zeilenpaar nicht vom Homileten stammen. Soll man nach einem exegetischen Bezug für „Herabsteigen" suchen, oder ist die unten gegebene Erklärung richtig?

In Z. 15 wird das „Bild (sc. Gottes)" genannt, daran werden sich die Erwägungen in Z. 19–24 anschließen. Z. 15–16: „Die Verderbnis seines Bildes wollte er erneuern durch den Namen ‚Geburt' *(yld')*, / da er es wiederum neu formt im Schmelztiegel des Geistes und es erneuert". „Geburt" ist wohl Mt

---

[272] Cf. *McLeod,* Einleitung, p. 25, Anm. 102.

[273] Cf. das gerade erwähnte Zitat aus Theodor.

[274] In Z. 35 lies „kinship" für „kingship". McLeod verweist p. 38, Anm. 10 zu dieser Stelle auf seine Einleitung Anm. 86; dort wiederholt sich der Druckfehler „kingship". Aber in der zweiten Stelle, die McLeod zu Beginn der Anm. 86 angibt, II 43–50, ergänzt er „(in kinship)" in Z. 49 („50" ist falsch) zum Gedanken des „Bandes" und sagt in Anm. 9: „An allusion to man as the bond of the universe. Cf. Introduction, n. 86."

[275] Vgl. das zu Z. 5 angegebene Theodor-Zitat.

[276] „Seine Erlösung" *pwrqnh* = Erlösung durch ihn.

[277] Für das Verb σώζειν hat Pesh. die übliche Übersetzung durch den Kausativstamm von *ḥy* = lebendig machen.

1,18 entnommen („Die Geburt – *yldh* – aber Jesu Christi geschah so …"), die Beteiligung des Geistes aus Lk 1.

Z. 17 nimmt aus *imago dei* von Gen 1,27 den zweiten Bestandteil auf, in Form einer Umschreibung: „Mit dem Namen seiner (göttlichen) Wesenheit ehrte er den Erden(stoff) des Staubgeborenen, / und weil er gefallen war und sich verdunkelt hatte, stieg er herab und richtete ihn auf aus dem Staub" (17–18). „Name der (göttlichen) Wesenheit" ist Narsais übliche Umschreibung in diesem Zusammenhang; ganz eindeutig weiter unten, Z. 33, in der vollständigen Formulierung: „Bild des Namens der (göttlichen) Wesenheit". „Er stieg herab" entspricht dem κατελθόντα der Bekenntnisse (N, Antiochenum, NC). Wenn Z. 13–14 eine Glosse ist, dann zu „er stieg herab" von Z. 18; als Randglosse wäre sie dann an falscher Stelle in den Text geraten.

Der Anschluß der Z. 19–24 an das Vorige erstaunt, denn hier werden, jedenfalls mit 19–22, einschränkende Bestimmungen zu „Bild (Gottes)" an sich, d.h. ohne heilsgeschichtlichen Bezug, nachträglich formuliert, obwohl doch schon einerseits von der positiven Rolle des „Bildes" in der Oikonomia, wie andererseits von seiner Verderbnis (die die Oikonomia nötig macht) die Rede war. Z. 19–20: „Sein ‚Bild' nannte er ihn in metaphorischer Bezeichnung *(šm' š'yl)*[278] in Bezug auf seine (Gottes) Größe, / denn sehr viel geringer ist alles, was geschaffen ist als seine (göttliche) Wesenheit". Das ist eine Warnung, „Gott" in „Bild Gottes" ja nicht mißzuverstehen – im Anschluß an Z. 17–18 wäre das vielleicht nicht nötig gewesen; was aber, wenn die Glosse 13–14 schon daneben stand? Sprache und Sache in 19–20 sind freilich ganz die Narsais – hat sich ein getreuer Schüler ihrer bedient? Z. 21–22 läßt eine erläuternde Begründung für 19–20 folgen: „Erhabener ohne Maßen ist seine Natur als

[278] Cf. *Ibrahim,* Doctrine, p. 128, zu Hom. XXII (für ihn noch „inédite", inzwischen Patriarchal Press II 337–355): „Le premier homme ne fut à l'image de Dieu que métaphoriquement, ce n'est qu'avec le second Adam, le premier-né de l'humanité, que l'Éternel a envoyé sa Splendeur pour y habiter". Siehe auch (p. 299–305) im systematischen Teil von Ibrahims Arbeit unter der Überschrift „L'homme dans la pensée divine". In McLeods gedrucktem „Exzerpt" (Rom 1973) aus seiner ungedruckten Dissertation wird p. 25 die gleiche Stelle aus Hom. XXII wie bei Ibrahim zitiert. McLeod hat im Exzerpt unter dem Titel „Man's Dignity as the Image of God" verschiedene Aussagen Narsais über Adams Erstausstattung zusammengestellt, so p. 20 aus Hom. I: „With (the name of) that Nature which is not constituted by a maker, I have called the image of man when I fashioned him" (the „image of man" übersetzt den stat. constr. *ṣlm 'nš',* besser „das Bild ‚Mensch'"? Gemeint ist in jedem Fall „der Mensch als Bild"); p. 21 aus Hom. LXII: „His image ressembles the Creator in name, not in nature"; p. 23 aus Hom. V: „He (God) willed to signify by the image of man the name of the Divine Essence"; p. 25 aus Hom. V: „He called him the image of his Divine Essence"; p. 28 aus Hom. V: „In grace, He gave him at the beginning of the ages the name of His Divine Essence". – Die Quelle für den Gedanken ist offenbar Theodor von Mopsuestia. McLeod zitiert p. 36 aus der Katechetischen Homilie XII (= Homilie 1 über die Taufe) in Minganas Übersetzung: „He especially honored him with this honor that He called him His image whereby man alone is called God and the son of God". In Tonneaus Ausgabe ist das der Anfang von § 8 dieser Homilie (p. 333).

die Geschöpfe / und besitzt kein sichtbares (Ab)Bild wie die Leiblichen". Z. 23–24 könnte dagegen direkt an 17–18 anschließen, auch nehmen die Zeilen das Motiv der Gotteserkenntnis als Ziel der Sendung des Sohnes (siehe Z. 2) wieder auf: „Sein Bild machte er groß durch die Bezeichnung ‚Bild'" (ergänze: „‚Gottes'"), „damit er in ihm alles verbinde *(n'swr)*, / so daß alle Liebe zu seiner Erkenntnis erlangten durch sein Bild".

Der nächste Abschnitt, Z. 25–38, beschreibt den Fall Adams, wie schon gesagt.

Das Mysterium der Trinität hat uns der Herr zuletzt offenbart (53–66), als Bekanntmachung der drei Hypostasen[279] bei der Taufe (cf. Mt 28); damit ist der enge Zusammenhang von Erlösung und Bekenntnis – auch zu Sohn und Geist – gegeben (59–60). Das „eine Bekenntnis" heißt: „die Gottheit – drei Hypostasen, eins in der Natur" (61–62).

Z. 70–74 vergleicht die Aussendung des Logos vom Vater mit dem Ausgehen des menschlichen *logos*[280] aus der Seele: der Vergleichspunkt ist die Gleichzeitigkeit von Ausgehen und Bleiben[281]. Z. 75–78: Seele und *logos* sind unsichtbar, aber mit Hilfe von Tinte und Tafel kann man den *logos* für die Sinne wahrnehmbar machen. Der Logos des Vaters ist mit dessen „Verborgenheit"[282] verborgen; „er malte seinen Willen auf die Tafel unseres Leibes, ‚und wir sahen seine Herrlichkeit'" (78).

Aber sogleich erfolgt eine Differenzierung, Z. 79–102, und zwar auf beiden Seiten des Vergleichs: „Nur dem Namen nach" malt die Rohrfeder den *logos* auf die Tafel; denn er ist (sc. als Vernunft) in der Seele verborgen und der Mund verkündet ihn durch Worte. Die christologische Analogie enthält eine Überraschung auch für den mit der antiochenischen Christologie Vertrauten: „In übertragener Bezeichnung *(bšm' š'yl')* wohnte auch der Logos im Mutterleib des Fleisches" (81). – Worauf bezieht sich „übertragen" – auf „Wohnen" oder auf Logos? Man erinnert sich, daß das „Wohnen" des Logos als die gültige Interpretation der Fleischwerdungsaussage betrachtet wird, ein metaphorisches Verständnis der Vokabel wäre dann doch sehr merkwürdig. Aber „Wohnen" ist auch ein Tätigkeitswort von lokaler Bedeutung, die bekanntlich auf die göttliche Natur nicht anwendbar ist. Offenbar ist dies eine andere Weise auszusagen, daß nicht der Logos seiner göttlichen *Natur* nach „wohnt", sondern vielmehr „der Wille seiner Liebe", der im Mutterleib wohnte „zur Erlösung unseres Lebens" (92). Der Logos begrenzte sich nicht in seiner Natur im fleischlichen Mutterleib; es ist sein *Wille*, der das Fleisch „herstellt" und zu seiner Wohnung macht (93–94). Nicht seine Grenzen umfassende Natur

[279] McLeod übersetzt *qnome* durchgängig mit „persons", siehe seine Einleitung, PO 40, p. 24, Anm. 96. Damit wird der unterschiedliche Sprachgebrauch in Trinitätslehre und Christologie verwischt.

[280] *mlt'* fem. konstruiert, daher „*logos*" kleingeschrieben.

[281] Narsai hat das Thema schon ausführlicher in Hom. LXXXI abgehandelt, siehe oben.

[282] McLeod übersetzt die Vokabel immer mit „hidden nature", siehe p. 43, Anm. 17.

„kam in eine Grenze“, (vielmehr) wohnte sein Wille in einem Begrenzten und tat alles durch ihn (95–96). Dies ist die angemessene Weise, wie der Grenzenlose „sein Eigenes“ „besucht“ (101–102) – man bemerke, wie hier Joh 1,11 und das „Besuchen“ von Lk 1,68. 78 (Lobgesang des Zacharias) miteinander kombiniert werden.

In der Auslegung der Engelsbotschaft an Maria (Z. 103–116) versteht es Narsai, die Beteiligung von Logos (Joh 1) – hier = „Wille“ – und Geist (Lk 1) miteinander zu verbinden. „Er sandte seinen Willen durch einen geistigen Botschafter“. „Er säte seinen Willen in die Erde des Fleisches“. In der Engelrede: „Durch die Kraft des Geistes wollte er einen Tempel in deinem Leib errichten“ (115), der ihm zur Wohnung dienen sollte und in dem er durch seinen Willen wohnen würde. Die Paraphrase von Lk 1,32a (οὗτος ἔσται μέγας καὶ υἱὸς ὑψίστου κληθήσεται) sieht so aus: „Groß wird er sein und heiliger und herrlicher als alle, / und er wird empfangen den Rang und den großen Namen *(šm')* des Namens[283] des (göttlichen) Wesens *(dšm 'ytwt')*“ (119–120).

Nach der Erwähnung des Eutyches (125) und des „Ägypters“ (Kyrill) (127) ruft Narsai die „Frechen *unserer Tage*“ (129) zur Rechenschaft: Kyrill ist die „Quelle“ der „hassenswerten Leidensfähigkeit“, weil er den Grenzenlosen eingeschlossen hat in (menschliche) Glieder (135–136). Nun werden eine Reihe von rhetorischen Fragen an ihn gerichtet: „Wessen Empfängnis hat der Wachende in die Ohren Marias verkündigt?“ (138). Wenn der Logos sich *selbst* erniedrigte *(tḇty)*[284] und Fleisch wurde – wozu brauchte es dazu noch den Geist (139–140)[285]? Die Gegner sollen erweisen, wie der Geist im Mutterleib den Logos des Vaters bildete (146)! Wenn seine eigene Natur im Mutterleib Fleisch wurde, hat er die Verheißungsworte an David geleugnet (155–156)[286]. Richtig ist vielmehr: Wenn das Fleisch, das er durch seine eigene Kraft „konstruiert“ hat, aus uns ist, dann bleibt seine eigene Natur ohne Verwandlung (157–158), andernfalls besäße sie nur den Namen, aber nicht die Wirklichkeit des (göttlichen) Wesens (159–160). Die Zeit (d.h. ein Ereignis in der Zeit) unterbricht nicht seine Dauer, sonst wäre es zeitlich und nicht göttlich (161–162); alles was zum (göttlichen) Wesen gehört, ist ohne Ende (164).

Das Wort ist in unserm Leib nicht verringert worden (168). Nicht seine Natur verwandelte sich und wurde verächtliches Fleisch, sondern er nahm

---

[283] „Name des Namens ...“ ist eine merkwürdige Konstruktion; McLeod läßt „des Namens“ daher weg. Man muß diesen Genitiv wohl als explikativen verstehen, dann könnte man den zweiten Namen zu einer Apposition des ersten machen: „er wird empfangen ... den großen Namen, den Namen des (göttlichen) Wesens“. Da eine deutliche Beziehung auf Lk 1,32 vorliegt, ist der Name ὕψιστος, und das war ja ein jüdischer Gottesname.

[284] Dies ist nicht, wie man denken könnte, eine Anspielung, die Phil 2 leugnete; das im Hymnus gebrauchte „entäußern“ wird in Pesh. mit *srq* wiedergegeben. – Auf welche Weise man doch von der Erniedrigung des Logos sprechen kann, wird weiter unten erläutert.

[285] Diese beiden Zeilen bilden den Schluß von Zitat 3 im Narsai-Florileg der „Nestorian Collection“, siehe den Appendix, p. 173–176.

[286] Man erinnert sich an die Rolle der Verheißung an David bei Ḥabib.

Fleisch von der unseren und ehrte sie durch die seine (171–172), und unsere, die er annahm, machte er mit sich *eins* durch die Ehre (174). Nicht zum Werden[287] des Fleisches kam der vor Allem Verborgene, er konstruierte vielmehr das Fleisch, damit er durch es hinweise auf seine Verborgenheit (175–176).

Durch[288] den Geist bildete er ihn (sc. den „Menschen" von Z. 177), „und es füllte ihn der Geist der[289] Kraft seines Willens" (cf. Lk 1,35, wo πνεῦμα und δύναμις synonym sind), „damit er von seiner Fülle (cf. Joh 1,16, πλήρωμα, *mlywt'*[290]) Leben gebe und das All lebendig mache" (181–182). – Wie wir schon sahen (oben Z. 104–105), vertritt Narsai die Auffassung von der Empfängnis durch das Ohr Mariens, in das der Engel die Saat seiner Verkündigungsworte säte (189–198)[291]. Das Gebot, das vom Kaiser Augustus ausging, ist veranlaßt durch *rmz'* Gottes, was McLeod mit „(Divine) Will" übersetzt (245); als Vergleich zieht er das lateinische *numen* heran[292], aber viel besser ist *nutus,* das heißt „Wink" genau wie das syrische Wort. Im Bereich des Herrschers, hier des göttlichen, ist ein Wink soviel wie ein Befehl.

Die Erzählung von der Anbetung des neugeborenen Jesus durch die Magier aus Mt 2 wird von Narsai ausführlich gedeutet (260–356). Narsai nennt die Magier „Chaldäer". In der Beschreibung des Zugs von Jerusalem nach Bethlehem läßt Narsai die Chaldäer begreifen, was der König Herodes im Sinn hat[293]. Das ist das Werk des „verborgenen Winks" (321–324). Angekommen am „Tor des Königs" (326) (dies ist jetzt der „neugeborene König der Juden", wie stillschweigend vorausgesetzt wird), sahen sie den König in einer „verächtlichen Wohnung, und sie zweifelten nicht" (328). „Sie öffneten (ihre) Schätze, die ihre Bedeutung in sich trugen", – das liest man aber erst in Z. 339. Dazwischen steht ein Einschub von derselben Hand, die wir in Hom. LXXXI am Werk fanden und die an der spirituellen Psychologie interessiert ist. In der Tat ist von den „Regungen *(z'')* der Seele" dreimal in diesem Abschnitt die Rede: Z. 329 (hier ohne „Seele"), 333 und 338, d.h. in der ersten und in der letzten Zeile des Einschubs und ungefähr in der Mitte. Der Interpolator nimmt den letzten Gedanken des Narsai-Textes aus Z. 328 so geschickt auf (siehe außerdem den „Wink" in Z. 333), daß man die andere Hand zunächst

287 *lhwy',* McLeod: „to an existence".

288 McLeod: „In the Spirit".

289 Eine Hs hat die Schwierigkeit des Genitivs empfunden und schreibt statt dessen *bḥyl,* Anm. 68 zum syrischen Text. In diesem Fall hat McLeod selber zu einer appositionellen Übersetzung gegriffen: „and the Spirit, the power of His (good) pleasure filled him".

290 Diese syrische Vokabel stellt die eindeutige Beziehung zu Joh 1,16 her; das πλήρωμα von Kol 1,19 heißt *mwly'.*

291 In Z. 198 übersetzt man besser „Ähre" statt „stalk". – Z. 201–202 ist Zitat Nr. 1 im Narses-Florileg der „Nestorian Collection", siehe den Anhang unten.

292 McLeod, p. 53, Anm. 27. Er erwähnt Gignouxs Übersetzung durch „signe" und Ibrahims durch „force".

293 Im biblischen Bericht befiehlt ihnen Gott *nach* der Anbetung in Bethlehem, ihren Rückweg nicht über Jerusalem zu nehmen, Mt 2,12.

nicht bemerkt: „O Gebot, das die zweifelnden Regungen stark machte" (d.h. stark gegen den Zweifel) (329); „und sie wurden nicht geschwächt durch die Zweifel, die schwach sind" (330). Daher fragen die Chaldäer nicht nach Krone und Autorität des Königs. „Zügel des Schweigens legte der (göttliche) Wink den Regungen der Seele an" (333), „damit sie nicht in Zweifel fielen" (334). Im nächsten Zeilenpaar tragen die Assoziationen den Interpolator davon: „Sie (die Regungen – oder die Chaldäer?) liefen leicht voran unter dem verläßlichen Intellekt *(hwn')* als Wagenlenker" (335). In Z. 336 assoziiert sich der „Wagen" dem Lenker: „und sie geleiteten den Leib auf dem Wagen des Gefährts des Königs". Welcher Wagen? Wessen Leib? Welcher König – Jesus? Mit einem Sprung in einen üblichen Narsai-Gedanken versehen mit seiner eigenen besonderen psychologischen Nuance rettet sich der Interpolator aus dem Dickicht seiner unerläuterten Anspielungen: Sie ehrten den Unsichtbaren im Sichtbaren, der verächtlich anzusehen ist; im Leiblichen sahen sie den Geistigen durch die „Regungen der Seele" (337–338).

Ihre Gaben „trugen ihre Bedeutungen in sich" (339), fährt der echte Narsai fort. Das Gold (341–342) bedeutet die Vollmacht dessen, der über alles herrscht und der von allen den Tribut des mündlichen Bekenntnisses verlangt. „Mit der Myrrhe zeigten sie, daß er zuerst leidet wie die Sterblichen / und dann erhoben wird über den Tod durch die Kraft des ihn Annehmenden" (343–344). Mit dem Weihrauch (345–346) machten sie bekannt die Verborgenheit dessen, der vor dem All verborgen ist und dem liebende Anbetung geschuldet wird. Mit der Dreizahl des Opfers wiesen sie auf die Trinität hin, die vor allen verborgen ist (354).

Die Beschneidung Jesu (Lk 2,21) bietet natürlich einen Anlass zu scharf unterscheidenden Bemerkungen, so Z. 390: „Laßt uns untersuchen, wessen Fleisch es ist, das die Hand des Fleisches beschnitten hat". Die Beschneidung wird als Siegel gedeutet (392): „Wenn der Logos sich selbst[294] verwandelte und Fleisch wurde", was zwang ihn, sich selbst mit dem Siegel der Menschen zu siegeln (393–394)? Auch hier hat das rechte Verständnis des evangelischen Berichts mit der Erfüllung der Verheißung an die Gerechten zu tun (395–400)[295].

Die Polemik wird durch ein Wort der Werbung um die Zuhörer unterbrochen (403–404), die sich auf dem falschen Weg befinden: „wir wollen euch den Weg des Friedens zeigen". Dazu ist es nötig, „mit uns zu bekennen zwei, die eins wurden" (406). Wir befinden uns also auch mit dieser Homilie in der Atmosphäre der edessenischen Auseinandersetzungen. Das führt Narsai zu grundsätzlichen Aussagen, die bei Joh 1,14 einsetzen, um schließlich noch einmal zur Beschneidung zurückzukehren (407–422). Zunächst fällt die uns schon bekannte Wendung „der Logos und der Leib" (407), die aber sogleich in

---

[294] *yth*, McLeod „His Being", siehe aber oben Z. 153 dieselbe Aussage mit *npšh* als Reflexivpronomen.

[295] Z. 399–400 = Zitat 5 im Narsai-Florileg.

der Form „das Wort wurde Fleisch“ zitiert wird (409) und mit der Qualifikation „nicht in Natur“ versehen wird (ibid.), um weiter durch das „Wohnen“ im Fleisch erklärt zu werden und zwar des Verborgenen im Offenbaren (410). Das Wohnen schließt die Verwandlung aus (411). Der Sinn der folgenden drei Zeilen 412–414 ist die Funktion des Wohnens als Unterscheidung zwischen dem Bewohner und der Wohnung:

„Nicht nämlich ist es möglich, daß er werde *und* wohne in sich selbst[296]“ – d. h. entweder ist er geworden *oder* er hat Wohnung genommen –. / „Einer kann im *andern* wohnen in vollkommener Liebe; / und wie (soll es) möglich (sein), daß einer in sich selber wohnt?“

Mit „in sich selber“ habe ich *bqnwmh* der Zeilen 412 und 414 übersetzt, während McLeod „in His Person“ bzw. „in his own person“ bietet; er macht eine Anmerkung nur zu 412, wogegen seine Übersetzung in 414 nach dem englischen Sprachgebrauch dasselbe bedeutet wie die meine (obwohl man wegen der bestehenden terminologischen Probleme auf diese Wendung verzichten sollte), darauf weist auch der Unterschied in der Verwendung der Kapitalien hin.

Für „Liebe“ (413) kann „Wille“ und „Kraft“ eintreten, Z. 415–416. Hier hören wir auch, wie von der Erniedrigung des Logos geredet werden darf: „Der Logos des Vaters erniedrigte sich selbst *durch seinen Willen,* / und es wohnte seine Kraft im reinen Leib, den Maria geboren hat“, jedoch erniedrigte er sich nicht in seiner (göttlichen) Wesenheit (417). Wille und Liebe können sich zum Hendiadyoin vereinen: „Der Wille der Liebe wohnte in einem andern und nannte ihn bei seinem Namen“ (418). Maria hat nicht die (göttliche) Wesenheit, die vor allen verborgen ist, geboren, sondern einen Menschen, der seinen Geschlechtsgenossen völlig gleich ist (419–420)[297]. Die Übersetzung von Z. 421–422 durch McLeod ist überflüssig umständlich, besser: „Not the spiritual One [Akkusativ!] without composition hands have circumcised; / the corporeal one it is whom the hands of corporeal ones have circumcised“.

Das Kind der Maria gleicht seiner Mutter (424), aber wegen der Weise seiner Empfängnis und Geburt ist der Geborene heiliger und herrlicher als die übrigen leiblichen (Geschöpfe), auch ist er erhabener als seine Mutter (428, 430).

Sehr problematisch sind die Z. 431–438 (abgesehen von 435–436). Der Text besteht aus vier Zeilenpaaren, alle nach dem gleichen Schema aufgebaut: a) (Christus) als Mensch nach seiner menschlichen Natur, b) (Christus) als

---

[296] *McLeod* sagt p. 63, Anm. 34: „This is an illuminating passage. For the context indicates that Narsai understands *qnwm'* as being equivalent to nature“. Zwei Hss lesen in Z. 412 sogar *bkynh*, siehe Anm. 180 zum syrischen Text. Sie haben also *qnwm'* als agens des Wohnens genommen und nicht als Ort des Wohnens. Ist McLeods Urteil dadurch bestimmt? Ich kann ihm jedenfalls nicht zustimmen.

[297] Z. 419–422 = Anfang von Zitat 3 im Narsai-Florileg; 423–424 = Zitat 2 dort.

Mensch unter der Einwirkung des Logos, der ihn angenommen hat und in ihm wohnt. Keine Schwierigkeit macht das Zeilenpaar 435–436: „In Leib und Seele gleicht er seinen leiblichen Brüdern, / und *in Vollmacht* ist er dem Logos gleich, dem Gezeugten des Vaters", – das ist eine uns bei Narsai völlig vertraute Aussage. Aber in den übrigen Zeilenpaaren *ist* er Gott, auch wenn das „ist" ganz unbetont durch das enklitische Pronomen ausgedrückt wird. 431–432: „Mensch ist er *('nš' hw)* ganz durch die Vollständigkeit von Leib und Seele, / auch Gott ist er *('p 'lh' hw)*, der[298] zur Wohnung wurde für den Gott des Alls[299]". – „Gott des Alls" noch einmal am Ende von Z. 438 (ebenfalls im *status constructus)*, was kaum Zufall ist und eine *inclusio* markiert[300]. Noch auffälliger ist Z. 433–434:

„Sohn einer Frau *(br brt 'nš')* ist er, denn *(d)* aus ihr ist die Natur seiner Zusammensetzung (= seine zusammengesetzte Natur), / und Sohn der (göttlichen) Wesenheit *(br 'ytwt')* ist er, der dieser gleich geworden ist durch die Kraft des ihn Annehmenden".

Z. 433 und 434 sind mit Hilfe ihrer *br*-Konstruktionen sorgfältig parallel formuliert. Wie die Zeile 432 schließt auch 434 aus, daß die Rede vom einen Christus in zwei Naturen sein könne, Subjekt ist vielmehr der angenommene Mensch/Leib/menschliche Natur.

„In Empfängnis und Geburt und Leiden des Leibes ist er ganz Mensch, / und in den Herrlichkeiten, die er empfangen und ererbt hat, ist er Gott des Alls *('lh kl hw)*" (437–438)[301].

An den kritischen Stellen mit dem enklitischen Pronomen *hw* als Prädikat müßte man nach Narsais üblichem Sprachgebrauch und seiner Weise zu denken ein „wird genannt" oder dergleichen erwarten. Es liegt gewiß nicht an den Erfordernissen des Versmaßes, daß hier nicht so geredet wird. An anderer Stelle in unserer Homilie, bei der Auslegung von Lk 1,32a (Z. 119–120), lesen wir, daß der der Maria verheißene Sohn den *Namen* der göttlichen Wesenheit empfangen wird.

Ich bin der Meinung, daß wir es in Z. 431–434 und 437–438 mit einer Interpolation zu tun haben; als Marginalglosse war sie wahrscheinlich als Einschub nach Z. 436 bestimmt, denn sie zieht eine Folgerung aus der „Gleichheit in Vollmacht". Die Absichten des Interpolators sind vermutlich die besten: Er will sich gegen den Vorwurf wehren, daß seine theologische Richtung einen Menschen anbete. Statt dessen gibt er Anlaß zum Vorwurf (der ebenfalls erhoben wird), die Anbetung gelte einem Gott gewordenen Menschen – ganz zu

---

298 McLeod „because". Ebenso Z. 434.

299 Z. 431–432 = Zitat 4 im Narsai-Florileg.

300 Damit ist entschieden, daß *'lhwt'* für „Gott des Alls" in der Fassung des Narsai-Florilegs von Z. 431–432 = Zitat 4 (s. die vorige Anm.) sekundär ist.

301 Z. 437 „ganz Mensch", Z. 438 „Gott des Alls" ist bewußtes Wortspiel mit *kl*, in der Übersetzung nicht reproduzierbar.

schweigen von der Vorstellung zweier göttlichen Naturen des gen Himmel gefahrenen Christus. Aber diese letztere Konsequenz ist dem Interpolator wohl kaum bewußt geworden.

Darauf folgt eine Abwehr des Vorwurfs, Narsai lehre zwei Söhne (439–448). – Hier hätte man sich eine ausdrückliche Ableitung aus dem vorigen Abschnitt gewünscht. – Die Unterscheidung zweier Naturen hat nicht zwei *prosopa* zur Konsequenz.

„Als *einen* erkenne ich den Logos des Vaters und den Leib aus uns,
indem ich anbete den Geistigen im Leiblichen" (443–444).
„Die Naturen habe ich unterschieden wegen des Leidens und der Herrlichkeiten,
einer (ist) der Leidende und der Leidensunfähige, Logos und Leib" (447–448).

Es gab einen Streit darüber, wen Maria geboren hat (449), jedenfalls nicht die (göttliche) Wesenheit (451). Der Allumfassende wird nicht durch einen Mutterleib umgrenzt (454). Maria ist die Mutter des zweiten Adam (455)[302]. „Jener Befehl, der der Erde einen Wink gab, und sie gebar Adam, / malte ein Bild in ihren (Marias) Gliedern in der Gestalt Adams" (457–458)[303]. Narsai beschreibt die daraus folgenden Heilswirkungen für den ersten, gefallenen Adam (Z. 459–476), um aus ihnen die richtige Bezeichnung für die „Reine" abzuleiten (477): „Mutter des Bildes, in dem gezeigt wird das Bild der Verborgenheit" (478).

Den Schluß der Homilie bildet ein Glaubensbekenntnis (491–508), zunächst trinitarisch[304], dann christologisch-soteriologisch. Er hat uns erlöst durch seinen Sohn (502). Der Sohnesname ist der Name der Einheit (503–506):

„Mit ‚seinem Sohn' sage ich aus den Logos aus ihm und den Leib aus uns,
einer geistig und einer leiblich, verborgen und offenbar.
Zwei in Natur: die Gestalt des Knechtes und des Schöpfers[305],
einer durch[306] die (göttliche) Wesenheit, die ehren wollte die seine durch die Ihre",

das heißt die menschliche Natur durch die göttliche[307].

---

302 Z. 455–456 = Zitat 6 im Narsai-Florileg.

303 Z. 457–458 = Zitat 7 im Narsai-Florileg.

304 *qnwm'* für den Geist ist besser mit „Hypostase" zu übersetzen als mit „person".

305 *'bwd'* „Schöpfer" als Gegenstück zu *'bd'* „Knecht".

306 McLeods „in" ist zu schwach, denn die Gottheit ist das *agens* der Einheit.

307 Für das *d* am Beginn der letzten Zeile (508) der Homilie ist auch hier „das" statt McLeods „because" zu setzen.

12. Über die Epiphanie (Über die Taufe Jesu) (Hom. VI)[308]

Die Homilie beginnt mit der Erschaffung Adams, fährt fort mit „The Corruption of Adam's Image" and „The Renewal of Man". Er „erhöhte sehr den Namen seiner Erneuerung über seine Herstellung" (47)[309]. Christologische Aussagen fallen im anschließenden Abschnitt „The Fashioning of The Second Adam" (51–70). „Sein Wille stieg hinab zu seinem Hergestellten in anmutiger Liebe / und malte auf der Tafel des Leibes Adams den zweiten Adam" (51–52). Dadurch geschieht die Erneuerung der Nachkommen Adams (54). Der zweite und der erste Adam werden miteinander verglichen: einerseits sind sie gleich, andererseits ist der zweite Adam weit erhaben über den ersten. Er hat Autorität und ist Herr über Adam und seine Nachkommenschaft (58). Er ist größer an Ehre als alles Gewordene (59). Der Rang, den er erlangt hat, kann mit anderen Geschöpfen nicht verglichen werden (62). Seine Empfängnis ist erhaben, seine Geburt herrlich wegen seiner himmlischen Verkündiger (63–64). Nur er hat den Namen der κυριότης empfangen (65), damit Himmlische und Irdische ihm gehorchen sollen.

Hier folgen vier Zeilen (67–70), die dasselbe Anliegen haben, wie der letzte Einschub in der Geburtspredigt (siehe oben zu Hom. IV, Z. 431–434, 437–438), auch wenn die Absicht nicht ganz so deutlich zutage tritt wie dort. Die sprachlichen Eigentümlichkeiten sind die gleichen: „Gott des Alls" in der Genitivform des *status constructus,* Satzprädikate in der unauffälligen Form des enklitischen Pronomens *hw.* Zu dem betreffenden Einschub in Hom. IV hatte ich postuliert, daß er sich an das Stichwort „Vollmacht" des echten Textes anschlösse. *Hier* gibt der Interpolator dies Stichwort selber an (68). Der Gehalt der Vollmacht ist im vorangehenden Zeilenpaar des echten Textes (65–66) angegeben.

67 „Seine Natur bezeugt, daß er ein Adamit ist aus dem Irdischen,
68 und der Name seiner Vollmacht ruft aus und bezeugt, daß er göttlich ist *('lhy' hw).*
69 Irdisch ist er wegen Leib und Seele der Menschen,70und himmlisch ist er, der[310] Wohnung wurde für den Gott des Alls *('lh kl)*".

Auch hier wird aus der Bevollmächtigung des Irdischen und aus seiner Bestimmung als „Wohnung" für Gott die Folgerung seiner Göttlichkeit gezogen. Die Beurteilung dieses Einschubs kann keine andere sein als die oben schon gegebene.

Ehe von der Taufe durch Johannes berichtet wird, hören wir ausführlich die Geburtsgeschichte des Täufers, seine Predigt in der Wüste, seine Vorankündigung Christi.

---

[308] Hom. VI: McLeod Nr. II, PO 40,1 = fasc. 182, p. 70–105.
[309] Auf p. 73 muß die Ziffer 50 eine Zeile tiefer gerückt werden.
[310] McLeod „because".

Z. 197–202 zitiert Joh 1,29–30 und läßt den Täufer seine eigenen Worte paraphrasieren. Doch geht Narsai sogleich zu einer polemischen Debatte („o Unbeschnittene am Herzen") mit den üblichen ironischen und rhetorischen Fragen über (203–211). Gegenstand ist das „nach mir" und „vor mir" von Joh 1,30, in den Worten Narsais: das „jünger" und „älter", ausgesagt über Jesus in seiner Relation zum Täufer. „Wer ist das reine Lamm, das den Frevel wegnimmt?" (206). Wenn es der Logos war, wozu bedurfte es des Fleisches, um unsere Sünden zu reinigen? (208). Es ist absurd anzunehmen, daß die Kraft der (göttlichen) Wesenheit der Kraft des verächtlichen Fleisches bedurfte (214). (Vielmehr:) es ist das Fleisch, das erhöht wurde und die Kraft dazu erhielt „durch die (göttliche) Wesenheit", nicht erhielt diese Wesenheit Hilfe vom Sterblichen (215–216). „Mit einem Körperlichen bekleidete sich der göttliche Wille, / und er siegte und ließ siegen seine Genossen durch die Kraft des ihn Annehmenden" (217–218).

Mt 3,14 („Ich bedarf wohl ...") wird in eine längere Rede des Täufers an Jesus verwandelt (225–240). Aus der Antwort Jesu in Mt 3,15 („Laß es jetzt ...") wird eine noch längere Rede. Der Antwortende wird als König bezeichnet (241). Er verlangt, Johannes solle nicht seine Größe und Ehre vor den Zuschauern offenlegen, „bis ich tue und erfülle alles, was geschrieben ist" (243–244). Jesus will getauft werden als ein Mangelhafter, der der Barmherzigkeit bedarf, damit er in sich selbst[311] den Mangel des menschlichen Geschlechts auffülle, denn auch er ist von dem Geschlecht, das der Sünde verfiel (245–247). Dieser Gedanke wird weiterverfolgt bis Z. 276, gesprochen immer in der 1. Person Jesu.

„Jesus' Baptism" wird Z. 277–296 gedeutet.

„The Anointing of The Spirit" (297–324) kombiniert Mt 3,13–17 mit Joh 1,32–34. „In Gestalt einer Taube stieg der Geist herab und blieb bei ihm, / und durch den offenen Erweis deutete er an seine Verborgenheit" (301–302). Die Taube zeigt, daß er den ganzen Reichtum des Geistes empfangen hat, er blieb bei ihm und ging nicht fort, „in der Ordnung[312] seiner Einwohnung" (303–304). „Und der Vater besiegelte das durch die Stimme: ‚Dieser ist mein Geliebter'" (cf. Mt 3,17) (308). Die Zuschauer hörten nur die Stimme des Vaters, die Salbung durch die Gestalt der Taube beobachteten sie nicht (311–312) – das muß sich auf Mt 3,16 beziehen, wo *Jesus* den Geist Gottes in Gestalt einer Taube auf sich herabfahren sieht. Aber auch der Täufer sah (313): „Im Verborgenen salbte er ihn allein vor dem einen, der (die Taufhandlung) ausführte[313]", cf. Joh 1,32. Darüber noch einmal Z. 317–320. Schließlich ein Bei-

---

[311] *bqnwmy*, McLeod „in my person", cf. p. 85, Anm. 24: „*qnwm'* signifies here (und in v. 261 below) the human self peculiar to Jesus".

[312] „Ordnung" kann hier eigentlich nur „Art und Weise" meinen, und die wäre „Einwohnung auf Dauer".

[313] Wie soll man den Anschluß von Z. 314 übersetzen? Was ist in diesem Zusammenhang „the great rite of anointing"?

nahe-Zitat aus Joh 1,32 und einer Zeile von 1,33 mitsamt einer Interpretation, die die Verborgenheit des Geistes in Jesus akzentuiert („verborgen“ = göttlich): „Ich sah den Geist, eine verborgene Natur, im Geheimnis des Vogels / herabsteigen (und) verborgen im Offenbaren bleiben in vollkommener Liebe“ (321–322).

Die Taufe Jesu gibt Anlaß zur üblichen christologischen Debatte – wer ist es, der den Geist und den Sohnesnamen empfangen hat? (326) usw. McLeod überschreibt den langen Abschnitt (325–366) mit „Narsai’s Rejection of His Adversaries’ Position“. Mit den gebräuchlichen polemischen Mitteln wird nachgewiesen, daß es nicht der Logos gewesen sein kann, der den Geist empfing. Zwischen den *reductiones ad absurdum* erscheint das Problem, warum es nicht der Logos war, der bei der Zusammensetzung (seines) Leibes diesem Kraft durch seine Kraft gab, daß (vielmehr) der Geist herabstieg und seinen Leib durch die Salbung mit Kraft begabte (333–334)[314]. – Hier zeigt sich einmal wieder, wie schwierig es ist, die Geistbegabung Jesu bei der Taufe mit Joh 1 auszugleichen. – Da die Geschichte aber nun in allen vier Evangelien erzählt wird, kann von ihr nicht abgesehen werden, es muß doch einen Grund für das Ereignis geben. – Daher wird deklariert: „The reason for the ointment is the majestic rank of glory, / because whoever is imperfect receives rank by reason of the ointment“ (341–342). Wollte man das vom Eingeborenen sagen, würde das bedeuten, er hätte den majestätischen Rang von Herrlichkeit erst „neulich“ empfangen (343–344) – was natürlich absurd wäre. Es muß also weiter danach gesucht werden, „who has been exalted by reason of the ointment“ (348). „Den, der über alles erhaben ist, erhöht nicht die Majestät des Ranges“ (352); Gott *(’yty’)* bleibt in seiner (göttlichen) Wesenheit auf ewig (353), die Natur *seiner* Herrlichkeit verändert sich nicht (354). „Wer gradweise erhöht wird, den erhöht ein anderer“ (359). „Wir wollen nicht sagen oder denken wie die Undankbaren, / daß der Logos des Vaters das Eigene erhöht hat durch das Unsere, das er annahm“ (363–364). Z. 365–366 beantwortet die Frage von Z. 348: „Es ist der Angenommene, der gradweise erhöht worden ist, nicht der Annehmende, / es ist der Verächtliche, der den erhabenen Namen erhalten hat durch die Kraft dessen, der ihn annahm“.

Was in der Taufe Jesu dem Getauften mitgeteilt wird, wird etwas später aufs Neue beschrieben. Johannes verkündete die gute Botschaft vom König, den die zerstreuten Söhne Jakobs erwarteten (403–404). Der Geist zeigte seine Herrlichkeit den Zuschauern, „obwohl er irdisch war, gab er ihm die Krone des Königreichs der Höhe“, die Stimme des Vaters erhöhte ihn über alle (415–417). Z. 419–420 nimmt die „drei Zeugen“ von 1 Joh 5,7 in folgender Form auf: „Der Vater ruft, der Sohn wird getauft und der Geist steigt hinab, / drei

[314] Diese Fragestellung ist eine Reaktion auf den 9. Anathematismus Kyrills, in dem die antiochenische Auffassung von der Geistbegabung Jesu karikiert wird. Die Taufe Jesu als Ort der Geistbegabung wird übrigens im Anathematismus nicht erwähnt.

Zeugen, die unterschrieben haben in Königsvollmacht“. Man sieht, wie leicht sich dort das Comma Johanneum entwickeln konnte, wo es durch die orientalischen Bibelübersetzungen gerade nicht überliefert wird.

Die Zeilen 421–440 überschreibt McLeod „A Man Was Baptized“ („Mensch“ ist mit einem starken Akzent zu versehen, wie es Narsais Text will). Doch endet der so betitelte Abschnitt erst mit Z. 470, wie wir noch sehen werden. Z. 421–424 lauten dem Titel entsprechend:

421 „Ein Sohn unseres Geschlechts ist es, der getauft wurde und den Namen der Sohnschaft erlangte,
422 und ihm wurde gegeben der Vorrang und die Krone der Höhe.
423 Er ist es *(hwyw)*, den der Geist salbte mit Kraft und bei dem er blieb.
424 Über ihn legte der Vater Zeugnis ab mit seiner Stimme, daß (nämlich) seine (des Vaters) Liebe wahrhaftig ist“.

Jetzt folgt ein Zeilenpaar über die Einwohnung des Logos und über die Ausstattung mit dem Namen „(göttliche) Wesenheit“. Danach wird wieder über die Taufe (Jesu, der Name fällt hier nicht) gesprochen, 427–450: Verleihung des Sohnesnamens und wie sich diese zur Verheißung desselben Namens bei der Ankündigung seiner Geburt verhält, und was die Begabung mit der Kraft des Geistes bedeutet. Den tatsächlichen Abschluß findet man in Z. 469–470: Wenn die Häretiker mich verleumden, dann sollen *sie* zeigen, wer es ist, der getauft wurde und wen der Geist gesalbt hat.

Innerhalb dieses geschlossenen Zusammenhangs der Mitteilungen des Redners über die Taufe, sind die beiden Z. 425 und 426 als Einschub zu betrachten. Es wird dafür das „Er ist es“ *(hwyw)* von Z. 423 mit großem Geschick aufgenommen:

425 „Er ist es, der würdig war, eine Wohnung zu werden für den Logos des Vaters,
426 und er wurde geehrt durch den Namen *der (göttlichen) Wesenheit,* die über alles erhaben ist“.

Hier wird der Name für die Gottheit dem *Menschen* zugesprochen, so daß wieder der Anschein von zwei göttlichen Naturen in Christus entsteht, wie wir das schon in dem langen Zusatz in Hom. IV und in einem kürzeren in unserer Homilie beobachten konnten. Dagegen spricht die Fortsetzung des originalen Textes (427–450) weiter betont vom Menschen, der da getauft wird. Das Motiv des Interpolators ist leicht zu erkennen: Es ist die Sorge, man könne die Darlegungen des Homileten über den getauften Menschen als solche über Jesus als einen bloß geistbegabten Menschen verstehen, daher schaltet er die Erinnerung an die Einwohnung des Logos in diesem Menschen dazwischen (die ja nicht erst bei der Taufe einsetzt) mitsamt seiner nicht recht bedachten These von der Göttlichkeit des angenommenen Menschen.

Narsai aber insistiert auf der Taufe des Menschen durch einen Menschen, denn damit öffnete der Getaufte „den Söhnen seines Geschlechts den Weg zur Erneuerung“ (429–430). Daß dem Getauften Name und Rang verliehen werden, erweist, daß er „aus den Sterblichen ist“, daß er durch Gnade Erbe und Herr in der Höhe und Tiefe wurde (431–432). Wie jeder „Leibliche“ wurde er getauft in gewöhnlichem Wasser, der Mutterleib der Taufe gebar ihn geistlich (437–438) – diese letzte Aussage gilt ja ebenfalls für jeden Menschen. In einer Art Rückprojektion unserer Taufe im Namen des Vaters und des Sohnes und des Geistes auf Jesus heißt es (439–440):

„Im Namen der (göttlichen) Wesenheit, der drei Namen, wurde er getauft und geheiligt: der Vater in der Stimme und der Sohn in Liebe und der Geist im Salböl“.

McLeods nächste Überschrift, „The Word And The Body Are The One Son Of God“, unterbricht den Gedankengang. Die Überschrift bezieht sich freilich auf ein Stück des Textes (455–468), das seinerseits die Abhandlung über die Taufe unterbricht (Z. 469–470 erst ist, wie schon bemerkt, der Abschluß der Abhandlung). Die Passage 455–468, eine korrekte Darstellung der Einheit und Zweiheit in Christus im Sinne Narsais und mit seinen *topoi*, wie sie uns aus den Homilien bekannt sind, fungiert als Korrektur an den Z. 451–454. Diese vier Zeilen sind eine Interpolation, die längere Korrektur 455–468 ist durch den ersten, kleinen Einschub verursacht.

Dieser erste Einschub lautet:

451 „Mensch war er in Leib und Seele abgesehen von Frevel;
452 und er salbte ihn mit dem Geist und er wurde durch die Kraft GottMensch *(ʾlh brnšʾ)*.
453 Mit dem Namen ‚Mensch‘ benenne ich ihn wegen seines Leibes,
454 und den Namen ‚Gott‘ gebe ich ihm wegen seines Ranges“.

Die Glosse ist durch ihren Anfang geschickt in den Originaltext eingefügt: 451 „Mensch war er“ *(brnšʾ hwʾ)* nimmt den Beginn der Z. 448 und 449 auf. Das Menschsein wird definiert: Leib und Seele, ohne Sünde; der Mensch wird mit dem Geist gesalbt, die „Kraft“ macht den Menschen zum „GottMenschen“. Die Benutzung dieses Ausdrucks für den getauften Menschen wird gerechtfertigt. (Der „Rang“ von 454 ist eine Narsai-Vokabel, die der Interpolator aufgreift). „GottMensch“ verschiebt die Intention Narsais; nach ihrer eigenen Absicht ist diese Interpolation neben die schon gekennzeichneten Glossen dieser und der vorangehenden Homilie zu setzen und ebenso zu beurteilen.

„GottMensch“ ist keine sprachliche Neuschöpfung des Glossators, vielmehr stammt der Ausdruck aus einer ehrwürdigen Quelle.

Exkurs über „GottMensch“, ʾlh brnš

Durch die Schreibung ohne Interstiz versuche ich im Deutschen die im Syrischen grammatikalisch sehr auffällige Form zweier Nomina, die im *status absolutus* gleichrangig nebeneinander gestellt sind, wiederzugeben. Mit diesem

Nebeneinander wird offensichtlich die griechische „Zwillingsbildung" θεὸς ἄνθρωπος reproduziert. Alois Grillmeier, der dieser und verwandten Wortbildungen nachgegangen ist, fand als ältesten Beleg Origenes, *De principiis* II 6, 3[315], leider nur in Rufins Übersetzung: „deus-homo". Welchen Weg das griechische Doppelwort zur syrischen Nachbildung genommen hat (nicht notwendig von Origenes selbst unmittelbar zu Ephraem) läßt sich (bisher) aus Mangel an Belegen nicht einmal vermuten.

Die Auffälligkeit des syrischen Wortpaars hat auch seine Aufnahme in die Lexika veranlaßt.

Das Syriac Dictionary von J. Payne Smith (Margoliouth) übersetzt mit „the Godman", was dem „Deus-homo" im Thesaurus ihres Vaters entspricht. Im Thesaurus gibt es eine Belegstelle: B.O.i.80, d. h. im ersten Band von Assemanis Bibliotheca Orientalis. Brockelmann in seinem Lexicon Syriacum übersetzt gegen die Reihenfolge des Syrischen und dazu glättend „homo et deus". Er hat zwei Belegstellen: (a) JSB 3,341u und (b) St Syr 2,17u[316]. – Die Homilie Narsais findet sich, da seinerzeit noch nicht ediert, nicht unter den Belegstellen der genannten Lexikographen.

Assemani führt nicht nur sogleich an die älteste syrische Quelle für den Ausdruck: Ephraem, sondern erwähnt und referiert auch die Benutzung durch Philoxenus im Brief an die Mönche von Senun. Als einen weiteren Zeugen nennt Assemani den Johannes Maro im Traktat gegen die Nestorianer und Eutychianer. Aber was Baumstark im Abschnitt über maronitische Schriftsteller über Maro zu sagen hat („anscheinend eine geschichtliche Persönlichkeit aus der Zeit des Unionsabschlusses im 12. Jh. bzw. seiner Vorbereitung", von der maronitischen Legende ins 7. Jh. zurückdatiert; nach Ausweis der Schriften eher Severianer; gegen Nestorianer und Eutychianer hat er „je eine Streitschrift" geschrieben)[317] rückt ihn aus unserem Gesichtskreis. So bin ich der Sache nicht weiter nachgegangen, aber es kann auch ein spätes Erbe Ephraems, direkt oder indirekt, nicht verwundern.

Assemani kannte den betreffenden Hymnus *Ephraems* als Nr. 10 unter denen zur Geburt unseres Herrn. Bei E. Beck[318] hat die Hymne die Nr. 8, und darin interessiert uns Vers 2. T. Bou Mansour gibt die Fundstelle an und dazu eine Parallele in *De nativitate* 6,14, in seiner Einführung „Zur syrischen Christologie vor Chalcedon"[319]. *De nativ.* 6,14 enthält in Z. 2b–5 ein „Schlummerlied" (Z. 2a Beck) der Hanna bei der Darstellung Jesu im Tempel; Lk 2,38 erwähnt freilich nur, daß sie „Gott pries". Becks Übersetzung:

---

[315] *A. Grillmeier,* Gottmensch. Sprachfeld und theologiegeschichtliche Problementfaltung, in: Fragmente zur Christologie. Studien zum altkirchlichen Christusbild, hg. von T. Hainthaler (Freiburg 1997) 215–267, hier: 217. – Zuerst erschienen als Art. Gottmensch III, in: RAC 12 (1982) 312–366, hier: 314–315, überarbeitet von T. H. in „Fragmente".

[316] (a) = Homiliae selectae Mar-Jacobi Sarugensis III, ed. P. Bedjan, 341 u. (b) = Studia Syriaca seu collectio documentorum hactenus ineditorum ed. Ignatius Ephraem II Rahmani, fasc. 2 (1908), 17u.

[317] *A. Baumstark,* Geschichte der syrischen Literatur (Bonn 1922) 342.

[318] E. Beck, CSCO 186, 187, Syr. 82, 83. Auf Seitenzahlen kann wegen der Verszählung verzichtet werden.

[319] Jesus d. Chr. 2/3, 438–448, hier: 448.

„Königskind, / verachteter (Leute) Kind! Schweigend hörst du, / unsichtbar siehst du, verborgen erkennst du, / Gott-Mensch, Lob sei deinem Namen!“

Derselbe Text, von mir wörtlicher, wenn auch nicht so poetisch übersetzt:

„Sohn des Königreiches, / Sohn der Verächtlichkeit[320]! Du hörst[321] und bist still[322], / du siehst und bist verborgen *(ks')*, du erkennst und bist geheimnisvoll (= verborgen, *ḥš'*)[323], / GottMensch. Preis deinem Namen!“

„Siehe, es kämpft mit mir (d. h. auf meiner Seite) ein *(ḥd)* Irdischer und Himmlischer, / GottMensch, der sowohl geistig wie leiblich ist. / Und ich weiß nicht, ob er erhaben oder niedrig ist. / Und siehe, im Kampf steht er mir bei, ruhig und kühn“[324].

Vielleicht ist absichtlich gegen Ephraems Vers das Zahlwort „eins“ nur einmal verwendet; und ist es gegen die früheren theodorianischen Schulgenossen gerichtet, wenn Jakob sagt, er wisse nicht, ob sein Mitkämpfer „erhaben oder niedrig“ sei? Man denke an Ḥabib, dem Philoxenus vorwirft, er stelle das Erkennen vor das Glauben, wo es sich beim Erkennen um die zwei Naturen in Christus handelt.

Der von I. Rahmani herausgegebene Text ist ein Appendix zu den apokryphen Pilatusakten, nämlich ein *„Brief des Herodes an Pilatus“*. Herodes berichtet darin von den Katastrophen, die ihn und die Mitglieder seiner Familie befallen haben wegen der von ihm begangenen Verbrechen[325]. Er bittet den Pilatus, der gewürdigt worden sei, den *GottMensch*en[326] zu sehen, anstelle der Gesetzeslehrer und Priester für ihn zu beten, „denn euch ist das Himmelreich gegeben worden“[327]. – Auch hier also Kenntnis des ephraemischen Ausdrucks, zu einem nicht näher bestimmten Datum[328].

* * *

[320] Cf. „Verächtlichkeit“, „verächtlich“ *(šyḥ')* für die menschliche Natur bei Narsai.
[321] Aktives Partizip.
[322] Passives Partizip. Analoge Anordnung der beiden Partizipien auch in den folgenden beiden Halbzeilen.
[323] Cf. die große Bedeutung der „Verborgenheit“ als Charakteristik der Gottheit bei Narsai.
[324] *mbsr* könnte man vielleicht auch mit „verachtend“ (sc. den Feind oder den Tod) übersetzen. *bsr* im Pael „verachten, wagen“.
[325] Siehe *Rahmani,* Inhaltsangabe, 30. Über die Pilatus-Literatur siehe *J. Michl,* Art. Pilatus, II. P.-Schrifttum, in: LThK² 8 (1963) 505–506, der Herodes-Pilatus-Briefwechsel ist darin Nr. 5; Rahmanis Art. fehlt in der Bibliographie, ebenso bei *W. Speyer,* LThK³ 8 (1999) 298–299.
[326] Der griech. Text hat: τὸν ἄνδρα θεάσασθαι Ἰησοῦν, vgl. *A. de Santos Otero,* Los Evangelios apocrifas = BAC 148, p. 518–519. (T. H.)
[327] Syr. p. *yz/yḥ*, latein. Übers. p. 35.
[328] Zur Datierung vgl. *W. Speyer,* Frühes Christentum im antiken Strahlungsfeld. Ausgewählte Aufsätze = WUNT 50 (Tübingen 1989) 59–60, Anm. 4; am Ende verweist er auf *J. Michl,* LThK 2 (1958) 690: „frühestens im 5. Jh. entstanden“. *W. Schneemelcher,* Ntl Apokryphen I (Tübingen ⁵1987) 422, zur apokryphen Pilatus-Literatur: „meist aus recht später Zeit“. (T. H.)

Ephraem und die aus ihm schöpfen – mit Ausnahme unseres Interpolators – verstehen unter „GottMensch" Christus als Gott und Mensch. Wenn also der erste Interpolator den Ausdruck für den Menschen (Jesus) verwendet, der da getauft wird wie andere Menschen, dann weicht er von der Intention Ephraems ab.

Der zweite Interpolator zeigt nun, wie richtig von Gott und Mensch in Christus zu reden ist. Daß er damit „GottMensch" interpretieren will, sagt er nicht ausdrücklich, es ergibt sich aber aus der Aufeinanderfolge der beiden Interpolationen und aus dem Inhalt der zweiten. Ich lasse diesen zweiten Einschub hier folgen:

455 „*Einen* nenne ich Logos und Leib, den Sohn Gottes,
456 einen durch[329] die (göttliche) Wesenheit, die[330] nicht zerschnitten wird durch Teilung.
457 *Naturen* habe ich unterschieden durch das Wort[331] ‚zwei', nicht Söhne;
458 als einen kenne ich den Sohn der (göttlichen) Wesenheit und den Sohn[332] aus uns.
459 ‚Christus' und ‚Sohn' nenne ich ihn wegen zweier (Dinge),
460 daß (nämlich) der Geist ihn gesalbt hat und (daß) er durch Liebe Sohn wurde mit dem Logos.
461 Logos und Leib – wenn ich sage: zwei von Natur,
462 (dann ist es) wie Leib und Seele im einen Menschen;
463 Seele im[333] Leib und Leib in[334] der Seele, unterschieden[335] und zusammen *(šwyn)*[336];
464 und jedermann bezeugt, daß sie zwei sind und eins genannt werden".
465 Der Logos im[337] Leib (ist) in (derselben) Ordnung wie der *logos* in der Seele,
466 der *in* der Seele ist *und* außerhalb von ihr ohne Trennung.
467 In dieser Ordnung stelle ich das Gebäude des Bekenntnisses meiner Rede auf,
468 in welchem ich verbinde *(mqp)* zwei, die unterschieden[338] sind, zu einer Vollendung *(šwkll')*."

Die nächste Doppelzeile ist Narsais eigener Text, mit dem er seine Darstellung der Taufe Jesu mit seiner Ausgangsfrage abschließt: „Wer ist es, der getauft wurde?" Sowohl die erste wie die zweite Interpolation reden in der 1. Person Singular; damit ist wenigstens ein formaler Anschluß an den Narsai der Z. 469 gegeben („die *mich* verleumden").

---

[329] McLeod: „in".
[330] McLeod „he".
[331] „Name".
[332] So nur eine Hs., die übrigen erleichtern zu „Leib", siehe den App. McLeods zur Stelle.
[333] McLeod „with".
[334] McLeod „with"; abschwächend wie in der vorigen Anm.
[335] McLeod: „separate".
[336] McLeod: „co(-partners)".
[337] Auch hier hat McLeod „with" statt „in".
[338] McLeod: „separate".

In dem Abschnitt, den McLeod mit „Narsai's Personal Defense“ (471–500) überschreibt, geht es um heftige Auseinandersetzungen, in denen die Gegner zahlenmäßige Gewinne erzielen. Der scharfe Gegensatz zwischen zwei Gruppen der christlichen Bevölkerung und ihren theologischen Anführern paßt nur zu Edessa.

Als Trost muß Narsai dienen, daß Irrlehrer bisher aus der „reinen Kirche“ (504) ausgestoßen worden sind: die Anhänger des Paul (von Samosata), die Eunomianer, die Anhänger des Arius. Von den theologischen Gegnern seiner eigenen Zeit kann er das nicht sagen: von Eutyches, dem „Ägypter“ und ihren Erben, hier muß Narsai sich mit feindseligen Charakterisierungen behelfen (509–514). Die Stimme Jesu muß sie zum Schweigen bringen wie den „Legion“, den unsauberen Geist aus Mk 5. Der ständige Streit erweist sich als Hindernis für Narsais geistliches Leben, seine Gedanken wurden von ihrem eigentlich eingeschlagenen Weg abgelenkt (515–516), „on the King's road I have gone forth in order to proceed in the King's company, / but the voice of (those) bandits (who are) in fear of truth hindered me in my journey“ (517–518). Er dagegen verteidigt die Wahrheit und will ihr einen Weg bahnen (519–520). Sein Eifer ist umso nötiger, als diese „Ignoranten“ den „Rang des Rabban-Amtes usurpieren“ (522). – Diese Nachricht gibt dem Leser eine Vorstellung von den Zuständen in der Schule von Edessa zu einem Zeitpunkt, der sich leider nicht genauer bestimmen läßt[339]. Aber vermutlich ging ein Ereignis wie dies der Flucht Narsais aus Edessa nicht allzuweit voraus.

In der „Schlußermahnung“ (525–546) steht der *König* absolut genommen als Bezeichnung für „Christus“, richtiger wahrscheinlich für „Jesus“ („Jesus der König“), im Vordergrund, cf. schon oben Z. 517–518. Konvergieren darin volkstümliche Frömmigkeit und die persönliche Narsais? Ein Bild des Königs hat Narsai mit seinen Gedanken auf einer Tafel von Worten zeichnen wollen (525), es ist auch ein Bild der Verheissungen, das dem Homileten zu zeichnen erlaubt war (527). Es ist die Vergebung, die er (der König) versprochen hat denen, die das Siegel seines Namens (in der Taufe) erhalten (528). Die Verheißung des Königs der Höhe wird nicht ungültig (535). Das (Feld)Zeichen[340], das er in der Taufe befestigte (531), ist den Jüngern gesetzt, damit sie ihn nachahmen (537). Diesen Weg schritt der König selbst[341] für uns (539 – d.h. indem er sich taufen ließ): „Kommt laßt uns auf ihm gehen bis zum Ende, solange es hell ist (cf. Joh 4,9)“ (540). – Auch hier, wie an anderen Stellen bei Narsai ist „König“ ein übergreifender Titel, der in die verschiedenen von Narsai gebrauchten Kategorien der Zwei-Naturen-Lehre sich nicht auflösen läßt. Es

339 *McLeod,* p. 103, Anm. 40: „This reference may be a significant personal allusion for dating this homily“.

340 *nyšʾ.* Das Bedeutungsfeld der Vokabel ist sehr weit, McLeod hat daraus „goal“, „Ziel“ als Wiedergabe gewählt.

341 *bqnwmh.* McLeod wie üblich „in his own person“.

ist gewissermaßen ein Einheitsname, über den als solchen (im Unterschied zu „Sohn“) nicht reflektiert wird, was dafür spricht, daß er der (kultischen) Frömmigkeit längst vorgegeben war. Biblisch ist er als Titel Jesu durchaus abzuleiten, doch wird eine solche Ableitung gar nicht mehr vorgenommen. Ein großer Vorzug ist ihm zueigen: die Anschaulichkeit, eine Anschaulichkeit, die größer ist als die sich mit dem Titel „Herr“ verbindende.

13. Über die Oikonomia unseres Herrn im Leib und über das Erleiden von Tod und Kreuz (Hom. XXXVI)[342]

Die Homilie[343] beginnt wie andere mit dem Weg vom ersten zum zweiten Adam. Der ausführlichen Darlegung in Z. 18–57 geht eine Kurzfassung voran (2–17); Hauptstichwort: der Mensch als irdenes Gefäß, unter Benutzung von Röm 9,21 und 2 Kor 4,7 (Pesh.)[344]. Darin ist nicht leicht zu unterscheiden, wo der Übergang vom irdenen, zerbrechlichen, verächtlichen Gefäß zum kostbaren vor sich geht. Für Z. 4–5 klärt das der paulinische Bezug: die *rbwt'*[345] (griech. ὑπερβολή) ist die „der Kraft des Schöpfers“[346] („und nicht aus uns“)[347]. Auch die „sterblichen Schätze im zerbrechlichen Gefäß“ sind immer noch die des erstgeschaffenen Menschen (10–11)[348]. Mit einem bloßen „und“ wird angeschlossen (12–13): „Und in unserem Leiden(schaften) hervorbringenden Leib / wohnt Gott *('yty')*, der nicht leidet“. Z. 14–15 insistiert durch Wiederholung auf der Verächtlichkeit des Menschen und seiner Natur als irdenes Gefäß. Aufs neue erfolgt ein Übergang mit bloßem „und“, das folgende *daleth* nimmt McLeod als Begründung, „but because …“. Aber kann man es nicht als Relativum verstehen? „Und (er) der zur Wohnung für seinen Schöpfer wurde, (den) machte er zu einem ehrenvollen Gefäß“. Die entscheidende Vokabel ist „Wohnung“, denn der Ersterschaffene ist nicht Wohnung seines Schöpfers im christologischen Sinn.

Diese Deutung wird durch den nächsten Abschnitt bestätigt, den McLeod mit „The Refashioning Of Man“ überschreibt. „Der Schöpfer erhob sein Abbild / und machte es zum Tempel und wohnte in ihm“ (34–35). „Einen aus dem Geschlecht der Sterblichen / erwählte Gott *('yty')* und wohnte in ihm“

[342] Hom. XXXVI: McLeod Nr. III, PO 40,1, 3 = fasc. 182, p. 106–135.
[343] Geschrieben im Metrum von 7 Silben in vierzeiligen Versen. McLeod setzt zwei Verszeilen in eine Druckzeile, zählt aber jede Verszeile.
[344] Bei Paulus ist keine dieser Aussagen christologisch gemeint. Röm 9,21 gehört bekanntlich in die Problematik der Erwählung; 2 Kor 4,7 bezieht sich auf uns Christen. Durch Narsais christologische Verwendung ergeben sich Verschiebungen.
[345] „Größe“: McLeod übersetzt „majesty“. Hinweise auf die Bibelstellen fehlen bei ihm.
[346] So Narsai.
[347] Paulus; Narsai: nicht die des Gefäßes.
[348] Die Ziffer 10 sitzt im syrischen Druck eine Zeile zu hoch.

(38–39). (Das darf aber natürlich nicht so verstanden werden, als ob dieser Mensch vorher existierte:) „Aus dem Erdklumpen des Hauses Adams / komponierte er ein Bild wie Adam“ (42–43), zu dem Zweck: „daß er in allem gleich sei / dem Adam, dem ersten Bild“ (48–49); „Adam, das zweite Bild“ (52), „der Mensch, der zweite Adam“ (55).

Narsai gibt dann ein „Resumé Of Jesus' Early Life“ (58–105), beginnend mit den Monaten, die seiner Geburt vorausgingen. In der Taufe wurde er selber rein[349] und reinigte damit die Beschmutzten (76–77). Er kam zur Wassertaufe, um den Weg für die Sterblichen zu bereiten. Von Beginn an war mit ihm der eingeborene Logos des Vaters, er wohnte in ihm, und teilte (doch) nicht seine Demütigung (78–81). Während seines (des Knaben Jesus) Heranwachsens in seiner (menschlichen) Natur in Weisheit und Gnade blieb Gott *('yty')* in *seiner* Natur ohne Veränderung (82–85).

Nach einer raschen Aufzählung der Wunder Jesu wird ausführlich über „Jesus's Rising Of The Dead“ gesprochen und die soteriologische Bedeutung dieser Auferweckungen. Schließlich betreibt der „Betrüger“, der „Tyrann“, „The Beginning Of The Passion“[350]. Jesus gab sich am Fest selber zum Opfer, damit viele seinen Tod sehen sollten, um nachher Zeugen seiner Auferstehung zu werden (158–161). Am Ende des Abschnitts nur eine Erwähnung des letzten Mahls: Er gab seinen Leib als Speise (172). Umso ausführlicher wird die „Prophecy Concerning Judas“ gedeutet. „Jesus's Prophecy Concerning Simon“ folgt. Der „Lebendigmacher“ erfüllte alles (an Prophezeiungen) an sich selbst[351] um des Alls willen (214–215). Er prophezeite auch seine (eigene) Demütigung (216).

Ergreifend ist die Schilderung des Gebets in Gethsemane, „Jesus At Prayer“. Hier ergibt sich wieder ein Anlaß zu einer längeren Auseinandersetzung mit den theologischen Gegnern über das Subjekt des Betens und das Objekt des Engeltrostes: „Narsai's Rejection Of His Adversaries' Position“, und damit zu den üblichen scharfen Unterscheidungen. Um wessen Gebet und Leiden geht es hier? (269–272). Es ist klar, was Eutyches und die Seinen nach ihrer Gewohnheit sagen werden, ihre „Lästerung“ wird den Gott *('yty')* Logos aus dem Vater dem Leiden unterwerfen (274–277). Es ist unaussprechlich und abscheulich, den, der die Schöpfung zusammenhält, in seiner Agonie als schwach zu bezeichnen (278–281), den Schöpfer der Engel als von einem „Wachenden“ getröstet darzustellen (284–285). „Zu wem betete[352] der Logos“ (286), – er der doch Vollmacht durch die (göttliche) Wesenheit besitzt wie sein

---

[349] *bqnwmh.* McLeod wie üblich „in his own person“.

[350] Cf. McLeod, p. 110, Anm. 6: „Narsai's account of the Passion is a free rendition of and a commenting on the four New Testament accounts“.

[351] *bqnwmh,* „in his person“.

[352] Aus „praying“ hat ein Lesefehler „foraying“ gemacht („foray“ = „räuberischer Einfall“), erklärlich durch ein handschriftliches „p“, das zu einem vertikalen Strich und einem circulus auseinandergezogen war.

Vater! (286–289). Der Logos des Vaters darf nicht zu den Leiden der Sterblichen herabgedrückt werden (302–303). Auch das alte anti-arianische Argument taucht auf: Der Logos ist nicht niedriger als sein Vater (311).

Die richtige Antwort auf die Frage: Wer betete in Gethsemane? ist natürlich: „der Leibliche", denn *er* bedurfte der Hilfe, der Leidens*fähige* fürchtete die Leiden, weil Leiden seine Natur begleiten (314–317). Vom christologischen Aspekt ist untrennbar der soteriologische: „Einer aus unserm Geschlecht flehte für sich selbst und für seine Genossen" (318–319). Er betete wirklich *(bšrr')* und dies nicht nach (bloß) äußerlichem Eindruck und uneigentlich *(b'skm' š'yl'yt)* (326–327). Die „Wirklichkeit" des Gebets ist soteriologisch unentbehrlich: „Wenn er nicht wirklich betete, ist er auch kein Mensch, und wenn er kein Mensch war, ist unser Vertrauen (auf ihn) eitel" (330–333). Die Verneinung seiner menschlichen Natur versenkt unsere Natur „in den Abgrund des Todes" (334–335). Das Gegenteil aber bedeutet die Erhöhung „unseres Staubes in Ehre mit dem aus unserem Geschlecht" (336–337).

Die nächste Doppelzeile: „Der Leidensfähige betete im Leiden und Gott *('yty')* nahm seine Bitte an" (338–339). Da das Gethsemane-Gebet an den Vater gerichtet ist, muß „Gott" hier der Vater sein, auch spricht Z. 341 vom „Erfüllen des Werkes des Vaters".

„Jesus's Arrest", „Simon's Denial" und „Jesus before Pilate" füllen reichlich anderthalb Seiten. Im ersten der genannten Abschnitte wird Jesus, der den Petrus wegen des abgehauenen Ohrs tadelt, als „allwissend"[353] bezeichnet (368), – (dies wäre eine Eigenschaft der göttlichen Natur Christi, was aber nicht ausgesprochen wird). In der Restitution des Ohrs (372–373)[354] zeigt „der Milde eine Liebe, wie sie seinem Kommen (sc. in die Welt) geziemt" (370–371). Das Schweigen vor Pilatus „geziemt seiner Demütigung" (415, cf. 417). – Man bemerke, daß das Subjekt dieser Aussagen immer derselbe ist: „er".

Die Darstellung der Kreuzigung wird von McLeod gegliedert in „Jesus'[355] Crucifixion", „Inanimate Nature's Revulsion", „The Robber's Remorse and Respect" und „Jesus' Death". Die Befestigung Jesu am „Holz" ist ein Schauspiel für die Zuschauer, „während er sein Eigenes vollendete und seinen Tod offen verkündete" (442–445). Der Leib, der da mit Nägeln befestigt wurde, war die Wohnung der Gottheit, und die Gottheit ließ die Natur[356] erbeben wegen seiner (des Leibes) Demütigung (450–453). Himmel und Erde zogen Trauerkleider an, weil der „heilige Leib" entehrt wurde (456–457). Der Geist zerriß den Vorhang des Tempels und entehrte den „Tempel der Versöhnung";

---

[353] Cf. Joh 18,4; der Tadel erst 18,11.
[354] Cf. Lk 22,51.
[355] Es ist McLeod, der die englische Genitivform von „Jesus" wechselt: „Jesus's" und „Jesus'".
[356] Syrisch im Plural.

er zeigte damit, daß er den Tempel verließ, als er das „Gewand der Keuschheit“, also den Vorhang, zerriß (466–469).

„Mit Nägeln rissen ab die Frechen / den Tempel, den der Logos sich konstruiert hatte, / und der Logos erschütterte die stummen (Dinge), / damit sie mit den wort(oder: vernunft)begabten rechten sollten“ (474–477).

Die Bitte des reumütigen Räubers war „für die Irdischen“ etwas „Verwunderliches“ *(thr')*, weil er einen Mit*gekreuzigten* um das Himmelreich bittet (492–495) (also einen, der den Zuschauern als Verbrecher gelten mußte). Der Angeredete und Antwortende heißt dann der „Lebendigmacher aller“ (498) – als solcher spricht er seine Verheißung aus. Diese Verheißung erfüllt er sogleich, indem er mit seiner (Jesu) Seele den Räuber ins Paradies bringt im Augenblick seines Todes (502–505).

Die folgenden Passagen (514–581) habe ich an anderer Stelle eingehend analysiert[357]. Der Tod Jesu stellt analog zu den vorausgehenden Leiden das Problem: wer ist es, der den Tod erduldet? Auch hier wird die Frage in Abwehr der gegnerischen Position verhandelt. Das Todesleiden erleidet der Leib, „das Gewand des Eingeborenen“. Der Eingeborene verließ ihn nicht, „auch nicht im Augenblick der Erniedrigung“ (514–517).

„Es vertraute ihm seine Seele an / der Sterbliche, indem er trauerte: / ‚In deine Hand lege ich meine Seele, / bringe sie an ihren Wohnort in Frieden‘“ (518–521).

Nach dem Kontext ist es der Eingeborene (also der Logos), dem der Sterbende seine Seele anvertraut. „Seele“ ersetzt hier den „Geist“ von Lk 23,46 (so auch Z. 530), „Geist“ ist als menschliches Lebensprinzip verstanden, daher wird „Seele“ als Synonym eingesetzt. – Die Absicht ist, das Sterbewort in die Anthropologie und Eschatologie Narsais (bzw. der Schule) einzupassen. – Die Übergabe der Seele an den Schöpfer (d.h. an den Logos) soll bezeugen, daß die Erniedrigung nicht aus Zwang geschah (sondern freiwillig) (522–525). Gleichzeitig könne man daraus sehen, daß der Logos am Leiden nicht teilhat (obwohl er den Leib nicht verläßt) (528–529). Denn um wessen Seele handelt es sich, etwa die des eingeborenen Logos aus dem Vater? (531–533). Die Gottheit hat aber keine Seele (als Lebensprinzip), denn „nicht in einer Seele besteht das Leben der Gottheit“ (534–537). Es ist also die Rede von der Seele des Sterblichen, dessen Glieder er (der Logos) angezogen hatte. Und weil Leiden die Glieder traf, verließ die *Seele* den Sterblichen in der Bedrängnis (538–541). Und gerade dies, daß die Seele den Leib im Augenblick des Todes verläßt, macht deutlich, daß es sich um eine menschliche Seele handelt (542–545).

[357] *L. Abramowski,* Narsai, Ephräm und Kyrill über Jesu Verlassenheitsruf Matth. 27,46, in: H. J. Feulner (hg.), Crossroad of Cultures. Studies in liturgy and patristics in honor of G. Winkler, OCA 260 (Rom 2000) 43–67. Darin speziell über Narsai p. 43–47. 51–53. 66–67. – Mit Ephraem ist der Diatessaron-Kommentar unter seinem Namen gemeint; inzwischen ist mir diese Verfasserschaft zweifelhaft geworden.

Der Schrei von Mt 27,46 ist der Schrei des bitterlich am Kreuz leidenden Leidensfähigen. Erstaunlich ist, daß (auch) der Verlassenheitsruf umgeformt ist: Aus der verzweifelten Warum-Frage des neutestamentlichen Textes wird eine Bitte: „Verlaß mich nicht" (549)[358]. Narsai bietet also eine Interpretation statt eines Zitats. Nicht der Logos flehte zum Vater, mit dem er eins ist (550–551), sondern der aus Fleisch *(bsrn')* „brachte Flehen dar", weil er der Hilfe bedurfte (562–565). Für Narsai umschließt diese Bitte auch eine Bitte um die Rückgabe der dahingegebenen Seele (568–569). Die Seele brach auf nach Eden, der Leib blieb im Grab, aber das Wort des Vaters verließ ihn dort *nicht*, ihn, die reine von ihm erwählte Wohnung (572–575). – Dem Menschen Jesus geht es also, auch in seiner Einheit mit dem Logos, wie jedem Menschen im Tod: Die Seele verläßt den Leib. Aber der Logos ist von diesem Zerfall der menschlichen Persönlichkeit nicht betroffen: er bleibt im Leib, die *christologische* Einheit wird durch den menschlichen Tod nicht affiziert. –

„Niemals verließ er ihn, / nicht in den Leiden und nicht am Kreuz, / und niemals litt er in seiner Natur / in den Leiden, die der Leibliche ertrug" (578–581).

Drei Tage blieb der „Lebendigmacher der Toten" im Grab, sprach Urteil über den Tod und vernichtete seine Macht (598–601). Der Logos, der ihn angezogen hatte, war mit ihm, als er im Grabe lag (602–603), durch Engel ließ der Logos seinen heiligen Leib begleiten, und die geistigen (Wesen) harrten des Winks dessen, der alles lebendig macht (606–609). Mit der Auferweckung des Leibes nach drei Tagen erfüllt der Logos die Verheißung, die er ihm gegeben hat (610–613). Der aus Fleisch *(bsrn')* hat mit dem „Geist und Herrscher der Luft" (cf. Eph 2,2) gekämpft und machte sie durch sich selbst[359] zuschanden; einer aus unserem Geschlecht führte den Kampf mit dem Tod und dem Ankläger; er siegte (aber) durch die Kraft dessen, der ihn angezogen hatte (d.h. die des Logos) (618–624, cf. 634–637, „durch die Kraft Gottes *['yty']*, der in ihm wohnte"). „Er war mit ihm, als er litt / und nahm (doch) nicht teil an seinen Demütigungen" (638–639). – Für das Heilswerk sind beide notwendig: die konkrete menschliche Natur Jesu und die Kraft des mit ihm vereinten Logos, es kann weder vom einen noch vom anderen abgesehen werden. Die Eigentümlichkeit beider bleibt dabei erhalten und macht die Heilstat überhaupt erst möglich.

Der Tod zerstörte den äußeren Tempel seines Leibes, aber der in ihm wohnende Logos baute ein Gebäude, das „nicht wieder" zu erschüttern ist (642–

358 McLeod: „do not let me grow weak". Aber der Kausativstamm von *rp'* hat „verlassen" etc. als Hauptbedeutung, die hier vom Kontext bestätigt wird. Daß nicht das biblische *šbq* von Ps 22 verwendet wird, gehört auch zur Umformung des Zitats.

359 Z. 621: *bqnwmh*, McLeod „by his person". Cf. auch noch Z. 641 nach Hebr 2,10: (den Anführer ihres Heils) „vervollkommnete er durch Leiden *dqnwmh*," McLeod: „in the suffering of his person". Das fragliche Wort stammt nicht aus dem Bibeltext. Mein Vorschlag: „vervollkommnete er durch *dessen* Leiden".

645). Joh 2,19 wird zitiert als Beweis dafür, daß *nur* der Leib zerstört wurde, wogegen die (göttliche) Wesenheit selbstverständlich unzerstörbar ist (646–651). Tod und Auferstehung lehren ein Doppeltes: daß er ein leidensfähiger Mensch war und die Kraft dessen, der ihn auferweckte (654–657). Unsere „geringe", sterbliche Natur konnte nicht ihr eigener Erlöser sein, Gott *('yty')* zog sie an und befreite damit unser ganzes Geschlecht (658–661).

In den nächsten Zeilen finde ich (nur scheinbar?) widersprüchliche Aussagen über Erniedrigung oder Nicht-Demütigung des Gott (Logos).

„Der Erhabene erniedrigte sich *('tthty)* in seiner Liebe, / damit er Adam erhebe aus seinem niedrigen Zustand *(špl')*" (662–663).

„Den Demütigen wollte er erheben, / *nicht er* stieg hinab zu den Demütigungen" (666–667).

Das erste Zitat erinnert an Phil 2,8, aber da steht das Verb *mk* in genauer Entsprechung zum Griechischen. Man muß wohl im ersten Zitat den Akzent auf die Bestimmung „in seiner Liebe" legen, vielleicht wäre noch richtiger: „durch seine Liebe". Wahrscheinlich ist Z. 667 gedanklich zu ergänzen durch: („sondern seine Liebe").

Für die Schuld Adams haben die Sterblichen nicht gezahlt, so zahlte der Gott *('yty')* (Logos) durch einen Sohn Adams (670–673).

„Der Sterbliche starb in seiner Natur, / und Gott *('yty')* blieb in seiner Natur" (674–675).

„Nicht der Schöpfer litt / in den Todesleiden des Kreuzes, / es war ein Adamssohn, der bezahlte / durch sein Leiden die (unbeglichene) Rechnung des Hauses Adams" (678–681).

„Die oikonomia ist durch ihn erfüllt worden, / durch den Leiblichen für die Sterblichen; / durch seinen Tod und seine Auferstehung / ist unsere ganze Natur gestorben und wieder lebendig geworden" (682–685).

Der Gedanke wird fortgeführt bis Z. 697[360], jedoch unterbrochen durch die Z. 686–689, die sich als Glosse erweisen. Im Fall dieser Glosse ist ein Ansatzpunkt in den vier unmittelbar vorangehenden Zeilen schwer zu erkennen. Die Glosse spricht davon, daß er (nach dem jetzigen Zusammenhang: der Gott Logos) ihn (ditto: den Leib) zu einem Gewand für seine Verborgenheit machte (686) und zu einem Spiegel für uns Sterbliche (687), damit wir durch die Regungen der Seele *(z'' dnpš')* (688) seine Verborgenheit im Gewand unseres Leibes sähen (689). – Wir erkennen das übliche Interesse des Interpolators an der *Möglichkeit* des Sehens. Das originelle Moment in seinem Einschub ist der „Spiegel", nicht gerade die nächstliegende Assoziation zu „Gewand"; aber der Glossator denkt an das „Sehen im Spiegel wie in einem Rätsel" von 1 Kor

---

[360] Z. 691 muß es heißen: „as the firstfruits *from* all of us", nicht „for".

13,12[361]. Einen besseren, und damit wohl den richtigen, Platz für den interpolierten Vierzeiler findet man im Anschluß an die Z. 678–681, welche besagen: „Nicht der Schöpfer litt in den Leiden des Kreuzestodes, es war der Adamssohn, der durch sein Leiden den Schuldschein des Hauses Adams einlöste" (siehe oben). Dann wären die Pronomen von Z. 686, der ersten der Glosse, anders als oben auszufüllen, nämlich so: „Er (der Schöpfer) machte ihn (den Adamssohn) zu einem Gewand für seine Verborgenheit ...". Die Glosse muß ursprünglich am Rand gestanden haben und ist dann an falscher Stelle in den Text geraten; ein eventuelles Verweiszeichen konnte im Verlauf mehrerfachen Abschreibens seinen korrekten Platz verlieren.

Die Lehre der Gegner („Narsai's Rejection Of His Adversaries' Position") hat soteriologische Folgen, die Narsai nicht akzeptieren kann: Sie wollen unsere Natur nicht geehrt werden lassen mit Herrlichkeiten und erlauben nicht, daß sie erhöht wird mit Gott, der sie angenommen hat (702–705). Tatsächlich bringen die Gegner *zwei* Frevel hervor: Sie erniedrigen Gott *('yty')* zu den verächtlichen (Dingen) und verweigern unserem Leib das Leben (706–709); so kämpfen sie gegen *beide* Naturen. Ihrerseits sind sie aus den Schriften zu widerlegen („Scripture's Rebuttal Of The Adversaries' Position"), „denn sie zeigen uns die Unterschiede der beiden Naturen[362], die eins wurden" (720–721). Als biblischer Beleg wird Apg 2,36 herangezogen: „Zum Herrn und Christus machte / Gott *('lh')* unseren Leib, den er angenommen hat" (732–733). In Z. 742 folgt dann noch aus demselben biblischen Text „Diesen Jesus, den ihr gekreuzigt habt ..." – es ist das erste Mal in der ganzen Homilie, daß der Name Jesus fällt!

Die „Concluding Exhortation" enthält einen Hinweis auf die Verbreitung der gegnerischen Lehre:

„Siehe, die Krankheit ihrer Worte macht rasche Fortschritte / und hat sich unter vielen (Menschen) ausgebreitet" (784–785).

„Sie lassen immerfort Spaltungen entstehen / im[363] Bekenntnis hinsichtlich der (göttlichen) Wesenheit" (790–791).

Dies ist die verschlimmerte Situation, die Narsai schon früher in dieser Homilie beklagt hat; sie läßt an die späte edessenische Zeit ihres Verfassers denken[364]. – Was Simon bekennt wie die übrigen Apostel, wollen auch wir bekennen: zum „Herrn und Christus hat" der Schöpfer unseren Leib, den er angenommen hat, „gemacht" (cf. Apg 2,36) (802–805, Schluß der Homilie).

---

361 Charakteristisch für die Spiritualität des Interpolators, daß das paulinische „jetzt – dann" mit Hilfe der Seelenregungen zu einem „schon jetzt" wird.

362 McLeod schreibt: „two distinct natures" und gibt in seiner Anm. 19 die wörtliche Übersetzung „the distinctions of the two natures"; ich würde „differences" sagen. Cf. auch Z. 768–769.

363 McLeod: „in (their)".

364 McLeod, p. 133, Anm. 22 wie an der früheren Stelle.

14. Homilie für den großen Sonntag der Auferstehung (Hom. XL)[365]

Die Homilie handelt von der Überwindung des Teufels und schließlich des Todes in der Auferstehung durch „einen von uns", deswegen kommt diese uns allen zugute. Der Prediger setzt sehr früh in der evangelischen Geschichte ein, nämlich mit der Versuchung durch den Satan vor dem Beginn der öffentlichen Wirksamkeit Jesu[366]. Nachdem Narsai zunächst „Jesus' Spiritual Armor" beschrieben hat, sieht der Gang der Predigt folgendermaßen aus: „The Conquest Over Satan In The Desert", „Satan's ‚Legal' Charge", „Jesus' Reply", „Jesus' Descent Into Sheol", „The Raising Of The Dead", „Hail To The Risen Conqueror", „The Presence Of Angels At Jesus' Grave", „The Fulfillment Of Jonah's Prophecy", „The Significance Of The Folded Garments", „Nature's Testimony Concerning The Resurrection", „Mortality Crucified And Raised To Life", „Jesus's Victory Speech", „Narsai's Rejection Of His Adversaries's Position", „The Angels Proclaim His Victory", Schlußermahnung.

Ein besonderes Merkmal der Homilie sind die Reden, die der Verfasser Jesus in den Mund legt; in ihnen deutet Jesus selber sein Wirken, indem er in der 1. Person spricht – wenn irgendwo, dann sollten wir hier Auskunft über die Einheit dieses Ich erhalten.

Die Homilie beginnt mit der Menschwerdung in der uns inzwischen vertrauten Ausdrucksweise und gibt zugleich das soteriologische Ziel der Befreiung vom Teufel an. „Der König der Höhe bekleidete sich mit irdischer Gestalt", um die Menschen aus der Gefangenschaft des „Starken" zu retten (1–2). Im nächsten Zeilenpaar tritt *ṣbyn'* „Wille", „(good) pleasure", für „König" ein: „Der Wille ging hinaus in Menschengestalt, um die Menschen lebendig zu machen" (3). Der Böse sah ihn, nahm aber nicht die „Kraft seiner Verborgenheit" (d.h. seiner Göttlichkeit) wahr (4). Dieselben Gedanken noch einmal in Z. 5–6: Der Schöpfer trug die Knechtsgestalt zur Befreiung aller, er verbarg seine Herrlichkeit im Gewand der Sterblichkeit. Mit Z. 7–8 kommt das Motiv des Kampfes und der Ausrüstung mit dem Geist für diesen Kampf hinzu: „Er wählte den Heerführer aus dem Geschlecht, das vom Bösen gefangen war, / und bewaffnete ihn mit dem Geist, damit er auszöge (und) erlöse[367] die Söhne seines Volkes". – Darin steckt natürlich eine Anspielung auf die Geistbegabung in der Taufe und das „Treiben" des Geistes, das den Getauften in die Wüste führt. Aber es ist interessant zu sehen, wie sehr die „Bewaffnung" mit dem Geist als Ausstattung durch den „König", „Willen", „Schöpfer" erscheint, also durch den, der die „menschliche Gestalt" angezogen hat.

---

[365] Hom. XL: McLeod Nr. IV, PO 40,1 = fasc. 182, p. 136–161.

[366] In dieser Homilie erscheint lt. McLeods Index der Name „Jesus" überhaupt nicht. Narsai sagt immer nur „er". McLeods gliedernde Überschriften könnten einen anderen Eindruck erwecken, aber sie sind nur Hilfsmittel zur besseren Verständlichkeit.

[367] Das Wortspiel *npwq nprwq*, mehr optisch als akustisch, kann nicht wiedergegeben werden.

Der Teufel wurde in der Wüste als ein „Geistiger" von einem „Leiblichen" überwunden „durch die Kraft des Geistes" (29), „ein verächtlicher Leib" spottete über den „Starken" (31). Jesus durchschaute die geheimen Gedanken des Bösen (73–75) und legte sie offen vor den Zuschauern (76) – das können nur die Engel sein[368] –, er spricht sie aus mit klarer Stimme (77)[369]. – Ich hebe aus dieser Rede des Versuchten, die auf das Argumentieren Satans mit der Schuldschrift ausführlich eingeht, nur die christologisch interessanten Momente hervor. Rein formal gehört dazu die bereits erwähnte Rede in der 1. Person.

Der Satan sieht in Jesus nur den verächtlichen (Leiblichen) „und nimmt nicht wahr die Kraft, die *mich* vom Mutterleib an bekleidete" (87–88). Wenn man so übersetzt (McLeod „clothed me"), dann ist die „Kraft" der Heilige Geist; falls man übersetzen sollte, „die mich anzog", dann wäre die Kraft der Logos.

Vom soteriologischen Grund für „*mein* Kommen zu den Menschen" weiß Satan natürlich nichts: „er ist ihm verborgen" (89). „Auch[370] verberge ich in Schweigen meine Größe (majesty) vor ihm" (91) – dies ist eine fundamentale Stelle für die Einheit der Person Christi, denn die „Größe" ist die des Logos[371], das Ich, das da redet, ist das des einen Christus.

„Mit der Waffe der Leiden der Sterblichkeit kämpft er (der Satan) gegen mich; / in meinem eigenen[372] Leiden lehre ich ihn, daß seine Waffe schwach ist" (105–106). „Mit dem verborgenen Namen[373] besiegele ich die Verheißung meiner Worte" (116). – Was ist der „verborgene Name"? Wenn „Verborgenheit" für „Gottheit" steht, dann wäre „Gott" *(ʾytyʾ?)* der entsprechende Name. –

Es starb der „Leibliche"; das Bild vom „Tempel seines Leibes" führt Narsai zur Beschreibung von Bau und Abriß des Tempels (183–184): der „Leibliche" war „konstruiert" worden „mit den Balken des Geistes" (Anspielung auf Lk 1,35), und er erstand durch die Kraft des Zimmermanns, der ihn „niederriß und (wieder) erbaute" – der Zimmermann wäre der Logos, wie wir auch hier ergänzen können.

Die Himmlischen machten sein Grab zum Königstempel[374] (189), sangen ihm ein Siegeslied (190), riefen „Gloria", als er aus dem Grabe aufstieg (191). *Sie* waren sehr traurig über sein Verscheiden gewesen wie über einen König

---

368 Cf. die Engel bei Matthäus (4,11) und Markus (1,13), „die ihm dienten" (nach den Versuchungen).

369 Cf. die Antworten Jesu auf die Angebote Satans bei Matthäus (4,4.7.10) und Lukas (4,4.8.12).

370 *ʾpnʾ* ist als *ʾp* mit dem suffigierten enklitischen Pronomen der 1. Pers. sing. zu verstehen, so richtig bei McLeod. Der Thesaurus gibt ein Beispiel mit der 1. Pers. plur.

371 „Logos" bisher nicht im Lauf der Predigt, erst weiter unten, Z. 280.

372 *dqnwmy*, McLeod: „my own personal".

373 McLeod: „name of the hidden One".

374 Wieder ein Beispiel dafür, daß der „König" nicht in das Zwei-Naturen-Schema paßt, siehe auch am Anfang der Homilie „König der Höhe".

(193), *er* (aber) bekleidete sie mit schöner Farbe am Tage seiner Auferstehung (194). Die weißen Gewänder der Engel sollen den Irdischen zeigen, was für ein schönes Gewand ihre Leiber in der Auferstehung anziehen werden (197–198).

Das Wegrollen des Steines vor dem Grab, die große Sorge der sich dem Grab nähernden Frauen, beschäftigt auch Narsai. Er erzählt (in der Hauptsache auf der Grundlage von Mt 28)[375] so, als ob die (sic!) Engel den Felsen wegrollten, während die Frauen vor dem Grabe standen und vom Engel bereits angeredet worden waren. Die Engel taten das „durch einen verborgenen Wink" (d. h. durch die göttliche Veranlassung[376]) (203). Dann debattiert Narsai darüber, warum nicht der Auferstehende selber den Stein wegschob (205–208/212), sollte es für ihn zu „schwierig" gewesen sein? Aber er „tat" doch *„die sehr schwierige Auferstehung*" „durch einen Wink" (also als göttlichen Befehl, der mit seiner Ausführung zusammenfällt[377]); er hätte also mit Leichtigkeit auch den Stein fortbewegen können. Um der leiblichen Augen willen nahmen die Engel den Stein weg, er (sic! *ein* Engel) öffnete das Grab vor den Zuschauenden, damit kein Zweifel an der Auferstehung herrsche (213–216). Zwar ist dem All die Auferstehung offenkundig durch „Taten" *(swʿnʾ)*[378], aber den Hartherzigen und seelisch Blinden ist sie nicht sichtbar (219–220).

„Daß er auferstand und auferweckt wurde – siehe den Erweis durch die Größe der Kraft, / die den Irrtum zerstörte und die Bande der Sterblichkeit löste" (221–222).

In der Siegesrede des Auferstandenen, gehalten in der 1. Person, die wieder vom „juristischen" Anspruch des Satans wegen der Schuldverschreibung des gefallenen Menschen handelt, heißt es: Der König tadelte den Satan und ließ ihn ins Exil werfen (294). Der Anklang an Mt 22,13 (dort viel schärfer) und die Nennung des Königs in der 3. Person in dieser Ich-Rede lassen nur die Möglichkeit zu, daß der König hier Gott (der Vater) ist. Von sich selbst sagt Jesus: „Der Geist gab mir die Kraft unsterblichen Lebens, / und damit rüste ich die Leidensfähigkeit gegen Leiden aus" (297–298) – gesprochen hinsichtlich seiner menschlichen Natur, die ihrerseits die Geschlechtsgenossen ausstatten kann: Für die aus Fleisch ist die geistliche Waffe geschmiedet worden; ihr Sterblichen, zieht sie an und kämpft und siegt geistlich (299–300).

Der polemische Teil der Predigt behandelt die von Narsai zu erwartende Frage, wer es war, der den uns befreienden Tod erlitt, in die Hölle hinabstieg und auferstand. Zu welcher Natur paßte die Passion und der Sieg? (309–315).

---

375 Aber der Wechsel in der Anzahl der Engel zeigt, daß Narsai nicht den Text vor Augen hat, sondern nach dem Gedächtnis schreibt.

376 McLeod: „by a hidden will (act)".

377 Der „Wink" hier und in den Zeilen vorher enthält gewiß auch das Element des Augenblicklichen.

378 McLeod „deeds". Wahrscheinlich wäre die richtige Übersetzung: „durch die Ereignisse (selbst)".

Nicht zur göttlichen, ist die Antwort, und ihre Begründung ist zweifach: aus der Soteriologie und aus dem Wesen der göttlichen Natur. Wenn der Logos[379] aus dem Vater in seiner Natur gelitten hat, dann hat nicht unsere Natur mit ihm gelitten in seinem eigenen Tod[380] (317–318). Wenn nicht unsere Natur (in Christus) litt und auferstand, ist unsere Hoffnung dahin (319–320). Es folgen mehrere Gedankengänge, die vom Wesen der göttlichen Natur her argumentieren (321–328): Wenn der Tod die leidensunfähige Natur verschlang, wie litt sie dann – in ihrer oder in unserer Natur? Wenn sie in ihrer eigenen Natur den Tod schmeckte, ist eine solche Behauptung Gottlosigkeit. Litt sie als Ganze oder als Teil? Es gibt aber nichts Leidensunfähiges und Leidensfähiges, von dem ein Teil litt und ein Teil ohne Veränderung blieb. Wenn der Eingeborene in seiner Natur unter den Tod fiel, unterbrach er die „Beständigkeit *(ʾmynwtʾ)* des Namens seiner (göttlichen) Wesenheit" (d. h. die mit der Vokabel „Wesenheit" per se gegebene Beständigkeit). Die Konsequenz aus all dem wäre arianisch (329–336), kein Wunder, daß Arius aus der Kirche ausgestoßen wurde (337).

Zwischen Narsai und den Gegnern klafft ein unüberwindlicher Abgrund (342): denn die Gegner verstehen nichts „von der Kraft der Verborgenheit" (was heißt: von der Kraft der göttlichen Natur in Christus) (346), und *wir* begeben uns nicht auf den Pfad der Leidensfähigkeit (350). Die richtige Antwort auf die Frage von Z. 315 ist daher: „Es ist die verächtliche Natur, die in der Hölle unter den Tod fiel" (353), es ist der Mensch, der starb (354), drei Tage bei den Abgeschiedenen wohnte (357), am dritten Tage auferstand und unser Geschlecht auferstehen ließ (358).

Die nächste Zeile (359) klingt zunächst so, als ob hier vom Logos gesprochen würde, obwohl die Reihe der identifizierenden Satzanfänge mit „er ist, der" fortgesetzt wird; Z. 360 aber, ebenfalls mit „er ist, der" beginnend, ist nach Narsais Christologie auf die menschliche Natur zu beziehen. Dies würde aus dem Zeilenpaar 359–360 eine Aussage über die Identität von Logos und angenommenem Menschen ergeben, wie man sie wohl gerne hätte. Aber eine solche Durchbrechung des gedanklichen Duktus ist unwahrscheinlich. McLeod übersetzt Z. 359 „He is the one who descended to the lowly things of earthly beings", was nach einem genitivus explicativus klingt; aber die *(tḥttʾ dʾʿnyʾ)* können wohl besser als „die (Bereiche) unterhalb der Irdischen" verstanden und übersetzt werden, eine Umschreibung für die Sheol. Z. 359–360 will die Extreme aufzeigen, die der Gestorbene und Auferstandene erreicht: „Er ist es, der herabgestiegen ist zu den (Bereichen) unterhalb der Irdischen, /

379 Hier zum ersten Mal in dieser Homilie genannt.

380 *bmwtʾ dyth,* McLeod: „in the death of his Being". Aber *yth* dient hier als Reflexivpronomen. Jene Hs, die *dylh* für *dyth* liest, hat das richtig verstanden, siehe Anm. 219, p. 157 zum syrischen Text.

und er ist es, der hinaufstieg über das All hinaus, auf daß er Alles erhöhe"[381]. So kann es in den Schlußzeilen heißen:

„Eine Erstlingsfrucht hat unser Geschlecht der Gottheit dargebracht, / und er (der Herr) gab uns durch sie ein Zeichen des Friedens und der Erneuerung des Alls" (385–386).

15. Homilie für den Festtag der Himmelfahrt (Hom. XLV)[382]

McLeod überschreibt den ersten Abschnitt dieser Homilie mit „The Wonder Instilled By Jesus'[383] Ascension". Das Wunder ist die Erhöhung der irdischen Natur des Menschen durch die Himmelfahrt. Z. 1–2: „Über die Verächtlichkeit unseres Erdklumpens habe ich mich sehr gewundert, wie hoch er erhoben worden ist, / der, obwohl er Staub ist, die Vollmacht erworben hat und begonnen hat über das All zu herrschen". Er ist zu einem Gefäß geworden, das sehr brauchbar für Herrliches ist (cf. Röm 9,21)[384] (4). Die Sterblichkeit voller Leiden ist plötzlich eine Quelle geworden, die „Leben ausgehen läßt für das All" (5–6). Narsai trägt diese Gedanken in immer neuen Wendungen vor, bis sich sein Blick zum Himmel wendet: Blicke auf das Firmament, das seine Tore dem König der Höhe öffnet[385] (cf. Ps 24) (20).

„Jesus' Discourse to His Disciples" verarbeitet natürlich Apg 1,3–8. Die Jünger befragen Jesus über die Wiederherstellung des Königreiches des Volkes (= Israel) (cf. Apg 1,6) (26). Das wird noch einmal auf charakteristische Weise anders formuliert: „Die Palastangehörigen versammelten sich beim König, um ihn zu fragen: / ‚Zu welcher Zeit zeigst du die Krone deiner Herrschaft?'" (27–28). Ist die Verheißung nahe? (29) (– darauf wird erst Z. 410 antworten! –). Nachdem Jesus die Frage der Jünger getadelt hat, gibt er ihnen ihre Aufgabe: „zu vollenden das Geheimnis der Verkündigung"[386] (37). Sie sollen Zeugen

[381] Zu Z. 367, „The gates raised up (their) veil as he was going forth" (die „Tore" sind die der Sheol), macht McLeod die folgende Bemerkung (Anm. 23): „The sense here is not clear. It may refer to the veil of the mystery that conceals Sheol". Der „veil" ist der Türvorhang, *py trʿ*; der Sinn ist: Die Tore der Hölle machten dem Auferstehenden den Weg frei (ein Motiv aus Ijob 38,17 LXX). Das Problem liegt eher darin, daß in der vorangehenden Z. 366 der Auferstehende die Pforten (der Sheol) bereits zerschmettert, ihre Riegel gebrochen und sie (die Sheol) beraubt hat und (aus ihr) hervorgegangen ist. Wieso hoben die Pforten danach ihren Vorhang, „als er hinaus ging" (367)? Es ist wohl die zweimalige Beschreibung desselben Vorgangs mit verschiedenen Bestandteilen des Bildes, also nichts weiter als ein Parallelismus membrorum.

[382] Hom. XLV: McLeod Nr. V, PO 40,1 = fasc. 182, p. 162–187.

[383] Der Name „Jesus" im Text tatsächlich erst in Z. 122, in einem Zitat aus Apg 1,11.

[384] Siehe schon in der oben analysierten Predigt Hom. XXXVI.

[385] Cf. den Anfang der Auferstehungspredigt (p. 136/137, Z. 1): „Der König der Höhe zog eine irdische Gestalt an".

[386] „Geheimnis der Verkündigung" = „Verkündigung des Geheimnisses".

sein des „neuen Weges“ (cf. Apg 9,2 u.ö., „Weg“ für die Lehre von Christus), „den ich durch mich selbst[387] eröffnet habe“ (38). Der Redende beschreibt, was er alles durch die ihn Verkündenden tun will und was seine Aufträge an sie sind (39–58); unter den letzteren findet man: „Explain and make clear for the ears of everyone the intent of the parables“ (54).

Die Himmelfahrt wird als Triumphzug eines Königs geschildert, der seine Herrschaft antritt (66–80). Der Auferstandene fährt auf einem Wagen gen Himmel (cf. Elia), den der „verborgene Wink“ an die „Zügel des Windes schirrte“ (67–68). Er setzt sich (im Wagen) „und der ‚Wink‘ setzte eine Krone auf sein Haupt“ (70). Vernunftbegabte und stumme Wesen „verbanden zu einem Joch“ *(kdnw)* ihre Stimmen *unterhalb* des Wagens (– um ihn gewissermaßen von unten zu schieben, anstatt vorne zu ziehen –) „und trugen empor[388] den Verborgenen im Offenbaren, den Gott (Logos) *(ʾytyʾ)* im Leib“ (71–72). Mit Z. 76 „Öffne (dich), Tor, damit einziehe der König, der kommt in Herrlichkeit“ wird Ps 24,7 inhaltlich (aber nicht wörtlich nach Pesh.) wiedergegeben. Dies Tor ist aus Wasser (sc. der Wolken) konstruiert (77–78). Es ist ein neues Tor für den neuen König, kein Mensch ist bisher hindurchgegangen; er allein öffnete den Weg zum Reich der Höhe und trat ein, um im Allerheiligsten als Hoherpriester geistig zu amtieren (79–84).

Der nächste Abschnitt preist zunächst die Erhöhung „unserer Natur“ „im Namen und in Wirklichkeit“, der Natur, die aufstieg und ihre Herrschaft über Herrscher und Mächte antrat (85–86). Auch dient seine Himmelfahrt uns als Ansporn für unsere geistlichen Bemühungen (93–98), indem er uns den „aufsteigenden Weg“ in die Höhe zeigte „im Zeichen seines Leibes, der emporgehoben wurde über die Luft hinaus“ (95–96). „Er verleiblichte *(ʾgšm)* die Luft als einen Wagen vor ihren Augen, / und der offenbare Leib bestieg den Wind und gelangte in die Höhe“ (99–100).

„The Apparence of Angels“ gibt Anlaß zur Betrachtung der weißen Engelsgewänder: das sind Gewänder aus Licht; wenn die Boten schon glänzen, wieviel heller wird *er* erstrahlen! (103–104). Das (blendende) Lichtgewand vor den Augen der Jünger soll sie davor bewahren, sich mit dem (vergeblichen) Versuch zu erschöpfen, das zu sehen, was ihnen nicht erlaubt war (105). Es waren zwei Gedanken, die die Irdischen veranlaßten, in die Höhe zu blicken: Ob sie vielleicht die Öffnung der Tore sehen könnten und ob etwa die Zusammensetzung seines Leibes verändert sei (107–110). „For they were reflecting on how a body has rent the firmament and how it has entered with (bod-

---

387 *bqnwmy*, McLeod: „in my person“. Cf. Z. 49–50: Die Apostel sollen ein Spiegel sein, „damit die Menschen sich selbst sehen“. McLeod hat für *lqnwyhwn* „their persons“ und bemerkt dazu, Anm. 5, p. 165: „*qnwmʾ* here seems to signify the personal substances of men“.

388 McLeod wählt die andere Bedeutung von *zḥ* im Pael: „continually celebrated“. Das paßt zwar zu den „Stimmen“, doch ist das Hinauffahren des Wagens das vorherrschende Bild.

ily) structure through a closed gate" (111–112) – merkwürdig rationalistische Fragen, auf die der Homilet seine auf göttliches Einwirken („Wink") zielenden Antworten ja vorher schon gegeben hat. – Die Anrede der Engel entspricht den Fragen, die die Jünger sich stellten: „Why are you troubled by what is difficult for the eyes of flesh (to accept)?" (120). Die Verheißung der Wiederkunft unter derselben Gestalt, wahrgenommen mit „den Sinnen des Leibes", dient zur Bestätigung der Vollständigkeit der menschlichen Natur Christi („ohne Veränderung an Leib und Seele"); in dieser menschlichen Erscheinung „bleibt er in der unaussprechlichen Herrlichkeit" und wird am Ende der Zeiten zum Gericht über das All kommen (123–126).

Was McLeod „Narsai's Confession of Faith" nennt, behandelt in der zweiten Hälfte die Probleme des Auferstehungsleibes schon vor der Himmelfahrt. Der Auferstandene selbst hat offenbart, „in welcher Natur er aus dem Grabe erstand" (138). Die Worte Jesu kombinieren in freier Weise Lk 24,39 und Joh 20,25: „Berühre und sieh die Zusammensetzung des Leibes und den Ort der Nägel", nimm wahr, daß ein Geist weder Fleisch noch Bein besitzt (139–140). Er zeigte an seinem Leib die Nägelmale und die Speerwunde denen, die zu seinem Mysterium gehörten, *nachdem* er (sc. der Leib; McLeod „he", richtig „it") unsterblich und *leidensunfähig* geworden war (143–144). Ein neues Wunder nach seinem Tod, außerhalb jeder Ordnung, zeigte er durch sein Essen und Trinken (145–146). Dazu „*zwang* er *(ʿzʾ)* die Natur, (von der gilt,) daß *die Herrlichkeit ihre Leidensfähigkeit verschlungen hat*" (147). Daß er Leiden im Leidensunfähigen zeigte (d. h. in der menschlichen Natur des Auferstandenen!), ist uns gewiß; aber wie er sie zeigte, das weiß nur er allein (149–150). Das Wie noch einmal in Z. 152, wo McLeods Übersetzung geändert werden muß zu „but how he ate is apparent to him who testifies that he ate". Damit kann nur Jesus selbst gemeint sein. Joh 21,5 („Kinder, habt ihr nichts zu essen?") ist wohl für Narsai die Bezeugung des Essens durch Jesus. (Beim Austeilen des Mahles von Lk 24 wie von Joh 21 wird nicht ausdrücklich gesagt, daß Jesus selber mit den Jüngern aß, aber es ist wohl impliziert). Die Frage von Joh 21,5 wird vom Homileten so verstanden, daß der Fragende Hunger hat, cf. Z. 148: „... und nahm Speise als einer, der ihrer bedurfte". Schließlich deutet Narsai das Essen des Auferstandenen als Vorwegbestätigung für die Verheißung von Lk 22,16; die Übersetzung von Z. 153 und der Anschluß von Z. 154 durch McLeod muß korrigiert werden zu: „The promise of his words he confirmed by anticipation *(qdm ḥtm)* by what he had done" (nämlich essen), / „(the promise) he had said that he was going to eat with them in the Kingdom on high".

Die von Narsai hier behandelten Probleme geben Anlaß zu längerer Polemik, die sich aber nicht auf die Wundmale und das Essen nach der Auferstehung beschränkt. Die Gegner, die „den Leib auslöschen und den Logos leiden lassen" (155), werden als „neue Schriftgelehrte *(spʾ)* der Leidensfähigkeit" bezeichnet (157). Um wessen Leib handelt es sich denn in diesen Geschichten?

(158). „Wenn der Verborgene ins Offenbare kam und Fleisch wurde", wozu mußte er die Wundmale an seinem Fleisch nach der Auferstehung vorweisen (159–160), war etwa seine Natur leidensfähig *vor* seinem Kommen, und zeigte er etwa seine Wunden zur Bestätigung seiner Leidensfähigkeit? (161–162). Narsai will sich solcher Absurditäten nicht schuldig machen, es ist der Eifer „der Vermischer" (sc. der Naturen), der ihn zu diesen Konsequenzen führt (163–164). Die Arroganz liegt nicht bei ihm, sondern in den Reden der Lästerer, und die suchte er „zu tadeln". Hier nun folgen einige konkretere Angaben: Die Gegner unterstellen ihm, er sei so polemisch geworden, weil er den Rang der *rbnwt'*, also des Amtes des Rabban, des Leiters der Schule, anstrebte (169–170). Doch haben *sie* mit ihrer Theologie das Siegeszeichen des Königs umgestürzt (171), *deswegen* sei er so scharf geworden (172–174), – damit will Narsai sagen, er habe sachliche und nicht Gründe des Ehrgeizes für seinen Tonfall gehabt. Während er diese Homilie verfaßt und vorträgt – ist er nun inzwischen Rabban? Es spricht eigentlich nichts dagegen. Aber selbst wenn er es noch nicht wäre, befinden wir uns in der *frühen Phase seines Wirkens in Edessa,* im Unterschied zu der Homilie, die die Gegner als übermächtig geworden bezeugt. –

Interessant ist ein Vorwurf an die Gegenseite, enthalten in den wenigen Z. 177–180, in Frageform: Wenn sie doch zum Leib der Kirche gehören, warum hassen sie den Namen „Christus", der doch das Haupt dieses Leibes ist? Warum betrachten sie als fremdartig die Vokabel („Name") „Mensch" (angewendet auf Christus) – sie wird doch in den Schriften gebraucht? Warum löschen sie aus das Wort („Name") „Ehre", diese Ehre, die unser Geschlecht erhalten hat? – „Ehre" ist bekanntlich eine charakteristische Vokabel der Christologie des Theodor von Mopsuestia; von den monophysitischen Voraussetzungen aus ist eine gewisse Empfindlichkeit gegen die konkrete Bezeichnung der menschlichen Natur Christi als „Mensch" zu erklären, aber eine vergleichbare Empfindlichkeit gegenüber dem Christus-Titel?

Z. 181–182 spricht sich gegen die „Mischung" (sc. der Naturen in Christus) aus, was nicht weiter verwundert. Verwunderlich ist jedoch, wie das nicht zu Vermischende benannt wird: Z. 181 als *ky' ly'* „offenbare Naturen", 182 als *kynt'* „Natürliches" (von McLeod mit „natural [properties]" wiedergegeben[389]). In Z. 183 ist die Sache klar: „Nicht wird vermischt die verborgene Natur mit dem offenbaren Leib".

Der anschließend in Z. 184 ausgesprochene Gedanke ist uns aus der Homilie über Joh 1,14 vertraut: „Der Nichtbegrenzte besitzt keine Grenze im Begrenzten". Die Vorstellung eines Ortes ist für den Allmächtigen unangemes-

---

[389] Die Hs D hat die Schwierigkeit empfunden und schreibt *kyn' gnyz'*, „verborgene Natur", bzw. *'p kst'*, „auch Verborgenes". Aber wäre für den ersten Fall nicht besser *ksy' gly'* (evtl. *ksy' bgly'*), „das Verborgene mit dem Offenbaren"? Den zweiten Fall könnte man dann lassen, wie er gedruckt ist.

sen, seine Natur regiert außerhalb von allem und innerhalb von allem (185–186). Dann wendet sich Narsai wieder der falschen Bewertung von Gott und Mensch (in Christus) durch die Gegner zu (188–190).

Nicht die (göttliche) Wesenheit stieg hinab zur Erde und ebenso[390] wieder hinauf, sondern es war die unsere, die hinaufstieg (195–196). Dort oben herrscht sie für immer, oder wie Z. 208 es ausdrückt: „Und nicht mehr zerschneidet die Zeit mit ihrer (bemessenen) Dauer die Größe ihres Ranges". Der „Allsehende" setzte ihr die „Krone des Namens der (göttlichen) Wesenheit" auf (209–210).

Gott unterwarf ihm alles, und damit empfing der Aufgefahrene auch die Macht zum Gericht (213–214). – Es beginnt nun eine Passage über das jüngste Gericht (213–256), die ihre Länge verschiedenen Einschüben verdankt. Ich schicke meine Zerlegung in echt und unecht voraus, um meine Begründung für diese Maßnahme leichter verständlich zu machen.[391]

213	Er (Gott) unterwarf ihm alles, und er begann zu herrschen über alles durch die Kraft dessen, der ihn angenommen hat,			
214	und er empfing (die Macht) zu richten die Geistigen und die Leiblichen			
		I	215	In seinem Gericht untersucht er die Unterscheidungsfähigkeit der Vernünftigkeit
			216	und bringt ins Offene die Werke und Worte und den Blick der Augen.
		II	217	Durch die Offenbarheit seines Leibes sehen sie durch verborgene Regungen *(zʿ)* die Verborgenheit, die vor allen verborgen ist und der alles offenbar ist.
			219	Ihn betrachten sie mit äußeren Sinnen als etwas Offenbares
			220	und mit ihrem Verstand die Kraft der (göttlichen) Wesenheit, die in ihm verborgen ist.

390 Für *ʾkn* lies *ʾkzn*.

391 Aus technischen Gründen sind im folgenden Zweispaltendruck Anmerkungen in den Text eingegliedert (eckige Klammern).

221	Durch das Joch seiner Liebe sind zusammengespannt die Wachenden und die Menschen,			
222	und sie begleiten ihn im Triumphzug als Bild des verborgenen Königs.			
			223	In [besser *bpgrh* als *wpgrh* wie gedruckt] seinem Leib sehen die Leiblichen ihre Glieder
			224	und die Geistigen durch die Regungen der Seele [McLeod übersetzt: „in the faculties of (his) soul" in Analogie zu „his body" von Z. 223] sich selbst [*lqnwmyhwn*, McLeod: „their own substances"].
225	Sie erzählen seine Herrlichkeit mit der Stimme der Sinne auf geistliche Weise			
226	und singen das „Heilig, heilig, heilig" in unermüdlicher Freude.			
227	Sie verehren immerfort im Tempel seines Leibes den, der darin verborgen ist			
228	und bringen darin dar die reinen Opfer ihres Verstandes.			
		III	229	Im Hafen seines Leibes finden Ruhe die Regungen ihrer Gedanken,
			230	wenn sie erschöpft sind durch die Suche nach dem unerforschlichen Verborgenen.
			231	Deswegen erwählte ihn aus dem All der Begründer des Alls,
			232	damit er erfülle durch die Offenbarheit des Leibes das Bedürfnis des Alls.
			233	Das Geschaffene muß immerfort etwas Verborgenes suchen

		234	und die Bedeutung der geheimen (Dinge) und die Hinweise auf sie erlernen [McLeod: „and to learn the intent of things that are secret and that which they point to."].
		235	Und weil es unmöglich ist, daß die verborgene Natur ins Offene komme,
		236	begrenzte er ihre Fragen auf das offenbare Bild.
		237	Sie laufen immerfort im Stadion des Namens „(göttliche) Wesenheit",
		238	und wenn sie das Tor seines Leibes erreicht haben, haben sie den Sieg erlangt.
		239	Er gibt ihnen für das Athletentum ihres Verstandes
		240	die Krone, die der Verborgene durch ihn (den Sichtbaren) darreicht für ihre Mühen.
241	Durch seinen Leib gibt Lohn der Herr des Weinbergs		
242	den Arbeitern, die sich ermüdet haben wegen der Hoffnung auf ein neues Leben.		

Die Z. 243–250 fahren mit den Lohn- und Strafworten aus den Gleichnissen Jesu fort: Die (geistlichen) Talente werden den guten Knechten zurückgegeben, weil sie mit gutem Ertrag verwaltet wurden; der Knecht, der sein Talent vergraben hat, wird angeherrscht; die weisen und die törichten Jungfrauen erfahren ihren Lohn. 251–256: Daraus schöpfen die „Hüter seiner Liebe" Hoffnung und gehen ihm entgegen, um ihrerseits den Lohn für ihre Mühen zu empfangen, mit ihm fliegen sie zur Höhe hinauf wie sein sichtbarer Leib.

Der Gerichtsgedanke assoziiert sich dem Homileten von Apg 1,11 her – Wiederkunft ist Wiederkunft zum Gericht. Umgekehrt darf man in der Analyse der Z. 213–256 nicht aus den Augen verlieren, daß es sich um ein Stück aus einer Himmelfahrtspredigt handelt. Die „Geistigen und die Leiblichen" von 214 erscheinen in 221 als die „Wachenden (= Engel) und die Menschen"; zusammengespannt durch das Joch der Liebe gehören sie zum Triumphzug des Auferstandenen – d. h. es wird in der unmittelbaren Fortsetzung nicht als erstes der Gerichtsgedanke aufgenommen, vielmehr werden Engel und Menschen als Teilnehmer am himmlischen Gottesdienst dargestellt (222–228); danach erst folgen die Urteilssprüche des Richters (241–250). Durch fast alle diese Zeilen zieht sich die Auffassung, daß es auch in dieser eschatologischen Situation der sichtbare Leib (Christi) ist, in dem der Verborgene angebetet wird.

Die drei Einschübe unterscheiden sich deutlich in ihrer Motivation, bei den beiden ersten lassen sich die Stichworte angeben, auf die sie sich beziehen. Am einfachsten ist das für die Interpolation I (215–216): Der Glossator empfindet die Notwendigkeit zu erläutern, was Gerichtetwerden heißt; was Narsai darüber sagt, ist ihm zu wenig. Das wäre besonders begreiflich, falls er die Einschübe II und III schon vorfand, die Narsais eigene Aussagen zum Gericht räumlich weit abgerückt hatten. Einschub I gehört zu Z. 214, hat also seinen richtigen Platz im Text gefunden, er ist aber nicht notwendig der älteste der drei Zusätze.

217–220 und 223–224 betrachte ich als ein zusammenhängendes Stück, als Interpolation II. Es ist eine Einfügung zu 222 („Bild des verborgenen Königs") und bezieht sich mit 223–224 zurück auf die „Geistigen und Leiblichen" von 214, der Interpolator hat offensichtlich 214 und 221–222 als fortlaufenden Text vor Augen. Die Zerlegung des Einschubs in zwei Stücke ist durch seine Länge zu erklären. Sie ließ sich auf dem Rand einer Seite nicht mehr in einem Stück unterbringen; u. U. hat auch die Glosse I eine Verschiebung von II zur Folge gehabt, der dann die Verweiszeichen nicht richtig gefolgt sind.

Inhaltlich erkennen wir in II die uns schon bekannte Hand, die „den Regungen der Seele" zutraut, das Verborgene im Sichtbaren doch zu sehen. Die „äußeren Sinne" sehen das Offenbare (219), der Verstand die „Kraft" der darin verborgenen Gottheit (220); in anderer Verteilung: Die „Leiblichen" sehen an seinem Leib dasselbe, was sie an sich selber sehen können, nämlich seine Glieder wie ihre Glieder (ist doch der Sichtbare, wie der echte Narsai immer wieder sagt, „einer von uns", „aus unserm Geschlecht"), die „Geistigen" sehen „sich selbst" *(qnmyhwn)*, d. h. sie sehen das Geistige; auch sie tun das durch „Regungen der Seele". Dieser Interpolator empfindet, wie ich schon an anderer Stelle gesagt habe, das von der Schule vertretene Prinzip die Unzugänglichkeit des Göttlichen betreffend als unbefriedigend für den geistlichen Menschen.

Der letzte Einschub, III (229–240), ist der längste, doppelt so lang (12 Zeilen) wie der zweite. Auch sein Verfasser bemüht sich um den Zugang zum Verborgenen durch das Sichtbare, aber er teilt nicht den Optimismus seines Kollegen. Vielmehr scheitern die Versuche nach ermüdenden spirituellen Kämpfen (230) und führen (nach dem Plan des Schöpfers, 231–232) zum sichtbaren Leib. Es scheint, daß Einschub III nicht nur auf den echten Narsai reagiert, sondern auch den Einschub II vor Augen hat (man notiere die *zʿ*", „Regungen", von Z. 229). Kommentator III stellt das spirituelle Problem in einen kosmischen und heilsgeschichtlichen Zusammenhang. Die Einsicht, daß das Sichtbare gerade für den um das Göttliche Ringenden bereitgestellt ist, ist ein „Hafen" der Ruhe, den man schließlich erreicht; das Ergebnis kann auch als Sieg für den in der Arena der (göttlichen) Wesenheit (vergeblich) Rennenden dargestellt werden, wenn er (paradoxerweise) das Tor des Sichtbaren erreicht (man erkennt die paulinischen Bilder vom Laufen um den Sieg, 1 Kor 9,24.26). Für ihr „Athletentum" erhalten die Sucher und Finder die Krone (des Sieges) (239–240). (Was sie „geleistet" haben, läßt sich als ein Prozeß schmerzhafter Selbstüberwindung verstehen, ein akzeptiertes Zurückgeworfenwerden auf das „offenbare Bild", Z. 236, Verzicht auf höchsten geistlichen Anspruch). Mit der Siegeskrone ist ein guter Anschluß an den echten Narsai gegeben, nämlich an den „Lohn" für die „ermüdeten Arbeiter" von Z. 241–242.

Zur „Significance of Jesus' Ascension" gehört, daß er (in seinem Emporgetragenwerden) „unsere Schwächen und unsere Herrlichkeiten abbildet und sie eingräbt in Buchstaben auf der Schreibtafel seines Leibes" (261–262). Die Z. 265–272 nehmen noch einmal die ganze irdische Heilsveranstaltung durch, von Jesu Empfängnis bis zu seiner Himmelfahrt, und bestimmen die Bedeutung jeden Schrittes – teils in erneuter Feststellung, „daß er einer aus uns ist", „daß seine Natur aus den Sterblichen ist" (267–268); die übrigen Aussagen sind unmittelbar soteriologisch. Ein wunderschöner Gedanke in Z. 273–274 (weitergeführt 275–276):

> „Wie die Morgenröte war für uns seine irdische Erscheinung (Epiphanie)
> und (wie) das Ende des Tages der Lauf seines Weges auf die Höhe zu".

Die zwei Naturen (in Christus) werden auch im Zustand der Erhöhung deutlich unterschieden, weil daran klar zu machen ist, wie groß die Erhöhung „unseres Staubes" ist (283–284). Die Erhöhung ist eine aus der endlichen Zeit in die Ewigkeit:

> „O Niedriger, der verlassen hat seinen Ort, die Wohnung der Zeit,
> und hinaufgestiegen ist zum Ort, an dem kein Ende ist für seine Dauer" (287–288).

Dieser Gedanke war oben schon einmal angeklungen.

Ganz am Schluß, in der vorletzten Zeile der Homilie greift Narsai auf den Anfang zurück. Dort (Z. 29) hatten die Jünger Jesus gebeten: Zeige uns, ob die Verheißung deiner Worte nahe ist. Jetzt (409–410) heißt es, nach einer Ermahnung zur Liebe, die der Liebe Christi „würdig ist": „und laßt uns nicht zweifeln an seinen Verheißungen, weil sie (d.h. ihre Erfüllung) fern sind".

16. Ein kleines Florileg aus Narsai-Zitaten

In der „Nestorian Collection of Christological Texts" (ed. Abramowski/Goodman) gibt es einen anonymen und titellosen Text, von uns als Nr. V gezählt, den ich als Fragment einer Apologie für Narsai zu bestimmen versuchte[392]. Der Einführung zu seinen Zitaten gehen wenige kurze Exzerpte aus Predigten des Nestorius voraus. Dank der Satztrenner ließen sich 8 Zitate aus Narsai feststellen. Ich machte seinerzeit keine Anstalten, nach dem Fundort der Fragmente in den nicht vollständig edierten Homilien des Narsai zu fahnden. Wie das Folgende zeigt, wäre das auch vergeblich gewesen.

Im Jahr 1978 machte mich Geevarghese Chediath brieflich darauf aufmerksam, daß Ibrahim in seiner mir damals unzugänglichen Dissertation durch seine Arbeit mit den Handschriften die Zitate gefunden hatte[393], und zwar 1–7 in Homilie IV und 8 in Homilie LVI. Beide Homilien sind nicht von Mingana in seine Ausgabe aufgenommen worden.

Homilie IV erschien 1979 als Nr. I in McLeods Ausgabe. Homilie LVI war in Brocks Liste in der Ausgabe der Patriarchal Press lokalisiert, aus der sie mir Brock freundlicherweise kopierte. Beide Homilien sind oben analysiert, die Exzerpte aus ihnen sind an ihrem Ort gekennzeichnet.

Hier stelle ich jetzt die Einzelnachweise für die Zitate in der „Nestorian Collection" zusammen. Es ergibt sich, daß das lange Zitat 8 am Schluß der Sammlung mehrfach zusammengesetzt ist; daß im Zitat 3 die Unterscheidung zweier Zitate wahrscheinlich durch den Randnachtrag einer Auslassung verlorengegangen ist; daß andererseits die Zitate 6 und 7 im Original zusammenhängen; und daß die Reihenfolge der Zitate nicht der ursprünglichen Reihenfolge in den Originalen entspricht. Im einzelnen ist anzumerken: Die englische Übersetzung in unserer Ausgabe II, p. 73,34–36, muß gründlich korrigiert werden zu: „Not the spiritual one (Akkusativ!) without composition hands have circumcised, the corporeal one it is (whom, cf. das erleichternde *d* im Text McLeods) the hands of corporeals circumcised". Zur Übersetzung in Nestorian Collection II, p. 74,30–32: Durch die Versabteilung in der Homilie ergibt sich die Notwendigkeit, das kleine Exzerpt anders abzuteilen. Die zweite Hälfte des Verses muß in unserer Übersetzung, p. 74,31–32, jetzt heißen: „and to the one Lord are attributed (the properties) of the two natures which became one" (zu ergänzen wäre: „prosopon" und nicht etwa „nature"!). – Zur Übersetzung p. 74,32–35: Auch hier verhelfen Satzzeichen des Originals zu einer verbesserten Übersetzung (ich verfahre außerdem wörtlicher): „Although I have distinguished for the natures between the glorious and the humble (things), / in my confession I have made no rent, for I confess that one is the Son". – Bei der Übersetzung, p. 74,37–75,4, wäre p. 75,1–2 genauer: „The sleep is that of mortals, and the silence of the sea (is) that of

[392] *L. Abramowski / A. Goodman*, A Nestorian Collection of Christological Texts II (Cambridge 1972), p. XXXV–XXXVII.

[393] Bei *Ibrahim*, Doctrine, p. xxi, muß die Seitenangabe aus unserer Ausgabe heißen: vol. II, p. 73–75.

the creator". – Die Aussagen im letzten Stück, p. 130,20–22 / p. 75,11–13, sind inhaltlich ganz narsaisch.

	Nestorian Collection		Hom. IV (McLeod Nr. I)
	I Text	II Übers.	
Zitat 1	p. 127,14–17	p. 73,17–19	Z. 201–202
	hier fehlt *bršyt* „in the beginning" aus Z. 201 McLeod		
Zitat 2	p. 127,24–128,2	p. 73,23–26	Z. 423–424
Zitat 3	p. 128,10–12	p. 73,32–36	Z. 419–422
	und in margine Z. 1–2		
	p. 128 in margine Z. 2 und 3	p. 73,36–74,1	Z. 139–140
	Reflexivpronomen	*yth*	*Npšh*
	Reihenfolge von „Geist" und „Kommen" umgestellt		
Zitat 4	p. 128,15–18	p. 74,3–5	Z. 431–432
	letztes Wort	*'lhwt'*	*'lh kl'*
Zitat 5	p. 128,23–129,2	p. 74,10–11	Z. 399–400
Zitat 6	p. 129,6–8	p. 74,14–16	Z. 455–456
Zitat 7	p. 129,11–13	p. 74,18–21	Z. 457–458
			Hom. LVI (Patr. Press. I, p. 581–598)
Zitat 8	p. 129,14–23	p. 74,21–30	p. 588–589 V. 84–87 [meine Zählung, Vers = Doppelzeile]
	Z. 16–17 *kyn' šbyḥ' wgnyz'*	p. 589 V. 85 *kyn' sgyd' wšbyḥ'*	
	p. 129,23–130,2	p. 74,30–32	p. 591 V. 107
	p. 130,3–5	p. 74,32–35	p. 594 V. 145b–146a
	p. 130,5–7	p. 74,35–37	p. 584 V. 33
	p. 130,7–12	p. 74,37–75,4	p. 586 V. 57–58
	p. 130,13–14	p. 75,5	p. 586 V. 60a1/b1
	p. 130,14–15	p. 75,6–7	p. 586 V. 62a
	p. 130,15–17	p. 75,7–9	p. 587 V. 63

	Nestorian Collection		Hom. IV (McLeod Nr. I)
	p. 130,17–19	p. 75,9–11	p. 588 V. 79
	p. 130,20–22	p. 75,11–13	(noch nicht gefunden)

Der Sammler dieser Narsai-Zitate reagiert mit seinem Florileg auf eine gegnerische Zusammenstellung, Abramowski/Goodman II, p. 73,6–10: „Now this I have said that there are those who mangle[394] sections of a homily[395] of Mar Narsai and calumniate us by them, as though he was saying that the lordly manhood is ordinary and divested of the godhead – which God forbid – as they who reject the truth suppose".

Die Exzerpte, die das Florileg seinerseits ausschreibt, zerfallen deutlich in zwei Gruppen. Die Zitate 1–7 werden mit meist paulinischen Aussagen verglichen, mit denen die Berechtigung erwiesen wird, überhaupt von Jesus als „Mensch", als „zweitem Adam", „einem aus unserem Geschlecht" zu reden. Zitat 4 sagt dann aber in seiner zweiten Hälfte: „He is also God in that he became a dwelling place for the godhead"; die Zeile gehört zu einem Einschub in Hom. IV (s. oben die Analyse der Predigt), der Sammler der Exzerpte las die Homilie also schon in interpolierter Gestalt.

Zitat 8 ist eine Komposition aus mehreren Zitaten, die ohne Unterbrechung aneinandergehängt sind. Sie reden vom einen *prosopon* und den zwei Naturen, die unterschieden werden und doch eins sind. Unterschieden werden auch die Aussagen, die den beiden Naturen jeweils zuzuschreiben sind (es wird also die *divisio vocum* durchgeführt). Die Reihe endet mit dem Satz, daß der Logos des Vaters von Anfang an „mit ihm" (mit Jesus) und „in ihm" war, ohne aber von den „niedrigen Dingen" affiziert zu werden. (Die daraus zu ziehende Folgerung ist, daß Christus niemals „bloß Mensch" war).

394 Wir schrieben seinerzeit „rend", d.h. die Grundbedeutung des Verbs, das aber auch „mangle" = „verstümmeln" heißen kann. Diese Übersetzung trifft das Gemeinte besser.
395 Wir übersetzten seinerzeit „the treatise".

ZWEITES KAPITEL
Die nachephesinische Christologie der edessenischen Theodorianer[1]

I. ḤABIB UND NARSAI

1. „Eure Lehre" nach den Hinweisen des Philoxenus in seiner Widerlegung des Ḥabib

In seiner Auseinandersetzung mit dem Theodorianer Ḥabib[2] hat der Kyrillianer Philoxenus an mehreren Stellen[3] auf die Lehre seiner, des Ḥabib, Richtung hingewiesen als etwas, was die Gegenseite gemeinsam habe. Philoxenus war zu diesen Hinweisen deswegen befähigt, weil er erst in Edessa, an der Schule dort, eine Konversion zur kyrillischen Seite durchmachte, ursprünglich also in der Lehre der Theodorianer unterwiesen worden war. Als jetziger Gegner fügt er seinen Mitteilungen fast immer ein karikierendes, insinuierendes, denunzierendes Element bei, das es auszuscheiden gilt. Diese Mitteilungen sind natürlich als solche schon Polemik in seinem Sinn. Für ihre Beurteilung verweise ich auf meine Analysen im Band 2/3 dieses Werkes.

So bezeichnet Philoxenus es als Gewohnheit seiner Gegner, sich wegen der göttlichen Homoousie gegen die heilbringende Ökonomie zu vergehen[4]. Eine andere Wendung des Gedankens wird später begegnen.

Wir hören weiter: „Von euch" wird „nur eine Union (in Christus) auctoritatis et honoris et principatus et regni et personae (πρόσωπον) et adoptionis" gelehrt[5].

In der Debatte über das „Eigentümliche und Gemeinsame" (der Naturen in Christus)[6], sagt Philoxenus von den Väterzitaten des Ḥabib, sie stimmten „mit

[1] Ein sehr knapper Extrakt aus dem Folgenden ist: *L. Abramowski,* Die nachephesinische Christologie der edessenischen Theodorianer, in: L. Greisiger, C. Rammelt, J. Tubach (hg.), Edessa in hellenistisch-römischer Zeit: Religion, Kultur und Politik zwischen Ost und West. Beiträge des internationalen Edessa-Symposiums in Halle an der Saale, 14.–17. Juli 2005 = Beiruter Texte und Studien 116 (Würzburg 2009), 1–9.

[2] Siehe *L. Abramowski,* Aus dem Streit um das „Unus ex trinitate passus est": Der Protest des Ḥabib gegen die Epistula dogmatica des Philoxenus an die Mönche, in: A. Grillmeier †, Jesus der Christus im Glauben der Kirche 2/3, hg. T. Hainthaler (Freiburg 2002) 570–647.

[3] Jesus d. Chr. 2/3, 580. 581. 582–583. 585. 589. 590. 594. 596. 601. 604. 606.

[4] Jesus d. Chr. 2/3, 580 aus Diss. II 9.

[5] Jesus d. Chr. 2/3, 581 aus Diss. II 21.

[6] Jesus d. Chr. 2/3, 582–583 aus Diss. II 28.

eurem bösen Verständnis" nicht überein[7]. „Dies nennt ihr die singularia Gottes"[8]; jenes dagegen sind die Gemeinsamkeiten in Christus, „wie ihr sie versteht" – die kurze folgende Liste ist in sich höchst disparat und fast unbrauchbar[9].

Nach „eurer Meinung" sind Aussagen über Gott mit Verben lokalen Charakters solche über „den Willen, das Handeln, das Wirken" des Gottessohnes[10].

Ein für uns besonders schwieriger Punkt „eurer Lehre" ist das Verhältnis von Namen und Hypostasen in der Trinität. Was Philoxenus dazu sagt, ist nicht leicht von polemischen Verzerrungen zu befreien[11]. Die nur allzu kurzen Zitate aus Ḥabib lassen die „Namen" als das Wirkende der jeweiligen Hypostasen erscheinen.

Was Lk 1,28.35 betrifft, so kontrastiert Philoxenus seine eigene Auslegung mit der „eurer Lehrer"[12].

Wir hören auch von Philoxenus: Wenn es zwei sind, von denen einer im anderen wohnt, „wie ihr sagt", dann sei zu folgern ...[13].

„Eure gottlose Lehre" über die Auferstehung sei: Gott habe Christus „die Gnade der Auferstehung" „nur für seine Mühe und Gerechtigkeit" gegeben[14]; analog heißt es zum Sieg über den Tod: „eure Meinung" ist, er habe nicht aus Kraft seiner selbst gesiegt, „sondern aus der Gnade, die ihm Kraft verlieh"[15].

Ḥabib und seinen Gesinnungsgenossen schreibt Philoxenus die Gewohnheit zu, zu sagen: „Es ziemt sich uns zu erkennen, und dann glauben wir"[16].

Nur eine von diesen Anführungen bezieht sich auf „eure *Lehrer*" (die zu Lk 1,28.35). Meint Philoxenus damit eine solche Autorität wie Theodor von Mopsuestia, die man nur noch aus ihren Schriften kennen konnte? Oder sind auch die Lehrer an der Schule gemeint, die die Kontrahenten selbst noch gehört hatten? Zwischen dem Tod Theodors (428) und dem Datum der schriftlichen Debatte zwischen Philoxenus und Ḥabib (Anfang der 80er Jahre des 5. Jh.) liegen fast zwei Generationen. Wir wissen nicht, ob Philoxenus noch Narsai gehört haben kann; von Ḥabib haben wir sonst keine Daten, möglicherweise zählte Narsai vor 571 zu seinen Lehrern. Aber beide wußten bestimmt *von* ihm und von seiner Lehre. Wenn Philoxenus von „euern Lehrern" spricht, dürfen wir Narsai gewiß zu ihnen zählen.

---

[7] Jesus d. Chr. 2/3, 582, Anm. 41 aus Diss. II 25.
[8] Jesus d. Chr. 2/3, 582, Anm. 42 aus Diss. II 28.
[9] Jesus d. Chr. 2/3, 583 aus Diss. II 31.
[10] Jesus d. Chr. 2/3, 585 aus Diss. II 64.
[11] Jesus d. Chr. 2/3, 589–590 aus Diss. III 60.
[12] Jesus d. Chr. 2/3, 594 aus Diss. IV 40.
[13] Jesus d. Chr. 2/3, 596, Anm. 89 aus Diss. IV 63.
[14] Jesus d. Chr. 2/3, 601 aus Diss. VI 33.
[15] Jesus d. Chr. 2/3, 606 aus Diss. VI 109.
[16] Jesus d. Chr. 2/3, 604 aus Diss. VI 73.

2. Bei Philoxenus/Ḥabib nur angedeutete Theologumena, die sich aus Narsais Homilien erläutern lassen

Fast zu übersehen ist das „Wort aus der Seele" als „Beispiel", aus Ḥabib angeführt bei Philoxenus[17]. Zwei Homilien Narsais kommen uns hier zu Hilfe und lassen einen topos edessenischer Lehre zu Tage treten, den man aus der Wiedergabe bei Philoxenus nur hätte erraten können. Es handelt sich um die Homilien IV und LXXXI; wie in meiner Analyse oben, stelle ich LXXXI (über Joh 1,14) voran. Dort habe ich den Vergleich zwischen dem göttlichen Logos und dem *logos*[18] in der Seele im Abschnitt d) zitiert. Hier referiere ich: Johannes nennt Logos den, der mit dem Vater ist, wie der *logos* mit der Seele. Der *logos* ist *aus* der Seele und *mit* ihr, von ihr *aus*gehend ist er auch *in* ihr. Der Sohn war mit seinem Vater, kam zur Welt und war mit ihr. Der *logos* ist nicht von der Seele fortgegangen, er hat sie nicht verlassen; ebenso ist der Sohn nicht fortgegangen von seinem Erzeuger, er hat sich von ihm nicht durch Verlassen entfernt. Der *logos* der Seele geht in alle Richtungen aus, er geht aber nicht von der Seele fort; auch wenn er ausgesandt wird, ist er doch in der Seele, wo immer sie sich befindet. Die Anwendung auf den Logos-Sohn in seiner Beziehung zum Vater schließt sich an: Auch der Logos ist ausgegangen vom Vater und kam zu unserer sterblichen Wohnung. In unserer Natur wohnend war er ganz in seinem Vater. Ein weiterer Vergleichspunkt ist die Unsichtbarkeit des göttlichen Logos wie des menschlichen *logos;* der menschliche *logos* wird sichtbar mit Hilfe der Tinte in Buchstaben, in denen der Gedanke zum (geschriebenen) Wort wird.

In Homilie IV (siehe oben die Analyse, II. 11, von Z. 70–78 der Predigt) ist der Vergleichspunkt ebenfalls die Gleichzeitigkeit von Ausgehen und Bleiben. Es folgt auch hier der Vergleich des Sichtbarwerdens oder -machens des Unsichtbaren. Seele und *logos* sind unsichtbar, aber mit Tinte und Schreibtafel kann man den *logos* für die Sinne wahrnehmbar machen. Der Logos des Vaters ist mit ihm verborgen, doch „er malte seinen Willen auf die Tafel unseres Leibes, ‚und wir sahen seine Herrlichkeit'".

Die Sequenz dieser Vergleiche ist wahrscheinlich eine für Narsai feststehende; vielleicht gehört sie überhaupt zum Lehrstoff in Edessa, – für ihren Ausgangspunkt (Logos – *logos)* ist das jedenfalls durch Ḥabib gesichert.

Homilie IV trägt auch zur Klärung eines anderen Punktes bei. Philoxenus hatte behauptet, Ḥabib habe gesagt: „Er (sc. der Logos) wohnte, während er nicht wohnte"[19]. Ich erklärte das als Aussage des Ḥabib für undenkbar und für

---

[17] Jesus d. Chr. 2/3, 604 aus Diss. VI 57 mit Anm. 118 und 119.

[18] Mit Groß- und Kleinschreibung reproduziere ich die syrische Unterscheidung von *mlt'* im ursprünglichen genus fem. von *mlt'* im genus masc. für die 2. Person der Trinität, wo das grammatische genus dem griechischen angepaßt ist.

[19] Jesus d. Chr. 2/3, 609 aus Diss. VIII 44.

eine Konsequenzmacherei des Philoxenus. Aber Hom. IV zwingt mich zu einer Korrektur meines Urteils. Zwar ist die Form des angeblichen Ḥabib-Satzes weiterhin für ein Werk des Philoxenus zu halten, und sei es auch nur durch Herausreißen aus jedem Kontext zustande gekommen; es ist vorstellbar, daß Ḥabib die beiden Sätzchen erläutert hat. *Narsai* jedenfalls erklärt hier, daß das „Wohnen" des Logos eine „übertragene Bezeichnung" ist: „In übertragener Bezeichnung wohnte auch der Logos im Mutterleib des Fleisches". Angesichts der zentralen Bedeutung, die die Auslegung der Fleischwerdung des Logos durch die Einwohnung in der antiochenischen Christologie hat und damit auch in der Christologie Narsais, ist das eine verblüffende Aussage. Kein Wunder, daß Philoxenus sie sich genüßlich zunutze gemacht hat. Narsai meint offenbar, daß in Bezug auf die göttliche Natur und die göttliche Hypostase nicht in strengem Sinn von „Wohnen" gesprochen werden kann. Auch hier hat bei genauer Redeweise der Wille für den Logos einzutreten: „Wohnen" im Mutterleib kann „der Wille seiner Liebe", „zur Erlösung unseres Lebens" (Z. 92). „Wohnen" im wörtlichen Sinn ist eine Begrenzung, die von der Natur des Logos nicht ausgesagt werden kann (Z. 93–94); sein *Wille* wohnte in einem Begrenzten und tat alles durch ihn.

II. NARSAI

1. Die menschliche Natur Christi und die Trinität

In Narsais Homilie XI lesen wir einen Vers, den ich oben in meiner Analyse der Predigt erstaunlich fand: „Eine (göttliche) Wesenheit, die drei ist, haben die Gerechten verkündet, und sie verbanden mit ihr einen *(ḥd)* Menschen in Einheit"[20]. Ich bin mir nicht sicher, ob man diese Meinung in *dieser* Form bei den „Gerechten", d.h. Diodor, Theodor, Nestorius, auffinden könnte. Die erste Hälfte *für sich* genommen wäre eine Selbstverständlichkeit für jene Theologen. Aber in der *Kombination* beider Sätze ist der Akzent auf dem Trinitarischen auffällig.

Daß es sich nicht um eine zufällige Bemerkung Narsais handelt, ergibt sich aus der trinitarisch-christologischen Digression in Homilie XLVII[21]. Ich habe die Passage oben in der Analyse der Predigt zitiert und anschließend eine Erklärung versucht, die den systemischen Charakter der Aussagen Narsais herausstellt.

In der Auseinandersetzung zwischen Philoxenus und Ḥabib spielt die Thematik eine durch das „Unus ex trinitate" verschärfte Rolle. Daß einerseits die beiden Kontrahenten damit befaßt sind und andererseits Narsai die Topik

[20] Martin, JA 1899, 453,18–19 (syr.).
[21] Siman Nr. 4, p. 72–73, V. 153–160.

berührt, ist ein Beweis dafür, daß wir es hier mit einem edessenischen Lehrstück zu tun haben und nicht mit einer Besonderheit Narsais. Der Ansatzpunkt der Debatte zwischen Philoxenus und Ḥabib über diesen speziellen Punkt ist der von Ḥabib bekämpfte Satz des Philoxenus vom Herabsteigen der *Hypostase* des Logos[22]; ein solches Herabsteigen der Hypostase kommt für Ḥabib einem Zerteilen der Gottheit gleich; er greift seinerseits zur Konsequenzmacherei und behauptet: Wenn *eine* Hypostase herabsteigt, dann bleiben (von den dreien) zwei im Himmel, also gäbe es im Himmel manchmal eine Trinität, manchmal eine Zweiheit[23]. Auch wirft er dem Philoxenus vor, daß er in der Trinität „zähle": „eins", „zwei", und „drei"[24]. Im Blick auf das dort im Text Folgende können wir vermuten, daß Ḥabib darin einen unzulässigen Eingriff in die Einheit der Trinität sehen will.

Daß Ḥabib und die Seinen die Einheit der Trinität zu stark betonten, ist dagegen die Meinung des Philoxenus; es sei ihre Gewohnheit, wegen der „Gleicheit der Natur des (göttlichen) Wesens"[25], also wegen der göttlichen Homoousie, sich gegen die heilbringende Oikonomia zu vergehen, d.h. im Munde des Philoxenus, daß sie diese Oikonomia nicht der herabgestiegenen *Hypostase* des Logos zuschreiben. Philoxenus zitiert dazu Ḥabib[26] mit dessen Satz: „Wenn Vater, Sohn und Geist *eine Natur* sind, wie tut (dann) eine Hypostase etwas ohne die anderen?", – was für Ḥabib heißt, daß keine der Hypostasen in ihrem Handeln aus der gemeinsamen Natur herauszulösen ist. Philoxenus unterstellt dem Ḥabib dafür die Lehre von der *einen* Hypostase der Gottheit[27] – angesichts des Neunicaenismus aller Antiochener eine Absurdität. An einer späteren Stelle wiederholt Philoxenus den Vorwurf, mit der Ergänzung, daß Ḥabib die drei Hypostasen leugne[28].

Für die Argumentation Ḥabibs in dieser Frage ist grundlegend der Satz: „Filius una est ex hypostasibus[29]; est vero non solum hypostasis, sed etiam natura"[30]. Der göttliche Sohn kann also unter zwei Gesichtspunkten gesehen werden, dem der Hypostase und dem der Natur (es ist falsch, aus solchen Stellen die Synonymität der beiden Begriffe abzuleiten). Ḥabib folgert aus diesem seinem Grundsatz: Wenn die Hypostase herabgestiegen ist, ist auch die Natur herabgestiegen, was (wegen der Unteilbarkeit der göttlichen Natur) auch Vater und Geist implizieren würde[31]. Philoxenus schildert den Ḥabib als

---

22 Jesus d. Chr. 2/3, 578.
23 Jesus d. Chr. 2/3, 579 aus Philoxenus Florileg 5 und Diss. II 3.
24 Jesus d. Chr. 2/3, 580 aus Diss. II 5.
25 Jesus d. Chr. 2/3, 580 aus Diss. II 9.
26 Ibid.
27 Jesus d. Chr. 2/3, 581 aus Diss. II 22.
28 Jesus d. Chr. 2/3, 592 aus Diss. IV 22.
29 Absichtlich analog zu „unus ex trinitate" gebildet.
30 Diss. II 58 (PO 15, 534), vgl. Jesus d. Chr. 2/3, 584–585.
31 Jesus d. Chr. 2/3, 587 aus Diss. III 7.

einen, der die *mysteria* der Hypostasen erforschen, den Zusammenhang von Hypostase und Natur und den von Namen und Hypostase wissen wolle. Leider sagt er nicht, ob und *wie* Ḥabib den Zusammenhang von Hypostase und Natur bestimmt hat. Philoxenus behauptet, Ḥabib habe folgende Aufforderung an ihn gerichtet: „Sage nicht wiederum, daß ein Sohn, bekenne auch nicht, daß einer aus der Trinität aus dem Himmel herabgestiegen ist, sondern daß eine 4. Hypostase, der Mensch, aus der Jungfrau geboren wurde“[32]. Die „4. Hypostase“ ist natürlich denunzierender Einschub des Philoxenus. Die Unterstellung deutet immerhin an, daß sein „Zitat“ aus einem Zusammenhang stammt, in dem die christologische Einheit, und innerhalb ihrer der Mensch Jesus, in Relation zur Trinität gesetzt wurde.

Schon in der Epistula dogmatica (§ 28) hat Philoxenus in dieser Frage gegen die edessenischen Theodorianer polemisiert: „Wer einen Menschen mit Gott zählt, führt eine Quaternität in seine Lehre ein[33], zerstört die heilige Trinität und ist zu den Heiden zu rechnen“. Die Antwort des Ḥabib greift die Argumentation des Philoxenus mit „Zählen“ und „Zahl“ an[34]: „Wer ist es, o Tor, der das (göttliche) Wesen durch eine Zahl begreift, um als eine andere Zahl die Menschheit (in es) einzuführen, so daß sich eine Quaternität ergäbe?“ Die Annahme des Leibes geschah zur „Vollendung für die Oikonomia“ und nicht zum „Anwachsen“ der Natur der Gottheit. – Aber sahen wir nicht Narsai in Hom. XLVII seinerseits bei diesem schwierigen Problem mit „Zahlen“ arbeiten? Freilich will Narsai mit seinen (dogmatisch vorgegebenen) Ziffern dem Vorwurf einer Vierheit in der Gottheit gerade entgegentreten: „Mit der (göttlichen) Wesenheit zählten sie (die Apostel) auch das Geheimnis der Leiblichkeit, damit die Trinität nicht Quaternität werde. In *einer* Bezeichnung faßten sie ein und umschlossen sie den Namen der Menschheit; Sohn Gottes und Sohn der Menschheit: ein *prosopon*“[35]. „Zwei in der Natur, weil die Naturen zwei sind, und ein *prosopon* entsprechend der Zahl, die nicht geändert wird. Nicht wird geändert die Zahl von Vater, Sohn und Geist …“[36] (d. h. die Dreizahl). Wir würden von Narsai gerne mehr als in dieser Homilie über die Verschränkung von trinitarischer und christologischer Einheit hören. Vielleicht hat sich Ḥabib ausführlicher mit dem Problem befaßt – aber nicht nur hat Philoxenus alle Ausführungen Ḥabibs zur Christologie des einen *prosopon*

---

[32] Jesus d. Chr. 2/3, 587–588 aus Diss. III 8.

[33] Schon Bischof Paul von Edessa, Emissär des Johannes von Antiochien in der Friedensmission nach Alexandrien, bestreitet in der ersten seiner beiden Predigten in Alexandrien, gehalten am Weihnachtstag 432, den Vorwurf der Quaternität: Διὰ τοῦτο (d. h. wegen des einen Sohnes, des einen Christus, des einen Herrn) τριάδα, οὐ τετράδα προσκυνοῦμεν, πατέρα καὶ ἕνα υἱὸν καὶ πνεῦμα ἅγιον, ἀναθεματίζομεν δὲ τοὺς λέγοντας δύο υἱούς. ACO I 1, 4, p. 10,27–28. V 124 § 4 Anfang; τοῦτο bezieht sich auf p. 10,21 f.

[34] Jesus d. Chr. 2/3, 620 aus dem Fragment T 52.

[35] Hom. XLVII (ed. Siman), p. 72, V. 154–155.

[36] Ibid., Z. 157–158.

so erfolgreich weggelassen, daß der Ausdruck selbst nur zweimal mehr zufällig erscheint[37]; überhaupt nichts zitiert er aus dem Traktat seines Gegners, was die Einpassung der Christologie der zwei Naturen in einem Prosopon in die Trinität der drei Hypostasen der einen (göttlichen) Wesenheit betreffen könnte. Soll man vermuten, daß Philoxenus solchen Aussagen durch eine Wiederholung zum Zweck der Widerlegung kein zusätzliches Gewicht geben wollte?

2. qnoma *und* prosopon *in trinitarischem und christologischem Gebrauch*

Den von Ḥabib aufgestellten Grundsatz „alia sunt nomina naturae (sc. divinae) et alia oeconomiae[38]" befolgt auch Narsai. Das wirkt sich so aus, daß *prosopon* von ihm nur christologisch, d.h. für die eine Person Christi gebraucht wird, in der göttliche und menschliche Natur vereint sind, *qnoma* dagegen für den Logos als göttliche trinitarische Hypostase reserviert ist. Dies ist ein Gebrauch der Terminologie, der sich *nicht* auf Theodor von Mopsuestia berufen kann, sondern seinen Ursprung in den heftigen Streitigkeiten zwischen Theodor- und Kyrill-Anhängern in Edessa haben muß. Ich vermute sogar, daß es sich um einen kollektiven Beschluß des theodorianisch gesinnten Teils des Lehrkörpers der Schule handelt, der nicht erst mit den Proklamationen und Provokationen des Philoxenus zu tun hat, sondern schon nach 431, also Jahrzehnte früher, gefällt wurde. Die Provokation war ja auch nicht erst die des Philoxenus, vielmehr schon die Kyrills mit seiner Einführung der „Hypostase" in ihrer (ps.-)athanasianischen (d.h. apolinaristischen) Bestimmung in die Christologie.

Während Nestorius auf eine Suggestion Kyrills einging und noch in Konstantinopel in einer Predigt von den „doppelten Hypostasen der Naturen" sprach[39], enthalten sich die Dokumente des Friedensschlusses von 433 auf beiden Seiten[40] gänzlich des Begriffs der Hypostase, schon weil sie das Problem der für die Antiochener unannehmbaren Anathemata Kyrills aussparen. Daß die zu postulierende edessenische Entscheidung in der Hypostasenfrage hinsichtlich der Christologie mit dem Sprachgebrauch der Dokumente von 433 übereinstimmt und von den Aussagen des Nestorius keine Notiz nimmt, ist zunächst aus der nachephesinischen Situation zu erklären; aber wenn man

---

[37] Jesus d. Chr. 2/3, 581; vgl. 612, 624, 633.
[38] Jesus d. Chr. 2/3, 593.
[39] Sermo XXVII, Loofs, p. 340,18, von M. Richard auf 25.3.431 datiert, siehe *L. Abramowski,* Untersuchungen zum Liber Heraclidis des Nestorius = CSCO 242, Subs. 22 (Louvain 1963) 215; für Belege aus den Schriften der frühen Exilsjahre ibid., 216.
[40] Die von Paul von Emesa in Alexandrien gehaltenen Predigten (Weihnachtstag 432 und 1. Januar 433, CPG 6365.6366, ACO I 1,4, p. 9–11.11–14) sind in Gehalt und Formulierung rein antiochenisch und sollten für die Standardchristologie dieser Schule viel öfter als Quelle herangezogen werden. Die dortigen Zuhörer bedachten sie übrigens mit Applaus.

aus Narsais Hom. XI ablesen kann, was er alles über Nestorius *nicht* weiß, dann muß man zusätzlich annehmen, daß die entsprechenden Texte des Nestorius in Edessa nicht bekannt waren[41].

Verglichen mit der rigiden Sprachregelung der edessenischen Theodorianer erscheint die Terminologie ihres Meisters sowohl in der Trinitätslehre wie in der Christologie sehr flexibel, auch dann, wenn beide Lehrstücke zusammen auftreten. Allerdings befand sich Theodor auch nicht in einer Situation, die mit der durch die kyrillischen Anathemata und die Verurteilung des Nestorius geschaffenen vergleichbar war. Ehe ich auf Theodor selber eingehe, ist es nützlich, einen Blick auf die Zusammenfassung des theologischen Lehrschreibens von Konstantinopel 381 zu werfen, wie sie uns ein Brief der Synode des nächsten Jahres am gleichen Ort überliefert hat; die darin vertretene neunicaenische Lehre war ja die der antiochenischen Meletianer, zu denen die älteren Vertreter der antiochenischen Christologie, also Diodor und Theodor, zu zählen sind. Hier geht es uns jetzt um die *Terminologie* sowohl des trinitarischen wie des christologischen Teils der Zusammenfassung. Für die Trinität wird von einer οὐσία oder φύσις gesprochen und von drei „höchstvollkommenen" Hypostasen oder „drei vollkommenen πρόσωπα" – es gibt also für die trinitarischen Personen *zwei* mögliche termini, ebenso für die Einheit der Gottheit. *Keine* von diesen Vokabeln erscheint im christologischen Teil. Wir hören von der richtigen Lehre über „die Menschwerdung des Herrn" und davon, daß man die „Heilsveranstaltung des Fleisches nicht ohne Seele oder ohne νοῦς oder unvollständig" auffassen dürfe, daher wird sowohl vom „vollkommenen Gott Logos" und vom „vollkommenen Menschen" gesprochen[42]. Ein „technischer" Terminus für die Person des einen Christus hätte seinen Platz dort gehabt, wo die „Heilsveranstaltung des Fleisches" genannt wird. Die Bezeichnung für den einen Christus ist gut nicaenisch der Titel ὁ κύριος, die Namen Jesus und/oder Christus erscheinen gar nicht[43].

Dem Konstantinopler Tomus kam es vor allem auf die Klärung der Trinitätslehre unter Einbeziehung des Geistes an, und zwar nach zwei Seiten; alle gängigen *termini technici* für Einheit und Verschiedenheit in der Trinität werden zu diesem Zweck verwendet. Warum erscheint nichts davon im christologischen Teil? Man kann pädagogische Absicht dahinter vermuten. Eine solche Vermutung setzt auf der Seite der Formulierer ein Bewußtsein dafür voraus, daß z.B. πρόσωπον (um vom Problem der Hypostase gar nicht zu

[41] Aus dem Wenigen, was wir über die langen Exilsjahre des Nestorius erschließen können, geht hervor, daß es Beziehungen vom Verbannungsort vor allem nach Konstantinopel gab: z.B. Übermittlung von Schriftstücken in beiden Richtungen, siehe *Abramowski,* Untersuchungen, p. 20, Anm. 84; 102, Anm. 89.

[42] Cf. später die Formula Unionis von 433.

[43] *L. Abramowski,* Was hat das Nicaeno-Constantinopolitanum (C) mit dem Konzil von 381 zu tun?, ThPh 67 (1992) 481–513, speziell 481–482.

reden) trinitarisch und christologisch nicht denselben „Inhalt" hat[44]. Wahrscheinlich wollte man den Text nicht mit den notwendigen Erklärungen belasten – die von den Verfassern vertretene Meinung wird auch so klar. Das Problem, das sich aus der verschiedenen Verwendung der gleichen Terminologie in Trinitätslehre und Christologie ergibt, ist damit umgangen.

Für Theodors terminologische Flexibilität können wir drei Beispiele anführen, aber nur eines davon stellt Trinitätslehre und Christologie nebeneinander. Das erste Beispiel ist die viel diskutierte Passage aus Buch VIII, c. 63[45] des Jugendwerkes De incarnatione[46]. In diesem christologischen Text wird ὑπόστασις beiläufig eingeführt, nachdem schon von den Naturen und dem einen *prosopon* die Rede war. Für sich betrachtet hat jede der beiden Naturen ein πρόσωπον, weil man ὑπόστασις nicht ἀπρόσωπον aussagen kann – dies von der vollkommenen Natur des Gott Logos; im analogen Satz (ὁμοίως) über die vollkommene Natur des Menschen und ihr πρόσωπον wird ὑπόστασις nicht genannt. Aber im Beispiel von Leib und Seele im Menschen (nur syrisch erhalten) wird bei Unterscheidung der Naturen jeder Natur eine Hypostase und ein *prosopon* zugeschrieben, erkennbar an der Trennung beider im Tod. – Die häufigste Vokabel in dieser Passage ist πρόσωπον, zwei für die beiden Naturen, wenn man sie an sich betrachtet, *eins* wenn es sich um die ἕνωσις handelt[47]. Theodor hat hier keine Bedenken, *prosopon* in zwei Bedeutungen anzuführen.

Das zweite Beispiel ist das Zitat aus dem 18. Buch Theodors gegen die Eunomianer (nur syrisch erhalten)[48]. Hier statuiert der Verfasser einen zweifachen Gebrauch von *prosopon:* den anthropologischen, wo es die *hypostasis*

---

[44] Tertullian hat keine solchen Bedenken; er gebraucht in Adv. Praxean „persona" sowohl trinitarisch wie christologisch: trinitarisch ist die Person des Sohnes von göttlicher Natur, christologisch hat sie zwei Naturen.

[45] Die Kapitelzählung läuft durch die Bücher hindurch.

[46] Der Text ist zusammenzusetzen aus Leontius und add. 12156; die Parallele in add. 14669, von Swete benutzt, stellt eine Bearbeitung dar. So das zutreffende Urteil von R. Köbert (Mitteilung an A. Grillmeier) zitiert und verwertet in meinen Aufsätzen: *L. Abramowski,* On the Fragments of Theodore of Mopsuestia in Brit. Libr. add. 12156 and the Christological Fragment in Double Tradition, The Harp 6 (1993) 199–206, dasselbe in deutscher Fassung, vermehrt um Anmerkungen: *dies.,* Über die Fragmente des Theodor von Mopsuestia in Brit. Libr. add. 12 156 und das doppelt überlieferte christologische Fragment, OrChr 79 (1995) 1–8; Die Reste der syrischen Übersetzung von Theodor von Mopsuestia, De incarnatione, in add. 14.669, Aram 5 (1993) (= FS Sebastian Brock) 23–32.

[47] In diesem Text Theodors ist die Quelle für die Christologie der zwei *prosopa* (hinsichtlich der zwei Naturen) und des einen *prosopon* (hinsichtlich des einen Sohnes) des Nestorius und des Ps.-Nestorius im Liber Heraclidis zu sehen.

[48] Zuerst von mir 1958 ediert: Ein unbekanntes Zitat aus Contra Eunomium des Theodor von Mopsuestia, Mus 71 (1958) 97–104; ausgewertet in: Zur Theologie Theodors von Mopsuestia, ZKG 72 (1961) 263–293. Der schwierig zu übersetzende letzte Satz des Zitats hat seine beste Fassung durch L. Wickham in seiner Übersetzung des letztgenannten Aufsatzes gefunden, in: *L. Abramowski,* Formula and Context. Studies in Early Christian thought (Variorum) 1992, Nr. II, p. 2.

(gleich Individuum) zu einem bestimmten Individuum macht; die Individuen unterscheiden sich durch ihre Namen („Peter und Paul"), der Name gibt also das *prosopon* an. Der zweite Gebrauch ist der christologische: *prosopon* zeigt „Ehre, Größe und Anbetung" an. Der Gott Logos offenbarte sich in der Menschheit (= in der menschlichen Natur), er verband die Ehre seiner Hypostase mit dem Sichtbaren (man beachte die Aktivität des Logos). Dies *prosopon* ist nicht das der οὐσία der beiden Naturen[49]. Der Gott Logos hat Fleisch nicht von Natur aus, denn das würde seine Natur verändern. – Das christologische *prosopon* hat also eine eigene Definition. Von einer Hypostase der menschlichen Natur ist keine Rede, „hypostasis" ist hier für den Logos reserviert.

Mein drittes Beispiel ist die angeblich anonyme (jedoch von Theodor stammende) Ekthesis, die der Presbyter Charisius aus Philadelphia 431 der ephesinischen Synode zum Zweck der Verurteilung vorlegte[50]. In Philadelphia hatten Quartadecimaner, die zur katholischen Kirche übertreten wollten, diese „Darlegung" zu unterschreiben. Die Ekthesis war in der Tat für Menschen geschrieben, die aus „irgendeinem häretischen Irrtum zur Wahrheit übergehen wollen". Ins Auge gefaßt sind aber die Arianer, wie gleich eingangs zu erkennen ist (der Name fällt nicht[51]); doch sind spezifisch die Eunomianer gemeint. Deren Bekämpfung war zur Zeit Theodors aktuell, siehe die Ketzergesetzgebung des ersten Theodosius der Jahre ab 382 (und Theodors Schrift gegen sie, s. o.). Diese Frontstellung geht hervor aus dem Schluß des trinitarischen Teils[52]: Vater, Sohn und Geist sind vollkommen προσώπῳ (cf. oben den Text von 382!), man darf sie aber nicht für drei οὐσίαι halten, sondern es ist eine (sc. οὐσία) in der ταυτότης der Gottheit anzuerkennen. Vorher befaßt der trinitarische Teil sich damit, die Beziehung von Sohn und Geist zum Vater in zweifacher Weise zu bestimmen: Herkunft „*aus* der οὐσία des Vaters" (cf. das Nicaenum, jedenfalls für den Sohn) und (zur Abwehr des möglichen oder absichtlichen Mißverständnisses, „aus" bedeute den Übergang zu einer anderen *ousia),* Zugehörigkeit, ausgedrückt durch das Genitiv-Verhältnis: τῆς αὐτῆς οὐσίας ὄντα wie der, dessen Sohn er ist (für den Geist wird das noch differenzierter gesagt[53]). „Hypostase" kommt im ganzen trinitarischen Abschnitt nicht vor. Der Grund kann nur die Beibehaltung der älteren Gleichsetzung von Ousia und Hypostasis durch Eunomius sein: drei Hypostasen wa-

[49] Wäre vielleicht „*prosopon* der *ousia* der beiden Naturen" eine positive Definition des *einen* menschlichen *prosopon?* Cf. oben aus *De incarnatione* die Definition des menschlichen prosopon unter dem Gesichtspunkt der Unterscheidung in ihm.

[50] Siehe dazu *L. Abramowski,* Die Sitzung des Konzils von Ephesus am 22. Juli 431. „Über die Befestigung des Symbols der heiligen Väter in Nicäa und über den vom Presbyter Charisius übergebenen Libellus", ZKG 115 (2004) 382–390. Text der Ekthesis: ACO I 1,7, p. 97–99.

[51] ACO I 1, 7, p. 97,28 ff.

[52] Ibid., p. 98,9–12.

[53] Cf. Athanasius C. Arian. III und meinen Aufsatz: Das theologische Hauptwerk des Athanasius: Die drei Bücher gegen die Arianer (Ctr. Arianos I–III), in: Communio Viatorum (Prag) 42 (2000) 5–23.

ren für ihn drei Ousiai. Die Auswahl des trinitarischen Vokabulars durch Theodor in dieser Ekthesis soll also den Eunomianern den Übergang zur (neu)nicaenischen Lehre erleichtern[54]. Der lange christologische zweite Teil der „Darlegung" enthält zwei Durchgänge: die Zwei-Naturen-Lehre (§ 8. 9) und die Soteriologie von der Schöpfung bis zum jüngsten Gericht (§ 10. 11), jedoch befinden sich in beiden Teilen Elemente des jeweils anderen. φύσις wird für die menschliche wie die göttliche Natur benutzt; οὐσία: der Gott Logos ist Sohn κατ'οὐσίαν, κύριος κατ'οὐσίαν (mehrfach). Was in den christologischen §§ 8–11 überhaupt nicht vorkommt, ist πρόσωπον! Der Einheitsname ist „der eine Sohn und Herr Jesus Christus". Daß die für einen antiochenischen Theologen selbstverständliche Einheitsvokabel *prosopon* nicht verwendet wird, kann nur den Grund haben, daß die Vokabel bereits für die Unterscheidung der trinitarischen Personen in Anspruch genommen wurde und weitere Schwierigkeiten vermieden werden mußten. Gegen den Monophysitismus der Arianer war aber im christologischen Teil die Unterscheidung der Naturen in Christus wichtig (wie schon bei Athanasius). – Falls die Quartodecimaner, denen diese Ekthesis vorgelegt wurde, noch die inzwischen archaische monarchianische Theologie vertreten haben sollten, waren sowohl die Unterscheidungen in der Trinität wie in Christus eine notwendige Korrektur ihrer traditionellen Auffassung.

Von den Möglichkeiten, mit der zur Verfügung stehenden beschränkten Terminologie in der Christologie und in der schwierigen Verbindung von Trinitätslehre und Christologie zu arbeiten, die wir bei Theodor finden, haben seine edessenischen Anhänger die uns aus C. Eunomium bekannte in schärferer Kontrastierung bevorzugt: der Logos ist (trinitarische) Hypostase, der eine Christus ist ein πρόσωπον.

Bei *Narsai* nun ist das eine Prosopon viel seltener als man denken sollte angesichts der vielfachen Betonung der Einheit der Person Christi; oft ist es nur zu erschließen aus der Abwehr des Vorwurfs, man lehre zwei *prosopa* und zwei Söhne. So in Hom. LVI, 83[55]: Der Hörer solle nicht denken, daß der Homilet zwei *prosopa* sage, „die voneinander Abstand haben", wenn er von Christus als Mensch spricht. In V. 84 haben wir auch die positive Aussage: „*Ein prosopon* sage ich des Logos und des Tempels, den er erwählt hat, und ich bekenne einen Sohn". Diese Konstitution bleibt erhalten im Auferstandenen und zum Gericht Wiederkehrenden: Einheit des Sohnes und des *prosopon,* „zwei Naturen, die eins wurden", die „heilige Wohnung" wird ebensowenig vermischt oder verwandelt wie der Logos, „ihre Natur wird bewahrt mit dem Logos" (V. 103–106).

---

[54] Eine Repetition des reinen Nicaenums wäre nutzlos gewesen, weil es die notwendige Differenzierung gerade nicht enthielt und auch noch nicht mit dem pneumatomachischen Problem befaßt war.

[55] Die Homilien erscheinen hier in der Reihenfolge, in der ich sie oben analysiert habe. Durch die Angabe der Verse oder Zeilen kann man dort den Kontext auffinden.

Hom. LXXXI über Joh 1,14 hat einen kleinen Abschnitt über das eine *prosopon* (V. 100–104). Man könne als Problem stellen, sagt der Homilet, wie Geschaffener und Schöpfer ein *prosopon* heißen können. Der Geschaffene ist der vom Logos zu seiner Wohnung errichtete Tempel, und Schöpfer ist der Logos, „der wohnen wollte in seinem Werk". Als Veranschaulichung wird die Einheit von Seele und Leib verwendet: auch sie heißt ein *prosopon.* In beiden Fällen werden „zwei, die sich voneinander unterscheiden", „ein *prosopon* genannt". „*Ein* Geschaffener und *ein* Schöpfer, *einer* sind sie in der Einheit". Die „Argumentation", daß Eins plus Eins wiederum Eins ergibt, erinnert an die analoge „Berechnung" der Einheit des trinitarischen Gottes bei den Kappadokiern: Eins plus Eins plus Eins ergibt nicht Drei, sondern Eins. Die Einheit des Ergebnisses sieht aus wie eine Folgerung aus der Einheit der „Bestandteile" – tatsächlich aber ist sie vorausgesetzt.

Hom. XI „Über die Gerechten, die Lehrer" vermeldet, daß diese „Wahrhaftigen" „mit *einer* Benennung" Logos und Leib bezeichnet haben, die Benennung ist „ein *prosopon*" (453,20–21), die Unterscheidung von Logos und Leib ist gleichwohl zu beachten. Am Ende des betreffenden Abschnitts wird wiederholt: „Ein *prosopon* nannten die Sterblichen den Logos und den Leib, diesem Zeichen folgten die Lehrer der wahren Religion", darunter Diodor und Theodor (471,4–6). Zweiheit der Natur und Einheit des *prosopon* sind nicht voneinander zu trennen und bestimmen sich gegenseitig. „*Zwei* in der Natur in allem", was für Gott und Mensch charakteristisch ist, „*ein* Sohn Gottes in Ehre und Macht" (453,24–454,2). Aber „der Sohn Gottes ist ein *prosopon nicht von Natur*" wegen der totalen Verschiedenheit ihrer Naturen („weil Gott Gott ist und der Mensch Mensch"). Dennoch insistiert Narsai: „zwei, die eins wurden" (454,2). Die Ablehnung der Einheit „von Natur" impliziert natürlich Protest gegen Kyrills ἕνωσις φυσική aus dem 3. Anathema gegen Nestorius. – Hier wird übrigens die Grenze der Analogie von Leib-Seele-Einheit und christologischer Einheit deutlich: die Einheit der menschlichen Person aus Seele und Leib ist eine „von Natur". – Zutreffend sagt Narsai, die Einheit des christologischen *prosopon* sei ein Geheimnis und deswegen Gegenstand des Glaubens (454,23–455,9), – d. h. daß die gewöhnlichen Kategorien nicht anwendbar sind.

Die Unterscheidung der beiden Naturen (zur Vermeidung ihrer σύγχυσις) haben schon Christus und seine Jünger gelehrt (471,1–4), – d. h. sie ist mit dem Christentum selbst gegeben und daher so alt wie dieses. – Die Differenz der beiden Naturen bezeichnet Narsai als die einer „Ordnung". Es ist der Logos, der den ungeheuren Abstand zwischen den „Ordnungen" überwindet: er nennt seinen Leib „aus Liebe" „Sohn Gottes" „in seinem eigenen Rang", also dem göttlichen; er gibt ihm diesen Rang[56], ohne etwas von seiner Göttlichkeit

[56] Für „Rang" und „Würde" als hendiadyoin im Bereich des Göttlichen vergleiche man das Amelius-Zitat über den Johannes-Prolog in Eusebs Praeparatio evangelica XI 19,1 (Mras,

einzubüßen (476,18–24). Die Einheit des *prosopon* ist Ergebnis der Aktivität des Logos.

Hom. XLVII: Das eine *prosopon* wird in einer Passage erwähnt, die schon oben im Abschnitt II. 1. (p. 182–183) besprochen wurde. Ich führe die eigentlich christologische Aussage daraus noch einmal an, weil sich daran zeigen läßt, daß die Einheit des *prosopon* das Grunddatum, das Vorgegebene ist; nur deswegen kann es heißen, daß die Apostel „mit der (göttlichen) Wesenheit auch das Geheimnis der Leiblichkeit zählten" (V. 154), ohne daß aus der Trinität eine Quaternität würde (V. 155–157): „In *einer* Bezeichnung faßten sie ein und umschlossen" auch „den Namen der Menschheit: Sohn Gottes und Sohn der Menschheit – ein *prosopon*". Das eine *prosopon* „schrieben sie mit den Buchstaben des Namens des Sohnes, des Logos des Vaters, ... und des Menschen aus uns". Die beiden Sohnesnamen bedeuten zwei Naturen, „und *ein prosopon* entsprechend *der Zahl, die nicht geändert wird*". – D. h. die Zahl Eins steht für die Person Christi fest, sie wird auch durch die Zwei der Naturen nicht geändert. – (Es scheint, daß auch die Gemeinsamkeit des Bestandteils „Sohn" in „Gottessohn" und „Menschensohn" eine Rolle in der Argumentation mit Namen und Zahlen spielt).

Hom. LXXVIII: Die Einheit des *prosopon* kommt durch die (göttliche) Wesenheit zustande (V. f1–i2): „Unterschiedliche Naturen werden ein *prosopon* durch die (göttliche) Wesenheit", und zwar nicht durch deren Natur, sondern durch die Liebe, und dies trotz des größten denkbaren Unterschieds der Naturen; „Geschöpf ist Geschöpf" und „Gott ist Gott" (ähnlich schon oben Hom. XI). Es ist die Liebe Gottes, also eine persönliche Beziehung (und im Unterschied zu jeder vergleichbaren eine unauflösliche), die aus Schöpfer und Geschöpf eine Person bildet.

Hom. IV: Diese Homilie läßt das eine *prosopon* nur indirekt erscheinen, nämlich in der Ablehnung von zwei *prosopa* (Z. 439–448); die vielen Aussagen über den Einen und den einen Sohn kommen ohne das Stichwort aus.

* * *

Der terminus *qnoma*/Hypostase für den Logos erscheint im „ökonomischen" Zusammenhang (also in der Christologie) selten. Hom. LVI bringt als Meinung der Gegner: Der Logos *wurde* in seiner Hypostase (sc. Fleisch), seine Hypostase war Fleisch. Das ist abzulehnen: *Nicht* wurde der Logos Fleisch in seiner Hypostase (V. 25). Die korrekte Aussage ist: Der Logos trug den Menschen. Am Ende der Homilie wird eingeprägt, daß der Logos in seiner Hypo-

GCS 43,2, 1956, p. 45,4–5): der Logos ὃν ὁ βάρβαρος ἀξιοῖ ἐν τῇ τῆς ἀρχῆς τάξει τε καὶ ἀξίᾳ καθεστηκότα πρὸς θεὸν εἶναι καὶ θεὸν εἶναι = der Logos, „von dem der Barbar" (sc. der Evangelist) „behauptet, daß der *in der Ordnung und Würde* des Prinzips Befindliche auf Gott hin ist und Gott ist". Vgl. des Places, SC 292 (1982) 146.148.

stase auch bei der Wiederkunft Christi zum Gericht unsichtbar bleibt; da sehen wir (vielmehr) „ihn selbst" – verwirrenderweise steht hier wieder *qnoma* (mit Suffix). Das kann hier nur das Reflexivpronomen sein. Und das Reflexivpronomen kann wiederum nur das αὐτόν von Apg 1,11 wiedergeben: ὁ Ἰησοῦς … ἐθεάσασθε αὐτόν. Die Pesh. begnügt sich an dieser Stelle mit dem Suffix beim Verb, Narsai macht aus dem Suffix ein selbständiges, ja betontes Pronomen – welche Rolle spielt hier das Versmaß? Liegt Freude am Wortspiel vor? Offensichtlich befürchtet Narsai nicht den Vorwurf, er lehre zwei Hypostasen in Christus.

Hom. LXXXI über Joh 1,14 zitiert den ersten Vers des Prologs mitsamt einem erläuternden Zusatz: „Im Anfang war der Logos, und er war bei Gott, und der Logos war Gott *in Hypostase und Macht*" (V. 5). Etwas später liest man: „Der Vater ist wahrhaftige Hypostase und der Sohn Hypostase wie er." Wenn die Gegner aber sagen, die Hypostase (des Logos) sei Fleisch geworden, dann bedeutet das für Narsai, daß der Logos nicht das Fleisch aus Maria getragen hat, mit allen negativen soteriologischen Folgen. Der Gott Logos kann nicht in seiner Hypostase Fleisch werden, das *Werden* des Fleisches „ist fern" vom anfangslosen (göttlichen) Wesen.

Es ergibt sich, daß der terminus Hypostase für den Logos im heilsgeschichtlichen Zusammenhang von Narsai nur gebraucht wird, wenn er die Gegner zitiert und zurückweist; ihr Umgang mit der göttlichen Hypostase des Logos ist falsch, weil der göttlichen Natur nicht angemessen. Der trinitarische Gebrauch der Vokabel ist ihm selbstverständlich, es steht für ihn nicht in Frage, daß der Logos als Sohn seines Vaters Hypostase ist. Die Hypostase des Sohnes/Logos ist von ihrer göttlichen Natur her zu bestimmen. Deren Eigenschaften sind auch die der Sohneshypostase.

3. Die Aktivität des Gott Logos in der Oikonomia um unseretwillen

Eine Hauptquelle hierfür ist Hom. LVI, die nicht umsonst „Bekenntnis der Kirche" heißt. Die Differenzierung zwischen der göttlichen Natur des Logos und seiner Aktivität wird hier in der Deutung biblischer Aussagen über das Herab- und Hinaufsteigen Gottes demonstriert. Es ist das Problem der Ortsveränderung des doch Allgegenwärtigen – die „Toren" verstehen das nicht richtig (V. 112–114). Der Aufbruch des Sohnes vom Vater ist nicht Entfernung vom Vater, (vielmehr): „Es kam zur Welt sein *Wille*" (V. 10). Der Sohn *kam*, aber „er kam gänzlich *in seinem Willen*". Seine Natur ist überall, aber sein Wille geht und kommt. Der Logos/Sohn handelt „in seinem (des Sohnes) Willen". Obwohl der Name „Sohn" beides umschließt, Natur und Willen, kann sich der Wille scheinbar selbständig machen. Aber das mit Ibrahim als Personifizierung des Willens zu betrachten, trifft die Sache nicht. Umgekehrt kann Narsai, was er differenzierend dem Willen des Logos zuschreibt, an anderen Stellen vom Logos aussagen, das ist sogar die häufigere Redeweise. Der Willensaspekt wird dann von ihm vorausgesetzt, ohne jedes Mal ausgesprochen zu werden. Der Wille und die Liebe sind nicht nur die Weise der göttlichen Aktivität, sie liegen ihr auch als Motiv voraus. Vom Sohn, der im Vater verborgen ist, wird gesagt: „Und wegen der Liebe zu uns trug er den vollkommenen Menschen und machte ihn mit sich eins in der Herrschaft und in der Macht" (V. 31).

In Hom. LXXXI hören wir auch vom Sichtbarwerden des unsichtbaren Logos durch seinen Willen: „Verborgen war der Sohn mit seinem Erzeuger ... und er hat sich uns gezeigt durch seinen *Willen*" im Leib Adams (V. 25). „Sein *Wille* wohnte in unserer Natur, und es blieb seine Natur in ihrer Verborgenheit" (V. 26). Das Fleischwerden von Joh 1,14 ist so zu verstehen: „Er bildete sich das Fleisch und wohnte in ihm durch seinen *Willen*". Die Argumentation mit dem Willen trifft auf Einwände der Gegner (V. 47–49).

Im angenommenen Menschen wohnt nicht die Natur des Logos, sondern sein Wille „in Einheit ohne Trennung" (V. 13). Im Gegensatz zur göttlichen Natur kann der Wille begrenzt werden (sonst wäre die Einwohnung nicht denkbar): „Während er (der Logos) seinen Willen in ihm (dem Menschen) begrenzte, hat er seine Natur in ihm nicht begrenzt" (V. 97). D.h. der göttliche Wille des göttlichen Logos wird nicht durch irgend etwas Außergöttliches begrenzt, sondern es ist eine Selbstbegrenzung des Logos für das Wohnen im Leib. Der Eingeborene ist der Schöpfer des Tempels, d.h. des Leibes, in diesem seinem Werk wollte er wohnen (V. 101).

Hom. IV „Über die Geburt unseres Herrn" bringt uns z.T. schon bekannte Gedanken zum Thema: Der Logos brach auf vom Vater, wechselte aber nicht den Ort, was da „ausging", war sein Wille. Die Aktivität des Logos ist für die Menschen wahrnehmbar, und sie schließen daraus auf sein Motiv: „Er zeigte seine Liebe zu den Menschen" durch sein Kommen (Z. 11). Die Metapher von der sichtbar machenden Schrift steht für die Offenbarung des Willens: Der Logos ist mit dem Vater verborgen, aber er malte seinen *Willen* auf die Tafel unseres Leibes, „und wir sahen seine Herrlichkeit" (Z. 75–78). Es ist „der „Wille der Liebe", der im Leib seiner Mutter wohnte „zur Erlösung unseres Lebens" (Z. 92). Der Wille „stellt" das Fleisch „her" (Z. 94). Die Natur des Logos umfaßt alle Grenzen, sie kann nicht von einer Grenze umfaßt werden, aber der Wille wohnte in einem Begrenzten und tat alles durch ihn (Z. 95–96). Die Ankündigung der Geburt Jesu an Maria geschieht durch den Willen; er sandte seinen Willen durch einen geistigen Botschafter, er säte seinen Willen in die Erde des Fleisches (Z. 103–105).

„Liebe", „Wille" und „Kraft" sind austauschbar. Es kann von der Selbsterniedrigung des Logos gesprochen werden, wenn man sie seinem Willen zuschreibt und nicht der (göttlichen) Wesenheit. Auf die Einwohnung bezogen: „Der Wille der Liebe wohnte in einem anderen und nannte ihn bei seinem

Namen“ (Jesus? oder κύριος?) (Z. 415–418). Die Einheit beider ist das Werk der (göttlichen) Wesenheit (Z. 505–506).

Hom. VI (Taufe): „Sein Wille stieg herab“ zu dem von ihm „Hergestellten in anmutiger Liebe und malte auf der Tafel des Leibes Adams den zweiten Adam“ (Z. 52–53). Mit einem Körperlichen bekleidete sich der göttliche Wille, und er siegte und ließ siegen seinen Genossen durch die Kraft dessen, der ihn angenommen hat (Z. 217–218).

4. Das Sichtbare ist unser Zugang zum Unsichtbaren, das Offenbare zum Verborgenen, hier und dort

Die Hom. LIV über „unsern König Jesus“, den „gekreuzigten Mann“, beginnt mit diesem Gedanken: „In einem gekreuzigten Mann *offenbarte* der Schöpfer der ganzen Welt (Dativ) den Namen seines (göttlichen) Wesens und die große Kraft seiner Gottheit“ (V. 1).

Die Offenbarung durch das Mittel des Sichtbaren ist auf der Seite des Göttlichen zur Durchführung der Heilsabsicht notwendig wegen dessen Transzendenz und auf der Seite der Adressaten wegen deren von Natur gegebenen Begrenztheit und Unfähigkeit.

Hom. LVI (Bekenntnis der Kirche): So konnte der göttliche Sohn „in seiner Natur von den Sterblichen nicht betrachtet werden“, er „trug einen Menschen“, um darin „seinen Glanz“ zu verbergen (V. 33). Das gilt noch für die Wiederkunft Christi: „Die Offenbarung seines Leibes sehen die Himmlischen und die Irdischen (während seine Gottheit verborgen ist) durch den Türvorhang seiner Menschheit“[57]. Den Wiederkommenden überhaupt zu *sehen*, ist nur möglich durch den (inzwischen verherrlichten) Leib: „Ihn betrachten die Sterblichen offen von Angesicht zu Angesicht, und wie ein Bild durch seine Enthüllung zieht er zu sich alle Geschaffenen“ (V. 101).

Das *Sehen des Sichtbaren* gewährt uns Trost, da wir doch die Hypostase des Logos nicht sehen können. Freilich entbehren wir nach der Himmelfahrt den unmittelbaren Anblick des verherrlichten Jesus; „in gewisser Weise sehen wir ihn hier“ (d.h. auch: jetzt) „in Mysterien und Rätseln“, aber dort „mit offenem Antlitz, sehen wir ihn selbst, (jedoch) nicht die Hypostase des Logos“, weil das unmöglich ist (V. 130–134).

Der schöne Gedanke des Trosts, den wir aus dem Sehen des Sichtbaren schöpfen, erscheint auch in Hom. LXXXI, V. 129: „Unsere Tröstung hat er aufgerichtet, den Tempel des Fleisches, und wohnte in ihm, damit wir anbeten

[57] Die göttliche Natur verborgen in dem, der zum Gericht wiederkommt, auch bei Theodor von Mopsuestia in der oben in Abschnitt II. 2. (p. 186–187) schon einmal herangezogenen Ekthesis für Konversionswillige, ACO I 1,7, p. 99,27–28: „In diesem *Erscheinenden* (φαινομένῳ) und von allen, die gerichtet werden sollen, *Gesehenen* (ὁρωμένῳ) wird das Gericht ausüben, *verborgen* seiend (ἐν ἀφανεῖ τυγχάνουσα), die göttliche Natur“.

im äußeren Heiligtum ihn, der verborgen ist im Allerheiligsten". An dieser Stelle habe ich wenige Zeilen (V. 130–131a) als späteren Zusatz ausgeschieden mit der oben in der Analyse angegebenen Begründung[58]. Diese ist noch dahingehend zu ergänzen, daß wir auf den sichtbaren Leib nicht als Trost dafür angewiesen wären, daß das Allerheiligste, die Gottheit, für uns unsichtbar bleibt, wenn die im Zusatz ausgesprochenen Gedanken die Narsais wären.

Auch für den *logos* im Menschen gilt die Unsichtbarkeit, sichtbar wird er durch das Aufschreiben mit Tinte, in den Buchstaben (V. 22). Sehen heißt auch begrenzen – ein anderer Ausdruck dafür, daß die Augen nur Begrenztes wahrnehmen können. Auch der Logos in der Seele „hat seiner Natur nicht gestattet, daß sie eingegrenzt würde von den Augen" (V. 24), sondern er benutzt ein Medium. Der *göttliche* Logos hat seine Sichtbarkeit im Begrenzten gewollt, das Sehen hat für uns einen soteriologischen Sinn. Der Sohn hat sich uns gezeigt durch seinen Willen, durch die Tinte des Leibes Adams, aber seine Natur blieb in ihrer Verborgenheit (V. 26) und wird nicht begrenzt dadurch, daß die „Augen des Fleisches" den menschlichen Leib des Logos sehen (V. 27).

Das „Sehen der Herrlichkeit" von Joh 1,14 ist wegen der Anordnung im Satz auf den Fleischgewordenen zu beziehen. Da einerseits die Herrlichkeit die Verborgenheit der göttlichen Natur teilt und andererseits das „Sehen" eine begrenzende Funktion hat, bedarf die Aussage einer Erklärung, die beides berücksichtigt: „‚Der Logos', sagte Johannes, ‚wurde Fleisch und wohnte in uns, und wir sahen die Herrlichkeit' seiner Verborgenheit durch den Vorhang seiner Menschheit" (V. 35). Und gleich darauf (V. 36b): „Und obwohl er verborgen ist in seiner Natur, hat er uns durch unseren Leib seine Herrlichkeit gezeigt".

Auch die Vorstellung vom „Mittler" (aus 1 Tim 2,5) wird in das Sichtbarwerden einbezogen: Gott wohnt im Allerheiligsten seiner Verborgenheit, wir sehen „im Mittler aus unserem Geschlecht das Abbild seiner Herrlichkeit" (das „Abbild" ist der zweite Adam), „durch den Vorhang seiner Offenbarung wollen wir anbeten seine verborgene Natur" (V. 117–118).

Hom. XI („Über die Väter, die Lehrer"): Der Teufel muß erst darüber belehrt werden, daß die Kraft der Gottheit im Menschen (dem Jesus der Versuchungsgeschichte) verborgen ist (p. 453,11).

Hom. IV (Geburt): Nicht zum Werden des Fleisches kam der vor Allen Verborgene, er stellte sich das Fleisch her, damit er durch es auf seine Verborgenheit hinweise (Z. 175–176). Die Magier („Chaldäer")[59] bringen dem neugeborenen Jesus bedeutungsvolle Gaben dar; mit dem Weihrauch machten sie die Verborgenheit dessen bekannt, der vor dem All verborgen ist und dem

---

[58] Ein weiterer Zusatz in Hom. IV, siehe unten.

[59] Narsai kann nicht von „Magiern" reden, denn das sind die Vertreter der christenfeindlichen persischen Staatsreligion. In Hom. XI erscheinen die „Chaldäer" als eine ältere, sternenkundliche Religion.

Anbetung geschuldet wird (Z. 345–346). Es ist nicht die vor allen verborgene (göttliche) Wesenheit, die von Maria geboren wurde, sondern ein Mensch, der seinen Geschlechtsgenossen völlig gleich ist (Z. 419–420). Die richtige Prädikation der Mutter Jesu im Zusammenhang der Topik vom ersten zum zweiten Adam, dem verdorbenen und dem reinen Bild Gottes ist folgende: „Mutter des Bildes, in dem gezeigt wird das Bild der Verborgenheit" (Z. 478) (das zweite „Bild" ist das „Bild Gottes" von Gen 1). Das Gegensatzpaar „verborgen und offenbar" ist ein anderer Ausdruck für „Logos und Leib", „geistig und leiblich" (Z. 503–504).

Hom. VI (Taufe): Bei der Taufe verlangt Jesus von Johannes, daß dieser Jesu „Größe und Ehre" nicht vor den Zuschauern offenlege (Z. 243). Der Geist stieg in Gestalt einer Taube herab, „und durch den offenen Erweis deutete er seine Verborgenheit an" (Z. 301–302). (Wenn ich das richtig verstehe, meint Narsai, daß die Taube notwendigerweise eine Deutung verlange). Der Geist salbte den Getauften (nur vor dem Täufer) auf verborgene Weise (Z. 313); der Täufer wurde nämlich „durch eine Offenbarung gewürdigt", das Herabsteigen des *Geistes* wahrzunehmen (Z. 318). Daher die Paraphrase von Joh 1,32–33: „Ich *sah den Geist, eine verborgene Natur,* im Geheimnis des Vogels herabsteigen (und) verborgen im Offenbaren bleiben in vollkommener Liebe" (Z. 321–322). – Narsai sieht sich hier vor der Notwendigkeit, die Aussage des Evangelientextes mit dem Grundsatz auszugleichen, daß das Göttliche dem menschlichen Auge unsichtbar bleibt; daher die (spezielle) Offenbarung, die dem Täufer das *Sehen* des Geistes (und nicht bloß der Taube) ermöglichen muß. Im übrigen bleibt der Grundsatz bestehen, wie ausdrücklich gesagt wird.

Hom. XL (Auferstehung): Der Böse ist zur Wahrnehmung des Göttlichen im Sichtbaren nicht fähig[60], er erkennt nicht die „Kraft seiner Verborgenheit" (Z. 4), also daß der Schöpfer seine Herrlichkeit im Gewand der Sterblichkeit verbarg (Z. 6). Ebensowenig weiß der Satan den soteriologischen Grund für Jesu „Kommen zu den Menschen": „er ist ihm verborgen" (Z. 89). „Auch verberge ich in Schweigen meine Größe vor ihm" (Z. 91). „Mit dem verborgenen Namen besiegele ich die Verheißung meiner Worte" (Z. 116). Die Gegner verstehen nichts „von der Kraft der Verborgenheit" in Christus, d.h. von der Kraft seiner göttlichen Natur (Z. 346).

Hom. XLV (Himmelfahrt): In der Himmelfahrt wird *emporgehoben* der Verborgene im Offenbaren, der *Gott im Leib* (Z. 72). „Der offenbare Leib bestieg den Wind und gelangte in die Höhe" (Z. 100). Falls (nach der Meinung der Gegenseite) der Verborgene ins Offenbare kam und Fleisch *wurde* – wozu mußte er dann seine Wundmale vorweisen? Sollte das der Bestätigung der Leidensfähigkeit dienen? (Z. 159–162) Die „verborgene Natur" wird aber nicht mit dem „offenbaren Leib" vermischt (Z. 183)!

---

[60] Siehe schon oben Hom. XI.

Der gen Himmel Fahrende ist das „Bild des verborgenen Königs“ (Z. 222), im himmlischen Gottesdienst verehren Engel und Menschen „im Tempel seines Leibes den, der darin verborgen ist“ (Z. 227).

Durch seinen Leib gibt der Herr des Weinbergs (im Gericht) Lohn den Arbeitern im Weinberg (Z. 241–242).

* *
*

Wir haben in vier Homilien (LXXXI. IV. XXXVI. XLV) Aussagen gefunden, die sich mit der Unsichtbarkeit des Göttlichen und mit unserer Angewiesenheit auf den Sichtbaren (auch im Gericht!) nicht abfinden wollen. Sie reklamieren für die „Regungen der Seele“ eine Sicht in die Tiefe des Unsichtbaren, also des Göttlichen. Diese Äußerungen sind literarisch als Interpolationen derselben Hand erkennbar, sie artikulieren ein spirituelles Ungenügen an dem von Narsai vertretenen Grundsatz. Im Fall der Hom. XLV schließt sich dem eine weitere Stimme an, die das Angewiesensein auf das Sichtbare nach schwerem Ringen um die (göttliche) Wesenheit akzeptiert; in westlicher monastischer Sprache würde man sagen, daß geistliche *superbia* sich zur *humilitas* überwindet und nicht mehr verlangt, als der Schöpfer ihr zu ihrem Heil darbietet.

Narsai selber sieht sich gezwungen, in zwei Fällen biblischer Texte über das Sehen zu einem Ausgleich zwischen Text und Prinzip zu kommen. Für die Vision Jesajas im Tempel entwickelt er eine komplizierte Theorie von der Wahrnehmung einer bildlichen Vision (Hom. LVIII). Und den Täufer Johannes, der den Geist herabsteigen sieht, stattet er mit einer nur ihm geltenden „Offenbarung“ aus.

5. Die Wirkung des Gott Logos auf die von ihm angenommene menschliche Natur und damit auf uns

Ich stelle auch hier charakteristische Aussagen zusammen. Hom. LVI (Bekenntnis der Kirche), V. 150: Die Gegner unterwerfen (einerseits) Gott *(’yty’)* dem „Verächtlichen“ (d.h. allem, was zur menschlichen Natur gehört), verweigern aber (andererseits) unserer eigenen Natur „die Ehre des sie Annehmenden“. „Und wegen der Liebe zu uns trug er den vollkommenen Menschen und machte ihn mit sich eins in der Herrschaft und in der Macht“ (V. 31); die Einheit besteht seit dem Augenblick der Empfängnis, von da an ist der Angenommene „Herr und Erbe und mächtig“ (V. 32). Der Sohn machte *uns* groß (V. 34), indem „er unsere verächtliche Natur anzog und sie mit sich hinaufführte in den Himmel zu seiner Rechten“[61] (V. 35–36). Der Mensch „nahm teil an den herrlichen (Dingen) wegen der Liebe des ihn Annehmenden“ (V. 38). „Unser Geschlechtsgenosse“ ist zur „Vollkommenheit“ gekommen „in der

[61] „Seine Rechte“ kann nur *Gottes* (des *Vaters)* rechte Hand sein. Über die Schwierigkeiten dieser Zeilen siehe oben die Analyse von Hom. LVI.

Einheit mit dem Logos" (V. 43). „Vom Tag seiner Bildung an" mangelte es ihm nicht an „Macht" (wegen seiner Einheit mit dem Logos) (V. 44); die Fortschritte des heranwachsenden Knaben Jesus äußern sich in Zunahme an „Würde". V. 65 bezieht Joh 20,17 anti-arianisch auf den, der dem Schöpfer „*gleich*" ist durch Gnade", also auf den Angenommenen (die Gnade ist natürlich die der Annahme).

Er, „der dem Schöpfer zur Wohnung wurde", wird von diesem zum Erben seiner Besitztümer gemacht (V. 75). „Unser Geschlechtsgenosse" war gering, weil er den zeitlichen Tod erlitt, er wurde groß und erhöht, „weil er in die Sohnschaft kam" (V. 82) – die er doch von Anfang an hat, aber hier ist der Zuspruch der κυριότης von Phil 2 gemeint, „Herr" und „Sohn" sind als Einheitsnamen auswechselbar. Die Liebe des Annehmenden zum Angenommenen ist das Motiv dafür, daß der Logos den Angenommenen „durch sein Eigenes ehrt" (V. 88), also durch das Göttliche. Das bedeutet (V. 89): „Es wurde der Staubgeborene durch Gnade Erbe und Herr mit dem Logos, und der ehrte ihn durch alles, (was) seiner (eigenen) Natur (zukommt), und unterwarf ihm die Höhe und die Tiefe". „Die Ehrung des Sterblichen durch die Herrlichkeiten des Eingeborenen" fand nicht nur damals statt, sie gilt bis in alle Ewigkeit, „so daß kein Ende ist seiner Macht" (V. 90–91) – das ist eine Folge des Weiterbestehens der menschlichen Natur auch nach der Himmelfahrt. – Ps 110,1 ist daher auf den mit dem Logos vereinten Menschen zu beziehen; Ps 2,6 präzisiert das auf die christologische Einheit hin: „indem er ihn als König einsetzt über alles, was geworden ist, mit Gott, seinen Annehmenden". V. 96: Das am Ende bevorstehende Kommen ist das des Angenommenen; der Mensch, der auf der Erde gelitten hat, zieht im Triumph daher, wenn er kommt (aber natürlich nicht ohne den Logos). V. 109: Der angenommene Mensch, „der aus unserm Geschlecht", in dem der Logos war, ist nicht das Bild der Natur des Logos, sondern das Bild seiner Ehre. Als Refrain hören wir (V. 150): Die Lehre der Gegner verweigert „unserer Natur die Ehre" dessen, der sie annimmt.

Hom. LXXXI (über Joh 1,14), V. 109: „Eins hat er mit sich gemacht in Herrlichkeit, den Menschen aus uns, den er getragen hat". Um seine Macht in ihm zu zeigen, stellte der Logos ein vernunftbegabtes Abbild von sich her (116). Der „Mittler aus unserm Geschlecht" ist das „Abbild seiner Herrlichkeit" (117). Der Logos „hat ihn zum Herrn über sein Haus gemacht und zum Vollmächtigen über seine Besitzungen und hat ihm unterworfen die Höhe und die Tiefe, Vernünftige und Stumme gleichermaßen" (119). Der Logos gab dem „Tempel des Fleisches, in dem er wohnte" „Anteil an den Herrlichkeiten" (135).

Hom. XI (Die Väter, die Lehrer): „Den Leib aus uns trug der Schöpfer, der Logos des Vaters und nannte ihn in seiner Liebe Sohn Gottes *in seiner (des Logos) eigenen Ordnung*" (476,18–19). „Den *eigenen (Rang)* hat er ihm gegeben" (476,20).

Hom. LXXVIII (Tadel der Priester): Es gibt nur *einen* Adam, der nicht befleckt worden ist, nur *einen* hat Gott gestärkt für den harten Zeitpunkt des Leidens (351,9).

Hom. IV (Geburt): Der Logos kam, „damit der Name seiner Erlösung (‚Jesus‘) sehr erhöht werde vor ihren Augen“ (cf. Phil 2) (Z. 11–12). Die Ankündigung von Jesu Geburt nach Lk 1,32a („dieser wird groß sein und Sohn des Höchsten *genannt* werden“) wird so übertragen: „Groß wird er sein und heiliger und herrlicher als alle, und er wird empfangen den *Rang* und den großen *Namen* des Namens des (göttlichen) Wesens“ (Z. 119–120). Der Logos nahm Fleisch von unserer Natur an und ehrte diese durch die seine (Z. 172), machte sie *eins* mit sich durch die *Ehre* (Z. 174).

Die Wirkung des Annehmenden auf den Angenommenen zeigt sich in der Überwindung des Todes. Die Myrrhe als Gabe der „Chaldäer“ zeigt das Leiden des Beschenkten als das eines Sterblichen an (weil sie auch bei der Einbalsamierung verwendet werden wird – aber das ausdrücklich zu sagen, war nicht nötig), sie zeigt aber auch an, daß er „dann erhoben wird über den Tod durch die Kraft des ihn Annehmenden“ (Z. 343–344).

Durch die Weise seiner Empfängnis und Geburt ist der Geborene heiliger und herrlicher als die übrigen „Leiblichen“, auch erhabener als seine Mutter (428. 430) – ich erwähne das hier, weil ja nach Narsai nicht nur der Geist, sondern auch der Logos an der „Schaffung“ *(twqn')* des angekündigten Kindes beteiligt ist.

Am Schluß der Homilie hören wir wieder von der „Ehrung“ der menschlichen Natur durch die göttliche im Sohn. (Der Sohn) „zwei in Natur: Gestalt des Knechts und die des Schöpfers (cf. Phil 2), einer durch die (göttliche) Wesenheit, die ehren wollte seine (sc. des Knechtes Gestalt) durch die eigene (die der Gottheit)“ (Z. 505–506) – so ist wohl das allzu elliptische *dylh bdylh* zu deuten.

Hom. VI (Taufe): Im Abschnitt „Über die Erneuerung des Menschen (sc. im zweiten Adam)“, Z. 35 ff., heißt es, daß der König „sehr erhöhte“ (cf. Phil 2,9) „den Namen seiner Erneuerung“, nämlich weit über das von ihm Erschaffene (47). An Leib und Seele ist der zweite Adam dem ersten gleich (57), aber „in Vollmacht ist er der Herr Adams und seiner Nachkommen“, er ist an Ehre größer als alle Gewordenen (58–59); Zeuge ist der Engel, der seine Empfängnis ankündigte und ihn „Herr“ nannte (60; „Herr“ nicht im Engelsgruß Lk 1, sondern Lk 2 in der Verkündigung an die Hirten). Diese Gedanken werden in den folgenden Zeilen bis 66 auf verschiedene Weise wiederholt.

„Es ist das Fleisch, das erhöht wurde und Kraft erlangte durch die (göttliche) Wesenheit“ (215), während diese selbstverständlich nicht auf die Kraft des „verächtlichen Fleisches“ angewiesen ist (214).

Die Salbung in der Taufe hat nicht Gott *('yty')* von Gott *('yty')* empfangen (340). Salbung verleiht einen Rang, und hier wird „die Größe des Rangs der Herrlichkeit“ verliehen (342. 341). „Es ist der Angenommene, der gradweise erhöht worden ist ..., es ist der Verächtliche, der den erhabenen Namen erhalten hat durch die Kraft dessen, der ihn annahm" (365–366). Es war einer aus uns, der in der Taufe „den Namen der Sohnschaft", „die Würde und Krone der Höhe erhielt" (421–422). Ja, die Tatsache, daß ihm Name und Rang *verliehen* wurde, macht klar, daß er „aus den Sterblichen ist", daß er durch Gnade Erbe und Herr in der Höhe und in der Tiefe wurde (431–432). „Er wurde groß gemacht durch den Namen und die Handlungen und trat seine Herrschaft über das All an" (442).

Hom. XXXVI (Leiden und Tod). Hier fordert Narsai die Gegner auf (Z. 336–337): „Laßt zu unseren Staub als erhöhten, (erhöht) durch die Ehre (, die er hat) mit dem Sohn unseres Geschlechts!" Die soteriologische Folge der Erhöhung der menschlichen Natur Christi ist damit in einer Kurzformel ausgesprochen.

Eine der wichtigsten Aussagen über die Einheit der Person Christi ist die über den kritischen Augenblick des Todes: Der Eingeborene verläßt seinen Leib nicht im Tod, er bleibt in der reinen erwählten Wohnung auch im Grab (Z. 514–575). Der menschliche Tod affiziert nicht die christologische Einheit.

Es war einer von uns, der den Kampf mit dem Tod führte, er siegte aber durch die Kraft dessen, der in ihm wohnte (622–625).

Als Interpretation von Apg 2,36 finden wir: „Zum Herrn und Christus machte Gott unseren Leib, den er angenommen hat" (732–733). Der Kontext verweist auf die Petrus-Rede, was der Anlaß für Narsai ist, den Christus-Titel (aus dem Petrus-Bekenntnis Mt 16,16) in seine Anspielung aufzunehmen; wiederholt am Ende der Homilie (802–805).

Hom. XLV (Himmelfahrt). Narsai beginnt seine Homilie sogleich mit dem Wunder der Erhöhung der verächtlichen menschlichen Natur durch die Himmelfahrt: „Ich habe mich sehr verwundert, wie sehr unser Lehm in seiner Verächtlichkeit groß gemacht worden ist, / der, obwohl Staub, die Vollmacht erlangt hat und begonnen hat, über alles zu herrschen" (1–2). Unsere Natur ist groß gemacht worden durch den Namen und durch Taten, sie stieg hinauf und begann ihre Herrschaft über die Mächte (85–86).

Der Auferstandene offenbart selber, mit welcher Natur er aus dem Grab auferstanden ist, indem er Fleisch und Gebein zeigt und sich berühren läßt, und dies, nachdem sein Leib unsterblich und leidensunfähig geworden war (138–144). Zum Essen und Trinken zwang er die Natur, deren Leidensfähigkeit durch die Herrlichkeit verschlungen worden war (147). Doch ist das alles ein für uns unerklärliches Wunder, ein Geheimnis (149–150).

Es war die Kraft „des verborgenen Winks", die ihn zu dem „Rang oben" brachte, zu einer Größe, die mit der der Geschöpfe nicht zu vergleichen ist (211–212).

* * *

Der Logos hat „einen aus uns", „unsern Geschlechtsgenossen" angenommen. Der so Angenommene (das Fleisch, der Leib, der Mensch, die menschliche Natur) teilt mit uns die „Verächtlichkeit" unserer Natur. Denn diese Natur ist aus Lehm, aus Staub, „irden" in des Wortes ursprünglicher Bedeutung: aus Erde. Das ist der Stoff, aus dem Gott den Menschen formte (Gen 2). Im biblischen Text wird dem „Staub der Erde" (hebräisch und syrisch die gleichen Vokabeln) kein qualifizierendes Adjektiv beigegeben. Aber aus dem AT ist die negative Konnotation leicht zu gewinnen, jedenfalls ist sie Narsai selbstverständlich, auch Ḥabib kennt sie. Dieser Rückgriff auf die (im Vergleich zu Gen 1) archaische Fassung der Schöpfungsgeschichte samt der negativen Akzentuierung kann krude wirken; aber sie stellt die Gemeinsamkeit der menschlichen Natur, unserer und der Christi, am Anfang der Schöpfung, d. h. *vor* dem Sündenfall fest. Die niedrige Herkunft der menschlichen Natur aus dem verächtlichen Stoff, den der Schöpfer für sie verwendete, stellt aber auch den größtmöglichen Kontrast zur „Erhöhung", zur „Ehre", zu den „Herrlichkeiten" dar, die dieser Natur durch ihre Vereinung mit dem Logos in Christus zuteil werden. Auch uns, die wir die menschliche Natur mit Christus gemeinsam haben, teilt sich die Ehre mit: „Unser Staub wird erhöht durch die Ehre mit dem Sohn unseres Geschlechts" (cf. Röm 8,17) (Hom. XXXVII, 336–337).

Die soteriologische Wirkung auf uns ist aber nur möglich, weil dieser „eine aus uns" nicht von der Deformation Adams, des Bildes Gottes (Gen 1), durch den Sündenfall betroffen ist, „nur *ein* Adam" ist nicht verdorben. Der erste Adam braucht eine Erneuerung durch den zweiten Adam. Der zweite Adam aber ist „in Vollmacht *Herr* Adams und seiner Nachkommen". Die „Vollmacht" und die „Herrschaft" hat der angenommene Mensch durch den Logos, mit dem er seit seiner Empfängnis vereint ist. Gott und Mensch in Christus sind eins in Herrschaft und Macht. Der Logos hat das/den von ihm Angenommene(n) zum Herrn und Erben (als Sohn) gemacht, zum König über alles, wie er es selber ist. Der Angenommene befindet sich in der „Ordnung" des Logos, hat dessen „Rang und Würde". Er erhält den „erhabenen Namen" der Sohnschaft, die Krone der Herrschaft. All das hat die menschliche Natur nicht aus sich selbst, es muß ihr verliehen werden, und die Verleihung kann daher als „Gnade" bezeichnet werden. Was ihr der Logos von Anfang an gegeben hat, ist ihr für immer zueigen, auch wenn wegen verschiedener Aussagen der evangelischen Geschichte gelegentlich von gradweiser Zunahme an Würde gesprochen werden kann. Der „sichtbare" Beginn der Herrschaft ist die Himmelfahrt Christi in ihrer Deutung durch Phil 2.

Die verherrlichte menschliche Natur des Auferstandenen und gen Himmel Gefahrenen löst sich in der Gottheit des Logos nicht auf. Das wird die verheißene *sichtbare* Wiederkunft des Herrn am Ende der Zeiten erlauben. Der eine Christus, der eine Sohn Gottes, der eine Herr bleibt Gott und Mensch. Die menschliche Natur in ihm ist zwar verändert worden: von der Verächtlichkeit des Staubes zur himmlischen Herrlichkeit, aber sie ist nicht in die Gottheit verwandelt worden. Ich vermute, daß die Aussagen Jesu im Mt-Evangelium über die zukünftige Herrlichkeit des Menschensohnes und sein Sitzen zur „Rechten der Kraft" (Mt 16,27–28; 19,28; 25,31; 26,64) die biblische Grundlage für diese Vorstellungen bilden; „Menschensohn" wurde in der alten Kirche bekanntlich als „Mensch" verstanden.

Die Einheit von Gott und Mensch in Christus ist für immer unauflöslich, aber sie ist nicht als eine κατὰ φύσιν und καθ᾽ ὑπόστασιν zu definieren, sondern sie ist und bleibt eine der Ehre und Herrlichkeit. Das ist das Werk des Logos, er in seiner Liebe und durch seinen Willen stellte sie her, indem er den von ihm neu geschaffenen Menschen annahm, ihn im Leiden und Sterben nicht verließ und ihn schließlich erhöhte.

Die Interpolationen bzw. Glossen, die wir in den Homilien IV und VI fanden, zeigen, daß es Leser Narsais gab, denen dessen Darstellung der Wirkung des Logos auf seine menschliche Natur nicht genügte. Man würde gerne wissen, ob diese Stimme identisch ist mit der, die die Angewiesenheit auch des Frommen, des Asketen, auf das Sichtbare, Offenbare, als einzigen Zugang zur göttlichen Verborgenheit als unzureichend für seine geistlichen Ansprüche empfindet. Die strengen Unterscheidungen Narsais sind nicht jedermanns Sache gewesen.

III. DIE EDESSENISCH-THEODORIANISCHE SCHULUNG DES KYRILLIANERS JAKOB VON SARUG

Wie der Kyrillianer Philoxenus hat auch Jakob von Sarug (ca. 451–521) seine Ausbildung an der Schule der Perser in Edessa empfangen und wie Philoxenus hat er an der Schule selbst eine Wendung fort von der theodorianischen Fraktion zur kyrillischen vollzogen.

Wenn man wie ich nach intensiver Beschäftigung mit Ḥabib und Narsai die Darstellungen der Christologie Jakobs aus der Feder von T. Bou Mansour[62] aufs Neue liest, dann entdeckt man, daß Jakobs Herkunft aus der Tradition der edessenischen Theodorianer trotz seiner Konversion deutliche Spuren in seiner Theologie hinterlassen hat. T. Jansma, dessen ausgezeichnete Untersuchungen[63] die Debatte über die Echtheitsfragen beendet haben (weder ist Jakobs Briefwechsel mit dem Kloster Mar Bassus monophysitisch verfälscht oder gefälscht – so gegen P. Peeters –, noch sind seine Homilien katholisch abgemildert – so gegen P. Krüger[64]), hat schon Beziehungen zu Ephraem herausgearbeitet; das ist vom Ephraem-Kenner Bou Mansour mit Differenzierungen und Ergänzungen übernommen worden[65]. Zwar bemerkt Bou Mansour[66]: „Es gibt noch ein anderes historisches Element, das Licht auf die

[62] *T. Bou Mansour,* Die Christologie des Jakob von Sarug, in: Jesus d. Chr. 2/3, 449–499; *ders.,* La théologie de Jacques de Saroug, t. II: Christologie, Trinité, Eschatologie, Méthode exégétique et théologique = BUSE 40 (Kaslik ^{2}2000) (im Folgenden abgekürzt als: Théologie II).

[63] *T. Jansma,* The Credo of Jacob of Srūgh: A return to Nicea and Constantinople, NAKG 44 (1961) 18–36; *ders.,* Die Christologie Jakobs von Serugh und ihre Abhängigkeit von der alexandrinischen Theologie und der Frömmigkeit Ephraems des Syrers, Mus 78 (1965) 5–46; *ders.,* Encore le credo de Jacques de Saroug, OrSyr 10 (1965) 75–88. 193–236. 331–370. 475–510.

[64] *P. Peeters,* Jacques de Saroug appartient-il à la secte monophysite?, AnBoll 66 (1948) 134–198; *P. Krüger,* War Jakob von Serugh Katholik oder Monophysit?, OstKSt 2 (1953) 199–208; *ders.,* Das Problem der Rechtgläubigkeit Jakobs von Serugh und seine Lösung, OstKSt 5 (1956) 158–176. 225–242; *ders.,* Untersuchungen über die Form der Einheit in Christus nach den Briefen des Jakob von Serugh, OstKSt 8 (1959) 184–201. Weitere Arbeiten von Krüger sind in Jesus d. Chr. 2/3, 449–450, Anm. 2 aufgeführt. (T. H.)

[65] Jesus d. Chr. 2/3, 497–499.

[66] Ibid. 453.

dogmatischen Überzeugungen Jakobs werfen kann: seine Ausbildung an der Schule von Edessa". Bou Mansour bezieht sich damit auf Jakobs Mitteilung in Ep. XIV[67], daß es die Lektüre der Schriften des Diodor von Tarsus (die damals gerade ins Syrische übersetzt wurden) während seines Studiums in Edessa gewesen sei, die zu seiner Abwendung von der Zwei-Naturen-Christologie geführt habe. Das „historische Element" meint also das Motiv der Konversion und erklärt damit den Kontrast zwischen einer der Schulautoritäten und der kyrillischen Christologie Jakobs. Umso auffallender ist das *Weiterwirken* von Elementen der Christologie, die Jakob hinter sich gelassen hat, in seinen Schriften, mehr oder weniger korrigiert oder reduziert, und unbeschadet seiner Polemik gegen seine früheren Gesinnungsgenossen und Nestorius. Damit lassen sich verschiedene Phänomene erklären, die bei den Spezialisten Verwunderung erregt haben[68], ohne daß ihnen die Ursache dieser Phänomene erkennbar war.

Bou Mansour bezeichnet[69] die Unterscheidung zwischen *naturaliter* und *oikonomia*[70], angewendet auf die „Zustände des Sohnes", als ein „Grundaxiom der Christologie Jakobs". Die Bedeutung des Axioms läßt sich daran ermessen, daß Bou Mansour es als Gliederungsprinzip für seinen ganzen Beitrag in Band 2/3 von „Jesus der Christus im Glauben der Kirche" verwendet, sowohl in Teil I über die Briefe wie in Teil II über die Homilien. Man würde das Grundaxiom „spontan allein der alexandrinisch inspirierten Christologie zuschreiben", sagt Bou Mansour[71]. Tatsächlich war es jedoch eine Unterscheidung, die von Ḥabib in seiner Auseinandersetzung mit Philoxenus und von Narsai in seinen christologischen Homilien verwendet wurde. Die Differenzen liegen im Umgang mit diesem Schulerbe auf beiden Seiten.

Jakob legt den stärksten Akzent auf die Unveränderlichkeit der göttlichen Natur in der Inkarnation; überhaupt liegt bei ihm „das Gewicht auf den göttlichen Aspekt" (p. 458). Er tut das so sehr, daß P. Krüger und R. C. Chesnut Bedenken erheben und vor allem Chesnut die Gefahr des Doketismus sieht (p. 458 ff.). „Verglichen mit der Menschheit in Christus wird die Gottheit von Jakob überbewertet" (458). – Die Art und Weise, wie von der Unveränderlichkeit in der Inkarnation gesprochen wird, ist die gleiche wie bei den edessenischen Theodorianern, man lese dazu die Zitate bei Bou Mansour (459, Anm. 42). – „P. Krüger ... hebt hervor, daß die Unveränderlichkeit des Logos

[67] Edition der Briefe durch G. Olinder, CSCO Syr. II 45 (1937), Nachdruck CSCO 110, Syr. 57. Ein Übersetzungsband ist nicht erschienen, deswegen bei Jansma die ausführlichen Inhaltsangaben und Zitate aus dem Briefwechsel Jakobs mit dem Kloster Mar Bassus.

[68] Man vergleiche die Diskussion dieser Anfragen an die Christologie Jakobs bei Bou Mansour in Jesus d. Chr. 2/3.

[69] Jesus d. Chr. 2/3, 454.

[70] Eine Adverbialbildung analog zum Syrischen wäre angemessener, s. Jesus d. Chr. 2/3, p. 455 bei Anm. 26: *mdabranāyit.*

[71] p. 454.

von Jakob so betont wird, daß sich daraus logisch die Unmöglichkeit einer Einung mit der menschlichen Natur ergibt" (p. 458, Anm. 1). An anderer Stelle „weist Krüger auf den Nachdruck hin, den Jakob auf die göttliche Natur des Sohnes legt, so daß die Menschheit nicht mehr ernst genommen und auch die Einheit zwischen dem Menschlichen und Göttlichen unmöglich gemacht wird" (ibid.). – D.h. daß Jakob die göttliche Seite der theodorianischen Zwei-Naturen-Lehre einseitig übernommen hat und auf die Darstellung der menschlichen Natur, jedenfalls *in der Form,* wie die Schule sie lehrte, verzichtet bzw. sie meidet. – Bou Mansour seinerseits insistiert mit Recht auf der Wirklichkeit der Inkarnation bei Jakob und korrigiert die Bedenken Krügers und Chesnuts (462ff.). Ganz im Sinn seiner früh gewonnenen Auffassung (und wir fügen hinzu: anti-theodorianisch) „bemüht sich Jakob, die Leiden der göttlichen Person *(qnūmā)*[72] des Sohnes zuzuschreiben" (457), und nicht nur das Leiden. „Es ist der Sohn Gottes, der Eingeborene des Vaters, der in den Tod am Kreuz geschickt wurde, um die Welt zu retten" (ibid.).

Was die Übersetzung von *qnoma* an den von Bou Mansour angegebenen Stellen angeht (457, Anm. 34), so ist „Hypostase" nicht die richtige Wahl, vielmehr steht die syrische Vokabel hier in ihrer häufigen Funktion als Reflexiv- oder Identitätspronomen. Ich führe das an den Fundstellen vor.

Ep. III, 17,11: Diese Zeile liest man am Ende des Grußes an den Briefempfänger. Der Gruß beginnt Z. 5, „Durch Jesus, das wahre Licht ...", fährt in Prädikationen fort, die Jesus als Schöpfer und Vollender beschreiben und in Z. 11 enden mit „erneuernd alles durch die Leiden seiner selbst *(dqnwmh* = „durch sein *eigenes* Leiden"), Friede".

Ep. XVII, 86,22: (ep. XVII ist an Lazarus, den Abt des Klosters Mar Bassus gerichtet; der Brief beginnt nach dem Gruß: „Wegen der Versammlung, die in Chalcedon stattfand ..."). 86,22 gehört in den Schluß des Briefes. Vorher finden wir in Z. 15f. einen der beiden Belege für die Mia-Physis-Formel: „Eine Natur, die verleiblicht[73] ist, während sie keine Hinzufügung empfing". Es folgt unmittelbar die umstrittene Formel dieser Jahrzehnte (auch sie mit einer Erläuterung versehen), Z. 16–18: *„Einer aus der Trinität ist fleischgeworden ('tbsr),* während die Trinität blieb wie sie ist". Daran schließen sich Christus-Namen an (alle mit einem Partizip der Unaussprechlichkeit und vor allem der Unerforschlichkeit versehen): Logos, Christus, Jesus, Sohn Gottes, Menschensohn; bei „Emmanuel" steht „unendlich". Mit Z. 21 beginnen soteriologische Aussagen, die den Kontrast zwischen dem göttlichen Heilsbringer und seinem irdischen Tun bzw. seiner irdischen Existenz unterstreichen. Z. 21–24: „Der Leidensunfähige, der die Leiden leiden macht durch die Leiden *seiner selbst (dqnwmh* = ‚durch seine *eigenen* Leiden'); der Unsterbliche, der sich den Tod unterwarf durch seinen Willen; Auferwecker der Toten, der einer von den Toten wurde, während er in sich das Leben seiner Natur[74] bewahrte".

[72] Bou Mansours Übersetzung von *qnoma* wechselt ohne irgendwelche Begründungen zwischen „Hypostase" und „Person".

[73] Man würde eigentlich „fleischgeworden" erwarten, wie gleich danach.

[74] Aus Stellen wie diesen leitet Bou Mansour die Synonymie von göttlicher „Natur" und göttlicher „Hypostase" ab, p. 460. Selbst wenn hier „Hypostase" als term. techn. gebraucht würde, handelt es sich nicht um Synonymie, sondern um Definitionen secundum quid: der

Ep. XXIII, 173,11–12. Der Brief ist gerichtet an Mar Maron und antwortet auf dessen Fragen. Auch hier muß der Kontext einbezogen werden; es handelt sich um das Problem der „Müdigkeit" (also eines „Leidens") Gottes, die aus seiner „Ruhe" am siebenten Schöpfungstag erschlossen wird. Z. 4–9: „Müde wurde Christus, der *Gott* ist, am Kreuz am 6. Tag, und er ruhte von den Leiden der Kreuzigung am Sabbat; er litt auf Golgatha und ruht im Grab. Er wurde müde, weil er verleiblicht war, er wurde müde, weil er im (ins) Fleisch kam. Es wurde müde der Sohn Gottes, weil er Menschensohn wurde in der Leibwerdung aus der Jungfrau". Daran anschließend Z. 9–14: „Als er die Geschöpfe schuf mit seinem Vater durch den Wink *(rmz')*, gab es keine Müdigkeit, weil es keinen Leib gab (= weil er keinen Leib hatte). Aber als er sie erlöste durch die Leiden *seiner selbst (dqnwmh* = ‚durch sein *eigenes* Leiden') von der Knechtschaft des Anklägers, war er müde in ihrer Erlösung im Fleisch am Tag der Vorbereitung auf das Kreuz, und es wurde der Sabbat Ruhe von den Leiden".

Im selben Brief 195,31. Das ist die letzte Zeile der (Beantwortung der) fünften Frage, die Reue Gottes betreffend (zu Gen 6,6, Reue über die Erschaffung des Menschen, und zu 1 Sam 15,11, die Einsetzung des Königtums in der Gestalt Sauls). Den abschließenden Zeilen 24–31 gehen Erwägungen über christologische Aussageweisen voraus. Dann fährt Jakob fort (24 ff.): „Also jetzt, wenn du die Schrift hörst, die sagt: (Gen 6,6 und 1 Sam 15,11) und das Übrige, was menschliche Leiden(schaften) bezeugt, dann sollst du sie (so) hören, daß Gottes Liebe sie spricht, jene (Liebe), die sich herabgeneigt zu seinem Gebilde von Beginn an und es in seinem Bild und Gleichnis gemacht hat und am Ende der Zeiten seinen Sohn sandte, und der erlöste es durch die Leiden *seiner selbst (dqnwmh* = ‚durch sein *eigenes* Leiden')".

Auch wenn an diesen (und wohl auch an anderen Stellen, cf. Bou Mansours „usw." am Ende der Stellenangabe) *qnoma* nicht „technisch" mit ὑπόστασις zu übersetzen ist, wird das theologische Gewicht durch den pronominalen Ausdruck nicht verringert, im Gegenteil. Das „Selbst", auf das hin der Rückbezug erfolgt, ist der „Sohn Gottes" und das ist Jakobs christologischer Zentral„begriff"[75]. Ist nicht sogar im Zitat zu Joh 1,14 (p. 461 oben), *qnomeh,* allerdings bezogen auf den Logos, durch „er selbst" zu übersetzen?

Bou Mansour merkt an (p. 460), „daß die christologische Frage bei Jakob – wie für Ephraem – in die trinitarische Dimension integriert ist und in ihrem Licht gesehen wird". Aber dazu bedarf es nicht des Rückgriffs auf Ephraem, denn das Phänomen ergibt sich aus dem Streit der beiden edessenischen Schulrichtungen über das Problem, wie die mit dem Logos vereinte menschliche Natur Christi in ihrem Verhältnis zur Trinität zu sehen sei.

Leider ist die Auslegung einer weiteren Stelle mit *qnoma* nicht haltbar, nämlich von ep. II 14,16–17 (p. 461): Der Sohn werde „Hypostase" genannt „nach der ‚Entblößung von seinem Fleisch'" (= ‚dem Ausziehen seines Fleisches', *šlaḥ besreh)"*, sagt Bou Mansour und fügt hinzu: „nach seinem Tod und

---

Logos ist sowohl göttliche Natur als auch Hypostase. Derselbe Einwand war schon gegen die Behauptung der Synonymie der beiden Begriffe durch Ibrahim in seiner Narsai-Untersuchung zu erheben.

[75] Siehe auch unten Bou Mansour: „pierre angulaire".

seinem Verlassen des Fleisches". Daraus wird wiederum gefolgert: „‚Hypostase' bezeichnet dann allein die göttliche Natur, sei es in der Perspektive der Inkarnation oder in der eschatologischen Dimension, sogar bei Abwesenheit der Menschheit". Auch hier muß man zum richtigen Verständnis den Kontext heranziehen, ep. II 14,14–18:

„Als er aber ans Kreuz hinaufstieg, erteilte er einen Wink" (so übertrage ich das Verb *rmz)* „den stummen Kreaturen, damit sie von ihm künden sollten, wer er sei und wessen Sohn. Und deswegen *beschämten sie* die Mächtigen beim Ausziehen seines Fleisches, und *er brachte Schande* über sie *durch sich selbst (bqnwmh)* offenkundig *(gly'yt).* Und die *vernunftlosen Naturen,* sie waren (seine) Verteidiger, damit sie ihn der Welt verkündeten, d. h. aber die Erde durch ihre Beben", usw.

Die beiden analogen Verben des Beschämens mit zwei verschiedenen Subjekten weisen darauf hin, daß es sich um den gleichen Augenblick des Todes handelt und nicht ein zweiter Schritt gemeint ist, bei dem die göttliche Hypostase ohne die menschliche Natur aktiv wäre.

Bou Mansour versucht, die „einseitige Bedeutung von Hypostase" bei Jakob auf „Schrifttexte wie Hebr 1,3 nach der Peschitta" zurückzuführen[76]. Aber dort steht für das griechische ὑπόστασις *nicht qnoma,* sondern *'ytwt'* (Wesen), ein schöner Beleg dafür, daß zur Zeit der Übersetzung οὐσία und ὑπόστασις noch synonym genommen werden konnten. In der Fortsetzung des syrischen V. 3 finden wir dann ein *qnoma,* aber für ein griechisches αὐτοῦ, es hat also die Funktion eines Reflexivpronomens[77].

Aus dem kritischen Referat, das Bou Mansour von Chesnuts Darstellung und Deutung der Adams-Typologie bei Jakob gibt[78] und erst recht aus Bou Mansours Abschnitt „le second Adam" in seiner Monographie[79] wird der gemeinsame Schulhintergrund von Narsai und Jakob deutlich; aber selbstverständlich ist diese Typologie in die jeweilige Christologie eingebaut.

Die Vorliebe für die Verben „sich offenbaren" und „erscheinen" (p. 465) gehört in den Bereich des Gedankenpaares „verborgen – offenbar" für das Göttliche und Menschliche in Christus, das eine so große Rolle bei Narsai spielt. Jansma wollte hier einen Rückgriff Jakobs auf Ephraem sehen; aber es ist die *Schule* in beiden Fraktionen, die auf Ephraem zurückgriff.

Im weiteren Verlauf seiner Diskussion mit Chesnut zitiert Bou Mansour (p. 466) mit ep. XIX 118,12–14 eine Interpretation von Phil 2,7: „Dies, weil er die Ähnlichkeit[80] des Knechts auf hypostatische Weise *(qnūmayīt)* angenom-

---

[76] Jesus d. Chr. 2/3, p. 461.

[77] Um jedes Mißverständnis auszuschließen, übersetzt später die Harklensis, die auf den griechischen Text zurückgreift, dies αὐτοῦ mit *dylh*, siehe die Zeile H 4 in *B. Aland / A. Jukkel,* Das Neue Testament in syrischer Überlieferung II 3 (Berlin, New York 2002), ad locum.

[78] Jesus d. Chr. 2/3, 463–464, zu *R. C. Chesnut,* Three Monophysite Christologies: Severus of Antioch, Philoxenus of Mabbug, and Jacob of Sarug, (Oxford, London 1976) 119–122.

[79] *T. Bou Mansour,* Théologie II, 37–40.

[80] *dmwt'* steht in der Pesh. für μορφή. Das syrische Wort hat ein relativ breites Bedeutungs-

men hat und nicht wie einen Besitz *(qenyanaīt)*". Die letztere adverbiale Bestimmung muß die der Gegenseite sein, oder, wahrscheinlicher, eine der Gegenseite von Jakob unterstellte. Hier ist nun die adverbiale Ableitung von ὑπόστασις technisch gemeint, das Gleiche muß für das zweite Adverb gelten. Bou Mansour diskutiert „Besitz" *(qenyānā)* in Auseinandersetzung mit P. Krüger (p. 472–473). Stammt von Krüger die Übersetzung des abgeleiteten Adverbs mit *„proprie"*? Auf der Basis der Textzusammenhänge kommt Bou Mansour auf „die dem Begriff Besitz beigelegte Bedeutung von Äußerlichkeit", was er dann etwas ausführt. Gegen Krüger wird richtig festgestellt, „daß der Begriff *proprie* in keiner Weise eine physische Einheit bezeichnen oder hervorbringen kann" (p. 473). – Aber die Übersetzung von *qenyanāyit* mit *proprie* ist so unbefriedigend, daß man genauer, d.h. mit Hilfe der Lexika, hinsehen muß.

Für *qnyn'yt* hat Brockelmann *possessione,* aber der Thesaurus syr. καθ' ἕξιν, *sec. habitum* (meine Hervorhebung) opp. *qnwm'yt*. Es ist aber vielleicht nützlich, sich die ganze Variationsbreite von ἕξις in der übertragenen Bedeutung zu vergegenwärtigen.

Liddell/Scott ἕξις II: a being in a certain state, a permanent condition as produced by practice (πρᾶξις), dif. from σχέσις (which is alterable)

1. *state* or *habit* of body, ... *outward appearance*
2. (a) *state* or *habit* of mind
   (b) esp. *acquired habit* opp.
3. *trained habit* or *skill.*

Bei Brockelmann ist für *qnyn' facultas* belegt, aber nicht im Thesaurus. Bei einem weiteren Nomen vom Stamm *qn',* nämlich *qnywt',* gibt Brockelmann an: 1. possessio, 2. ἕξις *habitus,* 3. facultas. – Die Hinweise auf ἕξις im lexikalischen Befund hätten die Erklärungsversuche mit „Besitz" etc. von vornherein überflüssig machen können.

Es bleibt aber trotzdem noch die Schwierigkeit, daß in der griechischen christologischen Terminologie der Gegenbegriff zu καθ' ὑπόστασιν oder ὑποστατικῶς nicht καθ' ἕξιν oder gar ein ἑκτικῶς wäre, sondern κατὰ σχέσιν, σχετικῶς. Ein Vorwurf Kyrills gegen die Antiochener und speziell gegen Nestorius war, daß sie eine Unio in Christus nur κατὰ σχέσιν lehrten (man sehe die Belege aus Kyrill unter σχέσις, σχετικός, σχετικῶς in *Lampe,* PGL; unter σχέσις einige Stellen aus Theodor von Mopsuestia), also eine bloße Relation statt einer Einung, Einheit. Für ἕξις findet sich nichts dergleichen. Nun überdecken sich die Bedeutungen von ἕξις und σχέσις teilweise (man vergleiche die beiden Lemmata bei Liddell/Scott), das griechische Lexikon hat unter σχέσις III sogar einen Beleg für „possession" (aus Aristoteles!). Ohne Zweifel war auch den Syrern, die griechisch konnten[81], klar, daß sowohl ἕξις wie σχέσις vom Verb ἔχειν abgeleitet sind. Es ist zu vermuten, daß bei der längst geschehenen ersten Übersetzung die Differenz zwischen den beiden griechischen Begriffen (wann herausgearbeitet?) nicht bekannt oder nicht bewußt war. Man müßte den Sprachgebrauch auch anderer syrischer Autoren daraufhin beobachten. Für Jakob von Sarug nehme ich also an, daß bei

spektrum, in dem „Form" und dergleichen anscheinend mindestens gleichwertig neben „Ähnlichkeit" steht. Es ist daher fraglich, ob man in der Übersetzung der syrischen Fassung von Phil 2 unbedingt „Ähnlichkeit" bevorzugen muß.

[81] Jakob gehört *nicht* zu ihnen.

ihm *qnyn'yt* (als Gegenbegriff zu *qnwm'yt)* im Sinn von σχετικῶς zu verstehen ist. Er hat das Begriffspaar nicht geschaffen, sondern entweder aus übersetzten Texten Kyrills oder syrischen Texten seiner Gesinnungsgenossen bezogen.

Eine hochinteressante Beobachtung ist von Bou Mansour in einer Anmerkung versteckt worden: „Im Unterschied zu Cyrill vermeidet Jakob, die Menschheit Christi als ‚Natur' zu bezeichnen"[82]. Hier äußert sich also der Umgang Jakobs mit seinem theologischen Erbe im *Weglassen,* daher das oben behauptete Übergewicht der göttlichen Natur in seiner Christologie. Die Frage ist, ob es sich nur um den Verzicht auf den terminus oder um einen Verzicht in der Sache handelt. Vermutlich hat Jakob dies simple sprachliche Mittel gewählt, um sich dem Vorwurf einer Lehre von *zwei* Naturen zu entziehen.

Der „Titel, den Jakob am meisten benutzt, um die Einheit zu bezeichnen, ist der des Mittlers (1 Tim 2,5)"[83]. Für seine früheren Gesinnungsgenossen war der „Mittler" exegetisch korrekt durch das dritte Kolon des Verses bestimmt: ἄνθρωπος Ἰησοῦς Χριστός. Jakob trifft bewußt eine andere Entscheidung; der Mittler muß beide zu vermittelnden „Seiten" vertreten, also „Gott und Menschen" (nach dem zweiten Kolon des Verses). In ep. XIX erscheint im Zusammenhang mit dieser Auslegung die Vokabel *qnoma* zweimal, 119,24 und 120,8–9 (p. 470, Anm. 87), von Bou Mansour mit „Person" wiedergegeben. „Die Texte sind in dieser Hinsicht klar", sagt er und übersetzt: „denn er hat die beiden ‚Seiten' durch seine Person einander näher gebracht", und „denn in der Einheit seiner Person hat er sie eins gemacht". Nimmt man etwas Kontext hinzu, kommt man jedoch zu folgenden Übersetzungen: „Und weil er aus dem Vater ist und wiederum aus uns wurde, konnte er Mittler sein, der *in sich selbst (bqnwmh)* die ‚Seiten' zueinander gebracht hat" (119,22–24). Der zweiten Stelle schickt Jakob die Darstellung bzw. Karikatur der Mittler-Vorstellung der Theodorianer voran; dann fährt Jakob fort (7 ff.): „sondern aus zwei ‚Seiten' (ist) der Sohn *ein* Mittler, der in der Einheit *seiner selbst (dqnwmh)* diejenigen eins machte in großem Frieden, die einander feindlich gesinnt waren" (cf. Eph 2,14).

Zwei weitere Passagen, die Bou Mansour heranzieht (p. 472), sind auch hier zu diskutieren, ep. VI 32,7–9 und ep. XIX 127,7–9. In ep. VI geht in Z. 2–7 voran: Wir haben den einen wahren Sohn „gelernt", der nicht in Hypostasen und Zahlen zerschnitten wird, denn: Joh 1,14 – in diesem Zusammenhang ist „Hypostase" technisch zu nehmen; – Der Logos hat seine Natur nicht aufhören lassen, er ist nicht von der „Schönheit der (göttlichen) Wesenheit" weg verwandelt worden, er ist nicht aus dem, was er war, zu etwas anderem verwandelt worden; Z. 7–10: „sondern, indem er in dieser ersten blieb, die er natürlicherweise besaß, stieg er *durch Liebe* am Ende hypostatisch *(qnwm'yt)* und *willentlich (ṣbyn'yt)* hinab, indem er die erste nicht aufhören

[82] Jesus d. Chr. 2/3, p. 470, Anm. 86.
[83] Jesus d. Chr. 2/3, p. 470.

ließ. Er war nämlich Gott und wurde Mensch." Dann folgt wieder die Mittlerstelle aus 1 Tim 2,5, hier mit dem zweiten und dritten Kolon. – In dieser Passage ist nicht daran zu zweifeln, daß „hypostatisch" technisch zu verstehen ist (von der Bedeutung als Reflexivpronomen ließe sich ein Adverb auch kaum ableiten). Das Interesse dieser Stelle liegt vor allem darin, daß sich in ihr exemplarisch Jakobs theologische Herkunft *und* die polemische Abkehr von derselben ausdrücken. Abstieg des Logos durch Liebe und Willen – das lehrten auch die Theodorianer. Was sie aber ablehnten, weil der Natur des göttlichen Logos unangemessen, war der Abstieg der *Hypostase* Logos, sie hätten daher nicht „hypostatisch", sondern „ökonomisch" gesagt.

Das Stück ep. XIX 127,7–9 muß man schon mit Z. 5 beginnen lassen:

„Es steht nämlich geschrieben: ‚Der Logos wurde Fleisch', damit er uns wissen lasse, daß nicht etwas *(mdm)*, das außerhalb *seiner selbst (mn qnwmh)* ist, ihm verbunden wurde durch die Zahl, sondern (daß) *er selbst (hw qnwmh)* um unseretwillen das wurde, was *(hw mdm) wir* sind, während er unveränderlich (Adverb) blieb *in dem, was (bh mdm)* er ist".

Ich plädiere auch hier für die untechnische Übersetzung von *qnoma* in Analogie zum untechnischen „das, was" *(hw mdm)*.

Beiläufig notiere ich einen Transkriptionsfehler (p. 475, wiederholt p. 495) durch Verschieben eines diakritischen Punktes: lege *ḥahem (ḥhm)* und nicht *taḥem*[84].

Auch[85] Jakob arbeitet mit der Analogie von göttlichem und menschlichem Wort wie Narsai: Das Wort verläßt seinen Ort nicht, während es ausgeht; es ist verborgen, während es nach außen dringt (p. 481–482). Daß das menschliche Wort im Buchstaben einen Leib annimmt (p. 482), kommt uns auch bekannt vor – Narsai gebraucht die Vorstellung gerne.

Jakob redet vom Leiden des Sohnes so, wie es auch die Gegenseite tut: Der Sohn willigt ein, mit dem Menschen zu leiden, „ohne daß seine Natur das Leiden annimmt" *(mqabbel)* (p. 483, wo Bou Mansour übersetzt: „ohne daß seine Natur vom Leiden erreicht wird"; die wörtliche Übersetzung und die syrische Vokabel fügt er in Klammern hinzu).

Zu besprechen ist das zweite klein gedruckte Zitat, p. 483. Bou Mansour betrachtet es ganz unter dem Gesichtspunkt der Identifikation von „Hypostase" und göttlicher Natur, die aber auch aus diesem Text nicht abzuleiten ist. Der Text bedarf zunächst einer Übersetzung, die die bemerkenswerte Form

---

84 Ein Übersetzungsfehler ist „Maßnahme" für *mwšḥt'* (p. 478) und für *kyl* (p. 486); es muß „Maß" heißen; gerne von Kyrill für die menschliche Natur Christi (als eine begrenzte) gebraucht.

85 Auf p. 477 beginnt Bou Mansours Darstellung der „Christologie der Mīmrē" Jakobs. Mit einer Ausnahme (s. nächste Anm.) bin ich bei den Zitaten aus den Homilien nicht auf das Original zurückgegangen, da die UB Tübingen die mehrbändige Ausgabe Bedjans nicht besitzt.

des Originals berücksichtigt, bemerkenswert wegen der auffälligen Stellung des *'ytwhy zu Beginn* des Satzes. *Alle* vier Zeilen hängen von diesem „Es ist" ab, wie sich durch die Anordnung im Druck deutlich machen läßt. Hier fordert allerdings die analoge Konstruktion der Z. 12 und 14 die Übersetzung von *qnoma* mit „Hypostase".

Bedjan, Hom. IV 778,11–14:

11 „Es ist
der Stamm seiner Leiblichkeit aus dem Hause Davids,
12 die herrliche Natur seiner Gottheit von oben,
13 das Geschlecht seiner Mutter aus der Linie des Hauses Abrahams
14 die Hypostase des Logos aus der Größe des Herrn aller Stämme".

In den Homilien hat Bou Mansour einmal die Formulierung gefunden, die in den Briefen häufig ist, „wonach im Tod des Sohnes das ‚Leben seiner Person *(qnūmā)*' bewahrt ist" (p. 483). Hier wäre ebenfalls zu übersetzen, „das Leben seiner selbst" = „sein eigenes Leben".

An allen solchen Stellen ist „er" (bzw. das grammatische Subjekt des Possessivpronomens) der Sohn Gottes. Zutreffend sagt Bou Mansour in seiner Monographie: „le titre de Fils de Dieu constitue, semble-t-il, la pierre angulaire de la foi que l'Église confesse en dépit des infirmités que le Fils dut supporter"[86]. – Im folgenden sammle ich zur Ergänzung des Bisherigen verschiedene weitere Beobachtungen aus dem christologischen und aus dem hermeneutischen Teil von Bou Mansours Monographie.

Christus als König ist Jakob ebenso wichtig wie Narsai (siehe p. 21–27: „König der Leidenden"; p. 26: „gekreuzigter König").

Die Betonung des unendlichen Unterschieds zwischen göttlicher Größe und menschlicher Kleinheit, zwischen Majestät und Sklave (p. 31) ist der Schultradition konform.

„Emmanuel" wird von Jakob als „offenbarer Name" bezeichnet (p. 45), der der Kirche die „verborgene Natur" ihres Bräutigams offenbart. Der Akzent auf „Emmanuel" ist kyrillisch, man vergleiche die 12 Anathemata, aber die Argumentation mit einem „Namen" gehört in die Schultradition, erst recht das Gegensatzpaar „offenbar – verborgen". Das „mit uns", das jener Christusname ausspricht, wird zusammengedacht mit dem „aus uns", auf das Narsai so großen Wert legt. Das leibliche „Werden" des Sohnes kann mit der „Annahme des menschlichen Leibes, der Knechtsgestalt, des Menschen" gleichgesetzt werden (p. 46) – und umgekehrt. Auch hier eine charakteristische Verbindung des Insistierens auf dem „Werden" (s. den Kyrillianer Philoxenus) und dem antiochenischen Vokabular des „Annehmens".

Das zwischen den Fraktionen so heiß diskutierte Problem des „Herabsteigens Gottes" wird von Jakob anläßlich von Ex 19 behandelt: „Il se pose la question des modalités de cette descente et *du langage qui l'exprime*"[87] (cf. die Theodorianer). Jakob unter-

---

[86] *T. Bou Mansour,* Théologie II, 8.
[87] *T. Bou Mansour,* Théologie II, 333.

scheidet das wörtliche Verständnis der simplices vom *metaphorischen* derer, die eine bessere Einsicht haben.

In einer Anmerkung führt Bou Mansour eine Bemerkung von F. Rilliet an, die er folgendermaßen wiedergibt: „sous l'influence des Antiochiens, selon Rilliet, Jacques abandonne l'exégèse allégorisante d'Éphrem pour s'en tenir au sens littéral du texte“ [88]. – Tatsächlich hat der „antiochenische Einfluß“ schon die Schulexegese der Theodorianer bestimmt, so daß nicht erst Jakob die Exegese Ephraems verlassen mußte.

Anläßlich der Blindheit der Juden für den Messias Jesus spricht Jakob wieder von „offenbar“ und „verborgen“. Wenn „das Volk“ seinen „Intellekt“ auf die *'r̈z'* gerichtet hätte, dann „hätte es vom Offenbaren zum Verborgenen hinzutreten können; es hätte aus dem Sichtbaren das Geheime verstehen können“. Dies ist eine Regel, die Jakob nicht nur für die Juden gelten läßt: „l'Écriture ne se révèle qu'à ceux qui son ‚initiés' aux mystères *(bnay razē*, litt.: fils du mystère)“ [89].

Jesus hat „Verborgenes“ gelehrt, indem er vom „Sichtbaren“ ausging [90].

Die alttestamentlichen „Typen“ haben für Jakob „rettende Kraft“ [91]: sie sind *„razē* du Fils“, ja es ist der Sohn, der in ihnen geheimnisvoll *('rzn'yt)* handelt. Im Zusammenhang der Auslegung von Ex 12,21 ff. (Besprengung der Türpfosten und Schwellen der Israeliten vor dem Exodus mit Blut) sagt Jakob:

„Si un *razā* se tint aux portes et les garda
Combien plus la « personne » *(qnūmeh)* du *razā* garde celui qui
s'adresse à elle“. [92]

Man sieht, daß in diesem Fall die Übersetzung von *qnoma* mit „Person“ dem Übersetzer selber merkwürdig vorkommt, daher die Kennzeichnung. Wegen der Stellung des Genitivs zögerte ich zuerst mit der Verwendung des Identitätspronomens; aber Payne-Smith (Margoliouth) belehrt mich, daß es außer der Konstruktion vom Typ *dm' dqnwmh* „his own blood“ auch die Umkehrung gibt: *qnwmh dsḥn'* „Satan himself“. Ein solcher Fall liegt hier vor, so daß in der zweiten Zeile des Zitats gelesen werden muß: „Combien plus le *razā* lui-même *(qnomeh)* garde celui qui s'adresse à *lui*“.

Das nächste Zitat (aus einer anderen Homilie) bestätigt diese Auffassung:

„Par le Fils, les *razē* sortent clairement *(l-gelyā)* de la maison de son Père.
Lui-même est le *razā* de tous les *razē* de la prophétie“ [93].

Das wörtliche „er selbst“ (wenn *qnoma* dagestanden hätte, würde Bou Mansour es erstens angeben und zweitens nicht so übersetzen) steht hier in genauer Entsprechung zu *qnomeh* im vorigen Zitat, bestätigt daher meine Auffassung von der pronominalen Funktion der Vokabel. Inhaltlich meint Jakob an beiden Stellen: der Sohn ist das *eigentliche* Mysterion.

Das Thema der Reue und des Zornes Gottes wird in der Monographie noch einmal behandelt (p. 376 f.): „Reue“ ist eine „metaphorische“ Vokabel. Eine

---

[88] *T. Bou Mansour*, Théologie II, p. 344, Anm. 65.
[89] *T. Bou Mansour*, Théologie II, 355.
[90] Ibid. 361 unten.
[91] Ibid. 366: „force salvifique“.
[92] Bedjan III 293,3–4.
[93] An der von Bou Mansour angegebenen Stelle Bedjan IV 674,15–16 ist das Zitat nicht zu finden; vielleicht gelingt einem Benutzer dieses Buches der richtige Nachweis.

andere Lösung des Problems, das sich aus dem Kontrast oder Widerspruch von transzendenter göttlicher Natur und der menschlichen „Leiden(schaft)" der Reue ergibt, ist dialektisch: „Il s'est repenti, bien qu'il ne se soit pas repenti", konkretisiert folgendermaßen: „Il s'est revêtu de l'apparence *(parṣūpā)* du repentir"[94]. Prosopon ist gewiß in seiner ursprünglichen Bedeutung zu nehmen, Angesicht oder Antlitz, man sehe auch das „Angesicht des Zorns"[95].

Wie ist es zu verstehen, daß Gott (im Alten Testament vor allem) „spricht"?[96] Die Antwort ist: um das Innere durch das Äußere auszudrücken, das Verborgene durch einfache Worte.

Für die Auslegung des Neuen Testaments stellt Bou Mansour eine Reihe von Texten zusammen, in denen Jakob auf „der Wirklichkeit der Menschheit des Sohnes insistiert, ohne jedoch seine Gottheit zu leugnen"[97]. Ich zitiere den ganzen Abschnitt (die Stellenangaben beziehen sich auf die Bände der Bedjanschen Homilien-Ausgabe), weil er ein sprechendes Zeugnis für die theodorianische Herkunft Jakobs ist *und* für seine Korrekturen am Gelernten.

„Ces textes qui appartiennent à l'ordre corporel *(ḥeksā d-pagrā)* et qui concernent l'humanité du Christ intéressent les thèmes suivants: la peur de Jésus et sa fuite en Égypte (I 140,4sv), le fait de s'abstenir de faire des miracles avant trente ans – sinon on l'aurait accusé d'avoir assumé un corps irréel (III 334,5sv) –, son combat avec Satan, qu'il mena comme quelqu'un dont le corps est faible (III 338,13sv), la fatigue qu'il ressentit près du puits de Jacob (II 284,13–14), sa prière (Mt 26,39) qui est une preuve qu'il est ‚nôtre' et qu'il nous ressemble (II 500,16–19), la faim qui accompagna son jeûne (III 348,5–6; IV 625,20–21), et sa mort (II 625,20–21). Mais dans de nombreux cas, Jacques commente certains actes de la vie de Jésus pour montrer qu'ils intéressent à la fois l'humanité et la divinité du Fils. C'est précisément *le cas de la prière où Jésus présente une demande au Père, en sachant qu'il est auprès du Père pour exaucer toute demande* (II 500,20–501,6). *Il prie, parce qu'il est devenu homme, et il exauce, parce qu'il est Fils de toute éternité* (III 433,17–18). Il en est de même des pleurs de Jésus sur Lazare (Jn 11,33.38): elles montrent qu'il nous ressemble, mais en ressuscitant Lazare, il se montre égal au Père (III 575,12–17). À Cana, il s'assied comme un homme, mais il transforme comme Dieu l'eau en vin (V 493,12–13). Jésus peut être accessible aux malades et l'hémorroïsse en est un exemple. Il sent comme homme que celle-ci touche son vêtement, mais il lui octroie la guérison, à la manière de son Père qui se révèle à Moïse de dos *(bestar apē)*, tout en lui accordant sa gloire (V 540,3sv). C'est une interprétation du même ordre qui sous-tend le commentaire de Thomas avec le Ressuscité: Thomas touche le corps de Jésus, mais en disant ‚mon Seigneur et mon Dieu' (Jn 20,28), il reconnaît sa divinité (II 665,4sv). Il en est de même de la rencontre de Paul avec le Ressuscité sur le chemin de Damas; celui-ci se présentant comme Jésus le Nazaréen (Ac 9,5), *Paul reconnaît son humanité (pagranūteh;* litt. *corporéité),* bien que

[94] Beides aus dem längeren Zitat (IV 15,17–16,1) in *T. Bou Mansour,* Théologie II, 377.
[95] Ibid.
[96] Ibid. 380–381.
[97] Ibid. 381.

Jésus soit déjà au ciel et jouisse par conséquent de toute la gloire divine (II 728,10–729,1sv)"[98].

Wenn Bou Mansour oben sagt, die Unterscheidung im Gethsemane-Gebet zwischen Menschlichem und Göttlichem im Beter sei die gleiche wie in den danach angegebenen Beispielen, so ist das nicht ganz richtig: Diese Unterscheidung ist viel merkwürdiger, weil das Gebet gewissermaßen von unten nach oben geht, *und zwar innerhalb des Beters selbst,* und die Erhörung, *wiederum im Beter selbst,* in umgekehrter Richtung. In den übrigen Beispielen treten Berührungen *von außen* an Jesus heran, oder er wird durch den Tod eines anderen zu Tränen gerührt, oder er handelt äußerlich; sein göttliches Wunderwirken entspricht dem: Es richtet sich ebenfalls *nach außen.* Die Unterscheidung im betenden Christus ist jedenfalls ohne die theodorianische Schulrichtung nicht denkbar[99].

Das *Erblicken* der *Leiblichkeit* des Auferstandenen in der Damaskus-Vision des Paulus erinnert stark an Narsai, der auf der Sichtbarkeit des zum Gericht Wiederkehrenden insistiert, „so wie ihr ihn gesehen habt".

Wenn Jakob den Sohn als *Liebe* bestimmt[100], denkt man an die „ökonomische" Bestimmung des Logos in seinem und durch sein Wirken als Liebe bei Narsai. Verbunden mit dem Begriffspaar „verborgen – offenbar" findet sich der Gedanke auch in einer Homilie Jakobs über die Schöpfungsgeschichte, auf die Bou Mansour hinweist: „Ainsi donc, l'amour de Dieu caché pour son image, qui est Adam ou l'homme, est révélé dans le Fils, et cette révélation exclut l'idée de l'émergence d'une pensée nouvelle en Dieu"[101]. Die Wiederherstellung des Verdorbenen „est conforme à la typologie du Fils qui veut nous restituer notre image initiale"[102].

Eine Bemerkung Jakobs zum Titel „Emmanuel" erinnert an einen Punkt der Diskussion zwischen Ḥabib und Philoxenus über das, was „einfach" und schwierig für den Glauben ist[103]: Für Jakob ist dieser Christustitel für den Glauben „einfach" *(pšīt)* zu verstehen[104]. Der Topos gehörte also auch zur

---

[98] *T. Bou Mansour,* Théologie II, 382. Die Hervorhebungen (von den Umschriften abgesehen) sind von mir.

[99] Man denke an das eucharistische Gebet, das Theodor Jesus in den Mund legt, zitiert von Cyrus von Edessa in der „Erklärung des Passah" und von Ps.-Narses in Hom. XXXV (17): zum einen besprochen von *W. F. Macomber* in der Einleitung seiner Ausgabe des Cyrus, CSCO 355, 356, Syr. 155, 156 (1974) und in Mélanges Graffin, ParOr 6/7 (1975/76) 341–347; zum anderen von *L. Abramowski,* Die liturgische Homilie des Ps. Narses mit dem Meßbekenntnis und einem Theodor-Zitat, BJRL 78/3 (1996) 87–100, hier: 98–100. Man denke auch an das Hingabewort Jesu am Kreuz im ps-ephraemischen Diatessaron-Kommentar und bei Narsai, s. oben p. 154–160 zu Hom. XXXVI, McLeod Nr. III.

[100] *T. Bou Mansour,* Théologie II, 385.

[101] *T. Bou Mansour,* Théologie II, 393.

[102] Ebd.

[103] Jesus d. Chr. 2/3, 588.

[104] *T. Bou Mansour,* Théologie II, 453.

Schul-Terminologie, von der man in den beiden Fraktionen verschiedenen Gebrauch machte.

Wenn Jakob der Meinung ist, „daß die menschliche Vernunft unfähig ist, eine Synthese zwischen den demütigenden Handlungen Jesu und seiner Majestät herzustellen“[105], dann ist der scharfe Kontrast zwischen dem, was da denkerisch zu bewältigen ist, durchaus Erbe seiner ursprünglichen Schule. Jakobs weitgehender Verzicht auf christologische Termini technici (worin er sich von beiden Fraktionen unterscheidet) muß seine Wurzel in dieser Meinung haben. *Wenn* solche Termini auftreten, dann positiv in kyrillischer Gestalt, speziell wenn sie ihm abgefordert werden wie im gereizten Briefwechsel mit dem Kloster Mar Bassus und dessen Abt; negativ natürlich in den abzulehnenden Meinungen der Gegner. Anders als bei Philoxenus und Ḥabib ist Jakobs zentraler christologischer Begriff nicht die *Hypostase* (des Logos), sondern der biblische, von den kirchlichen Bekenntnissen aufgenommene Name des Sohnes Gottes als Name der Einheit der Person Christi; *er* wird mit dem Identitätspronomen „selbst“ *(qnoma* mit Präfixen und/oder Suffix) bezeichnet, was die Forschung in die Irre geführt hat (aber war es vielleicht auch gegenüber den Vorwürfen schärferer Kyrillianer nützlich, dies Wort mit seiner Ambivalenz von pronominaler und hochspezialisierter Bedeutung in seinen Texten vorweisen zu können?). Was die menschliche „Natur“ in Christus betrifft, so sprachen ja auch die Kyrillianer wie ihr Meister von „zwei Naturen *vor* der Einigung“. Es ist gewiß zur Vermeidung jeden Verdachts auf Dyophysitismus (wie schon oben gesagt) und damit zur Vermeidung der üblichen Art christologischer Streitigkeiten geschehen, wenn Jakob sogar auf diesen gewöhnlichen Terminus verzichtet.

IV. BARSAUMA VON NISIBIS

Zunächst ist von der Verteidigung der Person und der Schriften Theodors von Mopsuestia auf der Synode von Bet Lapat 484 zu sprechen. Die Akten dieser Synode, der die Metropoliten Barsauma von Nisibis und Nanai von Pherat vorsaßen[106], sind nicht in die Sammlung des Synodicon Orientale aufgenommen worden[107]. So sind nur einzelne Zitate daraus erhalten, mit einer Ausnahme kirchenrechtlicher und eherechtlicher Art. Die Ausnahme betrifft Person und Werk Theodors von Mopsuestia und findet sich als Zitat mit sehr genauen Angaben über Zeit und Ort ihrer Veranstaltung in den Akten der

[105] *T. Bou Mansour,* Théologie II, 443, unter Bezug auf Bedjan, Hom. II 282,14ff.

[106] Über diese Synode siehe *S. Gero,* Barsauma of Nisibis and Persian Christianity in the fifth century = CSCO 426, Subs. 63 (Louvain 1981) 38ff.

[107] Die ausführliche Begründung des Redaktors Syn. Or. p. 60/308f.

Synode von 605, unter dem Katholikos Gregor I.[108], zur Bekräftigung der Abwehr der Lehre des Ḥenana (sein Name fällt nicht), des langjährigen Direktors der Schule von Nisibis. Das ist eine Veränderung der ursprünglichen Frontstellung, denn 484 gilt die Abwehr den Monophysiten[109], unter ihnen besonders dem Philoxenus (dessen Name ebenfalls nicht genannt wird[110]).

Das kleine Textstück enthält keine christologische Aussage[111]. Es richtet sich gegen übelwollende Gerüchte über Theodor, die von den Häretikern an verschiedenen Orten verbreitet werden; niemand „von uns" solle sich dadurch hinsichtlich dieses heiligen Mannes verunsichern lassen. Während seines Lebens berühmt unter den Lehrern der Gottesfurcht, waren nach seinem Tod seine Kommentare und Schriften kostbar für alle, die den Sinn der Schrift begreifen und den rechten Glauben ehren. Seine Schriften bewahren den Glauben makellos, der göttlichen Lehre des NT entsprechend, und weisen alle Lehren zurück, die den Propheten, der evangelischen Verkündigung, den Aposteln widersprechen. Es wird das Anathem ausgesprochen über alle, die privat oder öffentlich diesen Lehrer der Wahrheit oder seine heiligen Schriften schmähen.

Die monophysitische Überlieferung hat von früh an die Synode von Bet Lapat als die Entscheidung für die Annahme des „Nestorianismus" in Persien gedeutet[112]. „This historical judgement, *grosso modo,* has been accepted by modern scholarship"[113]. Gero gibt als Beispiele je ein Zitat aus Nöldeke (1887) und P. Kawerau (1959); der letztere schreibt: „Diese ostsyrisch-persische Kirche hat im Jahre 484 offiziell durch einen Konzilsbeschluß die Theologie dieses Patriarchen Nestorius als die für sie gültige Kirchenlehre angenommen"[114]. –

---

108 Ibid. p. 211,2–13 / p. 475.

109 *S. Brock,* The Christology of the Church of the East in the Synods of the fifth to early seventh centuries, in: Aksum – Thyateira, 1985, (125–142) 126, meint, daß die nicht erhaltenen Akten von Bet Lapat auch ein christologisches „statement" enthalten hätten. Das „statement" wäre nach seiner Auffassung eine „Reaktion" auf die religiöse Politik des Kaisers Zeno jenseits der persisch-römischen Grenze gewesen. Mir scheint das eine überflüssige Annahme, denn für die einheimische Kirche in Persien und für ihre theologische Einstellung war nicht die anti-chalcedonische Politik auf der römischen Seite der Grenze das Problem, sondern der akute influxus philoxenianischer Propagandisten (cf. das Datum der Debatte zwischen Philoxenus und Ḥabib: 482) und deren Angriffe auf die antiochenische Christologie. – Von den Unruhen im Zusammenhang mit dem Henotikon des Zeno wußte man natürlich in Nisibis; man kann *Chabot,* Syn. Or. 534, Anm. 1, zustimmen, wenn er in der Bemerkung Barsaumas in Brief 2, der Katholikos Aqaq würde als Teilnehmer einer Gesandtschaft „ins Gebiet der Römer" „die Verwirrung sehen und erfahren, die der Satan" dort „angerichtet hat", eine Anspielung auf die Folgen des Henotikons sieht.

110 Eine englische Übersetzung der Passage bei *S. Gero,* Barsauma, 45.

111 Entsprechend der auch in dieser Hinsicht genauen Einleitung des Zitats: Es handelt „über den göttlichen Lehrer und seine Schriften".

112 *S. Gero,* Barsauma p. 47.

113 *S. Gero,* Barsauma, p. 48.

114 Ibid. Anm. 130.

In Wirklichkeit ist die Autorität Theodors (von Nestorius ist ja keine Rede) für die Verfasser des Textes selbstverständlich; sie muß jedoch gegen Angriffe von außen und deren Innenwirkung verteidigt werden. So werden *erstens* denen, die sich verunsichert fühlen, *formale* Argumente zur Verteidigung der theologischen Autorität Theodors angeboten. Die Strafandrohung eines Anathems gilt sowohl nach innen wie nach außen. *Zweitens* wird der Charakter eines „offiziellen Konzilsbeschlusses" dadurch relativiert, daß die Veranstalter der Synode dieselbe annullierten[115]. Diese Versammlung hatte „eine Revolte gegen den Katholikos Babowai[116] und die patriarchale Autorität" dargestellt; offiziell endete die Revolte etwa ein Jahr später nach längeren Verhandlungen mit dem neuen Katholikos Aqaq[117] auf einer kleinen Synode in Bet ʿEdrai. Barsauma unterwarf sich dem Aqaq, was aber nicht verhinderte, daß später (491) erneut ein Streit zwischen den beiden Parteien ausbrach[118].

Der Widerruf der Synode von 484 bedeutet aber nicht die Aufgabe der theodorianischen Gesinnungen der Teilnehmer. Aqaq selber war wie Barsauma in Edessa ausgebildet worden, seine Synode von 486 wird (anders als Bet Lapat) ein explizites Glaubensbekenntnis vorlegen, das unten besprochen werden wird.

EXKURS: BARSAUMAS BRIEF 3 ÜBER DEN AUFRUHR IN NISIBIS

Von Barsauma sind sechs Briefe durch das Synodicon Orientale erhalten, fünf davon an Aqaq gerichtet. Gero gibt ihnen eine andere chronologische Reihenfolge als der Redaktor der Sammlung[119]. Demnach wäre Brief 3[120] von den aufbewahrten der früheste. Er enthält aufs Neue den Widerruf der Synode von 484 (schon zweimal vorher habe er in dieser Sache an den Katholikos geschrieben, sagt Barsauma) und die Anerkennung der Autorität des Aqaq in denkbar demütigen Ausdrücken der Selbstbezichtigung. Barsauma ersucht den Katholikos um sofortiges Eingreifen angesichts eines Aufruhrs in Nisi-

[115] Damit begründet der Redaktor des Syn. Or. seine Auslassung, Syn. Or. p. 61 / p. 308–309.
[116] Über das grausame Schicksal dieses Katholikos siehe *S. Gero,* Barsauma, p. 38ff. und 97–109; das Problem einer möglichen Verwicklung Barsaumas in die Ereignisse wird untersucht mit dem Ergebnis, daß die entsprechenden Vorwürfe nicht weiter zurück als bis in das 6. Jh. zu verfolgen sind (Barsauma starb um 496), „the combined silence of the earliest Nestorian and monophysite traditions argues decisively against the historicity of the charge in this form" (p. 107).
[117] *S. Gero,* Barsauma, p. 50f.
[118] *S. Gero,* Barsauma, p. 53.
[119] *S. Gero,* Barsauma, p. 122.
[120] Syn. Or., p. 527–529 / 534–536.

bis[121]. So konkret die Wünsche des Barsauma sind und so scharf er die Gefahren benennt, die aus den Unruhen hervorgehen würden, wenn man ihnen kein Ende machte, so verharrt der Verfasser andererseits in beabsichtigter Diskretion: Es werden keine Namen genannt, das Ziel der Rebellen muß man erahnen[122]. Der Absender verläßt sich darauf, daß der Empfänger seine Andeutungen versteht, man sehe das „sapienti sat" am Schluß. Während Chabot meint, es handle sich vielleicht um die „Fortschritte der Monophysiten, die ermutigt durch die Anwesenheit römischer Armeen ohne Zweifel Nisibis gerne den Römern übergeben hätten"[123], und Braun ähnlich urteilt[124], ist Labourt vorsichtiger und sagt nichts von Monophysiten[125]. Gero geht auf das Problem nur beiläufig ein[126]. Eine Analyse der zweiten Hälfte von Brief 3 mit Barsaumas Hilferuf bringt etwas weiter. Ich verfahre abschnittsweise.

Chabot, p. 528,22–25 / 535: „J'ai appris en effet, par les choses mêmes qui me sont arrivées que, tant que Nisibe ne sera pas sous l'obéissance et la direction de celui qui siège sur le trône de la saint église de Séleucie et Ctésiphon, la région orientale éprouvera des dommages et de graves calamités".

Die Notwendigkeit der zentralen Institution des Katholikos ist diesem Kritiker der kirchlichen Zustände und der Amtsführung des Babowai in einer für ihn selbst gefährlichen Situation klar geworden.

Chabot, p. 528,25–30 / 535: „Maintenant, Nisibe est agitée, troublée et ballottée comme une mer tumultueuse, et si une lettre d'excommunication n'est pas envoyée promptement par Votre Paternité et ne pacifie pas la ville, je ne resterai point[127] dans l'épiscopat[128] de Nisibe; Nisibe elle-même ne restera pas soumise au grand empire des Perses. Il y a, en effet, des révoltés, et si on les laisse à Nisibe, ils se perdront eux-mêmes et perdront le pays qu'ils habitent".

Barsauma schildert einen Aufruhr, den er mit Hilfe einer Exkommunikation, ausgesprochen durch den Katholikos, zu befrieden hofft. Es ist also ein Aufruhr von Christen (nur von Christen?), seine eigene Autorität reicht nicht aus;

---

[121] Ibid. p. 528,22 ff. / 535 f.

[122] Man vergleiche damit die konkrete Schilderung der Raubzüge der Araberstämme von beiden Seiten der Grenze und der Schlichtungsversuche der höchsten amtlichen Organe in Brief 2 (nach Gero später als Brief 3), die Stämme werden mit ihren Namen bezeichnet; der *marzban* (der Gouverneur der Grenzregion) wird namentlich genannt.

[123] Syn. Or., p. 535, Anm. 2.

[124] *O. Braun,* Das Buch der Synhados (Stuttgart, Wien 1900) 63.

[125] *J. Labourt,* Le christianisme dans l'empire perse sous la dynastie sassanide (224–632), (Paris 1904) 145–146.

[126] *S. Gero,* Barsauma, p. 121: „Barsauma is in a precarious position; he urgently needs Aqāq's support, hence the tone of his letter is very humble indeed".

[127] Mit „point" gibt Chabot die Verstärkung des Pronomens der 1. Pers. sing. durch Verdopplung wieder.

[128] Wohl eher „Bischofsamt" als „Bistum"; *Braun,* Synhados, p. 79: „... so werde ich in der bischöflichen Regierung von Nisibis nicht belassen".

die Folgerung kann nur sein: Der Aufruhr richtet sich gegen ihn, den Bischof der Stadt Nisibis. Aber weswegen? Die Dringlichkeit des angeforderten Briefes wird unterstrichen mit den zu befürchtenden Folgen: Er, Barsauma, wird nicht in seinem Amt bleiben (dürfen?), Nisibis wird dem Perserreich verloren gehen (an die Römer). Die Rebellen werden sich selbst und das von ihnen bewohnte Gebiet ruinieren – sie können also eigentlich nicht von jenseits der Grenze kommen, wie es bei den Monophysiten der Fall wäre. Barsauma arbeitet mit einem Gemisch nicht bloß von kirchlichen sondern auch politischen Drohungen, die in Persien nur zu leicht in lebensgefährliche Wirklichkeit umschlagen können.

Chabot, p. 528,20–529,4 / 535 unten: „*Il⟨s⟩ m'ont suggéré à moi-même l'esprit de rébellion,* dans le temps où nous étions en opposition avec le siège de Votre Paternité, et en opposition avec le⟨s⟩ deux ⟨villes⟩[129] comme je l'ai indiqué plus haut. Le marzban qui est ici donne la main à ces rebelles, parce qu'il ne connaît point leur mauvaise volonté". „Und wenn ich ihn über ihre Gesinnung aufkläre und ihr Geheimnis wissen lasse, fürchte ich, daß er dem König schreibt und ihm die Revolte dieser Verrückten mitteilt, so daß (womöglich) der König ein Edikt gegen *alle* Christen ausgehen ließe wegen der Revolte dieser (Leute)".

Das wahre Motiv der Rebellen muß der Wunsch nach Selbständigkeit gegenüber der Zentralgewalt in Gestalt eines Katholikos in der Hauptstadt sein. Anders ist nicht zu erklären, warum sich Barsauma als von ihnen im selben Sinn beeinflußt bezeichnet, nämlich in seiner gerade erst aufgegebenen Opposition gegen den vorigen Katholikos (nach dessen Hinrichtung). Könnte es sein, daß sie jetzt gegen Barsaumas Kehrtwendung um 180 Grad rebellieren? Daß sie den *marzban*[130], den Gouverneur der Grenzprovinz, überhaupt auf ihrer Seite haben können, erklärt Labourt höchst einleuchtend mit Eifersucht des Gouverneurs auf das Ansehen des Bischofs[131]. Wenn der *marzban* „das Geheimnis" der Rebellen nicht weiß (das ihn in eine sehr riskante Position brächte), muß der Aufruhr sich tatsächlich gegen den Bischof richten. Der Bischof könnte den Gouverneur zwar leicht unterrichten, dann wäre der aber zum Rapport an den König verpflichtet und das Ende könnte eine allgemeine Christenverfolgung sein.

Chabot, p. 529,4–9 / 536 oben: „Autant que possible, l'affaire doit être dissimulée et ne pas parvenir (à la connaissance) des gens de dehors. Avec ta grande et divine autorité, écris impérieusement une lettre d'excommunication et frappe-les, comme le médecin qui ampute un malade pour le délivrer de sa maladie. Menace-les dans tes lettres de les

[129] Cf. *Chabot,* Syn. Or., p. 535, Anm. 1.

[130] Ist das derselbe Gouverneur, der in Brief 2 mit vollem Namen benannt und positiv beurteilt wird?

[131] *Labourt,* Christianisme, p. 146.

denoncer au roi et à ses grands[132], s'ils ne restent pas chez eux-mêmes[133]. Ces quelques mots annotés par notre faiblesse suffiront à la hauteur de votre connaissance[134]".

Die Angelegenheit soll vor den Nichtchristen verborgen gehalten werden; gewiß nicht nur, weil für das Ansehen der Kirche schädlich, sondern noch mehr wegen ihrer möglichen gefährlichen Auswirkungen. Die lokale kirchliche Gewalt, also Barsauma, hat guten Grund, die lokale politische Gewalt, also den *marzban,* nicht für die Niederschlagung der Revolte zu bemühen (wofür der Gouverneur doch zuständig wäre); eingreifen soll die zentrale kirchliche Institution, also der Katholikos; er soll mit der Information der zentralen politischen Gewalt, d.h. des Königs und des Hofes wenigstens drohen. So hofft Barsauma, mit dem kirchlichen Strafmittel der Exkommunikation und der Furcht vor (grausamer) weltlicher Bestrafung die Revolte gegen seine Person niederzuschlagen.

V. DIE KOMMENTARE THEODORS IN DEN SCHULEN VON EDESSA UND NISIBIS

Zu den Verdiensten des Bischofs Barsauma, des ehemaligen Edesseners, gehört die Gründung der Schule von Nisibis mit Hilfe des aus Edessa geflüchteten Narsai. Über die Schulgründung und die folgenden Jahrzehnte gibt es die ausführliche Untersuchung von A. Vööbus[135], ein zusammenfassendes Kapitel in der Barsauma-Monographie von S. Gero[136] und eine Übersicht über die Forschung von T. Hainthaler[137]. Auf diese Darstellungen wird hier verwiesen.

Die edessenische Unterrichtsweise der theodorianischen Fraktion wurde in Nisibis fortgeführt, nicht nur mit den Kommentaren des „Interpreten" (in syrischer Übersetzung) als Grundlage sondern auch in Fortsetzung der „Tradition der Schule", die der Verfasser[138] der „Cause de la fondation des éco-

---

132 *Chabot:* „officiers".

133 = „wenn sie nicht zu Hause bleiben *(hwyn)*" = sich ruhig verhalten; Chabot: „ne rentrent pas en eux-mêmes".

134 Chabot: „à l'élévation de votre science".

135 *A. Vööbus,* A History of the School of Nisibis = CSCO 266, Subs. 26 (Louvain 1965).

136 *S. Gero,* Barsauma, 60–72.

137 *T. Hainthaler,* Die Schule von Nisibis, in: Jesus d. Chr. 2/3, 252–256, vgl. auch *dies.,* Die Schule der Perser, ebd. 248–251.

138 Als Verfasser wird angegeben „Barḥadbešabba ʿArbaya, Bischof von Ḥalwan", Ausgabe durch A. Scher, PO 4, 4 (Paris 1907). Verwirrenderweise trägt auch der andere Barḥadbešabba, von dem die „Geschichte der heiligen Väter, die wegen der Wahrheit verfolgt wurden" stammt, den Beinamen ʿArbaya, Ausgabe von F. Nau, PO 9, 5 (Teil 2) (1913); 23, 2 (Teil 1) (1932). Dieser Barḥadbešabba wird im Lemma als „Presbyter und Haupt der *badoqē* der heiligen Schule der Stadt Nisibis" bezeichnet (die Übersetzung von *badoqē* fällt in der Literatur sehr verschieden aus). *Zwei* Träger des Namens Barḥadbešabba anzunehmen, selbst wenn sie Zeitgenossen sind, macht keine Schwierigkeiten; daß sie aber beide den gleichen

les"[139] (der Titel in besserer Übersetzung und in zu vermutender vollständiger Form: „Einleitungsrede zur Semestereröffnung der Schule ⟨über die Gründung der Schulen⟩") ausdrücklich als zunächst mündliche von der Exegese Theodors unterscheidet, die dann aber Narsai „in seine Homilien und den Rest seiner Schriften mischte"[140]. Diese Mitteilung steht in der „Eröffnungsrede ⟨über die Schulen⟩" innerhalb des Abschnitts über die Schule von Edessa nach dem Tode Ephraems, genauer über die Schule unter Qiorē[141], und ist darin wiederum eine Abschweifung.

Die betreffenden Zeilen sind immer wieder analysiert und übersetzt worden; sie müssen trotzdem noch einmal betrachtet werden. Zunächst wird

---

Herkunftsnamen tragen sollen, ist eher durch Verwechslung bzw. falsche Identifizierung in der Überlieferung zu erklären. Die aus dem *Inhalt* ihrer Bücher zu belegende Verschiedenheit der Personen, wie sie *I. Ortiz de Urbina* in seiner Patrologie (p. 132–133) vornimmt, ist richtig. Er streicht „'Arbaya" beim Bischof von Ḥalwan, so daß *nur der Verfasser der „Geschichte" Barḥadbešabba 'Arbaya zu nennen ist.* Wenn Gero in der Bibliographie seiner Barsauma-Monographie den Bischof von Ḥalwan als „(Pseudo-)Barḥadbešabba" anführt, dann meint das „Pseudo" eigentlich den sekundären Herkunftsnamen. *T. Hainthaler,* Jesus d. Chr. 2/3, p. 249, Anm. 133, entschließt sich, nach dem Referat verschiedener Lösungsversuche, „die Verfasser der beiden Schriften mit den Bezeichnungen" zu unterscheiden, „die sie in den Editionen haben"; das scheint mir jedoch nicht empfehlenswert, weil der Wirrwarr sich dadurch forterbt.

139 So die Übersetzung des syrischen Titels durch den Herausgeber Scher. Schon die Editoren der PO haben diese Übersetzung nicht für zutreffend gehalten. Richtig müsse man übersetzen: „discours à l'ouverture des cours de l'école" = „Einleitungsrede zur Semestereröffnung der Schule", PO 4, 4, p. 325. Das ist eine reine Gattungsbezeichnung, mit der über den Inhalt noch nichts gesagt ist. Da aber Gegenstand der Rede die von „Gott, dem großen Lehrer", eingerichteten Schulen sind, und *sym'* auch „foundation" heißen kann, ist es begreiflich, daß Scher seine Titelübersetzung nach dem Inhalt und nicht nach der Gelegenheit gewählt hat (und daß er die Pluralpunkte bei „Schule" bevorzugte). Ich meinerseits postuliere, daß durch homoioteleuton der zweite Teil des Titels mit der Inhaltsangabe verloren gegangen ist und habe ihn oben im Text entsprechend ergänzt. – Zur Gattung bereits *A. Baumstark,* Die nestorianischen Schriften „de causis festorum", OrChr 1 (1901) (320–342) 320. – Über *'lt',* Übersetzung von αἰτία, auch als literarische Gattung als einer von den Nestorianern gepflegten Gattung s. *R. Macina,* L'homme à l'école de Dieu. D'Antioche à Nisibe: Profil herméneutique, théologique et kérygmatique du mouvement scoliaste nestorien. Monographie programmatique, POC 32 (1982) 86–124. 263–301; 33 (1983) 39–103, hier p. 118–119, Anm. 27. Eine weitere Diskussion von Titel und Verfasser durch *G. Reinink,* ‚Edessa grew dim and Nisibis shone forth': The School of Nisibis at the Transition of the Sixth-Seventh Century, in: J. W. Drijvers / A. A. MacDonald (ed.), Centres of Learning. Learning and Location in Pre-Modern Europe and the Near East (Leiden, New York, Köln 1995) 77–89. Wie nach der Überschrift zu erwarten, spielt die Person und Exegese des Ḥenana die Hauptrolle für diesen Beitrag. Eine Analyse der ganzen Schrift von *T. Hainthaler,* Die verschiedenen Schulen, durch die Gott die Menschen lehren wollte. Bemerkungen zur ostsyrischen Schulbewegung, in: M. Tamcke (Hg.), Syriaca II. Beiträge zum 3. deutschen Syrologen-Symposium in Vierzehnheiligen 2002 = Studien zur Orientalischen Kirchengeschichte 33 (Hamburg 2004) 175–192, zur Gattungsfrage: 178–180.

140 PO 4, p. 382,12–383,1 / p. 382,14–383,2.

141 Ibid. p. 382,3–383,6 / p. 382,4–383,7. Zu p. 382,3 hat mein Vater (R. Abramowski) in seinem/meinem Exemplar an den Rand geschrieben: „wichtig und unklar"!

Qiorē, „das Haupt und der Interpret der Schule" als Gottesmann charakterisiert. Als Schulleiter vereinigte er in sich noch alle Funktionen, die später unter Narsai in Nisibis auf verschiedene Personen verteilt wurden; seine vielen Aufgaben erfüllte Qiorē trotz seines streng asketischen Lebens. Es folgen die uns hier besonders interessierenden Zeilen:

„Jedoch aber war er in dieser einen (Angelegenheit) bekümmert: daß bis dahin die Kommentare des Interpreten (noch) nicht in die syrische Zunge übersetzt worden waren. Aber *für den Augenblick* (d.h. vorläufig) legte er die Überlieferungen Ephraems aus"[142].

Nach dieser Darstellung geht die Initiative zur syrischen Übersetzung der Exegetica Theodors vom Schulleiter Qiorē aus. Das Studium Ephraems wird *„vorläufig"* weiter betrieben, solange man den syrischen Theodor noch nicht hat. Der Abschluß des Unternehmens wird erst nach der Digression über die „Tradition der Schule" mitgeteilt: „Als aber der Kommentar Theodors ins Syrische übersetzt worden war, da wurde er auch der Versammlung (d.h. der Schule) von Urhai übergeben; da war zufrieden jener Mann (Qiorē) mit der ganzen Versammlung der Bruderschaft"[143].

Mager wie diese Mitteilungen sind, läßt sich vielleicht das edessenische *Motiv* für das Interesse an Theodors exegetischem Werk erraten (nach diesem Motiv ist bisher anscheinend nicht gefragt worden): Es ist angesichts der damals *neuen* Arbeiten ein Ungenügen an der bisherigen wichtigsten *literarischen* Grundlage der exegetischen Arbeit in Edessa, dem Werk Ephraems. Das Interesse an Theodors Kommentaren muß daher als wissenschaftlich hoch professionell betrachtet werden[144]; es spiegelt sich noch in der Bezeichnung Theodors als „des Interpreten" schlechthin, die der Nennung des Namens gar nicht mehr bedurfte. Die Modernisierung des Lehrplans[145] in Edessa

---

[142] Ibid. p. 382,7–9 / p. 382,9–11. Scher hat „für den Augenblick" gar nicht übersetzt.

[143] Ibid. p. 383,2–3 / p. 383,3–4. Für „war zufrieden" hat Scher allzu wörtlich „jouit de repos". *G. G. Blum*, Rabbula von Edessa. Der Christ, der Bischof, der Theologe = CSCO 300, Subs. 34 (Louvain 1969) 171, übersetzt seinerseits Schers Französisch: „erfreute … sich der Ruhe". – Über die verschiedenen Theodor-Übersetzer siehe *Vööbus*, School, p. 15–19.

[144] Über die „technische" Seite der Exegese Theodors siehe *C. Schäublin*, Untersuchungen zur Methode und Herkunft der antiochenischen Exegese = Theophaneia 23 (1974) 66ff. – Unter einem anderen Gesichtspunkt wird der Gegenstand behandelt bei *F. Thome*, Historia contra Mythos. Die Schriftauslegung Diodors von Tarsus und Theodors von Mopsuestia im Widerstreit zu Kaiser Julians und Sallustius' allegorischem Mythenverständnis = Hereditas 24 (Bonn 2004). – Für die Zeit um 400 ist Theodor ohne Zweifel als bedeutendster Theologe der Dioecesis Oriens zu betrachten, so daß man in Edessa nicht nur die Kommentare, sondern auch seine übrigen Schriften übersetzte. Die südlichen kleinasiatischen Provinzen Cilicia und Isauria – in Cilicia hatten Diodor (Tarsus) und Theodor (Mopsuestia) ihre Bischofssitze nach der Zeit ihres Wirkens in Antiochien – gehörten politisch zur Dioecesis Oriens und damit kirchlich zur Obermetropolie Antiochien.

[145] In der „Eröffnungsrede ⟨über die Schulen⟩" des Barḥadbešabba Ḥalwanensis gibt es einen Abschnitt über die Schule von Antiochien, PO 4, 4, p. 377–379, in dem Theodor na-

kann aber nicht zum Verschwinden Ephraems aus der Schultradition geführt haben. Wenn wir uns an das Ephraem-Florileg am Ende der zweiten Widerlegung Ḥabibs durch Philoxenus erinnern[146] und an die Geisteshaltung des Jakob von Sarug, wie sie Jansma herausgearbeitet hat[147], dann ist der Rückgriff auf Ephraem, den die beiden zum Kyrillianismus konvertierten Zöglinge der Schule vorgenommen haben, auch eine Form des Protests gegen die bereits Jahrzehnte zurückliegende Unterrichtsreform in Edessa, verbunden mit ihrem Kampf gegen die antiochenische Christologie überhaupt.

In der „Eröffnungsrede" des Barḥadbešabba von Ḥalwan ist *vor* der Passage, die wir gerade analysiert haben, ein kurzer Abschnitt über das Verhältnis des edessenischen Bischofs Rabbula zu Theodor und seinen Schriften zu lesen[148]. Dieser Abschnitt beginnt mit einer syntaktisch mißglückten Konstruktion, der ein entscheidendes Kolon fehlt, so daß der Herausgeber Scher einen ergänzenden Satz in Klammern voranstellen muß[149]. Mitgeteilt wird: Rabbula

---

türlich der Ehrenplatz zukommt (p. 378–380). Das Bild, das sich die Schule von Nisibis etwa 150 Jahre nach dem Wirken Theodors von ihm machte, ist folgendes: Nach der Weihe Diodors zum Bischof von Tarsus sei Theodor allein „im Kloster" zurückgeblieben und „übernahm allein das Werk der Lehre für lange Zeit" nicht bloß mündlich, sondern auch in Schriften (dies ist ein literarischer Topos), auf „Überreden der Väter" hin. Er fertigte einen Kommentar zu allen Schriften (der Bibel) an und Auseinandersetzungen mit allen Häresien. *Vor* Theodor „waren alle Teile der Lehre, der Kommentare und der Überlieferungen der göttlichen Schriften" verstreut, ohne Ordnung „bei allen früheren Schriftstellern und katholischen Vätern der Kirche" (so nach Schers Punktuation; „Vätern der katholischen Kirche" ist besser). Nachdem er die gesamte Schriftstellerei und die frühen Überlieferungen studiert hatte, sammelte er die zerstreute Tradition zu einer „Übereinstimmung". – Theodor erscheint hier als Abschluß und Zusammenfassung aller vorangegangenen Exegese und Theologie, einer, der die Einzelleistungen seiner Vorgänger zu einem zusammenhängenden System vereint (cf. dazu *C. Schäublin*, p. 171: „sicher hat die" antiochenische „Schule mit den Kommentaren" Theodors „ihre ἀκμή erreicht"). – Eine sehr kurze aber völlig richtige Bemerkung wird über den theologischen Gehalt von Theodors Schriften gemacht (im Anschluß an das bisher Referierte): Er gestaltete in allen seinen Schriften „ein vollständiges und wunderbares Abbild der (göttlichen) Wesenheit, der Herrin der Seligkeiten (oder: Güter)". – Schließlich hören wir auch hier etwas von seiner Thekla-Verehrung: Als Bischof betete er regelmäßig über dem Grab der seligen Thekla und erbat von ihr Hilfe, „damit er Kraft empfange für die Auslegung der Schriften". – Bei Dadišo Qatraya, in seinem „Kommentar zum Buch des Abbas Jesaja", gibt es ein Zitat aus der Einleitung von Theodors Lukas-Kommentar, wo Theodor von der Hilfe der seligen Thekla in einer Krankheit berichtet, vgl. *L. Abramowski*, Dadisho Qatraya and his Commentary on the Book of the Abbas Isaiah, The Harp 4 (1991), 67–83, hier 80. Dies zur Korrektur der immer wieder anzutreffenden Beurteilung Theodors als „Rationalisten".

146 PO 41,1 = Nr. 186, Graffin, p. 60–67.

147 Siehe oben den Abschnitt III.

148 PO 4, p. 380,7–381,4 / p. 380,6–381,5.

149 *G. G. Blum*, Rabbula, p. 167, Anm. 4, reproduziert die Klammerzeichen nicht, so daß dieser Satz als Bestandteil des Originals erscheinen muß. – Zu Rabbula s. auch jüngst *K. Pinggéra*, Rabbula von Edessa, in: W. Klein (Hg.), Syrische Kirchenväter (Stuttgart 2004) 57–70; dort neuere Literatur.

„zeigte zuerst das Benehmen“ (oder „den Anschein“, *'skm'*) „der Freundschaft zu dem berühmten Interpreten und las genau seine Schriften“. Aber seitdem ihn Theodor auf einer Synode in Konstantinopel getadelt hatte, hegte Rabbula „diesen Haß in seinem Herzen[150]. Und nach“ Theodors „Tod ließ er in Urhai alle seine Schriften verbrennen“ bis auf zwei noch nicht übersetzte, das Johannes-Evangelium und Kohelet (d. h. den Kommentaren dazu), „wie es heißt“. Aber der Redner stellt keine Verbindung her zwischen diesem Bericht und dem folgenden über die Schule in Edessa und die Veränderung ihrer Unterrichtsgrundlage. Die Verbrennung der Schriften des Interpreten muß doch ein katastrophaler Eingriff in das Leben der Schule gewesen sein? Mußte man nach dem Tod Rabbulas (435) die Übersetzungen wieder neu anfertigen, oder hatte man Exemplare verstecken können? Auch aus den Berichten der Zeitgenossen der Vorgänge können wir diese Fragen nicht beantworten. Bei diesen Berichten handelt es sich um den Brief des Ibas aus Edessa an den Perser Mari (der Brief ist eins der Drei Kapitel, die 553 in Konstantinopel verurteilt wurden[151]), geschrieben nach dem Friedensschluß von 433, und um den Brief des Andreas von Samosata an Alexander von Hierapolis, der sich auf Berichte aus Edessa bezieht[152]. Demzufolge sprach Rabbula das Anathem über Theodor vor der ganzen Gemeinde aus; er bannte alle, die Schriften Theodors (und des Andreas) lesen und die Codices Theodors besitzen und nicht zur Verbrennung bringen (Andreas). „Es entstand überall eine große Untersuchung wegen seiner Bücher“ (Ibas) – das heißt doch sicher, daß Razzien veranstaltet wurden[153].

[150] Während einer Synode in Konstantinopel war Rabbula angeklagt worden, „daß er gegen Kleriker von Schlägen Gebrauch gemacht habe“ (oder gar: „daß er Kleriker mit Schlägen zu traktieren pflege“). – Zu diesem Thema siehe *Pinggéra*, art. cit. 63. – Rabbula verteidigte sich mit dem Hinweis auf „unseren Herrn, der auch geschlagen habe, als er in den Tempel ging“. Hierauf erhob sich der Interpret und tadelte den Rabbula: „Unser Herr hat das *nicht* getan, sondern an die Vernünftigen“ (im Gegensatz zu den Tieren) „richtete er das Wort: ‚Entfernt dies von hier‘ (aus Joh 2,16), und er stürzte die Tische um, und die Ochsen aber und die Schafe trieb er mit Geißelhieben hinaus“. Wenn man Joh 2,15 nachliest, wird man gewahr, daß Rabbula dem Buchstaben nach Recht hat („und er machte eine Geißel aus Stricken und warf *alle* [mask.: πάντας] hinaus, auch die [neutr.: τά τε] Schafe und Ochsen, und schüttete das Geld der Wechsler aus und stürzte die Tische um“) und daß Theodor mit Hilfe einer Textumstellung und einer Auslassung (πάντας!) eine auslegende Differenzierung vorgenommen hat; der Tadel an Rabbula steckt in der Auslegung. – Die öffentliche Widerlegung Rabbulas wird auch von Ibas erwähnt (s. unten) und die bis dahin verborgene Feindschaft gegen Theodor daraus abgeleitet. Aber Ibas gibt weder den Anlaß noch die Art und Weise der Widerlegung an. Den Bischof Rabbula nennt er den „Tyrann dieser Stadt“.

[151] Dazu vgl. Jesus d. Chr. 2/2, 432–445, 460–466, 474.

[152] Über beide Briefe *Blum,* Rabbula, 165–168.

[153] *Blum,* Rabbula, p. 170 und Anm. 36, spricht mit Assemani, BO III 2, 70, von einer „Auflösung der Schule“ der Perser zwischen 431 und 433. *Vööbus,* History, p. 24–27, malt die unerfreulichen Kämpfe in Edessa lebhaft aus, zieht aber nicht die Folgerung einer Schließung der Schule.

Das in Edessa übersetzte und trotz der Maßnahmen Rabbulas nicht untergegangene Schrifttum Theodors hat, so muß man aus den Ergebnissen schließen, an der Übertragung des Schulbetriebs nach Nisibis in den siebziger Jahren des 5. Jh. teilgenommen. Es scheint mir möglich, daß übersetzte Schriften des Interpreten schon vor der Schulgründung in Nisibis bei den Interessenten in Persien, z. B. dem Bischof Barsauma, längst bekannt waren; der Beschluß über Theodor auf der Synode von 484 wäre sonst gar nicht denkbar.

Einen interessanten Blick auf die Arbeit in Nisibis mit den übersetzten Kommentaren erlaubt der andere Barḥadbešabba (von Arbaya) in seiner „Geschichte der Väter", im 32. Kapitel, dem letzten seiner Darstellung. Das Kapitel hat die Überschrift „Geschichte der Taten des Mar Abraham, Presbyters und Interpreten der göttlichen Schriften"[154]. Abraham wollte nicht nur den ihm amtlich zustehenden mündlichen Unterricht geben, sondern das auch schriftlich tun[155].

„Denn er sah, daß es sehr schwierig für eine Menge der Brüder war, den Sinn der (göttlichen) Schriften aus der Lektüre der Schriften des Interpreten zu finden, weil sie durch das Griechische" (oder gar: „im Griechischen"?) „kompliziert waren und dunkel durch die Höhe des Stils des Mannes und durch die Interpreten / Übersetzer nach ihm"[156].

Den nächsten Satz hätte man sich ausführlicher gewünscht (oder präziser): „Deswegen schrieb er (sc. Abraham) die meisten von ihnen und interpretierte/übersetzte sie klar nach der Überlieferung, die ihm von seinem Meister überkommen war"[157] (der „Meister" Abrahams ist Narsai). Vööbus folgert daraus: „Nothing had been undertaken to smoothen out the artificial linguistic elements in the theological jargon introduced by the translators"[158]. Es ist nicht nur die Doppeldeutigkeit von *pšq* („übersetzen/auslegen"), sondern auch das zu generelle *ktb* („schreiben"), das ein genaues Verständnis verhindert: Schrieb Abraham *ab*, schrieb er *neu*? Wäre er vielleicht ein Revisor von Theodor-Übersetzungen? Dem Urteil über die Schwierigkeit der syrischen Theodor-Übersetzungen kann jeder zustimmen, der die noch erhaltene Über-

---

[154] PO 9, 5, p. 616–631, besprochen und ausgewertet von *Vööbus*, History, 134–210. Abraham leitete die Schule 60 Jahre lang: ca. 510 – ca. 569; er sei 120 Jahre alt geworden. Diese Altersangabe zieht Vööbus in Zweifel (p. 210).

[155] PO 9, 5, p. 622,1–5 / 1–7.

[156] Ibid. Z. 5–8 / 7–10.

[157] Z. 8–9 / 10–12.

[158] *Vööbus*, History, 137. – Zu dem eben übersetzten Satz des Barḥadbešabba sagt Vööbus: „The text at this point is not too clear particularly in detail"; seine eigene Übersetzung des betreffenden Satzes, p. 138: „Therefore he wrote many of them and interpreted them luminously according to the tradition that he had received from his master". Dazu erwägt Vööbus in Anm. 9 folgende Möglichkeiten: „It is not quite clear whether this means that he prepared improved translations, or furnished the translations with fuller explanations, or whether this refers to his literary production in the exegetical field which rests on the exegetical work of Theodore."

setzung des Johannes-Kommentars benutzt[159]; die Ableitung der Schwierigkeit aus dem griechischen Original ist jedenfalls richtig beobachtet.

Obwohl es nicht zum Thema der syrischen Fassung der Werke Theodors gehört, will ich eine erstaunliche Mitteilung aus der Abrahams-Vita erwähnen, an der Vööbus anscheinend nichts Bemerkenswertes findet[160]. Aber sie ist eine individuelle Ergänzung zu Narsais Kreuzes-Predigt (wie auch später die Verehrung des Kreuzes, von der wir aus den Briefen des Johannes von Dalyatha erfahren). Barḥadbešabba zählt in seinem Bericht über Abraham die Widrigkeiten und Verleumdungen auf, unter denen auch dies ruhmreiche Schulhaupt zu leiden hatte; darunter ist folgende: „Einmal klagten ihn böse Menschen von den sogenannten Brüdern an, indem sie sagten: ‚Er dient den Idolen und opfert den Sternen', weil der Heilige ein Bild" (Vööbus: „Statue") „unseres Herrn hatte und ein Zeichen des Kreuzes" (ein Kreuz?); „und wenn er sich erhob für die ‚Lampe'" (Nau und Vööbus: „office"), „rezitierte er drei *mrmyt'*" (Gruppe von 1–4 Psalmen) „vor jenem Bild, und dann grüßte er es" („es" fehlt bei Nau) „und das Kreuz. Jene verbreiteten das Gerücht über ihn, daß das heilige Bild wie ein Idol war"[161]. Es gab aber noch ein weiteres Kreuz nahe des Eingangs zu seiner Behausung. Abraham hatte vor deren äußerer Tür (oder Tor) eine „Tochter der Tür" (Nau: „barrière", Vööbus: „vestibule (?)") gesetzt, um die immer offene Haupttür vor hereinlaufenden Tieren zu schützen. Dieser Vorbau „nach der Gewohnheit der Rhomäer" war der erste in Nisibis. Es erscholl das Gerücht, Abraham wolle mit dieser Maßnahme jeden Eintretenden zur Verehrung seines „Idols" zwingen, das „gegenüber der Tür in der Mauer verborgen" sei. Tatsächlich war dort ein Kreuz „gemalt"; hinter dem Kreuz sei das Idol verborgen, hieß es[162]. – Man würde gerne wissen, ob das „Zeichen des Kreuzes" in der Zelle auch ein gemaltes war. Und ist es überhaupt vorstellbar, daß das Christusbild eine Statue war? Aus beiden Geschichten geht hervor, daß eine Abbildung Christi für die Schul- und Glaubensgenossen etwas absolut Ungewöhnliches, ja Unerträgliches war, es erweckte sofort den Verdacht der Götzendienerei. Und wie kam Abraham zu einem Christusbild? Meine Vermutung ist, daß die Kontakte mit dem griechischen Westen, die zur Zeit Kaiser Justinians zu Gesandtschaften aus der persischen Kirche dorthin führten, eine Erklärung bieten[163]: eins der Mitglieder einer solchen Gesandtschaft könnte Abraham ein Bild, vielleicht als Gabe eines Sympathisanten der Drei Kapitel, mitgebracht haben (in was für einer Ausführung?).

Während der Verfasser der „Geschichte der heiligen Väter" sein Werk mit dem großartigen Wirken des langjährigen Schulhauptes Abraham zum Abschluß bringt, führt der Autor der „Eröffnungsrede für das Semester der Schule"

---

[159] Vostés lateinische Übersetzung des Syrischen in CSCO 116, Syr. 63 (Louvain 1940) überdeckt diese Schwierigkeiten. – Wie es sich mit der inzwischen vorliegenden italienischen Übersetzung in dieser Hinsicht verhält, habe ich nicht überprüft *(L. Fatica,* Teodoro di Mopsuestia. Commentario al Vangelo di Giovanni apostolo libri VII, Rom 1991. – Der Titel fehlt übrigens bei *F. Thome,* Historia contra Mythos).

[160] *Vööbus,* History, p. 150 unten.

[161] PO 9, 5, p. 624,9–13 / p. 624,10–15.

[162] PO 9, p. 625,1–8 / p. 624,17–625,9.

[163] PO 9, 5, p. 628–630. Abraham selbst hat auf Anforderung einen theologischen Traktat für den *qsr* (Kaiser) verfaßt.

seine Arbeit bis in die anschließende Ära des Ḥenana und beendet es noch während dessen Lebenszeit[164].

Der „selige Interpret“ wird in diesem Stück nur einmal erwähnt, im Zusammenhang mit Ḥenanas exegetischem Fleiß. Mit dem für die Literaten unter den theologischen Lehrern üblichen nisibenischen Topos heißt es auch von ihm, daß er sich nicht nur auf die mündliche Unterweisung beschränkte, sondern sie auch schriftlich festhalten wollte. „Wie der selige Interpret“ arbeitete er „über alle Worte und Abschnitte der Schriften des Alten und Neuen (Testaments)“[165]. Der „Interpret“ erscheint hier sogar als Vorbild Ḥenanas. Der Herausgeber Scher merkt dazu an: „Il est probable que l'auteur dissimule ici la vérité pour louer son maître auprès de ses coreligionnaires. Car les Nestoriens ont toujours accusé Ḥnana d'avoir abandonné dans ses commentaires les sentences de Théodore de Mopsueste“[166] (es folgen Stellenangaben). Mit dem Ursprung der verbreiteten Meinung, daß Ḥenana dem Johannes Chrysostomus (statt Theodor) gefolgt sei, befaßt sich Karl Pinggéra mit einer sehr guten Erklärung[167]. Das Problem muß in einem späteren Kapitel wieder aufgegriffen werden. Mir scheint *aus unserer Passage hervorzugehen, daß das umfassende Auslegungswerk des Ḥenana selbst darauf angelegt war, die kanonischen Kommentare Theodors zu ersetzen* – im Unterschied zur wie immer gearteten Revisionsarbeit Abrahams an diesen Kommentaren.

VI. DAS GLAUBENSBEKENNTNIS DER SYNODE DES KATHOLIKOS AQAQ 486

Aqaq (Katholikos 485–495/6) hatte wie Barsauma die Schule der Perser in Edessa besucht, seine theologische Einstellung unterscheidet sich daher nicht von der des Metropoliten von Nisibis, unbeschadet der heftigen Auseinandersetzungen zwischen den beiden Hierarchen, die den anfänglichen „Pakt“[168] bald wieder ablösten.

---

[164] PO 4, 4, p. 390,7–393,3 / p. 390,8–393,3.

[165] PO 4, 4, p. 391.

[166] Ibid. p. 391, Anm. 1.

[167] *K. Pinggéra,* John Chrysostom in East Syrian Theology of the Late Sixth Century, in: The Harp 18 (2011) 193–202. Aber vor Pinggéra s. schon *G. J. Reinink*, Edessa grew dim and Nisibis shone forth, p. 79, Anm. 7.

[168] Über den Pakt siehe *S. Gero,* Barsauma, p. 50 f.; auf den Pakt *(tnwy)* beruft sich Aqaq in der Vorrede zu can. I, Syn. Or., p. 54,26 / p. 301 f. Zu den späteren Auseinandersetzungen s. *Gero,* Barsauma, p. 53–55. Der innerkirchliche Streit, der auch die Anhänger beider Hierarchen einbezog, war von der Art, daß die Synode von 497 unter dem Katholikos Babai eine General-Annullierung beschließen mußte, um die Situation zu bereinigen: Alle schriftlichen Dokumente des Streites sollen zerrissen werden, niemand dürfe eines bei sich aufbewahren. Man lese Chabots Übersetzung, p. 312: „Quant aux anathèmes ...“. Dem geht ein kürzerer Abschnitt voran (p. 63,18–23 / p. 312: „Nous admettons aussi ...“), der sich auf die von der

Das Bekenntnis steht im ersten Kanon der Synode; die Vorrede des Kanons[169] benennt den Anlaß: Wir haben vernommen, daß in Beth Aramayē[170] Leute im Asketengewand („Trauerkleid") herumziehen, die das orthodoxe Glaubensbekenntnis der katholischen und apostolischen Kirche verderben. Ihre Schmähungen richten sich gegen die *oikonomia*[171] unseres Herrn und gegen die Predigt der Apostel. Deswegen (und zur Korrektur der Sitten, auf die das vorangehende Zitat aus 1 Tim 4,1f. anspielt) lege man in diesem Schriftstück nieder[172]:

„Wir lehren und warnen die ganze Gemeinschaft der Gläubigen, daß nach der Lehre durch die Apostel und nach der Unterweisung durch die Väter überliefert, und fortgeltend in der Kirche Christi, der Glaube von uns allen bestehen soll

(I) in einem Bekenntnis der einen göttlichen Natur, die in drei vollkommenen Hypostasen *(qnomē)* der einen wahrhaftigen und ewigen Trinität des Vaters und des Sohnes und des Heiligen Geistes ist, jenes (Bekenntnisses) durch das das Heidentum[173] besiegt und das Judentum verurteilt wurde.

(II) Es soll aber auch unser Glaube an die *oikonomia* Christi bestehen im Bekenntnis der zwei Naturen der Gottheit und der Menschheit, indem niemand von uns wagen soll, μῖξις[174], κρᾶσις oder σύγχυσις in die Verschiedenheiten jener zwei Naturen einzuführen; sondern, indem bleibt und bewahrt wird die Gottheit in ihrem Eigenen und die Menschheit in ihrem Eigenen, versammeln[175] wir zur einen Herrschaft (κυριότης) und zu einer Anbetung[176] die *pršgn*ʿ[177] der Naturen wegen der vollständigen und unzertrennlichen συνάφεια, die geschah zwischen Gottheit und Menschheit.

(III) Und wenn jemand denkt und andere lehrt, daß Leiden oder Veränderung der Gottheit unseres Herrn anhängen und (wenn er) nicht bei der Einheit des *prosopon*

Synode getroffene Bestimmung über die Heirat des Klerus bezieht und festsetzt, daß man in *dieser* Hinsicht, aber *nur* in dieser, die Synode des Barsauma in Bet Lapat zulasse; außerdem übernehme man „das Schriftstück, das seinen Anfang nahm im zweiten Jahr des (Königs) Balaš in Bet ʿEdrai in den Tagen des Mar Aqaq und vervollständigt wurde im (Haupt)Ort von Bet Aramayē, und den wahren Glauben, der aufgesetzt wurde aus der Kraft und den Lehren der heiligen Schriften". Der „Glaube" ist natürlich das Bekenntnis von 486, das hiermit bestätigt wird.

[169] Syn. Or., p. 54,12ff. / p. 301f.

[170] *Chabot,* Syn. Or., p. 667, s.v.: „... pays des Araméens"; „en persan *Souristân;* dans la partie centrale de la Mésopotamie ... La province ecclésiastique de ce nom était sous la jurisdiction immédiate du patriarche de Séleucie".

[171] Chabot: „incarnation", wörtlich: „économie" (p. 54,19: *mdbrnwth*), p. 301, Anm. 2.

[172] Das Folgende Syn. Or., p. 54,27–55,9 / p. 302.

[173] Cf. die ἔθνη von Mt 28,19.

[174] Dies sind die griechischen Äquivalente zu den syrischen Termini *mwzgʾ, ḥwltnʾ, bwlblʾ*. Für die ersten beiden ein Beleg im Thesaurus Syr. I, col. 1279; Brockelmann 379a hat auch einen Beleg für *mwzgʾ* = κρᾶσις.

[175] Dem *knš* im Pael entspräche wohl ein griechisches συνάγειν. *Lampe,* PGL, s.v. gibt unter B.2. die Übersetzung „unite" mit einem trinitarischen und zwei christologischen Belegen.

[176] „Die eine Herrschaft und die eine Anbetung" ist (theodorianische) Abbreviatur für Phil 2,10f.

[177] Zu dieser Vokabel siehe unten.

unseres Erlösers bewahrt das Bekenntnis zum vollkommenen Gott und zum vollkommenen Menschen, der sei Anathema".

Die Wandermönche, die eine so scharf akzentuierte dyophysitische Christologie „verderben", können nur Monophysiten sein, d.h. zu dieser Zeit und in dieser Gegend Anhänger des Philoxenus. Zu notieren ist, daß sie bereits in der Diözese des Katholikos Propaganda betreiben. Das gegen sie gerichtete Bekenntnis folgt nicht wie das Nicaenum oder das Nicaeno-Constantinopolitanum oder das von Theodor von Mopsuestia in seinen Katechesen ausgelegte Antiochenum der Form von Taufbekenntnissen, in denen die Namen von Vater, Sohn und Geist den Aufbau vorgeben, sondern spricht zuerst über die Trinität und dann über die *oikonomia*, beschränkt sich aber in dieser wirklich nur auf die Zwei-Naturen-Lehre; von den Stationen im Leben Jesu wird keine erwähnt, es wird kein soteriologischer Bezug ausgesprochen. Auch ist es kein „Credo" im wörtlichen Sinn, sondern eine Regula fidei: Der Glaube von uns allen „soll bestehen" (so vor (I) und am Anfang von (II)). Den Aufbau Trinität – Christologie (Heilsveranstaltung) kennen wir aus anderen Bekenntnissen bzw. Regulae; ein naheliegendes Beispiel ist die Ekthesis, die Theodor von Mopsuestia für (eunomianische) Konvertiten verfaßt hat[178]. Diese Ekthesis ist im Gegensatz zu unserem Text sehr lang und ausführlich und voller biblischer Gedanken, wogegen der knappe Synodaltext nur auf Mt 28 und Phil 2 anspielt; letzteres ist das deutlichste theodorianische Element in ihm.

Die Synode von 486 statuiert, was gegen die Philoxenianer grundsätzlich festzuhalten ist. Im trinitarischen Teil (I) steckt ein apologetisches Element in der Formulierung „drei *vollkommene* Hypostasen der einen *wahrhaftigen* und ewigen Trinität". Das Adjektiv „vollkommen" hat sein Vorbild im Brief der Konstantinopler Synode von 382 nach Rom (dort sogar „Vollkommenste")[179], hat aber hier in Verbindung mit dem auffälligen, weil eigentlich überflüssigen „wahrhaftig" (und „ewig") die Funktion, die Behauptung des Philoxenus abzuwehren, die Theodorianer lehrten, die Trinität sei *eine* Hypostase (und nicht drei)[180].

Im christologischen Teil (II) fällt das merkwürdige *pršgnʿ* auf. Der Einzige (in den bisherigen Publikationen), der zu seiner Übersetzung des Bekenntnisses eine Bemerkung zu dieser Vokabel für nötig hält, ist S. Brock[181]: „This is not a term used elsewhere in a Christological context it seems; in translations

---

[178] Siehe oben Abschnitt II. 2. (*qnoma* und *prosopon* in trinit. und christol. Gebrauch, p. 189).

[179] Siehe oben Abschnitt II. 2, p. 185–186. – *Theodoret,* HE V 9, 11, GCS 44, p. 292,15–16: ἐν τρισὶ τελειοτάταις ὑποστάσεσιν; vgl. *L. Abramowski,* Was hat das Nicaeno-Constantinopolitanum (C) mit dem Konzil von Konstantinopel 381 zu tun?, ThPh 67 (1992) 481–513, hier: 481. (T. H.)

[180] Siehe oben Abschnitt II. 1. (p. 181 mit Anm. 27 und 28).

[181] *S. Brock,* Christology, 1985, 133, Anm. 54.

from the Greek the word usually represents *ἀντίγραφον*". Das heißt seinerseits „Abschrift", „Exemplar", was auch die syrischen Lexika als Bedeutung angeben[182]. Brock übersetzt denn auch „the exemplars *(parshagne)* of these two natures", findet aber anscheinend nichts Auffälliges an der Benutzung dieser in der Tat „untechnischen" Vokabel. Chabot und O. Braun dagegen sind sich der Schwierigkeit bewußt, wie man an ihren Übersetzungen sehen kann. Chabot schreibt „diversités"[183], hat also übersetzt, als ob eine Vokabel vom Stamm *prš* (nur das *gamal* weggelassen!) dastünde; O. Braun hat „individuelle Naturen"[184], versucht also mit der üblichen Übersetzung „Exemplar" auszukommen *und* das Wort im christologischen Zusammenhang zu deuten. W. F. Macomber dagegen, der die einzige Einzeluntersuchung des Bekenntnisses verfaßt hat, folgt einfach Chabot mit seinen „diversities"[185]. Ich vermute, daß Aqaq die Vokabel aus Verlegenheit gebrauchte – um etwa einen Ausdruck zu vermeiden, der in die edessenische Sprachregelung nicht paßte? Man wird zugeben, daß seine Wortwahl in wörtlicher Übersetzung krude wirkt.

Das eine *prosopon* erscheint erst im Anathem (III), wo die falschen Folgerungen aus der Einheit der Person Christi (Zuschreibung des Leidens an die Gottheit, und: Vermeidung des „Bekenntnisses zum vollkommenen Gott und zum vollkommenen Menschen") verurteilt werden.

Es ist interessant zu sehen, daß in (II) und (III) das abstrakte Begriffspaar „Gottheit – Menschheit" überwiegt: dreimal liest man es in (II) („Gottheit" allein noch ein weiteres Mal in (III)), die konkreten Bezeichnungen „vollkommener Gott" und „vollkommener Mensch" dagegen nur einmal in (III). Diese Proportionen erinnern an das christologische Unionsbekenntnis von 433, nur ist dort die Reihenfolge umgekehrt. Wie 486 erscheint 433 das eine *prosopon* erst am Ende der Formel. Macomber beobachtet richtig, daß *qnoma* in unserem Bekenntnis nur im trinitarischen Zusammenhang benutzt wird[186].

Obwohl Macomber zutreffend davon spricht, daß die edessenische Christologie eher „mopsuestenisch" (= „theodorianisch" in meiner Terminologie) herzuleiten sei als von Nestorius selbst, und er auch die Christologie unserer Synode in dieselbe Linie einordnet[187], läuft sein theologisches Urteil auf „nestorianisch" (im alten häresiologischen Sinn) hinaus. Vielen der offiziellen Bekenntnissen der persischen Kirche vor 612 konzediert er, sie seien „far from being clearly heretical" und könnten deswegen in bonam partem interpretiert werden[188]; keines von ihnen „comes even this close to unequivocal Nestoria-

---

[182] Die einzige abgeleitete Bedeutung, die die Lexika kennen, ist „astronomische Tabelle".
[183] Syn. Or., p. 302.
[184] *O. Braun,* Synhados, 1900, 67.
[185] *W. F. Macomber,* The Christology of the Synod of Seleucia-Ctesiphon, A.D. 486, OCP 24 (1958) 142–154, hier: 149.
[186] *Macomber,* Christology, 149.
[187] *Macomber,* Christology, p. 143, Anm. 4; p. 152.
[188] *Macomber,* Christology, 144.

nism", die Gesinnung der Synode von 486 sei „nestorianisch" im eigentlichen Sinn des Wortes[189]. Man vergleiche damit das Urteil von S. Brock[190]: Die Sprache des Bekenntnisses „markedly belongs to the Antiochene tradition of Christology, but can in no way be described as openly ‚Nestorian'"; und in der Anmerkung: „W. Macomber's study of this synod's Christological position … gives an unnecessarily hostile interpretation of the text; his approach serves as a good modern example how a theological statement can be understood wherever possible *in malam partem* (Macomber's later writings show more sympathy)".

Verglichen mit den anti-kyrillischen und anti-philoxenianischen Aussagen bei Narsai und bei Ḥabib ist unser Bekenntnis sehr zurückhaltend, wenn auch entschieden (siehe das Anathem); verglichen mit anderen Bekenntnissen der antiochenischen Tradition erscheint es als überaus nüchtern.

Die Verlautbarungen der persischen Synoden blieben nicht ohne Reaktion auf der Gegenseite: Philoxenus, gegen den sie gerichtet waren, schrieb „mindestens zwei Werke" gegen sie[191].

VII. EIN SPÄTES ECHO DES ZENTRALEN ANTI-PHILOXENIANISCHEN THEOLOGUMENONS DER EDESSENISCHEN THEODORIANER

Nur in der römischen Handschrift des Synodicon Orientale (R) ist überliefert der Brief des Katholikos Georgs I. vom Jahr 680 an den Priester und Chorbischof Mina[192]. Dieser Brief, ein wichtiger christologischer Traktat, ist später an seinem richtigen Platz zu behandeln. Hier interessiert uns das Lemma, das der Sammler des Synodicon Orientale dem Brief vorangestellt hat[193]:

---

[189] *Macomber,* Christology, 154.

[190] *Brock,* Christology, 1985, p. 126 mit Anm. 8.

[191] *A. de Halleux,* Philoxène, 48: Der Brief, aus dem diese Nachricht stammt – Maruta von Tagrit (gest. 649) an Johannes, durch Dionys von Telmahre (gest. 845) bei Michael dem Syrer (gest. 1199) erhalten – strotzt von chronologischen Unmöglichkeiten und ist bestimmt durch heftige monophysitische Polemik; Barsauma von Nisibis erscheint geradezu als Monophysitenschlächter. Aber trotzdem ist die Nachricht von Gegenschriften des Philoxenus nicht implausibel. Die weiteren Nachrichten von Machinationen des Philoxenus gegen Barsauma, die bis Konstantinopel gereicht haben sollen, *A. de Halleux,* ibid., werden von *S. Gero,* Barsauma, p. 54 f. mit Skepsis betrachtet; andererseits findet Gero interessante Spuren positiver Beziehungen des Barsauma nach Konstantinopel.

[192] Chabot hat in seiner Aufzählung der Differenzen zwischen R und der Pariser Hs (P), Syn. Or., p. 11, diesen Brief vergessen. Aber am Rand des syrischen Textes, Syn. Or., p. 227–245, erscheint nur das Sigel R mit den Seitenzahlen der Hs.

[193] Syn. Or., p. 227,1–6 / p. 490.

„Wiederum, Brief desselben Katholikos Georg, Patriarch des Ostens, der geschrieben wurde an Mina, Presbyter und Chorbischof im Gebiet der Perser[194], in welchem (Brief) er lehrt über die Gottheit Christi und seine Menschheit und *daß nicht,* wie die Zerstörer der Orthodoxie der Kirche meinen, *der Gott Logos* verwandelt wurde und *Mensch wurde in seiner Hypostase*“[195].

Diese Formulierung, die direkt aus Ḥabib entnommen sein könnte, kommt im ganzen Brief an Mina nicht vor; der Katholikos vertritt, wie nach 612 korrekt, eine Christologie der zwei Naturen, der zwei Hypostasen und des einen *prosopon.* Wie kommt es, daß der Sammler den Anti-Monophysitismus des Briefes durch diese sehr alte (inzwischen veraltete?) Formel charakterisiert – hat er den Brief nicht gelesen? Ist er der Meinung, daß die Aussagen des 5. und des 7. Jh. einander erklären? Der Sammler ist jedenfalls mit der Literatur der edessenisch-theodorianischen Phase der antiochenischen Theologie noch vertraut. Wurde diese Tradition vielleicht auch noch von anderen weiter gepflegt – Jahrhunderte nach ihrem Übergang nach Nisibis?

---

194 „Land der Perser“ ist wohl im genauen Sinn zu nehmen: *prs. Chabot,* p. 679: „dans le sens restreint du mot: province à l'est du golfe Persique. La métropole était *Rêw-Ardašîr.*“
195 Chabot übersetzt *qnoma* wie meist mit „personne“.

ZWEITER TEIL
Mar Aba I., Katholikos 540–552, seine Schüler und die Einführung des Liber Heraclidis nach Persien

Luise Abramowski

I. MAR ABA

1) Vita

Die brauchbarste Kurzfassung der Vita dieses durch seine Gaben und sein Schicksal außergewöhnlichen Mannes liest man bei Baumstark[1]; ich gebe sie mit gelegentlichen Abweichungen wieder.

„Katholikos Mar Aba I., ordiniert im 1. oder 2." (Monat) „540, †29.2.552, war als Sohn zoroastrischer Eltern zu Ḥalē in Radan am rechten Tigrisufer geboren und hatte die Beamtenlaufbahn eingeschlagen, als ihn ein" Lehrer der Schule[2], „Jausep, genannt Moše, für das Christentum gewann. In Nisibis, wo er sich besonders an einen späteren Bischof Maʿna von Arzon anschloß, hatte er alsdann seine theologische Bildung empfangen, auf römischem Gebiet von einem Edessener Thomas das Griechische gelernt und in Begleitung desselben Palästina, Ägypten, Griechenland und Konstantinopel besucht, wo" (eher in Alexandrien!) „um 525/30 der Indienfahrer Kosmas die beiden Syrer kennen lernte. Nach Nisibis zurückgekehrt, wirkte Mar Aba hier als Lehrer, bis er, obwohl innerlich mit dem Gedanken asketischer Weltflucht beschäftigt, einstimmig zum Katholikos gewählt wurde. Als solcher heilte er die Wunden, die ein 15 jähriges Schisma zwischen den Gegen-Katholikoi Narsai und Elišaʿ der Kirche geschlagen hatte, vor allem auf einer Visitationsreise, die ihn bis nach Elam und der Persis führte" ...[3],

[1] *A. Baumstark,* Geschichte der syrischen Literatur (Bonn 1922) 119. – Ich löse Baumstarks Abkürzungen auf und verzichte auf seine Wiedergabe der Konsonantenerweichung und des stummen *yod.* – Zur syrischen Vita Mar Abas, Edition: P. Bedjan (ed.), Histoire de Mar Jabalaha, de trois autres patriarches, d'un prêtre et de deux laïques, nestoriens (Paris 1895), 206–274; deutsche Übersetzung: *O. Braun,* Ausgewählte Akten persischer Märtyrer = BKV 22 (1915) 188–220. Dazu *P. Peeters,* Recherches d'histoire et de philologie orientales II = SubsHag 27 (Bruxelles 1951) 117–163. (T. H.)

[2] Bei Baumstark immerhin „Katechet". In Brauns Übersetzung durchgängig „Student". Richtig bei *Peeters,* p. 122; *mlpnʾ ʾskwlyʾ* von § 1 übersetzt und erklärt er als „un docteur attaché à l'École", „entendez: à l'École par excellence, celle de Nisibe", andernfalls man „die Bezeichnung der Person unvollständig sein lasse und das Gewicht der Lektion, die Mar Aba von ihr empfing, verringere". Im weiteren Verlauf der Bekehrungsgeschichte wird der Titel zu *ʾskwlyʾ* vereinfacht, was man mit „Schulmann" übersetzen kann.

[3] Hier habe ich Baumstarks Halbsatz, „und gründete die neue Theologenschule zu Seleukia", als nicht ganz zutreffend ausgelassen. Die späte Behauptung einer Schulgründung dort durch Mar Aba bezeichnet *Peeters,* p. 134–135, als „flagranten Anachronismus", man brauche nur die Jahre zu zählen, in denen „eine solche Schöpfung ihm faktisch unmöglich war": Von den zwölf Jahren seines Pontifikats verbrachte er sieben Jahre im Exil und drei weitere in den Gefängnissen des Palastes von Ktesiphon; es bleibt ein Rest von reichlich anderthalb Jahren, von denen die Zeit seiner pastoralen Reisen und seiner letzten Krankheit abgezogen werden muß. – Bekannt ist die Passage aus der Vita, die die Tages- und Nachtarbeit des Katholikos beschreibt (§ 11, Bedjan, p. 225–226), darunter: „am Tag bis zur vierten Stunde Erklärung der göttlichen Schriften" (Bedjan, p. 226). Wahrscheinlich geschah das vor Hörern – dem Kathedralklerus? Für höchst plausibel halte ich die Folgerung, die *J.-B. Chabot,* Narsai le docteur et les origines de l'école de Nisibe, d'après la chronique de Barḥadbešabba, JA X 6 (1905) (157–177) 171, Anm. 1, aus einem fragmentarischen Text zieht, der von einer Schließung der Schule von Nisibis durch Chosrau I. zu Beginn des römischen Feldzuges von 540 berichtet (nach zwei Jahren nahm die Schule ihre Arbeit übrigens wieder auf): „L'émigration

„fiel aber schon 541" als Konvertit „dem Hasse der Magier zum Opfer. Während seiner 7 jährigen Verbannung in Adorbaiğan sah er im 12." (Monat) „543 oder 1.544 eine Versammlung von Bischöfen bei sich, anläßlich deren er eine 6 Nummern umfassende Sammlung seiner kirchlichen Erlasse und eine Auswahl kirchlicher Kanones veranstaltete. Im Winter 548/9 mit einem einzigen Begleiter nach der Hauptstadt entwichen, wurde er hier 3 weitere Jahre in Haft gehalten und erst 551 freigelassen, um die ihm unterstehenden Christen von einem gegen den Vater revoltierenden Sohn Khosraus I. und einer Christin loszusprengen. Die Aufgabe, diese Revolte völlig zu dämpfen, hat ihn in seinem letzten Lebensjahre als Gesandten des Großherrn nochmals bis nach Elam geführt."

Damit ist die syrische Biographie Mar Abas[4] unter Berücksichtigung der erwähnten Erlasse zusammengefaßt, jene Vita, von der Chabot seinerzeit sagte, sie „bedürfe einer minütiösen kritischen Untersuchung"[5]. Einer solchen Untersuchung hat sie Jahrzehnte später Paul Peeters unterzogen[6], nachdem ihre Auswertung bei Labourt[7] und die deutsche Übersetzung von O. Braun bereits vorlagen[8]. Peeters nimmt nicht in Anspruch, einen Kommentar im eigentlichen Sinn zu liefern, der zudem von einer vollständigen Übersetzung begleitet sein müßte[9], sondern spricht bescheiden von Beobachtungen. Diese führen ihn zu einem sehr positiven Urteil über die Vita, trotz aller hagiographischen Bestandteile (Wundergeschichten!): sie stamme von einem Zeitgenossen, der

des maîtres de Nisibe fut peut-être la raison même de la fondation de l'École de Séleucie". Zu jenem fragmentarischen Text siehe meinen kleinen Beitrag: *L. Abramowski,* Eine Notiz des 6. Jahrhunderts über die Schule von Nisibis, in: N. Jung, F. Machilek, S. Seit (hgg.), Fides – Theologia – Ecclesia = FS E. L. Grasmück (Frankfurt 2012) 45–54. – Dazu auch *A. H. Bekker,* Sources for the Study of the School of Nisibis. Translated with an introduction and notes (Liverpool 2008) 161–162 (englische Übersetzung des „Mingana Fragments"), 165–171 (Diskussion und Authentizität). (T. H.)

[4] P. Bedjan (ed.), Histoire de Mar Jabalaha, de trois autres patriarches, d'un prêtre et de deux laïques, nestoriens (Paris 1895), 206–274.

[5] Synodicon Orientale, ed. J.-B. Chabot, p. 318, Anm. 1.

[6] *P. Peeters,* Observations sur la Vie syriaque de Mār Abā, catholicos de l'Église perse (540–552), zuerst erschienen in den Miscellanea G. Mercati = ST 125 (1946) 69–112; nachgedruckt in *P. Peeters,* Recherches d'histoire et de philologie orientales II = SubsHag 27 (Bruxelles 1951) 117–163.

[7] *J. Labourt,* Le christianisme dans l'empire perse sous la dynastie sassanide (224–632) (Paris 1904) 163–191.

[8] *O. Braun,* Ausgewählte Akten persischer Märtyrer = BKV 22 (1915) 188–220. Braun hat eine Paragraphenzählung eingeführt, die sich nach den Abschnitten in Bedjans Ausgabe richtet. Jedoch hat Braun Anfang und Schluß der syrischen Vita nicht übersetzt. Den Anfang faßt er so zusammen (p. 188): „(Einleitung: Wenn man große Männer durch Bildsäulen ehrt, um wieviel mehr geziemt es dann, die Zeugen Christi, besonders Mâr Abâ, zu ehren)". Über den Schluß sagt er, p. 220, Anm. 2: „Die abschließende Tugendermahnung übergehe ich". § 1 beginnt Bedjan, p. 210; der letzte Paragraph 41 endet Bedjan, p. 273,2. In § 34 (Bedjan, p. 261 unten – 263 unten) ist ausgelassen Bedjan p. 262 (Ende der letzten Zeile) – 263 (vorletzter Satz des Paragraphen). Braun weist mit einer Anmerkung nur auf die Tatsache der Auslassung hin.

[9] *Peeters,* p. 118.

aus persönlicher Kenntnis schreibe oder auf glaubwürdige Zeugen hin berichte. Die Abfassung habe angesichts der Verhältnisse besondere Umsicht erfordert.

Ich befasse mich hier mit nur einigen der Beobachtungen bzw. Erwägungen, die Peeters anstellt, und füge wenige eigene Bemerkungen hinzu. Da Mar Aba persischer Herkunft ist, fragt Peeters, ob Aba (Mar ist ohnehin Ehrentitel) der ursprüngliche Name sei oder vielmehr das persische Papa, dem Aba entspricht. Aus dem griechischen Namen Patrikios, den Aba nach dem Zeugnis des Cosmas Indicopleustes[10] während seiner Reise im „Westen", d.h. auf dem Gebiet des Römischen Reiches trug, möchte Peeters auf eine iranische doppelte Ableitungsform Papakan zurückschließen (so wie Patrikios ebenfalls ein doppeltes Derivat ist)[11]. Aber das ist vielleicht überflüssig, denn im Personenregister des Synodicon Orientale ist Papa als Personenname mehrfach belegt, wie Aba übrigens auch. Die griechische Übertragung hat wohl eher die Üblichkeit des Namensgebrauchs berücksichtigt: Ist Πατήρ als Personenname denkbar? Stichproben in den Indices zu den griechischen Akten von Ephesus 431 (ACO I 1,8) und den lateinischen Akten von Konstantinopel 553 (ACO IV 1) förderten nur je einen Patrikios zutage, einen Patēr überhaupt nicht. Ohnehin hält Peeters die verwendete griechische Namensform für „eine Art von Pseudonym"[12]. Den (drei?) zwei Namensformen Mar Abas entspricht übrigens seine Dreisprachigkeit: Persisch – was § 1 der Vita[13] darüber sagt, kann verschieden übersetzt werden: Braun hat „Auch war er in der persischen Literatur unterrichtet", das würde Aba als besonders gebildet bezeichnen; aber „Literatur" steht für *spr'*, was auch „Sprache" bedeuten kann[14] und Brauns „unterrichtet" reproduziert ein von Bedjan zur Erleichterung eingefügte *„(rdy'?)"*; ganz wörtlich und ohne Einfügung müßte man übersetzen: „und der Sprache nach *(bspr')* war er persisch"[15]; Syrisch – von Beginn an oder erst später erworben? Griechisch – erlernt von Thomas, den er in Edessa traf und den er zu seinem Begleiter auf der Reise im Römischen Reich wählte (§ 7)[16], wohl auch wegen seiner Sprachkenntnisse. Das spätere Ansehen des Thomas wird ganz auf das zurückgeführt, was er bei Mar Aba gelernt hat: „Und so übertraf er die meisten durch sein Wissen, das er in den vielen Jahren, die er mit ihm war, von dem Seligen erworben hatte"[17] (§ 7).

---

[10] Siehe unten im Abschnitt über Cosmas Indicopleustes. *Cosmas Ind.,* Top. chr. II 2: SC 141, p. 307,8; VIII 28: SC 197, p. 195,8.

[11] *Peeters,* p. 119–120.

[12] *Peeters,* p. 120.

[13] Bedjan, p. 210.

[14] *spr' swryy'* = „die syrische Sprache"; *spr' prsy'* wäre also „die persische Sprache". In unserm Satz ist das Problem das *bet* vor *spr'*, daher Bedjans Versuch der Erleichterung.

[15] Im nächsten Satz ist, „er war ausgezeichnet in der Sprache *(spr')* unterwiesen", der Grund, ihm eine Karriere zu eröffnen.

[16] Bedjan, p. 218–219.

[17] Bedjan, p. 218, zweiter Satz des Paragraphen.

Aus der Bekehrungsgeschichte (§ 1 zweite Hälfte – § 4)[18] greife ich wegen der vom Biographen verwendeten Terminologie die Befragung des (christlichen) „Lehrers der Schule"[19] durch den jungen (zoroastrischen) Beamten Aba heraus, auf die Peeters nicht eingeht. Die Kleidung des Lehrers hatte Aba auf dessen Religion („Bundessohn")[20] schließen lassen (§ 2), woraus er offensichtlich die Berechtigung ableitete, den Christen zu schlagen[21]. Aber irgend eine Kleinigkeit am Gewand (§ 3)[22] ließ den Aba daran zweifeln, ob sein Rückschluß richtig sei, daß jener also vielleicht kein Bundessohn der Messianer *(mšyḥy')*" sei. Deswegen befragt er ihn: „Bist du ein Jude?" – Antwort: „Ja". „Bist du ein Christ *(krsṭyn')*?" – Antwort: „Ja". „Verehrst du den Messias[23]?" – Antwort: „Ja". Hierauf wird Aba wütend: „Wie bist du Jude, Christ und Messianer?!" Der Verfasser erläutert: „Christ *(krsṭyn')* nannte er nämlich nach der Gewohnheit dieses Ortes *(dtnn)*" (wo die Überfahrt über den Tigris stattfand; es ist also nicht der Ort, wo der Verfasser sich befindet, und auch nicht seine Gewohnheit) „den Markioniten". Der Schulmann seinerseits erklärt: „Jude bin ich insgeheim. Ich bete den lebendigen Gott an und glaube an seinen Sohn, Jesus Christus, und an den Heiligen Geist". Wenn die Markioniten sich Christen nennen, ist das eine Irreführung. „Denn Christ *(krsṭyn')* ist ein griechischer Name, dessen Übersetzung ins Syrische ‚Messianer' *(mšyḥy')* ist". Merkwürdig an diesem ganzen Wortwechsel ist die Aussage, „Jude bin ich insgeheim". Der „Lehrer der Schule" hat zwar den Namen Joseph, zubenannt Mose (§ 1)[24], aber er wird sich doch nicht diesem Angehörigen der persischen Religion als ein Kryptojude und damit nur als ein Scheinchrist enthüllen wollen. Mir fällt als Lösung nur ein, daß hier eine Beschreibung eines nicht-markionitischen Christen aus markionitischer Sicht gegeben wird: für den Markioniten ist ein solcher Christ (wegen seiner Akzeptanz des AT als heiliger Schrift) insgeheim ein Jude. Wenn der Lehrer so spricht, kann das nur heißen, daß dieser terminus markionitischer Polemik zur positiven Selbstbezeichnung der Christen geworden war.

Die Bezeichnung „Messianer" für Christ erscheint noch einmal in § 5[25]; Aba hat sich zum Christwerden entschlossen und läßt sich unterweisen[26]; das Büro seines Vorgesetzten wird nach Ktesiphon verlegt und mit ihm Aba, dessen Katechumenat[27] kommt seinem Chef zu Ohren, bis der ihn befragt: „Bist

[18] Bedjan, p. 211 zweites Drittel – 215 Mitte.

[19] Zu „Lehrer" und „Schulmann" (statt Brauns „Student"), vgl. Anm. 2.

[20] Zu diesem Terminus siehe *W. C(ramer)*, Art. Bundessöhne und -töchter, in: H. Kaufhold (hg.), Kleines Lexikon des Christlichen Orients (Wiesbaden 2007) 109–110.

[21] Bedjan, p. 211–212.

[22] Bedjan, p. 213–214.

[23] Hier habe ich wegen der Argumentation *mšyḥ'* nicht wie üblich mit „Christus" übersetzt.

[24] Bedjan, p. 211.

[25] Bedjan, p. 216.

[26] Ettaf. von *tlmd.*

[27] Von mir abgeleitet aus dem zweiten *'ttlmd.*

du Messianer geworden?" Antwort: „Ja ich bin Messianer"; darauf kündigt der Vorgesetzte die Anzeige dieser Tatsache bei der nächsthöheren Stufe der Verwaltung an.

Im Bericht des Biographen ist ein Sprachgebrauch festgehalten, wie er Jahrzehnte früher (in Mar Abas Jugend) üblich war, aber anscheinend auch da nur (noch?) bei den persisch sprechenden Angehörigen der persischen Religion, d.h. auch in einem bestimmten geographischen Bereich. Hierin spiegelt sich ein noch älteres Stadium der Selbstbezeichnungen von Christen und Markioniten. Der Verfasser (und sein Publikum) teilt diesen Sprachgebrauch nicht (mehr), deswegen fällt er ihm auf und gilt ihm als mitteilungswürdig.

Für die Zeit seiner Ausbildung in Nisibis wird ein für Aba maßgeblicher Lehrer benannt (§6)[28]: Maʿna, später Bischof von Arzun, wohin er seinen Schüler mitnahm und ihn mit der Lehre in der Provinz betraute. In diesem vom Biographen hochgepriesenen Mann muß man das Verbindungsglied zur vorherigen Generation der nisibenischen Lehrerschaft sehen, d.h. zu der, die noch von Narsai bestimmt gewesen sein muß. Deswegen ist es schade, daß von dem Inhalt der Lehre Maʿnas nichts gesagt wird.

Aba kehrte (wohl nach dem Tod des Maʿna) nach Nisibis zurück. Von dort aus „sah er sich gezwungen" (Braun), „fut amené" (Peeters[29]), „rief ihn eine Ursache" (wörtlich), „ins römische Gebiet hinaufzuziehen" (§6)[30]. Dafür werden zwei Motive angegeben: „Einmal, um die ersehnten *Stätten der Heiligen* zu sehen, um den Segen ihres Gebets zu empfangen"; bei Peeters wird daraus: „pour satisfaire sa piété envers les *saints lieux*"[31], – das ließe einen eine Pilgerreise nach Jerusalem erwarten. Aber von einer solchen ist in der Vita keine Rede, Jerusalem wird gar nicht aufgesucht, trotz der sehr langen Abwesenheit Abas. Nimmt man die wörtliche Übersetzung, dann erhebt sich die Frage, wer diese Heiligen sein könnten. Peeters hält dies erste Motiv für „inconsistant"[32], „wenig überzeugend" (auf Grund seiner eigenen Übersetzung?). Man wird unten sehen, daß aus den „Stätten" sich die „Heiligen" bestimmen lassen. Zum zweiten Motiv, „wegen eines Mannes mit Namen Sergius" (von Rešaina?) ist Peeters zu vergleichen[33]. Den wahren Grund zum Aufbruch sieht Peeters darin[34], daß Aba als frisch Konvertierter sich der Verfolgung durch die Vertreter der persischen Religion ausgesetzt hatte, siehe oben die Drohung seines unmittelbaren Vorgesetzten. Offenbar sei es der „police des mages" schließlich gelungen, die Spur des Deserteurs aufzufinden. Vielleicht sei Aba vorgewarnt worden oder habe sogar einen Ratschlag zum

---

[28] Bedjan, p. 216–217.
[29] *Peeters*, p. 125.
[30] Bedjan, p. 217–218.
[31] *Peeters*, p. 125.
[32] *Peeters*, p. 129.
[33] *Peeters*, p. 125–126.
[34] *Peeters*, p. 129.

Verlassen des persischen Gebiets erhalten. Dies alles mußte in der Vita begreiflicherweise verschwiegen werden. – Das erste der beiden ostensiblen Reisemotive (in der richtigen Übersetzung) läßt sich vorzüglich mit dieser Vermutung von Peeters verbinden.

Die Reisestationen sind: Edessa, ägyptische Wüste, Alexandrien, Athen, Korinth (§ 7)[35], „ganz Achaia", Konstantinopel (etwa ein Jahr), das Gebiet Kilikien[36] (wobei eine Wundererzählung aus der Thebais nachgetragen wird!) (§ 9)[37], Antiochien, Nisibis (§ 10)[38]. Dort, in Nisibis „sah er das Schisma der kirchlichen Verwaltung". Hier haben wir das erste Mal in der Vita einen chronologischen Anhaltspunkt: das Schisma war das Ergebnis der Doppelwahl von 524. War Aba schon *vor* Ausbruch des Schismas zu seiner Reise ins römische Gebiet aufgebrochen? Peeters hält das für möglich[39]: Bei seiner Rückkehr „*Mār Abā eut peut-être la surprise,*[40] mais certainement l'indignation, de voir l'Église de Perse et sans doute aussi l'École de Nisibe déchirées par deux factions rivales". Ein Rückzug in die Einsamkeit wird ihm verboten; „und er blieb im Dienst der Lehre lange Zeit" (§ 10)[41]. Das Ende dieser Phase wird seine Wahl zum höchsten Kirchenamt sein (540). Aber *wann* ist er aus dem Westen zurückgekehrt? Peeters schlägt eine „wahrscheinliche" Lösung des chronologischen Problems vor[42], nämlich „c'est que Mar Aba revient en Perse à la faveur de l'arrangement conclu en 533 entre Justinien et Khosrau. Cette convention semblait dénoter une volonté d'apaisement". „Les chrétiens aussi pouvaient s'en promettre une sorte d'amnestie implicite", aber mehr als eine Vermutung ließe sich nicht aussprechen. – So gerechnet käme man auf eine eventuelle Abwesenheit Abas von ca. 10 Jahren. – Jedenfalls: „Aba a certainement vécu en terre byzantine pendant un temps assez considérable"[43].

Wir haben bekanntlich ein selbständiges, nicht-syrisches Zeugnis über den Aufenthalt Abas im Westen: die Nachrichten bei Cosmas Indicopleustes[44]. Wenn es in § 7 der Vita heißt, „er legte die göttlichen Schriften in Alexandrien griechisch aus"[45], dann würde ich die von Cosmas übernommene Exegese für eine Wirkung dieser Auslegung halten. Peeters wundert sich[46], daß Aba in Ägypten nicht auf Widerstand gestoßen sei angesichts des dort herrschenden Monophysitismus, und wie sich die beiden Reisenden, Aba und der Edessener

---

[35] Bedjan, p. 218–219.
[36] Von Braun überflüssigerweise mit einem Fragezeichen versehen.
[37] Bedjan, p. 221–223. § 8 (Bedjan, p. 220–221) berichtet umständlich eine Wunderheilung.
[38] Bedjan, p. 223–224.
[39] *Peeters,* p. 133.
[40] Meine Hervorhebung.
[41] Bedjan, p. 223.
[42] *Peeters,* p. 135.
[43] *Peeters,* p. 129.
[44] Darüber siehe unten.
[45] Bedjan, p. 218 unten.
[46] *Peeters,* p. 126–127.

Thomas, unbehelligt bis in die Thebais hätten durchschlagen können. – Aber daß sich fromme Asketen auf die Pilgerschaft in die berühmten Gebiete des ägyptischen Mönchtums begaben, war ja nichts Auffälliges; man muß annehmen, daß sich die beiden Genossen jeder bewußten Provokation enthielten.

Die Länge des Aufenthalts in Konstantinopel von etwa einem Jahr (§ 9)[47] ist die notwendige zeitliche Voraussetzung für all die Abschriften, die von Aba und Thomas angefertigt worden sein müssen, um sie nach Persien mitnehmen zu können. Auch für diese Arbeit hatte sich Aba im Griechischen unterweisen lassen.

Was trieb die beiden Reisenden nach Kilikien[48], wo sie immerhin mehrere Monate zubrachten? Ich vermute, daß wir hier den Schlüssel zu den „Stätten der Heiligen" haben: In Kilikien lagen die Bischofssitze des Diodor und des Theodor, Tarsus und Mopsuestia, und also waren auch ihre Gräber dort zu suchen. Die Gräber sind die Orte, an denen man die „Heiligen" um ihre Gebete, d. h. ihre Fürbitte, anfleht. Vom Aufenthalt in Kilikien sagt Peeters, er sei „vor oder nach dem Aufenthalt in der Kaiserstadt" anzusetzen[49]. Aber wenn man die Stationen der Reise Abas betrachtet, so beschreiben sie einen konsequenten Weg von Ägypten nach dem griechischen Festland, nach Konstantinopel, nach Kilikien, nach Antiochien, nach Nisibis. Zur zweiten Hälfte von § 9 macht Peeters die spöttische Anmerkung[50]: „Ici, le narrateur, sans paraître remarquer l'incohérence de la géographie, nous confie qu‚en Thébaïde', des brigands qui voulaient détrousser Mar Aba pleurèrent de tendresse en voyant qu'il ne possédait pas d'autre bien que ses cahiers". Die Reise in die ägyptische Wüste (§ 7) und genauer in die Thebais, von der die Anekdote hier berichtet, gehört ebenfalls zum Reisezweck, „die ersehnten Orte der Heiligen aufzusuchen": Die Thebais war die letzte Station im jahrelangen Exil des Nestorius und also der Ort seines Todes und Grabes. Das Nebeneinander von Kilikien und Thebais ist ein Echo auf die mündlichen Reiseberichte, auf die der Biograph für die Westreise des Aba angewiesen war, und auf die assoziierende Erinnerung des oder der Erzähler: Beim Bericht über die von mir postulierten Besuche an den Gräbern der beiden älteren Antiochener kam dem Reisenden eine Erfahrung beim Besuch des anderen Grabes wieder in den Sinn. Das „exemple d'une abstinence surhumaine"[51], das Aba und Thomas in Kilikien darbieten, wo sie sieben Monate lang von fünf Laiben Brot und etwas Gemüse leben, könnte einen symbolischen Bezug zur Speisung der 5000 enthalten, wo die Jünger nicht mehr als fünf Brote und zwei Fische vorweisen können (und nachher zwölf Körbe voller Brocken einsammeln); und die sieben Monate –

---

[47] Bedjan, p. 221–222 oben.
[48] Bedjan, p. 222.
[49] *Peeters,* p. 127.
[50] Ibid., Anm. 3.
[51] *Peeters,* p. 127.

soll man an die Speisung der 4000 denken, wo sieben Brote zur Verfügung stehen? Und was wäre der Sinn der Anspielung? Wie im Evangelium so wenig für so unglaublich viele gereicht hat, ist es hier so wenig für so lange Zeit? Damit erhält dies Extrem asketischer Lebensweise den Charakter eines Wunders.

Was den Rückweg der Reisenden über Antiochien (§ 10)[52] betrifft, so ist das die normale Route. Peeters findet jedoch „la laconisme de cette mention" merkwürdig. Sollte die Durchreise eines solchen Mannes wie Aba dem dortigen Patriarchen Ephraem (526–545) entgangen sein, fragt Peeters[53]. Antiochien war aber ja auch der Ort des Asketerions des Diodor, die Wirkungsstätte Theodors als Presbyter und von Antiochien aus wurde Nestorius nach Konstantinopel gerufen.

Den Hauptteil der Vita füllen das energische und erfolgreiche Wirken des neuen Katholikos Mar Aba und das Verfahren, das die höchsten Vertreter der persischen Religion bald gegen ihn eröffnen. Die außerordentliche Klugheit des Katholikos in den mündlichen Verhandlungen vor dem Religionsgericht beeindrucken jeden Leser. Geradezu unglaublich ist die Tatsache, wie Mar Aba die Leitung der Kirche im fernsten Exil und unter den barbarischen Bedingungen seiner Gefangenschaft in den Händen behält (es gab keinen Usurpator seines Thronos in all den langen Jahren). Die Rolle des Großkönigs während der nie aufgegebenen Versuche der Prozessführer, ein Todesurteil gegen Mar Aba zu erwirken oder ihn auch ohne ein solches umzubringen, ist ambivalent. Trotz anfänglichen und auch später spürbaren Wohlwollens verhindert er nicht den von den Magiern angestrengten Prozess mit allen Folgen für den Katholikos. Aber er ist es schließlich, der die Ausführung des von ihm selbst verfügten Todesurteils durchkreuzt. Endlich freigelassen, war Mar Aba zu krank, um lange zu überleben, trotz der Versorgung durch die königlichen Ärzte. Begraben wurde er im „Kloster von Seleukia" (§ 40)[54].

---

[52] Bedjan, p. 223.

[53] *Peeters,* p. 132–133.

[54] Bedjan, p. 271 unten. Über das Grab in Ḥira und die immer weiter entwickelten Ansprüche von Ḥira als Ort entscheidender biographischer Ereignisse ist bei *Peeters,* p. 162–163, das Nötige gesagt. – Dazu die Stellungnahme von *J. M. Fiey,* Assyrie chrétienne III (Beyrouth 1983) 208–210 zu Peeters. Gegen das Argument von Peeters, die muslimische Eroberung hätte für die Christen des Lakhmiden-Reiches eine Emanzipation bedeutet und Ḥira hätte sich gegen das Kloster von Seleukia mit der Ehre des Grabes von Mar Aba geschmückt (*Peeters,* 162.163), spricht der spätere Niedergang von al-Ḥira in islamischer Zeit zugunsten von Kufa. Zu verweisen ist auch auf die Nachrichten über Cyrus von Edessa (siehe unten), von dem die Chronik von Séert berichtet, dass er Mar Aba in Ḥira begraben hat; vgl. auch Mari (Gismondi, p. 45) und Amr /Saliba (Gismondi, p. 24). Vgl. *I. Toral-Niehoff,* al-Ḥīra. Eine arabische Kulturmetropole im spätantiken Kontext (Leiden, New York 2014), 178 mit Anm. 136 (Mar Aba dort beigesetzt). *T. Hainthaler,* Christliche Araber vor dem Islam (Leuven etc. 2007) 85 (zum Niedergang von al-Ḥira zugunsten von Kufa; Beisetzung von Mar Aba durch Cyrus von Edessa). In der Tat wäre „une nouvelle recherche", wie *Peeters,* p. 163 (oben) sagt, mit genauer Untersuchung der Belege wünschenswert. Auch *Fiey,* Assyrie chré-

Das Schlußurteil über die Vita lautet bei Peeters[55]: „Parce que cette biographie retrace, sans d'ailleurs abuser de l'empois[56] essentiel au style hagiographique, la carrière et les épreuves d'un grand homme d'Église, aucun critique loyal ne se croira autorisé à méconnaître que la trame historique y est aussi solide que dans les meilleurs pages d'un Procope ou d'un Agathias".

In der ersten Phase des Prozesses gibt Mar Aba ein Bekenntnis ab (§ 14)[57], Peeters erwähnt es zwar[58], geht aber nicht weiter darauf ein. Brauns Übersetzung kann etwas verbessert werden:

„Einer ist Gott, Schöpfer, Herr und Verwalter des Alls, und er ist in drei Hypostasen (*qnwmyn;* Braun: „Personen") ohne Anfang und ohne Ende. Der Glaube und das Bekenntnis zu ihm liegt jedem Menschen vor (nämlich) durch Freiheit seines Willens, die ihm sein Schöpfer gab, seine Herrschaft zu glauben und zu bekennen. Und dieser Glaube an Gott, den jeder zu bekennen schuldig ist, von dem kann niemand sagen: ‚er gehört nur mir', wie der Rest der eitlen Religionen (es tut). Und wie die Luft, die wir atmen, allen Menschen gemeinsam ist, und wie das Licht wiederum der Sonne und des Mondes und der Sterne, so und unendlich viel mehr als so, ist das Christentum nicht meins allein, sondern (gehört) allen vernünftigen (Wesen), die vergangen sind und gegenwärtig und zukünftig sein werden und deren Willen es ist zu glauben. Ich sage vor den Menschen, was ich aus den göttlichen Schriften gelernt habe. Wer also hört und annimmt und das tut, den preise und ehre und lobe ich und entferne ihn nicht aus der Kirche, weil er seinen Schöpfer kennt und an seine Heilsveranstaltung (Braun: „Vorsehung") glaubt. Den Menschen aber zu binden, zu schlagen und ihm etwas wegzunehmen, ist mir nicht von den göttlichen Schriften befohlen. Sondern indem wir beten, bitten wir auch Gott wegen jener, die irren, daß er sie zur wahren Erkenntnis wende; und jene die Christen sind, ermahne ich, daß sie ihre Seele vor aller Unreinheit der Opfer bewahren".

Mar Aba wird auf dies Bekenntnis hin für des Todes schuldig befunden. (Den Ausstoß aus der Kirche betrifft, was hier nicht gesagt wird, die Verwandtschafts-Ehen der persischen Religion, wie sie z.B. gleich in § 17[59] aufgezählt werden).

---

tienne III, 209, schreibt: „Le problème mériterait une étude de détail. A priori je douterais de la thèse du P. Peeters, car nous avons vu que, presque aussitôt après la conquête, la fondation d'une Kūfa musulmane déclencha le processus de Ḥīra". Zu al-Ḥīra kurz *T. Hainthaler,* Cyrus von Edessa und seine Erklärungen liturgischer Feste, in: R. Voigt, Akten V. Deutsche Syrologentagung (Aachen 2010) 44–46. (T. H.)

[55] *Peeters,* p. 162.

[56] Laut Sachs-Villatte ist „empois" die „Wäschestärke"; das von Peeters Gemeinte könnte man vielleicht auch mit „Firnis" wiedergeben.

[57] Bedjan, p. 230 (letztes Wort) – 232.

[58] *Peeters,* p. 141.

[59] Bedjan, p. 234 (unten) – 260 (oben). – Dazu vgl. *M. Hutter,* Mār Abā and the impact of Zoroastrianism on Christianity in the 6th century, in: C. G. Cereti, M. Maggi, E. Provasi (eds.), Religious themes and texts of pre-Islamic Iran and Central Asia = FS Gherardo Gnoli (Wiesbaden 2003) 167–173. (T. H.)

Es ist charakteristisch, daß selbst bei dieser Gelegenheit die Gotteslehre als Trinitätslehre vorgetragen wird. Zur Oikonomia werden keine inhaltlichen Mitteilungen gemacht, abgesehen vom entscheidenden Beginn: der Entscheidungsfreiheit des Menschen, einer Gottesgabe, die es ihm ermöglicht, sich dem Glauben zuzuwenden. Das Christentum wird als öffentlich und für alle zugänglich dargestellt, ihm eignet Universalgültigkeit. Wo Grenzen zu ziehen sind, unterscheidet es sich in der Durchführung von den (persischen) Gegnern: Wenn jemand aus der Kirche entfernt wird, wird für ihn gebetet, er wird nicht mißhandelt. Die Christen ihrerseits dürfen nichts mit den unreinen Opfern zu tun haben. – Dies ist einerseits werbende Missionspredigt, andererseits Polemik gegen die persischen Kultformen. Wieviele von diesen Gedanken gehen auf Mar Aba selber zurück? Wohl alle, erlaube ich mir zu vermuten.

Später, während des Lebens des Deportierten in einem „Dorf, welches der Schlupfwinkel des Magiertums ist“ (§22)[60], stellen die Magier dem Mar Aba Fragen über seine Religion, nachdem sie es aufgegeben hatten, ihn disputierend zu ihrer Lehre zu bekehren. Sie befragten ihn „über Gott und über die Welt, und über das Gute und das Böse, und über die Auferstehung der Toten und das zukünftige Gericht, und den daraus folgenden Lebenswandel, der geschieht durch die Heilsveranstaltung Christi“ (d.h. durch sie bestimmt wird). – Ist es denkbar, daß die Religionsvertreter dem Mar Aba solche Gelegenheiten zu christlicher Unterweisung geben? Die Themen sind jedenfalls die bekannten der Katechese. Bei einer anderen Gelegenheit, als die Magier dem in Eisen gelegten Katholikos einen Handel vorschlagen, der zur Haftentlassung führen sollte (vergleichsweise milde Bedingungen: ein bloßes mündliches Versprechen zum Verzicht auf Widerstand gegen das Magiertum, keine Bekehrungen mehr zum Christentum)[61] lehnt Mar Aba ab (§33)[62]. Er belehrte den verhandelnden Magier, indem „er ihn durch Vieles aus den göttlichen Schriften unterwies über den Glauben der Wahrheit und über die Unerschütterlichkeit des Christentums und über die Größe der *oikonomia* Gottes, und über Auferstehung und Gericht, und über die Güter, die dem Gerechten im Himmelreich bereitet sind, und über die Strafe, die die Frevler in der Hölle, die ewig ist, mit dem Satan und den Dämonen erhielten“. Hier erkennt man den typisch theodorianischen *topos* von den himmlischen Gütern, wie oben den von der Entscheidungsfreiheit.

---

[60] Bedjan, p. 243 (unten).

[61] §32 Ende: Bedjan, p. 259 (unten) – 260 (oben).

[62] Bedjan, p. 260.

2) Eine Glaubensunterweisung Mar Abas

Von diesem Text[63] sagt S. Brock: „The theological language is surprisingly traditional for the man who brought Nestorius' writings to Persia, and the profession of faith perhaps deliberately avoids any of the contentious technical terms"[64]. In seiner Übersetzung[65] läßt Brock die Anathemata am Schluß fort; nur dasjenige erwähnt er, das sich gegen die Theopaschiten richtet. Labourt dagegen verwundert sich über eben diese Anathemata. Zum Bekenntnis selbst schreibt er[66]:

> „Il ne semble pas que, pendant son voyage, Maraba se soit appliqué spécialement à réformer la doctrine théologique. Toutefois, sa deuxième lettre, adressée à des églises de Susiane, renferme un abrégé de christologie. Il est assez difficile de déterminer à quelle sorte d'erreur le patriarche entendait s'opposer. On peut penser que c'est à un nestorianisme trop rigide: ‚Le Christ n'est pas un homme simple, ni Dieu dépouillé du vêtement de l'humanité dans lequel il s'est montré …[67]. Que quiconque introduit une quaternité dans la Trinité sainte et immuable soit anathème!' (*Syn. Orient.*, p. 553)".

Der erste Teil des Zitats ist dem Corpus des Textes entnommen[68], der zweite Teil ist der zweite von fünf Anathemata[69].

Chabot, der im Synodicon Orientale den „Zweiten Brief", der unsere Glaubensunterweisung enthält, den „Sechsten Brief" und die Kanones Mar Abas in einem seiner Appendices bringt, bezeichnet beide Briefe als Fragmente[70]. Genau betrachtet, ist der 6. Brief kein Fragment, sondern ein Exzerpt und bezeichnet sich als solches: „*Aus* dem 6. Brief, der überschrieben ist ‚Praktika'"[71]. Der Text weist einige Zerstörungen auf. Den 2. Brief mußte Chabot aus den in Unordnung geratenen Blättern der Hs R zusammensuchen, wie man aus den Seitenzahlen der Hs am Rand des syrischen Textes ausmachen kann. Der Brief als solcher ist trotz seines schlechten Erhaltungszustandes vollständig. Der Text der p. 50 und 51 der Hs ist vielfältig lückenhaft und von Chabot so weit wie möglich ergänzt, siehe das Druckbild. Dazu hat Chabot auf p. 541 seiner Edition noch Ergänzungen aus ʿAbdišoʿ vorgenommen, die er kennzeichnet[72].

---

[63] Synodicon Orientale, ed. Chabot, p. 540–543/550–553.
[64] *S. Brock,* The Christology of the Church of the East in the Synods of the fifth to early seventh centuries: Preliminary considerations and materials, in: Aksum-Thyateira = FS Archbishop Methodios of Thyateira and Great Britain (Athen 1985) 125–142, hier: 126–127.
[65] *Brock,* p. 134–135.
[66] *Labourt,* Christianisme, p. 175, Anm. 3.
[67] Labourts Auslassungszeichen.
[68] Chabot, Übersetzung, p. 553,3–4.
[69] Ibid., p. 553 (Mitte).
[70] Ibid., p. 540 Vorbemerkung.
[71] Syn. Or., p. 543/553.
[72] Syn. Or., p. 541, Anm. 1 und 2.

Dieser 2. Brief, „Über die Orthodoxie hinsichtlich *(dlwt)* des Glaubens", (also: „Über die wahre Lehre hinsichtlich des Glaubens") ist gerichtet an den Klerus (unterhalb des Bischofs!) und die Laien der Ortschaften[73] Ašga und Rig, „Dörfer im Gebiet von Šuš, Stadt des Beth Huzaye". Nach Ašga ist eine Lücke im Text, die Chabot nicht auffüllen konnte. Auf die Lücke folgt (der Personenname) „Aphrahat" *(ʾprht)*, den Chabot nicht übersetzt hat[74], der aber zur Näherbestimmung von Ašga gehört haben könnte – Name eines Presbyters?[75]

Nach dem Segensgruß beginnt der Brief mit genauen Angaben über seinen Anlaß. Auf ihrem Rückweg aus der Parsis von der Visitationsreise, die Mar Aba mit Metropoliten und Bischöfen unternommen hatte, habe ihnen im Oktober 540[76] in Beth Lapat der Bischof Mar Kosrau[77] berichtet, daß sie, die Empfänger dieses Briefes, ihm keinen Gehorsam in Glaubenssachen zeigten[78]. Daraufhin begab sich Mar Aba mitsamt seinen Kollegen (die namentlich aufgezählt werden, Bischof Kosrau unter ihnen) „zu Euch" zum Dorf (Name nicht mehr lesbar). „Wir unterwiesen Euch in Vielem aus den göttlichen Schriften und erleuchteten Euch aus ihnen und wir *sagten*"[79], worauf die schriftliche Unterweisung folgt. Der Schluß des Briefes bezieht sich auf den mündlichen Vortrag[80]: „Und jetzt bewahrt den wahren Glauben, den wir Euch gesagt haben und (den) ihr auch angenommen habt", damit sie nicht wieder davon weg und in die Irre geführt würden und der „Hausgenossenschaft" Christi entfremdet würden. Auf der Bewahrung in diesem Glauben

---

[73] *dwbrʾ* von 540,3 mit Chabot wohl *dwrnʾ* „résidence" wie Zeile 4 zu lesen; dies Nomen, abzuleiten vom Stamm *dwr,* finde ich weder im Thesaurus noch in meinen Lexika.

[74] Diese Stelle taucht auch im Index der übersetzten Personennamen nicht auf, wohl aber finden sich dort zwei Bischöfe dieses Namens, die ins 5. Jh. gehören. Im Index der syrischen Namen erscheint die Stelle (Syn. Or., p. 637, rechte Spalte), versehen mit einem Fragezeichen.

[75] Mit viel Phantasie könnte man erwägen, ob hier eine Erinnerung an den berühmten Aphrahat, den „persischen Weisen", stecken könnte (Geburtsort?). Welch ein Jammer um die Lücke gerade an dieser Stelle!

[76] Chabot, p. 551, Anm. 1.

[77] Im lückenhaften syrischen Text mußte der Name ergänzt werden, p. 540,12. Quelle ist die Unterschriftenliste zu einem Text der Synode von 544, wo der Bischof von Šuš Kosrau heißt, p. 79 (syr.), in der Übersetzung hat er die Nr. 10, p. 331.

[78] Syn. Or., p. 540,13.14 drei Lücken, die Chabot nicht auffüllen konnte, cf. die Übersetzung, p. 551.

[79] Dieser Satz und die zwei folgenden Wörter sind eingefügt „d'après le début d'une citation d'Ébedjésus, *Traité des jugements ecclésiastiques*, livre I, ch. 1 (ouvrage inédit)". Inzwischen liegt die lateinische Übersetzung dieses Werks des ʿAbdišoʿ von J.-M. Vosté vor: Codificazione canonica orientale, Fonti II 15, Caldei – Diritto antico II: Ordo iudiciorum ecclesiasticarum a Mar ʿAbdišoʿ (Rom 1940). – Dazu nun neu (syrisch – deutsch): Ebedjesus von Nisibis, „Ordo iudiciorum ecclesiasticorum". Eine Zusammenstellung der kirchlichen Rechtsbestimmungen der ostsyrischen Kirche im 14. Jahrhundert, hg., übersetzt und eingeleitet von H. Kaufhold (Wiesbaden 2019). (T. H.)

[80] Syn. Or., p. 543,9–13 / p. 553.

liegt der Segen Christi, den der Katholikos den Empfängern seines Schreibens zuspricht.

Bemerkenswert an dieser Angelegenheit ist, daß der Katholikos durch persönliches Erscheinen eingegriffen hat, auch wenn es ihn und die ganze Kommission einen Umweg gekostet hat. Um die Christen jener Ortschaften bei ihrer Zustimmung zu seiner mündlichen Unterweisung zu behaften, läßt er ihnen seine Lehre auch *schriftlich* zugehen; natürlich ist die schriftliche Fassung vor allem für den Klerus bestimmt.

Der Empfängerkreis: kleine Ortschaften mit den dort lebenden Christen mag ein bestimmender Faktor für die von Brock konstatierte zurückhaltende Sprache sein. Was die Anathemata betrifft, so macht es, anders als Labourt meint, keine Schwierigkeiten, den „Irrtum“ zu bestimmen, dem der Katholikos entgegentreten will. Es sind keine besonders strengen Nestorianer, sondern es sind die alten Gegner, die Monophysiten[81]. Es ist für die Konfessionskunde des Großreichs interessant zu wissen, daß sie an diesen genau angegebenen Ortschaften sich vorfanden und sich dem für sie zuständigen Bischof von Šuš entgegenstellten. Dessen Klage vor dem Katholikos spricht dafür, daß der Bischof seinerseits schon eine theologische Korrektur versucht hatte, aber ohne Erfolg. Der ganze Vorgang ist ein Beispiel für die Effizienz Mar Abas als Leiter seiner großen und weit ausgebreiteten Kirche: sofortiges, persönliches Eingreifen und solide Untermauerung des ersten Erfolges.

Von den bei Labourt zitierten Sätzen[82] enthält der erste die traditionelle Zurückweisung des traditionellen Vorwurfs schon gegen die antiochenische Theologie, sie lehre Christus als einen „bloßen Menschen“ (ψιλὸς ἄνθρωπος). D. h. der ganze Satz ist traditioneller Ausdruck des ostsyrischen Dyophysitismus, ohne daß der Terminus „Natur“ *(kyn')* fällt. Traditionell ist die Bezeichnung der Menschheit Christi als „Gewand“, in dem er „offenbart wurde“. Das Anathem über die Einführung der „Quaternität“ in die Gottheit ist ebenfalls *Abwehr* eines seit langem üblichen Vorwurfs gegen die theodorianische Christologie, wie sie in Edessa gelehrt wurde, daß sie nämlich eine Quaternität aus der Trinität mache. Gegen diesen Vorwurf sollten sich die Betroffenen dadurch wehren, daß sie sagten: Wir verurteilen eine solche Lehre. Die Formulierung des Katholikos stellt also eine taktische Hilfe für die Debatten dar, in denen sich die dyophysitischen Christen gegenüber den Vertretern der einen Natur in Christus behaupten mußten.

In Mar Abas Unterweisung ist die Enthaltsamkeit im Gebrauch von (christologischen) Fachtermini wirklich auffällig. Beim Übergang von der Gotteslehre zur Christologie findet man einmal „Einheit der Natur“ (sc. Gottes)[83].

---

[81] Dazu unten.

[82] *Labourt,* Christianisme, p. 175, Anm. 3.

[83] Syn. Or., p. 541,11 *(ḥdnywt kyn');* p. 551 (vorletzte Zeile).

Der christologische Abschnitt kommt fast vollständig[84] ohne „Natur" (und ohne die Zahl „zwei"!) aus. Auf „Hypostase" *(qnwm')* stoßen wir erst in der Trinitätslehre: Die Trinität ist „in drei Hypostasen" („personnes" sagt Chabot wie üblich)[85]. *prswp'* (πρόσωπον) wird überhaupt nicht gebraucht. D.h. daß nur die in beiden Konfessionen unumstrittene Lehre von der Einheit der Gottheit und von der Trinität *termini technici* einsetzt.

In seiner Darbietung des Lehrstoffs trennt Mar Aba das Bekenntnis zum einen Gott von der Trinitätslehre durch die Christologie: Das Bekenntnis zur Trinität steht am Schluß der Unterweisung, wie es am Schluß der Lehre des auferstandenen Christus (Mt 28) und nach Abschluß der irdischen Anwesenheit des Auferstandenen durch die Geistmitteilung zu Pfingsten in der Geschichte der Offenbarung seinen Platz hat. (Übrigens wird durch diese Anordnung eine Erörterung über das Verhältnis von Einheit und Dreiheit in Gott vermieden).

Das Bekenntnis zum einen Gott[86] bringt als eins der Synonyme für die Ewigkeit Gottes einen Satz, der eigentlich in die Trinitätslehre (als Aussage über den Logos-Sohn) gehört und die Verneinung eines berühmten arianischen Satzes darstellt: οὐκ ἦν (ποτε) ὅτε οὐκ ἦν *(lyt 'mty dlytwhy hw')*[87]. Auch der anti-theopaschitische Akzent, in dem sich die Intention der ganzen Unterweisung zu erkennen gibt, wird schon hier, in der Gotteslehre, gesetzt, denn nicht nur wird Gott jede Veränderung abgesprochen, sondern der Tod wird der „Veränderung" vorangestellt: „der Tod oder irgendeine Veränderung" hatten und haben keine Macht über ihn, waren und sind nicht in ihm.

Der schon erwähnte Übergang von der Gotteslehre zur Christologie wird mit Hilfe von Hebr 1,1 und 1,2 vollzogen. V. 1 erfährt eine Interpretation, die ihn noch zur Gotteslehre gehören läßt: „Und er (sc. Gott) ist es, der verkündigt wurde[88] ‚den Vätern durch die Propheten' *in der Einheit der Natur* ‚vielfältig und auf mancherlei Weise'". Damit ist eine Inclusio um die Gotteslehre geschaffen, deren Beginn ja das Bekenntnis zum einen Gott war. Der Akzent auf der „Einheit der Natur" hat in der Situation, die Mar Abas Unterweisung nötig macht, den Sinn, diesem Stichwort den richtigen Platz anzuweisen: es gehört in die Gotteslehre (und nicht in die Christologie!); die Vorstellung vom Tod dagegen ist der Lehre von Gott absolut unangemessen (denn ihr Ort ist die Christologie).

Der Vers Hebr 1,2 wird ohne auch nur ein einziges Satzzeichen an den oben zitierten Satz angeschlossen; *nicht* übernommen wird die Schöpfungsaussage am Ende des Verses, was sich aus den nächsten Worten Mar Abas

84 Ausnahme siehe unten (Anm. 89): Bezahlen der Schuld der Natur.
85 Syn. Or., p. 542,23–24 / p. 553 (im oberen Abschnitt).
86 Ibid., p. 541,1–10 / p. 551 unten bis „sciences".
87 Ibid., p. 541,3.
88 Cf. dagegen im Original: „*Gott redete* zu den Vätern durch die Propheten".

erklärt. Denn nun wird vom „Sohn" des Verses 2 eine Bestimmung gegeben: „der ist Christus, unser Herr", – das stammt aus der Engelsverkündigung an die Hirten Lk 2,11 und ist (abgesehen vom Suffix der 1. Person Plural) wörtlich Pešiṭta = NT graece (*d'ytwhy mšyḥ' mry'* = ὅς ἐστιν χριστὸς κύριος). Es folgt die Geburtsaussage („geboren im Fleisch aus der heiligen Jungfrau Maria") mit den lukanischen Worten der Ankündigung (Lk 1,35). Alle weiteren Schritte des Wirkens Jesu werden mit biblischen Zitaten beschrieben und mit biblisch-theologischen Erklärungen versehen. Ihnen wird vorangestellt: „Und er, dieser Sohn, Christus" (in allerkürzester Form eine Kombination aus Hebr 1,2 und Lk 2,11) – von ihm gilt alles, was in der Folge gesagt wird.

Er war „in der Welt 30 Jahre", „um die Schulden *der Natur*[89] und Adams, des Anfangs unseres Geschlechts, und des Gesetzes zu bezahlen". Taufe mit 30 Jahren, womit er unsere Taufe heiligt. Kampf mit dem Satan in der Wüste, Wahl der heiligen Apostel, Wundertaten. Nach Vollendung seines Werkes, um dessentwillen er gesandt worden war, d. h. seiner Lehre, die er durch seine Wundertaten befestigte, nachdem er seinen Jüngern das Mysterium seines Leibes und Blutes anvertraut hatte, besiegelte er seine Oikonomia durch Leiden und Tod am Kreuz. Am dritten Tag besiegte er den Tod durch die Kraft *seiner Gottheit.* Am dritten Tag erstand er (Hinweis auf Joh 2,19 und 21), er „baute ihn (sc. den Leib) (wieder) auf durch[90] unsterbliches und unwandelbares Leben". Erscheinungen des Auferstandenen vor den Jüngern: und „er vergewisserte sie über die Auferstehung" durch die Worte Lk 24,39. Die Himmelfahrt nach 40 Tagen geschah „in seinem wahren (d. h. wirklichen) Leib, d. h. in seiner *vollständigen Menschheit*"[91]; seine Wiederkehr in Herrlichkeit wird in demselben Leib geschehen (Apg 1,11; 17,31: Gericht durch „den von Gott erwählten Mann").

Dies alles ist eine unpolemische, milde Darstellung der antiochenisch-edessenisch-nisibenischen Auffassung von der *oikonomia* und der Christologie. Was über die Himmelfahrt und die Wiederkehr Christi gesagt wird, läßt sich alles bei Narsai finden. Der große Unterschied zu Narsai ist der Verzicht auf alle Stichworte, die die Polemik der Gegenseite hätten reizen können und jene Christen im Bistum Šuš in Diskussionen verwickelt hätte, denen sie wohl nicht gewachsen gewesen wären. Daher auch der Verzicht auf den Johannes-Prolog und speziell Joh 1,14, jene Stelle, von der Narsai sagte, „um sie ginge der ganze Streit". Und einen Streit darüber wollte der Katholikos für jene Gemeinden offensichtlich vermeiden. Für den Joh-Prolog tritt ein jene Kombination aus Hebr 1,1.2 mit Lk 2, die eine genaue Betrachtung von Mar Abas Text zu Tage förderte. Nichts wird auch über die christologische Union und

---

89 „Natur", *kyn',* nur hier im christologischen Teil: Syn. Or., p. 541,17/p. 552 oben.

90 Oder: „*in* unsterblichem und unwandelbarem Leben"? Chabot übersetzt das Präfix *b* von p. 541,28 mit „pour", p. 552 (Mitte); eher „par".

91 Syn. Or., p. 542,4 / p. 552 (Mitte).

ihren Modus gesagt: die Einheit des Sohnes, des Herrn Christus, wird als gegeben vorausgesetzt, ebenso aber seine Gottheit und seine Menschheit. Die begründenden Bibelstellen sind ebenso viel Begründungen sowohl für die Empfänger der Unterweisung wie für die Diskussion mit anderen.

Die irdische Geschichte des Herrn Christus wird durch die Sendung des Geistes zu Pfingsten abgeschlossen. In Mar Abas Lehre beginnt damit aber ein neuer Abschnitt[92], der ungefähr so umfangreich ist wie der vorangehende, woran sich die Bedeutung ablesen läßt, die ihm der Verfasser zuschreibt. „Der Geist wird euch alle Wahrheit lehren" (Joh 6,13). Diese Wahrheit, die der Geist die Jünger lehrte, war nichts anderes als die heilige Trinität, die für alle Geschöpfe verborgen war. Sie wurde angedeutet im AT, enthüllt wie in einem Bild in der Taufe unseres Herrn: durch den Sohn, der getauft wurde, durch den Vater, der ihn bezeugte, durch den Geist, der auf ihm ruhte wie eine Taube. Das ist das Geheimnis der Trinität, von dem der Auferstandene zu seinen Aposteln sprach (Mt 28,19). Diese (drei) wurden „genau" erkannt von den Jüngern durch die Gabe des Geistes.

Ebenso lernten die Jünger vom Geist selbst, daß Christus kein bloßer Mensch ist, auch nicht „Gott ohne das Gewand der Menschheit", in der er sich gezeigt hat, sondern daß Christus Gott und Mensch ist, „d. h. die Menschheit gesalbt mit der Gottheit, die ihn gesalbt hat". Hierfür wird Ps 44,8 herangezogen, „was seine Menschheit anzeigt", wogegen „Am Anfang war der Logos" seine Gottheit erweist (hier wird also einmal der Joh-Prolog zitiert!). Den Anschluß, „die ewiglich von Ewigkeit her ist" (syr. p. 542,26–27), bezieht Chabot (p. 553 oben) auf die Trinität zurück: „Cette (Trinité) existe de toute éternité, elle a créé toutes les choses visibles et invisibles". Jedoch ist der Satz „die ewiglich von Ewigkeit her ist" dem unmittelbar vorangehenden Nomen zugeordnet, nämlich der „Gottheit". Chabots Anschluß „elle a créé ..." beginnt im Syrischen mit *hy dhy* (einem sehr kurzen zusammengesetzten Nominalsatz): „diese (ist es), von der gilt: sie hat alles Sichtbare und alles Unsichtbare geschaffen." Damit ist immer noch die Gottheit gemeint. Im anschließenden Satz ist die Reihenfolge von negativen Gottesprädikaten und drei Hypostasen gegen Chabots Übersetzung umzudrehen: „Und sie ist in drei Hypostasen ohne Anfang, ohne Verwandlung, ohne Leiden und ohne Zerschneidung, die (Hypostasen) sind Vater, Sohn und heiliger Geist".

Aus Worten des Herrn geht hervor, daß in *ihm* die ewige Trinität erkannt wird, „wie er über *sich selbst* erkennen läßt". Als erstes zitiert Mar Aba Joh 2,19 (überraschenderweise, wenn man aus der Fortsetzung erkennt, was damit belegt werden soll; aber mit einer weiter reichenden Absicht, wenn man auf den Schluß blickt): „‚Brecht diesen Tempel ab', d. h. die Menschheit, die er angezogen hat"; das wird von Mar Aba offensichtlich in diesem Zusammenhang als Selbstaussage des *Sohnes* verstanden, auch wenn er das nicht aus-

[92] Ibid., p. 542,8–543,1 / p. 552 (unteres Drittel) – 553 (Mitte „la confession chrétienne").

drücklich sagt, obwohl der „Beweis" für die aus Christi Worten abzuleitende Trinität in Christus diesen Titel eigentlich verlangt. Für den „*Vater* in mir" steht Joh 14,10; für den *Geist* Lk 14,18 („Geist über mir", „hat mich gesalbt"). „Siehe, aus dem Namen ‚Christus' haben wir den Vater und den Sohn und den Heiligen Geist gelernt, und seine Menschheit haben wir von ihm selbst (belehrt) verstanden. Und in ihm ist das Siegel des ganzen Bekenntnisses zum Christentum".

Die Absicht dieser langen Darlegung scheint mir zu sein, die Menschheit Christi durch die trinitarischen Aussagen des gottmenschlichen Christus über sich selbst so durch den „Sohn" (Name für Gottheit *und* Menschheit) in der Trinität zu verankern, daß es zum Vorwurf der Einführung einer Quaternität nicht kommen kann.

Die fünf Anathemata am Schluß sind Zusammenfassung, Wiederholung und (liturgische) Verdeutlichung des bisher Gesagten. Anathema 1 verlangt Akzeptanz der übersandten Glaubensunterweisung, Anath. 2 verurteilt die Quaternität (mit welcher Intention wurde schon oben gesagt). Anath. 3: „Wer nicht bekennt, daß am Ende offenbart worden ist im Fleisch der eingeborene Sohn Gottes, ‚welcher ist Christus, unser Herr' (cf. Lk 2,11), der sei mit dem Anathem belegt." – An diesem Anathema erkennt man, wie wichtig dem Verfasser diese biblische Begründung der Einheit der Person Christi war. – Anath. 4 ist Ausdruck des Dyophysitismus ohne die bekannten *termini:* „Wer nicht bekennt das Leiden und den Tod der Menschheit Christi und die Leidensunfähigkeit seiner Gottheit, der sei mit dem Anathem belegt". Das 5. Anathema erfordert zum besseren Verständnis eine Gliederung:

(a) „Jeder der beendet das Gebet im Namen von Vater, Sohn und Heiligem Geist und zählt mit ihnen etwas anderes" – richtet sich wiederum gegen den Vorwurf einer Quaternität –;
(b) „oder nicht glaubt, daß er in der Bezeichnung ‚Sohn' die Gottheit und die Menschheit Christi zugleich erkennen läßt" – dies ist zur Klärung der Meinung Mar Abas besonders wichtig, weil hier deutlicher gesagt wird, was sich aus der Verschränkung von Trinitätslehre und Christologie oben schon zu ergeben schien: daß nämlich die Menschheit Christi durch ihren Einschluß im Namen „Sohn" im trinitarischen Bekenntnis enthalten ist und deswegen von einer Quaternität nicht die Rede sein kann. Die Frage ist, ob
(c) „oder jeder, der das Gebet beschließt mit dem Namen Christi und (den) nicht als (Namen) der Trinität[93] bekennt, der sei mit dem Anathem belegt", die Umkehrung von (b) bedeutet. Nach Chabots Übersetzung scheint das nicht der Fall zu sein: „ou qui conclut la prière au nom du Christ sans confesser la Trinité: que celui-là soit anathème!" Meine Übersetzung dagegen versucht, *lw 'yk dtlytywt'* genauer wiederzugeben; auch hier wäre also die Verschränkung von Christologie und Trinität vertreten.

[93] Syn. Or., p. 543,9: für das erste *y* im Wort lies *l*.

Worauf schon der Umfang des Abschnitts über den Heiligen Geist und seine Lehre in Mar Abas Unterweisung hinweist, wird durch die Anathemata bestätigt: Noch wichtiger als die korrekte Christologie für die Abwehr der gegnerischen Lehre war ihm in der von ihm vorgefundenen Situation eine mit der Christologie so zusammengedachte Trinitätslehre, daß mit ihr der Vorwurf der Einführung einer „Quaternität" in die Theologie abgewehrt werden konnte.

* * *

Die auffällige Unauffälligkeit der Unterweisung des Mar Aba ist sicher der Grund, warum ʿAbdišoʿ Jahrhunderte später ihr einen Ehrenplatz in seinem Ordo iudiciorum ecclesiasticorum (1315/16) verschafft hat. Nach der Vorrede und der Capitulatio beginnt Lib. I, tract. 1 mit „De fide orthodoxa" als erstem Kapitel[94]. Das Kapitel hat drei Bestandteile. Das erste stammt aus der Synode von Beth Lapat und ist nichts anderes als Mt 28,19 mit einigen einleitenden Worten. Die Synode von Beth Lapat ist die schismatische des Bar Sauma von 484, deren disziplinarische Bestimmungen jedoch für nützlich erachtet wurden. Der Ordo iudiciorum ecclesiasticorum des ʿAbdišoʿ enthält mehrere Exzerpte daraus[95]. Das zweite Stück stellt die Einleitung zum dritten dar und ist eine Bemerkung ʿAbdišoʿs über die Notwendigkeit, vor die Canones den rechten Glauben zu setzen. Weil alle Christen, sagt der Verfasser, den nicaenischen Glauben annehmen und ihm zustimmen, ein weniges jedoch in seiner Erklärung voneinander abweichen, wolle er vor allem ein *symbolum fidei* an den Anfang setzen, „id est explicationem accuratam viri famosi Mar Aba Catholici, benedictae memoriae, ex epistula synodica eius secunda de fide orthodoxa". Darauf folgt das dritte Stück, durch das Lemma noch einmal als Exzerpt gekennzeichnet. Es entspricht Syn. Or. p. 541,1–542,13 / 551 (unteres Drittel) – 552 (unten). Damit ist mehr als die Hälfte des Textes wiedergegeben, nämlich Gotteslehre und Oikonomia Christi (samt der darin enthaltenen dyophysitischen Christologie) – aber nicht das komplizierte Stück mit der Verschränkung von Trinitätslehre und Christologie und auch nicht die Anathemata. Die Abwehr des Vorwurfs einer Quaternität in Gott war vermutlich kein aktuelles Thema mehr für den Kanonisten ʿAbdišoʿ, wogegen der biblische Cha-

---

[94] Nur in lateinischer Übersetzung publiziert: Codificazione canonica orientale, Fonti II 15, Caldei – Diritto antico II: Ordo iudiciorum ecclesiasticorum a Mar ʿAbdišoʿ, latine interpretatus J.-M. Vosté (1940) 33–35. – Nun neu syrisch-deutsch: Ebedjesus von Nisibis. „Ordo iudiciorum ecclesiasticorum". Eine Zusammenstellung der kirchlichen Rechtsbestimmungen der ostsyrischen Kirche im 14. Jahrhundert, herausgegeben, übersetzt und eingeleitet von *H. Kaufhold* (Wiesbaden 2019), 22–27. (T. H.)

[95] Syrisch und mit französischer Übersetzung zusammengestellt von Chabot, Syn. Or., p. 623–625.

rakter des christologischen Teils und die weitgehende Abwesenheit von *termini technici* ihm anziehend sein mußte. Schließlich kannte der Sammler ja alle Credo-Formulierungen des synodalen Materials – dem Text des Mar Aba hat er den Vorzug gegeben.

3) Der Kanon 40 des Mar Aba

Chabot druckt im Anschluß an das Exzerpt aus dem 6. Brief des Mar Aba „Kanones, die aufgestellt wurden vom Patriarchen Mar Aba und den Bischöfen, die mit ihm versammelt waren“[96]. Merkwürdigerweise war Labourt davon überzeugt, daß diese Kanones nicht echt sein könnten. Seine Gründe[97]:

„1) Dans la liste complète des pièces canoniques réunies par Maraba en 543/4, il est nullement question des canons. 2) Chacune des pièces mentionnées dans la liste nous est parvenue, au moins à l’état fragmentaire. Il est donc impossible d’y ajouter quoi que ce soit. 3) Aucun de ces canons n’est original. Cette collection assez hétéroclite rappelle le pseudo-concile de Séleucie publié par Lamy et n’a pas plus de chance d’être authentique. 4) La seule mention du concile de Chalcédoine dans le titre suffit à rendre la collection des plus suspectes“.

Der *erste* und *zweite* Punkt sind leicht zu widerlegen, denn sie widersprechen allen Erfahrungen mit der Überlieferungsgeschichte von Textsammlungen[98]. Der *Gesamtverdacht* wird durch die simple Tatsache widerlegt, daß die Synode von Mar Abas Nachfolger Joseph vom Jahr 554 in can. 22 die „väterlichen Kanones“ des Mar Aba (d.h. die aus der kanonistischen Überlieferung entnommenen Vorschriften) für verbindlich erklärt[99]:

Can. 22 „L’assemblée des évêques a aussi voulu que *les canons paternels qui ont été renouvelés par le zèle du catholicos Mar Aba,* de bonne mémoire, *soient observés avec soin* et que quiconque les transgressera reçoive le châtiment de sa faute, selon qu’il paraîtra convenable à l’assemblée des évêques“.

Vermutlich bezieht sich ein Hinweis in der Vorrede der „Synode Mar Abas“ auf eben diese Kanones; die um Mar Aba „in seinem Exil“[100] versammelten Bischöfe regelten zunächst *„les canons concernant la manière de vivre* qui

---

[96] Syn. Or., p. 545–550 / p. 555–561. Zum Zustand des Textes siehe Chabots Apparat.
[97] *Labourt,* Christianisme, p. 187, Anm. 2.
[98] Ein naheliegendes Beispiel ist das Schicksal der von Labourt in seinen Punkten 1) und 2) genannten Schreiben Mar Abas, die dieser selbst in einer Liste zusammengestellt hat (Syn. Or., p. 69,17–23 / p. 319 unten). Chabots Hss. P und R differieren, R hat mehr von diesen Texten als P; Chabot seinerseits ist mit dem Überschuß von R verschieden verfahren: einen der Briefe aus R schaltet er in die P-Briefe ein, einen anderen Brief und die Kanones verweist er in einen Anhang. Siehe *Chabot,* p. 319, Anm. 7.
[99] Syn. Or., p. 108,3–7 / p. 365.
[100] Syn. Or., p. 69,9 / p. 319 (oben).

convient à ceux *qui ont été baptisés* dans le sacrement d'adoption spirituelle pour la vie éternelle"[101].

Mit dem *dritten* und dem *vierten* Punkt sind Labourt in der Tat zwei Eigentümlichkeiten der Serie aufgefallen; sie machen die Serie aber nicht verdächtig, sondern bezeichnen ein bestimmtes neues Stadium der kirchenrechtlichen Entwicklung der Kirche des Ostens.

Die Beschreibung dieses Stadiums, die Walter Selb anhand von Mar Abas Kanones gibt, beantwortet die Probleme, die Labourt seinerzeit hatte[102]:

„Neues Material aus dem Westen scheint erst wieder unter *Mār Aḇā* (539/540–552)" (in den kirchenrechtlichen Bestand) „aufgenommen worden zu sein. In einem Vorspruch zu den 40 Kanones seiner Synode gibt er deren Quellen bekannt. Es handelt sich hier also nicht um einen Übernahmevermerk, der eine Sammlung vollständig beschreibt, sondern um einen Quellenvermerk, der nur das aus der Vorlage verwendete Material angibt. Auch daraus läßt sich jedoch noch die westliche Vorlage, das antiochenische Corpus Canonum, erkennen, da *Mār Aḇā*s Vorlage eindeutig den charakteristischen Fehler dieser Sammlung enthielt und eine Synode von *Kaisareia* in Kappadokien neben der von *Neokaisareia* zusammen mit der von *Ankyra* nannte. *Mār Aḇā* zitiert dabei seine Quellen nicht, er referiert über sie, gibt ihren Inhalt frei in Kurzfassung wieder. Da er auch *Chalkedon* Kanon 27 verwendet, liegt es nahe, daß ihm ein fortgeschriebenes antiochenisches Corpus Canonum wie Brit. Mus. 906 = Add. 14528 oder wie die in das große nestorianische Synodikon eingegangene Sammlung vorlag, die bereits *Konstantinopel* I und *Chalkedon* enthielt."[103]

Die eben genannte Hs. der British Library ist eine syrische Übersetzung der „fortgeschriebenen antiochenischen" Kanonsammlung, angefertigt um 500/501 in Mabbug-Hierapolis[104]. Die Übernahme der Kanones von Chalkedon in die Sammlung „läßt übrigens erkennen, daß die Sammlung, wahrscheinlich auch die Übersetzung, von einem Anhänger der dyophysitischen Lehre veranstaltet wurde"[105].

---

101 Syn. Or., p. 69,5–7 / p. 319 (oben).

102 *W. Selb,* Orientalisches Kirchenrecht, Bd. I: Die Geschichte des Kirchenrechts der Nestorianer (von den Anfängen bis zur Mongolenzeit) = SÖAW.PH 388 (Wien 1981) 104.

103 Chabot gibt die Zuordnung der einzelnen Kanones zu den „westlichen" Synoden in den Anmerkungen zum syrischen Text.

104 *Selb,* p. 88.

105 Ibid., p. 89. Aber p. 84–85: „höchstwahrscheinlich dem westsyrischen (jakobitischen) Bereich entstammende syrische Übersetzung einer griechischen Vorlage"! „Westsyrisch" ist insofern richtig, als es sich um das römische Gebiet handelt; „jakobitisch" ist für das Jahr 501 in jedem Fall anachronistisch. Allerdings war Bischof von Mabbug um diese Zeit Philoxenus. Zwischen ihm und dem seit 498 amtierenden chalcedonischen Patriarchen von Antiochien, Flavian, herrschte wütende Feindschaft. Doch für die Zeit von 499 bis 506 scheint es keine Daten über die Aktivitäten des Philoxenus zu geben, so daß man nicht weiß, welche Partei 500/501 die Oberhand in Mabbug hatte. Wie auch immer, es gab keine Hemmungen dort, eine kirchenrechtliche Sammlung abzuschreiben, auch wenn sie chalcedonisches Material enthielt.

Es ließe sich ohne weiteres denken, daß Mar Aba auf diese syrische Übersetzung auf seiner Rückreise etwa in Antiochien hätte stoßen können und sie seinem gesammelten Handschriften-Material als seiner Kirche nützlich angefügt hätte (und in einer übersetzten Gestalt besonders nützlich!).

Neben dem „westlichen“ Material enthalten die Kanones auch solches der eigenen, persischen Kirche: aus „der Synode des Ostens, die abgehalten wurde in Seleukia und Ktesiphon zur Zeit des Katholikos Mar Isaak“ (vom Jahr 410), und aus der „Synode des heiligen Mar Aba selbst“[106]. Das Adjektiv „heilig“ spricht übrigens dagegen, daß die kleine Vorrede zu den Kanones vom Katholikos selber stammen kann, wie Selb anzunehmen scheint. Von Mar Aba ist can. 38 (ein Exzerpt aus dem 3. Brief), vor allem aber der letzte Kanon, 40[107].

can. 40: „Die Gesinnung von uns allen, der Bischöfe des gesamten Ostens hinsichtlich des Glaubens, der aufgesetzt wurde von den 318 Bischöfen, den wir festhalten in unserm Bekenntnis zur Rechten und zur Linken („de toute façon“), ist jene (Gesinnung), die aufgeschrieben wurde vom heiligen und gottliebenden seligen Mar Theodoros, Bischof und Lehrer der göttlichen Schriften“.

Robert Devreesse, der am Ende seines „Essai“ diese „Norm“ Mar Abas erwähnt, tut das ohne Hinweis auf die *schriftliche* Gestalt der „Gesinnung“ Theodors[108]. Diese ist ohne Zweifel in der „Erklärung des Symbols der 318“ zu finden, d. h. in den ersten zehn Katechetischen Homilien[109]. Die ostsyrische Tradition (für die Mar Aba der erste Beleg wäre) unterscheidet zwischen den Homilien über den Glauben und denen mit der Erklärung der Sakramente, auch wenn beide Gruppen zusammen überliefert werden[110]. Das in den Glaubenshomilien erklärte Symbol ist das dem Constantinopolitanum (C) nahe verwandte „alte Bekenntnis von Antiochien“, welches identisch ist mit dem sog. „Nestorianum“[111]. So wie C ein nicaenisches Bekenntnis ist, ist auch das

---

[106] Syn. Or., p. 545,16–18 / p. 556 (oben).

[107] Ibid., p. 550,20–24 / p. 561 (unten).

[108] *R. Devreesse,* Essai sur Théodore de Mopsueste = ST 141 (Città del Vaticano 1948) 275–276.

[109] *R. Tonneau, R. Devreesse* (eds.), Les Homélies catéchétiques de Théodore de Mopsueste = ST 145 (Città del Vaticano 1949); deutsche Übersetzung von *P. Bruns,* Katechetische Homilien = FC 17,1 und 2 (Freiburg 1994).

[110] „Katechetische Homilien“ ist der Titel, den Tonneau aus praktischen Gründen gewählt hat, so Devreesse in seiner Einleitung zur Ausgabe, p. XV. In der von Tonneau reproduzierten Hs. folgt auf das Kolophon zur „Erklärung des Glaubens“ sogleich, noch auf derselben Zeile beginnend, nur durch eine kleine Verzierung getrennt, das Lemma zur „Erklärung der Sakramente“. A. Mingana in seiner Erstausgabe von 1932 und 1933, in den Woodbrooke Studies V und VI, gibt noch die Einzeltitel an: „Commentary ... on the Nicene Creed“, „Commentary on the Lord's Prayer and on the Sacraments ...“. In der täglichen mündlichen Darbietung durch Theodor gab es keine Unterbrechung: Zu Beginn von Homilie XI über das Vaterunser erinnert er an das, was er „gestern“ gesagt habe.

[111] *L. Abramowski,* Was hat das Nicaeno-Constantinopolitanum (C) mit dem Konzil von Konstantinopel 381 zu tun?, ThPh 67 (1992) 481–513, hier p. 506–513. Zum Bekenntnis Theodors auch *Bruns* in der Einleitung zu FC 17,1, p. 24–35.

von Theodor erklärte Bekenntnis nicaenisch; der wesentliche Unterschied beider gegenüber dem „reinen" Nicaenum (N) ist der ausgeführte 3. Artikel über den Geist, in dem sich beide aber wiederum voneinander unterscheiden.

Bestand für Mar Aba ein konkreter Anlaß, nicht nur allgemein auf die Autorität Theodors hinzuweisen, sondern speziell auf die Erklärung des Credo? Konnte der Katholikos die Kenntnis des Werkes nicht als selbstverständlich voraussetzen, so daß ein werbender Hinweis, zur Lektüre ermunternd, nötig war? Es stellt sich daher auch die Frage nach dem Alter der Übersetzung ins Syrische und damit nach der allgemeinen Zugänglichkeit des Textes. R. Tonneau, in seinem Vorwort zur Edition der Homilien, plädiert für Edessa im 5. Jh.[112]: Die Übersetzung weise auf den „caractère général des traductions faites en cet admirable cinquième siècle, à l'école d'Édesse". Eine Anfrage bei S. Brock, ob seine bewährte Methode der Beobachtung von ableitenden Wortbildungen (Adjektiven) hier etwas helfen könne, hatte zum Ergebnis, daß sein Befund „would point to the late 5th century at the earliest for the translation", sie sollte jedoch nicht viel später angesetzt werden[113]. Das würde wiederum eher nach Nisibis als nach Edessa führen. Man könnte also in der Feststellung des Mar Aba, „Unsere Gesinnung ist ...", die natürlich einer Anordnung gleichkommt, den Katholikos in seinen früheren Inkarnationen als in Nisibis geschulten und in Nisibis lehrenden Theologen hören.

Die Katechetischen Homilien Theodors über das „Nicaenum" können tatsächlich formal und inhaltlich als eine handliche Dogmatik betrachtet werden: 71 Blätter = 142 Seiten, in denen der Stoff in leicht zu merkender Anordnung und in gleichmäßig langen Abschnitten (= Homilien) behandelt wird. Mit der Festlegung auf die Auslegung Theodors unterscheidet man sich aber auch (oder: vor allem) von anderen Theologien, die sich auf das Nicaenum berufen, wofür hier nur der Name des Philoxenus und damit der des Kyrill von Alexandrien zu stehen braucht. Eine Rolle mögen für Mar Aba auch die Erfahrungen gespielt haben, die er mit den Gemeinden im Bistum Šuš gemacht hatte (und vielleicht mit der theologischen Hilflosigkeit derer, die diese Gemeinden zur Ordnung rufen sollten?). Wenn man an den Verzicht auf alle theologischen Reizworte in Mar Abas Unterweisung für jene Gemeinden denkt, wird einem auch der vergleichsweise milde Charakter der Symbolerklärung Theodors bewußt. Allerdings ist die antiochenische – besser: theodorianische – Eigentümlichkeit darin viel deutlicher ausgesprochen. Aus der Zeit lange vor den nestorianischen Streitigkeiten stammend, fehlt den Katechesen schon wegen ihres Publikums alle polemische Schärfe, um von den rhetorischen und logischen Scharfsinnigkeiten solcher Disputationen wie der zwischen Ḥabib und Philoxenus und den Längen Narsais zu schweigen. Als theologisches Grundbuch waren sie auch viel besser geeignet als Theodors *De incarnatione*,

[112] *Tonneau, Devreesse,* p. IX, Anm. 2.
[113] Briefliche Mitteilung vom 11. März 2007, für die herzlich gedankt sei.

diese tastende Anfängerschrift, die trotz der doppelten Gliederung in Bücher und durchlaufende Kapitel einen eher formlosen Eindruck macht, soweit man nach den verbleibenden Resten zu urteilen vermag.

II. THOMAS VON EDESSA

Aus chronologischen Gründen ist Thomas von Edessa unter den Schülern Mar Abas als erster zu nennen: er ist noch vor Mar Aba gestorben und zwar in Konstantinopel, wie wir von Cosmas Indicopleustes wissen[114]. Mar Aba hatte den Thomas in Edessa kennen gelernt, von ihm erwarb er die Kenntnis des Griechischen und lehrte ihn seinerseits seine Theologie. Thomas begleitete den Perser während seines jahrelangen Aufenthalts auf römischem Gebiet, davon ein ganzes Jahr in Konstantinopel, und kehrte mit ihm nach Nisibis zurück[115]. In Nisibis war er „Lehrer" und Cyrus (von wann an?) sein „Begleiter"[116]. Warum befand sich Thomas zum Zeitpunkt seines Todes wieder in Konstantinopel?[117] Diese Frage ist bisher offenbar nicht gestellt worden. Es wäre denkbar, daß Mar Aba, 540 bereits Katholikos, ihn in kirchlich-diplomatischer Absicht dorthin geschickt hatte. Die Zweisprachigkeit des Thomas und die Beziehungen, die die beiden Reisenden in der Hauptstadt des römischen Reiches ohne Zweifel geknüpft hatten, waren eine gute Voraussetzung für eine solche Mission. Der Anlaß für diese war vielleicht einfach eine diskrete Mitteilung über Mar Abas Wahl an eventuelle Freunde dort, oder hing dazu noch, viel heikler, mit dem etwa gleichzeitigen Ausbruch des persisch-römischen Krieges 540 zusammen, in dessen Vorfeld die Schule von Nisibis durch den Großkönig aus strategischen Gründen suspendiert worden war[118].

---

[114] *Cosmas Ind.*, Top. chr. II 2: SC 141, p. 307,10–12. (T. H.)

[115] Siehe oben die Vita des Mar Aba und unten den Abschnitt über Cosmas Indicopleustes.

[116] Siehe das Lemma zum „Volumen" der *causae* des Thomas und des Cyrus, Carr, p. 3 / p. 13. *br plḥwth*, von Carr als „laboris consorte" übersetzt, ist ein fester Terminus und heißt einfach „Begleiter" in verschiedenen dienstlichen Zusammenhängen, siehe die Lexica unter *bny plḥwth*.

[117] *Baumstark*, Geschichte, 121, hat auf Grund allzu flüchtiger Lektüre des Cosmas-Textes den Tod des Thomas während des Aufenthalts der *beiden* Reisenden in Konstantinopel angesetzt und deswegen den späteren nisibenischen Lehrer Thomas vom gleichnamigen Begleiter des Mar Aba unterschieden. Richtig dagegen *W. F. Macomber*, The Theological Synthesis of Cyrus of Edessa, an East Syrian Theologian of the mid sixth century, OCP 30 (1964) 8, Anm. 2. – Vgl. *T. Hainthaler*, Thomas of Edessa, Causa De nativitate. Some considerations, ParOr 31 (2006) 63–85, hier: 70–71. (T. H.)

[118] Die Suspension dauerte nur zwei Jahre. Siehe dazu *L. Abramowski*, Eine Notiz aus dem 6. JahrhundertJh. über die Schule von Nisibis, in: N. Jung, F. Machilek, S. Seit (hgg.), Fides – Theologia – Ecclesia, FS E. L. Grasmück = Bamberger Theologische Studien 37 (Frankfurt 2012) 45–54, bes. 47–48.

Macomber datiert den Tod des Thomas auf etwa 542; seine Begründung scheint eine Kalkulation zu sein, die von der etwa 547 niedergeschriebenen Mitteilung des Todes durch Cosmas rückwärts rechnet[119]:

„Now Cyrus, in *The Cause of the Fast* ..., says that he has been commissioned to write down ‚these causes of the feasts that time did not give the saint of God, our holy master Mar Thomas, doctor, the opportunity to do'[120]. On the probable assumption therefore, that Cyrus is here referring to Thomas' death (which might explain why he calls him ‚the saint of God'), which did not allow him to finish the task he had begun, Thomas must have written his ‚causes' shortly before 542, whereas Cyrus must have composed his within a few years after".

Hierzu ist zu sagen, daß die Bezeichnung „heilig" nicht notwendig den Tod der betreffenden Person anzeigt[121]; daß Thomas keine Zeit mehr hatte, mit der Serie seiner *causae* fortzufahren, kann nur mit seinem (sicher möglichst unauffälligen!) Aufbruch nach Westen zusammenhängen. Man erinnere sich an die absichtliche Dürftigkeit der faktischen Mitteilungen über den „westlichen" Aufenthalt des Mar Aba in der Vita, auf die Peeters aufmerksam macht.

In der Einleitung zu seiner Cyrus-Ausgabe plädiert Macomber für den Beginn der Reihe der *causae* des Thomas etwa 538 oder 539[122]. Macomber gehört zu denen, die mit einer Schulgründung in Seleukia-Ktesiphon durch Mar Aba, vor Beginn seines Katholikats, rechnen. Hier sehe ich das Problem, daß die zeitgenössische Vita des Mar Aba von dieser Schulgründung nichts sagt[123]. Macomber beruft sich auf den Titel „Interpret", den Thomas (auch er ja Zeitgenosse) dem Mar Aba gibt und den gewöhnlicherweise der Leiter der Schule von Nisibis trug; in der Liste „of directors-interpreters of the School of Nisibis given by Ḥalwan, *Fundationis* (PO IV 389s)" erscheine der Name des Mar Aba aber nicht[124] (die Vita berichtet nur von seinen langen Jahren als „Lehrer" in Nisibis). Jedenfalls folgert Macomber: „The title ‚Interpreter', moreover confirms that it was at the School of Seleucia-Ctesiphon, where Mar Aba exercised this office, that Thomas composed his treatises". Mir scheint diese Folgerung für Thomas nicht zwingend.

---

119 *Macomber,* OCP 30 (1964) 8, Anm. 2.

120 *Macomber,* ebd. zitiert noch nach der Hs.; leicht variiert in seiner Ausgabe der *causae* des Cyrus: *ders.,* Six explanations of the liturgical feasts by Cyrus of Edessa = CSCO 355.356 (Syr 155. 156), p. 1,15–17 liest man: „explanations of these feasts that time did not give the saint of God, our holy master Mar Thomas, doctor, the opportunity to compose".

121 Eine Beobachtung, die mir S. Brock bestätigt. – Damit entfällt leider auch ein Hilfsmittel zur Datierung.

122 CSCO 356, p. VII–IX.

123 Außer der Diskussion des Problems oben anläßlich der Vita des Mar Aba, siehe auch *L. Abramowski,* Notiz, FS Grasmück, 47–48.

124 CSCO 356, p. IX.

Von den zwei *causae*, die Thomas auf*geschrieben* hat, ist die erste über die Geburt Christi von S. J. Carr 1898 ediert und übersetzt worden[125]. Diese Ausgabe war es, die A. Baumstark zu seinem Aufsatz von 1901 über die *Causae festorum* veranlaßte[126]. Carr plante auch die Ausgabe der folgenden *causa* des Thomas über die Epiphanie, führte diese Absicht aber nicht aus. 1898 schreibt er noch zur zweiten *causa:* „All discussion of the views of Thomas on theological subjects is reserved for some future time", wenn nämlich die Rede über die Epiphanie in seiner Edition vorliegen werde, ihr Charakter „in a great measure, is doctrinal; hence it would scarcely be prudent to speak definitely on his theological views without giving due attention to both treatises"[127].

Das handschriftliche Material, das Macomber für seine Cyrus-Ausgabe benutzt hat[128], enthält beide *causae* des Thomas; es wäre wünschenswert, wenn jemand es zu einer Neu- bzw. Erstausgabe jener beiden Texte heranziehen würde.[129]

Die jüngste Untersuchung der einen edierten *causa* des Thomas ist die von Th. Hainthaler von 2006[130]. Ihre Analyse des Texts zitiert die Capitulatio, gibt Inhaltsangaben der einzelnen Kapitel, stellt die Christologie dar, ergänzt um

---

[125] S. J. Carr (ed.), Thomae Edesseni tractatus de Nativitate domini nostri Christi (Rom 1898). – Nun neue Edition: U. Possekel, J. F. Coakley (eds.), Thomas of Edessa's Explanations of the Nativity and Epiphany = Oxford Early Christian Texts (Oxford 2021). (T. H.)

[126] *A. Baumstark,* Die nestorianischen Schriften „de causis festorum", OrChr 1 (1901) 320–342, hier: 321.

[127] *Carr,* p. 10–11. – *Baumstark,* OrChr 1 (1901) 325, teilt die Capitulatio dieser Rede mit (wie auch die der *causae* des Cyrus), unter Angabe der Folio-Ziffern für die einzelnen Kapitel. Ich schreibe sie hier ab, lasse nur alle Anführungszeichen und das „o" von r° und u° weg.

1. An denjenigen, welcher ihn gebeten, sie schriftlich abzufassen (51r–52r).
2. Welches die Hauptstücke eben dieser *causa* sind (52r.v).
3. Weshalb wir dieses Fest dasjenige der Epiphanie nennen (52v–54r).
4. Weshalb Christus, unser Erlöser, von der Zeit seiner Geburt 30 Jahre bis zu seiner Taufe zuwartete (54r–57v).
5. Weshalb wir dieses Fest 12 Tage nach dem ersten begehen, wobei auch unrichtige diesbezügliche Meinungen widerlegt werden (57v–59v).
6. Auf welche Weise und durch wessen Vermittelung unser Herr öffentlich bekannt wurde (59v–63r).
7. Wozu die Taufe des Johannes erforderlich war (63r–64v).
8. Mit welcher Taufe unser Herr getauft wurde (64v–66v).
9. Wozu die (christliche) Taufe notwendig war und weshalb unser Herr getauft wurde (66v–72v).
10. Weshalb Johannes unsern Herrn taufte, wenn er ihn nicht mit seiner eigenen Taufe taufte (72v–73r).
11. Ermahnung zu schönen Werken (73r.v).

[128] Über die Handschriften und ihr Verhältnis zueinander, siehe *Macomber,* CSCO 355 (155), p. X–XXIII.

[129] Dieser Wunsch ging durch die Edition von U. Possekel und J. Coakley 2021 (s. o. Anm. 125) in Erfüllung. (T. H.)

[130] *Th. Hainthaler,* Thomas of Edessa, Causa De nativitate. Some considerations, ParOr 31 (2006) 63–85. Aus jüngerer Zeit kann sie nur einen Aufsatz von P. Bettiolo (1994) nennen.

„einige zusätzliche Bemerkungen". In ihrer „conclusion" muß die Verfasserin feststellen, daß das „christologische Ergebnis ziemlich mager"[131] sei, auch nennt sie es „enttäuschend"[132].

Thomas sagt zu Beginn des 1. Kapitels, daß der Lesemeister *(mqryn')*[133] „unserer Gemeinschaft", Mose, zusammen mit den „exzellenten Brüdern", ihm befohlen hätte, diese *causa* aufzuschreiben, die er nach Mar Aba (s. o.) gesprochen habe. Das führt dazu, daß diese Rede, die doch vor einer Gruppe gehalten wurde, zu einem Schreiben, gerichtet an den Freund Mose, wird; dieser wird dreimal (cap. 4. 5. 7) als „verehrungswürdiger Bruder" angeredet. Hainthaler hat bemerkt, daß die Israeliten auffällig oft erwähnt werden. „Had the author a larger Jewish community in his view?"[134] Es wäre m. E. aber auch denkbar, daß Mose ein Konvertit aus dem Judentum war. Die ausführlichste der betreffenden Stellen lautet[135]: „Wer also nicht die göttliche Erkenntnis besitzt, fällt ab von allem, was ihn fröhlich macht ... Deutlich ist aber, daß auch dem israelitischen Volk, auch wenn es (bereits) die Hausgenossenschaft[136] Gottes hatte, – (daß) ihnen selbst ein großes Gutes geschah in der Ankunft Christi unseres Herrn, daß sie emporgehoben wurden[137] aus dem kindlichen Leben und auch sie gewürdigt wurden der vollständigen Erkenntnis der heiligen Trinität des Vaters und des Sohnes und des Heiligen Geistes, die in Einheit erkannt werden". Etwas weiter unten auf derselben Seite: Wenn über die Entwöhnung eines Kindes und den Übergang zu „vollständiger" Speise Freude herrscht, „um wieviel mehr ist dieser Freude würdig, daß Israeliten mit allen Völkern zur vollständigen Erkenntnis der Trinität gelangt sind". – Dem Verfasser ist es also ernst mit der Kirche aus Juden und Heiden. Schließlich waren die Jünger, denen die Verheißung und der Auftrag von Mt 28,19 zuteil wurden, alle Juden. Das eigentlich Interessante ist, daß das Erwachsenwerden der Israeliten in der Akzeptanz der Trinitätslehre besteht. Gab es weitere zu vermutende Konvertiten aus dem Judentum in der Gemeinschaft außer dem Freund Mose (falls er ein Konvertit war)? In der Praxis müßte „Erkenntnis der Trinität" die Taufe bedeuten.

---

[131] *Hainthaler,* Thomas, p. 83.

[132] Ibid. 81.

[133] *mqryn'* „a teacher of reading" (Compend. Syr. Dict.). Die Wiedergabe durch „lector" (Vööbus) trifft die Funktion nicht genau; über letztere vgl. *Hainthaler,* Thomas, p. 72, Anm. 60.

[134] *Hainthaler,* Thomas, p. 72.

[135] Cap. 4: Carr, p. 23/23.

[136] Carr hat „cognatio" für *bytywt',* richtig wäre „familiaritas".

[137] Im Exemplar der Tübinger UB von Carrs Edition hat der Vorbesitzer Nöldeke (seine Tinte, seine Feder, seine Handschrift) auf dieser Textseite drei Korrekturen angebracht. Bei „emporgehoben werden" ergänzt er das Plural-*waw,* zwei Zeilen weiter ergänzt er das Schluß-*alaph* bei „Freude", und wiederum zwei Zeilen weiter korrigiert er *'yk* („wie") in *'yt* („ist").

Eine weitere allgemeine Beobachtung, die Hainthaler ihrer Einzelanalyse vorausschickt[138]: „The two catastases, so prominent for Cosmas Indicopleustes, are of less importance here". Dies kann man ergänzen durch die Feststellung, daß ein anderes theodorisches Theologumenon für Thomas im Vordergrund steht: Es sind die „großen Güter, die uns von unserem Herrn Christus gegeben wurden, der heute für alle Geschöpfe geboren wurde", *darum* feiern wir[139]. Der Akzent liegt ganz auf der Soteriologie.

Sowohl aus der Capitulatio wie aus dem Inhalt der *causa* ist zu entnehmen, daß *'lt'*, „Ursache", vom Verfasser wörtlich genommen wird. Die Vokabel selbst erscheint mehrfach im Text, und es wird durchgängig mit Warum-Fragen gearbeitet. Bei Cyrus ist das nicht anders. Über das literarische Genus der *'llt'* (Plurals von *'lt'*) ist inzwischen mehrfach gehandelt worden[140], so daß ich hier nicht weiter darauf eingehe, abgesehen von der Frage der treffenden Übersetzung des Terminus. Diese richtet sich am besten nach der Funktion. Was Macomber „Explanation of the Feast" nennt, wäre richtiger „Anlaß" oder „Begründung" des betreffenden Festes; das griechische αἰτία kann „Anlaß" meinen; und „occasion" ist eine der Bedeutungen von *'lt'*[141]. Die „causa zum Einsetzen (= Beginn) der Sitzung der Schule" verlangt die Übersetzung „Einleitung(srede)" für *causa*, wie schon 1907 die Herausgeber der Patrologia Orientalis in ihrem Nachtrag zu Schers Einleitung in PO IV 4 erkannten[142]; „introduction" ist eine weitere Bedeutung von *'lt'*[143]. Der Text des (späteren?) Bischofs von Ḥalwan wäre also eine „Einleitung(srede) zu Beginn des Schuljahres"; zugleich ist ihr Thema die „Schule" *('skwl')* oder die „Schul(Gemeinschaft)" *(knwšy')*, was Schers Übersetzung des Titels beeinflußt hat. Aber der syrische Autor benutzt *'lt'* selbstverständlich auch in der Grundbedeutung: Im kleinen Abschnitt über Edessa und Nisibis am Anfang seiner Rede[144] nimmt er an, daß seine Hörer die „Ursachen" für die „Entwurzelung" oder das „Ausreißen" der Gemeinschaft von Edessa kennen. Und vor der Schlußermahnung heißt es: „Dies ist die Ursache der (Schul)Gemeinschaften in Kürze"[145]. Nach dem Gedankengang des Verfassers muß die letzte „Ursache"

---

138 *Hainthaler,* Thomas, p. 72.

139 Cf. den Anfang von cap. 2. Siehe auch die Überschriften von cap. 4: „Quaenam sint bona quae nobis data sunt per dominum nostrum Christum", und von cap. 5: „Quam ob causam haec ipsa bona hucusque non revelata fuerint".

140 Zuletzt *Hainthaler,* Thomas, p. 64–66, und *A. H. Becker,* Fear of God and the beginning of wisdom. The School of Nisibis and christian scholastic culture in late antique Mesopotamia (Philadelphia 2006) 98–112.

141 Cf. *Payne-Smith,* Dictionary, s. v.

142 PO IV 4, p. 325.

143 Cf. *Payne-Smith,* Dictionary, s. v.

144 PO IV 4, p. 332.

145 PO IV 4, p. 393.

Gottes Schulplan, seine von ihm nacheinander eingerichteten Schulen zum Heil der Menschen, sein[146].

Zum Verhältnis von Mündlichkeit und Schriftlichkeit der *causae* muß noch etwas gesagt werden. Adam H. Becker führt nämlich Folgendes aus[147]:

„Macomber cites several passages from the extant causes which he takes as evidence of the oral performance of the genre. He suggests that the students would write the speeches down upon hearing them and later memorize them. I accept Macomber's evidence, with the qualification that the texts' gestures to an audience, as in the *cause of the Foundation of the Schools,* may be mere literary affectation[148]. The elevation of an explicitly rhetorical style as an important literary characteristic makes it difficult to discern whether a speech was actually written to be given to a real audience. Some of the causes are rather long, and it is not clear how often the students would have heard such texts. The reference to important figures in the audience in a number of them would suggest that they were written to be read on formal occasions, when all the members of the school were gathered together. Since they focus often on particular holidays, perhaps they were read in preparation for or at the beginning of important days".

Aber was Thomas und Cyrus über das Zustandekommen der uns vorliegenden Texte aus ihrer Feder sagen, verhilft zu einer deutlicheren Auffassung als der von Becker vertretenen. Man muß unterscheiden zwischen der mündlich vorgetragenen Rede (gewiß doch auf der Basis einer wie immer gearteten schriftlichen Vorlage) und ihrer „Veröffentlichung", die darin bestand, daß der Verfasser eine endgültige Gestalt seiner Rede in Reinschrift herstellte und sie jenen gab, die ihn darum gebeten hatten. Auf diese Weise wurde die Rede in schriftlicher Form für andere zugänglich gemacht. Eine solche „Veröffentlichung" erfolgte also *nicht* automatisch, sondern gewissermaßen auf „Antrag" (um unser heutiges Bürokratendeutsch zu verwenden) von außen hin. Die beiden Fassungen der betreffenden Rede waren nicht notwendig identisch, denn schon die Mitteilung, daß man um die schriftliche Fassung gebeten worden sei und von wem und die Anreden an den auffordernden Freund (letztere bei Thomas) ergibt einen Unterschied. Denkbar sind natürlich wei-

---

146 Darüber *Th. Hainthaler,* Die verschiedenen Schulen, durch die Gott die Menschen lehren wollte. Bemerkungen zur ostsyrischen Schulbewegung, in: M. Tamcke (hg.), Syriaca II. Beiträge zum 3. deutschen Syrologen-Symposium in Vierzehnheiligen 2002 = Studien zur Orientalischen Kirchengeschichte 33 (Hamburg 2004) 175–192.

147 *Becker,* Fear of God, p. 102.

148 Was der Verfasser dieser *causa* von sich selber sagt, ist natürlich nicht die normale Situation für einen Redner (PO IV 4, p. 330,6–15/7–18): er sei so schwach und krank, „daß ich auch nicht einen Tag mit euch habe (hätte?) reden können". – Was besagt diese Zeitangabe für das Protokoll der Veranstaltung? War es üblich, daß die Eröffnungsrede sich auf zwei Tage verteilte? Und worin bestand die Hilfe Gottes, die es ermöglichte, die Angeredeten nicht durch Absage zu enttäuschen? Wahrscheinlich wurde die *causa* von jemand anderem in Vertretung des vorgesehenen Redners (in seiner Anwesenheit?) vorgetragen. Auch in diesem Fall sind die Anreden der Hörer nicht für Fiktion zu nehmen, sondern für den mündlichen Vortrag gedacht und für die „veröffentlichte" Einleitungsrede beibehalten.

tere Bearbeitungen (auch in quantitativer Hinsicht) in dieser Phase, aber das läßt sich nicht überprüfen. „The texts' gestures to an audience" sind nicht „mere literary affectation", wie Becker meint, sondern umgekehrt Spuren der tatsächlich gehaltenen Rede. Wenn Thomas in De epiphania (51 r) schreibt: „wie diese causae von unserem heiligen Meister, dem mepaššeqana Mar Aba *gesprochen wurden*"[149], so ist das ganz wörtlich zu nehmen. Über eine schriftliche Fassung dieser Reden Mar Abas sagt Thomas nichts.

Was meint Thomas, wenn er in De nativitate sagt, er habe *nach* Mar Aba gesprochen? Das könnte so klingen, als habe am Christfest erst Mar Aba gesprochen und danach Thomas; aber das Zitat aus De epiphania erwähnt die *causae* des Mar Aba im Plural. Und die Tatsache, daß Cyrus für eine Teilserie des Kirchenjahres geschriebene („veröffentlichte") *causae* hinterlassen hat, um die von Thomas geschriebenen („veröffentlichten") Reden für die ersten beiden Feste zu einer Gesamtserie zu ergänzen, spricht dafür, daß im Normalfall *ein* Redner für die ganze Festserie vorgesehen war. Das war gewiß eine große Ehre. Es erstaunt nicht, daß Mar Aba eine solche Aufgabe übernahm oder sie ihm wie selbstverständlich zufiel. Die Sequenz der Redner Mar Aba, Thomas, Cyrus, wirft ein Licht auf die Prominenz der beiden letzteren in der Schule. Für Thomas, inzwischen „Lehrer", ergibt sie sich wohl aus seiner jahrelangen Begleitung des Mar Aba im „Ausland". Von Cyrus heißt es wiederum ausdrücklich, er sei Begleiter des Thomas gewesen; danach war er seinerseits „Lehrer". Die persönlichen Beziehungen der Redner zueinander, ihr Vertrauensverhältnis und ihr daraus abgeleiteter Rang an der Schule macht aus der Sequenz eine Sukzession.

Leider können wir nicht mehr feststellen, ob Thomas die ganze Reihe der Fest-*causae* gehalten hat oder nur die zwei, die er schriftlich ausgearbeitet hat. Wenn Cyrus sagt, Thomas habe keine Zeit gehabt, die übrigen Reden „zu machen", so hilft uns das in dieser Frage nicht weiter. Das Verb *ʿbd*, „tun", kann die Bedeutung „perform" haben, dann hätte Thomas keine Zeit gehabt, die übrigen Reden *zu halten*; das Verb kann aber auch heißen *„verfassen"*, „abfassen", was man für den Prozess der *Ausarbeitung* für die Weitergabe an die Interessenten nehmen könnte. – Dasselbe Problem stellt sich übrigens mutatis mutandis auch für Cyrus. Jedenfalls war man an einer vollständigen schriftlichen Festreihe interessiert und fand, Cyrus sei der geeignete Mann, im gleichen Sinn fortzufahren.

Die Analyse von des Thomas „Begründung des Festes der Geburt Christi" durch Hainthaler[150] zeigt wie zu erwarten zahlreiche theodorianische und nisibenische Züge im Text des Redners: die Verheißung der zukünftigen Güter, den Menschen als „Band" der Schöpfung, die Verschränkung von Heils-

---

[149] Zitiert von *Baumstark,* OrChr 1 (1901) 322, Anm. 3, übernommen von *Hainthaler,* Thomas, p. 71, Anm. 56.
[150] *Hainthaler,* Thomas, p. 71–77.

geschichte und Heilspädagogik, die Offenbarung der Trinität durch Christus (cf. Narsai und alle folgenden Theologen), die „Menschheit" Christi als Offenbarung seiner Gottheit (cf. Narsai etc.), Gegnerschaft gegen die Vorstellung vom gekreuzigten Gott (cf. die Debatten des späten 5. Jh.). Der „Mensch des Herrn" (= κυριακὸς ἄνθρωπος) heißt Sohn Gottes, der ewige Sohn ist in ihm verborgen. Selbstverständlich sind die *topoi* von der Einwohnung, die Ablehnung des ψιλὸς ἄνθρωπος, der Leib Christi als Tempel der Gottheit.

Weitere Beobachtungen[151]: Der Name „Jesus" wird selten gebraucht (5 mal, davon 4 in Bibelzitaten). – Auch hier ist auf Narsai hinzuweisen; in den Übersetzungen ist das manchmal verdeckt, weil für das gewöhnliche „er" der Jesus-Name zum besseren Verständnis eingesetzt wird, wo er im Original nicht steht. – „There is no explicit reflection on the unity of Christ" (dasselbe bei Mar Aba!). Immerhin kommt einmal das syrische Äquivalent zu συνάφεια vor. „The technical terminology of christology is hardly used", nicht einmal *prosopon* wird benutzt. *qnwm'* wird nur für die trinitarischen Hypostasen verwendet (das haben wir schon bei Ḥabib und Narsai beobachtet – genau das Gleiche trifft wiederum auf Mar Aba zu). „As a whole, the approach of Thomas is Antiochian, but restricted to elementary concepts, without any deeper reflection of specific christological and trinitarian matters"[152]. – Dies Urteil muß noch dahingehend ergänzt werden, daß es sich um die edessenische und nisibenische Erscheinungsform des antiochenischen Erbes handelt. Eine weitere Qualifikation wird hinzuzufügen sein. In einer ihrer zusätzlichen Bemerkungen zur Christologie schreibt Hainthaler[153]: „While Narsai tries hard to explain the unity of the two natures, the Logos and the body, in Thomas' causa one can find no reflection at all on John 1,14 (the Word was made flesh) and he mentioned the Logos very rarely". Das sind Feststellungen, die überraschenderweise auch an Mar Abas „Unterweisung" zu machen waren.

Dort fanden wir eine äußerst abgemilderte Form der nisibenischen Christologie, auffällig durch ihre Unauffälligkeit. Thomas, der eigentlich auf diese Christologie nur anspielt, kann als Zeuge dafür gelten, daß Mar Aba sie nicht erst für den konkreten Fall entworfen hat, auf den er mit seiner „Unterweisung" reagiert, sondern daß sie dem Thomas als Lehre seines Meisters schon vorher geläufig war. Die Reden des Thomas sind ja vor dem Katholikat des Mar Aba gehalten worden. Die Motive, die ich oben für die Gestalt der Christologie Mar Abas in seiner „Unterweisung" als Katholikos vermutete, müssen also schon vor seinem Antritt zum höchsten Kirchenamt gegolten haben.

---

151 Ibid. 78–80.
152 Ibid. 80.
153 Ibid. 81.

Das rechtfertigt einen erneuten[154] Blick auf die christologischen Aussagen des „Cosmas Indicopleustes“, der Schüler Mar Abas noch vor dessen Rückkehr aus dem Römerreich nach Nisibis war.

III. „KOSMAS INDIKOPLEUSTES“

Im Band 2/4 (1990) unseres Werkes, der der Kirche von Alexandrien gewidmet ist, haben die beiden Herausgeber die „Topographia christiana“ des „Kosmas Indikopleustes“[155] hinsichtlich ihrer Christologie bereits vorgestellt[156]. Dem eigentlichen christologischen Abschnitt, verfaßt von A. Grillmeier[157], schickte Th. Hainthaler eine Einleitung über literarische Fragen und theologischen Hintergrund voraus[158]. Grundlage des Kapitels sind natürlich die Arbeiten von W. Wolska(-Conus): ihre Monographie über die Topographie[159] und die dreibändige Edition derselben in den „Sources chrétiennes“[160]. Fast alle Probleme der „Topographie“ werden neu diskutiert in einer jüngst (2005) veröffentlichten Abhandlung von K.-H. Uthemann[161], u. a. das Verhältnis zu Johannes Philoponos.

Dies stellt sich für Uthemann unbestimmter dar als für Wolska und C. Scholten[162]. Es ließe sich nämlich der unmittelbare Bezug auf die Schrift (en) der jeweiligen anderen Seite nicht beweisen.

---

[154] „Erneut“, weil Cosmas in diesem Werk schon an anderer Stelle behandelt worden ist.

[155] Die Anführungszeichen weisen wie in Bd. 2/4 darauf hin, daß dem Autor diese Benennung erst im Lauf der Zeit zugewachsen ist. Die Kolophone zu den Büchern V, VII, VIII bezeichnen ihn als „Christen“, χριστιανός; noch Photius kennt ihn nur unter diesem Anonymat. Aus praktischen Gründen werden im Folgenden die Anführungszeichen fortgelassen.

[156] Jesus d. Chr. 2/4 (1990), 150–165.

[157] Ibid., p. 158–165.

[158] Ibid., p. 150–158. – In der Analyse der Topographia christiana durch T. H. wurden einzelne christologische Texte des Cosmas identifiziert, die Grillmeier in der Synthese zur Christologie der Topographia christiana kommentierte. (T. H.)

[159] *W. Wolska*, La topographie chrétienne de Cosmas Indicopleustès. Théologie et science au VIe siècle (Paris 1962).

[160] *W. Wolska-Conus* (ed.), Cosmas Indicopleustès, Topographie chrétienne I (livres I–IV) = SC 141 (Paris 1968); II (livre V) = SC 159 (Paris 1970); III (livres VI–XII, Index) = SC 197 (Paris 1973).

[161] *K.-H. Uthemann*, Kosmas Indikopleustes, Leben und Werk. Eine Übersicht, in: *ders.*, Christus, Kosmos, Diatribe. Themen der frühen Kirche als Beiträge zu einer historischen Theologie = AKG 93 (Berlin etc. 2005) 497–551; diese Studie in seinem Sammelband war zuvor noch nicht veröffentlicht. – Die Kosmographie ist reich illustriert, siehe die Edition und dazu in der Einleitung, SC 141, p. 124–231. Drei der Illustrationen sind in hervorragender Farbphotographie nach der Sinai-Hs. wiedergegeben bei *C. Markschies*, Gnostische und andere Bilderbücher der Antike, ZAC 9 (2005) 100–121, Abb. 13–15, zur Topographie, p. 115–116. Der Druckfehler „Indigopleustes“ auf p. 115 ist erheiternd, aber seine Wiederholung auf der Legende von Abb. 13 dann doch ärgerlich.

[162] Siehe die bei Uthemann genannten Arbeiten von *C. Scholten*: Antike Naturphilosophie

„Wie die C(hristliche) T(opographie) zur Wirkungsgeschichte der Vorträge über biblische Exegese gehört, die Mar Aba in Alexandrien vermutlich in jener Zeit vor dem Jahre 531/532, in der zwischen Persien und Byzanz Krieg herrschte, gehalten hat, so dürfte auch ein Widerhall von Phil(oponos) in der CT zur Wirkungsgeschichte seines Schaffens und zur von ihm beeinflußten geistigen Auseinandersetzung im Alexandrien seiner Zeit gehören. Seine Abwehr der von Theodor von Mopsuestia inspirierten biblischen Exegese, die offensichtlich in seiner eigenen Lebenswelt so einflußreich war, daß er sich zu ausführlicher Auseinandersetzung veranlaßt sah, muß in jenen Kreisen, in denen K(osmas) verkehrte, provoziert und zu Diskussionen geführt haben. Seine [scl. des Philoponos] Schriften mußte man dafür nicht eingehend studiert haben, wenn nur seine Ideen in etwa bekannt waren, weil ‚man' in Alexandrien über sie sprach"[163].

Hainthaler und Grillmeier äußern sich nicht zu dem literarkritischen Problem eines eigenständigen „Traktates über die zwei Katastasen" innerhalb von Buch V der Topographie[164]. Auch Uthemann behandelt die Frage nicht[165], er setzt aber wie Wolska die Existenz eines solchen Traktats voraus, dessen Autor von Cosmas unterschieden werden müsse. In der Bestimmung des Umfangs dieses Textes weicht Uthemann von Wolska ab[166]. Bei Wolska hat die Annahme einer selbständigen Existenz des Traktats Folgen für die Beurteilung der beiden Gebete am Schluß von Buch V[167]:

„La succession des deux prières confirme la thèse que le *Traité sur les deux conditions* est dû à un auteur autre que Cosmas, thèse que nous avons soutenue tout au long de ce travail: une première fois, Cosmas transcrit la prière qu'il trouve dans son modèle; en un second temps, il en compose une lui-même, dans laquelle il invoque ses maîtres, comme il l'a déjà fait au livre II,2".

Nach meiner Meinung ist jedoch V 256 das Schlußgebet des Verfassers des 5. Buches, d. h. des Cosmas; das zweite Gebet (V 257) halte ich für das Werk des (oder eines) Schreibers der „Topographie" in ihrer ältesten Form, in der Buch V der Schluß war[168] (während es jetzt den Mittelpunkt ausmacht, so

---

und christliche Kosmologie in der Schrift „De opificio mundi" des Johannes Philoponos = PTS 45 (Berlin etc. 1996); *ders.*, Weshalb wird die Schöpfungsgeschichte zum naturwissenschaftlichen Bericht?, ThQ 177 (1997) 1–15, bes. zu Cosmas: 12–14; *ders.*, Johannes Philoponos. De opificio mundi. Über die Erschaffung der Welt = FC 23/1–3 (Freiburg etc. 1997), zu Cosmas: FC 23/1, p. 58–60, 63–65, sonst vgl. FC 23/3, Index, p. 704.

[163] *Uthemann*, p. 552–557; das Zitat, p. 556–557. – Damit verändert sich die Datierungsfrage für die Schriften des Philoponus, von der *Hainthaler*, Jesus d. Chr. 2/4, p. 153–154, spricht.

[164] *Grillmeier*, Jesus d. Chr. 2/4, p. 158–159: „Ohne uns hier auf Quellenscheidung einlassen zu können, nehmen wir die Topographia christiana so, wie sie sich im 6. Jahrhundert (um 553) nach allen ‚remaniements' darstellt, welche W. Wolska-Conus angegeben hat".

[165] Siehe das Ende von Anm. 1, p. 497 bei *Uthemann*, loc. cit.: Zu den von ihm nicht im Einzelnen behandelten Problemen gehört „der Umfang des in der CT überlieferten ‚Traktats über die zwei Katastasen' und sein Zusammenhang mit dem Chronicon Paschale und Ps. Dorotheos von Tyros."

[166] *Uthemann*, p. 503 mit Anm. 77.

[167] SC 159, p. 372, App. zu V 257.

[168] Siehe den Beginn von VI 1: „... nachdem das Buch sein Ende genommen hat ...".

umfangreich, daß es einen ganzen Band der SC-Ausgabe füllt)[169]. Wolska nimmt auch die Anrede in V 244, „ô Tête vénérable“, als vom Verfasser des „Traktats“ an Cosmas gerichtet, wie jene in 227. Aber der in jeder Hinsicht zu belehrende und belehrte Cosmas ist kein „verehrtes Haupt“ für einen Mar Aba (als vermutlichen Verfasser des „Traktats“), sondern das Epitheton gilt dem Pamphilus, den Cosmas in II 1 anredet als Anreger seines Werkes (das ursprünglich mit dem jetzigen Buch II begann). Was Cosmas über jenen Pamphilus sagt, läßt die Anrede „verehrtes Haupt“ als höchst angemessen erscheinen. Die Anrede „Gottgeliebtester“ in V 227 wäre tatsächlich allgemeiner anwendbar, also auch auf Cosmas; aber Wolska hat richtig gesehen, daß der Adressat identisch sein muß mit dem von V 244, – dann wäre es auch in diesem Fall Pamphilus.

Aus Widmungen, Kolophonen und sonstigen Erwähnungen durch Cosmas, läßt sich eine Gruppe seiner Freunde (abgesehen von Patrikios und Thomas von Edessa) zusammenstellen[170]. Die Reihenfolge ist die des Auftretens im Gesamtwerk.

a) *Konstantinos,* ihm war gewidmet ein Tomos mit einer Beschreibung der ganzen Erde (Prol. 1). Nicht erhalten. b) *Homologos,* Diakon, ihm war gewidmet ein *logos* über das All und die Sternenbewegungen (Prol. 2). Nicht erhalten. c) *Pamphilus* – über ihn II 1; gemeint in V 227. 244; ihm ist Topographie II–V gewidmet. d) *Stephanos,* abbas, Presbyter von Antiochien, geübt in Mondberechnungen „nach der Gestalt (des Alls), welche wir der göttlichen Schrift entsprechend vorgelegt haben“ (VI 3). e) *Anastasios,* „gelehrter μηχάνικος“ (VI 3). Zwischen d) und e) Debatte über die korrekte Vorhersage von Sonnenfinsternissen durch d). „Es waren aber auch gegenwärtig *einige andere μηχανικοί und einige von unsern Freunden,* als darüber gesprochen wurde“. f) *Wolska-Conus* (SC 197, p. 424) unterscheidet von e) den Adressaten von Buch VII 1, auch einen *Anastasios,* der um ein Buch über den Himmel gebeten hatte[171]. – Aber wenn μηχανικός nicht bloß 1) „un technicien-dessinateur des cartes“ sein kann, sondern auch 2) „un constructeur de sphères armillaires“ (Wolska-Conus, App. zu VI 3), dann scheint die Identifikation des Anastasios, der über Sonnenfinsternisse debattiert, mit dem Anastasios, der um einen Traktat über den Himmel bittet, nicht unwahrscheinlich. Offenbar hat er seine Bitte an Cosmas nicht direkt vorgetragen, sondern durch einen g) *Anatolios* γραμματικός, Kolophon von Buch VII[172]. h) *Petros,* ihm ist Buch VIII gewidmet, um das er gebeten hatte (VIII 1.2.30.31). Thema ist die „Ode“ des Königs Hiskia (Jes 38,9–20) und der Rückwärtsgang der Sonne. i) *Theophilos,* „unser gemeinsamer Freund“ (VIII 3); für ihn hat Cosmas gerade die Auslegung des Hohenliedes beendet. – Es ist anzunehmen, daß Cosmas auch hierin dem Mar Aba und damit indirekt Theodor gefolgt ist[173].

---

169 Es ist wohl kein Zufall, daß die Hs. L, Vertreterin der zweiten Rezension der Topographie, das zweite Gebet wegläßt, siehe den App. zu V 257.

170 Die Namen, die verlorenen Werken zugehören, hat *Hainthaler,* Jesus d. Chr. 2/4, p. 151, schon genannt; sie werden hier in die Liste eingeordnet.

171 VII 96, nicht 92 wie bei *Wolska-Conus,* ebd.

172 Im Index p. 424 ist 92 in 97 zu ändern.

173 Die Brief-Zitate Theodors zum Hld, die Wolska-Conus im App. zu VIII 3 erwähnt, sind jetzt nach ACO IV 1, p. 68–70 zu zitieren.

Die Bezeichnung „Traktat der zwei Katastasen“ stammt von G. Mercati[174], der das Buch V der Topographie heranzog, um eine große Lücke in einer Hs. des *Chronicon paschale* zu füllen. Man findet bei ihm eine Liste der Parallelstellen zwischen Cosmas und dem Chronicon[175]. Mercatis Blick auf das 5. Buch des Cosmas ist also ganz vom Umfang der Auszüge im *Chronicon paschale* bestimmt. Der Titel, den er geprägt hat, ist nicht spezifisch genug, denn das ganze 5. Buch des Cosmas ist eine Abhandlung über die zwei Katastasen.

Die Bezeichnung des *Cosmas* für den umfangreichen zweiten Teil des 5. Buches ist *„Übereinstimmung der Propheten und Apostel“*, so in II 5, zu Beginn von Buch V und in der Inhaltsübersicht über die vorangegangenen Bücher in VII 4. An diesen Titel sollte man sich halten.

Wolska setzt für die beiden verschieden langen Teile von Buch V zwei verschiedene Grade von Überlieferungsgestalt voraus, was das von Cosmas verarbeitete Material betrifft. Das liegt einerseits an den für unseren Bedarf nicht ausreichenden Mitteilungen des Cosmas selber, andererseits an der von Mercatis Urteil ausgehenden Suggestion. An der schon früher erwähnten Stelle II 2 spricht Cosmas davon, daß er den von Pamphilos erbetenen λόγος über die von Mose in der Wüste konstruierte Stiftshütte nicht aus eigenen Ideen entwickele, sondern belehrt von den göttlichen Schriften und der mündlichen Unterweisung durch Patrikios (= Mar Aba). Das leitende Ziel seines Werkes ist es, zu zeigen „daß die ganze Intention der göttlichen Schrift auf die zukünftige Katastase gerichtet ist“ (II 3, eine Formulierung, die wie ein Refrain die Bücher des Cosmas durchzieht und nicht nur das Thema von Buch V ist). Da nur Mar Aba der Vermittler der theodorianischen Katastasen-Thematik sein kann, wird sich seine Funktion als Ideenlieferant nicht auf das Thema der Stiftshütte beschränkt haben. Trotzdem heißt es in V 1 wieder wie in II 2, daß Cosmas die Beschreibung der Stiftshütte von dem „allergöttlichsten Lehrer“ (= Mar Aba) habe, während beim Übergang zum zweiten Teil der Lehrer nicht erwähnt wird.

Diese Hervorhebung der Stiftshütten-Typologie durch besondere Autorisierung erklärt sich aus dem Interesse des Cosmas an der daraus abzuleitenden Kosmographie in Auseinandersetzung mit dem sphärischen Weltbild. In VIII 25, in einer mit wenigen Stichworten weit in das Altertum zurückführenden Ableitung, wird das besonders deutlich: Es waren zuerst die Babylonier, die sich den Himmel als σφαῖρα dachten, sie als erste lernten durch den Pro-

[174] *G. Mercati,* A Study of the Paschal Chronicle, JThS 7 (1906) 397–412; noch vor Winstedts Ausgabe der Topographie (1909) erschienen. Wieder abgedruckt: *G. Mercati,* Opere minori II = ST 77 (Città del Vaticano 1937) 462–479. Über Cosmas, p. 470–473. 478.

[175] Loc. cit. 472–473; zu arbeiten ist jetzt nach Wolska-Conus, SC 141, p. 54–55. Bei ihr sind beide Rezensionen der Topographie berücksichtigt (LS nach Migne) und neben dem *Chronicon paschale* auch die *Vitae prophetarum.* Ich nehme an, daß die Benutzung der Propheten-Viten ein Beitrag des Cosmas zu seiner Komposition ist.

pheten Jesaja[176], daß der *Himmel „keine σφαῖρα ist, sondern ein Gewölbe*“; von ihnen haben wir die „Formen“ übernommen, die wir in der Topographia christiana beschrieben haben, „indem wir im Proömium sowohl den *Lehrer wie Überlieferer* genannt haben, ich meine *den großen Patrikios* (= Mar Aba), der aus dem Land der Chaldäer hierher gelangt ist.“

M. E. ist die „Übereinstimmung der Propheten und Apostel“ genau so eine Komposition des *Cosmas* auf der Basis der mündlichen Unterweisung durch Mar Aba wie die Typologie der Stiftshütte. In beiden Fällen ist anzunehmen, daß Cosmas sich mindestens Notizen gemacht hat, wenn nicht sogar Mitschriften veranstaltet hat. Seinerseits hat Cosmas die Typologie der Stiftshütte mündlich vorgetragen „in Gegenwart“ (παρόντι) des Pamphilus (II 2), also nicht bloß diesem allein; man hat sich wohl ein (kleines?) Auditorium vorzustellen. – Von einem mündlichen Vortrag der „Übereinstimmung der Propheten und Apostel“ in Gegenwart des Pamphilus und anderer ist nicht ausdrücklich die Rede. Ich denke mir aber, daß Cosmas, nachdem er sich an die Ausarbeitung der Stiftshütten-Typologie gemacht hatte, beschlossen haben muß, das viel umfangreichere Lehrstück der „Übereinstimmung“ ebenfalls in schriftlicher Form vorzulegen, mit oder ohne Anregung durch Pamphilus; bedenkt man aber die oben erwähnten Anreden des Adressaten, dann ist die erste Variante wahrscheinlicher.

Beim Übergang vom einen zum anderen Thema hört man die literarische Maschinerie des Cosmas deutlich ächzen, weil er sich dafür mit so wenigen Abschnitten begnügt: V 63.64 bilden den zusammenfassenden Abschluß des ersten Teils; V 65 mit der Illustration, in der die Stiftshütte über den Jordan getragen wird, führt aus der Wüste in das gelobte Land; V 66 ist die Einleitung zu allem Folgenden; Cosmas führt die Propheten ein, „die Gott ihnen (den Israeliten) erweckte, als sie im Lande wohnten“; die Propheten sollten die Ankunft Christi κατὰ σάρκα verkünden, durch den die zukünftige Katastase aufgezeigt werden sollte, während sie gleichzeitig an die Abrahamsverheißungen erinnerten. *„Auch in diesem λόγος* wollen wir *von Anfang bis Ende* den σκοπός der ganzen göttlichen Schrift zeigen“. Aber daß der „Anfang“ der bei *Adam und Eva* ist (V 67), überrascht den Leser dann doch, weil der Text so weit hinter den Einzug ins gelobte Land zurückgreift zum Anfang des Umgangs Gottes mit den Menschen.

Der innere Rückblick über das Buch V, im Abschnitt 227, bezieht den ersten Teil in die „Übereinstimmung“ mit ein, unter Anrede an den Adressaten: „Man muß also beachten, o Gottgeliebtester, die Übereinstimmung des *Kosmographen Moses* und aller Propheten und Evangelisten und Apostel, wie sie alle übereinstimmend darlegen, daß Gott den ganzen Kosmos als zwei Kata-

[176] Nämlich durch das „Lied“ des Königs Hiskia, von dem Buch VIII handelt, siehe oben Buchstabe h), p. 265, unter den Freunden des Cosmas.

stasen geschaffen hat". (Ganz ähnlich der Anfang von V 248, mit dem der Schluß des Buches beginnt).

Es ist sicher kein Zufall, daß auf die innere Zusammenfassung (V 227) mit V 228.229 eine konzentrierte Darstellung der theodorianischen Soteriologie in der durch Mar Aba tradierten Gestalt folgt. Sie gibt den sakramentalen Ort an, an dem den Christen in ihrem Leben in der ersten Katastase bereits ein Anteil an der zweiten gegeben wird. Hier erscheint der für Theodor so charakteristische Begriff der Teilhabe (μετάληψις)[177].

(V 228) „Denn nicht in diesem zeitlichen Leben ist unsere Hoffnung, sondern im zukünftigen ohne Ende, in dem Sohnesannahme, Erlösung, Unwandelbarkeit, Gerechtigkeit, Heiligung und Seligkeit ist, und vollkommene Erkenntnis und alles erdenklich Schöne[178], von uns zu empfangen, von Gott aufbewahrt ist, (uns die wir) hier (unten) Schönes und Böses erfahren haben, damit wir erkennten die Kraft der uns dargebotenen Güter, soweit es möglich ist; gewissermaßen Söhne Gottes geworden und verherrlicht durch Herrlichkeit und unaussprechliche Freude. Deswegen haben wir Gläubigen auch hier symbolisch[179] Anteil an den Mysterien des Leibes des Herrn Christus nach der Taufe, damit wir nach der Auferstehung von den Toten, als dem Herrn Anhängende, an seiner Herrlichkeit teilhaben, indem wir Herrlichkeit aus seiner Herrlichkeit (an)ziehen. (229) Deswegen heißt es auch Teilhabe, wie auch beim Apostel so geschrieben ist (2 Kor 3,18): ‚Wir alle aber, mit unverschleiertem Antlitz die Herrlichkeit des Herrn beschauend (wie in einem Spiegel)[180], sind verwandelt in dasselbe Bild, von Herrlichkeit zu Herrlichkeit vom Herrn, dem Geist her', womit er sagen will: Wenn der Herr anwesend ist, sehen wir Gläubige alle aufs deutlichste, ohne Schleier, die Herrlichkeit des Herrn wie in irgend einem Spiegel und werden in dasselbe Bild, das der Herr

---

[177] Es ist interessant, daß bei Theodor nicht μετάληψις die übliche griechische Vokabel ist, sondern μετουσία, μετοχή, κοινωνία. In den Katechetischen Reden ist die durchgängige Übersetzung für die verschiedenen Synonyme Theodors *šwtpwt'*, siehe *L. Abramowski*, Zur Theologie Theodors von Mopsuestia, ZKG 72 (1961) 263–293 (englische Übersetzung von L. Wickham in meinem Sammelband „Formula and Context", Aldershot 1992; dort werden die Seitenzahlen des Originals mitgeführt), hier: p. 274. Bei Cyrill von Alexandrien ist μετάληψις eins von mehreren Synonymen, ibid. 278. – Der Befund bei Cosmas scheint mir darauf hinzudeuten, daß eine Rückübersetzung des syrischen *šwtpwt'* vorliegt, vermutlich durch Thomas von Edessa.

[178] Ich weiß, daß καλός auch „gut" meint, aber wenige Zeilen später haben wir „Güter" für ἀγαθά; der Unterschied ist im Interesse einer genaueren Textabbildung gemacht.

[179] Siehe *Wolska-Conus*, SC 159, p. 340 im App. zu V 228, die auf die „Teilhabe am verherrlichten Leibe" in V 229 hinweist: „‚Symboliquement' est à prendre en un sens fort, qui n'exclut pas le réalisme eucharistique affirmé en V,229. La valeur du sacrement comme signe, ou, ainsi que le dit Cosmas, comme symbole ou figure a été developpée en V,4–5; ici l'auteur du *Traité* insiste sur un aspect complémentaire, le sacrement comme anticipation des réalités eschatologiques".

[180] Mit den Lexika und gegen Wolska-Conus (auch gegen die übliche deutsche Übersetzung des paulinischen Texts) verstehe ich das mediale κατοπτρίζομαι aktivisch.

hat, verwandelt, an seiner Herrlichkeit zu unserer Herrlichkeit Anteil habend[181]. Dies bedeutet auch die Teilhabe an den Mysterien: das Teilhaben an seinem verherrlichten Leib, gewissermaßen als im Spiegel Schauende und Teilhabende an seiner Herrlichkeit. ‚Denn aus seiner Fülle haben wir alle genommen‘ (Joh 1,16), indem er darreicht und nicht verringert[182] wird. Der Ausdruck ‚als vom Herrn dem Geist her‘ will dies sagen: Wie Mose vom Herrn empfing, empfangen wir vom Geist.“

Dies ist die Soteriologie, wie sie Theodor von Mopsuestia in den Taufkatechesen besonders eindrücklich vertritt. Die Aufeinanderfolge von Taufe und Eucharistie der Neugetauften erinnert daran; und das Zitat aus 2 Kor erscheint in der 2. Homilie Theodors über die Taufe, wo die Zeichnung der Stirn des Täuflings nach dem liturgischen Formular erklärt wird[183].

Am eigentlichen Schluß des Buches V, der wie gesagt mit V 248 beginnt, findet sich dann in V 253. 254 das Glaubensbekenntnis des Cosmas, das Grillmeier übersetzt und kommentiert hat[184]; Abschnitt V 255, der letzte vor den Gebeten, gilt dem Ende der Welt.

Die Christologie, die Cosmas darin vertritt, ist ganz die des Mar Aba und ebenso von auffälliger Unauffälligkeit. Cosmas gebraucht „nicht die technischen Termini der griechischen Zwei-Naturen-Lehre“, sondern redet einfach von „Gottheit“ und „Menschheit“[185]. V 254 nennt immerhin den Gott-Logos (in der charakteristisch antiochenischen Betonung seiner Aktivität, man vergleiche die Verbformen!)[186]; dies ist aber auch die einzige Stelle bei Cosmas, wo vom Logos in unmittelbar christologischem Zusammenhang die Rede ist (V 234 bezieht sich auf Joh 1,1, der Kontext ist trinitarisch). Es gibt *keine Anspielung auf Joh 1,14*, auch nicht in den Abschnitten über das Joh-Evangelium (V 202–204) samt der „Digression“ des Cosmas (V 205). Auch hier ist daran zu erinnern, daß Narsai einmal gesagt hat, um Joh 1,14 „ginge der ganze Streit“[187] (den Narsai ja auch kräftig führte). Die Absicht des Cosmas (wie die des Mar Aba in seiner Unterweisung von 540) kann also nur sein: den Streit zu vermeiden. Das geht so weit, daß Mar Aba i.J. 540 auch einen Zentraltext der antiochenischen Christologie, nämlich den Hymnus von Phil

---

[181] In den griechischen Katenen hat sich keine Auslegung Theodors zu 2 Kor 3,18 erhalten.

[182] Hier ist das Prinzip des „undiminished giving“ ausgesprochen; siehe dazu *E. R. Dodds,* Proclus. The Elements of Theology (Oxford ^{2}1963) 213–214.

[183] = Katechetische Homilie XIII, f. 100^{v}, § 18, ed. Tonneau-Devreesse.

[184] *A. Grillmeier,* Jesus d. Chr. 2/4, 161. – Zwei Korrekturen an Grillmeiers Übersetzung: „aus unserm Teig *genommen*“ (Zeile 10) – das Verb ist aktiv, λαβών, Subjekt ist der Logos: „aus unserm Teig *nehmend*“. „Teig“, φύραμα, ist auch Bezeichnung für den Töpfer-Ton; in Erinnerung an Gen 2 wäre vielleicht an die Übersetzung mit „Lehm“ zu denken. – Zeile 14 übernimmt die Übersetzung von εἰσέρχοντα mit „pénétreront“ von Wolska-Conus: „dringen ein“; besser ist „gehen (hin)ein“.

[185] *Grillmeier,* Jesus d. Chr. 2/4, p. 159.

[186] Siehe meine Korrektur an Grillmeier in der vorletzten Anmerkung.

[187] Dazu vgl. Narsais Hom. LVI, V. 17–20 (p. 582–583) und Hom. LXXXI. (T. H.)

2, weder in direktem Zitat noch in Anspielung verwendet. Bei Cosmas in V 253.254 ist es nicht anders. In der (im Gefolge Theodors) messianischen Auslegung von Ps 8 in V 125–128[188] wird jedoch Phil 2,6–7 herangezogen, innerhalb der Diskussion über das „Hosianna dem Sohne Davids" von Mt 21,9.16; und zwar geschieht dies auf der Basis einer Deutung des pharisäischen Protests, die sich in der Psalmenerklärung Theodors in ihrer überlieferten Gestalt nicht findet und gegenüber dem Evangelienbericht eine Eisegese darstellt[189]. Der christologische Ertrag ist klar: Der als Davids Sohn Gepriesene ist Gott und Mensch in derselben Weise wie die Knechtsgestalt von Phil 2 es ist. Mit einer gewissen Selbstverständlichkeit aber wird die „Knechtsgestalt" (von Cosmas oder Mar Aba?) genannt in V 239.240, am Ende der Abhandlung über die allmähliche Offenbarung der Trinität, ein Thema, das schon Narsai sehr wichtig war. Das dreimal „Heilig" bei Jes 6 (es ist die vorletzte Stufe der Offenbarung der Trinität in dieser Darstellung) „enthüllte sowohl die Zahl der drei Hypostasen wie auch das μοναδικόν der Gottheit" (V 240). In Mt 28 sagt der „Herr Christus dem Fleisch nach" zwar ἓν ὄνομα[190], unterscheidet aber drei Hypostasen. Weil Gott das einmal durch die Knechtsgestalt verkünden sollte, darum sagte er ganz am Anfang (Gen 1,26), „laßt uns einen Menschen machen". „Christus dem Fleisch nach" und „Knechtsgestalt" sind hier austauschbare Synonyme.

Für uns ist nicht nur wichtig die Tatsache, daß Cosmas die Christologie des Mar Aba rezipiert hat, sondern daß diese Rezeption uns zeigt, daß die Lehre

---

188 Zu Ps 8 bei Cosmas siehe *Grillmeier,* Jesus d. Chr. 2/4, p. 159, Anm. 53. – Theodors Auslegung von Ps 8,3 ist leider nur lateinisch erhalten: R. Devreesse, Le commentaire de Théodore de Mopsueste sur les psaumes (I–LXXX) = ST 93 (Città del Vaticano 1939), p. 44,9–19.

189 Zwei Korrekturen an der Übersetzung von V 126 durch Wolska-Conus: Die ersten Worte von 126 heißen *„L'autre* évangeliste relate" und nicht *„Un autre …"*. Schwieriger ist der zweite Fall: Worauf bezieht sich das τοῦτο γάρ εἰμι von V 126, Zeile 9? Die Schwierigkeit resultiert aus der Interpretation des evangelischen Berichts vom Einzug Jesu in Jerusalem (nach Mt 21 in Kombination mit Lk 19,39) durch Cosmas oder seine Quelle, und das in einer allzu sehr gedrängten Wiedergabe. Der Tadel der Pharisäer an Jesus von Lk 19,39 wird folgendermaßen gedeutet: „Du lästerst, indem du einen ὕμνος annimmst, der allein *Gott* angemessen ist" und geht damit über den Text der beiden Synoptiker (und auch über Theodors Auslegung) hinaus, wo *dieser* Vorwurf *nicht* erhoben wird. Jesu Antwort in Mt 21,16 mit dem Zitat von Ps 8,3 (Wolska: 8,2 LXX) wird so erklärt, V 126, Zeile 7–8: „indem er ausdrücklich sagt, daß der 8. Psalm über ihn gesagt sei" (cf. den Anfang von V 125: David sprach den 8. Psalm über Christus, der Anfang des Psalms redet von Christi *Gottheit).* Die Fortsetzung in cap. 126 (ohne Entsprechung bei Theodor!) weist den Vorwurf der Gotteslästerung nicht zurück, sondern wendet ihn ins Positive: „indem er (Christus) damit andeutete: Ich raube (ἁρπάζω) nicht, was Gott zukommt; *dies nämlich bin ich,* wie auch der Apostel ruft: Phil 2,6–7". Wolska-Conus übersetzt die Identifikationsformel mit „car Dieu je suis". Aber τοῦτο muß sich sowohl auf den Ausgangspunkt des Streites beziehen, also auf die Ausrufung Jesu als Sohn Davids, wie auf den (nicht zitierten) Lobpreis κύριε ὁ κύριος ἡμῶν (Ps 8,2) durch die νήπιοι (Ps 8,3). Das erklärt auch die Anspielung auf und die Zitation von Phil 2,6–7.

190 Vgl. Top. chr. V 240, p. 351,1–18, hier: p. 351,14. (T. H.)

des Mar Aba bereits um die Zeit seiner Unterrichtung des Cosmas die gleiche war wie später zur Zeit seines Katholikats, nämlich bemüht um dieselbe Unauffälligkeit. Wir können nicht mehr ausmachen, ob Mar Aba seiner Christologie schon in Nisibis im Blick auf die geplante Reise nach „Westen", oder erst auf dem Boden des Römischen Reiches durch bewußte terminologische Reduktion ihre Form gegeben hat. Von dieser ursprünglichen Absicht her könnte man es allerdings erstaunlich finden, daß er nach seiner Rückkehr an ihr festgehalten hat. Offensichtlich betrachtete er sie auch dort in einem konkreten Fall für brauchbar.

Verglichen mit der, an Hand des Lebens Jesu, breit entwickelten Unterweisung des Mar Aba von 540 mit ihrem trinitarischen Rahmen sind die trinitarisch-christologischen Aussagen des Cosmas nur knapp und kurz. Das Verdienst des Cosmas ist es aber, als einziger uns den größeren Zusammenhang der Lehre Mar Abas angedeutet zu haben, sowohl nach ihrer Eigentümlichkeit wie nach ihrer Schulgebundenheit, niedergeschrieben in griechischer Sprache und an gänzlich unerwartetem Ort.

IV. CYRUS VON EDESSA

Für Cyrus von Edessa, zunächst (in Nisibis) Begleiter des Thomas von Edessa[191] und dann selber Lehrer, sind wir in der glücklichen Lage, eine kritische Edition der von ihm „veröffentlichten" *causae* oder „Begründungen" der Feste des Kirchenjahres zu besitzen[192], veranstaltet durch W. F. Macomber, und eine vorzügliche Darstellung seiner „theologischen Synthese" aus der Feder desselben Gelehrten[193].

Die beiden *causae* des Thomas und die zu ihrer Vervollständigung gedachten sechs *causae* des Cyrus bilden den ursprünglichen Kern einer etwas größeren Sammlung, die auch zwei Beiträge des Ḥenana enthält[194]. Auch hier wird der Redner *beauftragt,* seine *causae* „aufzuschreiben"; es sind drei namentlich genannte Diakone und Lehrer, also Kollegen, die die offizielle Niederschrift veranlassen[195]. Cyrus zählt auf, welches die Feste sind, deren Begründungen von ihm niedergeschrieben werden: Fasten, Passah, Kreuzigung[196], Auferstehung, Himmelfahrt und Pfingsten[197].

[191] Siehe oben den Abschnitt über Thomas von Edessa.
[192] Die bereits oben in Anm. 120 zitierte Edition in CSCO 355/356, Syr. 155/156 (Louvain 1974).
[193] Die bereits oben Anm. 117 zitierte „Synthesis" in OCP 30 (1964) 5–38, 363–384.
[194] Siehe das Inhaltsverzeichnis bei Macomber, CSCO 356/156, p. VII.
[195] *Causa* über das Fasten, Prolog 1.
[196] Diese Rede hat dann in der Reihenfolge der Texte das Stichwort „Passion" und wird unter diesem Titel von mir zitiert.
[197] Fasten, Prolog 1. – Cf. *Macomber,* CSCO 356/156, p. VI, Anm. 9: Es gibt Hinweise im

Macomber ist der Meinung, daß Cyrus seine Reden nicht mehr in Nisibis gehalten hat, sondern bereits in Seleucia-Ctesiphon. Er schließt das aus Passah[198] I 6, einem Paragraphen, der als Einleitung zu II 1 dient: „As[199] we set down, in the first place, the chapters of the *causa,* those (chapters) that we remember to have been declared by our saintly teachers, *that is, the professors of the community of the holy School of Nisibis,* and then we (shall) declare about them the little from the abundance of doctrine that we remember was declared on these topic(s)“. Macombers Argument ist, daß für eine in Nisibis gehaltene Rede der Hinweis auf die eigene Schule und ihren Ort überflüssig wäre. Aber m.E. ist eine bessere Erklärung aus der Unterscheidung von mündlich gehaltener Rede und ihrer auf Wunsch erfolgende Veröffentlichung zu gewinnen, wenn nämlich jene Freunde jetzt nicht (mehr) in Nisibis sind und von der *causa* an ihrem Ort in der Lehre z.B. Gebrauch machen wollen. Der Hinweis auf den geliebten Schulort erfolgt ja auch in der typischen Form einer erklärenden Glosse mit dem einleitenden *id est.* Für die Gedächtnisleistungen, die von Rednern und Zuhörern erwartet wurden, ist charakteristisch, daß Cyrus seine *capitula,* d.h. die Gliederung, einer *causa* über das Festthema entnimmt, wie er sie selber *gehört* (und vermutlich mitgeschrieben) hat, und auch der Inhalt stammt aus der *gehörten* Rede und nicht einer geschriebenen Vorlage (es sei denn seiner Mitschrift).

In der Einleitung zum Übersetzungsband der Reden des Cyrus hat Macomber einen kurzen Abschnitt über die Quellen des Verfassers[200] und einen etwas längeren über dessen Lehre[201], in dem er natürlich auf seine eigene „Synthesis“ verweist. Ergänzend erwähnt er einige Probleme, die in der „Synthesis“ nicht ausdrücklich besprochen wurden. Das erste davon ist die Christologie des Cyrus. Cyrus behandle sie „nicht *ex professo,* sondern nur als Parallele zu seiner Lehre von der Eucharistie und in einigen gelegentlichen Bemerkungen“[202]. Macomber stellt fest: „For the most part, when speaking of Christ, Cyrus avoids the technical terms of the classical formulation of later Nestorian christology: two natures, two hypostases *(qnome)* and one person *(πρόσωπον)* of sonship“[203]. Als Ausnahme führt Macomber eine Passage aus Ascension VI 5 an. Dort wird *qnoma* über Christus ausgesagt, was Macomber

Text des Cyrus, daß auch er „seine ‚Erklärungen‘ mündlich vortrug, bevor er sie niederschrieb“.

198 Macomber schreibt „Pasch“ für das syrische *pṣḥ'*. – Auf die Gefahr hin, daß „Passah“ und „Passion“ leicht verwechselt werden können, schreibe ich dennoch „Passah“ und nicht „Pasch“; gemeint ist das letzte Mahl Jesu mit seinen Jüngern. Für Ostern und Himmelfahrt belasse ich es bei Macombers „Resurrection“ und „Ascension“.

199 Das *kd* setzt genau genommen das vorangehende, lange Satzgebilde des vorigen Paragraphen fort.

200 CSCO 356/156, p. XIV–XV.

201 Ibid, p. XV–XVII.

202 Ibid., p. XV.

203 Ibid.

auf „the *substance*[204] of Christ's humanity" beziehen will[205]. (Diesen Text werde ich weiter unten diskutieren).

„On the other hand, Cyrus does speak of both the humanity and the divinity of Christ", z. B. Fasten VI 4 und Passah V 5–6. „How the two natures are united, Cyrus does not explain more than to say that God (the Word), assumed a perfect man from the seed of David, ‚the firstfruits from us', and united him to himself like a garment" (Passah V 10; Passion III 5; VII 9).

Die Weise der Einung ist also die des „Annehmens" und der συνάφεια (syr. mit *nqypwt'* übersetzt), wie sich weiter ergibt:

„As the result of this exact conjunction with God the Word, which seems to have attained perfection only in the resurrection [Resurrection II 5, p. 104,22; V 7, p. 116,19], the Assumed Man has received sonship, lordship over all and even omnipotence [Passion IV 5, p. 79,28; VII 8, p. 95,27]; what God the Word possesses essentially and eternally he has communicated by grace to the Assumed Man [Resurrection II 5]. The sonship of the humanity is not natural, but it is called ‚Son' because of the divine glory with which it has been endued; it is in fact, a visible image of the invisible, consubstantial Son. Therefore, despite the fact that the humanity is also called ‚Son', there is really only one Son" (Passah III 6)[206].

Macomber urteilt, daß dies alles völlig mit dem übereinstimme, was wir von der Lehre des Theodor von Mopsuestia wissen[207]. Ebenso viel Übereinstimmung kann man auch mit Narsai finden. Die Lehre Theodors erreichte die Schultheologen ja auf direktem Wege *und* durch die ihn verarbeitende Tradition.

In seiner Einleitung bemerkt Macomber ferner, daß „Christus Zeichen *wahrnehme (perceiving)* und Wirkungen erziele ‚durch die Kraft seiner Gottheit'"[208]; an der entsprechenden Stelle der Übersetzung von Passah V 5 schreibt er: „giving them [sc. den Jüngern] a sign, *which he perceived* by the power of his divinity"[209]. Das syrische Wort ist das pass. Partizip *rgyš*; als einziges bietet das Dictionnaire von Costaz unter den Bedeutungen von *rgš* die hier allein passende „to be excited", etwa: „angeregt werden"; das grammatische Subjekt dazu ist nicht Christus, sondern das Zeichen: „giving them a sign, *which was suggested* by the power of his divinity".

Was Macomber nicht notiert, falls ich nichts übersehen habe, ist das völlige Fehlen von Joh 1,14 in christologischen Aussagen, der Index der Bibelstellen bestätigt diese Tatsache. Hierin erweist sich Cyrus als so treuer Schüler des Mar Aba wie Thomas und Cosmas Indicopleustes.

---

204 Über einen weiteren Fall der Übersetzung von *qnoma* mit „substance" siehe unten.
205 CSCO 356/156, p. XV.
206 Ibid., p. XV–XVI.
207 Ibid., p. XVI.
208 Ibid.
209 Ibid., p. 48,4.

Aus dem Phil-Hymnus wird immerhin der Tod am Kreuz zitiert (Phil 2,8 in Passion IV 4) und seine Schändlichkeit unterstrichen (Passion IV 3), dann aber auch die Erhöhung von Phil 2,9–10 (Passion IV 4). Die „Knechtsgestalt" (Phil 2,7), „angenommen" von der göttlichen Natur (Passion VII 9), erscheint austauschbar mit dem „Gewand".

Macomber, der wie in seiner „Synthesis" auch zu seiner Übersetzung der *causae* hilfreich Parallelen aus Theodor anführt, erkennt eine solche zu Passah I 3 in Theodors XII. Katechetischen Homilie (= 1. Hom. über die Taufe). Die Parallele wirft ein interessantes Problem auf, das Macomber nicht berührt. Cyrus spielt in Passah I 3 auf eine Kombination von Hebr 8,5 und 10,1 an, die bei Theodor in Hom. XII 2 zitiert wird, bei beiden Autoren auf Sakrament, *rzʾ*, bezogen. Beide fahren fort, über den Unterschied von „Schatten" und „Bild" zu sprechen, vorgegeben durch den biblischen Text. Auch zu Cyrus, Passah I 5, gibt es einen Hinweis auf den gleichen Paragraphen bei Theodor[210], aber in diesem Fall handelt es sich eher um eine Zusammenfassung, wogegen in Passah I 3 des Cyrus von einem wirklichen Theodor-Zitat zu sprechen ist. Ich stelle die Übersetzungen beider Passagen nebeneinander[211].

Macomber, CSCO 356 (156), p. 38,16–22	Tonneau, ST 145, p. 325,19–24
For even though a *shadow* does point to a body – (and a body) alone, because the incorporeal cannot be manifested – yet of what *person* it is, is not indicated.	L'*ombre* révèle la proximité d'un corps, puisqu'il est impossible que sans un corps se produise une ombre; mais elle ne représente pas le corps qu'elle révèle, chose que l'*image* est de nature à faire.
A *picture,* on the other hand, has a great *ressemblance* of the *hypostasis* [Macomber: „substance"] and it even suffices to make known of what *person* it is (the picture), should one happen to be previously acquainted with the one of whom it is the picture.	Quand on voit l'image, en effet, on sait quel est celui qui est représenté, à cause de l'exactitude de la *ressemblance,* si par hasard on connaît celui qui est représenté.

Das Zitat des Cyrus enthält die Termini *prosopon* (zweimal) und *hypostasis,* die aber fehlen in der Katechese. Auch fehlt dort eine Entsprechung für die Unterscheidung von *prosopon* und *hypostasis.*

Welche dieser beiden syrischen Versionen repräsentiert den zugrunde liegenden griechischen Text Theodors? Glücklicherweise ist uns ein Exzerpt aus Theodors *Contra Eunomium* überliefert[212], ebenfalls in syrischer Überset-

[210] Ibid., p. 39, Anm. 2 zu I 5.

[211] Macomber, CSCO 356 (156), p. 38,16–22; Syrisch: CSCO 355 (155), p. 44,17–23. Tonneau, ST 145, p. 325,19–24; Syrisch: fol. 82r, Zeile 19–25.

[212] Zuerst ediert: *L. Abramowski,* Ein unbekanntes Zitat aus Contra Eunomium des Theodor von Mopsuestia, Mus 71 (1958) 97–104. Innerhalb der Ausgabe der ganzen Handschrift: *L. Abramowski, A. E. Goodman,* A Nestorian Collection of Christological Texts I (Cambridge 1972), vol. I, p. 179–181 (syr.); vol. II, p. 107–108 (engl.).

zung, das in der Anthropologie dieselbe Unterscheidung zwischen *hypostasis* und *prosopon* aufweist, wie das Zitat aus der XII. Katechetischen Rede in der Übersetzung des Cyrus. Ich löse im Exzerpt aus *Contra Eunomium* die rein anthropologischen Bestimmungen aus der anders gewendeten christologischen heraus; die anthropologische Bestimmung ist ihrerseits noch einmal elliptisch (so selbstverständlich ist sie dem Theodor), deswegen entfalte ich sie. Es ergibt sich: *hypostasis* = „what each one of us is", also jeder einzelne Mensch; *prosopon* macht aus einer beliebigen menschlichen *hypostasis* einen bestimmten, *benennbaren* Menschen, der deswegen nicht aufhört, auch eine *hypostasis* zu sein: „‚Paul' and ‚Peter' signify the *hypostasis* and the *prosopon* of each one of them"[213].

Angewendet auf die Argumentation im Zitat des Cyrus (und in der leicht verkürzten Form in der Katechetischen Rede) heißt das: Das Bild (im Unterschied zum Schatten) läßt einen einzelnen Menschen erkennen (eine Hypostase) und nicht bloß einen Körper vermuten wie der Schatten; um welchen bestimmten Menschen (um welche benennbare Person) es sich handelt, kann man sagen, wenn man den Dargestellten zufällig persönlich kennt, was natürlich eine große Ähnlichkeit der Darstellung voraussetzt.

Alles spricht dafür, daß die Übersetzung des Cyrus den Text Theodors eher reproduziert als die in der Katechetischen Rede. Letztere will offensichtlich eine Erleichterung bieten[214]. Dann stellt sich die Frage, ob es zur Zeit des Cyrus zwei Übersetzungen der Katechetischen Reden gab[215], oder ob Cyrus auf eine syrische Übersetzung gar nicht angewiesen war, weil er selber Griechisch konnte. Ich neige zur zweiten Alternative: Cyrus stammt wie Thomas aus Edessa, sicher der Grund, warum Cyrus zum „Begleiter" des Thomas entweder von Thomas erwählt oder von der Gemeinschaft dazu bestimmt wurde; man kann also bei Cyrus Zweisprachigkeit voraussetzen, auch wenn die Kenntnis des Griechischen (anders als bei Thomas) nicht ausdrücklich bezeugt ist[216].

---

213 Abramowski/Goodman, Nestorian Collection II, p. 107,9–10. (T. H.)

214 Ein Vergleich zwischen zwei syrischen Fassungen einer anderen Stelle aus den Katechetischen Reden (Hom. III, f. 15^v, Zeile 18–24, p. 59,18–24 Tonneau) und einem der Theodor-Fragmente aus Add. 12.156 (Nr. 32 in meiner Zählung) ergab ebenfalls leichte Vereinfachungen auf seiten der syrischen Homilie, cf. *L. Abramowski*, Über die Fragmente des Theodor von Mopsuestia in Brit. Libr. add. 12.156 und das doppelt überlieferte christologische Fragment, OrChr 79 (1995) 1–8, hier p. 4–5.

215 Von diesem Problem ist zu unterscheiden das andere, durch den Befund bei Bar Koni gestellte, wo dreimal „eine Hypostase" erscheint, davon zweimal für „ein prosopon"; es handelt sich um Kat. Hom. III 10; VI 3; VIII 10, siehe die Einleitung von *Devreesse* zu Tonneaus Ausgabe der Homilien, ST 145, p. XVI, Anm. 1, und p. XXIV, Anm. 6 (in der ersten Hälfte).

216 Auf zwei syrische Versionen eines Theodor-Zitats bei Cyrus (Passah V 10) und bei Ps.-Narsai (Hom. 35/17) hat *Macomber* aufmerksam gemacht, Anm. 6 zu Passah V 10 und Einleitung, p. XVI. Auch hier stellt sich das Problem, bei wem von beiden man die Übersetzung des authentischen griechischen Textes findet; es stellt sich aber in einer erleichterten Form,

Oben habe ich Macombers Hinweis auf die eine Stelle in den *causae* erwähnt, wo der Terminus *qnoma (hypostasis)* in *christologischem* Zusammenhang vorkommt, nämlich Ascensio VI 5; Macomber übersetzt auch hier *qnoma* mit „substance". Vorweg ist ein Blick auf Asc. IV zu werfen; die Überschrift dieses Kapitels lautet: „What are these things that were spoken by our Lord to his Disciples at the time of his ascent into heaven?". „These things" ist natürlich der trinitarische Taufbefehl von Mt 28 (zitiert werden die Verse 18b. 19. 20b). Dieser belehrt die Jünger über „die Unterscheidung der Hypostasen" (von Macomber mit „persons" übersetzt) in der Trinität (IV 4). Gott „verschob die Lehre über die Hypostasen der Trinität bis zur Zeit der Vollkommenheit". Unser Herr Christus überlieferte sie „zum ersten Mal" seinen Jüngern (IV 5). „Und er mischte in diese Überlieferung nicht hinein den Namen ‚Herr' und ‚Gott', weil die Lehre darüber schon vollkommen von den Propheten vorgetragen worden war" (IV 6). Was Christus jetzt für alle Völker lehrt zur „vollständigen Erfüllung des Glaubens", ist der Name (sing.! Wie im Taufbefehl) „Vater" und „Sohn" und „Heiliger Geist", „indem es offensichtlich ist, daß jede von diesen Hypostasen Gott und Herr ist." Dem Geist wird dazu in einem weiteren Satz das Prädikat „Hypostase" einzeln beigelegt[217]. – Noch um diese Zeit vernimmt man also ein Echo der Auseinandersetzungen des späten 4. Jh., kein Wunder bei der Rolle, die Theodor in jenen Auseinandersetzungen gespielt hat und angesichts seiner Autorität in der Theologie der Edessener und Nisibener.

Hatte schon Passah I 3 gezeigt, daß Cyrus sich vor Termini technici nicht fürchtet, so wird das durch Ascensio VI 5 bestätigt, obwohl der Verfasser hier so vorsichtig ist, daß Macomber die Interpretation offen läßt. Das Engelwort an die Jünger von Apg 1,1 („Dieser Jesus, der von euch in den Himmel hinaufgenommen worden ist, wird so kommen, wie ihr ihn habt in den Himmel hinaufsteigen sehen") wird ausgelegt wie folgt:

„Do not, therefore, imagine concerning him that his *qnoma* is being in any way decomposed, or that he is losing his corporeality, or that he is undergoing some sort of mixture or confusion. Rather, he is thus going to appear with great glory, complete in all [his]

---

weil das Zitat bei Ps.-Narsai versifiziert und dadurch schon verändert ist. Doch verdankt man ihm den Namen des Verfassers. *Macomber* hat den beiden Textfassungen einen Beitrag in den Mél. F. Graffin gewidmet: An anaphora prayer composed by Theodore of Mopsuestia, ParOr 6/7 (1975/1976) 341–347. – Macomber nahm die Ps.-Narsai Homilie noch für echt. – Diese Homilie wurde später auch von mir behandelt: *L. Abramowski,* Die liturgische Homilie des Ps. Narses mit dem Messbekenntnis und einem Theodor-Zitat, BJRL 78 (1996) 87–100; auf Macombers Beobachtungen stieß ich erst am Ende meiner Arbeit. Die große Ähnlichkeit am Anfang der beiden syrischen Fassungen ist durch das liturgische Vokabular bestimmt. Es ist klar, daß es *Cyrus* ist, der das griechische Original genauer übersetzt, wahrscheinlich ist auch in diesem Fall keine schon vorhandene Übersetzung benutzt worden.

[217] CSCO 355/155, p. 147,10; 356/156, p. 130,6.

features and with all of his lineaments stored up him[218], even though he is filled[219] with such a glory as defies human knowledge ‚just as you have' now ‚seen him ascend into heaven'".

Macomber schreibt für *qnoma* „substance" and macht dazu folgende Anmerkung: „Although I have translated *qnoma* as ‚person' in trinitarian passages (Asc IV 4ss, 8), in this christological context I prefer the vaguer ‚substance'[220], so as not to prejudge the interpretation. The translation ‚hypostasis' – evidently with reference to the Assumed Man – cannot be excluded *a priori*"[221]. Dies letztere ist die richtige Erklärung: die (menschliche) Hypostase Christi wird durch die Erhöhung nicht untergehen, weder durch Auflösung noch durch Vermischung (mit der göttlichen Natur, mit der sie vereint ist), sondern wird von göttlicher Herrlichkeit erfüllt aber wiedererkennbar erscheinen.

Diese ganz beiläufige Aufnahme des Terminus ist wegen der geradezu angestrengten Unauffälligkeit Mar Abas und seiner Schüler in ihrem christologischen Sprachgebrauch doch sehr bemerkenswert. Sie bedeutet auch eine Neuerung gegenüber dem bewußten Verzicht Ḥabibs und Narsais auf „Hypostasis" in ihren Auseinandersetzungen mit Philoxenus; diesen beiden Autoren lag sonst Unauffälligkeit gänzlich fern, im Gegenteil.

Man muß sich fragen, was Cyrus zur Einführung von „Hypostasis" in die Christologie seiner Schule gebracht hat. Denn es ist klar, daß eine *menschliche* Hypostase in Christus auch eine göttliche in ihm impliziert (das wäre der Gott-Logos); die Konsequenz aus der Andeutung des Cyrus wäre eine Lehre von zwei Hypostasen im einen *prosopon* Christi. Ist das bei ihm stillschweigend schon vorausgesetzt? Da Cyrus, wie wir gesehen haben, Theodor in der Originalsprache lesen konnte – wäre ein Rückgriff auf dessen Autorität anzunehmen? Hierfür käme das bekannte cap. 63 aus dem VIII. Buch von *De incarnatione* in Frage, in der aber, in der eigentlichen christologischen Bestimmung, der menschlichen Natur in Christus eine menschliche Hypostase nicht ausdrücklich zugeschrieben wird[222], nur durch Analogieschluß und aus dem Beispiel von Leib und Seele ließe sich das folgern[223]. Hat Cyrus einen solchen Schluß gezogen? vollständig ausgebildet liegt eine Christologie von zwei Na-

---

[218] Daß Gesichtszüge und Umrisse erhalten bleiben, würde nach der oben diskutierten anthropologischen Stelle eher Kennzeichen des *prosopon* sein. Aber in den christologischen Auseinandersetzungen war auf Grund der ntl Aussagen auf keiner Seite umstritten, daß es sich beim Wiederkommenden um die Person Jesu Christi handelt; worauf es den Dyophysiten der antiochenischen Richtung ankam, war die auch im Verherrlichten *bewahrte* vollständige *menschliche* Natur, in der hier offenbar schon von Cyrus verwendeten Nomenklatur, also die Hypostase.

[219] Macomber übersetzt *'tgmr* mit „consummated", mir scheint „filled" (cf. das Dictionnaire von Costaz) passender.

[220] Wie schon oben im anthropologischen Fall.

[221] CSCO 356/156, p. 139, Anm. 4.

[222] Swete II, p. 299,22–24 griechisch (Leontius).

[223] Swete II, p. 299,27–32 syrisch aus Add. 14.669. Swete hätte Add. 12.156 (aus Lagarde)

turen – zwei Hypostasen – zwei *prosopa* (auch diese aus *De incarn.* VIII 63 abzuleiten!) – ein *prosopon* erst beim Nestorius der im *Liber Heraclidis* erhaltenen Zweiten Apologie vor. Nun vermutet Macomber in Cyrus den Übersetzer des *Liber Heraclidis*; unsere Stelle Ascensio VI 5 mit der singulären Hypostase zieht er aber nicht als eine mögliche Auswirkung dieser Betätigung heran. Wäre sie es, so hätten wir hier eine erste Spur der Wirkung jenes Buches auf die ostsyrische Christologie.

V. DIE EINFÜHRUNG DES *LIBER HERACLIDIS* IN PERSIEN

Seit meiner Zusammenstellung der Nachrichten über die Einführung des Buches in Persien bei früherer Gelegenheit[224] ist an Neuem die eben erwähnte Vermutung Macombers über Cyrus als möglichen Übersetzer ins Syrische dazugekommen, ferner eine Erweiterung unserer Kenntnisse über die Wirkung des *Liber Heraclidis* auf die „technische" Formulierung der ostsyrischen Christologie nach der Mitte des 6. Jh. und ihre allmähliche Akzeptanz (bzw. ihre Ablehnung). Das Endresultat war das vollständige Gegenteil zur absichtlichen terminologischen Unauffälligkeit Mar Abas und seiner Schüler – indirekt herbeigeführt durch Mar Aba selber.

Vor seiner Wiederentdeckung am Ausgang des 19. Jh. kannte man den *Liber Heraclidis* nur aus dem Schriftstellerkatalog des Ebed Jesu (ʿAbdišoʾ), der nach 1314/15 geschrieben wurde. Was der ostsyrische Metropolit der Überlieferung folgend dem Nestorius zuschrieb, faßte er in einer gereimten Liste zusammen:

> Nestorius Patriarcha / Plures exactos libros composuit
> Quos e medio blasphemi sustulere, /
> Qui autem ex illis remanserunt, hi sunt. /
> Liber Tragoediae, /
> Et liber Heraclidis, /
> Et epistola ad Cosmam, /
> Quae tempore Pauli translatae sunt. /
> Prolixa eiusdem Liturgia, /
> Quam Thomas et Mar Abas transtulere /
> et liber unus epistolarum, /
> et alter homiliarum et orationum.

Die Regierungszeit des Katholikos Pauls I. war sehr kurz (drei Monate). Die Datierung seines Amtsjahres schwankt erstaunlich: Macomber gibt 537 an[225],

parallel daneben setzen müssen; in diesen Zeilen gehen die beiden selbständigen syrischen Übersetzungen inhaltlich und terminologisch noch zusammen.

[224] *L. Abramowski*, Untersuchungen zum Liber Heraclidis des Nestorius = CSCO 242, Subs. 22 (Louvain 1963) 4–20.

[225] CSCO 356, Syr. 156, p. XII.

ich selber richtete mich nach Labourt und schrieb 539/40[226]. Paul war der unmittelbare Vorgänger Mar Abas im höchsten Kirchenamt, und das Wahldatum des letzeren steht fest[227]. Chabot kommt für Paul auf das Jahr 539[228]. Die Kürze des Katholikats des Paul kann für die Übersetzung des umfangreichen *Liber Heraclidis* nur bedeuten, daß sie zu dieser Zeit *beendet* wurde.

Die *älteste* Erwähnung des *Liber Heraclidis* in der ostsyrischen Literatur geschieht durch den Übersetzer dieses Buches im Vorwort, das er dem Werk vorausschickt. Leider hat das Vorwort in der Handschrift, von der die modernen Abschriften abstammen, starke Beschädigungen erlitten, diese betreffen auch die uns hier interessierende Passage. Der Übersetzer hat u. a. Erwägungen über die literarischen Genera angestellt, unter die die Schriften des Nestorius fallen. Vermutlich hat er bei dieser Gelegenheit alle Schriften des Nestorius aufgezählt, die ihm bekannt waren, d. h. (seit kurzem) in der Bibliothek der Schule von Nisibis lagen. Unglücklicherweise ist ein Teil dieses Abschnitts den erwähnten Verlusten zum Opfer gefallen, man sehe das Druckbild bei Bedjan und Nau[229]. Was erhalten geblieben ist, lautet in Naus Übersetzung[230]:

„... comme l'incarnation *(pgrnwt')* et les autres controverses sur la foi. Le quatrième (genre de littérature) est l'histoire. Le présent livre appartient au troisième genre, c'est-à-dire aux controverses sur la foi; il doit être lu après ces deux autres livres par le saint, à savoir: *Théopasqitos* et Tragoedia[231], qu'il a écrits comme une apologie contre ceux qui le blâmaient d'avoir demandé un concile[232]".

Weiter unten ist noch ein Halbsatz über den Inhalt des *Liber Heraclidis* erhalten geblieben[233]: „... zum größten Teil aber ist es (ein Buch) der θεωρία, weil es uns die vollkommene Erkenntnis über die Heilsveranstaltung durch unseren Herrn Christus lehrt"[234].

---

[226] CSCO 242, p. 5.

[227] Siehe oben den Abschnitt über die Vita des Mar Aba.

[228] Syn. Or., p. 326, Anm. 3.

[229] *P. Bedjan* (ed.), Nestorius. Le livre d'Héraclide de Damas (Paris, Leipzig 1910), p. 4; *F. Nau* (trad.), Nestorius. Le livre d'Héraclide de Damas (Paris 1910), p. 3; über den wirklichen Umfang der Verluste siehe in Bedjans Einleitung den Abschnitt II („Le Manuscrit"), p. VII–XI.

[230] Bedjan, p. 4,5–9; Nau, p. 3.

[231] Zur „Tragoedia", die ich als die Erste Apologie des Nestorius bezeichne (um sie von der „Tragoedia" des comes Irenaeus zu unterscheiden), siehe CSCO 242, p. 21–73. Man vergleiche mit den Auszügen aus dieser Schrift bei Barḥadbešabba Arbaya die Unkenntnis noch des Narsai!

[232] *swnhdws* (σύνοδος); gemeint ist das Konzil, das Nestorius vom Kaiser gefordert hatte und das als Ephesus 431 zur Verurteilung des Nestorius durch die von Cyrill geleitete Synode führte. Wahrscheinlich lautete der Vorwurf aus dem Kreis der Mitbetroffenen aus dem Kirchenbezirk Antiochien: Wenn du nicht auf dieser Synode insistiert hättest, dann sähe die Situation für dich und für uns ganz anders aus!

[233] Bedjan, p. 4,22–23; Nau, p. 4,13–15.

[234] Das Urteil stützt sich wohl besonders auf die dem Buch vorangestellte längere theo-

Auch am Anfang ist das Vorwort des Übersetzers verstümmelt, aber es ist der Rest der Widmung erhalten, von der schon Nau annahm, daß sie an Mar Aba gerichtet sei[235], „et l'on comprend qu'il ait fait traduire ensuite le *Livre d'Héraclide* et qu'il en ait accepté la dédicace". Ich habe schon früher die vagen Hinweise des Vorworts mit der Vita des Mar Aba verglichen, was dessen Reise ins römische Reich betrifft[236]. So überaus knapp und diskret die Angaben in der Vita sind, so lassen sich doch mit ihrer Hilfe die Andeutungen des Vorworts einordnen, beide Quellen ergänzen einander.

Das Vorwort gibt eine interessante Motivation für die Reise Mar Abas (die ja wohl eher eine Flucht war). Das Folgende ist gewiß die Deutung, die man als Sprachregelung nach der Rückkehr der beiden Reisenden aus dem Westen einführte. Man liest hier[237]:

„[Eure] *apostolische* [Vollmacht] war bekannt und glänzte in Werken des Geistes; daß Euer Eifer ... und in eurer Fülle ... der irdischen Könige. *So unterzogt Ihr Euch der Mühe einer langen Reise von Osten nach Westen, um die Seelen zu erleuchten*, die in der Finsternis des ägyptischen Irrtums[238] ertrunken und im Rauch der Blasphemie des Apollinarius festgehalten waren. Aber die Menschen liebten die Finsternis mehr als das Licht, weil die Augen ihres Verstandes von persönlichen Vorurteilen ... für Euren Stolz ... nur die Finsternis ... hat es [nicht] begriffen. Aber im Gegenteil, obwohl ... sie angenommen haben, gehorchten sie nicht; sie wurden des Irrtums angeklagt und entschleiert. *In diesem festen Vertrauen auf die Kraft eures Gebets bereitet sich meine Wenigkeit auf die Übersetzung dieses Buches aus dem Griechischen ins Syrische vor.* Weil nun die Hoffnung auf die Hilfe des lebendigen Gottes auf meine Zunge gelegt und in meinen Gedanken befestigt worden ist, beginne ich acht Kapitel zu schreiben, in denen die Absicht des Buches beleuchtet wird."

Die Reise Mar Abas in den Westen wird hier als apostolische Missionsreise dargestellt. Wenn sich die Anspielungen auf den Joh-Prolog im trümmerhaften Text („die Finsternis hat das Licht nicht begriffen") direkt auf das Vorhaben des Reisenden beziehen sollten, dann muß die Mission als gescheitert betrachtet werden. Und wer sind jene, die „angenommen haben", „nicht gehorchten", „des Irrtums angeklagt und entschleiert wurden"? Von dem Erfolg in der Person des „Kosmas Indikopleustes" berichtet das Vorwort, *soweit es erhalten ist,* nichts, obwohl Mar Aba doch am Zentralort der „ägyptischen Finsternis" wirkte; aber auch davon wäre wohl nur in kryptischer Andeutung geschrieben worden.

Nach dem Vorwort des Übersetzers vom Jahr 539 lesen wir den Titel des Buches gar nicht viel später bei dem Abt Bar Edta, der ein wahres Wunder an

---

logische Einleitung, die nicht von Nestorius selber stammt und deren Verfasser ich als Ps.-Nestorius bezeichne.

[235] *Nau,* p. 1–2, Anm. 8.

[236] CSCO 242, p. 9–13.

[237] Bedjan, p. 2,3–13; Nau, p. 1–2.

[238] D. h. den Irrtum Cyrills.

Mnemotechnik gewesen sein muß; unter den vielen Büchern, die er in seiner Mönchszeit, d.h. vor 561, aus der Bibliothek von Nisibis holte und auswendig lernte, war auch der *Liber Heraclidis*. Die Biographie läßt Bar Edta u.a. sagen[239]:

„Und ich zitierte .../ auch das Buch des Mar Nestorius, das genannt wird ‚das des Heraklides',/ *das jüngst zu meiner Zeit übersetzt worden ist aus dem Griechischen ins Syrische*./ Ich mühte mich mit diesem Buch Jahre, so daß ich nach dem Gedächtnis jederzeit/ die einzelnen Abschnitte zitieren konnte, die in der Abhandlung *(t'gwrt')*[240] waren".

Bisher scheint keine weitere *Erwähnung* des Buches samt Verfasser und Titel zwischen Bar Edta und dem Katalog des Ebed Jesu zutage getreten zu sein. Aber das Buch wurde nicht nur wie in dem außerordentlichen Fall des Bar Edta auswendig gelernt, sondern es wurde auch sein Inhalt rezipiert, wie wir an einem Disput noch aus den 60er Jahren des 6. Jh. erkennen können, um von der späteren Entwicklung der ostsyrischen Christologie zu schweigen. Es wird aber bis ins 7. Jh. dauern, bis offizielle Verlautbarungen der Kirche die kompliziertere christologische Terminologie aufnehmen werden.

239 CSCO 242, p. 6, Anm. 30: „Die *Vita* ist ein von Abraham Beth Zabaye (ca. 11. Jhdt.) verfaßter und in Verse gebrachter Auszug aus einer langen *Vita*, die von Joṭanan dem Perser, einem Schüler des Bar Edta, stammte. Die lange *Vita* ist nicht mehr erhalten. Für die einzelnen Aussprüche Bar Edtas wird ein Ohrenzeuge angeführt". Die Quellen bei *Nau*, p. XX. *Nau*, p. XIX: „Peu après 540".

240 *t'gwrt'* ist die Übersetzung von πραγματεία und bedeutet wie diese sowohl „Handel" wie „Abhandlung". Die Unkenntnis der zweiten Bedeutung führte zur Übersetzung mit „Bazaar" durch die beiden englischen Übersetzer des Liber Heraclidis, G. R. Driver und L. Hodgson (1925).

DRITTER TEIL
Der Beginn der Auseinandersetzung mit Ḥenanas Christologie
Synodalbekenntnisse der persischen Kirche und einzelne Theologen

Luise Abramowski

I. „DIE DISPUTATION, DIE KAISER JUSTINIAN MIT PAUL, DEM BISCHOF VON NISIBIS, VERANSTALTETE"

1. Datierung?

Im II. Teil der Chronik von Séert[1], in Nr.[2] XXXII, liest man[3]:

(p. 187) § 1[4] „On rapporte que Justinien, après la conclusion de la paix avec Kosrau, demanda à celui-ci de lui expédier quelques savants persans. § 2 Kosrau lui envoya Paul, métropolitain de Nisibe; § 3 Mari, évêque de Balad; § 4 Bar Sauma, évêque de Qardou; § 5 Išaï, interprète à Séleucie; § 6 Išô'yahb d'Arzoun, qui devint catholicos d'Orient; § 7 et Babaï, évêque de Šigar. § 8 Il (Justinien) les honora tous. § 9 La controverse, qui fut écrite, dura trois jours. § 10 Ils (les Orientaux) firent connaître la foi orthodoxe. § 11 ‚Je veux, dit-il (Justinien) à Babaï, que tu me dises quels sont les passages des Livres inspirés et des Commentaires que les Pères sont allégués'. § 12 Celui-ci cita beaucoup des passages que l'âme de l'empereur inclina à recevoir. § 13 Ils lui firent comprendre que ni la nature ne pourrait exister sans l'hypostase, ni l'hypostase sans la nature, et que par conséquent, les deux natures ne pourraient être une seule hypostase. § 14 Il les écouta et les renvoya comblés d'honneur. § 15 Justinien changea d'avis dans la suite en anathématisant Diodor et ses compagnons. § 16 Il mourut après un règne de trente-neuf ans. § 17 Certains disent qu'Abraham et Jean, disciples du Narsaï, faisaient partie du groupe qui fut envoyé à l'empereur de Grecs et que celui-ci approuve les explications de tous deux, loua leur parole et les combla de présents en même temps que Paul."

Diesem Abschnitt gehen voraus zwei Mitteilungen über Justinians theologische Schriftstellerei[5]: Wir hören von einem Buch über den Glauben an die Zweiheit der Naturen, in dem der Kaiser eine zusammengesetzte Einheit bekenne und zur Lehre Julians neige; „danach" (!) habe er ein anderes geschrieben über „Einen aus der Trinität, der mit dem Leib gelitten hat". Die beiden Mitteilungen und die eben zitierte Passage über die Disputation bilden den Schluß von Nr. XXXII; diese Nummer hat die Überschrift „Geschichte des Katholikos Joseph, der abgesetzt wurde und der der 28. in der Reihe ist". Joseph war Katholikos 552–566 (gest. 567)[6], Justinians Herrschaft begann dagegen schon 527, deswegen ist ihm vorher an der chronologisch richtigen Stelle die Nr. XXIII des zweiten Teils der Chronik gewidmet, „Geschichte Justinians, des Königs der Griechen", ein sehr kurzer Abschnitt (zehn Zeilen

---

[1] Histoire Nestorienne (Chronique de Séert), ed. A. Scher, Teil II, Nr. I–XL, in: PO VII 2 (1909) 99–203; Nr. XLI–CXII in: PO XIII 4 (1918) 437–639. – Über die Quellen der Chronik von Séert vgl. die Analyse von *Ph. J. Wood,* The sources of the *Chronicle of Seert*: Phases in the writing of history and hagiography in late antique Iraq, OrChr 96 (2012) 106–148.

[2] Wo ich „Nr." schreibe, hat Scher „n.".

[3] PO VII 2, p. 187–188.

[4] §-Ziffern von mir eingesetzt.

[5] PO VII 2, p. 186–187.

[6] *L. Sako,* Le rôle de la hiérarchie syriaque orientale dans les rapports diplomatiques entre la Perse et Byzance aux Ve – VIIe siècles (Thèse Paris 1986), synchronistische Tabelle p. 162.

in Schers Übersetzung) mit einigen Angaben zu den *ersten* Jahren der kaiserlichen Regierung. Das Ende der Regierung des Kaisers (565) fällt fast mit dem Ende des Katholikats des Joseph zusammen, was die (am Schluß nicht besonders sorgfältige) Anordnung der theologischen Mitteilungen um das kaiserliche Todesdatum herum erklärt (der Nachtragscharakter von § 17 ist deutlich). Seine Kenntnisse entnimmt der Chronist verschiedenen Quellen: § 1 „On rapporte …", § 17 „Certains disent …"[7]. Die Anordnung des Stoffs kann suggerieren, daß all diese Nachrichten in die letzten Jahre Justinians gehören – aber ist der Eindruck richtig? Tatsächlich enthalten die §§ 1–17 alle chronologischen Probleme, über die im folgenden zu referieren ist, ohne daß eine Lösung gelingen will.

Die Disputation zwischen Justinian und den Bischöfen aus Persien „wurde aufgeschrieben" (§ 9). Ein Exemplar der Niederschrift spielt während der Gesandtschaft des Katholikos Išoʿyahbs II. bei Kaiser Heraklius (630) in Aleppo eine Rolle, wie die Chronik von Séert II in Nr. XCIII berichtet[8]. In welcher Sprache hat man sie dem Kaiser vorgelegt? Im originalen Griechisch oder (rück)übersetzt aus einer syrischen Fassung? Eine solche syrische Fassung hat es mit Sicherheit gegeben, sie wird unter den Werken des Paul von Nisibis von Ebedjesu aufgeführt; als Delegationsleiter hat Paul nach der Rückkehr aus Konstantinopel dem Hofarzt Qiswai berichtet (im Bericht war die Disputation enthalten)[9] – das tat er vermutlich in persischer Sprache.

Uns ist ein Auszug aus der Disputation erhalten; abgesehen von zwei Zitaten aus Phil 2 und Apg 1,11 fehlen darin vollständig die biblischen und patristischen Belege, die der Kaiser wünschte und die ihm vorgelegt wurden (s. oben §§ 11 und 12 des Berichts). Im Zusammenhang der Vorwürfe, denen sich Išoʿyahb II. nach seiner Rückkehr ausgesetzt sah, wird ihm Paul von Nisibis als Vorbild hingestellt. Dieser habe den Kaisern (sic) geantwortet, man habe

---

[7] Da diese Angaben leider namenlos bleiben, erscheinen sie nicht bei *L. Sako,* Les sources de la Chronique de Séert, ParOr 14 (1987) 155–166. Als jüngste namentlich genannte Quelle ermittelt er Qusṭa Ibn Lūqā, gest. gegen 912 (p. 160); damit wäre ein terminus a quo für die Chronik von Séert gegeben. Das korrigiert ein früheres Datum, das *P. Nautin,* L'auteur de la « Chronique de Séert » : Išōʿdenaḥ de Baṣra, RHR 186 (1974) 113–126, vorgeschlagen hatte samt einem Verfassernamen (9. Jh., Išoʿdnaḥ von Baṣra), p. 160, Anm. 9. Der Verfasser ist immer noch anonym.

[8] PO XIII 4, p. 558. Der kleine Abschnitt beginnt: *„Le prince lui apporta* (le livre de) Mar Paul". Der Katholikos erklärt dem Kaiser „das Problem" mit großer Klarheit; der Kaiser ist beeindruckt und sagt: „Ich will dir nicht widersprechen, und ich schenke dem Buch Glauben, *das du mir vorgelegt hast".* Wer hat wem „das Buch" vorgelegt? Man wird doch nicht annehmen, daß der Kaiser eigens die Niederschrift der Disputation aus den Zeiten Justinians nach Aleppo mitgebracht hatte! Also hat Išoʿyahb II. es dem Kaiser „vorgelegt". Der Irrtum des Eingangssatzes läßt sich leicht erklären, wenn der Chronist von zwei Personalpronomina („*Er* brachte *ihm* mit") eins näher bestimmen wollte und sich dabei irrte. – *Sako,* Le rôle, der p. 121–128 ausführlich aus Nr. XCIII der Chronik zitiert, läßt den kleinen Abschnitt aus.

[9] Bei *A. Guillaumont,* Justinien et l'Église de Perse, DOP 23/24 (1969/70) 39–66, die Belege p. 52.

ihn nicht geschickt zum Diskutieren, Unterweisen, Auslegen, Streiten, Argumentieren, Angreifen, sondern zur Darlegung seines Glaubens[10]. Vielleicht hat Paul das wirklich behauptet (als captatio benevolentiae zu Beginn der Disputation?) – der erhaltene Text beweist das Gegenteil; natürlich wird argumentiert, angegriffen etc.

Der Auszug ist acht Seiten lang und findet sich in einem syrischen monotheletischen, d. h. chalcedonischen Florileg, welches den Anfang der Handschrift Brit. Lib. Add. 14535 bildet. Innerhalb des Florilegs bildet die Disputation den Schluß (f. 16u–20r). Der Herausgeber der Disputation, Antoine Guillaumont, hielt das Florileg noch für monophysitisch[11]; das ist von S. Brock überzeugend korrigiert worden. Die Hs. wird ins 9. Jh. datiert, das Florileg ist im späten 7. oder frühen 8. Jh. zusammengestellt worden. „The extant section headings“ des Florilegs „are straightforwardly anti-Nestorian in character“[12]; und, ergänzen wir, das Exzerpt der Disputation unterstreicht diesen Eindruck, denn im Lemma wird zum Titel des Bischofs Paul hinzugefügt: „der Nestorianer war“. Die Kontrahenten heißen „Orthodoxer“ und „Nestorianer“. Die erste Frage wird übrigens vom Kaiser *(qsr)* selber gestellt (im Lemma ist sein Titel wie üblich *mlk'* = βασιλεύς). Der Kaiser hat auch sonst eingegriffen, s. § 11.

Früher datierte man die Disputation auf 533[13], was unhaltbar ist; Guillaumont entscheidet sich für ein viel späteres Datum: 562/3, nach dem Friedensschluß zwischen Kaiser und Großkönig (s. oben § 1 des Berichts) von 561. Er stößt freilich auf die Schwierigkeit, die sich aus der Mitteilung (s. oben § 15) ergibt, daß der Kaiser nämlich nach der Disputation seine Meinung geändert und die „Genossen“ Diodors (sic!) mit diesem verdammt habe[14]. Guillaumont

---

[10] *Guillaumont,* ibid.

[11] *Guillaumont,* ibid.

[12] *S. Brock,* A Monothelete Florilegium in Syriac, in: After Chalcedon = FS A. Van Roey, OLA 18 (1985) 35–45, hier: p. 35. „Compilation antinestorienne“ auch bei *Guillaumont,* Justinien. p. 52. – Leider habe ich in meinem Beitrag: Martyrius-Sahdona and dissent in the Church of the East, in: C. Jullien (ed.), Controverses des Chrétiens dans l'Iran sassanide = StIr.C 36 (Paris 2008) 13–27, Brocks Hinweis übersehen.

[13] So *Scher,* PO VII 2, p. 187–188, Anm. 6, auf Grund seiner Identifikation des Paul von Nisibis mit Paul dem Perser; *A. Baumstark,* Geschichte der syrischen Literatur (Bonn 1922), p. 121, sieht deren Schwierigkeiten unter Berücksichtigung der uns bekannten Angaben; *I. Ortiz de Urbina,* Patrologia Syriaca (Rom ²1965), § 58, hält an der Identifikation der beiden Pauli fest. Sie ist als unhaltbar nachgewiesen von *Guillaumont,* Justinien, p. 46–48. Unbegreiflicherweise bleibt der Art. Paulus von Nisibis (Paulus der Perser), in: Lexikon für antike christliche Literatur (1. Aufl. 1998) 488, bei der Identifikation und daher auch beim Datum 532/533 für unsere Disputation, obwohl Guillaumont in der Literaturliste angeführt wird.

[14] Gemeint ist das Konzil von 553 in Konstantinopel mit seiner Verurteilung der Drei Kapitel, zu denen Diodor *nicht* gehört. Über die erstaunlich zurückhaltende Reaktion der Kirche des Ostens auf dies Konzil, das doch Theodor von Mopsuestia mit wüsten Beschimpfungen bedachte, s. *Guillaumont,* Justinien, p. 55–62. Einen scharfen Protest gibt es erst bei Babai dem Großen (ibid., p. 57–59), wogegen anfangs zu beobachten ist (p. 55): „Ni les Actes du

wehrt aber dies Argument, das für eine Früherdatierung sprechen würde, so ab[15]:

„Mais c'est là, à mon avis, une méprise du chroniqueur, qui s'explique par son désir de majorer le succès que les Perses auraient obtenu auprès de Justinien et par la nécessité où il s'est trouvé dès lors de supposer un revirement chez l'empereur, dont le nom restait attaché aux anathèmes du concile de 553".

Ferner sei allein die spätere Datierung vereinbar mit den übrigen Daten der Chronik von Séert und mit der Nachricht bei Barḥadbešabba[16], daß Kaiser Justinian den Abraham von Beth Rabban aufgefordert habe, sich zu ihm zu begeben, seinen Glauben zu verteidigen und auf Fragen zu antworten, die ihm vorgelegt werden würden. Abraham folgte der Einladung nicht, sich auf sein hohes Alter und seine Lehraufgaben berufend, legte aber ein schriftliches Glaubensbekenntnis vor und beantwortete die schriftlich gestellten Fragen. Die Namen Diodors, Theodors und des Nestorius aus den Diptychen zu streichen, weigerte er sich. „Danach schickte er den Bischof Paul und andere, die ihn begleiteten; sie gingen vor den Kaiser, verteidigten den Glauben, den sie bekannten und die Väter, die sie predigten; danach kehrten sie in großem Triumph zurück". (Der nachgetragene § 17 aus dem Bericht der Chronik von Séert, s. o., ist wohl eine vage Erinnerung an die Abraham-Episode). Abraham starb gegen 569 in hohem Alter, nachdem er die Schule von Nisibis 60 Jahre geleitet hatte. Dazu würde ein Ansatz der Disputation bald nach 561 am besten passen.

Ein weiteres Argument schöpft Guillaumont aus dem Status des Delegationsleiters Paul, er sei erst 551 Metropolit von Nisibis geworden, „date établie par Scher, PO 7 p. 187, et Vööbus, op. cit., p. 148 et 170"[17]. Scher beruft sich an der angegebenen Stelle auf die „Histoire de Mšiḥa-Zkha, éd. de Mingana, p. 156" (= Chronik von Arbela), die berichtet, daß Paul, der Lehrer an der Schule von Nisibis war, von Abraham von Beth Rabban nach Arbela geschickt wurde; nachdem er dort mehr als 30 Jahre gelehrt hatte, wurde er (gegen 551) vom Patriarchen Mar Aba zum Bischof von Nisibis geweiht, nach der Rückkehr des Patriarchen aus Huzistan[18]. Nun wird über die Genuität der Chronik von Arbela und die Historizität der in ihr berichteten Ereignisse seit längerem diskutiert, ohne daß man zu einer sicheren Meinung gekommen wäre. Sollte die Nachricht von Pauls langer Lehrtätigkeit in Arbela nicht einer

synode de 554, ni ceux du synode de 576 n'y font la moindre allusion"; erst 585 ändert sich das mit deutlichen Anspielungen, aber schon da richtet man sich mehr gegen Ḥenana, den Dissidenten aus den eigenen Reihen.

[15] *Guillaumont,* Justinien, p. 51.

[16] PO IX 3, ed. Nau, p. 628–630, von Guillaumont vorher (p. 50) referiert.

[17] *Guillaumont,* Justinien, p. 51, Anm. 62.

[18] Für Scher besteht die Schwierigkeit, seine Frühdatierung der Disputation mit diesem Datum auszugleichen.

dieser Züge sein, die zu höherem Ruhm der Stadt beitragen sollen? Baumstark, der noch keinen Zweifel an der Chronik von Arbela hatte, folgerte aus der Nachricht, daß Paul „nur in uneigentlichem Sinne“ als Schüler Mar Abas gelten könne[19]. Fiey äußert seine bekannte Skepsis für seine Verhältnisse in sehr milder Form[20]: „Cependant le séjour de Paul à Erbil n'est appuyé que par la seule Chronique d'Arbèles. Peut-on faire confiance à celui-ci?“

Eine neue Situation in der Datierungsfrage ist durch das Buch von L. Sako über die diplomatische Rolle der ostsyrischen Hierarchie in den Beziehungen zu Byzanz (1986)[21] entstanden. Das von Sako vorgeschlagene Datum ist „vers 546/7“[22] oder 547[23]. Sako gibt die folgenden Gründe an, die gegen die beiden bis dahin vorgeschlagenen Daten für die Disputation der persischen Delegation mit dem Kaiser Justinian sprechen, also gegen 533 und gegen 562/3:

1. Paul (s. im Bericht §2) ist erst nach 544 zum Bischof geweiht worden, was das Datum von 533 unhaltbar macht. – Sako befaßt sich allerdings überhaupt nicht mit dem aus der Chronik von Arbela abgeleiteten Ordinationsdatum von 551 für Paul, das gegen seinen eigenen Vorschlag spricht. Hält er dies Werk vielleicht für eine quantité négligeable? In seiner Bibliographie ist es in keiner Ausgabe angeführt.
2. Barsauma, Bischof von Qardou (s. §4), nahm an der Synode des Katholikos Joseph 554 teil (wie übrigens auch Paul von Nisibis). – Sako sagt nicht ausdrücklich, daß das eher gegen die Frühdatierung auf 533 sprechen würde, aber vermutlich meint er das.
3. *Sakos entscheidendes Argument* gegen die Spätdatierung: der Bischof Māri von Balad (s. §3) muß 554 schon verstorben sein, denn als Bischof von Balad unterschreibt auf dieser Synode Yazdgard. Māri wurde 523 Bischof[24].
4. Daß Justinian „danach“ seine Meinung änderte (s. §15), dient Sako begreiflicherweise als Argument gegen die Datierung auf 562/3.
5. Išaï, der Lehrer (s. §5), einer der beiden nicht-bischöflichen Teilnehmer, wurde von Mar Aba nach 540 zum Rektor der Schule von Seleukia gemacht, wieder ein Argument gegen das Jahr 533. (Aber dafür reichte schon die Unterscheidung des Paul von Nisibis von Paul dem Perser).

Sakos eigener Vorschlag[25]: „Ces données nous invitent à placer cette délégation entre 546 et 547, car effectivement une paix de cinq ans est conclue entre

[19] *Baumstark,* Geschichte, 121.
[20] *J.-M. Fiey,* Nisibe, métropole syriaque orientale et ses suffragants des origines à nos jours = CSCO 388, Subs. 54 (1977), p. 52, Anm. 254.
[21] S. oben Anm. 6.
[22] *Sako,* Le rôle, p. 140.
[23] *Sako,* Le rôle, p. 91.
[24] *Sako,* Le rôle, p. 93, Anm. 18, unter Berufung auf *Fiey,* Nisibe, p. 268. Sako nennt als Quelle die Diptychen von Balad, aber die Tabelle bei Fiey stellt die Diptychen und die „historischen Texte“ nebeneinander; das Datum 523 stammt aus den letzteren.
[25] *Sako,* Le rôle, p. 94.

Ḫūsrō I et Justinien en 545/546". In der Anmerkung gibt Sako den Beleg für einen Waffenstillstand zu diesem Zeitpunkt aus Prokop, Perserkrieg II 28[26]: „Février 546. Chosroès demanda 2000 livres d'or et le médecin Tribunus, après quoi, il conclut une trêve de cinq ans, parce que son ambassadeur Isdigunas n'avait pu prendre Dārā[27] par trahison et avait passait dix mois sans aucun résultat". Zum Ende des Jahres 549 wurden die Kämpfe wieder aufgenommen.

Mit Guillaumonts Datierung der von Justinian veranstalteten Disputation kommt man in das Katholikat des Joseph (552–566), mit Sako dagegen in die Zeit seines Vorgängers Mar Aba (540–552), damit aber in die Zeit von dessen Gefangenschaft[28]. Bei Sako taucht die Frage überhaupt nicht auf, wie sich das auf die diplomatischen Beziehungen zwischen den beiden Höfen ausgewirkt haben könnte. Konnte man in Konstantinopel von diesem Faktum absehen? Hätte man etwas für Mar Aba bewirken können? Die Rückkehr der persischen Delegation „in großem Triumph" und „überhäuft mit Ehren" entspricht dem üblichen Protokoll bei solchen Gesandtschaften[29].

Der Frühansatz der Disputation hätte Folgen für die Datierung des Episkopats des Paulus von Nisibis, was dessen Beginn betrifft. Es wurde schon erwähnt, daß auf der Synode des Joseph (554) Paul (als dritter) unterschreibt[30]. Aber 544 muß Mar Aba in seinem Fünften Dokument berichten[31], „qu'à Nisibe la discorde règne depuis plusieurs années; leur évêque, qu'ils opprimèrent grandement, s'est retiré et habite dans sa maison", und Mar Aba ist (durch seine prekäre Situation) daran gehindert, „pour régulariser le siège de leur diocèse", wie er das anderswo getan hat. „Le moment présent, qui est rempli de grandes difficultés", erlaube ihm auch nicht die Einberufung einer Synode. Für die Zwischenzeit verbietet er die Ordination eines Metropoliten in Nisibis (ebenso in Beth Lapat, wo der Amtsinhaber verstorben, die Lage also einfacher war) *„sans notre autorisation, notre présence ou nos lettres"*[32]. Eine „Re-

---

[26] *Sako,* Le rôle, p. 94, Anm. 21; er benutzt die Ausgabe Procopio di Cesarea, Le guerre Persiana, Vandalica, Gotica, a cura di M. Craveri (Turin 1977). – Der im Zitat erwähnte Arzt Tribunus erscheint als „Ṭrikhoma", Chronik von Séert II, Nr. XXVII („Geschichte des Mar Aba"), PO VII 2, p. 161: Hier bittet Khosrau den Justinian, ihm wegen einer Krankheit einen tüchtigen Arzt zu schicken. *Scher,* p. 161, Anm. 1, hat die Person in der von ihm vorgefundenen Schreibung nicht identifizieren können.

[27] Die römische Grenzfestung.

[28] Zum Schicksal des Mar Aba s. das ihm gewidmete Kapitel oben in diesem Band.

[29] Cf. *Sako,* Le rôle, p. 43–45 die Sekundärliteratur referierend; auch *Fiey,* Nisibe, p. 52, Anm. 256.

[30] Syn. Or., p. 366.

[31] Syn. Or., p. 349. *Fiey,* Nisibe, p. 49, zitiert diese Stelle; davor: „C'est probablement Élie Ier qui était sur le siège de Nisibe" zur Zeit der Synode von 544; p. 47: „Le *terminus ad quem* de cette métropolite est 552, date à laquelle son successeur Paul est attesté". Meint Fiey 554 (Teilnahme an der Synode des Katholikos Joseph)?

[32] Syn. Or., p. 350.

gelung" in Nisibis hätte Absetzung des bisherigen Bischofs bedeuten müssen. Man weiß nicht, ob eine solche erfolgte. Wenn man die Disputation beim Kaiser mit dem Bischof von Nisibis 546/7 ansetzt, dann müßte Paul zwischen 544 und 546 auf seinen Thron gelangt sein und in dieser kurzen Zeit auch seine Bischofsstadt befriedet haben.

Guillaumont unterstreicht mit Recht die Bedeutung unserer Disputation für die Geschichte der Theologie der persischen Kirche[33]: „Ce texte est du plus grand intérêt ... elle nous fait connaître le développement de la théologie nestorienne à cette date, tout en ajoutant à ce que nous savons par ailleurs de l'argumentation antinestorienne des théologiens byzantins". Und[34]: Die Zwei-Hypostasen-Christologie sei nicht erst von Babai dem Großen entwikkelt worden, vielmehr zeige die Disputation, daß die persischen Theologen „étaient déjà en possession d'une doctrine qui professait explicitement deux natures et deux hypostases", und es sei wenig wahrscheinlich, daß diese Lehre erst gegen die Konzilsentscheidungen hinsichtlich der Drei Kapitel entworfen worden sei.

Mir scheint die Vertretung der Zwei-Hypostasen-Christologie durch die ostsyrischen Theologen zu diesem Zeitpunkt nur unter der Voraussetzung einer Kenntnis des Liber Heraclidis des Nestorius erklärlich. Die syrische Übersetzung (d.h. deren Fertigstellung) erfolgte unter dem Katholikos Paul (539); dies ergibt eine kurze Frist für die Aneignung der expliziten Christologie jenes Buches, wenn man die Disputation mit Sako auf den früheren Zeitpunkt ansetzt.

Die christologische Terminologie unterscheidet die Disputation von den Synodalbekenntnissen des ganzen 6. Jhs.[35]. Die orientalischen Synoden verwendeten nicht einmal den terminus *prosopon* für Christus vor 585 (die Ausnahme ist die Synode des Acacius 486), um von „Hypostase" ganz zu schweigen. Damit folgen sie dem Sprachgebrauch, wie ihn die Theodorianer an der Schule der Perser in Edessa eingeführt hatten und wie ihn Narsai nach Nisibis überführte. Die Auseinandersetzung zwischen Philoxenus und Ḥabib, die in Band 2/3 des vorliegenden Werkes analysiert worden ist, hat die Existenz einer deutlich umrissenen Form antiochenischer Christologie in syrischer Sprache für die zweite Hälfte des 5. Jhs. zutage gefördert. In ihr wird eine genaue Unterscheidung zwischen *theologia* und *oikonomia* im Gebrauch der Vokabel *hypostasis* gefordert: Er ist auf die Trinitätslehre zu beschränken; nicht gestattet ist er für die Christologie. Die scharf formulierte Zwei-Naturen-Lehre stellt sich weder als Ein-Hypostasen-Christologie dar, noch als eine der zwei Hypostasen. Philoxenus behauptet zwar, daß Ḥabib zwei Hy-

---

[33] *Guillaumont,* Justinien, p. 53.
[34] *Guillaumont,* Justinien, p. 62.
[35] Für die folgenden beiden Abschnitte cf. *L. Abramowski,* Martyrius-Sahdona, p. 18–19.

postasen lehre, bringt aber keine einzige Belegstelle, d. h. daß es keine solche gab. Dieser Befund wird durch die christologischen Homilien Narsais bestätigt (s. oben in diesem Band); diese bieten eine quantitativ viel breitere Basis als die Exzerpte aus Ḥabib, auch erstreckt sich das Material über eine längere Periode. Sowohl Ḥabib wie Narsai sind sehr zurückhaltend im Gebrauch von *prosopon.*

Die terminologische Zurückhaltung der Synodalbekenntnisse beruht also auf der edessenisch-nisibenischen Schultheologie, ursprünglich ausgebildet gegenüber dem radikalen Kyrillianismus, wie ihn eine Fraktion der Schule von Edessa vertrat, mit Philoxenus als ihrem wirksamsten Apostel. Die Terminologie der zwei Hypostasen im einen Christus, die von Paul von Nisibis und seinen Begleitern vor Justinian verwendet wird, stellt demgegenüber eine Wendung um 180 Grad dar, ohne daß sich inhaltlich etwas geändert hätte.

Die Wahrscheinlichkeit, daß Paul von Nisibis den ins Syrische übersetzten Liber Heraclidis kannte und daß er überhaupt von den Nestorius-Werken wußte, die Mar Aba aus Konstantinopel mitgebracht hatte, reizt dazu, eine literarhistorische oder überlieferungsgeschichtliche Verbindungslinie von ihm zu einer überraschenden Erwähnung dieser Schriften durch einen Griechen zu ziehen. Am Ende seines Lebens war Paul (gest. 573) mit dem (chalcedonischen) Patriarchen Gregor von Antiochien (570–593) befreundet, wie Euagrius Scholasticus in seiner Darstellung des persischen Feldzugs von 572 berichtet, ohne den Namen des Bischofs von Nisibis mitzuteilen (HE V 9)[36]. Euagrius war Justitiar des Patriarchen. Im Buch I 7 seiner Kirchengeschichte erfährt man von Euagrius, daß er auf Schriften des Nestorius „gestoßen“ sei[37] (vermutlich in Konstantinopel)[38]. Ich halte es für denkbar, daß es der Bischof von Nisibis war, der den Bischof von Antiochien und seinen Justitiar auf die Tatsache aufmerksam machte, daß Mar Aba seinerzeit die Schriften des Nestorius kopiert und nach Persien mitgebracht habe, daß sie also noch am gleichen Fundort im Original vorhanden sein müßten. Daß Euagrius ohne einen solchen Hinweis von sich aus nach diesen Schriften gefahndet hätte, ist kaum anzunehmen. É. Amann, in seinem Nestorius-Artikel im DThC, unterstreicht

---

[36] Ed. Bidez-Parmentier, p. 204,18–205,17. Über die Verwicklung der beiden Hierarchen in den 572 unter Justin II. neu ausbrechenden römisch-persischen Krieg mit den Belagerungen der Städte Nisibis und Dara s. die knappen Mitteilungen bei *Fiey*, Nisibe, p. 53–55, und die Diskussion bei *A. D. Lee*, Evagrius, Paul of Nisibis and the Problem of Loyalties in the Mid-Sixth Century, JEH 44 (1993) 569–585; die englische Übersetzung der Euagrius-Passage, p. 571–572; deutsch bei A. Hübner, FC 57/2 (Turnhout 2007), p. 573.575. – *Fiey*, Nisibe, p. 55: „On voit la complexité de la situation de ces évêques des frontières aux loyautés divisées, le métropolite“ (Paul von Nisibis) „espionnant pour les Grecs et le suffragant“ (*Fiey*, p. 54: Išoʿyahb von Arzoun, der spätere Katholikos) „pour les Perses“.

[37] S. *L. Abramowski*, Untersuchungen zum Liber Heraclidis des Nestorius = CSCO 242, Subs. 22 (Louvain 1963), p. 13–15.

[38] Wo er seinen Bischof zu verteidigen hatte.

das Erstaunliche des Fundes[39]: „On se demande avec quelque surprise où il a pu se procurer ces documents inédits, *et à cette date*". Aus der Darstellung des Euagrius „geht deutlich hervor, daß er sich bewußt ist, etwas Besonderes zu bieten"[40]. P. Allen diskutiert in ihrer Euagrius-Monographie den Bericht des Scholasticus über seinen Fund und gibt zum Schluß folgendes Urteil ab[41]:

„In his treatment of Nestorius, Evagrius shows his customary respect for documents, and his preparedness to use them in recounting events even when they come from a non-orthodox source and do not necessarily redound to the credit of orthodoxy. His objections to Nestorius, however, are violent and simplistic: he neither assesses Nestorius' position theologically, nor does he feel any inclination to attempt it, whereas his appreciation of the monophysite position (II 5) is much fairer. Writing at a time when the word ‚Nestorian' conjured up a loathsome picture of sullied and pernicious doctrine, and was applied to the followers of Chalcedon, Evagrius was incapable of the frank and hard-headed assessment which Socrates (VII, 32) for example, gave to Nestorius and his followers"[42]. – Vielleicht wollte sich der Verfasser mit seinem Urteil davor schützen, als möglicher Sympathisant des Nestorius zu erscheinen?

Es war wiederum der Bischof Paul von Nisibis, der Ḥenana aus der Schule von Nisibis wegen seiner öffentlich vorgetragenen nicht-orthodoxen Christologie entfernte[43]. Es macht keine Schwierigkeiten anzunehmen, daß Ḥenanas Lehre von der einen Hypostase in Christus ein Protest gegen die von seinem Bischof vertretene Zwei-Hypostasen-Christologie war; die edessenisch-nisibenische Schultheologie wie die von ihr bestimmten kirchlichen Dokumente mit ihrem Verzicht auf den terminus „Hypostase" in christologischen Aussagen boten dazu keinen Anlaß. Nach dem Tod des Bischofs Paul wurde Ḥenana jedoch Direktor der Schule von Nisibis und blieb dies für lange Zeit, er muß also die notwendigen Qualitäten für dies Amt gehabt haben. Seine Wahl ist auch als ein Indiz für das Vorhandensein von Anhängern seiner Theologie in der Schule und in der Stadt zu verstehen[44]. Die Polemik gegen Ḥenana in den folgenden Jahrzehnten wirft ihm vor, daß er *eine, zusammengesetzte*

---

[39] DThC 11,1 (1931), 76–157, hier col. 84; von mir zitiert, Untersuchungen, p. 13. Meine Hervorhebung.

[40] *L. Abramowski,* Untersuchungen, p. 13.

[41] *P. Allen,* Evagrius Scholasticus, the Church Historian (Leuven 1981), 79–81; das Zitat, p. 81.

[42] Cf. auch *A. Hübner,* in ihrer Einleitung zur zweisprachigen Ausgabe der Kirchengeschichte des Evagrius, FC 57,1, p. 83–84.

[43] S. *L. Abramowski,* Martyrius-Sahdona, p. 19–20.

[44] *Labourt,* Christianisme, p. 215: Ḥenana „groupa autour de lui un parti très considérable, surtout à Nisibe même, dont l'évêque Simon" (der Nachfolger Pauls) „se déclara en sa faveur". – Der 596 eingesetzte Metropolit Gregor erhielt die Aufgabe, Ḥenana „zu korrigieren", und leitete auch die nötigen Schritte ein. In den Auseinandersetzungen (an denen die „mächtigen nisibenischen Mediziner am Hof" sich maßgeblich beteiligten) nahm der Katholikos Sabrišoʿ Partei gegen Gregor. Der Großkönig zwang Gregor ins Exil (601); das führte zum berühmten Exodus von 300 Studenten der Schule. Ḥenana „avec quelques rares partisans, resta maître de l'École diminuée", *Fiey,* Nisibe, p. 58–60, hier p. 60.

Hypostase lehre, was sehr neu-chalcedonisch klingt. Falls dieser spezifische Terminus ihm nicht schon vorher bekannt war, dann gibt es eine mögliche schriftliche Quelle für seine Kenntnis der Argumentation der zeitgenössischen griechischen Christologie: den Bericht des Bischofs Paul von der Disputation in Konstantinopel, den dieser offensichtlich nicht geheim gehalten hat. Die Reaktion des Ḥenana läßt sich auch nur erklären, wenn Paul die Zwei Hypostasen (unter Beibehaltung der Einheit in Christus) nicht nur in der kaiserlichen Hauptstadt zur Widerlegung der Einen Hypostase der Chalcedonier auf der gemeinsamen Basis der Zwei-Naturen-Lehre vertreten hat, sondern sie auch in seiner Bischofsstadt öffentlich vortrug.

2. Die Debatte

Der von Guillaumont edierte Text ist Übersetzung, nicht so sehr eines Exzerpts, als vielmehr eines *Extrakts* aus dem griechischen Protokoll der Disputation (nach Abschluß der Disputation müssen beide Seiten im Besitz eines – gleichlautenden – Protokolls in griechischer Sprache gewesen sein). Der Extrakt ist an zentralen christologischen Aussagen der kaiserlichen Theologen ebenso interessiert wie an denen der orientalischen Kollegen.

Der so entstandene syrische Text enthält als einziges Gliederungselement (abgesehen vom Wechsel der Redner) eine Überschrift etwa in der Mitte (p. 64 unten, f. 18u etwas unterhalb der Mitte der Seite). Die Handschrift bietet keinerlei alineas, so auch nicht für diese Überschrift. Guillaumonts französische Übersetzung läßt jede Wortmeldung mit einem neuen Absatz beginnen; ich beziffere sie mit durchlaufenden Paragraphen; die erwähnte Überschrift erhält von mir keine Ziffer. Diese Zwischenüberschrift lautet „Disputation darüber, ob die Trinität eine Quaternität wird, wenn von Christus zwei Hypostasen ausgesagt werden“. Dies Thema war bereits im Vorangehenden erreicht worden. Wir wissen, daß für die Debatte drei Tage angesetzt waren[45]; man kann vermuten, daß hier der *zweite Tag* der Disputation beginnt. Dafür spricht auch, daß § 17 (vor der Zwischenüberschrift) Rede des „Orthodoxen“ ist, aber ebenso § 18 danach. Und der *dritte Tag*? Nach der letzten verzeichneten Wortmeldung des zweiten Tages (§ 34 „Orthodoxer“) liest man (§ 35) folgende Bemerkung: „Und wiederum soll gefragt werden[46]: Gibt es eine ohne Sohnschaft geborene Hypostase? Und wenn jeder Hypostase eine Sohnschaft (zukommt), ist es evident: siehe, zwei Söhne!“ (f. 20r, unten /p. 66). Das Thema

[45] Oben im Bericht der Chronik von Séert § 9. *Guillaumont*, p. 53, Anm. 70: „C'etait, semble-t-il, la durée habituelle des conférences de ce genre: ainsi en fut-il aussi pour la discussion de Paul de Perse et du manichéen Photeinos … et pour le colloque de 533 entre Orthodoxes et Monophysites“.

[46] Guillaumont, p. 66, übersetzt das Imperfekt präsentisch: „Et il est encore demandé“.

war schon vorher in § 32 („Orthodoxer") angeschlagen worden. Es wird hier aber nicht ausgeführt, was nicht heißen muß, daß kein Protokoll darüber vorlag, sondern daß es den Kürzungen des Kompilators zum Opfer gefallen ist.

Das Problem des *ersten Tages* ist durch die Eingangsfrage des Kaisers gegeben (§ 1, Guillaumont, p. 62): „Confessez-vous avec nous que le Dieu Verbe connaturel du Père s'est incarné et est devenu homme du sein de la sainte Vierge[47], et qu'il a pris d'elle un corps qui nous est connaturel et l'a fait sien[48] dans une unité indivisible, et non qu'un autre homme[49], qui serait dans une hypostase propre[50], soit connu en dehors de lui, le confessez-vous ou non?" Alle drei Themen sind herausfordernd formuliert: in Gestalt der üblichen Vorwürfe gegen die antiochenische Theologie, da alle auf Konsequenzmacherei beruhen. Objektiv gesehen geht es um den status der menschlichen Natur in Christus: ihr Verhältnis zum Gott Logos, ihr Verhältnis zur Trinität, ihr Verhältnis als Sohn zum Vater.

Die Entgegnung des „Nestorianers" auf die Eingangsfrage in § 2 (f. 16u / p. 62) scheint mir eine Zusammenfassung eines längeren Austausches von Argumenten zu sein. In der ersten Hälfte führt er Phil 2,6–7 an, ohne direkt auf die Frage des Kaisers einzugehen; in der zweiten Hälfte stellt er die Christologie der Gegenseite ganz korrekt dar, ohne daß wir das aus „orthodoxem" Munde in diesem Protokoll schon gehört hätten; dabei knüpft N. an einen Satz von § 1 an, auch verlangt er von der Gegenseite Auskunft: „Mais ce que vous avez dit, que le corps était sien et non pas d'un autre homme, nous voulons que vous nous l'expliquiez, car c'est comme si on disait que la chair en laquelle il s'est incarné du sein de la Vierge ne subsiste *(mqym)*[51] pas proprement[52] dans sa propre hypostase, *mais subsiste (mqym) dans l'hypostase du Dieu Verbe*".

N. folgert (§ 4 ibid.) aus der Position von O., daß dann Christus nicht ein Mensch *('nš brnš')*[53], sondern nur Gott wäre, weil er nicht als vollkommener und hypostatischer *(qnwmy')* Mensch durch natürliche Geburt subsistiert *(mqym)*.

---

[47] Das Atttribut θεοτόκος wird in unserem Text nicht verwendet. Gehört das zu den Abmachungen, die beide Seiten getroffen haben, um ein für beide Parteien akzeptables Protokoll erstellen zu können?

[48] *dylh* steht so betont vor dem Verb, daß man griechisch ἴδιον vermuten kann. Das ἴδιον σῶμα und die ἰδία σάρξ gehören zu den Lieblingsgedanken Kyrills. Im folgenden weise ich nicht jedes Mal wieder darauf hin.

[49] „Ein anderer Mensch" = „ein anderer, ein Mensch"; ebenso auch in späteren Wendungen des „Orthodoxen". – Es handelt sich um eine kyrillische Formulierung, cf. Anath. 10: ὡς ἕτερον παρ'αὐτὸν ἄνθρωπον.

[50] *dylny'*, Guillaumont „séparée"; griechisch ἰδική?

[51] Gewiß = ὑφεστώς. So auch überall im Folgenden für *mqym* zu denken.

[52] Guillaumont „séparément": *dyln'yt* = ἰδικῶς.

[53] Wohl = τις ἄνθρωπος, Guillaumont „un certain homme".

O. (§ 5; f. 16u–17r / p. 62–63): „Ist[54] Christus vollkommener Mensch in menschlicher Natur, wie er wahrlich auch vollkommener Gott ist, ist er in der Tat *(ky)* eine Hypostase, die zwei Vollkommenheiten besitzt. Wenn er aber zwei Hypostasen ist, wie er von euch ausgedacht wird, und nicht eine, kann er nicht einer heißen, der zwei Vollkommenheiten besitzt, sondern jede der Hypostasen ist vollkommen in sich selbst. Also *(ky)* fehlt der Mittler *(mṣʿy')*, der die zwei Vollkommenheiten enthält". Der „Mittler" ist der μεσίτης von 1 Tim 2,5, es ist dieselbe syrische Vokabel, die hier und in der Bibelstelle gebraucht wird; aber dort ist es der „Eine", der zwischen Gott und den Menschen vermittelt, soteriologisch mit kosmologischem Beiklang, *hier* wird es auf die beiden Naturen in Christus angewendet (daß es *ein* Mittler ist, wird mitgedacht). – Es folgt eine stichwortartig verkürzte allgemeine Regel über das Verhältnis von Hypostasen/Natur bzw. Naturen/Hypostase, die vielleicht am Beispiel des Menschen exemplifiziert wurde.

Von § 6 ab wird das Verständnis zunächst dadurch erschwert, daß das Partizip *mqym*, das bis dahin im status absolutus benutzt worden ist, nun im status emphaticus (also um ein *alaph* am Ende vermehrt) erscheint: *mqym'*. Guillaumont hat es für ein Nomen genommen und mit „substance" übersetzt. Aber m. E. handelt es sich weiterhin um das maskuline Partizip, welches das griechische ὑφεστώς wiedergeben soll, aber nunmehr als Substantiv, u. U. mit Artikel: ὁ ὑφεστώς[55]. Blickt man auf die Einlassungen von N. in § 6 und in § 8, so ist klar, daß der „Orthodoxe" zum Bekenntnis eines auch in der menschlichen Natur Subsistierenden geführt werden soll, nachdem hinsichtlich des „vollständigen in seiner göttlichen Natur Subsistierenden" selbstverständlich Einigkeit herrschte. Daraufhin wird in § 9 (O.; f. 17r /p. 63) die Differenz zwischen den Kontrahenten deutlich: die menschliche Natur ist eine *im Gott Logos* Subsistierende (!)[56], „gewiß *(ky)* wird sie nicht ἰδικῶς in einer besonderen eigenen Hypostase gesehen und erkannt, sondern in der Hypostase des Logos besitzt sie ihren Bestand *(qwym')*[57]". (Guillaumont übersetzt *qwym'* verwirrenderweise mit „subsistence"; griechisch vielleicht σύστασις[58]?). Für N. dagegen gilt (§ 10 ibid.): Wenn Christus Subsistierender in seiner göttlichen Natur ist und Subsistierender in seiner menschlichen Natur, dann machen zwei Subsistierende zwei Hypostasen, Christus ist also zwei Hypostasen und zwei Naturen.

---

[54] Bemerkenswert, daß der syrische Satz mit „ist" so beginnt, wie es auch in einem deutschen Bedingungssatz möglich ist. Kann ein griechischer Satz dieser Art mit ἐστίν beginnen?

[55] In Guillaumonts Übersetzung ist deswegen für „substance" überall „(le) subsistant" zu lesen.

[56] Nachher in § 11 wird O. es ablehnen, von zwei Subsistierenden in Christus zu sprechen, „die für sich selbst gedacht werden"; der Akzent an unserer Stelle liegt also auf „im Gott Logos", s. dazu auch die neuchalcedonische These im Mund von N. am Ende von § 2.

[57] Ich bin für einen besseren Übersetzungsvorschlag, griechisch wie deutsch, offen; der Plural von „Bestand" wäre jedenfalls nicht passend.

[58] Für „subsistance" in Guillaumonts Übersetzung ist überall σύστασις (?) zu lesen.

Die Darlegung des „Orthodoxen“ in § 11 (f. 17r–u / p. 63) ist lang (fast eine Seite der Hs.) und kompliziert, das wird sich für den Rest des ersten Tages der Disputation fortsetzen. Da der Disputant auf der kaiserlichen Seite an der Wirklichkeit der menschlichen Natur in Christus nicht zweifelt, ihr aber nicht den Status einer Hypostase zubilligen kann, muß er spezifische Bestimmungen mit zusätzlichen Begriffen treffen, nachdem er *qwym'* bereits eingeführt hat. Der § 11 läßt sich in drei Abschnitte gliedern: der zweite beginnt etwa in der Mitte bei „Cependant, en aucune manière, ...“, der dritte gegen Ende bei „Mais la constitution ...“. Der erste Abschnitt bringt die Vorstellung des Zählens in die Argumentation: Die Menschheit Christi zählen wir nicht als eine besondere Hypostase, weil sie wirklich seine eigene ist und nicht die eines anderen. Christus enthält in seiner Hypostase die natürlichen συστάσεις (? *qwym'* Plur.) seiner Gottheit und seiner Menschheit, wir zählen sie nicht als zwei Subsistierende (*mqym'* Plur.), und deswegen auch nicht als zwei Hypostasen. (Mit genauerer Bestimmung des grammatischen Subjekts wird wiederholt:) Die eine Hypostase des Gott Logos enthält die beiden natürlichen συστάσεις (? *qwym'* Plur.). Der zweite und der dritte Abschnitt des § 11 dienen der Unterstützung des ersten und führen zwei weitere Begriffe ein, die Guillaumont mit „constitution naturelle“ und „disposition naturelle“ übersetzt. Der zweite Abschnitt will ausschließen, daß aus *qwym'* automatisch „hypostasis“[59] gefolgert werden darf; der dritte fordert für die Erkennbarkeit einer Hypostase das Merkmal der Gesondertheit. (Die Anwendung auf die menschliche Natur Christi ist klar, sie wird im Text nicht eigens ausgesprochen).

§ 12 Für N. (f. 17 u / p. 63) ergibt sich, daß unter solchen Bedingungen eine der beiden Naturen nicht subsistiert *(mqym)*, „eure Weisheit“ wird aufgefordert nachzuweisen, ob es eine Natur ohne Hypostase gibt.

§ 13 O. (ibid.) konzediert, daß man bei einfachen und gesonderten[60] Naturen nicht von Naturen ohne Hypostasen spricht, bei zusammengesetzten aber doch; man sieht, daß die Ganzheit dieser einen Hypostase aus verschiedenen Naturen besteht *(mtqym'*, ὑπόστατος ?), aus denen sie zusammengesetzt ist. So im Mysterium der Einheit Christi[61], der eine vollkommene und vollständige Hypostase ist, die beide Naturen enthält. In beiden wird er gesehen und erkannt, so daß keine Hinzufügung zur Trinität geschieht. – Kann das Pronomen der 1. Pers. Plur. im nächsten Satz richtig sein: „et si une nature sans hypostase, *comme nous, nous le disons,* ne peut pas être“? Alle Bemühungen von O. gingen bisher dahin zu beweisen, daß das doch und jedenfalls in

---

[59] Guillaumont, p. 63, Anm. 119, verbessert ein „sinnloses“ syrisches *qwm'* in *qnwm'*.

[60] Was Guillaumont als zweites Adjektiv mit „et homogènes“ übersetzt, ist syrisch ein status constructus: *wy ḥydyy zn'* (das erste Wort im Plural) = „von besonderer Art“? Wohl ein Versuch, eine bestimmte griechische Wendung wiederzugeben.

[61] Der „Orthodoxe“ vertritt also die ὑπόστασις σύνθετος in Christus. Eine eventuelle Diskussion über diesen, den Ostsyrern höchst anstößigen, Begriff ist in unseren Extrakt nicht eingegangen.

der Christologie möglich sei! Ist vielleicht ein falscher Kontrast zum zutreffenden Pronomen der 2. Pers. Plur. in der Fortsetzung des Satzes hergestellt worden? Der Inhalt dieser Fortsetzung indiziert wieder eine Kürzung innerhalb der Wiedergabe, denn der Gedanke an zwei prosopa war im bisherigen Verlauf der Debatte von N. noch nicht vorgetragen worden (und wird auch in unserem Text nicht weiter verfolgt werden): „à plus forte raison une hypostase sans personne, *comme vous, vous le dites,* ne peut pas être vue[62], et comment alors échapperez-vous à la profession de deux personnes (*prswp'* Plur.)?"

N. (§ 14 f. 17u / p. 63–64) fordert jedoch, daß die Gegenseite „zuerst" Christus als Subsistierenden und Subsistierenden in seiner göttlichen Natur und zugleich in seiner menschlichen Natur „bestätigen müsse". Folge daraus das „Stürzen" in die Vierheit „wegen der Zahl der menschlichen Hypostase"? „Oder bleibt die Trinität" (sc. was sie ist, nämlich Trinität) „nach dem Wort (laut) unseres Glaubens(bekenntnisses)?"

§ 15 (f. 17u–18r /p. 64) ist eine lange Rede von O., die in drei Abschnitte zu gliedern ist; der zweite Abschnitt beginnt nach etwa einem Drittel mit „Non pas que nous disions", der dritte sechs Zeilen später mit „Au Fils unique, en effet ...". Der erste Abschnitt bringt abgesehen vom Anfang, wo es heißt, daß die Hypostase der Gottheit des Sohnes „gezählt wird wie der Vater" (sc. in der Trinität), nichts Neues. Der zweite und dritte Abschnitt erwecken den Eindruck, daß sie auf hier nicht mitgeteilte Einlassungen der Gegenseite reagieren, denn es tauchen termini auf, die antiochenisch („Annehmen") und edessenisch-nisibenisch klingen („Offenbarung und „Erneuerung", cf. Narsai) und von O. positiv aufgenommen werden. Der zweite Abschnitt beginnt apologetisch: „Nicht (irgend) etwas von der Fülle der menschlichen Hypostase" (sic! Auch das ein Entgegenkommen) „verringernd geschah deren Annahme", aber sie blieb nie in ihrem Fürsichsein vom Augenblick der Empfängnis an (das nimmt ihr den Hypostasencharakter), und sie hat keine eigene „hypostatische Aktivität". Dritter Abschnitt: „Die handelnde und leitende Kraft und der Wille gehören dem eingeborenen Sohn, der sie" (das Suffix muß sich immer noch auf die menschliche Hypostase beziehen) „angenommen hat, der in ihr Mensch werden wollte, so daß die ganze hypostatische Wirksamkeit der oikonomia vollendet[63] wurde". Auch die Entstehung seines menschlichen Leibes im Schoß der Jungfrau war nicht die für irgendeine menschliche Hypostase übliche, sondern sollte die Oikonomia und Offenbarung des Gott Logos bei uns durch ihn vollziehen und die Erneuerung und Erlösung unseres Geschlechts sollte durch ihn geschehen. Und deswegen wird sein eigener Leib

[62] „Daß ὑπόστασις nicht ἀπρόσωπον zu sagen ist" bei Theodor von Mopsuestia an der berühmten Stelle aus De incarnatione VIII (aus Leontius): H. B. Swete, Theodori episcopi Mopsuesteni In epistolas B. Pauli commentarii II (Cambridge 1882), p. 299,21–22.

[63] Die verschiedenen syrischen Verben des Vollendens, Vollbringens, Vollziehens entsprechen ohne Zweifel den griechischen Verben, die von τέλος abgeleitet sind: τελειόω, τελευτάω, τελέω.

an jedem Ort genannt, weil er vereinigt seiner Hypostase gehört und nicht einem „anderen Menschen“. – Guillaumont übersetzt die Aussage über den Leib so: „son corps est renommé en tout lieu“; aber ich denke, daß mit *mštmh* „erwähnt werden“ gemeint ist und mit „an jedem Ort“ „an jeder Stelle“ sc. *der Schrift.* Das ist vermutlich die Antwort auf biblische Belege der Gegenseite, die für eine Hypostase auch der menschlichen Natur Christi sprechen sollten.

§16 (N.; f. 18r–u / p. 64) nimmt eine reductio ad absurdum vor, indem er die „orthodoxe“ Bestimmung der Zugehörigkeit des Leibes zur göttlichen Hypostase von der anderen Seite her betrachtet: „Alors une hypostase incréée et éternelle appartient à la nature humaine du Christ“, was niemand begreifen könne, „à savoir que la nature d'un homme quelconque est créée et que son hypostase est incréée“. So werden Natur und Hypostase voneinander „entfremdet“, die Natur kann nicht mehr in der Hypostase erkannt werden. Das wird exemplifiziert an menschlicher Natur und Hypostase (Paulus) und an Engelsnatur und Hypostase (Gabriel und Michael) und ihrer unmöglichen Querbeziehungen.

§17 (O.; f. 18u /p. 64) erkennt das Prinzip der natürlichen Zusammengehörigkeit von Natur und Hypostase an. Aber beim Leib des Gott Logos ist das anders: zwar besitzt er die Hypostase des Logos nicht natürlicherweise, jedoch ist sie in der unzerreißbaren Einheit seine eigene geworden, und in ihr wird er erkannt und gesehen auf vereinte Weise. Deswegen kann er nicht als eine andere Hypostase außerhalb der seinen (d. h. des Logos) gezählt werden. Die natürliche Hypostase des Logos wird in der Einheit gezählt, und der Leib wird als der ihre geglaubt; sehr wohl *(ky)* wird er in seiner Natur ohne Veränderung bewahrt. Deswegen sagen wir nicht zwei Hypostasen in der Einheit Christi, auch wenn uns die Verschiedenheit der Naturen nicht entgeht. Im übrigen führen die zwei christologischen Hypostasen zu einer Quaternität, an Stelle der Trinität.

Damit beginnt der *zweite Tag* der Disputation.

O. (§18, ibid.) eröffnet mit der Aufforderung, die Gegenseite solle demonstrieren, daß die Zweiheit der Hypostasen nicht zu einer Vierheit führe.

§19 und 10 (f. 18u /p. 65): Man ist sich einig in den Voraussetzungen: Christus, der Sohn Gottes hat zwei Naturen und ist einer aus der Trinität. – Hieran ist bemerkenswert, daß N. dies letztere Stichwort, das ja auch die radikalen Kyrillianer benutzten (man denke an Philoxenus), sich positiv zueigen machen kann.

§21 (f. 18u–19r /p. 65) bringt ein glänzendes Argument gegen den Vorwurf der Einführung einer Quaternität: „Mit seinen zwei Naturen – ist Christus eine der Hypostasen der heiligen Trinität oder nicht?“ Wenn das zutrifft, dann ist die eine Natur der Trinität wegen der Oikonomia[64] durch die zwei Naturen

[64] Bei Guillaumont ist durch aberratio oculi ausgefallen „à cause de l'économie“, einzufügen nach „de la Trinité“ in der dritten Zeile des §21.

verdoppelt, wegen Christus, der zwei Naturen ist und einer aus der heiligen Trinität. – D. h. auch wenn man von zwei Naturen und nicht von zwei Hypostasen in Christus spricht, stellt sich das Problem, wie sich die menschliche Natur Christi zur göttlichen Natur innerhalb der Trinität verhält. – Dies wird von O. (§ 22 ibid.) glatt zurückgewiesen: Die gleichwesentliche Trinität erhält wegen der Oikonomia keine Doppelzahl zweier Naturen, sondern bleibt, wie sie ist, in ihrer Einheit; gewiß *(ky)* erhält sie nicht die Doppelzahl einer anderen Natur.

§ 23 (ibid.): N. entwickelt exakt[65], wie der Ablehnung der Verdopplung der Naturen in der Trinität durch O. die Ablehnung einer Vierzahl von Hypostasen in der Trinität auf seiner eigenen Seite entspricht. Folgerung: Die Trinität verbleibt in ihrer Homoousie, es bleibt auch „das Mysterium der Oikonomia wie es ist, in der Einheit des Prosopon der zwei Naturen und der zwei Hypostasen, die verbunden[66] wurden im Leib der Jungfrau vom Beginn der Bildung des Leibes an durch die Salbung des heiligen Geistes und durch die Kraft[67], ohne Trennung, immer und ewig."

O. (§ 24; ibid.) stellt die provozierende Gegenfrage: Wo bleibt nach eurer Meinung diese andere Hypostase Christi: außerhalb der Trinität oder in den Hypostasen der Trinität?

N. (§ 25; f. 19r–19u /p. 65) erinnert zunächst an die strukturelle Gemeinsamkeit der Problematik (auf die O. nicht eingegangen ist, wie seine Gegenfrage zeigt) und gibt die vorzügliche Antwort: „Überall wo *ihr* meint, daß die *Natur* der Menschheit Christi ist, dort ist seine eigene *Hypostase* der Mensch-

[65] Darin findet sich folgende Prädikation Christi: „Christ, qui est Dieu complet et homme complet, *le même, mais non de même*". *Guillaumont,* p. 65, Anm. 121, bezeichnet diesen Ausdruck als „caractéristique de la christologie nestorienne" und verweist auf das Glaubensbekenntnis der Synode von 585 unter Išoʿyahb I., Syn. Or., p. 454 bei Anm. 4 (im syrischen Text p. 194, letzte Zeile, und p. 195,12–13). Chabot erklärt den Ausdruck p. 454 in Anm. 4: „Litt.: ‚idem sed non in eadem (natura)'; c'est-à-dire non pas selon la divinité". Diese Erklärung berücksichtigt nicht, daß der syrische Text (sowohl in unserer Disputation wie) des Bekenntnisses von 585 das „de même", *bh kd bh,* mit *femininen* Suffixen (diakritischer Punkt über dem *he*!) zu lesen ist. Das Bezugswort kann deswegen nicht das maskuline *kynʾ* (natura) sein. Die ganze Formulierung, *hw kd hw wlw* (bzw. *ʿlʾ lw) bh kd bh,* setzt vermutlich ein griechisches ὁ αὐτὸς οὐ κατὰ ταῦτο voraus. Tatsächlich fügt sich der Ausdruck besser in den Text von 585 ein: Es handelt sich dort um die Geburt Christi aus dem Vater und aus der Jungfrau: „derselbe *aber nicht auf dieselbe Weise*". Hier in unserer Disputation dagegen klappt der Ausdruck syntaktisch und inhaltlich nach und paßt eigentlich nicht richtig zu der „statischen" Aussage der doppelten Vollkommenheit. Vielleicht liegt eine der inneren Kürzungen unseres Textes vor. – Es ist durchaus denkbar, daß zwischen der Disputation und Išoʿyahbs Synodalbekenntnis hinsichtlich dieses Ausdrucks eine engere Beziehung besteht, schließlich war Išoʿyahb ein Teilnehmer der Debatte, s. oben im Bericht der Chronik von Séert § 6 („von Arzoun" heißt er nach dem Bischofssitz, den er aber erst 571 erhielt; der Zusatz dient zur üblichen Unterscheidung vom zweiten, späteren Katholikos mit dem gleichen Namen).

[66] *nqp* = συνάπτω.

[67] Cf. Lk 1,35.

heit. Im *Himmel* aber, glauben wir, daß Christus in der Natur seiner Menschheit ist, wie uns verkündigt[68] worden ist und wir gelernt haben von den heiligen Engeln durch die seligen Apostel: ‚Dieser Jesus, der von euch (hinweg) aufgenommen wurde, wird so wiederkommen, wie ihr ihn gesehen habt, daß er zum Himmel hinaufstieg'. Dies sagen wir in Bezug auf die Gestalt *(dmwt' = μορφή,* s. Phil 2), in der Christus jetzt ist wegen seiner Leiblichkeit."

Dann wird das Problem des „Ortes" verhandelt: Man kann in trinitarischen Dingen nicht von „Ort" sprechen; die menschliche Natur Christi, seine menschliche Hypostase kann nicht außerhalb oder innerhalb der Trinität wie an einem Ort sein; sie kann aber auch nicht in der Trinität sein wie die Hypostase in der Natur ist, denn das Fleisch Christi ist dem Vater und dem hl. Geist nicht gleichwesentlich; sondern durch die coniunctio[69] nur mit dem Gott Logos, glaubt man, befindet es sich in einer untrennbaren Einheit (sc. mit dem Logos).

O. (§26; f. 19u /p. 65–66) kommt wieder auf das Problem des Zählens zurück[70]. Hier wird eine neue Vokabel eingeführt, *mtyd'nwt',* die der „Orthodoxe" auch in seiner nächsten Einrede, §28, noch verwenden wird. Guillaumont übersetzt sie mit „intelligibilité"; der Thesaurus hat „cognoscibilitas, notio, notitia", das Compend. Dict. bietet verblüffenderweise nur „conventional usage of words". „Cognoscibilitas", „Erkennbarkeit" (französisch „perceptibilité"?) scheint die beste Übersetzung; griechisch γνώρισμα[71]? Im

---

68 Guillaumonts „nous l'avons imaginé" übersetzt das Passiv des Grundstamms von *sbr,* es ist aber das Passiv des Intensivstamms zu übersetzen.

69 *nqpwt'* = συνάφεια, die antiochenische Vokabel, die den Gehalt von ἀσύγχυτος ἕνωσις hat.

70 Guillaumont, p. 65, Anm. 126, ersetzt das *kyn'* des Textes richtig durch *qnwm'.*

71 Dies suggeriert einen Zusammenhang mit dem chalcedonischen γνωριζόμενον. Tatsächlich wird das Nomen auch im trinitarischen Kontext gebraucht, s. die Belegstellen in *Lampe,* PGL, γνώρισμα 1 (Athanasius, Gregor von Nyssa). Für das frühe 6. Jh. wird man fündig beim Neuchalcedonier Johannes Grammaticus, s. den Index bei *K.-H. Uthemann,* Christus, Kosmos, Diatribe. Themen der frühen Kirche als Beiträge zu einer historischen Theologie = AKG 93 (Berlin, New York 2005). Anthropologisch *Uthemann,* p. 51, Anm. 49: τὴν ἀνθρωπότητα καὶ δύο οὐσιῶν ὑπάρχουσαν γνώρισμα. Dazu *Uthemann,* p. 52: „Ein gnorisma ist alles, wodurch eine Sache als solche erkannt werden kann. Gnorisma kann also ganz abstrakt als ‚Kennzeichen', aber auch schwächer als ‚Spur' übersetzt werden. In der dem Johannes Grammatikos vorausliegenden Theologiegeschichte haben Usien ihre γνωρίσματα – so ist z.B., um mit Gregor von Nyssa zu sprechen, ‚das Kennzeichen der göttlichen Natur, daß sie alle Kennzeichen transzendiert'. Aber auch die göttlichen Namen und Hypostasen haben ihre γνωρίσματα, nämlich ihre sie charakterisierenden Eigenheiten (Idiomata)". – Die anthropologischen Erwägungen des Johannes stehen natürlich im Zusammenhang mit dem christologischen Problem. – Zum „Übergang vom trinitätstheologischen zum christologischen" Gebrauch von γνώρισμα s. *Uthemann,* p. 74, Anm. 130 (immer noch zu Johannes Grammaticus); dazu im Text, p. 74: „Wie in trinitätstheologischen Aussagen die Usie in der Hypostase *erkannt* wird oder existiert, so werden in der Christologie die Naturen bzw. Usien in der einen Hypostase oder im einen Prosopon *erkannt,* bewahrt oder bekannt" (meine Hervorhebungen).

§26 stellt O. „Zahl“ und „Erkennbarkeit“ nebeneinander, in §28 bildet er zweimal eine Genitivkonstruktion („Zahl der/seiner Erkennbarkeit“) und versieht einmal das syrische Wort mit dem Adjektiv „natürlich“ („Zahl der natürlichen Erkennbarkeit“)[72]. In früheren Paragraphen hat O. davon geredet, daß Natur oder Hypostase oder Konstitution oder der eine Christus „gesehen und erkannt“ wird, oder nicht gesehen und erkannt wird, §§9.11.13.17.

Wenn ich den Inhalt des §26 recht verstanden habe, erklärt der Disputant alle Argumente von N. für irrelevant, mit denen dieser den Vorwurf der Quaternität abwehrt. Für O. steht fest: „Ihr bekennt eine Vierheit“.

Dies erklärt N. (§27; f. 19u–20r / p. 66) für Verleumdung, es entspreche nicht „unserem Bekenntnis“ zu den drei ewigen und wesentlichen Hypostasen in einer göttlichen Natur (s. schon oben §14). „Und eine andere Hypostase, die ihrer Natur (sc. der Hypostase) fremd ist, setzen wir der Quantität nach nicht mit ihnen“. – Wie oben hinsichtlich des „Ortes“ weist N. mit der „Quantität“ eine Kategorie ab, die für die göttliche Natur unangemessen[73] ist. Aber im nächsten Satz nimmt er die Vokabeln der Gegenseite auf: „Die *menschliche Hypostase* nämlich wird erkannt und auch gezählt, wo *sie ist: in dem Einen aus der Trinität* und nicht in der ganzen Trinität oder mit ihr“. Er wiederholt den schon früher gezogenen Analogieschluß für die Gegenseite: „Und wenn nicht: wird *auch* die menschliche *Natur*, die von euch bekannt wird, in der ganzen Trinität gesetzt und mit der gemeinsamen Natur der Gottheit gerechnet und gezählt“. – Dies „auch“ bedeutet: Wenn ihr schon unpassend quantitativ argumentiert, was unsere Position betrifft, dann müßt ihr euch auch gefallen lassen, daß diese quantifizierende Argumentation auf eure christologische Formel in Relation zur Trinität angewendet wird.

O. (§28; f. 20r/ p. 66) lehnt höhnisch ab, daß die menschliche Natur in der ganzen Trinität „gemeinsam“ sein soll. Selbstverständlich wird sie nicht mit der göttlichen Natur „gezählt“. Seine eigene Lösung des Problems: „Wie sie mit der Hypostase des Sohnes die *Zahl der natürlichen Erkennbarkeit* erhält,

---

[72] Leider tut uns der Grammaticus nicht den Gefallen, uns ein Vorbild für die ganze *arithmos*-Formulierung zu liefern, soweit ich das aus Uthemanns Registern schließen kann. – Uthemanns Buch enthält einen kurzen Abschnitt über unsere Disputation (p. 326–327); in ihm macht er darauf aufmerksam, daß der Begriff „hypostatische Energie“ (s. oben zu §15 der Disputation) bei Justinian neu sei. Uthemann nimmt durchgängig als selbstverständlich an, daß alle Äußerungen des „Orthodoxen“ in unserem Text die des Kaisers seien. Dem kann man nicht zustimmen; der „Orthodoxe“ argumentiert schwieriger und differenzierter als wir das von Justinian aus den dogmatischen Schriften kennen. Für die „hypostatische Energie“ finde ich den nächsten Beleg in Uthemanns Buch bei Theodor von Raithu/Pharan in einer Schrift, die zwischen 580 und 620 verfaßt wurde (p. 158–162); nach Ausweis unserer Disputation war er also auch schon Jahrzehnte vorher bei den Neuchalcedoniern geläufig. – Zu Theodor von Pharan vgl. Jesus d. Chr. 2/3, 123–127 *(Grillmeier)*. (T. H.)

[73] Unser Extrakt führt einen derartigen Protest des Ostsyrers nicht auf; ich setze einen solchen voraus auf Grund der üblichen antiochenischen und edessenisch-nisibenischen Insistenz auf dem, was der göttlichen Natur geziemt und was nicht.

so auch wenn (sie) mit den Hypostasen des Vaters und des Geistes (gerechnet werden soll) und wenn sie mit der gemeinsamen Natur der Trinität gerechnet werden soll, empfängt sie die *Zahl ihrer Erkennbarkeit*". – Das kann nur heißen, von der menschlichen Natur wird in den verschiedenen Relationen immer auf die gleiche Weise gesprochen: in ihrer Beziehung zur Hypostase des Sohnes, zu den beiden anderen Hypostasen, zur göttlichen Natur der Trinität.

Aber was bedeutet der in § 28 geprägte Ausdruck? Ist (ὁ) ἀριθμὸς τοῦ γνωρίσματος (φυσικοῦ) nichts weiter als eine Abstraktion aus dem chalcedonischen ἕνα ... Χριστὸν υἱὸν κύριον ... ἐν δύο φύσεσιν ... γνωριζόμενον? Die Formulierung des „Orthodoxen" ist ein Beispiel für die terminologischen Komplexitäten (s. auch schon oben § 11!), die die eine christologische Hypostase von Chalcedon in ihrer Relation zum neunicänischen trinitarischen (rein innergöttlichen) Hypostasenbegriff nötig machte, vor allem nachdem der fromme Schlachtruf „Einer aus der Trinität hat gelitten" die Diskussion beeinflußte.

Innerhalb unserer Disputation ist § 28 der letzte, der eine Intervention relativ ausführlich wiedergibt. Danach wechselt das Thema abrupt, ohne Übergang. Der nächste Redner ist N. (§ 29; ibid., so auch alle folgenden §§). Er fragt nach dem Modus der *Geburt des Logos aus der Jungfrau*: natürlicherweise oder aus Gnade? Antwort des O. (§ 30): *Natürlicherweise als Mensch, aus Gnade und in der Oikonomia der Einheit als Gott.* – Sofort wendet derselbe Redner sich wieder der Hypostasen-Frage zu: Gibt es eine „geborene" Hypostase, die nicht als Sohn bekannt wird? Aus der Antwort des N. (§ 31) schließt O. (§ 32), daß sein Kontrahent wegen der zwei Hypostasen auch zwei Söhne lehre. Die Antwort des N. (§ 33) ist zu einem einzigen Satz komprimiert worden: „Wir definieren die zwei Hypostasen, die wir bekennen, als eine Sohnschaft und ein prosopon". O. (§ 34) reagiert mit Konsequenzmacherei und reductio ad absurdum, dann wird das Thema vertagt (§ 35, siehe oben), und der Auszug aus dem Protokoll endet an dieser Stelle.

* * *

Betrachtet man die Debatte um die angeblich von den Orientalen gelehrte Quaternität, so muß man den Vertretern der Zwei-Hypostasen-Christologie großes argumentatives Geschick zugestehen: Sie verstehen es, den Spieß umzukehren und den Vorwurf mutatis mutandis an die Zwei-Naturen-Christologie der kaiserlichen Seite zurückzugeben, wo mit Verblüffung reagiert wird. Beide Seiten halten natürlich an der Trinität der drei Hypostasen fest. Die Kaiserlichen berufen sich auf die Vernunft: Niemand käme auf die Idee, die menschliche Natur Christi zur göttlichen Natur der ganzen Trinität zu addieren. Die Orientalen berufen sich auf das Credo, das die Dreiheit festlegt. Beide Seiten insistieren auf der Einheit Christi im Logos; nur wie sie das tun, unterscheidet sie erwartungsgemäß. D.h. beide Seiten beharren dabei, daß ihre Christologie die Trinität qua Trinität nicht affiziere.

Es ist interessant zu sehen, welche Anstrengungen die kaiserliche Seite unternimmt oder unternehmen muß, um die Ein-Hypostasen-Christologie in ihrer schwierigen neuchalcedonischen Form zu erläutern. Der Blick auf Johannes Grammaticus (von Caesarea) erlaubt die Feststellung, daß es Schwierigkeiten sind, die der Sache inhärent sind. Gegenüber der scharfen Zwei-Naturen-Christologie der Gegenseite mit ihrer Konsequenz der zwei Hypostasen befindet sie sich in einer unerwarteten apologetischen Situation, was die menschliche Natur Christi und ihre begriffliche Erfassung betrifft.

Es liegt nahe, unsere Disputation mit der literarischen Auseinandersetzung zwischen einem anonymen, griechisch schreibenden „Nestorianer" und dem Neuchalcedonier Leontius von Jerusalem[74] zu vergleichen, die seit langem in die dreißiger und vierziger Jahre des 6. Jhs. datiert wird; die Frühdatierung der Disputation durch Sako würde die zeitliche Nachbarschaft noch enger machen als das von Guillaumont bestimmte Datum. Die Datierung des Leontius durch Marcel Richard[75] ist jedoch neuerdings in einem Aufsatz von 2001 durch Dirk Krausmüller erschüttert worden[76]. Richards Datierung und sein literarisches Urteil richteten sich gegen den chronologischen Ansatz von Loofs für die antimonophysitische Schrift des Leontius (zwischen 580 und 620/40) und die Loofssche These, die in den Schriften des Jerusalemer Leontius eine Bearbeitung der Schriften seines Namensvetters von Byzanz sehen wollte[77]. Krausmüller hält an Richards literarischem Ergebnis fest und befaßt sich mit den Argumenten der beiden Gelehrten für die Datierung. Zunächst überprüft er die Einwände Richards gegen Loofs (p. 638–642), darauf die Gründe von Loofs für seine Spätdatierung (p. 642–649); schließlich zieht Krausmüller zwei zeitgenössische Anspielungen in Contra Nestorianos heran, die bisher für die Datierung noch nicht ausgewertet wurden (p. 649–656). Das Ergebnis der Untersuchung (p. 656–657):

---

[74] Contra Nestorianos (CPG 6918): PG 86, 1399–1769. Dazu *L. Abramowski,* Ein nestorianischer Traktat bei Leontius von Jerusalem, in: III. Symposium Syriacum 1980, OCA 221 (Rom 1983), 43–55 = *dies.,* Formula and Context. Studies in early Christian thought (1992), Nr. X. Dort eine Liste der nestorianischen Zitate, p. 51–55; cf. *A. Grillmeier,* Jesus d. Chr. 2/2 (1989) 288–289. Die Christologie des Leontius ebendort dargestellt durch *A. Grillmeier,* p. 289–327. Grillmeiers ausgezeichnete Analyse wird durch die Neudatierung nicht affiziert.

[75] *M. Richard,* Léonce de Jérusalem et Léonce de Byzance, MSR 1 (1944), 35–88 = Op. Min. III (Turnhout 1977), nr. 59.

[76] *D. Krausmüller,* Leontius of Jerusalem, a theologian of the seventh century, JThS 52 (2001) 637–657. In Anm. 4 dieses Aufsatzes schreibt Krausmüller mir einen Titel zu („Zwei Entwürfe nachchalcedonischer Christologie …"), den ich nie verfaßt oder gar publiziert habe, sicher ein Mißverständnis.

[77] *F. Loofs,* Leontius von Byzanz und die gleichnamigen Schriftsteller der griechischen Kirche = TU 3, 1–2 (Leipzig 1887).

„A reassessment of the arguments brought forward by Loofs and Richard has led to a vindication of Loofs' dating of Leontius' ‚Against the Monophysites‘ to after 570. New evidence has then allowed us to date the Nestorian treatise quoted by Leontius to after 612 and Leontius' ‚Against the Nestorians‘ to after 614. Consequently Leontius of Jerusalem does not belong to the era of Justinian, as was proposed by Richard and has been taken for granted by the scholars of the last fifty years. Instead, he must be seen in the completely different context of the seventh century. This opens the way for a new interpretation which should concentrate on the innovative traits of Leontius' theology rather than stressing the elements he has in common with the authors of the mid-sixth century“ (ein Hinweis auf Uthemann ist beigefügt, der eine ähnliche inhaltliche Beobachtung macht).

In einer zweiten Arbeit zu Leontius von Jerusalem macht Krausmüller zur Datierung von Contra Nestorianos noch folgende Bemerkung[78]: „One may wonder whether the author did not write during the Persian occupation of the Eastern provinces of the Roman Empire“[79]. Wie ich gezeigt habe, reagiert die Schrift des Nestorianers auf eine vorangehende Schrift des Leontius[80], die Vermutung Krausmüllers würde das ganze Corpus aus den drei Schriften (Leontius – Nestorianer – Leontius) betreffen. Den Nestorianer und seine Schrift charakterisiert Krausmüller folgendermaßen[81]: „The treatise against Chalcedonian Christology, which prompted Leontius of Jerusalem's lengthy refutation, is the latest known Nestorian writing in the Greek language. Its author was a resourceful polemicist whose confidence and assertiveness[82] contrast oddly with the rapid decline of the sect[83], to which he belonged.“ „Confidence and assertiveness“ zeichnen ja auch die Argumentation des Paul von Nisibis und seiner Begleiter bei Kaiser Justinian und dessen Theologen aus, obwohl

[78] *D. Krausmüller,* Conflicting anthropologies in the christological discourse at the end of late antiquity: The case of Leontius of Jerusalem's Nestorian adversary, JThS 56 (2005) 415–449, hier: p. 418, Anm. 11.

[79] Sic! Zum 604 ausbrechenden Perserkrieg, der in Verbindung mit den Avareneinfällen fast zum Untergang des oströmischen Reiches geführt hätte, kürzeste Angaben bei *Labourt,* Christianisme, p. 232–233, und *G. Ostrogorsky,* Geschichte des byzantinischen Staates (München ³1963) 79. 84–86. Die Perser drangen bis nach Kappadokien und nach Ägypten vor. 609 wurden von ihnen Edessa erobert, 614 Jerusalem (Fortführung des Wahren Kreuzes). „So stand fast das gesamte Vorderasien unter persischer Herrschaft“, *Ostrogorsky,* p. 79. Dem Kaiser Heraklius (610–641) gelang in den Jahren 623 und danach die Wiedereroberung; er trug nun seinerseits den Krieg in das Reich der Perser; im Dezember 627 entschied eine vernichtende Schlacht bei Ninive den Krieg zugunsten der Byzantiner (*Ostrogorsky,* p. 86). Der Großkönig Khosrau II. wurde gestürzt und ermordet, der Nachfolger schloß Frieden.

[80] *Abramowski,* Ein nestorianischer Traktat, p. 46.

[81] *Krausmüller,* 2005, p. 418.

[82] *Krausmüller,* 2005, p. 448, sieht eine mögliche Erklärung dieser „selfconfidence and assertiveness in the face of adversaries“ in einer Akzeptanz seines Konzepts vom Seelenschlaf, die über „his own sect“ hinausreichte.

[83] „Sect“ ist nicht so pejorativ gemeint, wie es scheinen könnte, s. schon den Zusatz „own“, der impliziert, daß es noch andere „sects“ geben müsse. In der Tat hören wir p. 442, Anm. 98, von „the two other sects“, was nur die Chalcedonier und die Monophysiten sein können.

der Metropolit doch eine Christologie vertrat, die durch die inzwischen von der offiziellen griechischen Theologie rezipierten Anathemata Kyrills perhorresziert war. Aber Paul und die Seinen traten als Vertreter eines großen selbständigen Kirchengebildes auf, das zudem mit berühmten Institutionen theologischer Ausbildung versehen war; sie vermitteln nicht den Eindruck, einer „im Abstieg befindlichen" theologischen Richtung anzugehören.

Könnte es nicht sein, daß das Selbstbewußtsein des Nestorianers, mit dem Leontius streitet, dieselbe Ursache hat? Daß uns also die griechische Sprachgestalt seiner Schrift in die Irre geführt hat? Daß er also nicht zu einer „marginalisierten Gruppe"[84] gehört? Daß er also ein des Griechischen mächtiger, durch die „Schule" geprägter Theologe der Kirche im Perserreich wäre?

Zeitlich würden dazu die Berührungen mit Babai dem Großen passen, die Krausmüller feststellt, ebenso die große Nähe zur syllogistischen Arbeitsweise, dieselben Themen betreffend, die sich mir im Vergleich mit der syrischen christologischen Literatur der Zeit- und Gesinnungsgenossen Babais aufgedrängt hatte[85]. Dies alles würde bedeuten, daß die Schulung des Nestorianers, den Leontius bekämpft, aus der Bekämpfung der Christologie des Ḥenana innerhalb der Kirche des Perserreiches herrührt, d.h. aus der Bekämpfung der Christologie der einen zusammengesetzten Hypostase (dies Stichwort ist uns leider nur durch die Gegner des Ḥenana überliefert).

M.E. ist die Christologie des Ḥenana der Grund für die Polemik Babais gegen Justinian und das Konzil von 553, mit der Guillaumont sich befaßt[86]. Guillaumont stellt in diesem Zusammenhang die „wichtige Frage", ob die von Babai hergestellte Verbindung zwischen den Definitionen des fünften Konzils und den „Irrtümern" Ḥenanas historisch eine Wirkung der Konzilsentscheidung seien. Es sei „sehr schwierig", diese Frage zu beantworten[87]. Meine eigene Antwort habe ich weiter oben angedeutet; zwar kommt sie über eine Vermutung nicht hinaus, scheint mir aber plausibel: Ḥenana reagiert polemisch auf die Zwei-Hypostasen-Christologie, die sein Metropolit Paul während der Disputation mit dem Kaiser vorgetragen hat und die in Nisibis bekannt geworden sein muß, sicher durch Paul selbst. Das Problem entsteht sozusagen lokal; die inhaltliche Nähe zum Konzil von 553 kompliziert die Lage.

---

[84] *Krausmüller,* 2005, p. 416, über „Kosmas Indikopleustes" in seinem alexandrinischen Umfeld. – „Kosmas" war ein durch die nisibenische Theologie Mar Abas geprägter Theodorianer, s. oben p. 263–271 den Abschnitt über „Kosmas" unter den Schülern Mar Abas. – Vgl. auch Jesus d. Chr. 2/4, 150–165 *(T. Hainthaler, A. Grillmeier).* (T. H.)

[85] *Abramowski,* Ein nestorianischer Traktat, p. 47: „Sowohl der Inhalt der Argumente, also hauptsächlich die Topik vom Teil und Ganzen und von der Unteilbarkeit der göttlichen Natur, wie auch die Form des Syllogismus ist uns aus der etwas späteren nestorianischen Literatur syrischer Sprache bekannt" mit dem Hinweis in der Anmerkung. Die unmittelbar folgenden Zeilen fallen im Licht der neuen Datierung dahin.

[86] *Guillaumont,* Justinien, p. 57–62.

[87] *Guillaumont,* Justinien, p. 60.

Es zeigt sich in der Abfolge dieser Reaktionen, daß die provozierenden Stellungnahmen, auf welcher Seite auch immer, in jedem Fall einen konkreten Anlaß haben. Paul von Nisibis antwortet auf die Herausforderungen und die Anfeindungen der neuchalcedonischen Christologie bei einer formalisierten persönlichen Begegnung auf amtlich höchstem Niveau. Ḥenana wird von demselben Paul aus der Schule von Nisibis entfernt wegen mangelnder Orthodoxie. Ḥenanas Lehre von der einen zusammengesetzten Hypostase, wie sie uns die Polemik andeutet (leider kein sehr zuverlässiger Zeuge), kann nur als Protest gegen Pauls Zwei-Hypostasen-Theologie Sinn haben. Später, als Direktor der Schule nach Pauls Tod hat er sie öffentlich vorgetragen und stieß damit noch zu seinen Lebzeiten und danach auf heftigen Widerstand, der wiederum die Form der Zwei-Hypostasen-Christologie annahm und jetzt mit deutlicherer Benutzung des Liber Heraclidis des Nestorius, auch wenn weder Titel noch Autor genannt werden. Aber anders als zu Justinians Zeiten handelt es sich nicht nur um einen einzelnen Theologen, der bei einer außerordentlichen Gelegenheit und in einem fremden Kirchengebiet zu dieser Waffe greift. Vielmehr hat man nun das Problem im eigenen Haus, an der zentralen theologischen Ausbildungsstätte der Kirche des Perserreiches. Wie bei der gewissermaßen friedlichen Auseinandersetzung Pauls und seiner Delegation mit dem Kaiser und den griechischen Theologen verläßt man in dieser Phase die so lange gültige Tradition der edessenisch-nisibenischen Christologie – Ḥenana hatte das auf seine Weise ja ebenfalls getan.

Hier stellt sich die Frage, ob ohne Ḥenana und sein Instrument der Beeinflussung von Generationen der Schultheologen es im Gegenzug zu dieser bemerkenswerten terminologischen Umstellung der Christologie der Kirche des Ostens überhaupt gekommen wäre!

Für Babai war die nachträgliche Polemik gegen Justinian gewiß nicht ohne Zusammenhang mit der aktuellen Ḥenana-Frage; die Verurteilung des Theodor von Mopsuestia als eines der „Drei Kapitel“ durch das Konzil von 553 implizierte Ḥenana als Gesinnungsgenossen des Kaisers in dies crimen und verstärkte die Feindschaft.

Später, in der Mitte des 7. Jhs., hat es noch einmal einen Versuch gegeben, eine Ein-Hypostasen-Christologie in der Kirche des Ostens zu propagieren und zwar ohne den Anstoß einer „Zusammensetzung“ dieser Hypostase. Es ist Martyrius-Sahdona, der diesen Versuch macht, basierend auf einer interpolierten Passage aus der (unechten) Einleitung des Liber Heraclidis. Die Polemik seiner Kirche stellt ihn in eine Reihe mit Ḥenana und dessen Anhängern, aber Sahdona ist ein eigensinniger Sonderfall und kein unmittelbarer Schüler Ḥenanas[88].

---

[88] Siehe *L. Abramowski*, Martyrius-Sahdona and Dissent in the Church of the East, in: Ch. Jullien (ed.), Controverses des Chrétiens dans l'Iran sassanide = StIr.C 36 (Paris 2008) 13–27.

II. DIE SYNODE DES KATHOLIKOS JOSEPH (554)[89]

Nur wenige Monate nach dem Tode Mar Abas (gest. 24. Februar 552), nämlich im Mai 552, wurde sein Nachfolger vom Großkönig bestimmt. „Le bénéficiaire de la faveur royale était un médecin, Joseph, qui avait traité Chosrau avec succès. Joseph avait fait ses études médicales dans l'Empire byzantin, et, de retour à Nisibe, avait embrassé la vie monastique. Tout porte à croire qu'il était versé dans les sciences religieuses."[90] Seine Amtsführung war freilich derart, daß er schließlich der damnatio memoriae verfiel:

„Sa conduite despotique à l'égard des évêques[91], notamment de Siméon d'Anbar qu'il fit jeter en prison, de Malka de Darabgerd et d'autres qu'il déposa, excita de graves mécontentements; on l'accusait en outre de vol, de blasphème, de sacrilège[92]. ... Enfin une députation de chrétiens notables, ayant en sa tête le médecin Moïse (*alias* Narsès) de Nisibe, se rendit près de Chosroès ... Le roi consentit à la déposition de Joseph, et un synode se réunit pour lui choisir un successeur."[93]

Die Absetzung fand zwischen 564 und 567 statt, „la chronologie de Joseph est assez incertaine"[94]. „Il est regardé comme illégitime et son nom est omis dans certaines listes patriarcales"[95]. Die Tradition bringt ihn mit gefälschten Briefen in Zusammenhang, auch ist er der beste Kandidat für die Interpolationen im Synodalprotokoll von 424[96].

Das Protokoll seiner Synode von 554 enthält nur einen kurzen Abschnitt zu Christologie und Trinitätslehre (dazu siehe unten). In Korrektur an Labourt fordert das Protokoll zu einigen Bemerkungen heraus. Labourt sagt,

---

[89] Synodicon Orientale, ed. Chabot, p. 95–100/p. 352–367.

[90] *Labourt,* Christianisme, p. 192.

[91] Unter den Canones der Synode von 554 gibt es erstaunlicherweise einen, der patriarchaler Willkür einen Zaum anlegen will, nämlich can. 7, Syn. Or., p. 358–359: „Il a été dit" (so beginnt eine lange Reihe von Canones dieser Synode; es wird zuerst der Mißstand geschildert, darauf folgt der Beschluß), „que des hommes élevés au degré de la paternité suprême, c'est-à-dire du patriarcat, traitent les affaires à eux seuls, les terminent et les signent, et, sans les montrer aux évêques ne les lire en leur présence, exigent impérieusement que ceux-ci les signent. Et s'ils ne les signent pas, ils leur suscitent des ennuis, les anathématisent et les rejettent de l'épiscopat". Dazu *Chabot,* p. 358, Anm. 2: „Il semble que ce canon vise les abus de pouvoir dont le patriarche Joseph s'était lui-même rendu coupable". – Ist der Kanon nachträglich eingefügt worden?

[92] Die letzten drei Vorwürfe gehören zum Standard solcher Listen, obwohl man dem Katholikos Joseph wohl eine ganze Menge zutrauen kann.

[93] *Chabot,* Syn. Or., p. 352, Anm. 1.

[94] *Labourt,* Christianisme, p. 196.

[95] *Chabot,* Syn. Or., p. 352, Anm. 1.

[96] Dazu *L. Abramowski,* Der Bischof von Seleukia-Ktesiphon als Katholikos und Patriarch, in: D. Bumazhnov, H. R. Seeliger (hgg.), Syrien im 1.–7. Jahrhundert nach Christus: Akten der 1. Tübinger Tagung zum Christlichen Orient, 15.–16. Juni 2007 = Studien und Texte zu Antike und Christentum 62 (Tübingen 2011) 1–55, speziell über die Synode von 424 und den „Briefwechsel des Katholikos Papa", siehe auch oben p. 32–55.

der neue Katholikos habe zweimal die Einberufung der Synode verschoben[97]. Tatsächlich haben sich die Bischöfe vor 554 zweimal versammelt, wie Joseph selber mitteilt unter Angabe der Jahreszahlen: 552 anläßlich seiner Wahl (Syn. Or., p. 353) und 553 (p. 354 oben). Bei beiden Gelegenheiten forderten die Bischöfe Erneuerung der Canones. Joseph rechtfertigt sich: In beiden Fällen habe er „euch nicht schreiben wollen“, „der Augenblick sei nicht günstig gewesen“ (552), es wäre nutzlos gewesen zu schreiben, ehe die Angelegenheiten, die Schwierigkeiten bereiteten, bereinigt worden wären (553). Aber schließlich hätten die Probleme „eine glückliche Lösung“ gefunden, so habe man sich nun aufs neue versammelt. Das „Nicht-Schreiben“ bei den beiden früheren Synoden kann eigentlich nur bedeuten, daß der Katholikos kein Protokoll verfassen und versenden und keine kanonischen Beschlüsse fassen lassen wollte. Die Schwierigkeiten, von denen Joseph redet, versucht Labourt, aus einigen der erlassenen Canones zu konjizieren: can. 4. 9. 13; diese wenden sich gegen die Einmischung hoher Beamter in die Kirchenverwaltung, oft herbeigeführt durch Kleriker selbst. Wieviel davon reicht in die Zeit Mar Abas zurück? Der Synodalbrief spricht davon, daß die Gefangenschaften und Verbannungen, die Mar Aba erlitt, einigen „Störern und Verderbern“ erlaubt hätten „d'accomplir le dessein de leur malice, de troubler l'ordre convenable, de fouler aux pieds les canons ecclésiastiques et de mépriser les préceptes divins, de semer la zizanie, c'est-à-dire les troubles et les divisions, et de susciter des révoltes“[98]. – Worin aber die „glückliche Lösung der Angelegenheiten“ (wörtlich: „Wendung zum Guten“, syr. p. 96,33–34) bestanden, die es möglich machte, die jetzige Synode einzuberufen, wird nicht mitgeteilt.

Anders als sein Nachfolger Ezechiel, war Joseph kein Schüler Mar Abas; doch stellt sich das von ihm verfaßte Synodaldokument bewußt in die Nachfolge seines großen Vorgängers. Er widmet ihm ein Gedenken (p. 353), indem er Mar Abas Schicksal an den Anfang der Vorgeschichte der jetzigen Synode setzt: seine Gefangenschaften und Exilierungen werden zurückgeführt auf das Schisma, das Mar Abas Amtszeit *vorausging,* sowie auf den Haß „der da draußen“ und die Anklagen „der da drinnen“, die seinem Amtsantritt *folgten.* Mar Aba endigte sein Leben „in Fesseln“; freilich wissen wir aus seiner Vita, daß das nicht wörtlich der Fall war[99], aber der amtierende Katholikos will den Märtyrerstatus seines Vorgängers unterstreichen.

Nachfolger Mar Abas ist Joseph auch in der Übernahme der von Mar Aba entwickelten Patriarchaltopik[100], wie sie die Adresse des Synodalschreibens enthält, ebenso die Schlußbemerkung des Protokolls (p. 367).

---

[97] *Labourt,* Christianisme, p. 192–193.

[98] Syn. Or., p. 353.

[99] S. oben den Abschnitt über die Vita des Mar Aba.

[100] Can. 20 jedoch hebt einen älteren Canon auf: can. 2 von 486, der den Bau von Klöstern und Martyrien in der *Stadt* verbietet; jetzt wird das für erwünscht erklärt. Die Motive für den einen wie den anderen Beschluß gehen aus den betreffenden Vorschriften deutlich hervor.

Die übliche Ermahnung, sich an die Canones zu halten (p. 355), ruft die 318 und 150 Väter an, also Nicaea (325) und Konstantinopel (381), sowie „alle Synoden der Väter" (hier sind zwei Zeilen ausgefallen). Can. 22 (p. 365) verlangt, daß die „väterlichen Canones", die Mar Aba „erneuert hat", sorgfältig eingehalten werden. Der letzte Canon Mar Abas, can. 50 (Syn. Or., p. 561), gilt dem Glauben: Was *unsern* Glauben bezüglich des Glaubens der 318 Väter (also Nicaea) betrifft, so ist es der Theodors, des Bischofs von Mopsuestia und Interpreten der heiligen Schriften[101]. Damit ist für die Synode von 554 die Berufung auf das Bekenntnis Theodors impliziert; auch hier eine Nachfolge Mar Abas.

Ihren eigenen Canones schickt die Synode ein überaus kurzes Glaubensbekenntnis voran (Syn. Or., p. 97,31–98,7 / p. 335):

„Vor allem bewahren wir das orthodoxe Bekenntnis der zwei Naturen in Christus, welches ist (das zu) seiner Gottheit und seiner Menschheit; wir bewahren die Eigentümlichkeiten der Naturen, in denen wir Konfusion, Verwirrung, Veränderung, Verwandlung entfernen. Und wir bewahren auch die Zahl der Hypostasen der Trinität, dreifach, und in einer wahren und unaussprechlichen Einheit bekennen wir einen wahren Sohn des einen Gottes, des Vaters der Wahrheit. Und jeder, der zwei Christusse oder zwei Söhne denkt oder sagt, oder aus irgendeiner Ursache oder auf irgendeine Weise eine Vierheit einführt, den haben wir verdammt und verdammen wir, und er gilt uns als vom ganzen Leib der Christenheit verworfenes Glied".

S. Brock schreibt zu diesem Text[102]: „The profession of faith from this synod (held the year after the Fifth Council) is very close in tenor to the Chalcedonian definition. While the terms ‚nature' und ‚properties' feature in it, no mention is made either of *qnoma* (i.e. hypostasis) or *prosopon*". – Aber oben haben wir gesehen, daß *qnwm'* sehr wohl in der trinitarischen Aussage benutzt wird. – In der Nicht-Verwendung von *hypostasis* und *prosopon* in der Christologie folgt die Synode dem Sprachgebrauch des Mar Aba. Wichtig ist das Bekenntnis zur Einheit des Sohnes als Bestandteil des Bekenntnisses zur Trinität und ihrer Einheit. Der „eine, *wahre* Sohn" und „der eine Gott, Vater der *Wahrheit*" kann an das „wahrer Gott aus wahrem Gott" des Nicaenums erinnern, zugleich ist es eine Kombination johanneischer Theologumena: Christus die Wahrheit (Joh 14,6), Gott der Vater dieser Wahrheit (man denke an die Häufigkeit der Nennung des Vaters durch den johanneischen Jesus). Wie die Darstellung des Richtigen Christologie und Trinitätslehre aufs engste verbindet, so auch die Abwehr des Falschen: keine zwei Christusse oder zwei Söhne und keine Vierheit (statt Trinität).

---

[101] S. oben den Abschnitt über die Canones des Mar Aba.

[102] *S. Brock*, The Christology of the Church of the East in the Synods of the fifth to early seventh centuries: Preliminary considerations and materials, in: G. Dragas (ed.), Aksum-Thyateira = FS Archbishop Methodios (London 1985), p. 125–142 = S. Brock, Studies in Syriac Christianity (Variorum) 1992, nr. XII, hier: p. 127.

III. DIE SYNODE DES KATHOLIKOS EZECHIEL (576)

„La personne de ce patriarche nous est fort mal connue“[103]. „Après avoir été le boulanger de Mar Aba, il devint son disciple et fut institué par lui évêque de Zabê“[104],worüber sich „mehrere“ verwunderten[105]. „Il fut choisi comme patriarche à la suite de longues discussions, par la faveur de Chosroès. Il se montra despotique dans l'exercise de l'autorité“[106]. „Nous ne connaissons d'une manière certaine que deux événements de la vie d'Ézéchiel: un voyage qu'il fit à Nisibe à la suite de Chosrau Ier en 573, à l'occasion de la reprise des hostilités contre les Romains, et le synode qu'il tint, au mois de février 576, assisté de trois métropolitains et de vingt-sept évêques“[107].

Die Chronik von Séert kommt uns zur Hilfe und macht das Bild etwas vollständiger und farbiger[108]. Von der niederen Herkunft des Katholikos sagt sie nichts. Vor der Wahl gab es zwei Fraktionen, eine für den Lehrer Išaï (der eines der Mitglieder jener Delegation gewesen war, die mit dem Kaiser Justinian diskutiert hatte)[109]. Aber Paul von Nisibis und andere wandten sich gegen diesen Kandidaten, denn auf der Synode, die den Katholikos Joseph absetzte, hatte man schon Ezechiel von Zabê als Nachfolger vorgesehen. Kosrau kannte ihn („er liebte und schätzte ihn“), er hatte ihn einst nach Bahrein und Jamama geschickt, von wo Ezechiel Perlen mitgebracht hatte. Wie so oft, spielte bei der Vermittlung zwischen Bischöfen und Großkönig der Hofarzt eine Rolle[110]. Über die Amtsführung des Ezechiel bietet die Chronik Positives und Negatives[111]. Der kurze Satz, „Il fit un voyage à la Montagne à la suite de Kosrau“[112], bedeutet, daß er den Großkönig (einmal?) im Sommer ins kühlere Gebirge begleiten durfte (oder mußte?)[113]. Die Fortsetzung des Satzes macht den Eindruck, als ob *danach* („puis“) der „blamable“ Umgang mit seinen bischöflichen Kollegen einsetzt[114] – kann das sein?

---

[103] *Labourt,* Christianisme, p. 197.
[104] *Chabot,* Syn. Or., p. 370, Anm. 2.
[105] *Labourt,* Christianisme, p. 198.
[106] *Chabot,* Syn. Or., p. 370, Anm. 2.
[107] *Labourt,* Christianisme, p. 198.
[108] Chronik von Séert II, Nr. XXXVI („Geschichte Ezechiels, des 29. Katholikos“), ed. Scher, PO VII 4, p. 192–195.
[109] S. oben die Einleitung zur Disputation zwischen Justinian und Paul von Nisibis.
[110] All dies PO VII 4, p. 192. Der Name des „archiâtre“: Marozi, genannt Naurozi.
[111] Ibid., p. 193. 195.
[112] Ibid., p. 193.
[113] Diese Erklärung verdanke ich Alexander Schilling: das arabische Wort für „Gebirge“ ist „ein feststehender Ausdruck der arabischen Geographen für das iranische Hochplateau mit dem Zentrum Hamadān (i.e. Ekbatana), der ‚Sommerfrische‘ der iranischen Könige seit der Achämenidenzeit.“
[114] PO VII 4, p. 193.

Eine Episode, Paul von Nisibis betreffend, wird etwas ausführlicher dargestellt[115].

(§ 1) Ezechiel „accompagna le roi Kosrau jusqu'à Nisibe, quand celui-ci attaqua la ville de Dara[116], pour s'en emparer et exterminer les Grecs qui s'y trouvaient. (§ 2) Paul, métropolitain de Nisibe, accueillit le catholicos très honorablement et très pompeusement et le conduisit en cérémonie à sa cellule, d'où ils entrèrent à l'église. (§ 3) Là le métropolitain monta sur l'ambon et prononça un très beau discours, dans lequel, entre autres choses, il dit ceci: (§ 4)[117] ‚Versammlung der Gläubigen! Soeben hat Christus euch heimgesucht am heutigen Tage! Reinigt also eure Leiber, legt ab eure abgetragenen Kleider und vermehrt[118] eure Festkleider/Gaben'[119]. Die zuhörten, ärgerten sich, duckten sich vor seiner Würde und es sank sein Ansehen bei ihnen; sie hatten bemerkt, daß er mit seinen Worten dem Katholikos geschmeichelt hatte und nahmen Anstoß an ihm. (§ 6) Le catholicos affirma avec serment que, si le roi parvenait à assiéger Dara et à la prendre, il déposerait Paul et le priverait de sa dignité métropolitaine. (§ 7) Je crois que le catholicos en voulut au métropolitain, parce que celui-ci avait dit ‚Augmentez vos nouveaux (habits)'. (§ 8) Mais il ne réussit pas. (§ 9) Car Paul, ayant appris la nouvelle, se mit à s'adonner à la prière et au jeûne, se prosternant nuit et jour devant Notre-Seigneur le Christ, le suppliant de le faire mourir et de hâter sa fin avant la prise de Dara, pour qu'il ne fût point frappé d'anathème. (§ 10) Or, au moment même où Kosrau s'empara de la ville, dont le siège lui avait coûté tant de grandes et pénibles fatigues, l'ange vient emporter l'âme de Paul métropolitain, – que Dieu la sanctifie; – ainsi il échappa à l'horrible anathème que le catholicos aurait fulminé contre lui s'il était resté en vie".

Die theologisch höchst pointierte Deutung, die der Bischof von Nisibis dem Erscheinen des Katholikos in seiner Kirche gibt (§ 4)[120], ist wohl kaum ohne Erklärung vorgetragen worden. Bei Fiey geht die auffällige Aussage unter (was man bei ihm nicht erwartet hätte): Paul, „du haut du *béma*, exhorta le

[115] Ibid., p. 193–194; meine Paragraphenzählung.

[116] *Fiey,* Nisibe, p. 47: Mit dem Bau von Dara, „forteresse rivale" zu Nisibis, hatte die römische Seite im Jahr 505 begonnen. Dara lag 18 km von Nisibis entfernt und 5 km von der Grenze. – Was dieser persische Feldzug für die Region bedeutete, hat *Fiey,* Nisibe, p. 55, zusammengefaßt: „Chosroès aurait fait en tout, dans la contrée de Dārā et d'Apamée, plus d'un quart de million de captifs romains. Cette misérable cohorte fit halte à Nisibe avant d'être répartie en territoire perse. Parmi eux on tria 2000 vierges que le roi voulait offrir en cadeau à ses alliés les rois des Turcs. On sait comme elles préférèrent la noyade au sort qui les attendait".

[117] Meine §§ 4 und 5 habe ich mir von A. Schilling aus dem Arabischen neu übersetzen lassen.

[118] Man bemerke die Inkongruenz von „beiseite legen" und „vermehren".

[119] Die verwendete Vokabel ist ein mittelpersisches Lehnwort mit der Bedeutung „Gabe", auch im Syrischen mit dieser Bedeutung. Der Übergang zu „Festgewand" ist leicht aus der orientalischen Gewohnheit erklärlich, Ehrengewänder zu verschenken (A. Schilling).

[120] Den Katholikos als „Christus" zu bezeichnen, könnte sich auf 2 Kor 5,20 berufen: „So sind wir nun Botschafter an Christi Statt, ... so bitten wir an Christi Statt"; vermutlich hat Paul erläutert, daß der Prälat in diesem Sinne als Stellvertreter Christi gekommen sei. „Reinigung" und „neue Kleider" erinnern an die Taufe, die neuen Kleider aber auch an das Gleichnis von der königlichen Hochzeit (Mt 22,1–14), wo vom Gast ein „hochzeitliches Kleid" erwartet wird.

peuple à lui (= Ezechiel) être fidèle"[121]. Den Anwesenden war sie jedenfalls als Schmeichelei anstößig (§ 5). Vielleicht aber kannte Paul den Katholikos gut genug, um zu wissen, was der von ihm erwartete? Die Lektüre des Synodalbriefs von 576 wird Aufschluß darüber geben, was das Amtsverständnis des Ezechiel war.

Die Vermutung, die in § 7 als Begründung für den Absetzungsbeschluß des Katholikos (§ 6) gegeben wird, beruht auf der Doppeldeutigkeit von „Festgewand/Gabe" – mußte das nicht in Verbindung mit „vermehrt" wie eine Aufforderung zur Bestechung wirken?[122] Wer ist übrigens das Ich, das da spricht – der Chronist oder seine Quelle? Die richtige Erklärung für die geplante Absetzung Pauls ist die politische, die Fiey gegeben hat[123]. War der tatsächliche Zusammenhang nicht mehr bekannt oder mußte er immer noch kaschiert werden? Die Sympathie des Berichtenden ist übrigens auf der Seite Pauls: dieser bereitet dem Katholikos einen ehrenvollen Empfang (§ 2), er hält eine schöne Predigt (§ 3), der Engel holt seine Seele, die Gott heiligen möge (§ 10), und so bleibt ihm das gefürchtete Schicksal erspart (§ 8.10).

Wie im Synodalschreiben von 554 hat auch 576 die Darlegung des rechten Glaubens ihren Platz gegen Ende der Einleitung, die den Kanones vorausgeht[124], etwas länger als die von 554[125]. S. Brock bemerkt „once again the absence of the terms *qnoma* and *prosopon*"; „on the other hand, at one point the phraseology ‚Christ, who is in the flesh, *who is known* and confessed *in two natures,* God and man, *a single Son* ...' seems to echo directly the wording of the Chalcedonian definition"[126]. „There are a number of reminiscences of Mar Aba's letter"[127] (der oben im Abschnitt über Mar Aba als „Glaubensunterweisung Mar Abas" behandelt worden ist).

Der Synodalbrief ist abgefaßt im Plural der 1. Person, es sprechen die Teilnehmer *ohne* den Katholikos[128], von ihm wird in der 3. Person geredet und dies mit der größten Devotion. Das Sprachrohr der Teilnehmer ist der Notar *(nwṭr')*[129] des Katholikos, der Priester Johannes, „unser lieber Sohn"[130]. Es wird eifrig Gebrauch gemacht vom Titel „Vater der Väter"[131], der Umschrei-

---

[121] *Fiey,* Nisibe, p. 54.
[122] S. oben die Anmerkungen zu § 4.
[123] *Fiey,* Nisibe, p. 54–55, und oben im Abschnitt über die Disputation zwischen Justinian und Paul.
[124] Syn. Or., p. 113,7–114,27 / p. 371 unten – 373 unten.
[125] Die englische Übersetzung von S. Brock läßt den Schluß fort; vgl. FS Methodios = Studies in Syriac Christianity (Variorum) 1992, Nr. XII, p. 135–136.
[126] Ibid., p. 127.
[127] Ibid., p. 135, Anm. 63.
[128] Anders bei der Synode von 585; das „Wir" der Teilnehmer schließt das „Ich" des Katholikos ein, Syn. Or., p. 132,3 / p. 393.
[129] Syn. Or., p. 113,7.
[130] Ibid., p. 371 unten.
[131] Syn. Or., p. 368 bis. 369. 370. 371. 387.

bung des Titels Patriarch (dieser spielt überhaupt im Gesamttext der Synode einschließlich der Canones eine viel größere Rolle als „Katholikos"). Die Bischöfe haben sich zu seiner „personne illustre"[132] begeben, zu seiner „Schau und zu seiner Verehrung" – „Verehrung" ist dieselbe Vokabel, die auch für die Trinität verwendet wird[133]! Der Patriarch ist es, der die Friedensbotschaft Christi weitergibt (man studiere die Ausdrucksweise des Notars)[134], er ist der „neue David"[135], er ist der höchste Hirte, den Christus an die Spitze seiner Herde gesetzt hat, „afin qu'il les fasse paître dans d'excellents pâturages *par sa saine doctrine* et qu'il les abreuve des eaux vivifiantes des précieux discours qui sortent de la source *de ses lèvres saintes,* de manière à accroître et à augmenter la prospérité du troupeau, à détruire et à disperser les loups insidieux ...". „Der Herr Patriarch ... unterhielt sich mit uns, selon *l'élévation de sa science et sa doctrine sublime ...*"[136]. Am Schluß der Glaubenserklärung dankt man der göttlichen Natur von Vater, Sohn und Geist, „weil sie uns durch ihre Gnade erfreut hat, *par l'intermédiaire du pasteur et chef des Pasteurs* qu'elle a placé à notre tête"[137].

Dies ist ohne Zweifel das Selbstverständnis des Patriarchen; er betrachtet sich als Stellvertreter Christi. Sein Notar war der geeignete Mann, diese Sichtweise zuverlässig vorzutragen; sie den Teilnehmern in den Mund zu legen, gab ihr den Schein von Objektivität und ließ sie als allgemeine Auffassung erscheinen. Tatsächlich war der Notar das Sprachrohr des Ezechiel. – Der Ausruf des Metropoliten von Nisibis beim Besuch des Ezechiel, „Versammlung der Gläubigen, heute ist Christus zu euch gekommen", faßt die Intention des Katholikos in deutlichere Worte, als es dem Verfasser des Synodalbriefes möglich war.

Der „Glaube" beginnt mit der Gotteslehre (p. 371 unten); unter den Prädikaten für die göttliche Natur findet sich auch „Schöpfer aller Geschöpfe" (p. 372 oben). „Er ist außerhalb von allem und in allem in der Herrlichkeit seiner Majestät", er unterhält und leitet alles; er hat den alten (Bund) gegeben und den neuen vollendet. Durch die Propheten hat er die Einzigkeit seiner Natur gelehrt und gab Andeutungen der „herrlichen Hypostasen[138] der Trinität". „‚In den letzten Tagen ... hat er mit uns durch seinen Sohn gesprochen', Christus unseren Herrn" – das ist die leicht verkürzte Kombination von Hebr 1,2 und Lk 2,11, die Mar Aba statt Joh 1,14 benutzt[139]. Durch ihn (d.h. den Sohn) sind auf *neue* Weise die herrlichen Hypostasen des Vaters, seiner selbst

---

132 Syn. Or., p. 111,2 /p. 369 *qnwmh zhy'*: hier ist *qnmw'* in seiner alltäglichen Bedeutung für „Person" gebraucht.
133 *sgdt'* für die Trinität, Syn. Or., p. 114,27.
134 Syn. Or., p. 369.
135 Ibid., p. 371.
136 Ibid.
137 Ibid., p. 373.
138 Chabot hat hier wie im Folgenden wie bei ihm üblich „personnes".
139 S. oben die Analyse von Mar Abas Unterweisung.

und des Geistes erkannt worden, nämlich durch Mt 28,19; nach ihrer Taufe sollen die „Völker“ die Lehre empfangen, die ihnen den Weg zum Himmel öffnet. Es gilt ihnen allen die Verheißung Mt 28,10. Ein „Amen“ (p. 372, unteres Drittel) beschließt einen ersten, trinitarischen, Durchgang, der von der Schöpfung bis zum Ende der Welt führt. Ein zweiter, christologischer, Durchgang beginnt bei der Menschwerdung und schließt mit der Wiederkunft zum Gericht. „Dieser“ (der Sohn) erniedrigte sich durch seinen Willen zum Heil unserer durch die Sünde alt gewordenen und verbrauchten Natur. Er nahm „untrennbar“ den vollkommenen Tempel aus der Jungfrau zur Wohnung, „Christus der im Fleisch“ (Röm 1,3 Pesh. *bbsr* = κατὰ σάρκα), erkannt und bekannt in zwei Naturen (cf. Chalcedon). – Hier liegt ein Unterschied zu Mar Aba vor, der in Rücksicht auf die Empfänger seines Glaubensbriefes sogar auf die Erwähnung von zwei Naturen verzichtete. – „*Ein* Sohn: im Gewand seiner Menschheit“ bezahlte er unsere Schuld, durch die Kraft seiner Gottheit stand er auf am dritten Tag, wie er es Joh 2,19.21 versprochen hat. – Von den Wirkungen und der Vergewisserung der Auferstehung kann der Verfasser gar nicht genug sagen (p. 373 oben): „Er gab dem All die Hoffnung und das Angeld der Auferstehung“, ebenso durch die Auferstehung jener Toten, die er bei seinem eigenen Tod auferweckte (cf. Mt 27,52–53): sie wurden die ersten Prediger seiner Auferstehung. Schließlich vergewisserte er seine Jünger von der Wahrheit seiner Auferstehung, als er mit ihnen in den 40 Tagen vor der Himmelfahrt umging. Der Geist wird den Jüngern verheißen, die Engel verkünden bei der Himmelfahrt Christi Wiederkehr zum Gericht (Apg 1,11 wird hier nicht dazu benutzt, die menschliche Natur Christi auch im Wiederkehrenden festzuhalten).

Das ist der Glaube an Vater, Sohn und Geist, der alle Häresie zurückweist: jene, die den Vater schmähen, die Gottheit des Sohnes leidensfähig machen, den (Rang des) Geistes „erschüttern“ und Verwirrung *(bwlbl'* = σύγχυσις) in die Trinität bringen. Mit der „Verehrung“ (= „Anbetung“) der herrlichen Natur von Vater, Sohn und Geist wird der „Glaube“ beschlossen, wie er mit dem Gloria Deo begonnen hatte. Ein wohl durchdachter und komponierter Text, der den Ezechiel als theologischen Schüler seines Vorvorgängers und der von jenem weitergegebenen Tradition erweist (auch wenn der Notar Johannes ihn niedergeschrieben hat).

IV. IŠOʿYAHB I. (582–595)

Die fast 50-jährige Herrschaft des Großkönigs Kosrau I. Anuširvan hatte 579 geendet; Išoʿyahb hatte es mit zweien seiner Nachfolger zu tun, mit Hormizd IV. (579–590) und Kosrau II. Parwez (590–628). Das Verhältnis zum zweiten Kosrau war nach dem gewaltsamen Herrschaftswechsel (Mord an Hormizd, Putsch des Bahram, Eingreifen des Kaisers Maurikios zugunsten Kosraus) nicht ungefährlich für den Katholikos, so daß es kein Zufall ist, daß er sein Leben in Ḥīra, Sitz der von ihm bekehrten Araberfürsten, beschloß und nicht in Seleukia[140].

Išoʿyahb[141] hatte seine Ausbildung an der Schule von Nisibis erhalten, wo er 569–571 auch deren Direktor in Nachfolge des Abraham von Beth Rabban wurde. Er gehört jener Delegation an, die unter Leitung des Metropoliten Paul von Nisibis die Disputation mit dem Kaiser Justinian und seinen Theologen in Konstantinopel führte (im Jahr 547 nach Sako, 562/3 nach Guillaumont)[142], ohne Zweifel war er da schon Lehrer an der Schule. Die Frühdatierung jener Disputation würde zur Folge haben, daß man dem Išoʿyahb eine sehr lange Lebenszeit zubilligen müßte. In der Liste der Teilnehmer, die die Chronik von Séert mitteilt, wird er anachronistisch mit dem Beinamen „von Arzun" geführt, nach dem Bischofssitz, den er von 571–582 innehatte; das dient zur Unterscheidung von den beiden anderen Katholikoi gleichen Namens.

1. Die „causa" über das Trishagion

In die jüngeren Jahre des Išoʿyahb in Nisibis gehört eine *ʿlt'*, eine „causa" oder „Einführung" in das Trishagion[143]. Der syrische Text wurde von G. Furlani aus einer Hs des India Office, London, vorgelegt und partienweise ins Italienische übersetzt[144]. Bei Baumstark fehlt ein Hinweis, die nötige Angabe aber bei Ortiz de Urbina. Aus Furlanis Titel („trattato") war die literarische Gattung des Textes nicht zu entnehmen, Furlani war sich auch des Vorhandenseins einer Gattung der „causae" (trotz Baumstark

[140] *Labourt,* Christianisme, p. 201–207; *L. Sako,* Le rôle de la hierarchie syriaque orientale dans les rapports diplomatiques entre la Perse et Byzance aux Ve–VIIe siècles (Paris 1986) 101–107.

[141] Außer den beiden in der vorigen Anm. genannten Titeln s. die üblichen Nachschlagewerke.

[142] Siehe weiter oben den Abschnitt über diese Disputation.

[143] Das Folgende ist so ausführlich, weil die gleich zu nennende Erstausgabe ungenügend rezipiert wurde und deswegen Verschiedenes richtig gestellt werden muß. – Erst 2022 erschien: *Mar Awa III,* The Memra of Patriarch Mar 'Īšōʿyahb I of Arzōn (581–595): The Cause of the 'Holy God'. Hugoye: Journal of Syriac Studies 25.1 (2022) 85–136. (T. H.)

[144] *G. Furlani,* Il trattato di Yešōʿyahb d'Ārzōn sul τρισάγιον, RSO 7 (1916–1918) 687–715. Die Hs hat die Nummer 9. Nicht übersetzt hat Furlani Lemma und Einleitung (p. 690,1–22) und Schluß (p. 698,13–24).

1901)[145] nicht bewußt; deswegen erscheint Išoʿyahb und seine *ʿltʾ* nicht in der neuesten Liste solcher Texte bei T. Hainthaler[146]. Übrigens hat auch im Lemma der *causa* ihr Verfasser anachronistisch den Beinamen der „Arzonite". Vööbus in seiner Schulgeschichte von Nisibis erwähnt im Abschnitt über Išoʿyahb den „commentary" zum Trishagion, teilt aber auch den richtigen Titel, „causa", mit[147]. Während Furlani behauptet, daß der Verfasser sich an Abraham von Nisibis wende, „der Traktat also vom Schüler dem Meister gewidmet sei"[148], notiert Vööbus die vollständige Bezeichnung des Adressaten: Mar Abraham von Dair Gazerta (Furlani, p. 690,5), wegen seines Titels nennt Vööbus ihn Bischof[149]. Dair Gazerta heißt wörtlich übersetzt „Inselkloster", unter den im Thesaurus aufgeführten bekannten Klöstern findet man es nicht. Dieser Abraham hat die Niederschrift des Textes veranlaßt. Wenn ich es recht verstehe, ist er in Nisibis auf Besuch gewesen, hat an einem Gottesdienst teilgenommen und muß bei diesem Aufenthalt die causa gehört haben. Die Einleitung zeigt sehr schön das Verhältnis von Schriftlichkeit und Mündlichkeit[150] in der Entstehung des Textes: Die mündliche Rede sollte *gehört* werden. Die ursprünglich mündliche Einleitung ist für die Niederschrift nur minimal bearbeitet worden: Ein neuer Satz wurde ihr vorangestellt, ein Einschub vorgenommen.

Furlani, p. 690,4–16 (= zwei Drittel der Einleitung): „Diese (Dinge) *schreibe ich nieder (ršm)* in Kürze[151] wegen deiner Liebe, deiner Überredung folgend, o tugendhafter und barmherziger Mar Abraham von Dair Gazerta, damit sie dir zur Befriedigung und mir zur Erinnerung werden, und wenn möglich, auch zur Hilfe für andere[152]. Der Versammlung Gottes, die du jetzt geschmückt hast für das Haus Gottes[153], – ihnen (sic!) ziemt es, fleißig *zu hören* lebendigmachende Lehren des Heiligen Geistes aus den heiligen Schriften und aus den Lehren der Kirche. Auch wir, schwache Schüler der Apostel und Väter und Knechte des allmächtigen Herrn Christus, *stellen uns heute hin* im Vertrauen auf die Kraft Christi und seine Hilfe, da wir *reden* sollen mit der Herde unseres Erlösers über die *Geschichte* dieses Kanons ‚Heilig ist Gott', den am Abend und am Morgen die Kirche Gottes zu ihm spricht in allen Gegenden unter den Himmeln. Indem ihr mit wachem und eifrigem Verstand *hören* werdet die *Ursache*[154]

---

[145] *A. Baumstark,* Die nestorianischen Schriften „de causis festorum", OrChr 1 (1901) 320–342.

[146] *T. Hainthaler,* The causes of the feast, a literary genre of the East Syriac Church, in the 6th century. A survey with some theological remarks, The Harp 23 (2008) 383–400.

[147] *A. Vööbus,* History of the School of Nisibis = CSCO 266, Subs. 26 (1965) 223–230 (über Išoʿyahb I.), über die causa, ebd. 225.

[148] *Furlani,* p. 699.

[149] *Vööbus,* op. cit., p. 225, Anm. 9, ist eine Verwechslung; richtig muß dort stehen: „Ms. India Office, London, 9, f. 426c–432c". Im Klartext behauptet Vööbus: „The only copy that has come down to us is incomplete". Das trifft nicht zu; Vööbus scheint die Auslassungspunkte Furlanis p. 711 oben (Übersetzung von p. 695,13–14) zu meinen; diese stehen aber nicht im syrischen Text. *Furlani,* p. 711, Anm. 1: „Il testo è qui corrotto", ich meinerseits vermute eine versehentliche Auslassung in einem Stadium der Überlieferung.

[150] Über dies Problem siehe oben den Abschnitt über Thomas von Edessa.

[151] „In Kürze" sagt Išoʿyahb gern auch später noch.

[152] Der ganze Satz ist eine Hinzufügung für das Dedikationsexemplar.

[153] Der Relativsatz ist eine Einfügung für das Dedikationsexemplar.

[154] Die literarische Gattungsbezeichnung wird auch wörtlich genommen.

und die *Geschichte*, zugleich auch die *Erklärung*, sollt eifrig werden auch ihr, die ihr täglich abends und morgens mit ihm (sc. dem Kanon) die heilige Trinität preisen sollt".

Furlani hat sich natürlich mit Inhalt und Form des von ihm übersetzten Textes beschäftigt[155]. Er vergleicht die hier vorgetragene Entstehungslegende des Trishagions mit byzantinischem Material, von dem Išoʿyahb ebenso abweicht wie vom „monophysitisch"-syrischen[156]. Furlani behauptet, der Redner sei der älteste Autor, der das Trishagion dem 5. Jh. zuschreibe[157], erwähnt jedoch die „konfuse Version" im Liber Heraclidis[158] – aber die dortige Version gehört selbst noch ins 5. Jh. und ist damit beträchtlich älter als unsere *causa*[159]. – Išoʿyahb legt jedes Wort des (so kurzen) Textes aus[160], eine Methode, die er beibehalten wird: so im nicht überlieferten Kommentar zu den „Mysterien", d.h. Sakramenten[161]. Furlani ist in seiner Beurteilung der kleinen Schrift wie immer besonders daran interessiert, was er nestorianische Scholastik nennt[162]: Išoʿyahb nimmt den Hymnus als eine Definition Gottes, beschränkt auf wenige Begriffe, er erklärt 1. die Natur Gottes, 2. seine natürlichen und wesentlichen Qualitäten, 3. die Qualitäten, die er *nicht* hat. Das sei eine völlig originale Deutung des Trishagion, weder die Byzantiner noch die „Monophysiten" interpretieren es so. Philosophische Kultur und logische Fähigkeiten seien die Voraussetzungen. „Das logische Prinzip, das Išoʿyahb anführt, um die Torheit des Zusatzes der Theopaschiten zu beweisen, ist das Prinzip *exclusi tertii,* das er aus περὶ ἑρμηνείας 18a28–b25 des Aristoteles erlernt hat"[163]. Es sei gewiß charakteristisch, daß Išoʿyahb die Bewohner Jerusalems auf diese Weise gegen den Zusatz zum Trishagion argumentieren läßt. Aber auch Jesus habe die Menschen diese Logik gelehrt mit Mt 5,37 „Eure Rede sei Ja, ja; Nein, nein".

In Ergänzung zu Furlanis Beobachtungen ist noch darauf hinzuweisen, daß der Redner die Gleichung „Heiligkeit = Unveränderlichkeit" auch christologisch anwendet und überdies soteriologische Bezüge herstellt (p. 693,15–25/ p. 709): „Il nome cioè di ἁγιότης spetta ἀκριβῶς soltanto a Dio, come è detto nel profeta (Amos 4,2): ‚iuravit Dominus Dominorum in sanctitate sua' (Peš), cioè egli giurò per la immutabilità della sua φύσις, e questo insegna anche il beato apostolo (Hebr 12,10): ‚Deus autem ad auxilium nostrum, ut participes facti simus sanctitatis suae' (Peš). Cioè egli fece tutte (le cose) con misericordia in nostro aiuto, per farci degni del dono della sua immutabilità. A questo è eguale anche ciò che lo Spirito Santo disse alla beata vergine Maria, quando egli le annunziò la grandezza del nostro Salvatore: colui que nascerà da te (sarà) santo e sarà chiamato Figliuolo dell'Altissimo (Lk 1,35.32). Con ‚(sarà) santo' egli significò la sua immutabilità e con ‚Figliuol dell'Altissimo' acennò alla sua immortalità".

---

[155] *Furlani,* p. 699, gibt eine Gliederung, in der Punkt 4 („Anastasio") durch „e l'interpolazione" ergänzt werden sollte.

[156] *Furlani,* p. 689. 703–708.

[157] *Furlani,* p. 689.

[158] *Furlani,* p. 703.

[159] Es handelt sich um Interpolationen im echten Text des Nestorius, s. *L. Abramowski,* Untersuchungen zum Liber Heraclides des Nestorius = CSCO 242, Subs. 22 (1962), 122–127.

[160] *Furlani,* p. 709.

[161] Der Kommentar zum Credo in can. 1 der Synode von 585 kommentiert nicht jedes einzelne Wort, sondern ganze Sätze.

[162] *Furlani,* p. 712.

[163] *Furlani,* p. 715.

Wie automatisch die Abwehr des Vorwurfs der Quaternität mitgedacht wird, obwohl hier doch intern gesprochen wird, sieht man p. 695,2–696,1 /p. 711: „Triplicando cioè e non quadruplicando (le parti del) suo discorso, egli ha accennato alla trinità".

Der Großkönig Hormizd IV. (579–590) „se montra très favorable aux chrétiens" und zwar so sehr, daß die Magier sich darüber beschwerten; „Hormizdad honorait beaucoup le catholicos Ézéchiel"[164]. Er war es auch, der die Wahl des Išoʿyahb zum neuen Katholikos entschied, denn es gab noch einen weiteren Kandidaten, den Interpreten Hiob von der Schule von Seleukia (man erinnert sich, daß auch bei der Wahl des Ezechiel der andere Kandidat, Išaï, von der Schule von Seleukia war). „Le roi Hormizd le (= Išoʿyahb) connaissait et l'aimait; car c'était lui qui le renseignait sur les mouvements des armées grecques"[165]. „Les Grecs", begreiflicherweise, „étaient mécontents de lui (du patriarche) parce que, quand il était évêque d'Arzoun, il renseignait le roi Hormizd sur leurs mouvements"[166]. „Il (= Hormizd) écrivit même aux gouverneurs d'agir d'après l'avis des évêques dans les questions de droit et dans les autres affaires et de ne rien faire si ce n'est suivant leurs conseils. Les mages s'irritèrent de ce que plus que tous les rois persans il honorait les chrétiens"[167]. Der Chronist erwähnt nicht die Synode von 585, nennt aber zwei der Schriften Išoʿyahbs[168]; er sagt wiederum nichts über die Gesandtschaft des Katholikos Išoʿyahb bei Kaiser Maurikios; ebenfalls liest man nichts über die Bekehrung des Araberkönigs Nu'man b. Mundhir und eines Teils seiner Familie zum Christentum, wohl aber wird die Bestattung des Katholikos in der von der Tochter erbauten Kirche von Ḥira mitgeteilt.

---

[164] Chronik von Séert II, Nr. XXXVII „Histoire du règne de Hormizdad": PO 7,2, p. 195 und 196.

[165] Chronik von Séert II, Nr. XLII „Histoire de Išôʿyahb d'Arzoun le trentième catholicos": PO 13,4, p. 438.

[166] PO 13,4, p. 442. Diese Nachricht steht merkwürdigerweise am *Schluß* von Nr. XLII, unmittelbar vor Tod und Begräbnis des Išoʿyahb und nach der Auseinandersetzung mit Kosrau II. – Die Griechen ließen ihn seine Mißliebigkeit drastisch spüren, siehe die („monophysitische") Kirchengeschichte des Johannes von Ephesus, ausgewertet von *Sako,* op. cit., p. 102: Als Išoʿyahb noch Bischof von Arzun war, schickten ihn die persischen Autoritäten zur Verhandlung mit dem byzantinischen General Maurikios (dem späteren Kaiser) in einer harten Phase der Grenzkämpfe, um einen Frieden zustandezubringen. „Mais Maurice, irrité par l'attachment de l'évêque à la cause de la Perse, le mit en prison avec son escorte. Il les libéra plus tard, moyennant une forte somme d'argent". „Toute la région d'Arzanène tombe successivement aux mains de l'ennemi. Jean d'Éphèse nous décrit la triste situation des habitants apeurés", denen gnadenhalber Deportation (statt Vernichtung) gewährt wurde. (Dies erwähne ich als Gegenstück zu den Deportationen unter Kosrau I., siehe oben).

[167] PO 13,4, p. 439.

[168] Die an den Bischof Jakob gerichteten Canones und die Sakramentenerklärung, ibid., p. 439.

2. Die Canones 1 und 2 der Synode von 585

Die Vorrede zu den Synodalbeschlüssen beginnt mit Dank an Gott, der u.a. gut theodorisch als Schöpfer und Verwalter der beiden Welten prädiziert wird, „de ce monde mortel qui a commencé, en tant que créé, et qui finira, en tant que temporel, et du monde immortel qui est en dehors des limites du temps, qui a commencé en tant que créé, et qui n'aura point de fin comme s'il était instable, mais qui possède l'éternité, selon la volonté du régulateur de toutes choses"[169].

Die auf allen Synoden übliche Loyalitätserklärung gegenüber dem Großkönig nimmt auf dieser Versammlung eine herzliche Form an, den Bericht der Chronik von Séert bestätigend; man liest unter vielem anderen: „Il (le Roi) montra surtout l'abondance de sa miséricorde et la grandeur de son affection à l'égard de notre peuple, des chrétiens, serviteurs et sujets de sa Majesté"[170].

Während auf der Synode des Ezechiel 576, im Schlußabschnitt, der auf die Canones folgt, vom Sitz des Patriarchen als Seleukia und Ktesiphon gesprochen wird[171] wie in früheren Synoden, haben wir hier in der Einleitung die Bestimmung: „Und wir kamen vor den väterlichen und patriarchalen Thron, der festgemacht ist katholisch" (das bezieht sich auf den Titel „Katholikos") „und befestigt väterlich" (s. „Patriarch") „durch die Vollmacht Christi" (wörtlich „christliche Vollmacht"), „in der apostolischen Ordnung, in der babylonischen Ebene in Maḥozē, der Stadt der Königsherrschaft"[172]. Ob die Wahl der nicht-griechischen Bezeichnung für Seleukia-Ktesiphon einen Grund hat, weiß ich nicht; das Vokabular der patriarchalen Topik erkennen wir jedoch wieder.

Canon 1. Die Synode stellt sich die üblichen beiden Aufgaben: Feststellung des wahren Glaubens und Bestimmung der Gesetze der Tugend[173].

Der erste Kanon hat seinerseits eine Vorrede, die sich (wie das Chalcedonense) auf die Synoden von 325 und 381 beruft[174]. Es soll das Symbol vorgelegt werden mit „kurzen" Erklärungen zu jedem Satz. Chabot bezeichnet „dieses Glaubensbekenntnis" als „das ausführlichste, das uns in den nestorianischen Dokumenten erhalten ist"[175]. Aber die Charakterisierung des Textes

169 Syn. Or., p. 390.
170 Syn. Or., p. 391.
171 Syn. Or., p. 387.
172 Syn. Or., p. 392.
173 Syn. Or., p. 393.
174 Syn. Or., p. 394.
175 Chabot, Syn. Or., p. 393, Anm. 5; er notiert, daß der ganze Text von Ebedjesu in die Collectio canonum aufgenommen worden ist. Eine englische Übersetzung bei *S. Brock*, The Christology of the Church of the East in the Synods of the fifth to early seventh centuries: Preliminary considerations and materials, in: Aksum-Thyateira. Archbishop Methodios of Thyateira and Great Britain (Athen 1985) = Studies in Syriac Christianity (1992), nr. XII, p. 136–138.

durch den Verfasser als einen *Kommentar* zum Credo trifft seine Gestalt besser.

Chabot hat die Zeilen des erklärten Bekenntnisses[176] durch Kursivdruck hervorgehoben, so daß man es leicht zusammensetzen kann. G. L. Dossetti hat den Text als den des von ihm noch so genannten Nestorianums (de facto des „alten Antiochenums") bezeichnet, „però molto assimilato a C" (d.h. an das Bekenntnis „der 150 Väter"), „e con alla fine gli anathematismi di Nicea"[177]. Dies Urteil Dossettis trifft den Sachverhalt besser als das von Brock, der das kommentierte Symbol als „the Nicene-Constantinopolitan creed" bezeichnet, aber hinzufügt: „there seem to be some reminiscences of Theodore's commentary"[178]. „Daß A(ntiochenum) und *nicht* C der Ausgangspunkt für das Symbol der Synode des Išoʿyahb ist, sieht man einerseits an den beibehaltenen biblischen, für A charakteristischen Kola Kol 1,15 und Hebr 1,3 und an den nicht vorhandenen Verben in Artikel IIIb. Es ist nun aber A aus C aufgefüllt worden, fast alle Unterschiede zum reinen A sind so zu erklären"[179].

Das Bekenntnis der Synode beginnt mit einer Kurzfassung: „Wir glauben an einen Gott, den allmächtigen Vater, und an einen Herrn Jesus Christus, Gottes Sohn, und an einen heiligen Geist, der vom Vater ausgeht."[180] Anhand dieser Kurzfassung wird die neunicänische Trinitätslehre entwickelt und ihre Frontstellung gegen Arius, Juden und Heiden angezeigt.

Die Auslegung des vollständigen Bekenntnisses entspricht dessen inhärenter Gliederung in die drei Artikel und Anathemata:

I Gott Vater Schöpfer (p. 395)
II Sohn (p. 395–397)
  a) in seinem Verhältnis zum Vater (p. 395–396)
  b) als Mensch gewordener (p. 396–397)
III Geist Kirche Auferstehung (p. 397–398)
  a) Geist: Wirkung und Stellung in der Trinität (p. 398)
  b) Kirche, Taufe, Auferstehung (p. 398)
IV Anathemata (p. 398).

Das christologische Thema wird sogleich in der Erläuterung der ersten Zeile von IIa angeschlagen[181]: Mit dem Namen Jesus Christus wird „großartig ange-

---

[176] Zum Folgenden siehe *L. Abramowski,* Die liturgische Homilie des Ps. Narses mit dem Meßbekenntnis und einem Theodor-Zitat, BJRL 78/3 (1996) 87–100, hier p. 95–98.

[177] *G. L. Dossetti,* Il simbolo di Nicea e di Constantinopoli. Edizione critica (Rom 1967), 280.

[178] *S. Brock,* FS Methodios, p. 136, Anm. 64.

[179] *Abramowski,* Die liturgische Homilie, p. 98.

[180] Syn. Or., p. 394–395.

[181] „Fils de Dieu", Syn. Or., p. 395, vierte Zeile von unten („seul Seigneur le Fils"), und p. 396, zweite Zeile von oben („Fils de Dieu"), hätte kursiv gedruckt werden müssen. In meiner Rekonstruktion (Die liturgische Homilie, p. 96, Zeile 5) wäre die Klammer mit den Punkten besser durch „Fils" zu ersetzen.

zeigt und weise bezeugt die Menschheit des Gott Logos in der einen Union von Gottheit und Menschheit Christi", auch wenn die Anhänger des Eutyches Unsinn reden und die Menschheit des Sohnes Gottes unterdrücken. Der Name Christus läßt unbestreitbar erkennen „seine Gottheit aus seinem Vater und seine Menschheit aus seiner Mutter". „Eingeborener" und „Erstgeborener aller Geschöpfe" werden so erklärt: der Eingeborene hat keine Brüder in der Gottheit, der „Erstgeborene aller Geschöpfe" (aus Kol 1,15) ist der „Erstgeborene unter vielen Brüdern" (Röm 8,29). Das Bekenntnis bezeichnet den Sohn als Schöpfungsmittler mit Hebr 1,3; der Kommentar ergänzt: „er ist *mit* seinem Vater Ursache und Schöpfer von allem" – eine leichte Korrektur im Sinn der Homoousie[182].

Was das Bekenntnis von der Geburt des Sohnes aus dem Vater sagt bis zu den Kola „wahrer Gott aus wahrem Gott", betrifft Jesus Christus in seiner Gottheit. Gegen Arius wird ὁμοούσιον hinzugefügt (syrische Transkription des griechischen Wortes), erläutert als „connaturel et co-essentiel"[183].

Die ersten Zeilen von IIb (Menschwerdung) sind gegen Simonianer und Manichäer gerichtet. Es wird bekannt „Jesus Christus in der Vereinigung *(mḥydwt)* seiner Naturen und in seiner Offenbarung im Fleisch und in seiner Verleiblichung". Der Gott Logos nahm unsere Menschheit an und wohnte in ihr, wie in Auslegung von Joh 1,14 gesagt wird; damit soll auch „besser offenbart werden die Größe der Herrlichkeit dessen, der herabstieg und in uns wohnte". Auch das richtet sich gegen Arius, der der göttlichen Natur des Logos neben den erhabenen (Dingen) auch die niedrigen zuschrieb und nicht verstand, „sie (diese Dinge) (sowohl) besondernd (wie)vereinigend" anzuwenden, wie die Wahrheit es erfordert[184].

Išoʿyahb gibt nun eine Überleitung zu den Aussagen über Christi Leiden und Tod: „Die Väter fügen hinzu und vervollständigen die Rede über die Oikonomia", nachdem sie die göttliche Natur des Eingeborenen gelehrt haben und die Vereinigung der Naturen Christi, d.h. seiner unveränderlichen und unsterblichen Gottheit und seiner nicht unterdrückten und nicht übergangenen Menschheit, schliessen sie die Lehre über die Menschheit an. Sie zeigen klar, daß sie angenommen wurde um unseretwillen und zu unserem Heil und zur Erneuerung aller Geschöpfe[185]. Išoʿyahbs Erläuterung der Leidensaussagen: „Jesus Christus in seiner Menschheit, d.h. um die Wahrheit zu sagen, in seiner Fleischlichkeit *(mbsrnwth,* Chabot: ‚corporéité'), erlitt für uns den Kreuzestod, denn es ist für die Rechtgläubigen klar, daß, wie die Natur seiner Gottheit nicht litt und nicht starb", auch seine Seele nicht dem Todesurteil unterworfen war, denn die Seele kann von ihrer Natur her dem Tod nicht

182 Syn. Or., p. 396.
183 Syn. Or., p. 396.
184 Syn. Or., p. 396. Die Verlagerung des antiarianischen Arguments aus der Trinitätslehre in die Christologie schon bei Athanasius in Contra Arianos III.
185 Syn. Or., p. 396–397.

unterworfen sein, wie aus Jesu Wort Mt 10,28 hervorgeht und an ihm selbst erwiesen ist: „Nachdem unser Herr gekreuzigt worden war, als er tot war und sein heiliger Leib begraben worden war, ging seine Seele fort ins Paradies" (womit auf Lk 23,43 angespielt wird)[186].

Die Himmelfahrtsaussage des Bekenntnisses erhält als Apposition: „Jesus Christus in seiner Menschheit". Dasselbe wird noch einmal ausführlicher erklärt: „Es ist in seiner Menschheit und nicht in seiner Gottheit, daß die Erhöhung und den Sitz zur Rechten derjenige empfängt, der ewig und unauflöslich mit seinem Vater ist". Die Wiederkunft zum Gericht ist gesagt von Jesus Christus in seiner Gottheit und in seiner Menschheit[187].

In den Aussagen über den Geist (gegen Macedonius) haben die Väter großartig über die Hypostase des Heiligen Geistes gesprochen und seine Homoousie gezeigt[188].

Dies ist, so der Kommentator, der unvergängliche Glaube und in Kürze der Sinn der Worte (des Bekenntnisses) in ihrem Zusammenhang: Es werden hier auf vollkommene Weise das *prosopon* Christi (der Ausdruck im Kommentar an dieser Stelle zum ersten Mal!) und seine göttliche und menschliche Natur verkündet; u. a. richtet man sich gegen diejenigen, die Christus für einen bloßen Menschen halten und ihn einem Gerechten (unter den Menschen) gleichsetzen[189].

Was über die Kirche, Taufe etc. gesagt wird, soll „den Getauften den Reichtum des Glaubens" der Väter zum Erbe geben[190].

Den (nicänischen) Anathemata, die ja alle die Relation des Sohnes zum Vater betreffen, wird eine rein christologische Ausrichtung zugeschrieben (entsprechend dem, was schon vorher gegen die Arianer vorgebracht worden war), sie sind antitheopaschitisch zu verstehen: Die Häretiker schreiben „der Natur und der Hypostase[191] der Gottheit und dem Wesen des Logos die Eigentümlichkeiten und Leiden der Natur der Menschheit Christi" zu, „die manchmal wegen der vollkommenen Union, die der Menschheit Christi mit *(lwk)* seiner Gottheit geschehen ist *(hwt),* ökonomisch und *nicht* natürlich[192] Gott beigelegt werden"[193].

Wie zu Art. I aus dem Text des Bekenntnisses die Trinitätslehre mit ihren Termini entwickelt wurde, so zu Art. II die dyophysitische Christologie in ihrer antiochenischen Form und dies so schlicht wie möglich. Die Ziffer „zwei" bei den Naturen wird vermieden; immer noch hält man sich an die

[186] Syn. Or., p. 397.
[187] Syn. Or., p. 397 Mitte.
[188] Syn. Or., p. 397.
[189] Syn. Or., p. 397 unten.
[190] Syn. Or., p. 397–398.
[191] Syn. Or., p. 136,17 *qnwm',* Chabot übersetzt p. 398,9 ausnahmsweise mit „substance".
[192] Griechisch würden die Adverbien οἰκονομικῶς und φυσικῶς lauten.
[193] Syn. Or., p. 398.

Regel, daß nur in der Trinitätslehre, aber nicht in der Oikonomia der Terminus Hypostase zu verwenden ist (in der Erläuterung der Anathemata sind es die Gegner, die sich nicht an die Regel halten). Daß das (eine) Prosopon *ein*mal auftaucht, ist schon als auffällig zu bezeichnen.

Kanon 2[194]. „Verteidigung der Schriften und Kommentare[195] des heiligen Theodor und Widerlegung der Häretiker, die lügnerisches Gerücht über ihn ausgehen lassen".

Man müsse jetzt aus dringenden Gründen über einen der Väter und Prediger der Wahrheit jenes Glaubens reden, der eben dargelegt worden ist, sagt die Synode. Zunächst folgt eine Lobrede auf Theodor, u. a.: „Er füllte die kirchlichen Bibliotheken mit einem glänzenden Schatz von Lehren und Gedanken des Geistes"[196]. Die gute Meinung, die Johannes Chrysostomus von ihm hatte, wird erwähnt[197]. Trotz alledem hat Satan mit Hilfe der Häretiker eine Verleumdungskampagne gegen die göttlichen Lehren dieses Lehrers der Kirche veranstaltet, die viele Leute verführte. „Und wiederum *jetzt*, vor (devant) der Synode der Väter, wurde gesagt ..."[198] – mit diesem „Jetzt" rückt die erwähnte Verleumdungskampagne in die Vergangenheit und ist auf die natürlichste Weise auf das Konzil von 553 und seine Vorgeschichte zu beziehen. *„Jetzt ... zu dieser Zeit*, sind Menschen aufgestanden", die sich orthodox nennen und in ihrer Zudringlichkeit für die Orthodoxie und für die Lehre der Kirche Verwirrung stiften, indem sie die Schriften und Kommentare des Interpreten bekämpfen. Zu allem anderen weisen sie die Erklärung zurück, die vom Interpreten in geistlichem Verständnis *(bhwn' drwḥ')*[199] für das Buch des seligen Ijob verfaßt wurde, für die Schrift, „die von einem Sophisten sophistisch und prahlerisch geschrieben wurde"[200]. „Abgesehen von einem kleinen Teil ist" die Schrift „voller ...[201] Worte, die mit Schmähung und Lüge verbunden sind". Diese Gegner sind so frech zu behaupten, daß die Schrift des seligen Ijob vom göttlichen[202] Mose geschrieben worden sei[203].

---

194 Syn. Or., p. 398–400.

195 Chabot übersetzt mit „doctrine"; er nimmt das syrische Wort also in seiner Grundbedeutung „Tradition".

196 Syn. Or., p. 398.

197 Syn. Or., p. 399.

198 Syn. Or., p. 399.

199 Syn. Or., p. 137,28. Ich verstehe das als „durch den Geist gewirktes Verständnis"; das Buch Ijob weitgehend als einen profanen Text zu betrachten, wird als eine *geistliche* Einsicht Theodors beurteilt.

200 Syn. Or., p. 399.

201 Syn. Or., p. 138,1 ein Adjektiv, für dessen richtige Lesung *Chabot,* p. 399, Anm. 5 verschiedene Vorschläge macht, die auf „kühn" oder „hochmütig" hinauslaufen.

202 Chabot verbessert p. 138,1–2 *l' lhn'* in *l'lhy'* (*ein* Wort mit Präfix, ein geänderter Konsonant), p. 399, Anm. 6.

203 Syn. Or., p. 399.

Der letzte Teil des Kanons verbietet, den Lehrer der Kirche zu diffamieren und seine heiligen Schriften zurückzuweisen; zugleich verbietet sie die Annahme der „anderen Erklärung, die der Wahrheit fremd ist", die, „wie es heißt", von einem Menschen verfaßt ist, der in die Eleganz des Stils verliebt ist und sich damit prostituiert. Zuwiderhandlung wird mit Exkommunikation bedroht, bis der Betreffende „zu Verstand kommt" und wieder zum Schüler der wahren Lehrer wird[204].

Obwohl der Canon keinen Namen mit der Polemik gegen Theodor verbindet, die gegenwärtig die Rechtgläubigen in Unruhe versetzt, ist man sich einig, daß es sich um Ḥenana handeln muß[205], Leiter der Schule von Nisibis seit 572 (bis zu seinem Tod 610). Der Widerstand gegen die negative Beurteilung des Buches Ijob durch Theodor von Mopsuestia entspricht dem Abscheu, den die Synode von 553 im Zusammenhang mit ihrer Verdammung des Exegeten äußerte. 553 begründete man die Verurteilung Theodors, was das Buch Ijob betraf, mit Zitaten, die sich alle mit dem literarischen Charakter des Buches beschäftigen[206]. Theodors Kritik ist, so Schäublin, wahrscheinlich im Prolog seines Kommentars vorgetragen worden, denn sie beschäftigt sich mit den Fragen der Echtheit, ein Punkt, dessen Behandlung in einen Kommentar-Prolog gehört[207]. Aber Theodor kann Ijob „nicht grundsätzlich verworfen haben" (auch unser Kanon spricht ja vom „seligen Ijob", s. o.), „sonst hätte er ihn kaum kommentiert noch in andern Kommentaren auf ihn verwiesen"[208]. „Theodors Argumentation gegen das Buch Hiob hält sich auf jeden Fall, soweit aus den Fragmenten erkennbar, rein im Rahmen des Philologischen und steht in bester grammatischer Tradition"[209]. Aus Išoʿyahbs 2. Canon erfahren wir immerhin zusätzlich, daß „ein kleiner Teil" des Buches Ijob (nach Theodors Meinung) *nicht* von irrigen Worten erfüllt war. Die hier gemeinten Gegner Theodors halten den „göttlichen Mose" für den Verfasser des Ijob-Buches, d. h. daß es ihnen als inspiriert gilt.

Der „andere Kommentar" zeichnet sich durch Eleganz aus – hier ist vielleicht ein literarisch-didaktisches Motiv für seine Abfassung zu suchen: Wir erinnern uns, daß der langjährige Schuldirektor Abraham das Erklärungswerk, das um die Kommentare Theodors herumgewachsen war, einer Bereinigung unterzog, und daß bei dieser Gelegenheit von der Schwierigkeit die Rede war, die die Studenten mit Theodors Texten hatten[210].

---

[204] Syn. Or., p. 400.
[205] Bestätigt durch die Chronik von Séert II, Nr. LXXXIII, PO 13, p. 530 (im Rückblick): „Déjà Išoʿyahb, aussitôt qu'il avait eu connaissance de ses ouvrages, les avait condamnés".
[206] ACO IV 1, p. 66–68.
[207] *C. Schäublin,* Untersuchungen zu Methode und Herkunft der antiochenischen Exegese = Theophaneia 23 (Köln, Bonn 1974) 77–83, speziell p. 77.
[208] *Schäublin,* p. 77, Anm. 40 in Aufnahme einer Bemerkung von Devreesse.
[209] *Schäublin,* p. 83.
[210] Siehe oben den Abschnitt über Abraham.

Wenn der „andere Kommentar" der Wahrheit „fremd" war, dann ist er auch theologisch ärgerlich gewesen, obwohl der Kanon die abweichende Lehre inhaltlich nicht benennt.

3. Der Brief an den Bischof Jakob von der Insel Darai

Bischof Jakob hatte gebeten, ihm schriftlich Kanones zu schicken. Der Text gliedert sich so:

Einleitender Brief, Syn. Or., p. 424–427
Canones, p. 427–449
Brieflicher Schluß, p. 449–451.

Der Einleitungsbrief zu den erbetenen Canones enthält eine kurze christologische Aussage, eingebettet in das pastorale Anliegen. Die „Lehre der Wahrheit ... lehrt ..., sich niemals von den Pfaden zu entfernen, die zum Himmel führen, auf den Spuren *Jesu, unseres Lebendigmachers*[211], er der vom Himmel *göttlich* herabgestiegen ist ohne Veränderung und unerforschlich[212], als er hervorging *(dnḥ)* aus der hl. Jungfrau, und (der) aufstieg zum Himmel aus den unteren Regionen der Erde zu dem, der ihn gesandt hat; er der wiederum *göttlich* hervorgeht *(dnḥ)* aus dem Himmel seines Heiligtums im Gewand seiner Leiblichkeit zur Erneuerung der Welt und zur Erlösung der Geschöpfe"[213]. – Diese Passage ist auffällig, weil sie sich an den bloßen Jesus-Namen anschließt, ohne einen der weiteren Titel, mit denen Art. IIa in NC und Antiochenum beginnt. Der Jesus-Name ist gewissermaßen natürlich bei der Aufforderung zur Nachfolge („in den Spuren Jesu"). Dem tatsächlich beigegebenen Titel „Lebendigmacher" (Heiland) assoziierte sich offenbar über die hier nicht wiederholte soteriologische Wendung des Nicaenums das dort folgende „Herabsteigen". So kommt es zum göttlichen Herabsteigen Jesu des Heilandes" – ist das vielleicht ein Beispiel frommer, kirchlicher Alltagssprache?

Die heiligen Bücher laden zur Liebe der Lehre des Lebens ein, sei es im mosaischen Gesetz, sei es im Evangelium unseres Herrn: Das erste ist zeitlich besiegelt durch das unwirksame Opfer unvernünftiger Tiere, das zweite ist besiegelt und befestigt ohne Ende durch das lebendige Blut des Erneuerers des Alls. Wer immer wirklich in der Liebe zur Lehre kommt, kann (Gott) wohl gefallen und ihm viele nahe bringen[214]. So auch der Adressat, der an

---

211 „Lebendigmacher" vertritt wie üblich das griechische Wort σωτήρ, deswegen im folgenden auch „Heiland".
212 Syn. Or., p. 166,25: *dl' ʿwqb,* Chabot „sans laisser de trace".
213 Syn. Or., p. 425; cf. auch am Ende der Einleitung, p. 427: „d'accomplir la volonté de celui qui est sorti *(dnḥ)* du sein intact de la Vierge sainte et qui viendra *(dnḥ)* du ciel, son santuaire, demander compte de ses lois et de ses troupeaux".
214 Syn. Or., p. 425–426.

den Verfasser drängende Fragen über den priesterlichen Dienst und die kirchlichen Kanones gerichtet hat. Eigentlich hätte der Katholikos wenigstens in Kürze über alle kirchlichen Regeln schreiben wollen, er beschränke sich aber auf die vom Adressaten gestellten Fragen, „die, nach unserer Meinung, keiner unserer Väter, unserer Lehrer oder unserer Brüder der Reihe nach[215] dargelegt hat“. Er erlaubt sich auch den Hinweis auf ein Werk, das er verfaßt hat, als er an der „großen Schule“ (d. h. in Nisibis), auf der ἀκμή seiner Lehre[216] war, und zwar auf Bitten der Väter-Bischöfe und prominenter Brüder. Es handele sich um eine deutliche Erklärung, wie der Priester die Taufe und das göttliche Opfer, das Gott versöhnt und die Getauften absolviert, zu zelebrieren habe, „indem wir jedem Wort eine Erklärung anfügten, meistens kurz“. Bei dieser Gelegenheit habe er fremde Überlieferungen zurückgewiesen, die da und dort eingedrungen seien (das wäre für die Geschichte der ostsyrischen Liturgie sicher interessant gewesen). Seine Antworten auf die Anfragen des Jakob gebe er nicht in dessen Reihenfolge, sondern ordne sie sachlich[217].

Es folgen 20 lange Canones; im Postscriptum fügt Išoʿyahb hinzu: Zwar seien ihm 23 Fragen gestellt worden, er habe aber nur 20 Antworten gegeben, weil manches sich von selbst verstehe. Und schließlich eine Bemerkung über das relative Gewicht dieser Regeln: Es handle sich um Fragen und Antworten zwischen Schüler und Meister, nicht um Synodalbeschlüsse – in Dingen kirchlicher Ordnung ist Išoʿyahb akribisch bis zum Schluß[218].

Symbol des rechten Glaubens

Der Text findet sich unter dem Lemma: „Symbol des rechten Glaubens der katholischen Kirche, die die Definitionen der Wahrheit bewahrt, wie die göttlichen Schriften (sie) lehren“[219]. Wie man sieht, gibt das Lemma nicht an, aus welchem Anlass das Bekenntnis verfaßt ist, es erhebt aber den Anspruch, der Glaube der katholischen, d. h. der *ganzen* Kirche zu sein[220]. Das Kolophon zu den Texten Išoʿyahbs I. im Synodicon Orientale erwähnt dies zweite Credo merkwürdigerweise nicht, obwohl das Kolophon unmittelbar auf das Be-

---

[215] Syn. Or., p. 167,15: *sdyrʾyt,* Chabot „méthodiquement“.
[216] Syn. Or., p. 167,16: *ʾqmʾ* (das griechische Fremdwort!) *ddwršʾ*, Chabot „au temps de notre éducation“.
[217] Syn. Or., p. 426–427.
[218] Syn. Or., p. 450–451.
[219] Syn. Or., p. 451–455. Englische Übersetzung ohne die Einleitung von S. Brock, FS Methodios, p. 138–139.
[220] Syn. Or., p. 451. – „Katholisch“ hat hier also nicht die spezifizierte Bedeutung von „auf den Katholikos bezüglich“ wie im Synodaltext Syn. Or., p. 392.

kenntnis folgt, nur das Synodalbekenntnis und der Brief an den Bischof Jakob mit den Canones werden genannt[221].

Der Katholikos schickt auch hier eine Einleitung voran[222], in der er mit Nicaea und Byzanz einsetzt (cf. den can. 1 seiner Synode[223]). Es ist übrigens die Kirche, die den oberen Mächten den Glauben enthüllt hat (sie ist also durch die an sie ergangene Offenbarung privilegiert gegenüber den „Mächten“).

Der Beginn des eigentlichen Bekenntnisses ist durch ein Lemma gekennzeichnet[224]. Hier setzt auch die Übersetzung von S. Brock nach dem Syrischen ein; das schwierige Ende[225] hat Brock freilich fortgelassen. Brock meint, es könne sich um das Credo handeln, das der Katholikos dem Kaiser Maurikios vorgelegt habe[226], aber dafür sehe ich keinen Anhaltspunkt, außerdem wäre das Bekenntnis für einen solchen Zweck viel zu lang.

Später, im christologischen Teil, klagt der Verfasser über die christologischen Ketzer und fährt fort: „Wiederum sage ich: ‚Que les pervers et schismatiques entendent, et qu'ils s'unissent à l'Église‘“. Sie sollen nicht das Gewand des Taufglaubens zerreißen; nicht einmal die Soldaten unter dem Kreuz hätten es gewagt, das Gewand Christi zu zerteilen. Und dann schreibt er in der 2. Person Singular: *„Et toi,* ne déchire pas non plus la tunique intègre de l'unité de l'Église apostolique, mais accepte la vérité de la foi, et demeure dans le bercail de l'Église rachetée par le sang du pasteur suprême du troupeau ...“[227].

Diese grammatische Form ist sicher nicht nur ein rhetorisches Mittel, sondern hat eine konkrete Person im Auge, die im Begriff ist, die Kirche des Verfassers zu verlassen oder es bereits getan hat. Damit haben wir den Anlass für die Abfassung dieses Textes und auch die Erklärung für seine akzentuierte Katholizität. Aber wohin hat der Adressat seine Schritte gelenkt oder droht sie zu lenken – zu Ḥenana und seinen Anhängern oder zu den Monophysiten? Labourt und ihm folgend Guillaumont haben in den christologischen Aussagen[228] Anspielungen auf die Anathemata 2 und 3 des Konzils von 553[229] gesehen; Labourt zitiert die Verwerfungen, ebenso Guillaumont[230]. Beide

[221] Syn. Or., p. 455 unten.
[222] Syn. Or., p. 451–452.
[223] Syn. Or., p. 394.
[224] Syn. Or., p. 452 unten.
[225] Beginnend p. 455 Mitte mit „comme l'a dit Sévère ...“. Brocks Übersetzung, FS Methodios, p. 139.
[226] *Brock,* ibid., p. 127.
[227] Syr. Or., p. 454 untere Hälfte.
[228] Syn. Or., p. 454–455.
[229] ACO IV 1, p. 215.
[230] *Labourt,* Christianisme, p. 277; *A. Guillaumont,* Justinien et l'Église de Perse, DOP 23/24 (1969/70) 39–66, hier: p. 55 (z.T. in der Anmerkung). – *Guillaumont,* ibid., schreibt übrigens dies zweite Bekenntnis Išoʿyahbs irrtümlich *„den* Bischöfen“ zu.

übernehmen Chabots falsche Übersetzung „le même mais non de même"[231] für eine Wendung[232], die zu übersetzen ist „le même mais non dans la même (manière)". Guillaumonts Aufmerksamkeit hatte diesen Ausdruck auch in der Disputation des Paul von Nisibis mit Kaiser Justinian gefunden[233]. In meiner Untersuchung der Disputation habe ich meine Übersetzung gerechtfertigt und als zugrunde liegende griechische Wendung vorgeschlagen: ὁ αὐτὸς ἀλλὰ οὐ κατὰ ταυτό[234]. Labourt beschreibt die Christologie des Bekenntnisses folgendermaßen[235]: „D'ailleurs Išoʿyahb, surtout dans son deuxième symbole[236], se réfère évidemment aux expressions du cinquième concile, et lui concède tout ce qu'il peut lui accorder: la double naissance du Christ, et même, bien qu'avec des circonlocutions: le ‚Unus de Trinitate passus est carne'"[237]. Die Texte, die Labourt anführt, scheinen ihm „sehr explizit", wenn man sie mit den entsprechenden Anathemen Justinians und seines Konzils vergleiche. „Le catholicos refuse seulement de dire que le Verbe est mort, et il invoque, pour légitimer son refus, le témoignage de saint Éphrem, et même celui de Sévère. Ainsi, Išoʿyahb se rapprochait le plus possible de l'orthodoxie byzantine, mais il confessait ni le θεοτόκος, ni l'union hypostatique; au contraire, il parle dans le même symbole d'‚union prosopique'"[238].

Die Beobachtungen Labourts (die den Kaiser Maurikios als Empfänger voraussetzen, s. die „Annäherung an die byzantinische Orthodoxie") würden für die Frage, wohin die Neigungen des Adressaten unseres Textes gehen, eher für Ḥenana als für die Monophysiten sprechen. Aber die Rolle des Severus im Text ist aus Labourts Darstellung nicht vollständig ablesbar. Denn Severus wird, *ehe* er als Zeuge in Anspruch genommen wird, *negativ* erwähnt. Išoʿyahb beendet seinen Abschnitt (den letzten des Credos) über die Einheit und Einzigkeit der Person Christi mit einem polemischen Hinweis: Er spricht von der Unauflöslichkeit ihrer Einheit, von der Unveränderlichkeit seiner (d.h. Christi) Gottheit *und* seiner Menschheit, „qui n'est ni enlevée, ni cachée

---

[231] Syn. Or., p. 454, am Ende der ersten Hälfte der Seite und Zeile 6 von unten; Anm. 4 die falsche Erklärung Chabots.
[232] Syn. Or., p. 194,34; 195,12–13.
[233] *Guillaumont,* p. 55.
[234] Siehe oben über die Disputation.
[235] *Labourt,* Christianisme, p. 276–277.
[236] *Labourt,* Christianisme, p. 276, Anm. 3. Labourt schon hält es für möglich, daß dies zweite Symbol dasjenige sei, das der Katholikos dem Kaiser Maurikios vorgelegt habe. Hier gelten die Einwände, die ich bereits gegen Brock vorgebracht habe. – Labourt fährt fort: „Cela expliquerait pourquoi les professions de foi de Sabrišoʿ et du Grégoire sont moins explicites". Die „Ausführlichkeit" liegt tatsächlich am Adressaten, aber das ist in diesem Fall nicht der Kaiser.
[237] Cf. bereits Paul und die Seinen (zu denen Išoʿyahb gehörte!) in der Disputation mit Justinian.
[238] Cf. schon can. 1 der Synode.

ni absorbée[239], *comme l'a dit Sévère, cet évêque d'Antioche, qui fut anathématisé et jeté en exil*"[240]. „Wie Severus gesagt hat" muß sich mindestens auf „absorbée" beziehen. Dann aber folgen drei Aussagen über den *Logos*[241] (er hat nicht gelitten, ist nicht gestorben; er stärkte – sc. den Leib – im Leiden und Sterben; er erweckte seinen Leib von den Toten am dritten Tag), die durch *lm* als Zitat gekennzeichnet sind und von Chabot in Anführungszeichen gesetzt werden[242]. Der nächste Satz erklärt sie als Worte des Severus („Sévère a dit ces choses") und ihre Bedeutung wird dargelegt: „ne consentant point à nier l'assomption, ni ne pouvant admettre d'attribuer la passion et la mort au Verbe", „sondern so Ähnliches und Wahres hat er gesagt"[243]. Die Aussagen des Severus werden also von einem theoretisch eingenommenen nisibenischen Standpunkt aus positiv bewertet. Dieser ganze kleine Abschnitt ist nur als Korrektur zu dem zu verstehen, was Išoʿyahb unmittelbar vorher über Severus gesagt hat. Es ist kaum vorstellbar, daß Išoʿyahb selber diese Korrektur angebracht hätte. Wieso ist sie aber in der Aktensammlung erhalten geblieben? Vielleicht liegt das am nächsten Zitat, das aus Ephraem stammt, fraglose Autorität für beide syrische Konfessionen, über das Rätsel der gleichzeitigen Anwesenheit des Sohnes im Leib und im All. Ist das Zitat als Ausgleich zwischen den beiden Aussagen über Severus gedacht – Severus, der verurteilte und abgesetzte, und Severus[244], dessen Christologie auch nach nisibenischen Maßstäben korrekt wäre?

Der sanktionierende Satz nach diesen Zitaten[245] stammt natürlich von Išoʿyahb (charakteristisch: „in Kürze gesagt") und schließt sich an die negative Beurteilung des Severus durch den Verfasser an.

Bedenkt man, dass das darauffolgende Kolophon[246] zu den Išoʿyahb-Texten dies zweite Bekenntnis des Katholikos gar nicht erwähnt (darauf wurde oben schon hingewiesen), so möchte man vermuten, daß es als glücklicher Fund in einer Phase der Überarbeitung nachträglich der Gesamtsammlung eingefügt worden ist. Es ist verführerisch zu erwägen, daß der Severus-Ephraem-Zusatz vom Empfänger des Textes stammt; man kann jedenfalls zufrieden sein, daß das Bekenntnis wenigstens in dieser Form erhalten geblieben ist.

Wie dem auch sei, der Austausch über Severus entscheidet die Frage, in welche Richtung der Adressat die Kirche des Išoʿyahb verläßt: er geht über

---

239 Cf. 585, can. 1, Syn. Or., p. 397 oben: „son humanité qui n'est ni déprimée ni absorbée".

240 Syn. Or., p. 455 Mitte.

241 Hervorgehoben, weil Išoʿyahb „Jesus Christus" zum grammatischen Subjekt solcher Aussagen zu machen pflegt.

242 Syn. Or., p. 455 Mitte: „Le Verbe n'a pas ... le troisième jour".

243 Dies letzte, deutsch übersetzte Kolon (syr. Syn. Or., p. 196,5) hat Chabot übersehen.

244 Auf die divergierende Schreibung des Namens „Severus" (p. 195,34 *s'wyr'*; p. 196,3 *s'wr'*) die literarische Scheidung zu stützen, ist vielleicht nicht ratsam; wenigstens sei darauf hingewiesen.

245 Syn. Or., p. 455 unten.

246 Syn. Or., p. 455 die letzten beiden Zeilen unten.

zu den Severianern, ist aber in einem Stadium, wo der Katholikos ihn noch zu halten hofft. So erklären sich bestimmte Akzente in dessen theologischen Darlegungen.

Sehr lang ist der erste Abschnitt des Bekenntnisses über die Einheit Gottes und die Trinität, fast eine Seite in Chabots Übersetzung[247], dazu kommt ein kleiner Abschnitt über die Bedeutung dieses Glaubens[248]. Ich hebe aus dem Inhalt nur heraus die Unterscheidung der drei Hypostasen durch die Art und Weise, wie *yld* = γεννᾶν von ihnen auszusagen ist; wir werden das im Bekenntnis für Kaiser Maurikios wiederfinden. Und wir haben erwartungsgemäß die Abwehr (des Vorwurfs) einer vierten Hypostase: „Eine Natur, die nicht verdoppelt wird, drei Hypostasen, die nicht zu vier gemacht werden".

Vom Heiligen Geist, den Aposteln und Propheten, fährt der Katholikos fort, hat die Christenheit die Offenbarung des Logos, seine Oikonomia „für uns und zu unserem Heil" im Leib, zur Erneuerung aller Geschöpfe gelernt. Der Logos brach willentlich auf aus dem Vater, ohne Veränderung. Der Verborgene hat sich im Fleisch offenbart. Er ist Fleisch geworden, ohne sich zu verändern. „Jesus Christus, Sohn Gottes, Gott Logos, ‚Licht von Licht' ist herabgestiegen, wurde verleiblicht und wurde Mensch οἰκονομικῶς[249], jenseits von aller Verwandlung". Leicht verändert wird wiederholt: „Unser Herr, Gott, Jesus Christus, geboren aus dem Vater vor allen Welten in seiner Gottheit, wurde geboren im Fleisch aus der immerwährenden Jungfrau in der letzten Zeit, derselbe, aber nicht auf dieselbe Weise". „O Reichtum des Glaubens", „er *wurde* und wurde nicht verändert". – Man erinnere sich, daß „Werden ohne Veränderung" das christologische Hauptstichwort des Philoxenus war.

Einen zweiten christologischen Abschnitt[250] bietet Išoʿyahb anknüpfend an die oben zitierte Ermahung, die Kirche Christi nicht zu zerreissen, sondern beim Hirten der Herde zu bleiben. Syntaktisch nehmen diese Aussagen zunächst die Form von Appositionen zu „Hirte" an: Jesus Christus, Sohn Gottes, Gott über alles (cf. Röm 9,5 und oben schon „unser Herr, *Gott,* Jesus Christus"), ewig geboren in seiner Gottheit aus dem Vater ohne Mutter, und geboren „derselbe, aber nicht auf dieselbe Weise" (s. schon oben) in seiner Menschheit aus einer Mutter, ohne Vater, in den letzten Zeiten. Es folgt als trockene Aufzählung: Leiden „im Fleisch", Kreuz, Tod, Begräbnis „in den Tagen des Pontius Pilatus", Auferstehung. Dieser Liste ist beigegeben eine Explikation über die Gottheit und das Leiden, die wiederum zu Einheitsaussagen überleitet: „Christus, der Sohn Gottes, derselbe, hat im Fleisch gelitten, doch in der Natur seiner Gottheit war Christus, der Sohn Gottes, jenseits der

---

[247] Syn. Or., p. 453.
[248] Syn. Or., p. 453–454.
[249] Hier steht natürlich ein syrisches Adverb.
[250] Syn. Or., p. 454 letztes Viertel – 455.

Leiden; (also) leidensunfähig und leidend, Jesus Christus, Schöpfer der Welten, sich Leiden unterziehend." In variierter Formulierung[251]: „Es nahm auf sich der Gott Logos die Entwürdigung der Leiden im Tempel seines Leibes οἰκονομικῶς[252], während er in der Natur seiner Gottheit nicht litt", Joh 2,19.21 wird zitiert. Išoʿyahb fährt fort: „Die Erhabenheit[253] der persönlichen (προσωπική[254]) Union zeigt vereinigend und nicht vermischend unser Herr, indem er sagt (Joh 3,13): ‚Niemand ist hinaufgestiegen in den Himmel, (es sei) denn jener, der herabgestiegen ist vom Himmel, der Menschensohn, er, der herabgestiegen ist vom Himmel, der Menschensohn, der im Himmel ist.'"

Diese johanneische Stelle (eine Lieblingsstelle des Apollinarius, der daraus seine Christologie vom himmlischen Menschen ableitete und die über die apollinaristischen Fälschungen zu einer Lieblingsstelle Kyrills wurde) wird so ausgelegt[255]: „Christus also, er, der vom Himmel herabgestiegen ist ohne Verwandlung in seiner Gottheit, weil unkörperlich, ist in der Unbegrenztheit seiner Gottheit auch im Himmel" (an diese Zeile wird das Ephraem-Zitat anknüpfen), „in seiner Menschheit steigt er auf in den Himmel, indem er seine sichtbare Natur nicht zerstört, nach der Erklärung der Engel (Apg 1,11): ‚Dieser Jesus, der hinaufgenommen worden ist von euch fort in den Himmel, wird so wiederkommen, wie ihr ihn gesehen habt, daß er aufgestiegen ist zum Himmel'". – Apg 1,11, die Belegstelle der ostsyrischen Autoren für die Fortexistenz der menschlichen Natur des auferstandenen, in den Himmel entrückten und wiederkehrenden Christus, dient hier also zur Exegese der kyrillianischen Lieblingsstelle. Es ist anzunehmen, daß der Adressat mit Joh 3,13 argumentierte.

Es folgt die Einheitsaussage, die m. E. gar nicht leicht zu übersetzen ist: das Dativ-*lamad* bei „Vater" und der Modus der Partizipien[256] – aktiv oder passiv? Ich möchte übersetzen[257]: „Christus ist Einziggeborener *(yḥydy')* und Einender *(mḥyd')*[258]; dem Vater Einziggeborener, und Einender und Nicht-Trennender seiner unsterblichen, unzerstörbaren, unwandelbaren Gottheit und

---

[251] Syn. Or., p. 455.
[252] Hier steht das syrische Adverb.
[253] Syn. Or., p. 195,24: *mʿlnwt'* „Einführung, Zugang"; Chabot übersetzt „existence", erwägt aber Anm. 3 die naheliegende Verbesserung *mʿlywt'* „sublimitas, excellentia", der ich folge.
[254] Adjektiv des syrischen Lehnworts.
[255] Syn. Or., p. 455.
[256] Die Partizipien stehen im Status emphaticus, sind also besser als Nomina agentis zu betrachten.
[257] *Chabot,* p. 455 bietet konventioneller: „Le Christ est unique et uni, il est unique Fils du Père; il est uni et indissoluble (dans l'union) de sa divinité immortelle, indestructible, immuable, et de son humanité qui n'est ni enlevée, ni cachée, ni absorbée". *Brock,* FS Methodios, p. 139, linke Spalte, löst die Genitive in Nebensätze auf, die Partizipia bzw. Nomina agentis übersetzt er passivisch.
[258] Ich nehme das Nomen agentis als aktives.

seiner nicht übergangenen, nicht verborgenen, nicht aufgezehrten Menschheit". (Der Rest des Textes ist oben besprochen).

4. Išoʿyahb I. als Gesandter des Großkönigs Hormizd beim Kaiser Maurikios

Das Problem der Faktizität dieser Gesandtschaft ist von Sako diskutiert worden[259], nachdem Labourt und Scher (wegen des Schweigens der Chronik von Séert) der Meinung waren, es hätte nur die Gesandtschafts Išoʿyahbs II. beim Kaiser Heraklios gegeben. Aber Mari, Michael der Syrer und ʿAmr berichten sehr wohl von der Gesandtschaft des *ersten* Išoʿyahb, am ausführlichsten der späteste unter ihnen, ʿAmr. Es ist der Bericht des letzteren, der zwei Angaben enthält, die Ursache der Unklarheiten sind. „Il rapporte que le katholikos Išoʿyahb rencontra Maurice à *Alep* en présence de *Cyriaque* (595–606), patriarche de Constantinople". Aber Išoʿyahb war schon zehn Jahre tot (gest. 585), als Kyriakos Patriarch wurde. In Aleppo wiederum fand die Begegnung zwischen dem *zweiten* Išoʿyahb und Kaiser Heraklios statt. „Ces inexactitudes, si fréquentes il est vrai, chez notre chroniqueur, ne diminuent pas l'historicité de l'ambassade d'Išoʿyahb confirmée aussi textuellement par Mari et Michel le Syriaque". Dazu kommt, daß die Glaubensbekenntnisse der beiden Gesandtschaften sich im Text (wenn auch nicht in der Gesinnung) deutlich voneinander unterscheiden[260]; das Išoʿyahbs I. hat eine größere Nähe zu seinen beiden Credos im Synodicon Orientale, wie Sako richtig feststellt[261].

Sako datiert die Gesandtschaft auf das Jahr 587[262] und gibt als Ort Konstantinopel an[263]. Anhaltspunkt für die Datierung ist ihm die Anwesenheit des Patriarchen Gregor von Antiochien bei der Vorlage des Bekenntnisses des Katholikos[264]. „En 587, un concile avait été tenu à Constantinople sous la présidence du patriarche Jean le Jeûneur[265], qui avait cité à son tribunal le patriarche d'Antioche, Grégoire, pour discuter au sujet du titre du ‚Patriarche

---

[259] *Sako,* Le rôle, p. 103–104.
[260] Auf einem Symposium Syriacum vor vielen Jahren (in Goslar?) machte mich J. M. Fiey halb im Scherz auf das Problem der beiden Gesandtschaftsbekenntnisse als ein inhaltlich noch zu lösendes aufmerksam. Die durch Sako erreichte Klärung der historischen Probleme hätte er gewiß freudig begrüßt; und ich persönlich bedauere es lebhaft, meinen Beitrag diesem großen Gelehrten nicht mehr vorlegen zu können – Jean Maurice Fiey OP nahm noch an der 1. Syriac Consultation 1994 in Wien teil und starb am 10. November 1995 in Beirut. (T. H.).
[261] *Sako,* Le rôle, p. 103. In der Anm. 57 notiert Sako aus Ebedjesu, daß Išoʿyahb eine „Apologie" an Maurikios gerichtet habe, das müsse unser Bekenntnis sein. – Zu Beginn der Anm. 57 sind die Ziffern für die Appendices I und II in III und IV zu korrigieren.
[262] Siehe seine Überschrift p. 103.
[263] *Sako,* Le rôle, p. 105.
[264] Die entsprechende Stelle aus ʿAmr zitiert *Sako,* Le rôle, p. 105.
[265] Johannes IV. Nesteutes.

oecuménique'[266]". Dieser letzte Nebensatz ist Unsinn; die Synode betraf den Patriarchen von Antiochien, „der anscheinend durch eine monophysitische Intrige in schwere Anklagen verwickelt worden war", „die Synode hatte mit Freispruch geendet". In den nach Rom geschickten Akten lautete der Titel des Johannes Nesteutes „ökumenischer Patriarch", was auf heftigen Protest in Rom stieß[267]; dieser Titel war aber keineswegs Verhandlungsgegenstand jener Synode gewesen.

Der Chronist ʿAmr[268] hat das Bekenntnis des Išoʿyahb gefunden „in libris graecorum arabice redditis, ac postea eam etiam invenimus in propria forma syriaca in historia patrum"[269], d.h. daß erwartungsgemäß das Bekenntnis in den beiden Originalsprachen der Verhandler existiert hat[270]. Sako bietet im Anhang III eine französische Übersetzung in klarer Druckgliederung mit Paragraphenzählung; vor allem übersetzt er die Termini technici zutreffender als Gismondi, bei dem *qnoma* zu „persona" wird, für *prosopon* ist Gismondi dann ebenfalls auf „persona" angewiesen.

Die Paragraphenzählung erleichtert eine Gliederung:

I = § 1–5	Trinitätslehre	
	Ia = § 1–3	Vater, Sohn, Geist
	Ib = § 4	Charakteristik von Vater, Sohn, Geist mit Hilfe des Verbums γεννᾶν
	Ic = § 5	die Trinität eine Wesenheit
II = § 6–18	Christologie	
	IIa = § 6–8	Herabsteigen des Sohnes zur Vereinigung mit dem angenommenen Menschen im Leib der Jungfrau
	IIb = § 9–14	Geschichte Christi von der Geburt bis zum Tod
	IIc = § 15–18	von der Auferstehung bis zur Wiederkunft.

266 *Sako* bezieht sich p. 105 auf Mansi IX, col. 1213–1217 und Fliche-Martin V, p. 64.

267 *E. Caspar,* Geschichte des Papsttums II (Tübingen 1933) 366–367. – Es war Euagrius Scholasticus, der seinen Patriarchen auf jener Synode verteidigte, siehe oben den Abschnitt über die Disputation des Paul von Nisibis mit Justinian.

268 Die Chronik des ʿAmr ist arabisch verfaßt, herausgegeben und lateinisch übersetzt von H. Gismondi (Rom 1899): Maris Amri et Slibae De patriarchis Nestorianorum commentaria. Pars prior Maris versio latina; pars altera Amri et Slibae textus versio latina. – Dieser zweite Teil erschien schon 1897, er hat deswegen im Gesamtband eine eigene Seitenzählung. Alle drei Chronisten beziehen sich auf den Liber turris („Turmbuch", Baumstark, p. 6), s. die Lemmata pars prior p. 1 „Ex libro turris cap. V, sect. V"; und pars altera, p. 1 „Ex libro turris cap. V, sect. II, § 1".

269 Cf. *Sako,* Le rôle, p. 106. Gismondi, p. 45 (arab.), p. 26 (lat.). – Wenn *Sako,* p. 106, Anm. 63, vermutet, ʿAmr habe mit „forma syriaca" das Bekenntnis von Syn. Or., p. 194/454 (d.h. das zweite Bekenntnis) gemeint, das „légèrement différente du texte arabe" sei, so ist diese Annahme irrig. Das Bekenntnis für den Kaiser war eine selbständige Formulierung durch den gleichen Verfasser, mit den verbalen und inhaltlichen Querbezügen, die sich aus dieser Tatsache ergeben.

270 Wie im Fall der Disputation zwischen Paul von Nisibis und Kaiser Justinian auch.

Der Text ist ziemlich lang, jedenfalls etwa ein Drittel länger als das Bekenntnis, das 630 dem Kaiser Heraklios vorgelegt werden wird[271]. Das liegt daran, daß der Katholikos in den §§ 9–18, d. h. in der zweiten Hälfte, dem Erzählstoff der evangelischen Geschichte und des Anfangs der Apostelgeschichte folgt, mit christologischen Akzentuierungen in den §§ 13–15. Der Text enthält sich jeder polemischen und apologetischen Aussage, es fehlt sogar die sonst auch bei Išoʿyahb übliche Abwehr des Vorwurfs, daß man eine vierte Hypostase in der Trinität lehre.

Die Zusammenstellung der drei trinitarischen Personen zu Anfang in den §§ 1–3 entspricht demselben Phänomen in can. 1 von 585. Auffällig ist, daß im trinitarischen Teil der Terminus *qnoma* zunächst *nicht* fällt, im Unterschied zu den beiden anderen Bekenntnissen. Aber im christologischen Teil wird in § 6 die Hypostase des Sohnes als „eine der heiligen Hypostasen" bezeichnet.

Der nächste Berührungspunkt mit dem zweiten Bekenntnis Išoʿyahbs liegt in § 4 vor (siehe oben in der Gliederung Ib): hier wie dort[272] werden die drei Personen der Trinität durch die unterschiedliche Weise charakterisiert, wie das Verb *yld* = γεννᾶν von ihnen auszusagen ist.

Überraschend ist § 6. Die ersten beiden Kola („in den letzten Zeiten" aus Hebr 1 und das nicaenische „für uns und um unseres Heiles willen") stehen so in der Unionsformel von 433 nebeneinander und erinnern damit an eine milde antiochenische Formel. Das folgende καθελθόντα aus dem NC hat dort zum Subjekt „den einen Herrn Jesus Christus, den Sohn Gottes, den Eingeborenen". Hier in § 6 heißt der „Herabsteigende": „eine der heiligen Hypostasen, die Hypostase des Sohnes". Damit nimmt Išoʿyahb das *Unus ex trinitate* aus den mittlerweile über hundert Jahre alten Streitigkeiten positiv auf und zwar fast wörtlich in der spezifischen Form, wie sie Gegenstand der Auseinandersetzung zwischen Ḥabib und Philoxenus gewesen war; er schreibt nämlich:

> § 6 „l'un des *qnome* saints
> le *qnoma* du Fils descendit du ciel librement
> (car c'était la volonté de son Père)
> sans être séparé de lui".

Hierzu vergleiche man Philoxenus in seiner Epistula dogmatica an die Mönche[273]:

> § 1 „Or l'une des hypostases de cette Essence …
> § 7 par la volonté de l'Essence,
> § 8 cette hypostase est descendu du ciel, …
> § 12 Verbe Dieu qui est au-dessus du tout".

---

271 Leicht zu vergleichen, da bei Sako, p. 166–170 beide hintereinander abgedruckt sind.
272 Syn. Or., p. 453,13–19.
273 Siehe in Band 2/3 dieses Werkes, p. 578.

Išoʿyahb bleibt mit „Sohn" näher am Text des Credos, wogegen Philoxenus vermutlich Joh 1,14 („Der Logos wurde Fleisch ...") einbeziehen will. Zu „au-dessus de tout" in der letzten Zeile des Philoxenus ist noch anzumerken, daß darin eine Anspielung auf Röm 9,5 steckt, wo man liest:

ὁ Χριστὸς τὸ κατὰ σάρκα
ὁ ὢν ἐπὶ πάντων Θεὸς
εὐλογητὸς εἰς τοὺς αἰῶνας.

Dieser Vers beginnt in der ostsyrischen Christologie eine Rolle zu spielen, dazu siehe unten.

Zunächst muss man fragen, wie diese große Nähe zwischen dem Katholikos und dem Kyrillianer Philoxenus zustandekommt. Die nächstliegende Antwort: Išoʿyahb kennt die Schrift des Ḥabib gegen die Epistula dogmatica des Philoxenus, in der Philoxenus natürlich zitiert wurde. Hätte er auf einen naheliegenden Vorwurf vielleicht geantwortet: „Beim berühmten Ḥabib lesen wir ..."? Tatsächlich handelt es sich jedoch um eine Konzession an die Neuchalcedonier; schon zu Justinians Zeiten diskutierte man, ob man nicht bloß „Christus est unus ex trinitate" sagen dürfe oder müsse, sondern auch „Christus est una persona ex trinitate"[274].

Im can. 1 von 585 wird das „Herabsteigen" nicht eigens erklärt, es geht ganz in die Menschwerdungsaussage ein[275]. Aber im Brief an den Bischof Jakob war uns aufgefallen: „*Jesus*, unser Lebendigmacher, *göttlich* vom Himmel herabgestiegen, ohne Verwandlung und unerforschlich, als er aus der heiligen Jungfrau hervorging"[276]. Hier ist der Name „Jesus" vielleicht durch den Gedanken an die Geburtsgeschichte assoziiert, aber der Name gehört auch zu den Prädikaten des „Herrn", mit denen der zweite Artikel des Credos beginnt. Im zweiten Bekenntnis wird vom *Gott Logos* gesagt: „... En effet, à cause du grand amour dont il nous a aimé[277], il est parti volontairement du sein de son Père, sans changement, et il est venu dans le monde, et il fut dans le monde, ainsi qu'il est écrit"[278].

§ 6 des Credos für Kaiser Maurikios band das Herabsteigen trinitarisch ein, § 7 spricht nun vom inkarnatorischen Aspekt: Abstieg in den Leib der Jungfrau Maria „aus dem Hause Davids", Annahme – durch das Wirken des Heiligen Geistes – eines vollkommenen Menschen. Hier wird im antiochenischen

[274] *K.-H. Uthemann*, Christus, Kosmos, Diatribe, p. 273–274. Mit „persona" bewegt man sich in diesen lateinischen Texten noch in der Terminologie (Tertullians und) Leos; bekanntlich dauerte es eine Weile, bis sich im lateinischen Bereich „subsistentia" für ὑπόστασις durchgesetzt hatte und die differenziertere chalcedonische Terminologie in Gebrauch kam. – Vgl. *A. Grillmeier*, Jesus d. Chr. 2/2, p. 340–352.

[275] Syn. Or., p. 396 Mitte.

[276] Syn. Or., p. 425.

[277] Chabots Plural „aimés" ist natürlich ein Druckfehler.

[278] Syn. Or., p. 454,7–10.

Modus geredet („Annahme"). Die Bestimmung von „Mensch" hingegen stellt zwei Wendungen aus dem Chalcedonense unmittelbar nebeneinander.

Išoʿyahb: „un homme parfait ayant une âme et une intelligence,
'semblable à nous en toutes choses excepté le péché" (Hebr 4,15).
Chalcedon: τέλειον ... ἐν ἀνθρωπότητι ...
ἄνθρωπον ἀληθῶς τὸν αὐτὸν ἐκ ψυχῆς λογικῆς καὶ σώματος ...
κατὰ πάντα ὅμοιον ἡμῖν χωρὶς ἁμαρτίας.

Wohlüberlegt steht die christologische Einheitsaussage von § 8 *vor* dem Satz über die menschliche Geburt in § 9. Damit wird unterstrichen, daß die Einheit zwischen göttlicher und menschlicher Natur in Christus eine solche ist, die vom Augenblick der Empfängnis an besteht. § 8 verbindet wieder Antiochenisches und Chalcedonensisches: „Il (sc. le Fils) s'unit à lui par un lien indéfectible"; zu „lien" vgl. man συνάφεια; „Il devint Un avec lui: une seule personne" (cf. das eine Prosopon in can. 1 von 585 und die „persönliche Union" des zweiten Bekenntnisses), „un seul Fils, un seul pouvoir, sans que ses deux natures et leurs propriétés disparaissent". – Hier, gegenüber den Byzantinern, war es für den Verfasser kein Problem, die Zahl *Zwei* für die Naturen in den Mund zu nehmen, was er in den beiden anderen Bekenntnissen vermeidet. („Zwei Naturen" auch bei den Vorgängern Joseph und Ezechiel, siehe dort).

§ 9 sagt die Geburt Jesu Christi „aus ihr" (d. h. der Jungfrau Maria) geradezu biologisch korrekt „nach neun Monaten" aus – das dient der Versicherung der wahren menschlichen Natur, was nicht eigens gesagt werden muss. – Die Erwähnung der Beschneidung folgt sogleich. Das Auffallende ist aber die Prädikation Jesu Christi in *diesem* Zusammenhang als „unser Herr und *Gott*"[279]. „Unser Herr und *Gott* Jesus Christus wurde aus ihr *geboren* nach neun Monaten ..."[280]. Die prüfenden Bischöfe können sehr wohl darin ein Äquivalent zum Marientitel θεοτόκος gesehen haben, der in diesem Bekenntnis so wenig wie sonst gebraucht wird.

Der nächste christologische Akzent wird in den §§ 13.14 gesetzt, wobei jetzt anders als bei der Geburtsaussage nach Gott und Mensch unterschieden wird. § 13: „En tant que Dieu, il opéra des miracles" (eine Reihe wird aufgezählt mit „etc." am Schluß), § 14: „en tant qu'homme" erlitt er Hunger, Durst, Essen, Trinken, *Leiden, Kreuz, Tod,* Begräbnis. – Dazu fällt einem natürlich das leoninische „Unum horum (sc. Verbum) coruscat miraculis, aliud (sc. caro) succumbit iniuriis" ein.

---

[279] Mein Vater (R. A.) schrieb an dieser Stelle an den Rand von Gismondis Übersetzung ein „sic!".

[280] Dieser Satz ist im Grunde eine kühne Konstruktion aus einer ausführlicheren Formulierung, die im zweiten Bekenntnis so aussieht, Syn. Or., p. 454,16–19: „Notre-Seigneur-Dieu, Jésus-Christ, qui est engendré du Père, avant tous les mondes, dans sa divinité, est né dans la chair de Marie toujours Vierge, dans les derniers temps, le même, mais non dans la même manière" (die letzten Worte sind meine Verbesserung an Chabots Übersetzung).

Die Auferstehung (§ 15) geschieht durch die Kraft seiner Gottheit, die ihm seit der Verkündigung verbunden war und ihn weder am Kreuz noch im Grabe verließ. Dem Verfasser ist wichtig, daß der Auferstandene (§§ 16.17) alle Zweifel in seinen Jüngern zerstreute und sie der Wirklichkeit seiner Auferstehung versicherte (ein Gedanke, den wir immer wieder bei Narsai fanden und der bei Ezechiel genauso betont wird).

Auf die Himmelfahrt und die ihr vorangegangenen Verheißungen (ebenfalls § 17) läßt der Verfasser (§ 18) Mt 28,19–20 folgen und damit den Ausblick auf „der Welt Ende". Und mit dem Auftrag der Taufe im Namen von Vater, Sohn und Geist kehrt das Bekenntnis zum trinitarischen Beginn zurück.

Nachdem das Bekenntnis durch den Kaiser und die beiden Patriarchen approbiert worden war, griff Išoʿyahb, wie der Chronist berichtet, das heikelste aller Probleme auf[281]:

„‚Il n'y a pas entre vous et nous de litige au sujet de la Foi. Il n'y a pas entre nous de schisme. La seule chose qui existe est que des fauteurs de troubles nous ont donné le nom d'un homme que nous n'avons jamais vu. Il n'était pas de notre peuple et il ne nous a pas gouverné.' L'empereur lui répondit: ‚Si Nestorius que tu viens d'évoquer, croyait et professait le même symbole de Foi que vous les Orientaux, alors il n'aurait pas été anathématisé!'"

Während, wie oben gesagt, das Bekenntnis des Katholikos kein apologetisches Element aufweist, bringt sein Verfasser diskret, ohne Namensnennung das Problem des Schimpfnamens „Nestorianer" zur Sprache. Dessen Anwendung wird auf Böswilligkeit zurückgeführt. Die Abwehr des in dem Namen steckenden Vorwurfs geschieht mit rein äußerlichen Argumenten: Nestorius war nie bei uns, er stammt nicht aus unserer Kirche, geschweige denn, daß er dieselbe regiert hätte – hier kann man mithören: vielmehr hat er als Bischof von Konstantinopel *euch* regiert! Das Verschweigen des Namens „Nestorius" durch Išoʿyahb kann man also als zarte Rücksichtnahme gegenüber seinen Gastgebern in der Kaiserstadt verstehen! Es ist der Kaiser, der auf das Problem der Rechtgläubigkeit eingeht, und es ist klar, daß er sie dem Nestorius abspricht. Aber mit der persischen Delegation den Gottesdienst zu feiern, und zwar nach deren Ritus (den er sich vom Gast, einem Fachmann der Ritenerklärung, erläutern läßt)[282] ist er bereit; und die eucharistische Gastfreundschaft wird auch umgekehrt angeboten und angenommen[283]. Aber der eigentliche Zweck der Gesandtschaft des Katholikos, nämlich im Auftrag des Großkönigs Verhandlungen mit dem Kaiser über einen Waffenstillstand oder Frieden zu führen, scheitert; der Krieg ging weiter[284].

---

281 Sakos Übersetzung, p. 106; Gismondi, p. 47/27.

282 Cf. Išoʿyahbs von ihm selbst erwähnte, aber nicht erhaltene Erklärung der Sakramente und seine die Riten betreffenden Canones im Brief an den Bischof Jakob.

283 Sako, p. 106; Gismondi, p. 47/27.

284 Sako, p. 107.

* *
*

Die uns erhaltenen Texte aus der Feder des ersten Išoʿyahb zeigen ihn einmal als Schulmeister in der Causa über das Trishagion und zum anderen als bischöflichen Theologen, der in seiner eigenen Kirche sich bereits an zwei Fronten bewähren muß: gegen Ḥenana und gegen die monophysitische Christologie, die einen Kollegen auf ihre Seite zieht; und schließlich sehen wir ihn als Vertreter der Christologie seiner Kirche gegenüber den Byzantinern. Dem dortigen Patriarchen tritt er nach seinem eigenen Verständnis als hierarchisch Gleichberechtigter entgegen: Wie er in can. 29 der Synode von 585 entwickelt, hat der Heilige Geist, auf dessen Wirken die Hierarchie zurückgeht, neben den vier Patriarchen des Westens einen fünften für den Osten bestimmt[285]. Die beiden Pontifikalgottesdienste geben der Gleichrangigkeit de geziemenden liturgischen Ausdruck.

[285] Syn. Or., p. 419–420. – Über die Einführung des Titels Patriarch als zweiten Titel für den Katholikos der Kirche des Ostens, in Weiterführung der Beobachtungen von J. M. Fiey, siehe *L. Abramowski,* Der Bischof von Seleukia-Ktesiphon als Katholikos und Patriarch, in: D. Bumazhnov, H. R. Seeliger (hgg.), Syrien im 1.–7. Jahrhundert nach Christus = Studien und Texte zu Antike und Christentum 62 (Tübingen 2011) 1–55. Über die Gleichrangigkeit der Bischöfe von Antiochien und Seleukia-Ktesiphon, wie sie von beiden Seiten schon lange vorher als selbstverständlich betrachtet wurde, siehe ibid. zur Synode von 410. – Vgl. oben p. 27–66, hier p. 36. (T. H.)

V. SABRIŠOʿ I. (596–604)

Sabrišoʿ, ein berühmter Asket, dem auch Wunder zugeschrieben wurden, ein Heiliger der Kirche des Ostens; gleichwohl auch er ein Student in Nisibis, ein Bischof (von Lašom), bis er auf Geheiß Kosraus II. zum Katholikos gewählt wurde. Schon in seiner Zeit als Bischof hatte er zu Kosrau „gute Kontakte" während der „politischen Wirren" der Epoche[286]. Die Vita, verfaßt von einem Petros, ist von ganz hagiographischem Charakter[287], was in seinem Fall nicht weiter verwundert.

Die von Sabrišoʿ erhaltenen Schriftstücke stehen alle im Synodicon Orientale[288]: das Synodalprotokoll von 596, der Vertrag mit den Mönchen von Bar Qaiṭi[289] (Tamcke vokalisiert Bar Qīṭā[290], ohne eine Begründung anzugeben), datiert auf März 598, und ein Brief an dieselben Mönche, vermutlich den Vertragstext begleitend und den Verhandlungspartnern mitgegeben, deswegen gewiß vom gleichen Datum.

1. Das Synodalprotokoll von 596[291]

Nach einem Minimum an Präliminarien kommt man gleich zur Sache („On a dit en notre présence ..."). Es handelt sich um Menschen, „bekleidet mit dem Bundesgewand", die am wahren Glauben zweifeln, sich gegen die Lehrer der Kirche richten, häretische Lehren verbreiten und die „Einfachen" verderben. Es werden aufgezählt verschiedene abweichende Meinungen, die von verschiedenen Gruppen vertreten werden („manchmal sagen sie", „manche sagen"), die die theologische Anthropologie (Ausstattung Adams) betreffen; es ist von der Ablehnung geistlicher „Lobpreisungen" und „Verkündigungen"[292] die Rede, „in denen die Zweiheit der Naturen des Sohnes dargelegt wird" und von der Ablehnung der Kommentare und Lehren Theodors. Die Ablehnung

[286] *M. Tamcke,* Der Katholikos-Patriarch Sab̲rīšōʿ I. (596–604) und das Mönchtum (Frankfurt etc. 1988), 29. In den Zitaten aus dieser Monographie lasse ich die Kennzeichnung der Vokallängen und die Erweichungspunkte unter den Konsonanten *bgdkpt* fort.

[287] *Chabot,* Syn. Or., p. 456, Anm. 2: „Les récits des auteurs orientaux concernant ce patriarche sont tous entremêlés de fables et de légendes sur ses miracles et ses rapports avec le roi des Perses; ils auraient besoin d'un sévère examen critique". Dies Urteil gilt auch für die Darstellung des Sabrišoʿ in der Chronik von Séert, die Chabot noch nicht kennen konnte, ebensowenig wie *Labourt,* Christianisme, p. 208–217. Dazu siehe jetzt *Tamcke,* Sab̲rīšōʿ, p. 13 und 61–64 über die Vita des Petros und die Chronik von Séert.

[288] Syn. Or., p. 196–207/p. 456–470.

[289] Syn. Or., p. 200,8 *qyṭy* hat im Druck ausnahmsweise Vokalisationspunkte. Dazu *Chabot,* ibid., p. 461, Anm. 2: „Le nom est ainsi vocalisé dans le ms. R".

[290] *Tamcke,* Sab̲rīšōʿ, p. 50.

[291] Syn. Or., p. 196–200 / p. 456–461. Am Schluß leider keine Teilnehmerliste.

[292] Es handelt sich um liturgische *termini technici,* siehe unten.

jener liturgischen Texte spricht eher für severianische („jakobitische") Einflüsse, die Ablehnung Theodors für Anhänger des Ḥenana, die Themen der theologischen Anthropologie gehören in den Bereich mönchischer Frömmigkeit. Es ist nicht anzunehmen, daß alle hier Gemeinten *alle* diese Lehren vertreten, es ist aber bedeutsam, daß sie so nebeneinandergestellt eine komplexe Gegnerschaft bilden. Alsbald wird dem ein politisches Bündnis zwischen den Ḥenana-Anhängern und den „Jakobiten" am Hof des Großkönigs entsprechen. – Die hier aufgezählten Punkte werden übrigens am Schluß des Protokolls, nach dem Hauptteil, erledigt werden[293].

Jetzt gilt es, Maßnahmen zu ergreifen: daher folgt eine Darlegung des Glaubens[294], die es aber an formaler Geschlossenheit und Ausführlichkeit nicht mit dem, was wir von Išoʿyahb her kennen, aufnehmen kann[295]. Der Glaube lehrt *eine* herrliche Natur der Trinität, offenbart die herrliche Oikonomia des Gott Logos, die am Ende der Zeiten in der Natur unserer Menschheit vollzogen wurde (p. 457). Wir übernehmen die Auslegung des Glaubens durch den berühmten Theodor von Antiochien, Bischof von Mopsuestia. – Unter den zu verurteilenden Auffassungen der christologischen Einheit findet sich auch die „Zusammensetzung", *rwkb'*, – *zum ersten Mal* in den Synodalbekenntnissen[296], ein Hinweis auf die Christologie des Ḥenana (dessen Name auch hier noch nicht genannt wird). – Die Quaternität wird abgelehnt, ebenso wie zwei Söhne. Von den speziell antiochenischen Stichworten findet man den „Tempel"[297] aus Joh 2 (p. 458): Der Tempel des Gott Logos darf nicht für einen ψιλὸς ἄνθρωπος gehalten werden, weil er seit der Empfängnis mit dem Logos vereint ist. Verurteilt wird auch, wer *nicht* sagt, d.h. es ist zu sagen (p. 458): „que Dieu le Verbe lui-même a accompli la passion de notre rédemption, dans le corps de son humanité, étant en lui, avec lui et près de lui, dans le sein (de la Vierge), sur la croix, dans la passion, à jamais, indissolublement, sans que la nature glorieuse de sa divinité participe à aucune des souffrances". Hier ist die

---

[293] Syn. Or., p. 459–460.

[294] Syn. Or., p. 457–459.

[295] *S. Brock*, FS Methodios, p. 127, bemerkt zur Synode des Sabrišoʿ: „Although no formal profession of faith is preserved the preamble contains some relevant passages". Brock übersetzt die Passagen ibid., p. 139. – Die Versammelten sagen (Syn. Or., p. 457 Mitte), es scheine ihnen gut, „d'écrire ce symbole de la foi", *sym' hn' dhymnwt'. sym'* entspricht dem griechischen ἔκθεσις. Ich habe zunächst auch angenommen, „diese Glaubensdarlegung" müsse ein eigener Text gewesen sein, der uns nur nicht mehr vorliegt; aber ich halte jetzt den Text, den Brock übersetzt, für „dies Bekenntnis".

[296] In der Disputation des Kaisers Justinian mit Paul von Nisibis und seinen Genossen vertreten die byzantinischen Theologen bereits die ὑπόστασις σύνθετος. Das lag nun mehrere Jahrzehnte zurück und hatte auf griechischem Boden und Kirchengebiet stattgefunden. Die Debatte flackert vor 571 vor Persien zunächst in Nisibis auf. – Zur Disputation siehe das betreffende Kapitel.

[297] Bei „Tempel" steht das Adjektiv *mrny'*, von Chabot mit „véritable" übersetzt. Da das Wort neben κύριος (als Adjektiv) auch dem griechischen κυριακός entsprechen kann, ist Brocks Übersetzung „dominical" vielleicht vorzuziehen.

charakteristische antiochenische Auffassung vertreten, daß es die Aktivität des Logos in Christus ist, die im Leiden handelt, unbeschadet seiner göttlichen Natur.

Nach all diesen Vorklärungen folgt eine kompakte christologische Aussage in positiver Form (p. 458–459):

„Nous croyons donc fermement ... en un seul Seigneur Jésus-Christ, Fils unique de Dieu, engendré avant la constitution du monde dans sa divinité, spirituellement, sans mère, et engendré à la fin des temps de la Vierge sainte, carnalement[298], sans union de l'homme, par la vertu de l'Esprit-Saint; il est dans sa divinité éternelle, et dans son humanité (prise) de Marie, un seul Fils véritable de Dieu, qui, dans la nature de son humanité, a subi pour nous la passion et la mort, et qui, par la vertu de sa divinité, a ressuscité son corps, sans corruption, le troisième jour; qui a promis la résurrection des morts, l'ascension dans les cieux, le monde nouveau, indestructible et permanent à jamais".

Man bemerkt, daß die Vokabel *prosopon* als Ausdruck der Einheit nicht benutzt wird (anders bei Īšoʿyahb I.).

Anschließend werden die im Eingang des Protokolls aufgezählten Probleme erledigt (p. 459): Es werden verurteilt jene, die Kommentare und Lehre Theodors ablehnen und neue Lehren einführen (aus dem oben Referierten wissen wir, daß die „Zusammensetzung" zu den neuen Lehren gehörte). Verworfen werden die Meinungen, die Sünde liege in der Natur (des Menschen), daß der Mensch unfreiwillig sündige, daß Adam unsterblich geschaffen wurde. Verworfen wird das Syneisaktentum (p. 459) – dies Problem war im Eingang des Protokolls nicht erwähnt worden. Die „Verkündigungen"[299], die auf Widerstand stoßen, werden hier mit ihrem Incipit aufgeführt (p. 459–460): „Nous tous dans la crainte et la glorification", „Louange au (Dieu) bon", „La lumière de l'apparition du Christ"; Scher, der dieselben Incipits in der Chronik von Séert fand, schreibt sie dem Narsai[300] zu. Die Unterdrückung dieser Bestandteile der Liturgie wird mit Exkommunikation geahndet. Hierin wie in allen Dingen hat man sich an die Regeln zu halten, wie sie in „der Großen Kirche von Koké", der des Patriarchen[301], praktiziert werden (p. 457. 459. 460).

---

[298] Chabot „corporellement", Brock richtig „in the flesh". Zu „geistlich – fleischlich" vgl. Röm 1,3.4 über den „Sohn" κατὰ σάρκα und κατὰ πνεῦμα.

[299] *Chabot,* Syn. Or., p. 459, Anm. 2: „On appelle" *krwzwt'* „dans la liturgie nestorienne, toute proclamation faite par le diacre et spécialement celle qui se fait après l'Évangile ... C'est une sorte de litanie à laquelle répond le peuple et qu'on peut comparer au début de la préface dans la liturgie romaine".

[300] Scher in seinen Anmerkungen zur Chronik von Séert, p. 505, Anm. 5 (Tamcke, Sabrīšōʿ, p. 35 mit Anmerkungen). In der „Nestorian Collection of Christological Texts" (ed. Abramowski/Goodman), die ja im Interesse der Zwei-Hypostasen-Christologie zusammengestellt ist, gibt es ein Exzerpt, das der Verteidigung Narsais dient.

[301] Über die *topoi* der von Mar Aba ausgebildeten Patriarchalideologie siehe *L. Abramowski,*

2. *Pacte et conventions des frères moines appelés de Bar Qaiṭi (vom März 598)*[302]

Der Vertrag hat die Form einer Selbstverpflichtung der Mönche (sie reden in der 1. Pers. Plur.), vertreten und unterzeichnet durch zehn von ihnen, offensichtlich am Sitz des Patriarchen. Es unterschreiben und siegeln am Schluß (p. 465) auch vier Bischöfe, die darum gebeten worden waren, also als Zeugen fungieren.

Es handelt sich um eine Gruppe von drei Gemeinschaften: das Neue Kloster, das von Bar Qaiṭi und das „in der Nähe von diesem"[303] (p. 461). Nach einer Ableitung des Lebens, das nach Vollkommenheit strebt, aus ersten Prinzipien (p. 461–462), muß vom Unvollkommenen gehandelt werden: Zur Beseitigung von Irregularitäten, die als Einflüsterungen des bösen Feindes erklärt werden, hat Gott dem Großkönig eingegeben, diese Konvente dem Katholikos und Patriarchen zu unterstellen, dem jetzigen und seinen Nachfolgern (p. 462–463).

Hierauf folgt ein Bekenntnis zum rechten Glauben, wie man ihn bisher schon gehalten habe. Knappste Formulierungen von Trinitätslehre und Christologie werden gegeben, letztere mild antiochenisch (p. 463): „Annahme der Menschheit unseres Erstlings und Heilandes, unseres Herrn Jesus Christus, genommen aus dem Geschlecht des Hauses David und ihre vollkommene und unauflösliche Union mit dem eingeborenen Sohn, Gott aus Gott dem Vater". Es wird zusätzlich ein Bekenntnis abgelegt zur Lehre und zu den Kommentaren Theodors[304] und aller seiner Mitarbeiter, „die die ganze Kirche des östlichen Gebietes, untergeben diesem Patriarchalsitz, akzeptiert und liebt"; ferner zu den ägyptischen (Mönchs)vätern (als Abwehr gegen messalianische Tendenzen, auch wenn das nicht ausdrücklich gesagt wird).

Aus den weiteren Bestimmungen über das mönchische Leben (in der charakteristischen Verbindung von koinobitischen und eremitischen Elementen) ist auffällig die tägliche Feier der „Mysterien" im Koinobion[305] (die Einsiedler kommen jeden Sonntag zur Eucharistie) (p. 464).

Der Bischof von Seleukia-Ktesiphon als Katholikos und Patriarch, in: D. Bumazhnov, H. R. Seeliger (hgg.), Syrien im 1.–7. Jahrhundert nach Christus (Tübingen 2011) 1–55, bes. 18–32.

[302] Syn. Or., p. 200–203 (syr.) / p. 461–465 (frz.). – Die Seitenzahlen im Text beziehen sich auf die französische Übersetzung von Chabot im Synodicon Orientale. Zum Klosterverband Bar Qaiṭi nun komprimiert *F. Jullien,* Réseaux monastiques en Mésopotamie. À propos du pacte de Bar Qaiṭi, OrChr 93 (2009), 28–40; vgl. auch *dies.,* Le monachisme en Perse. La réforme d'Abraham le Grand, Père des moines de l'Orient = CSCO 622, Subs. 121 (Leuven 2008). (T. H.)

[303] *F. Jullien.* OrChr 93 (2009), 30–31.38, identifiziert es mit Bar Ṭura, vgl. auch *dies.,* Le monachisme en Perse, CSCO 622, Subs. 121, p. 265. (T. H.)

[304] „Theodoros" geschrieben wie im Synodal-Protokoll.

[305] *Tamcke,* Sabrīšōʿ, p. 51 mit Anm. 669, und p. 52.

Wie viel von diesem Text ist inhaltlich vom Katholikos vorgegeben oder gar von ihm wörtlich formuliert?[306] Für das Bekenntnis zur theodorianischen Orthodoxie scheint mir sein Einfluss sicher.

3. Brief des Katholikos Sabrišoʿ an die Mönche der Konvente, die „von Bar Qaiṭi" heißen[307]

M. E. ist dies der Begleitbrief zum Vertrag, der den Abgesandten für ihre Konvente mitgegeben wurde; er ist an die beiden Oberen gerichtet, die beim Vertragsabschluss nicht anwesend waren. Am Schluß (p. 470) grüßen „die Bischöfe und Brüder, die mit uns sind"; die Bischöfe sind vielleicht die Zeugen, die den Vertrag siegelten. Es wird die Gegend angegeben, in der die Konvente liegen: das Gebiet von Šigar (oder Šingar), später (p. 469) werden die uns bereits bekannten drei Konvente aufgezählt[308].

Christologisches wird angedeutet, wenn von der Ausstattung der Seele gesprochen wird (p. 467): „... elle qui est intelligente[309] dès l'origine, qui a entendu les paroles magistrales sorties de la bouche vénérable et sainte du Fils éternel de Dieu, qui (sc. l'âme) a été sanctifiée avec le corps dans le baptême saint et sanctifiant, qui s'est délectée dans les mystères sacrés et ineffables du Roi céleste qui, à cause du grand amour dont il aimait le genre humain, s'est livré lui-même à la passion et à la mort pour notre salut". (Der Himmelskönig ist Jesus[310] nach seiner menschlichen Natur: „s'est livré lui-même").

Aus dem Brief geht hervor (p. 469), daß es Sabrišoʿ war, der die beiden Leiter der Mönchsgemeinschaften eingesetzt hatte. Was sich auch ergibt ist, daß die direkte Unterstellung unter den Patriarchen durch den Großkönig von den Betroffenen selbst erbeten worden ist. Sollten sie aber nicht von Sabrišoʿ zu diesem Schritt veranlaßt worden sein? – eine Möglichkeit, die Tamcke nicht erwägt. Das Motiv des Katholikos wäre in der Verschleierung seiner eigenen Machtansprüche zu suchen. Hierarchisch gesehen bedeutet der Schritt die Exemption von der Aufsicht durch Ortsbischof und Metropoliten; dies wird ausdrücklich gesagt (p. 469): „Il n'est pas permis à aucun métropolitain ou évêque de la province de ce lieu ou des autres provinces d'enfreindre

---

306 Tamcke stellt sich diese Frage nicht.

307 Syn. Or., p. 203–207/p. 465–470; dazu *Tamcke,* Sabrīšōʿ, p. 55–57.

308 *Chabot,* Syn. Or., Index p. 683: „(Σίγγαρα des Byzantins) district à l'ouest de Mossoul autour du village actuel de Beled. La région déserte et montagneuse comptait autrefois de nombreux couvents dont on trouve les ruines"; dazu *Tamcke,* Sabrīšōʿ, p. 51 unter Berufung auf Fiey.

309 Von einem Passivstamm der Wurzel *ydʿ*.

310 Zum König Jesus siehe oben Išoʿyahb I. und eine der Predigten Narsais. Die Häufigkeit der Personennamen gebildet mit „Jesus" und der Titel „König Jesus" zeugen für eine Jesus-Frömmigkeit in der Kirche des Ostens, die nicht recht in das Zwei-Naturen-Schema paßt.

cet ordre royal et patriarcal". Tamcke[311] sieht als mögliches Motiv des Großkönigs die „Sicherung seiner grenznahen Provinz"; der zuständige Metropolit wäre der von Nisibis gewesen.

Anders als im Vertragstext wird in diesem Begleitbrief keine Ermahnung zur Loyalität gegenüber Theodor von Mopsuestia für nötig befunden; wahrscheinlich gab es keine Anhängerschaft des Ḥenana unter den Adressaten.

Was erstaunt, ist die erbetene Beteiligung des Großkönigs bei diesem ordnenden Eingriff in monastisches Leben. Sollte vielleicht der Protest des zuständigen Metropoliten, in diesem Augenblick Gregor, damit im Keime erstickt werden? Tamcke[312] nimmt (im Gefolge Labourts[313]) jedenfalls an, daß hier die Rivalität zwischen den beiden Hierarchen eine Rolle spielte.

Dieser Gregor (von Kaškar, nach seinem vorherigen Bischofssitz) war in Nisibis eingesetzt worden, um die Synodalbeschlüsse von 596 gegen den Direktor der dortigen Schule, Ḥenana, durchzusetzen[314]. Natürlich hätte seinerzeit schon Bischof Simeon von Nisibis die Beschlüsse der Synode von 585 gegen Ḥenana ausführen müssen, aber Simeon war, wie sein Kollege von Rew-Ardašir (und die Bischöfe ihrer Provinzen), trotz zweimaliger Aufforderung nicht auf jener Synode erschienen[315], auch unterschrieben sie nicht nachträglich[316]. In früherer Zeit, vor 571, war es der Metropolit Paul, der Ḥenana wegen seiner Lehre aus der Schule entfernt hatte, als er noch nicht deren Leiter war. – Gregor nun scheiterte an seinem gewalttätigen Eifer. „Die Folge" der „Maßnahmen Grigors war, daß die Bevölkerung sich von ihrem neuen Metropoliten lossagte und Klage über ihn beim Katholikos-Patriarchen führte". Bei diesem beschwerten sich auch Gregor und Ḥenana. Ḥenana wurde „tatkräftig von den" christlichen „Medizinern des großköniglichen Hofstaates unterstützt, die Grigor ihrer Bigamie wegen exkommuniziert hatte"[317]. „Gegen die von der Mehrheit der Bischöfe unterstützten Anschuldigungen Grigors favorisierte Sabrišoʿ die Position Ḥenanas und sandte, angestachelt durch einen erbitterten Streit, der zwischen Grigor und ihm *aus unbekanntem Anlaß* ausgebrochen war, einen Brief nach Nisibis, der für Ḥenana und gegen Grigor Stellung bezog"[318]. Schließlich wurde Gregor vom Großkönig abgesetzt[319].

---

[311] *Tamcke,* Saḇrīšōʿ, p. 50.

[312] *Tamcke,* Saḇrīšōʿ, Anm. 652 zu p. 50.

[313] *Labourt,* Christianisme, p. 216 mit Anm. 2.

[314] Dazu siehe *Vööbus,* History of the School of Nisibis, CSCO Subs. 26, p. 302–310; *Fiey,* Nisibe, p. 58–60; *Tamcke,* Saḇrīšōʿ, p. 36–39.

[315] Synode von 585, can. 30, Syn. Or., p. 422.

[316] Siehe die Liste der nachträglichen Unterschriften, Syn. Or., p. 429; über Simeon siehe *Fiey,* Nisibe, p. 55–57. Dazu paßt, was *Vööbus,* The History of the School of Nisibis, p. 303, Anm. 4, als gute Meinung Simeons über Ḥenana mitteilt.

[317] *Tamcke,* Saḇrīšōʿ, p. 37.

[318] *Tamcke,* Saḇrīšōʿ, p. 38; meine Hervorhebung.

[319] Zu den Strafmaßnahmen des Großkönigs gehörte, daß er Gregor Elefanten vorwerfen

„Nachdem Grigor mit einem Fluch gegen die Stadt Nisibis verlassen hatte, schieden demonstrativ dreihundert Studenten aus Protest gegen das Schreiben Sabrišoʿs aus der Exegetenschule aus“[320], „this procession included most of the teachers“, unter ihnen drei zukünftige Katholikoi[321]. – Man kann sich daran klar machen, daß bis dahin sowohl im Lehrkörper wie unter den Studenten Anhänger des Ḥenana und die Anhänger der bisherigen edessenisch-nisibenischen Christologie und Exegese etwa drei Jahrzehnte nebeneinander an der Schule existiert haben müssen. Das erinnert an die Zustände im 5. Jh. in Edessa mit dem Neben- und Gegeneinander von Theodorianern und Kyrillianern.

Ḥenana blieb „unangetastet und konnte im Jahr 602 unter dem neuen Metropoliten von Nisibis eine neue Fassung der Schulstatuten erlassen“[322]. Die Schule existierte weiter, errang aber nicht mehr ihre alte Bedeutung[323].

ließ (*Tamcke,* Sabrīšōʿ, p. 38) – kann man so etwas lebendig überstehen? Und müßte ein Überleben nicht als ein Gottesurteil oder Wunder gelten? Weder Vööbus noch Fiey nehmen diese Nachricht auf. Die Quelle ist die Vita des Märtyrers Georg, verfaßt von Babai dem Großen, in cap. 31, deutsche Übersetzung von O. Braun (Ausgewählte Akten persischer Märtyrer, BKV 22 (Kempten, München 1915), p. 241. Babai, der auch nach eigener Mitteilung eine Vita Gregors geschrieben hat (Braun, p. 222), bezeichnet Gregor als „lebendigen Märtyrer“ (p. 241). Braun, p. 222, Anm. 6, kann aus Išoʿdenaḥ Nr. 56 (d. h. aus diesem Abschnitt des Liber castitatis) beitragen, daß tatsächlich Gregor eines natürlichen Todes gestorben ist. – Über die Katastrophe, die über Nisibis ein Jahr nach dem Fortgang Gregors hereinbrach und die Verwicklung des Katholikos Sabrʿišo darin, siehe *Tamcke,* Sabrīšōʿ, p. 38–39, und die älteren Darstellungen.

320 *Tamcke,* Sabrīšōʿ, p. 38.

321 *Vööbus,* History of the School of Nisibis, p. 309: „The most eminent are mentioned by name: Išoʿiahb of Gedala, Ḥadbešabba ʿArbaia, Išoʿiahb of Ḥadiab, Paulos, Mika'el the doctor along with other doctors“. Diese Aufzählung aus der Chronik von Séert II, Nr. 74, 4, p. 511–512.

322 *Tamcke,* Sabrīšōʿ, p. 39.

323 Man sehe das Ende von *Vööbus,* History of the School of Nisibis, p. 312–326.

VI. GREGOR I. (605–609) UND DIE SYNODE VON 605[324]

Nach dem Tod Sabrišoʿs wünschten die Gläubigen und der Großkönig den Gregor von Kaškar (obwohl der Großkönig doch an der Entfernung Gregors aus Nisibis beteiligt war[325]) zum Nachfolger auf dem Stuhl des Patriarchen. Aber die Königin Širin setzte Gregor aus Phrat durch[326], der an der Schule von Seleukia unter Išai ausgebildet worden war und inzwischen selber Lehrer dort war[327]. Im Synodalprotokoll heißt es dann (p. 472 unten), man habe (diesen) Gregor auf Geheiß des Großkönigs gewählt. Die Chronik von Séert zeichnet eine Intrige: „La reine Širin choisit Grégoire le docteur et demanda aux Pères de l'ordonner, en prétendant que c'était lui que le roi voulait"[328]. Um die Fortsetzung mit den Worten Fieys wiederzugeben (wieviel davon ist Ausschmükkung durch den Chronisten?[329]): „Chosroès, trompé par l'homonymie, ne s'aperçut de la supercherie que quand on lui présente le nouveau patriarche". Trotz des Zorns des Großkönigs blieb es bei der Wahl, während Gregor von Kaškar, der Exmetropolit von Nisibis, bis zu seinem Tod im Exil verharren mußte[330]. Vom *Katholikos* Gregor sagt das lakonische Chronicon anonymum[331]: „Er führte in seinem Primat einen Lebenswandel, der nicht schön war". Seine Geld- und Raffgier schildert die Chronik von Séert auf Grund älterer Quellen (vermutlich Thomas von Marga) höchst anschaulich. Nach Gregors Tod konfiszierte Kosrau die Hinterlassenschaft und verbot (gewiß wegen der Amtsführung Gregors[332]) die Wahl eines neuen Katholikos[333]. – Erst nach dem Tod Kosraus 628 war die Neubesetzung des Thronos von Seleukia-Ktesiphon möglich.

---

324 Protokoll der Synode: Syn. Or., p. 207–214 / p. 471–479.

325 *J. M. Fiey,* Nisibe, métropole syriaque orientale et ses suffragants des origines à nos jours = CSCO 388, Subs. 54 (1977), 61. Sabrišoʿ hatte übrigens einen Mönchsschüler aus seiner Eremitenzeit im Gebirge Schaʿran als Nachfolger empfohlen, Chronik v. Séert II, Nr. LXXX, ed. Scher, PO 13,4, p. 521; *M. Tamcke,* Der Katholikos-Patriarch Sabrīšōʿ I. (596–604) und das Mönchtum (Frankfurt etc. 1988), p. 20 und 60.

326 Chronicon anonymum, in: Chron. Min. I, ed. Guidi = CSCO 1, Syr. 1 (T), 2 (V) (1903), p. 22/p. 20. – Chabot konnte nur die Erstausgabe von 1891 benutzen (Un nuovo testo syriaco ...), daher verschobene Seitenzahlen.

327 PO 13,4, p. 521.

328 PO 13,4, p. 522.

329 *Fiey,* Nisibe, p. 62.

330 Wo in seiner Karriere soll man die gräßliche Erfahrung mit den Elefanten unterbringen? Siehe dazu oben den Abschnitt über Sabrišoʿ.

331 Ed. Guidi, p. 22 /p. 20.

332 So auch *Tamcke,* Sabrīšōʿ, p. 60. *Labourt,* Christianisme, p. 224 dagegen folgt dem Chronicon anonymum, ed. Guidi, p. 20,7–8: propter dolos et odium Gabrielis in ecclesiam, mansit haec aliquamdiu sine duce. – Gabriel war der christliche Hofarzt, der zu den Jakobiten übergegangen war, nachdem man ihn wegen Bigamie exkommuniziert hatte. Er wird uns bei dem Disput von 612 wieder begegnen.

333 PO 13,4, p. 522–524.

Das Protokoll der von Gregor im Jahr 605 abgehaltenen Synode ergeht sich in auffällig langen Loyalitätsbekundungen gegenüber dem Großkönig (zwei Seiten in Chabots Übersetzung), während sich Sabrišoʿ mit der üblichen Datumsangabe nach dem Regierungsjahr des Herrschers mitsamt einigen epitheta ornantia begnügt hatte. Ein Gunsterweis Kosraus ist in der Tat neu und bis dahin unerhört (p. 471): „... il a fait pour nous des choses nouvelles et admirables qui n'ont jamais eu des pareilles. Il a, en effet, ordonné que les Pères directeurs de l'Église ... qui sont éloignés, viendraient sur les bêtes du roi, avec honneur et aux frais du royaume, à la vénérable Porte du Roi des rois“[334], und er trug Sorge, daß die Nahewohnenden pünktlich erscheinen konnten.

Das Glaubensbekenntnis der Synode (p. 473 unten – 474)[335] wird eingeleitet mit Hinweisen auf die Synoden von Nicaea und Konstantinopel; man habe „denselben Glauben an die heilige Trinität und die Oikonomia unseres Herrn im Leib“.

Das Bekenntnis, das nun folgt, ist viel besser komponiert als das der Synode von 596. Es beginnt mit der Gotteslehre, die u. a. Aussagen über die Unveränderlichkeit und Leidenslosigkeit der göttlichen Natur enthält; es endet mit der Leidenslosigkeit der göttlichen Natur in Christus, so eine inclusio bildend. Ferner ist eine sorgfältige syntaktische Organisation zu beobachten. Zunächst gibt es eine Reihe längerer Relativsätze, die sich auf die „eine göttliche Natur (maskulin im Syrischen), wesentlich, ewig, Schöpfer aller Geschöpfe ...“ zurückbeziehen: Der Schöpfer ist Autor des Heilshandelns, er hat unsere Erneuerung im Alten Testament durch die Propheten offenbart, er hat durch seinen Sohn, den er zum Erben gemacht hat, die Trinität in ihren Hypostasen[336] den Aposteln im Neuen Testament bekannt gemacht; er hat durch den Erstling aus unserer Natur die Erlösung und Erneuerung unseres Geschlechts bewirkt. Das Letztere wird noch einmal mit Hilfe von Phil 2 ausgesagt. Das grammatische Subjekt von Phil 2 ist „sein eingeborener Sohn, unser Herr Jesus Christus, durch den alles gemacht ist“, er ist das Subjekt aller folgenden Sätze, die von der Vollkommenheit seiner Gottheit und Menschheit handeln, diese werden hier ausdrücklich als *zwei* Naturen bezeichnet. In ihrer Union wahren sie ihre Eigentümlichkeiten; es ist die Einheit des einen Prosopon des Sohnes Christus, „und es hat vollendet[337] die Gottheit die Menschheit durch Leiden, wie geschrieben steht[338], während Leiden, Veränderung und Verwandlung auf keine Weise in die Gottheit eindringen.“ – Auch hier

[334] Im römischen Reich war dies die übliche Praxis für die Teilnehmer an vom Kaiser einberufenen Synoden.
[335] Von *S. Brock*, Christology (1985) in FS Methodios (= Studies in Syriac Christianity, 1992, Nr. XII) nicht übersetzt; p. 127 die kurze Charakteristik: „not distinctly Theodoran“.
[336] Chabot schreibt wie üblich „personnes“.
[337] *gmrt;* Chabot übersetzt versehentlich „fortifié“, indem er Hebr 2,10 und Lk 22,43 verwechselt, in Erinnerung an p. 455; das wird aus seiner Anm. 4 zu p. 474 deutlich.
[338] Hebr 2,10.

notieren wir wieder die Aktivität der göttlichen Natur im menschlichen Leiden; die Vollkommenheit der menschlichen Natur Christi zeigt sich in den Leiden, die sie tatsächlich erlitt.

In diesem Bekenntnis fehlt jeder apologetische Zug. Die Aussagen über das Nicht-Leiden der Gottheit bilden den einzigen polemischen Akzent. Es fehlt, weil der modus der Union der Naturen weder positiv noch negativ angegeben wird, auch die Abwehr der „Zusammensetzung", die wir 596 doch schon fanden. Die antiochenische dyophysitische Grundformel, zwei Naturen, ein Prosopon, ist terminologisch deutlicher ausgesprochen als in manchem früheren Bekenntnis.

Sehr umfänglich ist die Verpflichtung auf Theodor von Mopsuestia (p. 474 unten – p. 476 unten). Sie ist nötig wegen der Leute, die „neue, schismatische Erfindungen, eine neue Gesinnung, gerichtet gegen die der Väter und eine Verdrehung des Sinns der Schrift" öffentlich („vor Zuschauern und Hörern") propagieren (p. 474). Deswegen müssen wir alle sämtliche Kommentare und Schriften Theodors annehmen; ihrem Verfasser wird eine lange Eloge gewidmet. Bis heute haben alle unsere orthodoxen Väter, bei denen wir gelernt haben, seine Schriften meditiert und sind seiner Gesinnung gefolgt (p. 475). Außerdem ist daran zu erinnern, was die Synode von Beit Lapat vom April 484, deren „Häupter" und „Erste" die Metropoliten Barsauma von Nisibis und Nanai von Phrat waren, über Theodor und seine Schriften gesagt haben. Das sonst nicht erhaltene Zitat (p. 475 unten – 476 oben) aus jener (schismatischen[339]) Synode spricht von den Häretikern, die Gerüchte über Theodor verbreiten, von dessen Ruhm zu seinen Lebzeiten und nach seinem Tode, davon daß seine Schriften den orthodoxen Glauben bewahren, wie die göttliche Lehre im Neuen Testament ihn vorlegt, und wie er die entgegengesetzte Lehre zurückweise. Wer diesen Lehrer und seine Schriften insgeheim oder öffentlich verleumdet, werde von der Wahrheit selbst unter Anathem gestellt.

Die Synode von 605 nennt die Verfasser von 484 „diese heiligen Männer, berühmt für ihre göttliche Lehre". Der Verwerfung der Verleumder schließt man sich an. – Während aber die Gegner Theodors, die man 484 im Blick hatte, die radikalen Kyrillianer waren wie Philoxenus z. B. oder vor allem, so hat die Frontstellung sich jetzt verschoben. Es ergeht die Warnung (p. 476 Mitte), „ne pas se laisser séduire par les *inventions* de ceux qui écrivent, parlent ou enseignent des choses contraires à ses paroles ou à ses doctrines, et *qui* cependant, *s'ils ont quelque chose de louable, l'ont trouvé et rencontré dans les trésors des écrits de cet homme divin*". Es geht also um Leute aus dem eigenen Bereich, die diese „Erfindungen", d. h. Neuerungen vornehmen. – Auch jetzt wird Ḥenana nicht mit Namen genannt, ebensowenig wie 585 und 596.

Mit dem Rückgriff auf die Synode von 484 wird das älteste synodale Eintreten für Theodor in der Kirche des Perserreichs herangezogen. Es ist wohl

---

[339] Schismatisch, weil sie den Primat des Bischofs von Seleukia-Ktesiphon anfocht.

auch das älteste uns erhaltene Zitat aus den Akten[340] dieser Synode, deren Aktenbestand auch später noch zugänglich war[341], der aber wegen ihres schismatischen Charakters nicht in das Synodicon Orientale aufgenommen wurde[342]. Ohne Zweifel spielt auch Lokalstolz des aus Phrat stammenden Katholikos Gregor mit, daß er neben Barsauma als Initiator der Synode auch den Metropoliten von Phrat[343] als Hauptperson erwähnt. Sachlich soll mit dem Hinweis auf die Synode von 484 natürlich die Kontinuität der Theodor-Verehrung und -Nachfolge der Kirche dargestellt werden.

Nicht nur die Bestimmungen der Vorgängersynode über das Mönchtum müssen wiederholt werden, sondern auch der Tadel jener, die sich weigern, die 596 schon aufgezählten liturgischen Stücke („Verkündigungen") zu sprechen (p. 477), womit sie „den orthodoxen Glauben zerstören".

Die Synode trifft ferner Bestimmungen, die die Unterschlagung von Donationen und Stiftungen verhindern sollen (p. 477–478), auch muß sie wieder an die Vorschriften gegen bischöfliche Übergriffe in andere Kirchenprovinzen erinnern (p. 478). – Unter den Teilnehmern der Synode befindet sich der Bischof Barḥadbšabba von Ḥolwan (p. 479); es ist gewiß derselbe, dem die *causa* über die Schule (von Nisibis) zugeschrieben wird, in der das Lob Ḥenanas als Leiter der Schule gesungen wird. Dies (wie lange zurückliegende?) Werk hat den Bischof von Ḥolwan an einer Unterschrift jetzt nicht gehindert.

---

[340] Siehe die genaue Datierung nach dem Regierungsjahr des Herrschers, p. 475 Mitte, mit dem die Synodalprotokolle zu beginnen pflegen.

[341] Siehe die von Chabot, Syn. Or., p. 621–625 mitgeteilten Auszüge.

[342] Siehe die Notiz des Kollektors Syn. Or., p. 308–309.

[343] Nach der Rangordnung der Metropolien der persischen Kirche, die die Synode von 410 aufgestellt hatte und die Chabot, Syn. Or., p. 617 tabelliert hat, folgt Phrat auf Nisibis. Und wenn 605 die anwesenden Metropoliten in der Reihenfolge Phrat, Arbela, Karka de Beit Slok, erscheinen, entspricht das ebenfalls der festgelegten Ordnung.

VII. ḤENANA VON ADIABENE, LEITER DER SCHULE VON NISIBIS (GEST. CA. 610)

Ḥenana[344] ist uns in unserer Darstellung der Christologie der Kirche des Ostens schon mehrfach begegnet: als nisibenischer Lehrer, der mit seiner Christologie vermutlich auf die Christologie reagiert, die die persische Delegation unter dem Metropoliten Paul von Nisibis in der Disputation mit Kaiser Justinian und seinen Theologen vertritt; als tatsächlich vom selben Bischof wegen seiner Lehre aus der Schule und aus der Stadt Nisibis entfernt; und – ohne Nennung seines Namens – als Urheber der von den Synoden von 585, 596 und 605 verurteilten Lehren, die er als Leiter der Schule von Nisibis vertrat, nachdem er nach dem Tode seines Gegners Paul an die Schule, und nun als Direktor, zurückgekehrt war.

Wir kennen ihn weitgehend nur als Objekt der Polemik; den wiederholten Verurteilungen sind seine nicht-exegetischen Werke fast ganz zum Opfer gefallen. Die Ausnahmen sind zwei „Causae“ über die Ursache von (kirchlichen) Festen und, bisher offensichtlich nicht berücksichtigt, die Einleitung zu seiner Ausgabe der Statuten von Nisibis. Erstaunlicherweise sind seine biblischen Kommentare, trotz des Ärgers, den sie erregten (man denke an den „anderen Kommentar“ der Synode von 585), doch reichlich exzerpiert worden[345]. Aus der Feder von ihm freundlich gesonnenen Zeitgenossen ist nur die Lobrede auf den Schuldirektor am Ende der „Causa zum Semesterbeginn“ des Barḥadbešabba, des späteren Bischofs von Ḥolwan, erhalten[346].

---

[344] Über Ḥenana siehe *A. Vööbus,* History of the School of Nisibis = CSCO 266, Subs. 26 (1965), p. 234–317; *A. Guillaumont,* Les ‚Kephalaia Gnostica‘ d’Évagre le Pontique et l’histoire de l’origénisme chez les grecs et chez les syriens (1962), p. 186–196; *ders.,* Justinien et l’église de Perse = DOP 23/24 (1969–1970), p. 39–66, hier: p. 59–62; *M. Tamcke,* Der Katholikos-Patriarch Sab̠rīšōʿ I. (596–604) und das Mönchtum (Frankfurt etc. 1988), p. 31–39; *G. J. Reinink,* ‚Edessa grew dim and Nisibis shone forth‘. The School of Nisibis at the Transition of the Sixth-Seventh Century, in: J. W. Drijvers / A. A. MacDonald (ed.), Centres of Learning. Learning and Location in Pre-Modern Europe and the Near East (Leiden, New York, Köln 1995) 77–89; *ders.,* Babai the Great’s Life of George and the propagation of doctrine in the late Sasanian empire, in: J. W. Drijvers, J. W. Watt (eds.), Portraits of spiritual authority (1999) 171–193; *ders.,* Tradition and the Formation of the ‚Nestorian‘ Identity in Sixth- to Seventh-Century Iraq, CHRC 89 (2009) 217–250. Die beiden ersten Aufsätze von Reinink sind als Nr. I und II enthalten in: *G. J. Reinink,* Syriac Christianity and late Sassanian and early Islamic Rule (Variorum 2005). Die drei Aufsätze werden im Folgenden als *Reinink* I, II und III zitiert.

[345] Im Bibelkommentar des Išoʿdad von Merw (9. Jh.). Übersichtliche Angaben zu den Kommentaren des Išoʿdad bei *I. Ortiz de Urbina,* Patrologia Syriaca (Rom ^{2}1965) 218. Eine Durchmusterung der Ḥenana-Zitate bei Išoʿdad im Hinblick auf die exegetische Methode bei *Tamcke,* Sabrišoʿ, p. 31–32; in den Anmerkungen verwirren die Stellenverweise auf „Commentaires“, offenbar eine Kontamination aus „Commentaire“ (ed. van den Eynde, zum AT) und „Commentaries“ (ed. Gibson, zum NT).

[346] Siehe unten.

Weil die Auseinandersetzung mit Ḥenana durch Babai den Großen und seine Anhänger und Schüler zur scharfen terminologischen Wende in der Christologie der Kirche des Ostens führte, die sozusagen negative Bedeutung dieses Theologen für seine Kirche also außerordentlich groß ist, läßt es sich rechtfertigen, daß im Folgenden so eingehend referiert wird.

1. Die beiden „Causae“

Die erhaltenen *Causae festorum* des Ḥenana sind gewiß vor der Ausweisung ihres Verfassers aus Schule und Stadt Nisibis durch den Metropoliten Paul anzusetzen, als Ḥenana erst Lehrer an der Schule[347] und noch nicht deren Direktor war. Von zwei weiteren Causae ist der Titel bei Ebedjesu überliefert: die zum Palmsonntag (diese wird auch von Ḥenana selber bezeugt, siehe unten zur Causa über den Goldenen Freitag) und die zur Kreuzesauffindung. Die opinio communis ist, daß die beiden erhaltenen Causae ihr Überleben der Tatsache verdanken, daß sich darin keine der anfechtbaren Lehren Ḥenanas finde[348]. Und in der Tat kann man sich leicht vorstellen, daß ihm sowohl der „Sonntag der Palmzweige“ wie das Fest der Kreuzesauffindung reichlich Gelegenheit zu christologischen Aussagen geboten hätten.

a) Die „Causa des Goldenen Freitags“

Die Causa[349] beginnt (p. 53) mit der Anrede[350] an den Priester Isaak[351]. Er wird apostrophiert als jemand, der die „Ursache der göttlichen oikonomia“ zu erkennen liebt. Isaak ist jetzt alt (p. 54). Ḥenana beklagt das herrschende geistliche Klima[352], von dem sich Isaak wohltätig unterscheide. Die Causa war von Isaak erbeten worden, Ḥenana willfahrt ihm „in kurzer Form“ *(bkrÿt')*, die Causa über die Gebete werde noch folgen. – Nach den Erfahrungen mit anderen Causae stellt sich auch hier die Frage, ob dieser Text von seinem Verfasser

347 Die Chronik von Séert weiß, daß Ḥenana seinerseits „Schüler des Mose“ war, (II, Nr. LXXIV „Histoire de Grégoire, métropolitain de Nisibe“, PO XIII 4, ed. Scher, p. 509). *Scher*, ibid., Anm. 3 schlägt zwei mögliche Träger des Namens vor, die als Lehrer Ḥenanas in Frage kämen.

348 Eine knappe Inhaltsangabe zu den erhaltenen Causae bei *T. Hainthaler*, The causes of the feast, a literary genre of the East Syriac Church, in the 6th century. A survey with some theological remarks, The Harp 23 (2008) 383–400, hier p. 398–399. Cf. auch *Tamcke*, Sabrišo', p. 32–33.

349 Ed. Scher, PO VII 1, p. 53–67.

350 In der 2. Pers. *Sing.*, von *Scher* in den Plural versetzt, worauf er p. 53, Anm. 2, aufmerksam macht.

351 *Scher* konnte nichts über ihn ausfindig machen.

352 *Scher*, p. 54, Anm. 1, will darin eine Anspielung auf die Dispute sehen, die Ḥenanas Lehre hervorgebracht hatten.

zunächst mündlich vorgetragen wurde, um dann auf Anforderung einem bestimmten Empfänger schriftlich zugesandt zu werden, oder ob es von vornherein nur die schriftlich verschickte Fassung gab, ohne daß die Rede wie gewöhnlich vor der Schule gehalten worden wäre. Die übliche Ermahnung am Schluß ist in der 1. Pers. Plur. abgefaßt (p. 66–67): „So wird nun dies von uns erwartet, als von Leuten, die gewürdigt worden sind der Erkenntnis ... von der Oikonomia voll der Weisheiten Gottes, daß wir ...“. Das ist eher eine Anrede an Hörer als an Leser.

Auch als für Isaak niedergeschriebene ist diese Rede für eine Gruppe bestimmt (p. 55,6): „zum Nutzen für deine Person[353] und für alle deine Freunde“.

Der eigentliche Beginn der Causa wird zweimal gekennzeichnet; einmal: „Ich beginne zu schreiben“ (p. 55,12), dann „Beginn der Causa“ (p. 55, letzte Zeile). Die Durchführung (beginnend p. 56) steht ganz unter dem Begriffspaar Wort-Tat als den Wirkungsmitteln der Weisheit Gottes an uns: „Auf zwei Weisen bemüht sich die göttliche Oikonomia den logikoi *(mlÿl')* die genaue Erkenntnis des Geziemenden nahezubringen, eine verbale *(mltny')* und eine tätige (Weise)“. Bei den logikoi gibt es zwei Ordnungen, die intellektuelle und die sinnliche; die intellektuelle ist frei vom Sinnlichen und jeder Grobheit des Fleisches und Gewicht des Leibes; der Leichtigkeit ihrer Natur entspricht die Leichtigkeit der Lehre, sie bedarf keiner leiblichen und hörbaren Stimme. Die sinnliche Ordnung jener logikoi, die sichtbar und schwer sind, ist auf eine kraftvolle Stimme angewiesen, um sie aus ihrem Schlaf zu wecken und damit sie Erkenntnis ihrer selbst und ihres Schöpfers erhalten. Dies ist die Ordnung der Menschen.

(Die didaktische Methode der Zweiteilung setzt sich fort:) Die Menschen sind aus Leib und Seele zusammengesetzt, also sichtbar und unsichtbar, dementsprechend sind sie mit Augen und Ohren ausgestattet, mit ihren verschiedenen Zuständigkeiten. Mit beiden zusammen können sie die vollkommene Lehre empfangen. Die Verwaltung (oikonomia) (p. 57) der Welt („diese Verwaltung – Nominativ! – leitet die Vernünftigkeit – Akkusativ – *mlylwt'*“) geschieht durch das, was durch das Wort[354] gehört und durch die Augen gesehen wird. – Es folgt eine Aufzählung von Gehörtem: „Z. B. wie Gott sagt[355]: Es soll etwas werden, und es wurde, und (er sagt) nicht: Ich will nicht dies machen, sondern jenes“[356]. Zum Gehörten gehören auch das Gesetz, Mitteilungen, Ermahnungen, Vorhersagen. Zum Gesehenen gehört, was Gott an den Menschen insgesamt oder an den Einzelnen tut. Ḥenana zählt Phänomene der Natur und der (staatlichen) Herrschaft auf und gibt eine Liste der Ereig-

---

353 *qnwm'*, hier also im gewöhnlichen Sinn gebraucht.

354 Hier erwartet man „Ohr“; aber das Grundschema „Wort – Tat“ schlägt durch.

355 In Gen 1.

356 Schers Übersetzung, p. 57,4–5, muß auf diese Weise korrigiert werden; *Scher* selber sagt p. 57, Anm. 1, er habe den Sinn der Phrase nicht recht verstanden. – Ḥenana meint: Gott wußte, was er tat, siehe gleich darauf: „Gott ... auf das eine Ziel blickend“.

nisse der Ur- und Frühgeschichte des AT: die Strafe Adams, die Furcht Kains, die Entrückung Henochs, die Flut, den Feuerregen auf Sodom, die Ertränkung der Ägypter[357] und ähnliche „göttliche Offenbarungen".

„Weil Gott dem Schöpfer selbst die Oikonomia des AT und NT zueigen ist, und indem er auf das eine Ziel blickend das durch Mose und die Propheten (Bewirkte) wie (p. 58) das durch Christus und die hl. Apostel (Bewirkte) verwaltet, ist es klar, daß die Ankunft unseres Herrn zur Vollendung des früheren geschehen ist".

„Wenn wir also die ganze Lehre des Gesetzes in zwei Teile teilen ..." – man bemerkt wie die schematische Anwendung des didaktischen Mittels der Zweiteilung die ganze Causa durchzieht.

Im Blick auf einen späteren Vorwurf Babais des Großen[358] sind zwei Stellen interessant, an denen die Bezeichnung „Erstgeborener" in ihrem neutestamentlichen Kontext gebraucht wird. „Als also in die irdische Wohnung der Erstgeborene der Geschöpfe eintreten sollte, wurde uns sein Eintreten auf zweifache Weise angezeigt ...". (p. 59:) „Als aber der Erstgeborene zur Welt kam durch menschliche Geburt[359] ...", belehrte er uns auf die gleiche Weise über sein Kommen durch Worte und durch Taten. Das erste der beiden Zitate verbindet Kol 1,15 (πρωτότοκος πάσης κτίσεως) mit Hebr 1,6 (ὅταν δὲ πάλιν εἰσαγάγῃ τὸν πρωτότοκον εἰς τὴν οἰκουμένην). Tamcke führt das als Beispiel dafür an, daß Ḥenana sich „weiterhin in den Bahnen antiochenischer Christologie" bewege[360]. Tatsächlich aber deutet sich hier an, daß Ḥenana der (antiarianischen) Festlegung von πρωτότοκος πάσης κτίσεως auf die menschliche Natur Christi[361] nicht folgt, sondern, durchaus im Sinn der beiden Brieftexte, dies Prädikat auf den Vorweltlichen bezieht.

„Zum Zeitpunkt, da es ihm richtig erschien, sandte er den Lehrern der Gottesfurcht, die er auf Erden zum Wohl der Schöpfung zurückgelassen hatte", den verheißenen Tröster Geist. Der „lehrte sie die Verborgenheiten der Gottheit und die Geheimnisse der Menschen und ließ aufleuchten in ihrem Verstand die Belehrung darüber, was ihnen (vorher zu) schwierig war, und gab ihnen zu verstehen, was sie vorher nicht wußten" (p. 60).

Schließlich (p. 61) kommt der Verfasser zur Geschichte von der Heilung des Lahmen aus Apg 3, die er (mit einer wie alten Tradition?) auf „den 6. Tag nach dem großen Sonntag von Pfingsten" setzt, also auf den Freitag, „das ist der Tag, an dem unser Herr das (Todes) Leiden von den Juden empfing". Der Bericht der Apostelgeschichte wird mit Erläuterungen versehen, die der Veranschaulichung dienen: der Lahme wird an seinen üblichen Platz „getragen

[357] Scher, p. 57,11 übersetzt versehentlich „Israélites".
[358] Dazu siehe unten.
[359] P. 59,6 hat ein gängiger Fehler das *lamad* durch ein *ʿayin* ersetzt.
[360] *Tamcke,* Sabrišoʿ, p. 32.
[361] Für diese Feststellung spielen Röm 8,20 („Der Erstgeborene unter vielen Brüdern") und Kol 1,15 („Der Erstgeborene von den Toten") eine entscheidende Rolle.

von Männern, die eingeteilt waren zu einem solchen Dienst"; für die Bezeichnung „Schöne Pforte" werden zwei Erklärungen erwogen (p. 62); zum Verhalten des Bettlers und des Johannes werden psychologische Bemerkungen gemacht, ebenso zur Anrede „Sieh uns an" – der Lahme läßt seine Augen herumschweifen, damit ihm kein möglicher Spender entgehe; was der Lahme an Almosen erwarten kann: „quelques drachmes ou quelques oboles ou quelques deniers". – Beim Heilungswort des Petrus ist ein Problem anderer Art zu klären. Warum hat Petrus gesagt: „Im Namen Jesu von Nazareth" und nicht „im Namen des Eingeborenen" oder „des Logos" oder „des Sohnes Gottes"? Die Antwort: Petrus wollte die Juden tadeln, die sich über den Herkunftsort Nazareth lustig machten. Reinink hat gefunden, daß das „almost literally corresponds with Theodore's exegesis of this verse", und für die folgende Darlegung über die nach der Auferstehung geistgewirkte Erkenntnis der Apostel von der Gottheit Christi verweist er indirekt auf eine Stelle aus Theodors Contra Apollinarem[362]. – Das Heilungswunder (p. 63) soll ein Zeugnis für die Auferstehung gegen die Juden sein. Es war das erste Wunder, das die Apostel im Namen Christi taten; vorher hatten sie ihn (nur) als tugendhaften Menschen zu Hilfe gerufen, der ihnen mit seinem Gebet beistehen sollte. Sie riefen dazu den Vater Christi an, aber „Vater" verstanden sie nicht „von der Natur" (sc. der gemeinsamen göttlichen), sondern „von der Vertrautheit" (p. 64,1 syrisch)[363]. Es war der heilige Geist, der sie lehrte, daß Christus auch Gott sei. Wie unser Herr nach dem Geistempfang bei der Taufe als erstes Wunder den Wandel des Wassers in Wein in Kana bewirkte, so taten auch die Apostel, nachdem sie im Obergemach (cf. Apg 1,13!) mit dem heiligen Geist getauft worden waren, als erstes Wunder die Heilung des Lahmen.

Dann fällt dem Verfasser noch ein, daß man vier „wunderbare Unterscheidungen" (p. 64,8 syrisch)[364] in der Erzählung finden kann: nach Tag, Stunde, Ort und Person; das rattert er ziemlich gelangweilt herunter. Schließlich (p. 65) wird die Erklärung der Bezeichnung „Freitag des Goldes" geliefert: sie spielt auf das Petrus-Wort an, „Gold und Silber habe ich nicht" (cf. Apg 3,6). Tatsächlich gaben die Apostel dem Lahmen mehr als Gold. – Eine Regel für Namensgebung (p. 66) wird mitgeteilt (auch ein Element des Unterrichts!): die Alten hatten die Gewohnheit, Bezeichnungen aus Worten oder Taten abzuleiten (drei biblische Beispiele werden gegeben) – damit ist der Verfasser wieder bei seinem Grund- und Gliederungsschema angelangt. Von der Schlußermahnung wurde schon oben gesprochen.

---

[362] *Reinink* III, p. 226–227, Anm. 27, für eine handschriftliche Stelle zur Acta-Exegese und für einen Verweis auf *(R. A.) Norris,* Manhood and Christ, (1963), p. 225. Norris übersetzt dort aus Swete II, p. 314 (Mitte) ein Konzilsexzerpt aus Theodors Contra Apollinarem.

[363] Scher, p. 63 letzte Zeile, übersetzt: „pas absolument, mais relativement".

[364] Scher, p. 64 übersetzt: „principaux points de vue".

b) Die Causa der Gebete[365]

Sie hat denselben Adressaten wie die vorige und wurde mit ihr zusammen verschickt (s. o.), deswegen fehlt eine Widmungsanrede. Auch sie setzt mündlichen Vortrag voraus: „Wenn wir in dies heilige Haus kommen …“ (p. 73, cf. p. 78). Abgehandelt werden die verschiedenen Arten der Gebete und ihre verschiedenen Bezeichnungen, beginnend mit einer paulinischen Liste.

Die Causa hat eine schöne Einleitung über die Universalität des Heils (p. 68): „Alles was in der heiligen Kirche durch die Hausgenossen des Glaubens (cf. Gal 6,10) geschieht, ist zum Nutzen für die ganze Schöpfung. Und auch wenn nicht jedem die Ursache davon bekannt ist, sondern es (nur) wenige sind, die sich deren Untersuchung vornehmen“, sind all die Übrigen, denen es an dieser Kenntnis mangelt, doch nicht des Nutzens daraus beraubt. „Wie die Geburt Christi zum Nutzen aller geschah, auch wenn nur von wenigen die Erinnerung daran gefeiert wird, und wie seine Taufe zur Vergebung der Sünden jedes Menschen geschah, auch wenn sie von den Hausgenossen allein gefeiert wird; und sein Fasten, seine Leiden, seine Auferstehung, seine Himmelfahrt, seine Gnadengabe – obwohl wenige der Erinnerung (daran) gewürdigt sind, bringen sie doch Nutzen für die ganze Schöpfung“. So werden auch die Gebete aller Art, die in der Kirche der Gläubigen geschehen, für das Ganze insgesamt vollzogen.

Die Causa endet (p. 81) mit einer Erinnerung an die Geschichte vom Pharisäer und Zöllner über die richtige Weise zu beten: „Que la bouche sainte qui a dit: ‚En vérité, je vous le déclare: le publicain s’en retourna justifié dans sa maison‘, nous justifie, nous aussi, par sa grâce et sa miséricorde“.

2. *Das Ḥenana freundliche Bild*

a) Barḥadbšabba, (später) Bischof von Ḥolwan, über Ḥenana

In seinem „Prolog (Causa) zum Semesterbeginn der Schule“[366] führt Barḥadbšabba die Reihe der Rektoren der Schule von Nisibis bis Ḥenana einschließlich auf. Die Causa, in Gegenwart des Rektors Ḥenana vorgetragen, redet von diesem durchaus panegyrisch.

Aber als Bischof von Ḥolwan hat Barḥadbšabba die erneute Verurteilung (ohne Namensnennung) der Lehren Ḥenanas auf der Synode von 605 unterschrieben (siehe oben zur genannten Synode). Als Lehrer an der Schule von Nisibis gehörte er zu jener großen Gruppe von Schülern und Lehrern, die die

---

365 Ed. Scher, PO VII 1, p. 68–81.

366 Ed. Scher, PO IV 4 unter dem Titel „Cause de la fondation des écoles“, über den korrekten Titel siehe die Einleitung der Herausgeber der PO, p. 325. Über Ḥenana in dieser Causa, p. 390–393.

Schule verließen bzw. vertrieben wurden (siehe unten), nachdem der Metropolit Gregor, mit seinem Vorgehen gegen Ḥenana scheiternd, seinerseits die Stadt hatte verlassen müssen[367].

Als Barḥadbšabba als Lehrer an der Schule jene lange Rede zum Semesterbeginn hielt, war Ḥenana schon so alt, dass man realistischerweise damit rechnen mußte, daß Gott ihn eines Tages „von uns fortnehmen" würde[368]. Vom hohen Alter Ḥenanas sprach auch Babai der Große, als er den Mönch Georg nach dessen Klostereintritt in der korrekten Christologie unterwies, was Polemik gegen Ḥenana implizierte[369]. In seiner Vita des Georg bestimmt Babai das Eintrittsdatum in Relation zum Datum von Georgs Martyrium (615), so kommt man auf das Jahr 601[370]. Der terminus a quo für die Causa des Barḥadbešabba ist das Jahr 582, weil bei der Erwähnung des Išoʿyahb (des späteren Bischofs von Arzun) als Leiter der Schule von dessen Katholikat (das 582 begann) die Rede ist[371]. Die Causa ist also zwischen 582 und dem Auszug (oder der Vertreibung) von Lehrern und Schülern aus der Schule gehalten worden – wegen des Hinweises auf ein absehbares Lebensende Ḥenanas würde man sie eher ganz an das Ende des 6. Jhs rücken.

In seiner Einleitung zur Ausgabe dieser Causa fragt Scher mit Recht[372]:

„Mais pourquoi Barḥadbšabba se serait-il séparé de son maître Ḥnana, lui qui, quelques années auparavant, s'était montré son admirateur et avait même appelé ses adversaires ‚ouailles de satan'? On peut conjecturer qu'il suivit le parti le plus fort. Nous ferons remarquer du moins qu'en un endroit il est plein de partialité en faveur de son maître Ḥnana. Car, après avoir fait allusion aux désordres suscités dans l'école à cause de son maître, il n'a garde d'avouer (= hütet er sich zuzugeben!), comme on l'attendrait, qu'ils proviennent de ce que Ḥnana a rejeté les doctrines de Théodore de Mopsueste, mais il va même jusqu'à déclarer qu'il était un des champions les plus ardents de l'orthodoxie de ce dernier".

Diese erstaunliche Behauptung Schers kann sich nur darauf beziehen, daß Ḥenana als eifriger Ausleger einen Kommentar zu allen Schriften des AT und NT geschrieben hat „wie der selige Interpret"[373] (was die Synode von 585 – tadelnd – als den „anderen Kommentar" bezeichnet!), aber das macht ihn nicht zu einem „glühenden Anhänger" Theodors. – Weiter schreibt Scher[374]:

„Ne pourrait-on pas excuser Barḥadbšabba, en supposant *qu'il a écrit son traité surtout pour ramener la paix et la concorde dans la Congrégation?* Car dans l'introduction et la

367 PO XIII, Nr. LXXIV, p. 511–512.
368 PO IV 4, p. 392–393.
369 Siehe unten.
370 *Reinink* II, p. 174–175 mit Anm. 27.
371 PO IV 4, p. 390.
372 PO IV 4, p. 323.
373 PO IV 4, p. 391. Cf. dazu die Meinung Schers, p. 391, Anm. 1: „Il est probable que l'auteur dissimule ici la vérité pour louer son maître auprès de ses coreligionnaires".
374 PO IV 4, p. 323.

conclusion, Barḥadbšabba exhorte les écoliers à suivre exactement les règlements et fait tous ses efforts pour les amener à vivre ensemble en paix et à respecter les maîtres".

Diese Interpretation der Intention des Barḥadbšabba durch Scher scheint mir treffender als die durch Reinink, der im Abschnitt der Causa über Ḥenana eine Apologie für diesen sieht[375].

In der Darstellung des Barḥadbšabba folgt das Direktorat des Ḥenana auf das nur einjährige des Abraham von Nisibis. Der[376] jetzige Leiter der Schule zeichnet sich neben seinen sonstigen Qualitäten durch seine Demut aus (von ihr wird auch bei einer späteren Gelegenheit die Rede sein, siehe unten). Die Auseinandersetzungen, die Ḥenana durchzustehen hatte, werden nicht verschwiegen (dazu vergleiche man unten, was Babai über die Zustände an der Schule sagt). Unermüdlich arbeitet Ḥenana an der Auslegung der göttlichen Schriften und hält jedermann zur gleichen Tätigkeit an. Er gab „uns" seine Auslegung mündlich und schriftlich. Wie der „selige Interpret" legte er seine Meinung zu allen Worten und Abschnitten des Alten und Neuen Testaments geschrieben vor. Ferner schrieb er viele *memre* und Disputationen. Wir alle bitten darum, daß Gott sein Leben verlängern möge, denn er ernährt uns reichlich aus seinem geistlichen Schatz, entnommen den Schriften, „gewürzt mit dem eleganten Wort der Philosophen" (cf. dazu can. 2 der Synode von 585: der, ungenannte, Ḥenana, ein Mensch, „der in die Eleganz des Stils verliebt ist"). „Er ist sanft, barmherzig, geduldig und sucht nicht seine eigene Ehre wie die übrigen. Und siehe, seine Schriften gehen überall hin"; auch wo er nicht anwesend ist, lehrt er durch seine Bücher, durch seine Schüler ist sein Ansehen in nahen und fernen Schulen verbreitet. Deswegen bitten wir Gott, wenn er ihn einmal zu sich nehmen wird, daß er uns aus seinen Schülern einen Nachfolger wie ihn erwählen möge, der an seiner Tradition festhält und sein Gedächtnis für immer ehrt." – Hierauf folgt die Schlußermahnung an die Schule.

Kein Wort vom christologischen Problem, kein Wort von einem exegetischen Gegensatz zu Theodor von Mopsuestia oder auch bloß von einem Unterschied zu diesem. Fallen die Verurteilungen von 585 und 596 auch unter die vom Verfasser erwähnten Anfeindungen?

b) Ḥenanas Ausgabe der Statuten der Schule von Nisibis

Arthur Vööbus hat 1962 die Kanones der Schule von Nisibis nach mehreren Handschriften ediert[377]. Es handelt sich dabei um die Sammlung der Kanones,

[375] *Reinink* III, p. 241. *Reinink* übersetzt und analysiert die Ḥenana betreffenden Passagen, p. 233–234 und p. 242.
[376] Das Folgende PO IV 4, p. 390–393.
[377] *A. Vööbus*, The Statutes of the School of Nisibis = PETSE 12 (Stockholm 1961). – Frühere Ausgabe: *I. Guidi*, Gli statuti della scuola di Nisibi, Giorn. Soc. Asiatica ital. 4 (1890) 165–

die im Jahr 602 von der Schulgemeinschaft unter ihrem Leiter Ḥenana und vom Metropoliten von Nisibis, Aḥadabuhi, ratifiziert wurde[378]. Die Sammlung ist gewachsen: sie enthält die Vorschriften des Narsai aus den Anfängen der Schule und die des Ḥenana von 590[379].

Als man 590 die neuen Kanones hinzufügte, benutzte man das (oder: ein) Exemplar der älteren Vorschriften, das die Schule einige Jahrzehnte früher bestätigt hatte[380]. Leider fehlt für diese Bestätigung eine genauere Datierung, es heißt nur allgemein „in der Zeit der Königsherrschaft" des Kosrau (I.), aber dessen Regierung dauerte von 530–578. Eine gewisse Eingrenzung gewinnt man aus den Namen der maßgeblichen Autoritäten: der amtierende Metropolit von Nisibis ist Paul (gest. 571), der „Lehrmeister" ist Abraham, der Exeget (gest. 569), dazu Narsai, der „Lesemeister". Aber über diesen Narsai wissen wir nichts[381], Abraham ist berühmt für die lange Zeit, die er die Schule leitete, und der Beginn des Episkopats des Paul ist unsicher, ca. 545 oder 552[382]. So bleibt als sicherer terminus ad quem nur das Jahr 569, das Todesjahr Abrahams.

Auf die Bestätigung aus der Zeit vor 569 folgt die Notiz[383]: „Es enden die Kanones, die aufgesetzt wurden in den Tagen des Mar Hosea und des Mar Narsai, des Lehrers der Wahrheit". Hosea war Bischof von Nisibis nach Barsauma[384], und Narsai ist natürlich der berühmte erste Leiter der dortigen Schule. Diese Bemerkung gehört zur Ḥenana-Redaktion der Statuten, sonst wäre sie überflüssig, oder sie hätte vor der Bestätigung stehen müssen.

Während die neuen, 590 hinzugefügten, Statuten eine formelle, datierte Einleitung haben[385] und eine Zustimmungserklärung (in der 1. Pers. Plur.) der „eminenten Brüder und Lehrer *(bdq')*, die zu dieser Zeit in der heiligen Gemeinschaft der Schule von Nisibis sind"[386] (diese Zustimmung ohne Datie-

185, nach nur einer Hs; deutsche Übersetzung dieser Ausgabe: *E. Nestle,* Die Statuten der Schule von Nisibis aus den Jahren 496 und 590 nach dem von Guidi herausgegebenen syrischen Text übersetzt, ZKG 18 (1898) 211–229. Nestle wird von Vööbus überhaupt nicht erwähnt. Guidi hat Vööbus in der Bibliographie vergessen, er nennt ihn aber p. 44 mit Anm. 14 (wo der bibliographische Fundort fehlt): „This text which appears in the critical apparatus as B, was edited by Guidi", leider mit Druckfehlern (so Vööbus). – Die Hs B bei Vööbus ist Borg. Syr. 82. – Vgl. Jesus d. Chr. 2/3, 253–256 (T. H.).

378 Vööbus, Statutes, p. 51 und p. 103–105.

379 Vööbus, Statutes, p. 91.

380 Text der Bestätigung Vööbus, Statutes, p. 87–89.

381 *Vööbus,* Statutes, p. 88, Anm. 8.

382 Siehe oben die Diskussion über den Beginn seines Episkopats im Abschnitt über die Disputation mit Kaiser Justinian.

383 Vööbus, Statutes, p. 89.

384 *J. M. Fiey,* Nisibe, métropole syriaque orientale et ses suffragans des origines à nos jours = CSCO 388, Subs. 54 (Louvain 1977), p. 46.

385 Vööbus, Statutes, p. 91–92.

386 Vööbus, Statutes, p. 101–102; von Vööbus nicht als eigener Abschnitt gezählt, im Unterschied zu III, p. 87 (von 569) und V, p. 103 (von 602).

rung und ohne Nennung von Namen), fehlt beides bei den alten Kanones des Narsai[387], bis auf die knappe Notiz: „Sie sind zu Ende“[388].

Statt dessen geht ihnen eine erstaunlich lange Einleitung voran[389], die auf den Monat 'Ilul des Jahres 602 datiert ist, sie stammt also aus demselben Jahr wie die Ratifikation am Ende der Sammlung. Wir werden sehen, daß in diese Einleitung, die Vööbus als „Proem“ bezeichnet, die Angaben aus der ursprünglichen Einleitung und aus der zu vermutenden ursprünglichen Ratifikation der Narsai-Kanones eingegangen sind.

Die Reihe der 590 unter Ḥenana hinzugefügten Kanones werden von Vööbus in seinem Buch über die Schule von Nisibis besprochen[390]. Der Anlaß für die Hinzufügung war wohl weitgehend praktischer Art: das Anwachsen der Schule und die unter Abraham von Beth Rabban geschaffenen neuen Einrichtungen (das Xenodocheion ist Gegenstand gleich des ersten Kanons[391]). Es verwundert, daß nach nur 12 Jahren die vermehrten und seinerzeit ratifizierten Kanones aufs neue ratifiziert werden mußten[392]. Der Bischof des Jahres 590 war Simeon, der auf der Synode von 585 nicht erschienen war. In der Ratifikation, die er bezeugt, wird keinerlei Bezug auf die 585 ausgesprochene Verurteilung genommen, – charakteristisch für die Stimmung in Nisibis, jedenfalls was Schulleitung und Leitung der Metropolie betrifft. – Jetzt, im Jahr 602 heißt der Bischof Aḥadeabuhi[393]; auch jetzt zeigen sich die Beteiligten unbeeindruckt vom Spruch der Synode von 596. Vööbus bezieht die neue Ratifizierung mit aller Vorsicht (sich auf die Chronik von Séert verlassend) auf den großen Auszug von Lehrern und Schülern aus der Schule, ein Ereignis, das er mit Recht als Katastrophe betrachtet[394]. (Aus Babais Vita des Georg wird deutlich werden, daß Ḥenanas Rolle eine aktive war: er nahm Vertreibungen seiner Gegner vor, siehe unten).

Die Einleitung zur Gesamtausgabe der Kanones (Statutes, p. 51–72) ist wie die Ratifikation des Ganzen im Plural der 1. Person der Brüder abgefaßt. Ich halte sie für ein Werk Ḥenanas selbst. Es ist ihr anzumerken, daß der Verfasser ein alter oder gar sehr alter Mann ist. Am Schluß kann er kein Ende mit den Sanktionen finden, und am Anfang und auch danach ist es schwierig, einen klaren Ablauf der Ereignisse zu rekonstruieren, weil der Bericht hin und her

[387] Siehe Vööbus, Statutes, p. 73 und 85.
[388] Vööbus, Statutes, p. 85.
[389] Vööbus, Statutes, p. 51–72.
[390] *Vööbus,* History of the School, p. 269–275 und 282–289.
[391] Vööbus, Statutes, p. 92–93.
[392] Cf. auch *Vööbus,* History of the School, p. 274: „Indeed, the fact that it was necessary to make the re-affirmation in the manner here related, provokes questions“.
[393] = „Vatersbruder“ – eine aus der Ethnologie bekannte Verwandtschaftsbezeichnung, cf. die analoge Form Aḥudemmeh (= „Muttersbruder“). – Dies Zeugnis für die Amtstätigkeit des Aḥudeabuhi von Nisibis fehlt bei *Fiey,* Nisibe, p. 60–62.
[394] *Vööbus,* History of the School, p. 274. 313–314.

springt. Die begreifliche Erregung über das Vorangegangene scheint mir spürbar in jeder Zeile.

Der zentrale Punkt für die Schule ist der Bruch des „ewigen Bundes *(qym')*“; (die Kanones sind ja dessen dokumentarischer Niederschlag). Die letzte materiale Zuspitzung der Auseinandersetzungen bestand im Verstecken der Kanones „by the evil propensity of the insolent ones“ (p. 53)! – Damit ist die kirchenrechtliche und moralische Grundlage der Existenz der Schule erschüttert. Das erfordert die neue Beurkundung nach der Wiederherstellung eines geordneten Zustandes. –

Deswegen wird der Bischof und seine Anteilnahme angerufen (p. 52), und man läßt die Suche nach den verschwundenen Kanones von ihm autorisieren, sie geschieht sozusagen in seinem Auftrag (ibid.). Die Gemeinschaft hat „harte und böse Zeiten“ hinter sich, bewirkt durch den Satan „und unsere Sünden“; es konnten die wahren Brüder nicht von den falschen unterschieden werden (ibid.). Es herrschten also Differenzen an der Schule, aber trotzdem waren die Fronten zunächst unklar. –

Jetzt, „zu dieser Zeit“ (p. 54,6), lassen sich die falschen Brüder erkennen: „those who in this time use by deception the usurped *(š'yl')* and false name, as they are clothed in the *'eskima* of scholarship and of the love of learning“, – aber „von deren Kraft sind sie fern“; sie haben weltliche Interessen im Sinn, sie schadeten dem Ansehen der Schule und machten unsere Gemeinschaft verächtlich bei den „Hausgenossen“ (d. h. bei den Christen) und bei denen „draußen“ (den Nichtchristen) in dieser Stadt. – Es ist also eine Gruppe aus der Schule ausgeschieden, sie nimmt aber deren Ansehen für sich in Anspruch (p. 54–55). Von den Zahlenverhältnissen wird nichts gesagt, auch nicht von einem feierlichen Auszug aus der Stadt. Bestand vielleicht sogar die Gefahr der Gegengründung einer Schule in Nisibis? –

Die zunächst nicht auffindbaren Kanones sind jene, die wir hier in Ḥenanas Ausgabe vor uns haben; die folgende Aufzählung läßt keinen Zweifel daran. Es sind die Vorschriften des Bischofs Hosea und des „Priesters und Lehrers“ Narsai, die Bestätigung derselben durch Bischof Paul und den „Priester und Lehrer Abraham“, samt der Hinzufügung weiterer Kanones durch Bischof Simeon und unter dem Lehramt des Denḥa (!)[395] von Adiabene (p. 55–56). Schließlich, nach langem Suchen, wurden die Kanones[396] gefunden (p. 56).

Nach Mitteilung dieser entscheidenden Tatsache befaßt sich der Autor wieder mit den „ersten Kanones“, „ihrer Absicht und Zeit“. Was folgt beginnt mit einer genauen Datierung, sogar mit dem Tagesdatum nach doppelter Zählung: Am 21. Oktober 496 kam die Gemeinschaft der „heute in Nisibis lebenden östlichen Brüder“ vor den Bischof Hosea. – Dies kann nichts anderes sein als der Beginn der Vorrede der Kanones von 496. Diese Vorrede endet p. 60,12

---

395 *Vööbus,* Statutes, p. 56, Anm. 30: „The name Denḥa must be a mistake for Ḥenana“.

396 „Ein Exemplar“, *pršgn',* der Kanones, Vööbus, Statutes, p. 56,6.

(wmʿlt') (p. 60 vorletzte Zeile „teachings"), wo man einen Absatz machen müßte. – Jene Brüder blicken zunächst zurück auf ihre Vertreibung aus Edessa und auf die Aufnahme durch Bischof Barsauma in Nisibis, „the bishop before you". Barsauma setzte Kanones für die Gemeinschaft der Brüder fest (p. 57), denen die Gemeinschaft zustimmte und sie schriftlich bestätigte. Nach dem Tod des Barsauma riß Unordnung ein, die nach außen Anstoß und nach innen Scham hervorrief (p. 58). Der jetzige Bischof wird um Hilfe bei der Ordnung gebeten, aber der Bischof Hosea gibt den Auftrag an die Gemeinschaft zurück (p. 59). Die Brüder sollen in Gegenwart des Priesters und Lehrers Narsai und des Priesters und Schreibers *(spr')* Jonas die „Gesetze" schriftlich abfassen, „die von euch unterschrieben und bestätigt werden sollen" (p. 60). – Hier werden also die allerersten Kanones aus der Zeit des Barsauma durch die neuen unter Hosea nicht ergänzt, sondern *ersetzt,* so läßt sich nicht erkennen, welche und wieviele der älteren Vorschriften eventuell übernommen wurden. – Wenn die Gemeinschaft ihr Werk getan hat, will der Bischof mit seinen Klerikern unterschreiben und siegeln. So wurde „dies Geschriebene" hergestellt, „in dem nützliche und erhabene Lehren sind".

Diese letzten Worte sind Anlaß für die folgenden allgemeinen Ausführungen Ḥenanas über das intellektuelle und geistliche Leben und Lernen an der Schule, mit dem, wie oben schon gesagt, am Ende von p. 60 ein neuer Abschnitt beginnt. Der Verfasser wird von diesen seinen Gedanken zunächst davongetragen (bis p. 64 unten), ehe er sich wieder der niederschmetternden Probleme der Gegenwart erinnert. Diese Passage ist der einzige zusammenhängende theologische Text des *späten* Ḥenana, der erhalten ist; dem Inhalt nach steht er dem allgemeinen Teil seiner Causa über den Goldenen Freitag sehr nahe, denn er bietet dieselbe theologische Anthropologie. Und ebenso wie in jenem frühen Text hören wir nichts von den durch die Zeitgenossen angefochtenen theologischen Eigentümlichkeiten; die Insinuation einer Lehre vom Fatum wirkt angesichts dieser Darlegungen grotesk. –

Lehren und Lernen ist heilsnotwendig, und es ist unser Schöpfer, der uns von Anfang an lehrt und uns zum Lernen fähig macht. Die[397] Absicht der Gesetzgebung für die Vernunftbegabten *(mlyl' = λογικοί)* durch unsern guten und barmherzigen Gott (lag) in der Größe der Weisheit Gottes. Wie er unsere Natur so einrichtete[398], daß sie in der Lage war aufzunehmen, was zur Belehrung und zur Korrektur ihrer Vernünftigkeit *(mlylwt')* nötig war, entsprechend seinem (Gottes) Willen und seiner über das ganze Geschlecht der Menschen ausgegossenen Liebe, das hat er von Anfang an gezeigt: „durch seine Stimme, die er zur Zeit seiner Schöpfung hören ließ"[399] und durch seine Für-

[397] Es folgt ein Satzungetüm.

[398] *Vööbus,* Statutes, p. 61, übersetzt „restores", was aber für den Zusammenhang, der von der Schöpfung spricht, nicht paßt; richtig Anm. 47 „establishes", aber besser im Perfekt.

[399] *Vööbus,* Statutes, p. 61: „heard in time. His handiwork".

sorge für uns, sei es durch Gesetze und Gebote, sei es durch die übrigen Wohltaten (p. 61).

Die Notwendigkeit für die Lehre liegt in der Sterblichkeit der menschlichen Natur; diese besitzt Kenntnis vom unsterblichen Leben nicht von sich aus, weil die Leiden(schaften) der Sterblichkeit sie an der Vorbereitung ihres Willens und der Erwartung ihrer Hoffnung hindert, während sie, von der Verführbarkeit in sich selber mehr ermattet als durch den Feind von außen, ihren Verstand anreizt, dem nachzugeben, was ihrer Freiheit nicht angemessen ist.

Sie[400] braucht (p. 62) deswegen Ermahnung und Korrektur, um wach zu bleiben und in der „Arbeit" an ihrem Leben nicht nachzulassen. Eine fleißige Arbeiterin ist die vernünftige und intelligente Natur, wenn sie sich mit dem Handwerk(szeug) der Vernunftbegabung *(mlylwt')* betätigen will. Und obwohl der Freiheitswille zwischen gut und böse gesetzt ist, „zwingt" *('ṣy')* ihn die Liebe zum Guten in ihm, und (dann) verwirft und haßt er das Böse als Böses und liebt das Gute als Gutes. Sein Intellekt *(md'')* prüft schöne und hassenswerte Weisen (des Verhaltens). Der unterscheidende Intellekt macht sich weise und preist seinen Schöpfer. – Das ist auch auf die Schule anzuwenden[401] –:

„Auch wir (p. 63), die christliche Gemeinschaft der Brüder, die versammelt sind im Lehrhaus in der Stadt Nisibis und (die) wir uns mit dem Studium der göttlichen Schriften befassen, wollen die Kraft der Unterscheidungsfähigkeit zeigen, die in unsere Natur gepflanzt[402] ist", (zeigen) durch unser Leben und unser Denken. Wir müssen wachsam sein gegen alles, was uns durch falsche Begierden in unserer eigentlichen Aufgabe schwächt und uns die Gottesfurcht nimmt. Wir fürchten uns davor, durch Nachlässigkeit von unserer Aufgabe, den Umgang der Liebe mit den (p. 64) geistlichen Dingen, abgezogen zu werden, (die Aufgabe) die wir doch durch die Macht der Willensfreiheit gewählt haben. Wir sind aber durch den „unterscheidenden Intellekt" befähigt, über die Gefährdungen nachzudenken. – An dieser langen Passagen (p. 60 unten bis p. 64 Mitte) wird, wie schon gesagt, sichtbar, wie absurd der Vorwurf ist, Ḥenana lehre ein Fatum, das den menschlichen Lebensweg bestimme; man stellt vielmehr fest, daß Ḥenana hier nichts anderes tut, als den Konsens der Schule zu vertreten und dies nach dem Auszug seiner Gegner! – Die letzten fünf Zeilen des Abschnitts beziehe ich zurück auf das Vorangegangene –: Mit diesem Intellekt ausgestattet, ist es richtig, daß wir offen vor jedermann die „Ursache unseres Geschriebenen" (= „des von uns Geschriebenen") darlegen,

[400] *Vööbus,* Statutes, schreibt hier und im Folgenden versehentlich „he" (wegen des maskulinen genus von *kyn'*), aber gemeint ist die Natur.

[401] Anders als *Vööbus,* Statutes, p. 62 unten, muß man mit „Also we, the Christian community ..." einen neuen Absatz beginnen.

[402] *nṣyb,* Wortspiel mit dem Namen der Stadt Nisibis, *nṣybyn.*

damit „die Absicht unseres Willens" deutlich werde denen, die auf dem Pfad unserer Betätigung wandeln wollen.

Aber (p. 64–65) die „nützliche Betätigung" wurde jäh gestört – was der Verfasser jetzt berichtet, muß sich auf dieselben Vorgänge beziehen, von denen er schon oben (p. 53–55) gesprochen hat, dieselben, die zum Verstecken (und damit zum scheinbaren Verlust) der Schulkanones durch die „Frechen" geführt hatten –: Ein Sturm kam über uns durch betrügerische Menschen, deren Absichten verborgen waren[403]. Das traf das Schiff unserer Gemeinschaft bis zum Zerbrechen, so daß wir nahe daran waren, den Verstand zu verlieren.

An diesem Tiefpunkt ereignet sich ein geistlicher Umschlag –: „Und dann, plötzlich und unerwartet, ermutigte uns jene Stimme, die die Jünger mitten auf dem Meer ermutigte" (das meint Mt 8,26 parr., „Ihr Kleingläubigen, warum seid ihr so furchtsam", was aber nicht ausdrücklich zitiert wird).

Sogleich kehrt der Verfasser zur Polemik zurück: „And although these haughty ones in the mind of their hearts see" (besser: „have seen") „our Saviour manifestly[404], they have not ceased and abstained ..." (p. 65); sie führen sich auf wie wilde Tiere und rennen wie heulende Hunde (p. 66) durch die Stadt[405]; „aus ihrem Intellekt haben sie die Kraft des Natürlichen und des Geschriebenen gelöscht." *Und sie haben Helfer gefunden!* – (Kann man das auf die Ernennung des Gregor von Kaškar zum Metropoliten von Nisibis beziehen?). –

Als wir sahen, *daß es (für uns) keine Hilfe gab,* wendeten wir uns ab und verzichteten auf Rache, wie Mose es mit der Rotte Korah tat (cf. Num 16), der das Urteil über die Unverschämten dem Richter der Gerechtigkeit überließ. „Auch wir treten daher auf den Pfad der Demut[406], den jener Demütige gegangen ist" und (p. 67) überlassen das Gericht Christus, „dem gerechten Richter aller Vernunftbegabten *(mlýl')*", indem wir auch „im Geschriebenen Erwähnung[407] ihrer Frechheit nicht getan haben, abgesehen vom Skopos der (göttlichen) Schriften". – Dies könnte man versucht sein, als einen Hinweis auf den Inhalt der Auseinandersetzungen zu nehmen, also auf die Differenz in der Hermeneutik. Leider ist es nichts weiter als ein Hinweis auf den gerade erwähnten Gerichtsgedanken, cf. unten p. 70, „the true purpose of the divine books": sie sprechen unaufhörlich vom Gericht über die Übeltäter.

---

403 Siehe schon oben: die falschen Brüder konnten nicht von den wahren unterschieden werden.

404 Daß sie „offenbar im Verstand ihres Herzens unsern Heiland gesehen haben", heißt wohl nichts anderes, als daß sie Christen waren.

405 Cf. Ps 59,14 Peš. (59,15 MT).

406 Man erinnere sich an die Charakterisierung Ḥenanas als eines „Demütigen" durch Barḥadbešabba.

407 Vööbus, Statutes, p. 67,3, *bktýbt' 'whdn'* absichtlich so wörtlich übersetzt, weil es ein Wortspiel mit dem im Folgenden benutzten Ausdruck *'whdn' dktýbt'* darstellt, cf. p. 67,8.9; p. 69,5–6.8; p. 71,10. Ist eine solche Wortspielerei Bestandteil dessen, was als die „Eleganz" von Ḥenanas Stil lobend (Barḥadbešabba) oder tadelnd (Synode von 585) hervorgehoben wird?

Im übrigen, fährt der Verfasser fort, schreiben wir wie sie: wir tadeln die Törichten und preisen die Fleißigen, um die Bösen zu schrecken und die Guten zu ermutigen. So bilden[408] sie (die Gegner) in ihren Büchern das Gute und das Böse[409] ab.

Der nächste Satz betrifft einen Text, der nicht wie die Schulkanones versteckt, sondern sogar zerstört worden ist: „Es gab bei uns ein ‚Gedächtnis des[410] Geschriebenen[411]'" (d.h. ein „Memorandum" oder eine Liste der Handschriften, also den Bibliothekskatalog), „das ermahnte zur Mühe um das Gute und beleuchtete den Umgang mit dem Bösen[412]". Der Katalog wurde zerstört von Leuten, die neidisch auf das Schöne sind. – Dies ist eine weitere Illustration der skandalösen Umstände, die die Schulkatastrophe begleiteten, offensichtlich eine Rache der Vertriebenen.

Aber (p. 68) wie Jeremia eine Prophezeiung, die der König Jojakim verbrannt hatte, weil er sie nicht ertrug, ein zweites Mal schrieb, so „taten es auch wir mit dem ‚Gedächtnis unseres Geschriebenen'"[413] (also mit dem Katalog unserer Handschriften)[414]. Aber wir schrieben „anders", was nicht besagen will, daß es das Gegenteil des früheren „Gedächtnisses" sein soll; (sondern:) beim ersten Mal war das Werk von sterblichen Menschen bezeugt worden und mit materialen Siegeln versehen[415], „jetzt" wird es unter den Schutz der Trinität gestellt.

Nun (p. 69) werden auch wieder Kanones, „zur Korrektur nötig", erwähnt – sind das die folgenden Sanktionen? Die beiden ersten werden als Anathemata formuliert. Damit soll (p. 70) das Tor zur Buße nicht zugeschlagen werden; doch folgen wir der wahren Absicht der göttlichen Schriften, die ständig vom Gericht über die Übeltäter sprechen (siehe schon oben) und sie von der Gemeinschaft der Wahrhaftigen abschneiden. Wir wollen (p. 71) aber nicht Rache üben (siehe schon oben); vielmehr haben wir die Namen und Taten (der Übeltäter) dem überliefert, der die Worte und Taten aller Vernunftbegabten kennt; wir schreiben zu unserer eigenen Korrektur. „Und wir wol-

---

408 Vööbus, Statutes, p. 67,8 *ṣlm ʿwhdnʾ* „Erinnerungsbild".

409 Vööbus, Statutes, p. 67,8. „Das Gute", „das Böse" im Syrischen weibliche Plurale, also neutrisch zu übersetzen im Unterschied zu Vööbus.

410 Vööbus, Statutes, p. 67 „in".

411 Vööbus, Statutes, p. 67,9 *ʿwhdnʾ dktÿbtʾ*, im Compendious Dictionary (Payne Smith) finde ich *ʿwhdn kbʾ* „a list or catalogue of books".

412 „Das Gute", „das Böse": diese inhaltliche Bestimmung kann sich nur auf das „Geschriebene" beziehen.

413 Während in Vööbus, Statutes, p. 67, der Singular von *ʿwhdnʾ* die folgenden Verben regiert, bestimmt p. 68,6ff., der Plural *ktÿbtʾ* die Syntax.

414 Er war nicht „vergessen" („forgotten"), wie *Vööbus*, Statutes, p. 68,5 übersetzt, sondern „verloren" im Sinn von „untergegangen", „perished".

415 Die „zerbrechlichen Lehmsiegel" sind ein Beweis dafür, daß es sich beim „Gedächtnis des Geschriebenen" tatsächlich um einen konkreten Gegenstand, eben den „Katalog" der Codices der Schule handelt, der natürlich kostbar genug war, um versiegelt zu werden.

len, daß dies ‚Gedächtnis unseres Geschriebenen‘[416] in der Gemeinschaft des Lehrhauses bis zum Ende aufbewahrt[417] werde“. Schließlich folgen zwei weitere Sanktionen.

* *
*

Soweit das *freundliche* bzw. *günstige* Bild des Ḥenana in der Rede des Barḥadbešabba, verfaßt in der Zeit der bereits bestehenden Spannung, und in Ḥenanas Beschreibung des Versuchs, die Schule von Nisibis nach der Katastrophe wieder zu stabilisieren.

3. Die Polemik gegen Ḥenana

Was ist nun aus der *Polemik* an konkreten Mitteilungen zu gewinnen?

a) Babai der Große, De unione („Über die Gottheit und die Menschheit und das Prosopon der Einheit“)[418]

Das Werk ist leider nicht datiert, doch wird Babai als Abt des „Großen Klosters“ auf dem Berg Izla bezeichnet[419], aber das kann aus der Sicht einer späteren Zeit stammen.

Ḥenana wird gleich im 3. Kap. genannt: die göttliche Wesenheit „est omnino in omnibus indivisibiliter, cum essentia eius infinita partibus non constet, nec potest in partes dividi secundum impietatem Ḥananiae Ḥadiabeni“ (p. 19,35–37), vorher schon zweimal „sine partibus“[420] (p. 18 und 19). Das ganze Kap. 3 ist diesem Problem gewidmet: „Quomodo natura divina, cum infinita sit et omnia impleat, in partes non dividatur propter ea in quibus habitat?“ (p. 16).

Kap. 9 stellt Kaiser Justinian und Ḥenana nebeneinander (p. 66–67). Gegen den Kaiser hat Babai schon früher ein umfangreiches Werk geschrieben (p. 66)[421]; „in unserer Zeit“ vertreten seine Häresie Ḥenana und die „messalianischen Wahrsager“. – Man erinnere sich, daß schon die Synode von 585 diese

[416] Vööbus, Statutes, p. 71,10.
[417] Vööbus übersetzt „observed“ statt „preserved“, weil er nicht mit der Materialität des „Gedächtnisses“ rechnet.
[418] Ed. A. Vaschalde, CSCO 79, Syr. 34 (II 61; T), 80, Syr. 35 (II 61; V) (Louvain 1915). Zur Erleichterung von Satz und Lektüre beschränke ich mich im folgenden auf die Seitenzahlen von Vaschaldes lateinischer Übersetzung; Zeilenzahlen und Rückgriff auf das syrische Original nur in Einzelfällen; jedoch ist alles am Syrischen überprüft.
[419] So die Schreibernotiz p. 1.
[420] Das Original hat eine der von Babai so geschätzten Adverbialbildungen: *mntn'yt;* das Lexikon gibt „partly, partially“ an, aber Vaschaldes Übersetzung trifft es besser.
[421] Dazu siehe unten in diesem Band das Kapitel über Babai den Großen.

beiden Richtungen (Ḥenana ohne Namensnennung) zusammenstellte. Bedenkt man die refrainartige Wiederholung der Behauptung, Ḥenana sei ein Vertreter der Lehre vom Fatum und stellt sie neben die hier gegebene Denunziation der Messalianer als Wahrsager, dann muß man fragen, ob nicht eine Übertragung des aus einer Konsequenzmacherei entstandenen Epithetons für die Messalianer auf Ḥenana vorliegt.

Im Verlauf dieses 9. Kapitels befaßt sich Babai mit der zusammengesetzten Hypostase als christologischem Begriff (p. 76–79). Der Satz „des Verfluchten" (des Kaisers), „Una est hypostasis composita, quae est Iesus Christus, una de hypostasibus Trinitatis" (p. 76,1–3)[422], ist unmöglich („fieri non potest"). Wieso unmöglich, wird in mehreren Beweisgängen durchgeführt. Als bekannt vorauszusetzen sei, daß in jedem Zusammengesetzten entweder ein Ganzes mit einem Ganzen, oder ein Teil mit einem Teil oder ein Teil mit einem Ganzen zusammengesetzt ist (p. 76,10–12). Ḥenanas Auffassung falle unter die dritte Kategorie: „Si pars cum toto composita est, quaenam est illa pars cum toto composita? Si pars Dei cum toto homine, ecce impietas pagana Ḥananae Chaldaei maledicti" (p. 77,15–17). – Die Bezeichnung „Chaldäer" denunziert den Ḥenana als Wahrsager (Vertreter des Fatums), ist also pure Polemik. Die Argumentation mit Zusammensetzung und Teilen betrifft dagegen den Hauptgegenstand des Streites, die zusammengesetzte Hypostase, und bildet den entscheidenden Einwand gegen diese christologische Bestimmung. –

Weiter ist zu bedenken, sagt Babai, daß die Teile einer Zusammensetzung sich gegenseitig begrenzen (p. 77,26–27). Das wende man nun auf Gott an: in einer zusammengesetzten Hypostase wäre er „fern" von seiner Unendlichkeit (p. 77,30–32), „et venit sub limitem et terminum et *mensuras*, quemadmodum impie dixerunt *Cyrillus* aegyptius et Ḥanana adiabenus, (cuius) vita maledicta (est)"[423] (p. 77,33–35)[424]. – Bedeutet der Fluch, daß Ḥenana bereits tot ist? Dann wäre damit (falls es sich nicht um eine spätere Glosse handelt) ein terminus a quo für die Abfassung von De unione gegeben (etwa 610).

Die Zusammenordnung von Ḥenana und Cyrill, natürlich auch polemisch gemeint, wird explizit in cap. 22, p. 111, wo Babai eine Genealogie zwischen den beiden Theologen herstellt. Der syrische Text ist mit dem Zitatzeichen *lam* gespickt. Beachtet man dies, so ergibt sich Folgendes:

---

[422] Dieser Satz ist kein ganz wörtliches Zitat, sondern der Kernsatz aus dem längeren Zitat p. 70 unten, cf. dort Zeile 27–29: „eam (sc. unionem) factam esse hypostatice per compositionem, et ideo eandem hypostasim compositam esse, quae est Iesus Christus, una de hypostasibus Trinitatis".

[423] Klammern von mir gesetzt.

[424] Im Anschluß daran verweist Babai p. 77,35–78,2 auf eine „ökumenische Synode", die jeden verdammte, der „Zusammenziehen der Gottheit zur Quantität oder Ausdehnung der Menschheit zur Unbegrenztheit" sagt. Die einzige Synode, in der ich die Verurteilung des „Zusammenziehens" (und der „Ausdehnung") der Gottheit (gerichtet gegen Markell von Ankyra) finde (aber *nicht* eine Anwendung auf die menschliche Natur), ist die von Sirmium 351 (1. Sirmische Formel), anath. 6 und 7; überliefert von *Athanasius,* De synodis 27.

Kyrill und Ḥenana sagen

a) „Christus dicitur quia venit ad *mensuras* humanas" (p. 111,6)[425], „factus est ex infinito finitus, et cecidit sub *mensuram* quantitatis" (p. 111,6–7).

Dies, sagt Babai (p. 111,8–9), verhalte sich „väterlich" zu und sei „dieselbe offenbare Ungläubigkeit (wie)"

b) „Christus est Deus et Deus est Christus" (p. 111,9), „hae appellationes nihil diversi denotant" (p. 111,9–10), „nullum est discrimen inter unigenitum et primogenitum" (p. 111,10–11), „hae duae (appellationes)[426] idem significant" (p. 111,11–12).

Die Zitate a) gehören Kyrill, die unter b) dem Ḥenana. „Maß", μέτρον, ist ein kyrillischer Ausdruck zur Umschreibung der menschlichen Existenz Christi. Man vergleiche im *Lampe*, PGL das Lemma μέτρον, wo der christologische Gebrauch eine eigene Ziffer hat: 3 „limit, limitation ... of Inc(arnation)". Es folgen sechs Stellen aus Kyrill und eine aus Hypatius von Ephesus[427].

Im Rest von cap. 22 (p. 111,12–24) legt Babai dar, daß „Christus" in der Tat Name für die Einheit der Person ist, in Babais Terminologie: für das prosopon der Einheit. Als biblischen Beleg bietet Babai Röm 9,5 „Aus ihm (ist) Christus nach dem Fleisch und ist Gott über alles". Aber der Name Christus zeigt *auch* an, „wodurch er Haupt der Kirche durch die Taufe ist und Erstling von den Toten[428], worin auch die Kirche die Benennung ‚Christentum' hat, d.i. ‚Salbung'. So auch, was ‚Eingeborener' und ‚Erstgeborener'" betrifft, aber davon will Babai später handeln. – Worauf Babai hier hinaus will, ist „Christus" als Bezeichnung für die menschliche Natur, den „Gesalbten". Deswegen ist er gegen die simple Gleichsetzung von „Christus" und „Gott". Mit der Differenzierung der Namen ist die Einheit der Person nicht aufgehoben. Das wird klar aus dem Ende von cap. 17, p. 139, wo Babai von der Einheit Christi, des Sohnes Gottes, des einen Prosopon, spricht: „Ergo si dixeris Filium, ipse est haec una persona; si dixeris hominem, ipse est; si dixeris primogenitum, ipse est; si dixeris unigenitum, ipse est ... verum tamen non secundum idem".

Zur Debatte über die Bedeutung der Namen Christi gehört auch ein winziges Ḥenana-Zitat in cap. 20 von De unione. Zu Lk 2, 11 sagt Babai (p. 169,11–13): „Etenim etsi id ‚nomen Jesus ‚Salvator' significat' id quod futurum erat, nomen tamen est hypostasis eius humanae ...". „Heiland" war also auch in die Debatte einbezogen, aber ebenso der Name „Jesus" selber,

[425] Im Syrischen profitiert dieser Satz außerdem von der Doppelbedeutung von *mšḥ*, „salben" und „messen".

[426] Klammern von mir gesetzt.

[427] Die von Babai konstruierte Linie Kyrill-Ḥenana in Sachen der „Begrenzung" ist nicht erwähnt bei *Guillaumont*, Justinien, p. 60 mit Anm. 107. – Zu Hypatius von Ephesus vgl. *A. Grillmeier*, Jesus d. Christus 2/2 (1989) 244–262 (T. H.).

[428] „Erstling von den Toten" ist für die antiochenische Schule eine Bezeichnung für die menschliche Natur Christi.

wie p. 169,16–19 deutlich wird, wo die Auffassung Ḥenanas ohne polemische Verzerrung referiert wird: „Salvator enim non natus est absque hypostasi humana, neque ‚*Iesus*' *operationem tantum denotat* absque hypostasi humana, ut interpretatus est Ḥanana adiabenus, renovator haereseon multarum".

An dieser Stelle scheint es praktisch, auch das Zitat aus dem Lk-Kommentar des Ḥenana mitzuteilen, das der Katholikos Timotheus I. überliefert. Vööbus zitiert und übersetzt es[429]; er meint aus dem Text ableiten zu können, daß Ḥenana das θεοτόκος gelehrt haben müsse. Das Zitat erscheint in ep. 35 des Timotheus, diese ist gerichtet „Ad Naṣr fidelem: quod Christus non sit servus"[430]. (Das Problem der „Knechtsgestalt" von Phil 2 in der Auseinandersetzung mit dem Islam wird weiter unten in diesem Band im Abschnitt über Timotheus I. behandelt werden). Naṣr[431] hat Belege aus Theodor und Nestorius angeführt, diese seien nicht auf die Hypostase des Sohnes, sondern auf seine menschliche Natur zu beziehen, erklärt der Katholikos. Zwischen Hypostase und Natur sei zu unterscheiden (was zu einer Unterscheidung zwischen „servus" und „similitudo servi" führt). Ferner hat Naṣr ein christologisches Zitat aus Ḥenana (vermutlich zu Phil 2) gebracht, von „diesem Haeretiker und unter Anathem Gestellten", worüber Timotheus sich sehr verwundert. Ob Naṣr denn nichts davon gehört habe, daß Ḥenana von der Synode des Sabrišoʿ verurteilt worden sei? Stimmen wir mit Ḥenana überein, sagt Timotheus, dann würden wir reden, wie er in der Auslegung des Evangelisten Lukas geschrieben hat[432]: „Si quis interrogaverit, quid Deum Verbum coegerit a Iohanne baptizari; dicimus: Eadem causa, quae Deum coegit nasci a Virgine, et pati, et crucifigi et sepeliri, eum coegit et a Johanne baptizari". – Man kann es nur beklagen, daß Timotheus uns das von Naṣr gebrachte Ḥenana-Zitat nicht mitgeteilt hat. Beide Zitate, das bloß erwähnte, wie das niedergeschriebene, lassen erkennen, daß die Schriften des Ḥenana noch vorhanden und zugänglich waren. Timotheus sagt im Anschluß an sein Zitat gar nicht erst, was ihm daran anstößig ist, sondern fährt fort: „Aber laßt uns Ḥenana aus den Sälen der Kirche werfen an jene Orte, die vom Herrn nicht angesehen werden". Der theopaschitische Charakter der Aussagen des Ḥenana schien dem Briefschreiber wohl keines ausdrücklichen Hinweises bedürftig. In welchem Zusammenhang mag das Zitat aber bei Ḥenana gestanden haben? Es ist anzunehmen, daß es eine Diskussion über die Notwendigkeit der Taufe widerspiegelt, wie sie deren Begründung durch Jesus in Mt 3,15 veranlaßt haben konnte (οὕτως γὰρ πρέπον ἐστὶν ἡμῖν πληρῶσαι πᾶσαν δικαιοσύνην): Die Antwort auf die Frage „quid coegerit" ist: der Heilswille Gottes.

---

429 *Vööbus*, History of the School, p. 256, Anm. 52 und p. 255–256.

430 In: Timothei patriarchae I epistulae I, ed. O. Braun, CSCO 74, Syr. 30 (II 67; T); CSCO 75, Syr. 31 (II 67; V) (Louvain 1915).

431 Das Folgende wertet aus CSCO 75, Syr. 31, p. 160,28–161,23.

432 CSCO 74, Syr. 30, p. 233,29–234,4; versio: CSCO 75, Syr. 31, p. 161,9–12.

Läßt sich ein Fazit aus den winzigen[433], nicht karikierenden Zitaten bei Babai und dem Exzerpt bei Timotheus ziehen, die wir hier vorgestellt haben? Es scheint, daß Ḥenana nicht zu der Unterscheidung secundum quid zwischen den einzelnen Christusnamen und -titeln bereit ist (wie Babai sie seiner Tradition gemäß fordert), mit der man diese Namen und Titel einerseits auf die Naturen Christi, andererseits auf die Einheit der Person beziehen kann. Wie ist er dann mit der Unterscheidung der beiden Naturen verfahren? Er könnte erwidert haben, daß die Rede von der einen zusammengesetzten Hypostase doch erweise, daß er von zwei Naturen ausginge, die da zusammenkommen. Jedoch erregte er eben mit dem Begriff der Zusammensetzung den höchsten Anstoß, weil der in der Anwendung auf die göttliche Natur den Theologen der Narsai-Tradition unerträglich war; der Vorwurf, daß Ḥenana die Gottheit zu einem „Teil" in dieser Hypostase mache, hat darin seinen Anhalt. Man wüßte gern, ob und wie Ḥenana auf diesen Vorwurf geantwortet hat.

Tamcke hat in seiner Dissertation die erhaltenen Fragmente der biblischen Exegese des Ḥenana auf den Wandel seiner Auslegungsmethode (von der grammatisch-historischen Exegese zur allegorischen Schriftauslegung) durchgesehen[434]. Im Kommentar zu den Zwölf Propheten und im Fragment aus der Psalmenauslegung sei der Wandel noch nicht feststellbar, er deute sich aber an im Gen-Kommentar. Und: „Eindrücklich vertrat Ḥenana die Neuorientierung der Exegese in seinem Matthäuskommentar"[435]. Aber die Beispiele, die Tamcke aus letzterem anführt, betreffen alle die Gleichnisse, wo eine Übertragung und Anwendung zu erwarten ist; interessanter wäre die Exegese von anderen Textsorten.

Aus Babais Buch De unione ist schließlich noch ein Bereich der Polemik zu notieren; hier wird nicht Ḥenana selber angegriffen, sondern es werden seine (angeblichen?) Anhänger bekämpft. Fundort ist cap. 19 über die Auferstehung Christi. Mit den Gegnern streitet Babai über die Gestalt des Auferstehungsleibes. Die Ḥenaniani werden neben den Origenisten als Vertreter einer Kugelgestalt des Auferstehungsleibes vorgestellt (p. 148)[436], „eine verfluchte Gottlosigkeit!" (p. 152)[437]. Eine weitere Lehre, die den „gottlosen Ḥenanianern, die *heute* florieren", zugeschrieben wird, geht noch weiter, es ist die

---

433 Cf. die winzigen Theodor-Zitate, die in Babais De unione zu finden sind, siehe *L. Abramowski,* Die Christologie Babais des Großen, OCA 197 (1974), p. 235–236.

434 *Tamcke,* Sabrišoʿ, p. 31 mit Anm. 363.

435 *Tamcke,* Sabrišoʿ, p. 31 mit Anm. 366.

436 Zu diesem Thema siehe *Guillaumont,* Kephalaia, p. 191–192, und *L. Abramowski,* Babai der Große. Christologische Probleme und ihre Lösungen, OCP 41 (1975) 289–292.

437 Verurteilt schon in Konstantinopel 543 (Anathem V) und 553 (Anathem X). An diesem Punkt sind sich byzantinische und ostsyrische Orthodoxie einig. – Zu den Verurteilungsreihen von 543 und 553 siehe *Guillaumont,* Kephalaia, p. 136–159. – Vgl. *A. Grillmeier,* Jesus d. Christus 2/2, p. 403–430. (T. H.)

Leugnung der Auferstehung des Leibes, sei es des Leibes Christi, sei es des Leibes der sonstigen Verstorbenen (p. 158). Diese Leute sagen (p. 158,16–18): „Erlösung geschieht nur den Seelen". „Und das ist ihre Erlösung, daß sie befreit werden aus dem Gefängnis des Leibes, in dem sie gefangen[438] sind". Als Begründung geben sie an (p. 158,22–24): „Wozu dienen die Hände, wenn es keine Arbeit gibt", und: „Wozu dient der Mund, wenn wir nicht essen, und (so) die übrigen Gliedmaßen".

Es will beachtet sein, daß nicht dem Ḥenana selber diese Auffassungen zugeschrieben werden[439]; dazu paßt, daß ein zeitlicher Abstand zu Ḥenana gesetzt wird durch das „heute". Was die Gegner vertreten, ist eine mehr oder weniger starke Spiritualisierung der Auferstehung, auch handelt es sich um zwei Varianten einer solchen Spiritualisierung (Kugelgestalt, gar kein Leib). Das Etikett des Origenismus für diese Auffassungen war längst traditionell; könnte nicht auch hier wieder die Zuschreibung der mißliebigen Meinungen wie die Zuschreibung der Gruppenbezeichnungen mit absichtlicher Ungenauigkeit vorgenommen worden sein? Die Vertreter solcher spiritualisierenden Spekulationen über die Auferstehung sind unter Mönchen zu suchen; solche Religiosen als Anhänger des Ḥenana zu bezeichnen, konnte auch ein opportunes Mittel der Denunziation sein.

b) Babai der Große, Vatikanischer Traktat[440]

Auch hier werden die Ḥenana-Leute genannt, aber sie erscheinen sehr viel glaubwürdiger als Vertreter der Christologie ihres Meisters. Ihnen wird Mischung und Vermischung (in Christus) unterstellt und die unio hypostatica zugeschrieben. Sie zerstören die Eigentümlichkeiten der Naturen und lassen die Gottheit leiden, „per unionem hypostaticam et compositam, et mixtionem et commixtionem confusam". Der Vorwurf der Vermischung ist eine Unterstellung aus Konsequenzmacherei, wogegen die „unio hypostatica et composita" den tatsächlichen Differenzpunkt angibt.

---

[438] *Guillaumont,* Kephalaia, p. 192, Anm. 64: „une opinion origéniste dénoncée déjà au IVᵉ siècle".

[439] Unter Verweis auf die Causa über den Goldenen Freitag sagt *Tamcke,* Sabrišoʿ, p. 32: „Ḥenana lehrte dies nicht. Die Seele des Herrn habe sich zwar vom Körper gelöst und sei ins Paradies eingegangen, doch sei die Trennung behoben worden durch die Wiedervereinigung beider im Jenseits *zu einer Person*" (meine Hervorhebung) – leider gebraucht Ḥenana den genauen Ausdruck nicht, er spricht vielmehr von „der Rückkehr in den Leib" (das *lamad* der Richtung ist verdruckt zu *ʿayin).*

[440] Abgedruckt im gleichen Band wie De unione, p. 235–247 (V); p. 291–307 (T).

c) Babai der Große, Euagrius-Kommentar[441]

Hier stellt sich wieder das Problem der Datierung. Babai hat das umfangreiche Werk auf Wunsch eines Gregor verfaßt, der um eine „kurze" Erläuterung der Kephalaia des Euagrius gebeten hatte, weil ihm der bereits vorhandene Kommentar Babais zu lang und zu schwierig war (p. 42/43–44/45)[442].

Die Erwähnungen Ḥenanas und seiner Anhänger und die erkennbaren Anspielungen auf deren Position sind nicht zahlreich. Kommentar zu Zenturie IV 10 (p. 264/265): Es werden verschiedene Häretiker mit ihren Lehren über Gott und die Schöpfung behandelt. Unter ihnen gibt es solche, die „den Sternen Erkenntnis und (Welt)Verwaltung" zuschreiben, „wie die Chaldäer, die Origenisten und Ḥenanianer". – Auch hier die polemische Zusammenstellung, die zur Austauschbarkeit der Lehren dieser Gruppen verwendet werden kann.

Zenturie IV 16 (p. 270/271): Gegen die häretische Meinung, daß der Sohn Geschöpf sei (dazu siehe gleich IV 20!) und die Hypostase sei, die Eingeborener und Erstgeborener[443] heißt. Babai führt die Unterscheidung dieser Titel in gewohnter Weise durch.

Zenturie IV 20 (p. 274/275). Die Rede des Euagrius „geht gegen die frevelnden Arianer, die ihren Gott entehren, (indem sie sagen,) daß ‚Erstgeborener' dasselbe ist wie ‚Eingeborener'". – Dies hatte Babai in De unione cap. 12 dem Ḥenana vorgeworfen. – Hier wird Ḥenana nicht genannt, aber der Kenner weiß, daß er gemeint ist und den Arianern gleich gestellt wird.

Zum gleichen Thema:

Zenturie IV 21 (p. 274/275). Der Kommentar (p. 274/275–276/277) ist eine lange christologische Abhandlung, eine und ein Viertel Seite in Frankenbergs

[441] W. Frankenberg (ed.), Euagrius Ponticus = AGWG.PH NF XIII 2 (Berlin 1912). Frankenbergs deutsche Übersetzung des syrischen Textes ist, was die christologische Terminologie betrifft, ungenau. Zu Babais Sprache sagt er (p. 1–2): „Die Gedankenwelt selbst des ursprünglich syrisch geschriebenen Kommentares des Babai ... ist so griechisch, daß man sogar hier versucht ist, ihn griechisch wiederzugeben". – Der Band hat weder Register noch Inhaltsverzeichnis (wie ja auch der Titel auf Babai hätte hinweisen müssen); er enthält außer dem Kommentar zu den Kephalaia: die syrische Fassung des Antirheticus (p. 472–545), den Liber gnosticus (p. 546–553) und die Briefe (p. 554–635), all dies mit griechischer Retroversion.

[442] *Guillaumont,* Kephalaia, p. 259, Anm. 3: „On reste rêveur devant les dimensions qui devaient être celles du commentaire ‚développé' !". Auch in der „kurzen" Fassung war einem Kopisten die Einleitung immer noch zu lang, siehe Frankenberg, p. 43 unten, vor dem Lemma und der Anrede an Gregor: „Über die Schreibweise des Verfassers in diesen Kapiteln findest du das Nötige 2 Kolumnen weiter. Verzeiht mir alle, die ihr eine Abschrift von dieser Abhandlung bis dahin machen wollt, sie ist nicht vollständig abgeschrieben, sondern wegen ihrer Länge gekürzt. Von hier an folgte die Widerlegung des Ketzers Origenes aus den Schriften des hlg. Euagrius, die ebenfalls ausgelassen ist." Über Babai und seine Interpretation des Euagrius als eines Gegners des Origenes und als einer Säule der Orthodoxie siehe *Guillaumont,* Kephalaia, p. 259–290.

[443] Babai bildet sogar ein Adverb von „Erstgeborener".

(verkürzender) Übersetzung. Babai debattiert über die genannten beiden Christus-Titel (und über „Gesalbtheit", dazu siehe De unione) und berichtet von zwei weiteren Identifikationen: „wie jene Frevler sagen, daß ‚Logos' dasselbe ist wie ‚Christus' und ‚Christus' dasselbe wie ‚Gott'". (Das weiter oben angeführte Zitat aus dem Lk-Kommentar des Ḥenana würde diesen bei einem Austausch der Titel zeigen, der ihre Identifikation zur Voraussetzung hat).

Zenturie IV 24 (p. 278/279) polemisiert noch einmal gegen die „arianische" Identifizierung von „Eingeborener" und „Erstgeborener" „in derselben Natur und in einer Hypostase". – Die Arianer lehrten tatsächlich eine Natur in Christus; aber insinuiert wird hier, daß die Ḥenana-Anhänger ebenfalls eine Natur lehren, also nicht besser als die Monophysiten sind.

Zenturie IV 51 (p. 294/295). Zum Euagrius-Satz „Sie werden alle Götter sein" erläutert Babai: „nicht etwa der Natur nach, entsprechend der Frevelei des Origenes und Ḥenana ...".

Zenturie V 81 (p. 354/355) schreibt eine (angebliche?) Meinung des Origenes („daß die Geschöpfe göttlicher Natur werden") den „Verfinsterten der Anhängerschaft des Adiabeners Ḥenana" zu. Cf. auch VI 51 (p. 392/393).

Zenturie VI 36 (p. 382.384/385). Babai versucht sich den Spruch des Euagrius verständlich zu machen, daß er ihn als eine Anspielung auf das Buch Hiob nimmt (das von Euagrius gar nicht erwähnt wird). Babai sagt: „Jene verdorbenen[444] Rätselreden im Buch des seligen Hiob[445] erläutert er aus dem Gerede des Verfassers, indem auch er über sie unentschieden ist, weil sie keine Reihenfolge und keinen Stil und keine Ähnlichkeit haben mit dem[446] Skopos der heiligen inspirierten Schriften". Euagrius meine in diesem seinem Kephalaion vielleicht den Satan. – Babai seinerseits möchte den verehrten Autor wohl gerne zum Verbündeten im Urteil über jenes biblische Buch machen.

Zenturie VI 82 (p. 414/415): sie sei gerichtet gegen die Lästerung des Origenes, des Ḥenana und der Juden, daß Gott begrenzt sei. Hier kann man an De unione cap. 12 erinnern, wo Babai dem Ḥenana unterstellt hatte, seine Auffassung sei aus Kyrills Rede vom menschlichen „Maß" Christi abzuleiten.

Schließlich ist noch das Nachtrags-Kephalaion 43 zu erwähnen (p. 460/461), in dem Origenes und „seinem Schüler" Ḥenana von Adiabene Vermischung der Naturen Christi vorgeworfen wird.

* * *

[444] Die lexikalische Bedeutung ist „vertrocknet, verdorben, verschimmelt". Frankenberg übersetzt mit „rätselhaft"; Brockelmann hat „obscurus" für unsere Stelle.

[445] Hier gibt Frankenberg an „(40,14)". – Besser wäre: Hiob 40,14–24 (Gottesrede über Behemoth) und 40,25–41,26 (Gottesrede über Leviathan) (T. H.).

[446] „mit dem": ich lese für das *wav*, „und", des gedruckten Textes das Relativzeichen *dalath*, im Estrangela werden die beiden leicht verwechselt.

Was bei den Erwähnungen des Ḥenana im Euagrius-Kommentar Babais vollständig fehlt, ist ein Bezug auf die spezifische Christologie der zusammengesetzten Hypostase. Man kann daraus schließen, daß der Empfänger des Kommentars nicht zu den Anhängern des Ḥenana zählte und auch keiner Versuchung ausgesetzt war, einer zu werden. Das dogmatische Interesse an der exegetischen Unterscheidung der Christus-Titel wird als antiarianisch deklariert; daß es sich nach der aktuellen Lage gegen Ḥenana richtet, wird nicht gesagt. War der Adressat Gregor in der Lage, die eigentliche Stoßrichtung der Polemik zu erkennen? Jedenfalls war er gewarnt, was den Umgang mit den Christus-Titeln betraf. Der Vorwurf, daß Ḥenana eine Vermischung der Naturen in Christus lehre, ist natürlich eine nicht zutreffende Konsequenzmacherei aus seiner tatsächlichen Auffassung und soll ihn auf die Seite der Theopaschiten rücken. So erscheint als Haupttendenz Babais, den Ḥenana mit dem zusammenzustellen, was seinerzeit als „Origenismus" im Sinne von Häresie galt, und wovon er den Euagrius und seine Kephalaia unbedingt absetzen wollte.

Die Christologie Babais, die ihm zur Interpretation des Euagrius dient, ist in diesem Werk einfacher als ihre Darstellung in De unione; das wird weiter unten ausgeführt werden.

d) Babai der Große, Vita des Märtyrers Georg

Die Vita des Georg, ediert von P. Bedjan[447] und (mit Auslassungen) ins Deutsche übersetzt von O. Braun[448], ist vor einigen Jahren unter einem bestimmten Gesichtspunkt von G. J. Reinink untersucht worden, in einem Aufsatz, der das zweite Stück der oben erwähnten Trilogie über die Theologie der ostsyrischen Kirche an der Wende vom 6. zum 7. Jh. bildet[449].

Dies Werk Babais hat einen festen Terminus a quo im Todesdatum des Märtyrers: das ist der 14. Januar 615[450]. Durch Auswertung der Vorrede Ba-

[447] P. Bedjan (ed.), Histoire de Mar-Jabalaha, de trois autres patriarches, d'un prêtre et de deux laïques nestoriens (Leipzig 1895), p. 416–571. – Georg ist der im Titel genannte Priester.
[448] O. Braun (übers.), Ausgewählte Akten persischer Märtyrer = BKV 22 (Kempten, München 1915), 221–277. Braun führt leider die Seitenzahlen Bedjans nicht mit. Die in Bedjans Druck erscheinenden Abschnitte hat Braun mit Ziffern versehen, wobei er auch die von ihm ausgelassenen Passagen mitgezählt hat. Im Folgenden gebe ich von Brauns Übersetzung nur die §-Zahlen neben Bedjans Seitenzahlen. – Als historische Einleitung zur „Bischofsversammlung von 612" hat Chabot, Synodicon Orientale, Note IV, p. 626–634, die entsprechenden Stücke aus Bedjan ins Französische übersetzt, nämlich p. 476–477 und p. 495–521.
[449] *Reinink* II. – Weniger ergiebig ist *J. Walker,* A Saint and his Biographer in Late Antique Iraq: The History of St George of Izla (†614) by Babai the Great, in: A. Papaconstantinou (ed.), Writing ‚True Stories'. Historians and Hagiographers in the Late Antique and Medieval Near East (Turnhout 2010) 31–41.
[450] Bedjan, p. 563; Braun, §79. *Walker* gibt (ohne Begründung) das Jahr 614 an, p. 31; siehe schon seinen Titel.

bais zur Vita kommt Reinink zu einer weiteren Bestimmung[451]: „at the earliest about six years after George's martyrdom". Begründung[452]: „In the Preface ... Babai says that he composed LG" (= Life of George) „thirty-three years after he wrote the History of Abraham of Kashkar, the founder of the monastery on Izla (LG, p. 424; Braun, p. 221). If Abraham died in 588 – cf. A. Baumstark, Geschichte der syrischen Literatur ... p. 130 –, the terminus a quo of the composition of LG is about 621, whereas the terminus ante quem is determined by Babai's death in about 628".

Georg ist der selbstgewählte christliche Taufname des Konvertiten aus vornehmer persischer Familie; sein persischer Name war Mihr-Mah-Gushnasp[453]. Getauft wurde er 596, 601 trat er in das Kloster auf dem Berg Izla ein, mit etwa 25 Jahren[454]. Im § 29 der Vita schon wird Georg als Priester bezeichnet[455], an diesem Punkt der Erzählung ist der Titel wohl anachronistisch.

Beim Besuch des Klosters auf dem Berg Izla tritt Georg zu „einem der Brüder der Gemeinschaft" (dieser Bruder ist nach allgemeiner Annahme Babai, der Verfasser der Vita) „in die Zelle", die „nahe bei der Zelle unseres Vaters" (des damaligen Abtes Dadišoʿ) war. Nach inniger Begrüßung beginnt sogleich eine Unterweisung über die Übel der Zeit. Sie geht (§ 30)[456] in eine Warnung vor Ḥenana über: „Besonders ist in dieser Gegend durch die Schwäche der die Ehre und Ruhe liebenden Hirten" (man erinnere sich an das Verhalten der meisten Bischöfe von Nisibis gegenüber Ḥenana) das schlimmste aller Übel emporgewachsen. „Auch die Zeit reichte ihm die Hand wegen der Tumulte und Kriege der Völker" (die geopolitische Lage von Nisibis als Grenzstadt). Es ist der Teufel, der die Häresie in das Herz des Ḥenana legte. – Es folgt eine Aufzählung der uns aus den anderen Quellen bekannten Vorwürfe: – Ḥenana lehrt das Fatum; er macht Gott begrenzt, leidensfähig und sterblich und zerlegt ihn in Teile; er leugnet die Auferstehung der Leiber, nur die Seelen werden erlöst; Gericht und Strafe gibt es nicht; Hurerei und Ehebruch sind keine Sünde, weil vorherbestimmt; am Ende werden alle der göttlichen Natur teilhaftig, wie Origenes, der Heide, gesagt hat. – Die zusammengesetzte Hypostase[457] fehlt in dieser Liste, aber die „Teile" Gottes sind ein indirekter Hinweis auf den entscheidenden Einwand gegen die Christologie des Ḥenana.

Und so sieht es in Nisibis (zur Zeit der Unterweisung Georgs durch Babai) aus: „Und siehe, schon jetzt ist diese ganze unglückliche Stadt verdorben von

---

451 *Reinink* II, p. 174.
452 *Reinink* II, p. 174, Anm. 22.
453 Der mittlere Namensteil wurde früher als „-am-" transkribiert, aber *Reinink* II, p. 172, Anm. 12 übernimmt die oben gegebene Schreibung von Gignoux.
454 *Reinink* II, p. 174–175 mit Anm. 27.
455 Bedjan, p. 474.
456 Bedjan, p. 476–479.
457 Dieselbe Reaktion auch bei Ḥenana nach den Auseinandersetzungen an der Schule.

diesem frevlerischen Irrtum und klein ist der Rest der Wahrheit, übriggebliebenen, weil gnädig erwählt". So werden wir für unsere Sünden gestraft. Georg soll auch seine ebenso zum Christentum bekehrte Schwester in ihrem Kloster warnen „vor vielen, die den Namen Lehrer" tragen und vor elenden Frauen „im Klostergewand", damit sie nicht deren Irrtum folge.

„Und siehe, sie verderben durch Worte, die sie herausschneiden und herausreißen aus den Schriften in irreführender Gestalt, wie der Rest aller Abkömmlinge der Häresien". (Methodisch taten sie freilich damit nichts anderes als ihre Gegner auch).

Ein weiterer Bestandteil der Propaganda: „Und besonders beeinflussen sie und führen in die Irre viele durch Ursache der Länge der Jahre des Greises der Schande, des verfluchten Ḥenana". – D. h. daß zu Anfang des 7. Jh. Ḥenana schon so alt war, daß diese Tatsache allein ihm ein großes Ansehen verlieh. – Es folgt wieder eine Darlegung darüber, wie verheerend die Lehre vom Fatum sich auf das christliche Leben auswirke.

In § 31[458] berichtet Georg seinerseits (d. h. Babai läßt ihn berichten), daß er von Ḥenana und seiner frevlerischen Lehre gehört habe, „und wieviele Mordtaten seinetwegen in der Schule geschahen und wieviele Male die treuen Brüder aus der Schule vertrieben wurden, die an der Wahrheit festhielten und nicht seinen frevlerischen Lehren zustimmten; und das geschah durch die Gewalt der Großen der Stadt, die mit seinem Chaldäertum übereinstimmten und deren Lebensweise sich durch seine unreine Lehre auflöste; und was von ihnen getan wurde gegen unsern Vater, den heiligen lebenden Märtyrer Mar Georg, den Bischof, der gesandt worden war von allen östlichen Bischöfen zu seiner Korrektur, wie er durch ihre verlogenen und bösen Anklagen vor Elefanten geworfen wurde". – Es ist anzunehmen, daß Babai aus kompositorischen Gründen diese Nachrichten aus Nisibis seinem Adepten in den Mund legt. Während Barḥadbešabba von den Schwierigkeiten Ḥenanas schon vor dem großen Auszug redet, spricht Ḥenana nach dem Bruch in der Einleitung zu den Schul-Kanones von Ärgernis und Verwüstung: Verbergen der Kanones, Vernichtung des Bibliothekskatalogs. Aber hier bei Babai sehen wir eine schwärzere Schilderung der Ereignisse: es gab Mord und Totschlag an der Schule Ḥenanas wegen! Sind das nur Gerüchte? Und wie verhalten sich die „oftmaligen Vertreibungen" mit Hilfe der Mächtigen der Stadt zu dem berühmten Auszug von Lehrern und Schülern – war das kein freiwilliger, sondern ein erzwungener Vorgang, der erst später heroisiert wurde?

In § 32[459] legt der „Bruder", also Babai, zum Abschied dem Georg seinen Mantel um den Hals. Und Georg beschließt, Mönch zu werden „und geht zum Koinobion hinab", während Babai in seine Zelle zurückkehrt. Diese Sze-

[458] Bedjan, p. 479–481.
[459] Bedjan, p. 481–482.

ne erinnert an 2 Kön 2, wo der Prophet Elia seinem Schüler Elisa den Mantel zurückläßt – das ist vom Verfasser sicherlich beabsichtigt.

Als Mönch, so schildert es § 37[460], übt sich Georg nicht nur in allen Tugenden des asketischen und geistlichen Lebens (er, der persische Aristokrat, beteiligt sich an aller körperlichen Schwerarbeit), sondern erwirbt auch „Verständnis" der heiligen Schriften, der Mönchsliteratur und der Kommentare des „seligen Theodor", „des ökumenischen Lehrers". Und nach wenigen Jahren wird er selber Lehrer der Mönche.

§ 40[461]: Nicht nur mündlich, auch schriftlich bekämpft er die Theopaschiten und die ḥenanianischen Chaldäer, und dies in Gemeinschaft „mit einem Bruder vom Berg", also mit Babai. Als Schüler „jenes – verdorbenes Leben! – Häretikers Ḥenana, des Chaldäers, und Origenisten" kamen, disputierte er mit ihnen erfolgreich über das Fatum und über die Lehre vom Gottgleich-Werden der Menschen. – M. E. handelt es sich um zwei Gruppen von Religiosen (mit den Vertretern des Fatum waren wohl die Messalianer gemeint), die hier wie sonst aus polemischer Brauchbarkeit mit der Richtung des Ḥenana zusammengeworfen wurden.

Die folgenden §§ 41–43[462] betreffen die Christologie. § 41[463] behauptet eingangs, „mit den Severianern verbündet freveln" die Gegner eine Natur und eine Hypostase in Christus und führen die Leiden in die Gottheit ein. – Der Vorwurf des Bündnisses mit den Severianern hat seinen Grund in der Realität: Ḥenana gewann den Hofarzt Gabriel von Šingar zum Verbündeten, siehe unten § 45[464]. – Die Einwände Georgs führt Babai wörtlich auf (sie entsprechen natürlich seinen eigenen und sind deshalb unten im Kapitel über Babai heranzuziehen). Die Ḥenanianer erwidern auf den Vorwurf, sie lehrten eine Natur und eine Hypostase: „Wir bekennen zwei Naturen, eine Hypostase" – hinsichtlich der Naturen ohne Zweifel eine korrekte Wiedergabe ihrer Auffassung. In der Widerrede des Georg (Babais) taucht nun endlich die zusammengesetzte Hypostase auf (§ 41): „Und wenn die Hälfte einer Natur (sc. der göttlichen) und die Hälfte einer Natur (sc. der menschlichen) eine zusammengesetzte Hypostase ausmachen, wie der frevlerische Kaiser Justinian sagt, ist hier Zusammensetzung, Teilung und Teile".

Gut dyophysitisch (und in diesem Fall in Übereinstimmung mit ihren Gegnern) sagen die Ḥenana-Leute auch (§ 42)[465]: „Zwei Naturen, ein Prosopon in der Union". Aber ihnen wird geantwortet, ihr Verständnis dieser Formel sei falsch (weil sie die eine zusammengesetzte Hypostase voraussetzen). Aus der Tradition werden ihnen u. a. Nestorius und Theodor entgegengehalten, die

460 Bedjan, p. 490–492.
461 Bedjan, p. 495–496.
462 Bedjan, p. 496–502.
463 Bedjan, p. 496–498.
464 Bedjan, p. 505–507.
465 Bedjan, p. 498–500.

zwei Hypostasen im einen Prosopon lehrten (was von Theodor jedoch an der angegebenen Stelle aus De incarnatione nicht ausdrücklich gesagt wird[466]).

Selbst wenn die Ḥenanianer ihm in der Sache zustimmten, verlangte Georg von ihnen eine ausdrückliche Verdammung Ḥenanas, ehe man sie zur Kommunion zuließ (§ 44)[467]. Nach dem „zweiten Tod" des Ḥenana (d.h. nach seinem leiblichen Tod[468]) heftete Georg eine Verdammung jedes Ḥenana-Anhängers an die Kirchentür. In diesem Text, den Babai mitteilt, wird auch verurteilt, wer gegen die „ökumenischen Lehrer" Diodor, Theodor und Nestorius ist. – Zeitlich ist damit vorausgegriffen, der nächste Paragraph kehrt zum realen Ablauf zurück.

In § 45[469] ist Ḥenana noch am Leben, wie sich aus dem Folgenden ergibt: Nachdem Georg die Ḥenana-Leute und ihre Genossen, die Messalianer[470], in seinen Debatten überwunden hatte, verband sich die Häresie mit der ebenso schlimmen theopaschitischen, „wegen des Verteidigers (dieser) Häresie, der der Pforte nahe war wegen der Heilkunst, es ging nämlich der Šingarener, jener Theopaschit, hinein und sprach zum König: ‚Ihr Lehrer stimmt mit uns überein, und siehe sein Schüler kam mit seinem Schreiben zu mir'." – Der Šingarener ist der Hofarzt Gabriel. – Der Text fährt fort: „Und es glaubte ihm der König und befahl ihm deswegen, nach einer Person zu sehen, welche brauchbar sei, und sie zum Katholikos zu machen". Hierauf ergriff die Bischöfe des Ostens und alle Gläubige eine große Erregung. – Wieso eigentlich? Denn man erinnere sich, daß Gabriel schon bei der Wahl Gregors seine Finger im Spiel hatte und daß generell die Zustimmung des Großkönigs zur Wahl eines Katholikos de facto nötig war. – Der hohe Klerus plant eiligst einen Protest am Hof. Als Motiv und Zweck wird angegeben: „einen Ausweg zu suchen und dem König zu melden, damit nicht dieses Übel geschehe, nicht große Erregung die ganze Kirche des Perserreiches treffe und auch der König sie strafe", weil man ihn von der Sache nicht unterrichtet habe. – Der weitere Bericht Babais entwickelt die Vorgeschichte und den Ablauf der Ereignisse von 612 (und die Verwicklung des Georg darin), für die unten ein eigener Abschnitt vorgesehen ist.

Babai, der so unendlich breit schreiben kann, ist in den eben teils wörtlich zitierten Zeilen von frustrierender Lakonik. Er nennt keine Namen, doch gewiß konnte jeder den Namen des Hofarztes Gabriel ergänzen. Aber daß der „Lehrer" nur Ḥenana sein kann, hat z.B. O. Braun, wahrlich kein Unkundi-

---

[466] Zu diesem Zitat siehe unten das Kapitel über Babai selber.

[467] Bedjan, p. 503–505.

[468] So richtig *Reinink* II, p. 183, Anm. 65 gegen Scher und Vööbus.

[469] Bedjan, p. 505–507.

[470] Die Nennung der Messalianer an dieser Stelle, die sonst die Vertreter des Fatum (und die „Origenisten") einnehmen, scheint darauf hinzuweisen, daß es die Messalianer sind, die als Fatalisten diffamiert werden.

ger, nicht erraten[471]. Wann genau hat Ḥenana den Kontakt zum Theopaschiten, d.h. Monophysiten Gabriel gesucht? Die Tatsache als solche mußte die Polemik gegen die Ḥenana-Anhänger erleichtern: ihnen kann nun Monophysitismus mit größerer Berechtigung als vorher vorgeworfen werden. Ist der Zeitpunkt für den Schritt des Ḥenana seine Situation nach dem Auszug bzw. der Vertreibung (siehe oben) der Theodor-Anhänger aus der Schule? Die Sequenz der Sätze bei Babai legt nahe, eher die Situation nach dem Tod des Katholikos Gregor (608/9) ins Auge zu fassen, was auch einen terminus a quo für das Todesjahr des Ḥenana abgibt.

Gabriel muß dem Großkönig tatsächlich einen Kandidaten nicht bloß seiner (Gabriels) Gunst vorgeschlagen haben, sondern damit muß sich auch eine theologische Option verbunden haben, anders ist die erschreckte Reaktion von Hierarchie und Gläubigen nicht zu erklären. Wenn dem Herrscher, die „Sache", um die es geht, dargelegt werden soll, so kann es sich nur um den innerkirchlichen Disput um die Christologie des Ḥenana handeln. Anders kann auch nicht die Ankündigung erklärt werden, man sehe hier ein „Übel" drohen, das die ganze Kirche in Erregung versetzen würde. – Jedenfalls hat *keine* Wahl stattgefunden. Daß der Großkönig danach während seiner ganzen Regierungszeit (d.h. bis 628) die Bitte um Erlaubnis zur Wahl eines Katholikos nicht erhörte, betrachte ich auch als Strafe für das Scheitern des ursprünglichen, von Gabriel gefaßten, Plans.

Die knappe Chronik Guidis bringt neben den nur sehr allgemein als solche bezeichneten Machinationen des Hofarztes als zweites Element die Taten des verstorbenen Katholikos Gregor ins Spiel[472]: „Und wegen der Gerissenheit und des Hasses des Gabriel gegen die Kirche blieb die Kirche eine Zeit ohne Leiter; auch war ihr das Wort entzogen[473] wegen der Anklagen gegen Gregor". (Dieser Gesichtspunkt fehlt bei Babai).

Die Chronik von Séert hat ein kurzes Kapitel[474] über den Märtyrer Georg. Darin liest man[475]: „Quand après la mort de Grégoire le catholicos, Gabriel de Šigar dénonça à Kosrau les Pères qui l'avaient anathématisé et prétendit que le docteur Ḥnana était digne d'être catholicos, lui ou l'un de ses disciples, le roi céda à sa parole … C'est alors que se réunirent les personnages dont il a été fait mention ci-dessus", unter ihnen Georg; sie schrieben ein Buch über den Glauben und überreichten es dem Großkönig.

In der Chronik von Séert ist also der bei Babai ungenannte Kandidat für die Nachfolge Gregors Ḥenana oder einer seiner Schüler! Ist das eine falsche Folgerung aus den zu knappen Mitteilungen Babais (dieser schrieb ja noch zu

---

471 *Braun*, p. 252, Anm. 2, ist völlig falsch und muß gestrichen werden: Gregor von Kaškar ist gerade *nicht* der „spätere Patriarch".

472 CSCO 1, Syr. 1 (III 4; T), p. 22,9–11; CSCO 2, Syr. 2 (III 4; V), p. 20,7–9.

473 *qṭʿ* im Passivstamm: „*to be disallowed* as legal rights", *Payne-Smith,* Dictionary.

474 Teil II, Nr. LXXXVI, PO XIII 4, ed. Scher, p. 536–539.

475 Ibid., p. 537–538.

Lebzeiten des Großkönigs, Grund genug zur Diskretion), oder hatte der Verfasser andere Quellen, die nicht mehr so vorsichtig zu sein brauchten? Ein solcher Vorschlag des Hofarztes Gabriel wäre eine zureichende Erklärung für die „große Erregung", von der Babai berichtet[476].

In der Vita des Georg tauchen die Ḥenanianer noch einmal in § 53[477] auf[478]: „Babai suddenly brings the ‚cursed Henanians' back upon the scene, saying that they supported Gabriel in his striving to have George crucified, and suggesting that the ‚Henanians' welcomed this opportunity of getting rid of such a formidable defender of ‚Nestorianism'."[479] Der wahre Grund für das Martyrium war jedoch, wie Reinink ganz richtig herausarbeitet, die Tatsache, daß der vornehme Georg ein Apostat von der persischen Religion war (so wie das auch der Grund für die Verfolgung des Katholikos Mar Aba gewesen war). Was die Nennung der Ḥenana-Anhänger bei dieser Gelegenheit betrifft, so will Babai sie durch seine Insinuation für ihr Bündnis mit dem monophysitischen Hofarzt büssen lassen.

476 *Reinink* II, p. 182–183, kommentiert die Mitteilungen bei Babai und in der Chronik von Séert folgendermaßen: „The interpretation of this section in the Chronicle of Seert (tenth-eleventh century) has caused, in my opinion, considerable misunderstanding in the modern literature. According to the Chronicle of Seert, Gabriel of Sinjar proposed to the shah to make Henana or one of his disciples Catholicos. However, in 612 Henana, the Director of the famous East Syrian School of Nisibis, was most probably already dead. Moreover, if we read Babai's words carefully, we can only conclude that Gabriel is misleading the shah, using a fictitious story according to which a disciple of Henana demonstrated on the basis of some document allegedly written by Henana, that the Director of the School of Nisibis subscribed to the Theopaschite heresy. In reality, however, neither Henana nor his disciples ever adhered to the Monophysite (Severan) Christology of one nature and one hypostasis". Diese Deutung konstruiert falsche Alternativen. Schon vorher, ibid., p. 178–179, hatte *Reinink* geschrieben: „We cannot assume that there were two assemblies at Chosroes' court, one in 608/9 and one in 612". Aber das bedeutet ja nicht, daß das Problem der Nachfolge Gregors sich erst 612 stellte. Wie mühsam das Ereignis von 612 zustande kam, geht aus Babais Bericht in der Vita des Georg hervor; das wird im nächsten Abschnitt dargestellt werden. Und natürlich war Ḥenana kein Severianer, aber wo es auf ein kirchenpolitisches Bündnis ankommt, sucht man einen gemeinsamen Nenner, das waren in diesem Fall positiv die eine Hypostase und negativ die Ablehnung der zwei Hypostasen.

477 Bedjan, p. 520–522.

478 *Reinink* II, p. 190.

479 Bedjan, p. 522 Mitte: „ein glühender Verteidiger der Nestorianer". Gabriel bringt dies als zweite Hälfte der Denunziation vor, die erste Hälfte betrifft die Apostasie des Georg.

VIERTER TEIL
Die vollständige Entfaltung der Christologie der zwei Hypostasen

Luise Abramowski

ERSTES KAPITEL
Die dem Großkönig vorgelegten Dokumente des Jahres 612

1. *Einleitung*

Chabot hat in seiner Edition der Dokumente von 612[1] sie in den Marginaltiteln der „Assemblée des évêques, Ann. 612“ zugeschrieben, während er sonst für die Synodalprotokolle den Namen des jeweiligen Katholikos und das Jahr angibt. Auch in seiner kurzen Einleitung zu den Texten spricht er von einer „réunion des évêques nestoriens“, „l'assemblée“[2]. In der Tat hören wir im Lemma zu den Dokumenten[3] von den „persischen Väter-Bischöfen“, „mit den Vätern und Mönchen *(yḥdy')*“, „die sich an der Pforte des Reiches versammelt hatten“ und dem Großkönig jene Schriftstücke „darbrachten“. Man gewinnt den Eindruck von einer beträchtlichen Zahl von Klerikern und von einem bestimmten Zeitpunkt im Jahr 612. Bei näherer Betrachtung verändert sich das Bild: Aus der „Versammlung“ wird eine Delegation[4], aus der einen Überreichung der Dokumente werden Überreichungen als Erfüllung immer weiterer vom Hof gestellter Auflagen.

Die Vorgeschichte der Ereignisse von 612 (das Datum stammt aus dem Lemma, das das betreffende Regierungsjahr des zweiten Kosrau angibt) beginnt mit dem Tod des Katholikos Gregor I. 608/9. Wir haben bereits gesehen (siehe oben zu Babais Vita des Georg § 45[5]), daß der monophysitische Hofarzt Gabriel mit dem Vorschlag eines geeigneten Kandidaten (etwa Ḥenana oder einer seiner Schüler?!) befaßt wurde, was zu einer erregten Reaktion der ganzen Kirche führte. – Wir wissen, daß keine Wahl erfolgte. Wie aber ist die kirchliche Reaktion dem Herrscher vermittelt worden? Diese Reaktion muß doch der Grund gewesen sein, daß es gar nicht zu einer Wahlprozedur mit

[1] Syn. Or., p. 562–580 / p. 580–598.
[2] Syn. Or., p. 562. Ebenso in der Note IV zu den Dokumenten von 612, Syn. Or., p. 625.
[3] Syn. Or., p. 562 / p. 580.
[4] „Delegation“ ist auch nicht ganz zutreffend, denn niemand hat die ersten Mitglieder beauftragt, „delegiert“; die kleine Gruppe hat sich selbst konstituiert und sich bei Bedarf durch Hinzuziehen weiterer Personen erweitert, s. das Folgende.
[5] Die Paragraphen-Zählung nach *O. Braun*, Ausgewählte Akten persischer Märtyrer = BKV 22 (Kempten, München 1915); der syrische Text bei *P. Bedjan*, Histoire de Mar-Jabalaha, de trois autres patriarches, d'un prêtre et de deux laïques, nestoriens (Leipzig [2]1895); § 45 (dort p. 505–507; französisch bei Chabot, Syn. Or., p. 629–630).

dem von Gabriel evtl. vorgeschlagenen Kandidaten kam. – Konkret bestand die Absicht, am Hof zu protestieren (Vita § 45): „*Alle* Bischöfe bereiteten sich darauf vor, sich eilig an die Pforte zu begeben“ und den Großkönig über die gespannte Situation und über die „Sache“ zu unterrichten. – Die „Sache“ habe ich oben als das Ḥenana-Problem bestimmt. Zeitlich wäre die Bereitschaft „aller Bischöfe“ zu dem genannten Schritt bald nach dem Bekanntwerden der Machinationen Gabriels anzusetzen. Tatsächlich wurde eine Demarche des Episkopats in *dieser* Form nicht ausgeführt – vielleicht wirkte schon die bekanntgewordene Absicht hindernd auf die Pläne des Hofes.

Aus dem nächsten Satz Babais in der Vita Georgs, § 45[6], geht aber hervor, daß sich inzwischen tatsächlich Bischöfe in der Königsstadt befinden – seit wann? –; sie fordern Georg an, weil sie hoffen, durch ihn, den Aristokraten, den Zugang zum Hof zu erhalten – d. h. daß sie einen solchen Zugang bisher *nicht* haben. Bei Babai steht ausdrücklich „die“ (Pronomen mit der Funktion des bestimmten Artikels) Bischöfe – ergänze: „die sich in der Königsstadt befanden“, es können nicht die vorher genannten „alle“ sein –; aus Guidis Chronik und aus der Chronik von Séert haben wir eine Liste der Namen (nicht nur von Bischöfen). Nach der Chronik von Séert sind es[7]: Yunadab, Metropolit der Adiabene, Šubḥalmaran, Metropolit von Beth Garmai (nach Babai Leiter der Delegation), Išoʿyahb ʿArbaya, Bischof von Balad, der zukünftige Katholikos (bei Guidi[8] *nicht* genannt[9]), Ḥenanišoʿ der Mönch, der einen Konvent bei Daraban baute (auch bei Babai erwähnt, nicht bei Guidi), Georg, Mönch des Klosters des Mar Abraham, der zum Märtyrer wurde (über ihn die Vita Babais), Sergius von Šaḥḥar, Lehrer, aus dem Land Kaškar, und Gabriel, Bischof von Nahargul.

Sowohl Guidis Chronik wie die von Séert sehen in verkürzender Darstellung folgenden Grund für die Anwesenheit der Genannten am Hof: „Tunc Gabriel contra nos regem excitavit ut cum suae sectae asseclis verbis contenderemus; cumque catholicus in ecclesia abesset, *sponte* descenderunt ad disceptationem …“[10] (Es folgen fünf der oben genannten Namen in Guidis Chronik). In der Chronik von Séert ist es Kosrau, der vom Streit der Richtungen gehört hat und anordnet, daß die beiden Parteien sich zum Disput treffen[11].

---

6 Der Satz beginnt syrisch Bedjan, p. 506, letzte Zeile, mit „Und dann …“.

7 Histoire nestorienne (Chronique de Séert) II, Nr. LXXXIII: PO 13,4, ed. Scher, p. 529.

8 Chronica minora, ed. J. Guidi = CSCO 1, Syr. 1 (= III 4, T); CSCO 2, Syr. 2 (= III 4, V), (Leipzig 1903), p. 23,3–6 / p. 20,30–33.

9 Wie verläßlich ist also die Nachricht der Chronik von Séert?

10 Chronica minora, p. 23,1–3 / p. 20,28–30; die letzten drei Worte von mir umgestellt, der syrischen Wortstellung entsprechend.

11 PO 13,4, p. 528–529. – *Reinink* II, p. 185, scheint von dieser verkürzenden Darstellung beeinflußt, wenn er schreibt: „The election of a new Catholicos for the Church of the East was used as a pretext to make the East Syrian bishops appear at the court.“

Aus Babais Darstellung in der Vita des Georg ergibt sich ein anderer Ablauf. Die Absicht der Bischöfe, die „von sich aus" sich in die Residenz begaben, „weil es in der Kirche keinen Katholikos gab", kann nur gewesen sein, die Erlaubnis zur Wahl eines solchen zu erwirken. Auf direktem Weg war ihnen eine andere Einwirkung offensichtlich nicht möglich, denn „auf den Rat angesehener, für die Wahrheit eifernder Laien schrieben nun die Bischöfe an unsere Gemeinschaft" (berichtet Babai, Vita § 45) und bitten um die Unterstützung durch Georg, nicht bloß als eines Theologen, sondern weil er „den Großen und Angesehenen des Reiches nahestehe und Zutritt habe". Reinink datiert dies Schreiben auf das Jahr 612[12], wozu nichts zwingt, und statuiert als Folge davon, „that events moved swiftly"[13]. Das Gegenteil scheint mir der Fall zu sein, man gewinnt vielmehr den Eindruck von quälender Langsamkeit, vor allem wenn man die weiteren Jahre bis zur Hinrichtung Georgs mit einbezieht. Aber schon so banale Erwägungen wie die über die Länge der zu bewältigenden Entfernungen sollten warnen – wie lange dauerte es, bis die vom Kloster abgeordneten Brüder bei den Bischöfen eintrafen? Diese Delegation bestand aus fünf *yḥdy'*, neben Georg den Priestern Andreas und Michael, und zwei Diakonen, von denen der eine, Gausišoʿ (*gws'* = „Zuflucht") bei Georg in der Gefangenschaft bis zu dessen Tod ausharren sollte (Vita § 46[14]). – Dies sind die im Lemma der Dokumente von 612 neben den Bischöfen genannten *yḥdy'*. – § 47[15] der Vita schildert die Entsendung der ausgewählten Brüder unter Gebeten und Segen der Gemeinschaft. Auf ihrem Weg kommen sie durch Karka de Beth Slok, „il se rendaient vraisemblablement[16] à Séleucie. La route royale passait par Karka de Beit Selôk"[17]. § 48[18]: Dort halten sie sich ein paar Tage auf. Nach Ankunft der Brüder an der königlichen Pforte (d. h. der Residenzstadt) schicken die Bischöfe den Georg zu den Großen, von denen Georg weiß, daß sie Zutritt beim Großkönig haben, dort soll er erfahren, was sie (die Bischöfe) tun[19] sollen. Georg geht zu kompetenten Christen in namhafter Stellung und spricht zu ihnen über die Ursache der Ankunft der Bischöfe (die Ursache wird in § 49 genannt werden). Bei den Angesprochenen trifft er auf Furcht und Zittern angesichts der Sache: es sei schwierig, davon vor dem König zu reden, „denn das Horn der Häretiker ist sehr erhöht", die Bischöfe sollten heimkehren. Dieser Mutlosigkeit stellt sich Georg heftig entgegen: Furcht vor der Häresie ist Verleugnung Christi.

---

[12] *Reinink* II, p. 177.
[13] *Reinink* II, p. 179, Anm. 48.
[14] Bedjan, p. 507–509; Chabot, Syn. Or., p. 630.
[15] Bedjan, p. 509 letzte Zeile – 511; Chabot, Syn. Or., p. 630–631.
[16] Babai gibt in der Vita tatsächlich nicht an, wo die Bischöfe sich befinden, die nach Georg schicken.
[17] Chabot, Syn. Or., p. 631, Anm. 1.
[18] Bedjan, p. 511–512; Chabot, Syn. Or., p. 631 Mitte.
[19] Braun (p. 255) übersetzt mit „wissen".

§49: Die Glaubensstärke Georgs überzeugt und ermutigt seine Kontaktpersonen, sie fordern ihn auf, die Bischöfe an die Pforte, also an den Hof, zu schicken. Darauf ließ Georg „einen von denen, die vor dem König stehen, mit Namen Farrukhan[20], benachrichtigen, daß er hingehe und spreche vor dem König über das Kommen der Bischöfe und daß dies sei *die Ursache* ihres Kommens und *ihre Bitte, daß ihnen ein Haupt gegeben werde* entsprechend der Gewohnheit und Ordnung, die sie haben". Die Reaktion des Herrschers: „Zuerst soll der Glaube untersucht werden, welcher der wahre ist, dann wird ihnen ein Haupt gegeben werden". – Es war ohne Zweifel der monophysitische Hofarzt Gabriel, der dem Großkönig diese Bedingung nahelegte. – Es folgt der Verfahrensvorschlag: „Dann sprach zu ihm Farrukhan: ‚Wenn ihr befehlt, möge eine Disputation geschehen'". – Wie wir gesehen haben, schreiben die Chroniken und das Lemma zu den Dokumenten die Idee zu dieser Disputation dem Gabriel zu, gewiß mit Recht. – Umso mehr überrascht die Antwort des Königs auf diesen Vorschlag: „Und dann sagte der König: ‚Wir befehlen keineswegs *(lw mpqd pqdynn)*, es sei denn sie geschieht vor uns'"[21]. – Offenbar geschah gar nichts[22], denn die Vita fährt fort: Der König ließ die Angelegenheit bis auf weiteres ruhen und vergaß sie schließlich. – Wie viel Zeit mag da vergangen sein? –

Georg erreicht, daß Farrukhan sich wieder an den Großkönig wendet und ihn an die Angelegenheit erinnert: „Was befehlt Ihr wegen der Bischöfe ... ?", worauf der König antwortet: „Da ihr Glaube nicht der wahre ist, wie sollen wir ihnen ein Haupt geben?" – Hier hört man wieder die Meinung Gabriels. – Farrukhan trägt nun einen Vorschlag des Georg vor: Wenn es gestattet wird, werden sie ihren Glauben schriftlich darlegen und ihn dem Herrscher dar-

---

[20] *Reinink* II, p. 185, schreibt: „We can hardly believe that Farrukhan in every respect played the role which Babai assigns to him. For neither was the shah ignorant of the reason why the bishops came to the court, nor was Farrukhan the one who proposed to the shah that there should take place a religious disputation". Aber tut Babai das wirklich? Seine Leser waren doch auf die Rolle der „Häretiker" im Hintergrund der Ereignisse eingestimmt. M.E. gilt für Babais Darstellung nichts anderes als was *Reinink* II, p. 185–186 völlig korrekt beschreibt: „Farrukhan only fulfilled the office of the shah's doorkeeper/ chamberlain" (freilich als ein außerordentlich hochgestellter, wenn *Brauns* Identifikation, Ausgewählte Akten, p. 253, Anm. 1, stimmt: F. erobert 614 Jerusalem für den Großkönig und ist 630 gar für 40 Tage Usurpator) „whose task it was to announce the arrival of the delegation and to act as intermediary in the communication between the shah and the bishops (represented by George)".

[21] Bedjan, p. 513 vorletzte Zeile. Braun (p. 256) zeigt sich gegenüber dem Bedingungssatz merkwürdig hilflos in seiner Übersetzung: „außer was uns angeht (?)". *Chabot*, Syn. Or., p. 631, Anm. 2, hält den *ganzen* Satz für „sehr dunkel": „le sens paraît être ‚nous ne voulons pas qu'il y ait de discussion, sinon en notre présence'". – Die „Dunkelheit" liegt im ambivalenten Verhalten des Großkönigs begründet.

[22] In der Chronik Guidis, die von vornherein die Delegation zur Disputation an den Hof reisen läßt, wird aus dem königlichen Vorbehalt eine tatsächliche Veranstaltung abgeleitet: „Disceptatio in domo regia facta est; inferiores discesserunt Gabriel eiusque asseclae, orthodoxi vero nostri victoriam consecuti sunt" (CSCO 1, Syr. 1, p. 23,6–8; 2/2, p. 20,33–35).

bringen. Dies erlaubt der König: „Sie mögen das in Frieden tun“. Diese Nachricht wird an Georg und von diesem an die Bischöfe weitergegeben.

Die Delegation kommt zusammen: die Bischöfe, Georg und Ḥenanišoʿ – diesem Einsiedler und „Haupt der Einsiedler“ (siehe oben die Nachricht in der Chronik von Séert), seiner früheren hohen weltlichen Stellung, seiner Orthodoxie und seiner Konfessorenkrone ist der Rest des § 49 gewidmet. – Reinink macht mit Recht auf die „plötzliche Einführung“ dieser bisher in der Vita nicht genannten Figur aufmerksam[23]. Er hält ihn anscheinend für ein permanentes Mitglied der Delegation, also für jemand, der von Anfang an dabei war, daher sei (nach Reininks Meinung) „the disputation at Chosroes' court“ „not quite so unexpected as Babai would have us believe“[24]. Mir scheint eher, daß man Ḥenanišoʿ als Fachmann zu Hilfe rief, als sich abzeichnete, daß der Glaube untersucht werden sollte, es sich also um theologische Auseinandersetzungen handeln würde, so wie man vorher Georg wegen seiner guten Beziehungen zu den Großen des Reiches angefordert hatte, damit er einen Zugang zum Hof in der Nachfolgefrage ermögliche. –

§ 50[25]: Weil die beiden (Georg und Ḥenanišoʿ) in allen theologischen Fragen einig waren, schrieben sie „das wahre Bekenntnis des Glaubens in der Orthodoxie“ nieder, zusammen mit den Väter-Bischöfen, indem sie ausdrücklich erklärten, mit Hilfe des Heiligen Geistes: „Zwei Naturen und zwei Hypostasen der Gottheit und der Menschheit, ihre Eigentümlichkeiten bewahrend im einen Prosopon Christi, des Sohnes Gottes.“[26] Dem Bekenntnis werden hinzugefügt die Einwände[27], welche gewöhnlich die Häretiker in ihrem Irrtum vorbringen und deren „starke Widerlegung durch unüberwindliche Orthodoxie“. Bekenntnis und Einwände wurden von Georg ins Persische übersetzt. Durch Farrukhan wurde die Texte dem Herrscher übermittelt. Nachdem der Herrscher sie gelesen hatte[28] (!, der Leser war wohl eher Gabriel bzw. dessen Gesinnungsgenossen), erfolgt eine (eindeutig monophysitisch inspirierte) Warnung an die Delegation, zu übermitteln durch Farrukhan (der hier zum letzten Mal in der Vita seine Funktion als Sprecher des Königs ausübt): „Sie sollen wissen: solange sie den Namen des Nestorius verkünden, erlauben wir ihnen nicht, daß sie ein Haupt bekommen“. – Dies kann sich nicht auf die bisher vorgelegten Texte der Delegation beziehen; in ihnen kommt der Name des Nestorius nicht vor. – „Und der König schrieb drei Fragen auf und schickte sie den Bischöfen, damit sie sich deswegen verteidigen

---

23 *Reinink* II, p. 180. Über Ḥenanišoʿ ibid., p. 181, Anm. 58.

24 *Reinink* II, p. 182.

25 Bedjan, p. 515–517; Chabot, Syn. Or., p. 632.

26 *Chabot,* Syn. Or., p. 632, Anm. 1: „Ces mots ne se trouvent pas textuellement dans le document, mais bien quant au sens“.

27 Die „Einwände“ in der Vita sind die der Gegner, im Syn. Or. die der Ostsyrer.

28 Cf. Chronik von Séert II, Nr. LXXXIII, PO 13,4, ed. Scher, p. 529: Der Großkönig „prit connaissance de leurs paroles de vérité“.

sollten". 1. „Wer ist seit der apostolischen Verkündigung des Glaubens zuerst abgewichen – die Mönche (*dyry'* = „Klosterbewohner") oder die Nestorianer? 2. Wen hat Maria geboren – Gott oder Mensch? 3. Gibt es einen Lehrer vor Nestorius, der Christus zwei Naturen und zwei Hypostasen genannt hat? – Nach den Fragen zu schließen, sind die Mönche Severianer, als solche werden sie in der Parallelüberlieferung der Dokumente bezeichnet[29], während das Lemma zu den Dokumenten im Synodicon Orientale von Mönchen *(dry')*[30] spricht wie die Vita. Die gegnerischen Mönche tauchen im Bericht über die zermürbenden Verhandlungen zwischen der kirchlichen Delegation und dem Hof hier zum ersten Mal auf. Es ist anzunehmen, daß sie die Experten auf der Seite Gabriels sind und ihm die Stichworte liefern, die er seinerseits weitergibt. –

Die Delegation fertigt für die capitula *(š')*, d.h. für die drei Fragen eine „starke und unwiderlegliche Auflösung" an[31], aus den göttlichen Schriften und aus den Lehren der heiligen Väter, „die die festen Säulen in der Kirche waren. Und dann tat der König dasselbe wie beim ersten Mal: er schwieg und sagte nichts". – Auch jetzt also erhielt die Delegation nicht die Erlaubnis zur Wahl eines Katholikos. Am Ende der Dokumente von 612 wird ebenfalls notiert, daß sie keine Antwort vom König erhielten, als einer der möglichen Gründe wird dort die Rücksicht auf Gabriel, „das Haupt der Theopaschiten" genannt[32].

Die kirchliche Delegation gab auch jetzt die Hoffnung nicht auf. – § 51[33]: Nachdem etwas Zeit vergangen war, zieht der König „nach seiner Gewohnheit" nach Medien (nämlich zum Sommeraufenthalt). Die Delegation folgt ihm, Georg und Ḥenanišoʿ werden überredet, bei der Delegation zu bleiben, weil sie von großem Nutzen sein würden. Als sie in Medien angekommen waren, „blieben sie dort längere Zeit, ohne daß jemand etwas von den kirchlichen Angelegenheiten redete oder anhörte".

Jedoch wurden Mitglieder der Delegation aktiv in den Streit um das Martyrion des hl. Sergius verwickelt, das Gabriel seinen bisherigen Hütern wegnahm und mit seinen Gesinnungsgenossen, „den Theopaschiten, den Anhängern der gottlosen Häresie" besetzte (§ 51 Ende und 52. 53).

„Georges[34] et Ḥenanišoʿ contestèrent la légitimité de ce transfert. Leur zèle les porta à quelque excès de parole, et peut-être à quelques voies de fait. Le rusé Šiggarien saisit l'occasion de triompher définitivement de ses ennemis. Il accusa Šubḥa-le-Maran

[29] L. Abramowski, A. E. Goodman (eds.), A Nestorian Collection of Christological Texts (Cambridge 1972) I, p. 169,1 / II, p. 100,23.

[30] Gibt es anderswo einen Hinweis darauf, daß man vielleicht die severianischen Mönche als *dry'* („Klosterleute") bezeichnetet und *yḥdy'* (Eremiten) für die ostsyrischen reservierte?

[31] Im Syn. Or. steht „Antwort" statt „Auflösung" – terminologisch sind das Synonyme.

[32] Syn. Or., p. 580,9 / p. 598 unten.

[33] Bedjan, p. 517–518; Chabot, Syn. Or., p. 632–633.

[34] *Labourt,* Christianisme, p. 228.

d'avoir voulu le tuer, et Georges d'être un renégat du magisme. Le résultat était facile à prévoir".

Beide Anschuldigungen werden aufgegriffen, ein hoher Beamter mit der Untersuchung beauftragt. Dem Schicksal Georgs (Gefangenschaft, Folter, Kreuzigung, Tötung am Kreuz durch Pfeilschützen[35]) und seiner Glaubens- und Leidensstärke ist der Rest der langen Vita gewidmet[36].

Zum Beginn des Berichts über die Kreuzigung macht Babai zwei Zeitangaben. §61: Georg war sieben Monate „an der Pforte des Königreichs" gefangen und acht Monate auf der Festung, die persisch Garondagan, syrisch Akra von Kokē heißt. Wenn man vom Todesdatum, 14. Januar 615 (§79), rückwärts rechnet, dann hat etwa im November 613 seine Gefangenschaft am Hof begonnen, und etwa im Mai 614 wäre er in das schreckliche Festungsgefängnis gekommen. Das spricht dafür, daß der Sommeraufenthalt des Hofes in Medien, dem die kirchliche Delegation gefolgt war, in den Sommer 613 fällt.

2. Die Texte

Die theologischen Dokumente, die im Jahr 612 dem persischen Großkönig Kosrau II. vorgelegt wurden, sind uns in zwei Textsammlungen überliefert, einmal (seit langem bekannt) im Synodicon Orientale und zum andern in einer dogmatischen Sammlung, die die Herausgeber „A Nestorian Collection of Christological Texts" genannt haben[37]. Die beiden Überlieferungen weisen einige Differenzen auf, die in der Einleitung zur „Nestorian Collection" (im Folgenden = C) beschrieben sind[38].

C läßt weg, was mit dem historischen Anlass der Delegation zu tun hat: „Remerciements et apologie au Roi" (Syn. Or., p. 563–564 / p. 580–581), den

[35] Unter Berufung auf *Chr. Jullien,* Peines et supplices dans les actes des martyrs persans et droit sassanide: nouvelles prospections, Studia Iranica 33 (2004) 243–269, speziell p. 260, erklärt *J. Walker,* A Saint and his Biographer in Late Antique Iraq, in: A. Papaconstantinou (ed.), Writing ‚True Stories'. (Turnhout 2010) 31: „George was shot full of arrows and then crucified." Aber die Reihenfolge in Babais Vita §68. 69 ist genau umgekehrt: auf den Gekreuzigten (und damit als Ziel Fixierten) werden die Pfeile abgeschossen; ebenso bei der gleichzeitigen Hinrichtung eines weltlichen Großen (§78).

[36] *Labourt* sagt noch (p. 229): „Nous ignorons le sort qui fut réservé à Šubḥa-le-Maran". Aber die Chronik von Séert, die Labourt noch nicht kannte, weiß, daß Šubḥalmaran „in ein fernes Land" exiliert wurde (II 2, Nr. LXXXVI, PO 13,4, ed. Scher, p. 539). Hinweis bei *Reinink* II, p. 190, Anm. 89.

[37] Siehe oben, Anm. 29. *T. Jansma* hat im JSSt 20 (1975) 93–109 den beiden Bänden eine außerordentlich eingehende Besprechung gewidmet, die sich, dem Charakter der Zeitschrift entsprechend, fast ganz Text- und Übersetzungsfragen widmet. Zum Text von 612 in C, vol. I, p. 159,1–169,19 siehe *Jansma,* Review, p. 96 unten – 97 oben; zu vol. II, p. 88,27–100,32 siehe *Jansma,* Review, p. 105–106.

[38] C, vol. II, p. xlii–xliv.

Epilog (p. 567 / p. 584–585) und „Supplique que les pères présentèrent au roi qu'il leur accorde (un chef) en Orient“ (p. 568 /p. 585–586).

Die „Einwände“ gegen die „Severianer, Theopaschiten“ (Syn. Or., p. 568–573 / p. 586–591) sind im Synodicon Orientale innerhalb ihrer Gruppen numeriert, in C aber nicht. Wenn man die fünf Gruppen im Syn. Or. als a, b, c, d, e bezeichnet, so ist die Anordnung in C: a, d, e, c, b. „The order in C is more systematic in that the series about the trinitarian implications does not separate the proper christological questions. We are not sure which arrangement is the original one“[39].

Die erste Gruppe („Contre ceux qui confessent une seule nature et une seule hypostase[40] dans le Christ“) weist im Syn. Or. eine Konfusion auf, die mit Hilfe von C korrigiert werden kann. Im Syn. Or. ist die Buchstabenziffer für 1 vor den Titel der Gruppe gesetzt (von Chabot in der Übersetzung p. 586 nicht wiedergegeben). Der folgende Einwand hat die Ziffer 2. „The chapter, however, to which no. 1 really refers is not lost. C has it, showing it to be identical with chapters 8 and 9 in Syn. Or. (p. 569,20–27 / p. 587). Chabot recognized (n. 2 to this page) that the division into two chapters is erroneous; from C it can be seen that in the process of deplacement and chopping into two the original ch. 1 has lost also a sentence“[41], nämlich das Ende. Dieser Satz lautet in C: „Every nature which exists has a distinct definition and a singular property. If you confess Christ as one nature, what is its definition, and what is its property?“[42]

Zur ersten Gruppe der „Einwände“ gibt es eine dritte Überlieferung, ebenfalls in C, in unserer Gliederung dort als IVa und IVb gezählt, unter dem Titel „Again, chapters of a treatise“ (*drš'*, besser „controversy“) „against those who confess Christ as one nature and hypostasis“[43]. Eine Randbemerkung verweist darauf, daß „this chapter is written in its place below“, nämlich in VIIb. Aber die Anordnung der capitula in C IVa und IVb entspricht der (durch die oben beschriebene Umstellung) veränderten Reihenfolge in Syn. Or. und nicht der in C VIIb. Der in Syn. Or. verlorengegangene Schlußsatz von Probl. 1, der aus C VIIb ergänzt werden konnte, ist in C IVa an seiner alten Stelle erhalten geblieben[44], geht also Problem 2 voran. Aus diesem Phänomen begreift man, warum die Umstellung des Problems 1 überhaupt erfolgt ist: der jetzt in C IVa übrig gebliebene Satz enthält eine allgemeine Regel über die Bestimmtheit jeder Natur und konnte daher als Grundlage für alles Folgende gelten.

Schließlich gibt es in C noch zwei nicht gekennzeichnete Exzerpte aus den „Einwänden“, beide in Text I, der den Titel hat „Warum wir Orientalen uns

[39] C, vol. II, p. xliii.
[40] Ich setze grundsätzlich „hypostase“ für *qnwm'*, wo Chabot „personne“ hat.
[41] C, vol. II, p. xliii.
[42] C, vol. I, p. 158,10–13; vol. II, p. 93,26–94,2.
[43] C, vol. I, p. 113,15–116,10; vol. II, p. 66,1–67,27.
[44] C, vol. I, p. 113,16–19; vol. II, p. 66,3–5.

von den Okzidentalen getrennt haben und warum wir Nestorianer genannt werden", geschrieben von Šahdost von Tarihan. Das erste Exzerpt steht in Ic[45] und stammt aus der Reihe über das θεοτόκος, das andere Exzerpt findet man in Id[46], es gehört in die Reihe über das Leiden Gottes im Fleisch.

Wie schon oben bemerkt, hat das Syn. Or. von den drei Fragen, die der Großkönig laut der Vita des Georg der Delegation stellte, im Lemma zur „Antwort" auf diese Fragen nur zwei (wir werden sehen, daß eine weitere „Antwort" nachgetragen wird, die das dritte Thema betrifft). C dagegen gibt wie die Vita drei Fragen an[47]; das Richtige gewiß im Syn. Or. Für die „Mönche" als dogmatisches Gegenüber setzt C „Severianer", das ist sicher sekundär, aber trotzdem die zutreffende Interpretation[48]. Unglücklicherweise bricht der Text von C ab, kurz nach der Einleitung zur „Antwort", nämlich bei Syn. Or., p. 591,22, mit den Worten „une seule majesté, une seule". Daher fehlt in C der Rest der biblischen Begründung, das ganze patristische Florileg und die Nachtrags-„Antwort"[49]. – Zwischen den Lemmata von Syn. Or. und von C gibt es keine Abhängigkeit in der einen oder anderen Richtung.

Das Lemma zu den Dokumenten von 612 in Syn. Or. (p. 562,1–563,3 / p. 580 Mitte) ist eine historische Einleitung, die Einzeldokumente haben dann ihre eigenen Lemmata. In C dagegen steht zuerst ein Lemma im strengen Sinn, und dann folgt eine historische Einleitung.

Die Einleitung im Syn. Or. sagt nichts davon, daß die Delegation sich wegen der Nachfolge im Katholikat am Hof befand; und überhaupt muß die notwendigerweise verkürzende Darstellung der Ereignisse aus den Einzelnachrichten in der Vita des Georg zurechtgerückt werden. Aber wir erfahren aus der Einleitung das Datum der Überreichung des Glaubensbekenntnisses (das 23. Regierungsjahr Kosraus = 612 A.D.), und die Anstifterrolle des Hofarztes Gabriel tritt klar zutage. – Die Einleitung in C[50] bringt im Sinne der

---

[45] C, vol. I, p. 14,1–15,5; vol. II, p. 11,27–12,15; entspricht den Problemen 4–8 der Reihe.

[46] C, vol. I, p. 55,3–56,4; vol. II, p. 34,31–35,16; entspricht den Problemen 2–7 der Reihe.

[47] C, vol. II, p. 100.

[48] In der Einleitung zu C, vol. II, p. xliv ist in der vierten Zeile statt „group of disciples and sympathizers of Ḥenana" zu lesen: „monks".

[49] Cf. C, vol. II, p. xliii.

[50] C, vol. I, p. 150,1–14; II, p. 88,24–35. Ein kleines textkritisches Problem enthält p. 88,27–29: „and the brethren of the ⟨bishop's palace⟩ who were with them". Die spitze Klammer ist eine Konjektur für ein syrisches Wort, das der Kopist als nicht gut lesbar in Klammern gesetzt und mit einem Fragezeichen versehen hat: *(dpsq'?)*. Ich habe seinerzeit die syrische Umschrift für „episkopeion" konjiziert. *Jansma*, Review, JSSt 20 (1975), p. 96 unten, möchte seinerseits „Leute" *('nš')* für „Brüder" lesen. *psq'* übersetzt er mit „Herde" (loc. cit., p. 105 unten): „and the people of the flock (i.e. the members of the Nestorian community)". Ich folge Jansma nunmehr, indem ich die Übersetzung „Herde" übernehme, aber unterscheide mich von ihm, indem ich an den „Brüdern" festhalte, denn wir wissen ja, daß Brüder aus Georgs Kloster inzwischen zur Delegation gehörten; die „Herde" wäre dann die Klostergemeinschaft.

Vita des Georg den Märtyrertod des letzteren mit dem Bekenntnis vor Kosrau in Zusammenhang.

Nun zu den Einzeldokumenten.

„Remerciements et apologie au Roi“ (Syn. Or., p. 562–564 / p. 580–584). Labourt urteilt von dieser Präambel[51]: sie „ne laisse pas que d'étonner ceux-là mêmes qui sont accoutumés à la servilité orientale“. Aber mit großem Geschick wird die Fürsorge des Königs „für unser geistliches Leben“ gepriesen, „welches (Leben) der Glauben an das Wahre ist, welcher barmherzigerweise dem menschlichen Geschlecht gegeben worden ist“. Die Fortsetzung könnte sogar einige Elemente von Ironie enthalten: „Pour ce bienfait nouveau et admirable, nous aurions besoin d'une nouvelle science à l'aide de laquelle nous puissions louer comme il convient la bonté de votre miséricorde“. In Ermangelung einer solchen Wissenschaft bittet man die Majestät des allmächtigen Gottes, die Herrschaft des Königs zu befestigen und über die ganze Erde und alle Generationen auszubreiten. Der darzulegende wahre Glaube wird vorgestellt (Syn. Or., p. 581 unten) als „geradewegs“ von den Propheten, den Aposteln und unserem Erlöser selbst „gelernt“; „diese Region des Orients“, „gerühmt vor allen Regionen“, hat ihn von Addai erhalten, einen der Apostel; wir haben diesen Glauben unverändert bis jetzt bewahrt. – Hier erscheint der Apostel Addai zum ersten und einzigen Mal im Synodicon Orientale[52]. Seine Funktion ist die des Garanten des direkten Zugangs zur ursprünglichen Lehre.

Bekenntnistext

Der eigentliche Bekenntnistext hat ein eigenes Lemma (Syn. Or., p. 581–582): „*Exemplar*[53] *des Glaubens* ...“. Hier wird wiederum das Datum angegeben, vielleicht ist es aus diesem Lemma in die Einleitung am Anfang der Dokumente übernommen worden.

Das Bekenntnis ist sehr lang (Syn. Or., p. 564–567 / p. 582–584) und, wie zu erwarten, zum größten Teil der Christologie gewidmet, beginnend mit „C'est pourquoi, pour nous, hommes, et pour notre salut ...“ (Syn. Or., p. 565,7 / p. 582 unten). Es geht voran das Bekenntnis zur Einheit der göttlichen Trinität und ihrer Entfaltung in drei Hypostasen.

Liest man das Bekenntnis im Licht der Synodalbekenntnisse bis 605 einschließlich, dann fällt auf, wie traditionell es ist mit seinen Themen, die uns seit Narsai vertraut sind. Und es fällt zweitens auf, wie unpolemisch es formuliert ist.

Es beginnt bei der einen göttlichen Natur; unter deren zahlreichen positiven wie negativen Prädikaten findet man „*nicht zusammengesetzt und ohne*

---

51 *Labourt*, Christianisme, p. 226.

52 Eine weitere im Index angegebene Stelle bezieht sich auf eine Vermutung Chabots, ausgesprochen in einer Anmerkung.

53 *ṣḥḥ'*, Chabot: „Libelle“.

Teile" (Syn. Or., p. 564,12 / p. 582), die in der aktuellen dogmatischen Debatte mit den Anhängern des Ḥenana die entscheidenden Stichworte sind. Die wie immer korrekte neunicaenische Trinitätslehre wird ebenfalls unter diesem Gesichtspunkt zusätzlich betrachtet: abgesehen von der Unterscheidung der Hypostasen nach ihrer Eigentümlichkeit („paternité, filiation, procession") gilt für jede Hypostase, was auch für die göttliche Natur gilt: „De même qu'on confesse le Père infini et *sans parties,* de même on doit confesser le Fils ou l'Esprit infini et *sans composition*". – Man erinnert sich, daß die „Zusammensetzung" bereits auf der Synode von 596 abgelehnt wurde. Die „Teile" sind nicht Lehrstücke des Ḥenana, sondern stellen (wie schon oben mehrfach bemerkt wurde) berechtigte Einwände gegen die „Zusammensetzung" als christologischen Begriff dar. Hier nun werden die Argumente der christologischen Auseinandersetzung bereits in der Gottes- und Trinitätslehre verhandelt, sachlich völlig richtig, weil es die Unangemessenheit der Rede von der Zusammensetzung für die göttliche Natur war, die zur Ablehnung des Konzepts führte. (Diese „relocation" ist ein Hinweis darauf, wie vertraut man gedanklich seit Jahren mit dem Problem ist).

Mit der Schöpfung der Welt durch die eine Gottheit in ihren Hypostasen beginnt die göttliche Unterweisung des menschlichen Geschlechts über Gott und über Gottes Geschichte mit den Menschen. Dies Grundthema der ostsyrischen Soteriologie wird hier in seinen ersten zwei Phasen geschickt zusammengefaßt; und ebenso geschickt wird die dritte Phase mit dem Kommen des Sohnes Gottes, des Logos, in die Welt eingeleitet, Syn. Or., p. 582 Mitte: „*Au commencement,* il instruisit sommairement le genre humain, selon la mesure de sa grande sagesse, par la connaissance de sa divinité; *au milieu des temps,* dans différentes visions et sous diverses figures, il se manifesta aux saints et ... conduisit et instruisit les hommes pour l'accroissement de leur science; et, *dans les derniers temps,* il a plu à sa sagesse incompréhensible de révéler et de faire connaître aux êtres raisonnables les mystères admirables de sa Trinité glorieuse, ... de la résurrection des morts et de la vie nouvelle ... C'est pourquoi, pour nous, hommes, et pour notre salut ...". Die vernunftbegabten Wesen sind es auch, über die am Ende das Gericht vollzogen wird (Syn. Or., p. 584 Mitte).

Der Sohn Gottes, der Logos, ist in die Welt gekommen, ohne sich vom Vater zu entfernen (Syn. Or., p. 582 unten) – diese Absicherung gegen eine auf die göttliche Natur nicht anwendbare physikalisch-lokale Vorstellung wird immer noch als nötig empfunden.

„Weil die geschaffenen Naturen die Gottheit nicht ansehen können, bildete er (der Logos) sich aus der Natur des Hauses Adam auf erhabene Weise einen heiligen Tempel, einen vollkommenen Menschen aus der seligen Jungfrau Maria ... er bekleidete sich mit ihm und vereinigte sich mit ihm, und durch ihn offenbarte er sich der Welt". Syn. Or., p. 582–583: „Über die wunderbare Verbindung" (*nqp',* entspricht συνάφεια) „und die untrennbare Einheit" (die mit weiteren Prädikaten versehen wird) „lehrte er uns, daß wir von daher unsern Herrn Jesus Christus, den Sohn Gottes, als *ein prosopon* kennen", geboren vor den Zeiten aus dem Vater in der Natur seiner Gottheit, geboren am Ende (der Zeiten) von der hl. Jungfrau in der Natur seiner Menschheit. – Dies ist die einzige Stelle in unserem Bekenntnis, an der das eine *prosopon* als Ausdruck für die christologische Einheit benutzt wird. Wie selten vom einen *prosopon* gesprochen wird, ist schon an anderen Texten aufgefallen; auch in dieser Hinsicht ist unser Text traditionell.

Phil 2 besagt, daß die eine Gestalt angenommen hat, die andere angenommen wurde; man darf also nicht die Eigentümlichkeiten der Naturen „zusammenschütten". „Il n'est pas possible, en effet, que celui qui prend deviendrait[54] celui qui est pris, ni que celui qui est pris deviendrait celui qui prend. Il se peut que Dieu le Verbe soit manifesté dans l'homme qu'il a revêtu, que sa nature humaine apparaisse aux créatures dans la τάξις[55] de son humanité, et qu'il soit dans une union indissoluble un seul Fils de Dieu, comme nous l'avons appris et le tenons. Mais il n'est pas possible que la divinité soit changée en l'humanité ni que l'humanité soit convertie en la nature de la divinité". Der eine Herr Jesus Christus, der Sohn Gottes, ist vollkommener Gott und vollkommener Mensch.

Die Entfaltung des Begriffspaars „vollkommener Gott – vollkommener Mensch" benutzt der Verfasser zur Einführung des terminus „Hypostase" in die Christologie und zwar zur Klärung von Mißverständnissen, Syn. Or., p. 583 unten: „Quand nous disons le Christ ‚Dieu parfait' nous ne désignons pas la Trinité, mais *une des hypostases de la Trinité: Dieu le Verbe.* Quand nous appelons le Christ ‚homme parfait', nous ne désignons pas tous les hommes, mais *cette seule hypostase qui a été spécialement prise pour être unie au Verbe* en vue de notre salut". Deswegen ist Christus, der in seiner Gottheit ewig aus dem Vater geboren ist, um unseretwillen in der letzten Zeit in seiner Menschheit aus der Jungfrau geboren. – Die zweifache Geburt kann also indirekt ausgesagt werden vom einen Christus; hinsichtlich seiner Naturen ist sogleich zu differenzieren nach ewiger und zeitlicher Geburt.

Syn. Or., p. 583 unten – 584: In seiner Gottheit verbleibt er in deren Eigenschaften; in seiner Menschheit wurde er nach dem Zeugnis des Evangelisten Lukas beschnitten, wuchs heran, befolgte das Gesetz, wurde getauft und begann die Predigt des neuen Bundes. Durch die Kraft der göttlichen Natur tat er Wunder, in der Natur seiner Menschheit hatte er Hunger und Durst … „Il souffrit et mourut sans que sa divinité le quittât ou souffrît". Er erstand durch die Kraft seiner Gottheit. Während der 40 Tage, die er bei den Jüngern verweilte, machte er sie seiner Auferstehung gewiß und uns dadurch unserer Hoffnung auf diese – ein Gedanke, der uns seit Narsai vertraut ist. – Die

[54] Chabot übersetzt das *nhw'* von Syn. Or., p. 565,29 mit „soit", ebenso Zeile 30.
[55] Chabot übersetzt mit „disposition".

Worte der Engel bei der Himmelfahrt lehren uns deutlich, „que *la hypostase de son humanité* monta au ciel, et ne fut ni abandonnée ni changée, mais qu'elle demeure dans une union inséparable avec sa divinité, dans la gloire sublime dans laquelle il apparaîtra lors de sa dernière manifestation dans les cieux ...". – Daß das Wiedererscheinen Christi am Ende der Tage in seiner menschlichen Natur stattfinden würde („wie ihr ihn gesehen habt ..."), damit er in seiner Herrlichkeit gesehen werden könne, gehört auch zum festen Bestand der dyophysitischen Predigt und Bekenntnisbildung der Ostsyrer, so ist nur konsequent, daß der eben mit dem Begriff des vollständigen Menschen eingeführte Terminus „Hypostase" jetzt auf die nicht verschwindende menschliche Natur des gen Himmel Gefahrenen angewendet wird.

Die Einführung des Hypostasenterminus geschieht in diesem Bekenntnis mit erstaunlicher Unauffälligkeit, wenn man bedenkt, daß hier die seit dem Ende des 5. Jhs geltende Sprachregelung verlassen wird. Zwar konnte man schon in ostsyrischen Texten des 6. Jh. gelegentlich die Aufnahme des für die Christologie umstrittenen Begriffs „eine Hypostase aus der Trinität" feststellen, aber ohne daß sie zur expliziten christologischen Anwendung kam[56]. (Die Disputation der Ostsyrer mit Kaiser Justinian in Konstantinopel muß immer als Ausnahme betrachtet werden, weil sie nicht innerhalb der persischen Kirche geführt wurde[57]).

Was hier jetzt vor sich geht, ist, anders als in Chalcedon und erst recht bei den Neuchalcedoniern, nicht die Ausbildung eines eigenen christologischen Hypostasenbegriffs, sondern die Weiterverwendung des trinitarischen für die göttliche Natur auch in christologischer Hinsicht; für die Realität der menschlichen Natur wird in Konsequenz ebenfalls der Begriff der Hypostase in Anspruch genommen, nach einer Regel, die in unseren Dokumenten an einer späteren Stelle ausgesprochen werden wird.

Das Bekenntnis hat einen Epilog (Syn. Or., p. 567 / p. 584 unten – 585). Darin wird die Allgemeingültigkeit seines Inhalts für Ost und West erklärt; ein „Fremder" ist, wer sich davon entfernt hat. Im Land der Perser hat es bis heute seinetwegen keine Häresie und kein Schisma gegeben. Anders bei den Römern; dort gab es zahlreiche Häresien, die sich zu uns flüchteten: die Manichäer (sic!), die Marcioniten und die Severianer-Theopaschiten. Als sie dort „aus der heiligen Kirche geworfen wurden", kamen sie hierher „et circulèrent en cachette sous un habit mensonger", – d. h. daß die severianische Propaganda von Mönchen betrieben wurde[58], – „dans des recoins obscurs, chez les gens de

[56] Siehe oben bei p. 335.

[57] Nach der Hypothese, die ich oben aufgestellt habe, ist die Christologie des Ḥenana eine Reaktion auf die dort vorgetragene Zwei-Hypostasen-Christologie, die sich ihrerseits gegen die ὑπόστασις σύνθετος der griechischen Diskussionsteilnehmer richtete. Die Notwendigkeit der Auseinandersetzung mit Ḥenana wiederum machte erst die zusammengesetzte Hypostase zu einem innerkirchlichen dogmatischen Problem in Persien.

[58] Wie seinerzeit die philoxenianische.

la campagne peu instruits". Jetzt aber, da das „Land der Römer eurer Herrschaft unterworfen" ist, als neuer und wunderbarer Besitz, solle der Großkönig dafür sorgen, daß die dort „mit uns im apostolischen Glauben befestigt werden, den sie doch mit uns zusammen von Anfang an empfangen haben". Es gibt nur einen Gott der Wahrheit, der der Herr aller Naturen ist; der möge auch nach seinem Willen „die Einheit eurer Herrschaft über die ganze Welt" erhalten.

Es folgt unter einem eigenen Lemma die *Supplik um die Erlaubnis zur Wahl eines Hauptes im Osten* (Syn. Or., p. 568 / p. 585). Man erinnert sich, daß die Sedisvakanz überhaupt der Anlass zum Aufbruch einer kirchlichen Delegation an den persischen Hof war und daß die theologischen Dokumente, die die Delegation dort produzierte, Reaktionen auf die Bedingungen waren, die der Großkönig, angestiftet durch den monophysitischen Hofarzt Gabriel, den Delegaten übermitteln ließ.

Die Supplik beginnt mit der wohl unvermeidlichen Schmeichelei, daß des Großkönigs Güte „uns gegenüber" größer ist als die aller seiner Vorgänger. Und wenn es (früher) nötig wurde, ein Haupt zu wählen, „habt Ihr, nicht weil wir dessen würdig waren, sondern wegen eurer Barmherzigkeit, ohne eine Supplik (unsererseits) befohlen, daß uns ein Haupt würde". – (So geschehen bei den Wahlen der Katholikoi Sabrišoʿ, 596, und Gregor, 605). – „So auch jetzt, da wegen unserer Unwürdigkeit eure Fürsorge uns entzogen ist, und es jetzt viele Jahre sind, daß wir kein Haupt haben", worunter die Kirche leidet, möge doch der Großkönig, wenn er es für gut befindet, uns „ein Haupt befehlen". – Wie wir wissen, hatte diese Bitte weder jetzt noch später, solange Kosrau lebte, Erfolg.

* *
*

Einwände der Orthodoxen

Einen völlig anderen Charakter als das Bekenntnis haben die *„Einwände (pkʾ) der Orthodoxen gegen die Severianer-Theopaschiten"*, indem sie die Gegner attackieren und die Unhaltbarkeit ihrer Sätze feststellen. Es handelt sich um fünf Reihen von dialektisch behandelten Problemen (griechisch vielleicht als ζητήματα[59] zu bezeichnen), die die Form von Aporien, reductiones ad absurdum oder Dilemmata annehmen. Die Reihenfolge der Gruppen im Syn. Or. ist diese:

a) (p. 568–569 / p. 586–587) „Contre ceux qui confessent une seule nature ou une seule hypostase dans le Christ".
b) (p. 569–571 / p. 587–588) „Contre ceux qui disent que Dieu a souffert dans la chair et est mort dans la chair".
c) (p. 571–572 / p. 588–589) „Contre ceux qui demandent si la sainte Vierge est Mère de Dieu ou mère de l'homme?"

[59] *drsʾ* könnte ζήτημα übersetzen wollen.

d) (p. 572–573 / p. 590) „Contre ceux qui nous accusent faussement de confesser en Dieu une quaternité au lieu de la Trinité".
e) (p. 573 / p. 590–591) „Contre ceux qui nous accusent d'admettre la dualité des Fils".

Das Prinzip der Anordnung scheint zu sein, daß man mit den polemischen Reihen beginnt und die beiden apologetischen an den Schluß stellt.

Reihe a). Die Unmöglichkeit, von einer Natur oder einer Hypostase in Christus zu reden, wird in sieben Problemata unter verschiedenen Aspekten dargestellt. Die Ausgangsfrage in Probl. 1 ist: Ob Christus, der Sohn Gottes, Gott in Natur und Hypostase und Mensch in Natur und Hypostase ist oder nicht. Bei Verneinung ergeben sich Aporien: Welcher von ihnen (Gott und Mensch) ist ohne Natur und Hypostase? Hat die von den Gegnern postulierte eine Hypostase eine wesensgleiche (andere)? Gibt es eine „andere" Hypostase aus Gottheit und Menschheit? Die Alternative (bei Bejahung der Frage) ist: etwas seinem εἶδος nach Einziges, das weder mit Gott noch mit uns wesensgleich wäre. Jede Natur hat ihre Definition und Eigentümlichkeit – was wäre die der (postulierten) einen Natur?

Diese Aporien und Absurditäten werden neben anderen Aspekten in den folgenden Problemata aufgenommen, so in Probl. 2 die doppelte Homoousie Christi als ein Beweis für seine zwei Naturen. Probl. 3 und 4 sind erkennbar gegen Ḥenana gerichtet, ohne daß sein Name fällt. Die Anti-Ḥenana- und Ḥenana-Stichworte „Teile" und „Zusammensetzung" finden sich nur hier innerhalb der Reihen der „Einwände", ein Indiz dafür, wie sehr die Atmosphäre am Hof durch die Konfessionszugehörigkeit Gabriels bestimmt war.

Probl. 3: Ist Christus eine Natur und Hypostase aus Gottheit und Menschheit, dann sind diese Teile dieser Natur und Hypostase. Da das Ganze größer ist als seine Teile, wäre eine solche Natur und Hypostase größer als die göttliche Natur!

Probl. 4. Eine „zusammengestellte (‚versammelte') und zusammengesetzte Natur und Hypostase" ist eine „andere" als eine nicht-zusammengesetzte; also wäre dann die Natur und Hypostase des Sohnes eine andere als die des Vaters oder des Geistes?

Ein neuer Gesichtspunkt in Probl. 5: Christus in seiner Gottheit ist Schöpfer seiner Menschheit, seine Menschheit von ihm geschaffen. Aber: *Eine* Hypostase kann sich nicht selbst schaffen oder durch sich selbst geschaffen werden.

Probl. 6 hat ein verwandtes Thema[60]: Anfangslosigkeit und Anfang in der Zeit, das analog behandelt wird. Und was eine „andere" Natur und Hypostase als Ergebnis von Union zweier Naturen ist, wird an der Natur des Menschen illustriert: was aus der ἕνωσις φυσκή der Seele mit dem Leib hervorgeht, ist nicht die Natur der Seele oder des Leibes, sondern die Natur des Menschen.

[60] Syn. Or., p. 569,6 ist statt der beiden Partizipien mit C ein infinitivus absolutus zu lesen.

Probl. 7 bringt einen weiteren terminus in die Debatte: die *ousia singularis* (dazu s. unten das Kapitel über Babai d. G.): Jede Hypostase, die es gibt, besitzt die *ousia singularis* – welches wäre die *ousia singularis* Christi und von welcher allgemeinen *(ousia)* würde sie sich unterscheiden?

– Schon nach Durchsicht dieser Reihe läßt sich eine Beobachtung anschließen, die für die Beurteilung der Verfasserfrage eine Rolle spielen wird. Diese „Einwände" benutzen weder den Ausdruck „eine der Hypostasen der Trinität", noch gehen sie argumentierend aus von Christus als „vollkommener Gott und vollkommener Mensch". Dies, und nicht nur der dialektische Duktus der Argumentation, unterscheidet sie vom vorangehenden Glaubensbekenntnis. –

Reihe b). Die Reihe besteht aus 11 Problemen, die fast alle als Aporien enden. Probl. 1 setzt bei der abzulehnenden Analogie der natürlichen Union von Leib und Seele für die Christologie an. Die Seele ist (nämlich) „auf begrenzende Weise" im Leib eingeschlossen; in christologischer Anwendung hieße das, daß die Gottheit im Leib „in begrenzender Weise" eingeschlossen wäre, sie würde des Leibes für ihr Wirken bedürfen und würde alle seine Leiden erleiden. Damit hätte die Gottheit ihre leidensunfähige Natur verlassen. Wie kann der leidensunfähige Gott Logos im Leib leiden?

Probl. 2: Wenn schon die unsterblich *geschaffene* Seele nicht im Leib sterben kann, wie der *wesentlich* unsterbliche Gott Logos?

– Man beachte, daß das grammatische Subjekt der letzten beiden Sätze der Gott Logos ist, wogegen das nächste Problem von „Christus, unserem Herrn" redet. –

Probl. 3: „Wenn in Christus, unserem Herrn, unsterbliches Leben auf verschiedene Weise ist, ist Christus dann nicht zwei Naturen, eine, die ewig lebt, und eine andere, die Leben in der Zeit empfangen hat?"

Probl. 4 betrifft die Relation von göttlicher Natur und menschlicher Seele zum Leib in der Auferstehung zum erneuten Nachweis, daß es sich nicht um eine natürliche Union wie die von Leib und Seele handeln kann. Der „natürlichen und hypostatischen Union" steht gegenüber die „willentlich und προσωπικῶς"[61] bestimmte (das herabsetzende „seulement", das Chabot in seine Übersetzung einfügt, ist zu streichen). – In den „Einwänden" haben wir hier zum ersten Mal ein Derivat von *prosopon.*

In Probl. 9 fällt das Ḥenana-Stichwort „Zusammensetzung" als eines, das der Gottheit nicht angemessen ist: „Die Gottheit ist ohne Zusammensetzung".

Probl. 11: In den Schriften werden gegensätzliche Dinge über Christus gesagt, wie kann sich das auf ein- und dieselbe Hypostase beziehen?

---

[61] Von Chabot (p. 588) als „affectivement et moralement" abschwächend übersetzt; doch gibt er für das zweite Adverb in Anm. 2 die richtige griechische Entsprechung an.

Reihe c) behandelt in 8 Problemen die Frage, wie man von der Mutterschaft Mariens sprechen solle.

Probl. 1 führt einige Bibelstellen über die Geburt Jesu an. Die theologische Gefahr der einseitig verstandenen Bezeichnungen θεοτόκος und ἀνθρωποτόκος wird aufgezeigt. Die richtige Bezeichnung wäre χριστοτόκος[62]. „Puisque sous le nom de Christ on comprend à la fois sa divinité et son humanité, celui qui appelle la Vierge ‚Mère du Christ', détruit et anéantit par une seule profession de foi toutes les impiétés: celle qui nie sa divinité et celle qui nie son humanité". – Die folgenden Probleme deklinieren die Unangemessenheit einer direkten Aussage der Geburt Gottes aus der Jungfrau; man achte auf die Verwendung des Titels Gott Logos (Probl. 4 und 8), an Stellen, wo auch „Gottheit" stehen könnte, der Verfasser unterscheidet streng zwischen Aussagen über den Logos und über Christus.

Der θεοτόκος-Titel wird nicht verboten, aber das Motiv derer, die ihn gebrauchen, erscheint zweifelhaft, Probl. 7: „Puisque celui qu'on confesse né de la Vierge est nécessairement celui qui a été circoncis, qui a grandi en stature, en sagesse et en grâce, qui a été crucifié, a souffert, est mort, conformément au témoignage de l'Écriture, ce n'est pas pour l'honneur du Christ ou de sa mère que les hérétiques appellent la Vierge ‚Mère de Dieu', mais pour trouver moyen d'imputer à Dieu toute ces faiblesses et ces passions".

Reihe d) über den Vorwurf der „Quaternität", abgehandelt in 7 Problemen, die fast alle als Aporien formuliert sind: „Wenn ..., wie kann ... ?". Der Vorwurf der Quaternität war schon in der Diskussion mit Kaiser Justinian und seinen Theologen von der persischen Delegation unter Paul von Nisibis zurückgewiesen worden. Die Vertreter der persischen Kirche brachten als schlagenden Einwand vor, genausogut könne man von der Zufügung einer zweiten Natur zur einen Gottheit in der Trinität wegen der Inkarnation reden. Dies erschien den Byzantinern absurd, aber der Einwand war durchaus zutreffend[63]. Nun waren die Byzantiner trotz ihrer zusammengesetzten christologischen Hypostase Dyophysiten, wogegen die Problematik jetzt mit den Vertretern der einen christologischen Natur verhandelt werden muß. Trotzdem wird mit dem Unterschied der Naturen gearbeitet.

Probl. 1. Die Trinität wird bekannt als von gleicher Natur seiend; wie soll, was nicht von ihrer Natur ist, mit ihr als Quaternität gezählt[64] werden? Probl. 2: Wenn die Trinität als Gottheit bekannt wird, wie kann die Menschheit mit der Gottheit als vierte gezählt werden? Probl. 3: Wenn die Hyposta-

[62] Dieser durchaus plausible Vorschlag ist mit der Person des Nestorius 431 verurteilt worden.

[63] Siehe oben im betreffenden Kapitel.

[64] Chabot (p. 590) übersetzt mit „formerait", aber es ist das „Zählen" als solches, das anstößig ist; die Vokabel muß wörtlich genommen werden.

sen der Trinität als ewig bekannt werden, wie kann eine zeitliche Hypostase mit der ewigen als vierte gezählt werden?

Probl. 4 kehrt den Spieß um: Ist der Leib aus Maria von Natur aus verschieden von der Natur der Trinität oder nicht? Wenn nicht, ist er dem Vater oder dem Geist wesensgleich (was absurd wäre). Wenn er aber verschieden ist, so fragen wir: Wie der Leib in seiner Natur verschieden ist, ist er so (auch) in seiner Hypostase verschieden von den Hypostasen der Trinität oder nicht? Wenn nicht, dann wird die „genaue" Vierheit von *euch* bekannt! Wenn er aber verschieden ist, wieso nehmt ihr in Anspruch, angesichts der Verschiedenheit keine Vierheit auszusagen, während ihr sie uns vorwerft, die wir sie nicht sagen?

Probl. 5 behandelt das Thema unter dem Stichwort „Hinzufügung". Wenn der Mensch aus unserm Geschlecht eine Hinzufügung zur Trinität ist, weil mit dem Gott Logos vereinigt, dann müßte umgekehrt der Gott Logos eine Hinzufügung zur Zahl der Menschen sein. Wenn das aber unmöglich ist, ist auch das Umgekehrte nicht möglich: der Mensch kann den Hypostasen der Gottheit nicht der Zahl nach hinzugefügt werden.

Probl. 6: Wenn der Gott Logos, ewig vollkommen in seiner Hypostase, in seine Hypostase die Menschheit eingeführt hat, wieso hat er dann keine Hinzufügung in seiner Hypostase vorgenommen? – D.h. das Problem, wie sich die menschliche Natur Christi zur Trinität verhält, stellt sich in einer Christologie der einen Hypostase nicht anders als in der ostsyrischen. Und der Vorwurf in Gestalt einer Quantifizierung kann an die Gegenseite zurückgegeben werden.

Probl. 7: „Wenn der Hypostase des Logos etwas hinzugefügt wird, was sie nicht von Ewigkeit hat", wird sie dann nicht umfangreicher als Vater oder Geist? Und wie verhielte es sich dann mit der ewigen Gleichheit der Trinität? (Die Gegenposition ist:) Während wir im einen *prosopon des einen Namens des Sohnes* zugleich die Gottheit und die Menschheit Christi erkennen wegen der Union", wo ist dann die Notwendigkeit, in das Bekenntnis einer Vierheit zu fallen? – Dies letzte Problem der Reihe zeigt durch die Gegenüberstellung zweier Lösungen des christologischen Problems, daß hier auch ein trinitarisches Problem vorliegt und daß es ein Irrtum der Gegenseite ist, die Nichtbeachtung des Problems in ihrer eigenen Christologie sei dessen Lösung.

– Ferner wird deutlicher als je zuvor, daß *prosopon* für die Ostsyrer in die Nomenklatur der Christologie gehört, und anders als für die Byzantiner, nicht in die Nomenklatur der Gotteslehre und Trinitätslehre.

Reihe e) über den Vorwurf der Zweiheit der Söhne. Die Reihe hat nur zwei Probleme, doch ist Probl. 2 eins der längeren.

Probl. 1: „Weil man nicht ohne die Gottheit unseres Herrn seine Menschheit gesondert ‚Sohn Gottes' nennt, sondern mit seiner Gottheit auf geeinte Weise", woher dann eine Notwendigkeit von zwei Söhnen zu reden?

Probl. 2 ist eine Reductio ad absurdum: Von zwei Söhnen könnte man nur sprechen, wäre die Menschheit (unseres Herrn) ebenfalls auf natürliche Weise aus dem Vater geboren wie der Gott Logos, und dann wären die beiden sogar Brüder – niemand käme auf solche abstruse Ideen! Sondern: in der Union mit dem Logos, durch dessen Sohnschaft, ist die Menschheit mit ihm *ein* Sohn. Wie soll sie in Zweiheit der Söhne mit dem Gott Logos gezählt werden?

* *
*

Während das Bekenntnis und die „Einwände" auf Vorschlag des Georg dem Großkönig als Erweis des in seiner „Wahrheit" angezweifelten Glaubens übermittelt wurden, nachdem die vom Hofarzt Gabriel gewünschte Diskussion von Kosrau auf die oben beschriebene Weise[65] de facto vereitelt worden war (die überreichten Texte brachten freilich der Delegation nicht die erhoffte Erlaubnis zur Wahl eines „Hauptes"), ist das nächste Dokument die Erfüllung einer von Kosrau gestellten Bedingung, die natürlich auch auf Gabriel zurückgeht. Es ist die *„Antwort auf das, was gefragt wurde"*, nämlich welche von beiden Parteien das Fundament des überlieferten Glaubens verlassen habe und ob vor Nestorius jemand von zwei Naturen und zwei Hypostasen in Christus gesprochen habe (Syn. Or., p. 574–579 / p. 591–597). – Die dritte Frage, von der die Vita Georgs und C sprechen, erscheint in diesem Lemma nicht; aber die nachgereichte „Antwort" (Syn. Or., p. 579–580 / p. 597–598) spricht dafür, daß auch die dritte Frage nachgereicht wurde.

Die „Antwort" der Delegation nimmt einleitend den Wortlaut beider Fragen in einem einzigen langen Satz auf (p. 575,6–13 / p. 591 Mitte), der auch ankündigt, wie man vorzugehen gedenke: Eine Abweichung vom Fundament der alten Lehre kann man nur an Hand des korrekten Glaubens feststellen; dieser ist den hl. Schriften zu entnehmen, „wie auch das Kommen Christi und die uns betreffende Oikonomia genau und klar aus den Schriften erkannt wird"; danach wird dargestellt werden, was die Lehrer vor Nestorius sagten.

Schon der erste Satz, der die biblischen Aussagen über Christus einführt (p. 574,14–16 / p. 591 unten), benutzt die beiden Stichworte des ersten der Dokumente von 612, nämlich des Glaubensbekenntnisses: „Les Livres saints nous enseignent donc au sujet du Christ Notre-Seigneur qu'il est *Dieu parfait et homme parfait* dans une seule filiation et dans une seule Majesté, une seule puissance, une seule volonté, une seule économie".

Zunächst werden Bibelstellen über die Gottheit Christi angeführt (p. 591 unten), dann solche über seine Menschheit (p. 591–592), es sind deutlich mehr.

Als ein Fazit wird gezogen (p. 592 unten): Solche Stellen, in denen zwischen Christi Gottheit und Menschheit unterschieden wird, ließen sich vermehren; sie sind einander so entgegengesetzt, daß sie nicht von der jeweils

[65] Siehe oben zu § 49 der Vita des Georg.

anderen Natur ausgesagt werden können. Aus ihnen geht deutlich hervor, daß Christus vollkommener Gott und vollkommener Mensch ist, woraus wiederum folgt, daß er vollkommener Gott in Natur und Hypostase der Gottheit und vollkommener Mensch in Natur und Hypostase der Menschheit ist. – Denselben Schluß von der doppelten Vollkommenheit Christi auf die zwei Naturen und Hypostasen finden wir auch schon im Bekenntnis der Delegation, s. o. – Und wie man aus den (biblischen) Worten über Christus in ihrer Gegensätzlichkeit seine zwei Naturen und seine zwei Hypostasen erkennen kann, so auch aus dem, was über ihn als Sohn Gottes gesagt wird, daß Christus einer ist; nicht in der Einsheit *(ḥdnywt')* von Natur und Hypostase, sondern im einen *prosopon* der Sohnschaft, und in einer Macht, Heilsverwaltung, Kraft, Herrschaft.

Nicht wir sind es also, die vom Fundament des rechten Glaubens abgewichen sind, sondern Severus und seine Schüler, die Christus als eine Natur und Hypostase bekennen.

Dasselbe wird aus der Rede(weise) *(mmll')* der Lehrer vor Nestorius evident (womit die zweite der Fragen der Gegner beantwortet wird). – Es folgt ein Florileg aus 31 Zitaten (p. 592–596)[66]. Chabot hat fast alle Zitate nachgewiesen und die Originale im Apparat abgedruckt, so daß man Wörtlichkeit und evtl. Abweichungen kontrollieren kann. Ergänzend zu Chabot mache ich hier Anmerkungen zu einigen der Zitate, ohne jeden Anspruch auf Vollständigkeit.

Die ersten drei Chrysostomus-Zitate (Nr. 1–3, insgesamt sind es acht) stammen aus der Epistula ad Caesarium, die in CPG unter den Dubia et Spuria steht (4530); die beiden ersten Exzerpte richten sich gegen die μία φύσις. Die ganze Epistel gehört in das 5. Jh. Das vierte Chrysostomus-Zitat hat Chabot nicht nachweisen können[67], es klingt sehr edessenisch-nisibenisch: „Le Christ qui fut baptisé reçut l'Esprit et donna l'Esprit: *la nature humaine, visible,* reçut l'Esprit; *la nature divine, cachée,* donna l'Esprit". Keine Anmerkung macht Chabot zum letzten Zitat des Goldmundes (Nr. 8 im Florileg): „Dans une autre homélie, il dit: ‚Le Christ, par la nature de son humanité, est notre frère; mais par la gloire infinie il est au-dessus de nous'"[68].

Nr. 14 im Florileg (p. 594 Mitte) gehört in den Brief „der 150 Väter von Konstantinopel" an die westlichen Bischöfe; der griechische Schluß des Zitats, τέλειον δὲ ἄνθρωπον ... γενόμενον ist in der syrischen Übersetzung zu „il a pris de notre race un homme parfait et il habita en lui" geworden.

[66] Ich habe die Exzerpte mit laufenden Nummern versehen.

[67] *Chabot*, Syn. Or., p. 593, Anm. 3, teilt mit, daß er das Zitat in keiner der echten oder unechten Homilien des Chrysostomus gefunden habe.

[68] Nr. 9. 10: Gregor von Nazianz; Nr. 11–13: Athanasius; Nr. 15: Damasus von Rom; Nr. 16. 17: Basilius von Caesarea.

Gregor von Nyssa liefert die Zitate Nr. 18–20 (p. 595), diese werden seinem Brief „Über den Glauben" zugeschrieben. Nr. 18 hat Chabot nicht finden können, vermutet aber, daß es aus dem gleichen Brief stammt, wie die folgenden Exzerpte[69]. Die lateinische Übersetzung des vollständigen Briefs, ediert durch Giovanni Mercati[70], bestätigt Chabots Vermutung; Nr. 18 ist dem Anfang des Briefs entnommen. Es handelt sich um den Brief Gregors an den Mönch Philippus. Nicht ganz so vollständig ist eine syrische Übersetzung des Briefes, erhalten in der „Darlegung über den Glauben" des Johannes Maron[71]. Griechisch ist nur eine Passage exzerpiert worden, kürzer bei Leontius von Jerusalem, länger bei Johannes von Damaskus[72], aus derselben Textstelle stammen unsere Zitate Nr. 19 und 20. M. Breydy hat den lateinischen Text und den syrischen Text nebeneinander abgedruckt[73]. Von den Exzerpten unseres Florilegs von 612 hat Breydy keine Kenntnis. Unser Zitat Nr. 18 entspricht in seiner Ausgabe p. 241 unten letzte Zeile – p. 242 bis fast unten. Die syrischen Übersetzungen sind nicht identisch, auf der Seite unseres Florilegs ist der Text gekürzt, und es verbleibt eine Differenz, die sich nur durch das verlorene griechische Original auflösen ließe. Kurz wie die Zitate Nr. 19 und 20 sind, weisen auch sie eine andere syrische Übersetzung auf. Den Anfang des Textstücks bei Johannes Damascenus bzw. Leontius von Jerusalem bezeichnet Breydy in der lateinischen Spalte mit hochgestellten Buchstaben. – Der ganze Brief ist ein Musterbeispiel dafür, wie die Zwei-Naturen-Christologie sich aus der Abwehr des Arianismus entwickelt (und in der anderen Frontstellung zugleich gegen den Synousiasmus gewendet werden kann). Gregor von Nyssa zeigt sich hier ganz von seiner streng dyophysitischen Seite[74]. Von der Union in Christus sagt er ausdrücklich, „ce n'est pas par la nature" (Nr. 19); und „un προσωπον unique de filiation", einem griechischen μοναδικὸν ... τῆς υἱότητος τὸ πρόσωπον entsprechend (Nr. 20), macht die epistula ad Philippum zu einem ausgezeichneten Beleg aus der Tradition für die ostsyrische Christologie.

---

[69] *Chabot,* Syn. Or., p. 595, Anm. 1.

[70] *G. Mercati,* Codici latini Pico Grimani Pio e di altra biblioteca ignota del secolo XVI esistenti nell'Ottoboniana = ST 75 (1938) 194–196.

[71] *M. Breydy,* Vestiges méconnus des pères cappadociens en syriaque. Lettre de Grégoire de Nysse au moine Philippe, ParOr 12 (1984/5) 239–251.

[72] Fundstellen bei *Bardenhewer* III (1923), p. 209. *Chabot,* Syn. Or., p. 595, Anm. 2 gibt die Fundstelle in der Gregor-Ausgabe der PG an: PG 46, 1112. Eine Kollation der beiden griechischen Tradenten bei Breydy, loc. cit., p. 246, Anm. 5.

[73] Breydy, loc. cit., p. 241–245.

[74] Zur Zwiespältigkeit der Christologie des Nysseners lese man *A. Grillmeier,* Jesus d. Chr. I³ (1990) 537–547. Der Aussagen Gregors, die zu seinem strengen Dyophysitismus nicht passen wollen, versucht ein ostsyrisches Florileg Herr zu werden, s. *L. Abramowski, A. Van Roey,* Das Florileg mit den Gregor-Scholien aus Vatic. Borg. Syr. 82, OLP 1 (1970) 130–180.

Die anschließenden Zitate Nr. 21–24 (p. 595) gehören in den Brief des Atticus „Über den Glauben", das ist der Brief an den Priester Eupsychius[75], den M. Brière vollständig syrisch veröffentlicht hat[76].

„Justinian, Philosoph und Märtyrer" (Nr. 25, 26, p. 595) ist die übliche syrische Namensform für den Apologeten Justin. Der wahre Verfasser der Schrift über den Glauben ist jedoch Theodoret[77]. Bemerkenswert in Nr. 26: Christus „ist einer *in* zwei Naturen".

Die Amphilochius-Zitate (Nr. 27–29) partizipieren an den Echtheitsproblemen der unter dem Namen dieses Kappadokiers überlieferten Fragmente in PG 39. Die kritische Ausgabe der Amphilochius-Texte von C. Datema[78] faßt die Ergebnisse der wissenschaftlichen Diskussion durch seine Vorgänger auf zwei Seiten zusammen[79]. Was bei Migne Fragm. XV ist, der Brief an Seleucus über den Glauben, wird allgemein als unecht betrachtet. In unserem Florileg steht die ganze Gruppe der Amphilochius-Exzerpte unter dem Lemma „Brief über den Glauben", aber für das erste der Fragmente, Nr. 27, ist das falsch, es gehört bei Migne zu Fragm. XII, d. h. zur Homilie über „Der Vater ist größer als ich", die als echt gilt. Tradent ist Theodoret, Eranistes Flor. I 56[80], daraus ist hier die erste Hälfte übersetzt[81], mit leichter Verkürzung[82]. Die folgenden Fragmente dagegen gehören tatsächlich zum unechten „Brief über den Glauben". Zu Nr. 28[83] hat Chabot keine Parallele gefunden. Bei Datema steht es unter den Spuria als Fragm. I 7[84]; unsere syrische Übersetzung ist frei (in der Wortstellung zu Beginn aber näher am Griechischen als Chabots Französisch), der letzte Satz, „car nous proclamons un seul fils en deux natures", steht nicht im Griechischen. Nr. 29 ist griechisch zu mehr als der Hälfte durch Datema, Spuria I 6[85] bezeugt, wobei die syrische Übersetzung und Datemas Text gegen den Migne-Text[86] gemeinsam haben: Χριστὸς ἔπαθε σαρκί (bei Migne steht ὁ θεός für Χριστός). Der syrische Rest des Zitats: „Je ne dit pas:

[75] *Chabot,* Syn. Or., p. 595, Anm. 3, verweist auf den Fundort des Gesamttextes; den Namen des Empfängers schreibt er „Euphesinus".

[76] *M. Brière,* Une lettre inédite d'Atticus patriarche de Constantinople (406–425), ROC 29 (1933/34) 378–424. Weiteres: CPG 5655.

[77] CPG 6218 gibt die bibliographischen Nachweise über die Entdeckung des richtigen Verfassers.

[78] C. Datema (ed.), Amphilochii Iconiensis opera = CCG 3 (Turnhout, Leuven 1978).

[79] Ibid., p. XXIV–XXV.

[80] G. H. Ettlinger (ed.), Theodoret of Cyrus. Eranistes (Oxford 1975), p. 107; Datema, p. 228.

[81] Syn. Or., p. 596,3 „élévation" muß heißen „progrès".

[82] Ettlinger, p. 107,7–12.

[83] Chabots Anmerkungsziffer 2, Syn. Or., p. 596, muß zum nächsten Fragment gestellt werden.

[84] Datema, p. 264.

[85] Ibid.

[86] Zitiert Syn. Or., p. 596, Anm. 2.

‚un autre Fils' … un seul πρόσωπον de filiation" ist durch das griechische Fragment nicht gedeckt.

Der letzte zitierte Autor ist Ambrosius mit seinem „Brief über den Glauben" (Nr. 30. 31, p. 596). Hier finden wir den Zusatz „der Sohnschaft" zu *prosopon* und des Genitivs „Gottes" zu „Sohn", den Sprachgebrauch des Verfassers der „Antwort" (und seines Milieus) spiegelnd. Die kurzen Exzerpte sind in einem langen Text enthalten, den Theodoret im Eranistes anführt (Flor. II 29)[87]. „The[88] Ambrosian authorship of the *Expositio fidei* has been denied by Bardy[89], and since all later citations of this work depend on Theodoret, it must be classified as his error; Bardy rejects the notion, however, that so learned and honorable a person as Theodoret would deliberately make such a mistake, and suggests that the text is the work of an Antiochene writing perhaps even prior to the Council of Ephesus". Cf. C. Markschies[90]: „Die immer noch gern für A(mbrosius) in Anspruch genommene ἔκθεσις πίστεως bei Theodoret … stammt definitiv nicht von A(mbrosius)".

Am Ende des Florilegs (Syn. Or., p. 597) schreibt der Verfasser der „Antwort" ein resumierendes Nachwort, ein Hinweis darauf, daß ursprünglich wirklich nur *zwei* Fragen zu beantworten waren. – Es sei aus dem oben Geschriebenen und aus anderen Darlegungen, die vor Nestorius entstanden sind, völlig klar, sagt unser Autor, daß Christus zwei Naturen und zwei Hypostasen ist[91], denn wenn[92] Christus Gott genannt wird, meint man nicht die drei Hypostasen der Trinität, sondern die eine Hypostase des Gott Logos, ebenso, wenn Christus Mensch genannt wird, meint man nicht alle Hypostasen der Menschheit, sondern nur die eine zur Union mit dem Gott-Logos angenommene. – Dasselbe sehr eingängige Argument ist oben schon im Glaubensbekenntnis der Delegation verwendet worden. – Der hermeneutische Grundsatz für die Deutung der Väter-Zitate, von denen ja *keines* von zwei christologischen Hypostasen spricht, folgt jetzt: „Es ist nicht möglich, daß Natur ohne Hypostase sei". – Das wird weiter spezifiziert: „weil die Hypostase einzeln[93] ist, können mehrere Hypostasen in einer Natur sein, aber zwei oder mehrere Naturen können nicht in einer Hypostase sein, es sei denn, sie wären vorher eine Natur geworden", in einem solchen Fall wäre aus der Einheit der Natur die Einheit der Hypostase abzuleiten. „Wenn es also unmöglich ist, daß

---

87 Ettlinger, p. 162,10.11–13 und p. 163,8–12.

88 *Ettlinger,* p. 33.

89 In seinem Beitrag (L',expositio fidei' attribuée à saint Ambroise) zur FS Mercati I = ST 121 (1946), 199–218.

90 *C. Markschies,* Art. Ambrosius, in: LACL (1998 resp. ^{3}2002), p. 19a resp. p. 25a.

91 Chabot schreibt Syn. Or., p. 597 *„en* deux natures et *en* deux hypostases" (so auch weiter unten in der Mitte der Seite).

92 Chabot, Syn. Or., p. 597 oben beginnt nicht nur einen neuen Satz, sondern auch einen neuen Absatz: „C'est pourquoi quand …".

93 Zur *hypostasis singularis* siehe unten das Kapitel über Babai.

die ewige Natur und der unbegrenzte Geist mit der geschaffenen, leiblichen und begrenzten Natur eine Natur werden soll, ist es eindeutig, daß Christus zwei Naturen und zwei Hypostasen ist, und wegen der untrennbaren Union seiner Gottheit und seiner Menschheit wird eine Sohnschaft, Herrschaft und Macht geglaubt". – Die zwei Hypostasen werden aus den zwei Naturen *gefolgert;* und in der Konsequenz würde die Rede von einer Hypostase in Christus eine Natur voraussetzen.

Das eine *prosopon* erscheint übrigens in diesem Nachwort nicht, obwohl es in einigen der Zitate vorkommt. Die entscheidende Vokabel für die Einheit der Person Christi ist die eine Sohnschaft.

Als ein Nachtrag folgt, wie gesagt, noch eine weitere „Antwort" (Syn. Or., p. 579–580 / p. 597–598). Aus den einleitenden Zeilen läßt sich das Thema nicht entnehmen, erst aus dem Schlußwort (das übrigens in Analogie zu den vorangegangenen Dokumenten in größeren Typen hätte gedruckt werden müssen) ersieht man, daß es um die korrekte Bezeichnung der Mutter Jesu geht. In der Einleitung bezieht der Verfasser sich auf sein früheres „mémoire" *('whdn'),* damit kann nur die umfangreiche „Antwort, auf das was gefragt wurde", die im Synodicon Orientale vorangeht, gemeint sein. „Auch jetzt" wolle er die Bezeugung der Wahrheit aus Schriften der Lehrer vor Nestorius bringen. Das kleine Florileg zitiert Athanasius (Nr. 32. 33), Johannes (Chrysostomus) (Nr. 34. 35) und Basilius (Nr. 36). Die Zitate laufen alle darauf hinaus, daß Maria einen Leib geboren hat, der mit dem unseren wesensgleich ist, so wie sie selber mit uns wesensgleich ist. Aus den Zitaten sei klar, sagt das Nachwort, „daß er, den die hl. Jungfrau geboren hat, vom Beginn seiner Bildung mit dem Gott Logos vereint war, dadurch aber seine Homoousie mit seiner Mutter nicht verloren hat". Es sollten gerade jene, die Christus als eine Natur und eine zusammengesetzte Hypostase bekennen, den Titel χριστοτόκος gebrauchen, weil man aus dem Titel θεοτόκος die Menschheit Christi nicht erkennen kann![94] – Erst hier in diesem Nachtrag taucht noch einmal das Ḥenana-Stichwort „Zusammensetzung" auf.

Anders als das Glaubensbekenntnis belegen sowohl die „Einwände" wie die beiden „Antworten", wie sehr sich die Auseinandersetzung durch das Bündnis, das der inzwischen verstorbene Ḥenana mit dem monophysitischen Hofarzt Gabriel geschlossen hatte, in ihrer Thematik verschoben hat.

Die Schlußbemerkung des „Schreibers" (Syn. Or., p. 598 unten) berichtet davon, daß vom Großkönig keine Antwort auf die (auf Anforderung!) eingereichten Schriftstücke kam; der „Schreiber" stellt Vermutungen über die Gründe an: sei es daß der Großkönig als Heide „keinen Sinn für die Erkennt-

[94] In den gewöhnlichen christologischen Sprachgebrauch der Ostsyrer ist der Titel χριστοτόκος nicht eingegangen; die ganze Debatte ist wie früher in Konstantinopel zur Zeit des Nestorius eine Reaktion auf die Einführung bzw. den Gebrauch des θεοτόκος auf der Gegenseite.

nis der Gottesfurcht hatte und sie deswegen verachtete“, sei es auf Rücksicht auf Gabriel, „das Haupt der Partei der Häretiker-Theopaschiten“[95]. Man darf nicht aus den Augen verlieren, daß das Ausbleiben einer Antwort das Ausbleiben der Genehmigung zur Wahl eines Katholikos bedeutete. Aber trotz des schrecklichen Ausgangs, den das weitere erfolglose Antichambrieren der Delegation nun an der Sommerresidenz des Großkönigs nahm, muß man auch sehen, daß es dem Hofarzt Gabriel nicht gelungen war, einen Kandidaten seiner Wahl für das höchste Amt der persischen dyophysitischen Kirche oder gar ein Lehrverbot durchzusetzen.

* *
*

Die theologischen Dokumente, die die kirchliche Delegation beim Großkönig einreichte, sind auf zwei Verfasser zu verteilen: Das Glaubensbekenntnis und die „Antworten“ stammen aus einer Hand, die „Einwände“ aus einer anderen. Babai sagt zwar in der Vita des Georg (§ 50)[96], „beide“, nämlich Georg und Ḥenanišoʿ, hätten das wahre Glaubensbekenntnis verfaßt, „zusammen mit den Väter-Bischöfen“; und daß sie auch die „Einwände“ hinzufügten[97] und später die drei Fragen beantworteten. Reinink hat mit Recht die Bedeutsamkeit der Einführung der Person des Ḥenanišoʿ in den Bericht des Babai hervorgehoben[98]. Es ist zu vermuten, daß die Delegation einen theologischen Fachmann heranzog, als es klar geworden war, daß man sich gegenüber der Ein-Naturen-Christologie ebenso verwahren mußte wie gegenüber der Position des Ḥenana. Wie weit der Anteil des Georg an den Formulierungen der Schriftstücke tatsächlich ist, läßt sich nicht abschätzen; Babais Interesse, die Rolle des Märtyrers nicht auf die des unentbehrlichen Verbindungsmannes zum Hof zu beschränken, ist begreiflich, zumal er Georg als Märtyrer für die reine Lehre darstellen will.

Ich postuliere Ḥenanišoʿ als Verfasser der „Einwände“, das Beispiel seiner dialektischen Fähigkeiten, das die „Cambridge Collection“ überliefert, prädestiniert ihn für diese Rolle. Das Glaubensbekenntnis, auf dessen traditionellen Charakter ich schon hingewiesen habe, könnte einer der literarisch begabten unter den übrigen Delegierten verfaßt haben. Der Delegationsleiter selber, Šubḥalmaran, ist als ein Autor bekannt und kommt ex officio als erster in

---

[95] Schon Ende des 7. Jhs schreibt Guidis Chronik in ihrer verkürzenden Darstellung vom Sieg „der Unsrigen“: orthodoxi vero nostri victoriam consecuti sunt, CSCO 2, Syr. 2, p. 20,34–35. Die Chronik von Séert behauptet in II, Nr. LXXXVI, PO 13,4, Scher, p. 538, dem Kapitel über das Martyrium des Georg, in einem Re-Arrangement des Ablaufs der Ereignisse: „Ils écrivèrent un livre touchant leur foi et le présentèrent à Kosrau, qui, l’ayant lu, dit: ‚Si la religion chrétienne était vraie, ce serait celle des Nestoriens‘“.

[96] Bedjan, p. 515; Chabot, Syn. Or., p. 632 Mitte; Braun, p. 257.

[97] Bedjan, p. 516, die übrigen wie in der vorigen Anmerkung.

[98] *Reinink* II, p. 181–182.

Frage[99]. Ein anderer vorzüglicher Kandidat wäre Išoyahb, Bischof von Balad (Išoyahb von Gedala, später als Katholikos Išoyahb II.); als Delegationsmitglied ist er erst durch die Chronik von Séert bezeugt[100] – jedoch erscheint keine der Mitteilungen über die Zusammensetzung der Delegation vollständig zu sein (Ḥenanišoʿ fehlt in der Chronik Guidis), deswegen wäre die späte Bezeugung kein Einwand gegen diese Vermutung.

* * *

G. Reinink stellt im dritten seiner Beiträge zum Jahr 612 und seinen Folgen die Frage[101], warum es so lange gedauert habe, bis die persische Kirche sich ihrer „Nestorian identity" bewußt geworden sei. Präzisieren wir das zu der Frage, warum es so lange gedauert hat, bis die traditionelle dyophysitische Christologie der Kirche die terminologische Erweiterung durch die zwei Hypostasen erfuhr. In beiden Formen insinuiert die Fragestellung, daß die Entwicklung zur Zwei-Hypostasen-Christologie eine innerlich notwendige, schicksalhafte gewesen wäre.

Dieser Ansicht muß widersprochen werden: der terminologische Umschlag geschah aus konkretem Anlaß, nämlich der Konfrontation mit der Christologie der einen, *zusammengesetzten* Hypostase. Dieser Umschlag bedeutet die Aufhebung jenes theologischen Konsensus, der im Verzicht auf den Begriff der Hypostase in der Christologie bestand, und der die seit ca. 500 geltende und um 600 inzwischen traditionelle Christologie der Kirche des Ostens kennzeichnet.

Die erwähnte Konfrontation geschah bei zwei verschiedenen Gelegenheiten: *erstens* bei der Diskussion des Bischofs Paul von Nisibis und seiner Dele-

---

99 Mit Šubḥalmaran hat sich vor allem *D. J. Lane* beschäftigt: Mar Šubḥalmaran's Book of Gifts. An Example of a Syriac literary genre, OCA 229 (1987) 411–417; A Nestorian creed. The creed of Šubḥalmaran, OCA 236 1988) 155–162; *P. Bruns*, Art. Schubhalemaran, LACL (1998 resp. ³2002) 546 resp. 624. – Die richtige Übersetzung des Buchtitels scheint „Buch der Teile" zu sein. – Das von Lane im Aufsatz von 1988 übersetzte Bekenntnis (p. 157–159), dem Propheten Elija in den Mund gelegt, ist gerade in seiner Schlichtheit ein schönes Beispiel für die terminologische Unterscheidung zwischen Trinitätslehre und Christologie, wie sie Ḥabib und Narsai gegenüber den Anmutungen der Christologie des Philoxenus eingeführt hatten. „Hypostasis" wird nur trinitarisch gebraucht, der eine Christus ist ein *prosopon*. Von der Trinität wird die ἀσύγχυτος ἕνωσις ausgesagt. In der Christologie wird mit größter Selbstverständlichkeit von der „Annahme" ohne weitere Erläuterung gesprochen (Lane übersetzt mit „Incarnation"). Zu notieren ist, daß *qnwm'* in beiden Bedeutungen vorkommt: als Bezeichnung für menschliche Individuen (in diesem Fall die Juden, p. 157) und „technisch" als trinitarische Hypostase (p. 157 und 158); Lane übersetzt in beiden Fällen mit „individuals" bzw. mit „individual persons" (p. 158). Es fehlen nicht die bekannten topoi der Unterweisung, der Offenbarung, der Befestigung der Auferstehungshoffnung. – Die Edition: D. J. Lane (ed.), Subḥalmaran, The book of gifts, CSCO 613, Syr. 237 (Louvain 2004). (T. H.)

100 Chronik von Séert II, Nr. LXXXIII, PO 13,4, Scher, p. 529.

101 *Reinink* III. Der ganze Artikel ist diesem Problem gewidmet.

gation mit Kaiser Justinian und dessen Theologen, zu einem bestimmten Zeitpunkt und an einem bestimmten Ort, nämlich in Konstantinopel, also *außerhalb* des persischen Reiches und des Gebiets der persischen Kirche und ohne unmittelbare Auswirkung auf die Kirche; *zweitens* ergab sich eine Konfrontation von ganz anderen Dimensionen durch die Lehrtätigkeit des Ḥenana an der Schule von Nisibis und ihre Auswirkungen, also *innerhalb* der persischen Kirche und sich über viele Jahrzehnte hinziehend.

In beiden Fällen setzt man der neuchalcedonischen Christologie der einen zusammengesetzten Hypostase eine Christologie entgegen, die im einen Christus Gottheit und Menschheit als zwei Hypostasen bezeichnet. Schon für den Disput in Konstantinopel, auch wenn man dessen zeitlich früheren Ansatz wählen sollte, muß auf der Seite der Teilnehmer aus Persien das Studium des Liber Heraclidis des Nestorius vorausgesetzt werden, das Buch stand bereits zu dieser Zeit in syrischer Übersetzung zur Verfügung. Es gibt aber keine Anzeichen dafür, daß seit jener Disputation in der ostsyrischen Theologie eine kontinuierliche Linie von Vertretern der Zwei-Hypostasen-Christologie existiert hätte. Als man sich innerkirchlich mit Ḥenana auseinandersetzen mußte, dauerte es lange, bis man zu dieser Waffe griff. Aufs Neue zog man, ohne Nennung des Verfassers, den Liber Heraclidis heran[102] und nun wahrscheinlich auch das Protokoll von Konstantinopel.

Eine Verbindung zwischen den beiden Auseinandersetzungen mit der Christologie der zusammengesetzten Hypostase ist nach meiner Vermutung in der Person des Ḥenana zu suchen. Ich habe bei der Besprechung der Disputation Justinians mit Paul von Nisibis die Hypothese aufgestellt, daß der Hinauswurf des Ḥenana aus Schule und Stadt Nisibis, vorgenommen durch den Metropoliten Paul, seinen Grund im Verhalten des Ḥenana, die in Konstantinopel vorgetragene Theologie betreffend, gehabt haben könnte.

Was bisher noch nicht erkennbar geworden ist (und nach der Quellenlage vielleicht auch nie erkennbar werden wird), ist das ursprüngliche Motiv des Ḥenana für die Übernahme des Begriffs der *zusammengesetzten* Hypostase. Nach seiner Schulung müßte ihm die Unangemessenheit der Anwendung des Begriffs der Zusammensetzung in Verbindung mit der göttlichen Natur selbstverständlich gewesen sein. Das hat ihn aber offenbar nicht von der Übernahme der keineswegs glücklichen neuchalcedonischen Formulierung abgehalten[103].

Die Christologie der zusammengesetzten Hypostase verstand sich als eine solche der zwei Naturen. Ihr war mit der Gestalt der dyophysitischen Lehre,

[102] Siehe *L. I. Scipioni,* Ricerche sulla cristologia del ‚Libro di Eraclide' di Nestorio (Fribourg 1956). *L. Abramowski,* Die Christologie Babais des Großen, OCA 197 (1974), 219–244.

[103] Die winzigen überlieferten Aussagen Ḥenanas zur Christologie, eigentlich alle exegetischer Art, deuten darauf hin, daß er sich nicht an die genauen Unterscheidungen der Christus-Titel hielt, wie sie in der gelehrten Theologie seiner Kirche üblich waren.

wie sie seit Ḥabib und Narsai in der Kirche des Ostens traditionell und verbindlich geworden war, nicht beizukommen. Denn die edessenisch-nisibenische Christologie war gegen die Ein-Hypostasen-Christologie des Philoxenus entwickelt worden, die ihrerseits auf eine *Natur* hinauslief; ihr gegenüber war vor allem auf der Zweiheit der Naturen zu insistieren, während man den Begriff der Hypostase für den Bereich der Trinitätslehre reservierte (man erinnere sich an den Ausgangspunkt des Philoxenus bei dem „unus ex trinitate passus est"). Ein Nebenaspekt war offenbar, daß die Vokabel *prosopon nur* in der Christologie, und da auch selten, verwendet wurde (im Unterschied zum griechischen theologischen Sprachgebrauch).

Die stillschweigende Voraussetzung für die Christologie der zwei Hypostasen im einen Christus ist, daß auch hier die Hypostase des Logos keine andere ist als in der Trinität, es gibt keinen eigenen christologischen Hypostasen-Begriff für den Logos neben dem trinitarischen. Die zusammengesetzte Hypostase konnte da nur als abschreckendes Beispiel wirken. Nach dem Grundsatz, „Es ist nicht möglich, daß Natur ohne Hypostase sei"[104], ausgesprochen am Ende der „Antwort" auf die beiden ersten Fragen des Großkönigs, folgte aus der menschlichen Natur des einen Christus, daß auch sie als Hypostase zu benennen sei.

Das taktische Bündnis, das der inzwischen offenbar verstorbene Ḥenana mit dem monophysitischen Hofarzt Gabriel eingegangen war, führte dazu, daß dieser die Auseinandersetzung der Theodorianer mit der dissidenten Richtung des Ḥenana zum Anlaß einer Attacke auf die gegen Ḥenana entwikkelte Zwei-Hypostasen-Christologie nahm, dies natürlich vom monophysitischen Standpunkt aus und unter dem Deckmantel der königlichen Autorität. Dagegen richten sich die „Einwände" unter den Dokumenten von 612, ohne von den zwei Hypostasen abzugehen. Gegen die vereinigte Front der sehr unterschiedlichen Gegner (man denke an die Differenz in Sachen der Natur oder Naturen Christi) konnte nicht mehr mit zwei verschiedenen Argumentationsreihen gekämpft werden. In einem ganz anderen Sinn, als Reinink es tut, kann man von einem „Erfolg für die Miaphysiten"[105] sprechen: hatten sie einst den theodorianischen Edessenern und Nisibenern den nicht zutreffenden Vorwurf gemacht, zwei Hypostasen in Christus zu lehren (womit sie immer zwei Personen unterstellten), so konnten sie jetzt auf offizielle Äußerungen verweisen. Die dyophysitischen, theodorianischen Theologen der Kirche Persiens nahmen das in Kauf als Preis, den sie für die Abwehr der „zusammengesetzten Hypostase" als Definition der Einheit der Person Christi zu zahlen bereit waren.

Es ist sehr wohl denkbar, daß ohne Ḥenana diese Entwicklung nicht eingetreten wäre und die Christologie der Kirche des Ostens die Gestalt bei-

---

[104] Syn. Or., p. 578,29 / p. 597 oben.
[105] *Reinink* III, p. 248.

behalten hätte, wie wir sie seit Ḥabib und Narsai auch aus den Synodaldokumenten bis 605 kennen; auf ihre Nähe zum Chalcedonense von 451 hat S. Brock mehrfach hingewiesen, freilich immer unter Absehung vom Begriff der Hypostase.

ZWEITES KAPITEL
Babai der Große

I. EINLEITUNG

Während der Sedisvakanz auf dem Thronos von Ktesiphon, die zu beseitigen die bischöfliche Demarche von 612 nicht vermochte, wurde die Kirche von dem Archidiakon von Seleukia-Ktesiphon, Mar Aba, geleitet, wie wir aus Guidis Chronik hören[1]. In derselben Chronik ist ein (für die Verhältnisse dieses lakonischen Textes) erstaunlich langer Abschnitt Babai „vom Izla“[2] gewidmet[3], der „in dieser Zeit glänzte“. Babai „diente“ dem Kloster auf dem Berg Izla nach dessen Gründer Abraham von Kaškar[4]. Das Kloster brachte seinerseits Klostergründer hervor, unter ihnen einen zweiten Babai. Von unserem Babai heißt es, daß er ein eigenes, stark frequentiertes Kloster in der Nachbarschaft des Abraham-Klosters gründete; sollte das nicht eine Verwechslung mit seinem Namensvetter sein?[5] Babais religiöser Ruhm veranlaßte den Schatzmeister der Großkönigs, Yazdin, ihn aufzusuchen, „um ihn zu sehen“ – und mehr als das „Sehen“ wird diesem Großen des Reiches nicht gestattet: den „auf seinen Füßen stehenden“ und das asketische Leben und den „toten Leib“ „betrachtenden“ Yazdin „entläßt jener heilige Mann“. Später bekam er von Yazdin ein goldenes, juwelengeschmücktes Kreuz mit einem Splitter „des Kreuzesholzes unseres Erlösers“[6] und andere Kostbarkeiten für

---

[1] Ed. I. Guidi, Chron. Edess., CSCO III 4 (T.V) = 1 und 2, Syr. 1 und 2 (1903), p. 22,12–13; p. 20,9–11. *Labourt,* Christianisme, p. 229, interpretiert diese Nachricht folgendermaßen: Weil die Kirche keinen „chef unique“ erhalten durfte, nahm jeder Metropolit die Verantwortung für seine Eparchie selber auf sich, und die Leitung der Kirche von Seleukia fiel auf deren Archidiakon. – Das scheint mir nicht richtig, die Metropoliten neigten ohnehin zur Selbstherrlichkeit, und die Vertretung eines Bischofs durch seinen Archidiakon war eine Selbstverständlichkeit. Im Fall des Katholikos wäre das die Verwaltung des Katholikats durch seinen Archidiakon und nicht nur die Verwaltung der patriarchalen Provinz.

[2] Die neueste Gesamtdarstellung zu Babai ist die Göttinger Dissertation von *Till Engelmann,* Annahme Christi und Gottesschau – die „dialektische“ Theologie Babais des Großen (Göttingen 2010), publiziert unter dem Titel: Annahme Christi und Gottesschau. Die Theologie Babais des Großen = GÖF.S 42 (Wiesbaden 2013).

[3] CSCO 1, p. 23,26–24,30; CSCO 2, p. 21,15–22,8.

[4] Tatsächlich folgt Babai erst als dritter Vorsteher auf Dadišoʿ, wie man von ihm selber weiß (siehe oben seine Vita des Märtyrers Georg).

[5] So die plausible Vermutung von Nestor Kavvadas (mündlich).

[6] 614 hatte Kosrau Jerusalem erobert – ein *terminus post quem* für das Geschenk.

das Kloster[7]. Zwischen den beiden Babai „säte Satan Zwietracht“, die bis zum Tode beider anhielt und von den beiderseitigen Klostergenossen gerne gepflegt wurde. Der Abschnitt in Guidis Chronik schließt mit einem Hinweis auf die Schriften Babais, sowohl des einen wie des anderen.

Bei Thomas von Marga, dem Historiker des Mönchtums (9. Jh.), wird der Geburtsort Babais[8] genannt: Bet ʿAinata, ein Dorf von Bet Zabdai; charakteristisch: „Ein weiser Lehrer; aber von Natur aus etwas heftig im Wort und hart im Befehl“ (I 7)[9]. Kap. I 27, „Über Mar Babai und das kirchliche Amt, das er auf sich nahm“[10], berichtet von der Initiative dreier Metropoliten, während der erwähnten Sedisvakanz Babai als Klostervisitator einzusetzen; es sind dies Kyriakos von Nisibis, Jonadab von Hdajab[11] und Gabriel von Karka de Bet Slok. Als Begründung für diese Maßnahme wird angegeben: „weil damals heilige Klöster gebaut wurden“ und die Gefahr der Ausbreitung von Messalianismus und von Häresien bestand (mit letzteren kann sowohl Monophysitismus wie die Anhängerschaft des Ḥenana gemeint sein). Sie selbst könnten die Kirchen nicht visitieren, wegen der von der Staatsgewalt drohenden Gefahr, „damit nicht Kosrau fälschlich meine, ein Patriarch sei gewählt worden und sie in Gefahr kämen“, Babai aber sei Mönch, *yḥyd'*, und kein Bischof, er könne die Häuser und Klöster der *yḥÿdy'* visitieren und die an Frevel Kranken aus der Kirche ausstoßen. Dafür bekam Babai schriftlich Vollmachten (die natürlich nur für den Bereich jener Metropolien galten); bemerkenswert ist, daß

---

[7] *Labourt,* Christianisme, p. 231 merkt an, dass Yazdin trotz seiner hohen Stellung offensichtlich nicht in der Lage war, den Christen die Erlaubnis zur Wahl eines Katholikos zu erwirken. In der Chronik von Séert (die Labourt noch nicht kannte) gibt II Nr. LXXXI „noms des chrétiens qui étaient au service de Kosrau“ an, unter ihnen Yazdin. PO 13,4, ed. Scher, p. 524–525: „Il bâtit des églises et des couvents en Orient … c'est lui qui prêta son appui aux fidèles dans l'affaire de l'excommunié Gabriel après la mort de Grégoire le catholicos“ – aber auf welche Weise tat er das? In Nr. LXXXVIII derselben Chronik (ibid., p. 529–530), wo von der Auseinandersetzung mit Ḥenana berichtet wird, lesen wir u. a., „daß Babai seine Schrift, mit der er die Auslegung ‚der 318 Väter‘ durch Ḥenana widerlegte, den Vätern schickte“ – dem Zusammenhang nach könnte das die Delegation von 612 sein. Dann heißt es: „Puis Yazdin le bon réunit les autres Pères à Karkha de Guédan, où ils anathématisèrent à nouveau Ḥnana et ses sectateurs. Ils citèrent clairement les endroits où il se trouve en désaccord avec le grand Interprète et tous les Pères. Ils interdisent la lecture de ses livres et anathématisèrent celui qui les lirait“. – Wer sind die „anderen Väter“ – jene die nicht zur Delegation beim Großkönig gehörten? Und wäre diese Versammlung, auch unter der Protektion Yazdins, nicht per se eine dem Großkönig verdächtige Veranstaltung gewesen?

[8] Als Geburtsdatum wird meist die Mitte des 6. Jhs. angegeben.

[9] E. A. Wallis Budge (ed.), The Book of Governors: The Historia Monastica of Thomas, Bishop of Marga A.D. 840, 2 Bände (London 1893), vol. I, p. 26 / vol. II, p. 46–47. Einige Kapitel aus der Historia monastica in deutscher Übersetzung in BKV 22, O. Braun, Ausgewählte Akten persischer Märtyrer, darunter Kap. I 7, p. 292.

[10] Ed. Budge, vol. I, p. 51–52 / II, p. 90–92.

[11] Yonadab von Adiabene ist nach dem Zeugnis sowohl der Chronik Guidis wie der von Séert einer der Bischöfe, die sich an den Hof des Großkönigs begaben, um wegen der Sedisvakanz zu interpellieren.

hier endlich ein Metropolit von Nisibis, nämlich Kyriakos, als gegen Ḥenana eingestellt sichtbar wird. Fiey datiert diese Beauftragung auf „vor 628 (?)" (wann denn sonst?)[12], aber seine eigenen Angaben über den Vorgänger des Kyriakos namens Qaša[13], erlauben einen *terminus a quo*: nach 615, denn 615 ist der Bischof Qaša noch belegt (samt dem damaligen Direktor und zwei Lehrern der Schule von Nisibis). Babais Beauftragung erfolgt also viel später, als man es erwartet hätte[14]. Wie man sich erinnert, fällt die Hinrichtung Georgs in das Jahr 615; kein Wunder, daß in den Jahren danach die Bischöfe es vermeiden wollten, den Verdacht des Großkönigs zu erregen.

Über das Todesdatum Babais und seine eventuelle Kandidatur für das Amt des Katholikos differieren die Quellen ein wenig. Thomas von Marga beendet seinen Abschnitt I 27 so: Als fleißiger Arbeiter und tapferer Soldat „diente[15] er (sc. Babai) der Kirche, er bewachte sie und machte sie herrlich bis zur Ermordung des gottlosen Königs Kosrau. Als aber ein Katholikos gewählt wurde, saß er still in seiner Zelle" (aber siehe weiter unten zu I 35).

Die Chronik von Séert berichtet in II, Nr. LXXXIV[16]: „Mar Babaï gouverna le couvent pendant vingt-quatre ans. Il mourut à l'âge de soixante-quinze ans, en la trente-huitième année de Kosrau" (von einer möglichen Wahl zum Katholikos sagt diese Quelle nichts).

Thomas von Marga kommt im Abschnitt I 35[17] zum Mord an König Kosrau und der unmittelbaren Vorgeschichte und zur Erlaubnis des Nachfolgers zur Wahl eines Katholikos. Gewählt wurde Išoyahb, der Bischof von Balad, aus Gedala. Aber vorher bat man Babai, das Amt anzunehmen, doch er lehnte

---

[12] *J. M. Fiey,* Nisibe, métropole syriaque orientale = CSCO 388, Subs. 54 (1977), 62; das Fragezeichen hinter der Jahreszahl bezieht sich auf die Ungewißheit über das Todesjahr Babais.

[13] Ibid. – Leider weiß man nicht, *wann* der Wechsel von Qaša zu Kyriakos eintrat.

[14] In den späten Quellen und in der Sekundärliteratur sind Harmonisierungen zwischen der Tätigkeit des Archidiakons Mar Aba und Babais Visitationsauftrag üblich. Cf. z. B. *Engelmann,* Annahme Christi, p. 31: „Das vakante Amt wurde durch Mar Aba vertreten, ... der ggf. Babai als Klostervisitator im Norden an der Verantwortung beteiligte. Die Patriarchengeschichten des 'Amr und Saliba stellen jeweils Aba und Babai parallel vor"; ibid., Anm. 72 ein weiteres Beispiel solcher Harmonisierung (*G. Chediath,* The Christology of Mar Babai the Great, 1982, p. 9). Ebenso *J. Walker,* A Saint and his Biographer in Late Antique Iraq, in: A. Papaconstantinou (ed.), Writing ‚True Stories' (Turnhout 2010) 34. – Es ist viel eher anzunehmen, daß der Archidiakon seine Funktion sogleich nach dem Tod des Katholikos Gregor 608/9 aufnahm, in Erweiterung seiner normalen Tätigkeit, offenbar genoß er das Vertrauen des Episkopats. Es ist nicht gesagt, daß er überhaupt noch lebte, als – irgendwann nach dem Scheitern der Delegation bei Kosrau – schließlich Babai zum Klostervisitator ernannt wurde. Die allgemein-kirchliche Autorität wird Babai allmählich zugewachsen sein.

[15] Braun, BKV 22, p. 300: „verwaltete er die Kirche", Budge, vol. II, p. 92 besser: „ministered unto the Church".

[16] PO 13,4, p. 532.

[17] Ed. Budge, vol. I, p. 62–64 / II, p. 112–116. *Braun* referiert nur einiges aus Kap. I 35 in einer Anmerkung (p. 301, Anm. 1).

ab. „Er dachte nämlich, daß er in der Zelle seines Klosters sein Leben beschließen und nicht mit (großer) Mühsal (die Kirche) regieren wolle“[18]. Der nächste Satz setzt voraus, daß Babai noch bei der Wahl des neuen Katholikos anwesend war (aus dem letzten Satz von I 27 ging das nicht hervor): Der neue Katholikos und einige Bischöfe begleiten Babai zurück in sein Kloster (immerhin von Seleukia[19] bis zum Berg Izla bei Nisibis!). Das würdige Geleit, das Babai gewährt wird, ist Ausdruck für den großen Respekt, den seine Autorität erwarten durfte. Thomas schließt eine Engelserscheinung vor Babai an, die etwas über Babais Funktion, sein Selbstverständnis und ihre nachträgliche Beurteilung aussagen will: Der Engel, in Gestalt eines Reiters, stellt sich als Dienstengel des „patriarchalen Thronos des Ostens“ vor; er bittet darum, sich verabschieden zu dürfen, um dem neuen Amtsträger zu folgen, weil Babai das Patriarchenamt abgelehnt habe. Solange Babai „Stellvertreter des Katholikos“ gewesen sei, sei er ihm nicht von der Seite gewichen. Babai antwortet, wenn er von dieser Begleitung gewußt hätte, hätte er das schwere Amt angenommen; nun jedoch entläßt er den Engel in Frieden. – Die Vorstellung von der ständigen Begleitung des Amtsträgers durch einen speziell beauftragten Engel und ihre Anwendung auf Babai soll vermutlich die Kontinuität des Amtes an der Spitze der Kirche trotz der Unterbrechung in seiner Besetzung durch den Großkönig ausdrücken und damit auch die Legitimität der Funktionen Babais während dieser Zeit. Der Gedanke wird nicht auf Babai selbst zurückgehen, sonst hätte es nicht einer Epiphanie zu seiner Mitteilung an ihn bedurft. Außerdem ist es natürlich monastische Demut, solch eine Vorstellung nicht selbst zu entwickeln. Wie ist es aber mit der Bezeichnung „Stellvertreter des Katholikos“? Hier würde ich annehmen, daß schon die Zeitgenossen Babais, als ihm allmählich diese Funktion zugewachsen war, die ja über seine ursprüngliche Bevollmächtigung als Klostervisitator der drei nördlichen Diözesen hinausging, ihn als Vize-Katholikos betrachteten und ihn (am Ende seines Lebens? Nach dem Tod Kosraus?) auch so bezeichneten.

[18] „und nicht ...“: bei Budge, vol. II, p. 116,4–5 irrig übersetzt („to becoming head of the monastery by strife“).

[19] Ich nehme es als selbstverständlich an, daß die Wahlsynode in Seleukia stattfand, für die Weihe war die „Große Kirche von Kōkē“ ohnehin Vorschrift, s. *L. Abramowski,* Der Bischof von Seleukia-Ktesiphon als Katholikos und Patriarch, in: D. Bumazhnov, H. R. Seeliger (hgg.), Syrien im 1.–7. Jahrhundert nach Christus: Akten der 1. Tübinger Tagung zum Christlichen Orient, 15.–16. Juni 2007 = Studien und Texte zu Antike und Christentum 62 (Tübingen 2011) 1–55, hier: 30.

II. BABAIS CHRISTOLOGIE

Babai ist ein sehr fruchtbarer Schriftsteller, die Überlieferung spricht von 83 bzw. 84 Werken; von 36 kennt man die Titel, aber erhalten haben sich nur 10[20].

Unter den auf uns gekommenen Schriften ist am umfangreichsten der „kurze" Kommentar zu den Kephalaia des Euagrius Ponticus; dogmatisch zentral ist „De unione"; historisch eine erstrangige Quelle zu den Ereignissen von 612 die Vita des Märtyrers Georg, eines Mönches aus Babais Kloster, die oben analysiert wurde. Leider hat von diesen Werken nur die Vita des Georg einen festen *terminus a quo,* nämlich das Todesdatum des Märtyrers (14. Januar 615).

1. Der Euagrius-Kommentar[21]

Oben, im Abschnitt über Ḥenana[22], ist von diesem Kommentar gesagt worden, seine Christologie sei „einfacher als ihre Darstellung in De unione". Engelmann stellt in seiner Dissertation die Behauptung auf, daß die zwei Hypostasen[23] als Ausdruck der Zwei-Naturen-Lehre im Kommentar „noch unbekannt" seien[24]. Er ist deswegen der Meinung, Babais Kommentar sei ein früheres Werk, jedenfalls früher als De unione. Aber die hauptsächliche Begründung dafür, das Fehlen der zwei christologischen Hypostasen, läßt sich in

[20] *Engelmann* hat diese Liste auf den neuesten Stand gebracht, Annahme Christi, p. 215–216.

[21] Ausgabe: W. Frankenberg (hg.), Euagrius Ponticus = AGWG.PH NF 13,2 (Berlin 1912) (= im folgenden Frankenberg). Ausgabe der Kephalaia in den beiden syrischen Versionen: A. Guillaumont (ed.), Les six centuries des „Kephalaia gnostica" d'Évagre le Pontique = PO 28,1 (1958), im folgenden PO 28,1. Dazu *A. Guillaumont,* Les ‚Képhalaia gnostica' d'Évagre le Pontique et l'histoire de l'Origénisme chez les Grecs et chez les Syriens = PatSor 5 (Paris 1962) (im folgenden *Guillaumont* 1962); und *A. Guillaumont,* Un philosophe au désert, Évagre le Pontique = Textes et traditions 8 (Paris 2004), im folgenden *Guillaumont* 2004.

[22] Siehe oben p. 373.

[23] Engelmann benutzt grundsätzlich *qnuma* statt „Hypostase" (warum in einem klassisch-ostsyrischen Text die westsyrische Vokalisation?), in trinitarischen Aussagen Babais folgt er jedoch Frankenbergs Übersetzung von *qnwmʾ* mit „Person". Einer Fehlübersetzung Frankenbergs folgt *Engelmann,* Annahme Christi, p. 38, Anm. 21, zu Frankenberg, p. 12 (Zeile 12 von unten) / p. 13 (Zeile 16 von unten) resp. p. 14 (Zeile 9) / p. 15 (Zeile 13–14). An der ersten Stelle findet man für *mn yšwʿ ʾlhʾ* „von Jesu unserem Gott", an der zweiten Stelle für *mn yšwʿ ʾlhn* „von unsrem Gott Jesu". Frankenberg beachtet nicht, daß es sich in beiden Fällen um den Status constructus handelt: „Jesus Gottes", „Jesus unseres Gottes". Der „Jesus" hier ist Josua in seiner LXX-Schreibung Ἰησοῦς, von dem die Amalekiter vernichtet werden. Am besten würde man übersetzen „vom Ἰησοῦς (Josua) Gottes" bzw. „vom Ἰησοῦς (Josua) unseres Gottes", denn natürlich kam es Babai auf den Gleichklang an. Engelmanns Erwägungen wären entsprechend zu korrigieren.

[24] *Engelmann,* Annahme Christi, 213. Eine Zusammenfassung der Christologie des Kommentars, p. 105.

dieser absoluten Form nicht halten. Denn es gibt einige Stellen, die von der *menschlichen Hypostase Christi* reden, alle durch Frankenbergs Übersetzung verdeckt.

Ich beginne mit Komm. I 70[25], wo fünf Weisen referiert werden, in der die Lehrer über die Ebenbildlichkeit des Menschen sprechen; die fünfte stammt von einem, „der genauer hinsah (und sie darin sah), daß er (der Mensch) das Band aller Geschöpfe in einer Hypostase ist". Der Mensch als „Band der Schöpfung" ist eine bei Theodor von Mopsuestia übliche Bestimmung. Frankenberg übersetzt an dieser Stelle *qnwm*ʾ mit „Wesen". Diese eine, anthropologisch-kosmologische Hypostase erhält den Charakter eines Hinweises auf die Christologie, wenn man Komm. I 77[26] dazu nimmt, wo Babai wieder von der Ebenbildlichkeit (aber nicht von der Hypostase) spricht: „Hier also erklärt er (Euagrius) die Vollendung der Ebenbildlichkeit, die in Christus ‚dem Fleisch nach' (cf. Röm 9,5)[27] in aller Vollständigkeit vollendet worden ist ...".

Zu III 11[28] sagt Babai: „Leib bezeichnet hier als pars pro toto die menschliche Hypostase (Frankenberg: das menschliche Wesen) Christi, wie das, was er (der Schrifttext) sagt: ‚Der Logos wurde Fleisch' und: ‚Brecht diesen Tempel ab' ...". – Damit sind auch „Fleisch" und „Tempel" als Bezeichnungen der menschlichen Hypostase in Christus verstanden. Es ist übrigens verblüffend zu sehen, eine wie geringe Rolle Joh 1,14 in Babais Kommentar spielt. Bis auf weiteres habe ich erst ein einziges zweites Zitat gefunden, zu IV 2. Die Ursache dafür sind die Kephalaia selber: Joh 1,14 kommt in ihnen *nicht* vor, in beiden Fassungen nicht. Für den genuinen Euagrius verwundert das nicht, wenn man seine Christologie bedenkt[29]; für die bearbeitete Fassung ist das Phänomen für die Verfasserfrage zu berücksichtigen (siehe unten).

Zu III 29 gibt Babai eine Einleitung[30]: „Und indem er allgemein das Bild der Weisheit des Schöpfers malt, auch aus (gehend von) dem der allgemeinen Leiblichkeit des Menschen (Zugehörigem) und jeder einzelnen der Hypostasen[31] (Zugehörigem), die vor jedermann(s Augen) stehen, durch die Gott erkannt wird, sagt er (Euagrius): ...". Die sehr lange Erklärung Babais endet mit dem Menschen, der kleinen Welt, dem Menschen, der das Band der ganzen

---

[25] Frankenberg, p. 108/109.

[26] Frankenberg, p. 114/115.

[27] Frankenberg, p. 114 letzte Zeile unten: zwischen „Christus" und „der nach dem Fleisch" steht das Zitatzeichen *lm* (die Übersetzung mit „nämlich" würde hier auch passen) und weist auf die paulinische Stelle, die im Kommentar sehr häufig, auch in der vollständigen Form, benutzt wird. Frankenberg gibt oft, aber nicht immer den Fundort an.

[28] Frankenberg, p. 194/195.

[29] Dazu *Guillaumont* 1962, p. 151–156: „La christologie évagrienne". *A. Grillmeier,* Jesus d. Chr. 1 (1979), 561–568.

[30] Frankenberg, p. 206/207 unten.

[31] Frankenbergs „Persönlichkeit".

Schöpfung ist und der von der Selbsterkenntnis zur höchsten Erkenntnis aufsteigen kann. – Für „Hypostasen“ könnte in der Einleitung zu III 29 ebenso gut „Menschen“ stehen. Der Kommentator zieht hier also den gewöhnlichen Sprachgebrauch heran, in dem *qnwm'* = menschliches Individuum ist.

Komm. zu IV 3 (in der Übersetzung besonders verkürzt) befaßt sich mit dem Problem, daß nicht der Vater, sondern der Sohn mit „unsrer Menschheit“ vereint ist. Deswegen muß bedacht werden[32], „wie zwei Naturen ein Prosopon der Sohnschaft“ sind. Die Analogie der Einheit von Leib und Seele liegt nahe, hat aber begrenzten Erkenntniswert, denn es handelt sich um eine leidende, begrenzte, hypostatische, natürliche Einheit, die die eine Hypostase des Menschen darstellt, *dort* (d.h. in Christus) ist es anders.

Komm. IV 26[33]: „Und er (Christus, der Auferstandene) ist der Vollender unseres Lebens in der Vollendung der Hypostase[34] seiner Menschheit durch die Kraft seiner Gottheit“ (cf. oben „die Vollendung der Ebenbildlichkeit“).

Komm. IV 78[35]: „Alles wurde durch ihn, und seine Erkenntnis ist ‚wesentlich‘[36] entsprechend der Natur seiner Gottheit; und in seiner Menschheit hat er Erkenntnis in der Zeit erworben, und alles entsprechend seiner Hypostase“ (d.h. der menschlichen).

Komm. VI 16[37]: Hier haben wir zum ersten Mal im Kommentar das Nebeneinander von göttlicher und menschlicher Hypostase in Christus, wie üblich durch die zu freie Übersetzung Frankenbergs verdeckt. Babai sagt, „Christus“ sei nicht Bezeichnung der einen oder anderen Natur in Christus für sich allein, „sondern Prosopon[38] ist es und Bezeichnung der beiden Naturen in einer Synapheia, der Gottheit und der Menschheit in einer Sohnschaft; und das Niedrige gehört seiner Menschheit und das Erhabene seiner Gottheit“. Christus ist „der ‚aus wesentlicher Erkenntnis‘, der eines Wesens ist in seiner göttlichen Hypostase, in seiner menschlichen Hypostase aber ist er von ‚unkörperlicher und körperlicher Natur‘, beseelte und leibliche Hypostase des Menschen, ‚die dem Geschlecht der Menschen erschien‘“. (Die Abwehr der „zwei Söhne“ in der Fortsetzung von Babais Erklärung nimmt übrigens den Euagrius-Text auf, auch in der ursprünglichen Fassung des Kephalaions findet sie sich). „So[39] wird auch Gott im Menschen erkannt in allem, was sein ist, und das, was der Menschheit gehört, erscheint als der Kraft und Weisheit seiner Gottheit (gehörig), die in ihm auf vereinte Weise wohnt und durch *eine* Macht

---

32 Frankenberg, p. 260/261 zweite Hälfte.

33 Frankenberg, p. 280/281 unten.

34 „Vollendung der Hypostase“ fehlt bei Frankenberg.

35 Frankenberg, p. 308/309.

36 Einfache Zitationszeichen hier und im Folgenden für die von Babai angeführten Worte aus den Kephalaia.

37 Frankenberg, p. 372/373 unten.

38 Fehlt bei Frankenberg.

39 Frankenberg, p. 374/375 oben.

und Herrschaft in dieser verehrungswürdigen oikonomia wirkt, weil auch die oikonomia aus beidem erkannt wird".

Schließlich wird im Kommentar zum Nachtrag 5[40] die „Hypostase seiner Menschheit" erwähnt[41].

Anders als Engelmann sehe ich in Babais Umgang mit dem terminus „Hypostase" im Euagrius-Kommentar nicht den Anfang einer Entwicklung seiner Christologie, die ihre volle Ausbildung erst in De unione erfahren habe, sondern die vorsichtige Gewöhnung des durch diesen Kommentar zu erreichenden monastischen Publikums an die Bezeichnung der menschlichen Natur als Hypostase. Erst in der Kommentierung der VI. Centurie, die der Christologie gewidmet ist, stellt er die göttliche und menschliche Hypostase nebeneinander. Diese Zurückhaltung entspricht dem, was wir am Bekenntnis von 612 (vor allem im Vergleich mit den „Einwänden" vom gleichen Jahr) beobachtet haben. Man erinnert sich, dass die Synode von 605 noch nicht von zwei Hypostasen sprach, obwohl man Ḥenana mit seiner zusammengesetzten Hypostase seit langem bekämpfte. Die hier im Kommentar Angesprochenen stehen offensichtlich nicht in Gefahr, von der Christologie des Ḥenana angekränkelt zu werden[42]. Das Problem der Zusammensetzung wird wie im Bekenntnis von 612 in den locus von der Trinität verlegt und erscheint als Ablehnung von „Teilen" in der Gottheit, so Komm. II 47[43].

Auch muß die Leserschaft nicht mit Argumenten gegen den Vorwurf einer vierten Hypostase in der Trinität gewappnet werden (das würde der vorsichtigen Pädagogik in Sachen „Hypostase" nur schaden). Aber das Problem der Beziehung von *Trinitätslehre und Christologie* wird von Babai in Komm. IV 2 benannt[44]. Das kurze Kephalaion des Euagrius lautet: Die Erkennbarkeit Gottes[45] „ist in den Zuerst-Gewordenen, seine Unerforschlichkeit aber ist in seinem Christus"[46]. Die Zuerst-Gewordenen sind die Engel (so Babai). Babais Erklärung leitet aus dem Vergleich mit deren Natur (sie haben keinen Vater, sie seien nicht auseinander hervorgegangen) ab: „daß der Vater nicht der Sohn ist, auch nicht der Hl. Geist, auch nicht vereint wie der Sohn". Die Engel sind

[40] Frankenberg, p. 426/427 unten.

[41] Frankenberg, p. 426, Zeile 4 von unten. „Hypostase" fehlt bei Frankenberg. – Auch Frankenbergs Retroversion von Nachtrag 5 läßt *bqnwmh* (= ἐν ὑποστάσει αὐτοῦ) aus!

[42] Wo Frankenberg, p. 261 die Vokabel „zusammengesetzt" für den Sohn (im Unterschied zum Vater) hat, steht syrisch „vereint", *mḥyd,* p. 260,8.

[43] Frankenberg, p. 162/163. F. hat hier „Person" für „Hypostase", ein Kolon mit *qnwm'* hat er ausgelassen. *Engelmann,* Annahme Christi, p. 56–57, folgt ihm mit der Übersetzung „Person", obgleich er später in der Arbeit grundsätzlich *qnuma* schreibt.

[44] Frankenberg, p. 258.260/259.261.

[45] Cf. Röm 1,19.

[46] Die Differenz zwischen S_1 und S_2 beruht im Fall dieses Kephalaions offensichtlich darauf, daß S_2 (als Übersetzung später als S_1) genauer oder sprachlich eleganter den gleichen griechischen Text übersetzt. – IV 3 wird den Satz umdrehen: Was erkennbar ist an Christus, ist „in den Zweitgewordenen", was an ihm unerkennbar ist, „ist in seinem Vater".

„auch nicht vereint mit Leibern wie unsre Seelen, wie auch nicht der Vater προσωπικῶς mit unserer Menschheit verbunden ist, denn es heißt: ‚Das *Wort* wurde Fleisch' … ‚Die Unerforschlichkeit aber ist in seinem Christus', soll besagen: sie fällt nicht unter die Untersuchung der Engel. … Der Sohn wird nämlich nicht erforscht; weder das Wie seiner Hypostase"[47], noch die Weise seiner Geburt, „und wie er aus dem Vater geboren ist und (doch) nicht später ist als er, und wie der Unbegrenzte aus dem Unbegrenzten ist, und wie er geboren ist und nicht ausgegangen wie der Geist, und wie der Sohn vereint ist und nicht der Vater, während sie gleich sind in Natur und Willen und unbegrenzt sind, und abgesehen von der Tatsache, daß einer der Wille" etc. ist, „wie das Wesen eins ist, trotzdem aber die Union unserer Menschheit in einer Oikonomia des Gott Logos auf vereinte Weise ist, (nämlich) daß er (sie) annahm zu seinem Prosopon in einer Synapheia und Einwohnung in einer Sohnschaft, und nicht (eine Union) des Vaters oder des Geistes. Und dies Wie wiederum der Union des Unbegrenzten mit dem Begrenzten geht über die Erforschung hinaus", nur der Trinität selbst wäre die Erforschung möglich.

Auch in Komm. IV 43[48] werden trinitarische Einheit (der drei Hypostasen) und christologische Einheit (im einen Prosopon des Sohnes) nebeneinander gesetzt: „Der Vater (ist) Herr … und Herr der Sohn und Herr der Hl. Geist, *ein Herr* ihre drei verehrungswürdigen Hypostasen, und auch die Menschheit des Sohnes (ist) mit ihm (sc. dem Sohn) in einem Prosopon. *Ein Herr* der Sohn" – womit Babai das eine christologische Prosopon meint. Zur Begründung folgt aus Apg 2,36: „Zum Herrn hat ihn Gott gemacht, diesen Jesus, den ihr gekreuzigt habt".

Eine problematische Verbindung von Trinitätslehre und Christologie waren ja die Formeln, verwendet von Neuchalcedoniern und Monophysiten, die beginnen „Unus ex trinitate …", auf Christus bezogen und theopaschitischen Charakters. Wir haben gesehen, daß im Lauf der Zeit die Prädikation „(Christus,) einer aus der Trinität" auch in ostsyrischen Texten gelegentlich vorsichtig aufgenommen werden konnte. Hier im Euagrius-Kommentar finde ich zwei Fälle, wo Babai die Prädikation zitiert, jedes Mal als möglicher Einwand von anderer Seite und mit negativer Konnotation. So in der Einleitung zu Kephalaion IV 78[49]: „Die Blinden" (damit sind ironisch jene bezeichnet, die für sich das Sehen der Gottheit mit leiblichen Augen in Anspruch nehmen[50]) „könnten ihm (sc. dem Euagrius) entgegnen: Siehe, auch Christus ist einer aus der Trinität, und durch seine Sinne sah er, und durch seinen νοῦς erkannte er, wie gesagt ist: ‚Wir haben den νοῦς Christi' (1 Kor 2,16), und besonders die-

---

[47] Natürlich ist hier die trinitarische Hypostase „Sohn" gemeint.

[48] Frankenberg, p. 290/291 obere Hälfte.

[49] Frankenberg, p. 308/309.

[50] Cf. Komm. V 51, p. 338/339 ganz unten für diesen Anspruch der „Messalianer"; Babai stellt sie hier mit den Eunomianern zusammen!

jenigen, die die Annahme seiner menschlichen Natur leugnen" (, könnten das sagen)[51]. Hier stellt Babai polemisch die „Messalianer" mit den „Monophysiten" zusammen, beide durch die Zusammenstellung kompromittierend. – Weiter unten wird Babais Behandlung von Kephalaion VI 14 das Unus ex trinitate als arianisch denunzieren; wegen eines interessanten weiteren Aspekts wird die Stelle dort ausführlich besprochen werden.

Die strenge Handhabung der Terminologie: Hypostase in der Trinitätslehre, Prosopon in der Christologie, wird in zwei Passagen des Kommentars gelockert; in diesen Fällen erscheint Prosopon als Synonym für die trinitarische Hypostase. Komm. VI 4 am Ende[52]: „Und diese Benennungen (sc. Vater, Sohn, Geist) sind nicht wandelbar, weil sie ewig sind in der Eigentümlichkeit ihrer Prosopa: der Vater Vater und nichts sonst, und ein vereinter Sohn des einen, nicht vereinten Vaters, und eine ausgehende Hypostase, Prosopon des heiligen, nicht vereinten Geistes". Komm. VI 12[53]: „Wenn du nämlich die Hypostasen in der Eigentümlichkeit ihrer Prosopa unterscheiden[54] willst, unterscheidest du die Hypostase ‚Vater' und durch die Benennung fügst du an Sohn und Geist; sprichst du aus: ‚Sohn', folgt daraus der Vater; sprichst du aus ‚ausgehender Geist', läßt du die ganze Trinität in dieser Benennung erkennen; auch der Geist ist nämlich Gott; du läßt die Hypostase erkennen darin, ‚daß er vom Vater ausgeht'". – Daß Babai ausnahmsweise die in seiner Kirche längst eingeführte Sprachregulierung verläßt, erklärt sich vielleicht daraus, daß er um diese Zeit Übersetzungen von Texten der großen Kappadokier zur Hand nahm.

Babai ist unter den hier behandelten Theologen oder offiziellen Texten der erste, bei dem der Terminus *Prosopon im christologischen Gebrauch*, d.h. für den einen Christus[55], auffallend häufig ist. Bisher hatten wir immer wieder Gelegenheit, die Seltenheit der Vokabel zu konstatieren, so noch in den Do-

---

[51] Diese Klammer ersetzt eine kleine Lücke im überlieferten Text.

[52] Frankenberg, p. 364/365 unten.

[53] Frankenberg, p. 370/371.

[54] Wo ich *prš* mit „unterscheiden" übersetze, schreibt Frankenberg „trennen" (auch Engelmann verfährt leider so), was besonders an dieser Stelle absurd ist. Syrisch *prš* hat wie das griechische διαιρέω die Bedeutung sowohl von „trennen" wie von „unterscheiden", die richtige Übersetzung muß sich nach dem Kontext richten. In der unmittelbaren Fortsetzung der oben zitierten Stelle benutzt Babai das Verbalnomen *p̈rwš'*; hier übersetzt Frankenberg zutreffend „Vernünftige" (d.h. „der Unterscheidung Fähige", cf. das englische „the discerning").

[55] Einmal finde ich *prswp'* in einem christologischen Zusammenhang im Plural, m.E. ein Druck- oder schon Schreibfehler, veranlaßt durch die Pluralpunkte der beiden folgenden Worte. Es handelt sich um Komm. IV 80, beiläufig ein gutes Beispiel für Frankenbergs Kürzungen in der Übersetzung (das Keph. IV 80 selbst ist in den beiden Fassungen völlig verschieden, PO 28,1, p. 170/171); Frankenberg, p. 310 oben lese ich „… der Gott Logos, der die Knechtsgestalt annahm, d.h. unsere menschliche Natur zu seinem Prosopon in der Union mit sich (annahm), indem er (sc. Euagrius) aus dem Prosopon (so statt des Plurals) der zwei Naturen spricht"; man vergleiche das mit Frankenbergs Kurzfassung, p. 311: „daß der Gott

kumenten von 612. Das ist im Euagrius-Kommentar völlig anders, und wie wir es schon gewohnt sind, wird das Phänomen durch Frankenbergs Übersetzung weitgehend verdunkelt. Nicht nur ist das eine Prosopon sehr häufig, es erscheint auch oft in der qualifizierten Form *„Prosopon der Union"* oder „Prosopon der Sohnschaft". Der erste Ausdruck stammt von Nestorius, aus seiner zweiten Apologie (also dem echten Teil des Liber Heraclidis)[56]. Babai kannte also den Liber Heraclidis (der natürlich als ganzer für echt galt) schon, als er den Euagrius-Kommentar schrieb. Im Kloster auf dem Berg Izla ist man im Besitz eines Exemplars gewesen, wie man aus dem Bericht des Bar Edta schließen kann, daß er das Buch (doch wohl einen Teil davon) auswendig gelernt habe[57].

Im Komm. II 2 schreibt Babai am Ende[58] (vorher geht es um Christus = Weisheit als Schöpfer): „‚Christus' sagt er (sc. Euagrius) nämlich aus dem Prosopon der Union, wie es der göttliche Paulus gesagt hat: ‚Aus ihnen ist Christus im Fleisch, der Gott über alles ist' (Röm 9,5)". An dieser Stelle entspricht das Paulus-Zitat dem griechischen Text; in anderen Fällen eher der Pešitta. Röm 9,5 wird von Babai häufig zitiert, mal in der einen, mal in der anderen Fassung, oft erscheint nur das zweite Drittel: „der im Fleisch", oben hatten wir ein Beispiel dafür. Frankenberg weist Bibelstellen in seiner Übersetzung nach, darin ist er zwar alles andere als konsequent, aber auch unter diesen Umständen wird sichtbar, wie oft Röm 9,5 herangezogen wird. – Hier an unserer Stelle, im Komm. II 2, vertritt das Zitat den Genitiv „der zwei Naturen" zu „Prosopon der Union"; ferner belegt für den Kommentator diese Stelle, daß „Christus" der Name für die Einheit der beiden Naturen ist; und schließlich statuiert der Vers die Gottheit Christi unmißverständlich, was hier nicht eigens gesagt wird, cf. aber unten Komm. II 60. Anders als in Joh 1,14 stellt sich in Röm 9,5 nicht das Problem des „Werdens" des Logos, also der Gottheit).

Komm. II 12[59]: Euagrius „sagt: ‚Die Rechte Christi wird auch Hand genannt'. ‚Christus' (ist) an dieser Stelle wie überall nach dem skopos der Schriften aus dem Prosopon der Union der beiden Naturen (gesagt); hier spricht er über seine Gottheit".

Komm. II 24[60]: Der Spruch des Euagrius geht über unsern Herrn Christus. Seine „natürlichen Namen" bezeichnen seine Naturen: „Gott Logos, dem Va-

---

Logos Knechtsgestalt d. h. Menschennatur annahm und mit sich vereinigte. Er redet von den beiden Naturen".

[56] *L. Abramowski,* Untersuchungen zum Liber Heraclidis des Nestorius = CSCO 242, Subs. 22 (1963), 221; Ps.-Nestorius hat den Ausdruck nicht, ibid. 206–207. Inzwischen fand ich die Formulierung auch in einem der Nestorius-Fragmente (aus einer Predigt stammend) in der Nestorian Collection, ed. Abramowski/Goodman, vol. I, p. 126,20; vol. II, p. 73,2–3.

[57] *Abramowski,* Untersuchungen, p. 6–7.

[58] Frankenberg, p. 130/131.

[59] Frankenberg, p. 138/139 Mitte der Auslegung.

[60] Frankenberg, p. 146/147, Kürzungen in der Übersetzung.

ter wesensgleich" und „Mensch Jesus aus dem Samen des Hauses David", „den er aus dem Schoß der Jungfrau auf unaussprechliche Weise mit sich vereinte in der Synapheia der beiden Naturen, die zusammenliefen – und daher ein Sohn. Und auch die hauptsächlichen Namen sind Gottes und des Menschen: ein vereintes Prosopon des Sohnes Gottes". Übertragene Namen (dagegen) eignete er sich an nicht aus Natur, sondern aus Gnade wegen unsrer Erlösung („Fluch", „Sünde", „Samariter"[61], „Tür", „Lamm" etc.). „Den (Namen) der Gottheit (besaß er) wegen der Union, weil dieser jener ist und jener dieser, indem sie in ihrem Eigenen bleiben: jener und dieser – und (sie sind) einer in Ewigkeit". – Hier verrät Babai wieder seine Vertrautheit mit dem Liber Heraclidis. In diesem Fall handelt es sich um den unechten Teil (also Ps.-Nestorius) mit vergleichbaren Aussagen über „diesen" und „jenen" und ihre Identität. Im Liber Heraclidis gehört das zur höchst komplizierten Christologie der zwei Prosopa und ihrer Einheit, von der Babai hier völlig absieht. Man findet dort bei (Ps.-)Nestorius[62]: „Und daher wird er aus diesem und jenem wie aus seinem eigenen Prosopon erkannt"[63]; ein wenig später[64], im Anschluß an die erstaunliche Stelle, wo die eine Hypostase interpoliert ist: „dieser wird aus jenem, jener aus diesem erkannt, so daß dieser durch die οἰκείωσις ist, was jener von Natur ist"[65]. Oder in einer schwierigen Passage[66], die davon handelt, daß die μορφαί von Phil 2 wirklich die göttliche und die des Knechts sind und „nicht eine andere"[67]: das Ziel ist, „daß dieser werde, was jener ist, und jener, was dieser ist, während dieser und jener bleibt". Und schließlich (innerhalb des großen Abschnitts über den Gehorsam des Gottessohnes[68]) über die Identität des Willens[69]: „Derselbe Wille in beiden, und das eine Prosopon ungeteilt (oder: ohne Zweifel), dieser jener und jener dieser, während dieser und jener bleibt".

Keph. II 60[70] des Euagrius beginnt in beiden Fassungen[71] mit den merk-

---

[61] „Samariter" als „übertragener" Name für Christus setzt die christologische Deutung des Gleichnisses vom barmherzigen Samariter voraus. Diese Auslegung hat sich im syrischen Bereich auch bildlich niedergeschlagen.

[62] Ed. P. Bedjan, Nestorius, Le livre d'Héraclide (Paris 1910), p. 78,10–11.

[63] Dazu siehe *Abramowski*, Untersuchungen, p. 159; über das „eigene Prosopon" ibid., p. 185–193.

[64] Bedjan, p. 81,5–7.

[65] *Abramowski*, Untersuchungen, p. 162.

[66] Bedjan, p. 84 oben.

[67] Zur ganzen Passage siehe *Abramowski*, Untersuchungen, p. 164.

[68] Beginnend mit Bedjan, p. 90,14, cf. *Abramowski*, Untersuchungen, p. 170.

[69] Bedjan, p. 96,17–19; *Abramowski*, Untersuchungen, p. 174.

[70] Frankenberg, p. 172/173.

[71] PO 28,2, p. 84/85. S_2 „‚La table' du Christ est Dieu, et la table de ceux qui sont exaltés est la nature corporelle et incorporelle". S_1 „‚La table' du Christ est Dieu le Père; et la table de ses frères par miséricorde, c'est lui auprès de son Père". Die Auslegung von Lk 22,30, die Euagrius hier vornimmt, wird in der abmildernden Übersetzung näher an den ntl Text herangeführt. Die „nature corporelle et incorporelle" von S2 meint in der euagrianischen Nomen-

würdigen Worten: „Der Tisch Christi ist Gott“ (cf. Lk 22,30!)[72]. Babai kommt erst nach einem reichlichen Drittel seiner Erklärung zu diesem Stichwort und konstatiert: „Es ist klar, daß sich das auf seine Menschheit bezieht“[73]. Um zu diesem Ergebnis zu gelangen, schickt der Kommentator eine Erläuterung von Röm 9,5 voraus[74], die explizit sagt, was oben bei Gelegenheit des Komm. zu II 2 erschlossen wurde. Zweimal erscheint das Prosopon der Union, „aus dem“ der Name Christi zu verstehen ist; das eine Prosopon wird auch wie sonst häufig als Prosopon der Sohnschaft bezeichnet.

Zu Anfang von Komm. III 1[75] wird die Form „ein Prosopon der Vereintheit *(mḥydwt')*“ gebildet. Wieder lesen wir die Bestimmung[76]: „‚Christus‘ also sagt er von den zwei Naturen der Gottheit und der Menschheit des Sohnes, die in einer Synapheia und Union und Einwohnung geschah wegen unserer Erlösung in einem Prosopon, nach dem (Wort) ‚aus ihnen Christus im Fleisch, der Gott ist über alles‘ (Röm 9,5)“; damit werde sowohl die Herkunft aus dem Vater wie die Vereinigung im einen Prosopon Christi ausgesagt, der Unbegrenzte mit dem Begrenzten. „Daß geschehen ist die Union der beiden Naturen und (daß) ihre Eigentümlichkeiten im einen Prosopon Christi erhalten bleiben, das wissen und glauben wir, aber das Wie kennt allein der Vater“.

Komm. III 26[77]: „‚Christus‘ sagt er (sc. Euagrius) auch hier aus dem Prosopon der Union von seiner Gottheit“, nach dem Pauluswort (1 Kor 8,6) „ein Herr Jesus Christus, durch den alles ist“ – als Schöpfer ist er Gott, soll damit begründet werden.

Keph. III 72[78] des Euagrius handelt vom „Erbe Christi“. Babai beginnt seinen Kommentar beinahe formelhaft: „‚Christus‘ bezeichnet, wie ich gesagt habe, das Prosopon der Union der beiden Naturen, der Gottheit und der Menschheit in einer angebeteten Union. Das ‚Erbe Christi‘, das er in seiner Menschheit geerbt hat, ist die ‚Einzigkeit des heiligen Wesens‘, weil er zuerst,

---

klatur das, was in der Sprache der antiochenischen Christologie die menschliche Natur Christi ist. Daß der „Tisch“ für Christus und für die Erhöhten / Brüder verschieden bestimmt wird, bleibt in S_1 erhalten, trotz der christologischen Korrektur.

[72] Lk 22,30 verheißt das gemeinsame eschatologische Mahl, das die irdische Tischgemeinschaft himmlisch überhöhen wird. Euagrius macht aus der Metapher für die Tischgesellschaft die Metapher für die Speise (die aber wiederum Metapher ist), und er gibt dem Possessivpronomen eine unerwartete Ausrichtung.

[73] Frankenberg, p. 172,19/173,23.

[74] Babai erklärt „Gott über Alles“ als: „seine unbegrenzte und ewige Gottheit“, Frankenberg, p. 172,16–17/173,20. Frankenbergs Übersetzung (p. 173,21) von p. 171,17 fährt fort: „In dem Begrenzten (?) ist vereinigt seine Gottheit und seine Menschheit“. Aber kann *bmsyk'* nicht auch heißen „kurz gefaßt“? Das wäre auf das Pauluswort zu beziehen. Ich würde die Frankenbergische Zeile ersetzen durch: „kurz gefaßt: auf vereinte Weise seine Gottheit und seine Menschheit, ein Herr Jesus Christus …“.

[75] Frankenberg, p. 186/187.

[76] Frankenberg, p. 186 und 188 /187 und 189.

[77] Frankenberg, p. 206/207.

[78] Frankenberg, p. 238/239.

im Anfang, diese hohe Erkenntnis der Gottheit empfangen hat"; das Empfangen begründet Babai mit Mt 11,27; Joh 3,35; 17,8; „es ist klar, daß dies zu seiner Menschheit paßt und nicht zu seiner Gottheit", (denn) diese ist[79] wesentlich Erkenntnis wie der Vater und der Heilige Geist.

Die Kephalaia IV 16 und IV 20[80] geben kurze Definitionen von μονογενής und πρωτότοκος, in beiden Fassungen gleichlautend. Es zeigt sich daran, daß für Euagrius diese beiden Christustitel in ihrer Bedeutung nicht identisch sind (anders als für Ḥenana, was aber Babai hier nicht notiert).

Keph. IV 18 über die Salbung endet mit den Worten „Herr ist Christus". So endet auch der Kommentar[81], daher haben wir hier eine Variante der üblichen Definition von „Christus": „‚Christus' sagt er auch hier aus dem Prosopon der zwei Naturen, ‚Herr' ist er in seinem Wesen und ‚Herr' ist er in seiner Oikonomia". – Das soll besagen, daß auch der Titel „Herr" beide Naturen meint.

Keph. IV 21 betrifft ebenfalls die Salbung[82], die Fassung S_1 übernimmt nur die erste Zeile des Originals (die leichte Differenz der beiden Fassungen dieser Zeile sind nur solche der Übersetzung, nicht des Inhalts). Euagrius gibt in dieser Zeile zwei Möglichkeiten an, wie man Salbung (innerhalb seines Systems und seiner Nomenklatur) verstehen kann. Babai schickt dem Kephalaion eine Einleitung voran[83], die ein Hinweis auf seine (Um)Deutung des Spruches ist: „Und indem er die Toren erleuchtet, daß die Bezeichnung ‚Salbung' nicht zur Natur des Eingeborenen paßt, sondern zur Oikonomia im Leib, sagte er (sc. Euagrius)" – und es folgt das Kephalaion über die „Erkenntnis der Einheit" und die „θεωρία der Seienden". Der endlose Kommentar Babais[84] stellt eine Abhandlung über „Salbung" und „Gesalbter" dar. „Salbung" gehört zu „Christus", „und in dieser Union wird erkannt, daß er Erstgeborener ist und daß er Eingeborener ist im einen Prosopon Christi des Sohnes Gottes, aber nicht auf dieselbe Weise". Denn „Christus" bezieht sich nicht auf eine der beiden Naturen „unvereint" (also nicht abgesehen von ihrer Union). Als abzulehnende Auffassung wird angeführt die „frevlerische" Meinung, daß Logos = Christus ist und Eingeborener = Erstgeborener, und das in einer Natur. – Dies richtet sich offensichtlich gegen Ḥenana[85] mit seiner Gleichsetzung der christologischen Titel und unterstellt ihm Monophysitismus (eine Folge von Ḥenanas kirchenpolitischer Taktik). – Vielmehr bezieht sich „Christus" auf die Union „in dieser verehrungswürdigen Oikonomia, die zwei Naturen im einen Prosopon Christi erkennen läßt, (die Naturen) des Salbenden

---

[79] Frankenberg: „hat"!

[80] Frankenberg, p. 270/271 und p. 274/275.

[81] Frankenberg, p. 270. 272 / 271.

[82] PO 28, p. 144/145.

[83] Frankenberg, p. 274/275 retrovertiert *msyḥwt'* im Kephalaion als χρῖσμα, in Babais Einleitung und Kommentar aber als „Christuswürde" oder χριστότης, was ganz überflüssig ist.

[84] Frankenberg, p. 274. 276 / p. 275. 277.

[85] In diesem Sinn ist die Stelle oben im Abschnitt über Ḥenana ausgewertet worden.

und des Gesalbten". Der Name läßt die „Doppelheit" der nicht Getrennten erkennen. (Aber auch Babai weiß:) Genaugenommen paßt die Bezeichnung „Christus" auf die Menschheit Christi und nicht auf die Gottheit. „Denn er wurde mit dem heiligen Geist gesalbt, damit er in der Union ein Sohn sei mit dem ewigen Sohn[86], auch wenn aus dem Prosopon der Union mit ihm (sc. mit dem Namen ‚Christus') auch die Gottheit benannt wird, nach (der Stelle Röm 9,5): ‚aus ihnen im Fleisch, welcher Gott ist über alles'". – Nach dieser christologischen Grundlegung verarbeitet Babai die Aussage des Euagrius nicht nur christologisch, sondern auch soteriologisch. – Der Kommentar zu IV 21 endet so: Der Satz der Euagrius besage „zusammengefaßt" nichts anderes, als: „In ihm wohnt die ganze Fülle der Gottheit leibhaftig" (Kol 2,9). Die Salbung bedeute: „Union der zwei Naturen, die ihre Eigentümlichkeiten bewahren, in einer Synapheia und einer Einwohnung im einen Prosopon der Sohnschaft in Ewigkeit".

Komm. VI 14 und Komm. VI 77[87] enthalten so Auffälliges, daß es zur Erläuterung eines Rückblicks auf die Entstehung der vier Textcorpora bedarf.

Exkurs: Die syrischen Versionen der Kephalaia gnostica des Euagrius und die beiden Kommentare Babais

Guillaumont hatte 1962 in seiner grundlegenden Monographie zu den Kephalaia gnostica die Hypothese aufgestellt, daß die Fassung S_1 Philoxenus von Mabbug (gest. 523) zum Verfasser haben könnte[88]. Seine posthume Euagrius-Monographie von 2004 revoziert die Hypothese[89], weil die Stütze seiner Argumentation, der dem Philoxenus zugeschriebene „Brief über die drei Stufen des Mönchslebens" diesem Verfasser inzwischen aberkannt worden ist[90].

---

[86] Das klingt so, als ob erst die Geistsalbung die Einheit des Sohnes bewirkt habe, was natürlich nicht Babais Meinung ist; es wirkt sich hier der Wortlaut des biblischen Textes aus.

[87] Frankenberg, p. 370 und 372/371 und 373; p. 410 und 412/411 und 413.

[88] *Guillaumont* 1962, p. 207–213.

[89] *Guillaumont* 2004, p. 87, Anm. 3.

[90] Schon *A. de Halleux* hatte in seinem großen Philoxenus-Buch von 1963 die Verfasserschaft des Philoxenus aus inneren Gründen bezweifelt (Philoxène de Mabbog, p. 269–274) und die Abfassung in eine spätere Zeit verlegt. Erst die 1961 entdeckte Langfassung des Briefes überlieferte den Prolog, der davon redet, daß der Verfasser einen *pušaqa* zu den Kephalaia gnostica des Euagrius geschrieben habe. Guillaumont hätte damals *pušaqa* gerne als „Übersetzung" verstanden (die Bedeutungsbreite der Vokabel erlaubt das), wogegen de Halleux ganz selbstverständlich mit „Kommentar" übersetzte. Damit war die Autorschaft des Philoxenus für S_1 auf doppelte Weise ausgeschaltet. – Der Brief über die drei Stufen hat weiter das Interesse der Forschung auf sich gezogen: *P. Harb,* Faut-il restituer à Joseph Ḥazzāyā la *Lettre sur les trois degrés de la vie monastique* attribuée à Philoxène de Mabboug?, Melto 4, 2 (1968) 13–36; das fand die Zustimmung von *R. Beulay,* Des centuries de Joseph Ḥazzaya retrouvés, ParOr 3 (1972) 5–44, hier 16–17. Nach vorangehenden Übersetzungen ins Französische und Deutsche (letztere von *G. Bunge* 1982: Rabban Jausep Ḥazzaya. Briefe über das geistliche Leben und verwandte Schriften. Ostsyrische Mystik des 8. Jahrhunderts = Sophia

Das Problem der Verfasserschaft von S_1 war aber vor diesem Widerruf schon von J. W. Watt wieder aufgenommen worden (1980)[91]; Watt verweist auf die problematische Echtheit des Briefes über die drei Stufen[92]. Zwar habe sich bisher kein Zitat aus den Kephalaia bei Philoxenus gefunden, aber daß er sie in ihrer Version S_1 kannte, läßt sich nicht bezweifeln. „The influence of Evagrius upon Philoxenus is now well established“[93]. „The cosmology and eschatology presented by Philoxenus are thus quite clearly the same as those of the expurgated[94] version of the Centuries“[95]. Aber als Verfasser dieser Version kommt er schon aus sprachlichen Gründen nicht in Frage; Kenntnisse des Griechischen waren zwar bei Philoxenus vorhanden, aber doch „begrenzt“[96]. Wenn Philoxenus nicht der Autor von S_1 war, sondern einer seiner Leser, dann kann diese Fassung nicht später als zu Beginn des 6. Jhs. geschrieben sein, „for its influence is evident in a work of Philoxenus, the Commentary on Matthew and Luke, written before 510–511[97], A.D. It is quite likely that Philoxenus encountered it, together with the version S_1 of the Praktikos and other works of Evagrius in Syriac, during his education at the School of Edessa“, etwa in der Mitte des 5. Jhs.[98] – Hieraus wäre zu folgern, daß die abgemilderte Fassung der Kephalaia spätestens in dieser Zeit dort bereits vorlag, sie also ins 5. Jh. gehört.[99]

---

21 (Trier 1982), p. 77–195) liegt jetzt die Edition in PO 45,2 = Nr. 202 vor: P. Harb, F. Graffin (eds.), Joseph Ḥazzāyā. Lettre sur les trois étapes de la vie monastique (1992). – Das Lexikon der antiken christlichen Literatur (1998), Art. Joseph der Seher (Hazzaya) *(P. Bruns)* gibt als Lebenszeit Josephs (im Gefolge der Patrologia Syriaca von I. Ortiz de Urbina) die zweite Hälfte des 7. Jhs. an, siehe aber *M. Albert (et alii),* Christianismes orientaux (Paris 1993), §652 über Joseph: gestorben vor 786; auch nennt Bruns in seinem Artikel versehentlich R. Beulay als Editor des Briefes in PO 45, 2 (in der 3. Aufl. von LACL noch R. Beulay, aber zusammen mit P. Harb).

[91] *J. W. Watt,* Philoxenus and the Old Syriac Version of Evagrius' *Centuries*, OrChr 64 (1980) 65–81.

[92] *Watt,* p. 65. 70.

[93] *Watt,* p. 66.

[94] *P. Géhin,* Les développements récents de la recherche évagrienne, OCP 70 (2004) 103–125, spricht (p. 116) von einer „veritablen Zensur“, die diese Version ausgeübt habe. *G. Bunge,* Encore une fois: Hénade ou Monade? Au sujet de deux notions-clés de la terminologie technique d'Évagre le Pontique, Adamantius 15 (2009) 9–42, hier p. 21 mit Anm. 117, sieht dagegen in den Eingriffen des Übersetzers in den christologischen Aussagen „beklagenswerte Irrtümer“. „S_1 n'était manifestement pas familier de la pensée d'Évagre“, überhaupt sei der Übersetzer „un autre fauteur de ces distorsions de la pensée authentique d'Évagre qui ont si solidement compromis sa réputation“. Im selben Band der Zeitschrift der Nachruf auf A. und Claire Guillaumont von *P. Géhin,* p. 85–92.

[95] *Watt,* p. 70.

[96] *Watt,* p. 74. Für den „syrischen“ Charakter des Philoxenus verweist Watt auf *de Halleux,* Philoxène, p. 20–22.

[97] Dieser Kommentar ist von Watt ediert worden, CSCO 392. 393, Syr. 171.172 (1978).

[98] *Watt,* p. 74–75, übernommen von *Guillaumont* 2004, p. 87, Anm. 4 am Ende.

[99] *Watt,* p. 75: „Two occasions when Origenistic ideas became the subject of discussion

Wenn der Bearbeiter in Edessa anzusiedeln wäre, dann könne er kaum dem Einfluß der antiorigenistischen Theologie des Theodor von Mopsuestia entgangen sein. Die Korrekturen, die S_1 an der originalen Kosmologie des Euagrius anbringt, entsprechen ganz der Auffassung Theodors. „Of course, this ‚corrected' cosmology is not peculiar to Theodore, but his was the most powerful influence in the School of Edessa at the time to which other indications point as the most likely for the translation of the Centurics"[100].

Schon Guillaumont hatte festgestellt, daß keine der Korrekturen von S_1 an der Christologie des Euagrius eine monophysitische Tendenz anzeige[101]; Watt ergänzt das mit dem Hinweis, daß in den christologischen Aussagen auch keine eigentlich antiochenische Tendenz sich finden lasse. „Indeed S_1 presents a more ‚unitary' Christology than Evagrius himself", indem er die euagrianische Unterscheidung zwischen Christus, verstanden als Intellekt, und dem Logos beseitigt[102].

Durch Watts Ansatz von S_1 vergrößert sich der zeitliche Abstand von S_2 zu dieser ersten Übersetzung nicht unerheblich. Bisher ist der höchst plausiblen Hypothese Guillaumonts, in Sergius von Reshaina (gest. 536) den Übersetzer von S_2 zu sehen, nicht widersprochen worden. Zwischen den beiden Fassungen lägen dann (mindestens?) ca. 50 Jahre; die Behauptung (siehe Babai und spätere), S_2 stelle eine verderbte Fassung des ursprünglichen Textes dar, konnte so eine Stütze in dem viel jüngeren Datum von S_2 finden, zumal S_2 die Version S_1 benutzt hat[103]. Ich unterstelle Babai Gutgläubigkeit, was diese Auffassung vom Verhältnis der Texte zueinander betrifft; ich nehme an, daß die Auffassung längst vorgegeben war.

Die Absicht Babais in seinem Kommentar zu den Kephalaia wird von Guillaumont so zusammengefaßt[104]: „Jusque dans le moindre détail, il apparaît inspiré par la volonté de défendre Evagre contre ceux qui le présentaient comme origéniste". Auch in der Version S_1 war allerdings der Origenismus des Originals nicht vollständig beseitigt[105], der korrigierende Übersetzer „avait laissé nombre de formules équivoques, ce que Babai lui-même recon-

---

around the period 440–460 have been noted by Guillaumont", cf. *Guillaumont* 1962, p. 124, Anm. 1.

[100] *Watt*, p. 76.

[101] *Guillaumont* 1962, p. 213, Anm. 49.

[102] *Watt*, p. 76, Anm. 93. – Nachdem Watt in seinem Aufsatz zunächst den Einfluß des Euagrius auf Philoxenus nachgewiesen hat, geht er im Folgenden dem Einfluß der Theologie Theodors auf Philoxenus nach. Weiteres zu diesem zweiten Thema: *J. W. Watt*, The Syriac Adapter of Evagrius' Centuries, StPatr 17,3 (1982), 1388–1395, zur Kombination beider Themen *Watt* 1980, p. 81. – Zu Babais völlig anders gearteter Unterscheidung der Benennungen Christus und Logos siehe oben.

[103] *Guillaumont* 1962, p. 231.

[104] *Guillaumont* 1962, p. 276.

[105] Siehe die ausführliche vergleichende Darstellung in *Guillaumont* 1962, p. 231–256 („Atténuation de l'origénisme dans S_1") und p. 256–258 („L'origénisme conservé").

naît, en déplorant que certains les utilisent pour faire d'Evagre un origéniste. Sa première tâche sera donc d'expliquer dans un sens orthodoxe ces expressions équivoques et, par là, d'évacuer du texte l'origénisme que le traducteur y avait, malgré ses suppressions et corrections, laissé. Mais Babai ne s'en tient pas à cela; non seulement il défend Evagre contre les accusations d'origénisme, mais, passant à l'offensive, il s'efforcera de montrer que les sentences d'Evagre sont une réfutation des ‚impiétés' d'Origène", was Guillaumont dann entfaltet mit dem Fazit: „Evagre, pilier de l'orthodoxie"[106]. Diese letzte, absurde, Zuspitzung der Polemik ist vielleicht der persönliche Beitrag Babais zur Umdeutung der Kephalaia.

Aber natürlich unterstreicht auch dies völlig artifizielle Element seines Kommentars die Unverzichtbarkeit der abgemilderten euagrianischen Spiritualität für sein eigenes monastisches Milieu.

Babais Einleitungen zu seinen beiden Kommentaren setzen die Existenz der angeblich „verdorbenen" Fassung der Kephalaia, also S_2, als bekannt voraus; offenbar hatte es keinen Sinn, ihr Vorhandensein zu verschweigen. Über S_2 sagt der Ausleger in der (erhaltenen) Einleitung zum (nicht erhaltenen) langen Kommentar[107]: „Il y en a qui ont traduit du grec en syriaque certains enseignements de ce saint en les rendant conformes à leur propre erreur et qui affirment qu'il était du même avis qu'eux. Mais ces gens ont été réfutés par les éditions véritables et par les autres traités de cet auteur. Et c'est cela surtout qui a grandement induit en erreur ceux qui n'ont pas fait un examen de la question". S_2 hat also eine Wirkung ausgeübt und zwar eine schlimme; nicht nur muß davor gewarnt werden, besser noch ist es, ein Gegengift zu verabreichen.

Was bei Babai folgt – ein Bericht über monophysitische Kritik an Euagrius – bezieht Guillaumont[108] auf die Verurteilung von 553, was ich nicht für richtig halte. Diese Verdammung von 553 ist vielmehr mit der Bemerkung gemeint, die dem eben zitierten Text vorangeht, nämlich[109]: „ceux qui ont altéré la vérité authentique pour complaire aux hommes et ne pas perdre la dignité de leurs charges, et qui, comme des bêtes féroces, ont, dans l'amertume de leur instinct, *déchiré, découpé et extrait de petits passages* de cet ensemble vénérable et magnifique ...".

Der Abschnitt über die monophysitische Polemik gegen Euagrius lautet[110]: „Il y avait encore pour le répudier avec force ceux qui partageaient l'opinion des hérétiques Eutychès et Sévère, parce qu'ils avaient vu que, comme le bienheureux Léon, évêque de Rome, Théodore l'Interprète et tous les autres orthodoxes, il distingue les natures, acceptant leurs propriétés dans l'unité d'un

106 *Guillaumont* 1962, p. 276–290, die zitierte Überschrift p. 289.
107 Frankenberg, p. 22/23 untere Hälfte, Übersetzung *Guillaumont* 1962, p. 272.
108 *Guillaumont* 1962, p. 272.
109 Frankenberg, p. 22/23 Mitte, übersetzt *Guillaumont* 1962, p. 271.
110 *Guillaumont* 1962, p. 272.

seul Christ fils de Dieu"[111]. Dann führt Babai einen Text des Euagrius zur Bestätigung des Gesagten an, den Guillaumont als Keph. VI 79 S_1 identifiziert[112] und dazu bemerkt[113]: „Cette sentence plaît particulièrement à Babai, qui en fait un commentaire enthousiaste". Aber könnte es nicht sein, daß diese Gegner die unrevidierte, sehr eigentümliche Christologie des Euagrius im Auge hatten? Selbst im Fall von Keph. VI 79 dürfte ihnen eher die Fassung S_2 anstößig gewesen sein als die revidierte. Das Keph. besteht aus drei Aussagen[114]: über Christi Leib, über seine Seele und über seine Gottheit (S_1) / über den Logos (S_2); die ersten beiden Aussagen sind in beiden Fassungen identisch. Aber die dritte lautet in S_1: „de même aussi sa divinité est coessentielle au Père", in S_2: „mais *le Verbe qui est en lui* (sc. en Christ) essentiellement est coessentiel au Père". Dieselben Leute machen dem Euagrius zum Vorwurf, daß er einen Häretiker zitiert habe; aus der Fortsetzung von Babais Text ergibt sich, daß der Häretiker Didymus der Blinde ist. Auch diese Stelle hat Guillaumont gefunden[115], nämlich als c. 150 des „Gnostikos" des Euagrius (an der dort zitierten Ermahnung des Didymus zum Bedenken der Vorsehung und des Gerichts[116] kann man nichts Häretisches entdecken). „Diese Erwähnung des Namens Didymus, in Begleitung preisender Epitheta, versetzt Babai offenkundig in Verlegenheit, wie es die Erklärungen zeigen, mit denen er Euagrius rechtfertigen will". Guillaumont referiert diese Erklärungen samt den in ihnen steckenden Konfusionen[117]. Babai zitiert nun seinerseits einen sonst nicht überlieferten Text des Didymus über Stadien der Seele im Paradies[118] und zwar als Beweis der Depravation *dieses* (Babai unterscheidet drei des Namens) Didymus und widerlegt ihn mit Sätzen des Euagrius aus S_1, Sätzen, die in der Gestalt von S2 mit dem „Häretiker" Didymus übereinstimmen![119]

Babais Passage über Didymus ist erstaunlich lang (etwa eine Seite der großen Seiten Frankenbergs). Sie macht den Eindruck einer neueren Diskussion. Wo soll man diese monophysitischen, monastischen Anti-Euagrianer suchen? Jedenfalls ist die Variationsbreite des Umgangs mit den Kephalaia gnostica des

---

111 „acceptant – Dieu" ist natürlich Babais Urteil über Euagrius, er beansprucht ihn als Vertreter seiner, Babais, eigner Christologie!
112 *Guillaumont* 1962, p. 272.
113 Ibid., Anm. 50.
114 PO 28,1, p. 250/251.
115 *Guillaumont* 1962, p. 272.
116 Ibid., Anm. 51.
117 Ibid., p. 273, Anm. 54.
118 Frankenberg, p. 23/24 obere Hälfte, übersetzt von *Guillaumont* 1962, p. 274, Anm. 55.
119 *Guillaumont* 1962 schreibt p. 274 oben: „Malheureusement pour Babai" seien diese Sätze in S_1 vollständig neu gefaßt – wieso unglücklicherweise? Babai würde sagen, an S_2 erweise sich die Verderbtheit jener, denen S_2 zu verdanken sei. – Man wundert sich, daß Babai nicht auf den Gedanken gekommen ist, auch in Sachen des Didymus eine Konstruktion zu entwikkeln, die analog zur Behandlung des Euagrius gewesen wäre. Das spricht dafür, daß das Didymus-Problem ein aktuelles ist und damit erheblich jünger als die Maskierung des Euagrius.

Euagrius groß: Von der eben erwähnten totalen Ablehnung bis zur Verführung durch seine Spekulationen, beides durch Babai bezeugt. Zwischen diesen Extremen liegt der Versuch, möglichst viel von seinen Meditationsanregungen festzuhalten, freilich um den Preis der Aufgabe des Eigentümlichsten – so in der bearbeiteten Fassung S_1 der Kephalaia. Die Kephalaia in der Version S_1 konnten wegen ihres milden Edessenismus bei beiden syrisch-sprachigen Konfessionen gelesen werden. Der Kommentar Babais nimmt sie energisch für die nisibenische Tradition in Anspruch, wobei er über diese hinaus bereits vom Liber Heraclidis des Nestorius Gebrauch macht, indem er jedoch absichtlich zurückhaltend verfährt.

Geistliche Literatur bot eine gute Möglichkeit, dogmatische Richtungen vorzugeben, und Babai ist jemand, der sich diese Gelegenheit nicht entgehen läßt, wie sich oben schon an der Vita des Märtyrers Georg zeigte. Allerdings konnte er sich der erhofften Wirkung berauben, wenn die Länge seiner ursprünglichen Darlegungen die intendierten Leser von der heilsamen immunisierenden Lektüre abschreckte. Der *iḥidaya* Gregor, der den Mut hatte (man denke an Babais irascibilitas), dies auszusprechen, hat mit seinem monitum den Erfolg gehabt, daß der Kommentator sein Werk in einer kürzeren Fassung vorlegte (sie kurz zu nennen ist ein Euphemismus). Kann man eine Vorstellung davon gewinnen, auf welche Weise Babai gekürzt hat? Wenn er seinen langen Kommentar nicht bloß zusammengefaßt, sondern manches Inhaltliche weggelassen haben sollte, *was* hat er weggelassen? Hier können die Auslegungen der Keph. VI 14 und VI 77 einen Hinweis geben. Ich beginne mit VI 77 und kehre damit zur Analyse von Babais Kommentar zurück.

Keph. VI 77 und Keph. VI 14

Keph. VI 77 lautet in S_1:[120] „Le mystère de Notre-Seigneur, qui était caché dans son Père depuis les siècles et depuis les générations, a été révélé dans son apparition; et l'élection de ses apôtres saints avant les fondements du monde a été connue dans son Évangile; et les tribus qui étaient éloignées de son espérance, il a été révélé auprès d'elles et il les a fait approcher de lui".

In seinem Kommentar schreibt Babai, daß der Verfasser hier den Origenes und seine Lehre von der Seelenwanderung widerlege. Kein unbefangener Leser käme von selbst auf diese Idee. Legt man daneben aber (wie das in Guillaumonts Edition so bequem möglich ist) dasselbe Kephalaion in der Fassung S_2, dann gewinnt man eine indirekte Erklärung für Babais Behauptung.

Keph. VI 77 S_2[121]: „Est-ce que Gabriel a annoncé à Marie la sortie du Christ hors du Père, ou sa venue du monde des anges au monde des hommes? Recherche encore au sujet aussi des disciples qui ont vécu avec lui dans sa corpo-

[120] PO 28,1, p. 248 und 250.
[121] Ibid., p. 249 und 251.

réité, s'ils sont venus avec lui du monde qui est vu par nous, ou d'un autre (monde), ou d'autres (mondes), et si c'est une partie d'entre eux, ou bien tous. De plus, recherche encore si c'est à partir de l'état psychique qu'ils avaient qu'il leur est arrivé de devenir disciples du Christ".

Man sieht, daß Keph. VI 77 zu den Texten zählt, die S_1 völlig verändert hat. Guillaumont stellt beide Fassungen in der Reihenfolge S_2 – S_1 vor[122] und notiert die Veränderungen, die der Kosmologie von S_2 widerfahren sind[123]: „Tout ce qui reste, dans cette traduction" (S_1) „de la mention des mondes multiples se réduit aux expressions ‚depuis des siècles' (littéralement ‚des mondes'!) et ‚les fondements du monde' (‚monde' au singulier!), dans lesquelles rien n'est passé de la conception évagrienne". VI 77 S_2 zeige „klar die enge Verbindung, die bei Euagrius zwischen der Theorie der sukzessiven Pluralität von Welten und derjenigen der sukzessiven Vielfalt der Körper besteht, an die die Theorie des Übergangs von einer Kategorie der Seienden zu einer anderen Kategorie der Seienden anknüpft". Auch ist das Kephalaion ein schönes Beispiel für den von P. Géhin so bezeichneten „zetetischen" (von ζητεῖν, suchen, rechercher) Aspekt[124] im Werk des Euagrius, der ein Erbe des Origenes ist. Die Überzeugung, daß es freie Fragen gebe, „war vielleicht die authentischste Erbschaft, die die Schüler des Origenes von ihrem Meister übernommen hatten"[125].

S_1 seinerseits, so beobachten wir, setzt den Fragen und den Aufforderungen zur Untersuchung Gewißheiten entgegen: Das Verborgene ist offenbart, die vorweltliche Erwählung ist aus den Evangelien bekannt, die Botschaft wird auch denen offenbart werden, die sie noch nicht kennen.

Offensichtlich wurde des Euagrius Aufforderung zum Untersuchen der genannten Probleme, die alle die Bewegung aus einer Welt in eine andere zum Thema haben, aber nur auf Personen der Heilsgeschichte bezogen sind, als eine Bestätigung für die generelle Annahme einer „Seelenwanderung" verstanden, und dies unter Berufung auf die Autorität des Euagrius. Babai muß von Vertretern dieser Auffassung gehört haben; er rechnet damit, daß S_2 gelesen wird und seinen Einfluß ausübt. So bekämpft er den Einfluß, ohne hier dessen Quelle zu benennen.

Ein auf andere Weise ebenso interessanter Fall ist Keph. VI 14, ebenfalls in beiden Fassungen völlig verschieden. Die vorangehenden Keph. VI 10–13[126], mit Ausnahme von einigen kleinen Differenzen in VI 10, in beiden Versionen identisch, stellen ausnahmsweise eine zusammenhängende Gedankenfolge her: Es wird bestimmt, daß die Trinität keine „der Zahlen" sei, es folge ihr keine Tetrade (VI 10.11), es gehe ihr keine Dyade voran (VI 12), sie komme

---

[122] *Guillaumont* 1962, p. 248–249.
[123] Ibid., p. 249.
[124] *P. Géhin*, Adamantius 15 (2009), p. 89: „zététique", auf *Guillaumont* 2004, p. 332–335 hinweisend.
[125] *Guillaumont* 1962, p. 161–162.
[126] PO 28,1, p. 220. 222 / p. 221. 223.

nicht durch Addition zustande (VI 13)[127]. In S_2 knüpft VI 14 an das trinitarische Thema an (§-Zählung und Untergliederung von mir)[128]:

„§ 1 Le Christ n'est pas connaturel de la Trinité.
§ 2 En effet, il n'est pas aussi science essentielle;
§ 3 mais seul il a en lui toujours la science essentielle inséparablement.
§ 4 Mais le Christ, je veux dire celui qui est venu avec le Verbe Dieu
§ 5 et en esprit est le Seigneur,
§ 6 est inséparable de son corps
§ 7 et par l'union il est connaturel de son Père,
§ 8 parce qu'il est aussi science essentielle".

Ich ziehe es vor, die zweite Hälfte des Kephalaions syntaktisch noch wörtlicher zu übersetzen (Guillaumonts „et" zu Beginn von § 5 steht auch nicht im Text):

„§ 4 Mais le Christ, je veux le dire celui qui est venu avec le Verbe Dieu;
§ 5 en esprit il est le Seigneur;
§ 6 il est inséparable de son corps
§ 7 et par l'union il est connaturel de son Père,
§ 8 parce qu'il est aussi science essentielle".

Mir machen §§ 6–8 inhaltliche Schwierigkeiten. Die §§ 7 und 8 jedenfalls widersprechen den §§ 1 und 2. Und welche „Union" ist es, die die Behauptungen von 7 und 8 begründet? Guillaumont nimmt in seiner Besprechung von VI 14[129]

---

[127] Babai beginnt seine Erklärung von VI 13 (Frankenberg, p. 370) so: „Schön signiert er (sc. Euagrius!) seine Rede mit dem Symbol *('rz')* des Kreuzes" (*Frankenberg,* p. 371 setzt nach „Kreuzes" begreiflicherweise ein Fragezeichen, denn Babai fährt fort:) „Die Trinität nämlich der Zahlen der Quantität ...". Hier liegt eine schwer zu füllende gedankliche Ellipse vor. Nun findet sich in Babais Vita des Märtyrers Georg eine Beschreibung der konkreten Ausführung des „Symbols des Kreuzes", die mit Zählen zu tun hat. § 69 (Bedjan, p. 550–551; BKV 22, p. 270–271): Georg fing an, „die Pfeile mit den Fingern der freien Hand zu zählen", beginnend mit dem kleinen Finger, den er „nach Art der Zählenden" krümmte, vom ersten Pfeil bis zum vierten (tödlichen), wo er den vierten Finger krümmte „im Symbol des Kreuzes", ... als man nicht mehr auf ihn schoß, „streckte er die vier Finger vor den Augen der verwunderten Zuschauer aus" ... und starb. (Dann heißt es noch, unter veränderter Verwendung der Vokabeln „Symbol" und „Kreuz": „Sein Leib wird leibliche Herrlichkeit anziehen, deren Symbol an seinem Kreuz erschien" – im § 70 wird erzählt, daß nächtlich über dem Kreuz und dem toten Gekreuzigten ein „glänzendes Licht" leuchtete, darauf muß sich die Verheißung von § 69 beziehen). Offenbar war das Abzählen von Eins bis Vier mit Hilfe der nacheinander gekrümmten Finger und das Ausstrecken der vier Finger ein übliches Symbol für das Kreuz (wegen seiner vier Enden?). Dies „gezählte" Symbol soll wohl die gerade nicht zählbare Trinität durch Gegenüberstellung, *e contrario,* „signieren" (*tḥm* u. a. „signare signo crucis", Brockelmann s. v.). Ich vermute, daß wir hier ein Beispiel von Babais Kürzungen von Ausführungen des langen Kommentars vor uns haben. Ein weiterer Fall im Kommentar zum nächsten Kephalaion, VI 14, siehe unten.

[128] PO 28,1, p. 223.

[129] *Guillaumont* 1962, p. 153–155; Guillaumont behandelt denselben Text noch einmal p. 234, wo er Unterschiede zwischen S_1 und S_2 notiert.

keinen Anstoß an den §§7 und 8, obwohl aus dem Material, das er zum Vergleich ausbreitet, nirgendwo hervorgeht, daß Christus (durch den Logos) wesentliche Erkenntnis ist, sondern nur dass er sie *hat*. Und keine der Parallelstellen führt in diesem Zusammenhang die Untrennbarkeit vom Leib an; es liegt offenbar eine Analogiebildung zum „ungetrennt" von §3 vor. Die §§6–8 wirken wie eine Korrektur oder Ergänzung der euagrianischen Christologie im Sinne größerer Orthodoxie: es wird sowohl die leibliche Seite betont wie die göttliche Identität, begründet durch die „Union". Man würde die christologischen Streitigkeiten für diese vermuteten Änderungen voraussetzen müssen. Und fand der Übersetzer S_2 diese Änderungen schon vor?

In der Fassung S_1 sieht VI 14 so aus[130]:

„Le corps du Christ fait partie (besser: est) de la nature des hommes, lui en qui ‚toute la plénitude de Dieu a voulu habiter' (Kol 1,19) ‚corporellement' (Kol 2,9)[131]. Mais le Christ ‚est Dieu au-dessus de tout' (Röm 9,5), selon la parole de l'Apôtre".

Die Bearbeitung durch S_1 setzt also erst bei §6 des ursprünglichen Textes ein, die ausdrückliche Beziehung auf die Trinität fehlt (§§1–5 ist weggelassen!); die Einheit des gottmenschlichen Christus wird mit zwei apostolischen Sätzen begründet (auf die Bibelstellen kommen wir unten zurück). Unter der Voraussetzung des von mir eben ausgesprochenen Verdachts, muß man sich auch fragen, in welcher Fassung S_1 die §§6–8 des Originals gelesen hat. Hätte VI 14,6–8 in der uns durch S_2 überlieferten Form überhaupt eine Umarbeitung nötig gemacht? So wie jetzt die beiden Fassungen einander gegenüber stehen, beseitigt S_1 die gewissermaßen dreischichtige Christologie des echten Euagrius (der Logos in Christus, Christus im Leib). In VI 16 aber kann man sie weiterhin erkennen („science essentielle, nature incorporelle, nature corporelle"), trotzdem sind in diesem Fall die beiden Fassungen praktisch identisch[132], weil sich die Aussagen des Euagrius orthodox verstehen ließen, wie Babais Kommentar das auch vorführt[133]. Ein Satz wie VI 16 fällt unter Guillaumonts Beschreibung[134]: „aussi subsiste-t-il dans sa version (sc. S_1) nombre de sentences équivoques, dont l'origénisme n'apparaît qu'à des esprits avertis et est resté inaperçu pour des générations des lecteurs syriens qui n'ont vu dans l'ouvrage d'Évagre que matière à édification".

Was VI 14 betrifft, so ist dies eins der Kephalaia, denen Babai in seinem Kommentar eine Einleitung voranschickt[135]. Diese Einleitung enthält eine

---

[130] PO 28,1, p. 222.

[131] Guillaumont hat im Apparat nur die erste der beiden Stellen angegeben.

[132] PO 28,1, p. 222/223.

[133] Dieser Kommentar ist oben schon besprochen worden, weil hier die göttliche und die menschliche Hypostase in Christus zum ersten Mal im Kommentar beide deutlich als solche bezeichnet werden.

[134] *Guillaumont* 1962, 257.

[135] Frankenberg, p. 370/371.

Kombination von Referenzen, die in bloßen Stichworten aneinandergereiht sind und ihrerseits einen Kommentar benötigen. Babai beginnt mit einem „und", er schließt also an den letzten Satz von Komm. VI 13 an, der lautet: „Es ist ein unbegrenztes Wesen, das in drei unbegrenzten Hypostasen offenbart worden ist"[136]. Das Stichwort „begrenzt" erscheint dann in Babais Einleitung. Babai schreibt hier: „Und insofern[137] eingewendet worden ist von manchen der Frechen: ‚Siehe, Christus ist einer aus der Trinität', und: ‚es wird von ihm gesagt, er stieg hinab und er stieg hinauf' – und siehe da: Begrenztheit! Und: ‚Der Vater ist größer als er' (cf. Joh 14,28) und wiederum: ‚er ist in Zweiheit gezählt worden: der zweite Mensch, der Herr vom Himmel' (1 Kor 15,47). Er (d. h. Euagrius) weist diesen Irrtum ab und sagt: Der Leib Christi ist aus der Natur der Menschen …"[138].

„Manche von den Frechen" sind nach Ausweis ihres Einwandes (und nach Babais gewöhnlichem Sprachengebrauch) Monophysiten; das Auf- und Niedersteigen erinnert an die klassische Debatte zwischen Ḥabib und Philoxenus. Babai unterstellt schlußfolgernd eine Unterwerfung des Göttlichen unter die inakzeptable Begrenztheit und schreitet zu deren Denunziation als arianisch fort („der Vater ist größer als er"); soll das paulinische Zitat auch die Nachrangigkeit belegen (die unterstellt wird)? Soweit die vordergründigen Bezüge.

Wenn die Monophysiten tatsächlich den Einwand gebracht haben, „Siehe, Christus ist einer aus der Trinität", dann bestimmt nicht gegen die drei gleichwesentlichen Hypostasen, wie Babais Kommentar am Übergang von VI 13 zu VI 14 insinuieren will. Der Einwand paßt jedoch genau zum Beginn von VI 14 in S_2: Auf „Le Christ *n'est pas* connaturel de la Trinité" wird erwidert: „Christus *ist* einer aus der Trinität". Wie meine Übersetzung zeigt, bin ich der Meinung, daß dieser Einwand von manchen Monophysiten gegen die Christologie des echten Euagrius tatsächlich erhoben worden ist; man erinnere sich an die oben im Exkurs angeführte Mitteilung Babais in der Einleitung zum langen Kommentar, daß Leute aus der Richtung des Eutyches und Severus den (echten) Euagrius ablehnten. Hier im kürzeren Kommentar hat sich eine konkrete Spur dieser Ablehnung erhalten.

Babai läßt nun Euagrius mit VI 14 S_1 gegen die eingangs als arianisch denunzierte philoxenianische Christologie antreten (er muß es ja vermeiden, ausdrücklich S2 mit seinen verführerischen Qualitäten, d. h. Gefahren zu zitieren). Der Kommentar, den er auf VI 14 S_1 folgen läßt[139], dient dazu, die monophysitische Widerlegung als ungeeignet zu erweisen – anders als seine eigene. Dabei debattiert er über die Stichworte, die er in seiner Einleitung

---

[136] Schon oben einmal zitiert, in der langen Anm. zum „Symbol des Kreuzes" (Anm. 127).

[137] *w'yk hw* kann sowohl „als ob" wie „insofern" heißen. Frankenbergs Übersetzung, „Die Gegner *könnten* einwenden …" setzt die Bedeutung „als ob" voraus.

[138] VI 14 S_1, oben in Guillaumonts Übersetzung zitiert; *Guillaumont* 2004 bietet dieselbe Übersetzung.

[139] Frankenberg, p. 370 und 372 / 371 und 373.

zusammengestellt hat und die (mit zwei Ausnahmen) aus keiner der beiden Fassungen von VI 14 stammen, sondern nach meiner Vermutung aus der Polemik gegen VI 14 S_2 im langen Kommentar. Auf die Bestimmung „Christus nenne ich den …" von VI 14 §4 S_2 antwortet er mit seiner eigenen Bestimmung:

„O ihr Unwissenden (erwidert er[140], sc. Euagrius), das vom Aufsteigen und Niedersteigen (Gesagte) und: daß er ausging und kam[141], und daß er zweiter Mensch genannt wurde, das gehört nicht zur Gottheit Christi, die in allem gleich ist mit dem Vater und mit dem Geist; und (wenn) es heißt, daß er in der Welt war und die Welt durch ihn wurde und er im Himmel ist und auf der Erde unbegrenzt, das gehört (zur Gottheit). Aber das Niedrige, das über ihn gesagt wird aus dem Prosopon der Union, das gehört zur menschlichen Natur, weil ‚sein Leib aus der Natur der Menschen' ist und nicht vom Himmel, auch wenn aus dem Prosopon der Union die Schriften über ihn sagen, er (sei der) ‚in dem die ganze Fülle leiblich wohnen wolle' in unaussprechlicher Union, und sie (die Fülle) in ihm die ganze Oikonomia vollendet. Und er ist es, der vom Himmel kommen wird, wie er gesehen wurde, als er aufgestiegen war (cf. Apg 1,11), und in einer Synapheia mit dem Gott Logos, der in ihm unbegrenzt wohnt, hält er Gericht. Und ‚Christus' ist er wegen des Prosopon der Union der zwei Naturen in einer Sohnschaft. ‚Sein Leib ist von der Natur der Menschen' und er ist in seinem Wesen[142] ‚Gott über Allem' wie der Vater. Und er gab seiner Menschheit auf vereinte Weise alles, was seiner Gottheit (gehört) abgesehen von seiner Natur, wie es der selige Petrus sagt: ‚Aus ihnen ist Christus im Fleisch erschienen, der ist Gott über allem' (Röm 9,5). Aber in seiner Menschheit ist Grenze und Beschränkung und nicht in seiner Gottheit".

In den Kommentaren zu den Kephalaia VI 77 und VI 14 hat Babai tatsächlich Auseinandersetzungen mit deren ursprünglicher Fassung vorgelegt, abrupt zu VI 77 und in stichwortartigen Andeutungen zu VI 14. Sie sind gewissermaßen als „Spolien" aus dem langen Kommentar zu betrachten[143], auf die der Kommentator wohl wegen ihrer polemischen Brauchbarkeit nicht verzichten wollte: gegen die verbreitete Auffassung von der Seelenwanderung (VI 77) und gegen die monophysitische Christologie (VI 14). Im langen Kommentar wird in beiden Fällen die Darlegung expliziter gewesen sein und die nötigen gedanklichen Überleitungen geboten haben. Trotzdem muß ihnen ein kryptischer Charakter innegewohnt haben, weil der Text des echten (für Babai „verdorbenen") Euagrius nicht herangezogen wurde, um die Leser nicht der Verführung durch dessen Spekulationen auszusetzen. – Bestanden die Kürzungen, die Babai am langen Kommentar vorgenommen hat, um die vom Adressaten Gregor erbetene Verständlichkeit zu erreichen, also im Weglassen vergleichbarer Passagen? Wenn die Abwehr von Gedanken aus S_2 auch noch

140 Diese Ergänzung ist eine richtige Schlußfolgerung Frankenbergs aus dem *lm*, das hier als Zitatzeichen dient.

141 Cf. VI 14, §4 S_2: Christus ist der, der mit dem Gott Logos kam.

142 Cf. das dreimalige „essentiell", „wesentlich" in VI 14 S_2.

143 Eine solche „Spolie" ist auch der ohne erkennbaren Zusammenhang stehende Satz über das Symbol des Kreuzes zu Beginn von Babais Kommentar zu VI 13, siehe oben.

mit Polemik gegen eine andere Auslegung von S_2 verbunden war (wie im Komm. VI 14), dann wird es begreiflich, daß nicht jeder Leser die Neigung oder Fähigkeit hatte, den gedanklichen Windungen des Kommentators zu folgen.

Die durch den ganzen Kommentar hindurch zu findenden mehr oder weniger identischen Definitionen und Explikationen des Christus-Titels sind inhaltlich m. E. durch die Christologie des echten Euagrius und literarisch natürlich durch die aphoristische Form des euagrianischen Textes (in beiden Fassungen) bedingt. In S_1 klingt die Christologie der nicht korrigierten Texte sehr stark nach, sie konnte von Kennern, den „esprits avertis“ Guillaumonts[144], leicht wieder in den bearbeiteten Text hineingelesen werden, und Babai muß damit gerechnet haben, daß dergleichen geschehen könnte. So ist der Kommentar in viel stärkerem Maß eine Abwehr von S_2, als es der zugrundegelegte Text von S_1 vermuten läßt.

Wenn man nach der Lektüre von Babais gesamten Kommentar das Keph. VI 14 in der Fassung S_1 erreicht, kann man auf die Idee kommen, daß die abgemilderte Fassung dieses Kephalaions von Babai selbst formuliert worden ist, so vertraut sind einem die darin angeführten Bibelstellen aus ihrer häufigen Benutzung durch den Kommentator (Frankenbergs Nachweise der Zitate in seiner Übersetzung sind, wie gesagt, nicht vollständig)[145]. Freilich erscheinen die beiden neutestamentlichen Stellen nirgendwo in derselben wohldurchdachten Komposition wie in VI 14 S_1: hier ist das Kol-Zitat von Röm 9,5 umschlossen, denn der erste Satz (bis „hommes“ in Guillaumonts Übersetzung) ist nichts anderes als eine Übertragung der heilsgeschichtlichen Aussage „aus ihnen (sc. den Vätern) ist Christus im Fleisch“ ins Dogmatische. Beide Zitate verbinden die Leiblichkeit und die Göttlichkeit Christi und beide sind an ihren Fundstellen Aussagen über *Christus* (nicht „Jesus“ oder „Herr“), sie sind also gezielt gegen den euagrianischen Christus mit seiner Zwischenstellung gewählt, wie sie der ursprüngliche Text von VI 14 ausspricht.

Auf Babais Kommentar hat diese glückliche biblische christologische Formulierung großen Einfluß gehabt; sie holt die Christologie aus den Spekulationen des echten Euagrius gewissermaßen auf die Erde zurück, während sie doch gleichzeitig Christi Gottheit statuiert. Sie ist das Markenzeichen für jene bemerkenswerte edessenische Gestalt von Theologie, der wir die Bearbeitung der Kephalaia Gnostica des Euagrius verdanken. Damit erweitert sich für uns auch das Spektrum der seinerzeit an der Schule von Edessa vertretenen Anschauungen.

---

[144] Siehe oben.

[145] In De unione und im Vatikanischen Traktat zusammen sind laut Vaschaldes Index die beiden Zitate jedes für sich häufiger als Joh 1,14, auch Röm 9,5 ist häufiger als Joh 1,14. Nur einmal finden sich Röm 9,5 und Kol 2,9 auf einer Druckseite (Übers., p. 102), aber getrennt durch zwei andere Zitate.

2. *„Über die Gottheit und die Menschheit und das Prosopon der Union" (= De unione)*

a) Einleitung zu *De unione* und Buch I (mit I 1, I 2, I 3, I 4 und I 5)

Wie der Euagrius-Kommentar und die Vita des Märtyrers Georg ist De unione[146] auf Anforderung hin entstanden: auf die Bitten von Babais Mitbrüdern auf dem Berg Izla, im Kloster des Abraham. Zwei dieser Brüder werden mit Namen genannt, der Priester Ḥabib aus dem Gebiet von Beth-Nuhadra und der Diakon Narsai aus dem Gebiet von Kaškar, dieser ein Verwandter des Klostergründers Abraham[147]. Der Verfasser hat sich lange bitten lassen, jetzt aber wolle er schriftlich antworten auf die Fragen, die „das Menschliche und das Göttliche und die Union betreffen"[148].

Der Text des Werks bricht in den erhaltenen Handschriften leider vor dem Ende des VII. Buches ab[149], so daß damit eventuelle konkrete Angaben am Schluß verloren gegangen sind.

Im VII. Buch, das ja ursprünglich eine selbständige Schrift war[150], gibt es eine historische Anspielung im Zusammenhang mit der Polemik gegen das theopaschitische Trishagion[151] und den aus diesem folgenden Satz (der auf

[146] Ed. A. Vaschalde, Babai Magni Liber de unione = CSCO 79, Syr. 34 (T); 80, Syr. 35 (V) = CSCO Syr. II 61 (T, V) (Rom 1915). Zur Entlastung des Drucks und des Lesers gebe ich die Fundstellen im *syrischen* Text nur an, wenn sprachliches oder theologisches Interesse es erfordert. *L. Abramowski*, Die Christologie Babais des Großen, OCA 197 (1974), 219–244 (= *Abramowski*, Babai I); *L. Abramowski*, Babai der Große. Christologische Probleme und ihre Lösungen, OCP 41 (1975) 289–343 (= *Abramowski*, Babai II). *G. Chediath*, The Christology of Mar Babai the Great (Kottayam, Paderborn 1982); *T. Engelmann*, Annahme Christi und Gottesschau. Die „dialektische" Theologie Babais des Großen (Diss. Göttingen 2010), gedruckt: Annahme Christi und Gottesschau. Die Theologie Babais des Großen = GOF.S 42 (Wiesbaden 2013). – *P. Bruns*, Finitum non capax infiniti – Ein antiochenisches Axiom in der Inkarnationslehre Babais des Großen († nach 628), OrChr 83 (1999) 46–71, enthält verschiedene Ungenauigkeiten: Was p. 46 über die Daten der kirchenleitenden Tätigkeit Babais gesagt wird, ist zu korrigieren (siehe oben p. 412–415 meine „Einleitung" zum Abschnitt über Babai). Und worauf gründet sich die folgende Behauptung (ibid.): „Kurz darauf, *nachdem er vom Großkönig die offizielle Anerkennung erhalten und Frieden mit dem Perserreich geschlossen hatte*, starb er"? Unter den *erhaltenen* Schriften erscheinen (ibid.) „zwei Kommentare" zu Euagrius Ponticus, während doch nur *einer* überliefert ist. Und was 612 betrifft, so redet *Bruns*, p. 69, von der persischen *Synode* von 612, wogegen Chabot mit Recht vorsichtig von der „Assemblée" spricht, im Unterschied zu den vorangehenden und folgenden Synoden. Zur unzureichenden Deutung einer Bemerkung Babais „von einer allgemeinen Synode" (*Bruns*, p. 69 mit CSCO 79, 96,5–16) siehe unten ad locum, Anm. 316 (Versio: CSCO 80, p. 77,26–78,2). (T. H.)

[147] Vaschalde, Versio, p. 2.

[148] Ibid.

[149] Vaschalde, Versio, p. 233.

[150] *Abramowski*, Babai I, p. 227–229.

[151] Vaschalde, Versio, p. 226.

„Gott“ bezogen ist), „voluntate sua crucifixus est et mortuus est“[152]. Während die Juden die Menschheit (Christi) kreuzigten und dafür mit der Zerstörung des Tempels, der Stadt Jerusalem und ihre Zerstreuung bestraft wurden, sagt Babai, hatte die Frechheit, die Gott durch Gottlosigkeit kreuzigte, *„in dieser Zeit“* die gleichen Folgen für das „unselige Antiochien“ und „seine Genossin“, die in dieser Lästerung Gemeinschaft hielten. „Et quia exinde [c. in Antiochia] incepit haec locutio impia [sc. das veränderte Trishagion] ab Anastasio, rege iniquo, et mansit *toto hoc longo tempore* annorum multorum, quam diversis castigationibus punita est haec misera civitas captivitatibus et excidiis multoties et variis calamitatibus, et a blasphemia sua se non averterunt. Ecce *nunc* omnino desolata est incolis suis crucifixoribus Dei: alii interfecti sunt; alii in captivitatem abducti sunt, et alii ad omnes ventos dispersi sunt, ut discerent omnes quodnam supplicium venturum sit super eos qui Deum crucifigunt et creatorem suum interficiunt“[153].

Daß der theopaschitische Zusatz zum Trishagion in Antiochien zuerst in die Liturgie eingeführt wurde, ist communis opinio. Die Datierung unter Kaiser Anastasius ist ein bißchen spät, da die Einfügung gemeinhin dem Petrus Fullo (mehrfach Bischof von Antiochien: 471, 475–477, 485–488) zugeschrieben wird[154]. Wenn Babai sagt, „in dieser Zeit“, dann meint er das im Unterschied zur Zeit Jesu. Zur „Genossin“ von Antiochien erwägt Vaschalde[155], „Fortasse alludit ad expugnationem Hierosolymorum, anno 614, vel Constantinopolim intendit“; aber als „Genossin“ in Bezug auf die Kreuzigung kann nur Jerusalem gemeint sein. Zum „unseligen Antiochien“ merkt Vaschalde an[156]: „Intendit auctor expeditionem Persarum in Syriam sub initiis Heraclii imperatoris“. Aber der Rückgriff auf die „lange Zeit“ immer neuer Katastrophen erinnert auch an frühere Verwüstungen Antiochiens, nämlich unter dem ersten Kosrau[157],

„qui, aux alentours de 540, s’empare plusieurs fois d’Antioche et ne se contente pas d’enlever sa population, mais leur fait emporter avec eux le marbre et les mosaïques de leurs palais et de leurs églises, pour qu’ils puissent les réemployer à la ‚Meilleure Antioche de Chosroès‘, le camp de travail qu’il leur permettra de construire au sud de Ctésiphon, sous forme d’une luxueuse ville syrienne, avec églises, bains et hippodrome. Ces Grecs aideront Chosroès à bâtir son grand palais dont subsiste encore aujourd’hui

---

152 Vaschalde, Versio, p. 226–228.

153 Vaschalde, Versio, p. 227,28–228,2.

154 Wahrscheinlich meint Babai die Einführung in die Liturgie von Konstantinopel. Jedenfalls hat er zwei Stadien der Entwicklung zusammengeschoben. – Zu Petrus Fullo vgl. Jesus d. Chr. 2/3, p. 295–303. (T. H.)

155 Vaschalde, Versio, p. 227, Anm. 3.

156 Vaschalde, Versio, p. 227, Anm. 2.

157 Kosrau I. Anoširwan 531–578.

le fameux Arc (Īwān), situé entre Ctésiphon et la ville des prisonniers que les Arabes appelleront al-Rūmīya, la Romaine“ [158].

Babais „Jetzt“ ist am besten mit Vaschaldes Vermutung anzusetzen auf die Zeit nach 614. Damit wäre ein terminus a quo für Buch VII gegeben und folglich für die Zusammenfügung der Bücher I–VI und VII. Für eine relative Datierung von I–VI gibt es leider keinen vergleichbaren Anhaltspunkt.

Die Bestimmung der Bücher I–VI für die Klostergemeinschaft, der Babai – schon zur Abfassungszeit? – vorstand, wirkt sich formal und inhaltlich auf ihre Gestaltung aus. Fast alle Kapitel (die durch die sechs Bücher hin durchlaufend gezählt werden, vielleicht nach dem Vorbild von Theodors De incarnatione) enden mit einem Gloria patri[159], eine Reihe von Kapiteln beginnt mit der Aufforderung zu meditativer Besinnung[160]. Und das ganze Werk versteht sich, so I 1, als Ausdruck des Glaubens und zwar der fides qua creditur (alle biblischen Belegstellen werden angeführt), erst am Schluß des Kapitels wird die fides quae creditur herangezogen, mit der ersten Zeile des Symbols „Wir glauben an Gott, den allmächtigen Vater“. Tatsächlich beginnt für den *ihidaya* Babai mit dem Glauben als erster Stufe der Aufstieg zu den „Geheimnissen“[161]: „Ergo fides est fundamentum, et custodia mandatorum est structura; e custodia mandatorum oritur puritas et in puritate revelatio mysteriorum datur“. Was der Glaube glaubt und was Babai explizieren will, ist die Lehre der Väter der katholischen Kirche, die ihrerseits auf die Apostel zurückgeht.

Die Absicht Babais[162] ist eine systematische[163]: „Verumtamen, dilectione vestra compulsa (Vaschalde: compulsus), id faciam: Colligam omnia eorum *(sc. Patrum)* in variis locis dispersa et adducam ad unum locum et ordinem convenientem, dum auditores iustos prius rogamus ut mentes suas in firma spe fidei immobilis primo contineant, quo melius recipere possint non apprehensibilia[164] quos ex verbis Patrum coram eis disponemus, quia haec omnia fide apprehendantur (Vaschalde: apprehenduntur), nec scrutatione *(bst')* investigentur (Vaschalde: investigantur)“. – Hier wird also der Glaube der „Erforschung“ gegenüber gestellt, ein alter topos der theologischen Literatur. Wie ist dann Babais argumentative Arbeitsweise in De unione zu beurteilen, die auf

---

[158] *J.-M. Fiey*, Jalons pour une histoire de l'Église en Iraq = CSCO 310, Subs. 36 (Louvain 1970) 61.

[159] *Abramowski*, Babai I, p. 228.

[160] Der religiöse Akzent wird auch von Chediath hervorgehoben.

[161] Vaschalde, Versio, p. 3,7–10.

[162] Die Beteuerung, nichts Neues als das von den Vätern Herrührende sagen zu wollen, die Babai dem Folgenden vorausschickt: „Igitur quid novi est nobis miseris dicendum nisi ea quae Patrum sunt““ (Vaschalde, Versio, p. 3,21–22), ist nicht nur topisch, wenn man den Einfluß des Liber Heraclidis auf Babais Christologie bedenkt.

[163] Vaschalde, Versio, p. 3,22–29.

[164] Vaschalde „sermones incomprehensibiles“; ich habe die Übersetzung dem folgenden „apprehenduntur“ angeglichen, da es sich um dieselbe radix handelt.

weiten Strecken sich der Mittel des Syllogismus bedient?[165] – Auf dem Glauben jedenfalls und dem „petrinischen“[166] Fundament ist die „katholische jesuanische Kirche“ erbaut[167]. Das petrinische Fundament ist natürlich das Bekenntnis zu Christus als dem „Sohn des lebendigen Gottes“ (Mt 16,16), auch wenn das an dieser Stelle nicht ausdrücklich gesagt wird.

Die Väter[168] haben dem Bekenntnis zum einen Gott „die Eigentümlichkeiten der Gottheit und der anbetungswürdigen oikonomia angefügt“. Wir Christen als „Gläubige“ können uns der wahren Gotteserkenntnis nähern, (d. h.) seiner einen und einzigen Natur, „in der Trinität der Hypostasen offenbart für unser Leben (= zu unserm Heil), durch Jesus Christus[169], unsern Gott“. – Das Nachdenken über Gott, Trinität und Heilsveranstaltung hat seine Begründung in der Offenbarung, fällt also nicht unter die unzulässige „scrutatio“.

I 2 (Versio, p. 5–16), „De essentia aeterna naturae divinae“[170] handelt auch von der absoluten Unmöglichkeit und der relativen Möglichkeit der Gotteserkenntnis und deren Voraussetzungen. Wenn hier die Erkenntnis Gottes „aus Teilen“ selbstverständlich abgelehnt wird, so weist das schon auf die Polemik gegen Ḥenana voraus, eine Polemik, die nicht erst mit De unione einsetzt und die den Adressaten des Werkes als notwendige längst bekannt sein mußte, so daß ihnen die Anspielungen sofort verständlich waren. – Für den Menschen, anthropologisch, gilt die Definition „natürliche Union“ und „hypostatische Zusammensetzung“, aber Gott fällt nicht unter die Zusammensetzung. Die Andersheit Gottes ist eine solche, daß er aus Gnade seinen Geschöpfen Macht und Herrschaft geben kann, seine Natur kann er aber nicht geben, es kann auch nicht eine andere Natur Gott werden. So kann Gott auch nicht seinen Namen, der seine Natur bezeichnet, „naturaliter“ einem Geschöpf geben[171]. –

---

[165] Enttäuschend ist der Beitrag von *P. Bruns*, Aristoteles-Rezeption und Entstehung einer syrischen Scholastik, in: P. Bruns (hg.), Von Athen nach Bagdad. Zur Rezeption griechischer Philosophie von der Spätantike bis zum Islam = Hereditas 22 (Bonn 2003), 29–39. Babai d. Gr. sind darin zwei Seiten gewidmet (p. 37–39). Die Verwendung des Syllogismus bei Babai, in den „Widerlegungen und Antworten“ der Dokumente von 612 und in verschiedenen Texten der „Nestorian Collection“ wären ein dankbarer Gegenstand für den Titel des Beitrags gewesen.

[166] *ptrwsyt'* in I 2: Vaschalde, Textus, p. 7,16; Versio, p. 6,10.

[167] Vaschalde, Versio, p. 3,35.

[168] Vaschalde, Versio, p. 5,12–19.

[169] Man erinnert sich daran, welche Rolle die Offenbarung der Trinität durch Christus bei Narsai spielt.

[170] *V. Grumel*, Un théologien nestorien, Babai le Grand (VIe et VIIe s.), EOr 22 (1923) 153–181, 257–280, scheut nicht den Vergleich der Gotteslehre Babais mit der des Thomas von Aquin: wie Babai von der Transzendenz Gottes spreche, sei „digne d'être mise en parallèle avec celle que déroule le Docteur Angélique dans sa Somme théologique“ (p. 159).

[171] Damit vergleiche man die Unbefangenheit, mit der am Schluß von I 1 von „Christus unserm Gott“ geredet wird. Dieser Prädikation werden wir noch oft begegnen – gehört sie zur

Auch diese grundsätzlichen Bestimmungen antizipieren das christologische Hauptthema des Werkes.

Der Schluß des Kapitels wird mit dem Paradox eingeleitet[172]: „Ergo ex his omnibus patet Deum propter incomprehensibilitatem suam cognosci Deum verum per non-scientiam [Vaschalde: ignorantiam] quae est supra scientiam, quae est vera scientia de illo, quia ipse est incomprehensibilis et infinitus et inhabitat lucem ad quam nemo accedere potest“.

I 3 (Versio, p. 16–21) hat die Überschrift „Quomodo natura divina, cum infinita sit et omnia impleat, in partes non dividatur propter ea in quibus habitat?“

Schon die Analyse der vorangegangenen Synodaltexte und anderer Dokumente hat gezeigt, daß dies, das wichtigste Argument gegen die zusammengesetzte christologische Hypostase Ḥenanas – eine solche Hypostase führe nämlich dazu, daß von Teilen in der Gottheit geredet werden müsse –, längst seinen Ort innerhalb der Gotteslehre gefunden hatte. So auch hier. Man muß auch nicht erraten, wer der Gegner ist, denn Ḥenana erscheint mit pejorativer Konnotation im Lauf des Kapitels[173]: „… cum essentia eius (sc. naturae aeternae) infinita partibus non constet, nec potest in partes dividi secundum impietatem Ḥananiae Ḥadiabeni“.

Man kann sagen, daß das ganze Werk, gewiß jedenfalls die Bücher I–VI, von der Frontstellung gegen Ḥenana und seine Schule geprägt ist (so wie der Euagrius-Kommentar von der Frontstellung gegen den echten – für Babai den verderbten, verdorbenen – Euagrius bestimmt ist); die Hinzufügung des antitheopaschitischen Buches VII entspricht dem taktischen Zusammenschluß der Ḥenanianer mit den Monophysiten, dem sich die persische Kirche im Jahr 612 gegenüber sah.

I 4 (Versio, p. 21–22) ist ein ganz kurzes Kapitel, knapp eine Seite lang, über die atl Andeutungen und Hinweise auf die Trinität der drei Hypostasen in der einen essentia.

I 5 (Versio, p. 22–29) „Quod per revelationem Christi Domini nostri in carne clare cognitae sint a nobis hypostases adorandae Patris et Filii et Spiritus sancti quae sunt in una essentia aeterna“. Das Thema wird von Babai durchgeführt durch die ganze oeconomia corporalis (daher eine Reihe christologischer Aussagen schon in diesem Kapitel), beginnend bei der Ankündigung der Geburt Jesu durch den Engel Gabriel. In ihr findet man[174] „indicationem hypostasis Verbi, Filii aeterni Altissimi, nam ecce *unitive*[175] habitat in eo qui a Spiritu sancto formatus est quemque fecit secum unum Filium in una coniun-

---

traditionellen Gebetssprache? Jedenfalls wird sie niemals einer der Analysen des dogmatischen Vokabulars unterzogen.

172 Vaschalde, Versio, p. 16,1–5.

173 Vaschalde, Versio, p. 19,35–37.

174 Vaschalde, Versio, p. 23,9–12.

175 Über die Häufigkeit dieses Adverbs und seinen begründenden Charakter siehe *Abra-*

tione[176] indissolubili". Die Natur der drei Hypostasen bleibt eine[177], „et una est voluntas et virtus et potestas et dominatio *Patris non uniti*, et *Filii qui unitus est* et *Spiritus sancti non uniti*". Diese Kurzformel, die die Tatsache ausdrückt, daß nur das Prosopon *des Sohnes* eine Union auf sich nimmt, wurde im Euagrius-Kommentar debattiert und begründet; sie stellt eine Weise dar, die Trinität und die oikonomia in korrekter Weise in Beziehung zu setzen. – Für das Gesamtwerk De unione scheint dieser Sprachgebrauch aber keine große Rolle zu spielen. –

Babai fährt fort[178]: „Ita et in nativitate spiritali hominis uniti Domini nostri, qui per baptisma sanctum mystice ad immortalitatem natus est ut esset primus omnium, eadem Trinitas indicata est" (was dann im Einzelnen ausgeführt wird). – Der „homo Domini nostri" ist ein Ausdruck, den Babai sehr häufig gebrauchen wird[179], hier ist wichtig, daß er ihn mit dem Adjektiv „vereint" versieht, in Analogie zum „vereinten" Sohn des vorangehenden Zitats. Die „geistliche Geburt" ist (wie schon in den Taufkatechesen des Theodor von Mopsuestia) eine Rückprojektion der für jeden Christen geltenden Taufwirkung auf *den*, der der erste von allen in der Unsterblichkeit sein wird. Die Tauferzählung berichtet von der Stimme des Vaters und der Taubengestalt des Geistes; dazu stellt der Dogmatiker Babai noch eine Aussage über den göttlichen Sohn in der Taufe[180]: „et Filius qui habitat in eo qui baptizatur cuiusque filiationem roborat", d. h. aus der Sohneserklärung bei der Taufe darf nicht entnommen werden, daß er erst von diesem Zeitpunkt an Sohn sei, die Sohneserklärung bestätigt das Sohnsein, das durch die Einwohnung gegeben ist[181].

Die abschließende Belehrung der Jünger über die Trinität erfolgt *nach* der Auferstehung im Taufbefehl von Mt 28,19, der in der üblichen neunicaenischen Weise ausgelegt wird. Dabei ist zu notieren, daß neben die trinitarischen „Hypostasen" nun expressis verbis und an zentraler Stelle die Bezeichnung der Hypostasen als „Personen" tritt[182]: Das eine Wesen „in tribus

---

mowski, Babai II, p. 305, Anm. 1; vgl. I, p. 237 [T. H.]. – Das Adjektiv ist übrigens auch sehr häufig.

176 Vaschalde „adhaesione". – Im Folgenden ersetze ich seine „adhaesio" überall durch „coniunctio".

177 Vaschalde, Versio, p. 23,14–16.

178 Vaschalde, Versio, p. 23,16–19.

179 Wir werden noch darauf zurückkommen. – Siehe Anhang „Der Mensch unseres Herrn". (T. H.)

180 Vaschalde, Versio, p. 23,20–21.

181 Im folgenden Gedankengang, dem wir im Einzelnen nicht nachzugehen brauchen, erscheint auch Joh 2,19 (Vaschalde, Versio, p. 24,2). Babai erklärt: Diesen Satz hat der Sohn gesagt „e persona (Vaschalde: et nomine) divinitatis suae unitae humanitati suae" (ibid., p. 24,1; syr., p. 29,4). (T. H.)

182 Vaschalde, Versio, p. 24,16–18, cf. Zeile 23–24: „… in hypostasi sua … in persona sua".

hypostasibus infinitis distinguitur per proprietatem personarum[183]". Es folgt ein allzu knapper Seitenblick auf die christologische Einheit[184]: „Simili modo et humanitas filius est per unionem cum Filio aeterna, unus Filius" – freilich geht es in der Trinität um die Einheit der einen Natur[185] – d.h. der „similis modus" kann sich nur auf die Unterscheidung der Eigentümlichkeiten der Prosopa beziehen. Von der Trinität wird dann weiter in der Sprache der ἀσύγχυτος ἕνωσις geredet. Später im Kapitel wird das Trishagion in seiner unveränderten Gestalt angeführt.

b) Das II. Buch (II 6, II 7 und II 8)

Die drei Kapitel des *II. Buches* befassen sich nun ausdrücklich mit der Relation von Christologie und Trinitätslehre.

II 6 (Versio, p. 29–41): Warum trotz der Homoousie der drei trinitarischen Hypostasen die Union nur zwischen „*einer* der Hypostasen der Trinität", d.h. dem Gott Logos und „unserer Menschheit" geschah, der Menschheit, „die angenommen wurde als (oder: zum) prosopon[186] dieser anbetungswürdigen oikonomia".

„Eine der Hypostasen der Trinität" ist eine Weiterentwicklung der umstrittenen Formel „Unus ex Trinitate ...", deren allmähliche Übernahme durch die offiziellen Dokumente der ostsyrischen Kirche wir bereits beobachtet haben. Die Frageform ist zwar an konkrete Adressaten gerichtet, die aber zunächst anonym bleiben (cf. „primum illos interrogabimus"[187]), doch wenn man sich an die Debatte zwischen Ḥabib und Philoxenus erinnert und die Rolle, die „Unus ex trinitate" darin spielte, wird man die Monophysiten als Gegner ausmachen. Zunächst ist aber eine Prämisse vorgegeben[188]: „*Daß* aber die Union geschah, nehmen wir (für gegeben) und bekennen (es)[189] und *daß* der Gott

---

[183] In den späteren Teilen des Euagrius-Kommentars hatten wir schon das Auftreten von Prosopon in trinitarischen Aussagen beobachtet. Die Erklärung, die ich dort vorschlug (evtl. Lektüre des Basilius in Übersetzung durch Babai), ist überflüssig. Vielmehr geht mit der Freigabe des Gebrauchs von hypostasis in der Christologie die Freigabe des Gebrauchs von prosopon in der Trinitätslehre parallel. Das Phänomen ist systemisch, eine Folge der Aufgabe der so lange geltenden edessenisch-nisibenischen Sprachregelung, nach der die Nomenklatur von Trinitätslehre und Christologie zu unterscheiden sei.

[184] Vaschalde, Versio, p. 24,18–19.

[185] Vaschalde, Versio, p. 24,19–20.

[186] Vaschalde, Textus, p. 36,15, *lprṣwpʾ*: Vaschalde übersetzt (Versio, p. 29,22) „a persona", er nimmt das *lamad* also als Kennzeichnung des Subjekts beim Passiv. Aber das entspricht nicht der Christologie Babais. Die falsche Übersetzung noch einige Male in diesem Kapitel. Solche Fälle sachlich notwendiger Korrektur sind bei diesem ausgezeichneten Gelehrten sehr selten.

[187] Vaschalde, Versio, p. 30,9.

[188] Vaschalde, Versio, p. 30,9–14.

[189] Cf. die nicht oft genug zu wiederholende Einsicht Scipionis, daß die gottmenschliche Einheit der Person Christi selbstverständliche Voraussetzung der Christologie des Nestorius ist. – *L. Scipioni*, Il Libro di Eraclide di Nestorio e il Libro de Unione di Babai il Grande, in:

Logos sich *prosopikōs* mit unserer Menschheit vereinigte und sie mit sich zu einem Sohn in einer Ehre und Macht machte, glauben wir und halten wir fest ohne Zweifel und ohne Untersuchung; und über die Art und Weise haben wir nicht zu untersuchen und zu forschen". – Das kann doch nur bedeuten: mit „*prosopikōs*" ist „die Art und Weise der Einheit" nicht vollständig bezeichnet, vielmehr bleibt sie ein unerforschliches Geheimnis. Joh 1,1 und Joh 1,14 sind uns auch „sine investigatione" überliefert worden. Wie kann der Verstand die innertrinitarischen Beziehungen erforschen und beurteilen[190]? Die Ambivalenz hinsichtlich des „Erforschens" wird gleich darauf deutlich[191]: „Et quemadmodum cum ascenderit et cucurrerit cogitatio eius qui investigare audet ut cognoscat Patrem et quando Pater, inveniat eum esse in principio in hypostasi sua aeterna ..." und ebenso die Beziehung des Sohnes und des Geistes zum Vater. – Tatsächlich gehört „in principio" zum Text von Joh 1,1, die „Hypostase" des Vaters ist jedoch durch die „eilende *cogitatio*" und das „aufsteigende *Forschen*" „gefunden" werden. Ohne Glauben können wir nicht erforschen, was zur oikonomia gehört. Der meditative Aufstieg basiert auf der schon oben genannten Trias von Glauben, Halten der Gebote und schweigendem Nachdenken; dies führt zum Unbegreiflichen, zur unbegreiflichen Union[192].

Das Thema Forschen und Glauben durchzieht das ganze Kapitel II 6 von De unione und bildet auch äußerlich den Rahmen, man vergleiche die letzte Seite vor dem Schlußabschnitt[193], wo die Berechtigung des Glaubens aus dem begründet wird, was die Jünger vor und nach der Auferstehung Jesu gehört und gesehen haben. Denn zugänglich gemacht wird die „*ewige* Erkenntnis der göttlichen oikonomia" in der *Zeit*[194]. Noch „zu Beginn des Evangeliums" erkannten die Menschen nicht die „Erhabenheit der oikonomia"[195]. Auch „die Genauigkeit[196] des Glaubens an jene Namen, die die prosopa der (trinitarischen) Hypostasen[197] bezeichnen", war vor der Offenbarung Christi nicht bekannt, aber die Namen als solche waren schon vertraut, vor allem der Name „Sohn"[198]. Das „Gehör" kannte sie, so wurden sowohl die biblischen wie die

---

id., Ricerche sulla cristologia del Libro di Eraclide di Nestorio (Fribourg 1956) 110–158. (T. H.)

190 Vaschalde, Versio, p. 30,19–25.

191 Vaschalde, Versio, p. 31,7–15.

192 Vaschalde, Versio, p. 31,33–32,1.

193 Vaschalde, Versio, p. 40; man zähle die Häufigkeit von „credibile" auf dieser Seite, Vaschaldes zutreffende Übersetzung des Part. Passiv von *hymn.*

194 Vaschalde, Versio, p. 34 Mitte.

195 Vaschalde, Versio, p. 36 Mitte.

196 Griechisch würde man ἀκρίβεια sagen, von Theodor gern gebraucht.

197 Man beachte das Nebeneinander von prosopon und hypostasis, es ist nicht als Hendiadyoin zu verstehen; vielmehr sind „Name" und „prosopon" zusammenzunehmen.

198 Vaschalde, Versio, p. 36 oben. – Vertraut sind die Namen auch aus den atl Verheißungen. Zu Jes 9,6 (Peš.-Zählung), „die Herrschaft ruht auf seiner Schulter", wird erläutert: „qui est crux victrix" (Versio, p. 39,16).

dogmatischen Aussagen über die Trinität und die Christologie akzeptabel[199]. Denn dasselbe Gehör hätte das „nicht Geziemende"[200] nicht angenommen, welches in einer Union des „vereinten Vaters" mit der Menschheit zu einem prosopon bestanden hätte, während dieser Vater einen ihm wesensgleichen, „nicht vereinten Sohn" gehabt hätte. – Diese Demonstration von Absconditát wäre die unmittelbare Antwort auf die Titelfrage des Kapitels gewesen; statt dessen hat uns Babai zunächst eine Darstellung des „Geziemenden" gegeben, bemüht um Plausibilität. –

Alle wesentlichen Texte des Neuen Testaments sind vom Gott Logos gesagt und nicht vom Vater oder vom Geist[201]: „quod factus est caro, et revelatus est in carne, et ipse est forma Dei, consubstantialis Patri, et sumpsit ad personam suam formam servi, qui est homo Iesus Christus ex Maria". „Und[202] Tempel des Sohnes in der Einzigkeit des prosopon ist *sein* Mensch" und nicht der des Vaters oder des Geistes. Alles was die Heilsveranstaltung betrifft, bezieht sich auf das prosopon des *Sohnes*[203]. Gott hat von Ewigkeit her beschlossen, dass der Gott Logos sich im Fleisch offenbaren werde[204], „et[205] unitive indueret ad (Vaschalde: –) personam oeconomiae suae natura nostra humana et faceret eam secum unum Filium in uno (Vaschalde: una) dignitate et in aeternum". Es war geziemend[206], „daß der *Sohn* in seiner Hypostase[207], d.h. der Gott Logos, prosopikōs die oikonomia vollziehe, mit dem Willen des Vaters und des Geistes, durch die Offenbarung im Fleisch". Aus der Einheit des Wesens der Trinität darf keine falsche Folgerung gezogen werden. – Hier schon erhält man eine Vorstellung von der zentralen Rolle, die der terminus „prosopon" spielen wird und von der Flexibilität seiner Anwendung.

II 7 (Versio, p. 41–46) „Exemplum ex natura (creata) pro instructione puerorum de hac re."

Ehe Babai solche Beispiele bringt (um die er auch von den Adressaten gebeten wurde)[208], weist er auf den begrenzten Wert von Vergleichen hin, vor allem wenn sie (aus der Physik genommen) auf Unsichtbares angewendet werden: ein Vergleich „non est in omnibus simile"[209]. Die Vergleiche sind solche,

[199] Vaschalde, Versio, p. 37.
[200] Vaschalde, Versio, p. 37,16–17.
[201] Vaschalde, Versio, p. 32,1–4.
[202] Vaschalde, Versio, p. 32,7–8.
[203] Vaschalde, Versio, p. 32,12–13. – Im anschließenden Text ist Versio, p. 32,20 „vera" durch „fest" zu ersetzen: Textus, p. 39,21, *šryrn.* Über „Festigkeit" und „Austauschbarkeit" siehe unten.
[204] Vaschalde, Versio, p. 33,16–21.
[205] Cf. Vaschalde, Versio, p. 33,22–24. Textus, p. 40,26–28. (T. H.)
[206] Vaschalde, Versio, p. 36,30–35.
[207] Vaschalde, Versio, p. 36,31 übersetzt *bqnwmh* pronominal „in seipso", was an dieser Stelle möglich scheint.
[208] Vaschalde, Versio, p. 45,3–5.
[209] Vaschalde, Versio, p. 41,26.

die auch schon von den Vätern in den dogmatischen Streitigkeiten verwendet wurden[210], nämlich die Wirkung der Sonne im Luftraum, den sie durchdringt, und die drei Lampen und das *eine* Licht, das sie ausstrahlen. Das Sonnenbeispiel gibt die Gelegenheit, alle Arten von Mischungen abzulehnen[211].

Das Hauptthema der Abhandlung ergibt sich aus dem Problem der richtigen Darstellung des Verhältnisses von Trinitätslehre und Christologie: es ist die Vorstellung abzuweisen, daß die Oikonomia in Christus, d. h. die Annahme der menschlichen Natur, oder, in konkreter Sprache, die des Menschen durch den Sohn, eine Hinzufügung zur unendlichen Natur der Trinität bedeute[212]. Am Schluß des Kapitels führt Babai übrigens zum ersten Mal in diesem Werk die Vokabel „hypostasis“ für die menschliche Natur Christi ein[213].

Innerhalb der trinitarischen Aussagen, die anläßlich des ersten Vergleichs gemacht werden und die sich in den üblichen Bestimmungen der ἀσύγχυτος ἕνωσις bewegen, fällt die perichoretische Formulierung auf[214]: „in se invicem habitent inconfusibiliter, et serventur proprietates singularum personarum[215] sine mixtione …“, innerhalb des zweiten Vergleichs wird das Ineinanderwohnen um die uns schon bekannte auf die Christologie bezogene Spezifikation vermehrt[216]: „Et Filius unitus habitat in Patre non unito; et Spiritus sanctus non unitus in Patre non unito et in Filio unito; et Pater non unitus habitat in Filio unito et in Spiritu sancto non unito, in una infinitate inconfusa, et sicut ipsi sciunt“.

Die Annahme (der menschlichen Natur) führt weder „Ort noch Grenze“ in die Trinität ein[217], es bleibt dieselbe Trinität in ihrer unendlichen („unbegrenzten“) ewigen Wesenheit.

„So auch in dieser[218] anbetungswürdigen Union: (es) ist vereinigt[219] der Gott Logos, welcher eine unbegrenzte Hypostase ist wie der Vater und der Heilige Geist, in[220] der begrenzten Hypostase seines Menschen, den er erhebend[221] annahm zu seinem prosopon wie Feuer im Dornbusch, im einen prosopon der Sohnschaft[222], ἀσυγχύτως, unvermischt, ungemischt, während bewahrt bleiben die Eigentümlichkeiten der beiden

[210] Vaschalde, Versio, p. 42,10–11;45,5–7.
[211] Vaschalde, Versio, p. 43 mit den Anmerkungen.
[212] Vaschalde, Versio, p. 44,34–35.
[213] Vaschalde, Versio, p. 46,10.
[214] Vaschalde, Versio, p. 42,13–15.
[215] Die Hypostasen behalten als Personen ihre Eigentümlichkeiten.
[216] Vaschalde, Versio, p. 45,34–46,2.
[217] Vaschalde, Versio, p. 46,3–4.
[218] „diese“ meint die christologische Einheit, wie aus dem Folgenden hervorgeht.
[219] Vaschalde „coniunctus“.
[220] Vaschalde übersetzt das *b* mit „cum“.
[221] Fehlt bei Vaschalde; dazu siehe etwas weiter unten.
[222] Man beachte die Nuancierungen von „prosopon“ in diesem Satz.

Naturen in ihren Hypostasen in einer synapheia des einen Herrn Jesus Christus, des Sohnes Gottes"[223].

Die Analogie („So auch ...") zwischen trinitarischer Einheit und christologischer Einheit besagt, daß in beiden Rücksichten die Unbegrenztheit des Göttlichen durch die Inkarnation nicht affiziert wird, weder die göttliche Wesenheit der Trinität noch die Hypostase des Gott Logos.

II 8 (Versio p. 46–58) „De unione quae facta est Deo Verbo[224], id est, uni de hypostasibus Trinitatis, quae est Filius aeternus, cum homine suo ex nobis quem elevans[225] assumpsit ad personam suam et fecit secum unum Filium in una unione (Vaschalde: unitate) et in aeternum."

Als positive Darstellung von Babais Christologie ist dies wahrscheinlich das wichtigste Kapitel von De unione. Als solches sollte es auch herangezogen werden, wenn die Lektüre des Gesamtwerkes nicht möglich ist. Entsprechend feierlich ist die Einleitung[226].

Babai gibt zunächst eine Paraphrase des zweiten Artikels des Glaubensbekenntnisses, und zwar des „Alten Antiochenum" (= Nestorianum), das ja mit NC so nahe verwandt ist, daß der westliche Leser an dies ihm vertrautere Bekenntnis erinnert wird. Die Kennmarke für die genauere Einordnung ist das Kolon über die Schöpfungsmittlerschaft des Gott Logos: „per quem omnia facta et creata sunt"[227]. Nur einmal in diesem Kapitel gibt es eine polemische Erwähnung der Theopaschiten[228].

Wegen seiner Bedeutung müßte eigentlich das ganze Kapitel hier abgedruckt werden. Notgedrungen beschränke ich mich auf Babais Interpretamente des Credos und das auch nur in Auswahl.

Der Sohn, der Gott Logos, dem Vater und dem Geist gleich ewig[229], „propter nos homines et propter salutem nostram, *descendit immobiliter*" – diese Wendung erinnert an die alte Auseinandersetzung zwischen Ḥabib und Philoxenus über das Problem lokaler Aussagen die göttliche Natur – hier die Hypostase des Sohnes – betreffend („descendit" ist durch den Wortlaut des Bekenntnisses vorgegeben). „Er stieg herab", aber das Herabsteigen war keine lokale Bewegung[230]: „nam caelum et terra infinitate naturae eius plena sunt".

---

[223] Vaschalde, Versio, p. 46,8–14. (T. H.)

[224] Der Logos als agens der Union, charakteristisch antiochenisch.

[225] Das von Vaschalde auch hier nicht übersetzte *'ly* ist in Verbindung mit *nsb* ein Versuch, ἀναλαμβάνω wiederzugeben (im Unterschied zu λαμβάνω). An einer späteren Stelle merkt Vaschalde das auch an.

[226] Vaschalde, Versio, p. 46.

[227] Vaschalde, Versio, p. 47,5. – Zum Alten Antiochenum und seinem Verhältnis zum Nicaeno-Constantinopolitanum siehe *L. Abramowski,* Was hat das Nicaeno-Constantinopolitanum (C) mit dem Konzil von Konstantinopel 381 zu tun?, ThPh 67 (1992) 481–513. (T. H.)

[228] Vaschalde, Versio, p. 51,31.

[229] Vaschalde, Versio, p. 47,10–11.

[230] Vaschalde, Versio, p. 47,11–12.

Eine andere Kategorie ist angebracht[231]: mit dem Willen von Vater und Geist „*per humilitatem mirabilem* et stupendam quae aequalem non habet, incarnatus est et inhumanatus per Spiritum sanctum et ex Maria virgine, id est, sumpsit ex ea hominem completum qui de Spiritu sancto uniter et sine coitu conceptus est, et secundum ordinem naturae suae humanae formatus est", beseelt nach 40 Tagen[232] „in ipsa unione". Aus Mariens Natur ist er übernatürlich geboren, weil die Jungfräulichkeit Mariens erhalten blieb[233]. Mit[234] dem Gott Logos war er „cum initio formationis" vereint, assumptio und Einwohnung fallen zusammen. Der Logos machte ihn mit sich zu einem Sohn, in einer unaussprechlichen synapheia des einen prosopon Christi, des Sohnes Gottes. Die Naturen sind nicht zusammengeschüttet in ihren Hypostasen, diese unterscheiden sich in ihren Eigentümlichkeiten[235]. In[236] allen Widerfahrnissen Christi bis zu seinem Tod hat die Gottheit, die in ihm ist, nicht gelitten, sondern hat ihn in seinem Leiden vervollkommnet (cf. Hebr 2,10). Der Gottheit widerfährt dabei keine Veränderung, sie entfernt sich nicht von ihrem Wesen, noch wird die Union aufgelöst, die Gottheit entfernt sich also nicht von Christus, „sed[237] ipsa divinitas, quae in eo est, humanitatem eius unitam gradatim perficiebat in omnibus rebus sublimibus". Die Aktivität des Logos in der christologischen Union spricht sich auch hier deutlich aus. Was das Leiden Christi betrifft, so ist folgendermaßen zu differenzieren[238]: „Et Christus passus est in natura sua humana naturaliter, sed Christus non passus est in sua natura divina naturaliter", weil sie leidensunfähig ist, – „sed ipse homo Domini nostri, absque Deo[239] qui in eo est, pro omnibus mortem gustavit" (so noch zweimal weiter unten). Die Auflösung der „hypostatischen Zusammensetzung" von Leib und Seele im Tod Jesu gehört zur Menschheit Christi, „virtus[240] autem, quae suscitavit templum eius a mortuis et sine corruptione illud servavit, et ad immortalitatem et immutabilitatem passionibus illud perfecit, ad divinitatem Christi pertinet".

Zu Hebr 5,8, der Sohn „erlernte Gehorsam" aus dem Leiden[241], wird ein Blick auf die imitatio Christi geworfen: „quam proficua sit iis qui eam adimplet".

---

231 Vaschalde, Versio, p. 47,12–19.
232 Siehe unten und *Abramowski*, Babai I, p. 238–243 (T. H.).
233 Vaschalde, Versio, p. 47,20–23.
234 Das Folgende Vaschalde, Versio, p. 47,28–48,1.
235 Vaschalde, Versio, p. 48,2–4.
236 Das Folgende Vaschalde, Versio, p. 48,15–31.
237 Vaschalde, Versio, p. 48,31–33.
238 Vaschalde, Versio, p. 49,1–5.
239 Das setzt die Lesung χωρὶς Θεοῦ in Hebr 2,9 voraus.
240 Vaschalde, Versio, p. 49,10–13.
241 Vaschalde, Versio, p. 49,23–24.

Röm 9,5 wird in der uns aus dem Euagrius-Kommentar vertrauten Weise als Beleg für die Union der beiden Naturen angeführt[242].

Kurz darauf werden die Hypostasen der Naturen erwähnt[243]. Zur Bewahrung ihrer Eigentümlichkeiten gehört, dass[244] der Logos „sublimia sua" *gibt,* aber die „humilia" *nicht nimmt.* Die Union[245] verändert nicht die Eigentümlichkeiten der Natur des Gott Logos, noch ging die Natur seiner Menschheit in ihr unter, sondern der Gott Logos gab ihr alles außer seiner Natur, nämlich Herrlichkeit, Kraft, Herrschaft, Ehre, den Namen der Sohnschaft, „weil er sie (die menschliche Natur) als sein Prosopon angenommen hat", damit er in ihr „die oikonomia offenbare".

Weiter oben hatte Babai von der Erniedrigung des Gott Logos gesprochen, das nimmt er hier wieder auf[246]: „Die Erniedrigung, die vom Gott Logos ausgesagt wird, ist, daß er herabstieg, während er erhaben ist in allem, was sein ist; und er zog unsere schwache Natur an und machte sie mit sich zu einem Sohn in einer Ehre", aber an ihren Leiden nahm er nicht teil. „Die Erniedrigung nämlich und der Gehorsam bis zum Tod gehört der vereinten Menschheit unseres Herrn". Die „Erhöhung" (Phil 2) hat er nicht von Natur, besaß sie aber seit seiner Empfängnis, „wie man an seinen Taten erkennt". – Es wird die Aussage von Phil 2,9 also im Sinn der korrekten Dogmatik korrigiert, so wie das „Herabsteigen" aus dem Bekenntnis im Sinn der göttlichen Erhabenheit korrigiert wurde. „Es[247] ist der Mensch unseres Herrn, der gehorsam ist bis zum Tod, der Gott Logos nämlich bedarf der Erhöhung nicht", weil alles Erhabene von Natur sein ist. „Auch[248] ist nicht er gestorben, quia ipsius non est (Vaschalde: erat) per oboedientiam solvere inoboedientiam, sed humanitatis eius unitae".

Dasselbe Phänomen, das zur Offenbarung der oikonomia oder der Gottheit Christi dient, nämlich die Annahme der menschlichen Natur, kann auch im entgegengesetzten Sinn interpretiert werden[249]: „Et ut mortales possent ad eum accedere, hac de causa splendorem suum ineffabilem et secretum invisibile divinitatis suae *celavit* velo quod est caro eius". In der Verklärung auf dem Berg aber und bei der Wiederkunft leuchtet sein Antlitz aber in der göttlichen Herrlichkeit.

Die so stark akzentuierte Unterscheidung der Naturen (und ihrer Hypostasen) führt zu Abwehr eines Mißverständnisses oder gar Vorwurfs, als bestünde in der christologischen Union so etwas wie körperliche, räumliche Di-

[242] Vaschalde, Versio, p. 50,8–11.
[243] Vaschalde, Versio, p. 50,18.
[244] Vaschalde, Versio, p. 50,18–20.
[245] Vaschalde, Versio, p. 50,23–32.
[246] Vaschalde, Versio, p. 51,4–12.
[247] Vaschalde, Versio, p. 51,12–15.
[248] Vaschalde, Versio, p. 51,16–18.
[249] Vaschalde, Versio, p. 53,4–6.

stanz. Die Union impliziert nicht einen Abstand der Naturen[250], nicht so wie Paulus das πρόσωπον Χριστοῦ[251] „secundum distantiam“ trägt. Paulus heißt ja auch nicht „Christus“ und Christus nicht „Paulus“. Sondern hier[252], also in Christus, „naturae *mutuam personam* sumunt in una unione“, in einem gemeinsamen Namen, den sie in der Union austauschen („geben und nehmen“). Angewendet auf den Namen „Menschensohn“[253], der zur menschlichen Natur Christi gehört, bedeutet das, daß er in der Union auch der Name des Gott Logos ist, nämlich „assumptive“. – Was in diesem Abschnitt von De unione zum ersten Mal auftaucht, ist der aus dem Liber Heraclidis übernommene Gedanke, daß zu jeder Natur in Christus ein prosopon gehört und daß diese prosopa austauschbar sind.

Interessant zu sehen ist, daß Babai hier als (begrenztes) Beispiel für die Einheit von zwei Gegensätzen die Einheit des Menschen anführt[254] (als Begründung für den Vergleich dient ihm die Betrachtung des Menschen als imago dei); wie in der einen Hypostase Mensch, so (!) in der angebeteten, unaussprechlichen Union: „Einer[255] ist Christus und einer ist der Sohn in einem prosopon; und wir sagen, daß Christus sichtbar und unsichtbar ist, und (daß) der Sohn gekreuzigt wurde und litt in seiner menschlichen Natur, und in seiner göttlichen Natur nicht litt und nicht starb“. – Also zwar Einheit der Gegensätze (wie bei Leib und vernunftbegabter Seele des Menschen), die Einheit selbst ist von ganz verschiedener Art, im Fall des Menschen hypostatisch, physisch, leidensfähig, begrenzt, „notwendig“, im Falle Christi prosopisch und willentlich.

Hatte Babai schon im Vorhergehenden christologisch von Hypostasen, also den Plural des Terminus gebrauchend, gesprochen, so sagt er nun ausdrücklich (und wenn ich nichts übersehen habe, zum ersten Mal in De unione) „*zwei Hypostasen*“, ein Schritt, dem zu folgen nicht allen leicht gefallen sein wird. Man bedenke, daß es monophysitische Stimmen gab, die die bloße Erwähnung der Zahl „zwei“ in der Christologie für unerträglich erklärten. „Und[256] also ist seit der Union, und von da an, Christus Sohn und der Sohn Christus in einem prosopon, und auf dieselbe Weise werden im einen prosopon zwei Naturen und *zwei Hypostasen* in ihren Eigentümlichkeiten erkannt, und nicht ist der Gott Logos Sohn ohne seine Menschheit seit der Union und von da an, und nicht ist der Mensch Jesus von Nazareth Christus ohne seine Gottheit“.

---

250 Vaschalde, Versio, p. 53,25–29.
251 Cf. 2 Kor 2,10?
252 Vaschalde, Versio, p. 53,29–31.
253 Vaschalde, Versio, p. 53,32–34.
254 Für das Folgende bis zum Ende des Abschnitts Vaschalde, Versio, p. 54,15–28.
255 Vaschalde, Versio, p. 54,28–31. (T. H.)
256 Vaschalde, Versio, p. 55,12–17.

Die „zwei Hypostasen" noch mehr als einmal im Schlußabschnitt des Kapitels, wo in der Sprache der ἀσύγχυτος ἕνωσις die christologische Einheit mit der trinitarischen verglichen wird. Außerdem wird ein weiterer Aspekt der Verschränkung der Naturen in Christus eingeführt, der erst später ausgeführt werden wird[257]: „Und jede der Hypostasen wird im prosopon der Sohnschaft ungetrennt erkannt, aber (die göttliche Hypostase) in der Gottheit *befestigt*, in der Menschheit prosopikōs und vereint, wie auch der Name des Menschensohnes *befestigt* natürlicherweise (der) der menschlichen Natur (ist), assumptive aber, prosopikōs, vereinterweise (der) der Gottheit". – Zur Hypostase gehört die „Festigkeit", das prosopon erscheint dagegen beweglich.

c) Das III. Buch (III 9, III 10 und III 11)

Das III. Buch von De Unione enthält wieder drei Kapitel, nämlich 9–11.

III 9 (Versio, p. 58–82): Hinter der neutralen Überschrift, die nach dem Verständnis der „anbetungswürdigen Union" im Sinne der Schriften, der Apostel und der Väter fragt, verbirgt sich die Bekämpfung häretischer Auffassungen. Gleich der erste Satz redet davon[258]: „plurimae quidem haereses diversae, velut zizania amara, in medio Ecclesiae Christi exortae sunt ...". Es beginnt mit Arius und Eunomius, Vertreter einer natürlichen und hypostatischen Union, es folgt Apollinarius[259]. Der Nächste ist Kyrill, „der Ägypter"[260], er sieht sich mit Schimpfwörtern überhäuft. Kyrill habe einen Wandel durchgemacht: zuerst spricht er davon, daß unser Herr einen vollständigen Menschen angenommen hat und daß die Eigentümlichkeiten der beiden Naturen bewahrt werden; dann aber wendet er sich und spricht von der natürlichen und hypostatischen Union; es folgen Stichworte aus den zwölf Anathemata[261], u. a. „vivens" und „vivificator"[262].

Von Kyrill gehen „die vielen Sekten der Theopaschiten" aus[263]. Eutyches wird mit seinen bekannten Aussprüchen genannt[264] und Dioskur als Neffe und Erbe seines Vorgängers. Diese beide fanden ihren Untergang „per eum, qui sedem magni Petri tenebat, Leonem mirabilem"[265]. – Die Nennung Leos

[257] Vaschalde, Versio, p. 57,27–31.
[258] Vaschalde, Versio, p. 58,23–24.
[259] Vaschalde, Versio, p. 59–60.
[260] Vaschalde, Versio, p. 61,4–5.
[261] Vaschalde, Versio, p. 61,16–18.
[262] Cf. Anathemata: ACO I 1,1, 40–42, bes. anath. 11 (ζωοποιόν, ζωογονεῖν), p. 41,28–42,2; DH 262. (T. H.)
[263] Vaschalde, Versio, p. 61,23–25.
[264] Vaschalde, Versio, p. 61,27–32.
[265] Vaschalde, Versio, p. 61,34–35. Cf. *Nestorius,* Liber Heraclidis: ed. Bedjan, p. 518 letzte Zeile – 519,6; franz. Übersetzung Nau, p. 330,14–20: „Comme beaucoup me blâmaient de nombreuses fois de n'avoir pas écrit à Léon, évêque de Rome, pour lui apprendre les choses qui avaient été faites, telles qu'elles avaient eu lieu, et le changement de la foi, comme à un

in diesem Zusammenhang könnte sehr wohl auf den Liber Heraclidis zurückgehen, wo Nestorius am Ende seines Lebens im echten Teil, d.h. in seiner zweiten Apologie, vom Tomus des Leo spricht, der ihn mit großer Hoffnung erfüllt. –

Dann drang Xenaia (d.h. Philoxenus) in „die Herde von Mabbug“ ein, „qui est in terra Romanorum“. Er schlich sich in Klöster ein und hatte Erfolg bei einfachen, ungebildeten Mönchen, „die unerfahren in den Schriften waren“[266]. Von den Schriften des Philoxenus und den in ihnen enthaltenen Schmähungen wird geredet; es wird daraus zitiert[267] und schließlich wird sein Schicksal erwähnt.

Dem Julian (von Halikarnass) wird eine Seite gewidmet[268]. Von Severus ist zwar zu sagen, daß er den Julian mit guten Argumenten widerlegt habe, aber im Übrigen bleibt er Kyrillianer und vertritt die physische und hypostatische Union in Christus, nach der Analogie der Einheit von Leib und Seele im Menschen[269]. Babais Reaktion[270]: „Vos autem Deum hypostatice occiditis morte sicut corpus!“.

Schwierig zu beurteilen sind zwei Stellen, die Vaschalde durch Anführungszeichen hervorhebt und indem er zusätzlich „hi dicunt“ bzw. „dicunt“ vorausschickt[271]. Babai seinerseits hat aber keine Zitatzeichen. Das Ende des jeweiligen „Zitats“ erkennt man am Einsetzen von Babais Widerlegung. Bis zum Beweis des Gegenteils nehme ich diese Stellen für eine (insinuierende) Darstellung der severianischen Auffassung durch Babai. Charakteristisch sind die Einwände Babais[272]: „Et quomodo finitum et infinitum, creator et creatura, possent esse una natura et una hypostasis et simul pati sicut anima et corpus?“ „*Non*[273] enim quemadmodum corpus per animam vivit ob unionem naturalem et ipsa particeps est passionum eius, sic humanitas per divinitatem vivit et movetur naturaliter, et divinitas particeps est passionum eius secundum unionem naturalem et hypostaticam. Namque unio non facta est ut (di-

---

homme dont la foi est orthodoxe, au moins lorsqu'on m'eut remis une partie de la lettre qui contenait son jugement sur Flavien et Eutychès et d'après laquelle il était évident qu'il ne craignait pas (de perdre) l'amitié impériale ...“.

[266] Vaschalde, Versio, p. 61,35–62,6 (T. H.). Dazu siehe meinen Beitrag über Habib und Philoxenus in Jesus d. Chr. 2/3, p. 570–647. Es ist durchaus denkbar, daß Babai deren Texte kannte.

[267] Zu dem Philoxenus-Zitat siehe *Abramowski*, Babai I, p. 231 mit den Hinweisen auf den Philoxenus-Kommentar zum Joh-Prolog. Der Kommentar ist inzwischen von A. de Halleux ediert CSCO 380, Syr. 165 (T); 381, Syr. 166 (V) (1977), p. 242, mit Anm. 24 (bei *Engelmann*, Annahme Christi, 139, Anm. 220 fehlt der Nachweis). (T. H.)

[268] Vaschalde, Versio, p. 62–63.

[269] Vaschalde, Versio, p. 63–64.

[270] Vaschalde, Versio, p. 64,22–23.

[271] Vaschalde, Versio, p. 65,1–6.29–30.

[272] Vaschalde, Versio, p. 65,12–14.

[273] Vaschalde, Versio, p. 65,20–28.

vinitas) vitam humanitati daret – ecce haec per animam vivit; – neque unio facta est ad complendam naturam et hypostasim, sed ad adimplendam oeconomiam et ad revelationem invisibilitatis".

Und wie sollte man diese eine christologische Hypostase der Gegner einordnen? „Zu[274] welcher (Natur) soll man sie zählen? Si cum natura divina, additio facta est Trinitati" – aber das Problem der „Hinzufügung zur Trinität" wird hier nur im Vorübergehen berührt[275]. Kompromißlos wird an zwei Hypostasen festgehalten, die menschliche Hypostase in bekannter Weise mit der Formel „eine aus …" in Analogie zur göttlichen Hypostase abgeleitet[276] und die Stellung der menschlichen Hypostase in der Trinität christologisch bestimmt[277]: „Si forma Dei, Deus Verbum, est sicut una de hypostasibus Trinitatis, etiam forma servi (id est) homo, est sicut una de hypostasibus hominum, etsi est in ordine divinitatis propter unionem et coniunctionem[278] quae ipsi facta est ab utero cum Deo Verbo qui eum assumpsit et fecit secum unum Filium et in aeternum".

Auf die Severianer folgt Kaiser Justinian[279], das von ihm eingeführte Böse „ist bis jetzt geblieben"[280]. Er ließ die längst im Frieden der Kirche Verstorbenen verdammen und ebenso alle, die dieser Verdammung nicht zustimmten[281]. – Das meint den Drei-Kapitel-Streit und das Konzil von 553. – Babai kann auf seine eigene Widerlegungsschrift verweisen; sie hatte einen Umfang von acht „Propheten" (= codices) „und mehr"[282]; in ihr hat er die Orthodoxie der Verurteilten dargelegt, deren Schriften helfen übrigens gegen alle früheren und alle zukünftigen Häresien, und in „unseren Zeiten" gegen Ḥenana von Adiabene und die Messalianer. Aus der Refutatio „von so großer Länge" (soll man an die Dimensionen des Euagrius-Kommentars denken?) will er nun Einiges übernehmen[283].

Den Umfang des Exzerpts aus C. Iustinianum hat Guillaumont als bis zum Ende von c. III 9 gehend bestimmt, und dies in zwei Stücken[284] (anders als

---

[274] Vaschalde, Versio, p. 65,32–34.

[275] Cf. ACO IV 1, p. 241,25–26, der letzte Satz von Anath. 5: οὔτε γὰρ προσθήκην προσώπου ἤγουν ὑποστάσεως ἐπεδέξατο ἡ ἁγία τριὰς καὶ σαρκωθέντος τοῦ ἑνὸς τῆς ἁγίας τριάδος Θεοῦ λόγου.

[276] Der Schöpfer der Formel „Unus ex trinitate (passus est)" wäre sehr verwundert gewesen über diese ihre Verwendung hier.

[277] Vaschalde, Versio, p. 66,2–7.

[278] Vaschalde „adhaesionem". – Vgl. oben Anm. 176 (T. H.)

[279] Vaschalde, Versio, p. 66–82, d. h. bis zum Ende von II 9.

[280] Vaschalde, Versio, p. 66,12.

[281] Vaschalde, Versio, p. 66,16–21.

[282] Vaschalde, Versio, p. 66,28–30. – Vaschalde hat die „Propheten" noch nicht erklären können, er hat das Wort nicht übersetzt. Das Richtige hat Baumstark gefunden, Geschichte p. 110, Anm. 5, von Brockelmann s. v. übernommen.

[283] Vaschalde, Versio, p. 67,2–14.

[284] *A. Guillaumont,* Les „Kephalaia gnostica" (1962), p. 189, Anm. 49 und 50.

Guillaumont muß man das Gloria Patri am Ende von III 9 dem Exzerpt nicht zurechnen). Das erste Exzerpt bekämpft Justinians anath. 2, das zweite[285] übersetzt anath. 4 und widerlegt es.

Justinians 2. Anathema, von Babai vollständig zitiert[286], handelt von den zwei Geburten des Gott Logos. Die Widerlegung beginnt mit der Verschiebung des Attributionssubjekts[287]: Die beiden Geburten sind vom einen Herrn Jesus Christus auszusagen, indem differenziert wird: Nach seiner Gottheit ist er aus dem Vater geboren, nach seiner Menschheit aus seiner Mutter. Wollte man zwei Geburten „natürlicherweise und hypostatisch"[288] vom Gott Logos aussagen, so hätte das absurde Folgen sowohl für die Trinität wie für den „Menschen unseres Herrn". Bei dieser Gelegenheit gibt Babai eine Definition des Verhältnisses von Hypostasis zu Natur[289]: „Non est enim hypostasis quae ex hypostasi sibi consubstantiali non nata sit quantum ad naturam, et non est hypostasis, quae sub natura universali, ex qua est, non includatur."

Das zweite Exzerpt aus Babais C. Iustinianum stellt an den Anfang zwei Zitate aus dem 4. Anathema des Kaisers[290], das erste dieser Zitate ist in sich etwas gekürzt (die Kürzung wird partiell aufgehoben bei nochmaliger Teilzitierung). Das Anathema beginnt mit einer (defizitären) Darstellung und der Verurteilung der theodorianischen Christologie, in seinem zweiten Teil verlangt es das Bekenntnis zur einen zusammengesetzten Hypostase, „quae est Jesus Christus, una de hypostasibus Trinitatis". Ferner erklärt der Kaiser, die Einheit der zusammengesetzten Hypostase sei ἀσύγχυτος und unteilbar. – Die zusammengesetzte Hypostase versteht sich also als Interpretation der chalcedonensischen (ausdrückliche Berufung auf Chalcedon in einigen anderen Anathemata).

Gegen die justinianische Darstellung des theodorischen modus unionis wendet Babai ein, daß sie die „persona voluntaria"[291] nicht berücksichtige

---

285 In diesem zweiten Exzerpt findet sich ein Einschub (Vaschalde, Textus, p. 101,12–19), im Druck abgesetzt, gewiß den Hss. folgend (Versio, p. 71, erster Abschnitt), mit dem Lemma „Verfasser" *(mktbn')*. Dieser bittet, in der 1. Person schreibend, daß der Leser sich nicht langweilen möge wegen „der früheren Worte", mit denen er seine (Justinians) Väter zurückgewiesen habe, die Sache mache der notwendig. – Das muß sich auf die, den Justinian-Exzerpten vorausgehende, Widerlegung der Kyrill-Schule beziehen. Der Einschub ist wahrscheinlich erst für De unione verfaßt. – Ein weiterer Einschub p. 79,10–21.

286 Vaschalde, Versio, p. 67,16–20. Griechisch ACO IV 1, p. 240,8–11, von Babai am Schluß leicht gekürzt. σαρκωθέντος ist mit *'tgšm* (incorporatus) übersetzt.

287 Vaschalde, Versio, p. 67,21–33.

288 Vaschalde, Versio, p. 67,34.

289 Vaschalde, Versio, p. 68,4–7.

290 Vaschalde, Versio, p. 70,21–29. Griechisch ACO IV 1, p. 240,17–241,1; p. 240,18 κατὰ σχέσιν; Vaschalde, Textus, p. 100,30 *bnqypwt'* = per coniunctionem (Vaschalde: adhaesionem). Stand keine andere syrische Vokabel für σχέσις zur Verfügung? Oder wollte Babai korrigieren? Und wenn ja – wen? Den Kaiser oder Theodor? Vaschalde, p. 70,32–36. Griechisch ACO IV 1, p. 241,13–15.

291 Vaschalde, Versio, p. 71,18.

und damit Unhaltbares aussage; ferner[292]: „non enim apparet quaenam sint naturae quae in unum unitae sunt, nec in quo sint duo, nec in quo unum“. Etwas weiter unten folgt eine allgemein formulierte Erwägung darüber, daß der Empfänger von etwas Erhabenem dies nicht von Natur erhalte, sondern aus Gnade und durch Annehmen[293]. Für den Gott Logos kann dies selbstverständlich *nicht* gelten. – Hier wird m. E. gegen die passive Rolle protestiert, die dem Logos im 4. Anathematismus in der Union zugewiesen wird: die Union „geschah“ dem Logos[294]. Diese meine Vermutung wird durch die üblichen uns bekannten aktiven Verben in Babais Formulierung der richtigen Christologie, also der seinen, bestätigt[295]: Der Logos *nahm* zu seiner Offenbarung den vollständigen Menschen *an*; *dessen* Union (fand statt) „ad personam oeconomiae“ – also Passivität auf Seiten des Menschen –, der Logos *„wohnte“* in ihm in einer unaussprechlichen Union, „eique *dedit* et *communicavit* omnia quae possunt dari cum tamen remanent apud datorem suum[296]: dignitatem filiationis, dominationem … Et ei *dedit* etiam immortalitatem, et immutabilitatem, et scientiam perfectam“ … „quia haec sunt propria divinitati sed secundum participationem *dantur*“. – Hier treffen wir auf den aus der Christologie Theodors uns vertrauten Begriff der Anteilhabe[297], und zwar einer von Gott gewährten. – Umgekehrt[298]: „Non enim in sua divinitate accepit illa Christus dominus noster“ – „illa“ sind die vorher zitierten[299] Bibelstellen (Lk 1,35; Phil 2,9; Mt 28,18; Apg 2,36, Eph 1,19–23) – „qui de hypostasi divina dixit ‚Omnia quaecumque habet Pater mea sunt‘, et ‚Ego sum in Patre meo et Pater meus in me‘“. – Das ist eine bemerkenswerte Durchführung der divisio vocum, die den johanneischen Christus als Lehrer der Zwei-Hypostasen-Christologie darstellt.

Der Logos gab dem von ihm hypostatisch gebildeten Menschen alles Erhabene, außer seiner (des Logos) Natur[300]. Aber die „Wahrhaftigen“ sagen *nicht*, daß der Mensch unseres Herrn Sohn aus Gnade sei wie andere Adoptivsöhne – denn dann gäbe es ja zwei Söhne, vielmehr „homo eius per unionem cum Filio est unus Filius“[301]. Deswegen heißt es[302]: „Assumpsit illum ad per-

---

[292] Vaschalde, Versio, p. 71,22–24.

[293] Vaschalde, Versio, p. 71,31–72,2. Diesen Zeilen geht voran eine Anmerkung Vaschaldes (Versio, p. 71, Anm. 2): „Locus obscurus; ad litteram quantum potuimus vertimus“. Ich nehme an, daß Babai innerhalb seines Exzerpts aus der Schrift gegen Justinian gekürzt hat und die Schwierigkeiten daher rühren.

[294] Cf. das γεγενῆσθαι von ACO IV 1, p. 240,19; 241,6.

[295] Vaschalde, Versio, p. 72,23–36.

[296] Das ist der Grundsatz des „undiminished giving“.

[297] Cf. *L. Abramowski*, Zur Theologie Theodors von Mopsuestia, ZKG 72 (1961) 263–293; englisch: *dies.*, Formula and Context (Aldershot 1992), nr. II.

[298] Vaschalde, Versio, p. 73,25–28.

[299] Vaschalde, Versio, p. 73,4–17.

[300] Vaschalde, Versio, p. 73,35–74,2.

[301] Vaschalde, Versio, p. 74,8–16.

[302] Vaschalde, Versio, p. 74,22–24.

sonam suam, und er (der Angenommene) ist das vereinte Abbild seiner Verborgenheit und (es ist) ein Sohn in zwei Naturen". – Hier spielt das Abbild die Rolle, die sonst der Offenbarung zukommt. Die folgende Analogie aus der Eucharistie ist eine Erklärung a minore ad maius[303]: wenn dort sogar bei der „Distanz zwischen dem Leib auf dem Altar und dem Leib im Himmel von *einem* Leib gesprochen wird, wie dann erst recht hier, wo von keiner Distanz die Rede sein kann, vom einen Sohn!".

Als nächstes nimmt Babai das Stichwort „per voluntatem" (*bṣbyn'*, κατ' εὐδοκίαν) aus dem 4. Anath.[304] durch, gegen welche Vokabel „jener Verfluchte streitet"[305]. Über den Willen in der christologischen Union ist folgendermaßen zu sprechen: Der Gott Logos nahm durch seinen Willen den Menschen an, vom ersten Augenblick an, zum prosopon der oikonomia zur Erneuerung aller; nachdem der Mensch unseres Herrn seiner Natur entsprechend im Alter zugenommen hatte, verband er (der Logos) ihn (den Menschen) dem Willen Gottes „unterscheidend[306], vernünftig"[307], nicht zwangsweise/physisch. Die zweite Hälfte des Abschnitts betrifft das Wirken Gottes, der in ihm (Jesus) war noch *vor* der Zeit, als sich das Kind Jesus seiner Entscheidungsfreiheit bewußt wurde.

Das Wichtige an diesem Text ist die göttliche Aktivität auf beiden Seiten des Willens: daß der menschliche Wille Christi sich nach dem Willen Gottes richtet, liegt daran, daß der göttliche Wille den menschlichen Willen in dessen entscheidungsfähiger, bewußter Gestalt mit sich verbindet.

Danach nimmt Babai das Stichwort der Homonymie auf[308], wahrscheinlich hat er in C. Iustinianum zur Erinnerung etwas Text des Kaisers zitiert. Der Vorwurf lautet dort, daß „die Nestorianer" die christologische Einheit durch bloße Homonymie begründeten[309]. Babai entgegnet, die Vereinigung der Namen sei vielmehr eine logische *Folge* der Vereinigung der Naturen. „Ihre Na-

---

303 Vaschalde, Versio, p. 74,26–31.

304 ACO IV 1, p. 240,19. (T. H.)

305 Vaschalde, Versio, p. 74,32–75,15. Der Abschnitt ist äußerst komprimiert, wohl von Babai gegenüber dem Original gekürzt. In der kondensierten Form fällt die Häufigkeit auf, mit der von der Union „ab utero" die Rede ist (viermal). Auf dieser Basis sind die Aussagen über den Willen zu verstehen.

306 Vaschalde „sapienter".

307 Die beiden Adverbien berücksichtigen den Entwicklungsstand der kindlichen Seele.

308 Vaschalde, Versio, p. 75,16–37.

309 ACO IV 1, p. 241,1–5: … ἢ κατὰ ὁμωνυμίαν, καθ' ἣν οἱ Νεστοριανοὶ τὸν Θεὸν λόγον Ἰησοῦν καὶ Χριστὸν καλοῦντες καὶ τὸν ἄνθρωπον κεχωρισμένως Χριστὸν καὶ υἱὸν ὀνομάζοντες καὶ δύο πρόσωπα προφανῶς λέγοντες κατὰ μόνην τὴν προσηγορίαν … καὶ ἓν πρόσωπον καὶ ἕνα Χριστὸν ὑποκρίνονται λέγειν. – Man möchte vermuten, daß der häufige Gebrauch von „vereint" als Adjektiv oder Adverb unter Babais Feder gegen Justinians κεχωρισμένως gerichtet ist. Babai nimmt übrigens an dieser Stelle das Thema der zwei prosopa, die doch eins sind, nicht auf. Tat er das in C. Iustinianum? Und wer hat im Bereich griechischer Sprache die komplizierte Prosopon-Christologie des Liber Heraclidis damals vertreten?

men wurden zu einem vereinigt durch eine prosopische Benennung", sie tauschen sich aus („nehmen und geben") „in diesem einen prosopon". Als Beispiel dient ihm der Titel „Menschensohn" in zwei johanneischen Belegstellen, auf die das übliche wörtliche Verständnis des Titels („Sohn eines Menschen" = Mensch) sich nicht unmittelbar anwenden ließ. „Filius hominis qui est in caelo (Joh 3,13)" wird so kommentiert[310]: „Und siehe, der Menschensohn war *nicht* im Himmel, als er dies sagt", auch ist er nicht von dort herabgestiegen (cf. Joh 6,63), „denn siehe, aus der Jungfrau wurde er angenommen"; sondern (das ist) aus dem prosopon[311] der Union [gesagt] – d. h. die Aussagen passen nur auf den Gott Logos, der hier „Menschensohn" wegen der Union heißt.

Schließlich kommt Babai zu Justinians zusammengesetzter Hypostase (aus Anath. 4). Die Bestimmung[312], „eine zusammengesetzte Hypostase, die Jesus Christus ist, eine der Hypostasen der Trinität", wird für unmöglich erklärt: „fieri non potest"[313]. Die Absurdität der kaiserlichen Auffassung wird vorgeführt, der Begriff der Zusammensetzung samt ihren Konsequenzen ist auf die göttliche Natur nicht anwendbar, Ḥenana wird in die Polemik einbezogen[314]. Der kyrillische Begriff des „Maßes" wird verhandelt, auch hier wird Ḥenana genannt[315]; dazu gibt es den überraschenden Hinweis auf eine „ökumenische Synode", die die „Zusammenziehung der Gottheit" und die „Ausdehnung der Menschheit" verurteilt habe[316]. Dies alles bespricht Babai ausführlicher an anderer Stelle in De unione; aus unserem Text hier ergibt sich, daß Babai schon in C. Iustinianum mit diesem Material gearbeitet hat.

Dann unterbricht Babai die Reihe seiner polemischen Syllogismen mit dem Hinweis, daß er in seinem Buch die Argumente des „tyrannischen Königs"[317] ausführlich zurückgewiesen habe und darauf, wie die richtige Christologie auszusehen habe[318]. Schwer zu entscheiden ist, ob danach bei „et id quod dicunt Patres ..."[319] das Exzerpt wieder aufgenommen wird oder ob Babai nur zusammenfassend referiert; ich halte das letztere für wahrscheinlich.

Das Problem, mit dem Babai sich jetzt befassen muß, ist, irritierend genug, daß die „heiligen Väter sagen ‚prosopon physikon et hypostatikon'"[320], was

---

310 Vaschalde, Versio, p. 75,26–29.

311 Vaschalde „nomine".

312 Vaschalde, Versio, p. 76,1–3, cf. ACO IV 1, p. 241,6.7–8: ... κατὰ σύνθεσιν ... μίαν αὐτοῦ τὴν ὑπόστασιν, ὅ ἐστιν ὁ κύριος Ἰησοῦς Χριστός, εἷς τῆς ἁγίας τριάδος ...

313 Vaschalde, Versio, p. 76,3.

314 Ḥenana ist ja überhaupt der Anlass zur Auseinandersetzung mit der justinianischen Position.

315 Vaschalde, Versio, p. 77,33–35. Siehe unten zu IV 12.

316 Vaschalde, Versio, p. 77,35–78,3. Siehe unten zu III 10.

317 Vaschalde, Textus, p. 98,11 *mlk'* = βασιλεύς.

318 Vaschalde, Versio, p. 79,10–21.

319 Vaschalde, Versio, p. 79,21.

320 Das ist meine hybride Rückübersetzung (Vaschalde, Versio, p. 79,22: „personam naturalem et hypostaticam").

Babai sofort (contra sensum) abmildernd interpretiert: die Väter nennen das prosopon (in dieser Formulierung) *nicht* eine Hypostase![321] Ich habe schon früher nachgewiesen, daß das Adjektivpaar eine Glosse am Ende der (unechten) Einleitung zum Liber Heraclidis des Nestorius ist – von daher die Autorität, die Babai der Wendung zubilligen muß[322].

Auch Beispiele für die Besonderheit der christologischen Einheit wie der Sonne im Spiegel oder der goldene Denar mit dem Königsbild[323] erschienen schon in C. Iustinianum, wie man aus ihrer Erwähnung hier erschließen kann, sie werden noch einmal ausführlich im Verlauf des Werkes behandelt werden.

Bis zum Schluß des Kapitels folgen biblische Nachweise für Gottheit und Menschheit Christi und für die Ereignisse seines Lebens mit Ausblick auf die Wiederkunft.

Überblickt man cap. III 9 hinsichtlich der dogmatischen Häresien, so findet man, daß die Synode von Chalcedon (451) nicht unter ihnen erscheint. Es ist nur die *neu*chalcedonische Christologie in ihrer justinianischen Gestalt, d.h. mit der *zusammengesetzten* christologischen Hypostase im Blick, und dies aus dem aktuellen Anlaß der Lehre des Ḥenana. Man erinnert sich, daß dagegen Leo von Rom sehr wohl genannt und gepriesen wird[324]. Auch an diesem Punkt scheint mir eine literarische Abhängigkeit vorzuliegen: Gegen Ende seiner zweiten Apologie, im echten Teil des Liber Heraclidis, hat Nestorius von Leos Tomus gehört (und einen Teil davon gelesen[325]), aber noch nicht von der Synode von Chalcedon, wohl aus dem einfachen Grund, daß ihn der Text der Definition vor seinem Tode nicht mehr erreicht hat.

Zusammen mit dem hier ausdrücklich von Babai zurückgewiesenen Anath. 4 von 553 verdient auch Anath. 5 eine spezielle Beachtung. Aus beiden Texten[326] läßt sich das Weiterleben der antiochenischen christologischen Tradition in einer deutlich durch den späten Nestorius geprägten Form noch um die Mitte des 6. Jhs. auch im griechischen Bereich erschließen. Anath. 4 de-

---

321 Vaschalde, Versio, p. 79,21–26. Babai fährt fort (Textus, p. 85,1–5; Versio, p. 79,23–26): „sondern daß in diesem einen Prosopon des einen Herrn Jesus Christus erkannt werden die zwei Naturen und die zwei Hypostasen der Gottheit und der Menschheit Christi und (zwar) nicht in Distanz (zueinander), sondern (so): die unbegrenzte Hypostase in einer synapheia". – Bei Rückgriff auf den syrischen Text in diesem Kapitel beachte man, daß Vaschalde die Blattvertauschung der Hss erst bei der Übersetzung hat korrigieren können.

322 Der Terminus noch einmal unten in IV 17. Zum Problem siehe *Abramowski*, Babai II, p. 297–300; *dies.*, Martyrius-Sahdona and Dissent in the Church of the East, in: Controverses des Chrétiens dans l'Iran sassanide. Textes réunis par Christelle Jullien = Cahiers de Studia Iranica 36 (Paris 2008) 13–27, hier: 21–24. (T. H.)

323 Vaschalde, Versio, p. 79,35–80,23.

324 Siehe oben zu Vaschalde, Versio, p. 61,34–35. (T. H.)

325 Siehe oben p. 452 den Nestorius-Text in der Anmerkung 265 zu Vaschalde, Versio, p. 61,34–35.

326 Anath. 4: ACO IV 1, p. 240,17–241,15; anath. 5, p. 241,16–26.

nunziert zunächst die Christologie Theodors, um sich dann auf dieselbe Weise mit den „Nestorianern" zu befassen[327]. Diesen Leuten wird eine Christologie von zwei prosopa und deren Einheit in einem prosopon zugeschrieben; es liegt kein Anlaß vor, die korrekte Wiedergabe dieses Bestandteils der gegnerischen Lehre zu bezweifeln – von deren Bewertung durch die Verfasser der Anathemata[328] muß man natürlich absehen. Der terminus „hypostasis" taucht in diesem Zusammenhang auf. Nun gibt es in der Tat einen Text, der das ausgearbeitete christologische Schema des Nestorius, wie wir es aus seiner zweiten Apologie kennen – zwei Hypostasen, zwei prosopa (die sich gegenseitig austauschen), ein prosopon – unter bewußter Überspringung des Begriffs der Hypostase auf die hier im 4. Anathematismus verurteilte Gestalt reduziert: die unechte Einleitung zur zweiten Apologie des Nestorius[329]. Der 4. Anathematismus der Synode von 553 bezeugt, daß jene Einleitung eine Leserschaft gefunden hatte, es muß eine wahrnehmbare Gruppe von Anhängern dieser Auffassung gegeben haben, die ihre ausdrückliche Verurteilung zu rechtfertigen schien.

Von dieser Gruppe unterscheidet sich (Anath. 5) eine andere, die mindestens ebenso interessant ist, denn sie akzeptiert die eine christologische Hypostase von Chalcedon, unter Übernahme des Nestorius-Schemas von zwei Hypostasen, zwei Prosopa und der Einheit in einem Prosopon (der also die Einheit in der einen Hypostase vor- oder gleichgeschaltet wird). Nach Meinung dieser Leute sei die Vokabel „eine Hypostase" von Chalcedon solchermaßen zu interpretieren, so habe die dortige Synode sie verstanden[330]. Die Vertreter dieser Auffassung haben ihren Referenzpunkt in der zweiten Apologie des Nestorius (also im *echten* Teil des Liber Heraclidis). Ihre Zustimmung zur chalcedonischen Formel hätten sie mit dem positiven Urteil begründen können (vielleicht taten sie es auch), das Nestorius am Ende der zweiten Apologie und am Ende seines Lebens über die kirchliche Entwicklung abgab und auf die er große Hoffnung setzte, wenn auch nicht für seine Person[331]. Die Gruppe war wahrscheinlich gefährlicher als die andere, weil sie sich an den Synodalbeschluß hielt; auch sie muß eine wahrnehmbare Größe gewesen sein, um ein Anathema auf sich zu ziehen.

---

[327] ACO IV 1, p. 241,1–5.

[328] ACO IV 1, p. 241,3 κεχωρισμένως; Z. 5 ὑποκρίνονται; im anath. 5, p. 241,20 μαινόμενοι (Theodor und Nestorius); συκοφαντεῖ; Z. 21 ἀσεβῆ.

[329] Über die Zweite Apologie des Nestorius und ihre unechte Einleitung siehe *L. Abramowski*, Untersuchungen zum *Liber Heraclidis* des Nestorius = CSCO 242, Subs. 22 (Louvain 1963), 108–228.

[330] ACO IV 1, p. 241,17–22.

[331] Siehe Loofs' Gliederung des Liber Heraclidis, abgedruckt bei *Abramowski*, Untersuchungen, p. 107; der Schluß umfaßt Bedjan, p. 459–521.

III 10 (Versio, p. 82–99) „Quandoquidem [Vaschalde: Quandonam] facta sit illa unio adoranda divinitatis et humanitatis Christi ad unam personam oeconomiae“

Babai gibt zunächst eine Zusammenstellung verschiedener Meinungen über den Zeitpunkt der Union, in der zeitlichen Reihenfolge innerhalb des Lebens Jesu[332]. Alle erweisen sich als falsch[333], da die Vereinigung vom ersten Augenblick der Empfängnis an besteht. Es gibt bei Babai so wenig Jesus als einen ψίλος ἄνθρωπος wie bei irgend einem anderen Antiochener. Falsch ist es also auch, den Termin der Beseelung des Embryos vierzig Tage nach der Empfängnis als Zeitpunkt der Vereinigung der Naturen anzunehmen[334]. Babai selber ist ein Anhänger dieser Beseelungstheorie[335], daher muß er die Probleme, die sich aus der Geltung sowohl der christologischen These von der Vereinigung der Naturen im Augenblick der Empfängnis wie der anthropologischen von der Beseelung erst nach vierzig Tagen ergeben, mit einigem Aufwand diskutieren. Während[336] der vierzig Tage bis zur Beseelung wird der menschliche Leib geformt und gegliedert, dann wird die Seele in ihm geschaffen, von da an heißt er Mensch, denn Mensch ist Leib und Seele, nicht (bloß) Fleisch und Seele; das Fleisch ist Bestandteil des Leibes, aber nicht (selbst schon) gegliederter Leib. Die Seele kann im Leib erst hypostatisch wohnen, wenn das Haus gebaut ist. Man weiß ja, daß die Seele den Leib verläßt, wenn die wichtigsten Glieder desselben, Herz oder Kopf, zerstört werden, das gilt pränatal genauso wie nach der Geburt. Die Seele wird im Leib von vornherein so geschaffen, daß ihre Vereinigung mit dem Leib vom Bestehen seiner wichtigsten Glieder abhängt[337]. Beweis für den Zwischenraum von 40 Tagen zwischen Empfängnis und Beseelung sind die Tage der natürlichen Reinigung (der Frau nach der Geburt), als Beleg gelten die mosaischen Vorschriften über die Reinigung (Lev 12,2–4.6–8)[338]. Der noch seelenlose Leib wächst in der Mutter wie eine Pflanze; weil das wachsende Wesen schwach und zart ist und dazu kalt, weil es der Seele ermangelt, die es belebt und bewegt, sammelt sich um den Embryo herum ein nicht abfließender Überfluß an. Nach der Geburt wird jener Überfluß, der den Foetus weich betten sollte, wieder abgegeben. Was da ausgeschieden wird, gehört demnach nicht zur Einheit von Leib und Seele. Nicht nur ist die nachgeburtliche Reinigung eine Erfahrungstatsache, auch Ärzte haben darüber geschrieben, sagt Babai[339].

---

332 Vaschalde, Versio, p. 82–84 Mitte.
333 Vaschalde, Versio, p. 84,21 „Hae vero omnes sententiae perversae …“.
334 Das ist die erste der aufgeführten Meinungen, Vaschalde, Versio, p. 82,34–83,2.
335 Zum Folgenden siehe *Abramowski*, Babai I, p. 239–244.
336 Zum Folgenden siehe *Abramowski*, Babai I, p. 240.
337 Vaschalde, Versio, p. 89 unten.
338 Vaschalde, Versio, p. 95.
339 Vaschalde, Versio, p. 95,10 „et sunt etiam medici qui de his rebus scripserunt“.

Den (meisten) lateinischen Scholastikern[340] galt die von ihnen ebenfalls vertretene Theorie der nachträglichen Beseelung, für die sie sich auf die gleich mosaische Vorschrift bezogen, als aristotelisch. Doch ist Aristoteles (De generatione animalium) in dieser Sache nicht sehr deutlich, und in jedem Fall gibt er nicht diese (biblischen!) Fristen an. In Waszinks Besprechung spätantiker und frühchristlicher Autoren[341] führt er Philoxenus und Babai nicht an[342] und hat keinen Beleg vor ihnen. An diesen beiden sieht man aber, daß das entsprechende Stück scholastischer Gelehrsamkeit älter ist als die Scholastik und am Ende des 5. Jhs. (Philoxenus!) schon bekannt war, vermutlich gehört es zum edessenischen Lehrstoff.[343]

Manche setzen „frevlerisch" die „willentliche Union" bei der Taufe Jesu im Jordan an, sagt Babai[344]. Dieser ganze Abschnitt[345] ist von Zitatzeichen *lm* durchsetzt, Vaschalde überträgt das alles in den referierenden AcI. Als Vertreter dieser Richtung wird Paul von Samosata benannt. Wenn man versucht, die Zitatzeichen zu berücksichtigen, sieht der Abschnitt so aus (die Urteile, die Babai dazwischen schaltet, wird der Leser leicht als solche erkennen):

„‚Gott hatte Wohlgefallen am Menschen, jenem, in dem er wegen dessen Gerechtigkeit seinen Willen wohnen ließ' – und das ist nicht die prosopische Union der zwei Naturen in einer synapheia. In dieser offenkundigen Leugnung frevelt Paul Samosatensis (der) herzlose[346], er der wie die Juden unseren Herrn einen bloßen Menschen nennt wie einen der Propheten und Gerechten, in dem der göttliche Wille wohnt, und seinen Anfang hat er aus Maria ‚Und nicht ist er ewiger Sohn, dem Vater wesensgleich (!)[347], sondern eine ist die Hypostase der göttlichen Natur'. ‚Und die Bezeichnung Christus läßt den Menschen erkennen, der gesalbt wurde, damit er werde wie einer von den Gesalbten, die durch Ehre Sohn heißen wie Salomo'. Und er ist also[348] nicht prosopon der Union der zwei Naturen und der zwei Hypostasen in der einen synapheia der Sohnschaft. ‚Und aus der Taufe besitzt er den Namen der Sohnschaft, weil er die Gnade des heiligen Geistes empfangen hat, daß durch ihn Gott seine Oikonomia erfüllen sollte, entsprechend der Stimme, die über dem Jordan gehört wurde: Dieser ist mein geliebter Sohn, an dem ich Wohlgefallen habe', und also[349] hat Gott keinen natürlichen Sohn, ‚weil die Hypostase Gottes eine ist', ‚und erkannt wird das, als Christus nach seiner Taufe die

[340] Für diesen Abschnitt siehe *Abramowski*, Babai I, p. 241, mit dem Verweis auf die Artikel über „Beseelung" in den Lexika.
[341] *J. H. Waszink*, Art. Beseelung, in: RAC 2 (1954), 176–183.
[342] Für ein Philoxenus-Zitat siehe *Abramowski*, Babai I, p. 238–239 mit den Verweisen auf *A. de Halleux*, Philoxène de Mabbog (Louvain 1963), p. 143 und p. 372, Anm. 34. (T. H.)
[343] Ein gutes Beispiel dafür, daß spätantike Anschauungen sich in syrischen Texten erhalten haben, während griechische oder lateinische Belege nicht vorliegen.
[344] Vaschalde, Versio, p. 83,2–3.
[345] Vaschalde, Textus, p. 89,4–28; Versio, p. 83,2–25.
[346] Nicht reproduzierbares Wortspiel: *šmšṭy' šmyṭ lb*.
[347] Dazu siehe unten.
[348] *lm*: hier soll mit dem Zitatzeichen die Meinung Babais von der Pauls unterschieden werden.
[349] *lm*: Siehe die vorige Anmerkung.

Schrift ergriff und dies las: Der Geist des Herrn ist über mir, deswegen hat er mich gesalbt usw. Nachdem er gelesen hatte, sagte er: Heute ist diese Schrift erfüllt, die in euren Ohren (ist), wie die bezeugten, vor denen er gelesen hatte, die sein Wort besiegelten'".

Dieser Text stellt die Lehre des Paul von Samosata (abgesehen von „wesensgleich") so dar, wie das Euseb von Caesarea in seiner späten, gegen Markell von Ankyra gerichteten Schrift De ecclesiastica theologia entwickelt (I 20, 43)[350]: Paul von Samosata erscheint als Vertreter der *einen* göttlichen Hypostase und des *psilos anthropos,* um durch diesen (angeblichen) „Vorfahren" den Markell von Ankyra zu diskreditieren. Aber das homoousios, von dem hier behauptet wird, Paul von Samosata lehre es *nicht,* stammt aus einer etwas späteren Phase der trinitarischen Debatten des 4. Jhs.: 358 behaupten die Homöusianer in Sirmium, das homoousios sei abzulehnen, weil die antiochenische Synode (von 268!), die Paul von Samosata verurteilte, diesen Begriff bereits zurückgewiesen habe – womit er implizit dem Paul zugeschrieben wurde[351]. *Unser* Text hier zeigt, dass *jetzt* der Erzketzer Paul von Samosata als Vertreter des längst hochorthodoxen homoousios nicht mehr vorstellbar war. Es wäre interessant zu wissen, wann in der Geschichte der Überlieferung diese „Korrektur" eingetreten ist – wie weit müßte man zurückgehen?

Am anderen Ende des Spektrums der Auffassungen über den Zeitpunkt der Union der zwei Naturen stehen Kyrill und seine Schüler Eutyches und Severus[352], „die eine natürliche und hypostatische Union lehren und Gott leiden lassen". Das tun auch alle unter ihnen, die das „Annehmen" *(nsybwt')* (scl. der menschlichen Natur) bekennen[353]. – Sind das Severianer? (Der Name des Ḥenana fällt an dieser Stelle nicht). – Das Referat über diese Position ist mit Zitatzeichen versehen und ist daher wie folgt wiederzugeben[354]:

„‚Mit der Annahme geschah natürliche Union'; und: ‚etwas ragte hervor *('tytr)* und wurde nicht (eigens) diesem Leib in der Weise irgend einer Vervollkommnung hinzugefügt, weil er (sc. der Leib) als Instrument hypostatisch vollkommen ist'; und: ‚auf die Gottheit wird bezogen das Erhabene und das Niedrige zusammen, (das) des Leidens und des Todes und des übrigen'; und: ‚es ist nicht der Gott Logos, der im Fleisch gelitten hat, und es litt nicht eine andere Natur, weil der beseelte Leib Gott ist und Gott ist der Leib und ist hypostatisch Mensch geworden'; und: ‚es ziemt sich nicht, zu unterscheiden';

---

350 Zur Darstellung bei Euseb siehe *H. C. Brennecke*, Zum Prozeß gegen Paul von Samosata. Die Frage nach der Verurteilung des Homoousios, ZNW 75 (1984) 270–290, wiederabgedruckt in *ders.*, Ecclesia est in re publica = AKG 100 (Berlin 2007) 1–23; hier p. 285 / p. 17.

351 *Brennecke*, p. 289/p. 21.

352 Cf. Vaschalde, Versio, p. 83,33–35.

353 Vaschalde, Versio, p. 84,4–5. (T. H.) Andere leugnen die assumptio und sagen creatio, ibid. Z. 5.

354 Vaschalde, Textus, p. 90,18–31; Versio, p. 84,9–20.

und: ‚wegen dieser natürlichen und hypostatischen Union ist (der Leib)[355] beseelt vom Beginn seiner Bildung an, und in ihn ist *nicht* nach der Ordnung aller Säuglinge die Seele nach vierzig Tagen eingehaucht'; und: ‚und nicht geschah zweimal die natürliche und hypostatische Union'". – Früher habe ich geschrieben[356], es werde „nicht deutlich, ob diese Gegner die nachträgliche Beseelung ausdrücklich bekämpfen" – aber das eben Zitierte zeigt evident, daß diese sehr wohl ein Streitpunkt zwischen den theologischen Richtungen war, die Darlegungen Babais spiegeln also eine aktuelle Debatte. Doch war es natürlich eine Unterstellung, daß Babai und die Seinen zwei Unionen lehrten.

Babai stellt seinerseits ausführlich die kirchliche Lehre über Zeitpunkt und Art der Union dar, mitsamt ihren edessenisch-nisibenischen soteriologischen Motiven[357]. Hier ist wichtig aus dem Schluß des Abschnitts nicht nur das Zusammenfallen von assumptio und unio, sondern auch von unctio und unio[358]: „Et una cum assumptione fuit unio, et cum assumptione et unione unctio perfecta est, quia (ille homo) formatus est a Spiritu sancto unitive, et Spiritus sanctus ei fuit loco olei unctionis, ut adhaereret Deo Verbo et esset cum eo Filius unitive et in aeternum". – Die Funktion des Geistes bei der „Bildung" des Menschen Jesus berücksichtigt natürlich Lk 1,35. Sie wird hier aber auch schon als (erste) Salbung gedeutet.

Beiläufig wird die Lehre des Origenes von der Präexistenz der Seelen abgewehrt[359].

Gegen die Christologie der einen Natur und Hypostase wird eingewendet, daß dann die (ganze) Trinität eine Natur mit dem Leib des Gott Logos wäre[360]. Vielmehr[361]: „forma Dei est una de hypostasibus Trinitatis, et forma servi est una de hypostasibus humanis; sunt vero per unionem unus Dominus Iesus Christus, Filius Dei, secundum personam, non autem secundum naturam nec secundum hypostasim". Die Schriften und alle geistbegabten Rechtgläubigen lehren[362], „quod unio est, non naturalis, sed personalis, servatis naturis in proprietatibus suis, et quod homo Domini nostri formatus est et delineatus secundum ordinem suum, etsi unio ei facta est ab initio formationis ipsius".

Eine biblische Begründung[363] für die nachträgliche Beseelung des Embryos findet Babai in der zweiten Schöpfungsgeschichte von Gen 2, „besonders brauchbar, weil man von Adam einmal auf die allgemeinmenschliche Gültig-

---

[355] Richtige Ergänzung durch Vaschalde.
[356] *Abramowski*, Babai I, p. 242, Anm. 76.
[357] Vaschalde, Versio, p. 84,24–85,3.
[358] Vaschalde, Versio, p. 84,36–85,3.
[359] Vaschalde, Versio, p. 88 Mitte.
[360] Vaschalde, Versio, p. 89,4–6.
[361] Vaschalde, Versio, p. 89,7–10. – Die Schöpfer der Formel „Unus ex Trinitate" wären von diesem Analogie-Schluß, der ihren Intentionen krass zuwiderläuft, sehr überrascht.
[362] Vaschalde, Versio, p. 89,14–18.
[363] Für das Folgende bis zum Ende des Abschnitts siehe *Abramowski*, Babai I, p. 241–242; cf. Vaschalde, Versio, p. 89,33–90,30.

keit, zum andern auf die Besonderheit der Erschaffung des ersten Menschen und die noch größere Besonderheit der Geburt und der Person Christi schließen kann". Babai nimmt es in Kauf, „daß die nachträgliche Beseelung nicht ohne Konsequenz für den Begriff der imago dei ist. Die Schrift legt dar, wie zuerst Adam in allen seinen Gliedern geformt und zu einem Leib gemacht wurde, und dann erzählt sie die Erschaffung der Seele in ihm. Mit dem Gesicht (in das Gott blies)" ist pars pro toto der ganze Körper gemeint, „ohne den Körper ist auch kein Gesicht da; Gesicht *(appē)* ist das prosopon, in dem alle Organe der sinnlichen Wahrnehmung sitzen. Und dort, bei Adam, geschah mit der Annahme des Staubes seine Formung, auch wenn ihm die Seele noch nicht eingeblasen war, denn er war jetzt nicht mehr bloßer *(šeḥima)* Staub, sondern durch seine Formung wurde er mit dem Bilde Gottes geehrt. Das alles hat auch pädagogische, belehrende Absicht: nämlich für die Engel, die aus der Differenz zwischen dem leblosen Adam vor der Beseelung und dem aufgerichteten und Gott lobenden Adam nach der Beseelung, der abgesehen vom Körper ihnen gleich ist, lernen sollen, daß Gott auch sie als vernunftbegabte Wesen aus dem Nichts erschuf. Von den beiden Teilen der Hypostase Mensch – dem Band der sichtbaren und geistigen Schöpfung – kann keine *nicht* Bild Gottes genannt werden, denn der zum Leib geformte Staub, auch wenn er noch nicht mit seiner Genossin, der Seele, vereint ist, ist nicht mehr Staub, sondern initium imaginis dei; die Einhauchung der Seele vollendet das Bild Gottes."

Zur Abwehr des Vorwurfs, die Lehre von der nachträglichen Beseelung führe zur zweimaligen Union der beiden Naturen (siehe oben), wird ein Analogieschluß aus Taufe und Auferstehung Jesu gezogen, nämlich im Hinblick darauf was der „Mensch unseres Herrn" in diesen Widerfahrnissen seiner Existenz *bei vollständiger Union mit dem Gott Logos empfängt.* Damit wird gleichzeitig die Meinung zurückgewiesen, daß erst in der Auferstehung die Union von Logos und Mensch stattgefunden habe. „Et[364] *quemadmodum* ipse, Deo Verbo ipsi unito, proficiebat statura sua et sapientia sua et gratia" (cf. Lk 2,52), „et etiam baptizatus est, et accepit arrham immortalitatis, et passus est, et sepultus est, et resurrexit, et in resurrectione sua recepit vitam immortalem et immutabilem quam ab initio formationis suae, donec passionibus perficeretur" (cf. Hebr 2,10), „non habuit, dictum est enim: ‚Animale et demum spiritale' (1 Kor 15,46) ad immortalitatem; sed eam denique accepit in hypostasi sua humana, dum divinitas in eo erat ab initio formationis eius, sicut dixi, et in corpore suo non possidebat immortalitatem, et in anima sua non habebat immutabilitatem et impassibilitatem cum corpore suo, sed post resurrectionem ea habuit et induit incorruptibilitatem et immortalitatem et immutabili-

[364] Vaschalde, Versio, p. 92,1–36; man beachte, zu welchen gewaltigen syntaktischen Konstruktionen Babai fähig ist, auch ist ihm eine gewisse Pedanterie im Interesse der Genauigkeit nicht abzusprechen.

tatem; *et non dicimus unionem Deo Verbo bis factam esse*" – *so* gilt das Gleiche für den Anfang des menschlichen Lebens Christi: keine zweimalige Union. Hinsichtlich der Taufe bedeutet das, daß ihm als Mensch in der Taufe alles das gegeben wird, was jeder Täufling empfängt: das Angeld auf die Unsterblichkeit, die ihm in der Auferstehung endgültig zuteil wird.

III 11 (Versio, p. 99–106) „Quomodo, cum Deus sit in omni loco infinite, dicimus eum habitare in homine suo unitive et peculiariter".

Gleich in der Einleitung, die den Stoff in den Gesamtduktus des Werkes einordnet, finden wir wieder die positive Aufnahme der Formel „eine der Hypostasen der Trinität"[365]. Das Thema wird spezifiziert unter Berücksichtigung möglichst vieler Aspekte[366]: „Wie der Gott Logos, der durch seine Unendlichkeit überall ist wie der Vater und der heilige Geist, vereint und besonders seine Wohnung genommen hat und seine Union in seiner menschlichen Natur und in Ewigkeit in dem einen prosopon der Sohnschaft sei".

Obwohl Gott überall ist, gibt es doch auch seine besondere gnädige Gegenwart in den Frommen (wobei nicht an „Näherung" und „Entfernung" von Gottes *Natur* gedacht werden darf[367], d.h. alle lokalen Vorstellungen sind inadäquat), in denen, die reinen Herzens sind, denn sie werden Gott schauen (Mt 5,8); das „Schauen Gottes" ist „Genuß von geheimen Offenbarungen der Erkenntnis". – Dies sind natürlich die Stichworte, die diejenigen Religiosen interessieren, die Babai als „Messalianer" zu denunzieren pflegt; sie werden hier nicht mit Namen genannt, aber er spricht von Leuten, die in ihrer Blindheit die Schriftworte falsch verstehen, und „verwirrt herumirren, wie Betrunkene[368]". Was die „Wohnung", das „Haus" Gottes betrifft, so ist klarzustellen, „aequalitatem nominum non esse aequalitatem rerum"[369]. Es heißt von Gott, der doch überall ist, daß er im *Himmel* wohne, auch in Jerusalem, im steinernen Tempel, auch in Menschen, aber er tut das auf verschiedene Weise[370]. Es folgt[371] eine Auslegung des Johannes-Prologs, die dort alle diese Weisen der Anwesenheit des Gott Logos entdeckt: die allgemeine Gegenwart „durch die Unbegrenztheit seines Wesens" findet man in Joh 1,10; die Nicht-Aufnahme in den Nicht-Frommen in den Versen 11 und 5, die Aufnahme durch die Frommen in V. 12–13. Und anschließend zeige der Evangelist die Einzigartigkeit der Union in Christus[372]:

---

365 Vaschalde, Versio, p. 99,34.
366 Vaschalde, Versio, p. 100,7–11.
367 Vaschalde, Versio, p. 100,21–22.30–31.
368 Vaschalde, Versio, p. 100,36–101,1.
369 Vaschalde, Versio, p. 101,3–4.
370 Vaschalde, Versio, p. 101,7–9.
371 Vaschalde, Versio, p. 101,12–20.
372 Vaschalde, Versio, p. 101,21–30.

„excellentiam et unionem ineffabilem ad humanitatem eius, et habitationem peculiarem et sublimem, er revelationem eius ineffabilem, et Deum Verbum adeo se demisisse in hac oeconomia adoranda pro salute et renovatione omnium ut ab ignorantibus reputaretur caro et homo tantum et in seipso[373] unitive possideret nomen humanitatis suae per unionem personalem, dicens: ‚Verbum caro factum est et habitavit in nobis', id est, sumpsit carnem et fecit habitationem in ea, id est, in una de hypostasibus humanitatis nostrae".

Hier wird uns also die edessenisch-nisibenische Soteriologie und die Christologie Babais als Interpretament von Joh 1,14 vorgetragen. –

Babai fährt fort[374]: „Und geistig[375] sehen wir" (im Adverb „geistig" steckt ein Stich gegen jene Religiosen, die mit leiblichen Augen Gott schauen wollen) „per omnia mirabilia quae locutus est et fecit in humanitate sua unita in qua revelatus est, gloriam aeternam quam ab aeterno habebat, (et) ea quae significabant eum esse Unigenitum Patris, plenum gratia et veritate (Vaschalde: plenum gratiae et veritatis), quae in omnes per hanc unionem effundet (Vaschalde: effundit), sicut postea (Evangelista) de eadem persona unionis explicare pergit: ‚Veritas autem et gratia per Iesum Christum facta sunt' (Joh 1,17)".

Anschließend macht Babai darauf aufmerksam[376], daß der Name „Christus", der die Union bedeute, vom Evangelisten erst von der „Annahme" an eingeführt wird (wegen dieses Stichworts hatte Babai davor an die Gleichbedeutung von Joh 1,14 und Phil 2,7 erinnert)[377], vorher schreibe der Evangelist ihn nicht. Damit wolle der Evangelist zeigen[378] *„unam ergo esse personam assumentis et assumpti, et hoc apud nullam naturam umquam exstitisse aut existere nisi apud hominem Domini nostri qui est ex semine domus David"*. – Das eine christologische Prosopon ist aber etwas absolut Einzigartiges und bezieht nur diesen besonderen Menschen ein; es ist auch nicht vergleichbar mit dem Wohnen Gottes in den Frommen.

Etwas weiter unten werden als zusätzliche Belegstellen Kol 1,9 und Röm 9,5 angeführt, die in Babais Kommentar zu Euagrius eine so bedeutende Rolle spielen.

Die zweite Hälfte von c. III 11[379] soll zur „Unterweisung der Jugend" über die Unio im einen prosopon dienen mit „Erweisen aus der Natur", d.h. aus der Physik. Als ein solches Beispiel führt der Verfasser den Spiegel an, her-

---

[373] Vaschalde übersetzt hier richtig *bqnwmh* (Textus, p. 126,6) als Reflexivpronomen.
[374] Vaschalde, Versio, p. 101,30–36.
[375] Im Sinn von „mentaliter". Vaschalde hat „mystice" für dies Adverb aus dem Partizip des Passivstamms von *skl*. Das geht auf den Thesaurus syr. zurück, von dort ist es in die Lexika übergegangen. Die Belege im Thesaurus sind Stellen aus Ephraem, die nicht notwendig die Übersetzung „mystisch" erfordern, zumal das Adjektiv, das dem Adverb zugrunde liegt, vom Thesaurus als „intelligibilis" übersetzt wird und das Nomen als „intellectio".
[376] Vaschalde, Versio, p. 101,36–102,6.
[377] Vaschalde, Versio, p. 102,1–4.
[378] Vaschalde, Versio, p. 102,7–9.
[379] Beginnend mit Vaschalde, Versio, p. 103,19.

gestellt aus hochgradig poliertem Eisen[380]. Bei früherer Gelegenheit habe ich dazu geschrieben[381]:

Die „Verarbeitung macht das Spiegeleisen im Unterschied zum gewöhnlichen Eisen dazu fähig, die ganze Gestalt (σχῆμα) der Sonne ‚unitive' in sich aufzunehmen und ‚das was zur Sonne gehört', so daß er heiß wird und man mit dem geeigneten Material Feuer daran entzünden kann. Trotzdem findet keine confusio der Eigentümlichkeiten statt, auch wird die Sonne durch Aufnahme in noch so vielen Spiegeln nicht in Teile zerschnitten, noch wird sie in das Eisen verwandelt noch nimmt sie die Eigentümlichkeiten des Eisens an. Der Spiegel aber nimmt alles von der Sonne an, nicht in seiner Natur, sondern (vielmehr so:) durch die unio mit der Sonne ist *ein* glänzendes Licht in *einem* prosopon der Sonne und des Spiegels".

Aus einem Einzelzug des Vergleichs gewinnt Babai indirekt eine christologische Anwendung[382]: Das für den Spiegel verwendete Eisen ist von Natur schwarz, dunkel, hart, nicht glatt, nicht poliert. Um als Spiegel dienen zu können, bedarf es der Bearbeitung durch einen tüchtigen Handwerker. Dieser läßt es im Schmelzofen durchglühen, dort wird das Eisen von jeder „Schlacke[383] von Erdhaftigkeit" befreit, danach kann es weiter verarbeitet werden. In der „Erdhaftigkeit" (eigentlich „Staubhaftigkeit", *ʿprnwtʾ*) steckt eine Anspielung auf Gen 2,7 Peš.: „Und der Herr Gott bildete Adam, Staub *(ʿprʾ)* von der Erde *(ʾdmʾ)*". Worauf das abzielt, erkennt man erst zwei Seiten weiter[384]: auf den „freiwilligen Gehorsam und die freiwillige Sündlosigkeit der Menschheit unseres Herrn", belegt durch eine Kette neutestamentlicher Zitate (als Parenthese eingebaut in ein Satzungetüm von einer halben Seite). Darin „überragte er alle in allem", darum ist er seit seinem Beginn „und in Ewigkeit" mit dem „Licht vom Lichte" vereint, als „eine Sonne der Gerechtigkeit". In der Einleitung dieses Abschnitts finden wir eine Harmonisierung des διό von Phil 2,9 („darum hat ihn auch Gott sehr erhöht") mit dem Theologoumenon der seit der Empfängnis bestehenden Union der zwei Naturen in Christus[385]: „Propter oeconomiam et dispositionem inscrutabilem, et praescientiam infallibilem et iustitiam in qua non est acceptio personarum, et prout futurum erat ut voluntas libera humanitatis Domini nostri per omnem iustitiam et oboedientiam perfectam in omnibus suis excellentior omnibus fieret" …[386] „et, ut breviter dicam, in eo habitat omnis plenitudo (sc. Deitatis) in aeternum".

Einen weiteren nicht zufälligen Akzent setzt Babai am Ende des Kapitels: Wie man die spezielle Einheit von Sonne und Spiegel eben nur im Spiegel und nicht in unbearbeiteten Teilen des Eisens sehen kann, obwohl die Sonne da-

380 Vaschalde, Versio, p. 103,21–105,5.
381 *Abramowski*, Babai II, p. 305, Anm. 1, Mitte, mit kleinen Veränderungen.
382 Vaschalde, Versio, p. 103,25–36.
383 *ʾpwsyʾ* = ἀπουσία siehe Liddell-Scott, s. v., II „*Waste* as in smelting ore".
384 Vaschalde, Versio, p. 105,10–28.
385 Vaschalde, Versio, p. 105,8–12.
386 Vaschalde, Versio, p. 105,27–28.

rauf scheint wie auf den glatten Teil, so kann alles Göttliche „geistig“[387] nur in der mit der göttlichen Natur vereinten menschlichen Natur Christi gesehen werden. Auch hier ist „geistig“ als bewußter Gegensatz zu „leiblich“ formuliert[388]: „Si velis omnia divina Filii mentaliter cognoscere, non obstante quod infinitus est in divinitate sua et praesens est omnibus sicut Pater et sicut Spiritus sanctus, attamen non poterit cognosci virtus eius et potestas eius et dominatio eius cum omnibus eius nisi in humanitate eius quam ad personam suam unitive assumpsit, sicut dixit e persona[389] humanitatis suae[390] ‚Data est mihi omnis potestas in caelo et in terra‘ (Mt 28,18)“. – Der Zugang zum Göttlichen bleibt an diese seine menschliche Erscheinung auf Erden gebunden; es kann davon spekulativ nicht abgesehen werden. – Nimmt man das zusammen mit der Polemik Babais gegen jene, die die Gottheit mit leiblichen Augen meinen sehen zu können, so ergibt sich eine Stufung: das Göttliche kann nur mit geistigem Blick wahrgenommen werden, und dieser ist wiederum an das prosopon der Offenbarung (= prosopon der Oikonomia) gebunden, an den mit dem Logos vereinten Menschen Jesus, den der Logos sich bereitet hat.

d) Das IV. Buch (mit IV 12–17)

Das IV. Buch von De unione enthält mehr Kapitel als die vorangegangenen Bücher, nämlich die Kapitel 12–17[391], die unterschiedlich lang sind. Sie behandeln Probleme, die alle schon in den früheren Kapiteln angeschnitten worden waren.

C. 12 De hoc: Unctio dupliciter dicitur de homine Domini nostri.

C. 13 De hoc: Idem nomen filiationis dupliciter de eo dicitur.

C. 14 De iure primogeniturae; quod tripliciter ad hominem Domini nostri pertineat.

C. 15 De baptismo; et quonam baptismo baptizatus est Dominus noster?

C. 16 Daß es nicht zwei Söhne gibt; und daß die christologische Union keine Hinzufügung zur Trinität bedeutet.

C. 17 De hoc: Quaenam est differentia inter hypostasim et personam? Et quomodo persona assumitur et permanet, et hypostasis non assumitur?

Wie man sieht, befassen sich die c. 12–14 mit dem biblischen Befund an Bezeichnungen für Christus; c. 15 und 16 mit Fragen, die sich theologisch dar-

---

387 Vaschalde „typice“, aber das Adverb ist vom Passivstamm von *yd'* gebildet, also eher „intellektuell“ oder „noetisch“.

388 Vaschalde, Versio, p. 106,4–11.

389 Vaschalde „nomine“.

390 Man sollte denken, dieser Satz wäre unmittelbarer Beweis seiner göttlichen Natur. Aber in Babais strikter Trinitätslehre sagt nicht der Logos „mir ist gegeben“, weil er diese Vollmacht qua göttlicher Natur *hat*, deswegen macht Christus hier Gebrauch von seinem menschlichen Prosopon.

391 Siehe die capitulatio Vaschalde, Versio, p. 106–107.

aus ergeben; c. 17 legt den von Babai geübten „technischen“ Sprachgebrauch in der Christologie dar.

IV 12 (Versio, p. 106–117) Über den zweifachen Gebrauch des Wortes „Salbung“

„Die[392] Lehre von der doppelten Salbung Christi, wie Babai sie in c. 12 vorträgt, hat den Zweck, den Namen ‚Christus‘ in seiner eigentlichen Bedeutung festzuhalten und diese aufs engste mit der Einheit der Person zu verbinden, ohne doch von der Tatsache der Geistmitteilung und Sohneseinsetzung bei der Taufe abzusehen, da die Evangelien sie nun einmal berichten. Daß auch diese Lösung die Schwierigkeiten nicht beseitigt, macht die bloße Existenz von c. 15 deutlich. Der antiochenische Biblizismus hat immer das Problem der Konkurrenz von Logos und Geist in der Christologie zutagetreten lassen, in dem sich ja nur die verschiedenen christologischen Konzeptionen des NT widerspiegeln; Kyrills 9. Anathematismus leitete daraus den unberechtigten Vorwurf ab, die Antiochener faßten Jesus als einen bloß geistbegabten Menschen auf. Eine andere Christologie als die Logoschristologie ist zwar für die Antiochener ebenso undenkbar wie für ihre Zeitgenossen aus anderen theologischen Schulen, aber theologische Grundprobleme pflegen auf verschiedenen Ebenen der Debatte immer aufs neue aufzutauchen“.

„Das[393] Verständnis der Beteiligung des heiligen Geistes bei der Empfängnis Christi als Salbung, gewonnen aus der Kombination verschiedener biblischer Aussagen, die ihrerseits von theologischer Intention bestimmt ist, ist längst vor Babai zustandegekommen. Aber hat jemand vor ihm schon die systematische oder auch systematisierende Konsequenz daraus gezogen, nunmehr von der doppelten Anwendung der Vokabel ‚Salbung‘ auf Christus zu sprechen wie in der Überschrift dieses Kapitels? Für Babai bezeugt die Schrift selbst die doppelte Anwendung. *Eine* Salbung geschieht zu Beginn der ‚Bildung‘: der Geist salbt und der Logos nimmt die menschliche Natur als sein prosopon an; das kann in eine Beziehung der Folge gebracht werden (Versio, p. 107,17), so daß die Salbung als Voraussetzung der Annahme erscheint – es kann aber beides als der ‚Bildung‘ einfach gleichzeitig dargestellt werden (ibid., l. 19f.). Conceptio, Salbung und Annahme durch den Logos sind ein einziger Akt …, und Christus wird ‚der Gesalbte‘ ‚unitive ab utero matris‘ (ibid. l. 21). Lk 2,11 gibt den Belege dafür ab, daß der eben Geborene bereits Christus ist. Er ist es durch ‚unctio sublimis‘ (l. 29). Die ‚Heiligkeit‘ von Lk 1,35 ist die ‚spezielle und erhabene Salbung‘, in der der heilige Geist die Stelle des Öls einnimmt (l. 32f.). ‚Salbung‘ wird definiert als eine Handlung, die dem Gesalbten eine Ehre verleiht, die viel höher ist als seine Natur, daher Ps 45,8 (‚vor deinen Genossen‘) als Prophezeiung auf Christus. Bei den Alten sonderte die heiligende Salbung zum Priester-, Königs-, Prophetenamt aus; ‚der Mensch unseres Herrn‘ wird zur Einheit mit dem Gott Logos mit dem Geist gesalbt. Versio p. 108,9f.: ‚et unctio fecit eum filium et dominum‘ wird aus Acta 2,36 plus Acta 10,38 gefolgert (das ‚fecit‘ stammt

[392] Das Folgende bis zum Ende des Abschnitts *Abramowski*, Babai II, p. 317.
[393] Das Folgende *Abramowski*, Babai II, p. 320–321 (mit kleinen Änderungen).

aus der ersten Stelle). Die Anbetung der Magier erhielt das Kind als König und Herr, und das war es durch die Einigung. Die Gaben der Magier deutet Babai teils christologisch, teils soteriologisch; die Magier wollten damit bezeichnen, wen sie anbeteten: mit dem Gold den König, mit der Myrrhe Leiden und Tod, die Teufel Sünde und Tod besiegen sollten, der Weihrauch gibt eindeutigen Hinweis auf den verehrungswürdigen Tempel, in dem Gott ‚unitive' wohnt in einer synapheia ‚et in aeternum' (Versio, p. 108,19–27)".

„Die[394] zweite Salbung, die in der Taufe (Versio, p. 108,28 ff.), hat soteriologische und ekklesiologische Funktion und ist die Begründung für unseren Christennamen. Die Sohneseinsetzung, die in der Taufe vorgenommen wird, ist jene, die an uns weitergegeben werden kann. Dafür wird er Erstgeborener vieler Brüder und empfängt als erster das Unterpfand der Unsterblichkeit (cf. Theodor von Mopsuestia), er empfängt sie, damit wir sie auf dieselbe Weise empfangen können, nach ihm, und so zu seinen Brüdern und zu Gliedern an seinem Leibe werden. Die beiden Salbungen sind verschieden und nicht identisch; ebenso sind wir nicht auf die gleiche Weise Söhne Gottes wie Christus Sohn Gottes ist, denn seine Sohnschaft besteht in der unio mit dem Logos, in der assumptio zum prosopon des Logos, und nicht diese vermittelt uns die heiligende Taufsalbung".

Babai hängt dann noch eine Wiederholung an[395], zur Einprägung und gegen die Häretiker[396]; als solche werden genannt die Paulinianer und die Photinianer. Der Vollständigkeit halber fügt er noch die Theopaschiten an, was ihn dann auf Kyrill und Ḥenana führt[397], eine der wenigen Stellen, an denen wir etwas von den Ḥenana-Stichworten hören („‚Gott' und ‚Christus' bedeuten das Gleiche", „kein Unterschied zwischen ‚Eingeborener' und ‚Erstgeborener'"). Als solche ist sie oben im Ḥenana-Kapitel besprochen worden.

IV 13 (Versio, p. 111–113): Auch der Sohnesname wird doppelt gebraucht, genauer: „ad humanitatem Christi dupliciter pertinet".[398]

„Unum[399] est illud quo ipse habet honorem in ordine (τάξις) divinitatis, quia est Filius unigenitus cum Deo Verbo, der ihn erhöhend[400] annahm, ut esset cum eo in una honore et una adoratione et uno nomine, unus Filius Altissimi et in aeternum, sicut dictum est ad matrem eius: ‚Filius Altissimi vocabitur' (Lk 1,35)": Die Auslieferung[401] des eingeborenen Sohnes an den Tod um unseretwillen ist von seiner Menschheit ausgesagt,[402]

---

394 Das Folgende *Abramowski*, ibid., 321–322.
395 Vaschalde, Versio, p. 110,6 „sed revolvamus sermonem" wörtlich „Laßt uns diese Rede durchpflügen"; die Wiederholung geht bis zum Ende des Kapitels (p. 111).
396 Vaschalde, Versio, p. 110,28.
397 Vaschalde, Versio, p. 111,4.
398 Vaschalde, Versio, p. 111,27–28.
399 Vaschalde, Versio, p. 111,29–33.
400 Wie schon bei früherer Gelegenheit übersetzt Vaschalde nicht das Verb *'ly*, unter der stillschweigenden Voraussetzung, daß es die Vorsilbe ἀνα- in ἀναλαμβάνειν wiedergeben soll.
401 Vaschalde, Versio, p. 112,4–12.
402 Das wäre der zweite Gebrauch analog zum „unum …" des Zitats oben.

„quia ipse virtute divinitatis, quae in eo erat, Satanam prostravit, et cruci suae peccatum affixit, et morte sua inimicitiam delevit. Et templum enim eius est quod morte solutum est; et Deus Verbum, qui in illo erat, illud tertio die suscitavit".

Der Sohnesname[403] des Eingeborenen ist durch die Union einer, „in einer synapheia und in Ewigkeit; quod nomen proprie quidem ad divinitatem eius, assumptive autem et participative[404] etiam ad humanitatem eius pertinet". – Charakteristisch für Babai ist, was ihm an „Unigenitus Filius[405], qui est in sinu Patris sui, ipse enarravit" (Joh 3,18) wichtig ist: „id est: *in humanitate sua nobis revelavit* et manifestavit et enarravit omnia mysteria beata et modos magnalium et mirabilium quae sunt in[406] scientia perfecta, per doctrinam vitae verae".

Das Stichwort „Teilhabe" (bei Theodor von Mopsuestia so überaus häufig) kommt in diesem Kapitel noch einmal vor, nämlich als unsere Teilhabe durch die Taufe am „Erstgeborenen vieler Brüder"[407] und ihrer ekklesiologischen Wirkung. Der „Erstgeborene" wird als Komplementärbegriff zum „Eingeborenen" verstanden (wogegen „Menschensohn" hier nicht erscheint). Zu notieren ist noch eine dogmatische Absicherung, die Babai im Zitat aus Phil 2,9 anbringt: „Propter quod Deus, *qui in eo* (erat), valde exaltavit illum …".[408]

IV 14 (Versio, p. 113–114) Über die dreifache Erstgeburtschaft des ‚Menschen unseres Herrn'.

Dies ist ein sehr kurzes Kapitel, nur eine Seite lang.

Die dreifache Erstgeburt ist erstens die natürliche (die aus seiner Mutter), zweitens die aus der Auferstehung und die dritte ist darin begründet, daß alles aus ihm[409] erneuert worden ist. – Der Text Babais besteht fast nur aus biblischen Belegstellen. Die eingangs angegebene Reihenfolge wird in der Durchführung abgeändert: die Erstgeburt aus der Auferstehung wird als dritte vorgestellt. Für die „Erneuerung" wird Kol 1,12–15 zitiert.

Die dritte Weise ist soteriologisch wichtig[410]: „Und er ist für uns Menschen auf besondere Weise Erstgeborener in der Auferstehung, und wir sind seine Brüder durch Teilhabe an der Sohneseinsetzung zur Erlösung unserer Leiber", siehe Kol 1,18 und Apg 13,32–34 (eine Paulusrede).

---

403 Vaschalde, Versio, p. 112,13–21.

404 Vaschalde übersetzt eleganter „per participationem"; ich will Babais Vorliebe für Adverbien zeigen.

405 Vaschalde, Versio, p. 112,17–21.

406 Vaschalde „cum".

407 Vaschalde, Versio, p. 112,22 bis zum Schluß des Kapitels.

408 Vaschalde, Versio, p. 113,5–6.

409 Alle Pronomen des Kapitels beziehen sich auf den „Menschen unseres Herrn", siehe die Überschrift.

410 Vaschalde, Versio, p. 113,33–114,1.

IV 15 (Versio, p. 114–128) Über die Taufe und über das Problem der Taufe unseres Herrn.[411]

In der Überschrift dieses sehr langen Kapitels[412] nicht angekündigt ist ein weiteres Thema: die Vollkommenheit der menschlichen Natur Christi, das oben im Kapitel über die Salbung Christi bereits angeschlagen wurde. Die Notwendigkeit der Diskussion darüber mit den „Theopaschiten" wird noch am Schluß des Kapitels unterstrichen[413].

Babai beginnt mit der kategorischen Feststellung, daß Christus *nicht* mit der Johannes-Taufe, sondern mit „unserer" Taufe getauft worden sei, seine Taufe ist die Inauguration unserer Taufe. Deswegen sagt der Täufer: „Ego a te debeo baptizari"[414]. „Baptismum[415], quo baptizatus est Dominus noster in humanitate sua, esse eum quo nos christiani baptizamur, quo ipse primus praecessit et factus est primus in omnibus, non autem esse illum quo Iohannes baptizabat, etsi (Christus) ab isto baptizatus est, ex multis cognoscitur"[416]. Der johanneischen Bußtaufe bedurfte er nicht wegen seiner Sündlosigkeit. Es ist die Taufe, mit der wir „mystice[417] accipimus pignus adoptionis vitae ad redemptionem corporum nostrorum per gratiam Spiritus sancti, et, tanquam in primitiis, immortalitatem et immutabilitatem". Wen der Täufer sagt, er müsse von Jesus getauft werden, dann heißt das: „Ego[418] a te debeo mystice accipere etiam arrham immortalitatis et incorruptibilitatis, quam daturus es omnibus propter unionem quam possides cum Deo Verbo, qui in te est".

Das unzureichende Verständnis der Taufe Jesu durch die Vertreter der natürlichen und hypostatischen Union in Christus[419], produziert eine Fragestellung, mit der sie die simplices in die Irre führen[420]: „Ad quid Dominus noster

---

[411] Zu diesem Kapitel cf. *Abramowski*, Babai II, p. 322–328.

[412] In diesem Kapitel hat Vaschalde die Blattvertauschungen der syrischen Hs erst in der Übersetzung korrigieren können.

[413] Siehe Vaschalde, Versio, p. 123,14–17.

[414] Vaschalde, Versio, p. 114,25.

[415] Vaschalde, Versio, p. 114,13–17.

[416] Zur Taufe Jesu durch Johannes siehe unten den Exkurs am Ende des Referats über IV 15.

[417] Vaschalde, Versio, p. 114,21–24.

[418] Vaschalde, Versio, p. 114,25–28.

[419] Siehe dazu die Darstellung und Deutung der Taufe Jesu durch Philoxenus bei *A. Grillmeier*, Die Taufe Christi und die Taufe der Christen. Zur Tauftheologie des Philoxenus von Mabbug und ihre Bedeutung für die christliche Spiritualität, in: *ders.*, Fragmente zur Christologie (Freiburg 1997), 318–356, hier 318–331; p. 320–321 Zitat aus dem Kommentar des Philoxenus zum Joh-Prolog; p. 322–323 Referat über die Fragmente aus dem Mt-Kommentar; p. 324, Anm. 10, eine kritische Bemerkung Grillmeiers über die philoxenianische Exegese des Taufvorgangs am Jordan: Philoxenus mußte „betonen, daß Jesus den Hl. Geist nicht brauchte, da Christus als Logos dem Hl. Geist wesenseins ist und umgekehrt. Die Auskunft ist: Christus empfing den Geist nicht für sich sondern ‚für uns'. Philoxenus bekommt damit die eigentlich messianische Begnadung Christi nicht in den Blick. Von einer Gnade des Menschen Jesus zu sprechen, bedeutete für ihn die Einführung zweier Personen".

[420] Vaschalde, Versio, p. 115,30–32.

opus habuit baptizari et recipere Spiritum sanctum? Nam ecce (Spiritus) in eo erat et ipse iniquitatem non fecit". Diese Leute reduzieren die Taufe auf ein Sakrament (nur) der Sündenvergebung und verstehen nicht, daß sie mehr ist: Angeld auf Unsterblichkeit und Unwandelbarkeit. „Die[421] Taufe unseres Herrn gab auch das, was die Johannestaufe gab, aber die Taufe des Johannes gab nicht, was die Taufe unseres Herrn gab". Nur durch dieses Mehr der Taufe Christi ist übrigens die Taufe von Säuglingen zu begründen[422].

Die Tatsache, dass Christus in seiner menschlichen Natur geistliche Gaben und Verheißungen *empfängt,* läßt sich begründen. Der[423] Evangelist Lukas spricht eben nicht nur von Zunahme an Alter und körperlicher Statur des Kindes Jesus, sondern auch von Zunahme an Weisheit und Gnade bei Gott und den Menschen (Lk 2,52), auch liest man dort, er „wurde gestärkt im Geist" (Lk 2,40 Peš.)[424]. Wenn die Aussage des Evangelisten über Wachsen und Entwicklung richtig ist, dann ist auch nicht falsch, was er über fortschreitende Weisheit und Gnade sagt. Was hätte den Autor zu einer falschen Aussage zwingen können?

Wenn die Gegner sagen[425], „humanitas Domini nostri post unionem nihil accepit a divinitate, quae in ea erat, sed perfecta erat in omnibus, tunc nec immortalitatem nec immutabilitatem, quarum primitiae baptismus est, in resurrectione accepit." Die Folge wäre: „Igitur nec corpus mortale nec animam mutabilem Adami sumpsit, sed naturam diversam ...".

Wenn[426] Christus vom Mutterleib an in seiner Menschheit vollkommen gewesen wäre und in keiner Hinsicht bedürftig, „quomodo crucifixus est in infirmitate?" „Jesu[427] Todesangst, seine Trostbedürftigkeit, sein Sterben haben belehrende (hinsichtlich der Realität der erlösungsbedürftigen menschlichen Natur, die die seine ist) und vergewissernde Funktion (hinsichtlich der Verheißungen, die auf diese Natur bezogen sind)".

Auch[428] das Herabsteigen des Geistes auf Jesus in der Taufe ist von der Schrift bezeugt, es kann also nicht falsch sein. – Das führt zu einer Aussage von dem paradoxen Typ, wie wir sie auch sonst bei Babai kennen: Der Geist stieg herab, „dum in eo erat"[429]. Weder[430] ist (einerseits) der Mensch unseres Herrn, der neue Adam, vom Beginn seiner Bildung an vollkommen (anders als

---

421 Vaschalde, Versio, p. 116,4–6.
422 Vaschalde, Versio, p. 116,8–12.
423 Für das Folgende bis zum Ende des Abschnitts Vaschalde, Versio, p. 116,10–31.
424 πνεύματι nur in einem Teil der griechischen Überlieferung und in der syrischen Vulgata, siehe den Apparat zur Stelle im NT graece.
425 Vaschalde, Versio, p. 116,31–35.
426 Vaschalde, Versio, p. 117,18–20.
427 *Abramowski,* Babai II, p. 323.
428 Vaschalde, Versio, p. 118,21–24.
429 Vaschalde, Versio, p. 118,34.
430 Vaschalde, Versio, p. 119,2–4.

nach seiner Auferstehung), noch[431] waren (andererseits) Geist, Logos und der Vater von ihm fern, der Logos war ohnehin mit ihm vereint. Weil[432] alles „Frühe" am Anfang des Evangeliums „sinnlich wahrnehmbar" geschah, „wegen der (noch) kindlichen Erkenntnis[433], quo magis firmarentur homines de iis quae ad divinitatem spectant, et crederent etiam futuris quorum mysteria iam accepimus, deswegen erschien der hl. Geist in Gestalt einer Taube (und) stieg herab und blieb auf ihm, während er (dennoch) vorher nicht des Geistes entbehrte". – Die Berücksichtigung eines weiteren Aspekts dogmatischer Korrektheit, nämlich der Unbegrenztheit der göttlichen Natur des Geistes, läßt Babai dann mit folgender Antithese fortfahren[434]: „Und wiederum: war er *nicht* von oben herabgestiegen, denn er ist unendlich, sondern deswegen (sagt er) ‚von oben herab', um auf die Erhabenheit der göttlichen Natur hinzuweisen" (für die Stimme des Vaters „von oben" gilt das Gleiche)[435]. – Die Bestimmung *mn lʿl* („von oben herab") ist in keiner der evangelischen Taufgeschichten verwendet, bei den Synoptikern ist es die Stimme des Vaters, die „vom Himmel" kommt, bei Johannes kommt der Geist wie eine Taube „aus dem Himmel" (Joh 1,32). Die Präposition ist offenbar Wiedergabe der Vorsilbe κατά in καταβαίνειν[436]. Babai macht darauf aufmerksam, daß im „Herabsteigen" ein lokales Element gegeben ist, und das ist gedanklich zu eliminieren.

Bei der anschaulichen Darstellung der Taufe Jesu im Evangelium[437] handelt es sich um σχήματα οἰκονομίας, „Weisen[438] der Oikonomia", sie geschahen bei der Taufe unseres Herrn, damit erkannt wird, daß er am Anfang die Gnade des Geistes als Angeld auf Unsterblichkeit und Unwandelbarkeit erhielt. – Die Geistmitteilung in der beschriebenen Gestalt hatte also heilspädagogische Absicht.

Eine weitere Vorstellung, die ausgeräumt werden muß[439], ist das Eintreten des Geistes (bei der Taufe) „von außen". Hier ist von der Auferstehung her zu schließen[440]: „Et quemadmodum, cum surrexit a mortuis et perfectus est in omnibus per unitatem Trinitatis adorandae, non dicimus quod virtus ab extra in eum intravit et eum immortalitate perfecit, sed quod virtus divinitatis, quae in eo erat, ipsum suscitavit et perfecit, *sic* etiam, cum primitias immortalitatis et immutabilitatis et incorruptibilitatis in baptismo accepit, non dicimus eum

431 Vaschalde, Versio, p. 119,14–16.
432 Vaschalde, Versio, p. 119,26–32.
433 Cf. dagegen die „homines maturi" Vaschalde, Versio, p. 120,33.
434 Vaschalde, Versio, p. 119,32–34.
435 Das syrische Verb für „herabsteigen", *nḥt*, macht diese Argumentation ganz überflüssig, wahrscheinlich stammt sie aus einem griechischen Kommentar.
436 Vaschalde, Versio, p. 119,34–36.
437 Vaschalde, Versio, p. 120,2–6.
438 Vaschalde „rationes".
439 Vaschalde, Versio, p. 120,6–9.
440 Vaschalde, Versio, p. 120,9–17.

has primitias ab extra accepisse, sed a divinitate quae in eo habitat [Vaschalde: habitabat] et in eo est et in aeternum".

Die Differenz zwischen dem durch „Sicht" *(ḥzt')* wahrnehmbaren Geistempfang der Apostel zu Pfingsten[441] und über dem unsichtbaren Geistempfang wird ebenfalls heilspädagogisch erklärt: Seinerzeit war die „Schau" oder „Sicht" zur Befestigung der *neuen* Gläubigen nötig, wir heute empfangen den Geist (in der Taufe) auf verborgene Weise, weil wir der „Sicht" nicht mehr bedürfen, denn die Menschen sind zur Reife gekommen an Glauben und Erkenntnis. – Auch hier hört man die implizite Polemik gegen jene Religiosen mit, die das Göttliche mit leiblichen Augen zu sehen wünschen; Babai spricht durchaus im Sinne seines gemäßigten Euagrianismus.

Nach der Taufe beginnt Christi „neuer Wandel"[442], er besteht siegreich den Kampf mit dem Teufel, er tut die Heilungswunder, „et etiam docebat eos futura mundi futuri" (man notiere die theodorianische Übersetzung der Botschaft von der Nähe des Himmelreichs im Zitat von Mt 3,2!) „Et erudiebat eos scientiam perfectam divinitatis". Daß[443] Jesus vor der Taufe keine Wunder tat, bedeutet nicht, daß er sie nicht hätte tun können; die Kraft dazu hatte er längst durch die Union mit dem Gott Logos. Er könnte übrigens auch jetzt (also in der Gegenwart) Tote auferwecken, aber er wird die Auferstehung zur Unsterblichkeit erst bewirken, wenn er (wiederkommend) vom Himmel her offenbar werden wird.

Exkurs zur Taufe Jesu (Mt 3,14–15)
(Zu Babai, De unione IV 15)

Die christliche Taufe kann sich, wie wir wissen, nicht auf Jesus als Täufer, als auf einen, der selbst die Taufe mit Wasser vollzieht, berufen. Das Joh-Evangelium, kühn wie immer, schreibt ihm zwar das Taufen zu (Joh 3,22.26; 4,1 „... daß Jesus mehr Jünger gewann *und taufte* als Johannes"), was schließlich an der letztgenannten Stelle, gewiß von anderer Hand, zurückgenommen wird (Joh 4,2 „obwohl Jesus selber nicht taufte, sondern seine Jünger"). Das Taufen der Jesus-Jünger tritt hier in Konkurrenz zur johanneischen Taufe, jedenfalls aus der Sicht des Joh-Evangeliums.

Die Geschichte von der Fußwaschung (Joh 13)[444], ein Sondergut des Joh-Evangeliums, könnte ein Indiz dafür sein, daß man ein von Jesus *handelnd* eingesetztes Reinigungssakrament vermißte; als solches erforderte es eine Be-

---

[441] Vaschalde, Versio, p. 120,30–33.
[442] Vaschalde, Versio, p. 121,32–122,3. – Cf. ebenso die große Bedeutung der Taufe bei Philoxenus, siehe oben zu Anm. 419, ein gemeinsames edessenisches Erbe? (T. H.)
[443] Vaschalde, Versio, p. 122,3–10.
[444] Dazu vgl. *L. Abramowski*, Die Geschichte von der Fußwaschung (Joh 13), ZThK 102 (2005) 176–203. (T. H.)

stimmung seines Verhältnisses zur Taufe, eine Diskussion darüber wird in verschlüsselter Form noch in der Erzählung selbst geführt (cf. 13,16).

Ob die christliche Taufe neben oder aus der Johannes-Taufe entstanden ist, läßt sich wohl nicht mehr klären. Die wenigen Nachrichten der Apostelgeschichte lassen an eine Entwicklung denken. Apollos, ein Jude aus Alexandrien, gescheit, „im Geist glühend", „richtig über Jesus lehrend" (18,24), kennt nur die Taufe des Johannes (18,25). – War das der Kenntnisstand in Alexandrien? – Als Paulus nach Ephesus kommt (Apollos ist inzwischen schon in Korinth), findet er dort einige Jünger vor (19,1). Befragt nach dem Geistempfang, sagen sie, sie hätten noch nie vom Heiligen Geist gehört (19,2) und befragt nach der Taufe, antworten sie, sie seien getauft „auf des Johannes Taufe" (19,3). – Aus der Abfolge der Erzählung kann man schließen, daß diese Mängel auf die Lehre durch Apollos zurückgehen müssen; ausdrücklich sagt der Text das nicht. – Paulus belehrt diese Christen über die Taufe des Johannes („Taufe der Buße") und über dessen Hinweis auf den Kommenden, „d. i. Jesus", vollzieht an ihnen die Taufe „auf den Namen des Herrn Jesus," sie empfangen den Heiligen Geist durch seine Handauflegung, und der Geist zeigt an ihnen die Wirkungen des Zungenredens und der Prophetie (19,4–6).

Für Paulus in seinen Briefen, unseren ältesten Zeugen, ist die Taufe etwas Selbstverständliches und ihre Praxis verbreitet. Im 1. Brief an die Korinther muß er sich gleich zu Anfang mit den ärgerlichen Gruppenbildungen unter den Getauften befassen (1 Kor 1,10–17). Hier treffen wir auch auf den Namen des Apollos, der also auch in Korinth getauft hat. Aber irgendwelche Anspielungen auf die Johannes-Taufe, die er nach den Mitteilungen der Apg ausgeübt haben soll, sucht man vergeblich. Nun läßt Paulus eine gewisse Toleranz gegenüber der Verschiedenheit der Taufgebräuche erkennen, das wird an der Taufe „für die (oder: über den) Toten" deutlich (15,29). An dieser Stelle spricht er in der 3. Person Plural von denen, die sie ausüben, ohne ein Urteil über diese Praxis zu fällen; er baut diese Taufart sogar in seine Argumentation für den Glaube an die Auferstehung ein. Die korinthischen Gruppen berufen sich auf Paulus, Apollos, Kephas (also Petrus) und Christus (1,12); nur die drei ersten waren selber Täufer – die Zugehörigkeit zu Christus zu deklarieren muß dagegen ganz im Sinne des Paulus gewesen sein. Aus der verärgerten Reaktion des Apostels (1,13 μὴ Παῦλος ἐσταυρώθη ὑπὲρ ἡμῶν, ἢ εἰς τὸ ὄνομα Παύλου ἐβαπτίσθητε) ergibt sich indirekt die paulinische theologische Beziehung der Taufe auf den Kreuzestod Christi (siehe unten zu Röm 6) und es ergibt sich die Taufformel „auf den Namen (Jesu?) Christi". Die Verärgerung des Apostels geht so weit, daß er froh zu sein behauptet, nur Wenige (die er namentlich aufzählt) getauft zu haben, er wünsche nicht, daß es heiße „getauft auf den Namen des Paulus" (1,15). Der Schlußsatz „Christus hat mich nicht gesandt zu taufen, sondern das Evangelium zu predigen" (1,17a), ist von jemand geschrieben, der den Taufbefehl des Auferstandenen von Mt 28, der die Taufe auf die Autorität Christi zurückführt, nicht kennt (wie er auch die trinitarische Tauffformel nicht kennt). D.h. daß dies Wort des Auferstandenen noch nicht Teil der dem Paulus bekannten Überlieferung war, deren Bestandteile er ja sorgfältig weitergibt. – Auch der herrliche Mt-Schluß ist (wie die Fußwaschungsgeschichte, nur auf andere Weise) ein Indiz dafür, daß man die Autorisierung der christlichen Taufe durch einen selbst taufenden Jesus vermißte; statt auf die Stiftung durch eine als Vorbild dienende Handlung, die es eben nicht gab, berief man sich auf sein Wort.

Die tiefste theologische Rückbindung der Taufe an Christus bietet Paulus in Röm 6,3–4, tief und schwer verständlich. In dieser Deutung (die rituell die Taufe als Tauchbad voraussetzt) ist Christus der Erleidende und der Auferweckte (auch dies Wort eine Passivform) und wir seine σύμφυτοι in „Ähnlichkeit" seines Todes und seiner Auferstehung. Wir hören hier nichts von einem Rückverweis auf die Taufe Jesu (und zum Problem der Johannestaufe trägt Paulus auch hier nichts bei). Und so oft Paulus auch von der Geistbegabung der Christen spricht, so bindet er doch die Geistesgabe nirgendwo expressis verbis an die Taufe (anders als die Apg, siehe oben).

Die Taufgeschichten der Synoptiker lassen ihrerseits Jesus als passiv erscheinen; er unterzieht sich der Johannestaufe, auch die Herabkunft des Geistes und die Sohneserklärung durch die Himmelsstimme machen ihn zu einem Empfänger von Gaben, aber diese Gaben unterscheiden ihn von den Täuflingen des Johannes. Die Besonderheit dieser Taufe liegt in diesem Getauften, nicht am Täufer.

Die Tauferzählung des Joh-Evangeliums stellt zwischen Jesus und der Wassertaufe durch den Täufer nur noch eine indirekte Beziehung her. Die Rolle, die dem Täufer zugewiesen wird, ist die der Bezeugung der Herabkunft des Geistes in seiner Taubengestalt, und diese Bezeugung geschieht nach der als vollzogen vorausgesetzten Taufhandlung. Die Herabkunft des Geistes ist dem Täufer Erweis der Gottessohnschaft Jesu – die Stimme aus dem Himmel fehlt in dieser Erzählung (1,34). Die Herabkunft des Geistes läßt auch den erkennen, „der mit dem heiligen Geist tauft" (1,33). – Bei den Synoptikern gehört der Verweis auf den „Stärkeren", der mit dem Geist (Markus), mit Geist und Feuer (Matthäus und Lukas) taufen wird, in die Botschaft des Vorläufers *vor* die Taufe Jesu. Der Evangelist Johannes hat also auch hinsichtlich dessen, was Jesus vor anderen Täuflingen auszeichnet, Umordnungen vorgenommen.

Bei allen vier Evangelisten gehört zu Jesu Überlegenheit gegenüber dem Vorläufer, daß er auch als *Täufer* mehr ist als Johannes; zugleich wird damit sein Status als bloß Getaufter auch gegenüber allen sonst von Johannes Getauften unüberbietbar erhöht. Aber er ist Täufer in einem anderen modus, in einem anderen „Element". Das Verhältnis dieser Täuferschaft zur Herabkunft des Geistes bei der Taufe im Jordan bleibt bei den Synoptikern offen; die vom vierten Evangelisten vorgenommene Umstellung will die vermißte Beziehung herstellen – ist es aber die richtige? Denn was ist der „Ort" der zukünftigen Geisttaufe? Bei den beiden großen Synoptikern haben die Ankündigungen des Vorläufers einen strengen, ja drohenden Unterton, sie sind Ankündigungen des Gerichts, der scharfen (eschatologischen?) Trennung von Spreu und Weizen. Und wie verhält sich die Geisttaufe zur christlichen Taufe? Die johanneische Nikodemus-Geschichte (Joh 3), die die christliche Taufe, verstanden als Wiedergeburt aus Wasser und Geist, voraussetzt, trägt zur Beantwortung dieser Frage leider nichts bei.

Die Tauferzählung des Mk-Evangeliums ist der älteste uns erhaltene Bericht über Jesu Taufe durch Johannes, und es sind die Abweichungen von dieser älteren Tradition (oder auch literarischen Vorlage), die darauf hinweisen, daß die Tatsache, daß Jesus vor Beginn seiner Wirksamkeit sich der Johannes-Taufe unterzogen hatte, als Problem empfunden wurde. Auch die Einbeziehung des Täufers als Vorläufer in den „Anfang des Evangeliums von Jesus Christus“ (Mk 1,1), wie sie uns seit der ältesten Gestalt der Erzählung vorliegt, hat die Verlegenheit nicht vollständig beseitigt oder vielmehr: sie bricht von neuem auf. Zwar wird man ihrer am vierten Evangelium besonders deutlich gewahr, aber auch die beiden großen Synoptiker sind nicht frei von ihr und verraten diese Verlegenheit auf verschiedene Weise. Die Ursache ist die Ausarbeitung der Vorläuferschaft des Täufers in den drei großen Evangelien (Mt, Lk, Joh), die dem Johannes gerade als Vorläufer eine immer größere heilsgeschichtliche Bedeutung verleiht – Höhepunkt die überaus kunstvolle Verflechtung der Ankunftsgeschichte des Logos mit der Vorläuferschaft des Täufers im Joh-Prolog. Das mußte auch der an Jesus vollzogenen Taufe ein entsprechend immer größeres Gewicht verleihen. Alle drei großen Evangelien versuchen nun dieser Konsequenz entgegenzuwirken, wobei das vierte Evangelium am weitesten geht, was nicht verwundern kann.

Aber die Weise, mit der Lukas sich bemüht, des Problems Herr zu werden, überrascht doch. Nach den langen Erzählungen über die Kindheit des Johannes, die eine bewußte Analogie zur Kindheitsgeschichte Jesu bilden (Lk 1), und über sein Wirken am Jordan (Lk 3,1–19), fällt der Bericht über die Taufe Jesu so kurz aus, daß er nicht mehr als eine bloße Notiz ist (3,21–22)[445], von der der größere Teil die vom Himmel kommenden Gaben einnehmen. Lukas läßt „auch“ (καί) das Getauftwerden (βαπτισθέντος) Jesu stattfinden ἐν τῷ βαπτισθῆναι ἅπαντα τὸν λαόν, „im Getauftwerden des ganzen Volkes“; Jesu Taufe geht gewissermaßen in der der Menge unter. Die „physische“ Seite der Taufe wird so unauffällig wie möglich als Teil einer Massentaufe dargestellt, vom Täufer und vom Wasser wird hier gar nicht geredet.

Das Mt-Evangelium beschreitet den umgekehrten Weg: Jesus wird durch eine Anrede des Täufers ausgezeichnet (Mt 3,14), die ihn schon vor der Taufe als einen, dem Täufer Überlegenen erscheinen läßt. Der Versuch des Johannes,

[445] Und diese Notiz bringt Lukas erst, nachdem er von der Verhaftung des Johannes berichtet hat (3,19–20) – ein zusätzliches, literarisches Mittel der Dissoziation (G. Jeremias mündlich).

die Taufe Jesu zu verweigern, macht diese zu etwas Unnötigem. Das wiederum veranlaßt Jesus zu einer Begründung seines Wunsches (3,15), die ihn selber zum Verursacher seines Getauftwerdens macht (über sein bloßes Kommen zum Jordan hinaus) und es so legitimiert. Auch übt Jesus eine Art von Mitwirkung aus, indem er sich mit Johannes zusammenschließt: „es gebührt *uns*", was ja nicht als pluralis majestatis zu verstehen ist.

Was aber heißt es, mit dem Vollzug der Taufe durch Johannes „alle Gerechtigkeit (δικαιοσύνη) zu erfüllen"? Später im Evangelium sagt Jesus (in einer Rede über seine Vollmacht, 21,32): „Johannes kam zu euch ἐν ὁδῷ δικαιοσύνης und ihr habt ihm nicht geglaubt". Ist es diese Gerechtigkeit, die Täufer und Getaufter in Jesu Taufe erfüllen? δικαιοσύνη kommt sonst im Mt-Evangelium nur noch einige wenige Male vor. Da sind die beiden bekannten Stellen aus der Bergpredigt (5,6 „hungern und dürsten nach Gerechtigkeit"; 5,10 „um der Gerechtigkeit willen verfolgt werden" mit der Verheißung des Himmelreiches); da ist der abschätzige Vergleich mit den Schriftgelehrten und Pharisäern (5,20 „wenn eure Gerechtigkeit nicht besser ist als ..."); da ist die Warnung davor (6,1), beim „Tun" der Gerechtigkeit die Wirkung nach außen miteinzukalkulieren; und schließlich (6,33): „Suchet als erstes das Reich und seine Gerechtigkeit ...". Die Gerechtigkeit hat mit dem Himmelreich zu tun, sie ist aber auch etwas, was ein Handeln impliziert, geht jedoch über die übliche Gesetzeserfüllung der jüdischen Lehrer hinaus. Wenn Jesus den Täufer als den „auf dem Weg der Gerechtigkeit" erkennt, dann bezeichnet er ihn damit als den Vorläufer seiner eigenen Verkündigung des Reiches und seiner Gerechtigkeit. Aber als solcher ist dieser „größte der von Weibern Geborenen" immer noch weniger als „der Geringste im Reich der Himmel" (Mt 11,11).

IV 16 (Versio, p. 123–128)

„Auch wenn wir sagen, daß die Menschheit des Sohnes durch die Union mit dem Gott Logos Sohn ist, sagen wir nicht zwei Söhne; auch geschah der Trinität keine Hinzufügung wegen der Union, die geschah durch den Gott Logos mit dem Tempel seiner Menschheit". – Das eigentliche Thema des Kapitels, die Einheit des eucharistischen Leibes, wird aus dieser Überschrift nicht ersichtlich.

Gleich die Einleitungsworte des Kapitels zeigen, daß theopaschitische Vorwürfe abgewehrt werden. Der Vorwurf der zwei Söhne kann uns nicht treffen, sagt Babai, weil wir bekennen[446], daß die Menschheit auf *vereinte* Weise Ehre und Name der Sohnschaft und Anbetung hat. Wir lehren ja nicht zwei Söhne von gleicher Natur!

[446] Vaschalde, Versio, p. 123,27–34.

Wenn[447] die Menschheit unseres Herrn „Sohn aus Gnade" (= Adoptivsohn) hieße, dann würden wir gesondert zwei Söhne finden: einen natürlichen Sohn und einen aus Gnade. Das wäre kein Unterschied zu allen anderen, die Söhne aus Gnade sind wegen einfacher οἰκειότης und Ehre, wie wir sie sonst in der Schrift finden. Der Unterschied zwischen der „Menschheit unseres Herrn" und den „Söhnen aus Gnade" ist eben die Union mit dem Gott Logos, der der ewige Sohn des Höchsten ist. In dieser Union ist die Menschheit ein Sohn des Höchsten mit dem Logos, weil der sie zu seinem prosopon angenommen hat.

Der durch eine Lücke in der Hs (Verlust eines Blattes) verlorene Text[448] hat sich vermutlich mit dem Vorwurf einer „Zufügung" zur Trinität befaßt und muß mit dem Vergleich mit der Einheit des eucharistischen Leibes begonnen haben; das legt sich aus der gleich folgenden Repetition (siehe unten) nahe. Jedenfalls wird nun die Einheit des eucharistischen Leibes dargestellt: Es[449] sind nicht zwei Leiber: der menschliche vereinte (d.h. mit dem Logos vereinte) Leib im Himmel und das geweihte Brot, nec additio facta est naturae corporis dominici quod est in caelo, sed per unionem hic est cum illo unum corpus. Nach dem Blick auf die christologische Einheit und die trinitarische Beziehung[450] ergibt sich in der Wiederholung[451] eine Anwendung auf das Verhältnis der menschlichen Natur Christi zur Trinität[452]: „Quemadmodum ibi corpus dominicum quod est in coelo unitive, nullum additionem recepit ex hoc corpore, quod cotidie super altare frangitur, sed idem est in uno corpore in duabus naturis, sic neque additio facta est Trinitati propter unionem factam inter humanitatem et divinitatem, wie es auch nicht zwei Söhne sind, sondern ein Sohn et in aeternum, weil ihn (der Logos den Menschen) zu seinem Prosopon angenommen hat, daß er in ihm offenbar werde; und eins ist das prosopon der Sohnschaft und nicht zwei, wie eins ist das prosopon des Leibes Christi und des Brotes, das konsekriert wird, und nicht zwei Brote und nicht zwei Leiber, sondern der Leib ist das Brot und das Brot der Leib, ein Leib und ein Brot, indem Brot und Leib bewahrt bleiben". Und sie sind untereinander austauschbar: „sie nehmen und geben einander"[453]. Babai belegt das mit zwei Stellen aus Joh 6, sie gleichzeitig problematisierend[454]: „Ego sum panis, qui de caelo descendi"[455] (6,41), „und siehe: er nahm das Brot und brach es und

[447] Vaschalde, Versio, p. 123,35–124,12. (T. H.)

[448] Siehe Vaschalde, Versio, p. 124, Anm. 3.

[449] Vaschalde, Versio, p. 124,17–19.

[450] Vaschalde, Versio, p. 124,20–25. Hier einmal wieder die Bestimmungen „nicht vereinter Vater", „nicht vereinter Heiliger Geist".

[451] Siehe den Wiederholungsaspekt: „Wegen der Frevler wollen wir die Sache *(mlt')* noch einmal sagen", Vaschalde, Versio, p. 124,26.

[452] Vaschalde, Versio, p. 124,26–125,2.

[453] Vaschalde, Versio, p. 125,3.

[454] Vaschalde, Versio, p. 125,3–8.

[455] Sic: 1. Pers. Sing. = Peš.; im NT graece ein Partizip auf ὁ ἄρτος bezogen.

stieg[456] nicht vom Himmel herab[457], wie er gesagt hat: ‚Das Brot, das ich euch geben werde, ist mein Leib, der für das Leben der Welt gebrochen wird' (Joh 6,52) – und siehe, sein Leib ist von hier, aus der Natur der seligen Maria und gebildet durch den hl. Geist". „Dies[458] alles ist aus dem prosopon unionis (gesagt)"; „prosopon unionis" bezieht sich hier auf den eucharistischen Leib! Vaschalde schreibt daher abschwächend, „nomine unionis", in der Konsequenz muß er in der folgenden, analogen christologischen Aussage, dieselbe Formulierung benutzen, um den beabsichtigten Vergleich nicht zu zerstören. Tatsächlich hat Babai natürlich den christologischen Ausdruck auf die Einheit des eucharistischen Leibes übertragen, auch wenn er den Eindruck erweckt, die eucharistische Einheit mache die christologische Einheit anschaulicher. Und natürlich verliert das prosopon der Einheit in dieser Anwendung gerade seinen „personalen" Charakter, woraus sich Vaschaldes Unbehagen erklärt. (Auf das eucharistische Blut wird Babai weiter unten zu sprechen kommen).

An das Niedersteigen von Joh 6,41 anschließend befaßt sich Babai nun mit Joh 6,63[459], „cum videritis Filium hominis ascendentem quo erat prius". Mit seiner ganzen Tradition nimmt er „Menschensohn" wörtlich als „Mensch" und korrigiert auch hier[460]: „et ecce Filius hominis *non* descendit de caelo, sed est ex semine domus David". Die weitere Argumentation läuft darauf hinaus, daß der *eine* Sohn Menschensohn nicht von Natur, sondern durch Union ist[461]. – Hier bestätigt sich, daß die Unterscheidung nicht zwischen „Sohn von Natur" und „Sohn aus Gnade" verläuft, sondern zwischen „Sohn von Natur" und „Sohn aus Union", denn Babai fährt fort[462]: Sohn von Natur ist der Gott Logos, in der Union aber ist auch seine Menschheit mit ihm ein Sohn im einen Namen und in der einen Ehre; in der Natur seiner Menschheit ist er „Menschensohn", wofür er Mt 17,22–23 (Auslieferung des Menschensohnes) und Joh 6,53 anführt[463]. Der Gottessohn heißt unitive auch Menschensohn, der vom Himmel herabstieg, auch in seiner Gottheit, durch die Annahme des Prosopon. (Babai rechtfertigt also die johanneische Interpretation des letzten Mahles mit den Mitteln seiner dogmatischen Hermeneutik). Nur[464] durch die Gleichheit der Benennung „wird dieser aus jenem benannt und jener aus die-

---

456 Vaschalde übersetzt *nḥt* mit „deduxit", womit er „Brot" als grammatikalisches Objekt voraussetzt, wohl ein Ausgleich mit dem griechischen Text, siehe die vorige Anm.

457 Babai stellt hier dem Leser die reale Situation beim letzten Mahl mit den Jüngern vor Augen. Sein zweimaliges „siehe" ist ganz wörtlich gemeint: „Sieh genau hin, was da vor sich geht".

458 Vaschalde, Versio, p. 125,9.

459 Vaschalde, Versio, p. 125,10–11.

460 Vaschalde, Versio, p. 125,11–13.

461 Vaschalde, Versio, p. 125,19–20.

462 Vaschalde, Versio, p. 125,20–30.

463 Vaschalde hat hier und weiter unten „Joh 6,54".

464 Vaschalde, Versio, p. 125,31–33.

sem, während dieser und jener im Eigenen verbleibt, in dem einen prosopon Christi, des Sohnes Gottes".

Hierzu wird aufs Neue Joh 6,53 zitiert[465] („Wenn ihr nicht den Leib des Menschensohnes essen und sein Blut trinken werdet, werdet ihr kein Leben in euch haben"), womit Babai auf das Problem der Einheit des eucharistischen Leibes und die ihm inhärierende Unterscheidung zurückkommt[466]: „ecce non corpus eius naturale, quod est in caelo, manducamus, sed panem, qui est unus panis per virtutem et illapsum[467] (sc. des Geistes), manducamus; et bibimus vinum eucharisticum quod consecratur cum pane et fit cum eo corpus et sanguis Christi per virtutem et propitiationem et remissionem pecctorum, non autem sanguinem naturalem Christi, nec sancuinem secundum naturam".

Auch[468] in der „natürlichen Union" von Leib und Seele ist die Austauschbarkeit der Namen zu beobachten, was aber vom Verfasser sogleich wieder auf die christologische Union angewendet wird. Wenn es z. B. heißt, „der Sohn ist gestorben", dann wissen wir, daß es eine Aussage ist, die seine menschliche Natur betrifft. Denn wegen der Union gehen die Eigentümlichkeiten der Naturen nicht verloren. Der Gott Logos „erhält" keine Begrenzung, noch „verläßt" er seine Geistigkeit *(ruḥnwt'*, „spiritualitatem", Vaschalde) und sein Mensch „erhält" nicht in seiner Natur Ewigkeit und Unbegrenztheit und wird nicht unsichtbarer Geist und gleichwesentlicher Sohn des Vaters, sondern durch die Union mit dem Gott Logos ist er Sohn in *einem* Namen und in (einer) Herrschaft (usw.) und nicht von Natur, „so daß sie nicht zwei Söhne und zwei(mal) Sohn des Höchsten werden, auch wenn sie einander ihren Namen geben, wie ich gesagt habe".

Es folgen[469] noch Beispiele aus der „Natur" (d. h. aus der Physik) (Vaschalde ergänzt „creata") über den Austausch der Namen: Holz und Feuer, Eisen und Feuer. In der christologischen Anwendung erscheint auch einmal wieder der Gedanke der Teilhabe[470]: der Logos gab der mit ihm vereinten Menschheit Glanz und Herrlichkeit ab und gab ihr Teilhabe an der Unsterblichkeit „und stärkte sie in allem". Gegen Ende[471] ist plötzlich die Rede von dem „feurigen Stab", ein Rückgriff auf das Beispiel des Eisens im Schmiedefeuer: Das Feuer ist auf „vereinte Weise" in der (Eisen)Stange „und eins ist das prosopon von Stange und Feuer". Babai nennt das ein „mangelhaftes Beispiel" für das eine prosopon der Sohnschaft – damit meint er, daß es im Grunde kein adäquates Beispiel für die christologische Einheit gibt.

---

[465] Vaschalde, Versio, p. 125,34–35.
[466] Vaschalde, Versio, p. 126,1–7.
[467] *rwḥp'*, das „Brüten" des Geistes über dem Wasser aus Gen 1, der übliche Ausdruck für das Einwirken des Geistes auf die eucharistischen Elemente – ein wunderbarer Gedanke.
[468] Vaschalde, Versio, p. 126,8–30.
[469] Vaschalde, Versio, p. 126,30–127,34.
[470] Vaschalde, Versio, p. 127,23–25.
[471] Vaschalde, Versio, p. 127,28–34.

Noch zweimal hintereinander bringt Babai die Einheit und Zweiheit von Leib und Seele an im Dienst seiner Argumentation gegen den Vorwurf einer Zwei-Söhne-Lehre. Im ersten Fall[472] ist die menschliche Analogie in ihrer christologischen Anwendung erstaunlich ungenau: der menschliche Leib lebt durch das Leben der Seele in ihm und trotzdem sprechen wir nicht von zwei Lebewesen, sondern von einem[473]; so sagen wir nicht zwei Söhne aus, sondern einen, weil die Menschheit des Sohnes durch die Union mit ihm hat, was der Sohn hat, in einer Kraft, Anbetung, Herrschaft. Das tertium ist also „Leben"/ „was der Sohn hat". (Die mangelnde Kongruenz muß Absicht sein, denn wenn der Logos den Platz der Seele als Leben der Menschheit Christi einnähme, wäre das apollinaristisch!).

Die zweite Analogie[474] (Leib und Seele sind nicht zwei Unsterbliche, obwohl die Seele Unsterblichkeit auch schon vor der Auferstehung hatte) hat den Zustand „vor und nach" zum tertium quid, im christologischen Fall die Union: nicht zwei Söhne, einen vor der Union und einen anderen nach der Union, sondern ein Sohn, „und sein Mensch hat mit ihm besessen die Sohnschaft in *einer* Teilhabe und nicht gesondert". Der Mensch unseres Herrn[475] besitzt die Sohnschaft nicht von Natur, sondern „vereinterweise".

Ein Name[476] kann zwei Dinge von verschiedener Natur bezeichnen, wie das Maß[477] und das von ihm Gemessene, „ebenso auch hier" (das bezieht sich auf den Namen „Sohn"). Auch können ein Haus und seine Bewohner, eine Stadt und ihre Einwohner mit einem Namen bezeichnet werden (Babai gibt biblische Beispiele), „und so sind aus dem prosopon[478] des Gebäudes die Bewohner benannt und auch (umgekehrt) aus dem prosopon[479] ihrer Einwohner die Stadt". (– Impliziert, aber nicht ausgesprochen, ist der Gedanke, daß ein Haus und seine Bewohner, eine Stadt und ihre Einwohner jeweils eine Einheit bilden und der eine Name sowohl den einen wie den anderen Bestandteil des Ganzen meinen kann. –). Christologisch angewendet bedeutet das: der Mensch unseres Herrn, sein vereinter Tempel (Assoziation an das Beispiel vom Gebäude!), wird Sohn und Herr genannt, und seine Gottheit Christus und Menschensohn, und *einer* ist Christus, Gottessohn und Menschensohn in einem Namen, einer Kraft, Macht, Herrschaft „und in Ewigkeit".

Die zuletzt gegebenen Beispiele zeigen aufs Neue, welchen weiten Bedeutungsspielraum die Vokabel prosopon haben kann. So ist es passend, daß das nächste Kapitel sich mit den termini technici befasst.

---

472 Vaschalde, Versio, p. 127,35–128,6.
473 Das wird am Schluß des kleinen Abschnitts sogar noch einmal wiederholt, p. 128,4–6.
474 Vaschalde, Versio, p. 128,7–14.
475 Vaschalde, Versio, p. 128,14–19.
476 Vaschalde, Versio, p. 128,21–35.
477 Hier wird nicht die Wurzel *msḥ* verwendet, sondern *kyl.*
478 Vaschalde „nomine".
479 Ditto.

IV 17 (Versio, p. 129–139) „Was ist der Unterschied von Hypostasis und Prosopon, und wie wird das prosopon genommen und bleibt und die Hypostase wird nicht genommen?"

Diese Überschrift bedarf zu ihrem Verständnis der Ergänzung; „genommen" steht hier als Kürzel für „gegeben und genommen", d. h. für Austauschbarkeit bzw. Mitteilbarkeit. Die zweite Hälfte des Titels ist folgendermaßen zu verstehen: „und wie wird das prosopon gegeben und genommen (einerseits) und bleibt (andererseits), und wie wird die Hypostase nicht gegeben und genommen (weil sie bleibt)."

Das Kapitel beginnt mit Definitionen von Hypostasis und Prosopon, die sich zunächst auf das Geschaffene beziehen[480], um dann „zum Erhabenen aufzusteigen"[481].

„Hypostasis heißt die *Einzelousia*, sie subsistiert in ihrem Einzelsein", sie ist eine der Zahl nach und unterscheidet sich von den vielen (anderen)[482].

Sie ist Empfängerin von *Akzidentien*, die sich danach unterscheiden, ob es sich um vernünftige oder unvernünftige Hypostasen handelt[483].

Sie ist „fest" in ihrer *„Naturhaftigkeit"* und fällt unter die species und Natur, deren Hypostase sie ist, mit der Zahl der (übrigen) Hypostasen, ihrer Genossen[484].

Sie *unterscheidet* sich von ihren Genossen durch die individuelle Eigentümlichkeit ihres Prosopon (Gabriel ist nicht Michael, Paulus nicht Petrus).[485]

Aber in jeder der Hypostasen wird die ganze *gemeinsame Natur* erkannt; „und welches die eine Natur ist, die die Hypostasen insgesamt umschließt, wird vom Verstand erkannt, sei es die der Menschen, sei es der übrigen anderen. Die Hypostase umschließt (ihrerseits) aber nicht die Gesamtheit (der Natur).[486]

---

480 Vaschalde, Versio, p. 129.

481 Vaschalde, Versio, p. 130.

482 Vaschalde, Versio, p. 129,4–5. „Hypostasis" als Einzelousia auch im Vatikanischen Traktat, siehe unten. Zu diesem griechischen Hypostasenbegriff bei Babai und längst vor ihm bei Boethius und die zu postulierende ältere Quelle siehe *L. Abramowski,* Trinitarische und christologische Hypostasenformeln, ThPh 54 (1979) 38–49; auch in: dies., Formula and Context (1992), nr. IX, hier: p. 38–41. Rückübersetzt sieht Babais Gleichung so aus: ὑπόστασις = οὐσία ἰδική ὑφεστῶς ἐν τῷ εἶναι ἰδικῇ αὐτοῦ. Für *mqym* als ὑφεστῶς siehe oben den Abschnitt über den Disput mit Kaiser Justinian. Ganz gleich, was der tatsächliche etymologische Ursprung von *qnwm'* sein sollte, die Zeitgenossen betrachteten es als aus der Wurzel *qwm* abgeleitet. Zu „sie subsistiert in ihrem Einzelsein" siehe *Abramowski*, Babai II, p. 312: ein (vermutlich) älterer Versuch einer möglichst genauen Übersetzung von αὐθυπόστατος (siehe Proklus).

483 Vaschalde, Versio, p. 129,6–11; *Abramowski*, Hypostasenformeln, p. 39 mit Anm. 9.

484 Vaschalde, Versio, p. 129,11–13. „Natur" gehört auch zur von Boethius bezeugten Grundformel.

485 Vaschalde, Versio, p. 129,13–16.

486 Vaschalde, Versio, p. 129,16–20. Auf Grund dieser Passage habe ich (Hypostasenformeln,

Prosopon ist die Eigentümlichkeit, welche eine Hypostase von einer anderen unterscheidet, das, wodurch die Hypostase des Paulus sich von der des Petrus unterscheidet, auch wenn sie der Natur nach und der Hypostase nach gleich sind. Die Unverwechselbarkeit, daß jener nicht dieser und dieser nicht jener ist, das ist das Prosopon.[487] – (Man bemerkt, daß die Bestimmung von Prosopon hier ganz auf die menschliche Person zuläuft[488]; die weiteren Konnotationen von prosopon, die der syrische Sprachgebrauch bereit hält und die Babai benutzt, finden wir darin nicht berücksichtigt).

Der Aufstieg[489] zum Erhabenen, „über das unsere Rede geht", geschieht unter Anrufung der „Kraft Christi des Anführers unseres Lebens (cf. Hebr 2,10) und unseres Gottes, der unser Meister ist". Babai beginnt mit der klassischen Bestimmung der Trinität[490]: drei anzubetende Hypostasen der ewigen Trinität, in allem gleich, in einem herrlichen Wesen, Ursache alles Geschaffenen. – Das Interessante ist nun, daß die Trinität nicht nur als eine der drei Hypostasen, sondern auch und vor allem als solche der Prosopa dargestellt wird[491], mit der Begründung, wenn eine der Hypostasen von den andern mit dem Verstand unterschieden werden solle, dann sei das nur durch die Eigentümlichkeit der Prosopa möglich. – Schon mehrfach war festzustellen, daß in De unione prosopon neben Hypostasis auch trinitarisch verwendet wird. Man erinnert sich, daß dieser Sprachgebrauch in den späteren Teilen des Euagrius-Kommentars aufzutreten beginnt. Dort hatte ich vermutet, daß Babai durch die Benutzung übersetzter griechischer Literatur dazu veranlaßt worden sei. Doch läßt sich eine bessere Erklärung finden. Babai hatte ebenfalls spät im Euagrius-Kommentar begonnen, von der menschlichen Natur Christi als Hypostase zu sprechen (ohne direkt von *zwei* Hypostasen zu reden). Anders als Engelmann habe ich das nicht als ein Indiz allmählicher Entwicklung der Christologie Babais beurteilt, sondern als eine vorsichtige Einführung einer Terminologie, mit der die bei Ḥabib formulierte, von ihm und Narsai praktizierte und seither bei den Ostsyrern gültige Unterscheidung der Nomenklatur von Theologie und Oikonomia, d. h. von Trinitätslehre und Christologie, aufgegeben wurde. Die trinitarische Verwendung von Prosopon im Euagrius-Kommentar gehört also zum selben Phänomen der vorsichtigen Gewöhnung an die neue Praxis. Leider hat sich keine Quelle erhalten, die das neue Prinzip

---

p. 39) vermutet, daß auch „*gemeinsame* Natur" zum Definitionskomplex gehört, der Boethius und Babai bekannt ist.

[487] Vaschalde, Versio, p. 129,21–34.

[488] Die Engel Gabriel und Michael erscheinen im Folgenden nicht mehr.

[489] Vaschalde, Versio, p. 130,1–3. Vaschalde hat die rhetorische Eingangsfrage, „In welcher Weise sollen wir aufsteigen?", zu einem Aufforderungssatz vereinfacht: „ascendamus". Wenn man die Frage als solche übersetzt, ist die Anrufung Christi als Antwort zu nehmen: „Durch die Kraft ...".

[490] Vaschalde, Versio, p. 130,3–5.

[491] Vaschalde, Versio, p. 130,5–131,6.

expressis verbis ausspricht. Wir kennen aber die Ursache seiner Einführung: die Konfrontation mit der christologischen *hypostasis synthetos* zunächst in der Disputation mit Justinian in Konstantinopel, ohne daß der innerkirchliche ostsyrische Sprachgebrauch dem folgen mußte. Die Notwendigkeit dazu ergab sich erst in der Auseinandersetzung mit Ḥenana, auch wegen des enormen Einflusses, den dieser als Schulhaupt von Nisibis besaß. Wir kennen auch den Liber Heraclidis des Nestorius als Quelle für die im Vergleich mit der gängigen, terminologisch sehr viel kompliziertere Zwei-Naturen-Christologie, wie sie uns im Widerstand gegen Ḥenana begegnet.

Der wiederholte Wunsch von Babais Klostergenossen, ihr Haupt möge ihnen schriftlich Fragen zur Christologie beantworten, wird angesichts dieser Situation erst richtig verständlich. Mündlich mag er ihnen oft genug die vertraute strenge Zwei-Naturen-Christologie edessenisch-nisibenischer Provenienz in die für sie neue kompliziertere Sprache stückweise übersetzt haben, indem er sie mit verschiedenen Vergleichen einleuchtend zu machen suchte. Aber die Masse der exegetischen und metaphysischen Begründungen und der Versuche zur Plausibilisierung „für die Jugend" war gewiß trotz Babais eingeschobenen Repetitionen schwer zu überblicken und einzuprägen. (Man fragt sich übrigens, wie die Hörer den vielschichtigen Gebrauch von prosopon in der Christologie bewältigten).

Das Ergebnis der schriftlichen Wiedergabe dessen, was ohne Zweifel zunächst mündlich in Einzelunterweisungen vorgetragen worden war, ist also zu verstehen nicht nur als Dokument sondern auch als Lehrbuch der neuen Sprachregelung, die die alte, seit dem 5. Jh. gültige, ablöst. Es gilt nicht mehr die Regel, daß die Vokabel Hypostasis in die Trinitätslehre gehört, das Prosopon aber in die Christologie.

Also[492] ist der Name „Vater" das prosopon seiner ungeborenen Hypostase. Entsprechendes wird für die Namen „Sohn" und „Geist" durchgeführt. – Erstaunlicherweise wendet nun Babai die Regel, daß prosopa „gegeben und genommen werden", auch auf die trinitarischen Namen an[493] – soll das die Allgemeingültigkeit der Regel beweisen? Er kann doch nicht meinen, daß der Vater den Namen „Sohn" erhalten kann etc.? – Babai gibt folgende Erklärung[494]: „Sed id, quod stabiliter inest huic uni hypostasi, illud est quo distinguitur eam non esse aliam hypostasim, id est Patrem non esse Filium, et Filium non esse Spiritum sanctum," – darauf muss sich beziehen, daß im Titel dieses Kapitels vom prosopon gesagt wird, es sei sowohl austauschbar, *wie fest.* –

[492] Vaschalde, Versio, p. 130,7–14.
[493] Vaschalde, Versio, p. 130,16–17.
[494] Vaschalde, Versio, p. 130,19–22. – Man erinnert sich daran, daß Basilius von Caesarea darauf insistierte, daß πρόσωπον als unterscheidende Bezeichnung für die trinitarischen Personen nicht ausreiche, es müsse klar sein, daß es sich um Hypostasen handle.

Trotzdem heißt der nächste Satz wieder[495]: „Haec ergo nomina quia prosopa sunt, non qua[496] hypostases, dantur et sumuntur".

Inwiefern das nun von den trinitarischen Namen gesagt werden kann, wird mit der Hilfe der Unterscheidung von „eigentlich" und „angenommenerweise" durchgeführt[497]: „Proprie quidem paternitas ad Patrem aeternum pertinet; assumptive[498] autem hoc nomen datum est etiam aliis, etsi haud semper apud eos manet". Bei den Geschaffenen[499] gibt es zwei Möglichkeiten der Vaterschaft, die natürliche und die geistige „per disciplinam et doctrinam et gratiam". Solche Vaterschaften sind von Natur aus vergänglich. „Paternitati[500] autem Patris non inest ut mutetur aut desinat. Ita et filiatio naturalis Filii est immutabilis, quia ad eum pertinet ab aeterno et sine mutatione", ebenso ist der Geist ewig. Die Beispiele für die Übertragung des Namens „Geist" werden durch eine Lücke unterbrochen (Verlust eines Blattes)[501].

Nach der Lücke befindet man sich in der Diskussion über die Austauschbarkeit in der Christologie: „... assumptionis personae, et etiam per participationem et nomen; divinitas quoque Christi nomen humanitatis eius accepit[502] – (wofür Joh 6,63 angeführt wird). „Aus[503] dem prosopon[504] der Einheit" findet der Austausch statt. Was der Gottheit fest gehört, wird der Menschheit assumptive und unitive mitgeteilt und umgekehrt. „Und eins ist das gemeinsame Prosopon des Verborgenen und Offenbaren". Das „gemeinsame Prosopon" (siehe auch weiter unten) ist ein Ausdruck aus dem echten Teil des Liber Heraclidis des Nestorius[505], „verborgen" und „offenbar" sind Lieblingsausdrükke Narsais – ein schönes Beispiel für die Vereinigung der edessenisch-nisibenischen Christologie mit der Anti-Ḥenana-Christologie und dem Rückgriff auf den Liber Heraclidis. – Zwei Zitate werden angeführt[506]: Mt 26,67 „Sie spien in sein Angesicht" und Ex 33,20 „Und nicht sieht ein Mensch mein Angesicht und lebt". Es ist bemerkenswert, daß Babai diese Texte als Belege für Prosopon zitiert, denn die Peš. hat in beiden Fällen sehr passend ʾ', während πρόσωπον im NT Graece von Mt 26,67 und in LXX von Ex 33,20 steht.

[495] Vaschalde, Versio, p. 130,22–23.
[496] Vaschalde „quoad".
[497] Vaschalde, Versio, p. 130,28–30.
[498] Dies verweist voraus auf die christologische Anwendung unten.
[499] Vaschalde, Versio, p. 130,30–33.
[500] Vaschalde, Versio, p. 130,36–131,1.
[501] Siehe Vaschalde, Versio, p. 131, Anm. 4; diese Lücke ist mit nur drei Auslassungspunkten nicht deutlich genug bezeichnet.
[502] Vaschalde, Versio, p. 131,10–12. In der Lücke muß die analoge Aussage gestanden haben: „Seine Menschheit nahm den Namen der Gottheit an".
[503] Vaschalde, Versio, p. 131,13–18.
[504] Vaschalde „ex parte unionis".
[505] Cf. *Abramowski*, Babai II, p. 302.
[506] Vaschalde, Versio, p. 131,18–19.

D.h., daß diese Beweise aus der Schrift bereits aus dem älteren griechisch geführten Stadium der Debatte stammen.

Hiernach beginnen schon die erklärenden Vergleich, was also an Text nach jener Lücke erhalten blieb, ist nur noch der Rest der christologischen Darlegung, die ungefähr so lang wie die trinitarische gewesen sein muß. Die Vergleiche enthalten natürlich ihrerseits zahllose christologische Aussagen.

Das erste Beispiel[507] ist die natürliche Einheit des Menschen, an der die Übertragbarkeit von Aussagen demonstriert wird. (Vaschaldes Übersetzung gibt wie häufig „prosopon" mit „ratio" wieder, so verdeckt seine Übersetzung das „gemeinsame prosopon", das Babai hier um des Vergleichs willen vom Menschen aussagt)[508]. Der Mensch pflegt Aussagen über sich selber zu machen[509], Aussagen aus dem gemeinsamen Prosopon der Hypostase; man weiß, welche von ihnen der Seele „assumptive" gehören und welche natürlicherweise, ebenso für den Leib; es liegt keine Distanz zwischen beiden vor (was die menschliche Analogie natürlich so attraktiv macht), sondern Union (und sofort folgt der Unterschied zur Christologie)[510]: die Union der menschlichen Hypostase ist eine „natürliche, hypostatische, gebundene" (d.h. eine nicht willentliche) „leidensfähige". Für die christologische Union kann Babai hier[511] den Austausch als einen der *Naturen* bezeichnen: „Gott (nimmt an) das des[512] Menschen, und der Mensch das Gottes[513] in diesem einen prosopon und wie die Naturen vereint sind zum einen Prosopon, sind auch ihre Namen vereint worden in derselben Bezeichnung ‚ein Prosopon'." Babai fährt noch einige Zeilen in der für ihn charakteristischen Beschreibung der Einheit fort; in dieser Einheit bleiben die Naturen unitive bewahrt, *asynchytōs*, „et in aeternum"[514]. Sogleich folgt[515] aber die Näherbestimmung des gemeinsamen Prosopons als eines der zwei vereinten Hypostasen (– das ist auch eine Näherbestimmung der *Naturen),* zur Abwehr des möglichen Mißverständnisses einer Annahme der ganzen Trinität. – Das gleiche Argument wird für die menschliche Hypostase Christi durchgeführt; auch sind nicht alle Hypostasen des Menschen qua Hypostasen angenommen worden, obwohl es keine Natur ohne Hypostase gibt, die (ihrerseits) unter die gemeinsame Natur „gefaßt" wird.

---

[507] Vaschalde, Versio, p. 131,20–133,15.

[508] Vaschalde, Versio, p. 131,24 und 28 „ratione totius" für „a prosopo commune"; vorher schon (Z. 22) der Gegenbegriff „ratione singulorum" statt „e prosopo singulorum" (Leib und Seele betreffend).

[509] Vaschalde, Versio, p. 131,28–35.

[510] Vaschalde, Versio, p. 131,35–132,1.

[511] Vaschalde, Versio, p. 132,2–6.

[512] Ich habe wegen der Kürze des Ausdrucks den Syriazismus/Graecismus beibehalten.

[513] Ditto.

[514] Vaschalde, Versio, p. 132,9–10.

[515] Vaschalde, Versio, p. 132,10–30.

Wenn[516] man zwei Naturen in Christus sagt, muß man auch zwei Hypostasen im einen Prosopon sagen, sonst setzt man das Bekenntnis zur verehrungswürdigen Oikonomia herab, denn es handelt sich um das gemeinsame Prosopon des Gott-Logos und seines Tempels, der der „zweite Mensch" ist (cf. 1 Kor 15,47), also eine der Hypostasen der Menschen; und der vereinte Logos ist eine der Hypostasen der Trinität. Hier[517] bringt Babai dann wieder die Rede auf den Austausch der Namen, mit dem ein Ausdruck der „Väter", nämlich „prosopon naturale et hypostaticon", gerechtfertigt wird. Die Formulierung war schon einmal, in III 9, zitiert worden. Sie stammt aus den Glossen zum ersten Teil des Liber Heraclidis, ist aber für Babai natürlich authentisch; zu Babais Systematik paßt sie so wenig wie zu der des Nestorius. Babai erklärt sie sich so: die Wendung besage, „daß die Naturen in ihren Hypostasen erkannt werden in diesem einen prosopon Christi, des Sohnes Gottes, und nicht die Naturen ohne Hypostasen". „Die Naturen werden erkannt in den Hypostasen, die unter ihnen sind" (siehe schon oben).

Obwohl man ihn nicht darum gebeten hat, will Babai ein „kleines Beispiel" aus der Natur (= Physik) für (das im Titel des Kapitels benannte) Problem geben[518], warum Prosopon *sowohl* austauschbar *wie* fest ist, die Hypostase aber nicht austauschbar. „Fest" ist das Prosopon in seinem *tpnk'*, seinem Prototyp. Die Vokabel ist ein persisches Lehnwort und meint dort „forma fundendi aurifabri"[519], also Gußform. Hier in Babais Beispiel meint sie die goldene Prägeform, mit dem Bild des Königs, diese kann ihren Abdruck in Wachs oder Ton finden. Babai[520] hält dies für „ein besonders gelungenes Beispiel für die Mitteilbarkeit *und* Einheit von Prosopon bei zwei total verschiedenen Hypostasen". „Wenn irgend etwas, dann ist dies Beispiel der böswilligen Mißdeutung fähig, weil man ja Münze und Abbild einzeln in die Hand nehmen kann. Aber das ist nicht das tertium quid. Babai weiß sehr wohl, wo die Grenze des Vergleichs liegt: zwischen den beiden christologischen Hypostasen gibt es nicht die (beliebige räumliche) Entfernung[521]. Es ist unverkennbar, daß Babai die Kostbarkeit des Goldes gerade als angemessenes Bild für die Herrlichkeit der göttlichen Natur erscheint, und (das Wachs oder) der Ton des Abdrucks soll gewiß den aus Erde geschaffenen Menschen assoziieren. Von der ... Goldmünze sagt Babai ausdrücklich, darunter habe man die Gottheit des Sohnes, d.h. die Hypostase des Gott Logos zu verstehen"[522]. Der Abdruck kann so vollständig sein, „daß das höchste Bild des Königs mit allen Ehren

516 Vaschalde, Versio, p. 132,31–133,1.
517 Vaschalde, Versio, p. 133,7–15.
518 Vaschalde, Versio, p. 133,16–134,4.
519 Siehe *C. Brockelmann*, Lexicon syriacum (Berlin 1895) s.v.; *R. Payne Smith*, Thesaurus Syriacus II (Oxford 1883), 3113–3114. (T. H.)
520 Zum Folgenden bis zum Ende des Abschnitts siehe *Abramowski*, Babai II, p. 307–308.
521 Vaschalde, Versio, p. 134,14.
522 Vaschalde, Versio, p. 133,22.

darin wieder sichtbar wird, ohne daß Gold oder Ton ihre Natur verlieren und ohne daß die Goldmünze ihre Prägung verliert – und das Prosopon des Königs ist doch eins: ‚eigentlich' und ‚fest' gehört es in seiner ganzen Schönheit zur Hypostase des Goldes, ‚assumptive' und ‚personaliter' auch zur Hypostase des Tons. (Das Adverb ‚unitive' fehlt ganz korrekt im Gleichnis, es erscheint erst wieder in der direkten christologischen Aussage selber). Der innere theologische Ertrag des Beispiels ist nicht unbeträchtlich: man hat den ganzen Herrn auch in der *menschlichen* Natur seiner irdischen Erscheinung, weil diese ihre Prägung von der göttlichen Natur erhalten hat".

Der Vergleich gibt Babai Anlaß zu grundsätzlichen Erwägungen[523] über das Ungenügen von Beispielen einerseits und die Unaussagbarkeit des modus unionis andererseits. „Exemplum *(tḥwyt')* autem est hoc, quia nullam habemus similitudinem *(dwmy') exactam* qua modum unionis huius adorandae demonstrare possimus; nam si similitudinem haberemus, quid nobis opus esset exemplum proferre?" „Nos quidem didicimus et credidimus et tenemus factam esse unionem duarum naturarum, id est, duarum hypostaseon" (es folgen die bekannten Näherbestimmungen), „modus autem (unionis) est inscrutabilis et ineffabilis. Nam quomodo infinitus sit in finito, et aeternus cum temporaneo, et ille, quem nemo vidit nec videre possit … ad hanc humiliationem stupendam venerit ut sit, per unam coniunctionem et unionem modi peculiaris, unus Filius cum humanitate sua quae est natura passibilis et creata et facta … quis est qui hoc sicuti est cognoscat?" Daß Mensch und Gott ein Prosopon sind, kann niemand begreifen. – Die Union von Gott und Mensch in Christus ist also ein Vorgegebenes, die Voraussetzung alles Nachdenkens darüber. Und wenn man darüber nachdenkt, wird sie zum unergründlichen Wunder. Das kann eigentlich nur bedeuten (auch wenn Babai keine Reflexionen darüber anstellt), daß der modus unionis noch jenseits der termini technici συνάφεια und ἀσύγχυτος ἕνωσις zu suchen wäre. –

Schließlich kehrt Babai wieder zum Unterschied von Hypostasis und Prosopon zurück[524]: „quomodo *prosopon* humanitatis unitive *sumpta sit* a Deo, qui in ea est, et *hypostasis* eius *sumpta non sit*". Auch hierfür gibt Babai ein Beispiel[525] aus der Physik. Man denke sich die menschliche Hypostase vor einem Spiegel: dieser nimmt *prosopikōs* die gesamte (äußere) Erscheinung des Menschen auf, die Hypostase jedoch wird mit dem Prosopon nicht aufgenommen. – An diesem Vergleich lassen sich ablesen: das Element der Sichtbarkeit, das so charakteristisch für prosopon ist (sofern es sich um ein irdisches, geschaffenes handelt), und das Element des Konkreten, der Realität, das zum

523 Vaschalde, Versio, p. 134,18–135,13.
524 Vaschalde, Versio, p. 136,4–6.
525 Vaschalde, Textus, p. 168,17–18: zwei Adverbien, abgeleitet von *tḥwyt'* und *dwmy'*, die hier synonym gebraucht werden, wogegen weiter oben Babai zwischen den nomina unterscheidet.

Begriff der Hypostase gehört. – „Die Hypostase wird fest in ihrer Natur bewahrt“[526]. „Dies Prosopon des Menschen, das in *ihm* fest ist, ist im Spiegel ganz und gar ‚assumptive‘“[527]. Babai hält das für einen wunderbaren und passenden Vergleich[528]: Der Glanz des Spiegels wird verdeckt durch den Anblick der menschlichen Gestalt, „et nihil additum fuit naturae speculi ex persona quam sumpsit, et persona fixa hominis, quae sumpta est, nihil amiserit de natura sua et hypostasi sua; sed persona sua unitur et consociatur qualis se habet stabiliter“ dem Glanz des Spiegels „in una persona utriusque“. Das ist christologisch unmittelbar übertragbar[529].

Ein weiterer Vergleich[530] bemüht wieder die Konstitution des Menschen: Wie die Seele in ihrer Eigentümlichkeit von körperlichen Wesen ohne die Einheit mit ihrem Leib nicht erkannt werden kann, so wurde auch die Gottheit Christi der Hypostase nach nicht von den Geschaffenen erkannt, „es sei denn in dieser anbetungswürdigen Oikonomia des einen prosopon Christi, des Sohnes Gottes“.

Es sei (mit diesen Vergleichen) demonstriert worden, sagt Babai[531], „daß ein prosopon für zwei Hypostasen ‚werde‘“; unmöglich aber sei, daß zwei „natürliche und hypostatische prosopa zu einer Hypostase ‚würden‘“.

Im Schlußabschnitt des Kapitels wird wiederholend darauf insistiert[532], daß vom Augenblick der Union an weder die Gottheit ohne die Menschheit Sohn ist, noch die Menschheit für sich, als „bloßer Mensch“, Christus ist; sondern in diesem einen Prosopon „geben und nehmen sie einander“ und: „es wurde dieser jener und jener dieser“, *prosopikōs* nämlich, indem sie in ihren Hypostasen dieser und jener blieben. Als Zusammenfassung wird Hebr 13,8 zitiert; das ὁ αὐτός dieser Bibelstelle ist, wie das so oft zitierte καὶ εἰς τοὺς αἰῶνας das Fundament von Babais Christologie.

e) Das V. Buch (V 18 und V 19)

Die beiden Kapitel 18 und 19 (= Buch V) nehmen die Widerfahrnisse Jesu wieder auf (nachdem zuletzt IV 15 seine Taufe besprochen hatte): Kreuzigung (c. 18), Auferstehung und Himmelfahrt (c. 19).

V 18 (Versio, p. 140–146): „De crucifixione Christi; et quod non dicimus eum crucifixum esse et mortuum esse ut hominem simplicem, quasi divinitas

---

526 Vaschalde, Versio, p. 136,23–24.
527 Vaschalde, Versio, p. 136,28–29.
528 Vgl. Vaschalde, Versio, p. 136,29–37.
529 Vaschalde, Versio, p. 136,37–137,6.
530 Vaschalde, Versio, p. 137,15–38.
531 Vaschalde, Versio, p. 138,9–12. Wie ist hier *hw'* zu verstehen? Vaschalde übersetzt mit „sit“ und „sint“, wo ich „werde“ und „würden“ geschrieben habe.
532 „Wir wollen also unsere Rede wiederholen wegen des Zanks der Streitsüchtigen“, Vaschalde, Versio, p. 139,5–20.

eius separata fuerit ab humanitate eius quae unita fuit ab utero, quamvis divinitas eius, cum eo unita et in eo habitans, non passa sit".

„Wenn wir auch sagen, daß der vereinte Mensch unseres Herrn gekreuzigt wurde und nicht seine Gottheit", so bedeutet das nicht, daß seine Gottheit von ihm „fern" war[533]. Trotz des Verlassenheitsrufes des Gekreuzigten sagen wir nicht, daß er von dem in ihm Wohnenden durch fortgehen verlassen wurde oder daß die Union aufgelöst wurde, sondern dadurch, daß er ihn leiden „ließ" (*šbq*, das gleiche Verb wie bei „verlassen")[534] wegen des Ziels der Oikonomia; und das ist die Bezahlung der Schuld des Vaters Adam in der Übertretung der Gebote. Der Mensch des Herrn war nicht des Todes schuldig „aus dem prosopon der Sünde", wie sie von Adam auf seine Nachkommenschaft überging, sondern „er wurde für uns zur Sünde gemacht" (2 Kor 5,21)[535].

Auch in diesem Kapitel gibt es eine Abhandlung über die Namen Christi[536]; nachdem Babai erklärt hat, daß Sohn „eigentlich" für seine Gottheit steht und Christus „eigentlich" für seine Menschheit und daß deswegen „Christus der Sohn Gottes" aus dem Petrusbekenntnis für das prosopon unionis steht, bespricht er ntl Stellen, die diesen Bestimmungen zu widersprechen scheinen und deswegen interpretationsbedürftig sind. So Röm 1,3[537] „De Filio suo qui natus est ex semine domus David" – hier fühlt sich Babai verpflichtet, dem Paulus dogmatische Korrektheit zu bescheinigen, indem er sagt: „in dieser Hinsicht[538] wußte der selige Paulus, daß er ihm (sc. Gott) geboren wurde in[539] erhabener Geburt durch seine göttliche Natur, die nicht aus dem Samen des Hauses Davids ist". Vergleichbar[540] sei Röm 9,5 („Christus unser Gott"), – das ist aber nur als Gegenbeispiel vergleichbar.

Von *Christus*[541] sagen wir, er sei gekreuzigt, gestorben und auferstanden, nicht von Gott. Wir sagen sehr wohl, der Sohn Gottes sei für uns dahingegeben, und dies aus dem prosopon unionis, nicht aber daß seine Gottheit gelitten hat und gestorben ist; diese hat nämlich ihren „vereinten Tempel" auferweckt und vollendet.

Aber der Gott Logos ist im leidenden Christus gegenwärtig[542], und um gewissermaßen die Göttlichkeit dieser Gegenwart zu betonen, zieht Babai

---

533 Vaschalde, Versio, p. 140,6–11.

534 Vaschalde, Versio, p. 140,16; Textus, p. 173,24.

535 Unter den ntl Zitaten, die diese Heilsordnung beschreiben, ist auch Joh 12,32, Vaschalde, Versio, p. 140,25–26, mit Babais Erläuterung: „Ego, cum exaltatus fuero a terra, *per victoriam crucis*, omnes traham ad me ipsum".

536 Beginnend Vaschalde, Versio, p. 140,32. Auf p. 141 übersetzt Vaschalde mehrfach „nomine unionis" statt „e prosopo unionis".

537 Vaschalde, Versio, p. 141,8–11.

538 Man kann hier nicht *bhy d* mit dem üblichen „quia" übersetzen wie Vaschalde.

539 Ich übernehme Vaschaldes Verbesserungsvorschlag Textus, p. 174, Anm. 1.

540 Vaschalde, Versio, p. 141,11–12.

541 Vaschalde, Versio, p. 142,1–13.

542 Vaschalde, Versio, p. 143,16–144,2.

das Adverb „grenzenlos", „unendlich" heran. Diese Eigenschaft der göttlichen Natur muß auch in der christologischen Union gelten, – weiter läßt sich das Unbegreifliche dieser Einheit nicht treiben. „Sive dum ille patiebatur iuxta naturam suam passibilem et carnalem, sive dum in cruce pendebat, replebatur *infinite* a divinitate quae in eo erat". So auch bei der Abnahme des Leichnams vom Kreuz und bei der Grablegung, „divinitas eius erat in eo infinite et unitive". Der Logos blieb in ihm auch, als ihn seine Seele verließ. Im Auferstandenen und gen Himmel Fahrenden war er „unendlich", es war dieselbe Gottheit, die Himmel und Erde erfüllt wie Vater und Geist. Und bei seiner Wiederkunft wird seine Gottheit in ihm sein „unitive und unendlich".

Es gilt aber während dieser immerwährenden Anwesenheit des Göttlichen in Christus, daß es nicht Gott war[543], „der in allem versucht wurde wie wir", nicht Gott wird durch die leiblichen Wunden verletzt, noch wird der Gott Logos vom Engel getröstet, noch bringt er Bittgebete dar, er neigt nicht sein Haupt im Sterben. Gott wurde nicht ans Kreuz geschlagen, denn er ist Geist, unendlich, unsichtbar, unberührbar. Hätte der Gott Logos gelitten, wäre er nicht Gott von Natur, sondern nur dem Namen nach. Wenn er sich[544] zu einem Leib von Natur gemacht hätte, wäre er nicht seiner Natur nach Gott. Aus der Unvereinbarkeit von göttlicher Natur und ihrer Unveränderlichkeit mit diesen menschlichen Widerfahrnissen, ergibt sich, daß die Menschheit des Gott Logos all das ertrug, was von der anbetungswürdigen Oikonomia berichtet wird. Das wird begründet mit einem Mosaik aus Bestandteilen[545] von Hebr 2,10; 1,2; 1,3b, wobei glossierend eingefügt wird, auf welche der beiden Naturen sich jene Worte beziehen. „Deus[546] enim Verbum non habet sanguinem de carne, aut nutritorem carnis[547], agri passionum ... nam spiritus est". „Weil[548] er für die Geschöpfe unsichtbar ist, nahm er zur Offenbarung den Menschen aus unserm Geschlecht an, der das Band der ganzen Schöpfung ist, damit er in ihm alles erneuern und Vater werde der neuen Welt". „Er machte[549] ihn zum vernünftigen *(mlyl')* Tempel, damit er in ihm offenbart werde und mit uns rede *(mll)*" – das Reden des Gottessohnes mit uns ist der Leitgedanke im Anfang des Hebräerbriefs. – Der Tempel wird verehrt wegen dessen, der in ihm wohnt.

Hier erinnert sich Babai daran, daß dies Kapitel von der Kreuzigung handelt, darum bezieht er auch das Kreuz in die Begründungskette ein: „Wir beten an und verehren das Zeichen des Kreuzes, weil wir dadurch von der Sünde,

---

543 Vaschalde, Versio, p. 144,3–146,1.

544 Ich nehme *lyth* als Reflexivpronomen (Vaschalde „substantiam suam"), ebenso das parallele *lqnwmh* (Vaschalde „hypostasim suam").

545 Vaschalde, Versio, p. 145,12–16.

546 Vaschalde, Versio, p. 145,23–25.

547 Damit sind die Eingeweide des Ernährungstrakts gemeint.

548 Vaschalde, Versio, p. 145,28–30.

549 Vaschalde, Versio, p. 145,32–32.35–36; „vernünftiger Tempel" schon oben Z. 10.

dem Tod und dem Teufel erlöst sind". Wir beten es an „propter illum super eam crucifixum, et crucifixum adoramus propter Deum Verbum qui in eo unitive et infinite habitat", und dem er alles, außer seiner Natur gegeben hat, d. h. den Namen der Sohnschaft, Macht etc., „in der einen synapheia des einen Prosopon Christi, des Sohnes Gottes" etc.

V 19 (Versio, p. 146–161) „Über die Auferstehung unseres Herrn Christus, in welcher Weise er gesehen wurde, zugleich auch über seine Himmelfahrt".[550]

Zu Beginn des Kapitels werden vier falsche Meinungen über den Auferstehungsleib vorgestellt:[551]

1) Es sei nur die Ähnlichkeit seines Leibes gewesen, es sei sein σχῆμα zu sehen gewesen;
2) er sei in Gestalt einer Kugel auferstanden;
3) es seien nur die Gebeine (also sein Skelett) auferstanden;
4) Christus habe nicht den Leib, den er im Tode auszog, angezogen, sondern einen anderen.

Von diesen Auffassungen ist es vor allem die vom kugelförmigen Auferstehungsleib, also Nr. 2, der die ausführliche Polemik dieses Kapitels gilt und dessen Länge erklärt. „La véhémence des critiques de Babai donne à penser qu'il combat des erreurs bien vivantes"[552]. Die merkwürdige Theorie war schon von griechischen Origenisten des 6. Jhs. vertreten worden, wie die Anathemata von 543 (anath. V) und 553 (anath. X) belegen; sie läßt sich aber weder direkt aus Origenes noch aus Euagrius ableiten[553].

Die Polemik Babais in diesem Kapitel erweckt den Eindruck, als wären die Ḥenanianer (nur sie werden genannt und nicht Ḥenana selber) Vertreter des sphärischen Auferstehungsleibes und *daher* auch Origenisten (oder umgekehrt). *Dreimal* werden die Ḥenaniani polemisch erwähnt, aber nur die erste und die dritte von diesen Passagen bringen inhaltlich Relevantes. „Ecce dixit (Paulus) eum vivificaturum corpus, non sphaeram, o Origenistae et Ḥananiani maledicti"[554], und zehn Seiten später: „Aber siehe, bis jetzt leugnen alle jene frevlerischen Ḥenanianer, die bis heute sich zum Verderben geblüht haben, nicht nur die Auferstehung des Leibes des Herrn, sondern die der Leiber aller Menschen".[555]

---

550 Zu diesem Kapitel siehe *Abramowski*, Babai II, p. 289–297.

551 Vaschalde, Versio, p. 146 untere Hälfte.

552 *Guillaumont*, Les ‚Kephalaia gnostica', p. 195. Cf. Vaschalde, Versio, p. 149,26–27: „O infidelitatem! quae tam late *hodie* se extendit ratione peccatorum nostrorum …".

553 *Abramowski*, Babai II, p. 291; dort auch Erwägungen über das neuplatonische Seelenvehikel, das ὄχημα.

554 Vaschalde, Versio, p. 148,12–13. Ḥenanianer auch p. 152,1.

555 Vaschalde, Versio, p. 158,12–16.

Sind also die Ḥenanianer Vertreter der Theorie vom sphärischen Auferstehungsleib? Das zweite der angeführten Zitate sagt nichts davon, sondern läßt sie eher als Vertreter der vierten Auffassung erscheinen: sie leugnen die Auferstehung nicht nur des Herrenleibes, sondern auch die der Leiber aller Menschen. Babai teilt Einzelheiten mit, die diesen Eindruck bestätigen (durch *lm* als Zitate gekennzeichnet)[556]: „Es geschieht allein Erlösung der Seelen", „d. h. ihre Erlösung ist, daß sie aus dem Gefängnis des Leibes befreit werden, in dem sie eingeschlossen sind". Diese[557] Gottlosen verführen die Jugend zum Irrtum, indem sie sagen: „Wozu dienen Hände, wenn es keine Arbeit gibt". Und: „Wozu dient der Mund, wenn wir nicht essen, und der Rest der Glieder".

Wenn die Ḥenana-Schule von Kugelgestalt geredet hätte, hätte Babai sich die Gelegenheit nicht entgehen lassen, ein entsprechendes Zitat zu bringen. Es ergibt sich also, daß die Zusammenstellung der Ḥenanianer mit den Origenisten wegen dieses Topos eine polemische Unterstellung ist. *Weder Ḥenana noch seine Anhänger können zu den Vertretern der Vorstellung vom sphärischen Auferstehungsleib gerechnet werden*[558]. Das ändert nichts daran, daß die Theorie eine gefährliche Anziehungskraft im monastischen Milieu ausübte, wie Babais Aufwand zu ihrer Widerlegung bezeugt.

Babai[559] bekämpft die ihm anstößige Auffassung mit seiner schon in c. III 10 „verwendeten Definition des menschlichen Leibes, auch des Leibes Christi, als eines gegliederten. Auch der Auferstehungsleib sei selbstverständlich gegliedert. Autorität für diese Definition des menschlichen Leibes ist Paulus mit 1 Kor 12. Zur weiteren Klärung bedient sich Babai der syrischen Synonyme für ‚corpus' und unterscheidet sie als ‚Leib' *(pagrā)* und ‚Körper' *(gušmā)*. Vaschalde behilft sich, indem er *gušmā* mit ‚materiale' übersetzt. Das Gegliedertsein ist das Mehr des Leibes gegenüber dem (bloß Raum verdrängenden physikalischen) Körper[560]: ‚Alles was Leib ist, ist auch Körper; aber nicht jeder Körper ist Leib; es wird auch nicht Leib genannt, was keine Glieder hat, denn siehe, Steine und Hölzer und Heu und Staub heißen niemals Leib'. Die Stellen bei Paulus über die Auferstehung, die Babai hierauf zitiert, reden jedenfalls alle von *pagrā*, ‚Leib', sei es von unserem oder vom Leib Christi, es muß sich also immer um einen gegliederten Leib handeln".

„Die[561] Diskussion über die Gestalt des Auferstehungsleibes ist ein Ableger der Debatte über die Identität von irdischem Leib und Auferstehungsleib, wobei sich Vertreter wie Leugner der Identität auf die gleichen paulinischen

---

556 Vaschalde, Versio, p. 158,16–18, siehe Vaschaldes Anführungszeichen.
557 Vaschalde, Versio, p. 158,22–24; trotz des *lm* hat Vaschalde hier leider keine Anführungszeichen gesetzt.
558 Damit korrigiere ich, was ich noch in Babai II, p. 289 und 291 im Gefolge meiner Vorgänger geschrieben habe.
559 Das Folgende bis zum Ende des Abschnitts nach *Abramowski*, Babai II, p. 289–290.
560 Vaschalde, Versio, p. 147,17–20.
561 Das Folgende bis zum Ende des Abschnitts nach *Abramowski*, Babai II, p. 292–293.

Texte, 1 Kor 15, beriefen. Für Babai ist es natürlich *derselbe* Leib, der aufersteht; unter den Irrtümern über den Auferstehungsleib, die er zu Beginn des 19. Kap. aufzählt, ist die These vom ‚anderen' Leib die vierte. Alles was bei Paulus über die Unterschiede zwischen dem irdischen Leib und dem auferstehenden Leib gesagt wird, ist auf *denselben* Leib zu beziehen ... Aus 1Kor 15,51 f. liest er Folgendes heraus: ‚Und siehe, der ganze Mensch wird verwandelt, in seinem Leib und in seiner Seele, indem er aufgerichtet[562] und gesegnet wird', – womit Babai die Verwandlung in Analogie zur Erschaffung des ersten Menschen bringt, sie ist Neuschöpfung. Die Verse 53 und 42–44 besagen[563]: ‚Und siehe, ebenderselbe Leib, der gesät wird, nachdem er sterblich wandelte und *durch seine Seele* dieses zeitliche und leidende Leben lebte, derselbe lebt unsterblich *durch die Kraft des heiligen Geistes* und bleibt unsterblich'" – das bezieht sich auf den Auferstehungsleib von Christen. „Also: derselbe Leib vor und nach der Auferstehung, aber es ist ein jeweils ganz anderes Leben, weil es aus zwei verschiedenen Quellen fließt. Es ist derselbe Leib, aber ‚er wird *in seiner Natur erneuert* zur Unsterblichkeit'[564]. Dieser Leib ist ‚unsterblich und unvergänglich und leidensunfähig, und ihm mangelt nichts'".[565]

„Auf[566] der Basis der Identität von irdischem und Auferstehungsleib leistet es sich Babai, der paulinischen Unvergänglichkeit der durch die Auferstehung erneuerten menschlichen Natur Christi die körperlichen Einzelheiten aus den Auferstehungsgeschichten der Evangelien strikt unterzuordnen ... indem er sie zu Wundern erklärt, die eigens für den betreffenden Augenblick herbeigeführt werden. Wie seine Gegner steht Babai also unter dem spiritualisierenden Einfluß von 1 Kor 15; da wo es theologisch irrelevant ist, hat er keine Hemmungen, etwas an der äußeren Erscheinung des Auferstandenen für bloßen Schein zu erklären, seine Gewänder nämlich". Die Wunder Jesu vor und nach der Auferstehung unterscheiden sich: „Wie es vor der Auferstehung drei Wunder gab, die weit erhaben über die menschliche Natur des Herrn waren und die Kraft der Gottheit zeigen sollten, die in ihr ‚unitive' und in einer synapheia wohnt (das sind Jungfrauengeburt, Wandel auf dem Wasser, Verklärungsgeschichte), so tat unser Herr nach der Auferstehung Wunder, die geringer waren als der nunmehr mangellose, unsterbliche, leidensunfähige Leib" (der Eintritt zu den Jüngern durch die verschlossenen Türen gehört nicht zu dieser Kategorie); „ihre Funktion war, die Zweifelnden darin zu bestärken,

---

[562] Vaschalde „integer"; siehe aber *Abramowski*, Babai II, p. 293, Anm. 2: „Babai spielt aber, was gar nicht leicht zu erkennen ist, mit diesen Worten auf die Schöpfungsgeschichte an; zu ‚aufgerichtet' vergleiche man die Darstellung im 10. Kap." (siehe *Abramowski*, Babai I, p. 242; Versio, p. 90,14–15); „‚gesegnet' stammt aus Gen 1,28".

[563] Vaschalde, Versio, p. 147,35–148,3.

[564] Vaschalde, Versio, p. 148,18–19.

[565] Vaschalde, Versio, p. 152,26–27.

[566] Von hier bis Ende des Abschnitts cf. *Abramowski*, Babai II, p. 293–294.

daß es derselbe Leib war, der wie verheißen aus dem Grabe auferstand[567]. Entsprechend den drei Wundern, die auf die Gottheit Christi hinweisen sollen, sind es auch drei Wunder, die die Leiblichkeit des Auferstandenen anzeigen[568]. Die erneuerte Auferstehungsleiblichkeit wird in diesen Geschichten zum Nutzen der Jünger also als eine irdischere dargeboten als sie wirklich ist: obwohl sie leidensunfähig ist, kann sie die Wundmale vorweisen, obwohl sie bedürfnislos ist, nimmt sie Speisen zu sich – dies ist es, was Babai sagen will".

An Babais Erläuterung[569] der Wundmale (die produziert wurden in dem Augenblick, da der Auferstandene „Hände und Füße seinen Jüngern vorwies", die trotzdem aber echt waren) tritt die Betonung der Unvergänglichkeit des Auferstehungsleibes mit der Betonung der Leiblichkeit in Konkurrenz. „Nachdem die Jünger durch Anschauen und Betasten Christi zum Glauben gebracht worden waren, wurden die Wunden wieder der unsterblichen, unvergänglichen Natur ... angeglichen", sie verschwinden.

Kombiniert[570] mit der „Erläuterung des Wundercharakters der Wundmale ist ein Vergleich mit der Verklärungsgeschichte, der zweifach ausgewertet wird. Dort[571] auf dem Berg sollte der verklärte Leib den Jüngern die Tatsache seiner Vereinigung mit der göttlichen Natur erweisen, ihnen auch die Herrlichkeit des zukünftigen Auferstehungsleibes vor Augen führen, und wie dann dieses unaussprechliche Licht wieder bedeckt wurde, so geschah es auch nach der Auferstehung. Wie damals verbarg er den Glanz mit der ‚fleischlichen Farbe der Sterblichkeit'[572] bis zur Himmelfahrt". In der Wiederholung des Arguments „verschiebt sich der Akzent: Wirklichkeit der Herrlichkeit auf dem Verklärungsberg, Wirklichkeit des vorgezeigten Fleisches nach der Auferstehung".

Anders[573] als mit den Wundmalen und mit dem Essen des Auferstandenen verhält es sich mit seiner Bekleidung: „Jesus erschien den Jüngern in Gestalt eines Bekleideten, obwohl es *in Wahrheit keine* Kleider waren; denn die Leintücher, in die sein Leib gewickelt worden war, blieben im Grabe" (siehe Joh 20,6–7 → Lk 24,12!), „und die Kleider, die Jesus vor der Kreuzigung anhatte, hatten ja die Soldaten unter sich geteilt. Die Kleidung war nur nötig, um für die Jünger das vertraute Erscheinungsbild herzustellen. Aber über die Kleidung hatten die Jünger keine Zweifel, sonst wäre sie ihnen ‚wahrhaftig' gezeigt worden, wie er ihnen Brot und Feuer und Fisch" (Joh 21,9) „‚wahrhaftig' zeigte, obwohl ihr Wie und Woher unbekannt ist. Jesus mußte den Jüngern die ‚Wahrheit' der Kleider nicht vorführen, da sie ja nicht die Auferstehung der

567 Vaschalde, Versio, p. 152,18 ff.
568 Vaschalde, Versio, p. 154,19.
569 Bis zum Ende des Abschnitts cf. *Abramowski*, Babai II, p. 295.
570 Zum Folgenden bis zum Ende des Abschnitts siehe *Abramowski*, Babai II, p. 295–296.
571 Vaschalde, Versio, p. 155,6–21.
572 Vaschalde, Versio, p. 155,34.
573 Zum Folgenden bis zum Ende des Abschnitts siehe *Abramowski*, Babai II, p. 296–297 zu Vaschalde, Versio, p. 156,35–157,33.

Gewänder predigen sollten! Der Auferstehung des Leibes mußte er sie freilich vergewissern, da sie an ihr zweifelten und doch darüber predigen sollten".

Am Schluss des Kapitels finden wir wieder einmal die Prädikation „Christus, unser Gott"[574].

f) Das VI. Buch (VI 20 und VI 2)

Das VI. Buch enthält die Kapitel 20 und 21 über „Namen".

VI 20 (Versio, p. 161–184) „Über die Namen Christi, des Sohnes Gottes ..." für seine Gottheit und für seine Menschheit „und was jeder von ihnen uns anzeigt".

Das Kapitel ist von beträchtlicher Länge, weil Babai zwei Listen dieser Namen, die er eingangs zusammenstellt, der Reihe nach abarbeitet. Dabei wird deutlich (was übrigens nicht nur für dies Kapitel gilt), daß es sich bei den „Namen seiner Menschheit" um die „(nomina) naturae eius humanae *in unione*" handelt[575], d. h. die christologische Union wird bei allen Aussagen über die menschliche Natur Christi *immer* vorausgesetzt. Die Listen enthalten nur Bezeichnungen, die biblischen Texten entnommen sind.

Die Einleitung nimmt die Christusprädikate vom Ende des vorigen Kapitels auf[576]: „Haupt unseres Lebens, unser Gott" (die übrigens in dieser Form nicht Bestandteil der Listen sind).

Bemerkenswert ist, wie in dieser Einleitung das für Babai so wichtige Adverb „unitive" auf die Gottheit angewendet wird[577]: Die Gegner reden von hypostatischer Union in Christus, „so daß Gott (in ihr) nicht unitive Gott und Mensch nicht unitive Mensch ist in einer synapheia im einen prosopon des einen Herrn Jesus Christus".

Die Namenslisten (die hier nicht abgedruckt werden) sind verschieden lang; ich zähle zwölf Namen für die göttliche Natur Christi und achtundzwanzig für die menschliche, die erste beginnt mit „Filius", die zweite mit „Jesus". Die Bezeichnungen „Filius", „dominus", „imago" und „sanctus" kommen in beiden Listen vor, doch in der zweiten Liste ist „Filius" spezifiziert: „Filius hominis", „Filius Altissimi", „Filius David", und verblüffend: „imago dei invisibilis" (Kol 1,15) steht in der zweiten Liste. Aus den Erläuterungen Babais wähle ich im Folgenden nur Einzelnes aus, so daß nicht alle besprochenen Namen erscheinen werden.

---

[574] Vaschalde, Versio, p. 161,4–5; wie so oft geht „caput vitae nostrae" voran.
[575] Vaschalde, Versio, p. 168,23.
[576] Vaschalde, Versio, p. 161,23–24.
[577] Vaschalde, Versio, p. 162,3–5.

In der Einleitung zum Abschnitt über „Verbum“ (zweiter Name der ersten Liste) finden wir[578], wie schon oben, „prosopon“ im trinitarischen Gebrauch (so auch noch später im Kapitel); ich erinnere daran, daß dies für die Adressaten des Buches eine Änderung des seit langem geltenden Sprachgebrauchs war. – Den Sohn als „Logos“ im Verhältnis zum Vater will Babai durch den (menschlichen) logos erklären[579], er wählt dafür die Bedeutung „Vernunft“: Wenn man „Seele“ sage, lasse man zugleich deren Vernünftigkeit *(mlylwt')* erkennen, und mit „Vernunft“ *(mlt')* benenne man zugleich die Seele, denn die Seele ist nicht ohne Vernunft und die Vernunft nicht ohne Seele. „Hier“[580] (abrupter Anschluß, das „wo“ ergibt sich erst: der Joh-Prolog) dient die Bezeichnung „Logos“, „die vom himmlischen Donnersohn“ (stammt), nicht zur Kenntlichmachung des Sohnes als Hypostase, sondern seiner Anfangslosigkeit, Zeitlosigkeit, zum Ausschluß der Vorstellung von Abgeschnittenheit (vom Vater) und vom Ausgeflossensein (aus dem Vater) – dies meine Paraphrase; muß selbst das tertium quid im anthropologischen Vergleich gedanklich ergänzen. – Hier schaltet Babai eine allgemeinere Erwägung ein[581]: es reicht nicht *einer* der vielen Namen etc. aus, um die wunderbare Geburt des Sohnes aus seinem Hervorbringer anzuzeigen etc. „den Gläubigen und Gefangenen unter Sinnen und Vokabeln“ etc., weil jeder dieser Namen „ein etwas“[582] bedeutet, (anzuzeigen) auch den übrigen vernünftigen und unkörperlichen Geschöpfen, die nach dem Wort des Apostels (cf. Eph 3,10) ebenso der lebendigmachenden Lehre durch Erkenntnis bedürfen. – In dieser Passage arbeitet Babai mit größter Wortfülle; wo ich „etc.“ gesetzt habe, hat er zweimal sieben Synonyme, einmal drei. Syntaktische Abbreviaturen und rhetorischer Überschwang wechseln sich auf dem Raum einer Druckseite ab, der Verfasser ist sich seiner stilistischen Mittel sicher.

Der Logos heißt auch „Gott“[583], weil er wirklich Gott der Hypostase nach ist, wie der Vater und der Geist. Der Evangelist sagt mit Betonung (in Joh 1,1): „und *Gott* war der Logos“, damit wir nicht aus der Vokabel „Logos“ falsche Schlüsse ziehen und ihn für eine bloße Kraft oder Energie ohne Hypostase halten. Beim Vater war er im Anfang als Hypostae bei dessen Hypostase.

Im kurzen Abschnitt über den Titel „Herr“[584] gibt es eine Variante der kappadokischen Formel, mit der die Einheit des dreifaltigen Gottes ausgesagt werden soll: „Dominus, dominus, dominus: unus Dominus in una natura“.

578 Vaschalde, Versio, p. 163.
579 Vaschalde, Versio, p. 163,12–29.
580 Vaschalde, Versio, p. 163,26.
581 Vaschalde, Versio, p. 163,29–164,4.
582 Dem griechischen ἕν τι nachgebildet; Vaschalde sachgemäß „quid singulare“.
583 Vaschalde, Versio, p. 164. – Die Abschnitte über die Namen sind so deutlich erkennbar, daß ich auf Zeilenangaben verzichte.
584 Vaschalde, Versio, p. 164–165.

Hypostasen in einem ewigen Wesen, sind sie „unterschieden unitive (!) in der Eigentümlichkeit ihrer Prosopa".

Als „Licht vom wahren Licht"[585] erleuchtet der Eingeborene „alle logika und Intelligenzen". „Wie es unter dem sinnlich Wahrnehmbaren dies sinnlich wahrnehmbare Licht (sc. die Sonne) gibt, so gibt es unter den Intelligenzen jenes intelligible Licht". Es ist die Quelle aller Weisheit, durch es und in ihm werden uns alle verborgenen mysteria erklärt, und in ihm und durch es erkennen wir den Vater; ihm verdanken wir die Kenntnis von der Trinität.

Der „Abglanz", „splendor" (von Hebr 1,3)[586] ist ebensowenig wie der Logos nur eine Kraft oder Energie ohne Hypostase, deswegen fährt der biblische Text fort mit „Abbild seines *Wesens*".

„Imago" in dieser Liste ist das *ṣlm'* von Hebr 1,3 (NT gr. χαρακτήρ)[587]; das sei keine bloße „imago explicativa" (Vaschalde: „repraesentativa"), auch nicht die imago von Kol 1,15, die Babai ohnehin auf die Menschheit bezieht[588] (was er unten in der zweiten Liste erklären wird). Der Verfasser des Briefes meine mit imago die Hypostase des mit dem Vater gleichwesentlichen Sohnes. Auch wenn Adam als Bild Gottes bezeichnet wird, ist er nicht nur Ähnlichkeit, sondern „subsistierende Hypostase"[589]; analog auch hier (in Hebr 1,3): „imago substantiae et hypostaseos eius", wie Babai in Kombination von *d'ytwt'* der Peš., und ὑποστάσεως des NT gr. schreibt.

„Forma Dei"[590]: Paulus sagt nicht (in Phil 2) „dieser, der forma *wurde*", sondern: „er, der *ist*", was ihn als Hypostase von Ewigkeit wie den Vater bezeichnet. Es sei nicht eine Zeichnung oder eine materielle Ausprägung gemeint, wie die Audianer behaupten, denn der Gott Logos sei Geist.

In der Einleitung zur zweiten Namensliste[591] (über die „Namen der Oikonomia unseres Herrn im Leib") unterscheidet Babai drei Gruppen:

a) „nomina naturae eius humanae in unione",
b) solche „ex persona ipsius unionis",
c) solche „propter actiones et similitudines etc.".

Die ganze Untersuchung gilt der Korrektur der theopaschitischen Christologie mit ihrer σύγχυσις der Naturen in der natürlichen und hypostatischen Union.

Babai beginnt mit „Christus" und „Jesus". „Jesus"[592] „denotat appellationem propriam hypostasis eius humanae *in unione*, quae hypostasis ex natura

---

585 Vaschalde, Versio, p. 165 Mitte.
586 Vaschalde, Versio, p. 165 unten.
587 Vaschalde, Versio, p. 166 untere Hälfte.
588 Vaschalde, Versio, p. 166,21–22 „quod dictum est de humanitate eius unitive" (Vaschalde „secundum unionem").
589 Über eine solche Bildung (ὑπόστασις ὑφεστῶς) siehe *Abramowski*, Babai II, p. 309–314.
590 Vaschalde, Versio, p. 167–168.
591 Vaschalde, Versio, p. 168 untere Hälfte.
592 Vaschalde, Versio, p. 168 unten bis 169.

beatae Virginis, sanctae Mariae, sumpta est …" (Es folgen die bekannten christologischen Aussagen, endend mit:) „et in aeternum". Am Ende des Abschnitts befaßt sich Babai ablehnend mit Ḥenanas Erklärung des Namens „Jesus", die ich oben im Kapitel über Ḥenana besprochen habe.

„Christus"[593] ist (wir haben es schon oft gehört) der Name der persona unionis und der oikonomia der beiden Naturen; im strengen Sinn meint er die vereinigte Menschheit; die Union der Naturen macht die Namen austauschbar.

„Erstgeborener"[594] heißt Christus in dreifacher Hinsicht: „Erstgeborener der Mutter" (Lk 2,7), „Erstgeborener der Auferstandenen" (Kol 1,18), „Erstgeborener aller Kreaturen" (Kol 1,15). – Kol 1,15 wird also im Sinn von Kol 1,18 interpretiert (das ist eine dogmatische – antiarianische – Korrektur)[595]: „Adhuc, appellatur primogenitus omnium creaturarum, *quia per eum renovata sunt*" – die Erneuerung geschieht ja bekanntlich durch die „Oikonomia im Leibe" –, „sicut in principio, omnia in caelo et in terra" (ergänze: „ab eo creata sunt").

„Homo" und „Filius hominis"[596] ist, wie mehrfach bemerkt, wörtlich zu nehmen[597]: „hypostasis completa in anima rationali et in corpore et in omnibus suis, quae unitive adhaeret Deo Verbo, id est, Filio aeterno, in una persona filiationis, quia illam ad personam suam sumpsit ut in eo revelatur" – man beachte den doppelten Gebrauch von prosopon in einem einzigen Satz. Der Gott Logos nahm „ad personam suam personaliter" den Namen der Menschheit an[598]. „Et[599] sicut una est persona unionis duarum naturarum, ita una est persona etiam nominum" – es ist also nicht die Namenseinheit die die Einheit des Prosopon konstituiert, sondern sie folgt aus der Einheit der Naturen; sich daran zu erinnern, ist nicht überflüssig.

„Sohn des Höchsten"[600] wird Christus „in unione" genannt. „Et unus est Filius Altissimi, assumens et assumptus, in una persona; et unus est Filius hominis secundum naturam et assumptionem personalem, non autem duo"[601]. Tatsächlich aber ist der Gott Logos seiner Natur nach „Sohn des Höchsten"; in der Union wird das auf die Menschheit übertragen. – D. h. auch dieser Titel wird wörtlich genommen; hätte er dann nicht in der ersten Liste der Namen aufgeführt werden müssen? – „Diese Rede *(mlt')* muß schön ausgearbeitet werden zur Zurechtweisung der Irregeleiteten", sagt Babai – und eine solche

---

593 Vaschalde, Versio, p. 169–170.
594 Vaschalde, Versio, p. 170.
595 Vaschalde, Versio, p. 170,31–33.
596 Vaschalde, Versio, p. 172.
597 Vaschalde, Versio, p. 172,3–7.
598 Vaschalde, Versio, p. 172,13–14.
599 Vaschalde, Versio, p. 172,18–19.
600 Vaschalde, Versio, p. 172 unten – 174 oben.
601 Vaschalde, Versio, p. 172,28–31.

Ausarbeitung folgt dann auch. Sie enthält u.a. eine Erläuterung zu Phil 2,6–7[602], in der der Verfasser das γενόμενος *(hw')* aus Vers 7 problematisiert. Sein verkürztes Zitat des paulinischen Textes sieht so aus (ich setze die Anführungszeichen anders als Vaschalde): „Die Gottesgestalt“[603] „nahm die Knechtsgestalt an“ „und (er)[604] befand[605] sich in der Gestalt von Menschen, und wurde in der Erscheinung als Mensch gefunden“[606]. Es schließen sich lauter kurze Sätze mit „und“ an (Vaschalde ersetzt „und“ durch die Partikel „autem“): „*und nicht wurde er* Mensch; und die Gestalt nahm er an, *und nicht wurde er* Gestalt; und in der Gestalt befand er sich, *und nicht wurde er* Menschennatur“. – Offensichtlich will Babai die Möglichkeit ausschließen, daß das *hw'* (γενόμενος) so verstanden wird, wie Philoxenus das *hw'* von Joh 1,14 (ἐγένετο) verstanden hat, d.h. im Sinn von „Werden“ – „Werden zu etwas“, oder gar „Verwandeln“. Selbstverständlich hat Babai das „in“ von „in der Gestalt“ im Sinn seiner Christologie gedeutet: der Logos „in seinem Menschen“, auch wenn er das hier nicht eigens ausspricht[607].

Für die Beziehung der Namen „Sohn des Höchsten“ und „Menschensohn“ zueinander, werden natürlich die schwierigen Stellen aus dem Joh-Evangelium (Joh 3,13 und 6,63) wie schon früher debattiert[608].

Der Abschnitt über den Titel „Priester“ besteht fast vollständig aus Zitaten aus dem Hebr-Brief.[609]

Auch in seiner Menschheit kann Christus „unitive“ „imago et forma Dei“ genannt werden[610]; Kol 1,13–15 und Röm 8,29 werden dafür angeführt. – Die hier nicht ausgesprochene Begründung für diese Klassifizierung kann nur sein, daß in Kol 1,14 (in einem Teil der griechischen und syrischen Überlieferung) von „der Erlösung durch sein Blut“ (cf. Eph 1,7) die Rede ist[611], und daß Christus in Röm 8,29 „Erstgeborener aus vielen Brüdern“ heißt. Wenn Christus „in Wahrheit“ „imago et forma Dei invisibilis“ ist (Kol 1,15), dann nicht

[602] Vaschalde, Versio, p. 173,6–10.
[603] Hier steht das Zitatzeichen *lm*, Vaschalde, Textus, p. 213,27.
[604] Vaschalde, Versio, p. 173, Anm. 1, bemerkt eine grammatische Unausgeglichenheit; sie ist eine Folge der Ungeduld, mit der Babai seine Stichworte hingeworfen hat.
[605] γίγνομαι mit ἔν τινι = „sich irgendwo befinden oder verweilen“, Menge-Güthling s.v. B 4.
[606] Vaschalde, Versio, p. 173,6–7. Meine Übersetzung des Zitats und seiner Diskussion durch Babai berücksichtigt, daß die griechischen Vokabeln μορφή, ὁμοίωμα, σχῆμα (die hier allesamt „Gestalt“ bedeuten), in der Peš. vereinfacht wiedergegeben sind: nicht nur μορφή sondern auch ὁμοίωμα wird mit *dmwt'* übersetzt; und für σχῆμα wird das Lehnwort gewählt: *'skm'*.
[607] Für den von Paulus verwendeten Hymnus ist eher anzunehmen, daß es heißen müßte „er fand sich vor in Menschengestalt“.
[608] Vaschalde, Versio, p. 173,15–174,10.
[609] Vaschalde, Versio, p. 174–175.
[610] Vaschalde, Versio, p. 178 Mitte – 179 oben.
[611] Nicht im kritischen Text des NT graece, cf. den Apparat, dagegen in der Harklensis; nicht im Peš.-Text der United Bible Societies von 1979.

wie Adam, der nicht unitive imago Dei ist, weil er „nur das Band alle Geschöpfe" ist[612] (also eine innergöttliche Einheit, aber nicht die christologische, darstellt bzw. aufweist), sondern „hier (d.h. in Christus) wohnt die ganze Fülle der Gottheit leibhaftig. Adam ist gegeben worden, daß er imago sei, aber nicht unitive, noch hat Gott imago und forma Adams zu seiner persona unitive angenommen, hier aber hat die forma Dei die forma servi angenommen, der sie alles Eigene gibt". „Adam enim terrenus imaginem transgressione mandati corrupit, et mortem sibi carpsit; et inquinata est imago, et solutum est vinculum et corrupta est forma. Per Christum autem qui in carne (est), congregata sunt et coniunctae et unitae omnes creaturae ad unum vinculum, in uno amore et consensu ... et renovata est imago ... et in ipse exemplar manifestus est ...".

Die Bezeichnung „Brot" für Christus[613] gibt Anlaß, die proportionale Analogie von eucharistischer und christologischer Einheit in der bekannten Weise auszuarbeiten (siehe oben). „Im Brot hat er uns die heiligen Mysterien überliefert, die Typus *(twps')* seines Leibes und Blutes und Gedächtnis seines Todes sind"[614]. Was Babai nun als Einsetzungsworte zitiert („wie gesagt ist"), nimmt Elemente aus dem lukanischen Einsetzungsbericht, aus 1 Kor 11 und Joh 6 auf: „accepit panem, et benedixit, et fregit, deditque discipulis suis, dicens: Hoc est corpus meum quod pro vita mundi frangetur; sic facite, quotiescumque conveneritis, in meam commemorationem" – hierzu vgl. Lk 22,19; Joh 6,51 („Leben der Welt") und 1 Kor 11,20.33.34 („wenn ihr zusammenkommt") – Babai fährt fort: „et: Panis quem ego dabo, corpus meum est, quod pro vita mundi frangetur" – so Joh 6,51, aber „frangetur" aus 1 Kor 11; 1 Kor 11,23–24 wird gleich darauf zitiert. Es folgt aus Joh 6,51 „Ego sum panis[615] qui de coelo descendi", was sofort in der bekannten Weise korrigiert bzw. erläutert wird: das Brot stieg nicht vom Himmel herab, es ist in der Weise von typos und Kraft zu verstehen[616]. Auch der Leib des Herrn, den er (der Herr) Brot nennt, ist nicht vom Himmel herabgestiegen, sondern aus Maria angenommen worden. Das Brot auf dem Altar erhält seine Kraft aus dem Geist, den der Priester herabruft, es wird Leib unseres Herrn „secundum virtutem et propitiationem et remissionem peccatorum" (also in seiner Heilswirkung), es ist ein Leib mit dem Leib des Herrn, der im Himmel ist, durch Union, nicht von

---

612 Die Stellung der Begründung „propter vinculum tantum omnium creaturarum" (Vaschalde, Textus, p. 220,12; Versio, p. 178,26–27) nach dem auf Adam bezogenen Relativsatz, läßt im syrischen Original wie in der getreuen lateinischen Übersetzung den Eindruck entstehen, als sei Adam „imago et forma Dei", weil er dieses Band ist. Die Begründung bezieht sich jedoch auf „quidem non unitive", Textus, p. 22,10; Versio, p. 178,25. Versio, p. 178,26 wäre nach „forma" ein Komma zu setzen.

613 Vaschalde, Versio, p. 180 Mitte – 181 unten.

614 Vaschalde, Versio, p. 180,19–21.

615 „Lebendig" ist ausgelassen.

616 Ich hoffe, daß dieser Satz nach dem Komma die zutreffende Übertragung von Vaschalde, Textus, p. 222,27 ist; die Relativpartikel bezieht sich auf „Brot", es kommt eine charakteristische Kurzformulierung zustande.

Natur. „Deswegen ist prosopikōs (Vaschalde: „nomine personae") gesagt, daß das Brot vom Himmel herabstieg, während es nicht vom Himmel herabstieg[617], es sei denn (gesagt) aus dem prosopon der Union dessen, der aus dem Himmel herabstieg, nicht durch Fortgehen, sondern weil er sich im Menschen befand"[618]. Die Gegner sind übrigens, schaltet Babai hier ein, „durch die prosopischen und vereinten Namen skandalisiert worden" und vermischen ihrerseits „die Naturen und die Typen der Naturen"[619], – hier vernimmt man also indirekt ein Echo der Polemik gegen Babais spezifischen Terminologie, mit der er die seit Kyrills Anathemata auf der Seite der Kyrillianer perhorreszierte Unterscheidung und Verteilung biblischer Aussagen vornimmt. – Über die Relation von eucharistischem Brot und Leib Christi läßt sich zusammenfassend sagen: Das Brot verhält sich zum Leib, wie der Leib (= „der Mensch unseres Herrn") zum Sohn[620].

Verblüffend ist die sehr kurze Auslegung des „Weinstocks" von Joh 15[621], nämlich was die Deutung des „Weingärtners" betrifft. Mit der Bezeichnung „Weinstock" zeige Christus seine Gleichwesentlichkeit mit den Aposteln und den übrigen Menschen in seiner Leiblichkeit, „agricolam vero appellavit divinitatem suam cum Patre et cum Spiritu sancto". Weinstock und Weingärtner können nicht eine Natur sein, also auch nicht Gottheit und Menschheit Christi. – Was Babai nicht ausspricht: die Verschiedenheit der Naturen von Weinstock und Weingärtner würde bei Übertragung auf die Beziehung zwischen Sohn und Vater trinitarische Ungleichheit bedeuten, also Leugnung der Homoousie. Daher die christologische Deutung auf die zwei Naturen. Das entspricht der ebenso befremdlichen Deutung des Gethsemane-Gebets Jesu als Anrede an seine eigene Göttlichkeit, an den Logos, wie sie sich bei Theodor von Mopsuestia findet, die aus dem gleichen antiarianischen Motiv vorgenommen wurde.

„Weg"[622]: Das ist der Weg, auf dem man zum Vater kommt; die letzte Stufe dieses Weges ist der Glaube an Christus, „qua accedimus ad cognitionem Trinitatis". – Man erinnert sich, daß die Erkenntnis der Trinität die höchste Stufe des Erkennens im Euagrius-Kommentar ist, daß aber andererseits jeder Christ Kenntnis von der Trinität durch die Lehre des auferstandenen Christus hat (Taufbefehl!), worauf Narsai so häufig hingewiesen hat.

„Tür"[623], „quod est caro eius", durch die wir Eingang zum seligen Leben haben. „Tür" dazu ist wiederum die heilige Taufe.

---

617 Dieselbe Paradoxie schon gelegentlich in christologischen Sätzen.
618 Vaschalde, Versio, p. 181,18–21.
619 Vaschalde, Versio, p. 181,22–24.
620 Vaschalde, Versio, p. 181,24–28.
621 Vaschalde, Versio, p. 181,31–182,2.
622 Vaschalde, Versio, p. 182 oben.
623 Vaschalde, Versio, p. 182 Mitte.

„Lamm“[624]: der Täufer (am Jordan) sah, „wie den Verständigen klar ist“, die Menschheit Jesu, und zeigte sie unter diesem Namen „Lamm“ den Vielen; die unbegrenzte, unsichtbare Gottheit konnte er nicht zeigen.

Am Schluß des Kapitels[625] kehrt Babai zum Ausgangspunkt zurück: diese Zusammenstellung der Benennungen Christi, des Sohnes Gottes dient zur Erleuchtung der Unwissenden und zur Korrektur der Irrenden. Auch wenn diese Namen verschieden sind und wir erkennen sollen, welche der göttlichen und welche der menschlichen Natur zugehören und welche der „gegenseitigen Prosoponannahme“, sind es doch nicht solche der (räumlichen) „Distanz“, des „Zerschneidens“ und der „nicht-vereinten Unterscheidung“[626], sondern solche der einen Synapheia des einen Herrn (es folgt Hebr 13,8 und ein Gloria Patri).

VI 21 (Vaschalde Versio, p. 184–204): Was bedeuten uns „assumptio, habitatio, templum, vestimentum, coniunctio et unio?“

Diese Diskussion antiochenischer Grundbegriffe bildet das ursprüngliche Schlußkapitel von De unione; es ist von mir schon bei früherer Gelegenheit analysiert worden[627], worauf sich das Folgende mehr oder weniger wörtlich stützt.

In ihrer christologischen Verwendung[628] haben die fünf Termini assumptio usw. eine gemeinsame Funktion, diese Funktion ergibt die Differenz zum profanen Gebrauch: sie sollen deutlich die Union der zwei Naturen und zwei Hypostasen im einen prosopon aussprechen. Vom Gehalt her „sind die termini freilich nicht deckungsgleich, es muß ja auch einen Grund haben, warum sie gebraucht werden. Der Rückgang auf den gewöhnlichen, profanen Gebrauch der“ genannten „termini erweist ihre Differenz untereinander. Das wird rasch[629] an den folgenden Paaren durchgeführt: assumptio und habitatio, habitatio und vestimentum, habitatio und templum. Auch ist jeder dieser termini nicht deckungsgleich mit unio, was Babai in dieser Kurzübersicht nur im ersten Fall ausdrücklich sagt. Sehr ausführlich wird Babai dann für die synapheia (= adhaesio oder coniunctio), was der Wichtigkeit dieses Begriffs“ in der antiochenischen Christologie entspricht[630]. Eine adhaesio findet zum Bei-

---

624 Vaschalde, Versio, p. 182 unten – 183 oben.

625 Vaschalde, Versio, p. 184 Mitte.

626 Unterscheidung ist möglich und nötig (und Babai führt sie ja dauernd durch), aber immer unter Berücksichtigung des Vereintseins, speziell der menschlichen Natur Christi; daher der so häufige Gebrauch von „unitive“ als Adverb und auch als Adjektiv.

627 *Abramowski*, Babai II, p. 328–341.

628 Das Folgende bis zum Ende des Abschnitts *Abramowski*, Babai II, p. 328–331.

629 Vaschalde, Versio, p. 185,9–26.

630 Vaschalde, Versio, p. 185,27–187,11. – Zu συνάφεια siehe *L. Abramowski*, συνάφεια und ἀσύγχυτος ἕνωσις als Bezeichnung für trinitarische und christologische Einheit, in: *dies.*, Drei christologische Untersuchungen = BZNW 45 (1981), 63–109.

spiel statt zwischen den Fischen und dem Wasser, oder zwischen unserer Kleidung und unserer Haut; aber in diesen beiden Fällen spricht niemand von Vereinigung, Fische und Wasser etc. stellen nicht wegen ihres Kontakts ‚unum quid' dar, nicht eine Person und ein Wirken, daher heißen die Fische auch nicht ‚ex persona unionis' Wasser und umgekehrt. ‚Unum quid' stammt aus dem Theodor-Zitat über synapheia, unio und prosopon, das Babai am Ende des 21. Kapitels bringt[631]. Andererseits kann man nicht überall, wo durch Vereinigung unum quid zustandekommt, von synapheia sprechen, weil synapheia auch Grenze und Kontakt von zwei aneinandergrenzenden Dingen bedeutet. Leib und Seele sind hypostatisch vereinigt, aber das ist keine synapheia, man kann nicht sagen, daß sie beide (bloß) aneinander grenzen". „Synapheia für sich allein bringt nicht eine Natur oder eine Hypostase zustande". Sie „zeigt jedoch den Unterschied der Eigentümlichkeit von Hypostasen an". „Synapheia bedeutet auch, daß zwischen dem so Verbundenen keine räumliche Entfernung nach Ort und Lage herrscht (da es ja aneinander stößt). – So ist es Babai gelungen, aus einer der profanen Bedeutungen von synaptō gleich zwei brauchbare Bestimmungen abzuleiten: aus dem implizierten Begriff ‚Grenze' die Unterscheidung[632], aus dem *Aneinander*grenzen die Ablehnung des Vorwurfs der räumlichen Trennung zwischen den betroffenen Bestandteilen. Im *weiteren* religiösen Gebrauch (als unterschieden vom christologischen) redet man aber von Verbundensein gerade auch angesichts großer räumlicher Entfernung: wir Christen sind in einem Glauben und in einer Liebe zu Christus vereint, aber das ist keine synapheia der ‚Nähe der Hypostasen'", „denn der eine ist im Osten, der andere im Westen". 1 Kor 6,17 meint „geistliche synapheia"[633], „die aus der geistlichen Geburt der Taufe herrührt. Es kommt keine ‚persona unionis' dadurch zustande. Es ist dies weder eine hypostatische, materiale Verbindung noch eine personale (auf diese letztere käme es aber an)".

„Die[634] Kernstelle des 21. Kapitels[635] macht klar, nicht nur worin die besondere Verwendung der fünf termini" des Titels „besteht, sondern auch die Besonderheit der christologischen Union selbst:

(12) Diese anbetungswürdige und wunderbare und unaussprechliche Vereinigung *hat also (13) alle diese Weisen und geht über sie hinaus* in der unerforschlichen und erhabenen (14) Weise der (Vereinigung), die (mehr ist) als Teile, die sich gegenseitig (15) be-

---

[631] Vaschalde, Versio, p. 199,35–36; 200,8–10. Zu diesen sehr kleinen Zitaten siehe *Abramowski*, Babai I, p. 235–236. – „Unum quid" hatte Babai schon gelegentlich verwendet.

[632] Für die christologische Verwendung mußte der ebenfalls implizierte Begriff der „Begrenztheit" wegen der göttlichen Natur ausgeschaltet werden. Das geschieht auch in der unten zitierten Kernstelle des Kapitels, siehe *Abramowski*, Babai II, p. 330, Anm. 1.

[633] Cf. *Abramowski*, Babai II, p. 330, Anm. 2.

[634] Das Folgende aus Babai II, p. 331.

[635] Vaschalde, Versio, p. 187,12–25. Ich füge Vaschaldes Zeilenzählung ein und ersetze die Termini technici durch die entsprechenden griechischen.

grenzen, und die nicht nur eine synapheia von außen ist und nicht (16) ein Einschließen und Begrenzen von innen und nicht (geschieht) personaliter bei (räumlicher) Entfernung (17) und durch den Willen, während (die Bestandteile) Abstand halten, *sondern* (das ist die Vereinigung:) *der Unendliche* (18) *im Endlichen*, und sie bleiben erhalten ἀσυγχύτως, ἀκράτως, (19) ἀμίκτως, ἀσυνθέτως, ἀμερίστως. Dies ist keine Vereinigung (20) bei (räumlicher) Distanz, und die Vereinigung ist nicht endlich, der Notwendigkeit (21) unterworfen und leidensfähig, sondern eine willentliche und personale zu einer (22) anbetungswürdigen oeconomia, in *einer* synapheia und Einwohnung und (23) Vereinigung des Annehmenden mit dem Angenommenen, und (es ist) eine συνάφεια ἀσύγχυτος und eine unendliche (24) Einwohnung. Auf unendliche Weise nämlich wohnt Gott unitive in seiner endlichen (25) Menschheit, wie die Sonne in der glänzenden Perle, in einer Vereinigung".

„Die[636] diesem Zitat vorangehenden Erwägungen hatten schon ergeben, daß jeder der fünf termini (habitatio etc.) christologisch nur so verwendbar ist, daß er die anderen termini in ihrem Bedeutungsgehalt nicht ausschließt; also sind alle fünf verwendbar in gegenseitige Determination (Zeile 13), was gegenüber dem profanen usw. Gebrauch einen grundsätzlichen Unterschied macht. Die vorangehenden Erwägungen hatten ferner ergeben, daß die fünf termini für ihre christologische Verwendung eine neue Füllung vom *Ergebnis* der christologischen Einigung her erhielten: die synapheia usw. mußte eine solche sein, daß ein prosopon aus zwei Naturen und zwei Hypostasen damit sachgemäß beschrieben werden konnte. Die christologische Einheit ist also *mehr* als die Addition aller dieser termini (Zeile 13/14), selbst in ihrer christologischen Ausrichtung. Diese Differenz ist nicht eine quantitative, sondern eine qualitative, denn es sind in Christus vereinigt Unendliches und Endliches (Zeile 17/18). Die Unendlichkeit der göttlichen Natur überwältigt gewissermaßen den modus unionis und macht ihn selber unendlich (Zeile 20) und damit unvorstellbar, unfaßlich; die anschaulichen unter den fünf termini, wie etwa ‚Einwohnung', sind dieser Behandlung nicht gewachsen: die ‚unendliche Einwohnung' (Zeile 23–25) ist eben nicht mehr anschaulich. Anschaulich aber ist das Ergebnis der Vereinigung der Naturen, das eine prosopon; die in der Perle glänzende Sonne (Zeile 25) ist ein Bild für die Wahrnehmbarkeit des einen prosopon (wie die Sonne im Spiegel). Die Aussagen über die unio personalis und voluntaria stehen" „nicht im Widerspruch zueinander" – wir haben schon oft bei der Lektüre der früheren Kapitel von De unione gesehen, daß „prosopisch und willentlich" „den entscheidenden Unterschied zur physischen und hypostatischen Union bezeichnen".

Zeile 23[637] des Zitats „führt den terminus assumptio ein, den Babai bisher in c. 21 noch nicht analysiert hatte", was er jetzt nachholt[638]. „Die entscheidende Leistung des Begriffs ist: ‚assumptio enim exacte indicat naturas diversas in

---

636 Das Folgende aus *Abramowski* Babai II, p. 332.
637 Zum Folgenden *Abramowski*, Babai II, p. 332 unten.
638 Vaschalde, Versio, p. 187,25–31.

proprietatibus ipsarum'; das assumere geschieht ,unitive', das Angenommene ist prosopon des Annehmenden und wird ,hoch erhöht' (cf. Phil 2,9)" „im ordo divinitatis". Wenig später[639] finden wir „eine Konzentration aller Charakteristika der Babaischen Christologie unter dem Stichwort assumptio", die uns aber gegenüber dem, was wir aus den früheren Kapiteln des Werkes kennen, nichts Neues bringt. Der Schluß mit seinen negativen Bestimmungen ist nicht uninteressant, weil diese etwas über die „Ehre" des Angenommenen aussagen: „Et quia impossibile est assumentem possidere proprietatem naturae assumpti, nec assumptus possidere potest proprietatem naturae assumentis, ergo assumptio ab assumente (facta) monet nos etiam de honore sublimi assumpti apud assumentem". „D. h.[640] ,assumptio' macht uns sowohl das Ausmaß des Abstandes zwischen Gott und Mensch bewußt, der in Christus überwunden wurde, wie auch die Ungeheuerlichkeit dieser Überwindung".

Babai behauptet[641], daß die „Väter" im „Glaubenssymbol", d. h. im Nicaenum, gesagt hätten „assumpsit"; Philoxenus schreibt das den Vätern von 381 zu[642]. Aber weder in N noch in NC kommt das Verb ἀναλαμβάνω für die Menschwerdung vor[643]. Die wahrscheinlichste Quelle ist die ps.-athanasianische Expositio fidei (PG 25), wo man τὸν ἡηέτερον ἀνείληφεν ἄνθρωπον findet. Der tatsächliche Verfasser des Textes ist Markell von Ankyra. Unter dem Namen des Athanasius, der genügte, um den Text als nicaenisch einzuordnen, war er sowohl den Theodorianern als auch Philoxenus akzeptabel; der Befund bei Philoxenus deutet darauf hin, daß der ps.-athanasianische Text in der Schule von Edessa bekannt war.

Übrigens[644] schließt Babai (anders als bei συνάπτω!) den Rückgriff auf den ursprünglichen Sinn von „nehmen" für die christologische Anwendung aus[645]: „hier wird nicht etwas in die Hand genommen und wieder fortgelegt ... selbst die Rippe, die Gott aus Adam *nimmt*, um daraus etwas zu schaffen, ist nicht Objekt von assumptio im christologischen Sinn, denn diese führt zur unio."

„Einige[646] Schwierigkeiten macht Babai die Vorstellung von der Menschheit Christi als Gewand, *vestimentum*, seiner Gottheit", denn ein Gewand und sein Träger bilden keine unio, „vielmehr muß aus der Tatsache der unio abgeleitet werden, wie vestimentum christologisch zu verstehen ist": dies Gewand kann niemals abgelegt werden, es ist ein „vereintes" Gewand. Doch „vermag Babai dem traditionellen Bild auch unmittelbar brauchbare Aspekte

639 Vaschalde, Versio, p. 188,35–189,7.

640 Bis zum Ende des Abschnitts *Abramowski*, Babai II, p. 333 Mitte.

641 Vaschalde, Versio, p. 189,7–8.

642 Darüber und zum Folgenden bis zum Ende des Abschnitts siehe *Abramowski*, Babai II, p. 334–336.

643 Phil 2 hat das einfache Verb λαμβάνειν.

644 *Abramowski*, Babai II, p. 336 oben.

645 Vaschalde, Versio, p. 189,8–13.

646 Zum Folgenden bis zum Ende des Abschnitts *Abramowski*, Babai II, p. 336 Mitte – 337 (zu Vaschalde, Versio, p. 195,33–197,10).

abzugewinnen: der sich Bekleidende und sein Gewand sind nicht eine Natur oder eine Hypostase". Und sehr charakteristisch: „Wie ein Gewand die Glieder verbirgt, die es bedeckt, so ist die Gottheit verborgen in der menschlichen Natur, die sie offenbart". Hieran assoziiert sich die herrscherliche Sonderform des Gewandes: der königliche Purpur. „Wenn das Gewand des Königs zerrissen wird, ist das noch keine Verwundung des Leibes des Königs, aber eine Schande ist es für den König wie für das königliche Gewand. Dies ist direkt christologisch zu übertragen: die der menschlichen Natur Christi zugefügten Leiden werden vom Logos wegen der Leidensunfähigkeit der göttlichen Natur nicht *erlitten*, aber die Schmach, die Christus angetan wurde in Gefangennahme und Kreuzigung fällt sehr wohl auch auf seine göttliche Natur".

„Anders[647] als ‚Gewand' muß ‚Tempel' als Bezeichnung für die menschliche Natur Christi nicht umgedeutet werden, im Gegenteil, hier enthüllt der christologische Gebrauch erst, was ‚Tempel' eigentlich meint. *Dieser* Tempel erfährt keine Verwandlung oder Stillegung, weil die in ihm wohnende Gottheit ihn niemals verläßt. Wie die Gesalbten, Priester, Erstgeborenen und Könige" das Urbild Christus „vorweg abbildeten, so bildeten die alten Tempel die beständige Wahrheit dieses eigentlichen Tempels ab, denn in *ihm* ‚wohnt die ganze Fülle der Gottheit' (Kol 2,9)". „Mehrfach taucht in der Diskussion von ‚vestimentum' und ‚templum' auch der ‚Gesandte' oder der ἀντικαῖσαρ als Vergleich für die menschliche Natur Christi auf, aber immer nur, um *abgelehnt* zu werden"[648], weil der Vergleich unweigerlich räumlichen Abstand impliziert. Zwar vertritt der Gesandte den, der ihn sendet, „trägt also sein prosopon", aber der König trägt nicht umgekehrt „das prosopon des Gesandten" – diese Gegenseitigkeit aber, d.h. der Prosopon-Tausch, ist für die Christologie entscheidend.

Innerhalb der letzten Seiten von VI 21 finden sich zwei winzige Theodor-Zitate[649], genauso winzig wie die Kyrill- und Ḥenana-Zitate, von denen wir oben gesprochen haben. Es ist dies die einzige Stelle in De unione, wo Theodor als auctoritas erwähnt wird. Ein Fundort wird von Babai leider nicht angegeben. Im umgekehrten Verhältnis zur Kürze der Zitate steht die Rühmung ihres Verfassers[650], mit der die Exzerpte eingeführt werden: neun Zeilen Einführung für zwei plus drei Zeilen Theodor. Das erste Zitat[651]:

„Unionem dicimus coniunctionem duorum, ubi unum quid[652] reputantur secundum personam".

---

[647] Zum Folgenden cf. *Abramowski*, Babai II, p. 337 unten – 338 unten.

[648] Vaschalde, Versio, p. 191,34–35; 197,34–36; 199,8; 204,14.22–24.

[649] Zum Folgenden bis zum Ende des Abschnitts cf. *Abramowski*, Babai I, p. 235–236.

[650] Das „fundamentum Petrinum et adamantinum" (Vaschalde, Versio, p. 199,29–30) auf dem Theodor, „der vollkommene Schüler der Apostel, das Wohnhaus des Heiligen Geistes" aufbaut, ist natürlich das Christusbekenntnis des Petrus von Mt 16.

[651] Vaschalde, Versio, p. 199,35–36.

[652] Vaschalde hat gegen die syrische Wortstellung „quid unum".

Dies wird von Babai auf mehreren Zeilen kommentiert. Das zweite Zitat nimmt die zweite Hälfte des ersten auf; die neue Fortsetzung wird ebenfalls durch *lm* gekennzeichnet, so daß ich sie für ein eigenes Zitat halte, das in Theodors Original nicht die unmittelbare Fortsetzung sein muß. So lesen wir jetzt[653]:

„Ubi unum quid dicuntur (oben: reputantur) secundum personam", „non secundum naturam sunt unum quid, sed secundum personam sunt unus Filius, Dominus, Christus, Emmanuel etc."

Ich nehme an, daß für „unum quid" griechisch ἕν τι vorauszusetzen ist, was mit der ebenso auffällig neutrischen Formulierung *ḥd mdm* wiedergegeben wird. Theodor will damit vermutlich eine möglichst generelle Bestimmung der intendierten Einheit geben. Das ἕν τι ist beiden Zitaten gemeinsam und ebenso „seine sachliche Füllung durch den Begriff prosopon. Den Gedankengang vom ersten Zitat zum zweiten kann man mit einiger Wahrscheinlichkeit rekonstruieren: zunächst gibt Theodor eine sich allgemein gebende Definition von ‚unio', dann spricht er von dem Fall, auf den die Definition angewendet werden soll (für den sie jedoch eigens erst geschaffen wurde), nämlich den christologischen, wo zwei Naturen durch synapheia vereint werden – diese" hypothetische „Passage wird hier nicht zitiert; dann erfolgt schließlich die Anwendung mit dem Ergebnis, daß Christus ‚unum quid' als prosopon ist" und als solches ein Sohn etc. Für die Lehre von zwei Hypostasen gab diese Stelle nichts her, „sonst hätte sich Babai das kaum entgehen lassen".

Dürr wie diese wenigen Worte sind, müssen wir sie doch neben die Definition aus De incarnatione (die berühmte Stelle mit ihrer absichtlichen Unklarheit in der Hypostasenfrage)[654] und das Zitat aus Contra Eunomium stellen[655].

Das 21. Kapitel und damit die ursprüngliche Gestalt von De unione schließt mit einem Abschnitt, der den Wundercharakter der christologischen Einheit unterstreicht[656]. Doch ist das ganze Werk durchzogen vom Hinweis auf dies Wunder: „Das[657] Wunder ist die Einheit der Person aus dem unendlichen Gott und der endlichen menschlichen Natur, in der der Logos seine Unendlichkeit nicht verliert; so, auf diese personbildende Weise, wohnt er nur in Jesus in einem für uns sichtbaren Menschen"[658].

---

[653] Vaschalde, Versio, p. 200,8–10.

[654] *L. Abramowski*, Die Reste der syrischen Übersetzung von Theodor von Mopsuestia, De incarnatione, in Add. 14.669, Aram 5 (1993) = FS S. Brock, 23–32. (T. H.)

[655] Cf. *L. Abramowski*, Ein unbekanntes Zitat aus Contra Eunomium des Theodor von Mopsuestia, Mus 71 (1958) 97–104. (T. H.)

[656] Vaschalde, Versio, p. 204,23–36, zitiert bei *Abramowski*, Babai II, p. 338–339.

[657] *Abramowski*, Babai II, p. 339–340.

[658] In diesem Schluß des VI. Buches kann Babai sogar christologisch vom „Werden" sprechen: „jener wird dieser" und „dieser jener", hier gesagt vom Gottessohn und Menschensohn. Aber er qualifiziert die Aussage durch „in der Union", „und nicht in Natur" (Vaschalde, Versio, p. 204,30–33); cf. dazu meine Bemerkungen Babai II, p. 340–341.

g) Das VII. Buch – Widerlegung von 12 Sätzen

VII (Versio, p. 205–233): Dies Buch enthält keine Unterteilung in Kapitel, es wird gegliedert durch die gegnerischen Sätze, die es widerlegt, und ist offensichtlich ursprünglich eine selbständige Schrift gewesen, dann aber aus sachlichen Gründen dem großen Werk angehängt worden. Ob dieses Werk, bestehend aus den Büchern I–VI, jemals für sich selbst verbreitet war, als eine erste Edition, läßt sich nicht mehr eruieren. Am Ende von Buch VII bricht der Text ab, sicher durch den leicht eintretenden Blattverlust am Ende einer Handschrift im Lauf der Überlieferung.

Die Überschrift gibt einerseits Auskunft über die ursprüngliche Funktion: „Abgefaßt in der Weise einer kurzgefaßten Auseinandersetzung", andererseits weist sie dem VII. Buch einen Platz im Gesamtwerk zu: „mit einer Zusammenstellung *(kwnšʿ)* aller oben (behandelten) Gegenstände" – die „Zusammenstellung" fehlt durch den Textverlust. Die „Auseinandersetzung" richtet sich „gegen (jene, die) leugnen, daß der Erstling aus unserm Geschlecht vom Gott Logos ‚unitive' angenommen wurde und gegen jene, die gottlos von der natürlichen und hypostatischen Union reden und Gott leiden lassen"[659]. Aber sind das überhaupt zwei verschiedene Gruppen?[660]

Babai zitiert die Gegner satzweise; die zitierte Meinung attackiert er mit allen polemischen Mitteln: mit rasch aufeinander folgenden Syllogismen, Aporien, reductiones ad absurdum. Die Gegenseite wird in der 2. Person Plural angeredet; Buch I–VI und Buch VII haben zwei verschiedene Gruppen von Adressaten im Blick. Aber natürlich konnten Babais Klostergenossen auch aus seiner scharfen Polemik in Buch VII ihren Nutzen in Diskussionen innerhalb und außerhalb des Klosters ziehen. Diese Nützlichkeitserwägung hat dann zur Anfügung von Buch VII geführt, ohne Zweifel durch den Autor selbst.

Vaschalde[661] hat die gegnerischen Sätze dankenswerterweise mit Anführungszeichen versehen, indem er das Zitatzeichen *lm* berücksichtigt. Aber wie konsequent war Babai darin? Geht es auf den Schreiber zurück, wenn *lm* fehlt, aber die Äußerung eindeutig nicht die Babais ist? In der folgenden Liste ist das dreimal der Fall, die Anführungszeichen sind dort weggelassen. Zusammengestellt geben die von Babai bekämpften Sätze folgendes Bild (die Nummerierung ist von mir):

1) Versio, p. 205,7–9: „Verbum caro factum est, et ipsum est quod crucifixum est et passum est et mortuum", et: „ipsum in natura sua et hypostasi sua et non alius, ne sint duo".
2) Versio, p. 211,11–12: Im ganzen *(bkwlh)* ist der Gott Logos, der fleischgeworden ist, gestorben.

[659] Das alles noch im Titel des Buches.
[660] Die erste Gruppe wären wohl die Eutychianer.
[661] Zum Folgenden siehe *Abramowski*, Babai I, p. 229–231.

3) Versio, p. 214,1: „Die Jungfrau hat Gott geboren, der fleischgeworden ist“.
4) Versio, p. 217,7–8: „Caro Verbi ipsa est hypostasis et natura sua“.
5) Versio, p. 220,28–29: „Non separo assumptum ab assumente, nec sint duo filii; sed ‚factum est caro‘“.
6) Versio, p. 221,35–37: „Quemadmodum corpus et anima sunt una hypostasis, homo, sic Deus Verbum et homo sunt una natura et una hypostasis constituta ex Deo et corpore et anima.
7) Versio, p. 223,36: „Misit Deus Filium suum et factus est de muliere“ (Gal 4,4)[662].
8) Versio, p. 225,22: „Gott, der fleischgeworden ist, ist Christus“[663].
9) Versio, p. 226,14–15: „Sanctus Deus, sanctus fortis, sanctus immortalis, qui crucifixus est pro nobis“.
10) Versio, p. 226,36: „Voluntate sua crucifixus est et mortuus est“.
11) Versio, p. 228,25–26: „Was wiederum sagen die Finsterlinge? ‚In einem subtilen Verständnis *(rʿynʾ qṭynʾ)* erkennen wir zwei Naturen und zwei Hypostasen‘“[664].
12) Versio, p. 229,16–17: „Confitemini vos sumere, non corpus et sanguinem Dei, sed corpus et sanguinem hominis“[665].

Diese Zusammenstellung ergibt keinen fortlaufenden Text, sondern theologische (vom Referenten vergröberte?) Kernsätze der Gegenseite, die ihrerseits die ostsyrische Christologie angreifen und zwar, wie aus Nr. 11 hervorgeht, in der von Babai (und anderen) vertretenen Form der Zwei-Hypostasen-Christologie. Es ist die philoxenianische Gestalt der monophysitischen Christologie (siehe Nr. 6 für die „eine Natur“ und Nr. 7 für eine ntl Lieblingsstelle des Philoxenus), hier von dessen Erben präsentiert. Es sind gewiß die theologischen Thesen, mit denen sich Babais Mönchsbrüder am häufigsten konfrontiert sahen. Aus Nr. 11 wird deutlich, daß es sich in diesem Fall um eine Konfrontation von bestimmter Art handelt: um monophysitische Werbung mit dem Zweck, Konvertiten unter Mönchen zu gewinnen – darum der konzedierende Hinweis auf die zwei Hypostasen! Für Babai galt es also, dieser Gefähr-

---

662 Im „Buch der Sentenzen“ des Philoxenus (= Tractatus tres de trinitate et incarnatione, ed. Vaschalde, CSCO 9. 10) wird nach Ausweis des Registers der Bibelstellen mit Ausnahme von Joh 1,14 kein einzelner Vers so oft zitiert wie Gal 4,4; wahrscheinlich wegen des γενομένον ἐκ γυναίκος, syrisch *hwʾ*. Für Philoxenus ist es also eine Belegstelle für seine „Christologie des Werdens“.

663 „Christus“ hier im Ursprungssinn, „Gesalbter“.

664 Diese Stelle scheint mir ein Beweis dafür zu sein, daß es sich um eine aktuelle Situation handelt. Babai kontert: „Habt ihr also zwei Auffassungen, eine subtile, in welcher ihr Christen seid, und eine grobe und brutale … o Theopaschiten?“ (Vaschalde, Versio, p. 228,26–29). Die Meinung der Gegner kann sich eigentlich nur auf jene Anathemata Kyrills stützen, die von zwei Hypostasen und Naturen *vor* der Union sprechen.

665 Dies ist natürlich eine Vergröberung der ostsyrischen Auffassung durch die Gegenseite.

dung entgegenzuwirken. Aus Babais Diskussion der Positionen der Gegenseite greife ich nur Einzelnes heraus.

Zu Nr. 1[666]: Charakteristisch ist gleich die erste Bemerkung Babais nach dem Zitat: Hier lasse man die zweite Hälfte der Inkarnationsaussage weg, nämlich „und er wohnte unter uns“, diese bedeute „alius in alio“, daher zwei Naturen und zwei Hypostasen[667]. Das „Werden“ *(hwy')* sei auf das Fleisch zu beziehen, denn es „war nicht von Anfang“[668]. Nach einer langen Liste von Absurditäten schlägt Babai als Lösung vor[669]: „es sei denn, daß vielleicht der Gott Logos dem Fleisch befohlen hat: ‚Werde Fleisch für mich, weil ich Fleisch nicht werden kann, weil ich in meiner Natur unendlich bin‘; und dann wird von mir *gedacht* werden, daß *ich* es sei, der Fleisch geworden ist wegen meiner Liebe zu den Fleischlichen und daß ich es bin, der stirbt, während ich nicht sterbe“.

Das nächste Argument betrifft die Hypostase des Logos (siehe die zweite Hälfte von Nr. 1)[670]. Hier stellt sich für Babai erwartungsgemäß das Problem der fleischgewordenen Hypostase des Logos innerhalb der Trinität. Wenn das Fleisch (unter Beibehaltung seiner Fleischlichkeit) eine Natur mit der Trinität ist (sc. wegen der Homoousie des Logos mit Vater und Geist) und eine Hypostase mit dem Gott Logos, *dann* handelt es sich um eine Hinzufügung zur Trinität (ergänze: und nicht bei der Christologie der zwei Hypostasen)[671]. „Und wenn es keine Hinzufügung gibt, wo stellen wir die Hypostase Fleisch hin? In der Trinität hat sie keinen Ort“, denn die Trinität erfährt (per definitionem) weder Zufügung noch Verringerung[672]. – An dieser Stelle sagt Babai nichts darüber, was unter diesen Umständen die Beziehung der Hypostase Fleisch zur Hypostase des Logos wäre. Erst später, in der Diskussion des „Wohnens in uns“[673], heißt es[674]: „‚In nobis‘ est sicut illud: Emmanuel, et alius in alio[675], et Deus noster nobiscum, id est, unitus cum natura nostra. Et habitat in templo suo unitive[676] et una est persona Christi, et hunc virgo peperit“.

---

[666] Nr. 1 wird Vaschalde, Versio, p. 205–211,10 diskutiert.

[667] Vaschalde, Versio, p. 205,9–14.

[668] Vaschalde, Versio, p. 205,14–19.

[669] Vaschalde, Versio, p. 206,7–11. Dazu cf. *L. Abramowski,* Aus dem Streit um das „Unus ex trinitate passus est“: Der Protest des Ḥabib gegen die Epistula dogmatica des Philoxenus an die Mönche, in: A. Grillmeier †, Jesus der Christus im Glauben der Kirche 2/3, hg. T. Hainthaler (Freiburg i. B. 2002) 570–647, bes. 635–639, 641–643, vgl. 594–599, 608–615. (T. H.)

[670] Vaschalde, Versio, p. 206,12–207,8.

[671] Vaschalde, Versio, p. 206,33–39.

[672] Vaschalde, Versio, p. 206,39–207,4. Vaschalde übersetzt p. 207,7 ein *byth* mit „in esse suo“, doch ist es hier als Reflexivpronomen zu nehmen, „in sese“; es handelt sich um die caro, der eine hypostasis subsistens zugesprochen wird und die damit genügend definiert ist.

[673] Beginnend Vaschalde, Versio, p. 208,13.

[674] Vaschalde, Versio, p. 208,15–19.

[675] Siehe oben.

[676] Vaschalde „per unionem“.

Das[677] Wort vom Fleischwerden und Wohnen soll erkennen lassen, wie weit der Gott Logos sich erniedrigt hat um unserer Erlösung willen, daß er das Fleisch anzog und für Fleisch gehalten wurde, d. h. für einen Menschen. „Werden“ heißt nicht Verwandlung sondern Annehmen, und ohne Annehmen keine Einwohnung und keine Union und auch nicht die Bezeichnung „Union“.

Zu Satz Nr. 2[678]: Wie die Satzstellung zeigt, liegt der Ton auf „im Ganzen“. Als erstes Gegenargument[679] wird angeführt, daß eine solche Totalität auch die Seele einschließen würde, das ist aber wegen ihrer Unsterblichkeit falsch. Die unsterbliche Seele wäre dem gestorbenen Logos überlegen – absurder Gedanke. Während[680] der drei Tage des Todes Christi war der Gott Logos sowohl in dessen Seele wie in seinem Leib, die unio war nicht aufgelöst.

Zu Satz Nr. 3[681]: Hier folgt Vaschalde mit Recht der Wortstellung, die „peperit“ akzentuiert. Die Frage, wen und wie die Jungfrau geboren hat, wird „nach der Wahrheit der Sachen“[682] so beantwortet[683]: sie hat die menschliche Hypostase geboren, „und[684] er, den sie geboren hat, besitzt den Namen des Herrn und des Sohnes des Höchsten durch Ehre wegen der Union, während[685] seine menschliche Natur, die aus ihr (sc. der Jungfrau stammt), unitive geboren wurde. In diesem Zusammenhang muß auch der Titel Θεοτόκος erwähnt werden; er wird nicht in Frage gestellt, sondern neben ἀνθρωποτόκος gesetzt[686]. „Et[687] propter unionem beata Maria dicitur mater Dei et mater hominis: mater hominis quidem, tanquam ex natura sua; mater Dei autem, propter unionem quae facta est (Deo) cum humanitate eius quae est templum eius ab initio formationis istius in utero, quodque unitive natum est. Et quia nomen Christi designat duas naturas in hypostaticitate[688] (Vaschalde: substantialitate) earum, divinitatem et humanitatem eius, scripturae dicunt beatam Mariam peperisse Christum“, nicht einfach und „unvereint“ Gott, und nicht bloß einen Menschen.

Hier wird endlich wieder das Problem der Hinzufügung zur Trinität gestreift und wird in der bekannten Weise behandelt[689].

---

677 Bis zum Ende des Abschnitts: Vaschalde, Versio, p. 208,22–32.
678 Kommentiert Vaschalde, Versio, p. 211–213 unten.
679 Vaschalde, Versio, p. 211,12–20.
680 Vaschalde, Versio, p. 212,7–9.
681 Kommentiert Vaschalde, Versio, p. 214–217 oben.
682 Vaschalde, Versio, p. 214,11.
683 Vaschalde, Versio, p. 214,10.
684 Vaschalde, Versio, p. 214,11–14.
685 Auf *kd* folgt im Syrischen die Verneinung *l'*, an dieser Stelle sinnlos, Vaschalde, Textus, p. 264, Anm. 2 „Redundat (?)“.
686 χριστοτόκος erscheint erst später in der Debatte über Satz Nr. 4.
687 Bis zum Ende des Abschnitts Vaschalde, Versio, p. 214,25–33.
688 J. Payne Smith (ed.), A Compendious Syriac Dictionary (Oxford 1903, Nachdrucke 1957–1994), hat für die Nominalbildung „personality“, was hier überhaupt nicht paßt.
689 Vaschalde, Versio, p. 216 oben.

Zu Satz 4[690]: Diese Behauptung impliziere die Anbetung eines „neuen Gottes" durch alle, „die die Annahme leugnen"[691]. Es werden Bestimmungen über Natur und Hypostase gegeben: Alles was ist, ist in Natur und Hypostase, entweder ungeschaffen oder geschaffen[692], ewig oder zeitlich. Eine subsistierende Hypostase kann ihre Natur nicht verlassen und einer anderen gleichwesentlich werden, „et omnis natura in hypostasi, quae est sub ipsa, agnoscitur, sive in uno sive in pluribus."[693] Babai gibt didaktische Ratschläge, wie man die göttlichen, angelischen, menschlichen Hypostasen erkennen und zu unterscheiden lernt oder lehrt[694]. Unter welche Natur könnte aber die „hypostasis carnis Verbi" gehören?[695] Wenn schließlich die caro Verbi richtig als Hypostase in die menschliche Natur eingeordnet wird, „ecce inventa est veritas"[696]. Die sieht dann (in der uns vertrauten Gestalt) so aus[697]: „Ergo homo Domini nostri, etsi unitus est et est in ordine divinitatis et adorandus in una coniunctione cum Deo Verbo, qui eum ad personam suam assumpsit et fecit secum unum Filium, attamen in natura sua humana *unitive natus est* ex beata Maria, et est hypostasis de hypostasi eius sicut David et Abraham ex quibus est, et est homo completus in omnibus suis, hoc excepto quod natus est absque concubitu, et est unitus et in ordine divinitatis". Babai macht die menschliche Hypostase Christi anschaulich auf sehr geschickte Weise[698]: Wenn unser Herr mit den zwölf Jüngern auftritt – zu welchen Hypostasen ist er dann zu zählen? „Manifesto cum hypostasibus discipulorum suorum etsi erat eis sublimior propter ordinem divinitatis", „weil auch die Schrift ihn als zweiten Menschen zählt (cf. 1 Kor 15,47) in seiner menschlichen Hypostase".

Zu Satz 5[699]: (Im Joh-Prolog) schreibt der Evangelist sieben (Dinge) und vereint sie: „Im Anfang", „Sein (*ytwt'*, Vaschalde: „existentia")[700], „Gott", „Logos", „Fleisch", „Werden *(hwy')*, „Zelten". Aber der Evangelist hat die Wörter *nicht miteinander vermischt*; er geht der Reihe nach vor, bis er zum „factum est" kommt[701]. Wozu ist die caro *geworden*? „Ut Deus Verbum, qui eam ad personam suam sumpsit, in ea habitaret".

---

690 Kommentiert Vaschalde, Versio, p. 217–220.
691 Vaschalde, Versio, p. 217,10–11.
692 Vaschalde, Versio, p. 218,11–13.
693 Vaschalde, Versio, p. 218,28–32.
694 Vaschalde, Versio, p. 218,32–219,2.
695 Vaschalde, Versio, p. 219,2–4.
696 Vaschalde, Versio, p. 219,6–7.
697 Vaschalde, Versio, p. 219,7–14.
698 Vaschalde, Versio, p. 219,14–22.
699 Kommentiert Vaschalde, Versio, p. 220–221.
700 Siehe dazu das dreimalige *'ytwhy hw'* in Joh 1,1 und 2. Vaschalde übersetzt etwas weiter unten (p. 221,15) noch einmal „existentiam accepit", wo aber im syrischen Text (p. 273,16) *nsb hwy'* steht, bezogen auf „caro"; es muß also heißen „τὸ fieri accepit".
701 Siehe die vorige Anmerkung.

In den nächsten Zeilen treffen wir den Ausdruck „aliquid unum“ (also: ἕν τι) an[702]; christologisch darf er selbstverständlich nicht „secundum hypostasim“ gebraucht werden.

Der letzte Satz des Abschnitts weist die Irrtümer all jener zurück, die die „proprietates (der Naturen)“ *nach der Union* nicht zugeben[703]. – Die Gegenseite arbeitet also mit den kyrillischen Unterscheidungen von „vor und nach der Union“, auch das ist demnach zum philoxenianischen Erbe der Gegner zu rechnen. Man vergleiche damit die Bedeutung von „unitive“, „vereint“ in der Christologie Babais!

Satz 6[704]: Die anthropologische Analogie für eine christologische Hypostase wird überraschend ruhig aus den bekannten Voraussetzungen in der bekannten Weise widerlegt. „Etwas Geschaffenes kann nicht mit seinem Schöpfer eine Hypostase sein“[705]. Die lebenspendende Funktion der menschlichen Seele im menschlichen Leib führt dann konsequenterweise zur (verblüffenden) Aussage[706]: „Etenim divinitas vitam corpori non dabat, quia corpus per animam vivebat sicut (apud) omnes homines … et ubi (Christus) animam suam tempore crucifixionis tradidit, divinitas a corpore non discessit“ – was genauso paradox ist. „Etsi divinitas in corpore erat, ei vitam non dabat quia non erat in eo hypostatice loco animae, sed ad personam unitam oeconomiae“.

Zu Satz 7[707]: Gegen das (von Philoxenus so geschätzte) Gal 4,4 kann Babai natürlich nichts einwenden, deswegen ist sein erstes Wort dazu: „Schön“[708]. Seine Argumentation geht vom Sohn als trinitarischer Hypostase aus, von der das „factus est“ doch nicht gesagt werden könne. Aber er war doch Hypostase, als er gesandt wurde – worauf kann sich das „Werden“ beziehen? Die Lösung ist: Die Schriften sprechen hier wie in Röm 9,5 und Joh 1,14 „aus dem prosopon der Union (Vaschalde: „nomine unionis“)“ und „als über einen“[709]. Hieraus erkenne man die Naturen. Jene Natur, die von Anbeginn beim Vater ist, nahm zu ihrem prosopon unitive den Leib an, in dem sie wohnte, weil sie „Werden“ wegen ihrer Ewigkeit „nicht empfangen kann“. In Gal 4,4 ist der Name Sohn das prosopon der Union, und das ist er seit der Engelsverkündigung „und in Ewigkeit“[710]. „Auch wenn gelegentlich aus dem prosopon der Menschheit (Vaschalde: „nomine humanitatis“) gesprochen wird“ wie Joh 14,28 und ähnlichen Stellen (sc. solche, die die Stellung des Sohnes zum Vater betreffen), so geschieht das wegen der Übereinstimmung und der Einheit des

---

702 Vaschalde, Versio, p. 221,22.
703 Vaschalde, Versio, p. 221,33–34.
704 Kommentiert Vaschalde, Versio, p. 221 unten – 223 unten.
705 Vaschalde, Versio, p. 223,10–11.
706 Vaschalde, Versio, p. 223,19–25.
707 Kommentiert Vaschalde, Versio, p. 223 unten – 225 Mitte.
708 Vaschalde, Versio, p. 223,36.
709 Vaschalde, Versio, p. 224,10.
710 Vaschalde, Versio, p. 224,21–24.

Willens beider; daraus ist keine Abstufung der trinitarischen Hypostasen abzuleiten[711].

Zu Satz 8[712]: Über „Christus" wörtlich als „Gesalbter"[713] verstanden: Gesalbt ist die „andere Hypostase, sein Mensch", „damit er Sohn und Herr sei unitive mit dem Gott Logos"[714].

Zu Satz 9[715]: (Das theopaschitische Trishagion), „dies, euer frevlerische Bekenntnis, widerlegt sich selbst"[716]: wie soll der von Natur Unsterbliche gekreuzigt worden und gestorben sein? Damit kreuzigt ihr ihn täglich aufs neue[717]. Zu sagen „Gott stirbt", ist eine Lästerung, es gibt keine Häresie, die das offen auszusprechen wagt[718].

Zu Satz 10[719]: Babais Argumentation geht davon aus, daß „Deus" Subjekt des Satzes sei. Deswegen beginnt er sogleich mit reductiones ad absurdum: „Ergo voluntas eius fortior est eius natura quam crucifixit" – das läuft darauf hinaus, daß „etiam voluntas eius fecit ut ipse non sit Deus, quia ille qui moritur non est Deus secundum naturam". „Ergo non Deus naturaliter crucifixus est"[720]. Die Juden kreuzigten die Menschheit; er (der Gott Logos) rechnete die Schande sich selber zu, weil sie den gekreuzigt hatten, in dem er „tempelhaft" und unitive wohnte[721], dafür erlitten die Juden unzählige Strafen, Jerusalem und sein Tempel wurden zerstört. Das gleiche Schicksal erlitt „zu unserer Zeit" das elende Antiochien und seine Genossin, weil sie Gott kreuzigten. Diese Rede (das theopaschitische Trishagion) begann unter Kaiser Anastasius (491–518), ihretwegen hat die Stadt Antiochien Deportationen und andere Schrecken erlebt[722]. „Siehe jetzt" ist die Stadt von ihren Bewohnern, den Gotteskreuzigern, verlassen. Die Juden wußten es nicht besser, sie haben den *Menschen* unseres Herrn *einmal* gekreuzigt, diese Elenden aber kreuzigten *Gott täglich* (sc. durch das Singen des erweiterten Trishagion)[723].

Zu Satz 11[724]: Die zwei Hypostasen „im feinen Verständnis" können, wie oben schon gesagt, nur die Funktion eines werbenden Entgegenkommens der

---

711 Vaschalde, Versio, p. 225,3–8.

712 Kommentiert Vaschalde, Versio, p. 225 unten – 226 oben.

713 Vaschalde, Versio, p. 225,22, schreibt daher richtig: „Deus incarnatus est ‚Unctus'".

714 Vaschalde, Versio, p. 225,27–29.

715 Kommentiert Vaschalde, Versio, p. 226, zweite Hälfte.

716 Vaschalde, Versio, p. 226,28.

717 Vaschalde, Versio, p. 226,29–32.

718 Vaschalde, Versio, p. 226,32–35.

719 Kommentiert Vaschalde, Versio, p. 226 unten – 228.

720 Vaschalde, Versio, p. 226,36–227,7.

721 Vaschalde, Versio, p. 227,15–18.

722 Vaschalde, Versio, p. 227,25–228,2. Diese Passage ist von mir zur Datierung von De unione herangezogen worden, siehe oben, Anm. 153, den Beginn der Untersuchung von De unione.

723 Vaschalde, Versio, p. 228,2–6.

724 Kommentiert Vaschalde, Versio, p. 228–229. Diese Nr. ist von mir in meine frühere Liste eingefügt worden, siehe oben ad loc.

Monophysiten gehabt haben, um eventuelle Konvertiten zu ermutigen. Babai verhöhnt natürlich diese Taktik.

Zu Satz 12[725]: Der Angriff auf das Eucharistie-Verständnis erfordert eine ausführliche Abwehr, die notwendig auch apologetischen Charakter hat. Das ursprüngliche Ende der Erwiderung ist nicht erhalten, weil in einem älteren Stadium der Überlieferung ein hsl. Verlust eintrat. So läßt sich der tatsächliche Umfang des Abschnitts zunächst nicht abschätzen[726], aber siehe dazu unten. – Das Thema ist bereits an früherer Stelle in De unione behandelt worden[727].

Der gegnerische Vorwurf lautet, daß nach ihrem eigenen Bekenntnis die Genossen Babais nicht Leib und Blut Gottes, sondern das eines Menschen empfangen. Babai beginnt[728] mit dem Grundsatz, daß das Konzept „Leib" nicht auf Gott der Natur nach angewendet werden könne. Eßt ihr etwa die Natur Gottes, wenn ihr von Leib Gottes sprecht? „An (confitemini)"[729] – und nun folgt in einem gedrängten Satz voller Substantive die richtige Definition des Deutewortes Jesu unter Berücksichtigung aller Aspekte –: „propter honorem corporis ob commemorationem passionis archetypi, quod est homo Domini nostri, *et*[730] *hic panis est* per virtutem et propitiationem *unum corpus Filii Dei* propter illapsum sanctificantem Spiritus sancti?" Es schließen sich an Entfaltungen der Definition[731]: „Ecce enim est panis secundum naturam, per sanctificationem autem Spiritus sancti est corpus typicum illius corporis dominici quod est in caelo unitive; et est pro nobis[732] unum corpus in uno nomine, in una sanctitate et virtute custodiente"[733]. (Wie es nicht der Leib Gottes ist,) so ist auch nicht der „Leib des Menschen" (siehe die Unterstellung der Gegner) in einem kruden Verständnis, von dem hier die Rede ist[734]: „Ecce, o iniqui, non hoc corpus dominicum, quod est in caelo, cotidie frangimus et occidimus super altare; hoc enim semel fractum est in cruce, et intravit in gloriam suam, ut ipse (Dominus) docuit et apostoli eius explicaverunt". Was wir empfangen, ist nicht der natürliche Leib, „sed commemoratio passionis eius et consolatio ad augmentum nostrum in veritate eius et custodiam nostram ab omnibus malis"[735]. Die Wirkung der Teilnahme am Mahl geht also über das Gedenken

725 Kommentiert Vaschalde, Versio, p. 229–233, d. h. bis zum jetzigen Ende von De unione.

726 Vaschalde, Versio, p. 230,18 setzt eine Wiederholung ein; „propter blasphematores, secunda et tertia vice illam (rem) exponemus" (p. 232,19–20).

727 Vgl. oben zu De unione IV 16 und VI 20.

728 Vaschalde, Versio, p. 229,17–20.

729 Vaschalde, Versio, p. 229,20–24. Das „(confitemini)" füge ich ein, um den richtigen syntaktischen und inhaltlichen Anschluß zu finden.

730 Vaschalde übersetzt mit „dum", aber das *w* des syrischen Textes gibt einen guten Sinn.

731 Vaschalde, Versio, p. 229,25–29.

732 „*pro* nobis", Vaschalde hat nur „nobis".

733 Vaschalde hat irrigerweise den Dativ des Partizips, aber es geht hier um die Wirkung des Sakraments auf den Empfangenden; siehe schon die vorige Anmerkung.

734 Vaschalde, Versio, p. 229,32–35.

735 Vaschalde, Versio, p. 230,1–3.

hinaus: Trost, „Zunehmen in seiner Wahrheit" (also an Erkenntnis), Bewahrung vor allem Übel.

„Kurz gesagt: *Er gibt* [Part. Praes.][736] *geheimnisvoll* (mystice), quotiescumque illud cum fide non ambigenti [cf. 1 Tim 1,5] et amore ferventi tanquam archetypum eius aspicimus et amplectimur eique coniungimur communione vivificanti in uno spiritu, omnia quae archetypus [Vaschalde: archetypum] eius nobis plene daturus [Vaschalde: daturum] est cum de caelo relevabitur: vitam, laetitiam, et plenam remissionem peccatorum nostrorum."[737] – Wie soll man sich das „Sehen" „Anschauen" des Archetypus vorstellen? – Jedenfalls stellt die glaubende Teilnahme am Mahl eine *Gemeinschaft mit dessen Geber, dem Archetypus, her*, und diese wieder ist verbunden mit der Verheißung der zukünftigen Güter (wohin gehört die Sündenvergebung – in die Gegenwart des Mahles oder in die eschatologische Zukunft, die Wiederkehr Christi?).

Zur Begründung[738] führt Babai die auf die Eucharistie bezogenen Worte aus Joh 6 an, sie sind offensichtlich ausgewählt wegen der Ich-Worte Jesu (in der Reihenfolge 6,56.54.53)[739], in denen er seine enge Verbindung mit denen ausspricht, die seinen Leib essen und sein Blut trinken. „Er bleibt in mir und ich in ihm", „ich werde ihn auferwecken am jüngsten Tage", das Essen und Trinken von Leib und Blut des Menschensohns (der „Menschensohn" in Babais Deutung ist der Archetypus) als Bedingung von Leben.

„Ecce non naturam Dei manducant terreni, o impii, sed hunc panem quem benedixit et fecit corpus typice et non secundum naturam, sed secundum virtutem propitiatoriam et pignus vitae (fecit) *unum corpus*"[740]. Und dann macht Babai einen in diesem Zusammenhang verblüffenden Gebrauch von Joh 6,63 in der Pesh. Fassung, in der „Fleisch" durch „Leib" übersetzt ist: „Spiritus est qui vivificat; *corpus" tanquam ex natura sua „non prodest quidquam*"[741]. – Hier muß man sich an die Behauptung in Satz Nr. 12 erinnern, die Gesinnungsgenossen Babais empfingen nach eigener Auskunft „Leib und Blut des Menschen". So verstanden nütze der Leib in der Tat nichts, aber das ist eben nicht das richtige sondern ein insinuiertes Verständnis, genauso wenig wie das der Gegner („Leib Gottes") richtig ist. – Er (Christus) erklärt uns selbst, „daß wir das Geheimnis (sacramentum) des Leibes seiner Menschheit typice essen und trinken, und nicht die Natur seiner Gottheit, sondern (wir essen) zum

[736] Vaschalde „praestat".
[737] Vaschalde, Versio, p. 230,4–9.
[738] Bis zum Ende des Abschnitts Vaschalde, Versio, p. 230,9–18.
[739] Die Vers-Ziffern sind gegenüber Vaschalde immer um eine Ziffer herabgesetzt; Vaschaldes Bibel scheint eine minimal verschobene Zählung im Joh-Evangelium gehabt zu haben.
[740] Vaschalde, Versio, p. 230,13–16; Z. 15 und 16 von mir etwas korrigiert.
[741] Vaschalde, Versio, p. 230,18–20. Ich habe mehr Anführungszeichen als Vaschalde gesetzt, damit Babais Interpretamente klarer erkennbar sind.

Gedächtnis seines Leidens – davon[742] *redet* (Part. Praes.) *er*[743] zu uns gewissermaßen durch ein Bild alles dessen (was den) Archetyp (betrifft) bis zu seiner Wiederkunft (cf. 1 Kor 11,26), wenn die typoi und Geheimnisse verschwinden und offenbart wird der Archetypus, angebetet von allen"[744]. – Das „Reden" meint hier speziell die johanneischen Deutungen der Einsetzungsworte, wie Babai sie in dem referierten Abschnitt zitiert, denn diese machen den Gehalt, die inhaltliche Bedeutung dessen, was man im Mahl empfängt, überwältigend groß; und umso größer ist die Spannung zwischen dem „Brot" und dem „Ich" des Gebers, der bei lebendigem Leibe von seinem Leib und Blut spricht. Trotzdem ist es *ein* Leib: der (seit der Auferstehung) himmlische Leib und das Brot auf dem Altar. Die einzige Begründung für die Einheit des eucharistischen Leibes kann nur das Einsetzungswort sein („Das ist mein Leib"), auch wenn das von Babai nicht ausdrücklich gesagt sondern als selbstverständlich vorausgesetzt wird.

Protestantische Anmerkung: Der Akzent liegt dabei weder auf dem „Ist" wie bei Luther, noch bei dessen Verständnis als „Bedeutet" wie bei Zwingli; der Akzent liegt vielmehr auf „Leib". „*Wie*", auf welche Weise das Brot der Leib des Spenders ist, geht aus dem Einsetzungswort nicht hervor. Der Wiederholungsauftrag erfordert die Gültigkeit der Einheit des Leibes auch für das Altarsakrament der kirchlichen Praxis; hier tritt das Wirken des Heiligen Geistes ein, dessen „Schweben" *(rwḥp)* an die Schöpfung erinnert. Und wie aus den weiter oben behandelten Passagen von De unione ersichtlich, stellt die Einheit des eucharistischen Leibes für die Empfänger eine Beziehung zur Einheit des einen Christus her, in dem Mensch und Gott vereint sind. Darin besteht eben das „Geheimnis", der „Typus" verbindet mit dem „Archetypus", das vom Geist zum Leib gemachte Brot mit dem Menschensohn[745]. Diese Stufen der Bedeutsamkeit zeigen nicht nur etwas, sie vermitteln etwas: „wer meinen Leib ißt und mein Blut trinkt, bleibt in mir und ich in ihm". Das wird unterstrichen durch die beiden präsentischen Partizipien „er gibt" und „er redet", beide von Vaschalde mit „praestat" übersetzt[746], beide ohne copula verwendet, die die Gegenwärtigkeit von Gabe und deutender Rede ausdrücken.

In der „Wiederholung" am Schluß des VII. Buches[747] bringt Babai ein Hilfsargument für das von ihm vorgetragene typologische Verständnis des Brotes als „Leib": die eschatologische Erwartung, die in der theodorianischen

---

742 Die Relativpartikel und die unmittelbar folgenden Worte sind zu kompakt formuliert; hoffentlich ist meine Auflösung richtig.
743 Vaschalde „praestat".
744 Hier liegt der Unterschied zum zwinglischen Verständnis des Abendmahls. Die nächste Analogie ist die griechisch-orthodoxe Theologie der Ikone.
745 Vaschalde, Versio, p. 230,20–25.
746 Vaschalde, Textus, p. 284,18 und 285,4; Versio, p. 230,4 und 23.
747 Vgl. ab Vaschalde, Versio, p. 232,18–20. (T. H.)

Theologie eine gar nicht zu überschätzende Rolle spielt[748]: „Equidem si ipsam hypostasim (Vaschalde: substantiam) corporis naturalis Christi, quod est in caelo, cotidie frangimus et sumimus, et panis triticeus in corpus naturale Christi mutatur, tunc ad quid opus habemus adventu eius de caelo?" Es folgen eine Reihe paulinischer Aussagen[749], von diesen erklärt er 1 Kor 13,12 (das „Sehen im Spiegel") folgendermaßen[750]: „Visionem ‚per speculum' dixit de his mysteriis arrhae salutis nostrae, quae sunt *mysteria et typi corporeitatis Domini nostri*; ‚facie autem ad faciem' dixit de Christo archetypo, qui cum gloria sua magna revelandus est" (es folgt Mt 24,38 als Entsprechung zu Tit 2,13 am Anfang der Zitatenreihe). – Ob er damit die Meinung des Paulus getroffen hat, ist die Frage; ganz zu schweigen von den Zeitgenossen Babais, die sich nach der Schau *Gottes* sehnten. –

Am Schluß des uns erhaltenen Textes steht eine gründliche Zusammenfassung der Abendmahlslehre vom Typ der Zusammenfassungen, wie wir sie vom Schluß anderer Kapitel in De unione kennen. Aber die in der Überschrift angekündigte „Zusammenstellung aller oben" (d.h. in den Büchern I–VI behandelten) „Gegenstände" ist nicht mehr erhalten.

3. *Der vatikanische Traktat*

In dieser kleinen Schrift[751] „*Memra* gegen jene, die sagen: Wie Seele und Leib eine Hypostase (sind), so (sind) der Gott Logos und der Mensch eine Hypostase; verfaßt von Rabban Mar Babai, Klosterhaupt des Großen Klosters" sind drei Teile deutlich zu unterscheiden: Teil I (p. 235–241) betrifft das im Titel genannte Problem; Teil II (p. 241 unten – 246) hat eine eigene Überschrift: „Darüber: Warum wird das prosopon gegeben und genommen, während die Hypostase nicht gegeben und genommen wird?"; Teil III (p. 246–247) betrifft einen Einwand der Gegenseite: „Siehe auch die alten Väter benutzten die Bezeichnung ‚eine Hypostase aus zwei Naturen'".

Die Schrift richtet sich gegen die „Theopaschiten"[752], womit normalerweise die Monophysiten gemeint sind. Aber[753]: „Diese Elenden sagen: Zwei Naturen in Christus, eine Hypostase", es sind also auch (Neu-)Chalcedonenser im Visier. Etwas später zitiert (gekennzeichnet durch *lm*) Babai einen Einwand, der die im Thema genannte Analogie betrifft und so aussieht[754]: „Natura et hypostasis animata, et natura et hypostasis corporea: per unionem vero et

[748] Vaschalde, Versio, p. 233,3–7.
[749] Vaschalde, Versio, p. 233,7–12; zitiert werden Tit 2,13; Röm 8,24; 2 Kor 5,7; 1 Kor 13,12.
[750] Vaschalde, Versio, p. 233,13–16.
[751] CSCO 79, Syr. 34, p. 291–307; 80, Syr. 35, p. 235–247.
[752] Vaschalde, Versio, p. 235,24 „Nunc nobis dicant Theopaschitae ...".
[753] Vaschalde, Versio, p. 237,26–27.
[754] Vaschalde, Versio, p. 239,15–21.

collectionem (*knyšwt*, Vaschalde: coniunctionem) naturalem et hypostaticam (sunt) illa una natura et una hypostasis homo. Ita divinitas, natura et hypostasis, et humanitas, natura et hypostasis, collectae (Vaschalde: coniunctae) in unam unitatem naturalem et hypostaticam, et una est natura et hypostasis Christi, Filii Dei". Dieser Einwand ist spezifisch kyrillisch. Er weist deutliche Bezüge zur uns bekannten syrischen Fassung der kyrillischen Anathemata auf[755]; entscheidend dafür ist das Verb *knš* mit seinen Derivaten. Das 3. Anathem spricht von der „*kwnš'* der natürlichen Union"[756] und übersetzt damit συνόδῳ τῇ καθ'ἕνωσιν φυσικήν. Kyrill selber benutzt das Adjektiv ὑποστατικός in den Anathemata nicht, aber die syrische Übersetzung hat im 2. Anathem die Adverbialbildung *qnwm'yt*[757] für καθ'ὑπόστασιν des Originals, so daß das Adjektiv sich nahelegt. Und die „eine Natur" war aus der ἕνωσις φυσική leicht abzuleiten, wenn man sich auf die Anathemata als Quelle beschränken will. Die neuchalcedonische ὑπόστασις σύνθετος wird im II. Teil abgelehnt[758]. Der Einwand, auf den der III. Teil antwortet, kommt aus der (neu-)chalcedonischen Richtung und will die Einheit der christologischen Hypostase aus der dyophysitischen Tradition rechtfertigen. Hier wird auch Ḥenana genannt[759], indem er neben die Häretiker Arius und Eunomius gestellt wird, sie alle vertreten eine Lehre „quo Deum pati facitis". Man hat den Eindruck, daß Ḥenana damit in die Vergangenheit gerückt wird, ist der Traktat also nach seinem Tod geschrieben?

Teil I

In Teil I beginnt Babai mit einer Definition des Menschen: „Vivens, rationalis, corporeus", in seiner Natur und Hypostase unterschieden von allen Geschöpfen. Das gegenseitig Abhängigkeitsverhältnis von Leib und Seele wird geschildert. Die Seele ist im Menschen „unitive und hypostatisch" vom Schöpfer geschaffen[760]. Die Anwendung der unio hypostatica auf Christus, Gott und Mensch, würde ihn als Hypostase vom Vater und vom Geist unterscheiden (ebenso nach der menschlichen Seite)[761]. Die folgenden christologischen Argumente und Formulierungen sind uns aus De unione bekannt und brauchen hier nicht wiederholt zu werden. Wie ist 2 Kor 5,17, „die neue Kreatur" chri-

---

755 Cf. Abramowski/Goodman, A Nestorian Collection, Vol. II, p. xx–xxv die Tabellen mit der älteren und der revidierten Gestalt der syrischen Übersetzung der Anathemata und die Folgerungen daraus. Die hier verwendeten Aussagen sind in beiden Fassungen gleich.
756 Abramowski/Goodman, vol. I, p. 133,8–9; II, p. 77,7–8.
757 Abramowski/Goodman, vol. I, p. 132,14; II, p. 76,19.
758 Vaschalde, Versio, p. 244,11.
759 Vaschalde, Versio, p. 247,10–11.
760 Vaschalde, Versio, p. 235,6–24.
761 Vaschalde, Versio, p. 235,24–31.

stologisch zu verstehen[762]? Der Mensch als eine Hypostase aus Leib und Seele wird erneuert durch die Auferstehung von den Toten – und Christus ist doch Mensch wie wir? Nach Ablehnung verschiedener aporetischer Lösungen heißt es: „Nos vero dicimus hypostasim humanitatis Adami secundi renovatam esse a divinitate eius". Sie sind „una persona in aeternum".

Das Problem des Verhältnisses von Christologie und Trinität wird als Fangfrage in gewissermaßen atemlose stichwortartige Form gestellt, im Syrischen buchstäblich „ohne Punkt und Komma", für die Übersetzung vergleiche man Vaschaldes Auffüllungen, die ich hier fortlasse: „Natura Trinitatis in divinitate et in humanitate eius tota Trinitas corpus et anima et Deus?"[763] In dieser karikierenden Form soll offensichtlich die Absurdität sogleich klar werden. Der textliche Anschluß muß dann auch der syrischen Wortstellung folgen: „Wenn aber in der Gottheitshypostase[764] Christi allein die Natur der Gottheit erkannt wird" (zur Unterstützung werden Joh 10,38 und 14,9 angeführt), „(dann) ist also seine menschliche Natur in ihrer Hypostatizität der Natur der Trinität fremd"[765], weil die Trinität weder Hinzufügung noch Verringerung erfährt[766]. Die menschliche Natur in Christus wird (als eine solche) erkannt, die nicht die unendliche Hypostase der Gottheit ist und umgekehrt. „Aber eins ist das prosopon Christi, des Sohnes Gottes in zwei Unterscheidungen *(pršn)*, endlich und unendlich, in einer Union zum Einen und in Ewigkeit"[767]. (Der vermittelnde Begriff des „vereinten" Sohnes im Unterschied zum „nicht vereinten" Vater und „nicht vereinten" Geist fehlt hier).

In einem der weiteren Argumentationsgänge wird der Mensch als „hypostatische Zusammensetzung"[768] bezeichnet (aber eine Diskussion bzw. Abwehr der christologischen Hypostase als zusammengesetzter fehlt ebenfalls in diesem Traktat. Henana ist also nicht der eigentliche Gegner).

Das Vokabular des Auf- und Absteigens wird gestreift mit seiner problematischen Anwendung auf die göttliche Natur, interessanterweise wird hier mit dem Adverb „unitive" ausgeholfen. Vom Logos wird das Herabsteigen metaphorisch ausgesagt, „weil er offenbart wurde im Fleisch und in (einem) Menschen weilte"[769].

Vom kyrillischen Ursprung der Argumentation, daß die zwei „versammelten" Naturen und Hypostasen *eine* Natur und Hypostase sein müßten, haben

---

762 Bis zum Ende des Abschnitts cf. Vaschalde, Versio, p. 236,30–237,25.
763 Vaschalde, Textus, p. 294,24–26; Versio, p. 237,36–238,1.
764 Wiedergabe des status constructus.
765 Vaschalde abmildernd „diversa".
766 Vaschalde, Versio, p. 238,1–6.
767 Vaschalde, Versio, p. 238,6–10.
768 Vaschalde, Versio, p. 238,31.
769 *hw'*, cf. γίγνομαι ἔν τι; Vaschalde „habitavit". – Vaschalde, Versio, p. 239,1–5. (T. H.)

wir schon oben gesprochen[770]. Wenn vom Logos „vor der Union“[771] die Rede ist, befinden wir uns ebenfalls im Bereich der Sprache Kyrills – aber die Wendung, positiv aufgenommen, wird für Babais eigene Gedankenführung benutzt[772].

Wie üblich wird die „nötigende“ natürliche Union zurückgewiesen zugunsten der „willentlichen, prosopische, in unaussprechlicher synapheia“.[773]

Christus ist nicht Hypostase oder Natur „aus Teilen“, sondern aus (!)[774], in ihren Eigentümlichkeiten vollkommenen, Naturen und deren Hypostatizität, ein prosopon der Oikonomia.

Am Schluß dieses I. Teils des Vatikanischen Traktats erscheint ein bei Babai überraschender Ausdruck für die Verschränkung der Naturen in der Union: „Gott, der menschgeworden ist, der die Knechtsgestalt angenommen hat und unitive in ihr wohnt, und der gottgewordene Mensch, der den Namen über alle Namen annahm ...“[775].

Teil II

Der II. Teil über die Austauschbarkeit von prosopon und die Nichtaustauschbarkeit von hypostasis liefert die Begründung für den Umgang mit diesen termini in Trinitätslehre und Christologie. Unglücklicherweise enthält Vaschaldes Übersetzung des dichten Textes auf p. 242 drei Fehler[776]: p. 242,1–2 ist statt „οὐσιάν *substantiam*“ (Vaschaldes Kursivierung!) zu lesen „οὐσίαν singularem *(yḥydyt)*“; p. 242,19 ist „hypostasis“ nicht als Ergänzung gekennzeichnet, außerdem wäre die Ergänzung „(homo)“ zutreffender[777]; p. 242,37 „persona filiationis“ muß heißen „hypostasis filiationis“ (wie richtig p. 242,14 und 243,28).

Ferner habe ich zwei Glossen ausgeschieden[778]:

Fortzulassen ist der Satz p. 242,5–6 (Textus, p. 300,2–3) „et indicat omnia quae hypostasis possidet in sua distinctione ab alia“. Der Satz ist eine an den falschen Platz geratene Glosse, er gehört zur Beschreibung des prosopon fixum (= des eigenen prosopon) und will sie vervollständigen, ist tatsächlich aber eine Verdoppelung des bereits Gesagten; wo der Satz jetzt steht, macht

---

[770] Vaschalde, Versio, p. 239,14–21.
[771] Vaschalde, Versio, p. 239,28–29.
[772] Was Vaschalde, weiter unten, Versio, p. 240,35–36 mit „neque anima stabiliter in esse suo sine corpore“ übersetzt, muß heißen: „neque anima subsistens in se sine corpore“.
[773] Vaschalde, Versio, p. 241,4–7.
[774] Cf. das ἐκ δύο φύσεων der (kyrillianisierten) Vulgata-Fassung des Chalcedonense.
[775] Vaschalde, Versio, p. 241,33–36; „deificatus“ p. 241,35; Textus, p. 299,22 *ʾtʾlh.*
[776] Diese Fehler sind leider von *L. I. Scipioni,* Ricerche sulla cristologia del „Libro di Eraclide“ di Nestorio (Fribourg 1956), 110ff., 125ff., übernommen worden (T. H.). Zum Folgenden siehe *Abramowski*, Babai II, p. 302, Anm. 2.
[777] *Abramowski*, Babai II, p. 313.
[778] *Abramowski*, Babai II, p. 308, Anm. 1.

er die Aussage über das „angenommene" prosopon nahezu unverständlich. Wegen der Bedeutung der Stelle folgt hier die korrigierte Übersetzung als Ersatz für Vaschaldes Versio, p. 241,39–242,7 (die Glosse lasse ich gekennzeichnet stehen):

„Hypostasis quidem est fixa et firma et possidet omnes proprietates naturae communis; οὐσίαν singularem enim eam appellant. Prosopon vero est fixum *et* assumi potest: fixum quia indicat distinctionem hypostaseos, (id est) hanc (hypostasim) non esse illam; *et* assumi potest [et indicat omnia quae hypostasis possidet in sua distinctione ab alia], *et*[779] sicut imago relative ad exemplar, *et* etiam cum distantia".

Hierauf befaßt sich Babai mit der Unterscheidung der Hypostasen der Trinität durch ihre „eigenen"[780] prosopa[781], um dann wieder christologisch zu argumentieren. Auch hier erschwert eine Glosse das Verständnis einer wichtigen Passage; Vaschalde, p. 242,17–26 in korrigierter Übersetzung lautet:

„Et etiam humanitas Filii (est) hypostasis subsistens, una de hypostasibus hominum sicut omnes homines, etsi non est (homo)[782] simplex, sed plenus divinitate. Prosopon autem eius distinguitur non solum quod ad filiationem (pertinet), sed etiam per hoc quod non est Paulus secundum hypostasim, et nec Petrus [sed per proprietatem hypostaseos singularis (!)[783] per quam distinguitur ab alia], sive imagine sua, sive specie sua, sive lineamenta sua quae pulchra (sunt); sive puritate animae suae, sive sanctitate sua sublimi, sive per hoc quod est in ordine divinitatis per unionem sive per alia cetera".

Wiederum wird der Leser aufgefordert, seine Gedanken auf die Hypostase des Sohnes in der Trinität zu richten[784]. Die entsprechende christologische Darlegung über den Menschen sieht so aus[785]: „Ita et homo, quem ab initio formationis eius ad personam suam assumpsit, id est, Iesus a Nazareth, possidet hypostasim fixam in qua agnoscitur, et possidet omnia naturae communis in hypostasi sua quam et appellant οὐσίαν (Vaschalde: substantiam) singularem. Rursus possidet in hypostasi sua, sicut dixi, personam propriam[786] et fixam et *accepit personam filiationis*[787] *unitive. Verum tamen non factus est hypostasis filiationis*[788], nisi secundum virtutem et actionem et nomen et (secundum) om-

---

779 Das dreimalige „et" bezeichnet Möglichkeiten der Beziehung, die durch „prosopon" hergestellt werden können. Sie sind alle in verschiedenen Kapiteln von De unione durchexerziert worden. Die letzte Variante spielt auf den Abdruck des Herrscherbildes auf der Goldmünze an.

780 *dylny'*.

781 Vaschalde, Versio, p. 242,7–13.

782 Siehe schon oben den Hinweis auf diese Korrektur.

783 Eine Hybridbildung, veranlaßt durch die οὐσία singularis des vorangehenden Textes. Wie jener Ausdruck ist das ein Relikt der alten Synonymität von οὐσία und ὑπόστασις.

784 Vaschalde, Versio, p. 242,26–31.

785 Vaschalde, Versio, p. 242,31–243,2.

786 *dylny'*. Diese Adjektivbildung schaltet die Ambivalenz des *dylh* aus, daß es sowohl bloßes Possessivpronomen sein kann wie auch akzentuiert „eigen" meint.

787 Die persona filiationis ist die des göttlichen Sohnes.

788 Die hypostasis filiationis ist die des göttlichen Sohnes.

nia, quae Deus Verbum habet, in una coniunctione unius filiationis". – Die Differenzierung der zwei Hypostasen zu zwei prosopa, die sich gegenseitig annehmen, ist terminologisch viel klarer formuliert als im Liber Heraclidis, der Quelle Babais. – Unmittelbar anschließend wird als allgemeine Regel angegeben[789]: „*Hypostasis* enim subsistens in se (Vaschalde: in esse suo), non assumitur nec additur aliae hypostasi ut sit cum ea una hypostasis subsistens quae possidet omnia naturae. *Persona* vero assumitur *et* remanet in proprietate hypostaseos eius cuius est persona κυρίως."

Auch in diesem Traktat finden wir „homo Filii" und „homo domini nostri"[790]. Und es bleibt dabei, daß „Annehmender" und „Angenommener" zu unterscheiden sind[791]: „Alius est assumens et alius assumptus". Schließlich wird auch noch die ὑπόσταρις σύνθετος abgelehnt[792].

Im Rest des II. Teils werden zwei Beispiele für die Übertragbarkeit von prosopon gebracht, die wir schon aus De unione kennen: Abdruck der Goldmünze in Wachs oder Lehm; das Abbild eines Menschen im Spiegel. Zum ersten Beispiel wird gesagt[793]: „Dies (ist anzuwenden) auf die forma humana, die das prosopon der Gottheit angenommen hat, als Hinweis *(rmz')* auf jene Unerforschlichkeit", d.h. die Unerforschlichkeit der „Annahme".

Die Beispiele des vom Feuer durchglühten Eisens und von der Sonne im Spiegel sollen zeigen[794]: „divinitas nullo modo passionem accepit per unionem suum (Vaschalde: suam) cum corpore". In summa[795]: Aus diesen Beispielen „aus Natur und Naturen" sieht man, „daß Gottheit und Menschheit Christi auf keine Weise eine Hypostase sein können, sondern ein prosopon (sind), in dem erkannt werden zwei Naturen unitive in ihrer Hypostatizität, ohne Trennung, in einer synapheia und in Ewigkeit".

Teil III

Im kurzen III. Teil des Traktats wird der Einwand besprochen[796], „auch die alten Väter hätten die Wendung gebraucht ‚Eine Hypostase aus zwei Naturen'". – Wer sind diese alten Väter, auf die sich die „Frechen" „gegen uns" berufen? Soll das das Chalcedonense sein, wo in der verbreiteten kyrillianisierenden Fassung nicht „in zwei Naturen" sondern „aus zwei Naturen" gelesen wurde? Bei früherer Gelegenheit habe ich angenommen[797], die Quelle könnte

[789] Vaschalde, Versio, p. 243,2–6.
[790] Vaschalde, Versio, p. 243,22.27.
[791] Vaschalde, Versio, p. 243,32.
[792] Vaschalde, Versio, p. 244,11.
[793] Vaschalde, Versio, p. 245,2–4.
[794] Vaschalde, Versio, p. 245,37–38.
[795] Vaschalde, Versio, p. 246,3–8.
[796] Vaschalde, Versio, p. 246,9–11.
[797] *Abramowski*, Babai II, p. 301.

Flavian von Konstantinopel sein, für den Nestorius im Liber Heraclidis wegen seines Schicksals so große Sympathie zeigt. Babai erklärt den Gebrauch der Wendung, den er gar nicht leugnet, aus der (damaligen) Auseinandersetzung mit Arianern und Apollinarius, deren Hauptthesen er zusammenfaßt. Jedenfalls unterschieden diese Väter die Naturen und ihre Eigentümlichkeiten[798]. Das bringt Babai zu grundsätzlichen Erwägungen[799]: „Non est natura absque hypostasi, nec est hypostasis in qua non agnoscitur aliqua natura quae venit sub distinctionem (Vaschalde: captum) rationalium. Et Patres ... anathematizaverunt omnes qui dicunt Deum esse passibilem aut cadere sub investigationem et visum[800] creaturarum, aut ullo modo expertum esse aut experturum aliquid humanum". Die Väter nahmen hypostasis für prosopon und umgekehrt, weil man damals diese termini („Namen") noch nicht untersucht hatte; wie man hört, werden diese Vokabeln bei den „Römern" (d.h. den Byzantinern) auch jetzt noch vermischt[801].

Aber wegen eurer Bosheit[802] „ist (jetzt) nicht die Zeit des: ‚Der Leidensunfähige hat gelitten, dem Logos ist Schaden widerfahren, der Unsichtbare ist erschienen' und anderes derart nach der Gewohnheit der ersten Väter – sie nämlich haben die Lehre errichtet"[803] (d.h. sie haben die Grundlagen gelegt)[804], „auch nicht (die Zeit) zu sagen: ‚Eine Hypostase in Christus', auch wenn die Väter davon Gebrauch machten, weil sie (Hypostase) für prosopon setzten"[805]. Die Folgen aus eurem „prosopon der hypostatischen Union"[806] sind nicht akzeptabel und werden von allen Rechtgläubigen unter dem Himmel verdammt. Unsere Lehre von den zwei unterschiedenen Hypostasen der Naturen folgt dagegen den Spuren der Apostel. In den Schlußzeilen des III. Teils und damit des ganzen Traktats legt Babai die Lehre seiner Kirche noch einmal in der gewohnten Weise dar.

Wer sind die Diskutanten, die Babai mit Texten aus der Tradition von der *einen* christologischen Hypostase der zwei Naturen zu überzeugen versucht? Es handelt sich nicht um Ḥenana oder um Anhänger des Ḥenana, denn dessen Name und Stichworte erscheinen nur am Rande und bei der Aufzählung sonstiger Ketzereien. Und Babai seinerseits stellt die Belege nicht in Frage, sie müssen also mit kanonischen Verfassernamen verbunden gewesen sein. In Teil I bezeichnet Babai die Leute, mit denen er es in seinem Traktat zu tun hat, als

798 Vaschalde, Versio, p. 246,24–31.
799 Vaschalde, Versio, p. 246,31–37.
800 „Schau": Babai hat jene Religiosen im Blick, die nach (leiblicher) Gottesschau drängen.
801 Auch für einen echten Römer trifft das zu: Boethius.
802 Vaschalde, Versio, p. 247,2–3.
803 Vaschalde, Versio, p. 247,6–9.
804 In diesem positiven Sinn verstehe ich den Satz.
805 Vaschalde, Versio, p. 247,11–12.
806 Vaschalde, Versio, p. 247,13. Vaschalde hat „ex parte unionis" für „ex prosopo unionis".

Theopaschiten[807], aber das scheint hier kein eindeutiger Hinweis auf Monophysiten zu sein. „Diese Elenden sagen: Zwei Naturen in Christus, eine Hypostase“[808], sie argumentieren mit den Vokabeln der kyrillischen Anathemata (in syrischer Übersetzung)[809], einem wesentlichen Element des Neuchalcedonismus. Aber interessanterweise kommt es ihnen auf die „zusammengesetzte Hypostase“ nicht an (es ist Babai, der sie in diese Front einordnet) – erkannten sie deren Angreifbarkeit oder kannten sie die Widerlegung dieses Theologumenons aus der Feder Babais (oder seiner Gesinnungsgenossen)? Wahrscheinlicher ist, daß sie den terminus nicht den „ersten Vätern“ zuschreiben konnten. Gab es solche Chalcedonier in der persischen Kirche, oder sind die Besucher aus dem Osten des byzantinischen Reiches, die mit Babai zusammengetroffen sind?

Seine Zurückweisung der Väter-Belege gegen die übliche Tendenz (die auch die Seine ist), das Alter und die Tradition für maßgeblich zu halten, begründet er mit dem Stand der theologischen Debatte, die eine stärkere Differenzierung erfordere. – Diese Differenzierung beruht auf der in der ostsyrischen Theologie seit ihren edessenischen Anfängen geübten Reflexion über den Zusammenhang von trinitarischer und christologischer Terminologie. Der Streit um das „Unus ex trinitate passus est“ führte zur ersten Lösung: Trennung des Vokabulars; die Auseinandersetzung mit Justinian und Ḥenana zur Umkehrung dieser Position, ohne daß die Christologie eine inhaltliche Änderung erfuhr, sie wurde nun terminologisch viel komplizierter. Auch in den christologischen Schluß unseres Traktats ist der trinitarische Bezug eingebaut[810]: „... wir vereinen die Gottheit, d. h. aber die vollkommene Hypostase, den Gott Logos (Hypostase) wie der Vater, gleichwesentlich (dem Vater), und den vollkommenen Menschen ...“ (meine Ergänzungen sind durch die selbst für Babai ungewöhnliche syntaktische Verknappung veranlaßt).

4. Ein titelloser Text

Die „Nestorian Collection of christological texts“ (ed. Abramowski/Goodman) enthält ein in sich geschlossenes kleines Textstück mit christologischen Definitionen[811], von dem es schwierig zu sagen ist, ob es ein Exzerpt aus einem größeren Werk ist oder ein kurzer selbständiger Traktat[812]. Baumstark

---

807 Vaschalde, Versio, p. 235,24, dazu siehe oben.
808 Vaschalde, Versio, p. 237,26–27.
809 Vaschalde, Versio, p. 239,16–19, dazu siehe oben.
810 Vaschalde, Versio, p. 247,22–24.
811 Abramowski/Goodman, A Nestorian Collection, vol. I, p. 207–209; II, p. 123–125.
812 Cf. Abramowski/Goodman, vol. II, p. xlviii.

schreibt ihn völlig unnötig dem Werk De unione zu, deswegen wird der Text bei Ortiz de Urbina gar nicht erwähnt[813].

Gegenüber unserer Publikation von 1972 sind einige Bemerkungen zur Übersetzung zu machen.

1. Zu II, p. 123,32: es muß genauer heißen „– made distinct (as to) what it is", d. h. es ist nur die Klammer verschoben worden.

2. Zu II, p. 124,12–15: hier geht es um die „Festigkeit" des prosopon in seiner Hypostase, und zwar gilt das „wie in den sichtbaren, so in den *intelligiblen (mtʿ dnʾ)* (Dingen)" (statt „known (things)" unserer Übersetzung)[814].

3. Jansma in seiner ausführlichen Durchsicht unserer Übersetzung[815] möchte II, p. 125,3–4 „the Son of the most high" übersetzen mit „the Son of God", unter Hinweis auf p. 125,26. Nun steht „of the most high" im syrischen Text (I, p. 209,3) tatsächlich in jenen Klammern, mit denen der Schreiber der Hs anzuzeigen pflegt, daß das betreffende Wort nicht mehr sicher lesbar ist (er hat fast immer recht mit seiner Lesung). Dies „most high" kommt hier zum zweiten Mal im Satz vor: „by the union with the Son of the most high *is he* the one Son of *the most high*" – das ist eine Auslegung von Lk 1,35; dabei kommt es Babai auf die Identität des Titels an, auf der Grundlage der Union. Die Ausführung Babais über „den Sohn des Höchsten" in De unione bestätigen unsere Übersetzung.

4. Dankbar akzeptiere ich die Verbesserung Jansmas von II, p. 125,17–18. Dort schreiben wir: „because it is impossible for prosopon to stand without hypostasis, so that it (sc. the prosopon) is seen to be fixed in it for its differentiation". Jansma: „… without a visible hypostasis in which it (sc. the prosopon) is fixed to distinguish it (from others)".[816]

Die Intention des kleinen Textes ist die Feststellung des Prinzips, daß das Bekenntnis zu zwei Naturen im einen prosopon Christi notwendig das Bekenntnis zu zwei Hypostasen nach sich ziehen müsse, wenn nicht die ganze Trinität und die ganze Menschheit (d. h. alle Menschen) in die christologische Union impliziert sein sollten. Zwei polemische Ausdrücke lassen keine spezifische Gegnerschaft gegen Monophysitismus oder Ḥenana erkennen[817]. Eine Polemik gegen die „eine Natur" oder gegen die „zusammengesetzte Hypostase" fehlt.

Babai bestimmt das Verhältnis von Natur, Hypostase, prosopon zueinander[818]: „No nature can be known without an hypostasis and no hypostasis can stand without a nature, and no prosopon can be distinguished without the

---

813 *Baumstark*, Geschichte, p. 138, Anm. 1.

814 Eine Korrektur, die *Jansma* in seiner Rezension (siehe nächste Anm.) nicht vorgenommen hat.

815 *T. Jansma*, JSSt 20 (1975) 93–109.

816 Unten weitere Verbesserungen zu vol. II, p. 124,12–13; 125,18–21.

817 Abramowski/Goodman, vol. II, p. 124,10 und 125,26.

818 Abramowski/Goodman, vol. II, p. 123,32–124,1.

hypostasis". Entscheidend für die systemische Notwendigkeit der Einführung von zwei Hypostasen ist die Definition von Natur[819]: Natur ist „allgemein/gemeinsam und unsichtbar" und deswegen erkennbar nur aus den Hypostasen „unter ihr". Und[820]: „Es ist nicht möglich, daß sich ‚prosopon' (unmittelbar) auf ‚Natur' bezieht[821], weil (diese) allgemein ist, sondern es (sc. das prosopon) ist in der Hypostase befestigt und unterschieden". Und[822]: „Sie (die Väter) verstanden genau, daß sich prosopon nicht auf die allgemeine Natur beziehen[823] kann, weil sie (sc. die allgemeine Natur) alle Hypostasen, die in ihr (sind), einschließt".

Die Kette der Beziehungen wird sofort spezifiziert und theologisch angewendet[824]: „And just as the nature of the Trinity is common to the three hypostases, so the nature of men is common to all the hypostases of men". Wenn man das nicht berücksichtigt[825], kommt es zu folgender Absurdität[826]: „(then) we are saying that the whole nature of the Trinity was united (sc. in Christ), Father, Son and Holy Spirit, and that the whole nature of men was united, Jesus, Judas and Simon"[827]. Wenn auch die soteriologische Intention „unserer ganzen Natur" gilt[828], so wurde doch nur die *eine* μορφὴ δούλου angenommen, *eine* Hypostase, der Mensch Jesus, wurde vereinigt.

Auch in diesem Text wird der Ausdruck „eine der Hypostasen der Trinität" für den Gott Logos positiv aufgenommen und stellt eine Stütze der Zwei-Hypostasen-Christologie dar. Auf der menschlichen Seite der christologischen Union gilt analog[829]: „Nicht die allgemeine Natur ohne Hypostase hat Maria geboren, und auch nicht viele Hypostasen, sondern die eine Hypostase, den Menschen Jesus hat sie geboren, ihn, der auch der Sohn des Höchsten ist in der Union des einen prosopon".

Offensichtlich gab es einen Widerstand aus den eigenen Reihen gegen die zwei christologischen Hypostasen, und Babai muß erklären[830]: „Auch kommt es vor, daß die Väter (die Formulierung) gebrauchen ‚zwei Naturen, ein prosopon'", damit leugnen sie (aber) nicht die Hypostasen und heben sie nicht

---

819 Abramowski/Goodman, vol. II, p. 124,2–3.

820 Abramowski/Goodman, vol. II, p. 124,11–13.

821 Seinerzeit haben wir *npl ʿl* noch übersetzt mit „be the same as", aber siehe *Payne-Smith*, Dictionary, s. v.: „*gram.* to refer to".

822 Abramowski/Goodman, vol. II, p. 125,18–21.

823 *npl ʿl* siehe die vorletzte Anmerkung.

824 Abramowski/Goodman, vol. II, p. 124,3–5.

825 Cf. Abramowski/Goodman, vol. II, p. 124,5–7: „And if we say of the two natures that they are united in one prosopon, not declaring expressly two hypostases with them ...".

826 Abramowski/Goodman, vol. II, p. 124,7–10.

827 Cf. Abramowski/Goodman, vol. II, p. 124,28–20.

828 Abramowski/Goodman, vol. II, p. 124,35–36: „though all our nature was raised and uplifted from the corruption of mortality ...".

829 Abramowski/Goodman, vol. II, p. 125,4–7.

830 Abramowski/Goodman, vol. II, p. 125,10–17. (T. H.)

auf, denn oft wo es nötig ist, deklarieren sie mit den Naturen auch die Hypostasen, weil sie wußten, „daß es keine Natur ohne Hypostase gibt". Hieran schließt Babai die Bestimmung über das Verhältnis von prosopon zu hypostasis an, eine Wiederholung des schon zu Anfang Gesagten. Im unmittelbaren Kontext könnte man gar die von Babai gewiß nicht beabsichtigte Folgerung ziehen, daß aus dem einen prosopon eine Hypostase abzuleiten wäre! Die Komplikation, daß umgekehrt zwei Hypostasen zwei prosopa ergeben müßten und wie diese zu vereinen wären, behandelt Babai hier nicht.

Die in unserem Text Angesprochenen sind nicht Abweichler intern oder Gegner von außen, sondern Traditionalisten, die von der Notwendigkeit der Neuformulierung der Christologie ihrer Kirche erst überzeugt werden müssen, nachdem so lange Zeit die Beschränkung des Terminus Hypostasis auf die Trinitätslehre Ausdruck der korrekten Lehre war und die „Väter" tatsächlich immer von zwei Naturen und einem Prosopon gesprochen hatten. So ist der kleine Traktat ein Zeugnis dafür, daß der Übergang nicht ohne Mühe vor sich ging.

5. Die Vita des Märtyrers Georg

Diese Quelle[831], oben schon für die gescheiterte Demarche der Bischöfe beim Großkönig ausgewertet[832], unterscheidet sich von den bisher besprochenen aus der Feder Babais durch die Tatsache, daß sie besser datiert werden kann, weil sie selbst ein datum post quem liefert, nämlich den Todestag des Märtyrers, umgerechnet der 14. Januar 615[833]. Wie in De unione VI 21 wird Theodor als Autorität beim Namen genannt (siehe unten); außerdem wird auch die Gruppe der „drei Lehrer" Diodor, Theodor, Nestorius erwähnt.

Babai stellt den Märtyrer als Vertreter und Zeugen der korrekten Christologie dar. Dazu gehören auch die Erwähnungen des Trishagions als eines von Georg verwendeten Gebets; natürlich handelt es sich um das unveränderte Trishagion, also ohne den theopaschitischen Zusatz. Die erste Gelegenheit findet man in der Übergangsphase des jungen Aristokraten zum Christentum (§ 12)[834]: „Und wenn ein Magier kam nach der Sitte des Heidentums und ihm einen Segen (*waq'*, Pehlevi: vāčak)[835] zum Abendessen gab, (dann,) nachdem

[831] Edition: *P. Bedjan,* Histoire de Mar-Jabalaha, de trois autres patriarches, d'un prêtre et de deux laïques, nestoriens (Leipzig ²1895); deutsche Teilübersetzung: *O. Braun,* Ausgewählte Akten persischer Märtyrer = BKV 22 (Kempten, München 1915) 221–277.

[832] Siehe oben das erste Kapitel über die Dokumente des Jahres 612.

[833] BKV 22, p. 277, Anm. 1.

[834] Bedjan, p. 440 untere Hälfte. – Vgl. BKV 22, p. 226.

[835] Siehe *J. P. Margoliouth,* Supplement to the Thesaurus Syriacus, collected and arranged (Oxford 1927), p. 105a zu unserer Stelle (aus G. Hoffmann, Auszüge aus syrischen Akten persischer Märtyrer [Anm.] 857).

er den Magier entlassen hatte, begann er dreimal in seinem Herzen zu sprechen ‚Heiliger Gott, heiliger Starker, heiliger Unsterblicher, erbarme dich meiner'. Und dann zeichnete er das Zeichen des Kreuzes auf das *drwn'* (draono)[836] und so aß er". Hier benutzt Babai absichtlich die persischen religiösen Termini (wie korrekt, überlasse ich den iranistischen Kollegen zur Beurteilung).

Als Georg, nun schon Gefangener (§ 58)[837], durch seine erfolgreiche Widerlegung des Feuerkults mit rein rationalen Argumenten zwei Konvertiten gewonnen hat (auch sie Söhne „von Großen" wie er selber), „brachte er Brot und legte es vor sie, zeichnete das Kreuz und gab ihnen die Eulogie *(bwkrt')*. Und sie nahmen und aßen in voller Herzensfreude. Dann lehrte er sie und sagte: ‚Immer wenn ihr zum Essen hinzutretet, sollt ihr dreimal sagen: Heiliger Gott, …, und dann essen' – wie es getan hatte der Heilige im Anfang seiner Unterweisung im Christentum" (cf. § 12).

Schließlich spricht Georg das (unveränderte) Trishagion dreimal am Schluß seines langen[838] Gebets (§ 65 Ende)[839], nachdem er es mit dem Sanctus begonnen hatte (§ 63)[840]. Das Gebet ist eine sorgfältige Komposition (des Hagiographen): Fürbitte des Märtyrers für sich selbst (§ 63), für die Kirche, für seine Klostergemeinschaft und für alle, die ihm in seiner Pilgerschaft geholfen haben.

Das (unveränderte) Trishagion steht also am Anfang und am Ende seines Lebens als Christ. Wir wissen aus Babais dogmatischen Schriften, daß das Trishagion in dieser Form Ausweis der Rechtgläubigkeit ist. Offenbar gehört es in die Anfangsunterweisung für Konvertiten, es gehört zu den kultischen Bestandteilen der Alltagsfrömmigkeit (Mahlzeiten!) und ersetzt ein entsprechendes persisches Element. Zugleich wird dem Konvertiten ein Merkmal christlicher Konfessionsverschiedenheit eingeprägt: hier liegt ein hörbarer Unterschied zur Praxis der „Theopaschiten".

Sehr früh in der Vita des Getauften (Taufe in § 12) wird davon berichtet, daß er sich mit den Schriften Theodors von Mopsuestia befaßt (§ 13a)[841]. Bei näherer Betrachtung weist dieser Abschnitt merkwürdige Inkonsistenzen und offensichtliche Doppelungen auf, ungewöhnlich für den Verfasser:

---

[836] *J. P. Margoliouth*, Supplement to the Thesaurus Syriacus (Oxford 1927), p. 94b zu unserer Stelle: „Zend. draono, a small round shewbread" (aus G. Hoffmann – wie vorige Anm. – Anm. 860).

[837] Bedjan, p. 530.

[838] § 63–65 (Bedjan, p. 540–544), nur teilweise in BKV 22, p. 267–268, übersetzt. Das Gebet spricht Georg mit Erlaubnis des leitenden Beamten, ehe er am Kreuz befestigt wird.

[839] Bedjan, p. 544 Mitte.

[840] Bedjan, p. 540 unten.

[841] Braun hat sich beim Gliedern des Textes in Paragraphen verzählt. § 13 kommt zweimal vor: für Bedjan, 441 und 443, so daß man BKV 22, p. 226, § 13a und p. 227, § 13b schreiben muß.

Nachdem Georg vom Bischof von Hira getauft[842] worden war, „kehrte er nicht zu seiner zweiten Frau zurück" (gewiß um außerhalb der Reichweite von Hof und Großkönig zu bleiben), sondern ritt „einsam" „bis zur Stadt Balad im Gebiet von Nisibis" – ein Motiv für die Wahl des Ortes wird nicht angegeben. Dort ergreift ihn die Stadtwache und befragt ihn mißtrauisch nach seiner Absicht, er entkam ihr aber mit Gottes Hilfe. „Und er ging zur Schule in einen Ort namens Bet Rastak[843] im Gebiet von Adiabene", verkaufte sein Maultier und nahm sich eine Zelle und begann die Psalmen zu lernen, indem er beständig war in Fasten und Gebet und in aller Keuschheit", – er beginnt also zu leben wie ein Mönch, – in kürzester Zeit lernt er „den David" auswendig, „begann die Schriften zu lesen und auch verständig die Auslegung (sc. Theodors) zu hören" – er lebt also auch wie ein Student der Schule. Er testet seine Situation als zoroastrischer Apostat, indem er durch Boten Kontakt mit seiner Schwester aufnimmt, die Beruhigendes zu melden weiß und ihn zur Rückkehr auffordert. „Und dann ging er, indem er Gott lobte. Und er begann mit großen Kosten eine Schule zu gründen"[844] – wo? – „stellte einen Lehrer[845] an, und es sammelten sich Brüder zur Lehre, während auch er sich in den Schriften übte und in den Auslegungen des seligen Theodor, während er seine Frau nach der Sitte der Christen hielt und er von seiner christlichen Frau einen kleinen Sohn bekam". – Wie verhalten sich diese beiden Schulgeschichten zueinander? Die erste Fassung sieht aus wie eine Rückprojektion der späteren Klosterexistenz des Georg, ist jedoch mit konkreten Ortsangaben verknüpft, die doch wohl auf die Erzählungen Georgs zurückgehen. Die zweite Fassung, Georg als Schulgründer, daneben seine Existenz als christlicher Ehemann – paßt das zusammen? Hier ergibt sich das Bild des reichen konvertierten Aristokraten als Stifter, der vielleicht neben seiner Gründung wohnt und an deren intellektuellem Leben sich beteiligt.

Aufschlußreich ist die Selbstverständlichkeit, mit der das Vorhandensein von Theodors Kommentaren an jeder Schule vorausgesetzt wird. Aber wie verhält sich das Theodor-Studium des eben Getauften (an zwei verschiedenen Orten!) zu dem, was über denselben Punkt aus dem beginnenden Mönchsleben Georgs unter Babais Anleitung berichtet wird? In § 37[846] hören wir von der Beteiligung an schwerer körperlicher Arbeit; dazu „gewann er Verständnis" (drei syrische Verben!) „der heiligen Schriften und der Lehren der Ein-

[842] Georgs Schwester dagegen war zum üblichen Tauftermin Ostersonntag vom Katholikos selber (also doch wohl in Seleukia-Ktesiphon) getauft worden, § 19 (Bedjan, p. 454).

[843] Im Namensverzeichnis von BKV 22 (278–279) gibt Braun folgende Erklärung zu Bet Rastaq: „in der Diözese Marga. Die Schule, die auch sonst genannt wird, wurde zu Anfang des 8. Jahrhunderts von Bâbai dem Musiker erneuert". – Im Synodicon Orientale kommt Bet Rastaq nicht vor.

[844] BKV 22, p. 227, fälschlich: „errichtete in vielen Gegenden Schulen".

[845] Plural in BKV 22.

[846] Bedjan, p. 491.

siedler und (lernte) zu verstehen alle Auslegungen des seligen Theodor des ökumenischen Lehrers[847], und in wenigen Jahren wurde er selber Lehrer der Einsiedler", besonders in Fragen des religiösen Lebens.

In der Disputation mit den Ḥenana-Anhängern, die der Verfasser den Georg führen läßt, wird auch auf das VIII. Buch von Theodors De incarnatione hingewiesen, § 42[848]: „Und siehe, es ist gesagt auch vom seligen Theodor in seinem Werk von der Leibwerdung, im VIII. Buch, und er erklärt dort klar zwei Naturen und zwei Hypostasen im einen prosopon Christi des Sohnes Gottes". – Bekanntlich tut Theodor das gerade nicht, was die zwei Hypostasen betrifft, aber diese Folgerung ließ sich aus dem Text leicht ziehen. Diese Passage bei Babai ist wichtig für die Kenntnis auch des unbearbeiteten Textes von De incarnatione bei den Ostsyrern[849].

Schließlich erscheint Theodor auch noch in der Anti-Ḥenana-Proklamation, die Georg an die Tür der Klosterkirche heftet (§ 44)[850]. Unter das darin ausgesprochene Anathem fällt jeder, der verwirft „die drei ökumenischen, seligen, heiligen Lehrer, die Säulen in der Kirche, und ihre apostolische Lehre, durch die der ganze Osten erleuchtet wurde, ich meine aber den seligen Diodor und den seligen Theodor und den seligen Nestorius, leuchtend unter den Zeugen[851], und die übrigen Lehrer, die in ihren Fußstapfen wandelten".

Ehe ich zu den christologischen Kernaussagen Georgs komme, die sich von denen Babais nicht unterscheiden, stelle ich noch einige charakteristische Einzelbeobachtungen zusammen. So findet sich Babais Sprache auch im Munde der Schwester Georgs. Diese gibt (§ 19)[852] wie ihr Bruder ihre zweite, christliche Ehe auf, sie will Geheiligte des Herrn „und[853] in Ewigkeit" sein, um Christus anzuhängen „in einem Geist und in Ewigkeit". Interessant ist eine Mitteilung über die Kleidung in der neuen Lebensform: es sind einfache, „welche *die reichen Bundestöchter an diesem Ort zu tragen pflegten*". – Was trugen dann die armen Bundestöchter? Gab es eine Tracht nur für die vorher reichen Religiosen? Vielleicht war sie für die Armen zu teuer? – Den Namen Maria nimmt Georgs Schwester an, weil sie erfahren hat, daß es im Christentum keinen höher geachteten Namen als den „der seligen Herrin Maria, der Chri-

---

847 Kein Hinweis darauf, daß der Held doch schon beträchtliche Vorkenntnisse gehabt haben müßte.

848 Bedjan, p. 499 unten.

849 Dazu siehe *L. Abramowski*, Die Reste der syrischen Übersetzung von Theodor von Mopsuestia, De incarnatione, in Add. 14.669, ARAM 5 (1993) 23–32 (A Festschrift for Dr. Sebastian P. Brock), hier 29–30. (T. H.)

850 Bedjan, p. 503–504.

851 BKV 22, p. 251: „die herrlichen Zeugen"; aber die Apposition ist auf Nestorius bezogen, seines Schicksals wegen.

852 Bedjan, p. 455–456.

853 Das aus Hebr 13,8 stammende „und" erscheint in der refrainartig benutzten Formel, ob es syntaktisch paßt oder (wie hier) nicht paßt; es fehlt in BKV 22, p. 233.

stusgebärerin gibt" (Erwägungen über „Gott"- oder „Menschengebärerin" stellt Babai hier nicht an).

Dem *šlyṭ*, der die Hinrichtung Georgs leitet (§ 66)[854], gibt der Märtyrer eine kurze Unterweisung über „die Kraft des Christentums" zur Begründung seiner (nicht erfüllten) Bitte, mit dem Kopf nach unten gekreuzigt zu werden. Babai läßt ihn in uns vertrauten Wendungen sprechen: „Christus, der wahre König, den wir verehren und an den wir glauben, hat, wegen der Erlösung der Menschen und weil er in seiner Menschheit aus unserm Geschlecht ist, sich dem Tod am Kreuz ausgeliefert, daß er sie vom Irrtum befreie und zu seiner Erkenntnis wende und ihnen das wahre Leben gebe. Und weil er der Herr ist, angebetet von allen, und ich Knecht und Anbeter", will Georg sich nicht in derselben Position kreuzigen lassen.

Der Leichnam des Gekreuzigten wird verstümmelt (§ 72)[855]: Kopf und Füße werden abgetrennt. Babai findet folgende Deutung: „damit erfüllt werde dasselbe Mysterium *(rz)* der vier Pfeile (nämlich) im Mysterium des Kreuzes (Christi)"[856]. – Diese Deutung ist eines der Gedankenkürzel Babais, wie wir sie schon an anderer Stelle getroffen haben. Die „vier Pfeile" gehören in die Beschreibung der Hinrichtung (§ 69)[857], dort treten die „vier Finger" dazu, die Georg krümmt „im Geheimnis des Kreuzes"; d.h. der Märtyrer selber deutet die vier Pfeile als Hinweis auf das Kreuz (Christi). – Babai bezieht nur hier die Verstümmelung des Getöteten in die Kreuzigung ein, die ihrerseits verstanden wird als „Abbild" des Kreuzestodes Christi.

Babai schildert in § 76 die Einführung und Verbreitung des feierlichen liturgischen Gedächtnisses des Martyriums. In allen Kirchen von Maḥozē (also in Seleukia-Ktesiphon) wird es gefeiert[858]. Georgs Name wird mit dem Namen aller Märtyrer aufgeschrieben und verkündet, „zuerst in der großen Kirche des Hauses der Katholikoi", und von da verbreitet sich die Praxis über alle Gebiete (sie werden aufgezählt). – Die Bestimmung „die große Kirche des Hauses der Katholikoi" erweckt die Vorstellung eines ganzen Gebäude-Komplexes; die „große Kirche" ist natürlich keine andere als die im Stadtgebiet Kōkē gelegene, die wir aus den Synodalakten kennen, in der die Weihe des Katholikos stattzufinden hat, wie seit Mar Aba festgelegt ist.

Die Vita endet mit einem langen Gebet als Abschluß der Verlesung der

---

854 Bedjan, p. 544–546.
855 Bedjan, p. 554.
856 Das „Geheimnis *(ʾrzʾ)* des Kreuzes" ist nicht identisch mit dem Kreuzzeichen, cf. § 68 (Bedjan, p. 548), wo Georg vor der Kreuzigung „das Kreuzzeichen *(nyšʾ dṣlybʾ)* auf alle seine Glieder setzt *(ršm)*".
857 Bedjan, p. 550.
858 Bedjan, p. 560.

Vita; Christus heißt hier, wie so oft bei Babai „Haupt unseres Lebens und unser Gott“ (§ 83 Ende)[859].

In den §§ 41–43[860] war Georg als Verfechter der Zwei-Hypostasen-Christologie vorgestellt worden. Zu Beginn des § 40[861] heißt es, daß Georg sich *schriftlich* an der Bekämpfung der Theopaschiten und des „Chaldäertums“ des Ḥenana beteiligte und dies „in Partnerschaft mit einem der Brüder vom Berg (Izla)“. – Dieser Bruder ist niemand anders als Babai. Soll man vermuten, daß Georg allein eine solche Widerlegung nicht fertig gebracht hätte? – In der mündlichen Debatte mit den untereinander verbündeten Ḥenanianern und Severianern geht es um die eine Natur und die eine Hypostase in Christus und die Übertragung der Leiden auf die Gottheit (§ 41)[862]. Georg wendet sich gegen diese Theologumena mit „unauflösbaren Problemen“ (d. h. Dilemmata). Babai beteuert, er gebe jedes einzelne Wort Georgs wieder, weil (eigentlich) „die Sache größere Ausführlichkeit bedürfte, wenn alles gesagt werden sollte“. Das erste Argument Georgs ist: Ihr redet von Union – wenn nun vor der Union eine Natur und eine Hypostase ist und nach der Union auch, dann handelt es sich gar nicht um eine Union. – Hier waren also die Severianer gemeint. – Wenn die Gegner dann sagten, sie lehrten zwei Naturen und eine Hypostase (das wären die Ḥenanianer), dann fragt Georg[863]: „Gibt es Natur, die nicht in der Hypostase erkannt wird, die unter ihr ist?“[864] „Und gibt es eine Hypostase, die nicht die allgemeine Natur anzeigt?“ Wie ist es mit den beiden Naturen und ihren Eigentümlichkeiten in der einen Hypostase? Welche der Naturen wird in ihr erkannt? Nur eine von beiden? Und wenn ein Teil jeder Natur die eine zusammengesetzte Hypostase ausmachen, „wie es der frevlerische Kaiser Justinian sagt, (dann ist) hier Zusammensetzung, Teilung und Teile, und diese Hypostase ist einzig in ihrer Art und ist verschieden vom ewigen Wesen (Gottes) und von der Natur der Menschen“, und weder Gott noch Mensch sind (unter dieser Voraussetzung) in ihrer Hypostase vollkommen.

Zwar spricht die Gegenseite von zwei Naturen und einem prosopon in der Union (§ 42)[865], „aber sie führen es aus nach irrigem Verstand“, nicht nach dem richtigen der frühen Väter; wenn diese „zwei Naturen, ein prosopon“ sagten, setzten sie damit auch die Eigentümlichkeiten jeder Natur voraus, weil die Eigentümlichkeit der Natur in jeder der Hypostasen in ihr (sc. der Natur)

---

859 Bedjan, p. 571; p. 565–571 (wenn man die Paragraphenzählung fortführen würde, wären das § 80–83) sind in BKV 22 nicht übersetzt.

860 Bedjan, p. 496–502.

861 Bedjan, p. 495–496.

862 Bedjan, p. 496–498.

863 Das Folgende bis zum Ende des Abschnitts: Bedjan, p. 497 unten – 498.

864 Die Übersetzung in BKV 22, p. 248 oben, „die nicht in und unter der Hypostase erkannt wird“, ist falsch.

865 Bedjan, p. 498–500.

erkannt wird, „und anders ist es nicht!“[866] Damals habe es auch noch nicht die Freveleien des Kyrill, Eutyches, Julian und der übrigen Theopaschiten gegeben, die Hypostase mit prosopon gleichsetzten und umgekehrt. „Die heiligen Väter, d.h. aber der selige Nestorius und die wie er (dachten), verkündeten ausdrücklich: zwei Naturen und zwei Hypostasen, ihre Eigentümlichkeiten bewahrend im einen prosopon Christi. Dies gebrauchten auch die Früheren in aller Genauigkeit gegen Apollinarius“, der die Mischung im einen prosopon und in einer Hypostase lehrt[867]. – Hier folgt der oben erwähnte Hinweis auf Theodor und das VIII. Buch von De incarnatione. Alle Väter erklären gegen die Häresien des Arius, Apollinarius und der übrigen Theopaschiten ausdrücklich die Eigentümlichkeiten der zwei Naturen in ihrer „Hypostatizität“ (sollte dies Babaische Abstractum in der Diskussion wirklich gefallen sein?).

In § 43[868] läßt Babai den Georg die uns bekannte Argumentationsreihe entwickeln (samt den biblischen Grundstellen), daß im prosopon der Union nicht die ganze Trinität, sondern der Gott Logos, und nicht die ganze Menschheit, sondern der Mensch Jesus, eine Hypostase, vereint sind. Deswegen müsse man von zwei Hypostasen reden. „Vereint in einer Union und synapheia[869]: der Tempel und sein Bewohner, Annehmender und Angenommener, Vollender und Vollendeter, Mensch und Gott in einer untrennbaren Einigung des einen prosopon des einen Herrn Jesus Christus, des Sohnes Gottes, gestern und heute derselbe und in Ewigkeit“.[870]

Auch in diesen Diskussionsbeiträgen Georgs, der die Sprache seines Lehrers Babai spricht bzw. den Babai seine, die korrekte, Lehre vortragen läßt, fehlen wie im vorher besprochenen „Titellosen Text“ die Komplikationen der Prosoponlehre; das entspricht der Bestimmung der Vita für ihre Verlesung vor der Gemeinde. Bemerkenswert: Der Name des *Nestorius* fällt als Autorität in dieser Öffentlichkeit, vorgetragen von einem „Zeugen“, wie es Georg ist. Damit erhält diese Nennung Bekenntnischarakter.

Anhänge

Im Lauf der Analyse der dogmatischen Schriften Babais sind uns zwei Christusprädikationen aufgefallen, die ihr Verfasser häufig verwendet, aber im Unterschied zu anderen nie definiert oder in ihrem Bedeutungsgehalt untersucht. Es sind „Christus unser Gott“ und „der Mensch unseres Herrn“.

---

866 Bedjan, p. 499,3.
867 Bedjan, p. 499 zweite Hälfte. (T. H.)
868 Bedjan, p. 501–502.
869 BKV 22, p. 250 übersetzt *nqypwt'* mit „Zusammenheftung“.
870 Bedjan, p. 502 (§ 43).

„Christus unser Gott"

Die Art und Weise, wie diese innerhalb von Babais Christologie eigentlich auffällige Bezeichnung in seinen Text einfließt, erweckt den Eindruck, daß es sich um eine allseits vertraute Wendung handelt. Diese Vermutung wird durch die Studie von Heinrich Karpp zu einem byzantinischen Goldmedaillon bestätigt, die die weite Verbreitung der Formel sowohl zeitlich wie räumlich belegen kann[871]. Karpp untersucht zunächst die „biblischen und antiken Voraussetzungen für die kirchliche Formel" (p. 123–126). Mit dem Possessivpronomen „unser" weist sie ein alttestamentliches Element auf („der Herr, unser Gott"). „Wie Christus im Neuen Testament nur selten und dann auch nicht immer eindeutig Gott genannt wird, so enthält es auch nicht die Formel ‚Christus unser Gott', wohl aber Ansätze zu ihr" (p. 124); Röm 9,5, der für die ostsyrischen Theologen so zentrale Belegtext (obwohl er das Possessivpronomen nicht bietet), wird von Karpp nicht erwähnt. Karpp geht dann der Rolle der Prädikation „in der altkirchlichen Frömmigkeit und Lehre" nach (p. 126–129)[872], bis schließlich die „Festigung" dieser „Christusprädikation zur liturgischen und theologischen Formel" konstatiert werden kann (p. 129–131); damit gelangt Karpp bis in das 7. Jh.[873] Am Schluß unternimmt Karpp eine Deutung der Inschriften des Goldmedaillons, die seine Untersuchung veranlaßt haben (p. 131–132), setzt sich mit deren Datierung durch Grierson (1961)[874] auseinander (p. 132–133) und kommt im Abschnitt „Religionspolitische Voraussetzung des Bildprogramms" zu seiner eigenen interessanten Deutung, die in die Zeit des Kaisers Heraklius führt (p. 134–136). Uns interessiert Karpps Beobachtung, daß die „Entwicklungsgeschichte der Formel ‚Christus, unser Gott'" sich mit dem Ansatz des Goldmedaillons „auf den Ausgang des 6. Jhs." verträgt; „sie spricht aber noch etwas mehr für die Entstehung im 7. Jh., weil in den theologischen Auseinandersetzungen dieser Zeit der lehrhafte und formelhafte Gebrauch der alten Prädikation zunahm" (p. 134). – Babai ist somit ein weiterer Zeuge für dieses Phänomen, das sich an keine Konfessionsgrenzen hält.

---

[871] *H. Karpp,* „Christus unser Gott". Erwägungen zu den Inschriften und dem Bildprogramm eines byzantinischen Goldmedaillons aus der Zeit um 600, in: O. Feld, U. Peschlow (hgg.), Studien zur spätantiken und byzantinischen Kunst. FS F. W. Deichmann, Teil III = Monogr. d. Röm. German. Zentralmuseums 10 (Mainz 1986) 121–136.

[872] Überraschend: bei Kyrill von Alexandrien findet sich die Prädikation nicht, wohl aber bei Eutyches, ebd. 129.

[873] *Karpp,* p. 131, Anm. 39, verweist auf *J. A. Jungmann,* Die Stellung Christi im liturgischen Gebet (Münster 1925), mit Belegen für „Christus unser Gott" in östlichen Liturgien.

[874] Siehe *Karpp,* p. 121, Anm. 3.

„Der Mensch unseres Herrn"

Hier ist die Suche nach dem Ursprung viel ergiebiger. Der Ausdruck erinnert an den κυριακὸς ἄνθρωπος in griechischen Texten, 1977 untersucht von Alois Grillmeier in einem später wieder abgedruckten Aufsatz[875]. Grillmeiers Ausgangspunkt sind zwei scharf antiarianische[876] Schriften unter dem Namen des Athanasius, die Epistula ad Antiochenos[877] (nicht zu verwechseln mit dem echten Tomus ad Antiochenos) und die Ekthesis pisteos[878]; der tatsächliche Verfasser der Epistula ist Markell von Ankyra, ihm ist auch diese Ekthesis zuzuschreiben. In diesen beiden Schriften findet man nicht nur den κυριακὸς ἄνθρωπος, sondern auch ὁ τοῦ κυρίου ἄνθρωπος[879], ὁ ἄνθρωπος τοῦ σωτῆρος[880] und, sehr interessant, ὁ κατὰ τον σωτῆρα νοούμενος ἄνθρωπος[881]. Grillmeier hält die substantivische Form ὁ τοῦ κυρίου ἄνθρωπος für eine „Auflösung" der adjektivischen Form ὁ κυριακὸς ἄνθρωπος (analog zu τὸ τοῦ κυρίου σῶμα aus τὸ κυριακὸν σῶμα)[882]. Aber diese Vorstellung von der sprachlichen Entwicklung ist für beide Fälle ganz unwahrscheinlich; eine Vereinfachung der substantivischen zur adjektivischen Formulierung liegt viel näher (daher dann auch die größere Häufigkeit der adjektivischen Form in der Epistula Markells). Grillmeier fragt sich, warum in den beiden ps.-athanasianischen Schriften zwischen den beiden Formen gewechselt wird[883] – eine

[875] *A. Grillmeier*, Ὁ κυριακὸς ἄνθρωπος. Eine Studie zu einer christologischen Bezeichnung der Väterzeit, Trad 33 (1977) 1–63; durchgesehen, Angaben ergänzt, in: *ders.*, Fragmente zur Christologie, hg. T. Hainthaler (Freiburg i. B. 1997) 152–214, danach im Folgenden zitiert.

[876] *K. Seibt*, Die Theologie des Markell von Ankyra = AKG 59 (Berlin 1994) erwägt neben antiarianischer auch antiapollinaristische Motivation; die letztere gilt aber erst für die Rezeption der Texte durch die Antiochener, nicht für den Verfasser Markell.

[877] Die Epistula ad Antiochenos erscheint in einem Teil der Überlieferung als Sermo maior de fide. Die griechischen Fragmente werden zitiert nach *E. Schwartz*, Der s.g. Sermo maior de fide des Athanasius = SBAW.PPH 1924,6 (München 1925); es werden die Nummern der Fragmente und evtl. die Zeilenzahl angegeben. Eine armenische Übersetzung des vollständigen (?) Textes: *R. P. Casey*, The Armenian Version of the Pseudo-Athanasian Letter to the Antiochenes and of the Expositio Fidei = StD 15 (London, Philadelphia 1947).

[878] PG 25, 200–208. Kritische Ausgabe: H. Nordberg, Athanasiana Part I: The Texts = Soc. Scient. Fennica, Comm. Hum. Litt. 30,2 (Helsinki 1962), 49–56, danach wird zitiert. Der erste Teil der Expositio (die positive Darstellung des Glaubens) (= Nordberg, § 1,1–2,1) ist auch in der Hahnschen Sammlung, A. Hahn, L. Hahn, Bibliothek der Symbole und Glaubensregeln der alten Kirche, [3]1897, als § 194 unter dem Namen des Athanasius abgedruckt. Dort wurde ich fündig, als ich nach einer Quelle für Babais Behauptung, De unione VI 21 (Vaschalde, p. 189,7–18) „Quapropter Patres, in symbolo fidei suae, dixerunt: Assumpsit", suchte; siehe dazu oben die Analyse von De unione VI 21 und *Abramowski*, Babai II, p. 334–336. – Übrigens ist, wie im ursprünglichen Nicaenum, auch in der Expositio das Bekenntnis zum Heiligen Geist ganz kurz.

[879] Z. B. Fragm. 57 Schwartz.

[880] Z. B. Fragm. 60 Schwartz.

[881] Mehrfach.

[882] *Grillmeier*, Ὁ κυριακὸς ἄνθρωπος, p. 161.

[883] *Grillmeier*, Ὁ κυριακὸς ἄνθρωπος, p. 164.

Frage, die bei meiner pragmatischen Ansicht vom Verhältnis der beiden Formen zueinander dahinfällt. Grillmeier kommt zum Schluß, daß die adjektivische Form „zum Ausdruck der Erhöhungschristologie" wird, wogegen die substantivische für jene Fälle verwendet wird, wo die „Herrenstellung" in der Erniedrigung nicht offenbar wird[884]. Dieser Auffassung Grillmeiers widerspricht Klaus Seibt in seiner Markell-Monographie[885]: auch „der ‚Mensch des Herrn' ist wesentlich ‚Herrlichkeitsmensch'". Bei Markell kommt „christologisch der ‚Mensch' gegenüber dem Logos in seiner Selbständigkeit in den Blick"[886]. So sieht Seibt denn auch in Markells Christologie den eigentlichen Beginn dessen, was die antiochenische Christologie mit ihrer strengen Unterscheidung von Gott und Mensch in Christus vertreten wird[887].

Nun liegt mit der Epistula durch die Angabe der Adressaten ja ein konkreter Bezug zu Antiochien vor – was läßt sich darüber sagen? Die armenische Fassung des Briefs hat ein längeres Lemma, das in Caseys Übersetzung lautet: „Letter of S. Athanasius, Archbishop of Alexandria, to the Church of the Antiochenes, concerning ⟨its⟩ variant theology and the analysis of ⟨its⟩ works, which was addressed to the hostile and, in their opinions, heretical followers of Arius". Casey selber hält die wörtliche Übersetzung des Kolons „the analysis of ⟨its⟩ works" für unbefriedigend, was an dem armenischen Wort *cark'* liege, welches eigentlich „an author's works" bezeichne[888]. Aber warum soll man „Werke" in diesem Sinn hier nicht wörtlich nehmen? Ich würde vorschlagen, darin schriftliche Kompositionen zu verstehen, in denen mit Hilfe der üblichen Bibelstellen (die Markell seinerseits in ausführlicher Argumentation der arianischen Erklärung zu entreißen versucht) die Unterordnung des göttlichen Sohnes unter den Vater bewiesen werden soll. Das würde heißen, daß mit der „Kirche der Antiochener" die dortigen Arianer gemeint wären, und zwar durchaus im Sinn der institutionellen Kirche. Ich fühle mich in meiner Meinung unterstützt durch die Kapitel 34–39 der Epistula, in denen die „Weingärtner" des Gleichnisses von Mt 21par mit den Priestern gleichgesetzt werden[889]; Kap. 35 statuiert: „Observe that the Father with the Son planted

---

884 *Grillmeier*, Ὁ κυριακὸς ἄνθρωπος, p. 175.
885 *K. Seibt*, Die Theologie des Markell von Ankyra = AKG 59 (Berlin 1994), p. 83.
886 *Seibt*, Theologie des Markell, p. 518.
887 *Seibt*, Theologie des Markell, p. 508–520.
888 Casey, p. 5.
889 Anlaß für die Benutzung der Weingärtnergeschichte ist Joh 15,1. Auf dies Wort Jesu wird angespielt c. 34, Casey, p. 38 Mitte: „For if the husbandman begot the vine instead of cultivating it, the verse would perhaps be applicable to the Divinity of the Word which said ‚I am the Vine'". Fehlt hier etwas? Andererseits ist Fragm. 76 Schwartz über Joh 15,1 im armenischen Text nicht aufzufinden; wo genau wäre es einzufügen? Am Ende des c. 34 liest man: „For if the Lord is called a ‚vineyard'" (wo ist das der Fall?) „and the church ‚vineyards' – as they are literally – then they are equal to him". Liegt hier eine Verwechslung von ἄμπελος und ἀμπελών vor, oder eine vom armenischen Übersetzer nicht verstandene Wortspielerei (Christus = ἄμπελος, Kirche = ἀμπελών)? Cf. noch im letzten Satz des Kapitels „... for he

the vineyard, that is the church, and has given it to the priests to be cultivated". Kap. 39 warnt die schlechten Weingärtner: „Therefore the Father not only is and is called ‚husbandman'" (cf. Joh 15,1) „together with the Son (!), but also ‚lord of the vineyard', to take it away from the wicked husbandmen when he miserably destroys the wicked and gives it to good husbandmen who will deliver their fruit at the proper time". Schließlich fügt der Verfasser die Warnung an die Priester aus Ez 34,2.4.23.24 hinzu. Damit werden Bischof und Klerus von Antiochien an ihre Verantwortung für die Kirche erinnert.

Seibt stellt die Epistula ad Antiochenos in seiner Markell-Chronologie zum Jahr 360 (die Expositio fidei führt er hier nicht an[890]), bemerkt aber dazu, daß die Datierung der Epistula „noch nicht gelungen" sei[891]. Kommt man mit Hilfe der eben versuchten genaueren Bestimmung der Empfänger weiter? Im Jahr 330 erhielt der abgesetzte Bischof von Antiochien, Eustathius, einen arianischen Nachfolger. Wie lange war das Ansehen und die Autorität Markells im Osten noch groß genug, daß er der Kirche von Antiochien mit Hoffnung auf Erfolg theologisch ins Gewissen reden konnte? Schließlich wurde ja auch um die Orthodoxie Markells eine sehr früh beginnende, jahrzehntelange Auseinandersetzung geführt, die im Osten und im Westen einen verschiedenen Verlauf nahm. So sagt Seibt zum Datum der Enkäniensynode von Antiochien (6. Januar 341): „alle im Zusammenhang mit dieser Synode formulierten Bekenntnisse enthalten antimarkellische Theologie ...; seitdem regelmäßige Verurteilungen Markells im Osten"[892]. Das würde m. E. für seine Epistula zu einem sehr frühen Ansatz in den 30er Jahren des 4. Jhs. nötigen. Allerdings würde man damit die Epistula und die Expositio fidei, die den gleichen Antiarianismus in der gleichen Terminologie vertreten[893], weit auseinander rücken. Gleichwohl berechtigen die Eigentümlichkeiten der Expositio, die sie gegenüber der Epistula durchaus besitzt, zu einer eigenen Datierung.

Das von E. Schwartz herausgegebene Athanasius-Florileg, dessen Kern große Stücke der Epistula ad Antiochenos bilden, zitiert die Epistula unter einem griechischen Titel, ὁ περὶ πίστεως μείζων λόγος, der in lateinischer Gestalt „Sermo maior de fide" lautet; die Expositio fidei, die in diesem Florileg nur in zwei Exzerpten erscheint[894], erhält den Titel „Sermo minor de fide". Schwartz möchte vermuten, „daß die ‚kleinere' Rede in die ‚größere' eingelegt

---

(der Sohn) was called a ‚vineyard'". Der vorletzte Satz stellt den Vater als den Gärtner und die Priester als die Gärtner zusammen.

[890] Seibt widmet der Expositio jedoch eine eigene Untersuchung: *K. Seibt*, Beobachtungen zur Verfasserfrage der pseudoathanasianischen „Expositio fidei", in: Logos. FS L. Abramowski = BZNW 67 (Berlin, New York 1993), 280–296.

[891] *Seibt*, Theologie des Markell, p. 13.

[892] *Seibt*, Theologie des Markell, p. 12.

[893] Die Expositio übernimmt wörtlich eine kurze Stelle aus der Epistula, zerlegt in zwei Stückchen: Fragm. 22 Schwartz, Z. 2–3 = Nordberg, p. 51,11–13; Schwartz Z. 3–7 = Nordberg, p. 53,10–13.

[894] Schwartz, Fragm. 48. 49.

war"[895]; besser sagt man vielleicht, daß die beiden Logoi *zusammen*gelegt wurden, und zwar dort, wo man als Adressat im Besitz der Epistula war, also in Antiochien. Offensichtlich hat bei dieser Gelegenheit die Expositio als Titellieferant auch für die Epistula gewirkt, wobei man die beiden Schriftstücke weiterhin unterschied; Seibt hat, wie gesagt, die Expositio in seiner Markell-Chronologie nicht erwähnt; tatsächlich sollte man *diesen*, kürzeren Text dem Jahr 360 zuordnen. Entscheidend dafür ist, daß Markell vom Sohn sagt, er sei ὅμοιος τῷ πατρί[896]. Gleichzeitig lehnt er es ab, von den „drei für sich zertrennten Hypostasen"[897] der Trinität zu sprechen, setzt dem aber nicht etwa die μία ὑπόστασις entgegen, wie man es von ihm erwarten würde[898]. Über-

---

[895] Schwartz, App. zu Fragm. 48. *Seibt*, Theologie des Markell, p. 72, Anm. 53, versteht das „eingelegt" als (in den Text) „eingeschaltet" und erklärt eine solche Ansicht für falsch; in den „Beobachtungen" mißversteht er das „eingelegt" gar als „Interpolation" (p. 285, Anm. 20), die im übrigen durch Caseys Publikation „gegenstandslos" geworden sei. Auch Casey sagt, es sei falsch zu meinen, „that the *Expositio fidei* once formed a part of the Letter" (p. 7, Anm. 1).

[896] *Seibt*, Theologie des Markell, p. 75 bei Anm. 73, referiert, daß *F. Scheidweiler* (Wer ist der Verfasser des sog. Sermo maior de fide?, ByZ 47, 1954, 333–357, hier 356–357) „die Epistula und die Expositio, da er an demselben Verfasser festhält, aufgrund der Worte ὅμοιος τῷ πατρί (als gegen die Anhomöer gerichtet) auf das Jahr 358" datiere. – Ich habe oben dargelegt, daß die Epistula viel früher anzusetzen ist, aber Scheidweilers Hinweis auf das entscheidende Stichwort für die Spätdatierung der Expositio ist mir höchst willkommen. Von der Einheit des Verfassers bin ich ebenso überzeugt.

[897] Nordberg, p. 51,13 οὔτε τρεῖς ὑποστάσεις μεμερισμένας καθ'ἑαυτάς. Wenn man die Empfänger bedenkt, dann kann das von Markell Abgelehnte nicht die drei Hypostasen als solche meinen, sondern ihr Verständnis als „für sich Zerteilte".

[898] Dieselbe Beobachtung, daß in einem Text mit Markell-Anklängen den drei Hypostasen nicht die eine Hypostase entgegengesetzt wird, hatte ich schon in der Untersuchung des literarischen „Dionys-Komplexes" bei Athanasius gemacht, *L. Abramowski*, Dionys von Rom (†268) und Dionys von Alexandrien (†264/5) in den arianischen Streitigkeiten des 4. Jahrhunderts, ZKG 93 (1982), 240–272 (in englischer Übersetzung in *L. Abramowski*, Formula and Context, 1992, nr. XI), hier p. 243. Bei Athanasius, De decretis 26,2 (ed. Opitz, Athanas. Werke II,1, p. 22,3–4) richtet sich „Dionys von Rom" gegen jene, die die Monas „zerschneiden" (drei Synonyme!) εἰς τρεῖς δυνάμεις τινὰς καὶ μεμερισμένας ὑποστάσεις καὶ Θεότητας τρεῖς (im Aufsatz hatte ich die Stelle nicht ausgeschrieben). Wahrscheinlich ist es auch hier nicht die Dreizahl als solche, die der Verfasser ablehnt, sondern eine derartige Interpretation. – Seinerzeit zögerte ich noch, das markellisch-eusebianische Ausgleichswerk dem Markell selber zuzuschreiben. Zu den damals genannten Gründen könnte man noch hinzufügen, daß die typische Markell-Deutung von Spr 8,22 als Prophezeiung auf die Inkarnation fehlt. Das liegt aber daran, daß der Verfasser bei Euseb nicht ein wörtliches Verständnis des ἔκτισε von Spr 8,22 vorfindet, sondern bereits eine übertragene Bedeutung, der der Verfasser sich sprachlich anpaßt, siehe im genannten Aufsatz p. 243 und 249. Im Lichte der theologischen Vorleistungen, die die in diesem Exkurs besprochenen Texte Markells oder seiner Kirche in Ankyra gegenüber ihren Gesprächspartnern im Interesse eines Konsens erbringen, plädiere ich jetzt für die Verfasserschaft Markells für den Dionys-Komplex. Es wäre dann ihm auch die Idee zuzuschreiben, sein Annäherungswerk unter dem Namen zweier hochberühmter Bischöfe des 3. Jhs. zu stellen. – In seinen „Beobachtungen" zur Expositio kommt Seibt zum überzeugenden Schlußurteil, daß der Dionys-Komplex und die Expositio vom selben Verfasser stammen müssen, den er aber nicht mit Markell identifizieren will.

haupt hat der zweite Teil der Expositio stark apologetischen Charakter und weist die üblichen Vorwürfe gegen die markellische Theologie zurück[899]. Alles deutet darauf hin, daß die Adressaten die Meletianer in Antiochien sind, die zwar Homöer waren (und damit die nächste Generation der Arianer darstellten, die Markell in der Epistula unterwiesen hatte, so daß Markell seine antiarianische Erklärung der zentralen biblischen Belege wiederholen konnte), aber um diese Zeit Gegner der neuarianischen Anhomöer waren und sich unter Meletius, Bischof seit 360, den Nicaenern annäherten. Mit der Akzeptanz des Tomus ad Antiochenos einer alexandrinischen Synode von 362 unter Athanasius wurde der Übergang zum Nicaenismus von der Seite der Meletianer in der modifizierten Form des Neunicaenismus besiegelt. Was veranlaßte aber Markell zu seiner Expositio fidei mit ihrer Aufnahme der homöischen Stichworte (und der bloß beiläufigen Erwähnung des ὁμοούσιος)? Suchte er in seiner Isolierung Gemeinschaft auch mit dieser Gemeinde in Antiochien (der mit den Eustathianern unter Paulinus konnte er ja gewiß sein)? Oder ist es gar seine Weise, der Überwindung des antiochenischen Schismas sein Placet zu erteilen?

Um das Motiv dieses Markell-Schreibens zu verstehen, empfiehlt es sich, eine weitere Expositio fidei heranzuziehen, nämlich die Expositio fidei ad Athanasium des Diakons Eugenius von Ankyra, kritisch herausgegeben und untersucht von M. Tetz[900], der den Text auf 371 datiert[901]. Seibt widmet diesem Aufsatz von Tetz und dem Eugenius-Text einen längeren Absatz in seiner Monographie, in Weiterführung von und in Korrektur an Tetz[902]. Anders als Tetz, der die Eugenius-Expositio für die Theologie des späten (und inzwischen uralten) Markell in Anspruch nehmen will, unterscheidet Seibt zwischen Markell und den Markellianern, nimmt also die Verfasserangabe ernst. Der Eugenius-Text ist eine Verteidigungsschrift der Ankyraner gegen den Vorwurf der Heterodoxie. Zum Erweis ihrer Rechtgläubigkeit übernehmen sie trinitarische Aussagen, die aus dem Tomus ad Antiochenos des Athanasius stammen (ohne dies anzugeben). Sie übernehmen also entscheidende theologische Aussagen des Adressaten – genauso wie Markell in *seiner* Expositio das homöische ὅμοιος τῷ πατρί seiner meletianischen Adressaten in Antiochien übernahm. (Und natürlich fällt einem Markells Epistula ad Julium ein, wo er

[899] Der erste zurückgewiesene Vorwurf ist der des Sabellianismus, *hier* fällt, taktisch sehr geschickt, das Stichwort ὁμοούσιος als antisabellianischer Korrekturbegriff: Nordberg, p. 51,10–11 οὔτε γὰρ υἱοπάτορα φρονοῦμεν ὡς οἱ Σαβέλλιου λέγοντες μονοούσιον καὶ οὐχ ὁμοούσιον καὶ ἐν τούτῳ ἀναιροῦντες τὸ εἶναι υἱόν.

[900] *M. Tetz*, Markellianer und Athanasios von Alexandrien. Die markellische Expositio fidei ad Athanasium des Diakons Eugenios von Ankyra, ZNW 64 (1973), 75–121; der Text, p. 78–84.

[901] Zwischen Sommer und Herbst, ibid. 76.

[902] *Seibt*, Theologie des Markell, p. 126–132.

die Sprache der Römer spricht, indem er das Romanum – ohne es zu kennzeichnen – in seinen Brief einbaut)[903].

In allen diesen Fällen wird also Konsens und Gemeinschaft gesucht, indem man eine theologische Vorleistung erbringt. Und die kann je nach Gesprächspartner erstaunlich verschieden ausfallen. Diese Art von Diplomatie ist also nicht nur von Markell, sondern auch von seiner Gemeinde, praesente Marcello, geübt worden; hier besteht eine Kontinuität in den Versuchen, sich aus der immer noch bestehenden kirchlichen Isolation zu befreien.

Wenn Markells Epistula ad Antiochenos *und* seine Expositio fidei ihren Bestimmungsort in Antiochien hatten, ist anzunehmen, daß ihre Zuschreibung an Athanasius (die sich natürlich auf den Antiarianismus ihres Inhalts berufen konnte) ebendort vorgenommen wurde. Ebenso kann man annehmen, daß das Athanasius-Florileg (das in mehreren Schichten angewachsen ist)[904] in Antiochien anzusiedeln ist. Theodoret zitiert im Eranistes (447 oder 448 abgefaßt) einige kleine, ganz unauffällige Stücke aus dem Sermo maior de fide[905], er kennt den Text der Epistula ad Antiochenos also unter diesem sekundären Titel, der die Zustammenstellung mit dem Sermo minor (= Expositio fidei) voraussetzt. Diese Angabe bei Theodoret erstaunt, weil Facundus XI 2 beide Schriften unter ihrem richtigen Titel anführt (siehe unten), aber auch Facundus läßt die Expositio auf die Epistula folgen, kennt also ihre Zusammenordnung.

Grillmeier bringt zu Beginn seiner Untersuchung in einer Anmerkung zwei Fundstellen für κυριακὸς ἄνθρωπος als athanasianisch bei Severus von Antiochien in Contra imp. Grammaticum (nur noch in syrischer Übersetzung erhalten)[906]. III 17[907]: „At omnibus istis immundis vox apostolici doctoris Athanasii adversatur et opponitur. Equidem *hominem dominicum nominavit Verbum incarnatum in suis scriptis*, ac si quis nominet inhumanatum Dominum et Deum. Dividere autem in duo hunc unum et *dicere a Deo Verbo Christum, qui ex Maria et homo dominicus (est), assumptum esse*, alienum quidem est ab Athanasio, pertinet autem ad eos, qui duos Christos et Filios cogitant". Severus sind also die Ps.-Athanasiana, in denen κυριακὸς ἄνθρωπος vorkommt, vertraut. An der ersten von mir hervorgehobenen Stelle gibt Severus seine (athanasianische) Interpretation des für ihn heiklen Ausdrucks: κυριακὸς ἄνθρωπος = Verbum incarnatum. Die zweite hervorgehobene Stelle betrifft einen abzulehnenden Gebrauch des Ausdrucks durch Leute, deren Mei-

903 Ich verweise auch auf meine Beobachtungen zum Dionys-Komplex. – Was das „Romanum" betrifft, halte ich mich an die ältere Lokalisation, die neuerdings in Frage gestellt wird.

904 *Seibt*, Theologie des Markell, p. 71–72.

905 Fundort bei *G. H. Ettlinger*, Theodoret of Cyrus, Eranistes (Oxford 1975), p. 31; danach kann man sie in der Liste der Zitate (p. 9–23) aufsuchen; dort sind die Fundstellen bei *Schwartz*, Sermo maior angegeben.

906 *Grillmeier*, Ὁ κυριακὸς ἄνθρωπος, p. 153, Anm. 6.

907 Übers. J. Lebon, CSCO 94, p. 210,23–30.

nung er zum größeren Teil polemisch verzerrt (vgl. die Rahmensätze: „in zwei teilen", „Zwei-Söhne-Lehre"), deren Kernaussage aber korrekt wiedergegeben ist. Der Gott Logos hat Christus[908], den κυριακὸς ἄνθρωπος aus Maria[909], angenommen. Ohne Zweifel sind damit die Theodorianer gemeint. Damit hätten wir einen Beleg für die Benutzung des Ps.-Athanasius (= Markell) durch die Vertreter des antiochenischen Dyophysitismus um das Jahr 500, die es auch unter griechisch sprechenden Theologen gegeben haben muß[910]. Die Bemerkung des Severus scheint mir außerdem eine kritische Einstellung gegenüber der „assumptio" zu implizieren. Man erinnert sich an Stellen bei Babai, wo er von Leuten spricht, die die assumptio ablehnen. Ich habe das oben versuchsweise auf Eutyches gedeutet, als Vertreter einer Christologie, die die menschliche Homoousie Christi ablehnt. Aber es ist sehr wohl ebenso die Deutung auf Gegner der theodorianischen Christologie möglich, die assumptio als unzutreffende weil ungenügende Bezeichnung für die Inkarnation ablehnen. In diesem Fall hätte Babai die Severianer im Blick.

Mit Facundus von Hermiane und seiner Schrift Pro defensione trium capitulorum (Contra Justinianum[911]) gelangen wir in der Geschichte der Bezeugung dieser „Athanasiana" in die Mitte des 6. Jhs. Der Afrikaner widmet in Buch XI 2 von Pro defensione dreizehn von achtzehn Paragraphen der Epistula ad Antiochenos und der Expositio fidei des (Ps.-)Athanasius. Die Kommentierung der Zitate durch Facundus ist für uns ebenso interessant wie sein Material. Nach dem ersten der Zitate in XI 2, § 1, führt er ein (§ 2) und zitiert (§ 3) aus einem Brief des Athanasius-Nachfolgers Petrus von Alexandrien an die nach Diocaesarea verbannten Bischöfe und Diakone; in diesem Brief ist die Rede von der Epistula ad Antiochenos des Athanasius, der von den Empfängern durch Subskription, durch Unterschriften bestätigt worden sei (§§ 2.3). Den Brief des Petrus versteht Facundus als Beglaubigungsschreiben für die von ihm zitierte Epistula ad Antiochenos. Petrus meint jedoch jene andere Epistula ad Antiochenos, die wir uns angewöhnt haben als *Tomus* ad Antiochenos zu bezeichnen (vgl. die Aufforderung zur Unterschrift![912]), und die

---

908 Hier wörtlich als „Gesalbter" Bezeichnung für die menschliche Natur.

909 Das bedeutet, dass „Christus" der Name des Menschen ist, nicht wie bei Nestorius die Bezeichnung für beide Naturen – damit eine Verzerrung der Meinung der Theodorianer.

910 Die zweite Stelle bei *Severus,* C. imp. Gram. III 23 (Übers. Lebon, CSCO 102, p. 10,13–18) soll sich „in prima oratione contra Arianos" finden – ein Irrtum des Severus.

911 Ed. J.-M. Clément / R. Vander Plaetse, CCL 90A (1974). Im Apparat dieser Ausgabe ist der Nachweis der folgenden (ps.-)athanasianischen Zitate leider ganz unbefriedigend. Auf die Edition von Schwartz wird nur hingewiesen, von seiner nützlichen Nummerierung und Zeilenzählung kein Gebrauch gemacht; die Arbeit von Casey wird nicht einmal genannt. – Im Folgenden macht die sehr kleinteilige Paragraphenzählung in CCL 90A die Angabe von Seiten- und Zeilenzahlen überflüssig, ich führe sie nur an, wenn ich aus einem Paragraphen etwas herausgreife.

912 So mit Recht Schwartz im App. zu Fragm. 28 unter Berufung auf Stülcken, Athanasiana, p. 29–30.

tatsächlich von Athanasius selber stammt. Eine Verwechslung der beiden Schriften ist so leicht erklärlich, daß nicht notwendig eine bestimmte Absicht dahinter vermutet werden muß – brauchbar war die Verwechslungsmöglichkeit allerdings. Interessant ist, daß Facundus (und wahrscheinlich nicht erst er) die ps.-athanasianische Epistula ad Antiochenos als gegen die Apollinaristen gerichtet versteht[913]: „in tanta auctoritate (sc. der des Athanasius) adversus Apollinaristas suscepit Ecclesia, ut ex illa haeresi conversi sua subscriptione ita se sapere faterentur" (§ 2).

Gleich bei diesem ersten Zitat aus der ps.-athanasianischen Epistula ad Antiochenos bei Facundus, XI 2 § 1[914], erhebt sich die Frage der Textsicherheit, wenn man feststellt, daß die Tradenten an einem kritischen Punkt von einander abweichen. Facundus übersetzt[915]: „Ex veteribus enim eruditus apostolus et legis doctor existens, et proverbia Salomonis legens et *duas personas* de Domino inveniens, unam quidem circa hominem quem ex Maria pro nobis futurus erat assumere, alteram autem circa Verbum quod ante omnia saecula aeterne ex Patre natum est ...". Fragm. 54 (Schwartz) des Athanasius-Florilegs bietet nicht δύο πρόσωπα, sondern δύο εἴδη. Hätte Facundus ein εἶδος mit „persona" übersetzt?[916] Ist δύο εἴδη in der Florileg-Überlieferung vielleicht eine Abmilderung? Caseys Übersetzung der armenischen Fassung der Epistula hat „two aspects", was ebenfalls δύο εἴδη voraussetzen würde[917]. Was im Zitat vorsichtig als exegetische Beobachtung des Paulus („legens et ... inveniens") beschrieben wird, nimmt in der Erläuterung durch Facundus (§ 2) eine thetische Form an: „... epistulam, in qua scriptum est duas esse personas, hominis assumpti et Dei Verbi assumenti", es folgt als hermeneutische Begründung, daß manche Schriftworte „zum Herrn Jesus[918], dem aus Maria, manche aber zum Gott Logos paßten (congruere)".

Das Zitat in Pro def. XI 2, § 4, ist griechisch nur zur Hälfte und verändert erhalten (Schwartz, Fragm. 28); armenisch findet man es am Ende von c. 11[919].

---

913 CCL 90A, p. 334,19–21.

914 Diesem Zitat in § 1 entsprechen bei Schwartz in Fragm. 54 die Zeilen 4–12; bei Casey, Übers., p. 14, Anfang von c. 2; ἔμελλεν ἀναλαμβάνειν ἄνθρωπον ist hier zu „was to be made man" geworden.

915 CCL 90A, p. 333,7–334,11.

916 Schwartz notiert diese Differenz zu Facundus nicht in seinem Apparat zu Fragm. 54; hält er die Übersetzung des Facundus für normal?

917 Dem Facundus-Fragment entspricht bei Casey der Anfang von c. 2, Übers., p. 14. Casey hat „two aspects of the Lord's *person*", was weder griechisch noch lateinisch belegt ist. Alle drei Fassungen differieren im Schluß des Zitats aus 2 Tim 2,8: Facundus hat „secundum Evangelium meum", was dem NT-Text entspricht; Fragm. 54 Schwartz hat κατὰ σάρκα, Casey „according to the body".

918 „Dominus Jesus" ist natürlich gut paulinisch, aber als Bezeichnung für die menschliche Natur in Unterscheidung von „Deus Verbum" wäre es dem Apostel vielleicht doch befremdlich.

919 Bei Casey liest man (Übers., p. 22) die offensichtliche Erleichterung „according to the

Im Auszug bei Facundus gibt der Verfasser, also Markell, eine dyophysitische Auslegung von Hebr 13,8 („Jesus Christus gestern und heute, *ipse* et in saecula); „gestern" bedeutet die Ewigkeit „ante saecula", „heute" das irdische saeculum, „in saecula" aber „post transitum huius vitae". Kühn fährt Markell fort: „Jesus Christus autem, *qui iuxta hominem salvatoris intellegitur, non est ipse*". Er begründet das mit der Zunahme an Alter; er, der als Kind und dann als Mann existierte, von dem Lukas eine Anzahl von Jahren angibt, *„non potest ipse esse*". – Wenn man sich erinnert, welche Rolle Hebr 13,8 und speziell das ὁ αὐτός für Babai als Ausdruck der *Einheit* von Gott und Mensch in Christus besitzt, dann zeigt sich eine Grenze in der Übernahme dieser „athanasianischen" Christologie. Ist diese Grenze schon *vor* Babai gezogen worden?

Die Reduktion des Abschnitts, wie sie in Fragm. 28 Schwartz vorliegt, scheint mir darauf hinzuweisen, daß auch dem Kollektor des Florilegs das „non est ipse" nicht akzeptabel war. Schwartz meint zwar, das Exzerpt sei „zurechtgeschnitten, um unter die Rubrik (sc. des Sammlers) zu passen", „die bessere Form, die den Zusammenhang deutlicher zeigt", stehe bei Facundus[920]. Der Grund für die Manipulation scheint mir jedoch der eklatante Widerspruch zum ausgelegten NT-Text zu sein. Ein dogmatisches Bedenken gegen die radikale Aussage Markells, das man zunächst vermuten könnte, wird durch das Fragment 40 Schwartz widerlegt; in ihm werden als „ungelehrt" jene bezeichnet, die das vom „prophetischen Geist" jeweils gemeinte πρόσωπον nicht vom anderen unterscheiden können und ἕνα καὶ τὸν αὐτὸν δηλοῦσιν τὸν ἀπαθῆ λόγον καὶ τὸν παθητὸν ἄνθρωπον τοῦ Ἰησοῦ. (Dieser letzte Genitiv ist natürlich ein explikativer[921]; im Armenischen ist aus τοῦ Ἰησοῦ „the Son's" geworden[922], eine charakteristische Abmilderung).

Auch Fragm. 28 Schwartz, bearbeitet wie es ist, befaßt sich mit dem αὐτός, aber ohne direkten Bezug auf Hebr 13,8, und auf positive Weise, nämlich reduziert auf die menschliche Natur Christi: es wird über Christus nur als ὁ κατὰ τὸν σωτῆρα νοοῦμενος ἄνθρωπος gesprochen[923]. *Er ist es*, αὐτός ἐστιν, der an Alter zunimmt, einmal Kind, dann Mann von dreißig Jahren ist, „wie Lukas sagt". Ein griechisches Äquivalent zu „non potest ipse esse" fehlt natürlich[924]. Fragm. 28 gehört übrigens zur späten Schicht des Florilegs.

Saviour's *body*", wo Facundus hat „iuxta hominem salvatoris"; Fragm. 28 Schwartz, bearbeitet wie es ist, bietet das ohne Zweifel originale ὅ κατὰ τὸν σωτῆρα … ἄνθρωπος.

920 Schwartz im App. zu Fragm. 28.

921 Casey, Übers., p. 27 unten.

922 Casey, Übers., p. 27.

923 Der Satz ist oben schon zitiert.

924 Weitere Differenzen: Facundus, CCL 90A, p. 335,57–59: „Est Spiritus uitae sanctus cum Patre et Filio in singulis prophetarum per generationes transiens …", Casey (Übers., p. 27 Mitte) „Now the living Spirit transmits the Holy Spirit, who is with the Father and the Son, to each of the holy Prophets …" (eine offensichtliche Konfusion auf Seiten des Armenischen); Facundus, CCL 90A, p. 335,66–67: „dicentes, a quadringentis annis est operatio

Facundus kommentiert sein Zitat XI 2, § 4, im anschließenden § 5: Wenn nun Theodor verurteilt worden sei, so müsse auch „Athanasius" angeklagt werden als einer, der angeblich („quasi") zwei Jesusse, zwei Christi lehre!

Das nächste und längste Zitat aus der Epistula bei Facundus, XI 2, §§ 7.8, befaßt sich wieder mit der Auslegung von Spr 8,22, armenisch entspricht dem das Ende von c. 20 und der Anfang von c. 21; das Zitat des Facundus enthält am Schluß Schwartz Fragm. 40, das aber seinerseits den Text einen Satz weiter führt. Die für uns interessante Differenz zwischen Facundus und dem armenischen Text betrifft wieder den Gebrauch von „persona" am Ende von § 7 und am Beginn von § 8. Facundus:[925] „qui (sc. spiritus propheticus) et in Salomone narrat *ex persona* filii hominis ex Maria, et Filii Dei Verbi, quod ab initio erat apud Patrem. Et *duas personas* significans, de homine quidem ex Maria creato et plasmato, de illo vero qui ante saecula est sine principio, et aeternae nativitatis". Armenisch Ende von c. 20[926]: „And this is related by the Psalm[927] *of the aspects* of the Son of Man who is from Mary and the Son of God, the Word who from the beginning is with the Father. And he indicates *the two aspects*: one created of Mary and born of man, and the other who has subsisted before the ages by a timeless and eternal generation from God the Father". An all diesen Stellen hat das Armenische einen Text vor sich gehabt, der von den εἴδη Christi spricht und nicht von πρόσωπα.

Angesichts des Nebeneinanders von εἶδος (Schwartz Fragm. 54!) und πρόσωπον in den *griechischen* Fragmenten könnte man auf die Idee kommen, daß die εἴδη der armenischen Übersetzung und die „personae" bei Facundus eine je andere Art von Vereinheitlichung darstellen: abmildernd (armenisch), verschärfend (Facundus).

Im Hinblick auf die Bemerkung des Severus und vor allem in Hinblick auf Babai ist wichtig, was Facundus in § 9 mitteilt: „Sunt multa similia *in hac epistula quae adversus Apollinaristas dicta Nestoriani in assertionem sui erroris assumant*", aber deswegen dürfe man Athanasius oder seine Lehre nicht verurteilen, daher sei auch Theodor nicht zu verurteilen, wenn er dasselbe sage. Man sieht, daß Facundus die eindeutig antiarianische Epistula ad Antiochenos als gegen die Apollinaristen gerichtet versteht, so wie vermutlich schon seine Tradition oder seine Quellen. Die „Nestoriani" konnten sie deswegen zur Unterstützung ihrer gegen die Kyrillianer gerichteten Argumente benutzen. – Den ostsyrischen Theologen wäre die Unterscheidung des Facundus zwischen ihnen und Theodor natürlich höchst artifiziell erschienen, für Facundus war sie unentbehrliche Taktik.

---

corporis Domini", Casey (Übers., p. 27 unten) „saying, ‚There is less than three hundred years since the Lord's Incarnation'".

[925] *Facundus,* CCL 90A, p. 335,61–63.

[926] Casey, Übers., p. 27.

[927] Eine Textverschlechterung.

Schließlich bringt Facundus in den §§ 10–12 drei Zitate aus der Expositio Symboli. Den Editoren der Facundus-Ausgabe im CCL stand Nordbergs kritischer griechischer Text der Expositio fidei nicht zur Verfügung, daher gebe ich hier die Fundstellen an (auch weist CCL 90A nicht auf die Parallelen bei Schwartz hin).

Fac. XI 2, § 10, Z. 80–83 = Nordberg, p. 50,8–10 (Schwartz, Fragm. 48, zwei Worte länger als bei Facundus)

Fac. XI 2, § 11 = Nordberg, p. 51,2–7.

Fac. XI 2, § 12, Z. 91–94 = Nordberg, p. 51,4–7 (bei Nordberg fehlt an dieser Stelle der Hinweis auf Facundus; Schwartz Fragm. 49 ist kürzer als Facundus, es fehlt der Satz über die drei Bedeutungen des Namens „Jesus").

Sowohl Schwartz wie Nordberg notieren zu diesem letzten Text die Differenz νοούμενος (Schwartz) / γενόμενος (Nordberg); Facundus hat „factus", las also γενόμενος; νοούμενος ist als lectio difficilior vorzuziehen.

Facundus und das Athanasius-Florileg haben mit dem ersten der angeführten Zitate aus der Expositio fidei die Bestimmung übernommen τὴν ἡμετέρον ἀνείληφεν ἄνθρωπον τὸν Ἰησοῦν Χριστόν. Aber die Aussage Nordberg, p. 50,12–51,1 (also wenige Zeilen später), ἐν ᾧ ἀνθρώπῳ σταυρωθεὶς καὶ ἀποθανών, würde Babai in dieser Form nicht wiederholt haben.

Auf die drei Zitate aus der Expositio des „Athanasius" läßt Facundus drei Kommentare folgen, die alle mit der ironischen Aufforderung zur „Schmähung" des Autors der Exzerpte beginnen[928]. Facundus setzt offensichtlich stillschweigend die Absurdität der Schmähung einer solchen Autorität wie Athanasius voraus; unter diesem Aspekt sind die sehr gewagten Kommentare zu lesen. In § 12, Z. 94–100, findet man zum Zitat in § 10 (ich kennzeichne die wörtliche Anführung aus jenem Zitat):

„calumnientur igitur et huic, tamquam secundum Nestorium alterum dicenti Filium Dei, alterum vero hominem nostrum Iesum Christum, quia non ait Filium Dei semetipsum tradidisse pro nobis sicut apostolus dixit (cf. Gal 2,20)[929], sed potius quia Filius ‚descendens ex sinu Patris assumpsit nostrum hominem Iesum Christum, quem pro nobis tradidit passioni'".

Es ist interessant, daß der abgewiesene mögliche (oder tatsächlich gegen den „Athanasius"-Text erhobene?) Vorwurf sich auf die Nichtberücksichtigung einer anders lautenden paulinischen Aussage bezieht. Man denkt an den „korrigierenden" Umgang des „Athanasius" mit dem „ipse" von Hebr 13,8 (siehe oben)[930]; hat er vielleicht auch Gal 2,20 „korrigiert"? Die Christologie des „Athanasius" sei (trotzdem) nicht die des Nestorius, ist impliziert. Der zweite Kommentar, § 13, Z. 100–105 (zum Zitat § 11) spricht von einem „sensus de-

[928] § 12, p. 336,94–95: „Calumnientur igitur et huic …"; § 13, p. 336,101 „Calumnietur et hoc …"; § 13, p. 336,105: „Calumnientur etiam quod similiter dicit …".

[929] Im App. von CCL 90A fehlt ein Hinweis auf die Stelle.

[930] Ein weiteres verblüffendes Beispiel für den Umgang mit dem Bibeltext weiter unten.

vius" (Z. 102), der „Athanasius" zugeschrieben wird. Die christologische Konstellation ist die gleiche, nun aber auf das Gericht bezogen: Der Sohn Gottes und der „‚dominicus homo, in quo iudicaturus est vivos et mortuos'". Der dritte Kommentar, § 13, Z. 105–108 (zum Zitat in § 12) weist spöttisch auf eine weitere Möglichkeit zu absichtlichem Mißverständnis hin, unter Berufung auf den Ausdruck „iuxta salvatorem": unterscheide der Autor hier doch scheinbar zwischen Jesus und dem „Heiland", „quoniam eum iuxta salvatorem potius quam salvatorem dixit".

Das Abrücken der scharf dyophysitischen Christologie des „Athanasius" (Markell) von der des Nestorius ist natürlich ebenso taktisch bedingt wie weiter oben die Unterscheidung zwischen Theodor und den „Nestoriani".

Die inhaltliche Nähe, die Facundus zwischen der Epistula ad Antiochenos und der Expositio fidei einerseits und Theodor von Mopsuestia andererseits empfunden hat, besteht ohne Zweifel, und es wundert nicht, daß die „Nestorianer" davon Gebrauch machten, wie Severus und Facundus uns berichten und Babai selber uns vorführt.

Es erstaunt aber, daß in den beiden „Athanasiana" das „Nehmen" der *Knechtsgestalt* von Phil 2, dieser Grundtext der antiochenischen Christologie, keine Rolle spielt. Die der markellischen wie der antiochenischen Tradition eigentümliche starke Akzentuierung der Unveränderlichkeit der göttlichen Natur führt im Fall des „Athanasius"-Markell zu einer verblüffenden „Korrektur" des κενοῦν von Phil 2,7. So heißt es am Ende von Fragm. 61 Schwartz, Z. 21–25 (armenisch zweite Hälfte von c. 8): ὃ (der erste Adam) μὲν γὰρ ἐκ γῆς γέγονεν, ὃ δὲ λόγος ὢν τοῦ πατρός, σάρξ ἐγένετο, οὐ κενωθεὶς τὸ εἶναι λόγος διὰ τὸ σάρκα φορέσαι[931], wie auch das Gold seiner Herrlichkeit in einem fremden Geldbeutel nicht entleert werde. (In der armenischen Fassung, soweit sich das aus Caseys Übersetzung erkennen läßt, verschwindet die wörtliche Wiedergabe von κενοῦν und damit der Anstoß[932]). In der Expositio fidei ist der Verfasser umsichtiger, das Phänomen wird ins Trinitarische verschoben (Nordberg, p. 52,8–9): Der Schoß des Vaters wurde nicht entleert (ἐκενώθη) von der Gottheit des Sohnes. Der Umgang mit dem charakteristischen Verb erinnert an die Leugnung des αὐτός von Hebr 13,8.

Liest man das Athanasius-Florileg, wie es Schwartz veröffentlicht hat, so gewinnt man aus dem Beginn (Fragm. 1–3) den Eindruck, daß ἀναλαμβάνειν τὸν ἄνθρωπον das wichtigste christologische Verbum ist, jedenfalls für den Endredaktor[933]. Tatsächlich ist für die Epistula ad Antiochenos und die Expositio mindestens ebenso wichtig das „Tragen" des Menschen durch den

---

931 „Das Fleisch tragen" ist Interpretation des σάρξ ἐγένετο.

932 Casey, Übers., p. 20: „for ⟨the latter⟩ was made from the earth, but ⟨the former⟩ being the Father's only Word became flesh and *did not cease* being the Word because of wearing a body, as also gold *does not loose* its value because it is contained in a wooden box".

933 Über den Aufbau und die Entstehung des Florilegs siehe *Seibt*, Theologie des Markell, p. 71–73.

Logos/Sohn. Das „Tragen" kann sich auf „Mensch", „Leib", „Fleisch" beziehen, ἀναλαμβάνειν scheint als grammatikalisches Objekt immer „Mensch" zu haben, wenn ich mich nicht täusche.

Ein bestimmter Aspekt der Christologie Markells wäre ganz im Sinne Babais gewesen, falls er die beiden Schriftstücke ganz vor Augen gehabt haben sollte: ὁ κατὰ τὸν σωτῆρα νοούμενος ἄνθρωπος (Schwartz, Fragm. 28, Z. 2–3 u. ö.; Expositio fidei, Nordberg, p. 54,6, mit der schlechteren Lesart γενόμενος statt νοούμενος): „der in Bezug auf den Heiland wahrgenommene Mensch". Zu Beginn von Fragm. 67 Schwartz sagt Markell: „Du hast nun also aus dem Erweis der Schriften, daß der ἄνθρωπος τοῦ σωτῆρος, ὃν κατανοεῖν διδασκόμεθα Geschöpf ist". „Wir haben gelernt, *ihn* wahrzunehmen", die Gottheit des Logos dagegen kann niemand sehen. Selbst Paulus, „das Gefäß der Erwählung", konnte die Herrlichkeit des Herrn nicht sehen, wie sollte er uns lehren, die Gottheit des Logos wahrzunehmen (κατανοεῖν)? „Sondern was ich oft gesagt habe, werde ich (auch) jetzt sagen: Er (Paulus) hat uns gesagt, Jesus, den Menschen des Heilandes wahrzunehmen (cf. Hebr 3,1, κατανοήσατε), ‚der treu ist dem, der ihn geschaffen hat'". Der „Mensch des Herrn" ist der für uns Sichtbare; irgendwo fällt auch die Vokabel θέαμα, „das Geschaute".

Danach läßt sich „der Mensch unseres Herrn" bei Babai bestimmen als das, was wir vom Herrn sehen und sehen können. Die Folgerung für den monastischen Streit über die Möglichkeit der irdischen Gottesschau ist evident.

SCHLUSS: TRINITÄTSLEHRE UND CHRISTOLOGIE

In der Auseinandersetzung mit Ḥenana beginnt eine neue Phase in der Geschichte der offiziellen Christologie der ostsyrischen Kirche des Perserreichs. Dass die vorausgehende Phase von dieser neuen zu unterscheiden ist[934], hat erst die Untersuchung der Schrift des Ḥabib gegen Philoxenus[935] und der Homilien Narsais[936] zutage gefördert. Es geht dabei nicht um eine Veränderung des theologischen Gehalts, sondern um die Art und Weise, wie dieser formuliert wird, um die Nomenklatur, in der christologische (und im Zusammenhang damit, trinitarische) Relationen bestimmt werden.

---

[934] Siehe *L. Abramowski*, Die nachephesinische Christologie der edessenischen Theodorianer, in: L. Greisiger, C. Rammelt, J. Tubach (eds.), Edessa in hellenistisch-römischer Zeit: Religion, Kultur und Politik zwischen Ost und West. Beiträge des internationalen Edessa-Symposiums in Halle an der Saale, 14.–17. Juli 2005 = Beiruter Texte und Studien 116 (Würzburg 2009), 1–9.

[935] Siehe Band 2/3 dieses Werkes, p. 570–647.

[936] Siehe in diesem Band das Kapitel über Narsai. – Publikationen zu einzelnen Homilien Narsais findet man in meiner Fortsetzungsbibliographie ZAC 12 (2008) unter den Nummern 110, 117, 127, 132.

Beide Phasen, sowohl die erste mit ihrer rigorosen Einschränkung des Gebrauchs der Begriffe hypostasis und prosopon, wie die zweite, die genau umgekehrt verfährt, bezeugen für ihre Urheber ein ausgeprägtes Problembewusstsein, also die Fähigkeit zu theologischer Reflexion. Für beide Phasen ist anzunehmen, dass ihre einflussreichen Initiatoren sie durch kollektive Beschlüsse einleiten konnten. Die erste Phase hat ihren Ursprung bei den Theodorianern der Schule von Edessa, Narsai hat diese Christologie an die Schule von Nisibis verpflanzt, wo sie bis Ḥenana in Geltung blieb.

Die terminologisch soviel kompliziertere Christologie der zweiten Phase, die ohne die Kenntnis des Liber Heraclidis des Nestorius nicht denkbar ist, sehen wir von den persischen Theologen bereits in ihrem Disput mit Kaiser Justinian und seinen Fachleuten vorgetragen, auf griechischem Boden, also auswärts. Die Delegation wurde vom Bischof von Nisibis angeführt, dem daher beträchtliche theologische Kompetenz zuzutrauen ist. Aber innerkirchlich wurde von dieser schwierigeren Christologie noch lange kein Gebrauch gemacht, weil offensichtlich keine Notwendigkeit dafür vorlag.

Die Synodalbeschlüsse von 585, 596 und 605 richten sich (ohne Nennung des Namens) gegen Ḥenana als *Exegeten*, der als nunmehriger Rektor der Schule von Nisibis an die Stelle der kanonischen Kommentare Theodors von Mopsuestia seine eigenen Auslegungen setzte. Noch in den Texten von 605 finden wir aber die Christologie der zwei Naturen und des einen prosopon (diese Vokabel nur einmal!) und die Trinität der drei Hypostasen (nicht auch der prosopa), also die klassische Fassung der edessenisch-theodorianischen Terminologie. Man kann wohl das Jahr 605 als terminus post quem für den Beginn der offiziellen kirchlichen *dogmatischen* Auseinandersetzungen mit Ḥenana nehmen. Ihren Ausgangspunkt hatten sie begreiflicherweise in Nisibis, wo wenige Jahre zuvor heftige Turbulenzen zur Vertreibung der Theodorianer aus der Schule führten, wie oben im Kapitel über Ḥenana dargestellt. Die Dokumente von 612 legen die voll ausgebildete Gegenlehre vor, dafür griff man auf ein Instrument zurück, dessen Brauchbarkeit sich Jahrzehnte vorher schon erwiesen hatte, und nahm dessen Schwierigkeiten in Kauf[937].

Der notwendig gewordene neue Sprachgebrauch bedurfte innerkirchlich der Erläuterung (und Gewöhnung). Dieser Aufgabe dient Babais Werk De unione; darin soll vor allem die komplizierte und zentrale Rolle der beiden prosopa und ihrer Einheit im einen prosopon plausibel gemacht werden,

---

[937] Der eingeübte Sprachgebrauch verschwand natürlich nicht sofort. Ein Beispiel findet sich im „Book of Gifts" des Šubḥalmaran (Zeitgenosse Babais), übersetzt von *D. J. Lane,* A Nestorian Creed. The Creed of Šubḥalmaran, in: V. Symposium Syriacum 1988 = OCA 236 (1990), 155–162. Hier wird dem Propheten Elija eine Unterweisung in den Mund gelegt, gekennzeichnet durch die folgenden Stichworte (ibid. 157–159): Trinität der drei Hypostasen und deren unio inconfusa; christologisch: ein prosopon, der Mensch Jesus, in dem die ganze Gottheit wohnt; assumptio und oikonomia. – Edition: David J. Lane, Subḥalmaran. The book of gifts = CSCO 612, Syr. 236 (T); 613, Syr. 237 (V) (2004). (T. H.)

man vergleiche die immer wiederkehrenden pädagogischen Hinweise, die auf die Belehrung der Jugend zielen (und konkret die jungen Mönche in Babais Kloster vor Augen haben). Die polemische Zusammenschau mit der neuchalcedonischen Christologie hat Babai durch eine vorangehende Schrift gegen den längst verstorbenen Kaiser Justinian vorgenommen; auf sie bezieht sich Babai durch ausdrückliche Rückverweise und Textübernahmen[938]. Dass De unione aus Anlass der Christologie der zusammengesetzten Hypostase geschrieben ist, ist vom Beginn des Buches an klar. Das Stichwort „Zusammensetzung" als abzulehnendes Konzept fällt schon in der Gotteslehre (I 2)[939], der Name des Ḥenana im nächsten Kapitel derselben (I 3)[940].

Während Babai den Märtyrer Georg (Vita § 41) die eine justinianische (und damit die des Ḥenana) zusammengesetzte Hypostase als einzigartig in ihrer Absurdität verurteilen läßt, rühmt er selber die Einzigartigkeit der Einheit von Gott und Mensch im einen prosopon. So in seiner Auslegung des Joh-Prologs in De unione III 11, wo der Evangelist zeige, „unam ergo [Vaschalde: nunc] esse personam assumentis et assumpti, et hoc *apud nullam naturam [Vaschalde: creaturam] umquam exstitisse aut exsistere* nisi apud hominem Domini nostri qui est ex semine domus David"[941]. – Für Babai ist die Einzigartigkeit der christologischen Einheit im prosopon und nicht in der Hypostase zu finden; in der einen zusammengesetzten Hypostase ist sie theologisch unerträglich, im einen prosopon dagegen angemessen. – Dabei ist zu bedenken, dass es sich um die Einheit *zweier* prosopa handelt, die sich gegenseitig austauschen. Aus der diffizilen Christologie des Liber Heraclidis hat Babai die Regel abgeleitet: die Hypostase ist „fest", „in ihrer Natur befestigt", das prosopon aber ist sowohl austauschbar wie auch „bleibend", „fest" (De unione IV 17[942] und Vatikan. Traktat, 2. Teil). Vom prosopon gibt es also eine zweifache Anwendung. Es erscheint einerseits auf der Seite der beiden Naturen in Christus, also bei deren Unterscheidung, andererseits in ihrer Union (verstanden als Einigung) *und* als Ausdruck dieser Union (verstanden als Einheit). „Fest" ist das prosopon durch die Stellung, die es in der Individuation des Seienden hat: οὐσία / φύσις, ὑπόστασις, πρόσωπον. Diese Analyse war in der antiochenischen christologischen Tradition verbindlich, in diesem Zusammenhang erscheint prosopon als ontologische Kategorie, daher „fest". Aber ebenso selbstverständlich war dieser Tradition die Einheit des prosopon des einen Christus, das hatte sie mit den anderen theologischen Richtungen gemeinsam.

Was nun die prosopa (der Hypostasen der beiden Naturen – wie immer

938 Siehe oben zu De unione III 9.

939 De unione I 2, Vaschalde, Versio, p. 10,4–5: die göttliche essentia fällt nicht unter die Zusammensetzung.

940 De unione I 3, Vaschalde, Versio, p. 19 unten.

941 De unione III 11, Vaschalde, Versio, p. 102,7–9. Das bezieht sich an der betreffenden Stelle auf die Einzigartigkeit der Union, die mehr ist als die in einem frommen Menschen.

942 Cf. die Kapitelüberschrift von De unione IV 17, Vaschalde, Versio, p. 129.

dazu gedacht werden muß) in ihrer vermittelnden Funktion betrifft, also in ihrer gegenseitigen *Austauschbarkeit*, so kann ich mich nicht erinnern, irgendwo eine explizite Begründung für das als Faktum genommene Phänomen gefunden zu haben. Der Sache nach ist es wohl in der Relation von prosopon und Name zu suchen. Der Name ist das einfachste Mittel, um ein Individuum als ein bestimmtes von einem anderen Individuum zu unterscheiden; aber persönliche Namen werden einem *gegeben*, man kann sie ablegen, wechseln, sie sind ablösbar, also nicht „fest". Als ablösbare können Namen auch übertragen werden, ohne dass der eigentliche Inhaber seinen Namen verliert. Diese Möglichkeiten alltäglichen, auch juristischen und sakralen Umgangs mit Namen liegen dem christologischen Konzept der Austauschbarkeit von Namen und damit von prosopa zugrunde, wobei die Austauschbarkeit indes über die Übertragung einen qualitativen Schritt hinausgeht, handelt es sich doch um den einzigartigen Fall des Austausches in einem einzigen prosopon, dem prosopon Jesu Christi, des Sohnes Gottes[943].

Aber die Einheit des prosopon beruht nicht auf bloßer Homonymie, wie gegen Justinians Vorwurf festgestellt wird (De unione III 9)[944]: „Ecce sapientes et periti Scripturarum intellegunt quod, quemadmodum naturae ad unum unitae (Vaschalde: coniunctae) sunt, unita (Vaschalde: coniuncta) sunt *etiam nomina earum* ad unum in uno nomine personali, et nomina accipiunt et dant se invicem in hac una persona", die Einheit der Naturen ist die Voraussetzung für die Übertragung der „Namen". Dies ist das „gemeinsame prosopon", das „prosopon der Union", das „prosopon der Oikonomia", das „prosopon der Offenbarung", wobei in diesen letzten beiden Formulierungen das Element des Sichtbaren, des sich Sichtbarmachens im Vordergrund steht, das mit der Vokabel „prosopon" selbst gegeben ist. Wenn biblische Christus-Titel im Raster der antiochenischen divisio vocum nicht recht einzuordnen sind (wie „Menschensohn" im Joh-Evangelium), dann erklärt Babai, eine solche Aussage sei aus dem „prosopon der Union" gemacht. Das prosopon der Union ist das Attributszentrum christologischer Bestimmungen. Von der Einheit ausgehend sind alle noch so scharf differenzierenden christologischen Aussagen zu denken. So sind die „Namen seiner Menschheit" solche seiner menschlichen Natur *„in unione"*, die christologische Union wird bei allen Aussagen über die menschliche Natur Christi vorausgesetzt[945]. Der „Mensch unseres Herrn" ist daher nicht bloßer Adoptivsohn (Sohn „aus Gnade") wie andere

---

[943] Nach der Auferstehung bedarf es des Austausches nicht mehr, De unione III 10, Vaschalde, Versio, p. 98,31–36: „post resurrectionem … rursus non est qui det et qui recipiat, sed una est scientia, una virtus, una potestas, una adoratio humanitatis et divinitatis Christi in una persona filiationis unitae cum Patre non unito et cum Spiritus sancto non unito et in aeternum". Zu diesen trinitarischen Adjektiven siehe unten.

[944] De unione III 9, Vaschalde, Versio, p. 75,18–22.

[945] Siehe oben die Analyse des Beginns von De unione IV 21.

Adoptivsöhne[946], andernfalls würde man ja zwei Söhne lehren. Der Unterschied zwischen der „Menschheit unseres Herrn“ und den „Söhnen aus Gnade“ ist die Annahme der Menschheit durch den Gott Logos zu seinem prosopon.

In der Definition von Chalcedon 451 war die eine christologische Hypostase nicht in eine explizite Beziehung zum trinitarischen Gebrauch der Vokabel hypostasis gesetzt worden; dafür hätte man auf die Definition von 381 (erhalten in einer Kurzfassung von 382)[947] zurückgreifen können oder müssen, was von der literarischen Form her ohnehin nahe gelegen hätte; Deliberationen dieser Art waren aber in den dramatischen Auseinandersetzungen, die den dogmatischen Beschlüssen vorangingen, nicht möglich, jedenfalls hören wir nichts davon, und das sehr wohl zitierte Nicaenum, das als Bekenntnis der Synode von 381 bezeichnet wurde und bis heute als solches gilt, hat zwar eine anti-pneumatomachische Funktion, sein Wortlaut bezeugt aber nicht die ausgebildete neunicaenische Trinitätslehre der Synode von 381[948].

In der Folge kam es zu vereinfachenden Formulierungen: in der theopaschitischen Erweiterung des Trishagions noch im 5. Jh., und in der Formel „unus ex trinitate crucifixus est“ der Skythischen Mönche[949] zu Beginn der justinianischen Zeit, erweitert zu „una hypostasis ex trinitate crucifixa est“, wie man sie auch bei Justinian selbst findet.

„Einer aus der Trinität“ und „eine Hypostase aus der Trinität“ sagt auch Babai, aber diese Formeln werden aus dem theopaschitischen Kontext, in den sie bei (Neu-)Chalcedoniern und Monophysiten gehören, herausgelöst. „Einer aus der Trinität“, „eine Hypostase aus der Trinität“ dienen jetzt der Unterscheidung der Naturen, indem sie die Gegenbegriffe evozieren: „einer aus der Menschheit“, „eine Hypostase aus den Menschen“[950]. Die christologische Debatte muss unter einer trinitarischen Perspektive geführt werden; und diese Perspektive ist es, die Babai sein Werk der Belehrung und Erläuterung

---

[946] Siehe oben die Analyse von De unione III 9 und IV 16.

[947] Der Text bei *Theodoret,* HE V 9, 8.11–12, ed. Parmentier/Scheidweiler, GCS 44 (19). Im längeren § 11 über die Trinität drei Hypostasen, drei πρόσωπα; im kurzen christologischen § 12, gerichtet gegen den (nicht genannten) Apollinarius weder ὑπόστασις noch πρόσωπον, jedoch „der vollkommene Gott Logos“ „vollkommener Mensch geworden“. – Der Verzicht auf die termini technici in § 12 ist kein Zufall.

[948] Man durchmustere Bekenntnisse des späten 4. und der beiden folgenden Jahrhunderte auf den Gebrauch trinitarischer und christologischer „technischer“ Terminologie hin in den Artikeln I und II. Philoxenus in seinem Brief an die Mönche bietet ein nachchalcedonisches Beispiel für die bewusste Übernahme des trinitarischen Begriffs hypostasis in die Schaltstelle zur Christologie, indem er von ihr das nicaenische „herabsteigen“ aussagt, siehe in diesem Werk, Band 2/3, p. 578.

[949] Dazu siehe *A. Grillmeier,* Jesus der Chr. 2/2, p. 331–359.

[950] Z.B. De unione III 9, Vaschalde, Versio, p. 66,2–7; III 10, p. 89,7; III 11, p. 102,16–18: „forma Dei – una de hypostasibus Trinitatis, forma servi – una de hypostasibus humanitatis, id est, homo Iesus unitus“; IV 17, p. 132,16–17; VI 21, p. 188,37–189,2.

mit der Gotteslehre und der Trinitätslehre beginnen läßt, es handelt sich nicht um einen bloßen Wunsch nach vollständiger Darstellung des Stoffes.

Begleitet werden die trinitarisch-christologischen Darlegungen Babais von der Abwehr des Vorwurfs, die Zwei-Hypostasen-Christologie füge der Trinität eine vierte Hypostase hinzu. So gleich am Ende von De unione II 7[951]: hier beginnt eine zusammenhängende Formulierung der ἀσύγχυτος ἕνωσις der drei unendlichen Hypostasen der Trinität und der ἀσύγχυτος ἕνωσις der unendlichen Hypostase des Gott Logos und der endlichen Hypostase „seines Menschen" mit der kategorischen Feststellung: „Nec additio facta est Trinitati propter assumptionem, nec locus, nec limes", die Trinität bleibt in ihrer ewigen unendlichen Wesenheit.

Umgekehrt lesen wir im Vatikanischen Traktat[952]: „natura humana aliena (*nwkry,* Vaschalde: diversa) est in sua hypostacitate (Vaschalde: in suo esse hypostatico) a natura Trinitatis", die Trinität nimmt weder Hinzufügung noch Verringerung an, die göttliche Hypostase und die menschliche Hypostase in Christus sind nicht zu verwechseln, die eine ist unendlich, die andere endlich, „sed una est persona Christi, Filii Dei", in zwei „Verschiedenheiten", „semel et *in aeternum*". Die Menschheit kann auch nicht als Hinzufügung zur *Hypostase* des Logos betrachtet werden[953]. „Homo[954] mansit in hypostasi sua stabili sicuti est, et est cum eo (sc. Verbo) unitive. Ergo in homine hypostasis et persona hominis sunt stabiliter, et in Deo Verbo persona hominis est assumptive, non hypostatice, sed ut (Verbum) revelatur (Vaschalde: revelaretur) in eo".

Noch schärfer wird die Unwandelbarkeit der Trinität in ihren Hypostasen in einer Auslegung von Joh 1,14 („Verbum caro factum est") im VII. Buch von De unione, dem antiphiloxenianischen Traktat, dargestellt[955]: Den discernentes ist bekannt, dass das Fleisch nicht unter die ewige Natur beschlossen ist, die in der Trinität der anzubetenden Hypostasen erkannt wird. „Wenn[956] es (das Wort) geworden ist *ohne* Verwandlung, ist die Trinität in ihrem Eigenen geblieben"[957], andernfalls wäre ihre Verringerung die Folge. Wenn[958] das Fleisch eine Natur mit der Trinität und eine Hypostase mit dem Logos wäre, *dann* hätten wir eine Hinzufügung zur Trinität. Wenn[959] es sich nicht um eine

[951] De unione II 7, Vaschalde, Versio, p. 46,3–16.
[952] Vaschalde, Versio, p. 238,4–10.
[953] Cf. Vaschalde, Versio, p. 238,13–23; p. 239,30.
[954] Vaschalde, Versio, p. 245,13–17. Ebenso wird von der Trinität gesagt (De unione VII, Vaschalde, Versio, p. 216,8–10): „Aber siehe, die Trinität erfährt keine Hinzufügung noch Verringerung, *sed est, sicuti est*".
[955] De unione VII, Vaschalde, Versio, p. 206,26–28.
[956] De unione VII, Vaschalde, Versio, p. 206,32–34.
[957] Das zentrale Stichwort der philoxenianischen Christologie wird hier zur Verteidigung der eigenen Position Babais und damit zum Angriff auf den Gegner verwendet.
[958] De unione VII, Vaschalde, Versio, p. 206,37–39.
[959] Ibid., Vaschalde, Versio, p. 207,1–8. Cf. p. 216,4–6: „Si non est additio nec esse potest, tunc caro est alia hypostasis, et est finita in suis, et natura eius servatur".

Hinzufügung handelt, „*wohin sollen wir die Hypostase des Fleisches setzen? In der Trinität nämlich hat sie keinen Ort*", wegen deren ewiger und in sich vollständigen Natur. „Also ist das Fleisch ohne Natur geblieben und allein gelassen ohne Hypostase! Und wenn es eine in sich subsistierende Hypostase hat, ist es folglich mit seinen fleischlichen Genossen jedenfalls unter seine Natur (sc. des Fleisches) beschlossen". – Zu diesen schroffen, für den Stil von Buch VII charakteristischen Aussagen ist zu bemerken, dass sie von den *Hypostasen* und nur von den Hypostasen zweier total verschiedenen *Naturen*, der unendlichen und der endlichen, sprechen, und nicht von den prosopa der Hypostasen und dem einen prosopon. Es geht hier um die Begründung dafür, dass die menschliche Hypostase Christi wegen ihrer Natur nicht den drei göttlichen Hypostasen als vierte hinzugezählt werden kann.

Innerhalb eucharistischer Aussagen wird der „natürliche Leib" Christi sehr wohl lokalisiert: er ist im Himmel. De unione VII[960]: „Non hoc corpus dominicum, quod est in coelo [Vaschalde: caelo], cotidie frangimus et occidimus super altare; hoc enim semel fractum est in cruce et intravit in gloriam suam". Anders ausgedrückt[961]: „non corpus *naturale* quod est in coelo [Vaschalde: caelo] unitive et sublimiter, manducamus". Und schließlich[962]: „der natürliche Leib Christi, der im Himmel ist, seine Hypostase (Vaschalde: substantiam) selbst ...". Durch den „Eintritt" in die Herrlichkeit wird evident, was der angenommene Mensch durch seine Union mit dem Logos von Beginn an besitzt[963]: seine Zugehörigkeit zum ordo divinitatis, eine von Babai außerordentlich häufig vorgenommene Charakterisierung des Menschen als (mit dem Logos) *vereintem*, die ihm eben nicht von Natur zukommt.

Das Adjektiv „vereint", unitus, dient Babai auch zur Unterscheidung der Personen innerhalb der Trinität: Pater non unitus, Filius unitus, Spiritus sanctus non unitus, also eine Betrachtung der Trinität unter dem Gesichtspunkt der Christologie, und dies in einer vereinfachenden, von Babai häufig gebrauchten Formel. Wir haben diese Formel bereits im Euagrius-Kommentar beobachtet. „Vater", „Sohn" und „Geist" sind die Namen und *prosopa* der drei Hypostasen (– es sind ihre prosopa, in denen sich die Hypostasen den Geschöpfen zuwenden). Die Gleichung Name / prosopon wird für die Trinität eigens dargelegt (De unione I 5)[964]: „Quemadmodum nomen proprium est persona distincta et aeterna paternitatis, ita nomen proprium est persona distincta et aeterna filiationis, et nomen proprium est persona distincta processionis", cf. De unione II 6[965]: Namen, die die prosopa der Hypostasen bezeichnen. Es ist das trinitarische prosopon „Sohn", die persona filiationis, die

[960] De unione VII, Vaschalde, Versio, p. 229,32–34.
[961] Ibid., Vaschalde, Versio, p. 231,24–25.
[962] Ibid., Vaschalde, Versio, p. 233,4.
[963] „ab utero", De unione II 8, Vaschalde, Versio, p. 49,26–28.
[964] De unione I 5, Vaschalde, Versio, p. 28,13–16. (T. H.)
[965] De unione II 6,Vaschalde, Versio, p. 36,2. (T. H.)

die forma servi annimmt und mit sich zu einem Sohn macht. – Der „eine aus der Trinität" wäre in diesem Kontext der Sohn, also das prosopon jener „einen Hypostase aus der Trinität", die das prosopon einer Hypostase aus den Menschen mit sich vereint. Und[966] es ist das eine prosopon des Sohnes Gottes, in dem die beiden Naturen Christi bewahrt werden mit den Eigentümlichkeiten der Hypostasen seiner Gottheit und (seiner) Menschheit; *beide* Hypostasen werden in der persona filiationis erkannt, der Gottes Sohn „in divinitate fixo modo, in humanitate vero personaliter, unitive (Vaschalde: secundum unionem)"; für die Bezeichnung „Menschensohn" gilt das Umgekehrte, aber gleichfalls unitive.

Wenn wir also systemisch korrekt das Problem des „Ortes" der menschlichen Hypostase in der Trinität der prosopa (und nicht der Hypostasen) zu lösen versuchen, dann müßten wir sagen[967]: die Hypostase des angenommenen, vereinten Menschen hat als prosopon ihren „Ort" im prosopon der trinitarischen Hypostase Sohn und ist mit ihm das eine prosopon filiationis; das einheitsbildende prosopon ist dabei selbstverständlich das göttliche. Das alles ist im trinitarischen Namen „Filius unitus" ganz unanstößig zusammengefasst. In den zugrundeliegenden Bestimmungen sprengt es allerdings den Rahmen der Vorstellungskraft, weil die menschliche Hypostase ja durch diese und in dieser Konstruktion erhalten bleibt, sonst wäre sie keine Hypostase mehr. – In ihrem prosopon wird sie am Tag der Wiederkunft Christi wieder erscheinen, cf. Apg 1,11 „Dieser Jesus … wird kommen, wie ihr ihn gesehen habt als in den Himmel gehenden".

Mindestens so oft wie von dem Sohn Gottes ist in den theologischen Erörterungen Babais vom Gott Logos die Rede. Dass die „Namen" der Trinität

---

966 De unione II 8: Vaschalde, Versio, p. 57,20–33. (T. H.)

967 So weit ich sehe, ist diese *vollständige* Eintragung der Zwei-Hypostasen-Christologie in die Drei-Hypostasen-Trinität auf dem Weg über die prosopon-Lehre, wie ich sie aus den Voraussetzungen folgernd theoretisch darlege, nirgendwo bei Babai wörtlich ausgesprochen. – Nun sind zwei Passagen in De unione, die von der Trinität und ihrer Nichtveränderung durch die assumptio hominis handeln, verlorengegangen. In De unione IV 16 und IV 17 fehlt je ein Blatt in der Hs L, siehe Vaschalde, Versio, p. 124, Anm. 3 und p. 131, Anm. 4. Ein Blatt (also zwei Seiten) der Hs entspricht etwa 1 1/3 Druckseite, sei es des syrischen Textes, sei es der lateinischen Übersetzung in Vaschaldes Ausgabe. Verloren sind die Blätter 2 und 9 des Faszikels XII der Hs. Diese ist in Quinionen gelegt, Blatt 2 und Blatt 9 bilden dann die zweite Lage des Fasz. XII: 1.(2).3.4.5. Die Blätter 6.7.8.(9).10 stellen also ein Doppelblatt dar. Das Doppelblatt könnte beim Binden der Hs verloren gegangen sein; jedenfalls hat es beim Binden Vertauschung von Lagen in anderen Faszikeln gegeben, siehe das Vorwort zu CSCO 79, Syr. 34, p. III–IV. – Wäre es denkbar, dass fol. 2 von Fasz. XII wegen theologischer Anstößigkeit herausgerissen worden ist? Fol. 9 wäre dann wohl irgendwann auch herausgefallen, falls man nicht reparierend eingegriffen hätte – aber da es den gleichen schwierigen Gegenstand behandelte, war man über den glücklichen Zufall vielleicht froh? Aber es gibt natürlich keinen Beweis dafür, daß sich Babai in den verlorenen Passagen deutlicher als sonst ausgedrückt hätte, ebensowenig wie es einen Hinweis darauf gibt, auf welche Weise die bewusste Lage verloren gegangen ist.

als ihre prosopa „Vater, *Sohn*, Geist" sind, entspricht dem Taufbefehl, dem in der Hierarchie der Autoritäten unter den maßgeblichen Schriftworten als Wort des Auferstandenen Priorität zukommt. Der Joh-Prolog, von Babai mit der Tradition dem „Donnersohn" (cf. Mk 3,17) Johannes und damit einem der ersten Jünger zugeschrieben, hat inhaltlich ein solches Gewicht, dass sein zweiter Platz in der Hierarchie der Autoritäten einer der Gleichrangigkeit ist. Daher gehören zu den nomina divinitatis „des einen prosopon des einen Herrn Jesu Christi, des Sohnes Gottes" *„ante unionem"*[968] an erster Stelle: „Filius, *Verbum, Deus* ...", De unione VI 20[969]; ibid.[970]: „Nomina divinitatis. – Deus Verbum vocatur Filius ..."; ibid.[971]: „Rursus Filius vocatur Verbum ...". Der erste Vers des Joh-Prologs etabliert den Logos als Hypostase, De unione I 5[972]: „Quapropter, postquam dixit (sc. filius tonitrus): ‚In principio erat Verbum', *pergit explicans*[973] *de hypostasi eius:* ‚Et Verbum erat apud Deum et Deus erat Verbum', hypostasis apud hypostasim et ex hypostasi". Die Prädikation als Θεός kennzeichnet den Logos als Hypostase, „Logos" allein hätte dafür nicht ausgereicht, weil das als bloße Kraft oder Energie verstanden werden könnte. Andererseits ist der Doppelname ὁ Θεὸς λόγος auch hinsichtlich des zweiten Bestandteils zu rechtfertigen, so De unione VI 21[974], wieder in einem Abschnitt über die nomina *ante unionem*: „Rursus, si appellatus esset ‚Deus apud Deum', et non vocatus esset Verbum ..., (homines) intellexissent diversitatem naturae ... eumque esse Deum secundum et finitum ...". – In diesem Argument verbirgt sich die Erinnerung an den Θεός λόγος als den Θεοῦ λόγος, den Logos Gottes; auch die von Babai bei solchen Gelegenheiten andeutend herangezogene Analogie der menschlichen Seelenkräfte, zu denen der logos = Vernunft gehört, bezieht sich eigentlich auf den λόγος Θεοῦ.

Nach dem Schema von „fest" und „austauschbar" ist der Gott Logos als Hypostase natürlich „fest", jedenfalls wird „Gott Logos" christologisch nicht zum austauschbaren prosopon, auch wenn trinitarisch „Gott Logos" = „Sohn" ist und umgekehrt, wie die oben zitierten Stellen zeigen; prosopon der Union ist „Sohn" und nicht „Gott Logos". Tatsächlich spielt der Logos in der Union von Gott und Mensch eine höchst aktive Rolle, auf die im Lauf der obigen Analysen immer wieder hingewiesen werden konnte. Auch als trinitarische Hypostase, deren göttliche Natur weitgehend durch negierende Adjektive prädiziert wird, die sie in die absolute Transzendenz verweisen, bleibt der Logos Kraft und Wirksamkeit – die Hypostase ist „fest", aber „fest"

968 Es sei daran erinnert, dass es für die menschliche Hypostase Christi bei Babai keinen Zustand „ante unionem" gibt.
969 De unione VI 20, Vaschalde, Versio, p. 162,22–23.
970 Ibid., Vaschalde, Versio, p. 162,35.
971 Ibid., Vaschalde, Versio, p. 163,8.
972 De unione I 5, Vaschalde, Versio, p. 26,3–6.
973 Ibid., Vaschalde, Versio, p. 26,4: explicare. (T. H.)
974 De unione VI 21, Vaschalde, Versio, p. 202,8–11; meine Auslassungen.

heißt nicht „starr". Wenn beide Aspekte berücksichtigt werden sollen, die Göttlichkeit der Hypostase und ihre Aktivität als Logos, dann kommt es zu solchen Aussagen wie: „er stieg herab unbeweglich", oder: „er wohnte unbegrenzt".

Als zusammenfassenden Ausdruck für die christologische und damit soteriologische Aktivität des Logos können wir die assumptio hominis betrachten, seit Theodor von Mopsuestia zentral in der Tradition seiner Schule. Die edessenische Verarbeitung der theodorianischen Christologie setzt einen neuen bedeutenden Akzent: Der Logos nimmt den Menschen als sein prosopon an, um sich in ihm zu *offenbaren*. Das Göttliche macht sich sichtbar durch das Menschliche. Babai betont immer wieder die Unbegreiflichkeit der Einheit des Unendlichen und des Endlichen in Christus, sie ist ein Wunder; und für das Wunder reicht die vorgegebene Schematik der Seinsanalyse nicht aus. Die aus dem Liber Heraclidis übernommene Christologie der zwei prosopa /des einen prosopon nimmt denn auch eine μετάθεσις εἰς ἄλλο γένος vor, indem sie (in Babais Sprache) vom „festen" prosopon jeder Hypostase zum „austauschbaren" übergeht.

Auch in dieser zweiten Phase der ostsyrischen Christologie wird also der edessenische Grundsatz beibehalten, dass die Nomenklatur der „Natur" eine andere ist als die der „Oikonomia", der Heilsveranstaltung, nun aber wird er auf (die Kategorie) des prosopon angewendet. Nur diese Weise der Analyse der christologischen Einheit wird nach Auffassung der offiziellen ostsyrischen Theologie des beginnenden 7. Jhs. der Wirklichkeit und Einheit von Gott und Mensch in dem einen Christus, dem Sohn Gottes, gerecht; weder der μία φύσις der Philoxenianer und Severianer noch der ὑπόστασις σύνθετος des Ḥenana kann sie das zubilligen.

FÜNFTER TEIL
Nach Babai dem Großen

Luise Abramowski
Theresia Hainthaler

ERSTES KAPITEL
Išoyahb II. (von Gedala) 628–646

Luise Abramowski

I. LEBEN UND WIRKEN

Nach der Ermordung des Großkönigs Kosrau II. im Jahr 628, als die Armee des Kaisers Heraklius weit in das Sassanidenreich eingedrungen war[1], gestattete Kosraus Nachfolger Široe (Qawad II.)[2] der Kirche des Ostens die Wahl eines Katholikos, nach einer erzwungenen Vakanz von 20 Jahren. Die Wahl fiel auf Išoyahb aus Gedala, Bischof von Balad. Sein Katholikat sah den Untergang des Sassanidenreichs durch die arabische Eroberung; mit der neuen Herrschaft war der Wechsel der Herrschaftsreligion verbunden, und der Inhaber des Thronos von Seleukia-Ktesiphon starb als Flüchtling fern von seinem zerstörten Bischofssitz.

Die Nachrichten über Išoyahb II. sind kritisch von Louis Sako bei Gelegenheit seiner Edition des „Christologischen Briefs" (1983) gesichtet worden[3]. Außer diesem Brief gibt es noch das dem Kaiser Heraklius vorgelegte Bekenntnis (siehe unten) und eine Auslegung des Vaterunsers in Gestalt einer hymnischen Paraphrase[4]. Zu zwei Briefen von unsicherer Echtheit siehe unten. Sakos verdienstliche Monographie hat sämtliche Quellentexte zur Biographie Išoyahbs im syrischen oder arabischen Original mit französischer Übersetzung abgedruckt[5], was die Weiterarbeit auf seinen Spuren sehr erleichtert.

Aus der Zeit vor der Wahl Išoyahbs zum Bischof gibt es wenige Nachrichten; wir kennen den Namen seines Geburtsortes, eben Gedala; seine Geburt ist in der zweiten Hälfte des 6. Jhs. anzusetzen. Er gehörte zu jenen Scholaren, die die Schule von Nisibis aus Protest gegen Ḥenana verließen – siehe die Darstellung der Chronik von Séert, die das Geschichtsbild lange bestimmte[6]:

[1] Cf. *Labourt,* Christianisme, p. 232–236 über die persisch-byzantinischen Kriege in den ersten Jahrzehnten des 7. Jhs. und über die Ermordung Kosraus.

[2] Über die persischen Thronwirren siehe *Labourt,* Christianisme, p. 245; ibid. Anm. 3 die Phasen der arabischen Eroberung Persiens, beginnend im Jahr 633.

[3] *L. R. M. Sako,* Lettre christologique du patriarche syro-oriental Īšōʿyahb II de Gḏālā (628–646). Étude, traduction et édition critique (Rom 1983).

[4] Bei Sako, Lettre, Appendice II, p. 61–62.

[5] Sako, Lettre, p. 29–58; das Bekenntnis vor Kaiser Heraklius hat er allerdings aus dem Text des ʿAmr (abgedruckt p. 55–58) herausgenommen und als Appendice I, p. 59–60 vorgelegt.

[6] Chronik von Séert: ed. Scher, PO 13, cap. LXXIV über den Metropoliten Gregor von Nisibis, p. 510–512.

„Les étudiants ... sortirent de l'École, distribuant les objets qu'ils avaient; ils emportaient des évangiles et des croix sur les voiles noirs, avec des encensoirs; et ils sortirent de la ville en prières, et en chantant les hymnes des rogations; ils étaient environ trois cents. ... Il ne resta dans l'École que vingt personnes et à peine autant d'enfants".

Tatsächlich sind, wie wir aus Babais Vita des Georg wissen, die Gegner des Ḥenana nach langen und gewalttätigen Auseinandersetzungen aus der Schule und der Stadt *vertrieben* worden[7], nicht ohne einigen Vandalismus in der Schule verübt zu haben, wie oben aus Ḥenanas Statuten der Schule erschlossen werden konnte[8]. In der Darstellung der Chronik von Séert haben wir eine Heroisierung, gar Glorifizierung der Ereignisse vor uns. Gehört die sehr große Zahl der Exulanten auch zu dieser Verschönerung? Aber es steht fest, dass die Schule nach dem Tod des Ḥenana (und wegen des Schismas?) ihre Bedeutung verlor. Unter den Vertriebenen waren, wie uns die Chronik überliefert, Išoyahb von Gedala, „der spätere Katholikos", (Bar)Hadbešabba Arbaya, der Metropolit von Ḥolwan wurde[9], Išoyahb von Adiabene, der ebenfalls Katholikos wurde (= Išoyahb III.), der „Erklärer" Paul im Kloster des Abimalek, Michael der Lehrer[10] und andere Gelehrte. – Sako meint, Išoyahbs Schulung in Nisibis habe trotzdem Spuren von Ḥenanas Lehre bei ihm hinterlassen, auffindbar im „Christologischen Brief"[11]. Ich kann jedoch nichts dergleichen wahrnehmen.

Die älteste der Quellen mit Nachrichten über Išoyahb, die Chronik Guidis, sagt anlässlich seiner Wahl zum Bischof: „Il avait pris femme, dans sa jeunesse; néanmoins cela ne l'empêcha pas d'être consacré évêque pour la ville de Balad puis d'être élevé à la dignité patriarcale. Il était orné de toutes les vertus"[12]. In Balad war Išoyahb zunächst Lehrer an der von seinem Vorgänger gegründeten Schule, und wurde nach dessen Tod Bischof dortselbst. In dieser Funktion gehörte er 612[13] zu jener Delegation, die am Hof des Großkönigs die Erlaubnis zur Wahl eines Katholikos erlangen wollte, vergeblich wie wir wissen. Für „suspekt" hält Sako die nur in der Chronik von Séert befindliche Nachricht von einer Exilierung des Bischofs Išoyahb[14], veranlasst durch eine Anzeige des Provinzgouverneurs beim Großkönig. Das Exil habe erst beim gewaltsamen

[7] Siehe oben die entsprechenden Abschnitte in diesem Band.
[8] Siehe oben den entsprechenden Abschnitt. – Und wie ist es mit dem liturgischen Gerät, das die Vertriebenen mit sich führten, war es vielleicht Eigentum der Schule?
[9] Wir kennen ihn als Autor einer „Causa".
[10] Er gehörte zu den Abgesandten aus Babais Kloster, die zur Delegation beim Großkönig zählten, siehe *Babai,* Vita Georgs, cap. 46 Anfang; ein Text von ihm ist in Abramowski/Goodman (ed.), Nestorian Collection of Christological texts, erhalten (Text IIIa–d, Michael Malpana).
[11] *Sako,* Lettre, p. 64.
[12] *Sako,* Lettre, p. 64, Text aus Guidis Edition, die betreffende Stelle innerhalb ihres Zusammenhangs, *Sako,* Lettre, p. 30.
[13] Damit ist auch der terminus ad quem für seine Wahl zum Bischof gegeben.
[14] *Sako,* Lettre, p. 65–66.

Thronwechsel geendet. Das würde bedeuten, dass die Wahl zum Katholikos den aus dem Exil Heimgekehrten betroffen hätte.

Ein kleines Kapitel widmet Sako dem „élan missionnaire“ der Ostsyrer, denn er schreibt Išoyahb die Initiative zu dem Auftreten von Christen in China in den dreißiger Jahren des 7. Jhs zu[15]. Dies Auftreten wird bezeugt durch die berühmte riesige Steinplatte, die 781 in Hsi-an-fu errichtet, ein früheres kaiserliches Edikt wiederholt, das 638/9 erlassen, von einer 635 aus dem Westen erschienenen christlichen Gruppe berichtet, der die Aufenthaltserlaubnis erteilt worden war. Zwei Beiträge zur Diskussion der Stele aus jüngster Zeit stellen einen solchen Bezug zu einer kirchlich-institutionellen missionarischen Initiative gerade nicht her[16]; J. Gernet hält die „Unternehmung einer Christianisierung der Chinesen unter den Tang für wenig wahrscheinlich“[17]. Es handele sich vielmehr um ein Beispiel der Einflüsse iranischer Religionen überhaupt in China, wie der Mazdäer und der Manichäer. „Les mazdéens furent même autorisés par les Tang quelques années avant les nestoriens à fonder, en 631, leur premier établissement à Chang'an“, andere mazdäische Gründungen seien gewiss noch älter gewesen[18]. – Für alle Fälle muss gelten, was Gernet zum Text von 781 sagt: „En fin de compte, l'idée s'impose qu'on a affaire à des communautés de marchands venus par les routes d'Asie centrale et à des monastères habités uniquement par des moines étrangers.“[19]

Bereits in die Anfangszeit des Katholikats Išoyahbs, ins Jahr 630, fällt die Gesandtschaft der Großkönigin Bōrān an Kaiser Heraklius mit dem Zweck eines Friedensschlusses, mit deren Leitung Išoyahb beauftragt wurde[20]. Heraklius war es in seinen Feldzügen 622–629 gelungen, die an die Perser verlorenen Gebiete des Reichs wieder zu erobern; 630 konnte er in Jerusalem, als triumphale Folge seiner Feldzüge weit ins persische Reich hinein, das von den Persern verschleppte Kreuz wieder aufrichten. In den nächsten Jahren ging aber alles wieder, jetzt an die Araber, verloren: 638 fielen Jerusalem und Antiochien in ihre Hände. – Die Verhandlungen zwischen Persern und By-

---

15 *Sako,* Lettre, p. 72–75.

16 *M. Tardieu,* Le schème hérésiologique de désignation des adversaires dans l'inscription nestorienne chinoise de Xi'an, in: Ch. Jullien (ed.), Controverses des chrétiens dans l'Iran sassanide = Studia Iranica 36 (Paris 2008), 207–226; *J. Gernet,* Remarques sur le contexte chinois de l'inscription de la stèle nestorienne de Xi'an, in: ebd., 227–243. – Vgl. oben p. VIII. (T. H.)

17 *Gernet,* p. 241.

18 *Gernet,* p. 228.

19 *Gernet,* p. 241, meine Hervorhebung. – Weiter zur Proklamation von 781, ibid., p. 240: „Que les moines nestoriens venus sans doute de Sogdiane y aient *seulement côtoyé la population chinoise* et les autres communautés étrangères *ne contredit en rien l'idée d'une diffusion de la religion venue de Perse* comme le proclame le titre même de l'inscription de 781, puisqu'ils furent autorisées à fonder plusieurs monastères“ (meine Hervorhebungen) – die bloße Existenz dieser Einrichtungen wirkte offenbar attraktiv.

20 *Sako,* Lettre, p. 67–72; und *L. Sako,* Le rôle de la hiérarchie syriaque orientale dans les rapports diplomatiques entre le Perse et Byzance aux Ve–VIIe siècles (Paris 1986), 121–128.

zantinern von 630 fanden in Aleppo (Beroea) statt. – Das Bekenntnis, das der Katholikos bei dieser Gelegenheit dem Kaiser vorlegte, ist schon erwähnt worden. Wie die Chronik von Séert berichtet, wurde Išoyahb nach der Rückkehr von seiner erfolgreichen Mission wegen seines Verhaltens in sacris heftig angegriffen und seine Rechtgläubigkeit in Frage gestellt. Wir hören von einem tätlichen Angriff auf seine Person[21] während einer Audienz. Außerdem gibt es zwei lange und scharfe Briefe des Bischofs Barsauma von Karka de Ledan (= Susa), auf die der Empfänger viel kürzer und im Fall von Brief 1 sehr milde antwortet[22]. Sako hat das Verdienst, als erster die Echtheitsfrage für diese Dokumente überhaupt gestellt zu haben[23]; er hält sie für unecht und druckt sie daher in seinen Exzerpten aus der Chronik von Séert nicht ab. Als eines seiner Argumente führt er an, dass die so viel ältere Chronik Guidis nichts von ihnen weiß (dasselbe Argument wurde von ihm schon auf die Nachricht vom Exil des Bischofs Išoyahb angewendet, siehe oben). Auch der von Barsauma angeschlagene unverschämte Tonfall schließe die Echtheit der Briefe aus. „En effet, plusieurs canons synodaux interdisent aux inférieurs de critiquer et de s'opposer à leurs supérieurs, comme par exemple le synode d'Isaac et celui de Dādišōʿ"[24]. Abgesehen davon, dass nach meiner Ansicht die entsprechenden Sätze Interpolationen des 6. Jhs in den älteren Protokollen sind[25], haben sie ja den oder die Verfasser dieser aufsässigen Protestschreiben nicht von ihrer Produktion abgehalten. Dies Argument Sakos ist nicht schlüssig.

Bedenklicher ist schon, was von der „Verborgenheit" des zweiten Briefes gesagt wird: Barsauma „lui écrivit deux lettres en deux écrits différents, dont l'une a été portée à la connaissance du public et *l'autre lui a été cachée*"[26]. Das spricht dafür, dass es diesen zweiten Brief zum angeblichen Abfassungszeitpunkt nicht gab und er erst von seinem Tradenten, also einer der direkten oder indirekten Quellen der Chronik von Séert, abgefasst worden ist; auch weiß sein Verfasser nichts von Aleppo, sondern lässt die Messfeier vor dem Kaiser in Konstantinopel stattfinden (siehe unten)[27]; „deux écrits différents" bezeichnet ja auch höchst wünschenswert zwei getrennte Überlieferungswege.

---

[21] PO 13, p. 560–561.

[22] PO 13, p. 562–569, Brief 1 des Barsauma, die Antwort des Katholikos wird referiert p. 569–570; p. 570–576, Brief 2 des Barsauma, Antwort des Katholikos, p. 576–579, mit ihr erklärt sich Barsauma zufrieden, p. 579.

[23] Cf. *Sako,* Lettre, p. 72, Anm. 56.

[24] *Sako,* Lettre, p. 72; *ders.,* Rôle, p. 127–128, mit Korrekturen an den Ungenauigkeiten der Chronik von Seert.

[25] *L. Abramowski,* Der Bischof von Seleukia-Ktesiphon als Katholikos und Patriarch, in: D. Bumazhnov, H. R. Seeliger (hgg.), Syrien im 1.–7. Jahrhundert nach Christus: Akten der 1. Tübinger Tagung zum Christlichen Orient, 15.–16. Juni 2007 = Studien und Texte zu Antike und Christentum 62 (Tübingen 20011) 1–55.

[26] PO 13, p. 562.

[27] *Sako,* Rôle, p. 128.

Ein Durchgang durch beide Briefe erweist sich als lohnend. Brief 1 konstatiert, dass „zwischen uns und den Griechen ein tiefer Abgrund" gähnt[28]; der Ursprung ist das Konzil von Chalcedon, (wofür Begründungen gegeben werden)[29]. Der Katholikos selbst wird schwer belastet, „tu as ratifié la parole de ceux qui prétendent que Notre-Dame la pure Marie enfante Dieu dans son essence"[30]. „Du" hast die Namen Diodors, Theodors und des Nestorius übergangen in der Messe, die du „vor diesem Kaiser" gelesen hast[31]; „enfin tu as suivi le concil de Chalcédoine"[32]. „Du hast uns selbst erzählt, dass du für den Kaiser ein Glaubensbekenntnis geschrieben hast"[33]. „Il nous est parvenu un petit écrit qui contient la profession de foi que tu as écrite pour l'empereur. Et voici le titre[34]: Croyance à la Trinité une, et à l'un de la Trinité le Verbe fils de Dieu" – eine Überschrift, wie sie auch Babais De unione zusammenfassen könnte. – Demnach hätte der Katholikos das dem Kaiser vorgelegte Bekenntnis den bischöflichen Kollegen oder wenigstens den Metropoliten nach seiner Rückkehr mitgeteilt. – Die anschließende Polemik des Barsauma bezieht sich nur auf diese Überschrift: Die 318 Väter (von Nicaea) hätten ihr Bekenntnis so begonnen[35]: „Nous croyons, en un seul Dieu vivificateur de toutes choses et en un seul Seigneur Jésus-Christ fils de Dieu", du dagegen sagst in deinem Bekenntnis zu den drei Personen nichts davon, dass sich eine von ihnen uns offenbart hat; wo sagst du etwas von der menschlichen Natur und von der Auferstehung, über die menschliche Natur, über die so viel diskutiert worden ist! – Barsauma macht mit seinem Vergleich auf den verschiedenen Aufbau der beiden Bekenntnisse aufmerksam. Aber gegenüber dem tatsächlichen Bekenntnis des Katholikos sind die zitierten Vorwürfe ganz unangebracht; dessen §§ 2–10 (in Sakos Zählung) handeln sehr wohl von der Oikonomia, die Vorwürfe sind an den Haaren herbeigezogen und bösartig, weil sie der Irreführung dienen. Anscheinend setzt der Briefschreiber voraus, dass andere den Text des Bekenntnisses nicht vor sich haben.

Barsauma erwähnt auch Paul von Nisibis, der „den Kaisern" auf die Forderung, seinen Glauben zu erläutern, geantwortet habe, er sei nicht gekommen zu diskutieren, sondern zu verkünden, dass Christus zwei Naturen und zwei Hypostasen habe[36]. – Wieder ein Beispiel der Legendenbildung und der

---

28 PO 13, p. 562.

29 PO 13, p. 562–563.

30 PO 13, p. 563.

31 PO 13, p. 564.

32 Ibid. – Der Metropolit des fernen Susa gehörte nicht zu den bischöflichen Begleitern des Katholikos in Aleppo, letztere waren aus den grenznahen Provinzen herangezogen worden.

33 PO 13, p. 565.

34 PO 13, p. 566, Anm. 1: „littér.: la copie". Am liebsten würde man lesen „la copie ⟨de titre⟩".

35 PO 13, p. 566.

36 PO 13, p. 568 – und das hören wir von jemand, der selber in Nisibis ausgebildet worden war (siehe unten Brief 2 des Barsauma), die Schule produzierte wohl ihre eignen Legenden. – Und was ist von der Geschichte in cap. XCIII der Chronik von Séert zu halten, dass in der

Heroisierung der Vergangenheit; wie wir wissen, haben die ostsyrischen Theologen und ihre griechischen Kollegen unter Kaiser Justinian nach den Regeln der Kunst disputiert, der Text liegt uns zu zwei Dritteln vor (siehe oben).

Schließlich vermutet Barsauma, der Katholikos sei durch den „Irrtum" Gregors „verführt" worden, der Maria „Mutter Gottes" nenne – schätzenswert wie dieser Heilige sei, müsse man doch seine Irrtümer zurückweisen[37]. – In der Tat beruft sich Išoyahb gerne auf Gregor (aber gewiss nicht für das Θεοτόκος), wie man am „Christologischen Brief" unten sehen wird, vielleicht hat der Briefschreiber dies gewusst und nutzt das für seine Polemik aus.

Das charakteristische Merkmal von Brief 1 unter dem Namen des Barsauma ob echt oder unecht ist der entschiedene Anti-Chalcedonismus, was neu ist gegenüber der unmittelbar vorangegangenen anti-Ḥenana-Phase der ostsyrischen Theologie; noch vor Barsauma hat Išoyahb sich im gleichen Sinn geäußert, siehe unten den „Christologischen Brief". Das kann nur aus dem zeitgeschichtlichen Bezug erklärt werden: man hatte das byzantinische Heer, ein christliches Heer chalcedonischer Konfession im Lande gehabt, es stand Rechtgläubigkeit gegen Rechtgläubigkeit.

Mir scheint (im Unterschied zu Sako) kein Grund vorzuliegen, der uns nötigt, die Unechtheit von Barsauma Brief 1 anzunehmen. Auch die Antwort des Išoyahb klingt plausibel, wie die Chronik sie referiert[38]: Išoyahb „lui fit une courte réponse en homme qui cherche à écarter ses torts et à aplanir les difficultés, lui disant que la raison de la conduite qu'il avait suivie en pays romain n'était pas dans les deux choses dont il l'avait accusé, mais seulement

---

Unterhaltung des Kaisers mit dem Katholikos über den Glauben „*le prince lui apporta* (le livre de) Mar Paul. Išoʿyahb lui éclaircit la question avec beaucoup de lumière et de netteté. L'empereur fut émerveillé; et il lui dit: ‚Je ne te démentirai pas, et j'ajoute foi au livre *que tu m'as présenté*. Mais je désirerais que tu recherchasses les preuves de la véracité de ce livre'. – Un tel examen, répondit-il, demande beaucoup de temps; et le moment est venu où je dois repartir" (PO 13, p. 558). Diese Passage ist oben schon zur Disputation zwischen Kaiser Justinian und den Ostsyrern herangezogen worden; es wurde aufmerksam gemacht auf die Diskrepanz zwischen den „Beibringern" des „Mar Paul" in der jetzigen Situation von 630 in Aleppo (dass es sich um das Protokoll jener früheren Disputation handeln muss, ist mir so wahrscheinlich wie Msgr. Scher, siehe p. 558, Anm. 2). Die Frage ist deswegen interessant, weil seinerzeit Paul von Nisibis und seine Kollegen die Zwei-Hypostasen-Christologie gegen die eine zusammengesetzte Hypostase der griechischen Neuchalcedonier vertraten, aber jetzt das Bekenntnis des Išoyahb für Heraklius bewusst auf die seit 612 offizielle Gestalt der ostsyrischen Christologie verzichtet. Und wenn es einerseits heißt, der Kaiser habe die Deutungen des Katholikos bewundert, er aber andererseits Erklärungen fordert, die Išoyahb aus (angeblichem?) Zeitmangel nicht geben will, so sieht das auch an diesem Punkt nach einer Addition von zwei verschiedenen Berichten über denselben Vorgang aus.

37 PO 13, p. 569. – Nach Ausweis von PGL, s. v., wäre der Fundort für θεοτόκος bei Gregor von Nazianz die ep. 101, bei Gregor von Nyssa ep. 3.

38 PO 13, p. 569–570.

dans le désir de semer la paix dans les cœurs, en y faisant renaître l'amitié et de faciliter la mission dont on l'avait chargé".

Anders ist es mit Brief 2 des „Barsauma"[39]: er ist mit Sicherheit unecht. Von seiner ursprünglichen „Verborgenheit" wurde schon gesprochen. Ferner verlegt der Verfasser die Messe vor dem Kaiser Heraklius durchgängig nach Konstantinopel[40], während doch die Friedensverhandlungen in Aleppo und nicht in der Reichshauptstadt geführt wurden. Das deutet auf einen zeitlichen, lokalen und personalen Abstand zu den Akteuren. Der Tonfall ist noch um eine Stufe unverschämter und schriller als der von Brief 1. Ohne Zweifel ist Brief 2 eine Folgeerscheinung von Brief 1 – aber warum sah sich der Verfasser zu diesem erneuten Protest veranlasst? Das rituelle Fehlverhalten des Katholikos wird hier so gesehen: seine Messe wäre gültig gewesen, wenn sie auf einem von ihm selbst geweihten Altar gefeiert worden wäre[41]. Statt dessen habe er sie gefeiert auf einem Altar, „wo man vom Morgen bis zum Abend deine Gottheit mordet, wo dein Schöpfer gekreuzigt wird vom Tagesanbruch bis zum Sonnenuntergang"[42] (damit wird auf das theopaschitische Trishagion angespielt, den traditionellen polemischen Topos). Chalcedon wird nur einmal erwähnt: „Du gedachtest ihn (den Kaiser) nicaenisch zu machen, er hat dich chalcedonisch gemacht!"[43] Der Katholikos müsse seinem Amt entsagen oder öffentliche Kirchenbuße tun (so der ganze Brief).

Der Schreiber ist sich des weltgeschichtlichen Umbruchs bewusst, in dem er lebt, und kann dem Ausdruck geben[44]: „Ne sais-tu pas que nous sommes dans un moment où il ne convient pas d'amasser de l'argent, ni de se glorifier de ses vêtements? Ne sais-tu pas que l'on est dans la pire des situations *à cause du bouleversement des empires et des irruptions des envahisseurs?*"[45] (was sich nur auf die arabische Eroberung beziehen kann)[46]. – Brief 2 wäre also später anzusetzen als Brief 1, terminus a quo 633.

Auch wenn der Brief nicht vom vorgeblichen Verfasser stammt, enthält er doch Angaben, die Faktisches betreffen (können). So hebt der Verfasser in seiner Rolle als Barsauma zu Selbstruhm an[47]: „*Nous avons fait ensemble nos*

[39] PO 13, p. 570–576.
[40] PO 13, p. 570. 572. 574.
[41] PO 13, p. 570–571.
[42] PO 13, p. 571.
[43] PO 13, p. 574.
[44] PO 13, p. 575.
[45] Die Übernahme des Vorwurfs der Bereicherung aus Brief 1 in Verbindung mit der gegenüber 630 bereits veränderten Situation wirkt allerdings grotesk – weltgeschichtliches Bewusstsein hin oder her!
[46] Cf. *Labourt,* Christianisme, p. 245, Anm. 3: „En 633, occupation de Baḥraïn (Qaṭar), de la Mésène, de Ḥira et d'Anbar. Tout le territoire situé à l'Ouest de l'Euphrate tombe aux mains des musulmans". Seleukia-Ktesiphon wird 637 eingenommen. „638: Invasion du Huzistan et de la Susiane. 640: les Arabes envahissent le plateau iranien".
[47] PO 13, p. 573.

études" (sc. in Nisibis); „et s'il est permis de se glorifier, je suis plus habile que toi; s'il est permis d'énumérer ses bonnes œuvres, toi-même tu avoueras que je te devance et que je te surpasse beaucoup, et que je lutte contre les passions mieux que d'autres. Pour ce qui est de l'âge, *j'ai blanchi avant toi, comme je t'ai avancé dans le sacerdoce* et dans l'ascétisme"[48]. – Ist es denkbar, dass ein noch so selbstbewusster Hierarch sich derartig offenherzig wie der Pharisäer im Gleichnis gerieren würde? Doch diesen Selbstruhm stellvertretend durch einen anderen niedergeschrieben zu sehen, könnte in seinem Sinne durchaus gewesen sein.

Die Echtheit der Antwort des Katholikos[49] hängt an der des Briefes 2 des Barsauma und fällt mit diesem. Diese Antwort schwingt sich zu denselben rhetorischen Höhen auf wie Brief 2 und hat deswegen gute Chancen, aus derselben Feder zu stammen. Selbstverständlich beteuert der Katholikos (bzw. der Autor lässt ihn beteuern), dass er immer in Jesus Christus bekannt habe „zwei Naturen: die ewige Natur und die neue Natur, und zwei Hypostasen, vereint" (usw.)[50]. – Worum handelt es sich konkret bei der folgenden Mitteilung: „Je t'ai envoyé une copie de la discussion qui eut lieu entre moi et leur patriarche"[51]? Der Patriarch ist Sergius I., 610–638, aber er war bei den Verhandlungen von 630 in Aleppo nicht anwesend, sondern war in Konstantinopel geblieben[52]; es kann also keine mündliche Diskussion zwischen den beiden Patriarchen gegeben haben.

Aber dem Verfasser dieser „Antwort des Katholikos" hat offensichtlich ein *Text* vorgelegen, und eine *schriftliche* Auseinandersetzung mit den Thesen des Sergius liegt durchaus im Bereich der Möglichkeiten, wenn man die lebhafte Publizistik in der Energie- und Willensfrage zwischen den großen Thronoi in den dreißiger Jahren des 7. Jhs bedenkt (die Ekthesis des Kaisers Heraklius von 638 inbegriffen). Der Empfänger der Kopie, also Barsauma, solle auf ihr mit eigener Hand bescheinigen, dass die in ihr vorgetragene Lehre „orthodox und wahr" sei und das mit seinem Siegel bestätigen, „afin de l'opposer à autrui, à quiconque n'a pas ta science; *pour que le groupe de ceux qui combattent mon écrit marche sur tes pas, suive ta voie, et se modèle sur ta croyance*"[53]. Es gibt also um Barsauma eine Gruppe, die sich nach seiner Meinung richtet, was die Einstellung zum Verhalten des Katholikos in den Verhandlungen mit den Byzantinern betrifft. Die „Schrift" des Katholikos, die diese Kleriker im Umkreis

48 *Sako*, Rôle, p. 128, Abschnitt c, bezieht sich auf diese Stelle, wenn er schreibt: „Il dit qu'Īšōʿyahb était moine solitaire, alors que les sources affirment son marriage". Aber der Vorrang des Barsauma im Asketentum kann ja gerade darin bestehen, dass er nicht verheiratet war.

49 PO 13, p. 576–579.

50 PO 13, p. 578.

51 PO 13, p. 578.

52 *Sako*, Rôle, p. 128, Abschnitt d.

53 PO 13, p. 578–579.

des Barsauma bekämpfen, kann nach der ersten Runde des Briefwechsels nur die „Croyance à la Trinité une, et à l'un de la Trinité le Verbe fils de Dieu" sein, die das dem Kaiser überreichte Glaubensbekenntnis enthielt und dem Barsauma übersandt worden war. Zur „Gruppe" um Barsauma würde ich den Verfasser der beiden fingierten Briefe zählen.

Verwirrenderweise liest man im vorangehenden Kapitel der Chronik von Séert, c. XCIII, über das Ende der diplomatischen Mission des Katholikos bei Heraklius[54]: „Et le patriarche quitta le pays des Grecs chargé d'honneurs; et la profession de foi d'Išoʿyahb était d'accord avec celle de Sergius, patriarche de Constantinople, en ce qui concerne la reconnaissance d'une volonté unique et d'un acte unique". Die Verwirrung bezieht sich auf den letzten Satz: Übereinstimmung in der Energie- und Willensfrage. Bekanntlich waren die dogmatischen Bemühungen Konstantinopels in dieser Sache[55] zur Gewinnung der Monophysiten gedacht, also eigentlich kein Gegenstand für Verhandlungen mit derart strikten Dyophysiten wie den ostsyrischen Theologen aus Persien. Eine solche Behauptung wie die eben zitierte ist auch etwas anachronistisch; zwar bemüht sich Sergius seit 619 um theologische Unterstützung unter den Chalcedonensern in dieser Angelegenheit, aber sein Psephos von 633 erscheint erst drei Jahre nach dem byzantinisch-persischen Friedensschluss von 630. In Išoyahbs „Christologischem Brief", der noch während seines Episkopats geschrieben ist, also vor 628, gibt es eine Aussage über die Tätigkeit der beiden Naturen in Christus (siehe unten), die inhaltlich der bekannten leoninischen Stelle[56] entspricht. Auf Leos Aussage hat sich Sophronius, der spätere (634) Patriarch von Jerusalem gegen Sergius berufen. Die oben zitierte Nachricht aus der Chronik von Séert erklärt sich am besten durch mehrere Schritte eines Rückschlusses, die zu einem unhaltbaren Ergebnis führen. Konstatiert werden sollte wohl, dass die persische Delegation im konfessionellen Frieden aus Aleppo schied, man sah keinen Gegensatz zwischen dem Bekenntnis des Katholikos und der offiziellen Theologie der Griechen; für diese wurde der Name des Sergius eingesetzt, welcher wiederum die bekannten Stichworte an sich zog; alles Zeugnisse von vermutlich früh anzusetzender Unkenntnis.

Was die fingierte Korrespondenz zwischen dem Katholikos und dem Metropoliten von Susa betrifft, so mußte der Fingierer die Tatsache berücksichtigen, dass Išoyahb keineswegs sein Katholikat zurückgegeben und auch nicht öffentliche Kirchenbuße getan hatte. Der Verfasser lässt den Barsauma die Entschuldigung des Išoyahb annehmen, und: „une amitié sans troubles suivit ces nuages"![57] Der Abschnitt, in dem darüber berichtet wird, weist wie auch

[54] PO 13, p. 560.

[55] Dazu und für das Folgende als Kurzinformation den Art. Monotheletismus (Monenergetismus), in: LThK² 7, 570–571 *(Rahner/Grillmeier)*. – Art. Monotheletismus (Monenergetismus)in: LThK 7 (1998) 430–431 *(Hainthaler)*. (T. H.)

[56] „Agit enim utraque forma …"

[57] PO 13, p. 579.

die Bemerkung, die dem Brief 2 des Barsauma vorangeschickt ist (Reihung von sechs Verben für „tadeln“!), die gleiche rhetorische Begabung auf. D.h. dass der ganze fingierte Teil der Korrespondenz *samt* Einleitung, Zwischentext und Abschluss aus *einer* begabten Hand stammt, die durchaus in der Lage ist, dem stürmischen Temperament des Bischofs, für den er spricht, Ausdruck zu verleihen.

Aus der Durchsicht der beiden Teile der Korrespondenz, sowohl des echten, wie des fingierten, ergeben sich Hinweise auf Schriftstücke des Išoyahb: „die kleine Schrift, die das Glaubensbekenntnis für den Kaiser“ enthielt, der Antwortbrief auf Brief 1 des Barsauma und die „Diskussion“ mit dem Patriarchen (Sergius).

Eine berechtigt kritische Sicht hat Sako auf die dem Išoyahb zugeschriebenen Kontakte zu Muḥammad und dem Kalifen Omar und deren (angeblichen) Erlassen zugunsten der Christen[58]. Er kommt zu dem Urteil: „Malheureusement ces témoignages sont peu dignes de foi, et leur authenticité est inadmissible“, wofür er eine Reihe von Begründungen gibt, alle überzeugend. „Il nous semble que toute cette littérature chrétienne concernant la relation entre Īšōʿyahb de Gḏala qui résidait en territoire persan et Muḥammad puis le calife ʿUmar, est une construction bien tardive. Il faut attendre le troisième siècle de l'hégire pour que les juristes musulmans commencent à écrire leurs grands ouvrages de droit et à rassembler les traditions afin que le statut des ḏimmi se dessine avec précision. Il est bien possible que c'est à ce moment-là que les chrétiens commencèrent à fabriquer ces édits“[59].

Išoyahb verließ Seleukia-Ktesiphon nach der Zerstörung der Stadt durch die Araber (637–638) und flüchtete nach Karka de Beth-Slok, wo er 646 starb[60].

II. ERHALTENE SCHRIFTEN IŠOYAHBS II.

Was die mittelalterlichen Tradenten Ebedjesu und ʿAmr an Schriften oder Sammlungen von solchen aus der Feder dieses Theologen und Bischofs aufzählen[61], ist alles verloren.

Erschlossen werden konnte (siehe oben) aus der echten und unechten Korrespondenz des Barsauma von Susa mit dem Katholikos Išoyahb die Existenz zweier Schriften und eines Briefes. Der Brief wird immerhin referiert; eine der Schriften enthielt das glücklicherweise anderswo überlieferte Glaubensbekenntnis für den Kaiser (mit einem Rahmentext?). Die Auseinandersetzung

---

[58] *Sako,* Lettre, p. 75–79 „Négociations avec les Arabes“.
[59] *Sako,* Lettre, p. 79.
[60] *Sako,* Lettre, p. 79–81.
[61] *Sako,* Lettre, p. 81.

mit dem Patriarchen Sergius von Konstantinopel scheint in schriftlicher Form existiert zu haben, aber die behauptete mündliche Debatte als Vorlage anzunehmen, ist nicht gut möglich.

Was wir tatsächlich haben, sind drei Texte: die Vaterunser-Paraphrase in Gestalt eines Hymnus, das erwähnte Bekenntnis von 630 und der Christologische Brief (vor 628).

III. DIE HYMNISCHE PARAPHRASE DES VATERUNSERS

Charakteristisch für einen spätantiken theologischen Text ist, dass er auch in der Paraphrase dieses jesuanischen Gebets[62] von metaphysischen Begriffen nicht völlig absehen kann: V. 1 – „heilig in seiner *Natur*", V. 6 – „wir sind schuldig geworden an deinem *Wesen*". Eine textliche Schwierigkeit in V. 1 ist das Nominalpartizip am Ende der ersten Zeile, welche Schwierigkeit sich am besten durch seinen doppelten Druckfehler in Sakos Quelle erklärt; jedenfalls lässt sich die verbale Wurzel in der jetzigen Form[63] nicht auffinden, statt dessen sind die Radikale *sʿr* (für *sld*)[64] einzusetzen. Sako (p. 61) übersetzt V. 1b: „rends tes *adorateurs* dignes de sanctifier ton nom". Ist das der Sinn der Wurzel *sʿr* in diesem Zusammenhang? Mir scheint die Grundbedeutung „besuchen" brauchbarer, im Sinn von „aufsuchen": „Mache würdig die dich Aufsuchenden, deinen Namen zu heiligen". Das Motiv des Würdigseins hat man relativ breit bei Theodor von Mopsuestia in seiner Katechetischen Homilie (XI) über das Vaterunser, § 10[65]:

„Il faut vous appliquer à faire de telles actions que par tous de nous le nom de Dieu soit loué, pendant que vous admirerez sa miséricorde et sa grâce abondamment répandues sur vous, et que ce ne fut pas en vain qu'il fit de vous ses fils et (qu'il) vous a, par miséricorde, donné l'Esprit, afin de croître et progresser sans fin, et qu'il vous a corrigés et rendus tels qu'il convenait que devinssent des gens qui ont obtenu d'appeler Dieu ‚Père'. De même donc que si nous faisons l'opposé, nous serons cause de blasphème contre Dieu – c'est-à-dire que tous les étrangers (à notre foi), en nous voyant (occupés) à des œuvres mauvaises, diront de nous: ils sont indignes d'être fils de Dieu, – si, au contraire, nous nous conduisons bien, nous confirmerons que nous sommes enfants de Dieu et dignes de la noblesse de notre Père, parce que bien éduqués et menant une vie digne de notre Père".

---

[62] Syrischer Text reproduziert aus *J. Mateos,* Lelyā-Saprā = OCA 156 (Rom 1972²), p. 184, mit französischer Übersetzung und Verszählung bei *Sako,* Lettre, p. 61–62.

[63] *lslwdyk.*

[64] Verwechslung von *ayin / lamad* und *reš / dalad* naheliegend.

[65] R. Tonneau / R. Devreesse, Les homélies catéchétiques de Théodore de Mopsueste = ST 145 (Città del Vaticano 1949), p. 301. Keine Zeilenzählung. Bei besonders kurzen Paragraphen gebe ich die Seitenzahl nicht an.

Sakos Übersetzung von V. 2 (p. 61) ist unbefriedigend: „Que ton Règne arrive dans sa mystérieuse (réalité) à venir, comme déjà nous sommes entrés dans son orbite". Richtiger scheint mir: „Dein Reich komme (schon) im Mysterium vor den (End)Zeiten, wie wir uns jetzt schon in seinem (des Reiches) (Lebens) Wandel[66] befinden". V. 4: „Das Brot unseres Bedürfnisses[67] gib uns jeden Tag, denn die Natur der Sterblichen bedarf seiner zu jeder Zeit". Dazu vergleiche man im sehr langen §14 in Theodors Homilie XI die eher beiläufigen Sätze „des êtres encore mortels par nature, et ayant beaucoup de besoins en ce monde"[68], und: „Tant que nous sommes en cette vie, nous avons besoin de ce dont il nous faut user"[69]. Keine Parallele in Theodors Auslegung habe ich zu V. 5 gefunden; dieser lautet: „Avant de nous créer tu connais notre malice: par ton amour tu nous a créés[70], par ta miséricorde efface nos dettes"[71], – hier äußert sich der heilsgeschichtliche Impetus der edessenisch-theodorianischen Tradition. V. 8: in der Bitte um Erlösung vom Bösen wird das Böse als *der* Böse gedeutet: „Du allein kannst seine Tyrannei besiegen", cf. Theodor, Hom. XI im ganz kurzen §18: „die Bosheit des Satans". Was die Doxologie am Schluss des Vaterunsers betrifft, so wird sie als Schluss des Gebets mit demselben in Hom. XI §3 zitiert[72], aber die Einzelauslegung endet in den §§17 und 18 mit der Bitte um Erlösung vom Bösen, die Doxologie fehlt. Das spricht dafür, dass auch in §3 Theodor den ursprünglichen Text geschrieben hatte (gewiss in Übereinstimmung mit dem Taufritual) und erst der Übersetzer die Doxologie dazuschrieb. Die Auslegung des Vaterunser-Schlusses durch Išoyahb bezieht Christus mit ein, V. 9: „A toi est le royaume et le pouvoir et la gloire: accorde-nous d'y être héritiers de ton Bien-aimé" (cf. Röm 8,17; Mt 12,18), V. 10: „und dass mit ihm, wir, deine Heiligen darbringen mögen deiner Herrschaft die Glorie, die ihr geziemt" (Sako, p. 62: „Et qu'avec tes saints nous rendions à ta majesté la gloire que tu mérites").

---

66 Tonneau (siehe die vorige Anm.) übersetzt *hwpk'* mit „vie" und notiert die syrische Vokabel im Apparat.

67 *swnqn'*, so die syrische Vulgata in Übersetzung des schwierigen ἐπιούσιον.

68 Tonneau/Devreesse, p. 309.

69 Tonneau/Devreesse, p. 311.

70 Ich übernehme die wörtliche Übersetzung aus Sakos Anm. zum Text.

71 Siehe die vorige Anm.

72 Tonneau/Devreesse, p. 287.

IV. DAS GLAUBENSBEKENNTNIS FÜR KAISER HERAKLIUS (ALEPPO 630)

Das Bekenntnis ist erhalten beim Chronisten ʿAmr (14. Jh.)[73]. In Sakos Buch über „die Rolle der ostsyrischen Hierarchie in den diplomatischen Beziehungen zwischen Persien und Byzanz“ kann man dies Bekenntnis bequem mit dem Išoyahbs I. vor Kaiser Maurikios von 587 vergleichen[74], ebenfalls durch ʿAmr überliefert. Keines der beiden Bekenntnisse redet von zwei Hypostasen in Christus; für das Jahr 587 verwundert das nicht, weil, wie wir wissen, diese christologische Bestimmung in kirchlichen offiziellen Dokumenten 612 zum ersten Mal erscheint. In der Zeit nach 612 und gegenüber der auswärtigen Macht, die man um Waffenstillstandsbedingungen angeht, erklärt sich die Zurückhaltung natürlich aus diplomatischen Gründen. Wie man oben gesehen hat, gab es Stimmen in der ostsyrischen Kirche, die zu solchen Kompromissen nicht bereit waren[75].

Das Bekenntnis ist ganz der ostsyrischen Tradition und Christologie verpflichtet, wie wir sie vom Ende des 6. Jhs. her kennen. Es beginnt sogleich mit der Trinität (§ 1): „Wir glauben an eine einzige Trinität ...“. „Eine der heiligen Hypostasen stieg vom Himmel herab und nahm Fleisch an“ (§ 2). Anders als bei Išoyahb I. sind alle folgenden Paragraphen ganz der dogmatischen Christologie gewidmet (§ 3–9), während bei Išoyahb I. auch das irdische Leben Jesu nach den Evangelien dargestellt wird: Taufe, Jünger, Versuchung, Tod, Auferstehung, Himmelfahrt. Išoyahb II., § 4: Annahme der menschlichen Natur „pour que sa divinité soit manifesté“[76]; § 7: eine Person, ein Herr, wunderbare, unbegreifliche Union, weder Teilung noch Konfusion. § 8: Er ist seit je und für immer ohne Mischung und Teilung „in zwei wirklichen Naturen, göttlich und menschlich; der eine Herr Jesus Christus, der Sohn Gottes“. § 9: „Il a choisi de souffrir dans sa chair, pour notre salut, nous les hommes. Quant à sa divinité, elle n'a pas subi des souffrances“. § 10 ist eine Doxologie. – Man beachte, dass „er“ in § 9 der eine Herr Jesus Christus, der Sohn Gottes von § 8 ist, die Leidensaussagen sind auf ihn zu beziehen.

Ortiz de Urbina, der Passagen des Bekenntnisses aus Gismondis lateinischer Übersetzung der Chronik ʿAmrs zitiert, urteilt: „Symbolum nihil continet quod positive sit heterodoxum“, und: „Hoc symbolum dependere videtur

[73] Ed. Gismondi arabisch p. 53–54, latein. Übersetzung p. 31; (arabisch mit französischer Übersetzung Sako, Lettre, p. 59–60).

[74] *Sako,* Rôle, p. 166–168 und p. 169–170, nur in französischer Übersetzung.

[75] Siehe oben die verschiedenen Berichte der Chronik von Séert.

[76] Barsauma von Susa hatte das Fehlen dieses Aspekts getadelt, völlig unberechtigt, wie man sieht; es könnte aber sein, dass Barsauma die „narrative“ Aufzählung der christologisch-soteriologisch relevanten Ereignisse im Leben Jesu vermisst, wie man sie z. B. im Bekenntnis Išoyahbs I. findet.

a symbolo Chalcedonensi“[77]. Der erkennbare Bezug zu Chalcedon liegt im Ausdruck „in zwei Naturen“ (§ 8)[78], das ist nicht Abhängigkeit, sondern bewusste Übernahme (Ablehnung einer confusio der Naturen für sich allein nicht spezifisch chalcedonensisch). Mindestens so deutlich sind die nicaenischen Formulierungen in § 2: „Dans les dernier temps, pour nous les hommes et pour notre salut, l'une des hypostases saints, le Fils de Dieu, Dieu le Verbe, lumière de lumière, vrai Dieu de vrai Dieu de la nature de son Père, descendit du ciel et prit chair“. Hier ist besonders interessant, wie selbstverständlich und ohne besondere Kautelen das nicaenische „er stieg herab“ mit der „einen Hypostase aus der Trinität“ verbunden wird, wenn wir uns an den Widerstand des Ḥabib und Narsais gegen die unmittelbare Verbindung dieser beiden Aussagen erinnern; bis auf das letzte Verb des Paragraphen („et prit chair“)[79] könnte das alles von Philoxenus stammen. Nur dass ein Philoxenus auf dem „Werden“ des Logos insistiert hätte und das Annehmen (§ 4 „Er hat eine menschliche Natur angenommen“, „a assumé“) für unzureichend erklärt hätte. Aber spätestens die „zwei Naturen“ von § 8 würden einem bis dahin unaufmerksamen Leser die Augen dafür öffnen, dass hier kein philoxenianisches Bekenntnis vorliegt. Der entscheidende Punkt, die kritische Differenz gegenüber einem auch (kyrillisch-)chalkedonischen Theopaschitismus bestimmt § 9 (siehe oben): das Leiden kann nicht der göttlichen Natur als solcher zugeschrieben werden, sondern dem einen Herrn Jesus Christus (siehe § 8), der im Fleisch litt; es ist sicher kein Zufall, dass das nicaenische „pour notre salut, pour nos hommes“ an dieser Stelle wiederholt wird.

V. DER „CHRISTOLOGISCHE BRIEF“ (VOR 628)

Das Lemma des Briefes in der Hs schreibt ihn begreiflicherweise dem „*Patriarchen* Išoyahb Gedalaya Arbaya“ zu[80], aber mir scheinen Sakos Argumente für ein Datum der Abfassung noch in dessen Episkopat einleuchtend[81]: der freundschaftlich vertraute Charakter dieses Besuchs in einem Kloster (in der Gegend von Mossul) und der ebenso freundschaftliche und vertraute Ton, in dem der Briefschreiber seinen Brief mit dem Bericht darüber verfasst, und:

---

[77] *I. Ortiz de Urbina,* Patrologia syriaca (Rom 1965²), p. 142.

[78] Ein Beleg dafür, dass die ursprüngliche, nicht-kyrillianisierte Form (ἐν δύο φύσεσιν) durchaus bekannt war.

[79] Für „et prit chair“ vom Ende des § 2 und „Il est devenu homme“ cf. das Nicaenum.

[80] *Sako,* Lettre, p. 139. Über die Hss., in denen der Brief zu finden ist, siehe ibid., p. 89–92. Es sind die bekannten Hss. des Synodicon Orientale (ed. Chabot) und vieler Einzelveröffentlichungen, die Sakos Edition um eine vermehrt. – Sako hat für seinen Druck Vat. Syr. 599 (1871) gewählt (Photoreproduktion) wegen der sehr klaren Schrift und der sorgfältigen Vokalisation. Eventuelle Diskrepanzen zwischen den hsl. Zeugen notiert er im Apparat.

[81] *Sako,* Lettre, p. 94–95.

„Géographiquement, il était plus facile à Īšōʿyahb de se rendre de Balad" (seinem Bischofssitz) „à Mossoul en visite d'amitié que de le faire de Séleucie comme patriarche".

Der Brief[82] besteht aus zwei Abhandlungen. Die eine – und sie bildet den Rahmen – ist veranlasst durch die Bitte um einen theologischen Schiedsspruch des Bischofs, die andere, eingeschaltete, befasst sich kritisch bis polemisch mit der Synode von Chalcedon, ohne dass eine Notwendigkeit dazu sich aus der Anfrage der Mönche ergeben hätte. Das Motiv für die Auseinandersetzung ist also außerhalb des unmittelbaren Anlasses des Schreibens zu suchen. Das hindert Išoyahb nicht daran, polemisch eine ungerechtfertige Beziehung zwischen beiden Themen herzustellen.

Der Brief ist gerichtet an Abraham von Beth Madai[83] und hat zum Thema: „wie man das eine prosopon Christi zu bekennen habe"[84]. Abraham war es auch, der den Schiedsspruch erbeten hatte. Abraham war im Kloster des Elias und des Ḥenanišo[85] zu Gast gewesen, bei einer Debatte über „die oikonomia im Leib unseres Heilandes", „die Einheit Christi" und das eine prosopon Christi ergaben sich Differenzen; darüber berichteten die beiden Gastgeber dem Bischof, als dieser seinerseits in ihrem Kloster auf Besuch war, Abraham aber nicht mehr anwesend war. Die beiden Mönche teilten dem Bischof auch Abrahams Begehren nach einer bischöflichen Entscheidung mit, die jener akzeptieren wolle (§ 16–18).

Aus Abrahams These, aus der Gegenthese des Elias und des Ḥenanišo ist klar, ebenso wie aus der langen Antwort des Bischofs, dass alle Beteiligten sich in der Nomenklatur der hoch differenzierten Ein-Prosopon-Zwei-Prosopa-Zwei-Hypostasen-Zwei-Naturen-Christologie bewegen, mit dieser komplizierteren Gestalt der ostsyrischen Christologie also ganz selbstverständlich vertraut sind.

Abrahams These ist (§ 19): „Dies *eine*[86] *Prosopon,* in dem Christus bekannt wird, *ist* als *das der Gottheit* zu betrachten, so dass die Natur der Menschheit durch die Union zum prosopon des Gott Logos erhöht worden ist und durch es (sc. das Prosopon des Gott Logos) gesehen[87] wird, alles tut und redet und

[82] Syrischer Text: Sako, Lettre, p. 165–192, französische Übersetzung p. 141–164. Sako unterteilt in Paragraphen und bietet im syrischen Text zusätzlich eine Zeilenzählung. Normalerweise genügt der Verweis auf die kurzen Paragraphen, nur für einzelne Worte oder Wendungen wird Seite und Zeile hinzugefügt.

[83] Über ihn siehe *Sako,* Lettre, p. 93–94. Sakos Urteil p. 94, Anm. 24: „Abraham semble être dans la ligne de Ḥenana et Sahdona, qui étaient pour la terminologie de Chalcédoine", ist in jeder Hinsicht unzutreffend.

[84] *Sako,* Lettre, p. 139.

[85] Über diese beiden, Onkel und Neffe, und ihr Kloster siehe *Sako,* Lettre, p. 143, Anm. 13 und 14. – Über Ḥenanišo siehe Abramowski/Goodman (ed.), A Nestorian Collection of Christological Texts, p. xliv und Text Nr. VIII.

[86] *ḥd*; Sako gibt in seiner Übersetzung als Umschrift fälschlich *iḥidaia* an.

[87] So mit der Mehrzahl der Hss. zu lesen, siehe den Apparat zur Stelle.

also nicht ihr eigenes prosopon gebraucht, sondern das prosopon dessen, der sie angenommen hat"[88]. – Hier ist also das göttliche prosopon das sichtbare, die menschliche Natur wird durch die göttliche gesehen, sie verzichtet gewissermaßen auf ihr eigenes prosopon. Steckt in Abrahams These (mit der er den gegenseitigen „Gebrauch" oder Austausch der prosopa halbiert: der Gebrauch des menschlichen prosopon zur Offenbarung des göttlichen fällt weg) nicht der alte Wunsch des monastischen Grüblers nach der Möglichkeit, *Gott zu sehen* (womöglich mit leiblichen Augen)? Aber auch wenn dem so sein sollte, wird die Sache durchweg als rein christologisches Problem behandelt. Elias und Henanišo setzen der subtilen Argumentation Abrahams entgegen (§20): „Christus hat[89] *ein gemeinsames prosopon* der zwei Naturen".

Der Bischof Išoyahb stellt an den Anfang seiner Erwägungen den Satz (§26): „Einer ist der eingeborene Sohn Gottes". Umstritten ist das Wie der Einheit. §28: „Wenn nicht[90] deutlich das prosopon Christi in der einen oder anderen (Hinsicht) gesehen würde in zwei (einander) Entgegengesetzten[91], könnte die Rede über es (sc. das eine Prosopon) nicht in solche Teilungen zerfallen" (d.h. zu Frontenbildungen oder gar Schismen führen). – Die Schwierigkeiten liegen nämlich in den Gegebenheiten selbst, §29: da Christus einerseits als wahrer Gott, andererseits als wahrer Mensch erscheint, „ist der Sinn (Verstand) derer, die (ihn) sehen[92], verwirrt worden". §33 „Jene aber, die dem rechten Pfad des Glaubens folgen, erkennen ihn in beiden (cf. §28), ⟨ohne seine Menschheit zu reduzieren wegen seiner göttlichen Reden und Taten (cf. §29)⟩[93], noch die Herrlichkeit seiner Gottheit zu verringern wegen der Leiden und Kränkung seiner Menschheit".

Die folgenden §§34–41 richten sich gegen schon erledigte christologische Häresien, über die man sich kurz fassen könne (§34. 41). Die Severianer lehren eine Natur und eine Hypostase (§35. 36) (Philoxenus wird gar nicht erwähnt). Ein einziger Paragraph, §39, verurteilt jene, die eine Natur und eine zusammengesetzte Hypostase lehren (cf. noch §66 weiter unten), die Namen Justinian und Ḥenana als Vertreter dieser Auffassung fallen *nicht*. §40: Übrig bleibt die reine Lehre, „dass zwei Naturen und zwei Hypostasen der Gottheit und der Menschheit in dem einen herrlichen prosopon Christi bekannt werden müssen".

[88] Vom gegenseitigen Gebrauch der prosopa ist also nur noch eine Seite übrig geblieben.
[89] *Sako,* Lettre, p. 144 „est", aber syrisch liest man p. 167,70: *'yt lmšyḥ'*.
[90] Diese Verneinung fehlt in Sakos Übersetzung.
[91] Diese das christologische Problem generalisierende Formulierung (die später wieder auftaucht) erklärt sich aus dem nächsten Paragraphen.
[92] Sako übersetzt das Partizip *ḥzy'* (Plural) mit „théologiens"; die Bezeichnung wird im selben Sinn noch einmal in §149 gebraucht, wo sie zutreffend übersetzt ist.
[93] So etwa ist ein zu postulierender Textausfall zu ergänzen, einzufügen nach *ḥsrw* p. 169,113.

„*Jetzt* aber“ – damit beginnt eine Auseinandersetzung mit der Synode von Chalcedon (451!), die doch mehr als 150 Jahre zurückliegt. Dies Thema füllt §§ 42–78. § 42: Woran *jetzt* viele Anstoß nehmen, das ist die Synode von Chalcedon, – das erscheint nun aktueller als der Kampf gegen die Monophysiten, die ja nicht verschwunden waren. Dass „viele“ „jetzt“ die Gelegenheit haben, an der Synode von Chalcedon „Anstoß zu nehmen“, kann nur daran liegen, dass sie es konkret mit Vertretern dieser Christologie zu tun bekommen. Dazu bot das kriegerische Hin und Her zwischen den beiden Reichen der Perser und Byzantiner die Gelegenheit, auch mit seiner Begleiterscheinung von Deportationen. Die ostsyrischen Christen sahen sich mit den chalcedonischen Byzantinern konfrontiert wie wohl nie zuvor. Die geographische Lage von Išoyahbs Bistum Balad nordwestlich von Mossul mußte ihn notwendig zu einem Beobachter dieser Zustände machen. Des Bischofs antichalcedonische Abhandlung kann als Handreichung für Diskussionen mit den Byzantinern gesehen werden, auf die ja auch das Kloster Abrahams in der Nähe Mossuls gefasst sein mußte. Für die byzantinische Seite ist auffällig, dass typisch neuchalcedonische Eigenheiten in den Konfrontationen keine Rolle spielen – die Polemik hat sich gegenüber der von Babai und seinen Freunden geführten (zu denen der in unserem Brief genannte Ḥenanišo gehört) verschoben.

In Chalcedon habe man die besten Absichten mit dem Bekenntnis zu den zwei Naturen gehabt, aber, fährt Išoyahb fort, man verdarb die reine Lehre durch das Bekenntnis zur einen Hypostase (§ 45. 46). Die Vertreter der Synode sind nicht ganz orthodox, haben sich aber auch nicht den Häretikern angeschlossen, wem soll man sie also zuordnen (§ 47. 48)? „Ihre Argumentation *(mlt')* kann keinen Bestand haben“ (§ 48). Dann beginnt Išoyahb über „Hypostase“ zu sprechen, § 49 ff. Das soll natürlich die Widerlegung der einen Hypostase von Chalcedon vorbereiten, denn den Differenzpunkt zwischen Abraham und seinen beiden Freunden betrifft nicht das Hypostasenproblem.

Als allgemeine Regel, bezeugt „durch Natur und Schrift“, stellt der Bischof auf: In einer Natur können mehrere Hypostasen sein, aber nicht in einer Hypostase verschiedene Naturen (§ 49). Er lässt darauf eine Reihe von Definitionen von „Hypostase“ folgen (§ 50–55), alle *griechisch*, wie er ausdrücklich sagt (§ 50), zwei weitere werden unten in § 67 und 70 nachgereicht. – Ich reproduziere hier die ganze erste Gruppe von Definitionen[94], weil wir aus ihr erfahren, was in Nisibis in dieser Hinsicht gelehrt und von Išoyahb ohne Zweifel in seiner eigenen Unterweisung als Lehrer in Balad weitergegeben wurde. – Es ist in Darstellungen der ostsyrischen Christologie vielfach üblich, auf die be-

[94] *Sako*, Lettre, p. 103 tut dasselbe (aber ohne die griechische Herkunft zu unterstreichen) in seinem Kapitel über die Terminologie des Briefes, p. 101–109; über *qnwm'* dort p. 102–106. Es fehlt der Hinweis darauf, dass *qnwm'* in der Alltagssprache sehr wohl „Person“ heißen kann. Sehr berechtigt ist Sakos Tadel an Chabots Praxis im Synodicon Orientale, *qnwm'* in christologischen Formulierungen durch „personne“ zu übersetzen.

sondere Bedeutung des syrischen *qnwm'*, mit dem das griechische „hypostasis“ übersetzt wird, hinzuweisen, um mit diesem Hinweis um Verständnis für die Zwei-Hypostasen-Christologie der Ostsyrer zu werben[95]. Aber *erstens* haben unsere Untersuchungen über die Geschichte dieser Christologie gezeigt, dass man vor dem Jahr 612 zwei christologische Hypostasen *nicht* öffentlich lehrte; als man sie schließlich *zweitens* zur Abwehr der zusammengesetzten Hypostase des Ḥenana übernahm, stammten sie aus einer *griechischen* Quelle, nämlich aus dem (ins Syrische übersetzten) Liber Heraclidis des Nestorius samt seinen unechten Partien; *drittens* hat auch im Griechischen „hypostasis“ einen viel weiteren Bedeutungsrahmen, aus dem eine bestimmte Spezifizierung für die Trinitätslehre und die Christologie ausgewählt wurde, wobei erst im Lauf der Zeit zwischen ousia und hypostasis unterschieden wurde[96], für die neunicaenische Trinitätslehre unentbehrlich; *viertens* wurde *qnwm'* offenbar deswegen als Übersetzung von „hypostasis“ benutzt, weil man für dies etymologisch nicht recht ableitbare Wort als theoretische Wurzel das Verb *qm*, „aufstehen, stehen“ annahm, und damit eine Entsprechung zum Wortteil „-stasis“ hatte.

Hier also die Zusammenstellung der griechischen Definitionen durch Išoyahb[97]. § 50: „Die Hypostase ist die Manifestation der Natur“, was die Hypostase natürlicherweise ist, ist die Natur hypostatisch. „Deswegen bezeichnen viele von den Griechen ‚hypostase‘ als Definition von Natur“. § 51: „Andere aber sagen: Hypostase ist, was aus sich selbst hypostatisch besteht, und Natur ist was aus sich selbst φυσικῶς besteht“. § 52: „Andere definieren Hypostase als das mit (dem was) ihr gleichartig (ist) Gezählte“. § 53: Andere nennen sie Einzelousia[98]. § 54: Andere nennen sie die Unteilbare. – Der folgende § 55 ist so konfus, dass der Text nicht in Ordnung sein kann; er lautet: „Die Grammatiker sprechen vom Substantiv und vom Adjektiv[99]. Das Substantiv ist also, was die *Natur* anzeigt, die die Hypostase ist; das Adjektiv aber, was die gemeinsame ousia anzeigt, welche die *Natur* ist“. – In der Bestimmung des Substantivs muss m. E. „Natur“ durch „Einzelousia“ ersetzt werden (wegen der Identifikation mit „Hypostase“): „Der Substantiv ist also, was die Einzelousia anzeigt, welche die Hypostase ist“. – Der Fehler ist vielleicht durch die Definition in § 50 entstanden, die Erwägung von § 56 kann ebenfalls

[95] Wie *Sako*, Lettre, p. 102–106, im erwähnten Abschnitt.

[96] Zuerst belegt im Tomus ad Antiochenos des Athanasius von 362, aber als *Referat* einer antiochenischen Meinung, gewiss der der Meletianer (zu denen z. B. Diodor, der spätere Bischof von Tarsus, gehörte). Noch für Augustin war die Unterscheidung der beiden Begriffe eine ihn erstaunende Novität.

[97] Die Suche nach den griechischen Originalen überlasse ich Jüngeren.

[98] Cf. Babai. Ich übersetze damit den syrischen Ausdruck, der ein griechisches οὐσία ἰδική voraussetzt (ousia singularis); der Gegenbegriff wäre die „gemeinsame Ousia“, οὐσία κοινή.

[99] „Substantiv“ und „Adjektiv“ sind Sakos Übersetzungen von *šryr'* und *mšmh*; meine Wörterbücher geben das nicht her, ich verlasse mich auf Sako, als einen Kenner der Sprache von Geburt.

eingewirkt haben. In § 57 folgert nämlich Išoyahb: durch alle diese verschiedenen Aussagen „laufe ein und dasselbe Verständnis und ist aus allem ersichtlich: die Hypostase ist ἐν δυνάμει die Natur, aber ohne dass vom Einen und Vielen die Rede ist".

Nach zwei Bibelstellen in § 57 kommt der Verfasser zum (trinitarischen) Verhältnis von Vater und Sohn, § 58: Die Schrift lehrt uns: was der Vater von Natur ist, dasselbe ist auch der Sohn von Natur; § 59: die Natur des Vaters wird „genau" in der Hypostase des Sohnes gesehen. § 61: Das ist nur möglich, weil Hypostase immer die Definition von Natur und ihre Manifestation ist, daher Einzelousia und Einzelnatur (sic). § 62: Was also haben sich die „Bildner" der „einen Hypostase in zwei Naturen" gedacht, was ist ihre Definition von Natur und ihr Prädikat? – Darauf ergeht des Verfassers Urteil über Chalcedon, § 63: „Siehe es ist nicht gesehen worden, dass ‚eine Hypostase' dazu zwingt, ‚eine Natur' zu sagen, und ‚zwei Naturen' verlangt, ‚zwei Hypostasen' zu bekennen, und (zwar) zwei, die einander entgegengesetzt[100] sind".

In § 64 fällt das Stichwort „erhoben" aus Abrahams Definition (cf. oben § 19), aber anders als dort ist hier die menschliche *Hypostase* gemeint, nicht das prosopon. In § 73 („tu as vu") wird offensichtlich Abraham angeredet, aber der ganze Abschnitt § 64–78 trifft ihn gar nicht, es handelt sich eher um ein bewusstes oder unbewusstes Einpassen der Anti-Chalcedon-Polemik in den brieflichen Rahmen und dessen Thema. Aus den beiden §§ 64 und 65 gewinnt man den Eindruck, dass der Verfasser das „Erhobensein" der menschlichen Hypostase/Natur mit einem Verwandeltwerden gleichsetzt (das selbstverständlich abzulehnen wäre). Diese Interpretation ist sehr merkwürdig, da das „Erhobensein" sich doch auf Phil 2 berufen kann. – § 66 richtet sich wie schon oben erwähnt gegen eine zusammengesetzte Hypostase.

Die §§ 67 und 68 akzentuieren das übliche Verhältnis von Natur (abstrakt) und Hypostase (konkret) einmal anders, im Interesse der Bindung der Hypostase an die Natur. § 67 „Die Hypostase kann ohne die Natur kein Akzidens, gut oder böse, aufnehmen, weil sie nicht von der Natur getrennt werden und für sich selbst sichtbar werden kann"; § 68[101]: „Weil die wirkliche[102] Hypostase der Menschheit nicht ohne die wirkliche Natur der Menschheit zu sehen[103] ist, und die wirkliche Hypostase der Gottheit nicht begriffen[104] werden kann ohne die wirkliche Natur der Gottheit".

Dann dreht Išoyahb das Argument wieder um und zieht für dasselbe Phänomen weitere Begriffe aus der Individuation des Seienden heran. § 69 „Keine Natur, welche auch immer, kann von der Erkenntnis oder den Sinnen erfasst

---

[100] Der Ausgangsbegriff des Verfassers, siehe oben zu § 29.

[101] Zu *Sako*, Lettre, p. 172: die §-Ziffer 68 muss eine Zeile tiefer gerückt werden.

[102] Hier und in den drei folgenden Fällen *šryr'*; die Vokabel dient offenbar zur Verstärkung, zur Emphase (wovon?).

[103] Man beachte, dass „Sohn" hier nur auf die menschliche Natur Christi angewendet wird.

[104] Siehe die vorige Anm.

werden, es sei denn durch ihre Hypostase oder Hypostasen. §70 deswegen sagen auch die Weisen τῶν ἔξω[105], dass diese Einzelousia"[106] viel gewichtiger ist als die allgemeine ousia[107]; bis diese (sc. die Einzelousia) gefunden wird, gibt es über die gemeinsame ousia nichts auszusagen. §71: So ist die Einzelousia die ousia im eigentlichen Sinn, d.h. die Hypostase, weil diejenige, die „allgemein" heißt, nicht selbständig bestehen kann, sondern ein Gebilde des Verstandes ist. Und dann erst sieht man, dass sie existiert, wenn es mehrere Hypostasen (der allgemeinen ousia) gibt. §72 „Und wenn der Plural[108] der vielen[109] (sc. Hypostasen) sich auflöst, hört sie (sc. die allgemeine Ousia) auf, die Einzelousia aber besteht in Wirklichkeit in sich"[110]. §73: „Du siehst also, dass die Hypostase die wirkliche Natur ist", aus *einer* Hypostase folgt also notwendig *eine* Natur.

§74 führt die „neue (chalcedonische) Hypostase" der „neuen Weisen" ad absurdum unter Verwendung von „Einzelousia" für hypostasis und der Definition von hypostasis als ὁμοειδές (siehe oben §52) und der zwei Naturen. Nach einer verallgemeinernden Fassung des Problems in den §§75 und 76 wird es wieder auf die Christologie zugespitzt, §77: Unvergleichlich viel stärker trifft das Gesagte zu auf das, „was weit voneinander entfernt ist, wie die geschaffene und die ungeschaffene ousia, die begrenzte und die unbegrenzte; unmöglich, sie zu einer Einzelousia zusammenzuführen". In §78 werden die beiden Adjektive, die zur Unterscheidung der ousia in abstracto von der ousia in concreto ausgesagt werden, auf „physis" angewendet, um aufs neue die chalcedonische Bestimmung ad absurdum zu führen: Sind die zwei Naturen „allgemeine oder singulare"? Im ersten Fall wäre die ganze Trinität mit der ganzen Menschheit (im Sinn von „alle Menschen") vereinigt worden – eine Verrücktheit! Im zweiten Fall: was ist die Einzelnatur anderes als die Einzelousia und diese ist nichts anderes als die Hypostase.

Wie hilfreich mag dieser Traktat für die Debatten mit den Anhängern von Chalcedon gewesen sein? Die Einführung von „Einzelnatur" und „allgemeine Natur" in das bereits vorhandene Vokabular der Identifikationen muss die Köpfe haben schwirren lassen. – Hier endet die Auseinandersetzung mit den Chalcedoniern.

Die Paragraphen 79–236 kehren zum Anlass des Briefes zurück, zur Antwort an den Rabban Abraham. Während Abraham und seine beiden Kontrahenten in ihren thetischen Formulierungen den Begriff „hypostasis" nicht be-

---

105 Syrisch *dlbr.*

106 Entspricht οὐσία ἰδική; in der Übersetzung gibt Sako in Umschrift irrtümlich *gawanaita* = κοινή!

107 Entspricht οὐσία κοινή. Wer sagt das?

108 *knwšy'* = „Plural", siehe *Payne Smith*, Dictionary.

109 „der vielen" ist gen. explic.

110 Gedanklich zu ergänzen: „auch wenn andere Hypostasen derselben οὐσία verschwinden".

nutzen, weil ihre Differenz auf der Ebene des prosopon lag und nicht auf dem der Hypostase, setzt Išoyahb in §§79, 80 mit den zwei Hypostasen ein, erklärlich als Überleitung vom Vorangegangenen zum Hauptthema, prosopon erwähnt er gar nicht. Wie erinnerlich, wird die Bestimmung des einen christologischen prosopon als das eines göttlichen durch Abraham dadurch erreicht, dass die menschliche Natur von ihrem prosopon keinen Gebrauch macht, man sieht sie nur durch die „Brille“ des göttlichen prosopon. Abrahams Gastgeber setzen dagegen: das eine prosopon ist das gemeinsame prosopon. Was der Bischof in den §§79 und 80 sagt, betrifft hauptsächlich die „Hypostase unserer Menschheit“, die von der „ewigen Hypostase des Gott Logos“ angenommen wurde (§79), es ist eine Annahme zu dessen Offenbarung „und nicht zur Zerstörung der Natur und der Hypostase dessen, der angenommen wurde, sondern zu dessen Erlösung und Erhöhung“ (§80). Es geht nun um das richtige Verständnis von Erhöhung. Išoyahb greift dafür weit zurück: er fragt nach dem Motiv der Menschwerdung. §82: Warum hat der Gott Logos sich mit dem Leib bekleidet und sich mit unserer Natur vereinigt? Noch im selben §82 setzt der Bischof bei der Schuld Adams ein (cf. schon Narsai) und bietet in den folgenden Paragraphen die traditionelle ostsyrische Darstellung der Heilsgeschichte und Soteriologie, die ihren christologischen Abschluss in den §§95 und 96 mit der Union der beiden unveränderlichen Naturen und Hypostasen findet. Abgesehen von den rein rhetorischen §§81. 83. 93 kann der Abschnitt §79–96 als ein Mustertext für die nisibenische Christologie/Heilsgeschichte benutzt werden, allerdings mit den inzwischen hinzugekommenen Formeln des „unus ex trinitate“ und, noch „moderner“, der zwei Hypostasen (diese letzteren in den Rahmenparagraphen 79/80 und 95/96).

Das soteriologische Motiv, mit §87 beginnend, wird in §88 weiter geführt: „In seiner Barmherzigkeit neigte sich[111] der Schöpfer herab und zog sein Bild an und wurde in ihm angebetet“[112]. Das Zitat Kol 1,15 in §94 ist auf beide Naturen verteilt zu deuten. Auch in den Rahmenparagraphen 95. 96 dient die Unveränderlichkeit der Naturen und Hypostasen in Christus einem doppelten Ziel: zu deren Erkenntnis und Offenbarung „bei uns“ (die Gottheit betreffend) und zur Erlösung und Erhöhung unserer Natur (die Menschheit betreffend).

Worauf es ankommt, §98: „In dem einen gemeinsamen prosopon müssen beide Hypostasen Christi von uns gesehen werden“. – Damit verändert Išoyahb die Ebene, auf der die Einheit Christi diskutiert wird, von der der prosopa zu den Hypostasen. Und würde Babai ihm die Rede von der Sichtbarkeit der göttlichen hypostase durchgehen lassen? In §99 behauptet

[111] *ʾtrkn. Sako,* Lettre, p. 150, hat „daigna … descendre“, so dass das dem Išoyahb so wichtige Stichwort bereits hier erscheint.

[112] Weiter unten, in §92: „d'une inhabitation définitive“, ist die Lesart „immuable“ besser, siehe den syrischen Text, p. 175, App. zu Zeile 258.

Išoyahb, die These Abrahams[113] führe als „ein Erstes" (= als Voraussetzung) „mit sich", dass die Hypostase der Menschheit zur Hypostase der Gottheit erhöht worden sei und dies die eine Hypostase Christi sei (Abraham wäre damit ein Vertreter des Chalcedonense!), § 100: „und in beiden[114] widerfährt der Menschheit Auslöschung und nicht Ehre und Erhöhung".

Aber wieso kritisiert der Verfasser die „Erhöhung" und nicht die theologisch fragwürdigere Folgerung, die Abraham aus diesem status der menschlichen Natur Christi zieht? In seiner Darlegung der Soterio-Christologie in den §§ 79–96 spricht der Bischof doch selber von der Erhöhung der menschlichen Natur Christi, §§ 80. 87. 96. Und wieso soll die Erhöhung der menschlichen Hypostase zur göttlichen zu *einer* Hypostase führen? Man kann in diesen Argumenten des Bischofs eigentlich nur Unterstellungen sehen.

Išoyahbs zentraler Einwand ist der folgende, § 101: Wo ist das Herabsteigen des Gott Logos zu uns oder was ist seine Entäußerung, Demut und Armut, *wenn nicht das prosopon seiner Menschheit erhalten bleibt*", – hier ist endlich das punctum saliens der Diskussion erreicht! – *„in dem uns der Gott Logos als Mensch sichtbar wird,* während er in der Natur seiner Gottheit bleibt?"[115] – Abraham dachte gewiss nicht daran, den einmal geschehenen Abstieg des Gott Logos zu leugnen, ebensowenig wie Demut und Armut des irdischen Jesus; jedoch wünschte er in ihm das absolute Vorwalten des Göttlichen zu sehen[116], ein Vorwalten, das auf einem Verzicht seiner menschlichen Natur auf Darstellung ihrer selbst als prosopon beruhte (nicht auf einem Verzicht auf die menschliche Natur überhaupt). – § 102: Die göttlichen Schriften bezeugen uns, fährt Išoyahb fort, „dass nicht nur die menschliche Natur durch das prosopon des Gott Logos angenommen wurde, sondern sie bezeugen uns auch den Gott Logos im prosopon des Menschen", auf andere Weise könnte das (Glaubens)Bekenntnis nicht bestehen (bleiben). § 103 nimmt wieder das Moment einer zeitlichen Reihung der Heilsgeschichte auf: „Wenn nicht *zuerst* der Gott Logos abgestiegen wäre, um Mensch im prosopon des Menschen zu werden, wäre es nicht möglich gewesen, dass der Mensch, den er aus uns angenommen hat, Gott wurde, im prosopon Gottes". Es folgen ein Paulus-Zitat und einige Stellen aus Gregor von Nazianz; aber dann in § 107[117] eine Erläuterung dieser Bestimmungen: „Wie also ist Gott menschgeworden, wenn nicht durch das menschliche prosopon!". § 112 „Von Christus, unserm

[113] *Sako,* Lettre, übersetzt das „prosopon Gottes" von Text p. 176,274, mit „personne [divine]".

[114] Nämlich in Abrahams These und in Išoyahbs Interpretation derselben.

[115] Dies letzte Kolon („während …") ist in Sakos Übersetzung p. 151 ausgelassen.

[116] Im Grunde hat Abraham wohl den *nach* seinem irdischen Leben erhöhten Herrn vor Augen; jedoch ging die Debatte mit seinen Freunden über die oikonomia *im Leib,* auch spricht er selber von „Union".

[117] § 107 würde besser beim großen Satztrenner p. 177,297 beginnen. In der Übersetzung p. 152 ist im Anfang „le Verbe" zu streichen, cf. Text p. 177, App. zu Zeile 296.

Herrn, gilt, dass die Union seiner Gottheit und seiner Menschheit im Mutterleib geschah, (§ 113) dass die Menschheit eine unveränderliche[118] Einwohnung seiner Gottheit empfing, (§ 114) und im unauflöslichen Band der Union die beiden Naturen zum einen prosopon versammelt wurden, so dass *für immer und ewig eine in der anderen* (und umgekehrt!) *gesehen wird*", ohne dass eine Entfernung (sc. einer der Naturen) eintritt. – Das ist die zu erwartende Korrektur an Abrahams These. – Die beiden folgenden Paragraphen exemplifizieren die Wahrnehmung der jeweiligen Natur und ihrer Union. § 115: „Immer, wenn wir die Menschheit unseres Herrn *sehen*, sei es im Mutterschoß, im Jordan, in der Wüste, in der Stadt, auf Golgotha, im Grab oder unter den Aposteln, erfassen wir im Verständnis zugleich mit ihr seine Gottheit. § 116: Und wenn wir über seine Gottheit sprechen oder von ihr hören" – (man beachte, dass hier nicht vom Sehen die Rede ist!) –, „wenn sie im Schoß des Vaters ist oder in die Welt gekommen ist, oder auf dem Thron der Königsherrschaft oder als auferweckende oder richtende oder auf unerforschliche Weise wirkende, was ihrer Macht und Kraft geziemt, (dann) finden wir, dass auch seine Menschheit mit ihm ist. § 117: Und deswegen kann die Gottheit nicht ohne die Menschheit von Engeln und Menschen angebetet werden, und ebenso (kann) nicht die Menschheit von den Frechen entehrt werden ohne die Gottheit, (§ 118) sondern alle Leiden und Schwachheiten, die die Menschheit physisch erduldet, werden der Gottheit προσωπικῶς zugeschrieben". (§§ 119–121: Stellen aus Paulus und Johannes). § 122: Die Gottheit wird durch die Widerfahrnisse Jesu nicht verändert, aber die Annahme des prosopon der Menschheit (durch die Gottheit) macht es möglich, dass sie (auch) von der Gottheit ausgesagt werden. – (Das ist ja nicht eigentlich Abrahams Problem!) – § 123: Umgekehrt gilt das Gleiche: Alles was „physisch" der Gottheit zukommt, kann von der Menschheit ausgesagt werden „durch die Annahme des prosopon der Gottheit"[119]. (§§ 124–126: johanneische Stellen). § 127 „Du siehst, wie wechselseitig die Gottheit im prosopon der Menschheit erniedrigt und die Menschheit wiederum im prosopon der Gottheit erhöht wird", (und damit ist gegen Abraham zu sagen:) § 128 „Es ziemt sich also nicht zu sagen, dass im prosopon der Gottheit allein uns Christus sichtbar ist, denn siehe, (es ist) klar, *dass er im prosopon der beiden Naturen von uns gesehen wird*". § 129: Also wollen wir nicht die grenzenlose Erniedrigung des Gott Logos zu uns verleugnen und seine Entäußerung um unseretwillen, sondern für beides zugleich Dank sagen, für sein eigenes Herabsteigen zu uns und für die Ehre, an der er unsere Natur hat teilhaben lassen.

In den §§ 130–144 wird das Thema an alttestamentlichen Texten durchgespielt (Ps 8[120]; 45; Jes 9,5; Mi 5,1). § 144 ist der zu erwartende Refrain: „Siehe,

---

[118] Sako „définitive", so schon einmal oben.

[119] *Sako*, p. 154: „personne divine".

[120] *Sako*, p. 155, letzte Zeile von § 130, ist „commune" zu streichen.

auch hier wird nicht allein im prosopon der Gottheit Christus von uns gesehen, sondern aus der Gottheit und Menschheit, in einem prosopon wird er von uns gesehen".

Als krönenden Abschluss zitiert Išoyahb in § 145 Phil 2,5–7, wobei er nach der Eingangsbemerkung des Apostels einfügt: „Sieh hier genau das eine ungeteilte prosopon Christi, wie es in seinen Darlegungen auf zwei verschiedene μορφαί verteilt wird, die einander nicht gleichen". Und zur Erläuterung des klassischen Textes sagt der Bischof in Widerlegung der These Abrahams (§ 146): „Siehe, hier hat der Apostel die Hypostase der Menschheit" – Abraham hatte ja nicht von Hypostase gesprochen – „in seiner Rede nicht (so) erhoben, dass sie im Prosopon der Gottheit gesehen würde, sondern er hat bezeugt und gezeigt, dass der Gott Logos in seiner Liebe herabstieg zur Knechtsgestalt, sie anzog und in ihr wohnte: ‚er entäußerte sich'"[121]. § 147 bedeutet nicht, dass er seine Natur *('rpy)* und sich von seinem Wesen entfernt hätte. § 148. 149 (sie bilden einen Satz): Es ist also klar, dass er, weil er sein erhabenes prosopon der Gottheit verließ und sich in der Knechtsgestalt zeigte, in dem er das bloße prosopon der Menschen trug, von den (ihn) Erblickenden[122] nur für einen Menschen gehalten wurde.

Išoyahb fährt nun mit weiteren Erwägungen über prosopon fort, ganz auf dem sprachlichen Hintergrund von Phil 2: das σχῆμα aus Phil 2,7 wird mit prosopon gleichgesetzt; das Interesse liegt jetzt wieder bei der Heilsgeschichte des menschlichen Geschlechts, so in § 150. 151. Erstaunlich sind die beiden passiven Verben, die zu Beginn von § 150 benutzt werden, sie sollen wohl das prosopon als etwas Zustandegekommenes bezeichnen: „Das prosopon aber ist ein erworbenes[123] *(mtqn')* σχῆμα, das durch die weise oikonomia gebildet *('trkb)*[124] wurde zur Offenbarung der Gottheit durch die Menschheit und zur Erlösung der Menschheit durch die Gottheit. (§ 151) Und zugleich verbindet, sammelt und vereint es die beiden μορφαί des Herrn und des Sklaven (so), dass sie nicht von einander getrennt werden". Die §§ 152. 153 setzen die Satzkonstruktion fort: § 152 „indem der Herr das prosopon des Knechts trägt in der Natur des Knechts[125] und durch es beleidigt wird und leidet um des Knechts willen; und (indem) der Knecht bekleidet ist mit dem prosopon seines Herrn in der Natur des Herrn[126] und in ihr geehrt und von allen angebetet wird, zum Erweis seiner Liebe zu seinem Herrn". § 154: „Kurz", die beiden μορφαί, unterschieden und in ihrer Natur bewahrt, werden in dem einen prosopon gese-

---

121 Ich habe die Paragrapheneinteilung um ein Kolon verschoben.

122 Das sind die „Sehenden" von § 29, siehe die dortige Anm.

123 Weiß jemand eine bessere Übersetzung?

124 Die Wurzel *rkb* wird zur Übersetzung von σύνθετος benutzt.

125 Wozu die Verstärkung „in der Natur des Knechts"? Ist „prosopon" nicht genug? Offenbar soll das prosopon an die Natur rückgebunden werden, wie an anderen Stellen die Hypostase.

126 Siehe die vorige Anm.

hen und tun alles[127] ohne Zerschneidung und Trennung. § 155–158: Das alles ist nötig wegen der List des Teufels, der den Menschen zur Übertretung der Gebote verleitete[128].

§ 159 und 160 handeln weiter vom Menschen, aber das ist nun offensichtlich der Mensch Jesus[129], d.h. Jesus, der angenommene Mensch tritt an die Stelle des gefallenen Menschen. § 159: „Und dies alles begann er (sc. Gott), damit er ihn dem Widersacher als in der τάξις seiner selbst[130] oder seines Eigenem (befindlich) erweise, darin dass er diesen (Menschen) als sein prosopon angenommen hat und auf diesen sein eigenes prosopon setzte, damit es nicht mehr leicht sein sollte, dass er von den ihn Hassenden geschädigt und unterdrückt würde, (§ 160) (dass) aber alle ihn Liebenden ihn mit Freude verehren sollten, (und) seine Feinde in Furcht ihm unterworfen sein sollten". § 161: Und dies veranstaltete er richtig in geziemender Ordnung, indem er *zuerst* den Menschen durch seine Einwohnung stärkte und ihn demütig und geduldig und in allem gehorsam zeigte," (§ 162) nahm er doch freiwillig den Tod für die Sünder auf sich. § 163: „Und daher wurde vor aller Augen sichtbar, dass er von Gott, seinem (ihn) Annehmenden, geliebt wurde und er mit ihm in Ehre hoch erhöht[131] wurde" und so den Satan schlage.

§ 164 zitiert aufs Neue Phil 2, in den §§ 165–172 wird es im Sinn der prosopon-Christologie erläutert[132]. § 165: Obwohl das prosopon, dem diese Worte gelten, eines ist, wird es doch in zwei Gegensätzlichen[133] gesehen, im Herrn, der erniedrigt, und im Sklaven, der sehr erhöht worden ist, § 166: nicht der Sklave ist erniedrigt, nicht der Herr sehr erhöht. § 167: Der Herr hat dabei seine Natur nicht verlassen, sonst wäre es Korruption seiner Natur gewesen. § 168: Er konnte den Knecht von seiner Knechtschaft erlösen und mit sich an seiner Ehre teilhaftig machen, indem er sich der Ehre seiner Größe entäußerte, er sich mit dem prosopon des Knechts bekleidete in der Gestalt, in der er *gesehen* wurde. § 169: Er erniedrigte sich mit dem Knecht durch seinen Willen, alle Leiden und Beleidigungen, die der Knecht „physisch" ertrug, betrachtete (!) er προσωπικῶς als seine eigenen. § 170: Der Erniedrigung bis zum Tode am Kreuz entspricht die Erhöhung der Knechtsgestalt zum Sitz zur Rechten, (§ 171) ohne dass der Knecht seiner Natur entfremdet worden wäre, sonst wäre er nicht zur Ehre angenommen worden, sondern zur Auslöschung, dann

---

[127] Cf. *Leo von Rom,* Tomus ad Flavianum I, c. 4: Agit enim utraque forma cum alterius communione quod proprium est …

[128] Durch aberratio oculi ist in der Übersetzung p. 157 fast der ganze § 156 ausgefallen; das fehlende Stück ist nach „Or voici que Dieu" einzutragen und an seinem Ende die Ziffer § 157 einzusetzen.

[129] Cf. auch *Sako,* p. 158, Anm. 81 zu § 160.

[130] Ich nehme *dyth* von p. 183,453 reflexiv, Sako hat wörtlich „son essence".

[131] Zu *'trmrm* cf. Phil 2,9 *rmrmh.*

[132] Sakos Gliederung p. 159 sollte besser den Abschnitt nach § 174 setzen, statt nach § 171, cf. den Anfang von § 175 „Écoutons aussi …".

[133] Siehe schon oben.

wäre die ganze Rede von der oikonomia hinfällig. § 172: Aber nachdem er die hässliche Gestalt (σχῆμα) der Knechtschaft ausgezogen hatte, zog er die göttliche Herrlichkeit an und ist geehrt durch das prosopon des Herrn und wird von allen angebetet – (wie unterscheidet sich hiervon die Position Abrahams?).

Mit § 175 beginnt ein neuer Abschnitt, nämlich eine Auslegung von Hebr 1 (bis § 184). Der Apostel verkündigt in einem gemeinsamen prosopon deutlich die zwei Naturen Christi. § 176: Die „Anrufung des Namens Sohn" ist Anzeige der beiden Naturen, wie das aus dem Hebr-Text nachgewiesen wird. Fazit in § 181: Es handelt sich um die Unterscheidung von Gegensätzlichem[134]. § 182: „Aber beides setzt er wie auf ein prosopon", damit lässt der Apostel erkennen, dass Christus einer ist, der eingeborene Sohn Gottes, nicht zwei Söhne. Er sitzt zur Rechten in der Hypostase seiner Menschheit. § 186: In *einem Anblick (ḥzt')* wird er von uns gesehen in der Doppelheit seiner μορφαί, in einer Anbetung und in einem Bekenntnis beten wir ihn an und bekennen ihn als wahren Gott und wahren Menschen. § 187: Der Logos ist Gott von Natur, Mensch aber aus seiner Union mit unserer Menschheit; § 188 der Mensch „aus uns" ist Mensch von Natur, Gott aber aus seiner Union mit dem Logos. § 190: Christus ist einer „in all dem Seinigen", ein Sohn, ein Eingeborener, ein Erstgeborener, ein Herr, ein Hoherpriester, einer in seiner „Zurechnung" zu seinem Vater, einer in seiner „Zurechnung" zu uns – „dies ist es, was die Union ausmacht"[135]. § 191: Das unerforschliche Geheimnis der oikonomia unseres Erlösers wird uns vollständig erst in der neuen Welt enthüllt werden.

Nach den Propheten und den Aposteln folgt der Verweis auf die Väter, in diesem Fall auf das Nicaenum[136], § 192 ff. De facto ist das benutzte Bekenntnis das „Alte Antiochenum" = „Nestorianum"; dieses ist wie Nicaeno-Constantinopolitanum, mit dem es nah verwandt ist, eine Erweiterung des Nicaenums. Išoyahb beginnt gleich mit dem II. Artikel: „Wir glauben an den einen Herrn Jesus Christus, Gottes Sohn" (§ 192), um dann (§ 193) mit den für dies Bekenntnis spezifischen Epitheta fortzufahren: Eingeborener, Erstgeborener aller Kreaturen, und verteilt (§ 194) diese beiden Titel auf seine göttliche und menschliche Geburt[137]. § 195: Das ganze Thema *(šrb')* in jene beiden Namen einschließend, fügten sie (die nicaenischen Väter) zur weiteren Klärung hinzu:

[134] Dies der für Išoyahb wichtige Gedanke, mit dem man die Notwendigkeit der Behauptung von *zwei* Naturen in Christus begründen könnte.

[135] Wörtlich (syr. Text p. 187,543): „Dies etwas *(hn' mdm)* hat die Union vollendet". Sako übersetzt: „l'unité [de la personne] est ainsi parfaite". Seine Anm. 93 zu § 190 muss man als „beside the point" betrachten.

[136] „Jene heiligen Väter, die in Nicaea versammelt waren", § 192.

[137] Was sicher gegen die Intention des Bekenntnisses ist, wie sogleich das nächste Kolon desselben beweist; dies Kolon folgt hier in § 195. Bei Theodor von Mopsuestia, Hom. III § 7, ed. Tonneau/Devreesse, p. 61/63: die beiden Titel bezeichnen zwei Naturen.

„geboren aus dem Vater vor den Äonen …“. § 197: Dann geben sie uns ein „Bild“[138] der oikonomia: „Für uns Menschen um unseres Heiles willen ist er vom Himmel herabgestiegen, und wurde verleiblicht[139] aus dem Heiligen Geist und wurde Mensch“. Das Vokabular der Leiblichkeit, *pgr'* und *gwšm'*, bestimmt die folgenden Paragraphen, die die zweite Hälfte des zitierten Credo-Satzes auf zu erwartende Weise auslegen: § 201 „Es ist also klar, dass durch Annahme eines Menschen gesagt wurde ‚er wurde Mensch‘, (§ 202) und durch Bekleidung mit einem Leib *(pgr')* aus uns wurde er verleiblicht *('tgšm)*“, (§ 203) und diese Verleiblichung (von *gšm*) der Bildung des Leibes *(pgr')*[140] ist der Anfang des Werdens des Menschen[141]. § 204 Diese (Verleiblichung) hat auf sich genommen er, der über allen Seienden ist und Schöpfer aller Seienden, und was der Leib *(pgr')* physisch erträgt, (von dem) nimmt der den *Leib* An-

---

[138] „eine Anschauung“, Sako „illustrer“. Hierin steckt das alte Unbehagen gegenüber dem Absteigen Gottes als einer unpassenden räumlichen Aussage. Die Grundstellen: *Theodor von Mopsuestia,* Katech. Homilie V § 5 Anfang (ed. Tonneau/Devreesse) zu diesem Satz des Bekenntnisses: „‚Absteigen aber aus der Höhe‘ nennen sie die oikonomia seiner Menschheit“ (f. 27r und v); und vorher V § 4 (f. 26v–27r, p. 103/105): „Donc ‚il descendit‘: ce ne fut pas en se déplaçant d'un lieu à un autre. Car il ne faut pas penser que la nature divine, qui est en tout lieu, se déplace d'un lieu à un autre, puisqu'il n'est même pas possible que la nature divine, étant incorporelle, soit enfermée en un lieu, mais ce qui n'est pas circonscrit dans un lieu, est en tout lieu; et il est impossible de concevoir que se déplace d'un lieu à un autre ce qui est en tout lieu“. – Bei Išoyahb treten in der ständigen Betonung des Herabsteigens des Logos gegenüber der Erhöhung diese Gedanken sonst fast ganz in den Hintergrund.

[139] *'tgšm*, Sako „il a pris chair“. Dasselbe Verbum in den Zitaten desselben „Nicaenums“ in der syrischen Übersetzung von Theodors Katechetischen Homilien. Dort wird der Beginn des Art. IIb in Hom. V § 2 (Ende) zitiert, eingeführt als Darlegung über die „Leiblichkeit“, *pgrnwt',* von Tonneau übersetzt mit „Incarnation“ (die wörtliche Wiedergabe in Anm. 7: „corporéité“). „Leiblichkeit“ an dieser Stelle hängt wohl damit zusammen, dass das einzige Zitat von Joh 1,14 in den Homilien (Hom. III § 4, f. 15v, p. 59) das Kolon mit der Inkarnation in der sehr alten syrischen Form enthält, „der Logos wurde Leib *(pgr')*“, wobei *mlt'* den ursprünglichen gramm. femininen Status hat, also noch nicht an das griechische maskuline Genus des griechischen christologischen Logos angeglichen ist, dementsprechend ist auch „wurde“ feminin: *hwt.* Tonneau übersetzt interessanterweise Joh 1,14 in Hom. III § 4 wörtlich: „Le Verbe devint *corps*“. (Beiläufig stellt sich hier die Frage nach Alter und Eigentümlichkeit der syrischen Übersetzung der Katechetischen Reden Theodors). Das Kolon über die Menschwerdung aus dem Bekenntnis wird in § 7 der 5. Homilie dreimal zitiert, Tonneau übersetzt wie in § 2 das Verbum *'tgšm* mit „s'est incarné“. Sein Verhalten und das aller modernen Übersetzer oder Rückübersetzer erklärt sich natürlich daraus, dass man die nicaenische Doppelformulierung in der syrischen Gestalt erkennt und sie auch in der modernen Übersetzung erkennbar machen will. Mein eigenes Verfahren mit den μορφαί von Phil 2 ist ja das gleiche: statt *dmwt'*, „Ähnlichkeit“, der syrischen Vulgata setze ich das griechische Original ein, weil die Argumentation unserer Texte offensichtlich mit der „kräftigeren“ Bedeutung arbeitet. Trotzdem bleibt die Frage, warum die alte Übersetzung von Joh 1,14, die „Ähnlichkeit“ von Phil 2, und das „er wurde verleiblicht“ in der Übersetzung des „Alten Antiochenums“ zu diesen Abschwächungen griffen.

[140] „der Bildung des Leibes“ ist gen. explic.

[141] Sako „devenir humain“.

ziehende auf sich, dass es von ihm προσωπικῶς ausgesagt wird, weil von Beginn seiner Bildung an der Leib mit ihm vereint ist und er in ihm wohnt.

Mit der Anrede an Abraham (§ 207) beginnt der Abschluss des Briefes: „Du hast gesehen, mein Herr, dass überall die Menschwerdung des Logos in ihrer Ordnung (τάξις) voran (geht) der Gottwerdung dessen, in dem er menschwurde *(ʾtbarnaš)*. § 208: „Wie die Menschheit durch die Union erhöht wurde zum prosopon des Gott Logos, um in ihm (oder: durch es) *herrlich gesehen* zu werden, so ist die Gottheit zuerst herabgestiegen zum prosopon der Menschheit, um *demütig gesehen* zu werden, so dass ein gemeinsames prosopon Christi wurde, in dem *beide Naturen zugleich gesehen* werden“[142]. § 209: Wenn Abrahams These richtig wäre, „woher finden wir (dann) in den Schriften häufig Dinge *(šrbʾ)* über die Menschheit Christi, (§ 210) oder wohin sollen wir verlegen, was allein über das prosopon der Menschheit gesagt wird, denn siehe, es gibt (sc. unter seinen Voraussetzungen) „kein menschliches[143] prosopon, das ihr Empfänger sein könnte“. In den §§ 211–213 gibt Išoyahb solche Stellen aus der Schrift.

§ 216 konzediert, dass Abraham einwenden könnte: „Wenn die Gottheit in ihrem prosopon gesehen wird und die Menschheit in dem ihren – wo ist dann die Union?“ § 217 weist den Einwand zurück: Wir sagen nicht, „dass jede der Naturen im prosopon ihrer selbst *(dyth)* gesehen wird“, denn das würde die Union tatsächlich zerstören. § 218: Oben haben wir ausführlich nachgewiesen, was die Schriften uns lehren, „dass die Menschheit durch das prosopon der Gottheit geehrt“ wird. § 219 „Und deswegen ist das prosopon Christi eins, welches zugleich zwei Naturen deutlich (mit sich) führt *(tʾyn)* und erweist“. Die §§ 219 (zweite Hälfte) – 223 belegen das aus der Schrift. § 228 wiederholt ein letztes Mal die Unterstellung, dass Abraham das Herabsteigen Gottes weglasse (und damit leugne)[144].

Die Schlussdoxologie beginnt mit den Worten (§ 235): „Lasst uns von Christus bekennen, dass er einer ist und unveränderlich“. Im Sinn des Verfassers impliziert das ein Bekenntnis zum *gemeinsamen* prosopon Christi, des einen Sohnes Gottes.

VI. SCHLUSS

Der Christologische Brief Išoyahbs verdient aus zwei Gründen unser Interesse. Er zeigt einmal, dass innerhalb der Liber-Heraclidis-Christologie eine solche Position wie die des Rabban Abraham entwickelt werden konnte; stellt

[142] Als überflüssige Bemerkung fügt Išoyahb hinzu: „weil das prosopon der Gottheit für sich allein“ („für sich allein“ fehlt bei Sako) „nicht in zwei geteilt werden kann“.
[143] „menschlich“ von Sako in der Übersetzung fortgelassen.
[144] Sako hat „prosopon“ von p. 191,649 nicht übersetzt.

sie doch durch die Auffassung, dass die menschliche Natur Christi durch das prosopon der Gottheit gesehen werde, das gültige ostsyrische Verständnis auf den Kopf. Bemerkenswert ist in dieser Debatte die Milde des Umgangs mit dem Abweichler, der sich nicht dem Vorwurf eines verkappten Monophysitismus ausgesetzt sieht. Das hat Abraham nicht nur dem geduldigen Temperament des Bischofs zu verdanken, sondern vor allem seiner eigenen Bereitschaft, sich dem theologischen Entscheid des Bischofs zu unterwerfen.

Zum anderen nimmt der Verfasser des Briefs die Gelegenheit wahr, eine Widerlegung der einen christologischen Hypostase von Chalcedon zu schreiben und sie in seinen Text einzuschalten, wobei er eine Kollektion von Hypostasen-Definitionen überliefert, deren aktueller Nutzen wohl zweifelhaft war; wichtig ist der ausdrückliche Hinweis, dass es sich um griechische Definitionen handelt. Soweit ich sehe, ist dies der erste uns erhaltene Traktat gegen die Synode von Chalcedon als solche (und nicht gegen deren neuchalcedonische Variante). Diese theologische Front ist ein Novum in der ostsyrischen Theologie, erklärlich aus den kriegerischen Verkeilungen der beiden Großreiche Byzanz und Persien. Die feindselige Reaktion, die dem Katholikos Išoyahb nach seiner Rückkehr von der erfolgreichen Mission beim Kaiser Heraklius entgegenschlägt, weil man ihm einen zu weit gehenden Kompromiss gegenüber der griechischen Christologie vorwarf, zeigt die Verbreitung des Antichalcedonismus in der kirchlichen Öffentlichkeit.

Noch in den ersten Jahren von Išoyahbs Katholikat beginnt die arabische Invasion und besiegelt den Untergang des persischen Reiches.

ZWEITES KAPITEL
Die Krise um Sahdona und der Beginn der arabischen Herrschaft

(Theresia Hainthaler)

Bereits in den Tagen des Ishoyahb II. (628–646), der 19 Jahre und 6 Monate Katholikos war, eroberten die Araber al-Ḥīra, töteten die Perser und bauten Kūfa, das vorher ʿAqūla hieß, berichtet die Chronik von Séert[1]. Wie unter der Sassanidenherrschaft ist die Kirche des Ostens – und sind Christen überhaupt – eine Minderheit, dieses Mal aber unter muslimischen Herrschern.

Die arabische Eroberung begann[2] 633 mit der Besetzung von Baḥrain (Qaṭar), Mesene, Ḥira und Anbar; das gesamte Gebiet westlich des Euphrat fällt also in die Hände der muslimischen Araber. Um 637 kommt es zur Schlacht von al-Qādisīya und der Einnahme von Seleukia-Ktesiphon. Yazdegerd III. flieht nach Medien. 638 erfolgt der Einfall in Ḫūzistān und Susiana. 640 fallen die Araber in das iranische Hochland ein. 642 kommt es zur Schlacht Nehāwend, Yazdgerd flieht an die türkische Grenze, 648 wird Isṭahr eingenommen und 651/2 wird mit Yazdgerd der letzte Sasanidenherrscher ermordet.

Antworten der ersten Katholikoi der Kirche des Ostens auf die Muslime werden nun vermehrt untersucht, das gilt vornehmlich für Ishoyahb III.[3], aber

---

[1] So Hist. Nest. cap. 105, PO 13, p. 625: „De ses jours les Arabes conquirent al-Ḥīra, où ils massacrèrent les Perses qui s'y trouvaient; et ils bâtirent Koufa, qui s'appelait ʿAqoula avant sa construction. Il en a été de même de Baṣra, qui des jours de ʿOmar, a été bâtie et appelée ainsi après la conquête de Oubla et de Maïšan." *G. Endreß*, Der Islam. Eine Einführung in seine Geschichte (München ³1997), 193, gibt die Regierungszeit des ʿUmar ibn al-Hattab mit 634–644 an.

[2] Siehe schon oben im Kapitel über Ishoyahb II. der Verweis auf *Labourt,* Le christianisme, p. 245, Anm. 3; *F. McGraw Donner,* The early Islamic conquests (Princeton NJ 1981).

[3] Dazu *O. Ioan,* Muslime und Araber bei Īšōʿyahb III. (649–659) = GOF.S 37 (Wiesbaden 2009); *M. Metselaar,* Defining Christ. The Church of the East and Nascent Islam = Late Antique History and Religion 19 (Leuven, Paris, Bristol 2019); *I. Bcheiry,* An Early Christian Reaction to Islam. Išūʿyahb III and the Muslim Arabs = Gorgias Eastern Christian Studies 57 (Piscataway NJ 2019). – Vgl. *R. G. Hoyland,* Seeing Islam as others saw it. A survey and evaluation of Christian, Jewish and Zoroastrian writings on early Islam (Princeton NJ 1997), 174–182. – Die grundlegende Monographie zu Ishoyahb III.: *J. M. Fiey,* Īšōʿyaw le Grand. Vie du catholicos nestorien Īšōʿyaw III d'Adiabène (580–659), OCP 35 (1969) 305–333; 36 (1970) 5–46 (im Folgenden: *Fiey* I und *Fiey* II). Das Briefcorpus liegt vor in der Edition (syrisch-lateinisch) von *R. Duval,* Išoyahb III patriarcha, Liber epistularum = CSCO Syr. 11–12 (= II 64 T, V) (Paris 1904,1905); Briefe werden im Folgenden zitiert nach der Einteilung in drei Teile (I, II, III) in Duvals Edition und Brief-Nr.

auch später für Timotheus I.; christologische Themen stehen dabei nicht immer im Fokus.

I. MAR EMMEH (646–649) UND DIE AFFÄRE UM KYRIAKOS VON NISIBIS

Das kurze dreijährige Katholikat des Mar Emmeh[4] beginnt mit positiven Beziehungen zu den neuen arabischen Herren. Die Chronik von Séert berichtet als Gerücht[5], die Wahl des Mar Emmeh zum Katholikos sei von den Muslimen betrieben worden, weil er ihnen bei der Invasion im Gebiet von Mossul Lebensmittel angeboten habe. Trotz seines hohen Alters wurde er gewählt.

Mar Emmeh (aus der Arzanēnē) besuchte die Schule von Nisibis und wurde dann Mönch im Kloster Mar Abraham; von dort berief man ihn zum Bischof von Ninive[6] als Nachfolger des späteren Ishoyahb III., der zu dieser Zeit bereits Metropolit der Adiabene war – dies zu der Zeit, als Ninive 637 von den Muslimen erobert wurde. Mar Emmeh wurde gegen den Willen des Ishoyahb (III.) zum Metropoliten von Bet Lapat nominiert[7], wahrscheinlich nach 642[8]. Als Mar Emmeh nach dem Tod des Ishoyahb II. Katholikos geworden war, schlug er Ishoyahb (III.) als seinen Nachfolger in Bet Lapat vor. Ishoyahb wollte jedoch in Erbil bleiben; das war wohl 646[9].

Die Datierung der Amtszeiten ist umstritten; Fiey[10] meint nach Diskussion der verschiedenen Möglichkeiten (ob Ishoyahb II. nun 17, 18 oder 19 Jahre lang regierte), dass der Tod des Ishoyahb II. auf 645 anzusetzen sei. Dann wurde Mar Emmeh vermutlich im Januar 646 gewählt und geweiht und regierte drei Jahre. Damit ergibt sich nach Fiey annähernd („comme approximativement raisonnable“) bis zum Erweis des Gegenteils die folgende vereinfachte Chronologie: Ishoyahb II. (628–645), Mar Emmeh (646–649), Ishoyahb III. (649–659)[11].

---

[4] Zu Mar Emmeh: Hist. Nest. cap. 108. Histoire de Mar Emmeh Catholicos, ed. Scher, PO 13, 629–630 [309–310]. Chronicon anonymum, ed. I. Guidi, CSCO III 4 V (= Syr. 2) (Paris 1903), p. 28,24–26 (zu Mar Emmeh), gibt 3 Jahre und 6 Monate als Zeit seines Patriarchats an. Ferner die Nachrichten in der Korrespondenz des Ishoyahb III., ep. II 2 (an Maremmeh), II 23 (an Mar Iohannem), II 26 (an Maremmeh Catholicos), wo Ishoyahb vor Sahdona warnt. Vgl. *Metselaar,* Defining Christ, 204–206.

[5] Hist. Nest. 108: PO 13, p. 630.

[6] PO 13, p. 629.

[7] Vgl. *Ishoyahb III,* Ep. I 52, II 1 und II 2. Ishoyahb sandte seinen Suffragan zum Patriarchen und Mar Emmeh ließ sich überreden, Metropolit von Bet Lapat zu werden (ohne dass er seinen direkten Oberen, scl. Ishoyahb, konsultiert hätte). *Fiey* II, 14–16.

[8] *Fiey* II, 15.

[9] *Fiey* II, 16, mit Verweis auf ep. II 26.

[10] Zur Datierung mit Angabe der entsprechenden Quellen *Fiey* II, 6–7.

[11] *Fiey* II, 7. Die „estrema fragilità di molti dei dati cronologici“ hebt hervor *P. Bettiolo,* Un

Christologische Texte sind von Mar Emmeh nicht überliefert. Wir wissen von zwei Konflikten, mit denen er in der Nachfolge seines Vorgängers befasst war: Die Affäre um Kyriakos von Nisibis und um Sahdona, mit dem wir uns noch ausführlicher im Zusammenhang mit Ishoyahb III. befassen werden. Mar Emmeh bemühte sich anscheinend, Sahdona wieder zu integrieren[12], der noch unter Ishoyahb II. ins Exil gesandt worden war[13]. Dann müsste die erste Verurteilung 642/3 gewesen sein.

Offenbar war Kyriakos von Nisibis[14] einer der angesehenen Metropoliten, denn bei der Gesandtschaft von Boran zu Heraklius wird er als erster nach dem Katholikos erwähnt[15]. Kyriakos zählte auch zu den drei Metropoliten des Nordens, die Babai den Großen mit der Visitation der Klöster beauftragten[16]. Abdisho[17] zufolge verfasste Kyriakos eine Erklärung *(pwšq')* über den Glauben und die Sakramente, eine *causa ('lt')* über die Geburt und die Epiphanie und einen Pauluskommentar. Leider ist nichts davon erhalten.

Der Chronik von Séert zufolge habe Kyriakos bewirkt, dass Rabban Oukhama Bischof von Arzoun wurde (für drei Jahre)[18]. Wir erfahren aber auch vom Aufstand der Bewohner von Nisibis gegen ihren Metropoliten Kyriakos[19]: Sie klagen ihn an, er bekenne den Glauben der Melkiten[20], und verlangen vom Katholikos Ishoyahb (II.), ihn abzusetzen. Der Metropolit aber

vescovo in una età di torbidi: Išoʿyahb III e la Chiesa Siro-orientale nel VII secolo, in: E. Vergani, S. Chialà (hg.), La grande stagione della mistica Siro-orientale (VI–VIII secolo) (Milano 2009) 71–90, hier 72.

12 *Fiey* II, 26.

13 Vgl. *Ishoyahb III.*, ep. II 21 an Bar Sauma: Duval, CSCO II 64 (V), 125–126.

14 *Fiey* II (1970), 18–19. Zu Kyriakos kurz zusammengefasst: *J. M. Fiey*, Pour un Oriens Christianus novus. Répertoire des diocèses Syriaques orientaux et occidentaux (Stuttgart 1993),116–117, aber ausführlicher in *J. M. Fiey*, Nisibe, métropole syriaque orientale et ses suffragants des origines à nos jours = CSCO 388, Subs. 54 (1977), 62–66.

15 *Thomas v. Marga*, II 4, p. 125–126: Kyriakos war bei der Gesandtschaft an Heraklius, zusammen mit Paul von Adiabene, Gabriel von Kerkuk – unter Ishoyahb II.

16 *Thomas v. Marga*, I 27, p. 91: Kyriakos beauftragte mit zwei anderen Metropoliten (der Adiabene, Yonadab, und Gabriel von Karka, den Nachfolger von Šubḥal-Maran) Babai den Großen zur Kloster-Visitation.

17 Assemani, BO III 1, 215.

18 Hist. Nest. II 95: PO 13, 582 [262]; dieser zog sich danach in die Einsamkeit zurück und ein Kloster entstand um seine Zelle.

19 Hist. Nest. II 100, PO 13, 599 [279]: „A cette époque, les habitants de Nisibe se révoltèrent contre leur métropolitain Cyriaque, l'accusant de confesser la foi des melchites; et ils demandèrent à Išôʿyahb le catholicos de le déposer." – Das unbestimmte „à cette époque" kann man auf die Zeit des vorher (p. 598) erwähnten ʿOmar ben el-Khaṭṭâb beziehen, also auf die Zeit 634–644.

20 Diese Nachricht wird bereits in PO 13 in p. 599, Anm. 2, mit den Worten *Ishoyahbs III*, ep. II 9: Duval, CSCO II 64V, p. 106,10–16; CSCO II 64T, p. 142,14–19, in Verbindung gebracht, wo von dem vernunftlosen Irrtum die Rede ist, der im Namen Chalcedons Verwirrung gebracht habe. Diese ep. II 9 wird noch behandelt.

zeigte sich umgänglich, verbesserte seine Situation gegenüber den Gläubigen und verpflichtete sich, aufzugeben, was sie ihm vorgeworfen hatten. Die Chronik benennt als den Ursprung ihrer Feindseligkeit gegen ihn seine übermäßige Liebe zum Geld und zur Welt und sein ungeordnetes Gefallen (goût) daran, Reichtümer anzusammeln[21].

Ishoyahb III. schrieb an Kyriakos die Briefe I 42 und 47 und wählt dabei eine auffallend ehrerbietige Sprache[22]. Kyriakos ist erwähnt in ep. I 45; anzunehmen ist, dass es sich in ep. II 9 um Kyriakos handelt, wenn es heißt, dass „im Namen von Chalcedon“[23] „e cathedra principatus“ der Irrtum der Einheit der Hypostase zu hören war – oder sollte dabei auf die Lehre von Ḥenana[24] hingewiesen werden? Jedenfalls gab es in Nisibis Anhänger und Gegner des Kyriakos, wie der Verlauf der Ereignisse zeigt. Nach dem Tod des Kyriakos weihte Ishoyahb II. den Barsauma aus Ḥira als Bischof von Nisibis, den das Volk ablehnte. Mar Emmeh reiste als Patriarch mit diesem Barsauma wieder nach Nisibis, aber als das Volk ihn weiter ablehnte, weihte er statt seiner Isaak von Arzun[25]; diesem folgte vor 659 Georg[26].

Insgesamt scheint Mar Emmeh ein kompromissbereiter Bischof und Katholikos gewesen zu sein, ohne ausgeprägte dogmatische Lehre.

II. ISHOʿYAHB III. DER GROẞE (649–659)

Jean-Maurice Fiey beginnt seine grundlegende Monographie über Ishoyahb III. mit der Feststellung, in der Reihe der größten Patriarchen der Ostsyrer fehle neben Timotheus I. (780–823) und Ishoʿbar Nun (823–828) nie Ishoyahb von der Adiabene[27]. Fiey stützt seine Studie auf die Korrespondenz des Ishoyahb und will dessen Rolle in diesem Wendepunkt der Geschichte

---

21 Vgl. dazu auch einen syr. Text aus dem 7. oder 8. Jh., ed. *I. Guidi,* Un nuovo testo siriaco sulla storia degli ultimi Sassanidi (1893) 6, zu Kyriakos, ebd. 26. https://archive.org/details/guidiunnuovotestosiriaco/page/n7/mode/2up (letzter Zugriff: 08.02.2021)

22 *Ishoyahb,* ep. I 42: CSCO II 64V, p. 56,25.28f.; 57,1 (und noch weitere 11 mal) redet den Adressaten mit pater, paternitas an.

23 *Ishoyahb*, ep. II 9: CSCO Syr II 64, p. 142,14–15 (T); p. 106,10 (V). *Fiey* II, 18. – Die Briefe ep. I 42 und 47 finden sich CSCO Syr. II 64, p. 56–59 (V) und p. 69–71.

24 So Abramowski in ihren Notizen zu ep. II 9: Im Namen von *Chalcedon* war die Unruhe der Einheit der Hypostase dort hereingebrochen. Der Brief zeigt aber den Glauben an die *Einheit des herrlichen πρόσωπον der Sohnschaft* in *zwei hypostatischen* und *natürlichen Formen.* Die andere Lehre wurde vom Katheder aus verkündet [sc. von Ḥenana].

25 *Fiey* II, 19.

26 *Fiey,* Pour un Oriens Christianus novus, 117.

27 *Fiey* I, 305. Zu Ishoyahb III. auch *P. Bettiolo,* Un vescovo in una età di torbidi: Išoʿyahb III e la Chiesa Siro-orientale nel VII secolo, in: E. Vergani, S. Chialà (hg.), La grande stagione della mistica Siro-orientale (VI–VIII secolo). Atti del 5° Incontro sull'Oriente Cristiano di tradizione siriaca. Milano, Biblioteca Ambrosiana, 26 maggio 2006 (Milano 2009) 71–90. – ʿAbdisho's Eintrag zu Īšōʿyahb III. ist mit einzelnen Briefen sehr umfangreich zu finden bei

erheben[28]. Die Korrespondenz ist nicht vollständig und die zeitliche Zuordnung der Briefe in die Amtszeit als Episcopus, Metropolit, Katholikos ist zuweilen in Frage zu stellen.

1. Leben und Wirken

Nach Fiey lässt sich sein Leben kurz wie folgt resümieren: Seine theologische Ausbildung erhielt er in der Schule von Nisibis, danach wurde er Mönch in Bet ʿAbe[29], das Mar Yaʿqob, ein Mönch vom Kloster Mar Abraham auf dem Izla, etwa 595 gegründet hatte. Nach 20 Jahren im Kloster wurde Ishoyahb 628 Bischof von Ninive und nahm 630 an der Gesandtschaft der Königin Boran zu Kaiser Heraklius unter Ishoyahb II. mit anderen teil – eine Nachricht, die de Halleux freilich mit nachvollziehbaren Gründen für eine legendarische Einfügung des Thomas von Marga hielt[30]. Als er, „einer der aktivsten Verteidiger nestorianischer Orthodoxie"[31], auf den Stuhl der Adiabene, Erbil, berufen wurde, lehnt er zuerst ab. Der Metropolit aber, der statt seiner nominiert wird, Makkiha, nach dessen Absetzung übernimmt Ishoyahb doch als Metropolit die Adiabene. In Erbil, wo er 637 die arabische Eroberung erlebt, reformiert er die Liturgie, schreibt die Vita des Martyrers Ishosabran und kämpft gegen Sahdona, nun Bischof von Mahoza d'Arewan, der früher sein Mitbruder in Bet ʿAbe war; fast gleichzeitig waren sie Bischöfe geworden. Als Ishoyahb 649 Patriarch wurde, war es eine seiner ersten Handlungen, Sahdona endgültig aus der Kirche zu entfernen. Ishoyahb III. war Katholikos unter dem Kalifat des ʿUtmān (644–656)[32], Metropolit unter ʿUmar I. (634–644), stand also in diesen Amtszeiten immer unter arabischer Herrschaft. Dabei erlebt er das Schisma von Persien und Qatar, und am Ende den Konflikt mit

---

J. S. Assemani, BO III, 1, cap. 74, p. 113–143. In der Chronik von Séert ist leider das Kapitel 112, „Histoire de Mar Ishoyahb" (PO 13, 636 [316]) nicht erhalten.

[28] *Fiey* I, 307.

[29] Im Kapitel über Mar Yaʿqob wird erwähnt, dass Ishoyahb sein Schüler wurde, Hist. nest. 56: PO 13, 462.

[30] Nach *A. de Halleux,* Martyrios-Sahdona. La vie mouvementée d'un „hérétique" de l'Église nestorienne, OCP 24 (1958) 93–128, hier 111, sind Ishoʿyahb III und Sahdona von Thomas von Marga in den Bericht eingefügt worden; ebd. 127: „le caractère légendaire du récit de l'ambassade" nach Thomas von Marga. – Im Bericht der zeitgenössischen Chron. Anon., ed. Guidi, p. 26, fehlen die Namen Ishoʿyahb und Sahdona, *Sako,* Le rôle, 122. Ishoʿyahb III erwähnt diese Gesandtschaft nie in seinen Briefen, ein Factum, das *Fiey* I, 325 auch einräumt. *Ishoʿbar Nun,* Livre de la chasteté, weiß ebenfalls nichts davon. – Zustimmend zu de Halleux auch *P. Bettiolo,* Un vescovo in una età di torbidi (2009), 80–81 und 85.

[31] *Fiey* I, 306: „un des défenseurs les plus actifs de l'orthodoxie nestorienne". Eine vergleichbare Hervorhebung auch bei *Bettiolo,* Un vescovo in una età di torbidi (2009) 71: „tra i più grandi pastore … tutti da forte personalità". – Fiey verwendet die alten Pejorativa Nestorianer, Monophysiten.

[32] Ich folge der Datierung aus *Endreß,* Der Islam, Zeittafel,190–246, hier 193.

dem Emir von al-Madā'in, der Geld vom Katholikos verlangte: Als dieser die geforderte Summe nicht gab, ließ ihn der Emir ins Gefängnis werfen und foltern; als der Emir auch auf diese Weise nichts erhielt, ließ er einige Kirchen im Gebiet Kūfa und Ḥīra plündern und zerstören. Nach seiner Freilassung (Ursache unbekannt) zog sich Ishoyahb in sein altes Kloster Bet ʿAbe zurück, wo er schließlich 659 mit etwa 80 Jahren[33] starb und neben Mar Yaʿqub begraben wurde. An seinem Totenbett war Georg von Kafra, der sein Nachfolger werden sollte.

Sein Syrisch wird von Chabot gerühmt: Er gehöre zu den besten nestorianischen Schriftstellern und könne als Modell der syrischen Sprache dienen[34], neben dem Antichalcedonier Philoxenus von Mabbug, den man zu Recht als einen der Meister dieser Sprache ansieht. Auffallend ist sicher auch die ausgefeilte Rhetorik des Ishoyahb[35], die bei der Interpretation seiner Aussagen in Rechnung gestellt werden muss.

Ishoyahb, geboren um 580[36] in Kûplânâ[37], stammte aus wohlhabendem Hause; der Vater Basṭôhmag war ein frommer Großgrundbesitzer, der Ländereien bis etwa 100 km nach Norden in die Gegend des späteren Klosters Bet Abe besaß[38] und dem Thomas von Marga ein eigenes Kapitel widmet[39]. Ishoyahb studierte in der Schule von Nisibis unter Ḥenana, als 596 der Streit um Ḥenana unter dem neuen Metropoliten von Nisibis, Gregor von Kaškar, voll entbrannte. Gregor verlangte von Ḥenana eine retractatio, die dieser verweigerte; daraufhin exkommunizierte Gregor den Ḥenana und verurteilte seine Schriften. Ḥenana gab zum Schein nach, schrieb aber an den neuen Patriarchen Sabrisho, der seine Partei ergriff. Auch die Leute von Nisibis unterstützten Ḥenana, so verließ Gregor des Nachts die Stadt[40]. Daraufhin ver-

---

[33] *Fiey* II, 45.

[34] *J.-B. Chabot,* Histoire de Jésus-Sabran écrite par Jésus-Yab d Adiabène, Nouvelles Archives des Missions scientifiques 7 (1897), 485–584, hier: 486. Allerdings sagt Chabot auch: So sehr der Text es verdiene, gelesen und bewundert zu werden, so sehr wäre die Lektüre einer wörtlichen Übersetzung ermüdend, aufgrund der Bilder und Wendungen, die in semitischen Sprachen Schönheit und Eleganz ausmachen. – Vgl. *Fiey* II, 8. – Eine Analyse des Vorworts zu dieser Vita bei *E. Riad,* Studies in the Syriac Preface (Uppsala 1988), 111–132; zum Stil des Ishoʿyabh, ebd. 111: „a prolific and talented writer, one of the best among the Nestorians, with a pure and varied style".

[35] Zum Stil des Ishoyahb vgl. *Fiey* II, 16–17; auch *N. Kavvadas,* Verdächtiges Prestige: Die griechische Bildung, der Jargon der Logik und die Konflikte der ostsyrischen Eliten, in: M. Perkams, A. M. Schilling (hg.), Griechische Philosophie und Wissenschaft bei den Ostsyrern. Zum Gedenken an Mar Addai Scher (1867–1915) (Berlin, Boston 2020), 119–134, hier 131, Anm. 19.

[36] *Fiey* I, 309.

[37] Vgl. *Thomas v. Marga*, II 4: Budge II, 124 (syr. Budge I, 69,11).

[38] *Fiey* I, 309. Der Beschreibung von Fiey zufolge liegt Kuplana etwa auf halbem Weg zwischen Erbil und Kirkuk, nördlich des Großen Zab.

[39] *Thomas v. Marga*, Book of Governors I 24: Budge II, 83–85. vgl. *Fiey* I, 310.

[40] Hist. Nest. 74: PO 13, p. 507–513. *Fiey* I, p. 313, Anm. 10: Gregor wurde vielleicht im

ließen 300 Studenten und Lehrer, darunter Ishoyahb, die Schule und die Stadt Nisibis[41]. Sie trennten sich an den Stadttoren, einige gingen in das Große Kloster Mar Abraham, andere in eine Schule, die ihnen Bischof Markus von Balad baute. Der Chronik von Séert zufolge blieben kaum 20 Erwachsene übrig, darunter Aha, Isaias von Tahal, Meskena Arbaya und Bar Hadbsabba.

Der Schule von Nisibis blieb Isho'yahb zeitlebens verbunden, noch als Katholikos nennt er sie „unsere heilige Schule“[42]. Die Mitschüler aus Nisibis bildeten später ein Netzwerk, an die er schrieb oder mit denen er arbeitete: so Hormizd, der Bischof einer Diözese von Bet Garmai wurde, Sergius, Bischof vielleicht von Hira; Johannes Priester, Alaha Zha Priester, Mose Bischof; Ḥenanisho und Ishoyahb Bischof von al-Sin[43].

Vermutlich kehrte Ishoyahb zu seinem Vater zurück, ehe er sich dem Kloster Bet Abe anschloss (der Mönch Yaʿqob war mit seinem Vater befreundet). Ebenso wie seine Verbindung mit der Schule von Nisibis prägte ihn sein ganzes Leben das Kloster von Bet Abe[44], für ihn ist immer Abraham von Kaškar der „Vater“[45]. Etwa 20 Jahre lang war er Mönch in Bet Abe, doch ist aus dieser Zeit kaum etwas bekannt[46].

Charakteristisch scheint für Ishoyahb zu sein: sein Einfluss in der Umgestaltung der Liturgie, sein Kampf gegen „chalcedonische“ Tendenzen in Nisibis und der Konflikt mit Sahdona (ob zwischen den beiden ein Zusammenhang besteht und falls ja, in welcher Weise, scheint unklar), sein Kampf gegen die Antichalcedonier, der Konflikt mit Fars und den angrenzenden Regionen, die Beziehung zu Muslimen. In der Christologie ist er ein energischer Kämpfer für die Zwei-Hypostasen-Lehre und damit gegen jegliche Lehre von der einen Hypostase Christi, seien es nun chalcedonische Tendenzen oder antichalcedonische Lehren.

Werke des Ishoyahb[47]

Hervorzuheben ist das Briefcorpus von 106 Briefen, das in drei Teile eingeteilt ist: 52 Briefe, die in die Zeit als Bischof von Mossul (Ninive) datiert wer-

---

Kloster von Sahdost eingesperrt auf königlichen Befehl, kam dann in seine Heimat und gründete ein Kloster mit Schule zwischen Niffar und Kaškar. Er starb 611/2.

[41] Vgl. *T. Hainthaler*, Die „antiochenische Schule“ und theologische Schulen, in: Jesus d. Chr. 2/3 (2002), 253.

[42] Am Ende von ep. III 10, CSCO 12, p. 175,23–25: Detur salus mea per te ipsum condiscipulis nostris priscis et illis quoque, quos post nos genuit mater communis, Schola sancta nostra.

[43] *Fiey* I, 312.

[44] *Fiey* I, 313: Sein Leben lang blieb er Mönch von Bet Abe und Schüler von Nisibis.

[45] Ibid., vgl. ep. III 6.

[46] *Fiey* I, 315–324, versucht aus den Briefen, die der Bischofszeit zugeordnet werden, Informationen zu entnehmen. Briefe aus der Mönchszeit sind demnach: ep. I 5 und I 6, evtl. I 1 und I 2.

[47] Abdisho nennt: Refutatio cogitationum haereticorum (für Metropolit Iohannes von Bet

den (I), 32 Briefe, die er als Metropolit der Adiabene in Arbela (II) verfasste, und 22 Briefe aus seiner Zeit als Katholikos (III)[48].

Ishoyahb verfasste die Vita des Märtyrers Isho'sab̲ran (†620), weitere Streitschriften, Predigtsammlung (incl. Leichenreden).

Ishoyahb verfasste metrische Homilien und lehrhafte Hymnen, Regeln für das Verhalten der Mönche (sich in einem einzigen Konvent versammeln, nicht betteln ohne Erlaubnis des Bischofs). Auch eine Widerlegung der (häretischen) Gedanken soll entstanden sein, die aber verloren ist[49].

2. Bischof von Ninive – Kampf gegen die Antichalcedonier

Nach dem Tod des Chosroes II. konnte ein neuer Katholikos – Ishoyahb II. – gewählt werden, unter dem Ishoyahb als Nachfolger des verstorbenen Bischofs Mara Bischof von Ninive wurde[50]. Fiey hält es, nach den Briefen Ishoyahbs zu urteilen, für wahrscheinlicher, dass ihn der Katholikos dort einsetzte (ihn aufoktroyierte) und er nicht, wie Thomas von Marga schreibt, gewählt worden ist[51]. Die Wahl war jedenfalls nicht unumstritten, denn es gab eine Kampagne gegen Ishoyahb (ein ehrwürdiger Mönch war besonders aktiv; Ishoyahb schrieb ihm, er solle an den Patriarchen schreiben, er möge selbst zum Bischof gemacht werden).

Ob dann, wie Fiey schreibt, eine der ersten Aufgaben die Gesandtschaft zu Heraklius war[52], ist zu bezweifeln. Ob und wann Isho'yahb (III.) nach Antiochien kam, bleibt somit offen.

Zum Erstarken der Anti-Chalcedonier und ihrer kirchlichen Organisation in Persien

Den Kampf gegen die Antichalcedonier („Monophysiten“) bezeichnet Fiey als Leitmotiv in den Briefen aus der Zeit als Bischof[53]. Wie kam es zu einem verstärkten Einfluss und einer verstärkten Verbreitung der Antichalcedonier?[54]

Lapat), Tractatus varii de controversiis, Laudationes et sermones, Hymnen, Hortationes ad novicios, Liturgica opera de baptismo, absolutione et consecratione, Recognitio Breviarii nestoriani Ḥudra, Epistulae, Martyrii Isho'sabran Acta. Vgl. *Baumstark,* Geschichte, 197–200.

[48] R. Duval (ed.), Išoyahb III patriarcha, Liber epistularum, CSCO 11, Syr. 11 (= II 64 T) (Louvain 1904); CSCO 12, Syr. 12 (= II 64 V) (Paris 1905). – Fiey unterscheidet die drei Perioden durch E (évêque), M (métropolite), C (catholicos), *Fiey* I, 307–308, Anm. 2.

[49] Vgl. *Fiey* II, 27, Réfutation des pensées (hérétiques), BO III 1, 137–138.

[50] *Thomas v. Marga* II, cap. 4, p. 123–124.

[51] *Fiey* I, 325.

[52] Siehe oben Anm. 29 *(A. de Halleux; P. Bettiolo).*

[53] *Fiey* I, 330: „lutte qui est vraiment le leitmotiv des lettres datant de son épiscopat“.

[54] Dazu vgl. *N. Garsoïan,* Persien: Die Kirche des Ostens, in: Die Geschichte des Christen-

Erinnert sei an das Wirken des Simeon von Bēt Aršam in Persien[55] ab dem Beginn des 6. Jh. – nicht umsonst hatte er den Beinamen „persischer Disputator“[56]. Nach dem Amtsantritt des Kaisers Justin I. (518) und der chalcedonischen Restoration flüchteten vermehrt Antichalcedonier nach Persien. Mit Aḥudemmeh, den 559 Jakob Baradai zum Bischof geweiht hatte, wurde der Grundstein gelegt zu der Institution der Antichalcedonier, die später zum Maphrianat wurde – der Titel Maphrian ist allerdings erst im 12. Jh. belegt[57]. Weil Aḥudemmeh einen der Söhne Chosraus I. bekehrt hatte, wurde er verurteilt und erlitt 575 das Martyrium. Unter der Regierung Chosraus II. und dem starken Einfluß des Hofarztes Gabriel von Singar wurden die Antichalcedonier begünstigt und die Ostsyrer durften bekanntlich keinen Katholikos mehr weihen[58].

Organisation der westsyrischen Kirche in Persien[59]

Unter Athanasios I. Gamala von Antiochien (593/4 – 630/1) wurde Tagrit zur festen Metropole der Anti-Chalcedonier erhoben[60]. Metropolit Christophoros von Ator und Ninive reiste zusammen mit vier Bischöfen und drei Mönchen zum antiochenischen Patriarchen, wo die Mönche zu Bischöfen geweiht wurden, unter ihnen Maruta zum Bischof von Bet Arabaye (= Metropolit des Ostens)[61] und damit zum Bischof von Tagrit im Jahr 628/9 als Haupt aller antichalcedonischen Gemeinden. Damit entsteht eine westsyrische Hierarchie in Persien mit 12 weiteren Bischöfen[62] und gewinnt somit institutionelle Stabilität[63].

---

tums, Band 3: Der lateinische Westen und der byzantinische Osten (431–642) (Freiburg, Basel, Wien 2001) 1161–1186, hier: 1173.

[55] *J.-M. Fiey*, Tagrît. Esquisse d'histoire chrétienne, OrSyr 8 (1963) 289–342, hier: 299–306; *ders.*, Syriaques occidentaux du « Pays des Perses »: ré-union avec Antioche *et* „Grand Métropolitat“ de Takrit en 628/629?, ParOr 17 (1992) 113–126, und *ders.*, Pour un Oriens, 137. *T. Hainthaler*, Jesus d. Chr. 2/3 (2002), 200–203 (Antichalcedonische Hierarchie im Persischen Reich).

[56] *T. Hainthaler*, Der persische Disputator Simeon von Bet Aršam und seine antinestorianische Positionsbestimmung, Jesus d. Chr. 2/3 (2002), 262–278.

[57] Vgl. *Fiey*, Tagrît, 307.

[58] Vgl. die Überlegungen von *G. Reinink*, Tradition and the Formation of the ‚Nestorian‘ Identity in Sixth- to Seventh-Century Iraq, Church and Religious Culture 89,1–3 (2009) 217–250, hier 245–249.

[59] Dazu *A. Vööbus*, Reorganisierung der Westsyrischen Kirche in Persien. Neues Licht aus einer sehr wertvollen Urkunde, OrChr 51 (1967) 106–111, der meint, man müsse „mit einem bewusst geplanten kirchenpolitischen Unternehmen des Patriarchen Athanasios (595–635) rechnen“ (106).

[60] Nach *Mich. Syr.* II, 414.

[61] Dazu *T. Hainthaler*, Jesus d. Chr. 2/3, 202–203.

[62] *Th. Jacob*, Das Kloster Mar Mattai und seine Bedeutung für die Geschichte der Syrisch-Orthodoxen Kirche (von der Spätantike bis ins 13. Jh.). Mit Edition und quellengeschichtlicher Untersuchung der Mār Mattai-Legende (Halle 2012), 198 (die 12 Bistümer) 229–231

Reaktion des Ishoyahb

Die Auswirkungen der zunehmenden Stärke der Antichalcedonier lässt sich erkennen in der Korrespondenz des Ishoyahb III., der die Ereignisse aus der Nähe erlebt – er lebt ja nicht weit von Tagrit. Ep. I 44 an den Metropoliten Gabriel beschreibt diese Situation[64] und nennt als Gründe für den Erfolg der Gegner:

1. Nachsicht der Regierenden (= Byzantiner) für die, die sie mit silbernen Beschwörungen und goldenen Gebeten gewinnen[65],
2. Zahl der „Häretiker", die Zugang zur Macht haben,
3. Gunst der Bevölkerung von Tagrit bei den lokalen Herrschern.
4. Allgemein, die teuflische Kraft, die die Söhne des Ungehorsams drängt, nicht in der Liebe zur Wahrheit fortzufahren.

Ishoyahb beschreibt die Schwäche seines Volks, das als Waffe nur den Besitz des wahren Glaubens habe. Die Gegner bezeichnet er als die „impii et blasphemi", „improbi"[66], Häretiker, er spricht von Skorpionen und Basilisken – nur einmal kommen Severianer zusammen mit Julianisten und Markioniten im erhaltenen Briefcorpus vor[67]. Sie haben am Eingang von Ninive eine Kirche gebaut.

An anderer Stelle bezeichnet er die Gegner als Feld von Disteln, häretische Disteln[68]. Nach Tagrit reiste er und bringt eine Siegesmeldung (I 49) über die „expédition" dorthin.

Einige „Häretiker" bringt er zurück, aus dem Irrtum, zum rechten Bekenntnis[69]. Fiey hebt dabei besonders seine Methode hervor: Ishoyahb appelliert an die Treue zum Andenken an die Vorfahren im Glauben. Die Loyalität zur Gruppe, zum Stamm spielt somit eine große Rolle. Fiey nennt ihn einen guten Psychologen[70]

Nach dem Tod des Paul von Erbil wird Ishoyahb der Metropolitan-Sitz der Adiabene, seiner Heimatprovinz, angeboten, den er ablehnt (Ep. I 50); lieber

---

(Ergebnis). (Entstehung einer westsyrischen Hierarchie in Persien) Beziehung zwischen Maphrianat und Kloster Mar Mattai (199–211).

[63] *W. Hage,* Die syrisch-jakobitische Kirche in frühislamischer Zeit. Nach orientalischen Quellen (Wiesbaden 1966), 24–25.

[64] Ep. I 44: CSCO 11, Syr. II 64, p. 63–65. Ishoyahb spricht vom Erscheinen Satans. – *Metselaar,* Defining Christ, 239.

[65] Was er dabei nicht schreibt (vielleicht aber mündlich übermittelt durch seinen Boten, den Mönch Hnanisho), dass er auch goldene Beschwörungen verwendet hat (*Fiey* I, 329) – also war sein Volk nicht so arm, wie er schreibt. Dessen beschuldigt ihn Barhebraeus – und Fiey ist nicht weit davon entfernt, es zu glauben.

[66] Ep. I 44: CSCO 11, p. 63,24–25.29.

[67] Ep. III 21, p. 203,30. *Fiey* I, 330: in Hist. martyr Ishosawran, p. 571, 578, redet Ishoyahb offenbar von Severianern.

[68] Ep. I 48, p. 72.

[69] *Fiey* I, 331; Ep. I 24.

[70] *Fiey* I, 331.

wolle er gegen die Häretiker und Heiden kämpfen. Über seine eigentlichen Motive wurde spekuliert[71]. Jedenfalls wird Makkīkha[72] Metropolit von Erbil, der dann mit zwei illegitimen Bischöfen einen dritten weihte (Ep. I 40 an den Patriarchen). Nach diesem Fiasko akzeptiert Ishoyahb den Metropolitansitz der Adiabene.

3. Metropolit der Adiabene – Liturgiereform – Literarisches Werk

Der genaue Zeitpunkt, wann der Bischof von Ninive zum Metropoliten der Adiabene wurde, ist nicht bekannt. Jedenfalls war Ishoyahb ab 628 weniger als 10 Jahre Bischof in Ninive, denn als 637 die Muslime Ninive eroberten, war Mar Emmeh bereits sein Nachfolger als Bischof von Ninive. Die arabischen Armeen nahmen alle Städte im Nordirak, gewöhnlich ohne Kampf, in Besitz.

In Erbil hatte Ishoyahb mehr Muße als in Ninive: Aus seiner Zeit als Metropolit stammen die meisten seiner literarischen Arbeiten, darunter auch die Antwort auf eine kanonische Anfrage (ep. II 12), Verwandtschaftsgrade im Eherecht betreffend[73].

Die Vita des Märtyrers Ishosabran[74], deren Stil Chabot rühmt (s. o.), bringt aber kaum Information über Ishoyahb selbst; Ishosabrans Reliquien waren in Erbil und er stammte aus dieser Gegend. Die Vita wurde auf Wunsch der Mönche von Bet Abe geschrieben.

In Erbil arbeitete Ishoyahb auch an der *Liturgiereform*, die er als Katholikos später für die gesamte Kirche umsetzte[75]. – Fiey diskutiert[76], ob das während seines Aufenthalts im Großen Kloster in Mossul geschah, wie er selbst immer annahm – was bedeutet, dass der Ritus des Großen Klosters von Mar Gabriel und Mar Abraham identisch mit dem von Ishoyahb ist. Das bedürfte aber noch einiger zusätzlicher Bausteine. Bei der Liturgiereform hat ihm sein

---

[71] *Fiey* I, 332; *Metselaar,* Defining Christ, 243–244.

[72] *Fiey,* Jalons, 140, Makkikha sei „Monophysit“ geworden. Vgl. *Metselaar,* Defining Christ, 209; ep. I 25, 39 und 40 werden auf Makkikha bezogen (237).

[73] *Fiey* II, 8.

[74] *J.-B. Chabot,* Histoire de Jésus-Sabran écrite par Jésus-Yab d'Adiabène, Nouvelles Archives des Missions scientifiques 7 (1897), 485–584. Dazu *Fiey II,* 8–10. Eine Analyse des Vorworts der Vita bei *E. Riad,* Studies in the Syriac Preface, Acta Universitatis Upsaliensis, Studia Semitica Upsaliensia 11 (Uppsala 1988), 111–132.

[75] *Fiey* II, 10–13. – Vgl. *A. Baumstark,* Geschichte der syrischen Literatur (Bonn 1922) 198–200. Zur Liturgiereform des Ishoyahb: *W. F. Macomber,* A History of the Chaldean Mass, J. Assyrian Academic Studies 11 (1997) 70–81, hier 74–75; *U.-M. Lang,* Zum Einsetzungsbericht bei ostsyrischen Liturgiekommentatoren, OrChr 89 (2005) 63–76, hier 64–65 mit einer kurzen Übersicht; *B. Varghese,* East Syrian Liturgy during the Sasanid Period, in: A. Mustafa, J. Tubach (hg.), Inkulturation des Christentums im Sasanidenreich (Wiesbaden 2007), 269–280, hier 278–280.

[76] *Fiey* II, p. 10, Anm. 1.

Freund aus Nisibis, der Mönch Ḥenanisho', geholfen. Im Einzelnen ist zu nennen:

Ishoyahb unterzog den Ḥudra[77], der „Tafel" der Kanones des ganzen Jahreskreises, einer Revision. Er ordnete neu das Kirchenjahr[78] und nahm eine Einteilung in acht „Wochen" (Verkündigung und Geburt, Erscheinung, Fasten, Auferstehung, Apostel, Sommer, Elias, Moses, Kirchweih) vor. Den Heiligenkalender ordnete er in das große Heilsgeschehen ein.

Ishoyahb machte die Anaphora der Apostel zur ordentlichen Anaphora und kürzte sie, wie Ibn aṭ-Ṭaiyib[79] vermerkt:

> „Die Anaphora der Apostel verfassten Addai und Mārī, aber der Katholikos Īšōʿyahb verkürzte sie und pflegte sie so als Anaphora zu verwenden. Sodann befahlen die Väter des Ostens zur Ehrung der verbannten Väter des Westens Theodorus, Nestorius und Chrysostomus, dass deren Anaphora verwendet würde."

Ob bei der Kürzung der Anaphora der Einsetzungsbericht entfernt wurde, wie Macomber erwägt[80], ist nicht gesichert.

Die Chronik von Séert berichtet[81], dass Ephraem eine Anaphora (Messe) verfasste, die in Nisibis noch bis in die Tage von Ishoyahb III. gefeiert wurde, der drei Anaphoren (Messen) auswählte und die anderen verbot.

Ishoyahb unterzog auch die Taksa (Euchologium) für Priester (mit Rubriken und Texten für die Messe) einer Revision. Er gilt insbesondere als Verfasser einer Taufliturgie und eines Rekonziliationsritus (Häretiker, öffentliche Sünder). Dazu verfasste er Kommentare zur Feier der Messe, des Offizium und liturgische Riten.

4. Katholikos – Verhältnis zu den Muslimen – Abfall Persiens und Qatars

Bei der Wahl des Nachfolgers für Mar Emmeh übertrugen die Bischöfe Ishoyahb alle Macht, den zu wählen, den er für den würdigsten hielt[82]. Er ließ sich das unterschreiben und siegeln, und sagte dann ungerührt, er sehe in der Versammlung keinen würdigeren und höheren als sich selbst. Er werde also ihr Haupt sein. Er wurde geweiht und regierte die Kirche 10 Jahre, immer unter der Herrschaft der Araber, unter Kalif ʿUtmān.

---

[77] Vgl. dazu die Beschreibung eines Ḥudra von 1607 bei *J. Mateos,* Lelya-Ṣapra. Essai d'interprétation des matines chaldéennes = OCA 156 (Rom 1959) 5–9; das liturgische Buch enthält das Proprium des Gottesdienstes und der Messe aller Tage im Jahr, ebd. 489.

[78] Wie Ishoyahb das Kirchenjahr geordnet hat, ist beschrieben in *Mateos,* Lelya-Ṣapra, Appendice V, 461–464.

[79] Ed. W. Hoenerbach, CSCO 168, Ar. 19 (1967), p. 93 (syr. CSCO 167, Ar. 18, p. 90).

[80] *Macomber,* A History, 75.

[81] Hist. Nest. 26, PO 4, p. 295.

[82] *Fiey* II, 29–30; *Sliba,* p. 56 (ar.), 32–33 (lat.).

Positives Verhältnis zu den Arabern

Die ersten Muslime scheinen die Nestorianer den „Monophysiten“ vorgezogen zu haben, urteilt Fiey, dem wir hier folgen. Die guten Beziehungen zu den Arabern unter Mar Emmeh hielten also unter Ishoyahb III. an. Und Ishoyahb sagte, die muslimischen Araber kommen denen nicht zu Hilfe, die sagen, dass der allmächtige Gott gelitten hat und begraben wurde (Ep. I 48 – der Brief ist an der falschen Stelle, gehört nicht zu den Briefen aus dem Episkopat). Jeden Freitag ging Ishoyahb zu den Gouverneuren des Gebiets (nicht zum Kalifen, sondern zum Stadtgouverneur), um das zu erbitten, was zum Wohl der Christen gut war. Ishoyahb erhielt also einen Schutzbrief.[83] Es kann durchaus sein, dass niedrigere Chargen als der Kalif mit Ishoyabh Bündnisse geschlossen haben (nicht aber der Kalif selber) (es handelt sich um spätere Fälschungen, wenn von Bündnissen zwischen Muhammad und den orthodoxen Kalifen mit den Christen gesprochen wird, so Cheikho).

Die Kopfsteuer wurde für Ishoyahb zur Bedrängnis. Einige christliche Araber von Oman (Mazunaye) nahmen deswegen den Islam an (ep. III 14) – sie sollten die Hälfte ihres Besitzes geben.

Abfall Persiens und Qatars[84]

Unter dem Einfluss eines (unbekannten) Verführers sandte Simon von Rev Ardashir 649 keinen Brief an Ishoyahb, als dieser gewählt wurde. Persien blieb unter der Herrschaft von Yazdgird III. bis 648/9. Mehr als 20 Bischöfe und zwei Metropoliten wurden geweiht, ohne dass einer vom Patriarchen bestätigt wurde („Vervollkommnung“). Ishoyahb insistierte nicht (ep. III 21), verlangte nur, dass sie ihr Bischofsamt in Communio mit der Kirche Gottes ausübten; Briefe wurden ausgetauscht. Als auch nicht einmal mehr das geschah, ertrug er die Lage schweigend. Erst als Oman vom Glauben abfiel, ermahnte er den Simon, zur Quelle zurückzukehren. Dieser erste Brief (III 14) ist absichtlich entspannt gehalten. Er redet von seinen Reisen. Die große Geduld kommt vom Wissen über die „perverse Gewohnheit“ der Perser[85].

Labourt nannte schon Persien „das klassische Land der Schismen und Revolten“[86]. Zur Metropolie erhoben unter Ishaq (399–410) oder Yahbalaha I (415–420) an 6. Stelle, blieb es 497 der Synode von Babai fern. 544 reorgani-

---

[83] *Fiey* II, 31–32. Zur Problematik der Schutzverträge vgl. auch *Ioan*, Muslime und Araber (2009), 79–88.

[84] Dazu ep. III 14–16. *Fiey* II, 34–38. *Ioan*, Muslime, 94–95, 103–105; *Metselaar*, Defining Christ, 263–268. – Zu Qatar: ep. III 17–21. *Fiey* II, 38–41. *Ioan*, Muslime, 105–112; *Metselaar*, Defining Christ, 268–279.

[85] Ep. III 16, p. 186,27; syr., p. 258.

[86] *Labourt*, Christianisme, 171: „terre classique des schismes et des révoltes“.

sierte Mar Aba die Amtsträger, die von den Gegenpatriarchen Narsai und Elise ernannt worden waren[87]. 551–566 traktierte Katholikos Jausep den Malka, Bischof von Darabgard, so dass ganz Persien den Namen des Jausep aus den Diptychen strich[88]. 585 kamen Metropolit Gregor und seine Bischöfe nicht zur Synode von Ishoyahb I. – Wenn Mari später vermerkt, keiner der Vorgänger des Simon als Metropolit von Persien habe sich dem Katholikos des Ostens unterworfen[89], kommentiert Fiey diese Aussage Maris mit der Bemerkung, „ohne viel Übertreibung“[90].

Persien (Fars) hielt sich für die Mutterprovinz des Perserreiches. Einem Ort wie Iṣṭahr, von Alexander dem Großen errichtet, gegenüber erschienen die königlichen Städte Seleukia, Ktesiphon als Emporkömmlinge. Ein Teil der Bevölkerung waren Nachkommen von Deportierten aus Syrien, die sich rühmen konnten noch, vor Ktesiphon vom Apostel Thomas selbst evangelisiert worden zu sein[91].

Die Bischöfe Persiens lehnten die Boten des Katholikos ab und riefen die zivilen Autoritäten zu Hilfe![92]

Ishoyahb mobilisierte in einem Brief die Laien (aber der Überbringer des Briefes hatte Angst und übergab ihn nicht) sowie die Mönche. Die Leute sollen sich von ihren Bischöfen trennen. Die Briefe der Bischöfe haben keinen Heiligen Geist mehr. Offenbar haben die Mönche gehandelt, worauf sie von den Bischöfen verjagt wurden. Am Ende ist Ishoyahb selbst nach Persien gereist, um sich mit Simon zu versöhnen und ihn in den Gehorsam zurückzuführen. Möglicherweise datieren aus dieser Zeit die Privilegien der Metropoliten von Persien und Bet Qatraye, den Hirtenstab während der ganzen Liturgie zu führen.

a) Die Briefe Ep. III 14 und III 16 an Simeon Bischof von Rev Ardashir *(L. Abramowski)*

In den Briefen an Simeon von Rev Ardašir[93] finden wir den hierarchischen Kirchenbegriff, wie er sich mit der Katholikatsätiologie zusammen entwickelt hat.

„Vos autem Persae, qui possidetis excellentiam et sublimitatem secundum opinionem vestram et qui iam nullo auxilio Ecclesiae Dei seu Dei ipsius indi-

---

87 Syn. Or., p. 322–323, 331, 345, 351 (Mar Aba 544).

88 Hist. nest. 22: PO 7, p. 178 [86].

89 *Mari*, ar. 52, lat. 55: Persidis quippe metropolitae qui praecesserant patriarchae orientis potestati nequaquam se subiecerant. Die Angabe der Mari-Stelle bei *Fiey* II, 36 Anm. 7 („ar. p. 62, lat. p. 65“), ist hier zu korrigieren.

90 *Fiey* II, 36: sans beaucoup d’exagération.

91 Vgl. *Fiey* II, 37.

92 *Fiey* II, 38.

93 Ep. III 14 (179–184 / 247–255) und III 16 (185–188 / 256–260).

getis ...“[94] – diese Perser haben die Demütigung eines Abfalls einer kirchlichen Provinz (zum Islam) erfahren. (Folge der Beschlagnahme der Ernte). Schwäche ihres Glaubens (p. 180,34–35) ist die Ursache des Abfalls.

Wenn die Handauflegung „illegitime fiat“, dann fließt „virtus sacerdotalis“ keineswegs „per traditionem“ von oben nach unten.

„fons enim christianitatis virtus est sacerdotalis; virtus autem sacerdotalis per canonicam manus impositionem traducitur. Quod si manus impositio illegitime fiat, nequaquam virtus sacerdotalis cum ipsa per traditionem a summis ad ima fluet, quemadmodum a caelo super apostolos et ex apostolis ad eorum successores usque ad consummationem mundi derivata est.“[95]

Vorausgesetzt ist durch den Verfasser, daß die Persis sich durch ihre Unabhängigkeitserklärung in einen illegitimen Zustand befördert, in dem die vollzogenen Bischofsweihen ungültig sind.

Die *sacerdotalis fons* ist der Katholikos als oberster Bischof, das ergibt sich aus ep. III 16 an denselben Simon. „Ich hatte dich doch ermahnt“ (siehe III 14), „daß du zur *sacerdotalis fons* zurückkehren sollst, aus der das ganze geistliche Leben an das ganze Volk des Herrn in unsern ganzen Osten fließt.“[96]

Im Brief III 14 fällt eine Bemerkung, die das Verständnis von den aktuell durchlebten historischen Umwälzungen erkennen lässt: „Arabes isti“, denen Gott das „imperium terrarum hac tempestate“ geschenkt hat. Es folgt das positive Urteil über das Verhalten der Araber gegenüber den Christen: Bei uns bekämpfen sie die christliche Religion nicht, empfehlen vielmehr unseren Glauben, ehren Priester und Heilige, erweisen Kirchen und Klöstern Wohltaten[97]. Den Mazunaye haben sie Besitz abverlangt, dann könnten sie den Glauben behalten – da sieht man, was den Mazunaye das ewige Leben wert war!

b) Ep. III 16 an Simeon (und an die Bischöfe, Priester, Diakone, Gläubige der Provinz Persia) *(T. Hainthaler)*

Dieses erneute Schreiben an Simeon von Rēw Ardašīr – diesmal an seine ganze Kirche gerichtet – ist ein beschwörender Brief mit dem durchlaufenden Thema, die Adressaten sollten zur *sacerdotalis fons* (186,6.15–16) zurückkehren, aus der das geistliche Leben fließt, und dadurch den Glauben stärken. Ishoyahb verweist auf Paulus, der an die Römer, die vom Apostel Petrus gelehrt worden waren, schrieb und zitiert Röm 1,11–12. Er möchte sie an der geist-

---

[94] Ep. III 14, p. 180,10–13.

[95] Ep. III 14, Versio, p. 180,37–181,5.

[96] Ep. III 16, Versio, p. 186,1–8, bes. p. 186,6–8.

[97] Ep. III 14, Versio, p. 182,1–5.

lichen Gabe teilhaben lassen, um sie zu stärken, und damit sie gemeinsam durch ihren und seinen Glauben Stärkung erfahren.

Dann führt er ihnen die Schwäche ihres Glaubens vor. Es kam zur Apostasie in einer Provinz (cf. 186,18.27), zu illegitimen Weihen (illegitimae ordinationes, p. 186,24). Sie haben gottlos Tribut verlangt von den so weit entfernten Indern (186,31). Immer wieder fordert der Katholikos sie auf, zur höchsten Quelle zurückkehren (187,20, ad summum fontem), d. h. dem Primat des Sitzes von Seleukia-Ktesiphon. Werdet nicht Fremde der Kirche Gottes, empfangt die Kraft des Priestertums vom Schatz des Herrn, den die Gnade Gottes euch durch apostolische Canones überliefert hat und kehrt zurück (187,30–34).

Freilich ging das Problem nach dem Tod des Ishoyahb weiter (vgl. Kap. Giwargis).

5. DIE CHRISTOLOGIE ISHOYAHBS III.
(L. Abramowski – T. Hainthaler)[98]

Die Geschichte der Beziehung Īšōʿyahbs zu Sahdona ist die Geschichte einer großen persönlichen Enttäuschung. In der Bekämpfung der Christologie des Sahdona stellt Īšōʿyahb seine eigene Christologie als die korrekte dar. Ein Durchgang durch die betreffenden Briefe an Sahdona empfiehlt sich daher.

a) Die Briefe an Sahdona und ihn betreffend

Dabei gibt es zwei Gruppen der Briefe, die vermutlich zwei Momenten der Krise entsprechen[99]: 1) II 7 und II 6 (dort Mâr Sahdâ, ein einziges Werk ist beanstandet). 2) II 30, II 28 und II 29 (hier: Sahdona, exiliert in den Westen).

aa) Die Briefe Ep. II 6 und II 7

Ep. II 6[100] über die Lehre des (ungenannten) Sahdona ist gerichtet an die Christen in Maḥōzē, d. h. an den Bischofsitz des Sahdona; dessen Name wird verschwiegen.

---

[98] Von hier bis ep. III 22: Ein handschriftlicher Entwurf von L. Abramowski, von T. H. bearbeitet und ergänzt. – Zur Christologie Ishoyahbs vgl. *D. W. Winkler,* Die Christologie des ostsyrischen Katholikos Īšōʿyahb III. von Adiabene (580–659), StPatr 35 (2001) 516–526. (T. H.)

[99] Diese Beobachtung findet sich bei *A. de Halleux,* Martyrios-Sahdona. La vie mouvementée d'un „hérétique" de l'Église nestorienne, OCP 24 (1958) 93–128, in seiner Analyse der Briefe, die Sahdona betreffen, das sind II 6 und 7, sowie II 28, 29, 30, ebd. 95–105. Die genannte Beobachtung p. 95, Anm. 2. (T. H.)

[100] Versio p. 93–98. *Fiey* II (1970), p. 22, Anm. 2, vermerkt, M VII (= II 7) geht wohl II 6 voran!

In diesem Brief bekennt Īšōʿyahb, sich in seiner Empfehlung des jetzigen Inhabers für dieses Amt geirrt zu haben; er habe sich in ihm getäuscht; jetzt müsse man die Sache in Ordnung bringen. Die persönliche Betroffenheit Īšōʿyahbs wird in diesem und im nächsten Brief nur zu deutlich. Er habe[101] dessen Abfall vom rechten Glauben nicht voraussehen können, der wenig vorher im Geheimen geschehen sei.

Die Christen von Mahoze d'Erewan haben in langen Jahren gegen die vielgestaltige Häresie gekämpft und sind nun gereinigt von der ganzen Häresie der Einheit der Hypostase *(ḥdnywt qnwm')*, d.h. der Einheit der Natur *(ḥdnywt kyn')*[102]. – Die Einheit der Hypostase ist für Īšōʿyahb also gleichbedeutend mit der einen Natur in Christus.

„Jetzt seid ihr *ein* Leib der Rechtgläubigen, der strahlt von den Strahlen des lebendigmachenden Lichtes, des *einen herrlichen* anzubetenden πρόσωπον unseres Herrn Jesus Christus, der Gott über alles ist (Röm 9,5).

„Gleich[103] dem Vater in vollkommener Hypostase und gleich uns in vollkommener Hypostase, das die *Einheit des Erweises (manifestatio, Erscheinung) der Herrschaft* im *herrlichen πρόσωπον* zweier μορφαί [cf. Phil 2,6–7] vollständig erweist. Während der menschliche Leib mit Strahlen der Gottheit glänzt, erscheint er den Augen zwar als Mensch, dem Geist aber als allmächtiger Gott. In der Einheit des göttlichen Bildes erkennt ein jeder Gott, beugt sich jedes Knie, bekennt ihn jede Zunge“ (cf. Phil 2,10–11)[104].

So fasst Īšōʿyahb „in wenigen Worten“[105] zusammen, was die Einheit des Herrn bedeutet.

Der Angegriffene hat ein „Machwerk“[106] über den Glauben geschrieben, das er zunächst – vor Īšōʿyahb und seinesgleichen – geheim hielt[107]. Īšōʿyahb schildert eingehend die Gespräche, die er mit dem (jetzigen) Bischof darüber führte, und bringt weitere Einzelheiten des Hin und Her. Sahdona verspricht Korrektur. Er streicht sogar in Gegenwart der von Īšōʿyahb gesandten Brüder in dem „Buch des Machwerks“ 16 „Öffnungen“ (= aufgeschlagene Stellen)[108].

Die Christen von Mahoze werden daran erinnert, dass die „prava introductio unitatis hypostasis Christi“ zur Blasphemie führt[109]. Es ist bekannt, dass

---

[101] Versio, p. 93, 33–34.
[102] Versio, p. 94, 15–19.
[103] Wörtlich: „der die Gleichheit der Bezeichnung … hat“.
[104] Versio, p. 94, 20–30.
[105] Versio, p. 94,32–33.
[106] Textus, p. 126,11: *bdy'*, pejoratives Wort: Geschwätz o. ä.
[107] Versio, p. 95,16–21.
[108] Versio p. 96,8–10; textus p. 127,12–14. In meiner Kurzgliederung (Martyrius-Sahdona and Dissent, Paris 2008, p. 14) macht die „oikonomia in Christ“ § 19–38 aus, also 18 §§; aber das Verfahren des (Sahdona) kann gewiß nicht die Streichung des ganzen christologischen Abschnitts meinen; er wird anstößige termini gestrichen haben. – Ob Ishoyahb mit dem „Machwerk“ allerdings *De perfectione* bezeichnen wollte, weiß man nicht. (T. H.)
[109] Versio, p. 97,13–16.

eine Hypostase zu *einer* Natur führt. Wenn jener Schreiber (Sahdona) einführen will, dass ὑπόστασις unter dem Namen prosopon austauschbar wird und umgekehrt[110], wird das durch die alten Bedeutungen, die auf diese Namen gelegt sind, verhindert. Eine „einheitliche Konstitution" (...) („constitutio singularis") und eine „Einzelhypostase" können nicht aus Gottheit und Menschheit entstehen[111].

Schließlich weist Īšōʿyahb die Adressaten darauf hin, daß sie bei sich hätten die Schrift „Antwort auf Einwände"[112], die er vor vielen Jahren gegen diese törichte Meinung (von der einen christologischen Hypostase) verfaßt habe[113]. Ferner legt er in Kopie den Brief bei, den er an jenen „Verrückten" (d. h. Sahdona) geschrieben hat[114], also ep. II 7, der damit, wie Fiey mit Recht annimmt, dem Brief II 6 zeitlich vorangeht; die jetzige Reihenfolge erklärt sich aus jener Sendung an die Kirche von Mahoze d'Erewan. Seinerzeit hatte Īšōʿyahb noch Hoffnung, die Sache beilegen zu können.

Ep. II 7 (versio p. 98–103)

In der Adresse wird Sahdonas Name als Sahda geschrieben. Das Schreiben beginnt sogleich mit dem Ausdruck persönlicher Enttäuschung: „Niemals hätte ich gedacht, daß ich vor dem Ende meines leiblichen Lebens Dich einmal wegen irgendeiner Sache tadeln müßte"[115] etc. „Jetzt bin ich plötzlich darauf gestoßen, was von Dir böse über das Bekenntnis unseres Glaubens geschrieben worden ist"[116]; was er einst vor Īšōʿyahb verbarg, als der einmal bei ihm war. Wie in II 6 folgt eine Beschreibung der Versuche Īšōʿyahbs, den Sahdona von seiner Meinung abzubringen.

Sahdona solle sich an Jesaja von Tahal erinnern[117], der in derselben Weise mit denselben „Ausdrücken" – wie strikt ist das zu nehmen? – geschrieben

---

110 Hier kann man sich an die Definitio von Chalcedon erinnert fühlen, wo es heißt, ACO II 1,2, p. 129,30–33: „auch im Zusammenkommen zu einer Person (ἓν πρόσωπον) und einer Hypostase (μία ὑπόστασις)" (V. 21).

111 Versio, p. 97,16–26.

112 *Duval*, Versio, p. 98,4: „cogitationum refutatio". *Payne-Smith*, Dictionary, s. v., „solution or answer to objections"; *Baumstark*, p. 197–198, „Umsturz der Meinungen"; *Fiey* II 1970, p. 22 „Réfutation des pensées".

113 Das kann sich seinerzeit natürlich nicht gegen Sahdona gerichtet haben; die Wendung, die den Titel abgibt, noch einmal textus 130,9 „Antwort auf logische Einwände" – hier vielleicht „Antwort auf logische Einwände = „mit logischen Einwänden"? Cf. textus p. 133,9 „Widerlegungen logischer Einwände".

114 Versio, p. 98,9: epistula correctionis.

115 Versio p. 98,28–29.

116 Versio p. 99,1–2.

117 Versio p. 100,6–12.

hat; er wurde zuerst von Ḥenanišoʿ schriftlich widerlegt, dann von „unserem Vater“ Jakob[118] mündlich, darauf von Babai in einem Buch verurteilt[119].

Sahdona wird auf Īšōʿyahbs Buch „Antwort auf Einwände“ hingewiesen[120], geschrieben auf Wunsch des Metropoliten Johannes von Beth Lapat. Dieses Buch hat sich weit verbreitet, „auch Du hast es erworben“[121]. „Begreife also, wenn du kannst, was Natur, Hypostase, Person *(kyn', qnwm', prswp')* ist, Vokabeln, die die Rede jener gebraucht, die Christus bekennen“[122]! Diese Vokabeln können nicht einfach miteinander vertauscht werden unter Absehung von ihrer genauen Bedeutung, wie Sahdona schreibt und auch andere meinen. Diese Namen „folgen dir nicht dahin, wohin du sie befiehlst“[123]. Jeder „Name“ hat „eine einzige, ihm eigene Bedeutung, auch wenn sie eine generische Natur zueinander haben und über ein und dieselbe Sache gesagt werden.“[124]

Diese „generische Natur“ wird exemplifiziert an den seelischen Fähigkeiten, die noch nahe verwandt sind, von denen aber jede Bezeichnung einen bestimmten Gehalt hat[125]. Der Tausch von prosopon / hypostasis und umgekehrt, den du vornimmst, ist der Anfang der Verderbnis für die Vernünftigkeit und jede Rede von Union unseres Herrn[126]. – Es folgen Definitionen von πρόσωπον und ὑπόστασις, die zusammenfassen, was wir aus Babai kennen, erstens der Grundsatz[127]: „*Persona* quidem … distinctiva est hypostaseos“; das wird so beschrieben (in Duvals sehr guter Übersetzung): „voce speciebus multiplice enuntiatur et habet capacitatem mutationis“ (wörtlich: „des Gegebenwerdens und des Angenommenwerdens“) „potentem; et multiplex est eius definitio, ut dixi.“ „Hypostase“ aber hat[128] allein den λόγος der φυσικοτότης *(kynywt')*; sie kann weder gegeben noch angenommen werden“.

Der Hinweis auf einen angeblichen griechischen Sprachgebrauch, den manche Leute vorbringen, nütze nichts[129]. Diese Leute behaupten, bei den Geeinten seien persona und hypostasis dasselbe.

„Lerne von den Kennern der Sprache: *qnoma* nennen sie ὑπόστασις“ (in syr. Umschrift geschrieben: *'ypwsṭsys*!), das ist aber *qnoma* = status, constitu-

118 Dem Klostergründer von Bet Abe.

119 Ḥenanišoʿ wird als „Mann Gottes und geistlicher Athlet“ bezeichnet, Babai sogar als „zweiter Elias und feuriger Prophet“ (Versio, p. 100,8 / textus p. 133,13 bzw. p. 100,11–12/ p. 133,17), also mit Ausdrücken hoher Verehrung.

120 Versio, p. 100,19–28.

121 Versio, p. 100,26.

122 Versio, p. 100,29–30.

123 Versio, p. 101,4.

124 Versio, p. 101,5–7.

125 Versio, p. 101,8–14.

126 Versio, p. 101,14–17.

127 Versio, p. 101,17–20.

128 Versio, p. 101,20–23.

129 Versio, p. 101,32–102,2.

tio, confirmatio[130]. *parṣopa* nennen sie πρόσωπον (in syr. Umschrift: *prṣwpwn*), das ist aber *parṣopa*, Gesicht und Unterscheidung und Wahrnehmung (facies, distinctio, perceptio) und wesentliches und beherrschendes Merkmal. Das sind also die Vokabeln bei den Griechen und das ist ihr Sinn." Töricht fügst du hinzu „constitution *(mqymwt')* für sich besonders" und „*qnoma* für sich besonders"[131].

Sahdona wird an die ruhmreiche Orthodoxie seiner Bischofsstadt erinnert, die bis zu (legendären?) Martyrern geführt habe[132].

Und Īšōʿyahb sieht sich durch seine Empfehlung Sahdonas für diesen Bischofssitz tief enttäuscht und kompromittiert[133]: „Memento, amice, testimonii mei de te, cum te tanquam filium a me eximie instructum iis commandaverim".

Sahdona solle sich nicht auf sein Buch „Gegen die Häretiker" berufen. Am Ende des Briefes hofft Ishoyahb immer noch auf eine Rückkehr des Adressaten zum rechten Glauben. „Nicht in allem sind die Häretiker Häretiker, sondern in einigen Punkten sind sie Häretiker, in vielen aber sind sie Orthodoxe und bekennen recht"[134] – Sahdona aber zieme es, in allen Punkten orthodox zu sein.

Schon in diesem Brief schreibt Ishoyahb immer wieder vom Satan, der Sahdona verführt. Das kehrt wieder in ep. II 28 an Bischof Hormizd.

b) Die Briefe II 28, II 29 und II 30

In der zweiten Gruppe von Briefen richten sich II 28 und II 29 an Bischof Hormizd und II 30 an die Bischöfe von Beth Garmai, also der Kirchenprovinz, zu der Sahdona als Bischof gehört.

Ep. II 28 an Bischof Hormizd über Sahdona[135]

Sahdona hat weitere Bücher gegen unseren orthodoxen Glauben geschrieben, nennt uns, die wir die wahre Lehre von *den Naturen* Christi in der *Zweiheit der Hypostasen* predigen, mehrfach Paulinianer[136]. Sahdona vertritt jetzt of-

---

130 Textus, p. 135,29, d.i. *wqym' wmqymwt' wqwym'*, also die (Ps.)-Etymologie aus der Radix *qm* gebildet, aber keine Erwähnung, dass *qnwm'* = *parṣopa* = πρόσωπον.

131 Siehe auch den vorigen Brief.

132 Versio, p. 102,11–25.

133 Versio, p. 102,26–31.

134 Vgl. den ähnlichen Gedanken schon bei *Kyrill Alex.*, ep. 44 ad Eulogium, ACO I 1,1, p. 35: „wir dürfen uns nicht verpflichtet fühlen, alles, was die Ketzer sagen, zu vermeiden und ihm zu widersprechen. Denn es gibt viele Dinge, die sie bekennen, die auch wir tun." (T. H.)

135 Versio, p. 147–150; syr. p. 202–206.

136 Ibid., p. 147,26–30.

fen, dass Häretiker sei, *wer nicht die eine Hypostase in Christus* bekennt. Seine (Sahdonas) Bücher sollen euch nicht affizieren[137].

Auf römischem Boden disputierte er mit Leuten, die er als Paulinianer beschimpfte, weil sie nicht *eine* Hypostase bekennen wollten. Als die ihn fragten: wenn du so glaubst, (syr., p. 204) warum gehst du dann ins persische Gebiet zurück?, antwortete er: Um ihnen den Glauben beizubringen.

Ishoyahb erinnert dann (p. 149) an das Beispiel des Arius, der zuerst angenommen worden sei und Schaden anrichtete, und an das Schicksal derer, die vom Friedensschluß mit Kyrill betroffen waren und für die es mit Exil und Tod endete. So mahnt Ishoyahb eindringlich dazu, keine Kompromisse zu schließen.

Ep. II 29 ist ein weiterer Brief an Bischof Hormizd wegen Sahdona[138]. Offenbar findet im Simeons-Kloster eine Synode mit dem Katholikos statt, bei dem „der *törichte Sahdona*" sei und wohin sich alle Bischöfe der dortigen Provinz begeben wollen. Ishoyahb ermahnt den Adressaten zur Vorsicht in dieser Sache, er solle nichts unternehmen, ohne ihn (Ishoyahb) zu fragen.

Ep. II 30 An die Bischöfe der Provinz Beth-Garmai, über Sahdona[139]

Der Katholikos [Maremmeh] will den mit Gewalt zur Kirche zurückgeführten Sahdona wieder aufnehmen, was weder Sahdona noch die Kirche will. Sahdona anathematisiert den rechten Glauben, will keine Gemeinschaft. Es folgt ein Bericht über endlose Versöhnungsversuche mit Sahdona auf Patriarchalsynoden und sein widersprüchliches Verhalten, wie er unterschrieb und schwor und trotzdem zu seiner Meinung zurückkehrte: Achtmal habe Sah dona den kirchlichen Glauben angenommen und jedesmal sei er wieder zu seiner Ansicht zurückgekehrt[140]. Sahdona habe mehrere Bücher „gegen uns" geschrieben[141]. Erstaunlich sei das jetzige Verhalten des Katholikos. Sahdona hat uns unsere falsche Lehre vorgeworfen in Sachen der Hypostasen und der zwei Söhne[142]. Auf römischem Gebiet habe Sahdona erzählt, dass wir ihn ausgestoßen hätten[143] und dass ihm ihre Religion gefalle.

---

137 Versio, p. 148 (syr., p. 203).

138 Versio, p. 150–151 (syr., p. 206–207). – Eine rhetorische Figur zu Beginn: täglich verdammt der Adressat den Ishoyahb (syr., p. 207), jetzt wolle dieser ihn wegen einer Sache auch verdammen: wegen seines Eifers in zeitlichen Dingen. Vgl. *N. Kavvadas,* Verdächtiges Prestige, 131, Anm. 19. (T. H.)

139 Versio, p. 151–155 (syr., p. 208–214).

140 Versio, p. 152,19–26.

141 Versio, p. 152,31–33: Plures libellos blasphemiarum plenos adversus nos, nostram fidem, nostrosque doctores in omnibus heterodoxorum synodis scripsit tradiditque.

142 Versio, p. 153,19–21, 23–25: in seinen Schriften gegen unseren Glauben nennt er uns Paulinianer und Bekenner von zwei Söhnen. Täglich anathematisiert er mit Wort und Schrift wer immer behauptet, dass in Christus zwei Hypostasen sind, und wer immer nicht eine Hypostase in Christus bekennt. (T. H.)

Zum Glück täuscht Sahdona uns nicht mehr, wie es früher der Fall war. Sonst hätten wir einen erlesenen Bischof, dessen Schriften gegen uns die Bücher des Xenaias [Philoxenus] gegen die Väter noch übertreffen würden. Nach seiner dringenden Bitte, ein Schisma zu vermeiden (p. 154,1–2), berichtet er von einem Wunder (p. 154; syr., p. 212): In der ganzen Kirche des römischen Reiches seien die Namen des Kyrill und Severus aus den Diptychen gestrichen, und diejenigen, die mit ihnen übereinstimmen, im Exil. Er (Ishoyahb) habe es von Mönchen gehört, die sich dort aufgehalten haben und jetzt nach Hause zurückgekehrt sind.

Es folgt eine Aufzählung der Gebiete des Reiches, die alle *zwei Hypostasen und zwei Energien (mʿbdnwtʾ) und zwei proprietates* in Christus einmütig bekennen[144].

„Jetzt bekennen das große Rom, Ravenna, ganz Italien, Langobardenreich, Frankenreich, ganz Afrika und ganz Sizilien, Thrakien, Kreta, Rhodos, Chios, alle Inseln, Konstantinopel, Asia, Bithynien, Lycaonia, Pamphylia, Galatia, Isauria, Griechenland, Jerusalem und Zypern, Palästina, Phoenicia, alle zwei Hypostasen, und zwei Wirkungen, und zwei Eigenschaften Christi in einmütigem Konsens, und anathematisieren und exilieren alle Bischöfe, die anders meinen.“[145]

Kyrill brachte als erster die Lehre von *einer* Hypostase, *einer* proprietas *(dylydwtʾ)* und einer Energie *(mʿbdnwtʾ)*[146] in Christus auf. Das will nun alles der törichte Sahdona bei uns einführen. Eine energische Exhortatio des Ishoyahb beschließt den Brief.

Die Zuschreibung von ep. III 22 an Sahdona?

Der Brief III 22 wird von Fiey dem Sahdona zugeordnet wegen der Beschreibung des Exilsortes Nisibis und Edessa im 1. Teil. Aber der 2. Teil über den Glauben (versio, p. 206,13–Schluß) legt (p. 207,18 bis Schluß) die Zwei-Hypostasen-Christologie dar. Damit ist die Zuordnung Fieys nicht haltbar, auch wenn offen bleibt, wie die Angaben des ersten Teils einzuordnen sind.[147]

In seiner Analyse wies Ovidiu Ioan 2009[148] diesen Brief ebenfalls Ishoyahb zu: er findet darin dieselbe Struktur wie in anderen Briefen des Ishoyahb. Der

---

143 Versio, p. 153,27–28: in omnibus terris Romanorum praedicans se a nobis expulsum fuisse.

144 Partiell richtig [und wie anders Timotheus I. 150 Jahre später!]

145 Versio, p. 154,23–29.

146 Versio, p. 154,34; Syr., p. 212,31 bzw. 213,1.

147 [bis hierher schriftliche Entwürfe von L. A., bearbeitet von T. H.; ab hier Text von T. H.]

148 *O. Ioan*, Die Rolle Edessas in der christologischen Auseinandersetzung zwischen dem Katholikos-Patriarchen Īšōʿyahb III. und Sāhdōnā, in: L. Greisiger, C. Rammelt, J. Tubach (hgg.), Edessa in hellenistisch-römischer Zeit. Religion, Kultur und Politik zwischen Ost und West. Beiträge des internationalen Edessa-Symposiums in Halle an der Saale, 14.–17. Juli 2005 = Beiruter Texte und Studien 116 (Beirut, Würzburg 2009), 105–115.

Brief soll die Edessener für das rechte Bekenntnis, d. h. der Zwei-Hypostasen-Christologie gewinnen.

b) Weitere Briefe (Ep. II 21, I 42, III 3)

Ep. II 21 an Bischof Mar Bar Ṣauma[149]

Dem Bischof, den Ishoyahb mit Ehrfurcht behandelt, berichtet er, dass die *Einheit der Hypostase* in Christus in der Kirche nicht mehr herumschleicht[150]. Darum sei in der Kreuzeskirche in Seleukia gebetet worden. Andere sind in die *westlichen Provinzen* des schlechten Glaubens gegangen[151]. Christus vindizierte die Beleidigung durch Ausstrecken der Hände des frommen Fürsten (wer?), den er mitten in der Kirche einsetzte: er setzte das Kreuz des Herrn (aus Jerusalem!) in der Kreuzkirche in Karka d'Bet Selōkh (nicht Seleukia, nach Fiey[152], der hier Duval korrigiert) nieder.

Ep. I 42 an Metropolit Gabriel

Duvals Anmerkungen 3 und 4, Versio, p. 56, lassen eine Stelle als christologisch erscheinen, die es aber nicht ist. Das „verbum solitum" (Versio, p. 56,20–21; Textus, p. 72,24, *mlt' 'yd'*) ist nicht „fides communis", wie *Duval* Anm. 3 erwägt; nach dem Vorangehenden ist es vielmehr „Liebe". Das „Bekenntnis zur Unterscheidung" (Textus, p. 71,24–25) ist ironisch gemeint, bezieht sich auf „Liebe", nicht auf „die Unterscheidung der Personen und Naturen in Christus", wie *Duval,* Anm. 4 erklärt.

Ep. III 3 An die Vornehmen von Nisibis über die Häretiker[153] *(T. Hainthaler)*

Der Brief ist in ausgeprägter Rhetorik verfaßt und mit biblischen Allusionen geschmückt. Ishoyahb spricht häufig vom Satan und den häretischen Teufeln (161,20, diaboli haeretici).

Es ist ein Brief, der mit allen Mitteln motivieren will: „Der Sieg der Teufel wird durch unsere Nachlässigkeit aufgebaut, unsere Nachlässigkeit aber wird durch die Trägheit des Willens erzeugt. und der Wille nämlich, da er von der Schönheit seines Status nachläßt, gibt dem Teufel die Zustimmung zu seinem Verderben. ... Wacht also, noch einmal: Wacht! Kleiden wir uns mit Stärke des

---

[149] Versio, p. 125–126, syr., p. 169–171.
[150] Versio, p. 126,3–4.
[151] Versio, p. 126,1: in fines occidentales provinciae fidei pravae.
[152] *Fiey* II, p. 23, mit Anm. 6.
[153] Versio, p. 161–163, syr., p. 222–225.

Armes Gottes (cf. Eph 6,10f.).“ – Der eigene Wille wird betont, Einsicht in menschliche Psychologie wird erkennbar.

Das eigentliche Thema wird dann entfaltet: eine ausführliche Erklärung, wie die falsche Lehre letztlich die Erlösung leugnet[154].

Die falsche Lehre besteht darin, der Natur des Schöpfers eine Teilhabe an den fleischlichen Leiden zuzuschreiben und ihr so ihre Leidenslosigkeit zu nehmen, und zum anderen die geschaffene (menschliche) Natur, die durch die Inkarnation erneuert wurde, durch die Zerstörung der Hypostasen der Erhöhung zur Rechten Gottes zu berauben. Es geht Ishoyahb also klar darum, gegen theopaschitische Tendenzen und gegen die Ablehnung von zwei Hypostasen zu kämpfen.

Es handelt sich im Grunde um eine Leugnung der universalen Erlösung durch gottlose Menschen (p. 162,18f.): Denn sie berauben die Natur des Schöpfers der leidensunfähigen Herrlichkeit, indem sie sie an den fleischlichen Leiden wegen der Einwohnung im Fleisch teilhaben lassen. Und die (herrlich) geschaffene Natur, deren göttliches Bild erneuert wurde, das in Ewigkeit bleibt und die Sohnschaft besitzt, berauben sie durch die Zerstörung der Hypostasen des Sitzens zur Rechten und der Anbetung und der universalen Verherrlichung.

Damit ist weder die Gottheit in der Menschheit offenbart, noch die Menschheit gerettet und geheiligt in der Gottheit; es gibt keine Gemeinschaft in der Hoffnung der Auferstehung (vgl. Kol 1,18; 1 Kor 15,20). Anstatt die Gottheit, die in göttlicher Hypostase Gott ist, und die Menschheit, die in menschlicher Hypostase Mensch ist, zu verkünden, faseln sie statt von der universalen Hoffnung der wahren Christenheit von einem Namen ohne Subsistenz (p. 224,12, *dl᾽ qwm᾽*).

Hier liegt wirklich eine ausführliche Erklärung der Heilsnotwendigkeit des Bekenntnisses zu den zwei Hypostasen vor, auch mit biblischer Allusion. Rhetorisch stark aufgeladen mit einer Reihe rhetorischer Fragen (163,10–18; offenbar incl. Zitat von Johannes Chrysostomos) und darauf folgender Imperative 163,19–31) verbunden mit verheißungsvollen Wünschen. Am Ende folgt der Aufruf:

„Vertreibt also, vertreibt, o selige Männer, diese gotteslästerlichen Teufel von den Enden eures Gebietes, und reinigt von der Unreinheit ihrer Gottlosigkeit den heiligen Ort, wo ihr wohnt. Bewahrt euch heilig und unverdorben, damit in euch wohnt der Geist Christi, der Hoffnung unseres Lebens, des Erstlings unserer Auferstehung, Herrn unserer Herrlichkeit und unser anzubetender Gott. Es erstrahle in euch die Herrlichkeit seines Glaubens und der Schmuck seiner Ehre und die Kraft seiner kostbaren Offenbarungen. Seid Prototypen der Kraft für die heilige Kirche in allen Gebieten des Erdkreises bis zur herrlichen Offenbarung vom Himmel unseres Herrn Jesus

154 Vgl. *Winkler,* Die Christologie, 525, mit Übersetzung von p. 223,26–224,10 (syr.), p. 162,18–31.

Christus; damit, wenn er kommt, um in seinen Heiligen verherrlicht zu werden und Wunderbares in seinen Gläubigen zeigt, ihr würdig seid des Loses der Heiligen im unauslöschlichen Licht und im unsterblichen Leben durch die Gnade und das Erbarmen Christi unseres Herrn in Ewigkeit. Amen."[155]

6. Zusammenfassend zu Ishoyahb III.

Der große Katholikos-Patriarch, der Jean Maurice Fiey[156] zufolge mehrere Untersuchungen in literarischer, exegetischer, liturgischer, theologischer Hinsicht verdienen würde, hatte in seiner Amtszeit als Bischof, Metropolit und Katholikos Auseinandersetzungen innerhalb der eigenen Kirche zu bestreiten, auf theologischem Gebiet (Sahdona, chalcedonische Tendenzen, vgl. Kyriakos), in kirchlich-jurisdiktioneller Hinsicht (einzelne Ostsyrer, die seine Autorität in Frage stellen, insbesondere der Abfall von Persien und Qatar), aber auch mit anderen Kirchen (Westsyrer, Antichalcedonier). Die Briefe dieses bedeutenden und energischen Hierarchen bieten, so Luise Abramowski in ihren nachgelassenen Notizen, „einige christologische Passagen von großer Klarheit, aber ohne jede Originalität". Ishoyahb ist sehr klar ein Vertreter der Lehre von zwei Hypostasen (und zwei Wirkungen, und zwei Eigenschaften) Christi und der Terminologie Babais, der kompromisslos jedes Bekenntnis zur einen Hypostase bekämpft.

Deutlich ist, dass es wohl chalcedonische Tendenzen gegeben hat (vgl. ep. II 9, wo es heißt, dass der Irrtum der Einheit der Hypostase *nomine Chalcedoni ... e cathedra principatus* zu hören war), die der Katholikos-Patriarch mit aller Energie abgewehrt hat.

Die Muslime hat Īšōʿyahb als die neuen Herren akzeptiert, ihre Herrschaft stellt er nicht in Frage, mit ihrer Lehre setzte er sich nicht auseinander[157]. Er hat gute Beziehungen zu ihnen, ist geachtet vom Kalifen. Auf die Nachricht vom Glaubensabfall der Mazūnāyē, d.h. der christlichen Einwohner im Oman, sieht Īšōʿyahb die Ursache darin, dass sie an materiellem Reichtum hängen; auch die unkanonischen Bischofsweihen bewirkten eine Schwächung des Christentums. Wenn Īšōʿyahb hervorhebt, dass die Muslime die Kirchen und Klöster achten und die Christen nicht bekämpfen, geht es ihm vorrangig

---

[155] Versio, p. 163,19–31.

[156] *Fiey* I (1969), p. 307, Anm. 1 Hinweis auf Assemanis Kommentar zu Ishoyahb und seinen Werken in BO III 1, p. 113–143.

[157] Wenn *Metselaar,* Defining Christ, 410–412, eine „possible adaptation to Muslim Arabs" (410) in Ishoyahbs Christologie erwägt, dann würde ich hier zögern. Wir haben zum einen nicht das gesamte Schrifttum des Ishoyahb vorliegen, die erhaltenen Briefe reagieren auf eine Situation, in der Ishoyahb sich pastoral an die Hierarchen seiner Kirche wendet, zumal mit den erwähnten Briefen III 3 und III 22 an Edessa und Nisibis. Ein Bewusstsein für islamische Lehre dürfte auf beiden Seiten noch wenig entwickelt sein. So viel an vorauseilender Anpassung zu vermuten, dürfte verfrüht sein.

darum, zu zeigen, dass die Mazūnāyē nicht zum Glaubensabfall gezwungen wurden, sondern Muslime wurden, um den auferlegten Steuern auszuweichen. Bei dem Adressaten, dem Bischof von Persis, handelt es sich um das Haupt der notorisch dem Katholikos gegenüber oppositionell eingestellten Provinz. Die Äußerungen sind von diesem Kontext her zu verstehen, nämlich „der Auseinandersetzung mit einem innerkirchlichen Gegner im Blick auf dessen Schutzbehauptungen zur desolaten religiösen Lage“[158].

Sein Œuvre ist nur bruchstückhaft erhalten, wie auch das seines früheren Freundes Sahdona. Das ist bei der Bewertung und Einordnung zu berücksichtigen.

Die Invektiven Ishoyahbs III. gegen Sahdona scheinen mit der Persönlichkeit des Autors des umfangreichen geistlichen Werkes, das unter dem Namen Martyrius oder Sahdona überliefert ist, schwer in Einklang zu bringen zu sein[159].

Was Ishoyahb aber als christologische Position seines ursprünglichen Freundes und Mitbruders berichtet, die Ablehnung der zwei Hypostasen-Lehre und das Bekenntnis zur einen Hypostase in Christus findet eine Übereinstimmung in Sahdonas erhaltenem asketischen Werk *De perfectione*, und darin in der Erklärung über den wahren Glauben, speziell über die Oikonomia, „das Geheimnis der ganz und gar unaussprechlichen Einheit von Jesus unserem Gott“, das er in II 2, 19–38 entfaltet.

---

[158] So *Ioan*, Muslime und Araber, 98.

[159] Ioan sieht im Konflikt Ishoyahb – Sahdona eine Neuauflage der Kontroverse Babai und Ya'qob (dem Gründer des Klosters Bet ʿAbe). *O. Ioan*, Überlegungen zur Auseinandersetzung zwischen Īšōʿjahb III. und Sahdōnā, in: M. Tamcke, S. Grebenstein (hg.), Geschichte, Theologie und Kultur des syrischen Christentums. Beiträge zum 7. Deutschen Syrologie-Symposium in Göttingen, Dezember 2011 = GOF.S 46 (Wiesbaden 2014), 93–101.

III. MARTYRIOS-SAHDONA UND SEIN CHRISTOLOGISCHER ANSATZ

Grundlegende Beiträge zu Sahdona, sowohl was sein Leben betrifft wie auch seine Christologie, hat André de Halleux vorgelegt[160], der auch die Werk-Ausgabe in CSCO[161] besorgte. Zur christologischen Würdigung ist nun insbesondere ein Vortrag von Luise Abramowski von 2008 zu berücksichtigen[162]. Ihre Ergebnisse können hier nur um einige wenige Beobachtungen ergänzt werden.

1. Zu Leben und Werk des Sahdona

Vier Quellen zu Sahdonas Leben hat de Halleux nacheinander einer eingehenden Kritik unterzogen, um zu belastbaren Daten zu gelangen, im Unterschied zu den sonst üblichen Bestrebungen, sie zu harmonisieren („méthode du concordisme") auch auf Kosten von chronologischen Widersprüchen[163]. Bei diesen vier Quellen handelt es sich zunächst um die zeitgenössischen Briefe Ishoyahbs III. (ep. II 6 und 7, sowie II 28, 29, 30)[164], dann um die zwei Jahr-

[160] *A. de Halleux,* Martyrios-Sahdona. La vie mouvementée d'un „hérétique" de l'Église nestorienne, OCP 24 (1958) 93–128; *ders.,* La christologie de Martyrios-Sahdona dans l'évolution du nestorianisme, OCP 23 (1957) 5–32. – *P. Bedjan* bringt im Avant-propos seiner Editio princeps S. Martyrii, qui et Sahdona, quae supersunt omnia (Paris, Leipzig 1902), v–xvii, eine Lebensbeschreibung des Sahdona (ebd. v–xi), anschließend die Beschreibung des seiner Edition zugrunde liegenden Straßburger Manuskripts (ebd. xi–xvii).

[161] *A. de Halleux,* Martyrius (Sahdona). Œuvres spirituelles I–IV = CSCO 200–201.214–215, Syr. 86–87. 90–91 (Louvain 1960), CSCO 252–255, Syr. 110–113 (Louvain 1965). Dazu *S. Brock,* A further fragment of the Sinai Sahdona manuscript, Mus 81 (1968) 139–154; *A. de Halleux,* Un chapître retrouvé du Livre de la Perfection de Martyrius, Mus 88 (1975) 254–296.

[162] *L. Abramowski,* Martyrius-Sahdona and Dissent in the Church of the East, in: Controverses des Chrétiens dans l'Iran sassanide. Textes réunis par Christelle Jullien = Cahiers de Studia Iranica 36 (Paris 2008) 13–27. – Vgl. ferner *M. Nin,* Martyrios/Sahdona. Alcuni aspetti del suo insegnamento cristologico, in: La grande stagione della mistica Siro-orientale (VI–VIII secolo). Atti del 5. Incontro sull'Oriente Cristiano di tradizione siriaca, Milano, Biblioteca Ambrosiana, 26 maggio 2006 (Milano 2009), 29–69; *O. Ioan,* Muslime und Araber bei Īšōʿyahb III. (649–659), GÖF.S 37 (Wiesbaden 2009) 34–40; *ders.,* Martyrius-Sahdona. La pensée christologique, clé de la théologie mystique, in: A. Desreumaux (ed.), Les mystiques syriaques (Paris 2011) 45–61; *M. Metselaar,* Defining Christ. The Church of the East and Nascent Islam (Leuven, Paris, Bristol 2019), bes. 301–315 (anscheinend ohne Kenntnis von *de Halleux,* La vie mouvementée).

[163] Vgl. *de Halleux,* La vie mouvementée, 94–95.

[164] Eine Analyse dieser fünf Briefe Ishoyahbs III. findet sich in *de Halleux,* La vie mouvementée, OCP 24 (1958) 95–105. – Nach dem Index in Versio (CSCO Syr. II 64 V) ist in folgenden Briefe von Sahdona die Rede: II 7 an Mar Sahda, 98,27; II 28 an Bischof Hormizd, p. 147,22.25; 148,15.17; 149,4; II 29 an Bischof Hormizd, 151,3.6; II 30 an die Bischöfe der Provinz Bet-Garmai über Sahdona, p. 151,14.22.23.32.33.37; 152,19.28; 153,7.14.17.35; III 5

hunderte späteren Nachrichten bei Thomas von Marga (I 34 – basierend auf dem nicht erhaltenen Bericht des Rabban bar ʿIdta; II 4 und II 6; II 19)[165] und Ishodenah von Baṣra[166] und schließlich um die nochmals etwa zwei Jahrhunderte älteren Nachrichten der Chronik von Séert[167] (c. 1036[168]). Ishodenah von Basra ist der erste, der in seiner kurzen Lebensbeschreibung den syrischen Namen Sahdona zusammen mit dem griechischen Namen Martyrios angibt und derselben Person beilegt; die späte Chronik von Séert kennt auch beide Namen.

Nach der Detail-Analyse jeder der vier Quellen fügt de Halleux die Mosaiksteine am Ende zusammen, woraus sich der folgende historische Rahmen über Sahdona ergibt[169].

Sahdona-Martyrios wurde in Persien, im gebirgigen Dorf Halmon beim großen Zab und dem modernen Kirkuk geboren, in der Regierungszeit des Khusro II. Abharvez (590–628). Seine Ausbildung erhielt er in der Schule von Nisibis[170] in der Zeit nach dem Konflikt zwischen Ḥenana und Metropolit Gregor. Unter Mar Aitallaha[171] waren die neuen Statuten in Kraft, erlassen 602 unter Bischof Ahādābūhi[172], die aus der Schule eine Art Kloster machten und sie so gegen Einfluss von außen schützten (so de Halleux).

---

an Berikvai, über die Mahozaye, p. 68,17.21.32.35 (dort: Sahdona ein Engel Satans, p. 168,17s).

[165] *Thomas von Marga,* Hist. mon. I 34 (of Sâhdônâ, and of the works which he composed): Budge, p. 61–62 (syr.), p. 110–112 (trad.). In II 4 wird von der Gesandtschaft zu Heraklius berichtet, in II 6 wie Sahdona in Apamea vom Glauben abkam, II 19 schließlich die Episode mit Gabriel von Bet Abe in Edessa. – Analyse in *de Halleux,* La vie mouvementée, 105–114.

[166] *Ishodenah von Basra,* Lib. Cast. 127: ed. J.-B. Chabot (Rom 1896), p. 67–69 (syr.), p. 56–57 (trad.). – Diese Quelle hat Heinrich Goussen entdeckt: *H. Goussen,* Martyrius-Sahdona's Leben und Werke, nach einer syrischen Handschrift in Straßburg i. E. ein Beitrag zur Geschichte des Katholizismus unter den Nestorianern (Leipzig 1897), 12–17, bringt eine deutsche Übersetzung des Kapitels aus Ishodenah. Goussen hat durch Isodenah den im Ms genannten Verfasser Martyrius mit Sahdona von Mahoze d'Arewan identifizieren können. – Analyse in *de Halleux,* La vie mouvementée, 114–122.

[167] Hist. nest. II 111: ed. Scher, PO 13, 635–636, sieht Sahdona als einen der „anderen Schüler von Ḥenana, die die Menschen verführten". – Analyse in *de Halleux,* La vie mouvementée, 122–125.

[168] Oder sogar früher 912–1020, wie *R. Hoyland,* Seeing Islam as others saw it (Princeton N.J. 1997) 443–446, vorschlug. In der Rezension zu *Ph. Wood,* The Chronicle of Seert. Christian Historical Imagination in Late Antique Iraq (Oxford 2013) schreibt *S. Brock,* JEH 66 (2015) 154: „compiled in Arabic in the tenth century".

[169] Dazu vgl. *de Halleux,* La vie mouvementée, 125–128; auch *A. de Halleux,* Introduction, CSCO 201, p. IV–V.

[170] Allerdings gibt es dafür, so *Fiey* II, p. 20, Anm. 1 keinen Beleg.

[171] Die „Schule von Mar Aitallaha" erwähnt *Ishodenah von Basra,* Lib. Cast. 127: „Il [scl. l'évêque de Mahozê d'Ariwan, Mar Tyris aussi appelé Bar-Sahdê] fut élevé dans l'école de Mar Aitallaha." Einen „Saint Mar Aitalaha, des écoles du pays de Beit Nouhadran", der zur Zeit des Shapur (II., 4. Jh.) gesteinigt wurde, erwähnt *Ishodenah von Basra,* Lib. Cast. 8 (Chabot, p. 230). Vgl. darüber hinaus *de Halleux,* La vie mouvementée, 115, Anm. 4.

[172] Vgl. Ratification, in: A. Vööbus (ed.), The Statutes of the School of Nisibis (Stockholm

Im Kloster Bet Abe, gegründet 615 von Ya'qob (vorher Mönch im Großen Kloster unter Babai, dann von diesem ausgewiesen), wurde Sahdona um 615/20 vom Gründer eingekleidet. Er lebte dort als Koinobit und dann halb anachoretisch bis zum Tod des zweiten Abtes Johannes; bis 635/40 in Bet Abe galt er als beispielhafter Mönch, wie Thomas von Marga zu erkennen gibt[173]. Um 635/40 wurde er Bischof der kleinen Stadt Mahoze d'Arewan in Bet Garmai. Bald danach wurden seine christologischen Auffassungen von der einen Hypostase und dem einen Prosopon bekannt. Diese Krise fand *grosso modo* zwischen 640–50 unter den Katholikaten von Maremmeh und Ishoyahb III. statt[174].

Zunächst wurde er – kurz nach einem Konzil in Seleucia – unter dem neu gewählten Maremmeh verurteilt. Durch die Intervention seiner Parteigänger wurde Sahdona, der sich in den Westen geflüchtet hatte – vermutlich nach Edessa – zurückgerufen. Auf von Maremmeh einberufenen Synode im Kloster Mar Simeon in der Nähe von Karka Gedan[175] erfolgte die erneute Verurteilung. Kurz danach wurde Ishoyahb selbst Katholikos und verjagte definitiv seinen alten Freund aus der Kirche. Sahdona kehrte nach Edessa zurück und beendete seine Tage als Einsiedler.

Den Bericht des Thomas von Marga über die Teilnahme an der Gesandtschaft zu Heraklius und die Nominierung Sahdonas auf den Sitz Edessa nach Ishodenah, 629/30, stuft de Halleux[176] als legendär ein. Beides hätte 629/30 beim Durchzug des Heraklius von Palästina nach Syrien stattfinden sollen, zu einer Zeit also, in der Sahdona noch Mönch in Bet 'Abe war; er kann auch nicht schon 630 Häretiker gewesen sein.

Werke des Sahdona

Thomas von Marga zählt als Werke des Sahdona auf: eine Geschichte über Rabban Ya'qob, den Gründer von Bet Abe[177], eine Trauerrede über Abba Johannes, den Nachfolger von Rabban Jakob[178], zwei Bände über monastische

---

1961), 103–105. *A. Vööbus,* History of the School of Nisibis, CSCO 266, Subs. 26 (1965), 313.

173 *Thomas von Marga,* II 34, p. 111: „he zealously attached himself to the things which conduce to a divine manner of life“, nämlich „to abstinence, and fasting, and watching, and prayer, under the guidance of Rabban [Jacob].“ Aus den Überlegungen in seinen Werken über das asketische Leben sei auch zu erkennen, „he felt the sweetness of the holy life, which is grafted on to spiritual conviction“.

174 *A. de Halleux,* La vie mouvementée, 127.

175 Ishodnah von Basra und die Chronik von Séert bringen diese Präzisierung.

176 *A. de Halleux,* La vie mouvementée, 127–128. *Bedjan,* p. xvii: Bericht nicht legendär. Sahdona habe wahrscheinlich bereits an der Schule von Nisibis seine Tendenzen zum Katholizismus entwickelt unter dem Einfluss von Ḥenana (ebd. vi–vii).

177 *Thomas von Marga,* Hist. Mon. I 24, Budge, p. 82.

178 *Thomas von Marga,* Hist. Mon. I 31, Budge, p. 102.

Übungen (= De perfectione?), das Buch der Tröstungen, sowie nicht näher bezeichnete weitere Schriften. Thomas lobt den „high character of his intellect, and the power of his language“, man erkenne, „he was a mighty man among those who compose books“, er habe aber nicht bis zum Ende geschrieben, „for he went out of his mind“[179].

2. *Sahdonas Christologie in* De perfectione

Die Inhalte der christologischen Lehre des Sahdona kennen wir, abgesehen von der polemischen Darstellung in den Briefen Ishoyahbs III., nur aus Kapitel 2 des II. Teils des Buches der Vollkommenheit, *De perfectione*[180]. Darüber hinaus sind uns keine christologischen Schriften erhalten. Ob *De perfectione* von Sahdona im Laufe seines Lebens überarbeitet wurde oder ein Kopist zuweilen eingegriffen hat, oder wann das Werk entstanden ist, lässt sich nicht bestimmen[181]. Die Briefe Ishoyahbs belegen nur klar, dass Sahdona von der *einen* Hypostase sprach; darüber hinaus gibt es in Ishoyahbs Brief II 7[182] zwei winzige wörtliche Zitate aus Sahdona (ohne Angabe der Quelle und sicher nicht aus *De perfectione*), wie Abramowski gefunden hat[183]. Beide Formulierungen sind Ausdrücke für die eine Hypostase, die erste ist ein Synonym, *mqymwt' yḥydyt'*, übersetzt von Duval als *subsistentia unica*, die andere ist *qnwm' lḥwdy'*, *hypostasis singularis*.

Das Buch der Vollkommenheit besteht aus zwei Teilen mit 22 Kapiteln in Teil I und vier Kapiteln in Teil II[184]; Sahdona hat es auf Verlangen seiner Mitbrüder verfasst[185]. Es ist durchtränkt von der Heiligen Schrift[186], wie de Halleux schon 1960 vermerkte („tout imprégné de la Bible et de la grande tradition patristique“[187]; „les réminiscences bibliques … informent à peu près

---

179 *Thomas von Marga,* Hist. Mon. I 34, Budge, p. 112.

180 Zum Titel *De perfectione* vgl. am Ende von Teil I das Kolophon I 4, 5, 24: CSCO 201, p. 145 („fin de la première partie du livre de l'accomplissement de la vie [de perfection], œuvre de saint Martyrius“); am Ende von Teil II, De perf. II 14,2: CSCO 253, p.145,17–18 („l'entier accomplissement de la vie de la vertu“). *A. de Halleux,* CSCO 201, p. VI: der Originaltitel ist mit den ersten Seiten der Straßburger Handschrift, der hauptsächlichen Grundlage der Edition, verschwunden.

181 Vgl. *A. de Halleux,* Introduction, CSCO 201, p. V–VI.

182 Ishoyahb III, ep. II 7: CSCO 12, p. 102,6–7; CSCO 11, p. 136,9.

183 Vgl. *L. Abramowski,* Martyrius-Sahdona, p. 20.

184 So auch De perf. II 14, 34: CSCO 253, p. 155, am Ende von Teil II.

185 De perf. II 14, 2: CSCO 253, p. 145.

186 Cf. auch De perf. II 14, 2–3, CSCO 253, p. 145,22.33–34 (wo der Autor sich rechtfertigt, wenn er etwas aus dem Kontext nimmt, also seine hermeneutische Methode reflektiert).

187 *A. de Halleux,* CSCO 201, Introduction, p. XIV: „Comparée à la théologie mystique quelque peu sèche et artificielle des contemporains [scl. Simon de Ṭaibūtēh, Dadīšō' Qatrāyā, 'Abdīšō' Ḥazzaya, Joseph Ḥazzāyā, Abraham bar Dašāndād] la spiritualité du Livre de la Perfection contraste par un accent profondément humain et authentiquement religieux, tout

chaque ligne des écrits"[188]). Teil I behandelt das Leben der Vollkommenheit in vier Traktaten, unterteilt in 22 Kapitel, von denen nur Traktat 2 (mit Kap. 3 und 8), Traktat 3 und Traktat 4 (mit Kap. 1–5) erhalten sind. Sebastian Brock fand weitere Fragmente des Sinai Sahdona Manuskripts und ordnete 1968[189] die Fragmente von Traktat 3 neu an (42.53–62.44–52). Weitere Fragmente wurden später entdeckt[190].

Teil II beginnt mit einem Rückblick auf Teil I und fährt fort mit den drei theologischen Tugenden, Glaube, Hoffnung und Liebe (cap. 2–4). Dann folgen als Themen des geistlichen Lebens: Abkehr von der Welt (cap. 5), Enthaltsamkeit und Heiligkeit (cap. 6), Abstinenz, Strenge und vollkommenes Fasten (cap. 7), Liturgie, Gebet, Nachtwachen und geistliche Lesung (cap. 8), Buße und Reue (cap. 9), Demut (cap. 10), Gehorsam (cap. 11), Beständigkeit (cap. 12), Aufmerksamkeit in Handlungen, Worten und Gedanken (cap. 13), Bitte des Autors an seine Brüder um das Gebet für ihn (cap. 14). Auffallend ist die hohe Bedeutung, die Sahdona der Gottesfurcht im geistlichen Leben beimisst; das zeigt sich auch im Resumé zu Beginn von Teil II.

Sahdonas monastische Spiritualität gründet, so de Halleux, auf der paulinischen Antithese vom äußeren und inneren Menschen[191], daher haben alle äußeren Praktiken nur einen relativen Wert: den Menschen in die Disposition und den Zustand zu bringen, dass die Früchte des Heiligen Geistes, Glaube, Hoffnung und Liebe, wachsen können[192]. Der zweite Teil des Werkes wird abgeschlossen durch ein langes bewegendes Gebet zu Jesus, dem Arzt der Seele[193], ein Schrei aus der Bedrängnis („in der Schwachheit meines Fleisches der Sünde", schon seit 28 Jahren[194]).

---

imprégné de la Bible et de la grande tradition patristique, qui communique à certaines de ses pages une indéniable fraîcheur et une émouvante beauté."

188 CSCO 201, p. XVI. A. de Halleux bemühte sich, die Bedeutung des oft unübersetzbaren syrischen Textes so treu wie möglich in unseren Kategorien wiederzugeben (ebd.: „à transposer le plus fidèlement possible la signification de l'original dans les catégories propres à notre langue"). Das entbindet den Leser heute freilich nicht davon, auf den syrischen Text zurückzugehen, wenn es um wörtliche Übereinstimmungen geht.

189 *S. Brock*, A further fragment of the Sinai Sahdona manuscript, Mus 81 (1968) 139–154.

190 *A. de Halleux,* Un nouveau fragment du manuscrit sinaïtique de Martyrius-Sahdona, Mus 73 (1960) 33–38; *ders.,* Un chapître retrouvé du Livre de la Perfection de Martyrius, Mus 88 (1975) 254–296; *S. Brock,* New fragments of Sahdona's Book of Perfection at St Catherine's Monastery, Mount Sinai, OCP 75 (2009) 175–178; *P. Géhin,* Un feuillet oublié de Martyrius/Sahdona à Milan (Ambr. A 296 inf., f. 87 = Chabot 51), in: F. Briquel-Chatonnet, M. Debié (eds.), Sur les pas des Araméens chrétiens = FS Alain Desreumaux (Paris 2010) 195–205.

191 *A. de Halleux,* CSCO 201, p. XII.

192 Cf. mehr ibid., p. XII–XIV.

193 De perf. II 14, 16–33, CSCO 253, p. 149–155 (syr. 153–158), an Jesus den Arzt gerichtet mit starken bewegenden Bitten, auch hier durchtränkt von biblischen Texten und Formulierungen: Jesus als Hoherpriester, der reinigt. Er hat sich leidensfähig gemacht, wie wir, außer der Sünde (24). Mehrfach wird von Jesus als König und Gott gesprochen (25, 31), von seinem

a) Christologie in *De perfectione* II 2, 19–38

Kapitel 2 von Teil II behandelt „den wahren Glauben und das gesunde Bekenntnis der Orthodoxie“ und zwar in dieser Reihenfolge: Gotteserkenntnis, Trinität (9–19), dann Christologie (19–38), Eschatologie (40–41), Exhortatio und Lob des wahren Glaubens (42–46), Doxologie (47). Die Christologie nimmt also hier den größten Raum ein[195].

Sahdona beginnt in § 19 über die Oikonomia zu sprechen, d. h. „das Geheimnis der höchst unaussprechlichen Vereinigung Jesu, unseres Gottes“. Dabei ist Phil 2,6–7 der Ausgangspunkt: In seiner Kenosis erniedrigte sich der Gott Logos und nahm die Gestalt eines Sklaven an, d. h. eine vollkommene Natur, in allem uns gleich außer der Sünde, und wohnte in Einung in ihr wie in einem Tempel, und zwar von der Verkündigung an (§ 20). – Sahdona benutzt also die antiochenische Sprache vom Tempel, nach Joh 2,19–21; er erwähnt auch das Mischzitat Hebr 2,17 und 4,15 („in allem uns gleich, die Sünde ausgenommen“), das in der chalcedonischen Definition aufgegriffen wurde[196].

In § 21 heißt es, dass der Gott Logos diese Einung mit der menschlichen Natur in einer einzigen Hypostase und *einem* Prosopon von Beginn ihrer Existenz und für immer gemacht hat. Mit der Rede von der einen Hypostase verlässt Sahdona bereits die offizielle Lehre der Kirche des Ostens, die seit 612 bzw. seit Babai dem Großen von zwei Naturen, zwei Hypostasen und zwei Prosopa, die im Prosopon der Sohnschaft geeint sind, spricht. – Sahdona betont die göttliche Herrlichkeit, mit der die menschliche Natur Christi durch den Gott Logos erfüllt wird, eine Anspielung auf Joh 1,14 in („wir haben seine Herrlichkeit gesehen“). – Es ist eine Einung der Ehre und Herrlichkeit – theodorianische Terminologie also.

Ein spezifischer Punkt für Sahdona – bereits bei Narsai zu finden – ist, dass sich der Gott Logos durch den menschlichen Körper offenbart (§ 22), was wiederum das eine Prosopon und die eine Hypostase des Sohnes unterstreicht. Die (menschliche) Natur ist der Tempel des Gott Logos, und der Logos offenbart sich in diesem Tempel (§ 23). Sahdona betont, dass die

---

Wohnen in unserem sterblichen Leib wie in einem Tempel, im Leib des Menschen (28). Deutlich ist er der Erlöser (25), der aus der Hölle retten kann (29). Eine eucharistische Reminiszenz (29): „du hast deinen lebendigen Leib in mir eingeschlossen, mein Erlöser; könnte ich doch nicht eingeschlossen sein im Feuer, das ohne zu erlöschen verzehrt. Du hast dein kostbares Blut mit mir vermischt; möge der Wurm, der nie stirbt, in meine Glieder nicht eindringen.“ Das Thema der Gottesfurcht ist auch hier deutlich präsent.

[194] Ein Hinweis auf das Alter des Verfassers war hier vermutlich eher nicht im Blick, vgl. *de Halleux,* CSCO 201, p. V mit Anm. 23.

[195] *Nin,* „Martyrios/Sahdona“, 47–50, kommentiert die ersten §§ 20–25 des christologischen Teils von De perf. II 2, nicht § 28 und das Folgende.

[196] Definitio Chalcedonensis, v. 11. Die Formulierung ist vorher nachweisbar im Bekenntnis des Basilius von Seleucia auf der Synodos endemousa 448, ACO II, 1, p. 117,16–27, § 301. Vgl. *T. Hainthaler,* A short analysis of the Definition of Chalcedon and some reflections, The Harp 20 (2006) 317–331, bes. 320–323.

menschliche Natur niemals ohne die ihr innewohnende Gottheit ist, und er unterstreicht, dass der Angenommene erhöht wurde – all dies ein klares Aufgreifen theodorianischer Sprache, wie gleich aufgezeigt werden soll.

Da der Angenommene nicht vom Annehmenden getrennt ist, kann man nicht von zwei Prosopa sprechen. Der Angenommene ist in seiner Natur vollkommen, aber aufgrund der Vereinigung wird er zum Annehmenden erhoben, und so wird das Prosopon der Gottheit durch die Form eines Sklaven offenbart. Es gibt nur ein Prosopon und zwei Naturen und keine Teilung in zwei (§ 23).

Auch die Erklärung, wie der Logos Fleisch geworden ist (Joh 1,14), lautet typisch antiochenisch, dass er im Fleisch innewohnt. Der Logos wurde nicht Fleisch der Natur nach. Es gibt nur einen Sohn und nicht zwei wegen der Sohnschaft des einzigen Sohnes Gottes (§ 24).

Aufgrund dieser Einung von Gott und dem Menschen sage man nun, so Sahdona (§ 25), dass jede der beiden Naturen die Eigenschaften der anderen teile, ohne etwas von ihren eigenen Eigenschaften zu verlieren oder sich zu verwandeln. Deshalb könne man den Logos in der Union als Menschensohn bezeichnen und den Menschensohn als Sohn Gottes bezeichnen, weil der Gott Logos ihn angenommen hat (vgl. Joh 3,13).

b) Die Beziehung der Eigenschaften zu ihren jeweiligen Naturen

Die Eigenschaften gehören ihren jeweiligen Naturen, in der Einung aber besitzt das eine Prosopon die Eigenschaften beider, da es derselbe Sohn ist (§ 26). – In dieser Hinsicht steht Sahdona im Einklang mit der Formel der Union von 433: „Über die Aussagen der Evangelisten und Apostel über den Herrn wissen wir aber, dass die Theologen die einen gemeinsam nehmen als auf *eine* Person *(proposon)* (bezogen), die anderen aber als auf zwei Naturen (bezogen) unterscheiden, und dass sie die gottgeziemenden gemäß der Gottheit Christi, die niedrigen aber gemäß seiner Menschheit überliefern.“[197]

Ähnlich aber auch der Tomus Leonis (449)[198]:

„Gewahrt wurde also die Eigenart beider Naturen und im Zusammenkommen zu einer Person wurde von der Majestät die Niedrigkeit angenommen, von der Kraft die Schwachheit, von der Ewigkeit die Sterblichkeit, ... denn es behält ohne Mangel jede der beiden Naturen ihre Eigenart bei, und wie die Gestalt Gottes nicht die Knechtsgestalt wegnahm, so minderte die Knechtsgestalt nicht die Gestalt Gottes. ... Denn jede der beiden Gestalten tut in Gemeinschaft mit der anderen, was ihr eigen ist: das Wort

---

[197] Schlußsatz der Formula unionis, verfasst von den Antiochenern, von Cyril 433 in seinem Brief an Johannes von Antiochien (Laetentur-Brief, ep. 39, PG 77, 173–182; ACO I 1,4, p. 15–20).

[198] Vv. 54–56.74–76.94–97, Nummerierung in stichoi nach der Edition C. Silva-Tarouca, S. Leonis Magni Tomus ad Flavianum Episc. Constantinopolitanum (TD ser. theol. 9) (Rom 1932) 20–33. Deutsch: T. Hainthaler.

wirkt, was des Wortes ist, und das Fleisch vollzieht, was des Fleisches ist; eines von diesen glänzt in Wundern, das andere unterliegt Schmähungen, und wie das Wort die Gleichheit mit der väterlichen Herrlichkeit nicht aufgibt, so verläßt das Fleisch nicht die Natur unseres Geschlechts.“

Sahdona zerstört nicht die Art und Weise der Zuordnung der Eigenschaften zu ihren jeweiligen Naturen – ein Punkt, der Nestorius wichtig war, wie aus seiner Erklärung in seinem Brief an Kyrill deutlich ist: Die Eigenschaften der menschlichen Natur gehören der Gottheit Christi, ja, aber der Gottheit dürfen nicht die Eigenschaften der menschlichen Natur zugeschrieben werden[199].

So erklärt Sahdona in §26, dass der eine Sohn die Leiden der Menschheit und die Wunder der Gottheit unterschiedlich verwirklichte, entsprechend der Ordnung der jeweiligen Natur[200]. Für Sahdona ist die Einheit zwischen dem Tempel und dem ihm Innewohnenden untrennbar und konstant [vgl. Joh 2,19–21], und es gibt ein einziges Prosopon und eine einzige Hypostase (§27).

Neu in der christologischen Terminologie des Sahdona ist der Begriff eines „hypostatischen Prosopon“ *(prṣwp᾽ hw qnwmy᾽)* (syr., p. 18,21–22) der Naturen (§28), den er einem fiktiven *(š᾽yl᾽)* und „genommenen“ *(nsyb᾽)* Prosopon gegenüberstellt. – Unmittelbar stellt sich die Frage, wogegen sich hier Sahdona wendet (gegen zwei Prosopa? Dazu vgl. 2.4.). Zugleich ist Sahdona entschieden gegen eine aus zwei Naturen zusammengesetzte *ousia* wie auch gegen ein Prosopon, das von außen angefügt würde – die einen Abstand anzeigen würden (wie ein Bild von demjenigen, den es zeigt, oder ein Gesandter, der eine andere Person repräsentiert) (§28).

Sahdona wendet sich gegen die Vorstellung eines Bildes und bringt hier nochmals seinen Begriff vom „hypostatischen Prosopon“ *(prṣwp᾽ qnwmy᾽*, p. 19,3) (§29), um zu unterstreichen, dass das Prosopon wirklich in beiden ist und nicht isoliert von der Wahrheit seiner Naturen.

„Denn ein Gemälde, auch wenn es das Porträt eines Menschen darstellt, ist nicht der Mensch in Natur; ebenso ist ein Engel oder ein Gesandter, wenn er auch einerseits das Prosopon Gottes bzw. das Prosopon des Königs trägt, weder wahrhaft Gott noch wahrhaft König. Aber bei unserem Herrn Christus ist es nicht so; er ist wahrhaft in den beiden, in dem was man sieht und in dem was man erforscht, denn die Naturen sind nahe *(qrÿbyn)* und eine mit der anderen geeint; und (was) in den beiden offenbart wird,

---

[199] *Nestorius,* Ep. ad Cyrill. 7, ACO I 1, 31,25–31: „Es ist gut und würdig der Überlieferung des Evangeliums, zu bekennen, dass der Leib der Tempel der Gottheit des Sohnes ist und dass dieser Tempel mit ihm derart in höchster und göttlicher Verbindung (συνάφεια) vereinigt ist, dass die Natur der Gottheit sich das diesem Gehörige zu eigen macht (οἰκειοῦσθαι). Aber im Namen dieser Aneignung (οἰκειότης) (dem Wort) auch die Eigenschaften des mit ihm verbundenen Fleisches – ich meine Geburt, Leiden und Tod – zuzuschreiben, ist ein Geist, Bruder, den entweder die Meinungen der Griechen verwirrt oder der Wahnsinn des Apollinaris, des Arius oder anderer Häresien krank gemacht haben, oder etwas noch viel Schlimmeres.“ (T. H.)

[200] De Halleux, CSCO p. 18,2–3: „non cependant sous le même rapport, mais sous des rapports différents“; (syr. p. 17,30: *brm dyn lw bh kd bh. ᾽l᾽ b᾽ḥrt᾽ w ᾽ḥrt᾽*).

(ist) das *hypostatische Prosopon* der (göttlichen) Sohnschaft, nicht isoliert von der Wahrheit seiner Naturen."

Im nächsten § 30 sagt Sahdona, dass der Gott Logos sich des Menschen wie seines eigenen Prosopons bedient, und auch der Mensch bediene sich des Prosopons Gottes wie seines eigenen. Es gibt aber nur *ein* Prosopon – das Sahdona aber „natürlich" nennt, um zu unterstreichen, dass es nicht fiktiv *(š'yl')* ist, weil die Verbindung nicht mehr gelöst werden kann (§ 30).

Leider spricht Sahdona in § 31 wieder vom „natürlichen Prosopon", aber jetzt in einer anderen Bedeutung, nämlich dem natürlichen Prosopon des Gott-Logos – und nicht dem natürlichen Prosopon der Vereinigung (wie in § 30).

Nur der Leib ist zum Himmel aufgefahren (§ 33). Deutlich wird in § 34 das Ende des Kapitels angedeutet („telle est donc la vraie foi ...").

Zusammenfassend ist festzuhalten: Neu sind bei Sahdona der Begriff des hypostatischen Prosopon (§§ 28 und 29) sowie die eine Hypostase und das eine Prosopon Christi. Im Übrigen kann man sagen, dass Sahdona die traditionelle Christologie der Kirche des Ostens propagiert, allerdings ohne die Terminologie der beiden Hypostasen, sondern im Gegenteil, sehr entschieden für die eine Hypostase eintritt. Hinzu kommt die Betonung der „Herrlichkeit" Gottes, die den Angenommenen (Menschen) erhöht.

c) Die Herkunft des „hypostatischen Prosopon" aus dem *Liber Heraclidis*

Luise Abramowski entdeckte 2008[201], dass das „hypostatische Prosopon" bei Sahdona seiner Lektüre des *Liber Heraclidis* entstammte, genauer des ersten Teils, nämlich der Einleitung des Werkes in Form eines Dialogs zwischen „Nestorius" und „Sophronius". Autor dieses ersten Teils (Bedjan 10–125; Nau 5–81) ist nach Abramowski ein Ps.-Nestorius, vermutlich ein chalcedonischer Mönch, eventuell aus dem Akoimetenkloster, und dies in Reaktion auf Philoxenus von Mabbug und seine Christologie des „Werdens", in der Zeit zwischen 480 und 525. Scipioni dagegen sah als Verfasser ebenfalls Nestorius, der in diesem Dialog eine Neufassung seines früheren *Theopaschites* vorlegen wollte, gegen die letzten christologischen Dialoge Cyrills[202].

---

201 *L. Abramowski,* Martyrius-Sahdona and Dissent in the Church of the East, in: Controverses des Chrétiens dans l'Iran sassanide. Textes réunis par Christelle Jullien = Cahiers de Studia Iranica 36 (Paris 2008) 13–27, hier 20.

202 Die literargeschichtliche Eigenart des *Liber Heraclidis* hat *A. Grillmeier,* Jesus der Christus im Glauben der Kirche I (Freiburg i. B. 1990, 3. Aufl.), 708–710 kurz zusammengefasst. Das Milieu des Ps.-Nestorius beschreibt *Abramowski,* Untersuchungen, 199–201. Zur Reaktion auf Philoxenus von Mabbug: *L. Abramowski,* Ps.-Nestorius und Philoxenus von Mabbug, ZKG 77 (1966), 122–125. *L. I. Scipioni,* Nestorio e il concilio di Efeso. Storia dogma critica (Milano 1974), 299–301.

Tatsächlich kommt das *prosopon physikon kai hypostatikon* ohne Vorbereitung für den Leser – und nur einmal – genau am Ende der Einleitung (I 1) des *Liber Heraclidis* im allerletzten Satz vor[203]. In ihrer Monographie von 1963[204] belegte Abramowski zwei kleine Interpolationen in der Einleitung:

a) Vor dem „einen Prosopon"[205] wurde „eine Hypostase" eingefügt, also „eine Hypostase und ein Prosopon"[206].

b) Im letzten Satz der Einleitung sind die beiden Adjektive „natürlich and hypostatisch" *(kyny' wqnwmy')* nach dem Prosopon *(lprṣwp')* eingefügt worden.

„Both interpolations mar the terminological consistency of Ps.-Nestorius and therefore the clarity of his thought", so Abramowski in 2008[207]. Ps.-Nestorius vermied ansonsten nämlich den Terminus Hypostasis – weder lehrte er *eine* Hypostase noch zwei –, sondern gebrauchte hauptsächlich den Terminus Prosopon. Übrigens ganz ähnlich verwendet Sahdona in diesem Abschnitt nur selten (viermal) *qnoma/hypostasis* und häufig (etwa 30 Mal) *parsopa/prosopon*.

Der Begriff des hypostatischen Prosopons findet sich bereits bei Leontius von Jerusalem, Contra Nestorianos II 16, PG 86, 1572C und 1573A (jeweils *hypostatikon prosopon*)[208]. Später gebraucht ihn auch Babai im Plural in De unione XVII, *personae naturales et hypostaticae* (p. 138,11; syr. p. 171,9–10: *prsop' kyny' wqnwmy'*).

Als Sahdona nun diesen Begriff des hypostatischen Prosopons übernahm und auch die Formel von der einen Hypostase gegen die Zwei-Hypostasen-Formel der offiziellen Lehre der Kirche des Ostens stellte, konnte er sich auf die Autorität des *Liber Heraclidis* stützen. Seit Mar Aba ihn aus Konstantinopel mitbrachte und 539/40 seine Übersetzung ins Syrische veranlasste[209], war

---

203 Bedjan, p. 125; Nau, p. 81.

204 *L. Abramowski,* Untersuchungen, 183–185. Der authentische Nestorius verwendete für die beiden Naturen das Schema *physis – hypostasis* (ein Exemplar einer Natur) – *prosopon* (die sichtbare Hypostase) und kam so zur Formel: zwei *physeis*, zwei *hypostases* mit ihren (natürlichen) *prosopa*, die dann das eine Prosopon der Sohnschaft bilden. Der nicht authentische Ps-Nestorius des ersten Teils des Liber Heraclidis hingegen nahm stattdessen die Schicht der „Hypostase" heraus und verwendete das System: zwei Naturen, zwei (natürliche) Prosopa, die ein Prosopon der Sohnschaft bilden (wobei sich die beiden Prosopa ohne Unterbrechung gegenseitig benutzen). Ps-Nestorius verwendet also nicht den Begriff Hypostase. Dieses konsequente System von Ps-Nestorius wird durch zwei Zusätze gestört: a) die eine Hypostase und ein Prosopon, b) das hypostatische Prosopon. Diese Version, mit den Zusätzen, wird von Sahdona verwendet.

205 Bedjan, p. 81,4 f.: *ḥd qnwm'* (before *ḥd prṣwp'*), Nau, p. 52.

206 Nau übersetzt: „Ils possèdent la distinction de nature, une seule hypostase et un seul prosôpon".

207 *Abramowski,* Martyrius-Sahdona, 21.

208 Dazu *Abramowski,* Babai II, p. 300–301, Anm. 1 = *dies.,* Neue christologische Untersuchungen, p. 119, Anm. 32. Michel van Esbroeck hatte sie 1972 auf dem Symposium Syriacum auf Leontius v. Jerusalem aufmerksam gemacht und die Stellen benannt.

209 Vgl. *Abramowski,* Untersuchungen, 4–13.

der *Liber Heraclidis* bekannt, und an der Authentizität des ersten Teils wird keiner gezweifelt haben.

Wer war der Interpolator dieser beiden kleinen Zusätze? Abramowski vermutet einen chalcedonischen Schreiber (oder Mönch) in Konstantinopel, der dies in der Absicht tat, die Sicherheit des Buches zu wahren[210], zwischen 451 und 470[211].

„Der Schreiber der Einleitung fühlte offensichtlich die Notwendigkeit, das Buch des Nestorius vor der ganz realen Gefahr der Zerstörung auf kaiserlichem Gebiet zu schützen, indem er einen harmlosen hermeneutischen Schlüssel lieferte. Was er tut, ist aus dem Original-Schema die Schiene Hypostase auszuschneiden, das verbleibende Schema lautet: zwei Naturen, zwei Prosopa – und dann geht es auch so weiter, die beiden Prosopa im einen Prosopon des einen Christus zu vereinen. An diesem schwierigen Punkt gelingt es ihm, eine zufriedenstellendere Lösung als Nestorius selbst zu entwickeln. Über den strittigen Punkt der Hypostase lehrt er weder eine noch zwei Hypostasen. Sein Vermeiden des Terminus in der Christologie erinnert uns an die Theodorianer von Edessa und dann von Nisibis, obgleich sie den Liber Heraclidis vor seiner Entdeckung und nachfolgenden Übersetzung ins Syrische nicht kannten. Aber der große Unterschied zwischen ihnen betrifft den Gebrauch von prosopon: markant bei Ps.-Nestorius, sehr selten bei den syrischen Theodorianern.

Wo und wann ist der Schreiber der beiden Interpolationen im Text des Ps.-Nestorius zu verorten? Seine Wahl der einen Hypostase stellt ihn in das chalcedonische Feld. Ich würde ihn in Konstantinopel sehen (wie Ps.-Nestorius), wo allein das ganze Werk (im Geheimen) verfügbar war. Meiner Meinung nach versucht er, dem hermeneutischen Schlüssel eine sozusagen gerade noch wahrnehmbare weitere Wende zu geben im Interesse der Sicherheit des Buches. Die zweite Interpolation scheint aus dem authentischen Nestorius genommen zu sein und das so ungeschickt wie möglich[212]. In jedem Fall gehört *prosopon physikon* bei beiden, Nestorius und Ps-Nestorius, zu den Naturen und nicht zum *prosopon* der Einung in Christus.

---

[210] 1963 bezog Abramowski die Glosse noch auf Sahdona. *Abramowski*, Untersuchungen, 183: „Die Glosse stammt also von jemand, der mit der Christologie des Sahdona vertraut war, sie ist frühestens hundert Jahre nach der Übersetzung des Liber Heraclidis ins Syrische hinzugefügt worden."

[211] *Abramowski*, Ps.-Nestorius und Philoxenus von Mabbug, 125.

[212] Die 2. Interpolation, bestehend aus den beiden Adjektiven „natürlich und hypostatisch", scheint aus dem Text des authentischen Nestorius genommen zu sein, jedoch *a contrario*: Bedjan 1910, p. 133,13f. Nestorius sagt: „Sie [die gegnerische Partei] zerstören das alles durch die ‚natürliche und hypostatische Einung'" [Nau: „persönliche"]. Die Meinung des Nestorius ist natürlich: die Einung nicht eine der Natur oder Hypostase. Zwei Seiten zuvor (Bedjan, 131) insistiert Nestorius auf der „freiwilligen Einung" gegen die „natürliche Einung" – das (in Verbindung mit Leiden) ist auch das Thema der Diskussion durch Ps.-Nestorius unmittelbar vor seiner Schlussbemerkung, von mir zitiert in der vorigen Anmerkung. So nahm der Interpolator dieses Paar von Adjektiven aus einem Zusammenhang ähnlich seinem eigenen und stellte ihn neben seinem Terminus der Einung, das prosopon. Der authentische Nestorius entwickelt die Prinzipien seiner Christologie in Bedjan, p. 128,7ff. („Andere wiederum ...): die beiden Naturen vermischen sich nicht, sondern sind ein Prosopon der beiden Naturen, „während sie beide die Eigenschaften ihrer Naturen behalten" (p. 129,2f.) – Deshalb hat Nestorius sich so gegen einen Tausch der Eigenschaften gewehrt! (T. H.)

Die Inkonsistenzen von Terminologie und Bedeutung, die durch die Interpolationen in Ps-Nestorius geschaffen wurden, werden bei Sahdona nicht bloß wiedergegeben sondern auch vergrößert. Für ihn drückt das ‚natürliche und hypostatische Prosopon' die Einheit in Christus aus, gerade wie der Interpolator es beabsichtigte. Aus leicht übersehenen Zusätzen zum Text des Ps.-Nestorius wurden die interpolierten Worte zum Zentrum und unterscheidenden Merkmal von Sahdonas Christologie."[213]

Insgesamt ist die Lehre des Sahdona eine Entwicklung innerhalb der Kirche des Ostens.

Die Lehre von den zwei Hypostasen taucht in der Kirche des Ostens zwar erst im Jahre 612 definitiv auf, ist aber schon beim Kolloquium in Konstantinopel von Justinian mit persischen Theologen unter Paulus von Nisibis im Jahre 562 oder 563 erstmals bezeugt. Diese neue Terminologie in der christologischen Lehre fand Gegner. Einer von ihnen war Ḥenana. Aber die ganze Linie der Anhänger der Ein-Hypostasen-Christologie setzte sich bis in die erste Hälfte des 7. Jahrhunderts fort. Das erklärt, warum Babai der Große diese Lehre immer wieder so energisch erklärte und unermüdlich durchzusetzen suchte.

Sahdona nun ist wahrscheinlich der letzte Vertreter dieser Linie, und er hatte Anhänger. Ishoyahb III. dagegen schloss sich eng an Babai an.

d) Das „genommene Prosopon"

Dreimal wendet sich Sahdona gegen das „genommene *(nsyb')* Prosopon" (zweimal in II 2, 28 und einmal in II 2, 31); da de Halleux mit „(prosopon) emprunté" übersetzt, ist der Bezug zur Terminologie Babais verdeckt.

Nach Babai De unione IV 17, können Prosopa gegeben und genommen *(nsb)* werden, wie es schon in der Überschrift heißt (p. 129, 159 syr.: *mtnsb*). Explizit heißt es dann (IV 17, p. 130, 16–17; 161,1–2 syr.): hae personae adorandae dantur et sumuntur; hypostases autem non dantur nec sumuntur *(mtnsbyn)*, quia haec hypostasis non sumitur ut sit una hypostasis cum alia hypostasi; hoc enim fieri nequit. In den Worten von Geevarghese Chediath:

Parsopa ist diejenige Eigenschaft eines jeden *qnoma*, durch die es sich von anderen unterscheidet, denn das *qnoma* des Paulus ist nicht das des Petrus, obwohl sie in Bezug auf *kyana* und *qnoma* gleich sind, da beide Körper und Seele haben und lebendig und vernunftbegabt und körperlich sind, aber das eine unterscheidet sich vom anderen durch das *parsopa* aufgrund der unteilbaren Einzigartigkeit, die jedes einzelne besitzt". Hier ist zu denken an Alter, Gestalt, Temperament, Weisheit, Autorität, Vaterschaft, Sohnschaft usw. „*Parsopa*, die Gesamtsumme der Eigenschaften, ist fest, kann aber mitgeteilt und von einem anderen *qnoma* übernommen werden[214].

[213] *Abramowski*, Martyrius-Sahdona, 21–22. Deutsch: T. H.

[214] *G. Chediath*, The Christology of Mar Babai the Great (Kottayam, Paderborn 1982) 90: Parsopa „is that property of whatsoever *qnoma*, by which it is distinct from others, since the *qnoma* of Paul is not that of Peter, although they are equal regarding *kyana* and *qnoma*, since

Sahdona aber erläutert in De perfectione II 2, 28:

28. „Aber wir müssen gleicherweise dies anzeigen: dieses Prosopon Christi in der Einung (existierend), das die Einung erkennen läßt und nicht eine aus zwei Naturen zusammengesetzte Ousia, sondern die Erhöhung zur Verherrlichung *(rwmrm')*, die (dem Angenommenen) wegen der Offenbarung gewährt ist, dieses Prosopon ist ein hypostatisches (Prosopon) der Naturen und nicht ein fiktives und genommenes *(nsyb')* (Prosopon), das entfernt wäre von dem, dem es gehört. Es ist nicht ein natürliches Zusammengesetztes zu einer Ousia aus zwei Naturen, und auch nicht ein fiktives und genommenes *(nsyb')* (Prosopon), das von einer der beiden entfernt wäre, wie die Porträts oder Gesandte, die das Prosopon eines Abwesenden darstellen."

Und ferner in De perfectione II 2, 31:

„Als er sagt (Joh 10,30; 14,9; 8,58; 2,19) und alles übrige dieser Art, sprach er durch natürliche Prosopon des Gott Logos, der nahe war und einwohnte, und nicht durch ein genommenes *(nsyb')* [prosopon], das davon isoliert *(rḥyq)* wäre."

Sahdona hat sich somit gegen Babais Begrifflichkeit gestellt, wonach das Prosopon genommen werden kann. Damit wird hier ein Beleg für den Vorwurf Ishoyahbs erkennbar, Sahdona habe die falsche Terminologie in der Christologie verwendet, der eigentliche Anklagepunkt gegen Sahdona[215].

3. *Sahdona und Theodor von Mopsuestia*

a) Die eine Hypostase

Wie kommt Sahdona zur Christologie der einen Hypostase in Christus, die sowohl Antichalcedonier wie Chalcedonier bekennen, wenn auch auf sehr unterschiedliche Weise. De Halleux beendet seinen Aufsatz zur Christologie Sahdonas von 1957 mit der Aussage, dass Sahdona weder Chalcedonier noch Severianer war, sondern die eine Hypostase von den Anhängern des Ḥenana hatte und eine „autochthone nestorianische Christologie" vertrat[216], mit Ausnahme der einen Hypostase also die nestorianische Theologie des 7. Jh.; die Grundlinie seiner Theologie schließe sogar einen chalcedonischen Ursprung aus[217]. De Halleux vermutete, dass sowohl Ḥenana wie Sahdona die eine

both have body and soul, and are living and rational and bodily, but one is distinct from another through the *parsopa* because of the indivisible singularity, which each one possesses".„*Parsopa* the total sum of the properties is fixed but it could be communicated and assumed by another *qnoma*".

[215] *A. de Halleux,* La christologie de Martyrios-Sahdona dans l'évolution du nestorianisme, OCP 23 (1957) 5–32, hier 10: Sahdona wird ein terminologischer Irrtum vorgeworfen. Die Häresie besteht darin, dass Sahdona Hypostase und parsopa identifiziert.

[216] *A. de Halleux,* La christologie de Martyrios-Sahdona, 31–32.

[217] *A. de Halleux,* La christologie de Martyrios-Sahdona, 24: „Rien ne révèle autre chose,

Hypostase sog. „chalcedonischen Formeln“[218] Theodors verdanken. Gegen eine Anhängerschaft Sahdonas von Ḥenana spricht aber, dass Sahdona nach allem, was heute bekannt ist, keine *hypostasis synthesis* vertritt und auch keine Ansätze dafür bietet.

Dazu Abramowski[219]: „Die sog. ‚chalcedonischen‘ Tendenzen in der Kirche des Ostens sind nach de Halleux's Meinung in der Kirche [scl. des Ostens] selbst entstanden. Er diskutiert sogar einen möglichen Beitrag von Theodor von Mopsuestia, mit Rücksicht auf die syrische Übersetzung von De incarnatione, teilweise erhalten in BL. Add. 14.669[220]. Er sagt: ‚Nach einer bestimmten Tradition, hätte Theodor von Mopsuestia die Einzigkeit der Hypostase in Christus gehalten. Die Belege dieser Tradition überliefern wahrscheinlich die kostbaren Spuren einer Formel, die dem großen Interpreten bekannt war‘.“[221]

Die Angelegenheit scheint aber leider komplizierter zu sein: Zwar hielt Marcel Richard[222] die syrische Version (von *De incarnatione*) für diejenige, die die echte theodorianische Formel für die Einheit in Christus enthielt, und deshalb Theodor als einen Vorläufer der chalcedonischen *einen* Hypostase. Aber Luise Abramowski zeigte[223], „dass die Beziehung zwischen der griechischen und der syrischen Version der berühmten Passage in De incarnatione umgekehrt werden muss: die griechische ist authentisch und nicht die hypothetische griechische Vorlage der Syrischen aus Add. 14.669. Frappierend ist die Tatsache, dass die Enzyklopaedie des Theodor bar Koni (8. Jh.) Kenntnis nur von dieser unbeholfenen Übersetzung des berühmten Traktats seines Namensvetters hat. Es erstaunt nicht, dass er IX 4 die peinliche Frage stellt: ‚Wenn der selige Interpret und die Väter vor ihm den Terminus „eine Hypostase“ in Christus gebraucht haben, warum lehnen wir ihn jetzt ab?‘[224] Aber Joseph Ḥazzaya im späten 7. Jh. kannte beide Versionen[225], denn er erklärte

---

dans son auteur [scl. Sahdona], qu'un bon élève de l'enseignement officiel en Perse aux VIe et VIIe siècles. Il ne peut être question d'en faire un converti du monophysisme jacobite; la ligne fondamentale de sa théologie en exclut même une origine chalcédonienne.“

[218] Ebd. 31 mit 26–27, Anm. 1.

[219] *L. Abramowski,* Martyrius-Sahdona (2008), 16, hier in deutscher Übersetzung (T. H.) und mit ergänzten Anmerkungen.

[220] Dazu *L. Abramowski,* Die Reste der syrischen Übersetzung von Theodor von Mopsuestia, De incarnatione, in Add. 14.669, Aram 5 (1993) (= FS Sebastian Brock), 23–32.

[221] *L. Abramowski,* Martyrius-Sahdona (2008), 16 (deutsch: T. H.).

[222] *M. Richard,* La tradition des fragments du traité Περὶ τῆς ἐνανθρωπήσεως de Théodore de Mopsueste, Mus 46 (1943) 55–75 = Op. Min. II, nr. 41, bes. p. 57–58, 62–67; griech. Rückübersetzung von syr. Br.M. Add. 14669 auf ebd. 64–66. Der syr. Text aus Add. 12156 bei P. de Lagarde, Analecta Syriaca (Leipzig 1858), 100–106; lat. Übersetzung: E. Sachau, Theodori Mopsuesteni Fragmenta Syriaca (Leipzig 1869) 63–68.

[223] *L. Abramowski,* Martyrius-Sahdona (2008), 16.

[224] *Theodor bar Koni,* Liber scholiorum IX 4: ed. R. Hespel, CSCO 432, Syr. 188 (Louvain 1981), p. 141; CSCO 431, Syr. 187, p. 190–191.

[225] Dazu *A. Scher,* Joseph Hazzâyâ, écrivain syriaque du VIIIe siècle, Rivista degli studi orientali 3 (1910), 45–63, hier: 62–63.

die ‚eine Hypostase' im Text Theodors als Fälschung des ersten Übersetzers. ... Wir haben schon gesehen, dass der echte Theodor ausgeschlossen werden kann als Ausgangspunkt der Christologie von der einen Hypostase bei den Ostsyrern."

Zur einen Hypostase in *De incarnatione* liegt nun der synoptische Vergleich[226] von frg. 16 in den Versionen von B.L. Add. 12156, ed. Lagarde, und B.L. Add. 14669, von Luise Abramowski mit deutscher Übersetzung vor, posthum herausgegeben.

b) Wörtliche Übereinstimmungen mit Theodors *Contra Eunomium*

Im christologischen Text von Sahdonas De perf. II 2 (28 und 23) lässt sich zumindest eine wörtliche Übereinstimmung mit einem Zitat aus Contra Eunomium (CPG 3859) des Theodor finden sowie eine weitere mit dem Kommentar zu dieser Passage (Keph. 3 in der Publikation von Abramowski[227]). Beide Stellen stehen im Werk nr. IX („various chapters and diverse questions of the holy Nestorius") der „Nestorian Collection" ed. Abramowski/Goodman. Bei diesem Werk nr. IX handelt es sich um Ps.-Nestorius, datiert in die erste Hälfte des 6. Jh., da die zusammengesetzte Hypostase bekämpft wird[228]. Meines Erachtens dürfte das der *Terminus post quem* sein, denn Begriffsdefinitionen kommen in der 2. Hälfte des 6. Jh. im byzantinischen Reich auf. Aus der folgenden Gegenüberstellung erkennt man die Parallelen.

---

[226] *L. Abramowski,* Neue christologische Untersuchungen, bearb. v. A. M. Schilling, hgg. v. H. Ch. Brennecke, V. H. Drecoll, Ch. Markschies = TU 187 (Berlin u. a. 2021), 37–85, bes. 57–61 (1.5 Theodor von Mopsuestia).

[227] *L. Abramowski,* Ein unbekanntes Zitat aus Contra Eunomium des Theodor von Mopsuestia, Mus 71 (1958) 97–104; *L. Abramowski, A. E. Goodman* (eds.), A Nestorian Collection of Christological Texts I–II (Cambridge 1972). Das Fragment aus C. Eunomium: Mus 71, p. 99 (syr.), p. 99,1–101,25 (deutsch); Nestorian Coll. II, nr. IX, p. 107,5–108,3 (englisch); Nest. Coll. I, p. 179,22–181,7 (syr.). Kommentar dazu, Keph. 3: Mus 71, 101,1–102,45 (deutsch). Nest. Coll. II, p. 108,24–109,33 (englisch); Nest. Coll. I, p. 182,3–184,13 (syr.). – Den Prosopon-Begriff Theodors nach diesem Fragment erläutert *L. Abramowski,* Zur Theologie Theodors von Mopsuestia, ZKG 72 (1961) (263–293) 263–266. Vgl. ebd. 265: Die christologische Definition von Prosopon bewegt sich in der liturgischen Sphäre. „Die Schwierigkeit in der Interpretation der Christologie Theodors ... liegt darin, dass die Christologie selber auf zwei Ebenen abgehandelt wird: von den zwei Naturen Christi und ihren Unterschieden wird ontologisch gesprochen, die Einheit der Person Christi wird dagegen wohl ontisch vorausgesetzt, während eine ontologische Beschreibung oder gar Definition mit den Theodor zur Verfügung stehenden Begriffen nicht möglich ist." Das Fragment C. Eunomium wird zitiert (mit korrigiertem letzten Satz) und besprochen von *A. Grillmeier,* Jesus d. Chr. I (^{3}1990), 627–629, der hier das Streben Theodors sieht: „auf der einen Seite will er die Natursynthese der Apolinaristen ausschließen, auf der anderen sucht er nach einer wesenhaften Einheit, wie sie zwischen Hypostase und Prosopon gegeben ist" (ebd. 629).

[228] *Abramowski,* Nestorian Collection II, Introduction, p. xlvi–xlviii.

In De perf. II 2, 28, heißt es

„Aber wir müssen gleicherweise dies anzeigen[229]:
Dieses Prosopon Christi der Einung, welches die Einung erkennen läßt und nicht eine Ousia zusammengesetzt aus zwei Naturen, sondern die Erhöhung zur großen Würde, die [dem Angenommenen] zugesprochen wird aufgrund der Offenbarung".

Bei Theodor, C. Eunom. 18[230] steht:

„Und deswegen dieses Prosopon Christi, welches bezeichnet [ein Prosopon] der Ehre, nicht [ein Prosopon] der Ousia der zwei Naturen. Denn Ehre ist weder Natur noch Hypostase, sondern eine Erhöhung der großen Würde [*rwmrm'*], die zugesprochen wird aufgrund der Offenbarung."[231]

Anschließend erklärt Sahdona sofort: „dieses Prosopon ist ein hypostatisches Prosopon der Naturen und nicht ein fiktives *(lw š'yl')* und genommenes *(nsyb')* [Prosopon], das entfernt *(rḥyq)* wäre von dem, dem es gehört. Es ist nicht ein natürliches Zusammengesetztes zu einer Ousia[232] aus zwei Naturen, und auch nicht ein fiktives und genommenes [Prosopon], das von einer der beiden entfernt wäre, wie Bilder *(ṣlm')* oder Gesandte *('zgd')*, die das Prosopon von einem, der entfernt ist, darstellen."

Sahdona greift also hier einen Gedanken Theodors auf, betont dann aber die Einung: Das Prosopon Christi ist das der Einung und „läßt die Einung erkennen". Theodor dagegen ging es darum, dass das Prosopon Christi nichts mit Natur oder Hypostase zu tun hat, sondern eine sehr große Erhöhung darstellt, vgl. Phil 2,9[233]. Mit anderen Worten: Sahdona deutet den Text Theodors um.

Die zweite Stelle in De perf. II 2 23 lautet so:

„Denn obwohl er ebenso vollkommen wie einer von uns die gleiche Natur des Menschen hat, nämlich einen Leib und eine Seele, ist jedoch diese selbe Natur der Tempel des Gott Logos, der sich darin offenbart; sie macht ihren Annehmenden offenbar und sein Prosopon wahrnehmbar; niemals sieht man sie für sich allein, so dass sich ihr Prosopon allein ohne die in ihr wohnende Gottheit dem Beobachter offenbaren würde.[234] Tatsächlich, obwohl der Angenommene vollkommen ist seiner Natur nach, stellt er sich dennoch nicht den Beobachtern in seinen eigenen Dimensionen dar,

sondern alles (in ihm) ist zu seinem Annehmenden erhoben, wie ein Kleid zu

3. Keph. (Kommentar zu Theodor, C. Eunom. 18), Mus 71, p. 101,16–17:

... alles was er ist, ist mit dem ihn Annehmenden erhöht, wie das Gewand mit

[229] Deutsch nach dem syr. Text (T. H.); unterstrichen sind die wörtlichen Übereinstimmungen im Syrischen.

[230] Abramowski, Mus 71 (1958), p. 99,9–12 des syr. Texts (ohne Zeilenangabe); p. 100,9–13 deutsch; syr. bei Abramowski/Goodman, Nestorian Coll. I, p.180,10–14. Hier deutsch von T. H.

[231] Der zweite Satz dieses Fragments wird von Abramowski als Glosse bezeichnet (mir vorliegende Unterlage); Sahdona verwendet offenbar die Glosse.

[232] Das griech. Lehnwort οὐσία *('wsy')* kommt bei Sahdona, CSCO 214, p. 18,20.24 vor.

[233] Was *Abramowski* mit Recht vermerkt hat, Mus 71, p. 100, Anm. 9.

[234] Auch schon in Keph. 3 zu finden.

dem, der es anzieht, und wie der Purpur zum König."	dem es Anziehenden und wie der Purpur mit dem König." Nest. Coll. II, 109,3–5 Nestorian Coll. I, p. 182,24–183,2
De perf. II 2 23:	3. Keph. (Kommentar zu Theodor, C. Eunom. 18), Mus 71, p. 101,19–23:
„Wenn tatsächlich (der Angenommene) für sich allein erkannt wäre, getrennt, isoliert von seinem Annehmenden, würde man von zwei Prosopa sprechen und von zwei Söhnen; aber jetzt, da er zu Gott durch die Einung *erhöht* ist, wird das Prosopon der Gottheit offenbart durch die Knechtsgestalt".	„Wenn nämlich für sich selber ist der, der angenommen wurde, oder nackt oder bloß oder getrennt von dem, der ihn annimmt, würden zwei Prosopa und zwei Söhne ausgesagt. Darin aber, dass es mit dem Gott Logos in der Vereinigung *erhöht* wird, wird das Prosopon Gottes in der Knechtsgestalt offenbart." Nest. Coll. II, 109,7–11

(In Keph. 3 folgt ein Angriff auf Apolinarius und den Gebrauch der Leib-Seele-Analogie, letztlich gegen den Begriff der *hypostasis synthetos*).

Die Fortsetzung bei Sahdona geht dann aber in eine andere Richtung als das Kephalaion, denn Sahdona wendet sich gegen eine Zwei-Prosopa-Lehre, wenn er fortfährt:

„und eines ist das Prosopon des Sohnes, und nicht zwei. Zwei ist er der Natur nach, Gott und Mensch; einer (ist er) durch die Sohnschaft. Die Naturen sind zwei und verschieden durch (ihre) Eigenschaften; das prosopon ist eines und gleich in Sohnschaft; und obwohl er verschieden ist durch seine Naturen, wird von ihm gesagt, dass er in jeder von ihnen durch die Einung ist, ohne in zwei geteilt zu sein."

Zusammenfassend lässt sich sagen: Man kann verstehen, dass Sahdona in der ostsyrischen Kirche mit Formulierungen Anstoß erregt hat, die angesichts der langen christologischen Auseinandersetzungen auffallend ungenau wirken; etwa: „der Mensch ist mit seiner Natur dem Gott-Logos geeint" [wie ist das zu verstehen?] „und Gott geworden" (De perf. II 2, 30). Sahdona wendet sich gegen zwei Prosopa (De perf. II 2 23), er benutzt Theodor von Mopsuestia aber deutet ihn um (De perf. II 2 28). Sahdona steht gegen Babais Terminologie (De perf. II 2, 28 und 30).

Zu entnehmen ist dies alles dem Werk De perfectione, also keinem explizit christologischen Traktat sondern einer geistlichen Schrift, in der ein Abschnitt über den Glauben auch die Christologie kurz behandelt. Was Sahdona sonst gesagt oder geschrieben hat, wissen wir nicht, diese Stellen – vielleicht auch überarbeitet und abgeschwächt – lassen aber die Tendenz erkennen. Da Sahdona Unterstützer hatte, darf man vermuten, dass es in der ostsyrischen Kirche eine Strömung mit dieser Tendenz gab. Ist es vielleicht diejenige, die für die Überarbeitung – oder „Fälschung" (Joseph Ḥazzaya) – der Stelle in Theodors De incarnatione (durch die eine Hypostase) verantwortlich ist?

DRITTES KAPITEL
Katholikos Georg I. (660–680/1)

KATHOLIKOS GEORG I. (660–680/1) UND SEIN BRIEF AN DEN CHORBISCHOF MINA. EIN ENCHIRIDION OSTSYRISCHER CHRISTOLOGIE

(Luise Abramowski)

Chabot[1] gibt im Synodicon Orientale eine kurze Biographie des Katholikos Georg, die ich hier abschreibe[2]:

„Georges, originaire de Kaphra, dans le Beit Garmai, fut d'abord moine du célèbre couvent de Beit ʿAbé[3]. Jésujahb[4] l'emmena avec lui à Mossoul, puis à Arbèle, et l'ordonna comme son successeur dans cette ville lorsque lui-même fut élu patriarche. Jésuyahb III, en mourant, indique au choix des évêques ‚son disciple Georges'. Les évêques élirent donc notre patriarche. Mais Jésuyahb avait eu deux autres disciples du même nom, l'un évêque de Nisibe, l'autre de Maišan, qui prétendirent avoir été désignés et réfusèrent obéissance au nouveau patriarche. Il se rendit d'abord à Nisibe, puis à Pherat, pour les ramener à l'unité; plus tard il entreprit le voyage du Qatar, où le christianisme avait été si troublé sous le pontificat de son prédécesseur. Il y tint le synode" (im Mai des Jahres 676[5], deren Kanones mit einer Einleitung und den Unterschriften der Teilnehmer folgen[6]). „Il mourut à Ḥira, selon ʿAmr, en l'an 692 des Grecs (680–681)".

Die Synode fand auf der Insel Darin statt, ihre Teilnehmer waren der Katholikos, der Metropolit des Beth Qatrayé und 5 Suffragane. Die 19 Kanones der Synode bemühen sich um Einprägsamkeit, denn sie werden sowohl erklärt wie begründet, sind also meist dreiteilig, was einen gewissen Wiederholungs-

[1] Text des Briefes: Synodicon Orientale, p. 227–245, Übersetzung p. 490–514. Im Allgemeinen gebe ich nur die Seitenzahlen der Übersetzung an, die ich natürlich am Syrischen überprüft habe. Chabots Übersetzung von *qnwmʾ* mit „personne" (analog bei den Ableitungen) habe ich durchgehend zu „Hypostase" etc. korrigiert, ohne das jedesmal anzuzeigen.

[2] Synod. Or., p. 480, Anm. 1, unter Angabe seiner Quellen.

[3] Dies war auch das Heimatkloster des Martyrius/Sahdona und Išoyahbs III.

[4] Inzwischen ist die buchstäblichere Umschrift „Išoyahb" gebräuchlich.

[5] Daten aus den Akten selbst, Übersetzung, p. 482 oben: „… dans ce mois de ʾiyar, de la 57e année de l'empire (p. 216,14 *šwltnʾ*) des Arabes." Die Ziffer 696 in p. 482, Anm. 1, ist ein Versehen für 676.

[6] Dies Protokoll Synod. Or., p. 215–226/p. 480–490.

effekt hat. Nur can. I[7] befaßt sich mit dem Glauben unter einem immer noch oder schon wieder aktuellen Gesichtspunkt:

„Que, dans chaque préication, les directeurs des églises et les docteurs doivent parler devant l'assemblée sur le foi orthodoxe, ayant été établis pour que leurs auditeurs connaissent la vérité du christianisme et gardent sainement la confession de leur doctrine".

Eine Intention dieser fortlaufenden Glaubensunterweisung ist, die Hörer zur Auskunft gegenüber Häretikern zu befähigen, wenn sie über ihren Glauben befragt werden. – Ich will noch den „Beistand des Kreuzes" aus can. XIII[8] notieren, der zu den drei Erfordernissen einer gültigen Verlobung gehört:

„Qu'il n'est pas permis à une femme de s'unir à un homme sans le consentement de ses parents, ni l'intervention de la sainte croix et du prêtre qui bénisse".

Die Verlobung einer vorher nicht verheirateten Frau im Haus ihrer Eltern hat nach dem „christlichen Gesetz" zu erfolgen, nach dem „Gebrauch der Gläubigen", mit Zustimmung der Eltern und „unter Beistand des heiligen Kreuzes unseres Heils", mit priesterlichem Segen. Für die Christen hat die Ehe bindenden Charakter, deswegen ist es notwendig und nützlich, daß der Heiratsvertrag geschieht „en présence de l'instrument notre vie et de la cause de notre salut", „le signe de notre victoire" – vor ihm wird schließlich Rechenschaft abzulegen sein.

Anders als der Synodaltext von 676 ist der Brief Georgs an den Presbyter und Chorbischof Mina nur in der römischen Handschrift (R bei Chabot)[9] des Synodicon orientale überliefert. Das Lemma[10] legt den Akzent gänzlich auf die christologischen Aussagen des Briefes:

„Wiederum: Brief desselben Georg, Katholikos, Patriarch des Ostens, der geschrieben wurde an Mina[11], Priester und Chorbischof im Land der Perser, in dem er (ihn) unterweist über die Gottheit Christi und seine Menschheit, daß *nicht*, wie es die Zerstörer der Orthodoxie der Kirche behaupten, der Gott Logos sich verwandelt hat und in seiner *Hypostase* Fleisch wurde".

Ich habe an früherer Stelle in diesem Buch[12] darauf verwiesen, daß die hervorgehobene Formulierung im 5. und 6. Jh. klassisch für die Debatten der Edessener und Nisibener mit Philoxenus und seinesgleichen war und in dieser Form im Brief des Katholikos Georg selbst nicht einmal vorkommt. Dem Sammler der Handschrift war also die ältere christologische Literatur seiner

---

7 Text, p. 216,31–217,19, Übers. p. 482 unten – 483 oben.
8 Text des Kanons, p. 223,12–30, Übers. p. 487 oben – 488 Mitte.
9 Über diese Hs., Borgia K. VI,4 (inzwischen Vat. Borg. syr. 82), s. Chabot in seiner Gesamteinleitung zum Synod. or., p. 3–10.
10 Übers., p. 490.
11 Chabot, p. 490, Anm. 4: „Nous ne connaissons ce personnage que par le présent document".
12 Siehe oben p. 228–229.

Kirche bekannt, während dem Text des Briefes die längst offizielle Zwei-Hypostasen-Christologie selbstverständlich ist, die mit jener Formulierung natürlich ausgeglichen werden kann.

Die erste Auswertung des Briefes an Mina scheint die Analyse einiger Seiten daraus durch W. Wolska in ihrer Monographie über Cosmas Indicopleustes[13] zu sein. Im Kapitel „Cosmas et l'école de Nisibe"[14] behandelt sie Mar Aba[15] und stellt dann Cosmas, Thomas von Edessa und Georg nebeneinander[16]. Zunächst vergleicht sie Schritt für Schritt die entscheidenden Textstücke der beiden Mar Aba Schüler[17] und gibt dann eine Analyse des „ersten Teils"[18] des Georg-Briefes[19], indem sie die Parallelstellen bei Thomas und Cosmas in den Anmerkungen mitteilt: „Après une brève confession de la Trinité, Guiwarguis retrace la perspective générale de l'économie de Dieu."[20] „Ensuite Guiwarguis passe à l'instruction des êtres doués de raison, thème essentiel des textes analysés précédemment."[21] „Cette instruction des anges se poursuit au moyen de la création de l'univers, du firmament et de l'homme"[22]. „Suit la récit de la révolte et de la chute des anges et des premiers hommes, ce qui amène la deuxième étape de l'instruction, non plus par la création, mais par le monde déjà existant"[23]. „La sollicitude de Dieu se manifeste de plus par les signes annonçant la venue du Christ"[24]. „Le choix de ces signes est exactement le même que chez Cosmas et Thomas": Abel, Henoch, Elias, Lamech[25]. „Guiwarguis, citant la bénédiction de Noé à Sem (Gen 9,27), fait la même restriction que Cosmas au sujet du véritable accomplissement de cette prophétie, lors de l'avènement du Christ"[26]. „Il cite également la bénédiction donnée à Abraham (Gen 22,18; 17,4; cf. Röm 4,17), celle de Jacob à Juda (Gen 49,10)[27], ainsi que la prophétie de Moïse (Deut 17,19)[28], et se réfère pareillement aux témoignages des Psaumes de David (II, XLV, CX) qu'il interprète, lui aussi, dans le sens de la distinction de l'humanité et de la divinité du

---

[13] W. Wolska, La Topographie chrétienne de Cosmas Indicopleustès. Théologie et science au VIe siècle (Paris 1962).

[14] *Wolska,* p. 63–85.

[15] *Wolska,* p. 63–73.

[16] Wolska, p. 73–85. „Georg" wird bei ihr umschriftlich zu „Guiwarguis".

[17] *Wolska,* p. 73–81.

[18] Synod. Or., Übers. p. 493–499.

[19] *Wolska,* p. 81–83.

[20] *Wolska,* p. 81, zitiert wird dazu Chabot, p. 493 unten bis 494 oben.

[21] *Wolska,* p. 81, zitiert wird dazu Chabot, p. 494 oben, ein Satz.

[22] *Wolska,* p. 81, zitiert wird dazu Chabot, p. 494 unten bis 495 oben.

[23] *Wolska,* p. 82 zitiert wird dazu Chabot, p. 495, unterster Abschnitt, und referiert wird aus p. 496 oben.

[24] *Wolska,* p. 82, zitiert wird dazu Chabot, p. 496, Ende des zweiten Abschnitts.

[25] *Wolska,* p. 83, s. Chabot, p. 496 unten.

[26] *Wolska,* p. 83, s. Chabot, p. 497 oben.

[27] S. Chabot, p. 497 Mitte.

[28] S. Chabot, p. 497 unten.

Christ[29]. Les prédictions d'Isaïe (VII et IX), de Michée (V,1–2) et de Malachie (IV,2)[30] achèvent cette énumération des signes qui convergent tous vers la manifestation du Christ"[31] und deren Ziel.

W. Wolska führt bekanntlich die Gemeinsamkeiten der beiden Mar Aba Schüler und des Katholikos Georg auf eine gemeinsame Quelle zurück, in der eine Verarbeitung und Bearbeitung der Theologie des Theodor von Mopsuestia vorgenommen wurde:

„On est en droit de conjecturer l'existence d'une source intermédiaire, dont l'action s'ajoute à celle du l'enseignement original de Théodore. Elle fut exploitée au VIe siècle par Thomas et Cosmas, et au VIIe siècle par Guiwarguis. La simplification, la vulgarisation, pourrait-on dire, des théories de Théodore semble indiquer qu'elles ont subi un remaniement systématique dans un milieu déterminé"[32].

Wegen der Schülerschaft des Thomas und des Cosmas legt es sich nahe, in Mar Aba den Autor eines solchen didaktischen Kompendiums theodorianischer Weltsicht und Theologie zu sehen, eines Werkes „si longtemps reconnaissable dans la littérature théologique de l'Église perse". Wolska würde die „refonte de la doctrine de Théodore" in Nisibis gegen die Mitte des 6. Jh. ansetzen; wenn nicht Mar Aba der Autor des Ganzen gewesen sein sollte, dann doch der hauptsächliche Initiator. Anfangs sei diese Lehrform vielleicht mündlich weitergegeben worden, müsse aber bald schriftlich fixiert worden sein, weil sie schon Autoren des 6. Jhs beeinflußt habe. Die manchmal schwierigen Theorien Theodors hätten darin „une forme plus accessible aux esprits de culture moyenne" erhalten[33].

Wolskas Monographie spielt selbstverständlich eine bedeutende Rolle in R. Macinas großem Übersichtsaufsatz „L'homme à l'école de Dieu"[34]. Die Frage „Existe-t-il une structure-maîtresse de la théologie nestorienne?"[35] sei mit „Ja" zu beantworten: es ist die der (göttlichen) Oikonomia und der gött-

[29] S. Chabot, p. 497 unten – 498.
[30] S. Chabot, p. 498.
[31] Alles Vorangegangene *Wolska,* p. 83, an dieser letzten Stelle wird Chabot, p. 500 oben und p. 499 unten zitiert.
[32] *Wolska,* p. 84.
[33] *Wolska,* p. 85.
[34] *R. Macina,* L'homme à l'école de Dieu. D'Antioche à Nisibe: Profil herméneutique, théologique et kérygmatique du mouvement scoliaste nestorien. Monographie programmatique, POC 32 (1982) 86–124. 263–301; 33 (1983) 39–103. – Über die richtige Bewertung der Exegese des Dadišo Qaṭraya in Korrektur zu Macinas Aufsatz s. die Additional note, p. 82–83 in meinem Artikel Dadisho Qatraya and his Commentary on the Book of the Abbas Isaiah, The Harp 4 (1991) 67–83; meine Definition von „geistlicher Auslegung" bei Dadisho: p. 77. Macinas Urteil erklärt sich aus dem Eindruck des seinerzeit neu zugänglichen Textes: Commentaire du livre d'Abba Isaïe (logoi I–XV) par Dadišo Qaṭraya (VIIe s.), éd. et trad. R. Draguet, CSCO 326.327, Syr. 144.145 (Leuven 1972).
[35] *Macina,* 1983, p. 39.

lichen Pädagogik[36]. Die beiden „grundlegenden“ und „bemerkenswerten“ Arbeiten von W. Wolska und Chr. Schäublin[37] haben den Weg dazu gewiesen[38].

Ph. Gignoux ist durch seine Arbeit an den Schöpfungshomilien Narsais dazu geführt worden, die von W. Wolska postulierte Bearbeitung der Theorien Theodors erheblich früher anzusetzen, nämlich bei Narsai[39], „et il faut bien avouer que l'examen de ces homélies semble donner droit à Gignoux“, sagt Macina[40]. „Le fait est que les Homélies de Narsai sur le récit de la création … ne sont qu'un tissu des thèmes de la Pédagogie divine et de son Économie“[41]. – Wir können hinzufügen, daß dies auch für andere Homilien Narsais gilt, auch wenn diese mit der Heilsgeschichte häufig erst mit der Erschaffung des Menschen einsetzen und nicht schon mit der des Kosmos.

Wenn bereits Narsai die von W. Wolska festgestellte „refonte“ vorgenommen hat, dann spricht nichts dagegen, diese Bearbeitung in die edessenische Zeit dieses Lehrers (und seiner Kollegen) zu legen. Abgesehen von der Ursprungs- und damit der Datierungsfrage bleibt es das große Verdienst von W. Wolska, die Topik dieser Bearbeitung zusammengestellt und sie damit anschaulich gemacht zu haben.

Aus Beginn und Schluß des Briefes an Mina erfahren wir einiges über den Anlaß des Briefwechsels und über die Person des Empfängers. Mina hat dem Katholikos zweimal geschrieben, im 59. Jahr der Araber und im jetzigen 60. (Chabot p. 490) – auf das erste Schreiben hat Georg anscheinend nicht geantwortet. – Der Katholikos beginnt mit einer *captatio benevolentiae*: er hat viel Gutes über Mina gehört, vor allem, daß die göttliche Vorsehung ihn nicht in Irrtum[42] hat fallen lassen, sondern ihn zur Wahrheit geleitet hat. Mina hatte in seinen Briefen um eine Darlegung des rechten Glaubens an Gott gebeten und wie man ihn wegen seiner Oikonomia zu unserem Heil preisen solle, und das solle „in wenigen Worten und so deutlich wie möglich“ geschehen. Am Schluß des Briefes hören wir, daß der Text in der dem Empfänger vertrauten persischen Sprache[43] abgefaßt wurde, damit der Adressat ihn verstehe, wenn ihm

---

[36] *Macina,* 1983, p. 40.

[37] *C. Schäublin,* Untersuchungen zur Methode und Herkunft der antiochenischen Exegese = Theophaneia 23 (Bonn 1974).

[38] *Macina,* 1983, p. 40 ff.

[39] Homélies de Narsai sur la Création, éd. et trad. Ph. Gignoux, PO 34, 3–4 (1968), p. 510.

[40] *Macina* 1983, p. 47.

[41] *Macina* 1983, p. 64.

[42] Aus verschiedenen Indizien (vor allem aus der Feindseligkeit gegenüber Kyrill von Alexandrien) geht hervor, daß der „Irrtum“ der Monophysitismus war, die Aktivität seiner Anhänger machte sich also auch in der Parsis bemerkbar.

[43] *J.-M. Fiey,* Nisibe, métropole syriaque orientale et ses suffragants des origines à nos jours = CSCO 388, Subs. 54 (1977), p. 7, über die Seltenheit altchristlicher Texte in persischer Sprache; p. 9 über die ostsyrische Kirche und das eigentliche *iranische* Gebiet des persischen Großreiches: „L'Église de Perse … put bien s'étendre, grâce au déportés de Syrie romaine (depuis 260), puis aux commerçants mésopotamiens, sur tout le territoire oriental du grand

das Schreiben vorgelesen werde. Die Vorlesung solle mehrfach wiederholt werden, damit der Inhalt nicht nur verstanden werde, sondern sich auch dem Gedächtnis gut einpräge. Mina scheint also nicht gut sehen zu können, vielleicht war er sogar blind (oder ist ein analphabetischer Presbyter denkbar?). – Man würde gerne wissen, ob der Katholikos im Gegensatz zum Chorbischof zweisprachig war oder ob er sich eines Dolmetschers (auch schon für die Lektüre der Schreiben des Mina) bedienen mußte. Wie nützlich wäre es gewesen, wenn uns das persische Original der ganzen Korrespondenz erhalten geblieben wäre!

Dem Wunsch seines Klerikers entsprechend beginnt Georg mit dem Glauben an Gott: Über Göttliches kann man nur sprechen, weil Gott in seiner Barmherzigkeit „unseren schmutzigen Staub"[44] (= unsere Verächtlichkeit) erhoben hat und uns seit Anfang der Welt durch den Heiligen Geist, durch die Gerechten, die Erwählten, die Propheten, die Apostel von einer Generation zur nächsten belehrt hat, um die Menschen zu leiten (p. 490). „Hier beginnen wir" (p. 490 unten).

Es folgt (I) das Bekenntnis zum einen Gott mit einer langen Reihe von Gottesprädikaten (p. 490–491).

(II 1:) wir Christen bekennen nach der Lehre Christi die eine göttliche Natur „in der Trinität der Namen und Hypostasen". „Drei hypostatische Namen", aber eine Gottheit in der Einheit der Natur etc. (p. 492)[45]. (II 2:) Wenn jemand an dieser Lehre Anstoß nimmt, dann soll er sich „beruhigen" mit dem Beispiel der Seele und ihren Fähigkeiten der Vitalität und der Intellektualität und mit dem anderen Beispiel der Sonne mit Wärme und Licht (p. 492–493).

Zum Hauptteil des Briefes über die göttliche Oikonomia (III) gibt es eine kleine Einleitung (p. 493 unten), die an die Bitte des Adressaten an Georg erinnert. Daraus notiere ich nur, daß neben dem Christusprädikat „unser Lebendigmacher" (= σωτήρ) als ein weiteres „unser Gott" steht (syr. p. 229,25), cf. Tit 2,13, wo die Reihenfolge umgekehrt ist[46]. Er wolle „etwas weiter oben"

Iran, mais elle n'en devint jamais pour autant « iranienne », ni par la langue de sa liturgie ou de ses écrits spirituels (nous avons vu qu'il y a très peu de livres chrétiens au persan), ni par sa hiérarchie, le plus souvent « importée », ni par ses racines hagiographiques (le sanctoral reste « irakien »), ni surtout par sa mentalité". – Im Fall unseres Mina haben wir einen Vertreter des „persischen" Elements in der Kirche der Parsis, aber er war eben nur ein Chorbischof. Seine Anfrage beim Katholikos demonstriert, daß es mindestens eine solche Zusammenfassung für Kosmologie und atl Typologie, wie sie von Wolska durch ihre Vergleiche postuliert werden konnte, in einer persischen Version nicht gab. – Übrigens muß man annehmen, daß diejenigen, die an Mina ihre christologischen Bekehrungsversuche vornahmen, sich seiner eigenen Sprache bedienten.

44 So hat sich auch Narsai ausdrücken können. – Noch einmal unten p. 494.

45 Chabot erwägt p. 492, Anm. 1, zu „d'un seul Fils éternel" das *dalat* zu streichen; es ist jedoch in ein *waw* zu verwandeln: „*et* un seul Fils éternel".

46 Tit 2,13 τοῦ μεγάλου Θεοῦ καὶ σωτῆρος ἡμῶν Χριστοῦ Ἰησοῦ. „Unser Gott und Heiland Jesus Christus" griechisch auch 2 Petr 1,1, aber an dieser Stelle liest die syrische Bibel der

anfangen, sagt der Verfasser – er meint „etwas weiter zurück" gehen, – denn er setzt nun bei der Schöpfung ein.

(III 1, p. 493 unten – 496 unten:) Um seine Güte zu beweisen, führt Gott die Schöpfung aus dem Nichts herbei, d.h. er schafft Himmel und Erde, die „beiden äußeren Grenzen der Schöpfung" (syr. p. 229,32), ein „Gefäß, alles Seiende enthaltend" (ibid.)[47], darin schuf er Wasser und Luft, Feuer und Finsternis (zugleich) mit[48] den Engeln, die „lebendig, vernünftig, intelligent" sind. Für zwölf Stunden blieben die „geistlichen[49] Naturen" in der Finsternis, wie alle (schon) geschaffenen Naturen. Zur Belehrung der Engel sagt Gott, „Es werde Licht". Mit diesem Wort entsteht das Licht, das die „geistlichen Naturen" in Bewunderung versetzt; dazu zitiert der Verfasser Ijob 38,7 (die Grundstelle für die Vorstellung von der Erschaffung der Engel am Anfang, von der Gen 1 ja nichts sagt). Die ganze Schöpfung dient zur Unterweisung, zu diesem Zweck ist sie von Mose aufgeschrieben worden, und dem Adressaten ist sie ja bekannt (p. 493).

Vor der Erschaffung des Menschen sagt Gott „ein wunderbares Wort", das „unseren schmutzigen Staub[50] ehrt", nämlich Gen 1,26. Das ruft das größte Erstaunen der „geistlichen Naturen" hervor (p. 494 unten). Es wird die Seele des aus Erde gebildeten Leibes beschrieben, sie ist den geistlichen Naturen gleichwesentlich. Im Menschen sind geistliche und körperliche Natur vereint. Die geistigen Wesen haben den Auftrag, für den Menschen Nützliches auszuführen; sie erfreuen sich „an der Würde des Abbildes" wegen dessen Verwandtschaft mit sich selber.

Aber unter den Engeln gab es solche, die eifersüchtig und stolz waren und den Menschen verachteten. Als Gott das sah, nahm er ihnen und ihrem Anführer, dem Verleumder, Ehre und Macht. Sie strengten sich an (und tun es noch), den Menschen zu ihrer eigenen Bosheit und zum Ungehorsam gegen Gott zu verführen, wie sie das bei Adam und Eva getan haben, die sich der Übertretung des göttlichen Gebotes schuldig gemacht hatten.

Vollkommenes Wissen kann von den geschaffenen Wesen nicht ohne Unterweisung erworben werden. Und zu dieser Unterweisung der Engel und Menschen schuf Gott die vielfältige und veränderliche Welt mit ihren Wider-

---

Britischen Bibelgesellschaft „unser *Herr*" für „unser Gott"; die Pešitta kennt bekanntlich keinen zweiten Petrusbrief.

[47] Chabot: „le vêtement enveloppant tous les êtres".

[48] Die Engel sind nicht Mitschöpfer, sondern die ersten *Geschöpfe* (cf. den Johanneskommentar des Theodor von Mopsuestia) und damit demselben pädagogischen Wirken Gottes ausgesetzt, das nur früher beginnt.

[49] Ich schwanke, wie das syrische Adjektiv, das dem griechischen πνευματικός entspricht, zu übersetzen sei: „geistig" läßt die syrische Vokabel für „intelligent", „intelligibel" vermuten. Wäre „spirituell" besser als „geistlich"?

[50] Siehe schon oben p. 492.

sprüchen, um daran die Willensfreiheit und den Adel des Willens der vernünftigen und intellektuellen Wesen zu üben und zu demonstrieren (p. 495).

Seinen Geboten hat Gott Belehrungen und Strafen (auch für die Engel!) hinzugefügt[51]. Aus unserer und der Engel Instabilität im Gebrauch des freien Willens stammen Irrtümer und Sünden bis hin zur Götzenverehrung. Trotzdem hat Gott uns nicht seine barmherzige Vorsehung entzogen, sondern von Geschlecht zu Geschlecht, von Mose bis zu unserem Herrn Jesus Christus, hat er uns den Weg zum Leben gewiesen. Er kündigte die Ankunft des „aus unserem Geschlecht" an, der den Menschen das Heil verschaffen würde, „in dem seine Gottheit wohnt und durch den er die Erneuerung der Welt vollzieht, (die Erneuerung) der Geistlichen und der Körperlichen" (p. 496).

(III 2, p. 496–499:) Im Folgenden geht der Katholikos die atl Weissagungen durch, beginnend bei Abel; die Liste der Namen ist die gleiche, die W. Wolska bei Cosmas Indicopleustes und Thomas von Edessa gefunden hat. Die mit den atl Gestalten oder Autoren verbundenen oder durch sie selber gegebenen Ankündigungen des Kommenden werden immer wieder durch christologische Erläuterungen explizit gemacht und zwar im Sinne der Unterscheidung der beiden Naturen in Christus, durch den die Erfüllung des Geweissagten erfolgt (p. 496). So verheißt Noah „Ruhe" (Wortspielerei mit dem Stamm *nwḥ*), vollständige Ruhe kommt erst mit Jesus Christus, der aus Noah seinen sichtbaren Leib haben wird (der gleiche Gedanke bei Sem); er wird der Befreier und Tröster der Menschen und Engel sein, die dem Willen Gottes sich unterwerfen. Der *eine* Nachkomme Abrahams (Gal 3,16)[52] ist Jesus Christus, „der durch seine Menschheit Sohn Davids und Sohn Abrahams ist und heißt".

David spricht in Ps 2 von der Offenbarung Christi und seiner Geburt, seiner *Menschheit* wird die Herrschaft über die Völker zum Erbe gegeben. Bei seiner Auferstehung wird er die Rebellierenden mit dem Stab von Eisen zerbrechen (p. 497). Alle Völker müssen der Majestät des Sohnes dienen. Die Aussagen von Ps 45 werden auf die Menschheit und die Gottheit Christi verteilt. David wußte, daß Gott in Christi Menschheit verborgen war. Das Sitzen zur Rechten von Ps 110 gilt natürlich der menschlichen Natur Christi – es ist dieselbe Natur, der gesagt worden war: „Staub bist du und zum Staub sollst du zurückkehren"[53]. Aber auch von der *göttlichen* Geburt „vor der Morgenröte" wird gesprochen.

Die Verheißungen der Schriftpropheten beginnen bei Jesaja, der Vieles gesagt hat, was deutlich Christi Menschheit und Gottheit anzeigt; das gilt auch für die anderen Propheten (aus Micha und Maleachi wird ohne Namensnennung zitiert) (p. 498). „Die σφαῖρα seiner (sc. Christi) Leiblichkeit ist aus un-

---

51 Chabot, p. 496, Anm. 1, versucht zwei schwierige Zeilen des Syrischen zu heilen; es handelt sich um p. 2231,23–24 (versehentlich nicht angegeben).

52 Chabot, p. 497, Anm. 6, gibt aus Versehen Röm 4,17 an.

53 Cf. schon oben p. 492 und 494 den „niedrigen Staub unserer Natur".

serer Natur aufgestiegen und aus dem Hause Davids, und die Strahlen seiner Gottheit leuchten durch die Fackeln seiner Glieder, d. h. durch die Heilung all unsrer Krankheiten, durch die Auferweckung der Toten", durch die vielen Ermutigungen „zum Leben, zum Heil, zur Stärkung aller Menschen und durch die Erneuerung aller Geschöpfe". Es gäbe noch viele andere Prophetenstellen, aber man müsse an den Umfang des Briefes denken; zur Erinnerung (an Bekanntes) genügen diese wenigen Worte (p. 499).

Der größte Abschnitt auf p. 499 stellt einen Übergang zur eigentlichen Christologie dar und ist eine Zusammenfassung der leitenden Gedanken des bis hierher Gesagten. Er dient ohne Zweifel zur besseren Einprägung und hat also didaktischen Zweck.

(III 3, p. 499 unten bis p. 513:) Die Christologie ist der wichtigste Abschnitt des Briefes. Um alles zu geben, wessen das erlösungsbedürftige All und vor allem das menschliche Geschlecht bedurfte, ist am Ende der Zeiten der Erlöser des Alls gekommen. Nur der Gott Logos konnte diese Aufgabe erfüllen, er, der unser Schöpfer und unser Heilbringer ist. Der Gott Logos „kam willentlich", ohne den Schoß des Vaters zu verlassen, in den Schoß der hl. Jungfrau Maria und bildete auf eine Weise, die über die Natur hinausgeht, einen vernünftig beseelten Leib. „Er wohnte in ihm und vereinigte ihn mit sich in *einer (ḥdʾ)* Union" seiner eigenen[54] Sohnschaft. Der Gott Logos hat Seele und Leib angenommen, um durch sie seine Verborgenheit sichtbar zu machen in unserer Erlösung und der Erneuerung des Alls; wir bekennen, daß er *ein* Sohn Gottes in seiner Gottheit und Menschheit ist. Auch wenn es zwei Naturen sind, Gott in Natur und Hypostase und Mensch in Natur und Hypostase, bekennen wir jetzt und bei seiner Wiederkunft und für die Ewigkeit einen einzigen Sohn Gottes (p. 500 oben).

Wenn wir „Christus" sagen, meinen wir den Menschen, der von Gott gesalbt wurde, *und* die Gottheit, die den Menschen salbte (– d. h. der Christus-Titel wird aus sich selbst als Anzeige beider Naturen gedeutet –). Wir bekennen Christus als Gott, aber „Gott" bezeichnet nicht nur Christus, denn der Vater ist Gott und ist nicht Christus, der hl. Geist ist Gott und ist nicht Christus. „Auch wenn wir sehen und wissen, daß Christus Mensch ist, glauben wir auch und bekennen, daß er Gott ist, wegen des Gott Logos, der ihn" (sc. den Menschen) „angenommen hat, der sich mit ihm in unauflöslicher Union verbunden hat und in dem er seine Wohnung für die Ewigkeit genommen hat" (p. 500 Mitte)[55].

---

[54] Chabot hat das *dylh* von syr. p. 234,21 nicht übersetzt, d. h. er hat es als Pleonasmus des Possessivpronomens betrachtet.

[55] Zu diesem Satz sagt *I. Ortiz de Urbina* in seiner Patrologia Syriaca, 2. Aufl. 1965, § 94, fälschlich: „Christologia G(eorgii). inculcat divisionem personalem inter Christum et Verbum. Dicitur v.gr. in illo scripto: ‚Et quamvis etiam nos Christum hominem novimus, confitemur tamen eum Deum propter Logon qui eum sibi indissolubili unione univit, et aeternum habitaculum sibi fecit.'" Aber der Satz besagt nicht, daß der Logos Christus mit sich

Dies alles sind keine Erfindungen der seligen Nestorius und Theodor, sondern der Mund Christi hat es über ihn selbst gesagt. Nestorius und Theodor werden von der Menge der Gottlosen geschmäht, ohne Grund verspottet, ihre Namen skandalisieren die Einfachen und Unwissenden. – Vermutlich ist der Adressat mit diesen Phänomenen konfrontiert worden, d. h. mit monophysitischer Propaganda (p. 500 unten).

Als Beleg für den Hinweis auf die Aussagen Jesu über sich selbst gibt Georg „in Kürze“[56] eine Liste, die nach Stichworten vorgeht: Einheit von Vater und Sohn, „Sohn“, „Gottessohn“, „Tempel“. Explizit christologische Bemerkungen sind dazwischengesetzt. Zur letzten dieser Stellen, Joh 2,29.22, heißt es einführend, sie sei über die Union der beiden Naturen gesagt; darauf wird erläutert, der „Tempel“ und „Ich“ bedeuteten die zwei hypostatischen Naturen; der Tempel zusammengesetzt aus Leib und Seele, sichtbar und auflösbar, Gott unsichtbar, der den Leib auferwecken wird zur Bestätigung der Hoffnung und für das Heil aller Menschen. Das alles hat man aus dem *Wort* Christi gelernt (p. 501–502 oben).

Durch seine *Werke* erscheint die Union seiner Gottheit und seiner Menschheit ganz wunderbar und unaussprechlich. Der Verfasser erwähnt nun ein Heilungs- und ein Erweckungswunder, ihre einzelnen Wirkungen werden auf die beiden Naturen Christi verteilt. Auch hierin erweist sich die Union seiner einzigen Sohnschaft in seinen beiden Naturen (p. 502).

Der Chorbischof wird vom Verfasser an die Verklärung Jesu erinnert. Dort zeigte Jesus das σχῆμα seiner Menschwerdung, es ist „natürlich und hypostatisch die ganze Ähnlichkeit *(dmwt'* für μορφή)“ des Menschen (p. 502 unten). „Als diese Hypostase seiner Sichtbarkeit umhüllt war“ vom Glanz der göttlichen Herrlichkeit, „vermochten die Jünger[57] diesen Glanz nicht zu betrachten“. – Das gibt dem Katholikos Gelegenheit, grundsätzlich festzustellen: die Gottheit wurde nicht verändert noch begrenzt, sie ließ seine Menschheit nicht verschwinden, diese wurde nicht von der Gottheit verschlungen, sondern es bestand weiter die Annahme (= das Angenommensein) unserer Menschheit in der Union seiner Gottheit, damit seine Gottheit durch unsere Menschheit offenbart würde und unsere schmutzige Niedrigkeit zum erhabenen Rang seiner Gottheit erhoben würde (p. 503 oben).

Im nächsten Abschnitt bemerken wir wieder die bekannten *positiven* Aussagen über den Menschen bzw. unsere menschliche Natur: am Anfang als Bild Gottes geschaffen, Band der ganzen Schöpfung, faßt in Leib und Seele die geistlichen und körperlichen Wesen zusammen. Es ist Christi menschliche Na-

vereinigt hat, sondern den *Menschen* („eum“ ist auf „hominem“ zu beziehen). Im anschließenden kurzen Zitat übersetzt auch Ortiz de Urbina *qnwm'* mit „persona“. Der Rest des Abschnitts ist korrekt.

[56] Syr. p. 235,10.

[57] Chabot versehentlich „apôtres“.

tur, die uns wesensgleich ist, die die Bezahlung unserer Schuld ermöglicht. Er „war durch die Bereitschaft seines Willens, durch die Vorzüglichkeit seines Wandels und das Wohnen Gottes in ihm rein von aller Sünde". Er erfüllte alle Gebote Gottes ohne Ausnahme, durch seinen Sieg hat er uns von unserer Schuld befreit, durch seine Gerechtigkeit sind wir gerechtfertigt (p. 503 Mitte).

Den Kampf mit dem Satan hat der wirkliche Mensch ausgefochten, doch die Kraft Gottes machte den Sieg über diesen Gegner möglich. Wenn Christus nicht als wirklicher Mensch in seiner Menschheit den Tod erlitten hätte – auferweckt wurde er von Gott in ihm –, hätten wir nie die Hoffnung auf die Auferstehung erwerben können (p. 503 unten). Wäre *Gott* gestorben, hätten nur solche, die *ihm* wesensgleich sind, die Auferstehungshoffnung erhalten können, nicht unsere schuldige und sterbliche Natur.

Der Gott Logos hat den „Erstling" aus unserer Natur genommen und zu seinem *prosopon* vereint zur ewigen Herrlichkeit (p. 504 Ende des ersten Abschnitts).

Hierauf folgt ein zusammenfassender christologischer Abschnitt (p. 594 Mitte – p. 505 oben[58]), der gleichzeitig die dogmatische Vorbereitung auf die sich anschließende ausführliche Begründung aus dem Neuen Testament abgibt. Belegt wird dies zunächst aus den Evangelien, beginnend mit Matthäus. Der „schreibt Jesus und seiner Menschheit alle Schwächen zu, die der Sohn Gottes für unser Heil erträgt. Und trotzdem weiß er und bezeugt es, daß er Sohn Gottes ist" und beschreibt, was er tut, insofern er Gott ist, nämlich die Wunder. „Als herrlicher König der Ewigkeit, Meister des Himmels und der Erde", gibt er die Schlüssel seines Reiches dem Simon, dem Anführer der Jünger, den er Petrus nennt. „Und nach der Himmelfahrt seines Leibes ist er durch seine Gottheit mit seiner Kirche bis zum Ende der Welt" (p. 505 Mitte).

Markus beginnt mit Jesus Christus, dem Sohn Gottes, schreibt aber alle Demütigungen seiner Menschheit zu und nur die herrlichen Dinge seiner Gottheit. Bei Mk gibt es sogar eine Variante (zu den anderen Evangelien) im Spruch über den unbekannten Zeitpunkt für das Ende der Welt: „Niemand kennt diese Stunde, nicht einmal die Engel des Himmels, *noch der Sohn,* sondern nur der Vater". Der Verfasser wird mit dieser Schwierigkeit folgendermaßen fertig: „Wie kann man sagen, daß der Ordner der Zeit" (d.h. der Logos als Schöpfer) „nicht die Zeit kennen sollte, die seine Weisheit geordnet hat? Aber unser Herr hat das gesagt, um der Lästigkeit der Jünger auszuweichen"

[58] Nach einer erneuten Darlegung der Zwei-Naturen- und Einheitslehre als einer solchen der Apostel, p. 504 unten, zählt der Katholikos auf, was diese alles *nicht* der Gottheit zugeschrieben haben, von der Geburt bis zum „Tod selbst". Der nächste Satz lautet: „Über Christus sagten und lehrten sie (dies), der ein Mensch ist gesalbt durch Gott, und nicht über die Gottheit" (syr. p. 238,15 f.). Das klingt mißverständlich, als ob Christus nichts weiter sei als ein von Gott gesalbter Mensch; aber das ist natürlich nicht die Meinung des Verfassers. Was er meint ist: Über Christus sagten sie dies, sofern er ein von Gott gesalbter Mensch ist, diese Aussagen betreffen nicht seine Gottheit unmittelbar.

und (auch), weil sie nicht traurig sein sollten in der Meinung, er hielte sie für zu verächtlich, um den Zeitpunkt zu erfahren (p. 505 unten).

Lukas erzählt von Jesu Kindheit (die Stichworte werden angegeben). Der Greis Simeon liebkost ihn wie ein Kind und betet zu ihm wie zu Gott (– der Katholikos bezieht offensichtlich „Gott" von Lk 2,28 und „Herr" von V. 29 auf den im Kind verborgenen Gott –), denn der Sohn Gottes war beides: ein sichtbares Kind und Gott verborgen im Kind. Lk spricht auch von der Vollständigkeit seiner (menschlichen) Natur – vom Wachsen, von der Zunahme an Weisheit und Gnade (p. 506 oben).

Daß Christus wirklich Gott ist, das ist nicht nur durch die Wunder etc. erwiesen, sondern das zeigt auch die Rede des Apostel-Theologen Johannes, der von seinem Meister mehr geliebt wurde als alle anderen: Christus in seiner Gottheit ist wahrhaftiger Gott in seiner vollkommenen Hypostase aus dem wahren Gott (es folgt Joh 1,1). Dann werden ausgewählte Verse des Joh-Prologs kommentiert. Nach einem Zitat von Joh 1,4 gibt der Verfasser eine Paraphrase von V. 11: „Und obwohl dieser Lebendigmacher und Erleuchter aller Intelligenzen auch in der Welt ist durch seine Natur ohne Grenze, ‚kam er zu den Seinen' durch häufige Offenbarungen" (– damit sind die atl Offenbarungen gemeint –) „‚und die Seinen nahmen ihn nicht auf'[59]; selbst als er sich noch herrlicher manifestierte im Leib seiner Menschheit, nahmen ihn nicht alle auf, zu deren Heil er gekommen war" (p. 506).

Zu Joh 1,12.13 sagt der Verfasser: „In seiner Güte wollte er, daß wir uns zum Titel der göttlichen Sohnschaft erheben", während wir doch Leibliche und Sterbliche sind. Joh 1,14 wird auf die übliche antiochenische Weise paraphrasiert: Fleisch werden = unser Fleisch annehmen; unter uns wohnen = wegen des Fleisches, das er aus uns angenommen und mit sich vereinigt hat und in dem er wohnt. Der Gedanke der Sohnschaft wird mit unserem Kindwerden in der Taufe verbunden, in der wir das Angeld des Geistes empfangen: durch sie werden wir Kinder Gottes genannt *und* sind es. Trotzdem wird unsere Natur nicht „ausgedehnt"[60] und in die Natur der Gottheit verwandelt, auch wenn wir in Wahrheit im ewigen Leben die unvergängliche Herrlichkeit empfangen werden; die menschliche Natur verbleibt in ihrer Begrenztheit; ebenso wird der Logos in seiner Natur nicht verändert, weil von ihm die Fleischwerdung ausgesagt wird.

Falls der Adressat im Fleisch*werden* des Logos wegen der möglichen Vorstellung einer Verwandlung eine Blasphemie sehen sollte, soll er an das paulinische Wort vom „Fluchwerden Christi" (cf. Gal 3,13) denken. Niemand

---

[59] Syr. p. 239,26–28. Der Gegensatz ist der vom In-der-Welt-Sein der unbegrenzten göttlichen Natur und dem „Kommen" in die Welt, ein Thema seit den Auseinandersetzungen des 5. Jhs.

[60] Chabot: „se simplifie" für syr. p. 240,8 *mtpšḥ*, also nach der Grundbedeutung übersetzt. Jedoch haben die abgeleiteten Stämme die Bedeutung „ausdehnen"; wegen der „Begrenztheit" der menschlichen Natur im Folgenden paßt das besser.

wird zu sagen wagen, Christus sei zu einer Natur des Fluchs geworden (p. 507).

Auf p. 507 unten – p. 508 oben finden wir wieder eine Zusammenfassung der soteriologisch-christologischen Grundgedanken. Dann geht es erwartungsgemäß zu Pl weiter mit Phil 2,5–7. Daraus werden nur die Kernzeilen zitiert. Wenn die μορφή θεοῦ (*dmwt'*, „ressemblance") Natur und Hypostase ist, dann auch die μορφή des Menschen, also gibt es im einen Christus im einen Sohn Gottes zwei hypostatische Naturen. Das Gesagte wird mit Röm 10,8–10 untermauert (Glauben an und Bekenntnis zum von Gott auferweckten Herrn Jesus Christus). Es folgt eine kleine Zusammenfassung (p. 508, der mittlere kleine Abschnitt).

Für „zwei in einem" nimmt der Verfasser das Beispiel des „irdischen Königs" und seiner Herrschaftszeichen, die ihn bekleiden: das sind nicht mehrere Könige[61]. „Ebenso wird der Sohn Gottes nicht für doppelt oder vielfach gehalten wegen des menschlichen Gewandes, mit dem er sich bekleidet hat, um darin den Glanz seiner ewigen Gottheit zu verbergen, sondern er wird als *ein* Sohn erkannt in seiner Gottheit und seiner Menschheit. Und obwohl der Unterschied der Naturen bewahrt wird, ist es *ein* Sohn". Wenn jemand das königliche Gewand beschädigt und zerreißt, ist zwar die Würde des Königs verletzt, aber nicht sein Leib. Umso weniger darf man sagen, daß Gott in seiner Natur gelitten hat wegen des Leidens des Leibes aus unserem Geschlecht, der mit Gott verbunden ist (p. 508).

Es ist nicht gestattet, von Gott schlechthin (*šḥym'yt)*, also unmittelbar, Aussagen zu machen, die menschliche Widerfahrnisse Christi betreffen, also: daß Gott von Maria geboren wurde oder daß Gott gewachsen ist, oder daß Gott gegessen hat, oder daß Gott geschlafen hat ... schließlich daß Gott gekreuzigt wurde und starb. Wer so etwas sagt, hat sich von der Orthodoxie entfernt und von dem Bekenntnis, wie es sich Gott geziemt (p. 508 unten).

Richtig ist: alles, was die Oikonomia in der Menschwerdung betrifft, kann „Christus" und dem „Sohn" zugeschrieben werden, denn diese beiden Titel bezeichnen passend Gottheit *und* Menschheit. Eine anthropologische Analogie: unter der Bezeichnung „Mensch" kann sowohl von Widerfahrnissen des Leibes wie der Seele gesprochen werden, jeder vernünftige Mensch wird das richtig verstehen. (Andererseits aber unterscheidet man im anthropologischen wie im christologischen Fall. Dann gilt:) Die ganze Heilsökonomie kommt teils seiner Gottheit, teils seiner Menschheit zu (p. 509 oben).

---

[61] Chabots Übersetzung, p. 506, Beginn des letzten Abschnitts: „Prends l'exemple d'un roi terrestre. *Bien qu*'il soit corporel, fini, périssable quand il est couronné, revêtu ... du vêtement royal ..." verkennt die Intention des Verfassers. Die Übersetzung von syr. p. 241,5–6 muß heißen: „Und stell dir vor als Beispiel den irdischen König *mit dem*" (d.h. mit der Einschränkung), *„daß er* körperlich, begrenzt, vergänglich ist ... wenn er gekrönt ist, bekleidet ...".

Alles das entspricht der Engelsbotschaft (Lk 1,28–35 wird zusammengefaßt) an die hl. Jungfrau. – Die Absicht des Verfassers in den folgenden Zeilen ist es, die von Beginn an bestehende Union „in dem einen *prosopon* der Sohnschaft" zu betonen, oder mit anderen Worten: daß der Logos in der ganzen Oikonomia unaufhörlich mit der Hypostase der Menschheit war, selbst im Tod: mit dem Leib im Grab und mit der Seele im Paradies. „Und wir bekennen *einen* Sohn Gottes in zwei Naturen" (p. 509 unten).

Auf die biblische Grundlegung der richtigen Christologie läßt der Katholikos eine patristische folgen (p. 510 513). Ihm ist daran wichtig, (– und daher als Argument auch für seinen Adressaten brauchbar –) daß es die „heiligen Väter Patriarchen und Bischöfe" in der *„römischen politeia"* waren, die dasselbe glaubten wie seine Kirche. Das Florileg[62] besteht aus 14 Zitaten, die sich auf sieben Autoritäten verteilen:

1–3	Ignatius
4	Athanasius
5–6	Ambrosius
7–9	Gregor der Theologe (von Nazianz)
10	Amphilochius
11–12	Johannes Chrysostomus
13–14	Cyrill

Zwischen **12** und **13** steht eine Abschlußbemerkung zu **1–12**. Die Cyrill-Zitate dienen dazu, die Unterscheidung der beiden Naturen in Christus auch bei der Hauptautorität der Gegner (d.h. der Monophysiten) nachzuweisen. Um die Identifikation der Zitate hat sich Chabot bemüht, s. den Apparat zu seiner Übersetzung. Er druckt meist das griechische Original ab. Natürlich hat der Katholikos nicht selbst aus dem Griechischen übersetzt, sondern schöpft aus dem vorhandenen Material übersetzter Zitate. Die Differenzen, die zwischen den verglichenen Texten zutage treten und von Chabot bezeichnet werden, beruhen nicht auf verschiedenen Versionen, sondern auf freier Wiedergabe, m.E. handelt es sich um Zitate aus dem Gedächtnis.

Zu Ignatius **1** sagt Chabot (p. 540, Anm. 2), das Zitat sei unauffindbar. In Chabots Übersetzung lautet es: „Quiconque ne confesse pas la dualité des natures du Christ et ne dit pas qu'il est Dieu par nature comme il est homme par nature, est étranger à la vérité". Ich vermute, daß es sich hier um den Rest einer Einleitung zu einem Florileg handelt, das mit Ignatius begann (freilich erwägt Chabot am Ende seiner Anmerkung doch noch einen Textbezug).

[62] Das Florileg ist berücksichtigt bei *L. Abramowski, A. Van Roey,* Das Florileg mit den Gregor-Scholien aus Vatic. Borg. syr. 82, OLP 1 (1970) 131–180. Die Kontakte zwischen unserem Florileg (= Florileg von 680) und den übrigen dort untersuchten ostsyrischen Florilegien sind sehr bescheiden, nämlich drei an der Zahl, s. das Schema, p. 135–136 zu **1, 47, 63** des Florilegs mit den Gregor-Scholien.

Zu **4**, Athanasius, heißt es wieder (p. 510, Anm. 3): „Je n'ai pas retrouvé la citation textuelle intégrale"; für die letzten Worte verweist Chabot auf die ep. ad Adelphium.

Bei **5**, Ambrosius, zeigt der p. 511, Anm. 3 mitgeteilte kurze griechische Text wörtliche Übereinstimmung; wogegen **6** (ibid. Anm. 5) eine längere Passage „ziemlich frei zusammenzufassen scheint".

Die drei Zitate aus Gregor von Nazianz, **7–9**, weisen verschiedene Grade der Nähe zum griechischen Original aus. Für **7** ist die Benutzung einer vorhandenen syrischen Übersetzung nachweisbar[63]. **9** ist ein kleines Stück aus einem „der gängigsten Zitate der christologische Streitigkeiten"[64].

Zu **10**, Amphilochius, bemerkt Chabot (p. 512, Anm. 2): „On trouve plusieurs citations d'Amphiloque qui répondent, quant au sens, à ces passages; mais aucune dont il soit la traduction littérale"[65].

Von den beiden Chrysostomus-Zitaten **11** und **12** hat Chabot das erste in der unechten ep. ad Caesarium monachum gefunden. Das Syrische zeigt Abweichungen vom Original von der Art auf, daß man von Paraphrase reden kann. Die Polemik gegen die „eine Natur nach der Union" ist ein Indiz für die Unechtheit. CPG 4530 datiert den Brief auf die Mitte des 5. Jhs. Es läßt sich jedoch auf Grund einer anderen Passage ein exakter terminus a quo angeben: Chalcedon (451)[66].

---

[63] Siehe Abramowski, Van Roey, p. 136; p. 150 mit App. zu **47**; p. 170 mit App. zu **47**.

[64] Abramowski, Van Roey, p. 136; p. 173 App.

[65] Chabot verweist auf Synod. Or., p. 596, Anm. 1 und 2. Dort handelt es sich um das Florileg von 612 mit den drei Amphilochius-Exzerpten **27–28** in meiner Zählung. Chabot hat die Fundstellen für **27** und **29** nachgewiesen, aber nicht für **28**, seine Anmerkungsziffer 2 ist zu **29** zu rücken.

[66] Zur Ep. ad Caesarium siehe den CPG 4530 angegebenen Titel: *P. G. Nicolopoulos*, Αἱ εἰς τὸν Ἰωάννην τὸν Χρυσόστομον ἐσφαλμένως ἀποδιδόμεναι ἐπίστολαι (Athen 1973). Dort Untersuchung des Briefes p. 319–370; Text der griechischen Fragmente, 513–518; alte lateinische Übersetzung des ganzen (?) Briefes, p. 521–526. Ich habe hinter „ganz" ein Fragezeichen gesetzt, weil der größere Teil des Fragments Γ (p. 518,8–24) keine Entsprechung in der lateinischen Übersetzung hat, siehe den zweiten Apparat. Nicolopoulos sah sich durch die nicht vollständig auszugleichende Überlieferung der griechischen Fragmente veranlaßt, diese in drei Gruppen zu edieren; Zusammenfassung der Begründung dafür p. 351. Dem von Chabot, p. 512, Anm. 3, abgedruckten Text entspricht (mit textkritischen Differenzen) Gruppe B, Fragment α, Zeile 1–4, Nicolopoulos, p. 516. N. datiert den Brief auf die Zeit zwischen 433 und 450, „par un auteur de l'école d'Antioche, comme Théodoret" (p. 530, franz. Zusammenfassung). Er hat aber nicht beachtet, daß in Gruppe A, Fragment δ, die eine christologische Hypostase erscheint, p. 515,10–12: ἡ ἕνωσις ἐν ἑνὶ τῆς υἱότητος ὁμολογουμένῃ προσώπῳ καὶ μιᾷ ὑποστάσει; lateinisch, p. 525,139: in una filiationis confitenda persona et una subsistentia. – Der Verfasser ist also zu jenen Antiochenern zu rechnen, die die eine christologische Hypostase von Chalcedon akzeptierten (wie in der Tat Theodoret). Der Brief ist also *nach 451* verfaßt. – Im Supplement-Band der CPG beruft man sich zur Nr. 4530 für vorhandene syrische Fragmente auf S. J. Voicu, ohne Angabe eines Titels. Hier wäre ein Hinweis auf die oben genannte Arbeit von Abramowski, Van Roey einzufügen.

Die auf diese beiden Zitate folgende Abschlußformel des Katholikos ist oben schon erwähnt worden. Cyrill führt er ein, indem er ihm u. a. das Prädikat „Zerstörer der Wahrheit des Bekenntnisses der Christen im Lande der Römer" verleiht. „Gezwungen von der Wahrheit" sage er jedoch das Folgende, nämlich **13** und **14** (p. 512 unten – p. 513 oben). Auch hier hat Chabot feststellen müssen, daß die Zitate alles andere als genau sind. Zu dem längeren Stück **14** aus dem Johannes-Kommentar Cyrills heißt es (p. 513, Anm. 1): „La figure" (sc. der Arche Noah) „est développée au terms beaucoup moins précis" (nämlich in Cyrills Original).

Chabot fährt fort: „S. Cyrille se résume en disant que l'arche était: εἰς τύπον τοῦ ἐνοικήσαντος καὶ ἐνωθέντος τῇ ἁγίᾳ σαρκὶ θεοῦ λόγου. Als Fundort gibt Chabot, p. 513, Anm. 1, das IV. Buch von Cyrills Joh-Kommentar, PG 73, 621, an. Was der Katholikos „zitiert" sieht in Chabots Übersetzung (p. 513) so aus: „Considère comme type de l'union des deux natures du Christ cette arche que Dieu ordonna à Moïse de faire: le bois incorruptible sera pour toi la hypostase humaine qui n'a point commis l'iniquité et dans laquelle ne se trouve point le péché; et l'or dont l'arche fut recouverte à l'extérieur et à l'intérieur sera la hypostase divine qui fut unie et adhéra à l'humanité extérieurement et intérieurement. De même qu'il y avait deux natures dans une seule arche, de même il y a deux natures dans un seul Christ, Fils de Dieu". Vergleicht man diesen Text mit dem Original bei Cyrill, so stellt er sich als eine stark dyophysitisch akzentuierte, durch die zwei Hypostasen noch betonte Zusammenfassung der cyrillischen Gedanken dar, als eine Umsetzung in die eigene dogmatische Terminologie. Die Frage ist, ob in der Überlieferung eine komplette syrische Übersetzung der Passage vorhanden war und *wie* diese Übersetzung etwa aussah, also ob sie vielleicht ihrerseits schon die Anzeichen einer Interpretation aufwies.

Ich zitiere den griechischen Text aus cap. 4 des IV. Buches mit etwas mehr Kontext als unbedingt nötig, weil man daran noch besser erkennt, warum die antiochenisch-ostsyrische Tradition sich in Übereinstimmung mit den hier vorgetragenen Gedanken finden konnte. PG 73, 620D-621A; P. E. Pusey, ... S.P.N. Cyrilli archiep. Alexandrini in D. Joannem Evangelium I (Oxford 1872) 568,19–569,7, zu Joh 6,68:

εἶτα πάλιν ἑτέρως ἡμῖν ὡς ἐν τύπῳ καὶ σχήματι τὸν Ἐμμανουὴλ ἐπιδεικνύει λέγων „Καὶ θήσεις τὴν κιβωτὸν τοῦ μαρτυρίου, καὶ σκεπάσεις τὴν κιβωτὸν τῷ καταπετάσματι." ἐν μὲν γὰρ τοῖς προλαβοῦσιν ὁ Λόγος ἡμῖν ὡς ἐν ὁλοκλήρῳ κατεγράφετο τῇ σκηνῇ. ἦν γὰρ οἶκος Θεοῦ τοῦ ἐνοικήσαντος ἐν αὐτῷ, δηλονότι τὸ ἅγιον σῶμα Χριστοῦ. ἀλλ' οὐδὲν ἧττον ἡμῖν καὶ διὰ τῆς κιβωτοῦ κατὰ μέρος ὁ αὐτὸς σημαίνεται. κατεσκεύαστο μὲν γὰρ ἐκ ξύλων ἀσήπτων, ἵνα τὸ σῶμα νοῇς τὸ ἀδιάφθορον αὐτοῦ. κατακεχρύσωτο δὲ ὅλη χρυσίῳ καθαρῷ, καθὰ γέγραπται, ἔσωθέν τε καὶ ἔξωθεν. πάντα γὰρ τίμια καὶ βασιλικὰ τὰ ἐν αὐτῷ, καὶ τὸ Θεῖον καὶ τὸ ἀνθρώπινον, καὶ ἐν πᾶσιν αὐτὸς πρωτεύει, κατὰ τὸν Παῦλον. εἰς τιμῆς δὲ τύπον καὶ ὑπεροχῆς τῆς κατὰ πάντων τὸ χρυσίον λαμβάνεται. κατεσκευασμένη τοιγαροῦν ἡ κιβωτὸς ἐκ ξύλων ἀσήπτων καὶ κεχρυσωμένη, καὶ τὸν Θεῖον εἶχεν ἐναποτεθέντα νόμον, εἰς τύπον τοῦ ἐνοικήσαντος καὶ ἐνωθέντος τῇ ἁγίᾳ σαρκὶ Θεοῦ Λόγου. ῥῆμα γὰρ Θεοῦ καὶ ὁ νόμος ἦν, εἰ καὶ μὴ ἐνυπόστατον, ὥσπερ οὖν ἐστιν ὁ Υἱός.

Es ist die Vorstellung vom Wohnen des Logos im Leib Christi, das die Berufung auf Cyrill möglich machte, vorabgebildet im „Zelt" als seinem Haus, und wiederum in der „Lade", in der das Gesetz niedergelegt ist (gegen Ende des Zitats). Die zwei Materialien der Lade, Gold und Holz, bezeichnen das Göttliche und das Menschliche – für den dyophysitischen Leser ist damit zugleich die *Unterscheidung* dieser beiden (Naturen) gegeben. Im ἐνυπόστατον vom Schluß des Textes war der Anknüpfungspunkt für die Rede von zwei Hypostasen gegeben. Das Adjektiv hat bei Cyrill den Sinn von „Hypostase seiend", s. *Lampe,* PGL, s. v. B.1.a (mit vier Belegstellen aus Cyrill). Cyrill bezieht das natürlich nur auf den Logos. Im Anschluß an den eben exzerpierten Text spricht Cyrill vom Vorhang, der die Lade verhüllt – so verhüllt „sein eigenes Fleisch", „sein eigener Leib" den Gott-Logos; auch das sind den Anti-Cyrillianern vertraute Vorstellungen.

Cyrill habe noch mehr desgleichen gesagt, schreibt der Katholikos nach den Zitaten (p. 513 oben).

Es folgt ein Rückblick auf die ganze Beweisführung aus Bibel und Vätern einschließlich Cyrills. „Sie alle weisen hin auf die zwei Naturen Christi, die in der einen Union ohne Verwandlung erhalten bleiben, und bekennen den einen Christus, den Sohn Gottes".

Der Empfänger des Briefes soll sich völlig fernhalten von der Bosheit derer, „die das Leiden auf die Gottheit beziehen und die Menschheit leugnen, die aus uns angenommen wurde, und (so) unsere Hoffnung aus der Erlösung abschneiden" (p. 513).

Statt dessen wird der Adressat erneut auf die Übereinstimmung mit den nicht-monophysitischen Kirchen hingewiesen: Es ist der Glaube des großen Roms, ganz Italiens, Konstantinopels, Jerusalems, aller berühmten Städte und katholischen Kirchen der Städte der Römer, die nicht von Häresie beschmutzt sind. Sie bekennen zwei Naturen mit ihren Eigentümlichkeiten und ihrer Energie[67] in der einen Union Christi. Dieser Glaube wird noch klarer vertreten von der katholischen Kirche in dieser πολιτεία des Ostens, d.h. des Gebietes der Parsis und der Gebiete um sie herum (p. 514). – Es ist interessant zu sehen, daß Jerusalem noch zum Westen gezählt wird, obwohl um diese Zeit schon längst arabisch besetzt; es gehört kirchlich gesehen tatsächlich weiter in den Bereich der chalcedonischen „Konfession".

Zum Schluß noch einige Beobachtungen zum christologischen Vokabular. Es fällt auf, wie sehr selten, selbst für einen relativ kurzen Text selten, die Vokabel *prṣwpʾ, prosopon,* erscheint. Ich habe nur drei Stellen gezählt, von denen eine ganz eindeutig ist: p. 509 unten (syr. p. 242,6) das „eine *prosopon* der Sohnschaft". Da „Sohn" oder „Sohn Gottes" neben „Christus" eine der beiden biblischen Bezeichnungen für die Einheit der gottmenschlichen Person Jesu Christi ist, ist mit dem genannten Ausdruck eine „technischere" Form für den Einheitsnamen gewählt; in der Fortsetzung wird vom Gott Logos und der menschlichen Hypostase Christi gesprochen, die da vereint sind.

[67] Singular. Bedeutet das eine Stellungnahme im monenergetischen Streit? Man kann wohl vermuten, daß der Katholikos vom Streit gehört hatte, aber auch schon vom Beschluß des Konzils von 680? Seinen Korrespondenten mit dieser Problematik zu belasten sah er gewiß keinen Anlaß.

Ein bißchen schwieriger oder vielleicht auch nur ungenauer (was ein weiterer Hinweis auf das geringe Gewicht wäre, die der Vokabel *prosopon* zugemessen wird) sind die beiden anderen Stellen. Zunächst p. 504, Ende des ersten Abschnitts (syr. p. 237,28–30). Der Verfasser stellt fest, was die Gegner nicht haben: (nämlich) „die Hoffnung auf Erlösung, jene, die uns Christus befestigt hat durch den Erstling[68], den er aus uns genommen hat und zu[69] seinem *prosopon* vereinigt hat zur ewigen Herrlichkeit". Hier steht „Christus", wo wir eigentlich „Gott Logos" erwarten würden, wie an der folgenden Stelle. Denn p. 507 unten lesen wir (syr. p. 240,19–21): „Möge deine Brüderlichkeit aber ihre Hoffnung[70] befestigen durch die Wahrheit der göttlichen Lehre, daß der Gott Logos angenommen hat den heiligen Erstling unserer Natur, einen beseelten und mit Intelligenz ausgestatteten Leib, und (ihn) zu seinem *prosopon* vereinte, daß er Mensch werde und genannt werde und unsere Erlösung vollbringe".

Die Seltenheit im Gebrauch von *„prosopon"* für die christologische Einheit hatte mich schon bei Ḥabib und Narsai überrascht; offenbar ist auch das ein Teil der Tradition, die bis auf Edessa zurückzuführen ist.

Anders ist es mit dem Wort „Hypostase", genauer mit den zwei christologischen Hypostasen, mit der die Lehre von den zwei Naturen in Christus von den ostsyrischen Theologen verdeutlicht wird. Eingeführt von ihnen im 6. Jh., ist sie inzwischen auch traditionell. Vom Katholikos Georg wird das Substantiv und die adjektivische und adverbiale Ableitung ganz selbstverständlich benutzt (durch Chabots Übersetzungspraxis leider verdeckt); dem Chorbischof Mina werden keine Erläuterungen zu diesen Termini gegeben, also nicht für nötig erachtet. Jedenfalls erscheinen diese Vokabeln häufiger als *prosopon*. In zwei Fällen ist der Bezug trinitarisch, davon einmal die ganze Trinität betreffend (p. 492: „Trinität der Namen und Hypostasen" und „drei hypostatische Namen"), einmal die „vollkommene Hypostase des Logos aus dem Vater" (zu Joh 1,1, p. 506). Alle übrigen Stellen gehören in die Christologie: p. 500. 502 (zweimal). 503. 508 (mehrfach). 509.

Eine Sonderstellung nehmen die zwei Hypostasen im zweiten Cyrill-„Zitat" ein, die ohne Zweifel eine Eisegese innerhalb des aus dem Gedächtnis reproduzierten Textes sind.

---

[68] *ršyt* wie 1 Kor 15,20 ἀπαρχή (und nicht *ryš*, ἀρχή wie Kol 1,18; so auch an anderen Stellen, wo ich „Erstling" schreibe).

[69] Es ist gar nicht leicht, das *lamad* vor „seinem *prosopon*" hier und weiter unten richtig zu übersetzen. Es ist wohl Präposition der Richtung und nicht Anzeige des Dativs, sonst könnte man hier Andeutungen der komplizierteren Zwei-Prosopa-Ein-Prosopon-Christologie suchen. Der Verfasser scheint sich an dieser Stelle nicht besonders genau auszudrücken, weil er hier Christus die Rolle zuschreibt, die korrekter der Logos hat, wie weiter unten.

[70] Auch hier sieht der Verfasser diese Hoffnung durch die Christologie der Gegner in Gefahr.

Was überhaupt nicht vorkommt, ist eine Diskussion und Abwehr der „einen zusammengesetzten Hypostase“ als Prädikation für den einen Christus, die doch sonst in der dogmatischen Debatte seit Beginn des 7. Jhs. unter den Ostsyrern solch eine große Rolle spielt. Das bestätigt aufs Neue, daß die Gefahr, in der sich der Chorbischof Mina befunden hatte, der Monophysitismus war.

Wenn es uns erstaunlich dünken könnte, wie traditionell das Handbüchlein des Katholikos ist, so liegt das auch daran, daß die Angriffe oder die Bekehrungsversuche der Gegenseite ebenfalls mit den alten Argumenten arbeiten. Auf die alten Vorwürfe gab man die alten Antworten.[71]

[71] Vgl. zu Katholikos Georg I. nun *C.-S. Popa,* Gīwargīs I. (660–680. Ostsyrische Christologie in frühislamischer Zeit = GOF.S 50 (Wiesbaden 2016).

VIERTES KAPITEL
Johannes von Dalyatha – Timotheus I.

Luise Abramowski

I. DIE SCHÖNHEIT JESU CHRISTI UNSERES GOTTES – DAS CHRISTUSBILD DES JOHANNES VON DALYATHA (8. JH.)

Nach dem Urteil von Antoine Guillaumont ist Johannes von Dalyatha „einer der größten mystischen Schriftsteller, Juwel der syrischen Mystik, vergleichbar mindestens einem Isaak von Ninive". Aber nicht nur unter den Syrern rage er hervor, sondern er ist zu den „größten christlichen Mystikern" überhaupt zu zählen wie Johannes vom Kreuz und Teresa von Avila[1]. Ähnlich Georg Günther Blum: „Im ersten Jahrtausend der Geschichte christlicher Spiritualität gibt es, abgesehen von den Zeugnissen Symeons des Neuen Theologen, keine anderen in ihrer Zahl und Intensität vergleichbaren Konfessionen der Unio mystica".[2]

Die Lebenszeit des Johannes läßt sich nur ungefähr bestimmen: Sie fällt in die beiden ersten Drittel des 8. Jh.; geographisch hat man ihn im Norden Mesopotamiens zu suchen[3].

> „Er gehörte zu jenem glühenden nestorianischen monastischen Milieu, das weniger als ein Jahrhundert vorher einen Dadisho von Qatar, einen Simon von Taibuteh und vor allem Isaak von Ninive hervorgebracht hat. Wie der letztere und, wie es scheint, ein beträchtlicher Teil des nestorianischen monastischen Milieus der Epoche war er der Gegnerschaft der Hierarchie seiner Kirche ausgesetzt"[4].

Anscheinend hat die spätere Rehabilitierung des Johannes seinen Namen nicht völlig von jedem Verdacht reinwaschen können; daraus würde sich erklären, daß die Abschreiber seinen Namen nicht nannten und ihre Bewunderung darin äußerten, daß sie ihn einfach den heiligen und großen „Alten" (Saba) nann-

---

[1] *A. Guillaumont* im Vorwort zu *R. Beulay,* L'enseignement spirituel de Jean de Dalyatha, mystique syro-oriental du VIIIe siecle = ThH 83 (Paris 1990) 2.

[2] *G. G. Blum,* Die enstatischen Konfessionen des Johannes von Dāljāṯā. Zur Hermeneutik von Zeugnissen mystischer Erfahrung, in: Syrisches Christentum weltweit. Studien zur syrischen Kirchengeschichte = FS Wolfgang Hage (Münster 1995) 202–219, hier p. 217.

[3] PO 39, 3 = Nr. 180 (Turnhout 1978), p. 260, Anm. 16, stellt *Beulay* die Nachrichten zusammen, auf denen die Datierung beruht.

[4] *Beulay,* PO 39, p. 260. – Über die Verurteilung und Rehabilitation des Johannes von Dalyatha s. das nächste Kapitel „Gottesschau und Christologie".

ten[5]. Seine Schriften sind uns nur durch jakobitische Handschriften erhalten[6], seine hohe Schätzung in geistlichen Kreisen überschritt also mühelos die Konfessionsgrenzen.

Für die Erschließung seiner Werke hat Robert Beulay das meiste und Beste geleistet: mit der Edition seiner Briefe[7], allesamt geistlichen Inhalts, und mit einer umfangreichen Monographie über die geistliche Unterweisung des Johannes[8]; in diesem Buch sind auch die noch nicht veröffentlichten Homilien des Mystikers gründlich ausgewertet und in zum Teil längeren Auszügen mitgeteilt (eine ist am Schluß vollständig wiedergegeben). Georg Günther Blum hat sich jüngst mit den „Zeugnissen mystischer Erfahrung" in den Briefen beschäftigt; er bezeichnet diese Zeugnisse als „enstatische Konfessionen"[9].

Als Leser der Briefe des Johannes fühlt man sich angerührt von der Unmittelbarkeit des Ausdrucks und von der religiösen und menschlichen Wärme ihres Autors. Beulay spricht treffend von seiner „tendresse spirituelle"[10]. Selten nur redet Johannes von Christus „in einer Weise, die das dogmatische Problem der Inkarnation betrifft"[11], – das erklärt auch die problemlose Akzeptanz durch die Jakobiten[12]. Jouko Martikainen findet einen „ausgesprochenen Christozentrismus" als Korrektur an der euagrianischen „Auffassung von der Schau der Trinität"[13]. Interessanterweise hat Beulay in seiner Monographie

---

[5] *Beulay,* PO 39, p. 261–262. – Über die Identifikation des Saba oder Johannes Saba mit Johannes von Dalyatha zusammenfassend *Beulay,* PO 39, p. 257–259, nachdem er die Argumente dafür ausführlicher schon 1971 vorgetragen hatte (ibid., p. 258, Anm. 6), nämlich in: *ders.,* Jean de Dalyatha et sa lettre XV, ParOr 2 (1971) 261–279. – Johannes Saba ist nicht identisch mit Johannes bar Penkaye, PO 39, p. 259.

[6] *Beulay,* PO 39, p. 282. Über das daraus resultierende Problem eventueller Eingriffe in den Text, ibid. 282–285.

[7] *R. Beulay* (ed.), La collection des lettres de Jean de Dalyatha, PO 39, 3 = Nr. 180 (Turnhout 1978). – Ich zitiere nach der Seitenzählung des ganzen Bandes und nicht der des Faszikels, um denjenigen, die den Text z. B. in einem Bibliotheksexemplar des ganzen Bandes 39 benutzen, die Arbeit zu erleichtern. – Das Faszikel hat einen umfangreichen „Index des mots et des thèmes remarquables".

[8] *R. Beulay,* Enseignement (Anm. 1). Leider hat das Buch keinen Index der Bibelstellen und keinen der zitierten Homilien, Briefe und Centurien, wohl aber einen „Index des principaux mots syriaques avec leur traduction habituelle". Voraus ging *R. Beulay,* La Lumière sans forme. Introduction à l'étude de la mystique chrétienne syro-orientale (Chevetogne 1987).

[9] *G. G. Blum,* art. cit. (Anm. 2). Blum zieht in längeren Exzerpten die Briefe 16. 12. 40. 46. 36. 25 und dazwischen Hom. 8 heran (in nr. 13, p. 218, muß die Ziffer 6 in 8 korrigiert werden). Innerhalb mystologischer oder mystagogischer Kontexte sind die mystographischen Partien, auf die es Blum ankommt, kursiv gesetzt. Mit „Enstase" bezeichnet Blum den „Höhepunkt des mystischen Erlebens", „ein tiefes Innesein des Geistes" (p. 205).

[10] *Beulay,* Enseignement, p. 464. 475.

[11] *Beulay,* PO 39, p. 283.

[12] Die Verurteilung durch den Katholikos Timotheus I. kann ebenfalls diese Akzeptanz erleichtert haben.

[13] *J. Martikainen,* Timotheos I. und der Messalianismus, in: J. Martikainen, H.-O. Kvist (hg.), Makarios-Symposium über das Gebet (Åbo 1989) 47–60, hier p. 57.

nur einige nicht sehr lange Unterabschnitte über das Christusverhältnis des Johannes. Und in seinem hilfreichen Index „der hauptsächlichen syrischen Wörter mit ihrer gewöhnlichen Übersetzung“ gibt es einen umfangreichen Eintrag „šuprâ: beauté“ mit drei Untergliederungen (Seele, Engel, Gott – dieser letzte besonders lang, endend mit „passim“), aber keinen Unterabschnitt, der die Schönheit *Jesu* zum Thema hat. Der Grund ist wohl, daß Beulay das Christusverhältnis als Mittel oder Stufe der Gottesschau betrachtet. In der Tat gehen häufig Aussagen des Mystikers über Jesus in solche über Gott über.

Hom. 24

Johannes selbst hat aber auch der Weise, wie man über die „Heilsveranstaltung unsres Herrn“, d.h. die Ereignisse des Lebens Christi meditieren soll, eine ganze Homilie gewidmet (Nr. 24)[14]. Nach der üblichen Vorbereitung durch Stille und Konzentration muß man der Bedeutung der Fakten gewahr werden, über die man meditiert, z.B. „daß Christus dir ähnlich geboren wurde, damit er dich ihm ähnlich hervorbringe; daß er am Kreuz den bitteren Trank getrunken hat, um deine Seele süß zu machen, die den (Trank) getrunken hat, der aus dem Mund der Schlange hervorkam, usw.“ Man muß nun weiter das, was die Jünger mit ihren Sinnen wahrnahmen, mit den Gedanken sehen wollen und so an der Handlung teilnehmen, über die man meditiert. Eine solche Beteiligung braucht Vorstellungskraft und Empfindungsfähigkeit. Sie kann aber auch einen „profond degré de réalisme spirituel“ erreichen, „grâce à une transposition analogique des événements médités: ‚Trage ihn auf deinem Schoß wie Maria‘“, diesen Jesus, der in deinem Herzen wohnt. Dieser „spirituelle Realismus“ hat zur Grundlage einen wichtigen Bestandteil der geistlichen Unterweisung des Johannes: die Einwohnung der verherrlichten Menschheit Jesu im Herzen. Alles, was es an kindlicher Zartheit am Kind Jesus hier auf der Erde gab, findet man verewigt wieder an seiner Menschheit, die durch die Auferstehung verherrlicht worden ist, „nouvelle et éternelle naissance qui confère à cette humanité de refléter en plénitude la condition du Christ comme Seigneur et Enfant du Père simultanément“. Die letzte Etappe der Meditation besteht in einer Neuausrichtung des Lebens – nicht nur durch Reflexion, sondern ebenso durch an Christus gerichtete Gebete, die eine unmittelbare Beziehung zu ihm herstellen. Wenn man seinen Intellekt ständig auf alles richtet, was Christus betrifft, wird man ihn ständig sehen. Er verbirgt sich nicht vor jenen, die ihn suchen, sondern diese sehen ihn in sich (selbst) und befinden sich in der Freude. Das durch Meditation gereinigte Herz wird eine Wohnung für die Ruhe Christi, ein Hafen für seine Offenbarungen, in ihm läßt er glän-

[14] Das Folgende nach *Beulay,* Enseignement, p. 119–121.

zen die Strahlen seiner Herrlichkeit, wie in den Intellekten seiner geistigen Diener.

Der Gegenwart der Herrlichkeit im Herzen widmet Beulay den Unterabschnitt „La vision de Dieu à travers l'humanité glorieuse du Christ présente dans la cœur"[15]. Zahlreich sind die Stellen, an denen Johannes Christus oder Jesus das Hervorbrechen der Herrlichkeit des Vaters, unsere vernünftige Sonne nennt oder berichtet, wie die Strahlen der Schönheit Jesu ihn zu seiner Bewunderung, ja zur Ekstase gebracht haben. Christus ist das Bild des Vaters, in seiner Schönheit umarmt die Seele den Vater selbst. Zu Beginn des Abschnitts „La vision de la beauté de Dieu" stellt Beulay fest[16]: „Fast so zahlreich wie die Erwähnungen der Herrlichkeit Gottes sind in den Schriften des Johannes die der Schönheit Gottes oder Christi", es sind etwa 100 Stellen, und ungefähr noch einmal so viel sprechen von „höchster Verwunderung", „Bewunderung" und ihren Derivativen, womit der Zustand bei und nach der Wahrnehmung der Schönheit beschrieben wird. Diese Schönheit ist dem Meditierenden nahe: „La proximité de la beauté de Dieu dans la tendresse spirituelle", heißt eine weitere Überschrift[17]. Eine Dimension der Erfahrung der göttlichen Schönheit ist

„celle de sa présence parmi nous, gratuitement et comme par miracle, lorsqu'elle se révèle sur le visage miséricordieux de la divinité, et en particulier sur le visage humain du Rédempteur – « l'Époux plus beau que tout », mais aussi l'Enfant dont la délicatesse est à l'image de celle de la tendresse du Père. La beauté de Dieu a pour Jean, à côté d'une dimension « intellectuelle » ... celle de la tendresse évangélique que ressent le pécheur envers la splendeur du Verbe fait homme par amour pour lui. Ceci apparaît bien dans tout ce que nous dit Jean de la beauté du Christ"; Beulay führt einige Beispiele an und zitiert vor allem zwei längere Passagen aus Homelie 17bis[18], deren bezeichnende Überschrift lautet „Fragment sur la douceur divine".

Ep. 2

Lassen wir nun Johannes von Dalyatha selber in seinen Briefen sprechen. In Ep. 2 §6[19] versucht der Verfasser jenen „Ort" Gottes zu beschreiben, der das Ziel der Versenkung des Einsiedlers ist: hier zeigt Gott seine Schönheit jenen, die ihn lieben. Hier sieht die Seele sich selbst[20] *und* Christus, der in ihr er-

---

[15] *Beulay,* Enseignement, p. 456–464.

[16] *Beulay,* Enseignement, p. 465.

[17] *Beulay,* Enseignement, p. 475, auch für das Folgende.

[18] *Beulay,* Enseignement, p. 477f.

[19] Im Folgenden gebe ich aus PO 39 im allgemeinen nur die Briefnummern und die Paragraphenziffern an, Seiten und Zeilen nur im Einzelfall. Bereits vom Herausgeber notierte Bibelzitate oder Anspielungen auf solche wiederhole ich nicht mechanisch, sondern ergänze sie nur im gegebenen Fall um weitere Hinweise.

[20] *laqnomeh, Beulay* übersetzt „son être". In der Einleitung zur Ausgabe der Briefe hat *Beu-*

scheint und sie fröhlich macht durch seinen Anblick. Sie sieht die Schönheiten der Engel, die heilige Trinität zeigt sich im Geheimnis und ihre Hypostasen werden vom nackten Intellekt[21] gesehen.

Die Wirkung der Schönheit Jesu ist wie Feuer, Ep. 4,6: Das Schreibrohr „brennt von der Stärke deines Feuers, Jesus", meine Hand muß aufhören zu schreiben, „verbrannt sind meine Augen von den Strahlen deiner Schönheit". Ep. 4,7: „Selig, die dich lieben, daß sie durch deine Schönheit immerfort glänzend gemacht werden und du dich ihnen als Gabe gibst". Das ist die vorweggenommene Auferstehung der Toten in Christus, von der Paulus spricht[22].

---

lay (PO 39, p. 299) Erwägungen zur Übersetzung von *qnoma* angestellt (er vokalisiert das Wort in PO 39 westsyrisch, in Enseignement ostsyrisch): „Je traduit ordinairement la locution *baqnûméh* par une simple tournure réfléchie, sauf quand cette locution semble avoir un sens technique. Par exemple, quand il s'agit de la vision de Dieu dans le *qnûmâ* du contemplatif, la traduction « en lui-même » n'indiquerait dans ce cas qu'une intériorité assez imprécise, alors que pour Jean c'est l'être même du voyant qui est le substrat de la vision. J'ai préféré dans de tels cas le terme d'« être » à celui d'« hypostase », d'un caractère trop scolastique." – Mir scheint jedoch an dieser Stelle die Übersetzung mit dem Reflexivum präzise genug, weil es an sich schon bemerkenswert ist, daß man seine eigene Seele „sieht". – Im Index der hauptsächlichen syrischen Wörter, Enseignement, p. 515–521, differenziert *Beulay,* p. 519 *qnoma* nach vier Bedeutungen: être (die meisten Stellen), substance angélique (2 Stellen), Hypostases divines, *qnomtanait* = personellement. Der zuletzt genannte Fall stammt aus einem Text des Timotheus I. und muß mit „hypostatisch" übersetzt werden.

[21] *Beulay:* „esprit"; dazu PO 39, p. 298 über diese Übersetzung des syrischen Äquivalents zu νοῦς: „Dans le cas de Jean de Dalyatha en particulier, le mot français « intellect » m'a paru suggérer un sens trop exclusivement noétique. Certes, le *hawnâ* est fondamentalement pour Jean la faculté de la contemplation de la lumière et de la gloire de Dieu. Mais il est aussi pour lui le centre vital de l'âme ou de la personne, et le principe de sa volonté profonde. C'est le *hawnâ,* en effet, qui perçoit la délectation de Dieu; qui, après des mouvements impétueux, connaît la paix et la stupeur; qui a des mouvements de feu; qui est rempli d'amour envers tous: caractères qui ne relèvent pas de la connaissance pure. De même, c'est lui qui peut retenir l'âme et l'empêcher de quitter le corps au moments de certains dons de la grâce; qui proclame le *Sanctus* avec les anges; qui prie et supplie. C'est lui qui pratique le recueillement du *souvenir de Dieu,* qui est à la fois regard aimant de l'intelligence et mouvement de concentration sur Dieu vivant dans le cœur. C'est pourquoi j'ai préféré rendre ce mot par « esprit »; cette traduction est imparfaite elle aussi, mais le mot « esprit » a l'avantage d'être plus indéterminé et plus dynamique que le terme « intellect »". In Anm. 9 fügt Beulay hinzu, daß des Johannes Auffassung von *hawnâ* mehr dem Ps.-Makarius als dem Euagrius verdanke. – Im Deutschen steht man vor derselben Schwierigkeit, was die Übersetzung mit „Intellekt" oder „Geist" betrifft. Ich werde trotzdem bei „Intellekt" bleiben, um den Sprachgebrauch des Johannes anklingen zu lassen. Wie der Terminus zu füllen ist, geht aus dem von Beulay Gesagten zur Genüge hervor.

[22] Beulay gibt dazu an Eph 2,6; Kol 2,12; 1 Thess 4,16. Es sind die Vergangenheitsformen συνήγειρεν und συνηγέρθητε der deuteropaulinischen Stellen, die der Vorstellung des Johannes zugrundeliegen (man vergleiche damit die Auferstehungsverben im Futur in Röm 6). – Cf. *C. Dietzfelbinger,* Der Abschied des Kommenden. Eine Auslegung der johanneischen Abschiedsreden (Tübingen 1997), über das Verhältnis von präsentischer und futurischer Eschatologie, p. 101 f.: „Derselbe Paulus, der in entschiedener apokalyptischer Erwartung lebte …, konnte in überlegter Dialektik von der Gegenwärtigkeit des Heils sprechen". „Der dem Paulus wichtige eschatologische Vorbehalt … ist in Kol und Eph aufge-

„Selig, o (ihr) Einsiedler *(iḥidaye)*, daß ihr mit dem Eingeborenen *(iḥidaya) ein* Sohn Gottes durch den Umgang[23] mit ihm geworden seid". Deswegen sind euch die Geheimnisse des Vaters offenbart, und ihr könnt sagen: er ist in unseren Herzen erschienen. Ep. 4,8: Mein Gott, entkleide mich vom Gewand der Leidenschaften, dieser finsteren Hölle[24], und bekleide mich mit dem Mantel deines heiligen Lichts, welches die neue Welt selbst[25] ist, „bevor ich aus dem Leib fortgehe". Die Schönheit deiner Schau soll mir Nahrung sein, die Offenbarung deiner Geheimnisse mein Trank. Mach mich zu einem Glied am Leib deines Eingeborenen, und ich werde wahrnehmen das Geheimnis seiner Einheit mit dir, soweit meine Schwäche es vermag. Ep. 4,9: Bitte Tag und Nacht um die Liebe deines Herrn, obwohl du ihrer nicht würdig bist. Denn sie ist die „Mutter, die die neuen Geheimnisse der neuen Welt hervorbringt, d.h. daß durch sie Christus in dir erscheint und das Antlitz deiner Seele durch ihn glänzend gemacht wird; und von jetzt an macht er dich zu seiner Wohnung mit seinem Vater und seinem heiligen Geist". Die Begierde nach Christus vermag aus deiner Seele die Begierde nach der Welt und die Erinnerungen an sie auszureißen, sodaß sie sich mit Gott allein verbindet.

Ep. 4

Zu Ep. 4: Johannes von Dalyatha steht ein reiches Vokabular für „entzünden", „entflammen", „brennen" zur Verfügung, Beulay hat deswegen zurecht einen eigenen Abschnitt „L'embrasement du feu de la dilection"[26]. In dieser Sprache drückt sich die außerordentliche affektive Kraft des Mystikers aus, die er auf allen Beziehungsebenen erkennen läßt, gegenüber seinen Mitbrüdern so gut wie in seiner Christus- und Gottesliebe. – In den eben zitierten und referierten

geben". „Im frühchristlichen Enthusiasmus konnte solches Selbstverständnis ... zu einer weltvergessenen und weltverachtenden Haltung führen, deren Gefährlichkeit Paulus erkannt und bekämpft hat". Die Anwendbarkeit dieser Feststellungen auf bestimmte spirituelle Richtungen späterer Zeit ist – mutatis mutandis – offensichtlich.

[23] Beulay übersetzt *ḥulṭana*, das „Umgang, Mischung, Vereinigung" heißen kann, mit „union"; im Index von Enseignement, p. 516, gibt er „mélange, union" an. Mir scheint „Umgang" hier gut zu passen, weil dadurch deutlich wird, wie weit der spezifische Umgang des Einsiedlers mit Christus führen kann. Der Satz wäre sonst praktisch tautologisch.

[24] Aus Ep. 4,2 kann man ersehen, was alles zum „Gewand der Leidenschaften" gehört: nicht nur die Unterhaltung mit Weltleuten und besonders den Frauen unter ihnen, sondern auch, und das ist angesichts der Lebensweise der Mönche realistischer, die Zuneigung (man beachte die starke Vokabel) zu jungen Männern, weltlichen oder religiösen, am schlimmsten ist aber die eventuelle Freundschaft mit geistlichen Frauen. Interessanterweise werden diese auch jetzt noch als „Bundestöchter" bezeichnet.

[25] „*qnomeh* der neuen Welt": auch Beulay übersetzt mit „lui-même", gemeint ist „Realität der neuen Welt".

[26] *Beulay,* Enseignement, p. 206–214. – In diesem Zusammenhang sollte an das „brennende Herz" der Emmausjünger beim Umgang mit Jesus erinnert werden, Lk 24,32.

Aussagen aus Ep. 4 tritt übrigens ein Movens dieser Spiritualität zutage, das zum Verständnis des Faktums beitragen kann, daß den Vertretern dieser Mystik Mißtrauen bis zur Feindschaft und Verdammung entgegenschlagen konnte: es ist der vorweggenommene eschatologische Zustand, den der Einsiedler, „noch ehe er aus diesem Leib fortgeht“, als Gabe Gottes für sich erbittet, als vorweggenommene Auferstehung, als Realität der neuen Welt. An diesem Punkt gibt es eine Differenz zur Eschatologie des Theodor von Mopsuestia wie auch am Punkt des Seelenschlafes[27].

Ep. 5

Ep. 5,1: „Willst du, daß dir Christus im Gebet wie einem Freund[28] erscheine?“ Das erfordert unaufhörliche Liebe in dir; wenn sie immerfort in dir entflammt sein soll, mußt du die Liebe zur Welt austreiben. Begehrst du danach, deine Wohnung am „ortlosen Ort, d. h. in Gott“ zu haben, so verlaß’ die Welt wie den Mutterschoß[29] – dann hast du die wahre Welt gesehen. Christus kann nicht mit dieser Welt oder in ihr wohnen, weil sie ihn haßt. Aber auf der Seele, die von der Welt leer ist, ruht er beständig und besucht sie, um in ihr zu wohnen. – Dazu auch aus 5,2: In dem Augenblick, in dem die Intelligenz die Welt auszieht, bekleidet sie sich mit Christus.

5,2 (Der Verfasser nimmt die synoptischen Worte vom Nachfolgen und Kreuztragen folgendermaßen auf:) „Die Vollendung[30] der Gebote ist das Kreuz“, d. h. aber das Vergessen der Begierde nach der Welt und der glühende Wunsch, sie zu verlassen, wie wir es von Paulus wissen. Wenn man fortgeht von der Geschäftigkeit, begegnet man Gott; schneidet man die Seele ab vom Umgang mit der Welt, „psalmodiert in ihr der Geist unaussprechliche Geheimnisse[31]. Mir hier[32] ist dies ein Geheimnis und schauererregend[33], aber den[34] Wahrhaftigen ist die Wahrheit offenbar“.

5,3 beginnt mit einer Anrufung Christi, die an sein für unsere Schuld vergossenes reines Blut erinnert, eine Schuld, die unser unvernünftiger Wille auf sich geladen hat. Christus soll die Augen unseres Verstandes öffnen, damit wir

---

[27] *L. Abramowski*, Dadisho Qatraya and his Commentary on the Book of the Abbas Isaiah, The Harp 4 (1991) 67–83.
[28] Dieselbe Vokabel wie in Joh 15,13–15.
[29] Es ist wohl eher an den Ausgang vom Dunkel ins Licht gedacht als an die Schmerzhaftigkeit des Vorgangs.
[30] Beulay: „l’observance parfaite“.
[31] 1 Kor 14,15 und 2.
[32] Wie weiter unten = „hier auf Erden“, „hier in diesem Leben“.
[33] *Was* ist so „numinosum et tremendum“? Der Übergang von einem Zustand in den anderen?
[34] Begreiflicherweise lesen drei Hss den Singular; denn wer sind die „Wahrhaftigen“? Die jenseitigen „Ordnungen deiner Heiligkeit“ von 5,3?

erkennen, wohin wir gehen. Dein Licht, das sonnenhaft die Ordnungen[35] deiner Heiligkeit erleuchtet, möge mich zu dir führen. Der Geist möge mich in ihre Mitte führen, sowohl *hier* wie in der Welt des Lichtes. Erschaffe mich, Herr, als neue Kreatur[36], die deiner Schönheit gleicht, unsere frühere Natur wollen wir vergessen.

In 5,4 nehmen die Gedanken eine andere Wendung; der Verfasser klagt darüber, daß wir vom eröffneten Zugang zur Herrlichkeit, der dargebotenen Gabe keinen Gebrauch machen: Deine Pforte, Herr, ist offen[37], und keiner geht hinein; deine Herrlichkeit ist offenbar – niemand betrachtet sie; dein Licht erleuchtet die Pupillen – und wir wollen nicht sehen; deine Hand ist zum Geben ausgestreckt – und es gibt niemand, der sie nimmt. Also muß der barmherzige Vater sich selbst dazu überreden, uns zu zwingen[38], daß wir uns ihm nähern – wir selber wollen ihn ja nicht dazu überreden! Nimm, Herr, die Schleier vor unsern Augen hinweg, die uns am Sehen des wahren Lichtes hindern, dann werden wir zum Genuß seiner Schönheit kommen und darin für immer bleiben.

Ep. 7 und 11

Ep. 7 spricht nicht von der Schönheit Christi, sondern von der Gottes, und bietet so ein Beispiel dafür, wie von beidem in völlig gleicher Weise geredet werden kann. Deswegen möchte ich diesen Brief nicht übergehen.

7,1: Wir sollen geplagt werden durch die Liebe zum Schönen – das ist das Ziel der Askese. Selig, wer trunken ist in deiner Liebe, mein Gott; er vergißt alles, was ihm vorher nötig war. 7,2: Der bekannte Vers aus Ps 34, „Schmecket und sehet wie freundlich der Herr ist“, wird auf die Süßigkeit des Vaters bezogen; wer sie nicht erfahren hat, dem ist diese Erfahrung mit Worten nicht mitteilbar. Gott ist für sich selbst Genuß, Freude, Schönheit seiner selbst[39] – er läßt durch sich genießen jene, die ihn lieben, er erfreut sie durch sich, er verwandelt sie in die Ähnlichkeit seiner Herrlichkeit durch seine Offenbarung in ihnen. Er ist ihr Hochzeitsmahl und ihre Brautkammer. Sie sehen ihn in sich und freuen sich und sind überwältigt von seiner Schönheit. 7,3: Selig, wer ein Spiegel zu sein versteht und darin den Glanz dessen sieht, der allen verborgen

[35] Beulay: „chœurs“.
[36] Cf. Ps 51,10 (12). Man beachte die charakteristische Auslegung.
[37] Cf. Joh 10,9.
[38] Sicher eine Anspielung auf Lk 14,23, „nötige sie hereinzukommen“, auch wenn das Verb für „nötigen“ mit dem in Pesh. nur verwandt und nicht identisch ist.
[39] Beulay übersetzt „la beauté de son Être“ (zu dieser Übersetzung von *qnoma* s. oben Anm. 20 am Ende). Aber die Übersetzung durch das Reflexivpronomen gibt hier einen guten Sinn, wahrscheinlich gilt das auch für andere Fälle, wo es sich nicht um die trinitarischen Hypostasen handelt.

ist. Der da auf dem Berg sagt (Ex 33,20): „Niemand sieht mich und lebt", der wird an *diesem* Ort gesehen (sc. in der Seele als Spiegel), und die ihn sehen, leben ewiglich.

Ep. 11 ist den Leiden und Kämpfen des Einsiedlers gewidmet. 11,1 vergleicht die Anfechtungen mit dem Leidenskelch unseres Herrn[40]. Was man Bitteres um seinetwillen trinkt, wird zur Quelle herrlicher Dinge. 11,2: Der Kämpfer, dem es auf den Siegeskranz ankommt, darf die Bitterkeit des Kampfes nicht scheuen. Der Kranz, den Christus am Ende des Kampfes dem darreichen wird, der ihn liebt, ist die Schau der Trinität. – Die Deutung des Siegeskranzes aus 2 Tim 4,8 auf die Schau der Trinität ist die der abgemilderten Fassung von Euagrius, Cent. I 75; es ist aber Johannes, der auf den biblischen Kontext zurückgreift: Christus überreicht den Kranz. – Die Wunden, die im Kampf aus Liebe zum allerschönsten Bräutigam geschlagen werden, lassen die verletzten Glieder schon hier in der „wesentlichen Herrlichkeit" leuchten, von der er (sc. der Bräutigam) ein Angeld gibt. – Die Rede vom „Angeld" ruft in Erinnerung, daß der Christ und also auch der Einsiedler sich „hier" doch noch nicht endgültig im Reich der Herrlichkeit befinden, so oft das auch als Ziel und sogar Tatsache im Zustand der „enstatischen" Meditation (um Blums Terminus zu gebrauchen) vom Einsiedler verkündigt und erfahren wird.

11,3: Im Kampf können wir unseren Heerführer um Hilfe bitten; wenn wir ihm unsere Schwäche[41] zeigen, ist *er* die Kraft[42] in unseren Gliedern. (– Oder dasselbe anders ausgedrückt: –) Laßt uns jeden Augenblick nach seiner Schau dürsten, und er wird uns die Schönheit seines Antlitzes zeigen.

11,4 bewegt sich in der Bilderwelt des himmlischen Mahls: Wer sich durch die Bitterkeit des Kampfes gegen sich selbst hindurchgebracht hat, wird Tischgenosse im Haus des Vaters. – Die Auslegung des biblischen Bildes verschiebt sich nun, der Gastgeber wird zur Speise! –: Es wird ein „Seher" zitiert mit dem Satz „Christus ist ihr Tisch, an dem sie sich vom Vater ernähren". Das stammt aus Euagrius Cent. II, 60 in der gemilderten Fassung, ist aber nicht vollständig und nicht wörtlich angeführt, sondern bereits gedeutet, – von Johannes? Jedenfalls folgt er dieser Deutung mit seinen eigenen Worten: Diejenigen, deren Speise durch Tränen und Seufzen verdorben ist, „*essen* Gott in der Freude des Herzens." Weil sie die schmutzige Begierde verachtet haben, erscheint ihnen in der Trunkenheit der Liebe die Schönheit seiner Schau.

11,5 schildert die Erfahrung eines Bruders, dessen Glaubwürdigkeit beteuert wird (ist es Johannes selber?). Seitdem es seinem Schöpfer gefallen habe,

---

40 Ist es nur ein protestantisches Vorurteil meinerseits, wenn ich diese Applikation der conformitas Christi für theologisch fragwürdig halte? Sie nivelliert die Todesangst Christi und überhöht die monastische Anfechtung. Nach dem, was wir in 11,5 hören, geht es um erotisch-sexuelle Versuchungen. Wir sind berechtigt, 11,1 und 11,5 zusammenzunehmen, weil der Angefochtene in 11,5 bittet: „Nimm von mir Leiden und Kampf".

41 „Schwäche" und „Stärke" bilden im Syrischen ein Wortspiel: *mḥiluta* und *ḥaila*.

42 Wie Anm. 41.

ihn zu besuchen, vermeide er die Begegnung mit Frauen und mit jungen Männern[43]. Selbst die Erinnerung an sie rufe einen derartigen Ekel hervor, daß er an einem solchen Tag nur mit äußerstem Widerwillen essen könne. Diese Menschen sind für ihn stinkend[44]. Das wiederum betrachtet der Verfasser als göttlich bewirkt (– da es zu seinem Schutz dient –). – „Der Besuch des Schöpfers“ bei ihm kann nur die ihm zuteil gewordene Schau des Göttlichen meinen, sei es als „schönes Antlitz Christi“ oder als Schönheit Gottes.

11,6: Die wegen dieser Kämpfe nichts mehr schmecken können, deren Seele erfährt die Salbung mit der „Süßigkeit des Schöpfers“, „ihre Glieder[45] sind eingetaucht in ihn“, er selbst ist ihnen der balsamische „Atemhauch der trinitarischen Kraft“. Niemand, der das geschmeckt hat, ist entmutigt durch die Vielfalt der Versuchungen.

Ep. 12 bis 16

Bei den folgenden Aussagen aus Ep. 12 ist zu bedenken, daß dieser Brief, der vom Gebet handelt, eine höchste Stufe der mystischen Versenkung voraussetzt[46], in der das aktiv verstandene Gebet unterbrochen wird: „La stupeur qui interrompt la prière“, wie Beulay das nennt[47]. Beulay untersucht das Phänomen in einem längeren Abschnitt[48], wobei er der Abhängigkeit von Isaak von Ninive nachgeht. Der Ursprung des Gedankens ist in der von Beulay für falsch gehaltenen syrischen Übersetzung einer euagrianischen Centurie zu suchen, deren griechisches Original er wie Hausherr in einem vom letzteren mitgeteilten Text vorliegen sieht[49]. Hier steht das Gegenteil von dem, was die

---

[43] Es ist kulturhistorisch interessant, daß die Möglichkeit erotisch-sexueller Attraktion durch sowohl Frauen wie (junge) Männer und die daraus folgende Begierde (die mit Abscheu bedacht wird) in ein- und demselben (männlichen) Individuum vorausgesetzt und von einem solchen konkret als Tatsache erfahren wird. Cf. auch oben Anm. 24.

[44] *Beulay,* z.St., PO 39, p. 335, Anm. 8, sieht richtig das Phänomen der Übertragung aus dem „verdorbenen Gewissen“ (p. 334,9) auf das Objekt der Begierde: „L'odeur infecte“ (p. 334,14) „qui s'exhale de la conscience détériorée et qui paraît être celle des jeunes garçons rencontrés“.

[45] Im syrischen Wort (p. 334,18) ist der diakritische Punkt des *dalat* ausgefallen, die Pluralpunkte würden eine Lesung als *resh* möglich machen, aber Beulays Übersetzung basiert ohne Zweifel richtig auf dem *dalat.*

[46] Sie wird differenzierter dargestellt in Hom. 6, *Beulay,* Enseignement, 223–230.

[47] So Beulays Überschrift, Enseignement, p. 215. – Dazu vgl. nun auch *L. Abramowski,* „Der Stupor, der das Gebet unterbricht“. Euagrius, Cent. Suppl. 30, in Übersetzung, Original (?) und Interpretation, in: M. Tamcke, A. Heinz (hg.), Zu Geschichte, Theologie, Liturgie und Gegenwartslage der syrischen Kirchen. Ausgewählte Vorträge des deutschen Syrologen-Symposiums vom 2.–4. Oktober 1998 in Hermannsburg = Studien zur Orientalischen Kirchengeschichte 9 (2000) 15–32. (T. H.)

[48] *Beulay,* Enseignement, p. 215–239.

[49] *W. Frankenberg* (Hg.), Euagrius Ponticus = AGWG.PH NS 13,2 (Berlin 1912) hat in sei-

syrische Übersetzung sagt: das wahre Gebet wird nicht „abgeschnitten", sondern *geschieht* im Licht der Trinität. „Cependant la tradition mystique nestorienne s'est attachée à cette traduction fautive pour formuler sa doctrine de la prière, ainsi qu'on peut le voir non seulement chez Isaac de Ninive, mais aussi chez Jean de Dalyatha et Joseph Hazzaya".[50] Hier habe der von der Synode des Katholikos Timotheus I. erhobene Vorwurf des „Messalianismus" und die Verurteilung u. a. des Johannes von Dalyatha einen gewissen Ansatzpunkt, denn die Unterbrechung des aktiven Gebets durch den (vom Mystiker erwünschten) *stupor* bedeutet u. U. auch eine Unterbrechung des Tagzeitengebets, in der man die den Messalianern vorgeworfene Verachtung des Gebets der Kirche entdecken konnte, wenn man wollte.

„Bien qu'il ne s'agisse pas ici de messalianisme proprement dit, car ces états de stupeur ne sont que passagers et n'entraînent donc pas un délaissement définitif de la prière vocale, il reste que la méfiance témoignée par le synode de Timothée envers cette attitude assez indifférente vis-à-vis de la valeur que peut avoir l'office en lui-même ... ne manque pas d'un certain fondement."[51]

12,2 gibt eine Auslegung von Mt 16,19, die das Hier und Jetzt der Himmelreichsverheißung für die Wahrheitsliebenden betont. Die Verheißung in Jesu Wort ist nicht nur dem Petrus allein gegeben, sondern allen, die die Wahrheit lieben. Beten heißt Klopfen an die Tür des Gebers; wenn aber jemand in das Königreich eingetreten ist und Macht über seine Schätze hat, wie soll der noch an die Tür klopfen? Es ist lächerlich zu sagen, daß der noch im aktiven Sinn betet[52], der sich im *stupor* durch die Schönheit des Guten befindet, berauscht ist von der Schönheit des allerschönsten Bräutigams.

12,4: Die Nachrichten über die Gebete der Apostel oder deren Aufforderung zum ständigen Gebet haben pädagogische Funktion, sie selber sind

---

ner griechischen Rückübersetzung der Nachtrags-Centurie 30 das syrische *mtpsw'* (p. 454,8) gar nicht wiedergegeben, sondern dafür Auslassungspunkte gesetzt (p. 455,8).

[50] *Beulay,* Enseignement, p. 216f. Nach Hausherrs Fund hat im Griechischen γινομένη gestanden, was vom syrischen Übersetzer als τεμνομένη verlesen worden sei. Die Diskutanten übersehen, daß außerdem ein griechisches Äquivalent für *bid thr'* (von Frankenberg als δι' ἐκστάσεως retrovertiert) fehlt! – Ich selber will demnächst diesem Problem eine Miszelle widmen.

[51] *Beulay,* Enseignement, p. 239.

[52] Cf. *Beulay,* PO 39, p. 337, Anm. 6 zu p. 336,14/p. 337,19 *dmzliw mzl'* „il prie à proprement parler": „La traduction normale de la tournure syriaque (le « complément absolu »)" (= infinitivus absolutus) „serait plutôt: « qu'il prie réellement ». J'ai préféré employer une expression un peu moins catégorique, au risque d'affaiblir le paradoxe accepté par Jean de Dalyatha et d'autres mystiques nestoriens ... constitué par l'existence d'un état où il n'y a pas de prière, et où cependant a lieu la « véritable prière »: celle de l'Esprit en l'homme, qui seul peut être continuelle (voir la suite de cette lettre)". Da aber gerade „im eigentlichen Sinne beten" als das „wahre (Nicht-)Gebet" mißverstanden werden kann, habe ich es vorgezogen, den absoluten Infinitif von „beten" nach der Beschreibung des Gebets durch Johannes und Beulay wie oben geschehen zu übersetzen.

selbstverständlich Beter in jenem höheren Sinn des Nicht-Gebets. Wenn Paulus sagt: „Wir haben die Intelligenz Christi" (1 Kor 2,16), dann dient die Intelligenz dazu, daß wir die Geheimnisse des Hauses des Vaters sehen.

12,5: Solche hat der Geist vereint in der Schönheit des Wunderbaren. Sie brauchen nicht mehr von ferne zu rufen: „Zeige uns deine Schönheit!" Sie brauchen nicht mehr zu betteln, sondern haben erhalten und können von ihrem Reichtum abgeben. Sie freuen sich, weil sie berauscht sind von der Liebe des Schönen.

12,6: Wie kann einer, der mit Christus eins geworden ist, aktiv beten wie einer, der mit dem Hausherrn nicht bekannt ist? Und zu wem soll er beten, er, der Sohn Gottes ist? Mt 6,8 (der Vater weiß, wessen ihr bedürft, ehe ihr bittet) wird zur Unterstützung dieser Auffassung zitiert. Noch einmal wird die paulinische Aufforderung zum Beten ohne Unterlaß erklärt[53] (– ohne Zweifel wurde sie immer wieder unter den geistlichen Freunden diskutiert wie auch als Einwand gegen die Gebetslehre dieser Mystiker vorgebracht –), erklärt mit Hilfe wiederum des Paulus, nämlich der Unterscheidung von Knecht und Sohn aus Gal 4,7 und 29: so lange man Knecht ist, betet man aktiv; wenn man aber in der „Welt des Gebets" aus dem Geist geboren ist, dann ist man Sohn Gottes und als Erbe bevollmächtigt für den Reichtum – man bittet als solcher nicht.

13,1: Gott erkennt den Mönch an seinem Umgang – „diese Wahrheit habe ich von meinem Gott[54] gelernt",[55] sagt der Verfasser –: Wenn du mit Weltleuten liebevoll umgehst, betrachtet dich Gott als Weltmenschen, wenn du mit den gottliebenden Einsiedlern umgehst in Freundschaft, bist du ein wahrer Einsiedler, wenn du in der Absonderung beständig über Gott meditierst, bist du göttlich und Gott gleich. Das ist das Ziel all unsres Laufens. – Der geistliche Anspruch, der hier erhoben wird, ist außerordentlich. Ist er zu hoch? –

13,2: Von der Gegenwart oder Abwesenheit des Geistes hängt die Atmosphäre der Mönchszelle ab. Wenn der Geist sie geheiligt hat, ist das als Wohlgeruch wahrzunehmen. Selig der Mönch, der die Mauern seiner Zelle küßt wegen ihres Wohlgeruchs. Bei den Gebetshaltungen des Liegens[56] auf dem Gesicht und des Kniens kann er die Süßigkeit einatmen. Stehend brennt der Einsiedler in der Glut, umarmt und küßt das Kreuz und glänzt in der Schönheit des Höchsten, sein Herz springt freudig, und er schreit[57] vor Freude.

13,3: Die Arme sind ermüdet vom Umfangen des Geliebten, die Pupillen brennen von den heißen Tränen der Liebe, die Ohren hören nichts mehr im

---

[53] S. oben zu 12,4.

[54] „Mein Gott" ist hier vermutlich Jesus.

[55] Woraus gelernt? Bibelstelle? Aus dem gelegentlichen abgesonderten Beten Jesu (s. die Fortsetzung des Textes)?

[56] Liegen, Knien, Stehen sind die körperlichen „Bewegungen" des Gebets.

[57] Ist dies Schreien hörbar?

stupor, der aus der Schönheit des Schönen kommt. Nun glüht der Leib in Feuer und Geist, und die Seele ist Gott ähnlich geworden – wer wird davon reden können?

14,3: Diese alles übersteigende Seligkeit setzt allerdings voraus, daß wir ihrer würdig sind. Die Würde und Reinheit muß Christus uns geben (er wird in der zweiten Person angeredet): das Wasser aus seiner Seite, das für uns geflossen ist, möge die Menge unserer Flecken bleichen, das Blut (Joh 19,34), das zu unserer Vergebung vergossen ist, möge uns waschen und uns seiner Reinheit gleichmachen. – Auf diese Berufung auf die Heilswirkung des Todes Jesu, wie sie traditionellerweise in die Deutung der Seitenwunde Christi hineingelegt wird, folgt nicht unpassend eine christologisch-soteriologische Aussage, die dem *sacrum commercium* des römischen Meßformulars und dem „fröhlichen Wechsel" Luthers entspricht; auch wird gut theodorisch vom „Annehmen" des Unsrigen durch den Herrn geredet: – „Der du für dich angenommen hast, mein Herr, von dem Unseren, das nicht dein war, gib uns von dem Deinen, was wir nicht haben." Wir haben dich herausgehen lassen zu dem Unseren durch die Größe unsres Frevels, laß uns hineingehen zu dem Deinen durch die Größe deiner Barmherzigkeit.

15,6 ermahnt den Adressaten, daß er nicht an der Schwärze (der Schrift der Briefe[58]) des Johannes hängen solle, sondern er solle eine Flamme sein, die alles um ihn herum entzündet, damit er die Schönheit sehe, die in ihm verborgen ist; er solle mit „schweigender Stimme"[59] rufen: O in mir Verborgener und Verhüllter, zeige mir deine Schönheit in mir! Laß in dem von dir erbauten Tempel die Wolke deiner Herrlichkeit ruhen, damit hier die Diener deiner Heiligkeit das „Sanctus"[60] singen.

15,8 fordert den Adressaten auf: Gib dem Feuer Jesu[61] Nahrung, damit es festhalte in dir die Reinheit deiner Seele. Im Licht dieses Feuers wirst du die Reinheit deiner Seele sehen und die Schönheit des Antlitzes des Geliebten. Außerhalb deiner Seele wird sie dir nicht sichtbar und ohne Reinheit auch nicht. Ohne sie siehst du nicht dich selbst[62] und nicht ihn in dir selbst[63].

15,9[64] enthält eine Auslegung der Geschichte von der Stillung des Sturms (der schlafende Jesus!) (Mt 8) in diesem Sinn: Er ist nicht fern von dir, um den du dich alle Tage ermüdest und abmühst; er ist in dir, während er schläft, und

[58] S. *Beulay*, PO 39, p. 351, Anm. 27.
[59] Ist das die Antwort auf die in Anm. 57 gestellte Frage, oder handelt es sich um zwei verschiedene Stadien?
[60] S. dazu *Beulay*, Enseignement, p. 363–366.
[61] Mit Beulay wird man hier auf Lk 12,49 verweisen.
[62] Beulay hat „être" für *qnoma;* mir scheint auch hier „selbst" auszureichen.
[63] Wie Anm. 62.
[64] Im syrischen Druck sind die Paragraphenziffern versehentlich anders gesetzt als in der Übersetzung; § 9 muß vor p. 352,4 stehen; § 10 (statt 9) vor Zeile 10.

wartet, bis du erwachst und ihn aufweckst, damit er stille die dich überrollenden Wogen.

15,10[65] beschreibt die Wirkungen des Feuers der Liebe Jesu oder zu Jesus vor allem als Schau und Einwohnen der Trinität; ich führe nur aus dem Schluß des Abschnitts die Anwendung zweier Bibelstellen auf den Mystiker an: Es ist jene Liebe, die dich aus einem Knecht zum König macht[66] und deine Feinde zum Zertreten unter deine Füße legt – also eine Form der Gleichförmigkeit mit Christus bewirkt, cf. Hebr 1,13 –. Diese Liebe wird deinen Intellekt am Ende seines Laufens mit dem Kranz krönen und – damit wird das Hauptthema des Abschnitts aufgenommen – ihre Bewegungen werden die Schau *(theoria)* der heiligen Trinität erscheinen lassen.

16,1 erzählt ein Erlebnis, das mehrere Züge mit der Emmaus-Geschichte (Lk 24) teilt (von Beulay nicht notiert). Auch hier beschreibt der Verfasser seine eigene Erfahrung als die eines dritten: Er war unterwegs mit Freunden, da begegnete ihm der Geliebte und führte ihn mit sich. Der Geliebte ging etwas vor ihm her und der Erzähler folgte ihm dicht nach. „Er wendete mir sein Gesicht zu, und mein Denken war gefangen. Und als er sah, daß ich erschreckt war, sprach er mit mir in Ermunterung und heiterte mich auf. Und mein Herz entbrannte in seiner Liebe", und flammend von Begierde begann er, davonzufliegen; meine Seele war von da an wie vernichtet, ohne daß ich starb, meine Freunde aus meinem Herzen gestrichen. – Der Zustand des *stupor,* seine Dauer und seine allmähliche Auflösung werden weiter geschildert in 16,2.

16,3: Kann man dergleichen aus Feder und Tinte lernen? Nur wer dich, Köstlicher, geschmeckt hat, wird es verstehen. Wer so mit dir „vermischt" war, wird den nicht tadeln, der seinen Freund durch dergleichen ermutigt. – Hier am Schluß stellt sich das Problem der Mitteilbarkeit des Unsagbaren: Die Lektüre des Erfahrungsberichts ist nicht die Erfahrung selber. Trotzdem ist eine solche Mitteilung nicht von jenen zu tadeln[67], die selbst vergleichbare Erfahrungen gemacht haben, wenn sie Freunde ermutigen kann. Was der Verfasser vorher als *stupor* geschildert hat, bezeichnet er im letzten Paragraphen als „Vermischung" mit dem Geliebten, also als eine Art von Vereinigung. Zu notieren ist noch, daß die Lokalität der Begegnung mit Jesus in diesem Fall nicht die eigene Zelle ist, in der man sich meditierend aufhält und wo das schöne Antlitz Jesu in der Seele des Einsiedlers erscheint, wenn er sein Begehren nur anhaltend auf ihn richtet. Unerwartet wie die Begegnung ist, führt sie als solche noch nicht zum Erschrecken, erst die Zuwendung des Gesichtes tut das in diesem Fall, aber der Schrecken wird durch die Rede des so Erscheinen-

[65] Siehe Anm. 64.

[66] „Knecht" und „macht" bilden ein beabsichtigtes Wortspiel: an beiden Stellen steht *'bd'*, einmal mit kurzem, einmal mit langem *a* auf der ersten Silbe.

[67] Vermutlich sind solche Vorwürfe dem Johannes gegenüber erhoben worden.

den umgewandelt und führt zur vollständigen Überwältigung durch die Freude. Das Ereignis, das meist als ein inneres geschildert wird, und zwar im doppelten Sinn: in der Einsamkeit der geschlossenen Zelle und dort wiederum in der Seele des Einsiedlers, kann sich auch draußen ereignen: auf dem Weg, als äußerlich zur dahinwandernden Figur dargestellt. Es ist denkbar, daß das gemeinsame Gehen mit den Freunden den Mystiker an die Emmaus-Geschichte erinnert hat und ihn, den ohnehin Prädisponierten, bei dieser Gelegenheit zu dieser ekstatischen Erfahrung kommen ließ[68].

Ep. 18 und 19

Unter den Briefen des Johannes von Dalyatha gibt es auch eine Regel für Anfänger, Ep. 18. Sie enthält wie sonstige Mönchsregeln vieles, was in den Bereich guten, weil rücksichtsvollen Benehmens gehört[69]. Am Schluß bietet sie eine Verheißung, in der wir die vertraute Stimme unseres Mystikers hören, 18,47: Wenn du all dies beherzigst und dich immerfort mit der Meditation über Gott beschäftigst, „wird es deiner Seele geschehen, daß sie in sich das Licht Christi sehen wird, und sie wird nie mehr blind sein". Ihm sei der Ruhm von allen, die ihn lieben.

Ep. 19 enthält verschiedene Äußerungen der Nachfolgefrömmigkeit und darüber, wie wir ihr nicht genügen. 19,1: Christus hat uns durch seinen mühsamen und bedrängten (Lebens)Lauf gezeigt, wie wir hinter ihm herlaufen sollen, wenn uns wirklich daran liegt, dorthin zu gelangen, wo *er* ist. Als Beispiele werden den Brüdern in 19,2 und 3 Paulus und der Zebedaide Johannes vorgehalten, was die äußerste Erbärmlichkeit ihrer Bekleidung betrifft[70]. Paulus machte seinen Leib häßlich, um schön zu erscheinen in den Augen dessen, der ihn erwählt hat, wogegen unsere Bemühungen um Selbstverschönerung uns häßlich in den Augen des Schönen machen. Paulus und seinesgleichen werden als „Erleuchtete" bezeichnet. 19,4: Sie haben (noch) Christus (selbst) sagen hören: „Ich bin der Weg". Ich habe begriffen, daß aus dem Bitteren seine Süßigkeit entspringt. Ich freue mich an meinen Ermüdungen, damit er mich durch seine Erscheinung erfreue. Ich trage seine Wunden an meinen Gliedern

---

[68] Die Analyse dieser Beschreibung und ihrer Terminologie bei *Blum,* Enstatische Konfessionen (s. o. Anm. 2) 204–206, hat den Bezug auf Lk 24 nicht gesehen, „lediglich das Motiv der Begegnung mit dem Geliebten könnte als Anklang an das Hohelied verstanden werden" (p. 205). Blum spricht auch hier von Enstase (ibid.).

[69] Die Vorschriften über äußerste Diskretion (z. B. soll man nicht den Blick über die Zellenausstattung eines Mitbruders schweifen lassen) schaffen um die Mönche eine Hülle der Unberührbarkeit. Die seelische Kälte, in die das führen könnte, wird durch die Erlaubnis vermieden, *einen* vertrauten Freund unter den Brüdern haben zu dürfen.

[70] Was ist die Quelle für diese Schilderungen? Der mit dem Lieblingsjünger gleichgesetzte Zebedaide wird hier wohl mit den Zügen des Täufers ausgestattet.

und juble, daß man an mir findet, was er ertragen hat. 19,5: Für einen Tag des Leidens um seinetwillen wirst du die Welt des Lichtes empfangen. Ein wenig Hungern bringt den Wunsch mit sich, sein Antlitz zu sehen. Und wenn dein eignes Gesicht dunkel wird von den Mühen seinetwegen, wird er dich erglänzen lassen in seiner Herrlichkeit ohne Ende.

19,6: Himmel und Erde umfassen Gott nicht; im Intellekt, der die Reinheit bewahrt, wohnt er und wird er erwiesen. 19,7 gibt eine charakteristische Wiedergabe von Mt 5,8: Selig sind, die reinen Herzens sind, denn *in ihrem Herzen* werden sie Gott schauen. Und dort ist das Gottesreich, von dem es doch heißt: Es ist *verborgen* in euch. Wer seine Welt gegen die Begierde nach ihm (Gott) austauscht und sich von seinem verdorbenen Leben entfernt, findet für sich als Welt den Schöpfer der Welten.

Ep. 22 und 24

In Ep. 22,1 beruhigt Johannes zunächst seinen Korrespondenten, der offenbar seine Anteilnahme geäußert hatte, daß das „Licht meiner Augen", das für eine Zeit „wegen meiner Sünden nicht bei mir war", wieder begonnen habe, „die Schönheit seiner Strahlen zu zeigen". – Vielleicht handelt es sich hier um die leiblichen Augen, des Verfassers Empfinden für Schönheit träte dann auch hierin zutage.

22,2 gibt an, was der Einsiedler *(iḥidaya)* mehr hat als der Weise: er umarmt[71] den Seinen *(iḥidait),* was Beulay mit „comme s'ils ne faisaient qu'un seul" übersetzt; er rechtfertigt das aus dem Kontext, der von der Gefahr der Zerstreuung durch (Alltags-?) Ereignisse spricht[72]; bei der gleichen Gelegenheit erwägt Beulay auch die Übersetzung „auf einsiedlerische Weise" (d. h. wie nur ein Einsiedler es kann); mir scheint die übliche Weise der Übersetzung des Adverbs: „auf besondere Weise", „für sich allein", hinreichend.

Ep. 24,1 ruft zur Bewunderung der Liebe Gottes gegen uns auf, die sich in seiner Heilsveranstaltung, dem Kommen und Tod seines Sohnes zum Heil unseres Lebens auswirkt; auch hat er uns die Gebote gesetzt, daß er durch sie uns schmücke mit dem Schönen und uns lebendig mache. 24,2: Die Gnade unseres Gottes ist wunderbar, wer sie empfindet, entzündet sich und sein Herz brennt darauf, der Welt, die voll ist von Bösem, zu entfliehen. Die Feinde der Welt sind die Freunde des Geliebten. – Der „Geliebte" (p. 380,23) ist wohl Christus, obschon doch gerade von der Liebe Gottes die Rede war. Falls „*unser* Gott" (p. 380,20) nicht der Vater, sondern Christus sein sollte, würde der so rasche Wechsel von Gott zu Christus innerhalb dieser Zeilen verschwinden. Freilich wird sogleich (p. 380,23) „mein Vater" angeredet, so daß

71 S. oben Ep. 13,2 die Umarmung des Kreuzes.
72 PO 39, p. 379, Anm. 1.

der Versuch, hier zur Eindeutigkeit zu kommen, doch nicht weiter führt. – Wie erwünscht ist der Fortgang deiner Freunde zu dir, Schöner, wie mühsam jedoch das Abscheiden der zur Welt Gehörigen!

Ep. 25 bis 28

In Ep. 25,1 wird Christus als „mein Bildner" (d. h. Schöpfer) bezeichnet.

Ep. 26,3 spricht von der Offenbarung des sich in seiner Schönheit im Einsiedler zeigenden Gottes genau in der Weise, wie sonst von der Offenbarung Christi und seiner Schönheit in der Seele gehandelt wird. Christus ist hier der von Gott geliebte, („*sein* Geliebter"), an dessen Erbe uns Gott Anteil geben möge.

Obwohl also die innerste Gottes- und Christusbeziehung austauschbar erscheinen, ist der Zugang zur Erkenntnis des Vaters korrekt athanasianisch beschrieben, Ep. 27,1: Ich (er)kenne den Vater durch seinen Christus, den Sohn aber sehe ich durch den Geist. Außer „ihm" habe ich kein Leben und keinen Bestand – auf wen bezieht sich das Pronomen? – „Sie" (also die trinitarischen Personen) sieht Johannes im *stupor* als *eine* „Lampe", und wie diese Lampe leuchtet er selbst. So freut er sich „geistlich" daran, daß die Quelle des Lebens sich in ihm selbst findet, diese Quelle, die das Ganze[73] der unkörperlichen Welt ist. – Ein ungeheurer Anspruch, der sich aus der Interiorisierung des geschauten Göttlichen durch das „Sehen" ergibt! – Kein Wunder, daß Johannes in 27,2 sagt, daß kein Weiser das erklären könne. Und er rühmt den, der seine Schönheit denen offenbart, die ihn lieben.

In Ep. 28,2 wird einmal die ganze Gestalt Christi imaginiert, nicht, wie meist, sein Antlitz. Wenn du erschöpft bist im Dienst deines Herrn, lege deinen Kopf auf seine Knie und ruh' dich aus, lege dich an seine Brust und atme den Geist des Lebens ein, damit sich das Leben vermische mit „deinem Gebilde". – Christus wird also als sitzend vorgestellt, den Kopf auf seine Knie zu legen ist eine Geste inniger Vertrautheit; der Ursprung des Gedankens ist das „Liegen an der Brust" Jesu aus Joh 13,23, worauf sich das nächste Kolon bezieht, nur war die Sitte des bei Tische Liegens nicht mehr die des 8. Jh. Daß der Lieblingsjünger die atmend sich hebende Brust und das schlagende Herz Jesu in seiner Position wahrnehmen konnte, hat sich nicht nur unser Verfasser vorgestellt. So ist er auch nicht der einzige, der meint, daß in dieser einzigartigen Nähe eine Mitteilung an den Jünger geschehe[74]. Für unsern Mystiker ist das

[73] *sk'*. Beulay, PO 39, p. 389,4, übersetzt mit der Grundbedeutung „terme", aber die abgeleitete Bedeutung bei *Payne-Smith,* Dictionary: „sum", „total" ist hier vorzuziehen, cf. was weiter oben in der Darstellung über das Reich Gottes „in uns" etc. referiert wurde.

[74] Eine verbreitete Interpretation in der altkirchlichen Theologie ließ dem Evangelisten bei dieser Gelegenheit den Inhalt des Prologs zu seinem Evangelium zukommen.

der „Geist des Lebens" aus Gen 2,7, daher dann auch die Bezeichnung „Gebilde"; „mit deinem Gebilde" heißt: „mit dir als Geschöpf"[75]. Darüber hat der Verfasser die Situation des Mahles nicht aus den Augen verloren: – Stütze dich auf ihn, denn er ist der Tisch, an ihm werde ernährt durch den Vater,[76] – womit wie schon früher ein euagrianischer Gedanke aufgenommen ist[77].

Ep. 29 und 31

Wenn in den folgenden Briefen vom „Herrn" gesprochen wird, so könnte das sowohl Gott wie auch Christus sein. – In Ep. 29,1 macht die Anspielung auf Mt 11,29f. („Joch deines Herrn", von Beulay nicht eigens notiert) klar, daß der Herr hier Christus ist, dessen Joch man immer *im Herzen* tragen soll. 29,2: Dein Herr hat sein Feuer in deinem Herzen aufhören lassen, damit er dich lehrt, welchen Schaden Zerstreuung anrichtet. Sobald du dir dessen bewußt wirst, flammt das Feuer wieder auf, denn es hat nicht Abschied genommen, sondern sich still verhalten zu deiner „Korrektion"[78].

In Ep. 31 sind der Herr und der Vater deutlich unterschieden, mit einer Ausnahme in § 4[79] (s. u.). – Der Verfasser will seinen Korrespondenten unermüdlich auffordern: Liebe deinen Herrn!, bis deine Seele ganz in seiner Süßigkeit eingetaucht ist, sich selbst vergißt und sich als Kind des Vaters weiß (31,1). Die Liebe, die sich im Wort Joh 17,21 ausdrückt und die gegenwärtig ist in denen, die dich lieben (– hier ist der Herr und nicht mehr der Korrespondent angeredet! –), läßt die Glieder meines Leibes sich voneinander lösen, und der Lauf dieser Zeilen hört auf (– sc. weil die Hand nicht schreiben kann –). „Ja, durch dich, mein Herr, rede ich das Deine zu dem Deinen", tadle mich nicht deswegen (31,2). Darauf (31,3) wird wieder der Korrespondent angeredet, und zwar als „Knecht", der seine Knechtschaft gegen die Sohnschaft beim „Herrn der Welten" eingetauscht hat. Er wird aufgefordert, seine Augen auf sich selbst („in sich selbst") zu richten, damit in ihm der freudenspendende Glanz erscheine. Keine andere (körperliche) Haltung ist dafür günstiger, als auf das Antlitz zu fallen[80]; dann sieht man den, der alles sieht, hier offenbart er sich. 31,4: Die Seele, die in sich selbst ist, begleitet (oder: preist[81]) den Sohn

---

[75] Beulay übersetzt „ton être" und fügt als Anm. 4 (PO 39, p. 389,) hinzu: „Litt.: ta constitution". – Christus war ja schon weiter oben als Schöpfer bezeichnet worden.

[76] Im nächsten Satz ist Beulays „sans séparation" (p. 389,19) durch die andere mögliche Bedeutung des syrischen Ausdrucks zu ersetzen: „sans doute".

[77] S. oben zu Ep. 11,4.

[78] Beulay, p. 391,10 „de (te) former" ist etwas zu schwach.

[79] In Ep. 31 ist die Paragraphenzählung auf den Seiten 392 und 393 durcheinander geraten. P. 392 ist die 3 vor Zeile 12 zu setzen, aus 3 wird 4, aus 4 wird 5; p. 393 muß vor Zeile 31 die Ziffer 4 zu 5 korrigiert werden.

[80] So öfter; s. auch *Beulay,* Enseignement, p. 116f.

[81] Das Verb hat beide Bedeutungen, *Beulay,* PO 39, p. 393,24, zieht die erste vor.

ihres Herrn[82], nur der *stupor* seiner Schönheit bringt den Impuls zum Lobgesang zum Schweigen. Sie (die Seele) ist es, die den Mischtrank[83] seiner Süßigkeit getrunken hat und mit ihm[84] vermischt ist und er mit ihr. „Wer vermag mich von dir zu trennen?“[85]. 31,5 zeigt den Mystiker als einen Korrespondenten nicht ohne sanfte (Selbst)-Ironie: Du sagst: Hör auf! Quäle mich nicht mit derlei. Und ich höre wirklich auf – ganz wie du sagst.

Ep. 36

Ep. 36,2[86] berichtet Johannes, daß er einen süßen Gesang gesungen habe, den der Liebende gehört habe und aufgewacht sei,[87] und jetzt werde er in ewigem Wachen bei ihm bleiben. Er habe ihn sogar zu weiterem Singen aufgefordert und ihn (den Johannes) gebeten, ihn (den Liebenden) einzulassen. Das Ganze ist aber ein Geheimnis, das allein dem Mystiker und seinen Freunden gehört. Am Ende des § hat Beulay eine Anspielung auf das Kind Jesus erkannt, das in Jerusalem zurückbleibt, ohne daß seine Eltern es merken: dein (sc. Jerusalems!)[88] Herz ist erleuchtet durch seine Schönheit, in der verborgen ist das Kind, das alles für seine schöne Welt hervorbringt[89]. 36,3: Das Begehren nach dir, o Kind, nimmt die Seelen gefangen. Die meine ist hinter dir hergegangen, und wenn sie auf sich selbst blickt, geht deine Schönheit in ihr auf. Sie sieht dein Bild[90], das Bild[91] deines Vaters, und ihn umarmt sie in dir. Wie schön und liebenswert bist du, der du deinem Vater gleichst[92]. Wer Symeon[93] gehört[94] hat

---

[82] *Beulay,* PO 39, p. 393, Anm. 7, hat die Anspielung auf den Einzug in Jerusalem gesehen. Freilich heißt die Anrede in Mt 21,9 „Sohn Davids“, Mt und alle Parallelen haben „im Namen des Herrn“. Der Mystiker hat beides kontaminiert. Also meint „Herr“ hier Gott den Vater.

[83] Ist der „Mischtrank“ eine Anspielung auf den Kelch des letzten Mahls?

[84] „Ihm“ kann sich grammatisch auf das maskuline Nomen „Mischtrank“ und damit indirekt auf Christus beziehen; Beulay bezieht es unmittelbar auf Christus.

[85] Anders als Beulays Kursivierung PO 39, p. 393,28 und sein Nachweis in Anm. 9 angibt, ist dies natürlich kein wörtliches Zitat aus Röm 8,35. Allerdings ist die auffälligste Abweichung vom vertrauten abendländischen Text, nämlich *„me* séparer“ statt ἡμᾶς ..., eine wörtliche Übernahme aus Pesh. (Verb mit dem Suff. der 1. Person *Singular).*

[86] Die §§ 2 und 3 zitiert bei *Beulay,* Enseignement, p. 476f., cf. die Passage aus Homelie 17bis, ibid., p. 477f. Beulay, p. 477 zu Ep. 36,2.3: „La beauté de l'image du Père qui apparaît dans l'âme, c'est mystérieusement, mais réellement, celle de Jésus enfant“.

[87] Cf. weiter oben das Aufwachen des im Schiff Schlafenden.

[88] „Herz“ mit dem Suffix der 2. Pers. Sing. *Fem.*

[89] Beide Wörter („Kind“ und „hervorbringt“) absichtlich vom Stamm *yld.*

[90] „Bild“: genauer „Ähnlichkeit“, *dmuta,* was in Phil 2 für μορφή steht (s. unten p. 720 das Schema im Abschnitt über Timotheus I.); das Verb absichtlich vom gleichen Stamm *dm'.*

[91] Wie Anm. 90.

[92] Wie Anm. 90.

[93] Wortspiel mit *šmʿ.*

[94] Wie Anm. 93.

und vermischt war mit dem Seinen (= Christus), wird verstehen, worum es sich handelt[95]. Jenen, den er (Symeon) nur kurze Zeit an seiner Brust gehalten hat, den trägst du in deinem Schoß. 36,4: Jerusalem soll seine Tore[96] schließen, damit der Bräutigam drinnen bleibe. Mein Freund, umarme den Deinen, und flehe darum, daß er ebenso der Meine sei. 36,5: Selig der, dessen Altar in ihm ist und das Allerheiligste in seinem Innern. Dort wird er die Stimmen Gottes hören und die Wolke des Lichts sehen, in der er verborgen ist vor aller Schau und allen Schauenden.

Ep. 37

In Ep. 37 beantwortet der Verfasser als zweite Anfrage seines Korrespondenten die nach dem Trost (§ 2) – offensichtlich war die äußere Härte des Eremitendaseins der Anlaß. Johannes beginnt mit etwas Konkretem – er ist nicht unempfänglich für Naturschönheit, wie man sieht: es genügen ihm zum Trost die Bäume „dieses Berges" –, aber nach seiner Gewohnheit folgt sogleich die Übertragung bzw. der Übergang ins Geistliche –: „und die des Berges des Herrn"[97]. Hier fliegt[98] er vom einen zum anderen, bis er den „Baum des Lebens" findet, um in ihm zu ruhen und sich zu bergen[99]. Das wird ein wenig ausgemalt: Vom Baum ernten wir, und er schützt uns vor Hitze. (Diese Auslegung des „Baumes des Lebens" ist eine Revokation von Gen 3,22, deren theologische Basis sich gleich zeigen wird). In ihm sind wir auch vor Kälte

---

95 Was voraussetzt, daß er die überaus knapp ausgedrückten biblischen Anspielungen verstanden hat.

96 Im vorigen Paragraphen war schon von der „Pforte" die Rede gewesen (besonders rätselhaft zunächst Übers. p. 403,15 f.). Damit war der Mund gemeint, der nicht geöffnet werden sollte (s. das Ende von § 3), um das „Geheimnis" – § 2! – der Gegenwart Christi in der Seele nicht herauszulassen.

97 Für den „Berg des Herrn" im Psalter und bei den Propheten s. die Konkordanzen.

98 Wiederaufgenommen unten § 3 im „Fliegen" der Seele in den Schoß des Schönen.

99 Man denke an die Vögel, die im zum Baum gewordenen Senfkorn nisten, Mt 13,31 f. – Die Bewohner der Zweige am Beginn von § 3 (hier nicht eigens zitiert) beziehen sich wohl auch noch auf das Gleichnis. Gleichzeitig ist *Euagrius Ponticus*, Kephalaia gnostica III 56 als Hintergrund zu nehmen; bei diesem Spruch unterscheidet sich die abgemilderte Fassung kaum von der originalen, beide sind voller Rätsel. Ich zitiere Guillaumonts Übersetzung der gemilderten Fassung, PO 28,1, p. 120: „La science spirituelle est les ailes du *nous*, et le connaissant est les *nous* des ailes. Et si cela est ainsi, toutes les choses de ce monde sont chargées du symbol des « arbres », sur lesquels le *nous* séjourne, dont il est charmé par les feuilles et dont il savoure les fruits, jusqu'à ce qu'il obtienne de parvenir à « l'arbre de vie »". – Von einem Baum zum andern fliegen, bis man zum Baum des Lebens kommt, diesen Gedanken hat Johannes sicher von Euagrius. Daß bei Euagrius „alle Dinge" die „Bedeutung" von Bäumen haben, meint dann wohl, daß man durch sie hindurch zum Baum des Lebens kommen soll („Zeichen der Bäume" noch V 67: die „vernünftigen Naturen" tragen es). Euagrius kombiniert in seinem Rätselwort vermutlich die „allerlei Bäume" von Gen 2,9, die Gott geschaffen hat, mit dem Baum, der aus dem Senfkorn erwachsen ist und in dem die Vögel nisten.

geschützt, weil er sein Feuer im Innern entzündet hat (die Imagination des Baumes ist jetzt aufgegeben), sein Licht läßt der Nacht keine Macht, er läßt glänzen die Schönheit seiner Schau, deswegen bedürfen wir der Sonne nicht. (Der nächste Satz zeigt, daß dem Johannes zu Gen 3,22 der vorangehende Vers eingefallen ist; es ergibt sich, daß schon der „Baum des Lebens" auf Christus gemünzt war[100]:) Unsere Kleidung ist das „Gewand" (die gleiche Vokabel wie in Gen 3,21 Pesh.!), das er sich von uns entliehen hat zu seiner Bedeckung, also bedürfen wir der Schafe (d.h. ihrer Wolle) nicht. – Wenn der Verfasser hier vom menschlichen Leib (= menschliche Natur) Christi als dem „Gewand" mit der Vokabel von Gen 3,21 spricht, scheint er zu den Vertretern jener Auffassung zu gehören, die in den Fellkleidern von Gen 3,21 das menschliche (von Haut umkleidete) Fleisch sehen (immerhin von Gott gemacht[101]). Aber der Scopus dieses Satzes ist gewiß nicht die Aussage, daß wir einen Leib haben und deswegen keine weitere Kleidung brauchen, sondern Johannes meint die uns wie Kleidung schützende Heilswirkung der Inkarnation, die er hier in einer Art Kurzschrift nur andeutet. – 37,3: Wir atmen seinen (sc. des Schönen) Duft zu unserem Genuß ein. Unsere Seele fliegt in seinen Schoß, unser Herz erfreut sich an seinem Anblick. Und warum leidest du darunter, daß wir kein Haus und keinen Zufluchtsort haben, keine Menschen (um uns), ist nicht

---

[100] So auch *Beulay*, PO 39, p. 407, Anm. 4. Beulay führt nicht an Euagrius Ponticus Keph. V 69 in der ursprünglichen Fassung (S_2), wo der „Baum des Lebens" ausdrücklich mit Christus identifiziert wird, PO 28, 2, p. 207: „La Trinité sainte est le signe de l'eau sainte, et « l'arbre de vie » est le Christ, qui s'y abreuve". Kein Wunder, daß die abgemilderte Fassung abweicht, p. 206: „La Trinité sainte est l'eau sainte, auprès de laquelle est planté « l'arbre de vie »". „Gepflanzt an Wasserbächen" stammt aus Ps 1,3, was Guillaumont nicht anmerkt. – Der Lebensbaum in einem Fund aus den Ausgrabungen von Merw, jüngst publiziert von *Georgina Herrmann*, Early and Medieval Merw: A Tale of Three Cities, Fig. 7, in: Proceedings of the British Academy 94 (1996 Lectures and Memoirs, ausgeliefert Anfang 1998), p. 1–43, hier p. 14. Die Legende zur Abbildung lautet: „A jar handle reused as a mould for pendants found in the Late Sasanian house in Erk Kala: the cross is rare archaeological evidence for the presence of Christians at Merv". Es handelt sich um die Form für *zwei* Anhänger, der eine ist das erwähnte Kreuz, der andere m.E. ein Lebensbaum. Da der Gefäßgriff sehr klein ist (ca. 5 cm lang), sind auch die Förmchen klein, ca. 2,5 cm (Kreuz), ca. 3 cm (Lebensbaum). So ist der Baumcharakter durch ein einziges, aber deutlich geschnittenes Blatt angegeben in Fortsetzung des Stamms, während zweimal zwei Zweiglein mit angedeuteten Früchten unterhalb und oberhalb des Blattes sprießen. Die paarweise Herstellung (und daher wohl auch paarweiser Verkauf und Gebrauch) von Lebensbaum und Kreuz als kleinen Anhängern entspricht der analogisch-typologischen Beziehung zwischen diesen beiden soteriologischen Größen, wie sie literarisch und ikonographisch weit verbreitet belegt ist, cf. *J. Flemming*, Art. Baum, in: LCI 1 (1968/1990) 258–268.

[101] *R. Devreesse*, Essai sur Théodore de Mopsueste = ST 141 (Città del Vaticano 1948) 22f. Über die Auslegung Theodors dieser Stelle (nach der Oktateuchkatene des Nikephoros Theotokes): „Ces tuniques de peau, Théodore ne peut admettre qu'elles soient la dépouille d'animaux égorgés, encore moins qu'elles aient été tirées du néant pour l'occasion; il veut donc que ce soient les écorces d'arbre, adaptées à l'usage de vêtement sous l'inspiration de Dieu. Cette opinion lui est particulière, semble-t-il …".

nützlicher für uns „die Wohnung im Erbauer unseres Hauses“?[102] 37,4: Die vom Herren trunken sind, sterben und glänzen, weil ihnen der Tod das Antlitz ihres Herrn zeigt[103].

Ep. 38 und 39

Ep. 38,3[104] redet „unseren Gott“[105] an, die Namen Jesus oder Christus fallen nicht. Aber zum Ende von § 1 notiert Beulay, daß vom Angeredeten so gesprochen wird, wie vom Bräutigam des Hohen Liedes. Im übrigen sind die §§ 3 und 4 angefüllt mit Aussagen von der Art: „Ich ergreife ihn, und er ist nicht ergriffen“ (p. 410,4 f./ 411,7), oder: er ist in mir und zugleich überall. 38,6 bringt eine höchste Steigerung der Gleichzeitigkeit von Verborgenheit und Erscheinung: „O Dunkelheit vielfachen Glanzes und Licht, dem wegen der Größe seiner Erscheinung die Finsternis verglichen wird!“

Die lange Ep. 39 zeigt den Verfasser als einen, der sich (noch) nicht zu denen zählen will, die die Wunden Jesu an ihren gekreuzigten Gliedern tragen, er sei nicht der Verwalter des „Lebensschatzes aller“, d. h. Christi (§ 1). 39,2: Ich bin noch nicht Jerusalem, die Stadt des ewigen Königs Christus geworden, vielmehr bin ich Babylon, voll vom Schmutz, den der schönste Bräutigam von allen verabscheut. – Dann versucht Johannes aber doch, auf die Bitten seines Korrespondenten zu antworten, nachdem sie als erste Reaktion die Beteuerung seines geistlichen Mangelzustandes hervorgerufen hatten –; 39,3: Wenn du das Deine verkaufst, wirst du dir einkaufen den, der für 3 Zehner (?)[106] verkauft wurde … Wenn du den Baum des Lebens in deinem Paradies liebst, warum reißt du dann nicht den (Baum) des Guten und Bösen aus? – Beides sind höchst originelle, ja gewagte Anwendungen und Kombinationen biblischer Aussagen. Die erste Aufforderung macht indirekt klar, wie *groß* der

---

[102] Ein Destillat aus Anspielungen: „unser Haus“ = unser Leib; „Erbauer“ = Christus (qua Logos) als unser Schöpfer; „Wohnung im Erbauer“ spielt an auf das Ruhefinden im Baum des Lebens, der Christus ist.

[103] Dieser Satz ist der Abschluß einer Reihe von Paradoxen, die die geistliche Existenz beschreiben.

[104] PO 39, p. 411 ist im Seitentitel die Ziffer 39 in 38 zu ändern.

[105] In § 5 ist „unser Gott“ Bestandteil einer das Verständnis erleichternden Extrapolation des Übersetzers aus einem syrischen Suffix, cf. p. 411, Anm. 8. Anscheinend gehört das Adjektiv „mystérieuse“ ebenfalls zur Extrapolation, ich finde im syrischen Text kein Äquivalent.

[106] „Zehner“, „dizaines“ – so übersetzt *Beulay* nach der arabischen Version der Briefe. Der syrische Text hat *ʾsrʾ* = assaria (Wert: ein halbes as). Über die möglichen Lesungen, Übersetzungen und Deutungen s. die lange Anmerkung Beulays, PO 39, p. 415, Anm. 17. Ich füge noch hinzu, daß Ex 21,32 Pesh. nicht „drei *ʾsrʾ*“ hat, sondern „dreißig *ʾstirin* (= stateres = shekel)“; Mt 26,15 Pesh. hat nur eine Zahlenangabe: „dreißig“. Gewiß ist es Absicht, daß vom *Silber* in dieser kombinierten Anspielung auf Ex 21,32 und Mt 26,15 überhaupt keine Rede ist. Die arabische Fassung unserer Briefstelle würde syrisch *ʿsrtʾ* „Zehner“ voraussetzen, um der Zahl „drei“ einen Sinn zu geben.

Gewinn im „fröhlichen Wechsel“ ist, wenn man Christi Gebot gehorcht, indem man alles verkauft, was man hat – man hat dann nur den Preis für einen Sklaven (Ex 21,32) bezahlt und den Preis, den der Verräter erhielt, also *sehr wenig*[107]: auch hier redet der Verfasser in einer Art theologischer Kurzschrift. Das Ausreißen des Baumes (der Erkenntnis) des Guten und Bösen ist eine erstaunliche Vorstellung, denn dieser Baum war doch genauso von Gott im Paradiesesgarten gepflanzt worden, wie der Baum des Lebens. Johannes betrachtet ihn allein unter dem Gesichtspunkt der Versuchung und des Sündenfalls (Gen 3). Streng genommen revoziert er hier nicht bloß ein Gebot Gottes wie im Fall des Lebensbaumes, sondern nimmt auch keine Rücksicht auf die Pflanzung dieses Baumes durch Gott (Gen 2,9). In der ganz negativen Beurteilung dieses Baumes der Erkenntnis war er sicher nicht der erste: „Der nach Gen 3,6 liebliche, fruchttragende Baum wird im Anschluß an Gen 2,17 als todbringender Baum ... dargestellt.“[108] – Wenn deine Seele Jerusalem ist, das Christus feierlich geleitet[109], warum laufen auf den Plätzen (der Stadt) die Kinder Babels herum? 39,10 wird Christus, „der Hafen[110] aller Geheimnisse“, aufgefordert, seinen Freunden zu erklären, was Johannes zu sagen versucht. Übrigens hatte der Mystiker in §4 mitgeteilt, was er „gehört“ habe „an einem Ort ohne Stimme“. Vielleicht erwartet er, daß es seinen Korrespondenten ebenso ergehen könne.

Ep. 40

Ep. 40,1 (Christus) hat den Seinen eine durch nichts behinderte Schau gegeben; die Empfänger der Schau sind jene, denen in ihren Intellekt der Geist des Lebens eingehaucht wurde vom Logos, dem Eingeborenen, unserer intellektuellen Sonne, Jesus. Das intellektuelle Auge hat von Christus (hier ist dieser Name gebraucht) die Schau erhalten durch die Reinheit[111], weil sein (des Auges) Sonne Gott ist. Und wie sich (diese Sonne) über alles erstreckt, so auch (dieses Auges) Schau, wenn es die Einigung mit ihr (der Sonne) erworben hat. 40,7: Die Dinge des Lebens hier unten erscheinen dem, der nach oben strebt, wie Hundekadaver. Dieser Sorte Leben wolle Christus den Rachen stopfen, um die Seinen davor zu bewahren. Er möge doch die geteilten Geschaffenen vereinigen zu einer solchen Einigung und in ihnen das Feuer entzünden, das zu jeder Zeit zur Einheit mit ihm führt. §8 ruft die Barmherzigkeit Christi über seine Diener an, er solle sie aus der Welt an den Ort erheben, zu dem er

[107] Cf. den Beginn von Beulays eben genannter Anmerkung.
[108] *J. Flemming*, Art. Baum, in: LCI 1, 265 (Abkürzungen aufgelöst).
[109] S. oben zu Ep. 39,2.
[110] „Hafen“ gern metaphorisch gebraucht, hier etwa „Ziel“.
[111] Wessen Reinheit? Wohl die der „intellektuellen Sonne“.

sie berufen hat und ihnen völlige Feindschaft gegen diese Welt hier geben. Christus wird mit den verschiedenen grammatisch möglichen Namen für „Geliebter“ überhäuft; die, die seinetwegen die Welt verlassen haben, soll nichts von ihm trennen (eine Anspielung auf Röm 8,38 hat Beulay nicht notiert; schon weiter oben[112] war die bekannte paulinische Passage auf die Asketen ausgelegt worden) und sie selbst sollen sich nicht von ihm trennen. Weiter wird Christus als „Tau der Barmherzigkeit“ angeredet, den die „ewige Wesenheit“ über unsere brennende Welt ausgegossen hat.

40,9 drückt das Ineinanderwohnen von Christus und Mystikern so aus, daß das Wunderhafte dieses Verhältnisses hervortritt: Selig sind, die sich[113] als Tempel für das Rasthaus und als Wohnung für den errichten, der die Ruhe und der Hafen[114] aller Welten ist.

40,13: Wenn uns Jesus, unser Gott[115], beim Versuch, einen guten Fischfang zu tun, scheitern sieht, wird er aus dem Schoß seines Vaters ausgehen zu ihnen und die Zerstreuten[116] durch einen Wink sammeln und dem Intellekt, Petrus, befehlen, den wunderbaren Fang herauszuziehen. Und wenn deine Bootsmannschaft davon gegessen hat, werden die Augen ihres Herzens geöffnet und sie werden ihn erkennen. Und nachdem sie zweimal[117] belehrt worden sind, verstehen sie, daß er ihr Schiff niemals verlassen hat, sondern in demselben[118] schläft und verborgen ist. 40,14: Deswegen weckt jeder Eifrige ihn jeden Tag auf, damit er die Wellen des Meeres stille und mit dem Blasen seines heiligen Geistes das Schiff und alles darin in den Hafen[119] und zur Ruhe aller führe.

Ep. 42

Wie sehr der Mönch in seiner Zugehörigkeit zu Christus als von der Welt und ihren Verpflichtungen gelöst betrachtet wird, kann man an dem praktischen Ratschlag sehen, der in Ep. 42 erteilt wird: Wenn mir der Besitz meines Vaters

---

112 Vgl. oben Anm. 85.

113 Für das Reflexivum ist *qnoma* gebraucht.

114 S. schon oben Anm. 110.

115 Darf man aus dieser Prädikation schließen, daß man an allen Stellen, wo „unser Gott“ genannt ist, damit Jesus benannt sehen kann?

116 Wer sind die Zerstreuten? Da Joh 21,1–14 den Hintergrund abgibt, doch wohl die Fische! Ist auch noch Petrus als Menschenfischer im Blick? Dann steht er für den Intellekt des Einsiedlers, der das gefüllte Netz an Land ziehen soll.

117 Beulay übersetzt „doppelt“. Ist die „zweimalige“ Belehrung aus Joh 21,1–14 zu entnehmen? Dort kämen die Verse 7 und 12 in Frage.

118 Über das Stichwort „Schiff“ erfolgt die Assoziation mit der so geliebten Geschichte vom schlafenden Jesus, der aufgeweckt werden muß. „In demselben“ übersetzt die starke Betonung im Syrischen.

119 Oben bei Anm. 114 ist Christus selber der Hafen. Also ist er der Hafen und derjenige, der in den Hafen, zu ihm, Christus geleitet.

nicht mehr gehört, bin ich auch nicht sein Sohn. Und wenn ich aus der Welt fortgegangen bin, ist Christus mein Vater, er, der meine Schuld mit seinem Blut bezahlt hat; ich habe keinen verschuldeten Vater mehr, dessen Schulden ich anderen Verschuldeten[120] bezahlen müßte. – Ich muß sagen, daß mich diese Argumentation mit einem gewissen Unbehagen erfüllt.

Auf Ep. 42 folgt ein Gebet, das in der Überlieferung der Briefe keinen festen Platz hat[121]. Es spricht von Christus als dem Meer der Vergebung, bittet um Bekleidung mit Christi heiligem Licht; nichts soll den Beter vom Betrachten seiner (Christi) Schönheit abhalten, immer will er gequält werden von dem Begehren, Christi Antlitz zu sehen.

Ep. 43 bis 45

Ep. 43 ist ein sehr langer Text über die Buße. § 2: Christus, der Vater der geistlichen Welt, bringt durch Buße und Taufe Söhne nach seiner Ähnlichkeit hervor für seine geistliche Welt. § 3: Durch die erneuernde Gnade besitzt der Täufling die Ähnlichkeit mit der Schönheit Christi, des Abglanzes des Vaters. § 7: Die Buße ist das Kleid des Büßenden; die sich mit ihm bekleiden, die bekleidet sie (die Buße) mit der Herrlichkeit Jesu, der das Licht der Wahrheit ist. § 8: Die Buße steht an der Pforte des himmlischen Bräutigams[122], und der kommt entgegen jedem, der die Pforte durchschreitet. Die Buße hält in ihren Händen die hochzeitlichen Kronen und die Schlüssel zum Himmelreich. § 10: Christus verwaltet die Lebensmedizin, die Buße. § 22: Er, der uns mit der Aufforderung zur Buße die Nähe des Reiches Gottes verkündet, meint mit dem Königreich seine Offenbarung in denen, die ihn lieben. § 24: Christus, die Weisheit des Vaters und unser ewiges Königreich, regiert alles mit seiner über alles erhabenen Weisheit, weil er die Erkenntnis des Vaters ist, die Quelle aller Weisheiten, das Haus der Schätze. § 25: Für die wahre Buße und ihre inneren und äußeren Erscheinungsformen ist es nötig, daß die rechte Hand Jesu Christi sich dem Herzen nähert.

Ep. 44,2 mahnt: Zieh an immerfort die Demut, mein Bruder, die (ihrerseits) deine Seele mit Christus bekleidet, ihren Geber. – Es ist schwer zu entscheiden, ob das feminine Suffix bei „Geber“ auf „Demut“ oder auf „Seele“ zu beziehen ist; im letzteren Fall wäre damit Christus in seiner Schöpferfunktion (qua Logos) gemeint. Der Verfasser fährt fort –: Der von Schönheit leuchtende Stern wird dem Demütigen aus seinem Herzen aufgehen, und bei jedem Kniefall während des Gebets wird er seine schönen Strahlen sehen. – Darauf folgen verschiedene Mahnungen zur Selbstdisziplin.

[120] Dazu *Beulay*, PO 39, p. 435, die erste Anm. 1.
[121] *Beulay*, PO 39, p. 435, die zweite Anm. 1.
[122] Unten § 15 heißt es: Die Buße steht an der Pforte Gottes.

Ep. 45 ist in den ersten beiden Abschnitten der Klage über das noch nicht erreichte Ziel gewidmet. §2: „Wann wird unser Gott unsere Speise sein, er, der ist Ort und Nahrung der ihn Liebenden und von dem süßes Leben saugen die ihn Genießenden?" – „Ort *und* Nahrung" klingt recht paradox, sollte es nicht besser heißen „Ort *der* Nahrung"[123]? *Wav* und *dalat* sind leicht zu verwechseln. – 45,3: „Wann wird unser Genuß[124] in uns sein", der Genuß „aus der ersehnten Erscheinung unseres köstlichen[125] Königs?"

Ep. 46 und 47

Alle Aussagen der Ep. 46 sind auf „unsern Gott" (§1) zu beziehen. Nach der Analogie von „Jesus, unser Gott" nehme ich an, daß an dieser und an anderen Stellen, wo von „unserm Gott" die Rede ist, Christus gemeint ist, auch wenn weder „Jesus" noch „Christus" als weitere Benennung gebraucht wird. 46,1: Nichts ist so köstlich und gut wie unser Gott, der Süßigkeit seiner Erkenntnis ist nichts zu vergleichen. 46,2: In seinem Brennen ruft der Mystiker: Wer kann das ertragen? Glücklich, wer dich liebt, o Geliebter, an dem man sich nicht sättigen kann! 46,3: Lichtvolle Dunkelheit[126], die glänzen macht das Antlitz dessen, der dich liebt! Wer deine schöne Erscheinung im Innern seines Herzens gesehen hat, soll jubeln über die Größe der dabei erhaltenen Offenbarungen.

In Ep. 47 ist es schwieriger zu bestimmen, ob der Name „Gott" überall Christus meint. In den §§1–3 erscheint „Gott" ohne das Possessivpronomen, in §2 heißt er auch „Schöpfer", – aber von Christus kann ja auch als Schöpfer gesprochen werden, bzw. von seinen Schöpfungshandlungen. In der zweiten Hälfte von §4 wird zwischen Christus und dem Vater unterschieden: Die von der Sehnsucht nach dem Schönen Gefangenen erinnern sich nicht mehr ihrer schmerzhaften Leiden, weil sie für diese (Dinge) abgestorben[127] sind im getöteten und alles lebendig machenden Christus. Und in ihm sind sie vorweg auferstanden in der Herrlichkeit seines Vaters, wie der Apostel gesagt hat, der Erklärer der novissima[128]. 47,5: Ihre Seele ist jeden Augenblick berauscht von der Süßigkeit ihres[129] Gottes. – Hier zeigt das Possesivpronomen tatsächlich an, daß Christus gemeint ist, man vergleiche die schönen Aussagen über den

[123] Man könnte natürlich einwenden, daß dies eben zu der mehrfach erwähnten Eigentümlichkeit des Verfassers gehöre.

[124] Beide Vokabeln („Genuß", „köstlichen", vgl. Anm. 125) haben denselben Stamm *bsm*, Beulay kann das mit zwei französischen Derivaten von delectare besser reproduzieren.

[125] Vgl. Anm. 124.

[126] Cf. oben zu Ep. 19,5 und 38,6.

[127] S. auch das Ende von 47,6.

[128] So wörtlich das Syrische.

[129] Das Suffix ist feminin und bezieht sich auf „Seele".

„fröhlichen Wechsel" in der zweiten Hälfte des Abschnitts –: Sie haben Schönheit für Schönheit[130] getauscht, Vertrautheit für Vertrautheit, und mit dem Blut ihrer Seele haben sie den erkauft, der sie erkauft hat mit dem Blut seiner Person[131]. Der Anfang von 47,7 preist „unsern herrlichen und geliebten Gott", der die liebt, die ihn suchen, und verherrlicht jene, die ihn verherrlichen. – Das würde sich nach meiner Interpretation auf Christus beziehen. Aber gilt das auch für das Folgende? –: Ich weiß nicht, mein Herr, wie ich dich nennen soll; soll ich „Gott" sagen? Du hast gesagt: „Ich habe keinen Namen"[132]. Also sind alle Benennungen zu niedrig für deine Größe. Die „offenen" Namen, die du zu deiner Verherrlichung gegeben hast, kennt jedermann. „Diesen geheimnisvollen (Namen) aber, den du mir gegeben hast im Verborgenen, damit ich durch ihn mit dir rede, hast du vor Wort und Bild verborgen" (d. h. unzugänglich gemacht), und du hast mich mit Ehrfurcht (vor ihm?) erfüllt, ich wage (also) nicht, ihn (den Namen) meinen Freunden zu zeigen[133]. – Ich meinerseits wage nicht zu entscheiden, ob der dem Johannes offenbarte Name der Gottes des Vaters oder der Jesu Christi als Gott ist.

Ep. 51

In Ep. 51,2 finden wir Paradies und Lebensbaum wieder, wie in Ep. 37. Es wird gepriesen, wer die Augen ständig auf „dich" richtet, „mein Paradies, das mir in mir erscheint, und Lebensbaum, der in meinem Herzen jeden Augen-

---

130 Beulay kann die Differenz zwischen den Tauschgütern durch Klein- und Großschreibung deutlich machen.

131 „Person" ist an dieser Stelle meine Übersetzung von *qnoma,* während Beulay dafür „propre" vor Blut setzt. Er scheut begreiflicherweise davor zurück, mit der Übersetzung eine christologische Festlegung zu treffen. Aber *qnoma* ist hier nicht terminus technicus, sondern ist im Sinn der Alltagssprache benutzt; im Synodicon Orientale fand ich eine Stelle, wo die Synode von dem *qnoma* des Herrn Katholikos, also der Person des Herrn Katholikos spricht. Worauf es dem Johannes hier ankommt, ist die Unterscheidung zwischen dem „Herzblut" des Mystikers und dem „wirklichen" Blut Christi, dessen Vergießen den Tod zur Folge hat.

132 *Beulay,* PO 39, p. 459, Anm. 15, verweist auf zwei Bibelstellen: Gen 32,30 (29 Pesh.) und Ex 3,14. Die erste Stelle aus dem Kampf Jakobs am Jabbok muß noch den vorangehenden und den folgenden Vers mit einbeziehen, weil in diesen beiden Gott erwähnt wird. Vers 30 (29) lautet nach Pesh.: „Und Jakob fragte ihn und sprach: ‚Nenne mir deinen Namen!' Und er sprach zu ihm: ‚Wozu fragst du nach meinem Namen?' Und er segnete ihn dort." D. h. der Kämpfer gibt Jakob seinen Namen nicht preis. Bei Ex 3,14 muß der vorangehende Vers 13 dazugenommen werden, wo Mose dem Herrn sagt, daß die Kinder Israel nach dem Namen des Gottes fragen werden, der durch Mose zu ihnen spricht. Gott antwortet in V. 14 mit dem bekannten Rätselwort, dessen ersten Teil Mose den Israeliten nennen soll. – Das „Zitat" des Johannes ist eine Extrapolation aus der Jakobsgeschichte.

133 Ich erwähne noch, daß am Anfang von Ep. 47,8 der Mensch als „Band aller Geschöpfe" bezeichnet wird, ein Gedanke, den wir auch bei Timotheus I. finden, s. unten Anm. 311 und 312.

blick das Begehren nach ihm entzündet", und mein Antlitz verändert durch die Kraft seiner Liebe. Die Seligkeit des Blickens „auf dich" im Innern, im Herzen, wird breit ausgeführt, nicht nur in diesem, sondern auch im nächsten Abschnitt. Die §§ 4 und 5 preisen den, auf den der Blick nach innen sich richtet: Du bist Nahrung und Trank ... du bist mit der Seele (des Meditierenden) vereint. So erscheinst du ihm schließlich in allen Lebensäußerungen, wohin er auch blickt, dort sieht er dich. 51,6: Mein Herr und mein Leben, gefangen ist mein Denken durch die Unterhaltung mit dir, ich habe keinen Unterredner außer dir. Was soll ich tun? Durstig nach dir ist meine Seele, mein Fleisch sucht dich (fast wörtlich Ps 63,2). Aber der Aufstieg zu dir wird in der Unterhaltung mit dir gefunden, die Schau deines Angesichts wird in der Meditation über dich gegeben. – „Aber" ist nicht das nachgestellte *den,* sondern das stärker kontrastierende *'ela* – das allzu irdische „Fleisch" ist nicht die geeignete Basis des Umgangs mit dem Herrn[134].

Man sollte denken, daß das bisher Referierte Anrede an Christus ist. Auch noch § 11, von dem Beulay sagt[135], er sei wenig klar, ließe sich auf Christus beziehen: Vater aller logika, die „geboren (sind) aus deinem Geist". Beulay seinerseits versteht das als Aussagen über Gott (den Vater). Im nächsten Abschnitt (§ 12) herrscht Eindeutigkeit: Da macht der Angeredete die „aus deinem Geist geborenen Söhne" zu Miterben „deines *Sohnes*". Und Miterben sind die, die „in deinem Erbe geblieben sind". – Muß man nun von § 12 her alles Vorangehende auf Gott (den Vater) deuten? Oder sind nicht gekennzeichnete Übergänge unter dem Oberbegriff „Gott" oder, noch näher liegend, „Herr" als mehr oder weniger selbstverständlich zu erwarten? Und wer ist in § 15 *„unser* köstlicher Gott", der sich im Herzen, das leer ist von allen ablenkenden und erregenden Dingen, in seiner Herrlichkeit offenbart? § 18 fordert auf, dem „Arzt der Seelen" Dank zu sagen, er ist der „wahre Arzt", der die Wunden heilt. Das Wort für Arzt ist dasselbe wie in Ex 15,26 („Ich bin der Herr, dein Arzt"), – aber ist damit ausgeschlossen, daß mit dem Seelenarzt Christus gemeint sein könnte?

An Brief 51 schließt sich eine Schrift „Über die Demut und den Gehorsam" an, der die alten Sammler keine eigene Nummer gegeben haben; Beulay beginnt aber mit Recht eine neue Paragraphenzählung[136]. De hum. 1: Wenn du dir vorgesetzt hast, auf dem Weg der Demut deines Herrn zu gehen und die Ähnlichkeit seiner Sanftmut zu übernehmen, damit du mit ihm und durch ihn dich dem Vater nähern kannst (– und hier folgt sofort die mystische Interpretation der mönchischen Nachfolge Christi –:), „d. h. daß du die Herrlichkeit

---

[134] Übrigens liest man in der neuen Revision der Lutherbibel in Ps 63,2 nicht mehr „mein Fleisch", sondern „mein ganzer Mensch". Aber natürlich hatte der Psalmist den ganzen Menschen mit der Nebeneinanderstellung von Seele und Fleisch gemeint.

[135] *Beulay,* PO 39, p. 478, Anm. 22.

[136] In seiner Monographie zählt Beulay De humilitate als Ep. 51bis; seine Zitate daraus sind in ihrer Übersetzung gegenüber PO 39 partiell revidiert.

seiner Größe in deiner Seele sehen mögest zu deren Genuß", dann wandle nach dem *typos,* den er dir gezeigt hat. Er begann nicht mit Großartigkeiten, sondern menschlich mit demütigen Dingen, er schloß ab göttlich mit erhabenen Dingen. Er tat das um unseretwegen, zu unserer Belehrung. Er eröffnete den Weg nicht seinetwegen, sagte er doch, „Ich bin der Weg". Wenn du sein Jünger und Freund sein willst, wandle in ihm (durch ihn), der Jünger gleiche dem Meister, wie er (Christus) gesagt hat. § 2: Und was ist nachzuahmen? Er (Christus) beachtete, was der menschlichen Natur geziemt, und verbarg, was der Gottheit zukommt. Dem Gesetz unterwarf sich der Herr des Gesetzes und beachtete die Gebote. Danach ging er in die Wüste hinaus zum Fasten, kämpfte mit dem Feind und überwand ihn. Und dann, nach seinem Sieg, begann er göttlich zu handeln. Damit hat er uns gezeigt, daß wir in unserem Umkreis Niedriges für das Wohl anderer tun sollen und uns „paulinisch"[137] ihnen wie Sklaven ihrem Herrn unterwerfen sollen und dann zuerst zum einsamen Kampf hinaus gehen sollen; wer das nicht tut, wird nicht siegen und die gottschauende Reinheit nicht besitzen. Schon Euagrius hat gesagt, daß man ohne die Gewalt über die Dämonen kein reines Herz besitzen könne. § 3: Gerade weil der Teufel uns durch Hochmut bekämpft, hat uns unser siegreicher König mit der Demut als Waffe ausgestattet. So haben unsere Väter die Demut angezogen, welche der Mantel Christi ist[138], und darin das Böse besiegt. § 4: Der Herr der Propheten und die Erfüllung der Prophetie hat durch seine alles überragende Sanftmut von unseren Schultern das Joch des Todes genommen. Zur Demut gehört auch (§ 20), daß man seine eigene Weisheit verachtet und Christus ehrt, die Weisheit des Alls[139]. In Unterscheidung(sfähigkeit)[140] und Demut trage sein Joch zu jeder Zeit, und selig bist du, daß die Früchte deiner Mühe in seiner Schatzkammer gesammelt werden.

Als Anhang zu Ep. 51 und De humilitate will ich auf die „mystische" Deutung von Mt 6,6 durch Johannes von Dalyatha in beiden Schriftstücken hinweisen. Es handelt sich nicht um das Problem, ob und wie man zwischen der Schau Christi oder des Vaters unterscheiden könne oder müsse, denn dem biblischen Text entsprechend ist hier (im Munde Jesu) die Rede vom Vater. Auffällig ist vielmehr, daß die Deutung eine Textveränderung vom Ausmaß einer Vertauschung von Subjekt und Objekt nach sich zieht. Mt 6,6 lautet nach Pesh.: „Du aber, wenn du betest, geh' in deine Kammer und schließe deine Tür und bete *zu deinem Vater, der im Verborgenen (ist),* und *dein Vater, der im*

---

137 Das Adverb ist direkt aus dem Nomen/Namen ohne vermittelnde Adjektivbildung abgeleitet: *pwlws'it.*

138 S. schon oben zu Ep. 4,8.

139 Die Wortstellung verlangt m. E. diese Übersetzung. Beulays „Sagesse universelle" meint vielleicht dasselbe. Nicht möglich ist die Übersetzung „die ganze Weisheit".

140 Sehr gut *Beulay:* „discernement". Die Zusammenstellung „Unterscheidungsfähigkeit und Demut" klingt trotzdem etwas merkwürdig. Der Eindruck verliert sich, wenn man Beulays an den Texten gewonnene Definition von *pwršn'* berücksichtigt. Enseignement, p. 89: „« discernement »: la connaissance claire de la fin vers laquelle est ordonnée l'ascèse et qui lui donne son sens profond". S. auch seinen Index in Enseignement unter *puršânâ.*

Verborgenen sieht, wird dir vergelten im Offenbaren“. Das stimmt wörtlich mit dem Griechischen überein; „im Offenbaren“ am Schluß war auch im Griechischen weit verbreitet (Mehrheitstext!), auch wenn es schon seit längerem nicht in unseren kritischen Text aufgenommen worden ist. Eine solche Textfassung wäre dem Johannes gewiß lieber gewesen, wie man an seiner Umdeutung des Kolons in sein Gegenteil sehen kann. Man vergleiche also De hum. 13, p. 490,17f. syr. mit dem biblischen Original: „Geh, bete *im Verborgenen* in deiner Kammer, damit *du dort sehen wirst deinen Vater, der verborgen ist*[141]; die Vergeltung im Offenbaren (ist) *die Erscheinung in der Seele*“.

Ähnlich Ep. 51,14, p. 480,8f. syr.: „Geh', bete in deiner Kammer, indem *du verborgen*[142] *bist* vor der Sicht der Sehenden[143], und *dort wirst du sehen deinen verborgenen Vater* (als) Vergeltung deines Gebets“[144].

Schluß

Es ist fast unmöglich, vom Christus*bild* des Johannes von Dalyatha zu sprechen und dabei von seiner *Beziehung* zu Christus abzusehen. Aber das gilt wohl auch in vergleichbaren Fällen.

Beulay hat in seiner Monographie die philosophiegeschichtlichen Konnexionen hinsichtlich der Schönheit als eines Konstitutivums des Gottesbegriffs berücksichtigt. Für das Christusbild kommt natürlich das Hohelied als biblischer Hintergrund hinzu: Die Schönheit des Bräutigams und die Liebe zu ihm und der Bräutigam als Liebender, alles das empfindet und „sieht“ der Mystiker in seinem Verhältnis zu Christus.

Was das „Antlitz“ oder „Angesicht“ Jesu Christi betrifft, die Sehnsucht nach ihm, seine „Schau“ und die Widerspiegelung des Geschauten im Herzen, so scheinen mir hier die Motive sowohl im Wunsch des Psalmisten, Gottes Angesicht zu sehen, zu suchen zu sein, wie in 2 Kor 4,6. Dieser letztere Vers bietet Stichworte, die wie ein Raster für die Christusfrömmigkeit unseres Mystikers erscheinen: Erleuchtung in den Herzen, Erleuchtung der Erkenntnis, Erkenntnis der Herrlichkeit Gottes im Angesicht Christi. Dies Raster ist mit verschiedenen euagrianischen Elementen aufgefüllt, vor allem mit der Schau der Trinität als einem höchsten Ziel.

Derselbe Christus, der kosmische Züge euagrianischer Provenienz aufweist (Hafen aller Welten, Vater der geistigen Welt) wird dem Mystiker an-

---

141 „Verborgen“ sonst in den drei Texten durchgängig *ksi'*, aber hier *mtšṭ*. Eine weitere Ausnahme s. die nächste Anm.

142 *gniz*, s. die vorige Anm.

143 *Beulay*, PO 39, p. 480, Anm. 30, verweist hierzu auf *Ps.-Dionys. Ar.*, Theologia myst. I 3, PG 3, 1001A.

144 Im Lauf der Darstellung war einige Male Gelegenheit, auf „mystisch“ auslegende Zitationen und Anspielungen auf Bibelstellen hinzuweisen, aber eine solche Umkehrung des Wortlauts tritt nur hier ein. Freilich ist mindestens ebenso radikal die Umdeutung der apostolischen Aufforderungen zum Beten im Sinne der euagrianischen Auffassung (s. oben zu Ep. 12), aber dort konnte der Widerspruch nicht in den Text eingetragen werden.

schaulich in der konkreten Gestalt des irdischen Jesus, wie die Evangelien ihn beschreiben, und zwar vor allem da, wo er berührbar erscheint: als Kind auf den Armen des Symeon, schlafend im engen Fischerboot. Alle Intimität, die dem Asketen im Umgang mit seinen Brüdern untersagt ist, kann sich hier einstellen. Äußerste Konkretheit der Anschauung als Ermöglichung konzentrierter Verinnerlichung, die wie in einem Brennspiegel das göttliche Licht einzufangen vermag und in Flammen aufgeht – so läßt sich vielleicht das Wesen der Christus- und Gottesbeziehung des Johannes von Dalyatha beschreiben. Aber man lese ihn in seinen eigenen Worten.

II. GOTTESSCHAU UND CHRISTOLOGIE[145]

1. Homilie 25 des Johannes von Dalyatha

Babai der Große, der beste der nestorianischen Dogmatiker, hat zwei Kommentare zu den Centurien des Evagrius Ponticus in deren abgemildeter syrischen Fassung geschrieben[146]. Der kürzere davon ist uns erhalten, so umfangreich, dass man sich nicht wundert, dass die erste, längere Fassung nicht bis auf uns gekommen ist. Der Kommentar Babais war nach der Bearbeitung der Centurien (längst vor Babai geschehen[147]) ein weiterer Schritt in der Geschichte der syrischen Spiritualität, das Werk des verehrten Pneumatikers allgemeiner akzeptabel zu machen. Babai, selbst Mönch und Abt, Vertreter einer stren-

[145] Zu diesem Abschnitt siehe auch *G. G. Blum,* Nestorianismus und Mystik. Zur Entwicklung christlich-orientalischer Spiritualität in der ostsyrischen Kirche, ZKG 93 (1982) 273–294, mit reichen bibliographischen Angaben; *J. Martikainen,* Timotheos I. und der Messalianismus, in: ders., H.-O. Kvist (ed.), Makarios-Symposium über das Gebet (1986) (Åbo 1989) 47–60. Beide Arbeiten, die gewiß durch Beulays Ausgabe der Briefe des Johannes von Dalyatha angeregt worden sind, bringen Auszüge aus den Dokumenten, die ich unten vollständig zitiere. Zu bedauern ist, dass ein solcher Kenner wie Blum keine Unterscheidung zwischen theodorianischer Tradition und der spezifischen Christologie des Nestorius vornimmt. Blums Aufsatz fehlt in den Bibliographien der beiden Monographien Beulays von 1987 und 1990 (siehe unten Anm. 150 und 156).

[146] Siehe Babais Vorrede zum zweiten Kommentar, ed. Frankenberg, p. 42/43 unten ff. (die Ausgabe hat, bei Benutzung kleiner Typen auf einer großen Seitenfläche, leider keine Zeilenzählung). *W. Frankenberg* (Hg.), Euagrius Ponticus = AGWG.PH NS 13,2 (1912). Über Babai als Kommentator des Euagrius siehe *A. Guillaumont,* Les ‚Kephalaia Gnostica' d'Évagre le Pontique et l'histoire de l'origénisme chez les grecs et chez les syriens (Paris 1962) 259–290. Im Folgenden zitiert als Évagre.

[147] *Guillaumont*, Évagre, 202–213, neigte zur Annahme, dass Philoxenus (ca. 450–523) die Übersetzung S_1 hergestellt habe. *J. W. Watt,* Herausgeber von exegetischen Philoxenus-Fragmenten in CSCO (392. 393, 1978), zeigt in zwei Aufsätzen, dass die bereits existierende Fassung S_1 von Philoxenus benutzt worden ist: *J. W. Watt,* Philoxenus and the Old Syriac Version of Evagrius' *Centuries,* OrChr 64 (1980) 65–81; *ders.*, The Syriac Adapter of Evagrius' *Centuries,* in: E. A. Livingstone (ed.), StPatr 17,3 (1982) 1388–1395.

gen monastischen Disziplin, wurde dabei von mehreren Motiven geleitet; das erste ergibt sich aus seiner Vorrede: das euagrianische Erbe trotz der Verurteilung des Verfassers zu erhalten, wozu sich der Kommentator einer höchst gewundenen Argumentation bedienen muß[148]. Zweitens, und unausgesprochen, soll dies Erbe nicht nur bei den Mönchen der severianischen (jakobitischen) Kirche gepflegt werden; dazu war es drittens nötig, es in die Theologie seiner eigenen Kirche einzuarbeiten. Wie wir oben[149] gesehen haben, enthält Babais Kommentar zahlreiche christologische Aussagen, die der in den dogmatischen Schriften vorgetragenen Lehre genau entsprechen, während umgekehrt der spirituelle *impetus* sich auch den christologischen Schriften mitteilt.

Tatsächlich aber waren damit mögliche Konflikte nicht aus der Welt geschafft. Der kritische Punkt war die von den Mönchen, speziell von den Einsiedlern unter ihnen, sofern sie unter dem Einfluß des Euagrius und anderer Pneumatiker[150] standen, beanspruchte Fähigkeit zur vollständigen Gottesschau hier auf Erden, diese natürlich als Gabe verstanden. Dieser Anspruch stand im Gegensatz zur theodorianischen Eschatologie, wie sie uns aus den katechetischen Homilien des späteren Bischofs von Mopsuestia bestens bekannt ist. Im Kommentar des Dadisho Qatraya zum Buch des Abba Jesaja[151] liegt uns das interessante Beispiel einer Auseinandersetzung eines exegetisch geschulten[152] Einsiedlers mit den „Schulmenschen" vor, in der der Verfasser versucht, Bibelstellen und Theodor-Zitate so im Sinne der „alten (Wüsten) Väter" auszulegen, dass er gegenüber der Autorität Theodors nicht als illoyal erscheint, aber gleichwohl am geistlichen Privileg des Einsiedlers festhalten kann.

„The reason why Dadisho is not satisfied with Theodore is the Interpreter's own spirituality (and not only his ‚historical' exegesis) with its strong eschatological accent: here on earth we participate in the things promised to us in hope and exspectation, the fulness of heavenly joy and all perfection awaits us in our after life. But the claim of Dadisho's solitaries is that they already see the heavenly light in full and live the life of heaven here on earth – this is to be understood by the ‚perfection' of solitary life"[153] „... we must note ... the evident interest of Dadisho to keep to the authority of Theo-

[148] *Guillaumont,* Évagre, 286–290.

[149] S. oben den Abschnitt über Babais Christologie.

[150] Dazu s. *R. Beulay,* La Lumière sans forme. Introduction à l'étude de la mystique chrétienne syro-orientale (Chevetogne 1987). Im Folgenden zitiert als Lumière. – Die bibliographischen Angaben zu Jasaph Ḥazzaya sind für den deutschen Leser durch den Hinweis auf den Übersetzungsband von *G. Bunge* zu ergänzen: Rabban Jausep Ḥazzaya: Briefe über das geistliche Leben und verwandte Schriften = Sophia 21 (Trier 1982).

[151] Ausgabe und Übersetzung von *R. Draguet,* CSCO 326 (Syr. 144) und 327 (Syr. 145) (Louvain 1972).

[152] Draguet in seiner Einleitung zum Übersetzungsband, p. 8*. Zum Folgenden s. *L. Abramowski,* Dadisho Qatraya and his Commentary on the Book of the Abbas Isaiah, The Harp (Kottayam, Kerala) 4 (1991) 67–83.

[153] *Abramowski,* Dadisho, p. 83.

dore in the realm of a spirituality fed from other sources. To attain this end he is ready to pay the price of reading Theodore in the light of the spirituality he lives in himself and therefore to reinterprete him.“[154]

Bei dieser Gelegenheit hat er uns übrigens eine Reihe sonst unbekannter Theodor-Zitate überliefert. Zu den monastischen Autoritäten gehört für Dadisho auch Babai, auf dessen Zeit er bereits als auf eine goldene zurückblickt[155].

Was wir in den uns erhaltenen Teilen des genannten Werkes des Dadisho noch nicht finden, ist eine Debatte über das Problem der vollständigen Gottesschau als eines christologischen. R. Beulay nennt in seiner großen Monographie über Johannes von Dalyatha den Katholikos Timotheus I. (780–823) als denjenigen, der die radikalste Konsequenz aus den Voraussetzungen der nestorianischen Anthropologie gezogen habe: „Avec Timothée Ier nous trouvons exprimée la conséquence la plus radicale du principe de l'invisibilité de Dieu pour toute créature: même l'humanité du Christ ne voit pas la divinité du Verbe qui l'a assumée, ceux qui prétendent le contraire étant taxés de messalianisme.“[156]

Vermutlich ist dies ein Argument, das spezifisch gegen die Vertreter der den „Vollkommenen“ möglichen Gottesschau im irdischen Leben entwickelt worden ist. Jedoch ist es schon Jahrzehnte vor Timotheus I. belegt, denn Johannes von Dalyatha (Lebenszeit: die beiden ersten Drittel des 8. Jh.) lehnt es höhnisch ab, nachdem er sich über das Verhältnis der beiden Naturen in Christus vorher auf seine eigene Weise, unter Berufung auf einen „Seher“, geäußert hat. Er tut dies in seiner Homilie 25, die Beulay selber in französischer Übersetzung dankenswerter Weise als Appendix in der erwähnten Monographie mitteilt[157]. Ich lasse den ganzen Text hier folgen, da es ein Stück von vergleichbarer dogmatischer Dichte unter den Briefen nicht gibt und in den Homilien (noch nicht ediert) anscheinend auch nicht.

1 1 „Gloire à la source de Ta Sagesse, ô notre Dieu! Gloire à Ta Sagesse qui surpasse la connaissance, ô notre Créateur! (Cette Sagesse) qui, bien que tous les mondes d'en-Haut en soient enivrés et resplendissent en elle, leur est cachée à eux aussi et surpasse (toute) explication! (Cette Sagesse) par laquelle, alors que Tu es un, Tu es nommé de manière trine! Ton Unité n'est pas dicible, et Ta Trinité n'est pas compréhensible, car Tu es plus élevé que toute appellation.

2 Seigneur, que Ta lumière sainte dont sont emplies les intelligences des Puissances de Ta Sainteté qui sans cesse fixent les yeux sur ses resplendissements; que cette (lumière), Seigneur, fasse apparaître dans le secret de mon intelligence les beautés de Tes Mystères, pour qu'elle peigne ses images obscures dans la clarté qui convient à Ta

[154] Ibid., p. 82.
[155] Ibid., p. 71.
[156] *R. Beulay,* L'enseignement spirituel de Jean de Dalyatha, mystique syro-oriental du VIIIe siècle = ThH 83 (Paris 1990) 437. Im Folgenden zitiert als Enseignement.
[157] *Beulay,* Enseignement, 511–514.

grâce, et que par sa méditation la grâce l'élève jusqu'à ce qu'elle s'émerveille de Ta beauté, cette (beauté) qui ne tombe sous la prise d'aucune figure.

3 Écoute donc, mon frère; que nous te disions, dans la mesure de notre force, (mais) avec confiance en Dieu, quelque chose d'indicible: quelle est cette appellation selon laquelle une Trinité est dite (être) dans l'Un, et quelle est la vision des Hypostases glorieuses, cette (vision) totalement ineffable qui est donnée par miséricorde, autant que cela est possible pour un voyant créé et selon la limpidité de sa pureté[158].

4 Par le Père adoré de tout on désigne la Nature divine; et le Fils et l'Esprit sont les Puissances qui sont en elle[159]. Vois comment le Verbe est appelé le Fils, étant (aussi) appelé Connaissance du Père. Le divin Paul, en effet, L'a dit être la Sagesse du Père, ajoutant que c'est par Lui qu'Il a fait les mondes[160], c'est-à-dire par sa Connaissance. Il est donc nommé «Fils» parce que par Lui tout a été créé et que par Lui tout subsiste. C'est ainsi que nos Pères, dans leur Symbole de la foi[161], l'ont nommé «l'Unique» et «le Premier-né», (affirmant) que par Lui les mondes furent constitués et que par Lui fut créé tout ce qui est en eux.

5 Un voyant par l'Esprit a dit: «Le Christ est l'intellect de tous les êtres rationnels, et aussi celui du Père, en tant qu'Il est la connaissance du Père. De Lui tous les êtres rationnels reçoivent la connaissance.»[162] Et pour que nous ne pensions pas que c'est seulement du Dieu Verbe qu'il a dit qu'Il est l'intellect du Père, sans la nature (qui vient) de nous, il ajoute[163] que l'Homme Jésus-Christ, Notre-Seigneur, n'est pas seulement l'Habitation de la Puissance et de la Sagesse du Père[164] – point sur lequel beaucoup ont erré –, mais qu'Il est en tout (Lui-même) la Puissance et la Sagesse du Père, du fait – ainsi qu'il le dit[165] – que l'Habitant n'étant pas limité, l'habitation ne

---

[158] Hier läßt Beulay den syrischen Ausdruck in Umschrift folgen.

[159] Beulay druckt den Plural: „elles", aber der Inhalt erfordert den Singular, das wird durch § 9 bestätigt.

[160] Cf. 1 Kor 1,24 und 8,6.

[161] *Beulay* bemerkt dazu, Enseignement, p. 512, Anm. 1: „Le Symbole du premier concile de Nicée." Die beiden Prädikate für den Sohn, die folgen, und der Rest des Paragraphen ebenso wie die Bezeichnung des Geistes als „Lebendigmacher" in § 8 belegen aber, dass es sich um jene Kombination aus dem Antiochenum/Nestorianum (= A) mit dem Constantinopolitanum (= C) handelt, wie wir sie aus der Synode Ishoyahbs I. von 585 kennen. S. dazu *L. Abramowski,* Die liturgische Homilie des Ps. Narses mit dem Messbekenntnis und einem Theodor-Zitat, BJRL 78 (1996) 87–100, zur Gestalt des Bekenntnisses von 585: p. 95–97. Alle drei Bekenntnisformen werden von ihren jeweiligen Kommentatoren als „Bekenntnis der Synode von Nicaea" verstanden. – Hat das 585 paraphrasierte Bekenntnis neben dem in der Eucharistie gebrauchten Antiochenum einen offiziösen Status gehabt?

[162] *Beulay,* Enseignement, p. 512, Anm. 2, zitiert zum Vergleich *Euagrius,* Cent. I 77 in Übersetzung (wo *Guillaumont,* PO 28, 1 – S_1 –, die vorauszusetzenden griechischen Termini in Umschrift wiedergibt, übersetzt Beulay sie aus dem Syrischen). Zitiert Johannes von Dalyatha aus dem Gedächtnis oder liegt ihm eine Verarbeitung des Euagrius-Textes vor? Siehe auch die folgenden Anmerkungen.

[163] Wer und wo?

[164] Cf. 1 Kor 1,24.

[165] *Beulay,* Enseignement, p. 512, Anm. 3, verweist auf Euagrius, Cent. II 11, teilt aber die Übersetzung nicht mit. Ich gehe davon aus, dass bei Johannes von Dalyatha für „habitation" *bēt mšri'* steht, wie wir es für Guillaumonts (PO 28, 1 – S_1 –) „lieu de séjour" finden. Frankenberg sagt dafür in der griechischen Retroversion κατάλυμα und in der deutschen Übersetzung von Babais Kommentar zu dieser Centurie „Wohnung" (p. 136/137). Die Cent. II

l'est pas non plus, dans une union qui surpasse toutes les intelligences. C'est pourquoi Il est appelé Unique, Premier-né, Seul Fils, Créateur de toutes choses.

6 Si donc Il est la Connaissance et l'Intellect du Père, c'est par sa Connaissance que le Père se voit et se connaît Lui-même, et (voit et connaît) toutes choses. Que dirons-nous (alors) de ces gens qui, gisant dans l'aveuglement, délirent et disent que la nature humaine qui fut prise parmi nous ne voit pas la Nature de Celui qui l'a prise et se l'est unie? Mais laissons là ces égarés et poursuivons notre sujet plein de vie.

7 Tu as maintenant compris que la Connaissance du Père est appelée Fils. A présent, écoute; que nous te parlions aussi, dans la mesure de notre force, de l'Esprit totalement ineffable. Comme nous l'avons dit, on appelle «Esprit» la Vie de la Nature glorieuse, parce que tout vivant vit par son esprit. Et cette dénomination tu la trouves aussi appliquée à la vie (en général), car la vie du vivant[166], on l'appelle son esprit. (Ainsi) les natures rationnelles simples sont nommées «les Spirituels», c'est-à-dire les Vivants. Et du fait qu'elles ne meurent pas, on (peut) les appeler simplement «les Vivants».

8 L'Esprit donc qui procède du Père est Vie, et (aussi) Vivificateur[167], car c'est par Lui que la vie est donnée à chaque vivant. Tu appelles ton âme «esprit» en tant qu'elle est la vie de ton corps; ainsi tu appelles «Esprit du Père» la Vie de soi-même[168]. Il est dit qu'Il procède sans aucune translation[169], du fait que tous les vivants vivent en Lui et reçoivent de Lui le fait d'être vivants, chacun selon l'ordre de sa nature.

9 Le Père est la Nature, le Fils et l'Esprit sont ses Puissances: voilà le sens de l'appellation «Trinité glorieuse». Et cette Nature sainte est Connaissance et Vie: c'est cela l'égalité des Hypostases, sans commencement et éternellement. Et tout lieu, endroit,

---

11 – S_1 – lautet in Guillaumonts Übersetzung (p. 64): „Au sujet de tout ce qui a été constitué des quatre éléments, que ce soit proche ou que ce soit éloigné, nous pouvons recevoir une contemplation par l'action de la grâce de Notre-Seigneur. Mais notre *nous* seulement est pour nous incompréhensible, et, plus que celui-ci, Dieu, son auteur, parce que, en effet, Dieu n'est pas compréhensible, ni le lieu de son séjour". Babai in seinem Kommentar polemisiert gegen Eunomianer und Messalianer (p. 136/137, unteres Viertel). Er zitiert als „messalianische" Meinung (Frankenbergs Übersetzung wird im Folgenden korrigiert): „Wie Gott sich erkennt, auf diese Weise (erkennen) auch wir ihn, und er fällt unter unsere Schau." Und Babai fährt fort: „Unsern Intellekt betreffend: wie oft stellen wir uns (etwas) vor (sei es) nach den Weisen seiner Gedanken und Erwägungen bzw. nach seiner eigenen Zerstreutheit; bzw. nach dem, daß er auch konzentriert wird durch die Gnade zum Zeitpunkt des unaussprechlichen Lichtes. Gott (Dat. oder Akk.?) nämlich überhaupt ⟨nicht …⟩, und nicht fällt er auf irgendeine Weise unter die Erfaßbarkeit, es sei denn in der Epiphanie über dem reinen Intellekt, der sein Bild und seine Wohnung ist". – Die mit „nicht" beginnende Auslassung ist von mir postuliert.

166 *Beulay*, Enseignement, p. 513, Anm. 4: „Litt.: sa vie".

167 S. oben Anm. 161.

168 Beulay: „de son Hypostase". Das im Syrischen vorauszusetzende *dqnwmh* ist hier reflexiv zu übersetzen, cf. Joh 5,26 ὥσπερ γὰρ ὁ πατὴρ ἔχει ζωὴν ἐν αὐτῷ (Pesh. *bqnwmh*!). Wir befinden uns in der Relation Vater = göttliche Natur, Geist = eine seiner Kräfte, cf. die Anfänge der §§ 4 und 9.

169 *Beulay*, Enseignement, p. 513, Anm. 5 über das Verständnis im Kontext und über das Mißverständnis durch die Synode des Timotheus I.

monde, temps et intemporalité (...)[170] que le Père est en soi-même[171] le Fils et l'Esprit.

10 Il est dit: « Personne ne vient à mon Père, si ce n'est par moi. »[172] Personne ne voit le Père s'il n'a en lui le Fils, car le Père n'est vu que par sa Connaissance. Donc, dans l'Habitation de la Connaissance, là, sont vus le Père et l'Esprit. Heureux qui a été digne de cela!

11 Que l'intellect pur soit seul le voyant de la Sainte Trinité, Notre-Seigneur en témoigne, puisqu'Il a déclaré les purs bienheureux[173], du fait qu'Il habite là avec son Père et son Esprit, et que là Il se fait une demeure où Il a dit qu'Il trouve plaisir à se reposer pour toujours[174].

12 Dans le mystère dont nous venons de parler, les Hypostases glorieuses de la Sainte Trinité sont vues par l'intellect pur, et celui-ci est stupéfait, émerveillé et réduit au silence, privé qu'il est de tout mouvement et de toute perception. Comment sont-elles vues? Pas même un Séraphin de feu pourrait le révéler. Le voyant sait seulement qu'il voit. Comment? Il ne le sait pas.

13 Quiconque parle de cette contemplation dans un autre sens conçoit des imaginations et des pensées illusoires. Seuls ceux qui ont l'expérience de cette (contemplation) savent ce que je dis, car ils ont goûté la douceur qui est sans nom et sont restés un temps considérable dans la stupeur de sa suavité. En vérité, mes Frères, si cette délectation pouvait être dite, l'entendre, à ce que je crois, ressusciterait les morts.

14 Au sujet de ces Hypostases glorieuses, il ne faut pas penser à une antériorité de l'Une par rapport à l'Autre. De même que la Nature essentielle est sans commencement, jamais Elle ne fut sans Connaissance et sans Vie. A Elle la gloire, de la part de tout, pour les siècles des siècles. Amen.

Auf die Spiritualität dieser Homilie brauche ich hier nicht einzugehen, aus der Monographie Beulays ließe sich ein ganzer Kommentar zusammenstellen. Uns interessieren an diesem Text die christologischen Aussagen im strengen Sinn und ihr trinitarischer Rahmen. Einheit und Dreiheit in Gott sind das angegebene und durchgehaltene Thema der Homilie mit ihrem sehr klaren Aufbau, der durch Beulays Paragraphengliederung sichtbar gemacht ist. Für die Trinität hat Johannes von Dalyatha eine doppelte Betrachtungsweise. Sieht man sie unter dem Aspekt der Einheit, so ist der Vater die göttliche Natur, Sohn und Geist sind Kräfte in ihr, also im Vater (§§4. 9. 14). Die von mir notierten Bibelstellen und die daraus folgenden Korrekturen an Beulays Übersetzung zeigen die Herkunft der gewählten Ausdrücke: „Kraft" – paulinisch, „Leben" – johanneisch, ebenso „in sich selbst" (gesagt vom Vater). Betrachtet man die eine Trinität unter dem Gesichtspunkt der Dreiheit, so

[170] *Beulay,* Enseignement, p. 513, Anm. 6: Der Satz ist (aus Zufall) in den beiden syrischen Hss. der Homilie teilweise unleserlich und in der arabischen Übersetzung sehr dunkel.

[171] Beulay übersetzt mit „en son Être", im syrischen Original steht *bqnwmh*, s. *Beulay,* Anm. 7. Beulay hält diesen Ausdruck „für zumindest ungeschickt". Aber auch hier ist die Übersetzung durch das Reflexivum angebracht wie oben bei Anm. 168.

[172] Joh 14,6.

[173] Cf. Mt 5,8.

[174] Cf. Joh 14,23.

handelt es sich, korrekt neunicänisch, um Hypostasen (§§3. 12), die gleich sind, keinen Anfang haben und ewig sind (§9); keine von ihnen ist früher als die andere (§14), was wiederum aus ihrer Einheit begründet wird (§14). – Der Polemik wird es dann belieben, nur den ersten Aspekt herauszugreifen und ihn als „sabellianisch" zu verurteilen[175]. Als nicht orthodox wird ebenfalls verworfen werden die Ableitung des Titels „Sohn" aus der Schöpfungsmittlerschaft (s. §4), während doch die Herkunft aus dem Vater die richtige Begründung wäre.

Die christologische Position des Johannes ist diese (§5): Christus ist der *nous* aller *logika* und der des Vaters. Das ist nicht nur auf den Gott-Logos zu beziehen, unter Absehung von seiner menschlichen Natur. Vielmehr ist der Mensch Jesus Christus, unser Herr, nicht nur Wohnung der „Kraft und Weisheit" des Vaters (cf. 1 Kor 1,24). Diese Auffassung sei zwar von „vielen" vertreten worden, sie sei aber trotzdem irrig. Sondern der Mensch Jesus Christus selbst ist „in allem" die Kraft und Weisheit des Vaters. Der „Bewohner" (also der Gott-Logos) ist unbegrenzt, also ist es auch seine Wohnung. Das liegt an der Union (der beiden Naturen), die alle „Intelligenzen" übersteigt. Dann gelten aber auch (§6) die Aussagen über den Logos als „Erkenntnis" und *nous* des Vaters, mit der dieser sich sieht und erkennt, für die menschliche Natur Christi in ihrem Verhältnis zum Logos, der diese Natur angenommen hat. Die menschliche Natur Christi erkennt daher jene Natur, von der sie angenommen und mit der sie vereint wurde. Wer das nicht sagen will, ist verblendet und verirrt.

Während Johannes für die Trinität die Termini Natur (eine) und Hypostase (drei) verwendet, ist er in der Christologie viel zurückhaltender: Er spricht zwar von den Naturen, aber Hypostase und Prosopon gebraucht er nicht, weder auf der Seite der Naturen noch auf der Seite der Einheit dieser Naturen.

Der „Wohnung" des Gott-Logos die Unbegrenztheit des „Bewohners" zuzusprechen, bringt Johannes in krassen Gegensatz zur älteren Tradition seiner Kirche, vor allem wenn man an Narses denkt. Dieser wäre also zu den „vielen" zu zählen, die in dieser Hinsicht „geirrt" haben. Andererseits ist der theodorianische Anteil am christologischen Vokabular des großen Mystikers[176] nicht zu übersehen: „der Mensch Jesus Christus", „Bewohner" und „Wohnung", das „Annehmen" der menschlichen Natur durch die göttliche.

Viel mehr als über die Probleme der Zwei-Naturen-Lehre hören wir bei Johannes von seiner Liebe zur Gestalt Christi; davon ist oben in einem eigenen Abschnitt schon gehandelt worden[177].

---

175 Siehe unten den zweiten Abschnitt im Brief der Synode.

176 Vgl. *Beulay,* Lumière, p. 184–198, ch. VI: L'influence de la théologie dogmatique nestorienne, – nicht bloß auf Johannes von Dalyatha, sondern auch auf die anderen Mystiker.

177 Siehe oben zu Johannes von Dalyatha, Ep. 28,2.

2. Die Synode von 786 oder 787 des Timotheus I.

Im Jahr 786 oder 787 versammelte der Katholikos Timotheus I. (780–823) eine Synode, die sich mit Johannes von Dalyatha u. a. befaßte. Ein Bericht über diese Synode liegt arabisch vor, von Assemani ediert und übersetzt; ich lasse hier Beulays Übersetzung folgen[178].

Le catholicos Timothée excommunia Jean dit « de Dalyatha », Jean d'Apamée et Joseph dans un synode de Pères. Lorsque ceux-ci furent réunis, il les entretint de la situation particulière à leur temps et des ténèbres qui l'enveloppaient; au point, dit-il, que si ce n'était la miséricorde de Dieu, il arriverait aux hommes ce qui leur advint aux jours du déluge.

Il rappela qu'un groupe de moines se paraient de l'habit des anges, mais trompaient le monde, et que par leur truchement se répandaient d'extraordinaires erreurs. Parmi ceux-ci (il mentionna) Jean (de) Dalyatha qui suivit Sabellius et crut au sujet du Fils et de l'Esprit qu'ils sont des Puissances et non des Personnes, que le Verbe fut appelé Fils non parce qu'il est du Père, mais parce que c'est par lui que le Père a tout créé[179]; (lequel a dit aussi) que la créature voit son Créateur.

Parmi ces (moines, il fit également mention) d'un certain Joseph dont voici quelques-unes des déclarations: « Si vous désirez recevoir le don de l'Esprit, ne vous attardez pas à la prière ou à l'office, mais fuyez plutôt vous cacher dans des lieux obscurs, de sorte que vous n'y entendiez pas même la voix d'un oiseaux. » Ignorait-il que l'Esprit-Saint descendit sur les Apôtres sous la forme du feu et en plein jour? Il a dit aussi ailleurs: « Lorsque quelqu'un a atteint la perfection, il n'a plus besoin de la prière, ni de la psalmodie, ni de la lecture, ni du travail, puisqu'il est devenu parfait. » Il a déclaré encore qu'il est certain que le Corps et le Sang du Christ sont consacrés par l'Esprit moyennant la prière continuelle; et aussi que l'âme n'a pas été créée avec le corps, mais qu'elle était avant cela avec Dieu. Au sujet de la divinité il a forgé le mensonge qui consiste à dire qu'elle est visible, alors que le Père a dit[180]: « Personne ne me verra et restera en vie », et que le Fils a déclaré[181] que lui seul a vu le Père, (lui) et l'Esprit[182], selon ce qu'a dit Paul[183]: « Aucun homme ne l'a vu en ce monde, et aucun homme ne peut le voir. »

Pour ces raisons ces Pères ont retranché du corps de l'Eglise (les personnes mentionnées plus haut) comme il avait été fait pour Arius, Eunomius, Macédonius, Apollinaire, Cyrille et Sévère, lesquels ne furent pas admis comme le furent Athanase, Basile, Grégoire, Diodore, Jean Chrysostome, Théodore et Nestorius. Ils condamnèrent les conciles d'Ephèse et de Chalcédoine parce que ceux qui y participèrent se mirent d'accord pour dire des deux hypostases qu'elles étaient une.

---

178 *Beulay,* Lumière, p. 229–231, und Enseignement, p. 423 f.

179 Diese Mitteilungen über Johannes von Dalyatha und die entsprechenden Aussagen in der Homilie des Johannes haben entscheidend zur Identifikation des Johannes als Autor beigetragen, s. *Beulay,* Einleitung zu PO 39, 3 (= Nr. 180), p. 258.

180 Ex 33,20.

181 Cf. Joh 6,46.

182 Diese Einbeziehung des Geistes in das Verständnis von Joh 6,46 noch deutlicher in der „Verpflichtung" des Nestorius von Nuhadra, unten §4 und p. 699. Es ist klar, dass er den Gedanken von Timotheus übernommen hat, der ihn aber nicht als erster gefaßt haben muß.

183 1 Tim 6,16.

Les Pères, donc, qui s'étaient réunis avec Mar Timothée anathématisèrent quiconque dirait que l'humanité de Notre-Seigneur voit sa divinité, ou que la voit une créature quelle qu'elle soit. Ils affirmèrent que les âmes ne ressentent rien après avoir quitté leur corps jusqu'à ce qu'elles retournent à ceux-ci; qu'aucune nature humaine n'a atteint la perfection en ce monde, sauf celle du Christ. Ils anathématisèrent quiconque lirait les livres du susdit Joseph, ainsi que ceux de Jean Dalyatha (sic) et de Jean d'Apamée; quiconque les admettrait dans la bibliothèque d'un couvent ou dans sa cellule serait excommunié.

Ils décidèrent encore qu'on commence et termine la prière par le « Notre Père ».

Interessanterweise wird dem Johannes vom Patriarchen nicht vorgehalten, dass er nicht von zwei Hypostasen spricht (die zwei Naturen werden von Johannes ja genannt). Aber aus der Formulierung des Timotheus über die Synode von Chalcedon geht hervor, dass für ihn zwei Naturen die zwei Hypostasen ganz selbstverständlich implizierten, denn auf der Synode von 451 hat man in der Definition des Glaubens in der bekannten Passage von zwei Hypostasen gar nicht gesprochen. Dass Ephesus (431) verurteilt wird, ist selbstverständlich; wegen des Bekenntnisses zur einen Hypostase fällt auch Chalcedon (451) unter das Anathem. Nestorius erscheint ausdrücklich in der Liste der maßgeblichen Theologen der Vergangenheit. Die von der Synode verurteilten Mönche werden als aus der Kirche ausgeschlossen betrachtet, wie es die Häretiker von Arius bis Severus und Kyrill sind. Wer die Schriften jener Mönche liest, fällt unter das Anathem, Erwerb und Besitz der Schriften führt zur Exkommunikation. Eigentlich hätte man auch eine Bemerkung zur These des Johannes bzw. seiner Autorität erwartet, dass unter dem *nous* des Vaters nicht nur der Gott-Logos, sondern auch der von ihm angenommene Mensch zu verstehen sei. Andererseits hören wir von der Synode, dass allein von allen Menschen die menschliche Natur Christi in dieser Welt Vollkommenheit erreiche.

Unter Anwendung der Prämissen etwa des Dadisho Qatraya hätte dann wenigstens *Christus* als Mensch seinen Logos bzw. Gott sehen können, wenn auch sonst niemand. Aber eine solche Möglichkeit wird von der Synode durch die Maxime ausgeschlossen, dass kein Geschöpf die Gottheit sehen kann, also auch nicht die Menschheit unseres Herrn die in ihm wohnende Gottheit.

3. Die „Verpflichtung" des Nestorius von Bet Nuhadra

Es hat sich ein Dokument erhalten, an dem wir die praktische Auswirkung des vom Katholikos herbeigeführten Synodalbeschlusses wenigstens in einem Fall beobachten können. Der zum Bischof von Beth Nuhadra bestimmte Mönch Nestorius war des „Messalianismus" angeklagt worden[184] (er war in der Tat

[184] *Beulay,* Lumière, hat p. 217–223 einen Abschnitt über diesen Nestorius, von dem „wir

ein Vertreter der Spiritualität des Joseph Ḥazzaya und wohl auch des Johannes von Dalyatha gewesen) und erhielt die Weihe erst, nachdem er einer Synode des Timotheus im Jahr 790 (also nicht allzulange nach der oben genannten Synode) eine unterschriebene und gesiegelte „Verpflichtung" vorgelegt hatte[185]. Ich lasse diesen Text trotz seiner Länge vollständig folgen, indem ich ihn in Paragraphen gliedere[186].

1 Ich Nestorius, Priester und Mönch aus dem Kloster des Mar Jozadaq bekenne, daß ich zu diesem Zeitpunkt berufen wurde vom Heiligen und Vater der Gemeinschaft, Mar Timotheus, Katholikos-Patriarch, zum Werk des Dienstes des Bischofs[187] von Beth Nuhadra. Und weil gewisse unfaire Gerüchte und böse Reden über mich von manchen (Leuten) vor seiner Heiligkeit ausgesprochen wurden, – damit ich (nun) frei und rein erscheine von der Beschmutzung durch ihre Anklagen gegen mich, verlangte der Mar Katholikos eine Apologie und eine Verpflichtung aus meinen Händen; eine

---

nur wissen, daß er Mönch im Kloster des Mar Jozadaq war", (s. unten im Bekenntnis § 1) „– das Kloster, in dem Johannes von Dalyatha den Mönchshabit angezogen hatte –, daß er eine Vita des Joseph Hazaya geschrieben hat, – was zugleich seine Bewunderung für ihn anzeigt und das Faktum, daß er beträchtlich jünger als jener gewesen sein muß" und dass er schließlich den „messalianischen Irrtümern" abschwören mußte (*Beulay,* p. 217 f.). *Beulay* referiert auch (p. 218–222) über unedierte Auszüge aus einem Brief des Nestorius, der vor der Abschwörung geschrieben sein muß. Mit *Beulay* (p. 222 f.) würde man gerne mehr über die Umstände wissen, die den Mönch zu seinem Frontwechsel veranlaßten. Hat er ihn sich durch eine *reservatio mentalis* ermöglicht? „Quand il accepta de déclarer que ‚la divinité du Fils unique ne peut être vue, même de son humanité'" (s. unten § 4) „pensait-il que la nature de la divinité, certes, est invisible à toute humanité, mais pas la gloire de cette nature? C'est ce que n'avait pas cessé de préciser Jean de Dalyatha, sans que cela l'ait empêché d'être condamné trois ans plus tôt pour avoir prétendu que la divinité est visible." Jedenfalls sei es bemerkenswert, dass unter den nestorianischen mystischen Autoren, mit der Ausnahme des Johannes von Dalyatha, Nestorius von Nuhadra der einzige sei, der eine klare Unterscheidung zwischen Natur und Herrlichkeit Gottes vornimmt, um das Problem der Gottesschau zu klären. Beulay hält es durchaus für möglich, dass hier eine Abhängigkeit besteht. – Zu Nestorius von Nuhadra siehe K. Pinggéra, BBKL 23 (2004) 1019–1021 [L. A.]. – *V. Berti,* Grazia, visione e natura divina in Nestorio di Nuhadra, solitario e vescovo siro-orientale († 800 ca.), Annali di Scienze Religiose 10 (2005) 219–257. [T. H.]

[185] Die konkreten Angaben (Datum, Synode des Timotheus, „Verpflichtung" des Nestorius, Weihe) aus dem Lemma, abgedruckt bei *Braun* (siehe nächste Anm.), p. 302/303 oben.

[186] Der syrische Text mit einer deutschen Übersetzung ist publiziert von *O. Braun,* Zwei Synoden des Katholikos Timotheos I., OrChr 2 (1902), 283–311, auf p. 302–311. Was hier folgt, ist meine eigene Übersetzung auf der Basis von Braun. Die wichtigste Differenz ist meine Wiedergabe von *qnoma* mit „Hypostase", wo Braun „Person" schreibt. Diese Übersetzung, in der Trinitätslehre unschädlich, wirkt in der Christologie verheerend: Wenn Nestorius von N. die chalcedonensische Formel von „der einen Hypostase in zwei Naturen" ablehnt (unten § 3), lehnt er damit ja nicht eine Person in Christus ab, wie es nach Brauns Übersetzung scheinen könnte. Zweimal schreibt Braun „Natur" (p. 305,32 und 307,8 der Übersetzung), wo es im ersten Fall „Gottheit" und im zweiten Fall „Menschheit" heißen muß. – *Beulay,* Enseignement, p. 426 f., gibt eine französische Übersetzung jener Passage, die ich als §§ 4 und 5 zähle.

[187] Braun löst die Abkürzung mit „Episkopat" auf.

Apologie wegen der unheiligen Anklagen, welche von aufgerissenen Mündern und ungezügelten Zungen vor seiner Heiligkeit gegen mich geredet wurden; eine Verpflichtung wegen der Bewahrung des Glaubens, der in der ganzen katholischen Kirche gehalten wird und gilt von Anfang an, und wegen der Beachtung der Befehle und göttlichen Gebote, die bestimmt und vorgeschrieben wurden aus dem Mund unseres lebendigmachenden Herrn und Gottes Jesus Christus.

2 Und zuerst nämlich verkündige ich das Wort des Glaubens der Wahrheit, den ich im Herzen halte und mit dem Mund bekenne[188], verborgen zugleich und öffentlich[189], vor Gott wie vor den Menschen. Es ist dieser: Ich glaube an eine göttliche Natur, nicht geworden und nicht gemacht, die alles aus dem Nichts zum Sein brachte, unerforschlich und unbegrenzt und leidensunfähig, die in drei gleichen und nicht getrennten Hypostasen des Vaters und des Sohnes und des Heiligen Geistes und in den festen und unveränderlichen Eigentümlichkeiten der Hypostasen erkannt wird. Und an einen Herrn Jesus Christus, den Sohn Gottes, der in seiner Gottheit vom Vater vor allen Äonen gezeugt wurde, in seiner Menschheit aber vom Heiligen Geist und Maria, der Jungfrau, empfangen und geboren wurde ohne Ehe; der in seiner Menschheit vom Samen Abrahams und Davids nach der Verheißung der Propheten ist und erkannt wird, in seiner Gottheit aber vollkommener Gott vom vollkommenen Gott (ist), der am Ende der Zeiten in die Welt kam im Fleisch, damit er die Sünder erlöse und lebendig mache.

3 Danach weise ich ab und verwerfe ich und erkläre für fremd alle Häresien, die außerhalb dieses gesunden Bekenntnisses ihren Wandel haben[190], sei es, daß sie Christus nur als Gott bekennen, indem sie Natur und Hypostase seiner Menschheit leugnen wie die Marcioniten und die Manichäer; sei es, daß sie Christus allein als Mensch verkünden, indem sie Natur und Hypostase seiner Gottheit leugnen wie die alten und neuen[191] Juden und wie Paul von Samosata und wie Photin der Galater. Ich anathematisiere aber auch jene, die zugleich gegen seine Gottheit und gegen seine Menschheit freveln, indem sie bald eine Natur und Hypostase, bald aber eine Hypostase in zwei Naturen bekennen, wie die Severianer und wie der Mangel an Verstand derer, die sich in Chalcedon versammelten, die in gleicher Weise mit sich selbst und mit der Wahrheit streiten.

4 Ich anathematisiere aber alle böse Gesinnung der Messalianer, die bald von der Gottheit des Eingeborenen sagen und lästern, daß sie von seiner Menschheit gesehen würde, bald aber seine Menschheit als einfach und

---

[188] Cf. Röm 10,10.

[189] Cf. Mt 10,26.

[190] Hier stehen die Partizipien der Verben „gehen“ und „laufen“.

[191] Die „neuen“ Juden sind die Muslime, s. *Th. R. Hurst,* The Syriac Letters of Timothy I (727–823): A Study in Christian-Muslim Controversy (Ph.D. diss. Washington 1986), p. 35 und 160.

ohne Zusammensetzung (fälschlich betrachten), nach der frevlerischen und gottlosen Gesinnung der Manichäer. Die göttliche Natur nämlich ist unkörperlich, unbegrenzt und wird von allen Geschöpfen nicht gesehen. Die Natur aber und Hypostase der Menschheit unseres Herrn ist körperlich und begrenzt und wird gesehen von allen Vernunftwesen, und deshalb ist sie unfähig ⟨zu sehen⟩[192] die Natur seiner Gottheit. Wie nämlich die Menschheit unseres Herrn nicht ohne Grenze und ohne Anfang und ohne Ende ist wie seine Gottheit, und wie sie nicht unsichtbar und ungeschaffen und ohne Körper ist ... ⟨wie⟩[193] Logos und Geist, so kann auch nicht die Menschheit unseres Herrn seine Gottheit sehen, wie der Sohn Logos oder der hervorgehende Geist die göttliche Natur sieht. Es geschieht nicht[194], daß jemand den Vater sieht, sagt unser Herr, es sei denn, wer von Gott geboren ist oder ewig[195] von ihm ausgeht, der sieht den Vater[196]. Ich anathematisiere also alle, welche gefangen wurden (von), halten (eine solche) oder gefangen sind in einer derartigen verderblichen Gesinnung, indem sie sich eine Verwandlung oder Veränderung der Naturen in unserem Herrn Jesus Christus vorstellen.

5 Ebenso ächte und anathematisiere ich alle, die sagen, die Menschheit unseres Herrn sei gelöst worden von ihrer Zusammensetzung und sei einfacher und unzusammengesetzter Geist[197] geworden. Wie nämlich soll (so) bestehen das Wort unseres Herrn, das er den Aposteln sagte: „Rührt mich an und erkennt, daß ein Geist nicht Fleisch und Bein hat, wie ihr seht, daß ich habe“[198]; und das zu Thomas (gesagte Wort): „Bring deine Hand und strecke sie in meine Seite, und bring deinen Zeigefinger und sieh meine Hände“[199]; und dies: „Wenn der Menschensohn auf den Wolken kommt“[200]; und die (Worte) der Engel zu den Aposteln: „Dieser Jesus, der von euch weg in den

[192] Lücke in der Hs, von Braun so aufgefüllt.
[193] *Braun*, p. 306, Anm. 1: „Durch Abdruck der gegenüberstehenden Seite sind die folgenden 3 Worte unleserlich geworden.“
[194] = Pesh. Joh 6,46.
[195] Der „ewige“ Ausgang des Geistes ist ein Gedanke des Timotheus, cf. die Debatte des Patriarchen mit dem Kalifen al-Mahdi (ed. Mingana, p. 23 und 25 (Übers.)). – Ist die ursprüngliche Autorität für das Adverb „ewig“ in diesem Zusammenhang vielleicht (Ps.-)Gregor Thaumaturgus (= Apollinarius), Ἡ κατὰ μέρος πίστις 33, Lietzmann, p. 180,17f.: der Geist ἀιδίως ausgesandt aus dem Wesen des Vaters durch den Sohn?
[196] Cf. Joh 6,46.
[197] *ruḥa* = πνεῦμα, mit Rücksicht auf Lk 24,39. – Bei *Martikainen* (s. oben Anm. 145), p. 50, ist die entscheidende Verneinung vor „zusammengesetzter“ ausgefallen.
[198] Lk 24,39.
[199] Cf. Joh 20,27.
[200] Cf. Mt 24,30.

Himmel hinaufgehoben wurde"[201]; und dies: „Sie werden blicken auf mich, den sie durchbohrt haben"[202]?

6 Ich anathematisiere auch jene, die sagen, es könne in dieser Welt eine Vollkommenheit geben und (die) so die heiligen und göttlichen Sakramente verachten und verschmähen und es wagen, die kirchlichen Kanones und Bestimmungen zu übertreten; und jene wiederum, die sagen, daß die Seelen fühlen und erkennen oder wirken[203] oder lobpreisen oder fortschreiten nach ihrem Fortgang aus den Leibern; sie haben (jedoch) nicht eins davon, bis sie (wieder) anziehen ihre Leiber.

7 Dies alles habe ich niedergesetzt als Verpflichtung vor Gott und seinem Christus und seinem heiligen Geist, (ich) der ich es verborgen und öffentlich ausführe, und fremd bin ich allen, die es (sc. das oben Verurteilte) festhalten, verborgen oder öffentlich. Und wenn, was ferne sei, ⟨ich abweiche⟩[204] in einem davon, bin ich Gott fremd und allen göttlichen Graden und Ordnungen, d.h. aber, dem ganzen Ruhm des Christentums im göttlichen Wort, dessen Macht Himmel und Erde hält und regiert.

8 Ich habe geschrieben und gesiegelt diese Verpflichtung und Abmachung vor der angebeteten Trinität und Herrin alles Guten unter der Bezeugung der christusliebenden Mar Joḥannan, Metropolit von Nisibis, und Nestorius, Metropolit von Ator, … B. von Balad, und Abdisho, B. von Kephar Zamariye, und David, B. von Ḥnaita und Hebton, und Abdisho, B. von Marga, und Moses, B. von Timana, und Joḥannan, B. von Guki, und Grigor von Zabe[205] und Shalita von Damaskus und Sliba zeka von Trihan und Gabriel von Beth Qale …[206]

Blicken wir auf dies lange Dokument zurück, das mit dem §7 sich als Abschwörformel enthüllt, so ist Verschiedenes anzumerken.

Am Ende von §1 wird ganz unbefangen von „Jesus Christus, unserm Gott" gesprochen, das Prädikat „Herr" geht voraus. Dahinter steckt eine Reminiszenz an Joh 20,28, wo der bisher zweifelnde Thomas, den Auferstandenen anerkennend, ihn anbetet: „Mein Herr und mein Gott". Die doxologische Sprache benutzt Christusprädikate viel unbefangener als die theologische Analyse[207].

---

201 Apg 1,11; Braun fügt in seiner Übersetzung noch das folgende Kolon des biblischen Textes an.

202 Joh 19,37.

203 Das Verb kann auch bedeuten „(Gott) dienen", es ist term. techn. für die πρᾶξις des mönchischen Lebens (Guillaumont) und steht daher passend nach „erkennen", γνῶσις.

204 Ich ergänze die Lücke etwas anders als Braun.

205 Im syrischen Druck p. 310,3 fehlerhaft *kaph* für *beth*.

206 Ich verzichte auf die Wiedergabe der Längungszeichen u.ä. Braun gibt zu den meisten der Personen und Orte eine Näherbestimmung, die ich hier nicht reproduziere. Zur Lücke sagt er, p. 310, Anm. 1: „Der Schluß der Unterschriften, Überschrift und Anfang des folgenden Briefes fehlen; in der HS. sind dafür drei Zeilen leer gelassen."

207 Ganz ähnlich Babai d.G. zu Beginn seiner vom Schreiber dem Evagrius-Kommentar vor-

In § 2, dem positiven Glaubensbekenntnis des Nestorius von Nuhadra, ist es sicher kein Zufall, bedenkt man die Aussagen des Johannes von Dalyatha über die Einheit der göttlichen Natur im Vater und die Polemik des Timotheus[208], wenn Nestorius *nicht* sagt, „Ich glaube an einen Gott, den Vater ...", sondern es vorsichtig bei der einen göttlichen Natur beläßt und dann von den drei Hypostasen und ihren Eigentümlichkeiten redet. Im christologischen Teil des Paragraphen werden „Hypostasen" oder „Naturen" nicht erwähnt, wohl aber Gottheit und Menschheit in Christus.

Die §§ 3–6 befassen sich mit der zu verwerfenden Auffassung. § 3 stellt die falschen Vorstellungen von Christi Gottheit und Menschheit zusammen[209], formalisiert mit Hilfe der Begriffe „Natur" und „Hypostase". Die wirklich aktuellen Meinungen darunter sind die der Severianer (eine Natur, eine Hypostase) und der Chalcedonenser (eine Hypostase in zwei Naturen – der Autor ist hierin präziser als der Katholikos selbst in seinem oben zitierten Brief!). Die Chalcedonenser werden als besonders töricht bezeichnet, weil ihre Lehre in sich widersprüchlich sei; ihnen werden mehr abschätzige Worte zuteil als den Severianern!

Bemerkenswert ist die interpretierende Zitation von Joh 6,46 gegen Ende von § 4: Nicht nur wird das „seiend" des griechischen Textes, das in Peshitta als „ist" erscheint, durch „geboren" ersetzt, sondern die Aussage wird auch auf den „ausgehenden" Geist bezogen, also streng trinitarisch gedeutet[210]. Offensichtlich soll jede Anwendung des Verses auf den Gott schauenden Einsiedler ausgeschlossen werden[211].

Als letzten Satz von § 4 finden wir jenen bei Timotheus fehlenden Protest gegen die Angleichung der menschlichen Natur Christi an die göttliche in Bezug auf die Gottesschau. Daß sich „Veränderung" und „Verwandlung" auf dieses Problem beziehen, wird durch den Anfang des § 5 bestätigt, wo den „Messalianern" vorgeworfen wird, daß sie der menschlichen Natur Christi

angestellten Abhandlung, Frankenberg, p. 8/9 oben, 2. Abschnitt: „... die Kämpfer des eingeborenen Sohnes Christi, unseres Gottes."

208 Siehe oben Johannes von Dalyatha, Hom. 25, §§ 4. 9. 14, und der Bericht über die Synode von 786/7 des Timotheus I.

209 Paul von Samosata und Photin werden natürlich abgelehnt.

210 Siehe schon oben p. 693 mit Anm. 182 dieselbe Deutung bei Timotheus.

211 Die Auslegung des Verses im Johannes-Kommentar des Theodor von Mopsuestia ist noch ganz auf den Sohn bezogen; die in der Debatte des 8. Jh. besonders brauchbare Zeile habe ich unterstrichen: „Haec autem dico, inquit" (sc. Christus), „*non quasi vos Patrem videre valeatis,* hic enim Patrem solus novit qui ex ipso est, semperque Genitoris aspectu fruitur". Das „hic" zu Beginn des zweiten Kolons ist bei Vosté als „sic" gedruckt, das muß aber ein Versehen sein; das Syrisch dieser Passage entspricht genau dem Griechischen; „hic" = *ho* = οὗτος. Griechisches Katenenfragment bei *R. Devreesse,* Essai sur Théodore de Mopsueste = StT 141 (Città del Vaticano 1948), p. 330, Nr. 38 (als Vers ist „47" angegeben). Innerhalb des syrisch erhaltenen ganzen Kommentars (ed. *J. M. Vosté)* CSCO 115 (Syr. 62), p. 147,5–7 (T), 116 (Syr. 63), p. 104,33–36 (V). Die Stellenangabe bei Devreesse bezieht sich auf den Übersetzungsband.

nicht mehr ihre Zusammensetzung aus Leib und Seele beließen, sondern ihr einen rein pneumatischen Charakter zuschreiben wollten.

Die Anathemata des Timotheus gegen die drei Mystiker verbannten deren Schriften in die Anonymität, wie die Überlieferung zeigt. Das ermöglichte die Fortsetzung ihres geistlichen Einflusses dort, wo man sich an das Vernichtungsgebot nicht hielt. Es muß auch für die jahrzehntelange Dauer des Katholikats des Timotheus eine fortschwelende Bitterkeit bei jenen der Betroffenen angenommen werden, die nicht in Demut das ihnen aufgelegte Kreuz tragen wollten oder zur Ableugnung bereit waren wie der Bischof von Nuhadra. Eine Explosion dieser Überzeugungen und Gefühle fand an exponierter Stelle nach dem Tod des Timotheus statt: Sein Nachfolger auf dem Stuhl des Patriarchen, der Katholikos Ishobarnun (823–828), hob erstens das Anathem über die drei geistlichen Autoren auf. Wir wissen das aus dem zweiten kanonistischen Werk des Abdisho, dem *Ordo iudiciorum ecclesiasticorum*[212], der erst seit Vostés lateinischer Übersetzung allgemein zugänglich ist[213]. Abdisho führt dort, am Ende von Lib. I, Tract. I, c. X[214], zuerst die Verurteilung der drei Schriftsteller durch Timotheus an, danach die Aufhebung dieses Urteils durch den Nachfolger. Für den Kanonisten Abdisho war natürlich das gegensätzliche Urteil zweier oberster Instanzen in derselben Angelegenheit notierenswert. Ishobarnun „erlaubte den Mönchen die Lektüre ihrer (sc. der Genannten) Bücher, weil in ihnen nichts Tadelnswertes sich findet", endet die Notiz.

Was der gelehrte Bischof von Nisibis uns *nicht* mitteilt, ist die Tatsache, daß Ishobarnun sich zweitens mit der geschilderten Maßnahme nicht begnügte, sondern einen weiteren, allgemein schockierenden Schritt unternahm: Er

---

212 *I. Ortiz de Urbina*, Patrologia Syriaca (Rom ²1965), § 161 (§ 159 in der 1. Aufl. von 1958) kennt im Text nur das ältere kanonistische Werk des Abdisho, die Collectio canonum synodicorum (= Nomokanon); in der Bibliographie läßt er Vostés Übersetzung des Ordo als Übersetzung der Collectio canonum erscheinen. Diese Unklarheit wirkt nach bei *Blum* (siehe oben Anm. 145), p. 290 f. mit Anm. 67.

213 Das syrische Original scheint noch nicht ediert zu sein. Vostés Arbeit gehört in eine Reihe mit dem folgenden umständlichen Titel: S. Congregazione per la chiesa orientale. Codificazione canonica orientale. Fonti. Serie II – Fasc. XV, Caldei – Diritto antico II, „Ordo iudiciorum ecclesiasticorum" coll. … a Mar ʿAbdišoʿ. Città del Vaticano 1940. Aus Vostés Einleitung, p. 14: Im Vorwort des Ordo erfährt man von Abdisho, daß er die Collectio canonum noch als Mönch verfaßt hat. Er war also bei der Zusammenstellung des Ordo bereits Bischof. Als Datum ist 1315/6 (AD) angegeben. P. 15: Lange Zeit galt das Werk als verloren, erst *Chabot* machte mit der Existenz von Hss des Ordo bekannt (Syn. Or., p. 609 ff.); Anm. 9: *B. Vandenhoff* hatte den ganzen Codex ins Deutsche übersetzt, vor seinem Tod (1929) aber nur die Anhänge publiziert. – Dazu nun neu syrisch-deutsch: Ebedjesus von Nisibis. „Ordo iudiciorum ecclesiasticorum". Eine Zusammenstellung der kirchlichen Rechtsbestimmungen der ostsyrischen Kirche im 14. Jahrhundert, herausgegeben, übersetzt und eingeleitet von *H. Kaufhold* (Wiesbaden 2019). (T. H.)

214 Ordo, ed. Vosté, p. 64 f. Die Seitenzahl fehlt bei Beulay, PO, Nr. 180, p. 262 (am Ende der nr. 23 von der vorigen Seite). – Ordo, ed. Kaufhold, p. 92 (syr.), 93 (deutsch). (T. H.)

strich den Namen des Timotheus „aus dem Lebensbuch“, also aus dem Gedenkbuch. Davon hören wir im *Liber de turris* des Mari im Abschnitt über Ishobarnun[215]. Mari sagt seinerseits aber nichts über die Rehabilitation der Mystiker. Ich lasse den Abschnitt in Gismondis Übersetzung des arabischen Textes folgen, weil er einen so anschaulichen Eindruck vom Charakter des Patriarchen und von der Reaktion auf den Racheakt gegen seinen Vorgänger gibt[216].

Josue bar Nun oriundus pago Bagabare in ditione Ninives, adolevit una cum Timotheo sub disciplina Abrahami claudi: erat ad iram proclivis ac animo inconstans, Timotheum aversabatur ac odio prosequebatur. In schola Madainae magister constitutus ad mensem ibi perstitit, mox in coenobium profectus Mar Abrahami in eo vitam monasticam amplexus est. Libros scripsit in Timothei denigrationem, quos per regiones disseminavit. Oborta autem rixa eum inter ac monachos, Bagdadum remigravit, ubi commoratus est in domo Georgii cognomento Masuye filium eius per menses aliquot docens: inde coenobium Mar Eliae contendit ubi degit annis triginta. Quum e vivis excessit Timotheus, eius spiritum habeat Deus inter sanctos, advenit Zacharias ad sedem custodiendam, et electorum suffragia in Josuem bar Nun conspiravere, anno 205, atque pro eo steterunt Gabriel et Michael medici, ac Jacobus et Wahb scribae. Ut suam sedem obtinuit in Keliljesu[217] suum adversus Timotheum animum patefecit, eiusque nomen ex libro vivorum expungi iussit, suumque odium manifestavit: rem patres atque antistites reprobarunt nec non Jozadaq doctor, qui ait: « quonam id pacto fas est, quum patres universi nunc per manus impositionem a Timotheo diaconatum presbyteratum episcopatum tenent? » Omnes itaque conveniebant ad ei invidiam conflandam, rem tamen composuere Gabriel ac Michael medici, ad quos epistolam scripserat Jozadaq, utrumque edocens Timothei doctrinae sinceritatem, ac Josuem bar Nun in suo scripto vituperans quippe qui coram Timotheo prostratus ab ipso pro diaconatu manuum impositionem accepisset; quod si ea erat Timothei conditio cur diaconatum ab ipso accepit? quod si presbyteratum simoniace accepit, ordo iste ei irritus fuit, quum illum acceperit ab aliquo quem Timotheus ordinaverit: porro Timotheus per annos duos supra quadraginta ecclesiam gubernavit ad normam doctrinae Diodori, Theodori ac Nestorii. Itaque reprehendebat Josuem bar Nun de eo quod contra illum firmaverat. Quando vero aegrotavit Josue quidquid contra Timotheum commiserat deploravit, suoque discipulo mandavit libellos cremare quos scripserat adversus Timotheum. Obiit annos natus fere octoginta, conditusque est in coenobio Keliljesu, quod Timotheus restauraverat: regimen tenuit annis quatuor.

Die feindselige Gesinnung des Ishobarnun gegen seinen Vorgänger hat nach dieser Darstellung weit zurückliegende Ursprünge. Nicht leicht zu erklären ist, wie sich die Verbreitung anti-timotheischer Propaganda durch Ishobarnun zur Tatsache verhalten soll, daß dieser seine wahre Gesinnung beim Antritt des Patriarchenamtes offenbar machte. Man kann die Sequenz allerdings auch

---

215 *H. Gismondi* (ed.), Maris Amri et Slibae de Patriarchis Nestorianorum commentaria, versio latina I (Rom 1899).

216 Gismondi, p. 66 f. Ich lasse alle Längungszeichen etc. fort.

217 Siehe unten ganz am Ende des Zitats.

als Steigerung verstehen: Das ganze Ausmaß des Hasses trat jetzt erst zutage. Die *damnatio memoriae*, der Ishobarnun den Timotheus überliefern wollte, stürzte die persische Kirche in eine disziplinarrechtliche Krise von außerordentlicher praktischer Bedeutung: Wegen des 42-jährigen Regiments des Timotheus gingen alle Weihen direkt oder indirekt auf ihn zurück[218]; die *damnatio memoriae* stellte ihre Gültigkeit in Frage. Dies ließ sich in Konsequenz und als *argumentum ad hominem* auch gegen Ishobarnun selber wenden: Er war von seinem Vorgänger zum Diakon geweiht worden, zum Presbyter hatte ihn jemand geweiht, der seinerseits von Timotheus geweiht worden war – warum hatte er das zugelassen? Die Streichung des Timotheus aus dem „Buch der Lebenden" ist, wie diese Reaktion zeigt, von der Kirche nicht akzeptiert worden. Die einflußreichen Laien, die eine maßgebliche Rolle bei der Wahl des Ishobarnun gespielt hatten und jetzt für die Bereinigung des Zerwürfnisses sorgten, wurden über die Lehre des Timotheus beruhigt, die ihnen durch die Maßnahme des neuen Patriarchen als verdächtig erscheinen konnte. Und Ishobarnun selbst wurde daran erinnert, daß sein Vorgänger in der theologischen Tradition seiner Kirche gestanden habe, nämlich der des Diodor, Theodor und Nestorius, was den Hinweis implizieren konnte, daß Ishobarnun sich mit der Verurteilung in die Gefahr begab, als jemand zu erscheinen, der diese Tradition verlassen hätte.

Da in diesem Bericht von der Rehabilitation der mystischen Theologen nichts gesagt wird, hören wir auch nichts davon, ob die Reue des Ishobarnun vor seinem Tode etwa auch zur Rücknahme jener Rehabilitation geführt haben könnte; doch spricht die Notiz des Abdisho gegen eine solche Möglichkeit[219].

---

[218] Cf. auch die Theorie von der Suprematie des Patriarchen, wie sie sich aus can. 13 der Synode des Ezechiel vom Jahr 576 ergibt. Die hierarchische Stellung bestimmt die Nähe zum Heiligen Geist, „dem Ordner aller Ordnungen", je höher, umso näher. Die kirchliche Hierarchie ist eine „himmlische Ordnung". „Alle Glieder sind unter dem Haupt und blicken auf es"; das Haupt (der Patriarch) hat über sich nur den Schöpfer (Syn. Or., p. 120 (T), p. 379 (V)). – Schon von daher müssen alle Weihen als vom Patriarchen abgeleitet erscheinen.

[219] In der Patriarchengeschichte, wie sie von Amr und Sliba erzählt wird (Gismondi, versio latina II, 1897, p. 38–40), stimmt der Bericht über Ishobarnun anfangs mit dem bei Mari überein, die Feindschaft gegen Timotheus eingeschlossen. Ausführlicher wird über die Wahl zum Patriarchen berichtet. Die Abweichung beginnt mit der Erwähnung der gelehrten Textsammlungen Ishobarnuns. Von der *damnatio memoriae* des Timotheus und von dem Widerstand, den er erregte, fällt kein Wort. Statt dessen folgt eine erbauliche Geschichte über eine Christuserscheinung bei der Evangeliumslesung, in der dem Katholikos sein kurz bevorstehender Todestag mitgeteilt wird. Nach dem Bericht eines Presbyters hat der Patriarch diese Erscheinung so geschildert: „Videram in altari Jesum Christum Dominum nostrum et cum eo discipulos eius, et talis ibi mihi apparuit splendor, lux, pulcritudo, qualem vix ferre ego possem, adeo ut prae laetitia a me risus erumperet, quum vero denuo conversus amplius eos non viderem moerore ploravi, tertio vero conversus cum cernerem singulos illos, renovatum est mihi gaudium et risus, dixitque mihi Christus Dominus: cur es contristatus? insequente siquidem die dominica mecum eris" (p. 39 Mitte). Welcher Gegensatz zur Reue

III. „CHRISTUS IM FLEISCH, DER GOTT ÜBER ALLEM IST" (RÖM 9,5 PESH.) DIE CHRISTOLOGIE DES KATHOLIKOS TIMOTHEUS I. (780–823)

1. Einführung

Über die Bedeutung des großen Patriarchen Timotheus I. ist mehrfach gehandelt worden. Ich begnüge mich hier mit einem Zitat aus Baumstarks Literaturgeschichte, die natürlich den literarischen Aspekt betont: „Die Wende vom 8. zum 9. Jh. bezeichnet den Augenblick der größten äußeren Ausbreitung des nestorianischen Christentums" und „nicht minder in seinem inneren geistigen Leben und in dessen literarischem Ausdruck einen unverkennbaren Höhe- und Wendepunkt". Timotheus I. und seine Zeitgenossen bilden eine Gruppe von Schriftstellern, „deren Bedeutung genügen würde, um die Zeit ihres Schaffens unmittelbar als diejenige einer Hochblüte literarischer Betätigung erscheinen zu lassen."[220]

Als Quelle für die Christologie des bedeutenden Mannes dient uns sein Briefcorpus, das bisher schon für seine kirchenleitende Tätigkeit (wozu auch die Vertretung der Interessen der Christen gegenüber der abbasidischen Regierung und deren Religion gehört), für seine wissenschaftlichen Interessen und für seine Freundschaft mit dem Metropoliten Sergius von Elam ausgewertet worden ist. Eine monographische Behandlung der Christologie war durch Raphael Bidawid, den verdienstvollen Herausgeber des Briefes an die Mönche von Mar Maron, angekündigt worden[221]. Sie ist mit anderen druckfertigen Manuskripten leider einem Brand in der Bibliothek Bidawids zum Opfer gefallen[222]. Eine Behandlung des Themas durch Hans Putman, Verfasser eines instruktiven Buches über die Kirche und den Islam unter Timotheus I.[223], ist ungedruckt geblieben[224]. Wer sich jetzt dem Thema nähert, kann sich für die koranischen und islamischen Aussagen über Jesus, mit denen Timotheus sich

---

des Ishobarnun vor seinem Tod im Parallelbericht! Der Kontrast der beiden Kapitel über Ishobarnun klingt wie ein Echo des alten Parteienstreites.

[220] *A. Baumstark,* Geschichte der syrischen Literatur (Bonn 1922) 216.

[221] *R. J. Bidawid,* Les lettres du patriarche nestorien Timothée I. Étude critique, avec en appendice la lettre de Timothée I aux moines du Couvent de Mār Mārōn = ST 187 (Città del Vaticano 1956). Die Ankündigung p. 87, Anm. 3.

[222] Mitgeteilt bei Putman (s. nächste Anm.), p. 46, Anm. 1.

[223] *H. Putman,* L'Église et l'Islam sous Timothée I (780–823). Étude sur l'église nestorienne au temps de premiers Abbāsides avec nouvelle édition et traduction du dialogue entre Timothée et al-Mahdi (Beirut 1975). „*Nouvelle* édition" im Untertitel: weil L. Cheikho den Text schon einmal in al-Machriq 21 (1921) herausgegeben hatte.

[224] *Putman,* L'Église, p. 46, Anm. 1 gibt den Titel an: *H. Putman,* La christologie de Timothée I (Beirut 1969); von mir nicht eingesehen.

zu befassen hatte, sei es gegenüber den jeweiligen Kalifen, sei es zur Instruktion der eigenen Gläubigen, der Hilfe der amerikanischen Dissertation von Thomas R. Hurst bedienen[225]. Hierbei geht es vor allem um das Prädikat des „Knechtes“, mit dem die Gottessohnschaft Christi bestritten werden sollte. Bedenkt man die Rolle des Philipper-Hymnus für die antiochenische Christologie seit Theodor von Mopsuestia, lässt sich erahnen, vor welchen Schwierigkeiten sich Timotheus hier sah. Man kann seine Lösung, wie sie unten beschrieben werden wird, zwar als elegant bezeichnen, aber innerhalb des theologischen Erbes bedeutet sie doch eine erhebliche Akzentverschiebung.

Von den 200 Briefen der ursprünglichen Sammlung sind uns noch 59 überliefert (ep. 59 ist die berühmte Debatte mit dem Kalifen al Mahdi[226]). Eine Gesamtedition war von Oscar Braun im CSCO begonnen worden[227], von ihr konnte nur der erste Band mit 39 Briefen erscheinen, ehe der Herausgeber starb. Der zweite Band sollte auch die Indices enthalten, die man jetzt schmerzlich vermißt. Dankenswerterweise hat Putman in seinem schon genannten Buch Namens- und Ortsregister zu den Briefen hergestellt und dabei

---

225 *Th. R. Hurst,* The Syriac Letters of Timothy I (727–823): A Study in Christian-Muslim Controversy (Ph.D. Diss. Washington D.C. 1986). Ich danke meinem Kollegen Sidney H. Griffith, Washington, dass er mir ein Exemplar dieser Arbeit hat anfertigen lassen und mir zur Verfügung gestellt hat. – Einem der Briefe des Timotheus hat *Hurst* eine Einzeluntersuchung gewidmet: The Epistle-Treatise: An Apologetic Vehicle. Letter 34 of Timothy I., in: IV Symposium Syriacum 1984 = OCA 229 (1987) 367–382.

226 *A. Mingana,* Timothy's Apology for Christianity, in: Woodbrooke Studies 2 (Cambridge 1928) 1–162. Der syrische Text ist eine Photokopie der Hs Mingana 17, in der Übersetzung fehlt leider die Eintragung der Seitenzahlen der Hs. – Eine arabische Bearbeitung des Dialogs des Patriarchen mit dem Kalifen ediert und übersetzt bei *Putman,* L'Église, p. 211–277 (französische Übersetzung), 279 (Errata), anschl. arab. Text., p. 1–51. Über die Differenzen zwischen syrischem Original und arabischer Bearbeitung p. 178–184: u.a. leichte Abschwächung der antijüdischen Haltung des syrischen Originals (p. 178), Abmilderung zu nestorianischen Aussagen (p. 180), Unterdrückung einer sehr theodorianischen Passage. – Samir Khalil Samir kündigt eine Neuausgabe der kurzen und langen arabischen Fassungen des Dialogs an. – Dazu nun: Timotheus I., Disputation mit dem Kalifen Al-Mahdi, Einleitung, Übersetzung und Anmerkungen von *Martin Heimgartner* (Leuven 2011) = CSCO 631, Syr. 244. (T. H.)

227 *O. Braun* (ed.), Timothei Patriarchae I epistulae = CSCO 74, Syr. 30 (= II 67, T) (1914), 75 Syr. 31 (= II 67, V) (1915), seither nachgedruckt. – Noch nicht publiziert sind die Briefe 42. 44–46. 48. 49. 51–58. Brief 40 ist von Hurst in seiner MA-Thesis 1981 (nicht veröffentlicht) und von Hanna P. J. Cheikho (Rom 1983) ediert worden; die Briefe 43. 50 und 47 hat Braun in den ersten beiden Bänden von OrChr 1901 und 1902 herausgegeben. 59 ist der Dialog mit al-Mahdi. 41 ist der Brief an die Mönche von Mar Maron, ed. Bidawid (s.o. Anm. 221) – in Hursts Aufzählung (Syriac Letters p. 26f.) vergessen! – Die Briefe 42. 44–46. 48. 49. 51–58 wurden zwischenzeitlich 2012 in der CSCO-Reihe publiziert durch die Edition von M. Heimgartner, siehe Anm. 229. Eine detaillierte Übersicht über die veröffentlichten Briefe bietet *M. Heimgartner,* Die Briefe 42–58 des ostsyrischen Patriarchen Timotheos I. Einleitung, Übersetzung und Anmerkungen = CSCO 645, Syr. 249 (Leuven 2012), IX–XVII. (T. H.)

auch die seither erschienenen Einzeleditionen berücksichtigt[228]. Die Fertigstellung der CSCO-Ausgabe durch einen der ausgewiesenen Kenner des Schrifttums des Timotheus ist ein dringendes Desiderat[229]; die Indices sollten dann auch die Bibelstellen und die Zitate oder Anspielungen auf die patristische Literatur umfassen. Ehe es soweit ist, wird man gerne auf Bidawids Inhaltsangaben für alle Briefe zurückgreifen. Er versucht auch eine chronologische Ordnung[230], die aber auf Kritik stößt.

Hatte ich im vorigen Abschnitt noch Brauns Übersetzung von *qnoma* mit *persona* in einer seiner Einzelveröffentlichungen beklagt (und korrigiert), so ist für die Übersetzung in CSCO als erfreulicher Fortschritt zu notieren, dass Braun hier den Terminus mit *hypostasis* wiedergibt und *persona* für *parṣopa* reserviert. Bidawid jedoch fällt leider in die schlechtere Gewohnheit zurück, so dass man in den langen christologischen Abschnitten des Briefes an die Mönche von Mar Maron *persona* fast überall durch *hypostasis* korrigieren muss[231].

Timotheus hat seine Christologie aus verschiedenen Anlässen entwickelt: gegen die „Messalianer" (die Abschwörungsformel des Nestorius von Nuhadra können wir wohl als von Timotheus formuliert betrachten); in Abwehr des islamischen Jesusbildes, wobei gegenüber der politisch herrschenden Religion durchaus mit Vorsicht argumentiert werden mußte; gegenüber Cyrillianern[232]; gegenüber den neuchalcedonischen und monotheletischen Maroniten. Für die beiden letzten Fälle ist zu beachten, durch welche Umstände die entsprechenden Briefe veranlasst sind: im Fall der Cyrillianer handelt es sich um die nicht notwendige (Wieder)-Taufe beim Übertritt zur Katholischen Kirche im Sinne des Timotheus – es geht also um die Gewinnung neuer Kirchenglieder, daher herrscht eine Atmosphäre des Wohlwollens, bei genauer Definition des Differenzpunktes; eine solche Atmosphäre nimmt man auch im Brief an das Kloster des Mar Maron wahr. In diesem Fall hatten offensichtlich die

---

228 *Putman,* L'Église, p. 154–159 (die darauf folgenden Indices beziehen sich auf Putmans Darstellung).

229 Dieses Desiderat ist inzwischen durch die Edition mit deutscher Übersetzung von *Martin Heimgartner* erfüllt, sowohl für die Briefe 42–58: CSCO 644–645, Syr. 248–249 (Leuven 2012), wie auch für die Briefe 30–39: CSCO 661–662, Syr. 256–257 (Leuven 2016); darin sind auch die oben gewünschten Indices enthalten. Hinzugekommen sind 2021 und 2022 auch die Briefe 3–29 (CSCO 700–701, Syr. 269–270) und Briefe 1–2 (CSCO 702–703, Syr. 271–272). Die Darstellung von L. Abramowski beruht auf der Ausgabe von O. Braun. Zur Briefsammlung *V. Berti,* Vita e studi di Timoteo I († 823), patriarca cristiano di Baghdad. Ricerche sull'epistolario e sulle fonti contigue (Paris 2009) = Cahiers de Studia Iranica 41, Chrétiens en terre d'Iran, vol. III. (T. H.)

230 *Bidawid,* p. 59–75. – Vgl. zur Chronologie der Briefe durch *Berti,* Vita e studi, 41–66, bes. 50–62; *Heimgartner,* CSCO 645, Syr. 249, XXI, Anm. 76, übernimmt die „präzisierenden Ergänzungen von Berti". (T. H.)

231 Ausnahmen sind unten angegeben.

232 „Kyrillianer" im Lemma von Brief 1.

Adressaten sich des guten Willens des Patriarchen zu versichern gewünscht[233]; und dieser nimmt die Gelegenheit wahr, über die Lehre seiner Kirche aufzuklären und am Ende für die kirchliche Einheit zu plädieren, nicht ohne jedoch seine Bedingungen dafür anzugeben.

Ich folge in der Darstellung der Christologie des Katholikos den Schriftstücken referierend und kommentierend, die Einzelelemente werden sich allmählich zu einem Gesamtbild fügen. Dabei halte ich mich trotz der chronologischen Probleme an die Reihenfolge der Briefe in Brauns Ausgabe und ziehe von den einzeln edierten Briefen noch 41 heran, wegen seiner großen Bedeutung für die Christologie des Timotheus.

2. Die Christologie des Katholikos Timotheus I. nach seinen Briefen

a) Ep. 1 (über die Taufe)

Ep. 1 handelt, wie schon oben erwähnt, über die (Wieder)-Taufe bei Cyrillianern. Eine solche ist nicht nötig, die Taufformel ist trinitarisch, und in der Trinitätslehre gibt es keine Differenz[234]. Als Nicht-Taufe hat aber zu gelten (und macht deswegen eine gültige Taufe nötig), wenn der Täufer zu einer von den Häresien gehört, die entweder die Gottheit oder die Menschheit Christi leugnen[235]. Timotheus gibt dafür eine soteriologisch-christologische Begründung (p. 10f./ p. 5)[236]:

Neque enim in deo, qui homo per unionem non sit, neque in homine, qui deus per unionem non sit, redempti sumus. Sed in deo incarnato et in homine deificato in virgine elevati sumus. Pariter enim et in uno concursu indivisibili utrumque factum est: incarnatio et inhumanatio verbi et deificatio et elevatio carnis. Non enim gradatim aut successive descensus verbi incarnati aut elevatio carnis deificatae facta est, sed, sicut dictum

---

[233] Wogegen man früher meinte, die Mönche hätten um Aufnahme in die Kirche des Timotheus nachgesucht, *Bidawid*, p. 33, Anm. 2.

[234] Es gibt aber Unterschiede zwischen den Getauften der verschiedenen Kirchen: Das Taufsiegel ist das gleiche in uns Orthodoxen, den Chalcedoniern und den Severianern, sagt Timotheus; aber der Stoff, die Materie, in die es eingeprägt ist, ist verschieden: Gold oder Silber oder Bronze. Der Glanz und die Herrlichkeit des Siegels in den Getauften ist daher nicht der gleiche. In uns glänzt es rein, weil wir rein sind von theopaschitischen Vorstellungen in unserem christologischen Bekenntnis, wogegen solche Vorstellungen die notwendige Folge aus der Definition der Einheit der Person Christi bei den anderen sind, p. 16–18/p. 8f.

[235] Zu denen, die die Gottheit Christi leugnen, wird auch Markell von Ankyra gerechnet – der Verfasser folgt damit einem unhaltbaren antihäretischen Klischee.

[236] Wo es geht, beschränke ich mich auf die Angabe von Seitenzahlen aus Text und Übersetzung, zur Erleichterung von Satz und Lektüre. Große Anfangsbuchstaben reduziere ich. Korrekturen an den von mir benutzten Übersetzungen gebe ich nur in Fällen deutlicher Differenz an.

est, simul[237] sine discrimine eodem cursu unionis utrumque factum est. In hoc enim consistit redemptio nostra; non in deo nudo a purpura[238] humanitatis, neque in homine exuto natura divina[239], sed in uno eodemque filio dei, qui natus est in divinitate sua ex patre ante tempora, in humanitate sua ex Maria in fine temporum.

Die Einheit der beiden Naturen in Christus besteht also von Anfang an vollständig. Sie impliziert, dass Gott in dieser Union Fleisch geworden ist und der Mensch vergöttlicht und erhöht worden ist – das ist die Voraussetzung *unserer* Erhöhung; oder, mit anderen Worten: wir reden vom einen Sohn Gottes in seiner zweifachen Geburt.

Gleich danach (p. 11/ p. 5) werden drei christologische Grundformeln nebeneinander gestellt; die erste ist die des Verfassers (und seiner Kirche): eine Person der natürlichen Sohnschaft in zwei Naturen und Hypostasen[240]. Wir werden sehen, dass „eine Person der natürlichen Sohnschaft" eine für die Christologie des Timotheus zentrale Formulierung ist, die deswegen häufig wiederkehrt.

Der Streit zwischen den christologischen Richtungen, sagt der Katholikos, geht nicht über Gottheit und Menschheit, nicht über *ousiai* und Naturen, sondern über Qualität und Gattung der Einheit; und das ist ein Problem, das die (Gültigkeit der) Taufe nicht tangiert. In den Streit über die Union (p. 12 f./ p. 6) gehört auch die Frage, in welches Verhältnis zur Gottheit Leiden und Tod Christi zu bringen sind; die *anderen* beziehen sie auf die Natur der Gottheit, – *wir* werden das zurückweisen, sagt der Verfasser.

Kein Streit besteht (p. 13/ p. 6 f.) über die Einheit der Person der natürlichen Sohnschaft und Herrschaft, darin stimmen alle mit uns überein, heißt es weiter. Aber die Weise der Union ist es, an der sie (die Cyrillianer) kranken. Der Adressat soll sie abbringen von der „zwangshaften", natürlichen Union zu der des Willens[241] und des Wohlgefallens[242], die aber nicht in Entferntheit

---

[237] *'kḥd, 'kḥd'* „zugleich", gehört zu den Lieblingsadverbien des Timotheus in der Zwei-Naturen-Lehre.

[238] Dies setzt den Vergleich von Logos und menschlicher Natur mit dem König und seinem Purpur voraus, wie er seit Theodor von Mopsuestia verwendet worden ist. Zu erinnern ist an die Korrektur an der Verwendung durch Babai d. Gr.

[239] Hierzu merkt *Braun*, Übers. p. 5, Anm. 1, an: „Theodorus Mops.: ψιλὸς ἄνθρωπος". Meint Braun damit, Theodor habe Christus als einen solchen „bloßen Menschen" gelehrt? Das ist jedoch entschieden nicht der Fall.

[240] Die beiden anderen sind die chalcedonische und die severianische, diese Adjektive werden ihnen an dieser Stelle nicht beigelegt. Es ist interessant, dass Timotheus die chalcedonische Formel in beiden Gestalten kennt: „eine Hypostase *in* oder *aus* beiden Naturen" (Übers. p. 5,24). Die severianische Formel ist: eine Person, eine Hypostase, eine Natur. Die Severianer werden neben den Chalcedoniern namentlich genannt (p. 17 ganz oben/p. 8 ganz unten, und öfter), für „Chalcedonier" findet man auch „Melkiten".

[241] Man sehe unten den Brief an die Mönche von Mar Maron, wo Timotheus gegen die antimonotheletischen Beschlüsse von Konstantinopel 681 polemisieren kann und so einen überraschenden Punkt der Gemeinsamkeit mit den monotheletisch Gebliebenen findet.

[242] Aus diesem Kolon eine bloß moralische Union in Christus abzuleiten wäre angesichts

der Ousien (voneinander) besteht, sondern in einer erhabenen und unauflöslichen Union; von der Union der Hypostase oder der hypostatischen zu der der Person oder persönlichen, von der „uneigentlichen" und der „durch Gnade" zur genauen und im strengen Sinn (verstandenen), welche zum Glänzen gebracht ist durch die natürliche Sohnschaft des Logos. – Mein Kommentar beginnt gleich mit dem letzten Punkt, der „natürlichen Sohnschaft des Logos". Dieser Ausdruck bietet eine willkommene Erläuterung zur „einen Person der natürlichen Sohnschaft": die „natürliche Sohnschaft" ist also die des Gott-Logos, in der Union der beiden Naturen ist sie die des ganzen Christus in seiner göttlichen und menschlichen Natur. – Von den abzulehnenden oder korrekten Adjektiven, mit denen die Einheit in Christus näher definiert wird, habe ich oben jene in Anführungsstriche gesetzt, die Konsequenzmacherei oder Insinuation auf der einen oder anderen Seite waren. „Natürliche" Union wird von den Antiochenern sehr wörtlich als physikalisch-biologische verstanden, eine, die aus natürlicher Notwendigkeit zustandekommt (was schon zu Gottes Heilsplan nicht paßt). Die Gegenseite wollte die antiochenische Auffassung nicht als wirkliche Einheit verstehen, sondern sah in ihr womöglich nichts anderes als eine gnadenhafte Sohnesannahme, wie sie auch dem Christen durch Christi Heilshandeln vermittelt wird.

Der Verfasser fährt fort (p. 14/ p. 7) mit der Aufforderung, die Übertrittswilligen zu belehren darüber, dass alles Erhabene, das von Natur dem menschgewordenen[243] Logos gehört, durch Union aber, sowohl in Wirklichkeit wie durch Natur, von da an dem Menschen[244] des Logos gehört; das Niedrige[245] gehört von Natur dem Fleisch, das vergöttlicht worden ist, durch die Union aber und wie (?) durch Erhöhung, (übertragen) wie von einem Abbild zu seinem eigenen Urbild, gehört es dem Logos, der menschgeworden ist. – Doch gibt es in dieser Gegenseitigkeit eine Einschränkung[246]: Die Menschheit (Christi) hat der Gottheit *nicht* gegeben Leiden und Tod. Die Gottheit aber hat ihrer Menschheit reichlich gegeben Leidensunfähigkeit und Unsterblichkeit und alles Erhabene. Und *eine* Person der natürlichen untrennbaren Sohnschaft wird im Logos und zugleich im Fleisch gesehen und erkannt. Ein Sohn und ein Christus, und nicht zwei Söhne. Timotheus empfiehlt sanfte Worte der Süßigkeit und Milde zur Heilung der Krankheit „Leidensfähigkeit Got-

---

auch nur des Kontextes und erst recht aller sonstigen noch zu besprechenden Aussagen völlig unzureichend.

243 Ich versuche, durch diese Schreibweise das syrische derivative Verb im Passivstamm wiederzugeben. Im Lateinischen wäre buchstäblich „inhumanato" zu gebrauchen (wie Lebon es in seinen Severus-Übersetzungen tut).

244 *Braun*, p. 7,6 f. schreibt ohne Kennzeichnung „in *natura* hominis verbi", um das originale „in homine verbi" abzuschwächen.

245 Braun hat erkannt, Übers. p. 7, Anm. 3, dass hier im Text etwas ausgefallen sein muß und ergänzt richtig, gekennzeichnet durch Klammern.

246 Timotheus schickt zwei Beispiele voran, an denen er die Einschränkung der Gegenseitigkeit klarmacht: Eisen und Feuer, Leib und Seele.

tes“ (was an seinem tatsächlichen scharfen Urteil über diese Auffassung nichts ändert)[247]. – Diese Aussagen sprechen deutlich genug für sich selber. Aufmerksam zu machen ist auf das Verhältnis Mensch – Logos = Abbild – Urbild, da Timotheus noch öfter damit arbeiten wird. Die zugrundeliegende Vorstellung geht vermutlich auf Gen 1,26 zurück, aber die benutzten syrischen Vokabeln sind *yuqna* und *reš yuqna* (Braun: „typus“ und „archetypus“). *Yuqna* ist bekanntlich das zum Lehnwort gewordene griechische εἰκών. Da es im Vergleich hier auf die menschliche Natur Christi und nicht auf den Logos bezogen wird, sind die bekannten neutestamentlichen Stellen, in denen der Sohn die εἰκών des Vaters ist, *nicht* heranzuziehen, zumal die Peshitta in diesen Fällen *yuqna* auch gar nicht benutzt.

Die Severianer hätten dann recht, sagt Timotheus (p. 20/ p. 11), wenn man in der Schrift fände: *Gott* aus der Jungfrau geboren, *Gott* leidend, sterbend und gekreuzigt, *Gott* begraben und von den Toten auferstanden. Statt dessen aber findet man: der *Sohn* aus der Jungfrau geboren, *Christus* leidend und gekreuzigt, der *Menschensohn* begraben und auferstanden – also haben wir recht (mit unserer Scheu, diese Aussagen Gott unmittelbar zuzuschreiben).

Schließlich zitiere ich noch die zusammenfassende Formulierung vom Ende des Briefes (p. 29/ p. 17): Wir bekennen die eine, einzige *imago* der Person der Sohnschaft, zu der und bei der alles (was) der Gottheit und der Menschheit (gehört) versammelt ist in der unerforschlichen und unaussprechlichen Union in zwei subsistierenden und wesentlichen[248] Naturen. – „Imago“ ist Brauns m. E. zutreffende Übersetzung von *yuqna* in diesem Kontext. „Imago“ kann hier aber unmöglich „Abbild“ heißen. Die Genitivkonstruktion „imago personae“ muss als explikativer Genitiv aufgefasst werden. Im Grunde handelt es sich um ein *hendiadyoin*, was bestätigt wird durch die stark betonte Einzigkeit, die syntaktisch der „imago“ zugeordnet ist.

b) Ep. 16 (an Sergius)

Eine ebenfalls knappe Formulierung finden wir in der kurzen *ep. 16* an den Freund Sergius, zu dieser Zeit noch nicht Metropolit. Der erlösende, einzige „Name“ von Apg 4,12 wird folgendermaßen inhaltlich gefüllt (p. 120 oben/ p. 79)[249]:

---

[247] Von Blasphemie redet Timotheus p. 18,1/p. 9,22. Das letzte Kolon des Vorwurfs des Timotheus gegen die Zuschreibung des Leidens an Gott ist von Braun nicht ganz zutreffend übersetzt, weil er das Genitivzeichen übersieht; statt „et non compositum in compositionem *peractam* trahunt“ muss es heißen: „… in compositionem *facti* (= creati) trahunt“ = „sie ziehen den Nichtzusammengesetzten in die Zusammensetzung mit dem Geschaffenen“ (p. 18,3 f./p. 9,24 f.).

[248] „Wesentlich“: syrisch ein von *ousia* abgeleitetes Adjektiv; „subsistierend“: Partizip von *qm* Pa'el – ebensogut könnte ein von *qnoma* abgeleitetes Adjektiv dastehen.

[249] Es ist kein Zufall, dass die Notwendigkeit einer solchen dogmatischen Erläuterung für eine der archaischen christologischen Aussagen der Apg empfunden wird.

Deus enim est incarnatus et homo in deum infixus et constitutus. Non sicut accidens in substantia, sed sicut subsistens in subsistenti.

Die Vokabel, auf die es mir hier ankommt, ist „infixus", ein außerordentlich starker Ausdruck für „befestigen", wörtlich: „festnageln". Timotheus wird noch öfter so reden, um die unzerreißbare Union der beiden Hypostasen möglichst anschaulich zu machen.

c) Ep. 26 (an Maranzeka von Ninive)

Der nächste *Brief* mit christologischen Aussagen ist *26* an Maranzeka von Ninive[250]. Hier ist wie in ep. 1 der Ausgangspunkt der Gedankengänge die mit Melkiten und Severianern gemeinsame Taufe; die dogmatischen Formulierungen entsprechen denen in ep. 1. Ich führe deswegen nur ergänzende *topoi* an.

Die heilige Taufe ist eine, die zuerst Christus in der Hypostase seiner Menschheit erfüllte/vollzog, dann seinen Aposteln auftrug (p. 143/p. 97). *Eins* ist für alle drei Konfessionen auch das Bekenntnis zur Offenbarung der Gottheit in unserer Menschheit. „Offenbarung" im christologischen Zusammenhang ist ein charakteristisches Stichwort für die spätere Phase der antiochenischen Theologie in der persischen Kirche.

Die Union in Christus (der Punkt, an dem man sich von den beiden anderen Konfessionen unterscheidet) wird hier auch als eine solche der Einwohnung wie der Offenbarung bezeichnet (p. 145/p. 98). Es ist das Wohlgefallen, das die Naturen und zugleich die Hypostasen in der einen Person der Union und Sohnschaft versammelt (natürlich handelt es sich um das Wohlgefallen Gottes). – Solche Aussagen, die die alten Vorurteile gegen diese Christologie zu bestätigen scheinen, müssen immer im Zusammenhang mit den oben zitierten über das „Befestigtsein" der menschlichen Hypostase Christi im Logos gesehen werden.

Wenig später (p. 147/p. 99) sagt Timotheus: Aus der Schrift lernen wir, dass „Christus", „der Sohn", „Jesus", „der Menschensohn", „unser Herr" gelitten hat, gekreuzigt wurde, starb und begraben wurde, aber nicht „Gott". (Die korrekte Aussage ist:) Der „Sohn Gottes" ist im Fleisch geboren, so lehrt Paulus – jedoch nicht Gott oder Mensch für sich allein; „Christus" hat im Fleisch für uns gelitten – jedoch nicht Gott oder Mensch für sich allein oder getrennt (voneinander)[251]. – Man darf also die Aussagen des Timotheus (so

---

[250] Dazu nun *F. Briquel Chatonnet, F. Jullien, C. Jullien, C. Moulin Paliard, M. Rashed,* Lettre du patriarche Timothée à Maranzekʰā, évêque de Ninive, Journal Asiatique 288 (2000) 1–13; zu Maranzeka vgl. *V. Berti,* Vita e studi di Timoteo I († 823) (2009), 54–55. (T. H.)

[251] Wenige Zeilen weiter sagt Timotheus, dass „die alten und neuen Juden" das Bekenntnis zur Dreiheit der Hypostasen Gottes ablehnten; aber sollen wir deswegen deren Bekenntnis zu Gott nicht annehmen? Antwort: Wir nehmen es an, verwerfen aber die Ablehnung der

wenig wie die anderer Theologen seiner Schule und Kirche) nicht dahin missverstehen, dass bei den Sätzen über die Leiden Christi von der unauflöslichen Union abzusehen sei, nur die Art und Weise, wie diese Aussagen auf jede der beiden Naturen zu beziehen ist, ist verschieden; auch in diesen Fällen ist nicht der Mensch für sich allein betroffen, obwohl man nicht unvermittelt sagen darf, Gott habe gelitten.

d) Ep. 34 (nach Baṣra)

Eine Gruppe von sehr langen Briefen finden wir unter den Nummern 34, 35 und 36. Ihr apologetischer Charakter ist ausführlich von Thomas R. Hurst untersucht worden. Auf dem IV. Symposium Syriacum 1984 hat er eine eingehende Analyse von Ep. 34 gegeben und die muslimischen Argumente zusammengestellt, auf die Timotheus mit seiner Argumentation reagiert; die Dissertation von 1986 bearbeitet die Briefe 40 und 34–36 in gleicher Weise[252]. Alle diese Briefe sind an Christen gerichtet und haben die Funktion, diese in ihren Auseinandersetzungen mit den Muslim zu unterstützen. *Ep. 34* ist geschrieben an die Christen in Baṣra, „a well-known center of Islamic scholarship, and to those in the neighboring commercial center of Huballat“[253]. Der Brief „is one of the primary witnesses to the influence of the Muslim, anti-Christian polemic on Timothy's Christology“[254], deswegen gilt ihm die besondere Aufmerksamkeit von Hurst. Abschließend kommt Hurst 1986 zu folgendem Urteil über alle vier Briefe: In der religiösen Auseinandersetzung entwickelte Timotheus „new ways and modes of expression with which he explained Christian doctrines. Often he utilized terms and modes of expression which were current in Muslim discussions in order to persuade any Muslim who might read his writings of the credibility of the Christian theological position. More importantly he employed these new terms and expressions in order to provide his Christian readers with intelligent and convincing statements of Christian faith which met the new challenges being posed to that faith by Islam“[255]. Wenn nötig, machte Timotheus auch selektiven Gebrauch von muslimischen religiösen Termini[256].

Der Koran insistiert darauf, dass Jesus nur ein menschliches Wesen und ein zwar göttlich begnadeter Knecht Gottes sei, aber eben deswegen nicht selber göttlich und nicht Sohn Gottes.

Trinität. – Zu den „neuen Juden“ siehe das Kapitel „II. Gottesschau und Christologie“ oben Anm. 191 auf p. 696.

[252] S. oben Anm. 225, p. 704.

[253] *Hurst,* Syriac Letters, p. 46.

[254] *Hurst,* Syriac Letters, p. 44.

[255] *Hurst,* Syriac Letters, p. 252.

[256] *Hurst,* Syriac Letters, p. 253.

„The Arabic noun *'abd* means a male slave, as in Hebrew and Syriac; but in Arabic, as in Syriac, it also denotes simply a ‚man', a ‚created being'. In religious contexts *'abd* meaning literally ‚slave', assumes the significance of ‚creature', especially when applied to Jesus. Man is not only the ‚servant of God', in this sense, but also ‚His property'. It is this connotation of *'abd* and its consistent Koranic usage meaning, ‚a being created by God and subject to Him', that presented a new problem for the Christian theologian and believer in Timothy's day. That the Muslim controversialists saw a polemical opportunity with Jesus' title, ‚servant of God', is not in doubt"[257],

wie Hurst an einem Beispiel zeigt. Es ist daher nicht verwunderlich, dass die Bewältigung dieses Problems eine so große Rolle in ep. 34 spielt. Aber wegen der Fülle wichtiger Aussagen zur Christologie im Ganzen können wir uns nicht auf diesen Aspekt beschränken.

Das Lemma des Briefes 34 gibt den Inhalt an: De incarnatione dei verbi, de deificatione humanitatis eius, et quod dominus noster Christus etiam in natura sua humana non servus, sed dominus est.

Auffällig ist, wie gerne und häufig der Verfasser vom „Fleisch des Logos" oder vom „Fleisch Gottes" redet. Das Verhältnis von Fleisch bzw. Mensch zum Logos als eines des Abbildes zum Vorbild (oder des Typus zum Archetypus) wird hier vielleicht noch deutlicher formuliert als an der weiter oben[258] notierten Stelle; eine Schwierigkeit für unser Verständnis besteht im nicht gerade konsequenten Gebrauch der im Syrischen vorhandenen Synonyme. Wir finden folgende Passage im Anfang des Briefes (p. 158,3–11/ p. 107,23–30):

„In ein und derselben Bewegung, rascher als alle (denkbaren), wurde der Logos inkarniert, das Fleisch aber vergöttlicht. Von Natur wurde es als Bild *(ywqn')* und Typus nach dem eigenen Vorbild *(rš ywqn')* gebildet[259] und wurde vergöttlicht, ⟨Gott⟩[260] aber, Archetypus und (Vor)Bild[261] wurde im eigenen[262] Typus und Bild *(ṣlm')*[263] erwiesen und wurde Mensch[264], indem die unerforschliche Union für zwei, nämlich *in* zweien zugleich vollzogen wurde. Und sofort wurde der Gott-Logos Mensch, der Mensch aber Gott, in der Union".

Timotheus insistiert darauf (wie alle Antiochener), dass das Fleisch keine selbständige Existenz vor der Union hatte, es hat nicht zuerst hypostatisch, für sich, bestanden und dann „vereinterweise"[265] als Gott, ist nicht allmählich zur

---

257 *Hurst*, Syriac Letters, p. 45.
258 Siehe oben zu (p. 14/p. 7) und (p. 29/p. 17).
259 Cf. Gen 2,7 LXX ἔπλασεν; die von Pesh. benutzte Wurzel *gbl* auch an unserer Stelle.
260 Richtige Textverbesserung durch *Braun*, Übers. p. 107, Anm. 1; dort ist aber das Schluss-*alaph* des Partizips zu streichen.
261 Das *rš* vor *ṭwps'* muss auch für *ywqn'* gelten.
262 Ist das zweimalige *dylh* nur verstärktes Possessivpronomen oder drückt es wie das „eigene prosopon" im Liber Heraclidis die gegenseitige Aneignung aus?
263 Das ist eins der beiden in Gen 1,26 benutzten Wörter.
264 Hier kann ich das syrische derivative Verb aus Gründen der deutschen Syntax nicht wörtlich wiedergeben.
265 Ein Terminus, der gern von Babai d. Gr. gebraucht wird.

Vergöttlichung fortgeschritten (p. 158/ p. 108 oben), „sondern das *Sein* selbst des Fleisches war in Gott“ – so übersetzt Braun p. 108,1 das Syrisch von p. 158,21f. Jedoch erfordert m.E. der Sinn folgende Übersetzung: „sondern das *Werden* (= Entstehung) des Fleisches geschah in Gott.“

Eine überraschende Erklärung für die Tatsache, dass in Joh 1,14 „Fleisch“ steht und nicht „Mensch“, liefert Timotheus in den nächsten Zeilen (p. 159/ p. 108). Da die Beseelung des (männlichen) Embryos erst nach 40 Tagen eintritt, hätte eine Aussage, „der Logos wurde Mensch“, bedeutet, dass der Logos sich erst mit dem fertigen Menschen vereinigt hätte und der Tempel des Logos während dieser Zeit ohne Vereinigung und zugleich Vergöttlichung gewesen wäre, was absurd und blasphemisch gewesen wäre. So kann gerade die johanneische Formulierung als Beweis dafür genommen werden, dass das Fleisch nie ohne die Union mit dem Logos existierte, sondern die „Befestigung“ und der Vorgang („Bewegung“) der Hypostatisierung[266] geschah in der Hypostase des Logos. Vom Vorgang des Anfangs des Werdens des Fleisches an ist der Logos Fleisch, das Fleisch aber Logos in der Union. So war und ist die Union unauflöslich im Schoß der Jungfrau, am Kreuz, im Tod und im Begräbnis. Und selbst wenn die Teile des Menschen unseres Herrn (im Tod) aus der natürlichen Einheit gelöst und zerstreut werden – der Leib wird ins Grab gelegt, während die Seele ins Paradies hinübergeht –, bleibt der Logos mit *beiden*[267] vereint und sammelt sie und vereint sie in sich wieder in der Auferstehung. Seinem Leib teilt er Unsterblichkeit und Leidensunfähigkeit mit, seiner Seele göttliche „Festigkeit“ in allen (Dingen). Und unserer ganzen Natur hat er denselben Reichtum der göttlichen Gabe verheißen. Soweit in zusammengefasster Form über das Ziel der Heilsveranstaltung, sagt der Verfasser.

Nun ist es gut, fährt Timotheus fort (p. 160 oben/ p. 109 oben), eine kleine Untersuchung über die Frage anzustellen, ob Adam von Gott als Freier geschaffen wurde oder als Knecht (Timotheus kehrt also an den Anfang der Heilsgeschichte zurück!) und welche Folgen das in der Christologie hat. – Die „kleine Untersuchung“ darüber, dass Christus nicht Knecht sei, erstreckt sich über 30 Seiten des Textes in der lateinischen Übersetzung. Am Schluss des Briefes (p. 203/ p. 139) gibt Timotheus selber zu, dass nach den Maßstäben eines Briefes seine Ausführungen zu lang seien, aber was die Sache beträfe, eher kurz. Es sei eben keine geringe Blasphemie, den Sohn Gottes einen Knecht zu nennen.

---

[266] *qnwmtnwt'*, von Braun mit subsistentia übersetzt, was besser ist als „personality“ bzw. personalitas in den Lexica von Payne Smith-Margoliouth bzw. Brockelmann. Die Notwendigkeit meiner gegenüber Braun geänderten Übersetzung ergibt sich aus dem Kontext.

[267] Cf. dagegen ältere Lösungen: bei Epiphanius und Eustathius von Antiochien bleibt der Logos mit der *Seele* vereint, bei Narses mit dem *Leib*, siehe *L. Abramowski*, Narsai, Ephräm und Kyrill über Jesu Verlassenheitsruf Matth. 27,46, in: H. J. Feulner (hg.), Crossroad of Cultures. Studies in liturgy and patristics in honor of G. Winkler, OCA 260 (Rom 2000) 43–67.

Die Ausgangsfrage, ob Adam als frei geschaffen wurde (p. 160/ p. 109), wird positiv beantwortet. Christus ist nach dem Fleisch aus Adam, und es würde zu einer Reihe von Absurditäten führen, wenn Christus im Fleisch nicht auch frei wäre. Adam ist Bild und Gleichnis Gottes – welche Folgerung wäre zu ziehen, wenn er als solcher Knecht wäre! Ein weiteres Argument gewinnt Timotheus aus der wörtlichen Zitation von Gen 1,26 mit „im Bild" und „nach der Ähnlichkeit". Adam ist übertragenerweise Bild und Ähnlichkeit Gottes (p. 161/ p. 109), Christus, unser Herr aber, auf „genaue" und natürliche Weise. Anders als Adam ist Christus im Fleisch nicht „*im* Bild" und „*nach* der Ähnlichkeit" Gottes, sondern Bild und Ähnlichkeit selbst und heißt auch so[268]. Als Beleg dafür dient Hebr 1,3 (p. 161/ p. 110). Darauf folgt eine Anspielung auf Phil 2,6 und 7. In diesen Versen steht in der Pesh. *dmwt'* für μορφή, wie in Gen 1,26 für ὁμοίωσις. Und da *dmwt'* das verknüpfende Stichwort ist, übersetzt es Braun hier folgerichtig auch für Phil 2,6f. mit „similitudo" (statt mit dem uns aus der Vulgata vertrauteren und μορφή besser entsprechenden „forma"). Timotheus bringt aber nicht die wörtliche Wendung *bdmwt' d'lh'* von Phil 2,6 („in similitudine dei"), weil das seine soeben verwendete Unterscheidung zwischen dem zu schaffenden Menschen und Christus wieder über den Haufen geworfen hätte, sondern er bietet die geläufige antiochenische Kurzfassung: Is enim, qui similitudo dei est, similitudinem servi assumpsit[269]. Das „enim" Brauns steht für *lm*, das Zitationszeichen sein kann, aber nicht muss. Timotheus sieht offensichtlich in seinem „Zitat" eine „Parallele" zu Hebr 1,3; aber wegen der „Knechtsgestalt" findet er hier die „Rede *(mlt')* von der Homoousie" (er muss die doppelte meinen) „durch die Unterscheidung der Hypostasen bestätigt" (p. 161,19–21/ p. 110,2–5). Danach kehrt er sofort zum Vokabular von Gen 1,26 zurück, wo ja auch von der Herrschaft des Menschen (über Fische und Vögel) die Rede ist, und zeigt die Absurdität eines so „*im* Bilde" geschaffenen *Herrn,* wenn das „Bild (selbst)" Knecht sein soll. Auch die von Timotheus so geschätzte Formel vom „Fleisch des Logos" wird der spezifischen Argumentation dienstbar gemacht (p. 161f./ p. 110): Wenn das Fleisch unmittelbar das des Logos ist, der Logos aber Gott, Herr und frei ist, gilt das auch für das Fleisch; wäre der Logos Knecht, gälte das auch für das mit ihm vereinte Fleisch, aber selbstverständlich ist der Logos Sohn und Herr von Natur, also ist das Fleisch durch die Union Sohn und Herr. Denn in miteinander vereinten Dingen erfolgt die Namensgebung entsprechend dem Höheren und nicht nach dem Niedrigeren.

Es ist nicht möglich, alle Bibelstellen aufzuzählen, die für oder gegen die These des Timotheus sprechen und von ihm entsprechend ausgelegt werden.

---

[268] Die Differenzierung zwischen „Bild" und „im Bild" ist sehr alt, nur war das „Bild" der Logos und nicht wie hier „Christus im Fleisch".

[269] Braun hätte in Anm. 2 zu Übers. p. 110 besser geschrieben „*Cf.* Phil II,6*s.*" und im Text die Anführungszeichen weggelassen.

Seine Ingeniosität in dieser Hinsicht ist bewunderungswürdig, aber die Absicherung gegen jeden möglichen aus dem Bibeltext geschöpften Einwand, wie er sowohl von den Theologen und Laien seiner Kirche aus ihrer Tradition, wie von den muslimischen Gelehrten im Interesse des koranischen Jesusbildes erhoben werden konnte, war von der Situation erzwungen. Als ein verblüffendes Beispiel gebe ich noch die Kontrastierung der Sohnesproklamation bei Taufe und Verklärung (p. 163 unten/ p. 111 Mitte) durch den Vater mit Jes 42,1 „Siehe mein Knecht, an dem ich Wohlgefallen habe". Dies letztere ist (nur) die Stimme des Propheten, und zu ihr „lässt sich" die Stimme des Vaters eben „*nicht* herab". Immer wieder wird zwischendurch ein Fazit gezogen wie p. 167 oben/ p. 113: Herr ist also Christus und Sohn Gottes auch darin, dass er uns wesensgleicher Mensch ist, und niemand soll wagen, als Knecht zu glauben und zu bezeichnen den, der Erlöser und zugleich Befreier des Alls ist.

Im Schlussabsatz dieses Teils des Briefes treffen wir auf den uns schon bekannten Gedanken von der „Befestigung" der menschlichen Hypostase in der göttlichen, „in der natürlichen Person der Sohnschaft" (p. 170f./ p. 116 Mitte). Es folgt (ohne irgendeine Erläuterung)[270] Kol 2,9, wo ja umgekehrt von der leiblichen Einwohnung der ganzen Fülle der Gottheit in Christus[271] gesprochen wird. – Soweit ich sehe, wird von dieser Einwohnung aber niemals gesagt, sie sei eine „Befestigung" der göttlichen Hypostase in der menschlichen. Das Nebeneinander beider Gedanken hier drückt sehr wohl das Ineinander beider Hypostasen in Christus aus, jedoch geschieht die Einwohnung in etwas, was seine Existenz aus und in dem Logos hat[272].

Man darf nicht den, der „über allem ist"[273], der von oben kam, der sich demütigte, damit er die Unteren erhöhe, Knecht nennen (p. 171 unten/ p. 117). Schließlich hat er am Kreuz hängend den Himmel bewegt, die Erde beben lassen, die Gräber geöffnet, die Toten auferweckt, die Sonne verdunkelt, den Mond in Blut verwandelt – einen solchen kann man nicht Knecht nennen, um damit den Vater zu ehren (p. 172 oben/ p. 117). – Timotheus schreibt hier also die das Eschaton vorwegnehmenden Begleiterscheinungen

[270] Cf. oben p. 714 das nicht weiter erklärte Nacheinander von Hebr 1,3 und der verkürzten Form von Phil 2,6f.

[271] Brauns Anm. 3 zu Übers. p. 116,18 ist überflüssig.

[272] Zu p. 171,16/p. 116,31, in einer Passage, die ich oben im Text nicht eigens behandle, hat Braun eine Konjektur vorgenommen, die noch weiter verbessert werden kann. Er zerlegt (Text p. 171, Anm. 1) das Adverb *mqrḥ'yt* in Partizip mit enkl. *'nt*, was ausgezeichnet ist; zugleich verändert er (mit Fragezeichen) das Partizip in das geläufigere *mmrḥ* und übersetzt p. 116,31 mit „audes aperte". Aber diese weitere Änderung ist nicht nötig, weil *mqrḥ 'nt* einen guten Sinn gibt: „erklärst du ausdrücklich". – Ferner versetzt Braun richtig einen Satztrenner von p. 171,18 Text in der Übersetzung um ein syrisches Wort zurück, wie aus Übers. p. 116, Anm. 9 hervorgeht.

[273] Eine Anspielung auf Röm 9,5; der Text war mehrere Zeilen vorher zitiert worden. Die Braunschen Anmerkungen lassen nur drei Zitate des Verses im ganzen Band erkennen, während Timotheus immer wieder auf diese ihm so wichtige paulinische Aussage anspielt.

der Kreuzigung, wie sie Mt 27 schildert (und denen der Katholikos noch den blutigen Mond von Joel 3,4/Apg 2,20/Offb 6,12 hinzufügt) dem Wirken des Gekreuzigten selber zu, während der Bibeltext sie als Wirkung des Ereignisses erscheinen lässt, um dessen Ungeheuerlichkeit zu unterstreichen. Als ihren Urheber verstand man[274] den Vater, wie aus den Worten des Timotheus hervorgeht.

Mit p. 172,9/p. 117,15 beginnt ein neuer Abschnitt des Briefes: Timotheus führt einen möglichen Einwand gegen seine Abhandlung über die Unangemessenheit der Bezeichnung „Knecht" an. Aus dem Inhalt des Einwandes (der wahrscheinlich gar nicht ein bloß theoretischer, von Timotheus konstruierter ist) gewinnt man per negationem das übergreifende Thema des bis hierher Abgehandelten: es ging um die Unmöglichkeit, den Christus im Fleisch, den inkarnierten Logos, das natürliche prosopon der Sohnschaft, also den *einen* Christus, der Gott und Mensch ist, als Knecht zu bezeichnen, da er doch *Herr* ist. Der Einwand kommt aus den eigenen Reihen und konzediert nicht nur die Richtigkeit des Dargelegten, sondern stimmt ihm auch zu. Aber, so fährt der Einwender fort, die Schrift, Propheten und Apostel (also AT und NT), gebraucht *beide* Titel von Christus, *sowohl* Herr *wie* Knecht. Nennt sie nun die Gottheit oder die Menschheit Knecht? Die erste Möglichkeit scheidet von vornherein als Blasphemie aus. Aber niemand kann es als Vermessenheit bezeichnen, wenn man nach den Schriften Christus Knecht nennt und damit seine *Menschheit* meint. – Der Einwand argumentiert also auf der Basis der strengen Zwei-Naturen-Lehre, er wird aber trotzdem von Timotheus sofort als im Kern blasphemisch verworfen, auch wenn er äußerlich mit dem Gold der Worte des Heiligen Geistes glänze. Von der Schrift her hält Timotheus es für möglich, den Einwender vom Richtigen zu überzeugen.

Dazu entwickelt er ein Schema von „Namen" des Sohnes Gottes in der Schrift (p. 172,26 ff./p. 117,28 ff.), das aus vier Kategorien besteht: a) Sein und Benennung fallen zusammen: Gott, Mensch, Sohn, Christus, mit Belegstellen; b) aut e converso non est, neque dicitur, – wenn man z. B. das Licht der Wahrheit als Dunkelheit bezeichne u. ä. Interessant ist c): est quidem, sed non dicitur, – denn hier geht es um termini technici der Christologie, die sich in der Schrift nicht finden (p. 173,18–25/p. 118,10–25): die doppelte Homoousie, die Zweiheit der Ousien und Naturen, oder „Einzahl" (Einzigkeit) von Kraft, Wille und Energie. Dies und weiteres solcherart *ist* zwar Christus, der Sohn Gottes, es wird aber in den Schriften nicht deutlich gesagt; „dennoch treten sie (sc. diese Sachverhalte) gewiss der Natur und der Bedeutung nach universell[275] (sc. in der Schrift) auf".

[274] Wer?

[275] Braun gibt *knyš'yt* mit „simul" wieder, was m. E. zu schwach ist; „universally" ist von den bei Payne Smith-Margoliouth angegebenen Synonymen das treffendste.

Im Zusammenhang der Argumentation des Timotheus ist am wichtigsten die vierte Kategorie: dicitur, sed non est quod dicitur. Oder wie es auch heißt (p. 173,25–27/p. 118,16f.): Quod metaphorice quidem dicitur a scriptura, non autem sensu stricto[276] est in hypostasi. Es folgen mehrere Gruppen von Christusprädikaten in Nominalform von „Stein" bis „Weg" samt den entsprechenden Belegen, an denen jedermann klar sein muss, dass Christus diese Dinge nicht in seiner Hypostase sein kann. Dazu kommen aber die beiden paulinischen Aussagen: Christus für uns zur Sünde, für uns zum Fluch gemacht (p. 174,7–18/p. 118,25–34[277]), – nach ihrem Muster ist das Prädikat „Knecht" zu deuten. Christus ist Sünde und Fluch nicht in seiner Hypostase, ebensowenig ist er Knecht in seiner Hypostase, alle drei Bezeichnungen sind (in dieser Hinsicht) metaphorisch zu verstehen. Der Grund für die Verwendung dieser drei Bezeichnungen ist ein soteriologischer: wie er für uns den Tod des Verfluchten und des Sünders erlitt, so stieg er für uns herab und wurde unsertwegen gedemütigt[278].

Warum gebraucht aber die Schrift diese Vokabel? (p. 174,18ff./p. 118,35ff.). In „seiner gewohnten Menschenfreundlichkeit" will Timotheus die Gründe angeben. Es sind fünf. Davon ist der erste für die Beurteilung der Christologie des Katholikos besonders wichtig: Knecht heißt Christus nach der Natur, aus der er angenommen worden ist. – D.h. dass Timotheus sich die Unterscheidung zwischen Hypostase und Natur zunutze macht, um sowohl die Applikation der nun einmal in der Schrift vorfindlichen Vokabel sachlich zu rechtfertigen (und sie nicht doketisch zu verflüchtigen) und um andererseits die unerwünschte Konsequenz für die Gesamtbeurteilung der Person Christi, wie sie im Koran und bei den muslimischen Theologen vorgenommen wurde, auszuschließen.

Der zweite Grund betrifft die christologische Deutung atl Verheißungen: die „Vermischung und Vermengung[279] der Worte der Prophetie" in beiden Richtungen, nämlich der Aussagen, die den Typus betreffen, mit dem Archetypus, und umgekehrt. – Beiläufig ergibt sich aus den betreffenden Zeilen (p. 174,26f./p. 119,5–7), dass „Archetypus" und „Archieikon" *(rš ywqnʿ)* synonym sind, ebenso „Typus" und „Eikon". – Übrigens sagt Timotheus an die-

[276] „Sensu stricto" = *ṭtyt'yt*; Braun: „realiter".

[277] Zeile 34: bei Braun fehlt „sua" bei „hypostasi".

[278] Hier wäre eine stärkere Differenzierung zwischen dem Grad der Metaphorik angebracht gewesen: Christus kann „Fluch" oder „Sünde" überhaupt nur metaphorisch sein, wogegen „Knecht" sehr wohl direkt auf einen Menschen bezogen werden kann. Es ist eine theologische Behauptung des Timotheus, dass die Vokabel christologisch in einer bestimmten und entscheidenden Hinsicht nur metaphorisch zu begreifen ist. Diese Behauptung bedarf eingehender Begründung, die der Katholikos sich auch zu geben bemüht. Umso wichtiger ist ihm der soteriologische Aspekt als tertium quid.

[279] Braun Übers. p. 119,4f. sagt „confusio" für *mwzg'*, aber „confusio" sollte man für *bwlbl*ʿ (= σύγχυσις) reservieren.

ser Stelle nicht, *wer* die Worte der Prophetie vermischt – sind sie per se vermischt oder ist das ein Fehler der Ausleger?

Die Gründe 3–5 sind soteriologischer Art: Erfüllung des göttlichen Gesetzes, das unserer Natur gegeben ist; die Lehre der Demut, die Christus uns in Taten und Worten gab; das Erleiden der Passion, des Kreuzestodes, des Begräbnisses, die mehr zu uns als Knechten denn zu ihm, dem Sohn Gottes, passten.

Die fünf Ursachen werden nun einzeln durchgenommen, wobei Timotheus in verschiedenen Graden der Ausführlichkeit verfährt. Die Unterscheidung von Natur und Hypostase wird u. a. an Adam durchgeführt (p. 175,11 ff./ p. 119,19 ff.). Gott hat ihn als „Staub" bezeichnet (Gen 3,19) – aber das ist der Name seiner Natur, nicht seiner Hypostase: seine lebendige und vernünftige Hypostase war nämlich sterblich. (Lebendigkeit und Vernunft werden offenbar der *Hypostase* Adams zugerechnet). So wird auch der Mensch unseres Herrn Knecht genannt, mit dem Namen seiner Natur und nicht seiner Hypostase; seine Natur nämlich ist ganz Knecht, seine Hypostase aber Herr und frei. Nach einem anthropologischen Vergleich und einem eucharistischen gelangt Timotheus steigernd zur Aussage, dass umso mehr der Mensch unseres Herrn wegen der Union Herr, König und Gott heißen muß, nicht aber Knecht wegen seiner Natur. Wieder wird vom Befestigtsein seiner menschlichen Hypostase in der göttlichen gesprochen und vom innerchristologischen Abbildcharakter[280] der menschlichen Hypostase im natürlichen prosopon der Sohnschaft. Deswegen kommen ihr auch sämtliche Titel des göttlichen Sohnes zu, u. a. „Gott über alles" aus Röm 9,5. Es folgt eine lange Liste von Unterschieden der menschlichen Hypostase Christi von der allgemeinen menschlichen Natur: Jungfrauengeburt, Sündlosigkeit, Unverweslichkeit; nicht alle (menschliche) Natur wurde vom Logos durch die Inkarnation angenommen, nicht in aller Natur wohnt die Fülle der Gottheit leiblich, nicht aller Natur ist alle Gewalt im Himmel und auf Erden gegeben, nicht alle (p. 176,29 ff./ p. 120,26 ff.) Natur ist eine Person in der Union *aus*[281] der Gottheit, er aber allein ist einer aus der Trinität der Union. – Es ist bemerkenswert, dass der gegnerische Schlachtruf „unus ex trinitate" nun bei einem Theologen wie Timotheus auftaucht, bezogen auf die menschliche Hypostase Christi *in der Union.* – In jenen früheren Debatten[282] gehörte „unus ex trinitate" in einen „theopaschitischen" Zusammenhang: unus ex trinitate passus est. Hier dagegen ist die Formel eines der Mittel, in denen sich die Erhöhung der menschlichen Hypostase durch ihre Union mit dem Gott-Logos ausdrückt – selbst von ihr kann gesagt werden unus ex trinitate.

---

[280] Text p. 176,11 f. *'ṣṭlm ṣurth,* Übers. p. 120,10 „imago eius ficta est".

[281] Das „aus" wirkt zunächst merkwürdig, aber das nächste Kolon macht klar, dass die berühmte Formel hier schon vorauswirkt.

[282] Vgl. die Polemik des Narses und des Ḥabib.

Seine ganze Natur ist Knecht, aber er allein ist Herr usw.

„Also (p. 177,18–22/p. 121,8–11) ist er Knecht, wenn er benannt wird mit der Bezeichnung seiner Natur, nicht aber in der Bezeichnung seiner Hypostase; Herr aber und Sohn Gottes wird er benannt und heißt er in der Bezeichnung der Union seiner Hypostase, nicht aber seiner Natur".

„Seine Hypostase" ist hier natürlich seine menschliche Hypostase, die durch die Union die Hoheitstitel innehat; es handelt sich nicht, wie man ohne den Kontext meinen könnte, um die „hypostatische Union" der einen christologischen Hypostase.

Die Ausführung der zweiten Begründung für die biblische Bezeichnung Knecht (p. 177,22–178,12/p. 121,12–34) beantwortet unsere oben gestellte Frage dahingehend, dass im prophetischen Text selbst die erhabenen und niedrigen Aussagen gemischt sind; es ist Sache der Auslegung, zu unterscheiden, welcher Bestandteil eines Spruches zum Archetypus paßt und was zum Typus (oder den Typen), oder wer sensu stricto gemeint ist und wer in übertragener Weise. Timotheus exerziert das an einer Reihe von Texten vor. Der Grund für die Vermischung wird am Anfang des Abschnitts gegeben: Königtum und Priesterschaft des Volkes waren Typus des Königtums unseres Herrn und seines Hohenpriestertums. – Beiläufig kann man an den Beispielen des Timotheus sehen, was die jeweilige „historische" Auslegung der angeführten Prophetenworte war.

Was zu den Gründen drei und vier im einzelnen gesagt wird, braucht nicht referiert zu werden, aus der oben wiedergegebenen Zusammenfassung ist das Nötige zu entnehmen.

Anders als bei den vorangehenden vier Gründen wird beim fünften Grund (Beginn: p. 179,12/p. 122,21) nicht das Ende des Abschnitts gekennzeichnet; wahrscheinlich gehört alles, was bis zum nächsten Einwand gesagt wird, dazu, das Ende wäre also in p. 185,26/p. 127,6 zu sehen. Das heißt, dass dieser Abschnitt schon wegen seiner Länge als besonders wichtig zu betrachten ist. Tatsächlich muss Timotheus nun zusehen, wie er mit den christologischen Aussagen des Philipper-Briefes unter seinen Prämissen fertig wird. Auch wird die bereits ständig angewendete Unterscheidung von Hypostase und Natur in Bezug auf die angenommene menschliche Natur Christi ihn zu einer Definition der beiden Begriffe veranlassen.

Zum Verständnis des Folgenden ist es nötig, sich die von der Peshitta verwendeten Vokabeln für „Gestalt" und „Ähnlichkeit" im Philipper-Hymnus vor Augen zu halten[283].

---

[283] Die Satztrennung zwischen den Versen 7 und 8 schwankt bekanntlich in der Überlieferung.

	NT graece	*Vulgata lat.*	*Peshitta*
V. 6	ἐν μορφῇ θεοῦ	(in forma dei)	*bdmwt' d'lh'*
	ἴσα θεῷ	(aequalem deo)	*pḥm' d'lh*
V. 7	μορφὴν δούλον	(formam servi)	*dmwt' dʿbd'*
	ἐν ὁμοιώματι	(in similitudinem)	*bdmwt'*
	σχήματι	(habitu)	(V. 8)[63] *b'skm'*

Von den syrischen Übersetzungen sind die für ἴσα θεῷ und ἐν ὁμοιώματι zutreffend, bei σχήματι wählte man das entsprechende syrische Fremd-/Lehnwort. Das Problem bilden also die beiden Stellen mit μορφή, für die die nicht ganz treffende Übersetzung mit „Ähnlichkeit" gegeben wurde[284], so dass nun „Ähnlichkeit" zum hervorstechenden terminus der Passage geworden ist, wogegen im griechischen Original es die beiden Vokabeln für „Gestalt" sind. Ist es möglich, eine Ursache für diese Verschiebung auszumachen? Ich denke, dass ein theologischer Anstoß in der Verwendung von „Form" für Gott empfunden wurde[285] und man deswegen zu „Ähnlichkeit" griff; um die Parallelität der Ausdrucksweise beizubehalten, wurde dann auch die „Form des Knechtes" zur „Ähnlichkeit des Knechtes", zumal das griechische Original an der nächsten Stelle ja auch von der „Gleichheit" oder „Ähnlichkeit der Menschen" sprach. Dass man aber abgesehen von der Gottesprädikation keine Bedenken hatte, von der „(äußeren) Gestalt" des *Menschen* zu reden, sieht man am beibehaltenen σχῆμα.

Die Frage ist, wie man es angesichts dieser sprachlichen Verhältnisse mit dem Übersetzen der von Timotheus verwendeten Ausdrücke aus dem Peshitta-Text von Phil 2,6.7(8) halten soll. Braun wechselt Versio p. 122 zwischen „forma" und „habitus" für σχῆμα aus Vers 7(8) und macht durch eine Anmerkung für alle Stellen darauf aufmerksam, welches griechische Wort dem syrischen Pendant zugrunde liegt. Dagegen ist vom Bedeutungsgehalt her nichts einzuwenden, wenn man auch dieser Praxis nicht notwendig folgen muss. Anders ist es mit Versio p. 123f., wo es sich um Vers 6 handelt; hier wechselt Braun zwischen „forma" und „similitudo" für *dmwt'*, während die Argumentation des Timotheus ganz auf „similitudo" zugeschnitten ist. Die Beschäfti-

[284] Wie das von Josef Kerschensteiner aus Aphrahat, Ephraem und dem *Liber Graduum* zusammengestellte Material zeigt, waren dies die Vokabeln, die schon in der Vetus Syra des Phil-Hymnus verwendet wurden. Kerschensteiner selber übersetzt *dmwt'* (für μορφή) mit forma, ebenso *'skm'*. *J. Kerschensteiner,* Der altsyrische Paulustext = CSCO 315, Subs. 37 (Louvain 1970), Nr. 473–477, p. 83f.

[285] Unter diesem Gesichtspunkt ist es bemerkenswert zu beobachten, dass in Kerschensteiners Zitaten dort, wo man *dmwt' d'lh'* erwarten müßte, die Göttlichkeit des Präexistenten direkter ausgedrückt wird als im Hymnus selbst: „Gott" (Nr. 473), „der Sohn des Herrn des Alls" (Nr. 475), „Herr der Schöpfung" (Nr. 477).

gung mit seinen Aussagen muss sich danach richten, so wie sich der Katholikos nach dem Bibeltext seiner Kirche in seinen Diskussionen mit Christen und Nichtchristen richten mußte. Ich werde daher immer mit „similitudo" oder „Ähnlichkeit" übersetzen.

Nach diesen Präliminarien können wir uns der fünften Begründung selbst zuwenden. P. 179,14 ff./p. 122,22 ff.: Leiden, Kreuz, Tod und Grab Christi malen und bilden ab die Ähnlichkeit des Knechts, also hat unser Herr Christus unsertwegen die (äußeren) Formen *(ṣwrt')* der Knechtschaft angenommen; in seiner Hypostase ist er Sohn und frei, in der (äußeren) Gestalt *('skm')* der oikonomia unsertwegen heißt er Knecht. – Das wird nun erläutert am Beispiel eines in Gefangenschaft geratenen Königssohnes, der, im Sklavengewand unerkennbar, doch die Befreiung seiner Genossen von der Tyrannei vorbereitet. – So hat auch der Sohn Gottes, als er zu unserer Befreiung vom Satan, von Sünde und Tod kam, nicht seine Göttlichkeit und Herrlichkeit gezeigt, sondern Unterworfensein[286] und Knechtsgestalt *('skm'),* so dass er für einen Versklavten gehalten wurde, damit er durch seinen Tod unseren Tod auflöste und durch seine Leiden die unseren. Seine Hypostase war nicht einem davon unterworfen. Der Tod hat Gewalt über die Sünder, unser Herr aber war niemals der Sünde versklavt, also war er niemals ein dem Tode etc. Unterworfener. Ist er doch Quelle des Lebens und Wohnung und Tempel der herrlichen Trinität. Obwohl er also dem Tod etc. nicht unterworfen war, ertrug er das alles wegen der ganzen (menschlichen) Natur, nicht erzwungenermaßen, sondern willentlich, wie man aus seinen eigenen Worten (Joh 10,18) sehen kann. In der Hypostase seiner Menschheit war unser Herr reines Gold, den Namen der Knechtschaft und den Schmutz der Sterblichkeit nahm er unsertwegen auf sich.

Im nächsten Anlauf (p. 180,26 ff./p. 123,22 ff.) geht Timotheus von dem Unterschied aus, den er in atl und ntl Sprachgebrauch findet: das AT redet vom Knecht, das NT aber von der „*similitudo* servi". Dort war es der Typus, hier aber der Archetypus; dort konnte der Archetypus nicht ohne Typus deutlich gesehen werden, hier aber kann er klar ohne Typen und Abbilder gesehen werden: „er, der in der Ähnlichkeit Gottes ist" (Phil 2,6). – Die Gedanken des Verfassers machen hier Sprünge: von der Gegenüberstellung „Knecht"/„Ähnlichkeit des Knechtes" her erwartet man nicht gerade das Paar „Typus" (AT) / „Archetypus" (NT) als Erklärungsmuster. Und der Archetypus seinerseits ist innerchristologisch gemeint, wie wir es schon gelegentlich angetroffen haben, also der Logos. – Hier (Phil 2,6) muss man nun „genau" sein, sagt Timotheus: „Gott" bezeichnet an dieser Stelle die Hypostase des Vaters, „Ähnlichkeit

---

286 Im Folgenden gebrauche ich „unterworfen" und „versklavt" und ihre Derivate zur Übersetzung von *'bd* im Shaphel und seiner Derivate; „unterworfen" ist also im härtesten Sinn, wie „durch kriegerische Eroberung unterworfen" etc. zu verstehen, nicht im abgeblasst übertragenen Sinn.

Gottes" die Hypostase des Logos. Mit der Vokabel „Ähnlichkeit" zeigt uns der Apostel zweierlei: die Hypostase des Logos und die Homoousie mit dem Vater, der Logos gleicht dem Vater in der Ousia, die Ähnlichkeit ist eine „natürliche" (= eine in der Natur), aber die Hypostase des Logos ist nicht die des Vaters[287]. Der Hypostase nach ist der Logos „ein anderer" als der Vater, bei gleichzeitiger Homoousie.

Dies ist anzuwenen auf die similitudo servi (p. 181,15ff./p. 123,37ff.): Die Hypostase des Logos ist nicht die des Vaters, daher ist auch die similitudo servi nicht Knecht in der Hypostase. Der Ausdruck „Knecht" „malt die gemeinsame Natur ab", „Ähnlichkeit" bezeichnet nicht die Natur, sondern die Hypostase des Menschen unseres Herrn, so dass der Mensch unseres Herrn der Natur nach Ähnlichkeit des Knechtes ist, nicht aber hypostatisch. Wie der Sohn Ähnlichkeit des Vaters in der Ousia, nicht aber Hypostase des Vaters ist, so ist unser Erlöser Ähnlichkeit des Knechts in der Natur, aber nicht Knecht in der Hypostase. An einer anderen Stelle (Röm 8,3) redet Paulus ja auch von Gottes Sohn und der *Ähnlichkeit* des Sündenfleisches, er sagt nicht einfach Sündenfleisch an sich. Analog verhält es sich mit der Ähnlichkeit des Knechts. *Alle* Menschen sind Knechte, *er* aber *allein* ist Herr des Alls und Gott. – In den beiden eben besprochenen Abschnitten hat Timotheus also den Phil-Hymnus nicht als Beleg für die Zwei-Naturen-Lehre genommen (diese Funktion wird als bekannt vorausgesetzt), sondern hat das Verhältnis der „similitudo" zu dem, dessen Ähnlichkeit sie ist, also zu Gott, im Sinne der neunizänischen Trinitätslehre analysiert: Gemeinsamkeit der Ousia, Homoousie, und Unterscheidung der Hypostasen. Dann ist er, wie gesagt, mit der „Ähnlichkeit des Knechts" auf gleiche Weise verfahren, wobei er sich natürlich auf die Parallelität der Formeln berufen konnte; nur redet er lieber von der allgemeinen menschlichen Natur als von menschlicher Ousia.

Der nächste Abschnitt (p. 181,30ff./p. 124,13ff.) bestimmt den Unterschied von Hypostase und Natur. Die Hypostase wird nicht dargestellt in den (Dingen) der Natur[288] und umgekehrt. Sondern die Natur wird uns dar-

[287] Die durch die Termini *ousia* und *hypostasis* ausgedrückte verschiedene Art der Beziehung des Sohnes zum Vater wird auch beschrieben als eine von *hwyw kd hwyw l'b'* und *lw hw kd hw l'b'* Text p. 181,8–11 (zusätzlich verwirrend scheint am Anfang Zeile 8f. *lw hwyw kd hw*, was aber nur heißt „nicht ist er ebenderselbe"). *hw kd hw* ist unproblematisch: = idem, derselbe: Der Sohn ist nicht derselbe wie der Vater der Hypostase nach. Für *hwyw kd hwyw* lassen einen Lexica, Grammatik und der Thesaurus im Stich; glücklicherweise erklärt Timotheus selber Zeile 10f.: *hwyw mn gyr kd hwyw l'b' b'wsy'.* Braun übersetzt *hwyw kd hwyw* tapfer mit „idipsum", *l'b'* mit „ac Pater", so dass sich ergibt: „er ist eben*das*selbe wie der Vater in der Ousia". Aber ist nicht vielleicht *hwyw kd hwyw* nur eine Akzentverstärkung von *hw kd hw*? Dann käme man zur Bedeutung: Er ist *sehr wohl derselbe* wie der Vater, nämlich in der Ousia. Beide Formeln zusammen würden dann ergeben: Er ist derselbe *und* nicht derselbe – eine Unterscheidung secundum quid.

[288] So liest Braun richtig für das „Leben" der Hs., Übers. p. 124, Anm. 2.

geboten durch Definitionen, die Hypostasen durch Eigentümlichkeiten. Timotheus fährt fort:

Natura enim est id, quod communiter et pari dignitate rationis essentiae[289] in singulis hypostasibus, quae speciei subdantur, cognoscitur, sine additione seu omissione illarum novem categoriarum. Hypostasis autem est essentia[69] aliqua propria[290], quae sub specie quacumque superna[291] subordinatur additione seu omissione illarum novem categoriarum.

Wir sehen, dass der alte doppelte Gebrauch von Ousia auch in dieser Definition erscheint[292]: (mehrere) einzelne Hypostasen haben ein gemeinsames Wesen, daraus erkennt man die Natur (dieser Hypostasen); aber Hypostasis ist auch = οὐσία ἰδική. Die Fortsetzung des Abschnitts zeigt, dass es hier um die menschliche Natur geht; im trinitarischen Zusammenhang wäre die auch nur logische Unterordnung der Hypostasen unter die Natur keine sehr glückliche Aussage.

Timotheus wendet nun die eben gegebenen Regeln an (p. 182,10–27/p. 124,22–35): Die Definition der gemeinsamen menschlichen Natur ist: lebendig, vernünftig, sterblich, empfänglich für Intellekt und Erkenntnis. Die Hypostase wird anhand einer konkreten Person beschrieben, nämlich der Davids, über den eine lange Reihe von Aussagen zusammengetragen wird. David ist deswegen ein so gutes Beispiel, weil „aus ihm Christus im Fleisch" hervorgehen wird. Solche und andere Eigentümlichkeiten bilden die Hypostase oder die Person ab. – D.h. dass für Timotheus in der Linie der Vereinzelung vom Abstrakt-Allgemeinen zum Konkret-Einzelnen praktisch keine Unterscheidung zwischen *irgendeinem* Individuum der menschlichen Natur und dem *bestimmten,* durch einen Personennamen und sonstige biographische Daten von anderen Individuen derselben Natur verschiedenen Exemplar besteht[293].

P. 182,27 ff./p. 124,36 ff.: Die Schönheit der menschlichen Natur ist vom Schmutz der Sünde verdeckt worden. Unser Herr nahm die Eigentümlichkeit[294] *(dylyt'* = τὸ ἰδικόν, was oben „Definition" hieß!) der Natur mit der Natur an, ohne Sünde, und vereinte sie (mask. Plural!)[73] zur Hypostase seiner Menschheit, es handelt sich um Natur und Hypostase zugleich „ohne Verringerung". Und doch hat er Hypostase und Natur ohne Knechtschaft angenommen (weil ohne Sünde). P. 183,31–184,2/p. 125,30–32: Die Hypostase seiner

---

289 An beiden (essentia-)Stellen steht *'ytwt'*, nicht *'wsy'*.

290 Text p. 182,8: *dylnyt'* (= ἰδική, s. Brockelmann).

291 „Superna" ist meine Übersetzung von *mt'ly'*, Text p. 182,8, von Braun nicht wiedergegeben.

292 Cf. die von mir untersuchten Formeln bei Babai.

293 So auch bei Theodor von Mopsuestia. Das Problem, das bei der christologischen Anwendung entsteht, wird von Timotheus anders gelöst als von Theodor.

294 Dieser Sprung vom femininen Singular zum maskulinen Plural ist wohl eher einer Unachtsamkeit des Autors zuzuschreiben.

Menschheit wurde und ist, wegen der Entstehung durch den Heiligen Geist und der Union mit dem Gott-Logos, Herr, frei und Gott über alles.

Nach dieser langen Ausführung der 5. Begründung nimmt Timotheus einen sehr naheliegenden Einwand vorweg (p. 185,26 ff./p. 127,7 ff.): Wenn sich von Christus wegen der Union die Bezeichnung „Knechtschaft" „entfernt", geschieht dann nicht das gleiche mit den Prädikaten „Mensch", „begrenzt" u. ä.? Darauf ist zu antworten, dass „Knecht" einen modus und das πρός τι anzeigt, „Mensch" dagegen die Ousia. Qualität und Relation können aber aufhören und sich verändern; ein Knecht kann ein Herr werden und umgekehrt. Aber die Ousia als solche wird nicht verändert. Christus ist hinsichtlich seiner Ousia Mensch, und insofern er Mensch ist, wird er nicht verändert.

Et si Christus secundum naturam modaliter et relative servus et subiectus est, modale et relative autem non sine transformatione et mutatione est, ergo et Christus, quatenus servus et subiectus, secundum naturam non sine transformatione et mutatione est.

Die (menschliche) Hypostase war aber niemals Knecht und unterworfen, eins war nämlich ihr Wille und Wirken mit dem Logos, der sie angezogen hat.

Der nächste Einwand wird als „sophistisch" bezeichnet (p. 186,30 ff./p. 127,36 ff.), – es ist der muslimische, der „Knecht" und „geschaffen" gleichsetzt[295]. Die Gleichsetzung wird am Schluss des Abschnitts abgelehnt, nachdem vorher dargelegt worden ist, dass die Möglichkeiten des Schöpfers ausreichen, um einen freien Menschen zu schaffen.

Dann rechnet Timotheus damit, dass man ihm den großen Theodor, den heiligen Nestorius und andere ihnen gleichende Lehrer entgegenhalten wird (p. 188,26 ff./p. 129,7 ff.), die Christus teilen und von der Natur des Knechtes und des Herrn, Gottes und des Menschen sprechen. Wieder bringt Timotheus den Unterschied von Natur und Hypostase ins Spiel – jene Väter haben eben von *Natur* gesprochen, sie haben nicht die Hypostase der Menschheit des Sohnes „Knecht" genannt. Sie betrachteten die allgemeine menschliche Natur, wogegen es hier um die Hypostase des Menschen unseres Herrn geht, die Herr, Sohn, Gott über alles ist[296]. In seiner biblischen Begründung zieht Timotheus wieder den Phil-Hymnus heran, jetzt aber die Verse 8 und 9, um ihnen folgende Auslegung zu geben: Wer hat sich bis zum Tode gedemütigt – Gott oder Mensch? Gott kann es nicht sein, also war es der Mensch unseres Herrn. Wie konnte er sich aber demütigen, wenn er schon Knecht war?[297] Ein Knecht wird nicht freiwillig gedemütigt. Der da gedemütigt wird, ist Herr. Wieso käme es sonst zur allgemeinen Anbetung? Unsere Väter, die Anhänger Diodors und die vor ihnen, kämpften gegen Arius und deswegen verteilten sie

---

295 Siehe oben p. 711.

296 Diese Behauptung hätte die betreffenden Väter wohl mit Verwunderung erfüllt.

297 Dem Duktus des biblischen Textes entspricht diese Auslegung ja nicht gerade.

die (biblischen) Aussagen auf den Knecht und den Herrn. (Jetzt aber muss man sagen:) *Eine* ist die Herrschaft und die Sohnschaft in den beiden Hypostasen, in der Hypostase des Logos ist sie von Natur, in der Hypostase seiner Menschheit aber „unitive".

Am Anfang des Abschnitts p. 193,9 ff./p. 132,20 ff., wo Timotheus einen möglichen Einwand registriert, besteht eine textliche Schwierigkeit, die Braun zur Bemerkung veranlasst: „Locum obscurum ad verbum vertimus"[298]. Die Schwierigkeit ist aber leicht zu beseitigen, indem man statt *tgʾ*, „corona", liest: *tgmʾ*, „ordo". Die Zeilen 20 und 21 der Übersetzung würden dann lauten: „Sed fortasse eum servum dicis, dum (eum) *ordini* temporis assignas; ipsius enim est vox illa ‚servus'". Doch die von Braun konstatierte Dunkelheit rührt auch aus der Fortsetzung Zeile 23 ff. (Versio) her, wo zunächst ein anderes Thema angeschlagen wird (auf die „Zeit" kommt Timotheus wieder p. 134 (Versio) unten zu sprechen). Hier muss eine Auslassung postuliert werden, da offensichtlich auch der Sprecher wechselt. In die Auslassung müßte hineingehören mindestens der Beginn eines neuen Einwandes, u. U. auch die Fortsetzung der Erledigung des vorigen Einwandes.

Jedenfalls beginnt in dieser m. E. nicht ganz vollständig erhaltenen Passage, was Hurst als den zweiten Teil der langen Ep. 34 bezeichnet[299], in dem ein anderer Gesprächspartner in den Blick kommt. Er wird „niemals als Muslim bezeichnet, sondern wird in der höflichsten Weise angeredet", z. B. als „wunderbarer Mann", „Weiser", „Dialektiker", „Gebildeter". Von hier ab „Timothy's energies are directed to objections raised specifically from the Islamic religious perspective", auch ändert sich der literarische Stil in einen von Fragen und Antworten, der charakteristisch ist für die christlich-muslimische apologetische Literatur. Die einzelnen Punkte der Argumentation hängen eng mit den Standardthemen der christlich-muslimischen Kontroversen der Zeit zusammen. – Für die Einzelheiten verweise ich auf die Analyse bei Hurst[300], der im übrigen richtig feststellt, dass auch in diesem Teil schließlich eine Hinwendung zur soteriologischen Seite christologischer Aussagen erfolgt[301], ehe der Katholikos sich am Ende des Briefs wieder den eigentlichen Adressaten zuwendet[302].

Der Grundtenor der Christologie des Timotheus, wie er seine Abwehr der muslimischen Auffassung beherrscht und ebenso die theologische Rechtfertigung dieser Abwehr gegenüber Einsprüchen innerhalb seiner eigenen Kirche, wird im Schlussabschnitt noch einmal deutlich ausgesprochen (p. 203,31–204,1/p. 139,25 f.), nachdem der Patriarch drei Stellen aus Hebr 1 zitiert hat:

---

298 Übers. p. 132, Anm. 3.
299 *Hurst*, Symp. Syr. 1984 = OCA 229, p. 375 mit Anm. 36, auch für das Folgende.
300 Ibid., p. 376–381.
301 Ibid., p. 381.
302 Ibid., p. 382.

(Res) divinitatis humanitati[303] indiscriminatim sociat (sc. Paulus), ne quis putet in uno filio dei servum *et* dominum (esse).

e) Die Briefe an Naṣr

Der nächste Brief des Timotheus, *Ep. 35*, handelt ebenfalls davon, dass Christus kein Knecht sei. Er ist gerichtet an Naṣr, der vom Katholikos als besonders gelehrt in der Schrift bezeichnet wird. Er hat schon vorher mehr als einen Brief an Timotheus geschrieben, wie wir aus der Einleitung erfahren (p. 205 f./ p. 140 f.), und er hat den Katholikos zu jenem Brief an die Gemeinschaft an seinem Ort aufgefordert, der uns jetzt als ep. 34 vorliegt und von dem Timotheus auch hier sagt, dass er lang sei. Das Problem, das diese Briefe behandeln, ist „unter euch" entstanden, also in Baṣra und Huballat.

Timotheus beginnt seine Abhandlung wie die vorige mit dem Bekenntnis zum einen Gott und zur Trinität (p. 206–211/p. 141–144)[304]. Hurst[305] weist darauf hin, dass darin wieder typische Stichworte und Gesichtspunkte der anti-muslimischen Apologetik erscheinen.

Der Rest des Briefes ist der Christologie gewidmet (p. 211–238/p. 144–164). Es sind keine neuen theologischen Gedanken zu notieren, jedoch werden weitere biblische Texte besprochen, u. U. vom Korrespondenten angeführte. Auch hat Naṣr Material aus der antiochenischen Tradition für die positive Verwendung von „Knecht" angeführt, ebenso aus der edessenisch-nisibenischen. Der Katholikos sieht sich genötigt, sich mit diesen Belegen interpretierend auseinanderzusetzen und tut das auf verschiedene und nicht immer überzeugende Weise, wie wir sehen werden.

Dem Gedankengang des christologischen Hauptteils im einzelnen zu folgen, ist überflüssig. Ich greife nur mir interessant erscheinende Punkte heraus. So finden wir p. 211 f./p. 145 eine in besonders enger Verschränkung dargestellte Beziehung zwischen der Gottebenbildlichkeit Adams und dem, was ich das innerchristologische Abbildverhältnis genannt habe: Gen 1,26 ist in

303 So ist Brauns „et humanitatis" zu korrigieren; Brauns Übersetzung verwischt den entscheidenden Akzent.

304 Brauns Übers. (p. 141,23–25) von Text p. 206,27–29 ist hinsichtlich der term. techn. nicht konsequent genug. Es muss heißen: „per ‚ens' ousiam eius, per ‚aeternum' *perpetuitatem essentiae ('ytwt') ousias* (Genitiv!) significamus". Wie soll man *'ytwt'* und *ousia* ins Verhältnis setzen? Übers. p. 142,34 ist „hypostasibus" für „personis" zu lesen. Hinweisen möchte ich darauf, dass p. 209,10 f./p. 143,12 f. „hypostasis" und „ens" die Gottes des Vaters sind; Logos und Geist sind deren „Ausprägungen". Ferner findet man in der Debatte über die Gottesprädikate p. 210/p. 144 die Feststellung, dass die Namen Vater, Sohn, Geist keinen „menschlichen Schmutz" in die Gottheit hineinbrächten; sie bedeuteten die Hypostasen und seien deswegen zu bekennen, es sind göttliche Namen, Propheten und Apostel lehren sie.

305 *Hurst*, Syriac Letters, p. 61 f. Der in der vorigen Anm. zuletzt genannte Topos gehört in diese Diskussion.

Bezug[306] auf Adam in der Weise des Typus und übertragen gesagt worden, in Bezug auf unseren Herrn aber *ist* und erscheint es „genau“, sensu stricto, in der Weise des Archetypus[307]. Unser Herr Jesus Christus, von dem die Prädikate von Hebr 1,3 ausgesagt werden, ist „Bild des unsichtbaren Gottes“ sowohl auf natürliche Weise, wie unitive, weil er sowohl wesensgleicher Logos wie Fleisch aus unserem Geschlecht ist. Das Fleisch ist wiederum in allem eins mit dem Logos, der es angezogen hat – abgesehen von den zu den Ousien und Hypostasen gehörigen[308] Kennzeichen, an denen uns die göttliche und menschliche Ähnlichkeit[309] deutlich wird. Dann sagt Timotheus aber doch, dass Adam Bild Gottes *ist* und genannt wird, nämlich „in der Weise der[310] Erschaffung und in der Weise des Bandes[311] der Schöpfung in ihm“. Aber er ist keineswegs Bild Gottes in der Weise der Union mit dem gleichwesentlichen Bild des Vaters und der ihm zustehenden Vollmacht und wird auch nicht so genannt. Nur Jesus Christus ist das.

Während die eben angeführte Passage die Distanz bzw. Differenz zwischen dem ersten Menschen als dem geschaffenen Bild Gottes und dem Menschen in Christus, der Bild Gottes unitive ist, und dem Logos, der Bild Gottes im strengen Sinn ist, herausstellt, gibt ein anderer Text eine andere Perspektive wieder, indem jetzt die Verbindung all dieser Elemente aufgezeigt wird. Sie geschieht in der Inkarnation. Der größere Zusammenhang ist die Erschaffung Adams als Herr, Freier und König, wie sie aus der Herrschaftsaussage von Gen 1,26 abgeleitet wird (p. 216/p. 148) – was alles schon in ep. 34 entwickelt worden war. Sprachlich fällt an den Zeilen p. 217,15–21/p. 149,15–20 auf, dass dreimal die Wurzel *qbʿ* „befestigen“ und einmal *stt* „gründen“, benutzt wird. Damit wird die „Festigkeit“ der Einheit in Christus unterstrichen. Zu beachten ist auch, wie positiv hier die ursprüngliche Gottebenbildlichkeit Adams bewertet wird – einerseits, andererseits wird sie in der Inkarnation wieder neu erschaffen, muss neu erschaffen werden, weil anders die Sündlosigkeit nicht zu erreichen ist. So schreibt Timotheus:

Imaginem enim et similitudinem naturae et hypostaseos[312], quae Adamo ante peccatum infixae erant, verbum utero virginis infigit. Non enim servo alicui et homini simplici[313]

---

[306] Text p. 211,29–31 hat Timotheus zweimal *lwt … wmḥl*, die ich als hendiadyoin nehme.
[307] Braun, p. 145,7 „archetypice“ steht für ein Adverb, das von einem status constructus abgeleitet ist: *ršwt tpnkʾyt* (p. 212,1)! Damit erscheint ein weiteres Synonym für „Bild“.
[308] Braun hat p. 145,12f. „substantialia et constitutiva“ für *ʾwsynyʾ wmqnmʾ*, p. 212,7.
[309] Das ist die *dmwtʾ* von Phil 2,6f.
[310] „In der Weise des/der …“ gibt *ʾyk d …* wieder. Payne Smith-Margoliouth übersetzt diese Konstruktion adverbial, aber das lässt sich in diesen Zeilen nicht gut machen, daher diese umständliche Wiedergabe.
[311] Das *„Band (ʾsrʾ)* der Schöpfung in ihm (sc. Adam)“ ist zu erklären aus p. 221,24.28 etc./p. 152,22.24f. etc.: „Wenn alle Geschöpfe in Adam verbunden sind *(ʾsyryn)* …“.
[312] Sc. des Logos.
[313] Dies ist ein merkwürdiger Gebrauch des alten Stichwortes. Bekanntlich war es ein Vorwurf der Gegenseite, dass die Antiochener Christus als einen „bloßen Menschen“ auffassten

verbum unitum est; sed e membris virginis ipsum verbum sibi imaginem praeclaram libertatis fixit[314], et ipsum pigmenta suarum lineamentorum[315] per spiritum sanctum condidit.

In der Besprechung der nicht haltbaren Gleichung „Knecht" = „geschaffen" (p. 220ff./p. 151ff.) und der zu berücksichtigenden Unterscheidung zwischen dem eigentlichen und dem übertragenen Gebrauch von Benennungen, wird der selige Theodor herangezogen (p. 221f./p. 152f.). Es lässt sich nicht erkennen, ob Naṣr selber schon die Passage, die Timotheus vorschwebt, in die Debatte geworfen hat. Jedenfalls gilt Theodor dem Katholikos als Autorität für die erwähnte Unterscheidung der Benennungen. Er habe unvernünftige Tiere, Engel und Menschen „Knechte" genannt und ebenso die gesamte Schöpfung; es sei evident, dass er so im übertragenen Sinn rede. Dafür wird eine schwierige Begründung gegeben[316].

In der Debatte über den „Knecht" ist natürlich auch Gal 4,4–7 zu zitieren, p. 225/p. 154f. Paulus redet da von der Sendung des Sohnes, nicht von der des Knechts; „geworden aus der Frau" ist freilich nicht vom Logos gesagt, sondern vom Menschen des Logos, wie auch unser Vater, der Erklärer Theodor, erklärt. Timotheus bringt eine partiell wörtliche Anspielung auf die entsprechende Stelle im Gal-Kommentar Theodors, wie wir aus der erhaltenen lateinischen Übersetzung dieses Kommentars erkennen können.

In Brauns Übersetzung ist die Nähe zum lateinisch erhaltenen Kommentar weniger deutlich als möglich: erstens durch eine (syntaktisch durchaus korrekte) Umstellung von Satzgliedern, zweitens durch eine Verlesung. Im Text heißt es (p. 225,10) *k'n'yt* (cf. „iure" in Swetes Ausgabe), Braun übersetzt aber (p. 154,32f.), als ob *kyn'yt* dastünde, mit „secundum naturam". Am Schluss hat Timotheus wohl gekürzt, was Diskrepanzen erklärt. Keine Differenz besteht zwischen „praeter" (Swete) und „plus quam" (Timotheus), da „praeter" auch „mehr als" heißen kann. Sowohl „copulatio" (Swete) wie *nqypwt'* sind Wiedergaben von συνάφεια. Im Eingang ist der „Mensch *des Logos*" eine für Timotheus charakteristische Ergänzung.

(was natürlich nicht stimmte). Timotheus sagt aber hier von der mit dem Logos vereinten menschlichen Natur Christi, sie sei kein bloßer Mensch!

314 Braun übersetzt „finxit" p. 149,17.

315 Braun hat p. 149,19f. „pigmenta suae figurae in spiritu sancto …". *Payne-Smith,* Dictionary gibt für den Plural *ṣwrt'* „lineaments, features", also „Gesichtszüge", was hier hervorragend passt.

316 Dieser Begründung ist oben Anm. 311 die Erläuterung für „Band der Schöpfung" entnommen.

Swete, p. 62,21.22–63,3	Meine lat. Übers. v. Text p. 225,7–12
… quoniam de homine dicit	… de homine verbi dicit
… filium autem eum iure	… filium autem eum iure
vocat, utpote praeter omnes homines participatum filii adoptionem,	vocat, quia plus quam omnes homines habet adoptionem filii,
propter copulationem illam qua deus verbum, qui ex patre est genitus, eum sibi copulare dignatus est.	propter coniunctionem inseparabilem quam accipit ad deum verbum, qui ex patre est.

„Ad deum verbum" (Tim.) gibt *lwt ʾlhʾ mltʾ* wieder (Braun: „cum deo verbo"). Aber könnte *lwt* hier nicht jenes *l* meinen, das den Autor beim Passiv angibt, auch wenn das Verb nicht im Passiv steht, so dass man besser schriebe „a deo verbo"? Andererseits würde „ad" sehr gut zu „sibi" bei Swete passen.

Hatten wir früher beobachtet, dass in anthropologischer Hinsicht Hypostasen und Personen nicht scharf voneinander unterschieden wurden (da jede Person selbstverständlich eine Hypostase ist und jede Hypostase sich von der anderen als Person schon durch ihren Namen unterscheidet)[317], so gibt es auch ein Gegenbeispiel (p. 229/p. 157 unten). Vielleicht ist es kein Zufall, dass es sich hier um die Trinität handelt. Der Sohn ist (nach Phil 2,6) „in der Ähnlichkeit Gottes", er gleicht dem Vater in der Natur, das heißt es ist eine und dieselbe Natur in zwei Hypostasen, nämlich die Natur Gottes; es ist daher dieselbe „Ähnlichkeit" in beiden (göttlichen) Hypostasen. Aber hinsichtlich der *Personen* muss man unterscheiden, die eine Hypostase ist der Vater, die andere der Sohn, als solche Personen sind sie nicht identisch.

Die doppelte similitudo Christi (nach Phil 2,6 f.) und daher seine doppelte Homoousie hat zur Voraussetzung die zwei Hypostasen in ihm (p. 229 f./p. 158), ohne diese Voraussetzung wäre seine Ähnlichkeit mit dem Vater und die mit uns nicht möglich. „*Eine* Hypostase kann nämlich nicht auf natürliche Weise zwei similitudines besitzen" (p. 130,8 f./p. 159,18 f.).

Der Korrespondent des Timotheus hat auch von doketischen Meinungen berichtet, die ihm bekannt geworden sind (p. 231 f./p. 159 f.). Den Lehren der Marcioniten und Manichäer ist entgegenzuhalten (p. 232 unten/p. 160):

Ecclesia autem dei vivi, sicut in natura agnoscit divinitatem Christi et eius sublimia, ita in natura agnoscit humanitatem Christi et eius humilia, et ambas congregat unione in unam personam filiationis eius.

Naṣr hat „Beweise aus den Lehrern" vorgelegt (sc. dafür, dass sie Christus „Knecht" genannt haben, was Timotheus nicht eigens sagt), vom seligen Theodor und dem heiligen Nestorius (p. 233,11 ff./p. 160,28 ff.). Diese Belege

---

[317] Siehe oben p. 723 nach Anm. 291.

sind alle als seine menschliche Natur betreffend zu nehmen, nicht aber die Hypostase des Sohnes betreffend. Es unterscheidet sich seine Natur von seiner Hypostase, wie das eine (= einzelne) vom allgemeinen (dieser Satz ist natürlich chiastisch konstruiert). Bei intensiver Betrachtung der Texte könne Naṣr feststellen, dass die Väter die Bezeichnungen „Knechtschaft" und „Knecht" auf die gemeinsame Natur bezögen.

Wundern müsse er, Timotheus, sich aber (p. 233,21 ff./p. 161,2 ff.), dass „deine Unterscheidungsfähigkeit" ausgerechnet vom anathematisierten Häretiker Ḥenana von Adiabene einen Beleg vorlege. Ob er denn nicht wisse, dass dieser Mann von der Synode des Katholikos Sabrišoʿ verurteilt worden sei?[318] – Leider bringt nun Timotheus nicht das von Naṣr benutzte Zitat – hielt er es für zu gefährlich? –, sondern ein anderes, aus dem Lk-Kommentar des Ḥenana, gedacht zur weiteren Abschreckung. Es lautet:

„Si quis interrogaverit, quid deum verbum coegerit a Iohanne baptizari, dicimus: Eadem causa, quae deum coegit nasci a virgine, et pati, et crucifigi et sepeliri, eum coegit et a Iohanne baptizari"[319].

Ḥenana legt offensichtlich das heilsgeschichtliche δεῖ aus[320], aber er verwendet – falls das Zitat nicht verfälscht ist – das sehr harte Verb ʿṣʾ, „zwingen", das ich hier mit „nötigen" übersetzen würde[321] und das zur Wiedergabe von ἀνάγκη etc.[322] gebraucht werden kann. Die so zustande gekommenen Aussagen widersprechen der Lehre des Timotheus von der Freiwilligkeit, mit der der inkarnierte Logos, bzw. der mit dem Logos vereinte „Mensch des Logos" sich allen Widerfahrnissen seines Lebens unterzieht[323]. Der noch schlimmere Anstoß ist, dass Geburt, Leiden etc. unmittelbar von Gott ausgesagt werden[324] (während die Taufe zunächst noch auf den Gott-Logos bezogen wird). Alles dieses spricht Timotheus hier nicht aus, sondern kann wohl damit rechnen, dass sein Korrespondent selber zu diesen Einwänden gegen das zitierte Stück Exegese in der Lage ist.

---

318 Das ist die Synode von 596. Synodicon Orientale, p. 196–200/p. 456–461. Der *Name* des Ḥenana wird im Synodalschreiben nicht genannt.

319 *A. Vööbus*, History of the School of Nisibis = CSCO 266, Subs. 26 (Leuven 1965), widmet Ḥenana das letzte, VIII. Kapitel seines Buches (p. 234 ff.). Unser Zitat erwähnt er p. 240 und gibt p. 255 f. eine englische Übersetzung.

320 Das ist von Vööbus nicht notiert worden.

321 *Vööbus,* p. 256 übersetzt mit „compel".

322 S. den Thesaurus s. v.

323 Wäre eine solche Stelle wie die unsere aus dem Lk-Kommentar des Ḥenana über die „Notwendigkeit" des Leidens Christi zusammen mit der Sündenlehre nicht der Ansatzpunkt für die karikierende Klassifikation des Ḥenana als „Fatalisten" durch Babai? Dass der angebliche Fatalismus des Ḥenana eine denunzierende Übertreibung ist, darin stimme ich mit *Vööbus* (p. 259) überein. Cf. *I. Ortiz de Urbina,* Patrologia Syriaca (^{2}1965) 169: „Accusatio autem Babai Magni quod Ḥ. defenderit fatalismum vana est."

324 *Vööbus,* p. 255 sieht darin vor allem das θεοτόκος impliziert.

Während Timotheus die Auseinandersetzung mit dem Ḥenana-Beleg des Naṣr verweigert, indem er ihn nicht zitiert, und uns damit einer direkten christologischen Aussage dieses Theologen beraubt, ist dies Verfahren bei dem hochangesehenen Narses nicht gestattet (p. 234,9ff./p. 161,16ff.). Naṣr kann mit einem kleinen Zitat aufwarten, das einem der für das traditionelle antiochenische Verständnis so anstößigen Sätze des Timotheus wörtlich widerspricht. Narses sagt nämlich: „Von ihm selbst habe ich gelernt, ihn Herrn und Knecht zu nennen". Dem stellt nun der Katholikos ein anderes Zitat desselben Theologen gegenüber, in dem die Herrschaft des Herrn über Hohes und Niederes von seiner Empfängnis an proklamiert wird. Man müsse nun suchen, wie die beiden Sätze miteinander auszugleichen sind. Das geschieht in einer Reihe von Syllogismen unter Erwägung verschiedener Möglichkeiten. Das Ergebnis ist das uns schon bekannte:

Sicut enim hypostasis humanitatis domini nostri nunquam sine filiatione naturali verbi dei videtur, ita nunquam hypostasis humanitatis eius videtur sine dominatione naturali verbi dei. Hoc sensu verba scripturae et illa doctorum probatorum sumenda sunt. Vera est ergo utraque sententia doctoris de eodem filio dei, sed non eodem sensu (p. 162,10–15).

Falls man an die Unterworfenheit Adams unter die Sünde denken sollte (p. 235f./p. 162), so läßt sich auch für das richtige Verständnis dieses Faktums eine Stelle beim Rabban (sc. Narses) finden, „in seinem gewohnten Metrum": „Die Sünde der Übertretung des Gebotes hat Adam in der Knechtschaft gebunden, Knechtschaft nicht der Natur, sondern der Willensfreiheit". Knechtschaft ist ein Leiden des Willens, sagt Timotheus, von solchen Leiden ist die Hypostase der Menschheit unseres Herrn frei. Es folgt ein Satz (p. 236,3ff./p. 162,28ff.), dessen Beginn schwer zu verstehen ist, was an der Übersetzung von *mtnsk*, an der Vokalisation und Übersetzung von *hwy'* und an der Übersetzung von *kwr'* liegt. Braun übersetzt das passive Partizip wörtlich mit „effusa", versteht *hwy'* als „existentia" und übersetzt *kwr'* wiederum wörtlich mit „regio". Das Verständnis des Satzes sollte m. E. davon ausgehen, dass es sich nur um eine gedankliche Parallele zu einem der Grundgedanken des Timotheus handeln kann, der ebenfalls sich eines sehr konkreten Verbs bedient: die menschliche Hypostase Christi ist „befestigt" in seiner göttlichen Hypostase[325]. *hwy'* ist als „Werden", fieri, zu nehmen (siehe gleich die Mitte des Satzes); für *kwr'* geben die syrischen Lexika alle „Gebiet", „Land" an, aber das originale griechische Wort χώρα heißt im späteren Gebrauch vor allem „Ort", s. das Lexikon von Sophocles[326]; das Verb *nsk* im Passiv kann auch heißen „(im Feuer) geschmolzen werden". So erhält man: „Eingeschmolzen ist ihr (sc. der Hypostase) Werden in den Ort der natürlichen Sohnschaft und Herrschaft des Logos, und vom Mutterleib an glänzt sie durch die herrlichen

---

[325] S. oben mehrfach.

[326] *E. A. Sophocles,* Greek Lexicon of the Roman and Byzantine Periods (New York 1887).

Strahlen der natürlichen Sohnschaft und Herrschaft des Logos, und für die Knechtschaft gibt es überhaupt keinen Platz in Christus." Der „Ort der natürlichen Sohnschaft … des Logos" ist die Hypostase des Logos.

Timotheus beendet seinen Brief mit dem Preis der großen Weisheit des gelehrten Empfängers, daher sei der Inhalt mehr zur Belehrung anderer als für die seine bestimmt.

Diese captatio benevolentiae hat nicht verhindert, dass Naṣr eine gewisse Empfindlichkeit nicht unterdrücken konnte; Timotheus schrieb ihm deswegen ein weiteres Mal, nämlich *ep. 36*, und beginnt seinen Brief mit der Beteuerung, dass seine bisherigen Briefe sich ihrer Intention nach nicht gegen die „Schönheit deines Glaubens" richteten, sondern gegen jene, die die Majestät Christi herabsetzten und zur Knechtschaft der allgemeinen Natur herunterbeugten (p. 238 f./p. 164).

In der Beschreibung der korrekten Christologie des Naṣr erscheint wieder der für Timotheus fundamentale Satz, dass das Fleisch im Gott-Logos „befestigt wurde" und seine (des Fleisches) „Bildung" durch den Heiligen Geist geschah. Im Zusammenhang damit steht eine Auslegung von Joh 1,14 (p. 239/p. 165), die von der Schöpfungsmittlerschaft des Logos (Joh 1,3) ausgeht, aber den Kontrast zur Fleisch*werdung* von Joh 1,14 hervorhebt[327]: Obwohl alles durch den Logos gemacht wurde, heißt es in Joh 1,14 nicht, er habe das Fleisch geschaffen oder gemacht, sondern: „Er *wurde* Fleisch". Wir sollen daraus lernen, dass vom Beginn des Werdens an die erhabene Union bestand[328]. Hierauf folgt ein äußerst knapper Satz (p. 239,22–24/p. 165,11–13), der das „Werden" (nicht das „esse", wie Braun übersetzt) dem Logos zuschreibt, was gleich danach qualifiziert werden wird; der Skopus des Autors liegt übrigens bei der Zuschreibung der göttlichen Herrlichkeit an das Fleisch – auch das wird noch entfaltet werden. Zunächst also der Leitsatz: „Wenn er aber hinsetzt (= schreibt), dass das Werden des Fleisches (das) des Logos ist, (dann ist) auch die Größe der Herrlichkeit des Logos (die) des Fleisches." Der in der Geschichte der antiochenischen Christologie sensationelle Vordersatz wird folgendermaßen expliziert:

> Si enim illud quidem ‚factum est' ad carnem pertinet secundum naturam; caro autem est verbi per unionem: *ergo et illud ‚factum est' ad verbum*[329] *pertinet,* non quidem secundum naturam, – non factum[109] est ipsum verbum secundum naturam, – sed *secundum unionem:* homo enim factum est *('tbrnš)* sine mutatione, propter renovationem omnium (p. 165,13–18).

[327] Die Satztrennung in Brauns Übersetzung muss geändert werden: p. 165,4 ist ein Punkt nach „apparet" zu setzen, Zeile 5 ein Komma nach „est", in Zeile 6 f. muss man lesen: „dicit, ibi autem est".

[328] Siehe weiter oben p. 713 zu (p. 159/p. 108) die Begründung dafür, dass in Joh 1,14 nicht „Mensch", sondern „Fleisch" steht.

[329] Die Verbesserungen Brauns an Text p. 239,27 (s. Anm. 1 und 2) sind richtig.

All dies kommt dem „Werden ohne Veränderung“ des Philoxenus von Mabbug viel näher, als es für Narses[330] und Ḥabib[331], den zeitgenössischen Gegnern des Philoxenus, und dem Philoxenus selber, dem rabiaten Bekämpfer der antiochenischen Christologie, je vorstellbar gewesen wäre. – Die Explikation des Nachsatzes (p. 240 oben/p. 165) achtet beim Fleisch zusätzlich auf die Unterscheidung von Hypostase und Natur.

Etwas später wird Phil 2 besprochen; hier stellt der Katholikos zu Vers 9 Beobachtungen an, die vom Wortlaut ausgehen: Paulus sagt nicht: Gott erhöhte ihn, und auch nicht: er gab ihm einen hervorragenden Namen; sondern er nimmt eine Steigerung vor: „er hat ihn *sehr* erhöht“, und: „einen Namen, der *über alle* (ist)“. Der Grund dafür ist, dass Christus die Herrschaft durch die Union vom Mutterleibe an hatte, was aber nicht allen offenbar war; teilweise wurde sie aus seiner Auferstehung erkannt, vollständig wird sie erkannt werden in der allgemeinen Auferstehung und Erneuerung. Daher spricht der Apostel hier vom Erweis und der Offenbarung der Größe seiner Herrlichkeit und nicht von deren erst allmählicher Entwicklung (Timotheus meint also, dass die Offenbarung und damit die Erkenntnis von der Majestät des Herrn fortschreitet, wogegen Christus dieselbe Herrschaft von Beginn an besaß).

An Ps 8 führt Timotheus vor (p. 249/p. 172), wie hier abwechselnd von der Menschheit und der Gottheit Christi geredet wird, „ohne Übergang“[332] „als von einer Person“. In den beiden voneinander verschiedenen similitudines (cf. Phil 2) erscheint dasselbe Bild der Herrschaft, „verschiedenartig und verbunden“[333].

So wie das Herr-Sein Christi in sich nicht zunimmt, vom irdischen Leben über seine Auferstehung von den Toten bis zur allgemeinen Auferstehung (siehe oben), so erwirbt es sich auch nicht allmählich der irdische Jesus (p. 255/p. 176):

„Nicht durch Tugend nämlich schreitet er fort zur Herrschaft, Gottheit und Vollmacht. *Vor* der Tugend ist die Union und *vor* dem Kreuz und der Befreiung der Menschheit (ist) die Verbindung und Teilhabe mit Gott. Und deswegen schreiben wir die Herrschaft nicht dem Erweis des Lebenswandels und des Willens zu, sondern vielmehr der Union“.

Aus der Union resultiert die Einheit des Willens in Christus, von der Timotheus ja oft spricht. Nach einigen Erörterungen darüber verschiebt sich das Problem zu dem der Einheit des Willens Christi und des Vaters. Der Katholikos bereitet das Thema vor durch einen möglichen Einwand, der Joh 6,38 (Tun des Willens des Vaters) und Lk 22,42 (Nicht mein, sondern dein Wille geschehe) einander gegenüberstellt (p. 256 unten f./p. 177 f.). Zwei Antworten

---

330 Siehe oben Erster Teil, Zweites Kapitel, II. 2. und 4.
331 Dazu vor allem *L. Abramowski,* in: Jesus d. Chr. 2/3, p. 635–641. (T. H.)
332 Braun, p. 172,17: „directe“.
333 Braun, p. 172,20: „iunctim et mixtim“.

werden gegeben, eine erste kurze und eine zweite sehr lange, diese letztere beginnt p. 257,7/p. 178,3 und endet mit dem vom Verfasser selber bezeichneten Ende des Abschnitts auf p. 261/p. 181. In diesem zweiten Abschnitt wird die Antwort ganz von den johanneischen Aussagen über die Willenseinheit von Vater und Sohn bestimmt. Uns interessiert hier die erste Auskunft, p. 256,30–257,7/p. 177,32–178,3: Und wir sagen der gegnerischen Position und der Gegenpartei[334] zuerst: Wie Leiden, Kreuz und Tod nicht ihm gesondert zueigen sind, vielmehr der gemeinsamen Natur, so passen auch die häufigen Worte, die er hinsichtlich des Leidens und des Kreuzes sprach, nicht auf ihn, sondern mehr auf die gemeinsame Natur; noch mehr waren sie zur Belehrung der Jünger geeignet. Wie er nämlich für die gemeinsame Natur starb, so sprach er auch für die gemeinsame Natur, während er ihr Antlitz[335] trug. – Bei dieser Auslegung des Gebetes im Garten Gethsemane bleibt von der Todesangst des Beters nichts mehr übrig. Zwar folgt auf die Leidensankündigung der tatsächliche Tod, aber der Akzent auf der Belehrung für die Jünger, berechtigt für die Leidensankündigungen, fällt erkältend auf das Gebet Jesu zurück. All dies ist eine Nebenwirkung der Unterscheidung der menschlichen Hypostase von der menschlichen Natur in Christus, die den Zweck hatte, die Bezeichnung „Knecht“ von der menschlichen Hypostase abzurücken, – jetzt wird zwar das menschliche Leiden festgehalten, aber es ist nun gerade nicht mehr das persönliche Leiden Jesu. Damit rückt dieser Text des Katholikos in eine verblüffende Nähe zu Aussagen Cyrills von Alexandrien, die ich an anderer Stelle analysiert habe[336].

f) Die Briefe 38 und 39 an Sergius

Mit seinem Freund Sergius, als der noch nicht Bischof war, führte Timotheus einen Briefwechsel über ein Zitat aus Gregor von Nazianz, nämlich aus denen Brief an Cledonius (ep. 101)[337]. Sergius hatte wegen dieser Zeilen, dem 7. Anathema[338] aus jenem Brief, eine Anfrage an Timotheus gerichtet, die dieser mit

---

334 *ʾnsṭʾsys* (Text, p. 256,31) = ἀνάστασις, von Braun p. 177,33 mit „instantiam“ übersetzt, ist gewiss eine Verschreibung für ein anderes Fremdwort: *ʾnṭysṭʾsys*, ἀντίστασις, „Gegenpartei“.
335 *prṣwph*, Braun: „figuram eius“. – Da sich bisher kein Hinweis auf die Lehre vom doppelten *prosopon* Christi bei Timotheus findet, scheint „Antlitz“ die passendste Übersetzung zu sein – falls man nicht diese Stelle für den sonst fehlenden Beleg für das Vorhandensein eines menschlichen *prosopon* in Christus nehmen wollte.
336 Siehe *L. Abramowski,* Narsai, Ephräm und Kyrill über Jesu Verlassenheitsruf Matth. 27,46, in: H. J. Feulner (hg.), Crossroad of Cultures. Studies in liturgy and patristics in honor of G. Winkler, OCA 260 (Rom 2000) 43–67.
337 PG 37, 176A–193B; jetzt ist die Ausgabe in SC 208 (Gallay), p. 36–69, zu benutzen. In dieser Ausgabe wird der Text in einer sehr kleinteiligen Gliederung in Paragraphen geboten, so dass die Angabe von Seiten- und Zeilenzahlen entbehrlich ist.
338 In der griechischen Überlieferung des Briefes werden die Anathemata (capitula) nicht eigens gezählt, auch nicht im Zitat aus diesem Brief im Väter-Florileg der Gesta Ephesena,

ep. 38 beantwortet und noch eingehender (auf erneute Nachfrage?) mit ep. 39. Der Eingang von ep. 38 erweckt den Eindruck, als ob der Katholikos wegen seiner eigenen Auffassung angegriffen oder wenigstens diese missverstanden worden sei. Im späteren Verlauf wird auch noch die Meinung des Nestorius in die Debatte mit einbezogen. Das Grundproblem der Diskussion ist die richtige Deutung von Lk 2,52 (Jesus schritt fort in Weisheit, Größe und Gnade) im Rahmen der stengen Zwei-Naturen-Lehre.

Timotheus bringt zunächst das „capitulum“ Gregors mit eingeschalteten Erklärungen (p. 266,6–18/p. 184,27–185,6), wie er selber ankündigt. Während Gregors Anathema klar macht, wie man von Christus als Sohn Gottes nicht reden dürfe, geben die Ergänzungen des Katholikos an, wie die positiven Aussagen zu lauten haben. Die Methode Gregors wird am 4. Kephalaion erläutert. Gregor liebe als Rhetor eben die Kürze. Der ganze Skopus des 7. Kephalaion sei gegen jene gerichtet, die die göttliche Natur des Eingeborenen leugneten, das 8. capitulum richte sich gegen jene, die seine menschliche Natur leugnen[339]. Timotheus findet eine Bestätigung seiner Auslegung des Gregor-Textes in der Homilie desselben Autors auf den Tod des großen Basilius (p. 267/p. 185 f.)[340]. An beiden Stellen lehre Gregor das Gleiche, – in der Wiedergabe des Timotheus und also in dessen Interpretation sieht das so aus (p. 268 f./p. 186 f.[341]):

ACO I 1, 2. Aber es war natürlich praktisch, so zu verfahren, und es ist denkbar, dass in der syrischen Übersetzung eine solche Zählung enthalten war. Die Paragraphenzählung in SC 208 achtet nicht sorgfältig genug auf die natürliche Gliederung in diesem Textstück. Schwartz setzt dagegen in ACO I 1, 2, p. 43 f. die capitula durch seine Gliederung deutlich voneinander ab. Auf das Aktenzitat aus diesem Brief macht Timotheus in ep. 39, p. 274/ p. 191 aufmerksam.
In Gregors nachklappender Begründung des 7. cap. ergibt sich ein Textproblem, das weder Schwartz noch Gallay aufgefallen ist (s. ihre Apparate). Gregor sagt Gallay § 24: „Das Angefangene nämlich und das Fortgeschrittene und das Vollendete ist nicht Gott, κἄν διὰ τὴν κατὰ μικρὸν ἀνάδειξιν οὕτω λέγηται.“ Timotheus schreibt *ṭzu'*, seine Übersetzung hat also ἀνάδειξιν gelesen und als „Erscheinung“ verstanden. Cf. auch Gallays Übersetzung: „… même si l'on applique ces expressions au (Christ) qui s'est *manifesté* progressivement“. Der Aktentext sagt aber αὔξησιν (p. 44,7), „Wachstum“, was an das ηὔξανεν von Lk 2,40 erinnert. – Was meint Gregor selber mit ἀνάδειξιν? Nach dem Zusammenhang des 7. cap. zu urteilen („… der Sohnesannahme nach der Taufe oder nach der Auferstehung gewürdigt werden …“) könnte ἀνάδειξις hier „Ernennung“ (sc. zum Sohn Gottes) bedeuten: „auch wenn er wegen der allmählichen Ernennung so heißt“ (sc. Gott oder Gottes Sohn). In der syrischen Übersetzung des Liber Heraclidis wird die ἀνάδειξις Gregors mit *mtṭuynut'*, Bedjan 321,4 und 338,22, d. h. als „Erweis“ (wie ἀπόδειξις) verstanden. Also hat Nestorius, der offensichtlich das *Aktenexzerpt* aus Gregors Brief benutzt, dort ebenfalls *nicht* αὔξησιν gelesen. – Über die vermutliche Quelle für das Eindringen von αὔξησιν anstelle von ἀνάδειξιν in den Aktentext siehe unten Anm. 343.

339 Es ist kein Zufall, dass das Exzerpt in den Gesta Ephesena *vor* dem 8. (letzten) Anathema aufhört. Damit wird der Eindruck erweckt, dass die ganze Argumentation Gregors darauf abzielt, Nestorius im voraus zu verurteilen.

340 Or. 43: PG 36, 493A–605A, hier: 548BC; SC 384 (Bernardi), p. 210,14–22.

341 Zur Klärung des Gedankenganges hat Braun in seiner Übersetzung die Umstellung eines Kolons über eine halbe Seite hinweg vorgenommen: „Quemadmodum hic, in dictis de ma-

Idem filius dei et salvator virtute incipit, progreditur et perficitur secundum carnem, non autem quatenus deus est, secundum naturam incipit aut perficitur. Et e converso, incipit, progreditur et perficitur quatenus deus (est), in incarnatione, non autem incipit neque perficitur secundum carnem in deificatione. Non enim absolute et simpliciter illud „ex operibus" et „post baptisma" et „post resurrectionem", et neque initium, progressum et perfectionem denuntiat et reprobat pater noster Theologus, sed (tantum) si dicantur de divinitate filii sine humanitate, aut de humanitate filii sine divinitate, ... Sin autem is, qui natura et ab aeterno filius dei est, in „initio", in „progressu", in „perfectione", aut „ex operibus" aut „post baptismum" aut „post resurrectionem", dicatur ratione unionis et propter incarnationem, tunc non proscribendae nec inacceptabiles sunt lectiones istae; primum propter naturam humanam, deinde propter rationem unionis (p. 186,23–187,3).

Aus all dem scheint hervorzugehen, dass die von Gregor im 7. cap. ausgesprochene Regel auf Widerstand beim gelehrten Sergius gestoßen war; und tatsächlich befasst sich Gregor mit Ausdrucksweisen, die sich alle ntl belegen ließen, nur galt es, sie vor Missbrauch zu schützen. Wie dieser Missbrauch bei Arius einerseits, bei Paul (von Samosata) und Photin andererseits aussehen könnte, legt der Katholikos ein wenig später dar (p. 269 unten f./p. 187 f.).

Vorher und nachher kommt Timotheus auf den heiligen Patriarchen Nestorius zu sprechen, der „dies Zitat" *(krysys*, χρῆσις) gegen Cyrill verwendet hat. Das „Zitat" muss Lk 2,52 meinen. Nestorius habe es in derselben Gesinnung und im selben Verstand gebraucht (wie Gregor, nämlich in Abwehr einer unhaltbaren Auffassung), „indem er nicht unitive und in Bezug auf die Sohnschaft, sondern unterscheidend und auf die essentiellen[342] Kennzeichen blikkend spricht" (p. 269,7–9/p. 187,6 f.), in jedem Fall mit genauer Unterscheidung der Naturen (p. 270,24/p. 188,8).

Timotheus selber nimmt in der Fortschrittsaussage von Lk 2,52 eine Unterscheidung vor zwischen „Statur" einerseits und „Weisheit und Gnade" andererseits; das ist ihm wegen der „sachlicheren Anordnung dieser Prädikate in der Peshitta leicht gemacht, aber der eigentliche Einfluss geht wohl von Gregors Anwendung von Lk 2,52 auf Basilius aus, wo ebenfalls die „Statur" an den Anfang gestellt ist. Was Gregor dort sagt, wird von Timotheus wieder auf Christus bezogen (p. 268 oben/p. 186):

statura corporali seu humanitate sua crescebat, sapientia autem divina et gratia, id est secundum naturam divinitatis, nullum augmentum aut incrementum accipiebat.

Etwas weiter unten (p. 269,15/p. 187,12) trägt er das „Göttliche" in eine Anspielung auf das für ihn so wichtige Ende des Gregor-Zitats ein: sed *divina* paullatim apparuerint et revelata sint[343]. Gegen Ende des Briefes wird noch

gno Basilio" (p. 186,22) gehört nach dem Original in die Zeile p. 186,4, vor „Ipse (ergo) salvator".

342 *'wsy'ny'*.

343 Das Ende des Gregor-Zitats aus der Rede über Basilius, SC 384, p. 210: Was Weisheit und Gnade betrifft, so fand keine αὔξησις statt – wie sollte etwas von Anfang an Vollkommenes

einmal wiederholt (p. 271 unten/p. 188 f.): Die Ausdrücke des Wachsens und Fortschreitens und der Vervollkommnung gehören nicht zur göttlichen Natur, sondern zur menschlichen, auch wenn Christus wegen der Union Gott ist und heißt; „Weisheit und Gnade" gehören zur göttlichen Natur, auch wenn sie wegen der Union und der Menschwerdung von der menschlichen Natur ausgesagt werden. An diesen verschiedenartigen Prädikaten ist außerdem auch das Vorhandensein von zwei Naturen in Jesus (sic) zu erkennen.

Sergius hat sich mit dieser Antwort offenbar nicht zufrieden gegeben, und die Reaktion des Timotheus in *ep. 39* zeigt, dass das eigentliche Problem ein Nestorius-Text war, in dem u. a. Lk 2,52 zitiert wird. Der Katholikos beginnt seinen Brief mit dem richtigen Hinweis, dass der Patriarch Nestorius, jener Engel des Lichtes, gegen die Arianer disputiert (wogegen es in ep. 38 ebenfalls richtig geheißen hatte, dass Gregor von Nazianz im Brief an Cledonius sich gegen Apolinarius gerichtet hatte) und deswegen zur Unterscheidung der Naturen und Ousien kommt. Nestorius bringe Worte (der Schrift) vor, die wegen der Heilsveranstaltung im Fleisch über den Logos gesagt sind, und beziehe das Erhabene auf den Logos und das Niedrige auf das Fleisch des Logos (p. 273 oben/p. 189 unten f.). – Man beachte die für Timotheus typische Formulierung „Fleisch des Logos"!

Es folgt, was in den Excerpta Ephesena die Nrn. XVII und XVIII ausmacht (zwischen denen im fortlaufenden Text des Nestorius nur ein kleines Stück fehlt)[344]; Timotheus hat gekürzt, indem er von den Zitaten aus Hebr 5[345] nur die Anfangsworte mitteilt, mit folgendem „etc.". Nestorius zeige hier, sagt der Katholikos, dass nicht der Logos, der mit dem Vater wesensgleiche, der Hoherpriester ist, sondern das Fleisch[346] des Logos; es ist das Fleisch, das wuchs in Statur, Weisheit und Gnade, das zum Hohenpriester gemacht wurde, das

---

vollkommener werden! – ἀλλὰ τῷ κατὰ μικρὸν ταῦτα παραγυμνοῦσθαι καὶ παρεκφαίνεσθαι. So wie hier in der Debatte über die Christologie des Nestorius die beiden Gregor-Zitate zusammen diskutiert werden, ist das wahrscheinlich an anderem Ort und zu anderer Zeit auch schon geschehen. Auf diese Weise könnte αὔξησις aus der Rede über Basilius in das Zitat aus dem 7. cap. der ep. 101 eingedrungen sein (siehe oben Anm. 338).

[344] ACO I 1, 2, p. 50 (vollständig ist das Exzerpt zitiert von Cyrill in Contra Nestorium III 4, ACO I 1, 6, p. 68 = Loofs, p. 235,6–236,14). Unter den Querverweisen Brauns, die ich hier modernisiere, soweit ich ihnen nachgehe, fehlt die Diskussion dieses ephesinischen Zitats durch Nestorius selber in der zweiten Apologie, d. h. dem echten Teil des Liber Heraclidis, Bedjan, p. 337 f., Nau, p. 216. In Ctr. Nest. und in den Gesta Ephesena wird das Zitat Lk 2,52 innerhalb des Nestorius-Textes merkwürdigerweise dem Joh-Evangelium zugeschrieben, wogegen der Liber Heraclidis und Timotheus I. richtig „Lukas" haben. Aus dem Apparat bei Schwartz, ACO I 1, 2, p. 50 zu Zeile 10, ergibt sich, dass *alle* griechischen Hss. „Johannes" haben; die lateinischen Übersetzungen schwanken (der griechische Großbuchstabe Λ steht für die lateinischen Übersetzungen – in der Siglenliste wird das nicht erklärt). Schwartz bemerkt zu diesem Phänomen: „putaverim nomen a Nestorio omissum et ab excerptore falso suppletum esse".

[345] Hebr 5,7–9 und 5,9.10.

[346] σάρξ: Hebr 5,7.

flehte und erhöht wurde und vervollkommnet wurde, nicht der Gott-Logos, der dem Vater an Ewigkeit und Natur gleich ist (p. 273 f./p. 190). – Man bemerke, dass im Unterschied zum vorigen Brief, hier die Statur einerseits, Weisheit und Gnade andererseits *nicht* auf die beiden Naturen verteilt werden, weil sich das aus dem Text des Nestorius schlicht nicht herauslesen ließ.

Cyrill achtete nicht auf die Intention des Nestorius (der hier als Lehrer bezeichnet in wird) in jenem Text, sagt Timotheus, sondern will ihn mit dem 7. cap. aus Gregors Brief an Cledonius als Ketzer erweisen (p. 274 oben/p. 190 unten f.). Timotheus zitiert nun das 7. cap. mitsamt der Begründung. – Da in den Gesta Ephesena das Gregor-Zitat und das in diesem Timotheus-Brief verteidigte Nestorius-Zitat durch mehrere Seiten voneinander getrennt sind, liegt es nahe, dass die Zweite Apologie des Nestorius die unmittelbare literarische Vorlage abgibt; Nestorius ruft da Gregors Begründung des 7. cap. in der Diskussion des Exzerpts aus seiner Predigt als Zeuge für sich gegen Cyrill an[347]. Auch schon vorher wertet Nestorius in seinem Buch zur Verteidigung der Auszüge aus seinen Predigten das Gregor-Exzerpt des Konzils-Florilegs aus[348].

Aber dann behauptet Timotheus, dass Cyrill in dem, was er gegen Nestorius schreibt, nicht erwähne, was Gregor „vorher in (einem) capitulum" gesagt habe[349], womit er c. 4 meint. „Dann" in Ephesus sei er mit List vorgegangen in seinem Gebrauch der Zitate aus den Lehrern (p. 274 unten f./p. 191). – Was für eine vor-ephesinische Schrift Cyrills meint Timotheus? Um Cyrills „Fünf Bücher gegen Nestorius" kann es sich nicht handeln, denn dort wird Gregor nicht herangezogen. Ist das Ganze vielleicht eine Extrapolation aus dem, was bei Nestorius in der Zweiten Apologie steht?

Für Timotheus lautet jedenfalls das Ergebnis (p. 275,8–13/p. 191,22–26):

> Nulla ergo est contradictio inter verba sancti Theologi et verba beati Nestorii. Uterque enim pariter praedicat verbum elevatum esse supra passiones, augmentum et perfectionem, carnem autem verbi crescere, progredi et perfici, et in unione deum esse et dici.

Nestorius bekenne den Erlöser als wahren Gott und wahren Menschen von Natur und er erkenne denselben als einen und ungetrennt in der Sohnschaft. Wer Christus so bekennt, ist orthodox. Orthodoxe darf man keineswegs anathematisieren, also auch den Nestorius nicht, da er ja orthodox ist. Cyrill hält

---

[347] Bedjan, p. 337 unten – 339 oben/Nau, p. 216 f.

[348] Bedjan, p. 306 unten ff./p. 194 unten ff.

[349] Braun, p. 191,13 f. übersetzt: „quae antea eodem capite dicta sunt" (Braun schreibt durchgängig „caput" für *qpl'wn* = κεφάλαιον; „capitulum" wäre die richtige Übersetzung). Da wir aus dem vorigen Brief wissen, dass Timotheus die capitula (Anathemata) Gregors voneinander unterschied, bin ich der Meinung, dass er hier nicht auf das Gesamtexzerpt aus Gregor zurückverweist, sondern *ein* capitulum im Auge hat. Vielleicht sollte man Text p. 274,28 statt *bqpl'wn* lesen *dqpl'wn*, „das dem capitulum" (sc. 7) „Vorangehende".

wie Arius und Eunomius den Logos im Fleisch für leidensfähig und sterblich, deswegen ist *er* unter Anathem gestellt (p. 276 oben/p. 192).

Um ganz sicher zu gehen, weist Timotheus nun noch nach, warum Cyrill „und die mit ihm" das Gregor-Zitat vergeblich und ohne Grund gegen Nestorius vorgebracht haben (p. 276 ff./p. 192 ff.). Ich führe daraus nur zwei Stellen an. So beteuert der Katholikos, dass es Nestorius niemals abgelehnt habe, den Menschen unseres Herrn in der Union Gott zu nennen (p. 277,28–278,1/p. 193,19 f.). Und der letzten Zeile des 7. cap. Gregors gibt er eine weitere Deutung (p. 278,16–19/p. 193,34–194,1):

> Is enim qui virtute coepit, progressus est et perficitur, non deus, sed homo est, etsi propter *unionem* ita[350] dicitur („unio" ist hier für „Erscheinung" eingetreten).4

Am Schluss ist noch die Frage zu stellen, wodurch Sergius veranlasst worden ist, die Relation zwischen dem 7. capitulum aus Gregors Brief an Cledonius und dem einen Nestorius-Exzerpt zu problematisieren (und implicite die Orthodoxie des Nestorius selbst!). Man kann vermuten, dass das bei Kontakten und vielleicht auch Debatten mit Monophysiten geschah (dass es solche Kontakte gab, wissen wir). Die eingehenden Exegesen des Timotheus haben unter solchen Umständen auch den Zweck, den Fragesteller mit Argumenten zu versehen. Jedenfalls ist Sergius bei der nestorianischen Orthodoxie verblieben, sonst wäre er kaum zum Bischof und Metropoliten ernannt worden.

g) Der Brief an die Mönche von Mar Maron (ep. 41)

Der Brief an die Mönche des Klosters des Mar Maron *(ep. 41)* liegt uns in Raphael J. Bidawids Ausgabe vor[351]. Es handelt sich um einen ausgedehnten christologischen Traktat, in Bidawids lateinischer Übersetzung etwas über 30 Seiten lang. Bidawid hat ihn in der Übersetzung durch einige Zwischentitel gegliedert, angeleitet durch den Verfasser, der deutlich angibt, wann er einen Abschnitt beendet und einen neuen anfängt. Diese Gliederung sieht so aus (in einigen Fällen habe ich den von Bidawid gewählten Titel geändert):

---

350 Eine Korrektur Brauns.

351 *R. J. Bidawid,* Les lettres du patriarche nestorien Timothée I. Étude critique avec en appendice la lettre de Timothée I. aux moines du Couvent de Mār Mārōn = ST 187 (Città del Vaticano 1956). Die lateinische Übersetzung des Briefes findet sich p. 91–125, der syrische Text in nestorianischer Schönschrift (Bidawids eigener?) unvokalisiert, mit syrischer Seitenzählung, am Ende des Bandes nach den Indices. Es fehlen solche Arbeitshilfen wie Zeilenzählung und Anführung der syrischen Seitenzahlen in der Übersetzung. – Vor dem Lemma des syrischen Textes steht *lḥ*, ohne Zweifel eine Zahl: 38. Zu diesem Rest einer offenbar älteren Zählung der Briefe macht Bidawid nirgendwo eine Bemerkung, in seiner Übersetzung gibt er sie nicht wieder.

p. 91 (Übers.) Adresse
p. 91 Prolog
p. 95 De trinitate
p. 98 De incarnatione
p. 106 De theotoco
p. 115 Trishagion
p. 120 Epilog
p. 125 Notabene.

Adresse und Prolog

Einen einzigen Lobpreis des mönchischen Lebenswandels der Adressaten stellen Adresse und Prolog dar[352]; in dieser Hinsicht sieht der Verfasser vollständige Übereinstimmung zwischen sich und ihnen. Übrigens erscheint schon in der Adresse als Prädikation Christi das Kolon aus Röm 9,5 „qui est deus super omnia", wie schon oben erwähnt eine Lieblingsstelle des Timotheus. Eine Frage ist, was im zweiten Abschnitt auf p. 92 (p. *b*)[353] das „Unsre" und das „Eure" ist. Bidawid ergänzt „negotia", „Angelegenheiten", das würde auf den konkreten Anlass des Briefwechsels hinweisen. Aber wenn Timotheus sagt, er wolle „genauer" nach „hinweisenden Bildern"[354] für beides suchen und das „Eure" als besonders attraktiv bezeichnet und schließlich auf „Schönheit" und „Süßigkeit" kommt, die den Gesichtssinn und den Geschmack ansprechen, so wird es sich auch in dieser Passage um die geistliche Lebensweise handeln[355]. Hier herrscht Gemeinsamkeit im Heiligen Geist und gegenseitige Anerkennung, p. 92 unten (p. *g*)[356].

Die Adressaten haben sich an Timotheus gewandt, betrachten ihn also als Bruder, wie Timotheus folgert p. 93 oben (p. *g*). Sie haben ihn daran erinnert[357], dass sie, d.h. ihr Kloster, schon an seinen Vorgänger Ḥelibazeka geschrieben haben. Was Timotheus von „euren Vätern" und „unsern Vorvätern" sagt, p. 93 zweiter Abschnitt (p. *g*) bezieht sich auf jenen älteren Briefwechsel (der Jahrzehnte zurücklag; der erwähnte Vorgänger war Patriarch 713–729).

352 Versio, p. 91, 3. Zeile von unten, „etiam sermonem faciebat", versteht *ywqn'* als „figure of speech", aber hier hat das Wort doch den Sinn von „Abbild": „etiam imaginem faciebat de Christo domino nostro", nämlich im mönchischen Lebenswandel.

353 Anders als bei den Briefen in CSCO gebe ich hier die Seitenzahl der Übersetzung zuerst an, zur leichteren Auffindung der betreffenden Stelle.

354 Bidawid sagt auch hier für *ywqn' mḥwyn'* „sermones".

355 Am Ende des Prologs verschiebt sich der Inhalt des „Unsrigen" („nostra ⟨negotia⟩" Bidawid) zur Lehre, s. unten meine Bemerkungen dazu.

356 Angesichts der Übersetzungspraxis Bidawids im Hauptteil des Briefes will ich darauf hinweisen, dass „personam" p. 92 dritter Abschnitt Mitte (p. *g* oben) tatsächlich für *prṣwp'* steht.

357 Bidawid, p. 93, zweiter Abschnitt Zeile 3: „memorando" wäre besser „ihr habt euch erinnert".

Dass die Mönche an diese Korrespondenz anknüpften, veranlasst den Katholikos zu der leicht hypertrophen Aussage: Novimus enim apud vos conservari adhuc depositum illud quod patribus vestris a prioribus[358] patribus nostris in spiritu concreditum fuit.

Die gleiche Ähnlichkeit mit den Jüngern[359] des Herrn und derselbe Geist mögen doch dazu führen, dass auch die „Termini" und „Dogmata" dieselben sind, p. 93 (p. *d*), – damit deutet der Katholikos schon an, was den Hauptinhalt seines Briefes ausmachen wird. Vorher aber beteuert er, wie sehr er und die Seinen an den Schmerzen und Leiden der Adressaten Anteil nehmen, wie es sich für die Glieder eines Leibes gehört – hinter diesen Schmerzen und Leiden verbirgt sich der konkrete Anlass der Korrespondenz, über den wir sonst nichts Genaueres hören, p. 94 (p. *h*). Damit die Adressaten auch das „Unsre" kennen, will Timotheus ihnen einiges aus Theologia und Menschwerdung mitteilen, das „nicht unübereinstimmend[360] und nicht unähnlich" ist, nämlich mit dem „Euren", weil auf denselben, vom Geist gegebenen, „hinweisenden modi und Bildern" (= „Redeweisen") beruhend (ibidem). – Man beachte die diplomatische Vorsicht des Verfassers im Gebrauch der doppelten Negation! Hier, wo es nicht mehr um Spiritualität, sondern um Theologie (modern gesprochen) geht, ist „Ähnlichkeit" und „Übereinstimmung" nicht selbstverständlich; man muss froh sein, wenn die Aussagen und ihre Intention „nicht unübereinstimmend" sind; der Katholikos ist realistisch genug, das zu sehen.

De theologia

Es folgt nun eine kurze Darlegung der *theologia*, d. h. der Trinitätslehre, kurz, weil hier noch keine Schwierigkeiten in der Verständigung zu erwarten sind. Zu diesem Abschnitt gibt Bidawid seine Übersetzungsliste der termini technici (p. 95, Anm. 2), in der *qnwmʾ* mit „persona" und *prṣwpʾ* mit „prosopon" wiedergegeben wird. Ich selber werde grundsätzlich wie bisher *qnwmʾ* mit „Hypostase", „hypostasis", und *prṣwpʾ* mit „prosopon", „Person", „persona" übersetzen, ohne jedesmal auf die Differenz zu Bidawid hinzuweisen, um die Darbietung nicht hoffnungslos zu überlasten. Nur auf den zweiten Abschnitt von p. 95 (p. *w*) will ich genauer eingehen, weil hier sich einerseits ein paar terminologische Inkonsequenzen und auch Versehen eingeschlichen haben,

---

[358] *qdmyʾ* von Bidawid nicht übersetzt.

[359] Bidawid, p. 93 Mitte (p. *d* oben): statt „ipsi uniti ad invicem" übersetze man „iidem ad invicem"; zwei Zeilen weiter in der Übersetzung statt „archetypa imago discipulorum" besser „imago *(ywqnʾ)* seu effigies *(ṣlmʾ)* discipulorum".

[360] Zu p. *h* Zeile 8 von unten *dlw lm lḥmtʾ wlʾ dlʾ dmyn* sagt *Bidawid*, p. 94, Anm. 8: „Adde verbum *lm* post *dlʾ*". Damit nimmt er aber die tatsächlich nötige Änderung an der falschen Stelle vor. Vielmehr ist *lm* in *lʾ* zu ändern. Bidawids Übersetzung arbeitet mit den richtig platzierten Verneinungen: „nec disconvenientia nec dissimilia".

andererseits grundsätzliche Aussagen des Timotheus zu finden sind, die beachtet werden sollten. Hier muss ich auch zur Zeilenzählung greifen (die Überschrift ist *nicht* mitgezählt). In Zeile 13 von p. 95 ist „hypostaseon" für „personarum" zu lesen, in Zeile 14 aber „personae" für „hypostases"! (Das dreimalige „persona" in den Zeilen 15 und 16 ist korrekt). Zeile 13f. lautet übersetzt: ... dreifach (benennen wir) mit dem Wort ‚Hypostasen' jene, die die Personen und Eigentümlichkeiten ausprägen und formen"[361]. Es ist nicht leicht zu entscheiden, ob „Personen und Eigentümlichkeiten" die grammatischen Subjekte des Relativsatzes sind oder Akkusativobjekte. Aus den Zeilen 23–25 (siehe unten) muss man schließen, dass es die „Personen und Eigentümlichkeiten" sind, die die Hypostasen „formen" (also aus drei göttlichen Hypostasen die drei Personen Vater, Sohn und Geist machen[362]), während die Ousia eine bleibt. In gut neunicaenischer Weise werden die Auffassungen abgelehnt, dass die drei in der Trinität eine Hypostase seien oder dass sie einander „fremd" in den Ousien seien (Zeile 20–22). In der Wiedergabe der ersten Meinung wird ausdrücklich die Gleichsetzung von *qnwm'* und ὑπόστασις vorgenommen, die es unbegreiflich macht, warum sie von so vielen Übersetzern nicht beachtet wird, syrisch p. *w*,21: *qnwm' 'w 'ypwsṭ'sys*[363]. (Bidawid übersetzt dies mit „persona seu hypostasis", p. 95,20). Eine klarere Übersetzung muss auch für Bidawid Zeile 22f. eintreten, nämlich:

> Sed unum bene glorificamus deum, in essentia enim trium bene glorificamus aeternum, in hypostasibus[364] ... cum[365] essentiam per hypostases[366], hypostases[146] per personas, personas vero per proprietates intelligimus[367] et cognoscimus[368].

Hypostase und Person werden trinitarisch differenziert, wie wir schon früher beobachtet haben.

---

361 Hier werden die verba derivativa *yqn* und *'ṣṭlm* benutzt. Cf. weiter unten p. *w*,18f. (p. 95,17f. der Übers., die ich hiermit korrigiere): „Die Hypostasen aber verstehen wir als drei, durch die Kennzeichen und imagines *(ywqn'*, „characteres" Bidawid) der Personen oder (durch die) Eigentümlichkeiten" (das Genitivzeichen vor „Eigentümlichkeiten" ist m.E. zu streichen.

362 Das ist natürlich auf keine Weise temporal zu verstehen, also kein Vorgang.

363 Natürlich fällt nicht etwa die Gleichsetzung unter die Ablehnung!

364 Ich vermute, dass diese beiden Wörter zu einem Kolon ergänzt werden müßten, das formal den beiden vorangegangenen gleichen und inhaltlich wiederum eine Relation zwischen Hypostasen und göttlichem Wesen herstellen würde. D.h. dass die Lücke ursprünglich größer war, als uns die vorliegende Abschrift auf Grund der beiden Hss. andeutet.

365 Von Bidawid nicht übersetzt.

366 So auch Bidawid.

367 Da diese Bedeutung erforderlich ist, wäre statt *mthwnyn* zu lesen *mthwnnyn* (p. *w*,28).

368 Zu p. 96f. (p. z f.) sind noch folgende Korrekturen anzubringen: Zeile 8 „Deus enim *pro nobis* non est ..."; Zeile 9 „Aut si *noster* ita esset ..."; Zeile 24 „compositi sumus, *et sub principio et sub fine,* una cum ..."; p. 96 unten – 97 oben: „spirare" ist keine exakte Wiedergabe von *npq* im Kausativum = „hervorgehen lassen".

Am Schluss des Abschnitts über die *theologia* (p. 97/p. *ṭ*) fallen zwei Ausdrücke, die den Katholikos mit der Lehre des Euagrius Ponticus vertraut zeigen. Er schildert nämlich die vernunftübersteigenden Dimensionen der Trinitätslehre als solche, die auch den „zweiten Intelligenzen und Kontemplationen" zu hoch sind, obwohl sie doch der „ewigen Natur" näher sind als wir. Wahrscheinlich kannten seine Korrespondenten ihren Euagrius so gut wie er.

De incarnatione

Den Abschnitt über die Menschwerdung (p. 98–106/p. *ṭ* – *kb*) beginnt Timotheus mit dem Bekenntnis, dass der Gottessohn Menschensohn geworden sei, ohne Verwandlung seiner göttlichen Hypostase; die göttliche Natur sei unwandelbar (auch) in der Annahme der menschlichen Natur. „Werden" und „Annahme" sind „zwei λέξεις des Geistes" und werden bekannt vom Evangelisten Johannes und vom göttlichen Apostel Paulus (p. 98/p. *ṭ*). – D.h. das cyrillianische Lieblingsverbum für die Inkarnation und das antiochenische sind gleichermaßen geistgewirkt. – Joh 1,14 wird zitiert, und zwar vollständig, weil aus der „Herrlichkeit des Eingeborenen vom Vater" sich die Unwandelbarkeit des Logos erweist. Der Katholikos bezieht die erste Hälfte des Verses in die Auslegung der zweiten Hälfte ein: das fleischgewordene Wort „ließ[369] das Fleisch seiner Herrlichkeit[370] erglänzen wie die Herrlichkeit des Eingeborenen vom Vater", er ließ sein Fleisch glänzen „in Ähnlichkeit der Hypostase seiner Gottheit durch die Strahlen unaussprechlicher Herrlichkeit". Aus dieser Tatsache selber läßt sich die Unwandelbarkeit des Logos ablesen. Der Logos „schmückt sein Fleisch mit der natürlichen Sohnschaft und Herrschaft; eine und unteilbar ist die Sohnschaft, sowohl im Logos wie in seinem Fleisch". Das Fleisch des Logos *empfängt* dessen natürliche Sohnschaft, wogegen wir Söhne Gottes aus Gnaden *genannt* werden (p. 98/p. *y*). – Das Zentrum der christologischen Einheit ist also, wie auch in den früher analysierten Briefen, das „natürliche Sohnsein" des Logos.

Timotheus kommt dann zu den paulinischen Aussagen über das „Annehmen", Phil 2,7 und Hebr 2,16, p. 98 f./p. *y* f., die ganz in ihrer interpretierenden Funktion für die Fleischwerdung und die Geburt aus der Jungfrau behandelt werden. Auf welche Weise kann dieser Vorgang vom Logos ausgesagt werden, wenn eine Verwandlung des Logos ausgeschlossen werden soll? Es ergibt sich eine Verschränkung nicht nur der Aussagen als Attributionen, sondern auch der Aussage*modi*[371]. Das Werden kann vom Logos „in gewisser

---

[369] Auch hier schon „resplendere fecit" (wie zwei Zeilen weiter) statt „resplendere".

[370] So der ungewöhnliche Ausdruck (weiter entwickelt aus „Fleisch des Logos") statt Bidawids „gloria vero carnis".

[371] Das hat wiederum syntaktische Verschränkungen zur Folge, die die Übersetzung erschweren.

Weise“, d.h. übertragen, ausgesagt werden, was nicht bedeutet, dass das Werden ein Phantasiegebilde war oder „(bloß) zum Schein“[372]. „Hypostatisch und wirklich“[373] aber nahm der Logos „den Anfang des Werdens“ nicht aus Maria, da er ja ewig aus dem Vater geboren ist etc. Was er „im Fleisch“ aus Maria „nahm“ (hier vielleicht besser „trug“) war das „Fleisch des Logos“, „so dass in gewisser Weise gesagt wird, dass der Logos aus Maria wurde“. Es kann sogar gesagt werden, dass „in gewisser Weise“, „besonders“[374], aber nicht in der Ousia oder der Natur, das Fleisch aus dem Vater geboren wurde; wie auch umgekehrt in denselben Aussagemodi der Logos aus der Jungfrau. Der Logos vereinigte mit sich nicht einen „bloßen Menschen“ (also einen schon vorher für sich bestehenden Menschen – wir hatten schon früher beobachtet, dass vom ψιλὸς ἄνθρωπος ein anderer Gebrauch gemacht wird, als wir es aus den älteren Debatten kennen), sondern er vereinigte das Fleisch mit sich und „befestigte“ es in der Jungfrau Maria. – Den sehr konkreten Ausdruck „befestigen“ haben wir ebenfalls schon früher bei Timotheus angetroffen[375]. – Es soll so deutlich wie möglich gemacht werden, dass die Einheit von Logos und Fleisch nicht nur nicht erst auf die Empfängnis folgt, sondern ihr logisch sogar vorausgeht – eine Illustration zur Wendung „das Fleisch des Logos“. In der Tat ist vom „eigenen Fleisch des Logos“ zwei Zeilen später die Rede[376]. Dies Fleisch war „natürlicherweise“ in[377] der Jungfrau, *hypostatisch* aber entsprang es *durch Logos und Geist* aus Maria[378]. Positiv aufgenommen ist auch in diesem Brief die Wendung „unus ex trinitate“, analog dazu „unus ex humanitate“: auch so kann man Gott und Mensch in Christus bezeichnen (p. 99 zweiter Abschnitt/p. *y*ʾ).

Während der Logos einmal[379] nur Gott war (vor der Inkarnation), war Christus niemals[159] nur Mensch[380]; sondern das Fleisch war sofort das des

[372] Bidawid, p. 99,4f. (p. *y* letzte Zeile – p. *y*ʾ erste Zeile) „non modo imaginario sed metaphorice factum est nec figurative“, heißt genauer: „auf *gewisse* Weise ist er ‚geworden‘, nicht (nur) in Phantasie und auch nicht (bloß) zum Schein“; *hier* ist das Semikolon zu setzen. Bidawid hat von den zwei möglichen Bedeutungen von *ṭlnyt*ʾ mit „figurative“ die hier nicht zutreffende gewählt.

[373] Diese beiden Adverbien sind auf das Folgende zu beziehen; das Semikolon nach „vere“, p. 99,5, ist in ein Komma zu verwandeln.

[374] So ist *bdylyt*ʾ hier zu übersetzen.

[375] Dort handelt es sich immer um die „Befestigung“ der menschlichen Hypostase in der des Logos.

[376] Bidawid, p. 99,17/p. *y*ʾ,13.

[377] „In“ richtig von Bidawid ergänzt (Haplographie des *b*).

[378] Bidawid, p. 99,19 leicht geändert.

[379] *bzbn* im Sinn von πότε.

[380] Bidawid, p. 99,24f. hat das doppelte *bzbn* (p. *y*ʾ,20.21) nicht beachtet. Seine Übersetzung, „Non ideo quia verbum est deus, non est homo; nec quia Christus est homo, non est deus, absit“, ist verfehlt. Ich habe oben im Text die inhaltliche Deutung des Satzes gegeben; wörtlich heißt er: „*Nicht* nämlich wie einmal“ (im Sinn von πότε) „der Logos zwar Gott, nicht aber Mensch war, so ist Christus einmal“ (πότε, d.h. in einem fälschlich angenommenen

Logos[381], das *beseelte* Fleisch war sofort das des Gott-Logos, auf die gleiche Weise kamen sie[382] zur Existenz. Dazu wird auf Athanasius in seinem Brief an Kaiser Jovinian und auf das, was er gegen Apolinarius schreibt, verwiesen. – Beides sind unechte Schriften, der Brief an Jovinian ist sogar ein Produkt des Apolinarius[383]. Dort lässt sich aber nichts von dem finden, was Timotheus hier sagt. Hat man irgendwann vielleicht ein Gegenstück zur apolinaristischen Fälschung hergestellt, mit antiapollinaristischer Tendenz?

Timotheus fährt fort (p. 99,29ff./p. *y'* f.):

Verbum enim deus est, deus per ousiam[384], homo per unionem; caro autem verbi, homo per ousiam, deus per unionem, utrumque simul aequali cursu unionis in sancta virgine.

„Aequalis cursus" erinnert an die συνδρομή Cyrills, wie nachher „collectio"[385] an die συναγωγή. Ist das bewusste Aufnahme eines von den Korrespondenten vertrauten Vokabulars? – Timotheus zieht hier aus dem langen Zitat aus Gregors Brief an Cledonius nur den Satz über Menschwerdung – Vergottung heran. Nachdem er ungenügende Beschreibungen der Menschwerdung ausgeschaltet hat, u.a. mit der Begründung, dass die „einfache" göttliche Ousia keine Zusammensetzung zulässt, sagt er erstaunlicherweise (p. 100,10/p. *yb*,14f.): „Sondern wir sagen, dass er natürlicherweise und hypostatisch menschgeworden ist". – Weiter oben hatte es doch geheißen, dass er „in gewisser Weise", aber eben *nicht* natürlicherweise menschgeworden sei. M.E. muss man nach *b'wsy'*, p. *yb*,14 eine Auslassung durch homoioteleuton oder dgl. annehmen. Deswegen bereitet auch der anschließende Satz Schwierigkeiten, und Bidawids Übersetzung kann aus inhaltlichen Gründen partiell nicht stimmen; meine eigene kommt allerdings nur mit Hilfe interpretierender Zusätze zustande und lautet für p. 100,10f./p. *yb*,15f.:

„Die Natur nämlich, die diese ist, die durch ihn (ist) und die auch (von ihm) konstituiert worden ist, (von der) sagen wir, dass er (sie) angezogen hat."

Die Fortsetzung ist wieder klar (und rechtfertigt meinen Übersetzungsversuch): der Logos besitzt, was eine Hypostase und Ousia ausmacht[386]; das Gleiche gilt für das Fleisch des Logos, aber – charakteristisch für Timotheus – es

---

Zustand vor der Inkarnation) „zwar Mensch aber nicht Gott". Die anfängliche Verneinung bezieht sich auf die falsche Folgerung mit „so".

381 Bidawid hat (p. *y'*,23) *d'lh'*, übersetzt aber „verbi" p. 99,25. „Gottes" ist für Timotheus inhaltlich unwahrscheinlich – eine Verlesung?

382 Der Plural muss Fleisch und Seele meinen. – Für Timotheus ist die Beseelung des Fleisches ein eigener Vorgang, der erst nach der Geburt erfolgt.

383 Lietzmann, Apollinaris von Laodicea, p. 250–253.

384 Die Übersetzung der beiden ersten Kola gegenüber Bidawid geändert.

385 „Collectio" auch p. 101 Ende des dritten und Anfang des vierten Abschnitts, wo Bidawid „coniunctio" hat.

386 Bidawids Übersetzung ist nicht genau.

besitzt, was Hypostase und Ousia ausmacht, *im Logos.* Und beides[387] ist göttlich und menschlich in der Jungfrau zur Union „unzerschneidbar" versammelt worden.

Der nächste Abschnitt (p. 100 Mitte/p. *yb* f.) verwertet einen Topos, den Timotheus früher breit ausgearbeitet hatte, nämlich „Bild und Ähnlichkeit" (aus Gen 1,26) und ihre Anwendung auf die Christologie: Bild und Ähnlichkeit sind im ersten Adam in dessen Leib und Seele in gleicher Weise „befestigt", (Leib und Seele sind aber ihrer Ousia nach nicht dasselbe); ebenso ist das Prosopon der natürlichen Sohnschaft und Herrschaft in Christus, dem Herrn und Gottessohn, sowohl im Logos wie im Fleisch („befestigt").

Si vis, in deo et in homine, aequali modo simul et eadem similitudine infixa est figura *(ywqn')* personae[388] filiationis et unionis, quae una eademque est et creditur. Ea autem in quibus et ex quibus infixa est persona unionis, non sunt unum idemque ad invicem in essentiis, sed alia divina et divino modo, alia vero humana et humano modo cogitantur. Et hoc modo eiusdem filii et Christi sublimia et humilia sunt, cum unus et indivisibilis sit filius dei, in quantum filius. Sed quamvis sic alta et sublimia in essentia et natura verbi ponantur, in unione indissolubili (haec) etiam carnis verbi sunt; humilia vero et subiecta, quamvis in natura et essentia carnis verbi (sint), in unione tamen in verbo ponuntur et sunt. Ideo filius dei filius hominis, et filius hominis filius dei in unione et factus est et dicitur[389].

Dies ist eine bedeutsame Aussage über die Einheit in Christus: a) dem *einen* Sohn kommt das Erhabene *und* das Niedrige zu, b) diese (einander entgegengesetzen) Eigentümlichkeiten (und die Aussagen darüber) gehören durch die Union auch der jeweils anderen Natur, c) sodass man nicht nur *sagt*, der Sohn Gottes sei der Sohn des Menschen und umgekehrt, sondern dass es sich in der Union auch tatsächlich so verhält.

Aus der doppelten Homoousie und der Permanenz der beiden Naturen in Christus sind notwendig zwei Hypostasen in ihm abzuleiten (p. 100 unten ff./ p. *yg* Mitte ff.). – Aufs neue stellt sich heraus, dass Hypostase für Wirklichkeit steht –: Erwägungen über Naturen lassen sich ohne Hypostasen gar nicht anstellen (p. 101 unten/p. *yd* unten). Das Verhältnis von Natur und Hypostase als das von Allgemeinem und Besonderem wird erneut dargestellt (p. 102/ p. *yh*)[390]. Der Vorwurf, die Lehre von zwei christologischen Hypostasen führe

---

387 „Beides" muss Logos und Fleisch meinen.

388 „Personae" ist genit. explicationis.

389 Bidawids Übersetzung leicht geändert.

390 Bidawid, p. 102,16 besser „per verbum" statt „in verbo". Sehr schwierig ist die Übersetzung von p. *yh*,22–24; Bidawid bemerkt dazu p. 102, Anm. 3: „Phrasis obscuritate laborat", hat aber den Sinn im allgemeinen getroffen. Die beiden syrischen Kola Zeile 22f. können wie eine Dittographie wirken, aber die μέν-δέ-Konstruktion verhindert diesen Ausweg. Die Schwierigkeit löst sich, wie mir scheint, wenn man *dmlt'* in Zeile 22 nicht als „(Gott)-Logos" versteht, sondern wie öfter bei Timotheus als „modus", und indem man *bmlt'* liest. In Zeile 23 handelt es sich jedoch eindeutig um den Gott-Logos. Das erste Kolon beginnt mit einer relativischen Anknüpfung, die sich auf das „Fleisch" bezieht. „Es, dessen Eigentümlichkei-

zu einer Quaternität statt der Trinität, wird zurückgewiesen mit dem gescheiten Argument, dass ja auch die zwei Naturen und Ousien in Christus nicht eine Zweiheit von Naturen und Ousien in der Trinität zur Folge hätten.

„Es bindet zusammen[391] und vereint die Hypostasen" in Christus „die Einzigkeit der natürlichen Sohnschaft und der Person" (p. 103,6f./p. *yw*,20f.). Diese Einzigkeit „macht"[392] auch, „dass die Hypostasen zu einem Willen, zu einer Kraft, zu einer Wirksamkeit und Eigentümlichkeit zusammengefasst[393] werden" (ibid. 7–9/ 21–23). Die Lehre von den zwei Willen wird abgelehnt, weil sie einen Gegensatz in Christus hineinbringen würde – das ist das für die monotheletische Polemik charakteristische Argument; und dies ist natürlich der Punkt, an dem Timotheus sich mit seinen Adressaten einig weiß. – Der Abschnitt endet denn auch mit einer verurteilenden Anspielung auf das Konzil von 680/681 (p. 103/p. *y'*), – eine captatio benevolentiae, gerichtet an die Adressaten.

Hierauf folgt jedoch eine Reihe von Abschnitten[394], die den Gedanken der Zusammensetzung als Modus der Einheit in Christus (etwa nach Analogie der Zusammensetzung von Leib und Seele) zurückweist. Timotheus verfährt hier weitgehend mit dem Mittel der reductio ad absurdum. – Es ist anzunehmen, dass die Mönche von Mar Maron die neuchalcedonische eine, *zusammengesetzte* Hypostase in Christus lehrten.

Am Ende des Abschnitts über die Menschwerdung gibt Timotheus eine Zusammenfassung, die es wert ist, zitiert zu werden (p. 106/p. *k'* f.)[395]:

Nos vero revelationem dicimus divinitatis in humanitate, illius occulti in manifesto, unionem non[396] sicut animae ad corpus nec sicut intellectus[397] ad animam – ista enim dissolventur sicuti fuerunt[398] –, *sed divinam unionem, quae superat et excedit ista.* Caro enim tamquam hypostasis verbi est, non in distantia hypostaseos suae sed in propinquitate totius illius qui Christi (est), praeter finem et limitem. Et verbum etiam est tamquam carnis hypostasis, non per meram operationem[399] et sanctificationem sicut apud prophetas, sed per hypostasim propriam et singularem quam dixi, et per unam

---

ten nämlich in der Weise der Hypostase seine (sind), (diese) seine Eigentümlichkeiten der Hypostase nach werden aber in der Union als (die) des Gott-Logos bekannt" – „confitentur" wörtlicher als „creduntur".

391 Das Verb wäre also ein Synonym zu *nqp*. In der Übersetzung (p. 102) vielleicht besser „constringit" statt „obstringit".

392 Bidawids Plural „recapitulant" lässt nicht erkennen, dass das grammatische und sachliche Subjekt die *Einheit der Person* ist.

393 Das griechische Wort ἀνακεφαλαιωσθῆναι transkribiert!

394 Bidawid, p. 105, gegen Ende des ersten Abschnitts, steht versehentlich „invisibile" statt „in*di*visibile".

395 Der Abschnitt enthält einige Schreibversehen, wohl aus Ermüdung (s. die nächsten vier Anmerkungen), die korrekten Lesungen ergeben sich aus Bidawids Übersetzung.

396 Ein zweites *wl'* im syrischen Text erscheint überflüssig.

397 Der Text hat *hwy'*, wofür *hwn'* zu lesen ist.

398 Der Text hat *hw* statt *hww*.

399 Im syrischen Nomen ist das *b* ausgelassen.

personam infixam in utroque immobiliter[400], in verbo naturaliter, tamquam consubstantiale patri, in carne sua unitive, tamquam imago *(ṣlm')* naturalem absconsionis eius qui est „imago (*ṣlm'*) dei invisibilis, primogenitus omnium creaturarum" (Kol 1,15). Igitur, cum sit unum idemque persona, aliquando dixit: „Si videbitis filium hominis ascendere ubi erat in initio" (Joh 6,63); et alio loco: „Nemo ascendit de caelo, filius hominis qui est in caelo" (Joh 3,13). Ita cum ipsum idem prosopon, filius naturalis sit, omnia simul accipit, divina et humana.

D.h. dass Timotheus mit seinem Verständnis der Einheit der Person Christi keine Schwierigkeit mit den beiden johanneischen Menschensohn-Aussagen hat: der Sohn Gottes kann von sich als „Mensch" sprechen. Da „Menschensohn" in der altkirchlichen Exegese als Bezeichnung für die menschliche Natur Christi genommen wurde, stellte die himmlische Abkunft dieser Gestalt durchaus eine exegetische Crux für jene dar, die eine deutliche Zwei-Naturen-Christologie vertraten[401] (wogegen für Apolinarius die johanneischen Stellen höchst willkommene Belege sind).

Christologisch ist im zitierten Text des Timotheus erstens notierenswert die Auffassung von der Union in Christus als etwas, das als göttlich zu bezeichnen ist und weit erhaben ist über jede sonstwie vorstellbare Einwirkung und Verbundenheit von Göttlichem auf das und mit dem Menschlichen. Zweitens ist festzustellen, dass (wie schon weiter oben erkennbar), der Austausch der Eigentümlichkeiten der beiden Hypostasen in Christus zu einem Austausch der Hypostasen selber führt. Der Gedanke des Prosopon-Tausches, wie ihn der Liber Heraclidis lehrte, ist hier also auf die Ebene der beiden Hypostasen verschoben worden, da Timotheus auf das Konzept der zwei prosopa in Christus verzichtet.

Der Theotokos-Titel

In der Diskussion über den Marientitel Theotokos (p. 106 ff./p. *kb* ff.) treffen wir die christologischen Definitionen des Katholikos natürlich wieder an.

Maria ist genetrix weder Gottes für sich allein, noch genetrix bloß eines Menschen, sed confitemur virginem sanctam esse *Christi* genetricem, filii dei in carne (p. 106 unten – p. 107 oben/p. *kb*,7–9). Wenn Maria genetrix Christi ist, und Christus zwei Naturen ist[402], d. h. zugleich Gott und Mensch, – was ist dann (sc. in der Geburt) „aus dem Menschen in unserem Erlöser geworden? Wurde er geboren oder wurde er nicht geboren aus Maria, wie Gott? Und wenn er geboren wurde mit Gott und in Gott ... dann ist jedenfalls die

400 Wörtlich „unerschütterlich", was sehr treffend ist.

401 Cf. Theodor von Mopsuestia in seinem Joh-Kommentar, ed. J.-M. Vosté (1940), CSCO 115, Syr. 62 (T), p. 71 f. und 151 f.; CSCO 116, Syr. 63 (V), p. 50 und 108 f.

402 Das „ist" klingt sehr hart, entspricht aber dem Text; Bidawid, p. 107,3 übersetzt erleichternd „duas naturas habet", später sagt er an vergleichbaren Stellen auf derselben Seite „*in* zwei Naturen".

hl. Jungfrau genetrix Gottes und des Menschen zugleich" (p. 107,2–9/p. *kb*,9–18). Maria ist nicht genetrix nur einer Natur (nämlich der Gottes), sonst hätte auch Christus nur eine Natur[403]. Die Jungfrau ist nicht Theotokos in dem Sinn, dass sie genetrix unius naturae (der göttlichen) wäre[404]. Richtig ist vielmehr eine differenzierte Bestimmung (p. 107 Mitte/p. *kg*,3–7):

Maria ist genetrix Christi in carne, „qui est deus super omnia" (Röm 9,5); cum in quantum „Christus", imago *(ywqn')* unicitatis prosopi filii indivisibilis, in quantum „in carne", figura *(ṣlm')* humanitatis, quae infixa est per verbum et per spiritum[405], et in quantum „deus super omnia", naturam divinitatis suae docuit caelestis ille Paulus.

Etwas weiter unten (p. 107 letzte Zeile ff./p. *kg* unten ff.) wird das Thema unter dem Stichwort „der ganze Christus" abgehandelt: Der ganze Christus ist Gott und Mensch zugleich, der ganze Christus ist für uns geboren, die Jungfrau ist daher genetrix dei et hominis[406] zugleich. Und deswegen kann man sie auch dei genetrix nennen, aber immer unter Berücksichtigung dieses Zusammenhangs, nicht absolut genommen (p. 108 zweiter Abschnitt/p. *kd* Mitte); dei genetrix, nicht weil der aus ihr Geborene (nur) Gott ist, sondern weil er Gott und Mensch ist. Es ziemt sich, dass seine genetrix benannt wird mit einem Namen, der des Geborenen Ganzheit und Besonderheit anzeigt, das prosopon und die Hypostase, das ist „Christus" und „Sohn" (– prosopon gehört zu „Christus", Hypostase zu „Sohn"; es ist also die göttliche Hypostase gemeint! –), danach fügen wir den die Natur anzeigenden Namen hinzu: „Gott über alles" (Röm 9,5). Wenig später (p. 108 unten/p. *kh*,5) ist „Sohn" der Name, der das prosopon anzeigt. Dies alles wird an einer Reihe von Bibelstellen durchexerziert[407]. Im Zusammenhang mit Phil 2 taucht der uns aus anderen Briefen, wo er gegen die muslimische Jesus-Deutung entwickelt wird, vertraute Gedanke auf, dass Christus wohl die „Ähnlichkeit des Knechtes" ist, nicht aber Knecht in seiner Hypostase (p. 110 erster Abschnitt/p. *k'* oben).

---

403 Reductiones in absurdum sind zahlreich in diesem Abschnitt, sie erschweren das Verständnis und damit die Übersetzung. So ist Bidawid, p. 107,3 das Komma nach „Virgo" zu streichen und in der nächsten Zeile nach „Evangelium" statt des Punktes ein Fragezeichen zu setzen. Zu Zeile 13 (syr. Zeile 22 f.) sagt Bidawid, p. 107, Anm. 1 mit Recht: „Sensus non bene percipitur; textus videtur deficiens" – vielleicht ist vor dem nächsten Satz ein Kolon ausgefallen. Die Schwierigkeit wird vergrößert durch die falsche Wiedergabe von *'yk'* („wo") syr. Zeile 23 durch „sicut" *('ykn')*. Mit „Tunc" Übers. Zeile 13 muss man einen neuen Satz beginnen lassen; in Zeile 14 ist nach „si" ein „Christus" ausgefallen, das sogar unterstrichen zu denken ist. Die „zwei Naturen" stellt man besser an das Ende dieses Satzes.

404 Zeile 18 Übers. hat nach „unius naturae" ausgelassen: „deus autem una natura est, virgo ergo non dei genetrix est".

405 Bidawid „in verbo et in spiritu".

406 „Hominis" als ein zweiter Genitiv im status constr., daher ohne *d*.

407 Der Schlusssatz dieses Durchgangs ist nicht mit Bidawid als (rhetorischer) Fragesatz zu nehmen, sondern als Feststellung: „... non vero ‚dei genetrix' nomen est indicans unam naturam (sc.) dei (sc. in Christo)".

Als nächstes (p. 110 zweiter Abschnitt/p. *k'*) wird der Einwand behandelt, dass bei den Vätern der Titel Theotokos vorkomme. Dies sei nicht zu leugnen, man müsse aber wissen, wie die Väter das gemeint hätten. Durchgenommen wird Gregor von Nazianz (wobei in den Zitaten Theotokos nur einmal auftaucht), zunächst aber mit Stellen aus Schriften, deren Titel angegeben werden, in denen Bidawid diese Stellen aber gar nicht oder nicht genau vorgefunden hat[408], dann mit den bekannten Zeilen aus dem 1. Brief an Cledonius, zu denen aber eine Herkunftsangabe nicht mitgeteilt wird. Alle diese Texte dienen dem Nachweis, dass Gregor zwei Naturen in Christus lehrt, aber nicht zwei Söhne, und dass er sich dabei gegen Apolinarius richtet (p. 111/p. *kḥ*).

Subjekt der Leidensaussagen

Einen neuen Abschnitt muss man p. 111, Zeile 4 von unten beginnen lassen („Pariter passum, crucifixum ...“/p. *kṭ*,6)[409], denn hier verschiebt sich das Problem von der Theotokos-Frage zum Problem des Attributionssubjekts der Leiden in Christus. Dafür wird auf die Bekenntnisse von Nicaea und Konstantinopel verwiesen, vor allem auf den zweiten, also christologischen Artikel. Bestimmte Einzelheiten verraten[410], dass das kommentierte Bekenntnis die Gestalt hat, wie sie der Katholikos Išoʿyahb I. auf der Synode von 585 voraussetzt (und wohl selber hergestellt hat)[411]. D. h. dass jener Gestalt eine offizielle Geltung zugekommen sein muss. Für Timotheus, der in diesem Brief mit Neuchalcedoniern verhandelt, war diese Form, in der das Antiochenum (A = „Nestorianum“) mit Elementen aus dem Constantinopolitanum (C) angereichert worden war, besonders brauchbar.

Am ersten Artikel des Glaubensbekenntnisses führt Timotheus seine Deutung von Namen und Titeln beispielhaft vor (p. 112 f./p. *kṭ* f.): „Gott“ bedeutet die Natur, „Vater“ prosopon und Hypostase, „Allmächtiger“ das Wirken[412]. Im Beginn des zweiten Artikels meint „Herr“ die Macht und Herrschaft, „Jesus Christus“ das *göttliche* Handeln und Wirken[413] *im Fleisch*, „Sohn Gottes“ das prosopon, d. h. die Besonderheit. Absichtlich beginne der zweite Artikel *nicht* in Analogie zum ersten mit „und an einen Gott den

[408] Ich kann mich hier mit der Auffindung der Zitate nicht befassen.

[409] Bidawid, p. 111, Zeile 2 von unten, ist vor „seu hominem“ versehentlich „deum“ ausgefallen.

[410] Bidawid, p. 112 unten f. wird über das Verhältnis von „unigenitus“ und „primogenitus“ gesprochen. Die Zitation von Kol 1,15 ist charakteristisch für das Antiochenum (= „Nestorianum“); „lumen de lumine“ (p. 113,8/p. *l* ganz unten) ist ein Kolon aus C, das in Išoʿyahbs I. Bekenntnis erscheint, aber nicht in A, s. dazu die nächste Anmerkung.

[411] Über dieses Bekenntnis s. *L. Abramowski*, Die liturgische Homilie des Ps. Narses mit dem Meßbekenntnis und einem Theodor-Zitat, BJRL 78 (1996) 87–100, hier p. 95–98.

[412] Bidawid: „creationem“.

[413] Im syrischen Wort ist das erste *b* als z zu lesen (p. *kṭ*,26).

Sohn"[414], sondern in der uns bekannten Weise. Die Verfasser wussten, sagt Timotheus, dass sie nachher von der Geburt aus der Jungfrau, Leiden und Kreuz, Tod, Grab und Auferstehung reden würden. Ihnen war genau bewusst, dass die ungeschaffene Natur nicht die Leiden der Geschaffenen in sich aufnimmt, deswegen begannen sie den zweiten Artikel nicht mit dem Namen, der die Natur bezeichnet (d. h. „Gott"), sondern mit dem der Union und des prosopon, also mit „Sohn", mit dem Gottheit und Menschheit, also die beiden Naturen[415], gemeint sind. Der eine Herr Jesus Christus ist zugleich Einziggeborener und Erstgeborener. Diese beiden Namen werden wegen der Union ausgetauscht, der Eingeborene ist der Erstgeborene und umgekehrt.

Unser Herr Jesus Christus *non praeter id quod est deus*[416], *ex Maria virgine conceptus et natus est* (p. 113,10f./p. *l'*,2f.). Er litt, wurde gekreuzigt und begraben, stand auf am dritten Tag in humanitate sua, *sed humanitas sua non erat distans*[417] *a divinitate sua.* Die Union, die vom ersten Augenblick der Existenz des Fleisches zwischen dem Fleisch und dem Logos bestand, ist niemals aufgelöst worden. So haben wir aus den (biblischen) Schriften und den (Synodal-) Vätern gelernt, dass die heilsökonomischen[418] Aussagen nicht über Gott gemacht werden, sondern über den einen Herrn Jesus Christus, Gottes Sohn. Er ist geboren im Fleisch, gekreuzigt im Fleisch[419], begraben im Fleisch, Jesus Christus, Sohn Gottes im Fleisch[420], nicht Gott hat im Fleisch gelitten und ist (im Fleisch) auferstanden.

Ein neuer Abschnitt ist anzusetzen mit den Zitaten aus zwei ps.-athanasianischen Schriften gegen Apolinarius, die nicht identisch sind mit den aus PG 26 bekannten antiapolinaristischen Ps.-Athanasiana. Timotheus hatte schon früher daraus zitiert[421]. Dieser Abschnitt reicht von p. 113,20 bis 115 oben (p. *l'*,13 – *lg* Mitte). Die dem Abschnitt unmittelbar vorangehenden Aussagen des Timotheus, die ich eben referiert habe, sind fast wörtlich dem Beginn der Zitatenreihe entnommen. Ebenso bestimmen die Gedanken und Stichworte vom Ende der Zitatgruppe die anschließenden Sätze des Timotheus (p. 115,5ff./p. *lg* Mitte ff.): Als Gott sichtbar werden wollte, vereinigte er mit sich einen sichtbaren Leib, der beseelt war, der willentlich leiden konnte. Wie Gott niemals in seiner Natur erscheinen konnte, sondern sich dazu des Leibes bediente, so hat er niemals in seiner Natur gelitten oder ist in ihr gestorben.

---

414 Der Sinn erfordert, dass Bidawid, p. 112,17f. (p. *kṭ*,28-*l*,1) als Fragesatz verstanden wird: „Dixerunt quemadmodum de patre, ‚Credimus in unum deum patrem', ita quoque de filio, ‚Et in unum deum filium' ?" Die erwartete Antwort „Nein" wird nicht ausgesprochen (oder ist verloren gegangen).

415 Bidawid, p. 112,23 statt „utrumque" ist zu übersetzen „utramque naturam".

416 Bidawid, p. 113,11 hat das Komma vor „deus", was missverständlich ist.

417 So wörtlicher als Bidawids „separata" (p. 113,14).

418 Geburt bis Himmelfahrt.

419 An dieser Stelle fehlt „im Fleisch" bei Bidawid.

420 Das ganze Kolon „Jesus Chr. – Fleisch" ist in der Übersetzung ausgefallen.

421 Vgl. oben Anm. 383.

Willentlich ist er im Leib ermüdet etc., auf dieselbe Weise hat er gelitten und ist gestorben, nicht der Natur nach und hypostatisch, sondern willentlich und übertragenerweise. Gott absolut genommen die Leiden zuzuschreiben, ist nicht erlaubt.

Auf den Einwand[422], dass es Lehrer gebe, die offen Leiden und Tod Gott zuschreiben, ist genauso zu antworten wie im Fall des Titels Theotokos: es kommt darauf an, auf welche Weise diese Lehrer das sagen. Gott kann leidensfähig genannt werden nicht in seiner Natur, sondern wegen des Leibes, der leidet. *Dieser war in der Union Gott*[423], in der Union ist, „wie schön gesagt wird"[424], „deus passibilis propter[425] peccatum et Adam secundus"[426] – grammatisches Subjekt ist der zweite Adam, deus passibilis ist Prädikat! – (p. 115,27f. geändert/p. *ld*,15–17). Vom Logos als solchem Leiden und Tod auszusagen, ist eine Schmähung; insofern er Fleisch ist, ist es erlaubt, das zu sagen. *Wenn das Wort nämlich Fleisch geworden ist, das Fleisch aber natürlicherweise litt und starb, dann wird vom Sohn im Fleisch gesagt, dass er litt und starb.*

Trishagion-Zusatz

Im Kloster des Mar Maron wurde das Trishagion mit dem Zusatz gesungen[427] „der du für uns gekreuzigt worden bist", d.h. dass man das ganze Trishagion dort christologisch verstand. Timotheus dagegen gehört wie seine Tradition zu den Vertretern der trinitarischen Deutung, sicut tota ecclesia intellexit (p. 116 oben/p. *lh* oben). Dann muss sich der nachgestellte Zusatz auf die dritte Hypostase[428], also den Heiligen Geist beziehen, was natürlich absurd ist. Es wäre deswegen besser, sagt der Katholikos, wenn der Zusatz nach dem zweiten „Heilig" eingefügt würde. Timotheus formuliert dafür den Zusatz so, wie es christologisch korrekter wäre und Missverständnisse ausschlösse. Einmal gibt er ihm die Form: qui crucifixus es pro nobis *carne*[429] (p. 116 unten/

---

422 Der Satz p. 115,18f. stünde besser in Anführungszeichen; das Original enthält auch ein *lm*, das aber kein eindeutiges Indiz darstellt.

423 Zunächst könnte man meinen, p. 115,24 müßte „illud corpus de*i*" heißen, dass also vor dem ersten 'lh' p. *ld*,12 ein *d* ausgefallen wäre. Aber die Fortsetzung zeigt, dass der Text beizubehalten ist.

424 Von wem?

425 Syrisch steht *lwqbl* da (p. *ld*,16). M.E. ist ein griechisches κατά mit Akk. in der Bedeutung „wegen" nicht verstanden worden und in κατά mit Gen. geändert worden.

426 Ich postuliere als griechisches Original: θεὸς παθητὸς καθ' ἁμαρτίαν ὁ 'Αδὰμ ὁ δεύτερος.

427 Das ist zu folgern aus der Aufforderung, diese Praxis abzuschaffen, s. gleich unten.

428 Bidawids Erläuterung p. 115, Anm. 2, dass der Zusatz sich nach dem zweiten „Heilig" befand, ist nicht zutreffend. Timotheus müßte dann ja auch nicht fordern (s. unten), dass man ihn eben an diesen Platz stellen müßte. – Zum Trishagion siehe den von *H.-J. Höhn* verfassten Beitrag in Jesus d. Chr. 2/2 (1989) 268–277.

429 Dies Wort fehlt in Bidawids Übersetzung.

p. *lw* oben). Nachdem er seine Korrespondenten aufgefordert hat, den Zusatz zu entfernen, weil er lästerlich sei, zitiert er ihn noch einmal, eingefügt an der richtigen Stelle und nun so: qui *homo factus et* crucifixus es pro nobis (p. 117 oben/p. *lw* Mitte). In beiden Formen wird durch den Bezug auf die Inkarnation vermieden, dass die Kreuzigung von der zweiten Hypostase, dem Logos, als solcher in ihrer Göttlichkeit ausgesagt wird.

Zur Untermauerung des theologischen Arguments verweist der Katholikos darauf, dass im Bereich seiner ganzen Kirche, von Babylon bis Tibet[430], das Trishagion[431] in allen Zungen ohne den Zusatz gesungen wird.

Das Ende dieses Abschnitts und der Beginn des nächsten sind in einer Lükke untergegangen, die viel größer gewesen sein muss als der freigelassene Raum für ein Wort, p. *lw*,23 (am Ende der Zeile); die von Bidawid in Klammern eingefügten Worte p. 117,13f. müssen gestrichen werden und durch Auslassungspunkte ersetzt werden, denn erstens reichen sie zur Überbrükkung nicht aus und zweitens stellen sie eine irreführende Einleitung zum Folgenden dar. Was von diesem nächsten Abschnitt übrig geblieben ist[432], ist eine Reihe von reductiones in absurdum, gerichtet gegen den Begriff der *zusammengesetzten* Hypostase.

Dann stellt Timotheus das Konzept *einer* Hypostase in Christus überhaupt in Frage, p. 117,27ff./p. *lz*,9ff.[433], und weist erwartungsgemäß nach, dass es sich um zwei Hypostasen handeln müsse. Die am Anfang gestellte Leitfrage lautet: Der Mensch, „in den sich der Logos inkarniert hat, ist er oder ist er nicht?" Wenn er ist, ist er dann Akzidens oder ousia? Nur letzteres ist möglich. Das führt zur nächsten Frage (die ich wegen ihrer Form zitiere): „Ist es die (ousia) mit dem Allgemeinen oder die mit dem Eingeborenen?" („mit" = „bei"?)[434]. Der Abschnitt endet: „Also gibt es in der *einen* unaussprechlichen Union zwei Hypostasen in Christus", p. 118 unten/p. *lḥ* Mitte.

Anders als „manche" will Timotheus die Formeln „Christus *aus* zwei Naturen" und „Christus (ist) zwei (Naturen)"[435] nicht zu zwei einander ausschließenden Gegensätzen machen, p. 118 unten – 119 oben/p. *lḥ* unten – *lṭ*

[430] *E. C. D. Hunter,* The Church of the East in Central Asia, BJRL 78 (1996) 129–142, bezieht sich p. 136 auf diese Passage, behauptet aber irrtümlich, dass diese Gemeinden den Zusatz zum Trishagion in Gebrauch hatten. Kein Wunder, dass sie unter dieser (nicht zutreffenden) Voraussetzung beklagt, dass der Patriarch „keine weiteren Einzelheiten über die Lehren mitteilt, denen diese fernen Gemeinden anhingen".

[431] Bidawid oder seine Hss schreiben zweimal (p. *lw*,20.23) *qnwm'*, wo *qwdš'* zu erwarten wäre; die Übersetzung hat richtig „sanctificatio" (p. 117,10.13).

[432] Bidawid, p. 117,15 ist „Verbo et" (vor „Verbo"!) zu streichen.

[433] Bidawid, p. *lz*,11: im ersten Wort der Zeile ist *š* durch ʿ zu ersetzen.

[434] Bidawids Übers. p. 117, 3. und 2. Zeile von unten, verwischt die Formulierung. – In der 2. Zeile von unten fehlt „divinus" vor „apostolus".

[435] Bidawid, p. 118,25 hat wie üblich daraus „*in* duabus naturis" gemacht; „naturis" muss in Klammern stehen. In der nächsten Zeile ist „(quaerimus)" zu streichen.

oben. „Aus“ bezeichnet etwas Einzelnes, nicht etwas Allgemeines[436]. Wir sagen, Christus sei aus der Trinität, aber nicht, er sei die Trinität; er ist zugleich aus der Menschheit, aber nicht die Menschheit für sich genommen (d.h. abgesehen von seiner Gottheit). Selbst wenn man sagt, *„aus* zwei und *nicht* zwei“ (in Christus), ergibt sich, dass der eine Sohn Gottes zwei Hypostasen ist. Das „aus zwei“ stellt dar sowohl die unaussprechliche Einheit wie auch die Hypostasen, die in ihr zum einen Prosopon der Sohnschaft versammelt sind[437]. Kein Wunder, dass Timotheus angesichts seiner Akzeptanz des Ausdrucks „aus zwei Naturen“ sich berechtigt fühlt, seine Korrespondenten zur Erwägung *eines* (mit ihm gemeinsamen) Bekenntnisses aufzufordern.

Von der Unterscheidung der Hypostasen kann dabei trotzdem nicht abgesehen werden, p. 119 zweiter Abschnitt ff./p. *lṭ* f. Christus kann nicht eine Hypostase und eine Natur sein. Es folgen Erwägungen über das Verhältnis von Hypostase und Union, die nicht leicht zu verstehen und zu übersetzen sind. Es kommt dem Katholikos offenbar auf den Nachweis an, dass Hypostase nicht durch Union entsteht[438], sondern τὰ τῆς ὑποστάσεως (von *mir* ins Griechische gesetzt, weil so der syrische Ausdruck exakt wiedergegeben werden kann) Union hervorbringen. Während im ersten Satz (p. 119,21f., korrigiert/p. *lṭ*,22 Mitte f.) der Singular von „Hypostase“ gut durch den Bezug auf die vorangehende christologische Aussage zu erklären ist, bereitet der beibehaltene Singular im Fortgang des Textes Schwierigkeiten, da es sich immer um die Union von zweien handelt, auch in den Beispielen: Feuer und Gold, Seele und Leib, Logos und Fleisch. Dazu kommen Textprobleme, die nicht vollständig gebessert werden können[439]. Es erscheint der Gedanke des Aus-

---

436 Bidawid, p. 118,26 muss heißen: „Sermo ille ‚ex‘ singularem rem vel non communem rem indicat“.

437 Bidawid, p. 118,31–119,5 ist wie folgt zu lesen: „et simul ex humanitate non autem humanitatem separatim. Patet enim illud ‚ex duabus et non duae‘ duas hypostases esse unum filium dei (indicat). Cum nos dicimus ‚duae naturae‘, divinitatem simul et humanitatem intelligimus; cum ‚ex duabus naturis‘ (dicimus), Christum dominum noscimus, qui unus est ex divinitate et humanitate, non autem divinitas separatim ab humnitate. Illud ‚ex duabus‘ *et* unionem ineffabilem *et* hypostases nobis figurat et efformat, quae in ipsa (sc. unione) in unum prosopon filiationis collectae sunt.“

438 An Bidawids Übersetzung ist in p. 119,22 das zweite „unio“ in „unione“ zu korrigieren, in Zeile 25 „unitum“ in Klammern zu setzen, das „in“ in ein „e“ zu verwandeln. Der Zeile 29 Mitte beginnende Satz kann einen Sinn nur haben, wenn man übersetzt: „Non verbum verbum erat nec caro caro per unionem“.

439 Leicht zu korrigieren und von Bidawid auch verbessert ist der Plural des zweiten Partizips, p. *lṭ*,25: das Wort muss im Singular stehen. Das doppelte *hw’* (p. *m*,1) ist wohl Partizip mit enklit. *hw’* = „war“. Aber für p. *lṭ*,27 und 28 muss man Textverluste (durch Beschädigung?) postulieren. Nach *mlt’* ist ⟨*lpgr’*⟩ oder ⟨*lbsr’*⟩ erforderlich, nach *pgr’ mn* ein ⟨„sichtbar“⟩. Vor *dhb’* muss ein Satz über „Feuer“, seine (Hitze und) Beweglichkeit gestanden haben und wohl auch der Anfang der Aussage über das Gold. Und wie den erhaltenen Satz über das Gold übersetzen? Für *dhb’ dyn sgy ‘wpp’ wqlyl mttzy‘nwt’ hw’ hw’* (p. *lṭ*,28 – *m*,1) schreibt Bidawid: „aurum verum densum et difficile mobile esset“. Aber nach Analogie der

tausches der Eigentümlichkeiten, aber so ausgedrückt (p. 119,27 f./p. *m*,1 f.): „Nicht die Hypostase, sondern τὰ τῆς ὑποστάσεως geben und nehmen". Die Vorstellung eines „räumlichen Abstandes" (p. 119,31/p. *m*,6) zwischen Logos und Fleisch in Christus darf nicht entstehen, vielmehr ist *„der Logos sich selbst*[440] *so nah, wie seinem Fleisch"*[441]. – Stärker lässt sich die Einheit beider kaum aussprechen! – Und von hier aus ist das Einwohnen im Tempel zu interpretieren, das ohnehin als „Wohnen im vernünftigen Tempel ohne Veränderung" zu nehmen ist und wiederum wie schon mehrfach mit Kol 2,9 synonym gesetzt wird.

Nach dieser Digression gibt Timotheus eine Zusammenfassung seiner Christologie in wenigen Zeilen, die er mit den Worten beschließt (p. 120, Ende des ersten Abschnitts/p. *m'*,8 f.): Et hoc modo, deus homo et homo deus est, non in natura, sed in unione, sicut dictum est.

* *
*

Auf den Seiten, die Bidawid als Conclusio bezeichnet, während ich sie lieber Epilog nenne (p. 120–125/p. *m' – mz*), fordert Timotheus seine Korrespondenten noch einmal zur Vereinigung mit seiner Kirche auf (die Bedingungen am Schluss mußten freilich unannehmbar erscheinen – heute würde man solche Maximalforderungen nicht stellen), beteuert die Orthodoxie seiner Kirche und legt dar, warum er das Verhalten Cyrills gegenüber Nestorius und die theopaschitische Seite der cyrillischen Christologie nicht akzeptieren könne. Er skizziert die Entstehung des Christentums auf dem früheren persischen Gebiet (das dortige Christentum längst vor Nestorius entstanden, Bezeichnung „nestorianisch" eine solche der Gegner). Nicht nur habe man im ganzen Osten das Alte und Neue Testament, sondern auch die Schriften der großen und frühen Lehrer vor Nestorius, angefangen bei Justin, dem Philosophen und Märtyrer. Nestorius habe man als orthodox in seiner Lehre und in seinen Schriften gefunden, die Vorwürfe Cyrills gegen ihn seien unhaltbar. Nestorius sei einer der um Christi willen Verfolgten wie Athanasius, Meletius und Johannes (Chrysostomus). Seine Lehre stimme mit der biblischen und der Lehre der Väter überein und zwar in der Zeit vor und während seines Patriarchenamtes und in den Schriften, die er nach seiner Exilierung verfasst habe. – Diese letztere Bemerkung ist literarhistorisch durchaus ernst zu nehmen: von den

---

Ausdrücke, die mit *sgy* plus Nomen gebildet werden, könnte *sgy 'wpp'* heißen „vielfach verdoppelt" –> „viele Lagen"? –> „Blattgold"? Das wäre dann nicht „wenig beweglich", sondern „*leicht* beweglich" (*qlyl* hat ja beide Bedeutungen).

440 *Oder „seinem Wesen": lyth. mlth* liest man wohl besser ohne Suffix.

441 Der anschließende Satz (p. 119,33 f./p. *m*,7 f.) enthält ein *ḥd*, das Bidawid als „irgendeiner" versteht, doch geht es m. E. hier um das Zahlwort „eins"; auch bezieht sich das „nahe" wohl auf Logos und Fleisch, so dass man übersetzen müßte: „Und auch wenn wir mehr über ‚eins' sagen sollten – er (ist) ihm nahe, ist wie …".

Schriften des Exils ist die Zweite Apologie im Liber Heraclidis durch die in Persien gefertigte syrische Übersetzung ja auch für uns noch erhalten geblieben und dass der Liber Heraclidis gelesen und verarbeitet wurde, dafür ist die Christologie des großen Babai das beste Zeugnis. Entweder durch diesen oder direkt hat er seine Wirkung entfaltet, wie noch an den Briefen des Timotheus ablesbar ist.

3. SCHLUSS

Bidawid gibt uns am Ende seiner Monographie[442] über die Briefe des Timotheus die Schlussfolgerung an, zu der er in seinem leider untergegangenen Aufsatz[443] über die Christologie des Patriarchen gekommen war: ein Sammler und Systematisierer der besten Elemente des Nestorianismus, hat er uns ein sehr reiches und kostbares Erbe überliefert. Die griechischen Väter hätten auf ihn eingewirkt, aber er sei nicht vollständig in sie eingedrungen und habe sie sich nicht völlig assimilieren können, was bei seinem Milieu und seiner Kultur nicht verwunderlich sei. Bidawid spricht von dem „theologischen Synkretismus" des Timotheus, dieser sei das Ergebnis des Bemühens, die nestorianischen Prinzipien mit der Lehre der Väter zu versöhnen.

Eugène Tisserants wunderbar lebendiger Artikel über Timotheus im DThC[444] verweist für die Christologie auf Jugie und übernimmt von ihm die Feststellung, dass es eine Anzahl von Äußerungen des Patriarchen gebe, die katholisch erscheinen können.

Martin Jugie[445] hat die in Brauns Ausgabe enthaltenen Briefe des Timotheus nach Ausweis seines Index nicht nur vielfältig für seine Darstellung der nestorianischen Dogmatik ausgewertet (worauf Tisserant aufmerksam macht), sondern widmet der Christologie des Patriarchen auch einen eigenen Abschnitt[446]. In ihm zitiert er zunächst Passagen, die Timotheus als Nestorianer ausweisen und dann solche mit den Abweichungen (in der Frage des „Knechts" ist noch nicht berücksichtigt, dass diese Problematik durch die muslimische Jesus-Deutung und ihre Abwehr verursacht ist) und Abmilderungen der traditionellen Auffassung. Nicht ganz glücklich ist Jugies

---

442 Bidawid, p. 87 mit Anm. 3.

443 Siehe oben p. 703 mit Anm. 222.

444 *E. Tisserant,* Art. Timothée Ier, in: DThC 15,1 (1946) 1121–1139, hier: col. 1136 ff.

445 *M. Jugie,* Theologia dogmatica christianorum orientalium ab ecclesia catholica dissidentium. V. De theologia dogmatica Nestorianorum et Monophysitarum (Paris 1935).

446 *M. Jugie,* op. cit., p. 208–211. – Im Zitat aus ep. 1 auf p. 208 schreibt Jugie Braun (Übers. p. 171,8) folgend „personam" für „hypostasim". Es handelt sich hier um die eine christologische Hypostase der Chalcedonier, und die Differenz zu ihnen bestand ja in der Hypostasen-Frage und nicht hinsichtlich des einen Prosopon in Christus. Es ist bemerkenswert, dass Braun an dieser Stelle von seiner üblichen lobenswerten Praxis der Übersetzung von *qnoma* abweicht.

Sprachgebrauch, wenn er[447] für „uneigentlich" (bei der Zuschreibung von Aussagen) das Adverb „abusive" (als Gegensatz zu „proprie") benutzt. Zwar hat im klassischen Latein „abusive" die Bedeutung von „uneigentlich", aber gerade im späteren kirchlichen Gebrauch wird daraus „missbräuchlich", und das meint Timotheus ganz bestimmt nicht. Jugie erkennt, dass Timotheus die communicatio idiomatum sich auch auf die Bezeichnungen „Gott" und „Logos" für Christus erstrecken lässt, es sei aber gut nestorianisch, wenn er immer hinzusetze „per unionem"[448]. Daher käme es, dass er oft wie ein Katholik spreche, obwohl er tatsächlich Nestorianer bleibe. Jugie bietet eine Liste von „besonders orthodoxen" Aussagen des Katholikos, die normalerweise von Nestorianern zurückgewiesen würden[449] (bei Kenntnis von ep. 41 hätte Jugie diese Liste noch verlängern können).

Aus diesen Urteilen über die Christologie des Timotheus könnte man die Folgerung ziehen, dass es sich um eine in sich zwiespältige Angelegenheit handeln müsse. Das ist aber keineswegs der Fall. Vielmehr ist der Katholikos ein Beispiel dafür, dass man innerhalb der theologischen Tradition seiner Kirche nicht nur eine persönliche Handschrift ausbilden, sondern auch eine originelle Weiterentwicklung vornehmen konnte, wenn man begabt genug war. Für die heutigen Bemühungen um gegenseitige Verständigung unter den alten orientalischen Kirchen gewinnt die Gestalt der Christologie, wie Timotheus sie formuliert hat, eine besondere und positive Bedeutung.

Timotheus gehört, wie wir gesehen haben, zu den Vertretern der Zwei-Naturen-Christologie in jener Variante, in der die zwei Naturen näher als zwei Hypostasen bestimmt werden (aber nicht als zwei Prosopa); der Terminus „prosopon", Person, ist für die Einheit der beiden Naturen/Hypostasen in Christus reserviert.

Der Zentralbegriff für die Person-Einheit ist die „natürliche Sohnschaft"; der „natürliche Sohn" ist selbstverständlich der Logos[450], aber in der christologischen Einheit ist das der *inkarnierte* Logos: „Das prosopon der natürlichen Sohnschaft ist im Logos wie im Fleisch befestigt"[451], die eine Person ist in beiden Hypostasen „unerschütterlich befestigt"[452]. Deswegen kann auch die zweifache Geburt vom Logos ausgesagt werden[453].

Das anschauliche Verb „befestigen" gebraucht Timotheus sehr gerne – soll es das traditionelle *nqp* (das συνάπτω übersetzt) verdeutlichen oder verstär-

---

[447] *Jugie,* p. 210. – Im vorangehenden Zitat aus ep. 1 (s. Anm. 4 auf p. 210) ist Brauns Übersetzung (wie ich schon früher sagte) „in natura hominis verbi" zu ändern in „in homine verbi".

[448] *Jugie,* p. 211, Anm. 5.

[449] *Jugie,* p. 211.

[450] Siehe oben zu (p. 13/p. 6f.).

[451] Siehe oben zu (ST 187, p. 100 Mitte/p. *yb* f.).

[452] Siehe oben p. 747–748 bei Anm. 400 (ST 187, p. 106/p. *k'* f.).

[453] Siehe oben zu (p. 10f./p. 5).

ken? Aber wie die beiden eben zitierten Beispiele zeigen, kann es schon vom Wortsinn her anders gebraucht werden. Die Intention des Autors ist ohne Zweifel, die „Festigkeit“ der unteilbaren Einheit in Christus anzudeuten. Meistens ist die Rede vom „Befestigtsein“ des Menschen oder des Fleisches im Logos. Oder in der Fachterminologie ausgedrückt: das Fleisch des Logos besitzt, was Hypostase und Ousia ausmacht, im Logos[454]. Der Logos wiederum konstituiert und bildet das Fleisch, – und damit den Menschen als das wiederhergestellte Bild Gottes, – in und aus der Jungfrau. In diesem Sinn kann das „Werden“ des Logos (Joh 1,14), verstanden von der vom Logos bewirkten Einheit her, positiv aufgenommen werden[455]; es gehört in den Bereich dessen, was von der communicatio idiomatum betroffen ist. Das personbildende Zentrum in Christus ist der Logos.

Ein Ausdruck, der dem Katholikos wie beiläufig und selbstverständlich unter die Feder kommt, ist „Bild *(yuqna)* des Prosopon“ und zwar nicht nur christologisch, sondern einmal auch für die trinitarischen Personen[456]. Ich habe oben[457] den Genitiv *dparṣopa* als genitivus explicativus verstanden und den ganzen Ausdruck damit als hendiadyoin. *Yuqna*[458] und *parṣopa* wären dann innerhalb dieser spezifischen Formulierungen synonym. Denn sonst wäre dem prosopon noch einmal ein „Bild“ desselben vorgeschaltet, und das kann die Meinung des Timotheus nicht sein. Wenn aber Synonymität und hendiadyoin – in welchem Sinn? Als Schlüsselstelle kann die erwähnte trinitarische Passage dienen, wo parallel nebeneinander stehen: „Kennzeichen, imagines personarum und Eigentümlichkeiten“, also das, was die jeweilige trinitarische Hypostase von den beiden anderen unterscheidet: jede ist eine unverwechselbare Person. Bidawid übersetzt *yuqne* an dieser Stelle mit „characteres“. Griechisch χαρακτήρ kann die abgeschliffene Bedeutung von „form, figure“ haben und schließlich synonym mit πρόσωπον sein. So enthält das hendiadyoin „imago personae“ aus der Grundbedeutung seiner Bestandteile eine Verstärkung des Außenaspekts von *parṣopa*/πρόσωπον; von der großen Bedeutungsbreite von *yuqna* her (um von der von εἰκών zu schweigen) könnte es der Gefahr einer Abschwächung zur bloßen Redeweise erliegen; jedoch geht im Gegenteil aus dem trinitarischen Gebrauch hervor, dass „imago personae“ analog in der Christologie die Einzigartigkeit und Besonderheit der einen

454 Siehe oben p. 745 bei Anm. 386, zu (ST 187, p. 100,10f./p. *yb*,15–16).

455 Vgl. oben p. 732–733 bei Anm. 330 und 331.

456 Siehe oben p. 742 beiAnm. 362.

457 Siehe oben p. 709 zu (p. 29/p. 17).

458 Es wäre nützlich, einmal *yuqna* in seinen verschiedenen Bedeutungen bei Timotheus zu untersuchen, ebenso die übrigen Vokabeln für „Bild“, „Abbild“ und dgl. Die Definitionen für diese Wörter in der großen von Furlani herausgegebenen nestorianischen Sammlung von Definitionen könnten zum Vergleich herangezogen werden. Über die falsche literarische Zuschreibung der Sammlung siehe *L. Abramowski*, Zu den Schriften des Michael Malpana/Badoqa, in: FS H. W. Drijvers = OLA 89 (1999) 1–10.

christologischen Person bezeichnen kann, die ja in ihrer Einheit von Logos und „Mensch des Herrn“/ „Fleisch des Logos“ (so die Lieblingsausdrücke des Timotheus) mit nichts zu vergleichen ist: „Christus im Fleisch, der Gott über allem ist“.

AUSKLANG
Die literarische Gattung der *causae* im 6.–8. Jh. in der Kirche des Ostens[1]

(Theresia Hainthaler)

I. DIE GATTUNG DER CAUSAE

Baumstark hat 1901 „erstmals und recht eingehend“, wie er selbst schreibt[2], die Aufmerksamkeit auf die theologischen Traktate gelenkt, die der literarischen Gattung der *causae festorum* zugehören[3]. Die Sprache dieser Schriften stellt er „als Muster klassischer nestorianischer Prosa ebenbürtig neben die klassische Dichtung des Narsai“[4]. Das hauptsächlichste Verdienst dieser *causae* sei aber, dass sie „ein höchst instruktives Bild“ vom „System der nestorianischen Dogmatik“ geben. Baumstark nennt sie „die wertvollste Quelle für die Kenntnis der Dogmatik der nachephesinischen Kirche Ostsyriens in älterer Zeit“ neben den Werken von Theodor bar Koni, Ishodad von Merv und Johannan bar Penkaye, die sie aber durch ihr höheres Alter noch überträfen[5].

Die literarische Gattung der *causae* fand nach 1901 wenig Beachtung[6]. Seit

---

[1] *Vorbemerkung:* Frau Abramowski hatte das Kapitel über Mar Aba und seinen Schülerkreis am 14.9.2007 übersandt. Meine Beschäftigung mit der literarischen Gattung der *causae* begann vor 2002: *T. Hainthaler,* Die „antiochenische Schule“ und theologische Schulen im Bereich des antiochenischen Patriarchats, in: Jesus d. Chr. 2/3 (Freiburg i. B. 2002) 227–261, bes. 260–261; *dies.,* Die verschiedenen Schulen, durch die Gott die Menschen lehren wollte. Bemerkungen zur ostsyrischen Schulbewegung, in: M. Tamcke (Hg.), Syriaca II. Beiträge zum 3. deutschen Syrologen-Symposium in Vierzehnheiligen 2002 = Studien zur Orientalischen Kirchengeschichte 33 (Hamburg 2004) 175–192 („cause de la fondation des écoles“); *dies.,* Thomas of Edessa, Causa de Nativitate. Some Considerations, ParOr 31 (2006) 63–85; *dies.,* The causes of the feast, a literary genre of the East Syriac Church, in the 6th century. A survey with some theological remarks, The Harp 23 (2008) 383–400; *dies.,* Cyrus von Edessa und seine Erklärungen liturgischer Feste, in: R. Voigt (hg.) Akten des 5. Symposiums zur Sprache, Geschichte, Theologie und Gegenwartslage der syrischen Kirchen (V. Deutsche Syrologentagung), Berlin, 14.–15. Juli 2006 = Semitica et Semitohamitica Berolinensia 9 (Aachen 2010) 43–57. Der Cyrus-Vortrag, Berlin 14.7.2006, publiziert 2010, lag Frau Abramowski bei der Abfassung ihres Kapitels nicht vor, auch nicht der Überblick über die *causa*-Literatur (2008). Da inzwischen wesentliche Forschungen erschienen sind, folgt hier (wie auch ursprünglich geplant) ein eigenes Kapitel über die *causa*-Literatur.

[2] *A. Baumstark,* Besprechungen, OrChr 1 (1911), 335.

[3] *A. Baumstark,* Die nestorianischen Schriften „de causis festorum“, OrChr 1 (1901) 320–342.

[4] Ebd. 336.

[5] Ebd. 338–339.

[6] Bis 2000 sind zu nennen die Arbeiten von *G. Furlani,* Il trattato di Yešō‘yahb d’Ārzōn sul

2000 aber hat sich das deutlich geändert, und so kommt in der Gedenkschrift zum 100. Todestag von Addai Scher[7] bereits im Register das Stichwort vor, auch mit Verweis auf längere Passagen in den Artikeln von Adam H. Becker und Ute Possekel. Hier wurde insbesondere untersucht, wie griechisches Wissen übersetzt und in neue kulturelle Kontexte eingeführt wurde. Nach Perkams zeigen die „Schriften der sogenannten *Causa*-Literatur aus der Schule von Nisibis (entstanden zwischen ca. 540 und 620) … Kenntnisse der scholastischen Methode des Bildungswesens sowie der Philosophie und Rhetorik“[8]; Perkams sieht auch kreative (eigenständige) philosophische Arbeit in der *causa*-Literatur.

1. *Zur Definition von* causae – ʿellata

Vorgeschlagene Übersetzungen für *ʿelta* (pl. *ʿellata*) sind „Begründung“[9], causa, Einleitung, Prolog. *ʿlt*ʾ ist nach Payne Smith: cause, pretext; occasion, necessity; affair, thing, article; a fault, accusation; the argument, subject of a book, introduction, heading[10].

Baumstark wollte einen allgemeinen literaturgeschichtlichen Überblick über die *causae*, „den in Rede stehenden Schriftenkomplex“[11] geben, die aus mündlichen Vorträgen hervorgegangen sind, vorzugsweise durch Lehrer der theologischen Schule von Nisibis[12]. Der regelmäßige paränetische Schluss las-

τρισάγιον, RSO 7 (1916–1918) 687–715; *ders.*, Estratti del Libro della Causa delle Cause in un manuscritto siriaco Vaticano, RSO 23 (1948), 37–45. Dazu *G. Diettrich*, Bericht über neuentdeckte handschriftliche Urkunden zur Geschichte des Gottesdienstes in der nestorianischen Kirche“, NGWG.PH (1909) (160–218) 196–201. Wichtig sind die Arbeiten von *W. F. Macomber*, The Theological Synthesis of Cyrus of Edessa, an East Syrian Theologian of the Mid Sixth Century, OCP 30 (1964) 5–38, 363–384; mit seiner Edition: *ders.*, Six Explanations of the liturgical feasts by Cyrus of Edessa. An East Syrian Theologian of the Mid Sixth Century = CSCO 355–356, Syr. 155–156 (Louvain 1974). Für den westsyrischen Bereich: *J. F. Coakley*, The Explanations of the Feasts of Moše bar Kepha, OCA 229 (1987) 403–410.

[7] M. Perkams, A. M. Schilling (hgg.), Griechische Philosophie und Wissenschaft bei den Ostsyrern. Zum Gedenken an Mār Addai Scher (1867–1915) = Transmissions 3 (Berlin, Boston 2020). Darin bes. *A. H. Becker*, Mār Addai Scher and the Recovery of East Syrian Scholastic Culture, 13–28; *U. Possekel*, „Go and Set Up for Yourselves Beautiful Law …“. The School of Nisibis and Institutional Autonomy in Late Antique Education, 28–47; *M. Perkams*, Ostsyrische Philosophie. Die Rezeption und Ausarbeitung griechischen Denkens in der Schule von Nisibis bis Barḥaḏbšabbā, 49–76.

[8] *M. Perkams*, Einleitung, in: ebd. 2.

[9] So *G. Diettrich*, Bericht über neuentdeckte handschriftliche Urkunden zur Geschichte des Gottesdienstes in der nestorianischen Kirche, NGWG.PH (Göttingen) 1909, (160–218) 196.

[10] *J. Payne Smith*, A Compendious Syriac Dictionary (Oxford 1903), 416a. Thesaurus syriacus II 2876–2877.

[11] *Baumstark*, Die nestorianischen Schriften, 322.

[12] Dass es die Lehrer der Schule von Nisibis waren, sieht man in *Cyrus Edess.*, Pascha I 6: Macomber, CSCO 156, p. 39. Vgl. *Baumstark*, Die nestorianischen Schriften 322, Anm. 1.

se an „eigentliche Predigten“ denken, Umfang und schematischer Aufbau passen dagegen „zu schulmässigen Lehrvorträgen“. Entgegen der Erwartung an „causae festorum“ sei der Ertrag für die Liturgiegeschichte gering[13], ihr Verdienst sei jedoch, das „System der nestorianischen Dogmatik“ sehr instruktiv abzubilden. Deren Grundgedanke sei eine „gleichmässig fortschreitende ‚Erziehung des Menschengeschlechts‘“, die spezifisch nestorianische Christologie komme erst in zweiter Linie[14].

Macomber spricht von „treatises, called ‚explanations‘ or ‚causes‘“[15]; *ʿellta* sieht er besser übersetzt mit Einleitung („introduction“) oder Prolog. Eine Erläuterung („explanation“) scheine eine literarische Gattung zu repräsentieren, die eine Besonderheit der nestorianischen Schulen des 6.–8. Jh. darstellt[16]. Es handle sich um „a lengthy theological discourse that explained both the reasons for some liturgical or other celebration and different aspects of the theological mystery that lay behind it“[17].

Eva Riad erklärt *ʿellātā* als „ätiologische Abhandlungen, die die Gründe für eine liturgische oder andere Feier und verschiedene Aspekte des theologischen Geheimnisses erklären“[18]. Sie sieht[19] den Ursprung der *causae*, *ʿellātā*, in den „*aitiae* in hellenistischer Zeit“, die *causae* wollen eine historische Erklärung geben für den Ursprung von religiösen Festen und ihrer Feier.

Ausführlich hat sich Becker mit den *causae* befasst[20]. Im Unterschied zu Riad sieht er eher die griechisch-philosophische Tradition als Hintergrund, etwa im Blick auf die Einleitungen zu neuplatonischen Aristoteles-Kommentaren, das ätiologische Interesse der Gattung räumt er ein[21].

Nach Gerrit Reinink[22] ist in der syrischen Übersetzung von Theodor-

---

Dass Thomas von Edessa seine *causae* De nativitate bzw. De Epiphaniae nach solchen des Mar Aba gehalten hat, sagt er ausdrücklich in Nat I 1; Eph I 2 (ed. Possekel-Coakley, 62f., 144f.).

[13] *Baumstark,* Die nestorianischen Schriften, 337.

[14] *Baumstark,* Die nestorianischen Schriften, 338–339.

[15] *Macomber,* CSCO 156, p. VI.

[16] *W. F. Macomber,* Six Explanations of the liturgical feasts by Cyrus of Edessa. An East Syrian Theologian of the Mid Sixth Century = CSCO 356, Syr. 156 (Louvain 1974), Introduction, p. VI.

[17] Ebd.

[18] *E. Riad,* Studies in the Syriac Preface, Acta Universitatis Upsaliensis, Studia Semitica Upsaliensia 11 (Uppsala 1988), 24.

[19] *Riad,* Studies, 137.

[20] *A. H. Becker,* Fear of God and the Beginning of Wisdom. The School of Nisibis and Christian Scholastic Culture in Late Antique Mesopotamia (Philadelphia 2006), 101–106. – Dazu nun *ders.,* Mār Addai Scher and the Recovery of East Syrian Scholastic Culture, in: M. Perkams, A. M. Schilling (hgg.), Griechische Philosophie und Wissenschaft bei den Ostsyrern (Berlin, Boston 2020) 13–28, bes. 20–25.

[21] *Becker,* Fear of God,104.

[22] *G. J. Reinink,* The Cause of the Commemoration of Mary: Author, Date, and Christology, in: G. A. Kiraz (ed.), Malphono w-Rabo d-Malphone. FS Brock = Gorgias Eastern Christian Studies 3 (Piscataway 2008) 517–534, hier 517–520.

Kommentaren *ʿelltā* die Übersetzung des griechischen Wortes *hypothesis*[23]. – Die *hypotheseis*[24] des Theodor, nämlich Einleitungen zu biblischen Büchern und einzelnen Psalmen, in denen die historischen Umstände der Schrift, die Absicht ihres Verfassers, und eine Zusammenfassung des Inhalts diskutiert und vorgestellt werden, kommen aus der „paganen Rhetorentradition"[25], so Schäublin, der folgert, „es musste danach für einen Antiochener naheliegen, den Erklärungen der Pss jeweils hypotheseis vorauszuschicken."[26] Elemente der *hypotheseis* bei Libanios – und diesem Schema folgt auch Theodor[27] – sind: historische Situation, Absicht des Redners, Inhalt der Rede, philologische Fragen.

Für Reinink ist es verständlich, dass die Funktion der *ʿellātā* als Einleitung zu biblischen Kommentaren dazu angeregt hat, diese Gattung der Causae von Festen zu entwickeln, also von Werken, die als wissenschaftliche und theoretische Einleitungen zur liturgischen Praxis der Feier kirchlicher Feste dienten[28].

2. *Erhaltene Schriften*

Die größte erhaltene Sammlung solcher Traktate findet sich im Ms Séert 82 aus dem 16. Jh[29]. Sie umfasst 13 Traktate[30]: zwei *causae* des Thomas von Edessa

---

[23] Leider ist hier kein Beleg angegeben. – Man kann als Beleg heranziehen *W. Strothmann*, GOF.S 28, p. 89, die Einleitung A = ʿltʾ, ὑπόθεσις, p. 4,50; 6,85.96; 10,173.177; 12,209; 15,291; 16,294.

[24] *C. Schäublin,* Untersuchungen zu Methode und Herkunft der antiochenischen Exegese (Bonn 1974) 84–94, hier: 84, Anm. 4: „unter einer Hypothesis versteht man … den bestimmten, festumrissenen Stoff eines Buches." Vgl. Art. Hypothesis, in: Der Neue Pauly 5 (1998) 819–820 *(B. Zimmermann).*

[25] *Schäublin,* Untersuchungen, 94: Herkunft der Einleitungen zu Pss-Erklärungen „aus paganer Rhetorentradition".

[26] *Schäublin,* Untersuchungen, 93.

[27] Ebd.

[28] *Reinink,* The Cause, 520.

[29] Der Codex wurde 1885 von dem chaldäischen Priester Samuel Giamil in der Bibliothek von Mar Yaʾqob dem Reklusen in der Diözese Séert entdeckt, der eine Abschrift anfertigen ließ. Weitere Kopien ließen 1889 Henri Hyvernat, 1894 E. A. Wallis Budge und 1897 A. Baumstark erstellen. Der Codex ging vermutlich 1915 bei der Zerstörung der Bibliothek von Séert zugrunde. Auf der Grundlage seiner Kopie verfasste Baumstark den Artikel in OrChr 1 (1901); darin teilt er auch die Kapitelüberschriften mit, die einen gewissen Einblick in die behandelte Thematik in den einzelnen *causae* erlauben. Hyvernats Kopie diente Carr zur Edition des ersten dieser Werke: *S. J. Carr,* Thomae Edesseni tractatus de nativitate Domini nostri Jesu Christi (Rom 1898) 13–45 (lat.), 1–65 (syr.), zum Manuskript p. 11–12. Vgl. *Macomber,* CSCO 356, Syr 156, p. V. – *G. Diettrich,* Bericht über neuentdeckte handschriftliche Urkunden zur Geschichte des Gottesdienstes in der nestorianischen Kirche, NGWG.PH (1909) (160–218) 196–201, beschreibt eine ihm vorliegende Handschrift, die „auf ein Original in Tell Kêpê" zurückgeht (200). – Seit 2021 liegt die neue Edition beider *causae* des

(† um 543)[31], sechs des Cyrus von Edessa, ediert 1974 von William F. Macomber[32], eine des Išai (eines Schülers von Mar Aba I. und Interpreten an der Schule von Seleukia-Ktesiphon)[33], zwei des Ḥenana von Adiabene (von 572–610, Leiter der Schule von Nisibis)[34], eine des Posi[35] und eine *causa* über Maria von einen unbekannten Verfasser aus der Schule von Nisibis[36]. In der Sammlung werden die Hauptfeste des liturgischen Jahres[37] behandelt, nämlich Weihnachten, Epiphanie, Fastenzeit, Pascha, Leiden, Auferstehung, Himmelfahrt, Pfingsten, der Goldene Freitag, Bitt-Tag, der Gedenktag Mariens, ein Märtyrer-Fest. Nachdem nun die *causa* über die Epiphanie des Thomas von Edessa 2021 ediert ist (und dazu neu die *causa* De nativitate)[38], fehlen nur noch Editionen der *causa* des Posi und der *causa* über Maria.

Datiert wurde die *causa* De nativitate des Thomas von Edessa nach Macomber zwischen 538 und 543, wahrscheinlich 538 oder 539[39], aber an der Schule von Seleukia-Ktesiphon verfaßt. Die ganze Kollektion ist nach Macomber auch dort zusammengestellt worden. Cyrus hat dort ebenfalls seine sechs *causae* verfaßt, und zwar als Fortsetzung des Werkes, das Thomas begann und nicht zu Ende führen konnte; nach Macomber zwischen 543 (Tod des Thomas) und 551 (Rückkehr des Mar Aba aus dem Exil). Išai erstellte seine *causa* über die Märtyrer als Interpret in Seleukia-Ktesiphon (wohl in

---

Thomas von Edessa vor: U. Possekel, J. F. Coakley (eds.), Thomas of Edessa's Explanations of the Nativity and Epiphany = Oxford Early Christian Texts (Oxford 2021); zu den Manuskripten p. 54–56.

30 *Macomber,* CSCO 356, p. VII, mit der Liste der Traktate.

31 *Macomber,* CSCO 356, p. XI.

32 CSCO 355–356, Syr. 155–156 (Louvain 1974).

33 Ed. A. Scher, PO 7, 15–52. Išai von der Schule von Seleukeia-Ktesiphon, vgl. *Baumstark,* OrChr 1, 332. Es ist gut denkbar, dass Mar Abraham von Bet Rabban der Auftraggeber für Išai war und es die Zeit war, in der Mar Aba im Exil lebte und die Schule von Nisibis für zwei Jahre geschlossen war. Dann wäre auch dieser Text eigentlich aus der Tradition der Schule von Nisibis. Vgl. *A. Vööbus,* History of the School of Nisibis, CSCO 266, Subs. 26 (Louvain 1965), 155–160, über die Aufhebung der Schule. In dieser Verfolgungszeit hätte dann auch die *causa* über die Märtyrer ihre aktuelle Verortung. Išai blieb dann möglicherweise in Seleukia, als die Schule von Nisibis wieder eröffnet wurde (vgl. *Vööbus,* 158).

34 Ed. A. Scher, PO 7 (1911), 53–82.

35 Weiter nicht bekannt, auch nicht von *A. Scher,* ROC 11, 25f. identifiziert.

36 Kapitelüberschriften bei *Baumstark,* OrChr 1, 333–334, der den anonymen Verfasser „wohl erst dem 7. Jahrhundert" zurechnet (ebd. 334). Zu Posi vgl. ebd. 334–335, die causa „liest sich bei gelegentlich fast wörtlichen Anklängen durchaus wie eine einfache Parallelversion" zu der des Cyrus. – Zur *causa* über Maria nun *Reinink,* The Cause.

37 Vgl. *Macomber,* CSCO 356, VII.

38 *U. Possekel,* Thomas von Edessa über das Epiphaniefest: Erste Anmerkungen zu einer unveröffentlichten Handschrift, in: W. Kinzig (ed.), Liturgie und Ritual in der alten Kirche. Patristische Beiträge zum Studium der gottesdienstlichen Quellen der Alten Kirche (Studien der Patrist. Arbeitsgemeinschaft 11) (Leuven [u.a.] 2011) 153–176. Edition Possekel-Coakley 2021.

39 *Macomber,* CSCO 356, p. VII–IX.

der Zeit der Verfolgung, als Mar Aba noch im Exil war); die *causa* ist Mar Abraham gewidmet, vermutlich ist Abraham von Bet Rabban gemeint. Es dürfte sich um eine Sammlung von *causae* im Geist des Mar Aba, insgesamt aber im Geist der Schule von Nisibis handeln. Aus dieser Schule kamen später noch zwei *causae* des Ḥenana (572–610), eine des unbekannten Lehrers und eine des Posi (vielleicht nur eine Kurzfassung der *causa* des Cyrus).

Erst im 9. Jh. kann auf westsyrischer Seite Moše bar Kepha (†903) genannt werden, der jedoch die ostsyrische Sammlung aus dem 6. Jh. übernimmt, sie abkürzt und Eigenes hinzufügt. Er bearbeitet also diese Sammlung für seine eigenen Bedürfnisse; darüber hinaus bietet er auch eigene Homilien über die *causae* der Feste, wovon bereits Baumstark berichtete[40].

Unter weiteren westsyrischen *causae* kann auch die Schrift von der „Ursache aller Ursachen" aus dem 10./11. Jahrhundert genannt werden[41].

Ein armenisches Buch der *causae* ist im 11./12. Jh. bekannt[42].

3. Liste von causae *der Kirche des Ostens*

ʿAbdišoʿ berichtet von Autoren aus dem 6. bis 8. Jh. und zusätzlich dreien aus dem 8. bis 10. Jh., die solche „Erklärungen" (zu verschiedenen Themen) verfaßt haben:

Abraham von Bet Rabban, 6. Jh.[43] (cap. LV, p. 71), causa sessionum *(dmẅtbʾ)*

Ḥenana von Adiabene, †610 (cap. LIX, p. 83–84), de causa solemnitatis Hosannarum, de causa feriae sextae Auri, et rogationis et inventionis.

---

[40] Dazu *J. F. Coakley,* The Explanations of the Feasts of Moše bar Kepha, OCA 229 (1987) 403–410; auch schon *Baumstark,* Die nestorianischen Schriften, 320.

[41] *Baumstark,* Geschichte, 280–281; *Becker,* Fear of God, 104, mit Anm. 76. – K. Kayser (hg.), Das Buch von der Erkenntniss der Wahrheit oder der Ursache aller Ursachen, nach den syrischen Handschriften zu Berlin, Rom, Paris und Oxford (Leipzig 1889); *ders.,* Das Buch von der Erkenntniss der Wahrheit oder der Ursache aller Ursachen, aus dem syrischen Grundtext ins Deutsche übersetzt (Strassburg 1893). Dazu *G. J. Reinink,* Communal Identity and the Systematisation of Knowledge in the Syriac „Cause of All Causes", in P. Binkley (ed.), Pre-modern Encyclopaedic Texts. Proceeding of the Second COMERS Congress, Groningen, 1–4 July 1996 (Leiden 1997), 275–28S. Zum Inhalt des Werkes vgl. *I. M. Pratelli,* Il cielo e il firmamento sopra di noi. Astronomia, fede e ragione nel siriaco „Libro della causa d'ogni causa", in: F. Guidetti (ed.), Poesia delle stelle tra antichità e medioevo. Atti del convegno internazionale. Pisa, Scuola Normale Superiore, 30–31 ottobre 2013 = Seminari e Convegni 46 (2016), 387–401, bes. 390–392; *ders.,* ‚In Search of Truth: Astronomy versus Astrology in the Syriac Book of Causes', Aram 29, Number I (2017) 169–175, bes. 170.

[42] *M. E. Shirinian,* Philo and the Book of Causes by Grigor Abasean, in: S. Mancini Lombardi, P. Pontani (hg.), Studies on the Ancient Armenian Versions of Philo's Works (Leiden, Boston 2011), 155–189; Shirinian scheint das Book of Causes zu edieren (ebd. 159, Anm. 12).

[43] *A. Vööbus,* History, CSCO 266, Subs. 66, 189–191, zur Bedeutung von Abraham. – Hier und im Folgenden immer mit Kapitel- und Seitenangabe im Catalogus des ʿAbdišoʿ in Assemani, BO III, 1.

Thomas von Edessa (cap. LXIII, p. 86): de causa Nativitatis et Epiphaniae, 538–539
Cyrus (cap. XCV, p. 170): causas – vermutlich Cyrus von Edessa, so Assemani
Babai der Große †628 (cap. LXVI, p. 95–97): de causa Hosannarum (wie Ḥenana), de causa festi crucis, librum causarum
Joseph Hazzaya, 8. Jh. (cap. LXVIII, p. 103), de causis celebriorum festivitatum,
Elias von Merv, 7. Jh. (cap. LXXIX, p. 148)[44], causa sessionum *(dmẅtb')*.
Elišaʿ Interpret[45], Anfang 6. Jh. (cap. XC, p. 167): causa sessionum et martyrum,
Barḥadbšabba ʿArbaya (cap. XCIII, p. 169), causa sectatorum Mar Diodori[46] (datiert 582 bis 600)
Micha doctor, *mlpn'* 7. Jh. 1. H. (cap. XCIV, p. 169–170), Zeitgenosse des Ishoyahb III., denn einen Mikha Ġarmaqānensis zur Zeit des Ishoyahb III. erwähnt Amr, p. 56 (ar.), 33 (lat.): quinque causas sessionum[47].
Abraham von Mahoze (cap. XCIX, p. 172), causae festorum omnium,
Cyriacus von Nisibis, Anfang 7. Jh. (cap. XCLV, p. 215), causa Nativitatis et Epiphaniae (über die Geburt und die Epiphanie),
Gregor von Šušter, spätes 8. Jh. (cap. CLXIII, p. 229), causa festorum

Im 8.–10. Jh. ist von drei Autoren bekannt, dass sie *causae* (unbestimmt) verfasst haben:

Išoʿbarnun, †828 (cap. 89, p. 166),
Šalliṭa von Rešaina, 8. Jh. (cap. 109, p. 176),
ʿAbdišoʿ Bar ʿAqre, †986 (cap. 134, p. 201).

Darüber hinaus hat Furlani den Text der *causa* über das Trishagion des Ishoyahb I. entdeckt, die Luise Abramowski *oben* analysiert hat. ʿAbdišoʿ (cap. LXII, p. 108–111) erwähnt in seinem Eintrag zu Ishoyahb I. keine causa. Auch unter den Werken des Mar Aba (cap. LVIII, p. 75–81) führt er keine causae an. Doch Mar Aba müßte solche Traktate in dieser Form wenigstens

---

44 So auch *Scher,* Introduction, PO 4, 321.
45 *Assemani,* BO III 1, 166, gibt die Überschrift: Patriarcha, und meint damit den Gegenpatriarchen.
46 *A. Scher,* Introduction, PO 4, 322, hält die Hypothese, es handle sich dabei um die von ihm edierte Cause de la Fondation des écoles (PO 4, 327–397), für nicht wahrscheinlich, da Diodor in der *causa* nur en passant erwähnt werde. Doch Diodor wird genannt auf p. 377,7.11 und 378,2.4 (syr. 377,6.11 und 378). Dabei handelt es sich um eine sehr lobende Erwähnung, und der große Theodor wird als sein Schüler bezeichnet, der die Unterweisung Diodors fortführte. Scher folgerte, dass ʿAbdišoʿ die *causa* nicht gekannt habe. In der Edition, PO 4, p. 327 [13]: *'lt' dsym mwtb' d'skwl'.*
47 *Scher,* PO 4, p. 321, Anm. 5. Vgl. auch *Becker,* Fear of God, 105.

mündlich gehalten haben, denn Thomas von Edessa schreibt, er habe seine causa nach dem mündlichen Vortrag des Mar Aba verfaßt[48].

ʿAbdišoʿ listet ebenfalls nicht Išai und Posi mit ihren *causae* auf, wie auch nicht den unbekannten Autor der *causa* über Maria.

Insgesamt wissen wir also von etwa 34 *causae* oder mehr im 6.–10. Jh., einschließlich der über die Errichtung von Schulen; erhalten sind 15 (Collection, Barḥadbšabba, Ishoyahb I.), ediert sind 13. Es scheint sich dabei zunächst um eine Besonderheit der Schule von Nisibis gehandelt zu haben, die dann aber an der Schule von Seleukia-Ktesiphon voll entfaltet wurde, was die *causae* für die liturgischen Feste angeht, und in Nisibis weitergeführt wurde. Mit dieser Collection hat man so etwas wie ein Handbuch für die Erklärung liturgischer Feste.

An formalen Gemeinsamkeiten läßt sich bei solchen „causae" feststellen: zu Beginn eine Übersicht über den Inhalt (oft in Frageform), am Ende immer eine „Ermahnung zu schönen Werken" (in der Übersetzung von Baumstark[49]), also ein paränetischer Schluss; die katechetische Ausrichtung ist deutlich.

4. Causae *über die Errichtung von Schulen*

Unter den *causae* gibt es auch *causae* über die Errichtung von Schulen[50]. Die Abfassung einer solchen wird von den ersten Leitern der Schule von Nisibis, Elīšaʿ, Abraham von Beth Rabban und Barḥadbešabba von Ḥulwan berichtet, sowie im 7. Jh. fünf solcher *causae* von Micha. Nur die des Barḥadbešabba ist erhalten; sie wurde von Addai Scher 1907 ediert[51]; man kann den Text als eine Ansprache zur Eröffnung des Schuljahres verstehen.

---

[48] *Thomas von Edessa,* De epiphania (51 r°): „wie diese causae von unserem hl. Meister, dem mepaššeqana Mar Aba gesprochen wurden", nach *Baumstark,* Die nestorianischen Schriften, 322, Anm. 3; vgl. auch De nativitate im Prooemium: „Ihr (scl. Mose) befahlt mir nämlich, die causa, welche ich nach unserem hl. Meister, dem mepaššeqana Mar Aba mündlich vortrug … auch schriftlich abzufassen" (so *Baumstark,* OrChr 1 (1901) 323, Anm. 3).

[49] OrChr 1 (1901) 325.327.328.329.333.334. Macomber, CSCO 356 übersetzt: „An exhortation on virtuous conduct".

[50] Zu den theologischen Schulen im Einflußbereich des Patriarchats Antiochien, vgl. *T. Hainthaler,* Die „antiochenische Schule" und theologische Schulen im Bereich des antiochenischen Patriarchats, in: Jesus d. Chr. 2/3 (2002), 227–261. Dazu *P. Bettiolo,* Scuola ed economia divina nella catechesi della Chiesa di Persia. Appunti su un testo di Tommaso di Edessa, in: S. Felici (ed.), Esegesi e catechesi nei Padri (Rom 1994) 147–157; *ders.,* Le scuole nella Chiesa siro-orientale: status quaestions [sic] e prospettive della ricerca, in: C. Noce, M. Pampaloni, C. Tavolieri D'Andrea (hg.), Le vie del sapere in ambito siro-mesopotamico dal III al IX secolo. Atti del convegno internazionale tenuto a Roma nei giorni 12–13 maggio 2011 = OCA 293 (Rom 2013) 17–46.

[51] *Barḥadbšabba ʿArbaya ep. Ḥalwanensis,* Cause de la fondation des écoles, ed. A. Scher, PO 4 (1907), 327–397; Text und französische Übersetzung von Scher wurde von R. Graffin

a) Elīšaʿ bar Qūzbāiē

Der erste, der überhaupt eine solche Schrift „Ursache der Gründung von Schulen“ (causa constitutionis scholarum, *ʿlt' dsym mwtb' d'skwl'*) verfaßte, ist – so weit bekannt – Elīšaʿ bar Qūzbāiē (502–509)[52]. Die Chronik von Séert und ʿAbdīšōʿ[53], also späte Quellen, schreiben ihm ein solches Werk zu. War Elīšaʿ der erste Nachfolger Narsais in der Leitung der Schule von Nisibis? Ein klarer Zeuge für diese Sicht ist hier die Chronik von Arbela:

„Und es starb damals Mār Narsai der Lehrer ... Und es folgte nach an seiner Stelle Ēlīšaʿ aus Qūzbō, das im Lande von Margā ist. Und auch dieser[54] folgte seinem Lehrer und ging in seinen Fußspuren. Und er füllte die Kirche mit seinen Schriften. Und jedermann, der sie las, staunte in Wahrheit über seine göttliche Weisheit, durch die er erleuchtet wurde.“[55]

„Und in diesen Tagen verschied Ēlīšāʿ, der von Qōzbō, der Lehrer, und es folgte nach an seiner Stelle ein eifriger Mann, ein fleißiger Arbeiter, gelehrt in der Wissenschaft der Furcht Gottes und ein Forscher in den göttlichen Schriften, Mār Aḇrahām, ein Freund des Mār Narsai. Dieser leitet die Schulen mit aller Klugheit.“[56]

Barḥadbšabba von Ḥulwān berichtet in seiner *causa*[57]:

„Nach dem Tod Narsais erfüllte Mar Elise Bar Qosbaye für 7 Jahre das Amt der Auslegung; er war ein großer Mann und gelehrt in allen kirchlichen und profanen Büchern. Er verfaßte auch Werke: Traktate zur Widerlegung der Lehren der Magier, Kontroversen gegen die Häretiker, Kommentare über alle Bücher des AT gemäß der syrischen Sprache. Nachdem Elišaʿ mit seinen Vätern in Frieden und in einem außerordentlichen Alter entschlafen war, folgte ihm Mar Abraham.“

Barḥadbšabba erwähnt also nicht dieses Werk über die Schulen, und berichtet von Kommentaren zum AT, nicht aber zum NT, im Unterschied zur Chronik

---

nach Korrekturlesen von R. Duval publiziert. Der Text wird von den Herausgebern als „discours d'ouverture“ oder „une dissertation inaugurale à l'ouverture des cours de l'école“ bezeichnet (PO 4, p. 325). – Englische Übersetzung von *A. H. Becker,* Sources for the Study of the School of Nisibis. Translated with an introduction and notes (Liverpool 2008) 94–160; Introduction 86–93.

52 Daten nach *Scher,* PO 7, 127, Anm. 2 (Hist. Nest.). *Scher,* PO 4, 321: „Suivant Ebedjésus de Nisibe, Élisée, successeur de Narsaï, fut le premier qui ait écrit un traité sur la fondation des écoles“. Zu Ēlīšāʿ überhaupt *A. Vööbus,* History, CSCO 266, Subs. 26, 122–133.

53 *Vööbus,* CSCO 266, Subs. 26, 128. Hist. Nest. XIII: PO 7, p. 127; ʿAbdišoʿ, Catalog. cap. XC Elisaeus Patriarcha (sic): Assemani, BO III, p. 167: causa sessionum et martyrum (so auch in Ms. Vat. Syr. 456, das verloren ist, aber Assemani vorlag).

54 Frage: Ist hier vielleicht ein Satz vorher entfallen? Etwa: „Und danach kam Mar Abraham“?

55 Chron. 19 (Metropolit Joseph von Arbela, 498–510): CSCO 467, p. 74; deutsche Übersetzung Kawerau, CSCO 468, Syr. 200 (1985), p. 101,7–12.

56 Chron. 20 (Metropolit Ḥenānā von Arbela, 510–544): CSCO 467, p. 77–78; 468, Syr. 200, p. 105. Demnach wäre Abraham zur Zeit der Abfassung der Chronik von Arbela noch am Leben gewesen.

57 Cause: PO 4, p. 387 [73].

von Séert. Scher schreibt Barḥadbšabba größere Glaubwürdigkeit als der (viel später redigierten) Chronik zu[58].

In der Kirchengeschichte des Barḥadbšabba ʿArbaïa heißt es allerdings, dass nach dem Tod des Narsai Abraham die Leitung übernahm, nach einem Aufstand jedoch Elīšaʿ ʿArbaïa bar Qozbane für vier Jahre Leiter wurde, bis er starb. Danach übernahm wieder Abraham (527–569). In seiner Analyse der historischen Probleme kommt Vööbus[59] zum Ergebnis, dass Elīšaʿ der erste Nachfolger von Narsai war und datiert auf 503–509/10[60]; einen synoptischen Vergleich der Stellen in den beiden Werken zu Elīšaʿ bar Qozbāyā bietet Becker[61].

Elīšaʿ darf nicht verwechselt werden mit dem Metropoliten Hōšeʿ von Nisibis (wie es anscheinend die Chronik von Séert und Marī tun)[62] oder dem Katholikos Elīšaʿ in der Zeit des Schismas mit zwei Katholikoi (der andere war Narsai) (524–539), wie Assemani meinte[63] und anscheinend auch ʿAbdīšōʿ.

Elīšaʿ soll, der Chronik von Séert[64] zufolge, zusammen mit Narsai die Schule von Edessa verlassen und mit ihm nach Nisibis gegangen sein. Dort war er Interpret *(ʾl-mfsr)*. Katholikos Aqaq (485–495/6) hatte ihn gebeten, ein Buch zu verfassen, in dem er die Orthodoxie (Richtigkeit, *ṣiḥa*) der christlichen Religion beweise[65].

Dieses Buch im Umfang von 38 Kapitel behandelte folgende Themen: das göttliche Wesen *(ğwhr)*, die Trinität, die Schöpfung, das Sechs-Tage-Werk, die Erschaffung *(ṣnʿ)* des Menschen, die Erschaffung *(ḫlq)* der Engel, den Fall Satans und das Kommen unseres Herrn am Ende der Zeit. – Wir können feststellen: Die Erschaffung des Menschen und der Engel wird hier durch verschiedene Verba ausgedrückt, wobei beim Menschen das Formen aus Erde nachklingt, bei den Engeln das Erschaffen schlechthin. – Das Buch habe Elīšaʿ dem Aqaq übergeben, dieser ließ es ins Persische übersetzen und über-

---

58 *Scher,* PO 7, p. 127, Anm. 2.

59 Zu den historischen Problemen, ob Elīšaʿ direkter Nachfolger Narsais war oder in einer Zwischenzeit Abraham von Beth Rabban ersetzte, vgl. *Vööbus,* CSCO 266, p. 129–132. Als Nachfolger Narsais sehen Elīšaʿ auch Baumstark, Bardenhewer, Hermann und Hayes. *Barḥadbšabba ʿArbaia,* Histoire, PO 9, p. 620, bezeichnet Elīšaʿ als Leiter der Schule für vier Jahre; danach habe Abraham wieder die Leitung übernommen, der schon vorher für 20 Jahre (d.h. 503–523) der direkte Nachfolger Narsais gewesen sei. Auch für Barḥadbšabba war Elīšaʿ (mit dem Beinamen ʿArbayā bar Qôzbanê) ein „berühmter und gebildeter Mann …, der viele didaktische Werke schuf und Kommentare, und er antwortete auf die Fragen, die die Magier ihm stellten“. Er wird als „Heiliger“ apostrophiert, der in hohem Alter starb. Die *causa* erwähnt dieser Barḥadbšabba nicht.

60 *Vööbus,* CSCO 266, 133.

61 *A. H. Becker,* Sources for the Study of the School of Nisibis (Liverpool 2008), 190–191.

62 Dazu bereits A. Scher; vgl. *A. Vööbus,* CSCO 266, Subs. 26, p. 122–123.

63 *Vööbus,* CSCO 266, p. 123.

64 Hist. nest. XIII: PO 7, p. 126. Die Nachrichten dort werden im Folgenden wiedergegeben.

65 PO 7, p. 126, 4. Zeile im Text.

reichte es dem persischen König Kawādh (488–496, 498–531)[66], der es dann angeblich allen anderen ihm geschenkten Büchern vorgezogen habe. Dieses Werk über den Glauben ist anscheinend nicht erhalten. Es war wohl eine allgemeine Einführung in die Theologie mit dem apologetischen Zweck, die christliche Religion dem Perserkönig nahezubringen. Über die Art der Darstellung der Christologie ist nichts bekannt.

Elīšaʿ soll darüber hinaus noch Kommentare zu allen Paulus-Briefen, sowie zu Ijob, Josua und Richter verfaßt haben. Den Kommentar Theodors über Samuel habe er vollendet. Am Ende berichtet die Chronik von Séert[67], dass er über die Errichtung *(mwtb,* anscheinend ein Lehnwort aus dem Syrischen, *mautabā,* wie Scher anzunehmen scheint) der Schule geschrieben habe; über dieses Werk vermerkt die Chronik nichts weiter. Ein solches Werk war, so Vööbus, ein „memorable event in the advancement of literary culture in this center of learning"[68], d.h. in der Schule von Nisibis.

b) Abraham von Bet Rabban

Wie die Chronik von Séert[69] vermeldet ʿAbdišoʿ, neben der Verfasserschaft zahlreicher atl. Kommentare (zu Jos, Ri, Kön, Sir, Jes, Dan, Hld und den kleinen Propheten), auch eine *causa* über die Errichtung (von Schulen)[70]. Abraham war ein Verwandter und ein Schüler Narsais[71] und hat 60 Jahre lang die Schule von Nisibis geleitet, d.h. bis etwa 569[72]; er sei ein zweiter Mose gewesen[73]. Wo er sich während der zweijährigen Aufhebung der Schule (vermutlich ab 540/1) aufhielt, ist nicht bekannt[74].

c) Barḥadbšabba ʿArbaya

Der einzige Text dieser Werke, der erhalten ist, stammt von Barḥadbšabba ʿArbaya[75]. Er studierte in der Schule von Nisibis und war ein Schüler des

---

66 Das berichtet auch Mari, p. 46 (arab.), 40 (lat.), doch macht Mari den Elīšaʿ zum Metropoliten von Nisibis: cumque Cavâdes rogasset ut omnes suam religionem scripto exponerent, Elisaeus metropolita nisibenus librum edidit de fide, quem librum ab Acacio persice translatum, Cavâdes, cui fuerat exhibitus, apprime probavit.

67 Hist. Nest. XIII: PO 7, 127.

68 *Vööbus,* CSCO 266, p. 128.

69 Hist. nest. IX, PO 7, p. 116.

70 Cap. LV (Abrahamus Beth-Rabanensis): Assemani, BO III, p. 71.

71 Eine Vita des Abraham bietet *Barḥadbšabba,* Histoire XXXII: PO 9, 616–631.

72 Vgl. *Vööbus,* CSCO 266, 210.

73 PO 9, p. 617.

74 Vgl. *Vööbus,* CSCO 266, 157.

75 Edition mit französischer Übersetzung: A. Scher, PO 4 (1907), 327–397. Zum Autor: *Scher,* PO 4, 321–323 (introduction); *Vööbus,* CSCO 266, p. 294–296. Zur *causa*: *T. Hainthaler,* Die verschiedenen Schulen, durch die Gott die Menschen lehren wollte. Bemerkungen zur ostsyrischen Schulbewegung, in: M. Tamcke (Hg.), Syriaca II. Beiträge zum 3. deutschen Syrologen-Symposium in Vierzehnheiligen 2002 = SOKG 33 (Hamburg 2004) 175–192. –

Ḥenana[76]. Die *causa* verfaßte er, als Ḥenana im Amt war, wohl vor dem Ausbruch des Streites, aber nachdem Ishoyab Katholikos wurde, also nach 582, da sie die Wahl des Išoʿyahb I. (582–595) zum Katholikos noch erwähnt[77]. Das Werk ist aber vor 604 (Exodus der Lehrer und Schüler unter Katholikos Sabrīšōʿ) zu datieren, so Scher[78]. Vööbus grenzte auf vor 596 (ehe Gregor Metropolit von Nisibis wurde) ein, was Reinink zustimmend aufgriff[79].

Barḥadbšabba ʿArbaïa, Autor der „Geschichte der um der Wahrheit willen verfolgten Väter" (PO 9), und Barḥadbšabba ʿArbaya von Ḥulwan, ausgewiesen als Autor der *causa* (PO 4), wurden bereits in den Mss vermengt. Ein Bār Ḥadhbĕšabbā urbis Holwān war der Chronik von Guidi zufolge ein literarisch berühmter Mann[80]. Ob dieser nun der Autor der „Geschichte" war (Fiey, Reinink) und zugleich auch Autor der *causa*, oder ob die *causa* eines zunächst unbekannten Barḥadbšabba nachträglich dem bekannteren Bischof von Ḥulwan, der die Synode unter Katholikos Gregor von 605 unterzeichnete, zugeschrieben wurde (Reinink), ist umstritten[81]. Die Untersuchung von Becker schließt die Identifizierung der beiden Autoren nicht gänzlich aus[82].

II. BEMERKUNGEN ZUR CHRISTOLOGIE

Mit Recht stellte schon Baumstark[83] heraus, dass die Vorstellung von „einer gleichmäßig fortschreitenden ‚Erziehung des Menschengeschlechtes'" bei den *causae* im Zentrum steht, die sog. „spezifisch nestorianische Christologie" dagegen erst in zweiter Linie komme und durch diese grundlegende Vorstellung bedingt sei.

Diese Aussage trifft ganz und gar für die *causae scholarum* zu, soweit man das am einzigen erhaltenen Exemplar dieser Gattung überprüfen kann: Das Thema der Unterweisung zieht sich durch den ganzen Traktat des Barḥad-

---

Dazu nun *Becker*, Fear of God (2006), 98–101; *ders.*, Sources for the Study of the School of Nisibis (Liverpool 2008) 86–93 (Introduction), 94–160 (engl. Übersetzung der *causa*).

76 Dass der Autor zur Schule von Nisibis gehört: PO 4, 332f.; Schüler des Henana: PO 4, 393. Die Lobrede über Henana: PO 4, 390–393.

77 PO 4, p. 390.

78 *Scher*, Introduction, PO 4, 323.

79 *Vööbus*, CSCO 266, p. 295. *G. Reinink*, „Edessa grew dim and Nisibis shone forth". The School of Nisibis at the Transition of the Sixth-Seventh Century, in: J. W. Drijvers / A. A. MacDonald (ed.), Centres of Learning (Leiden, New York, Köln 1995) (77–89) 81, Anm. 13.

80 Der Eintrag in der Chronicon anonymum lautet: Nominis famam adeptus erat in libris conscribendis Bār Ḥadhbĕšabbā urbis Holwān, ed. I. Guidi, CSCO 1, p. 22 (syr.), CSCO 2, p. 20 (lat.).

81 Syn. Or., Chabot, p. 479, nr. 27. Siehe oben p. 217–218 *(Abramowski)* und *Reinink*, ibid. Anm. 15.

82 *Becker*, Sources, Introduction 11–16, und Sources, 181–191 mit synopt. Vergleich von Nachrichten in der Histoire und der *causa*.

83 *Baumstark*, Die nestorianischen Schriften, 339.

bšabba[84]. So behandelt Gott die Engel wie ein Schullehrer – und die Engel begreifen schnell, weshalb die Erschaffung der Welt in sechs Tagen geschehen konnte[85]. Die Thematik wird ausführlich bereits bei Cosmas Indicopleustes präsentiert[86].

Die Belehrung der Engel durch die Schöpfung in sechs Tagen ist aber schon ein Thema bei Narsai, wenn er sagt, dass Gott die Welt nach und nach erschuf und dies durch ein begleitendes Wort den Engeln ankündigte[87]; „er vollendete alles [die ganze Schöpfung] in sechs Tagen zur Unterweisung der vernünftigen Wesen“[88]. Doch letztlich ist die Quelle dafür Theodor von Mopsuestia[89], der klar den Gedanken formuliert, Gott habe die Erschaffung der Welt durch Worte begleitet, um die Vernunftwesen dadurch zu lehren.

„Deswegen hat bezüglich dessen, was zuerst geschaffen worden ist, der selige Mose nicht dieses Wort ‚Gott sprach‘ hingesetzt, sondern einfach ‚am Anfang schuf Gott Himmel und Erde‘, weil es allein sein Wille war, der sie schuf, als er sich nicht des Wortes bediente, weil es noch keinen gab, dem es entsprach, etwas durch sein Wort zu lernen. (Aber) bezüglich der anderen (Schöpfungen) sagt er, dass das Wort ihrer Existenz voraus ging, weil die bereits existierten, für die es sich ziemt, den Schöpfer mithilfe des Wortes zu erkennen, da er durch seine Natur verborgen ist. Deshalb ging das Wort seinem Willen gemäß voraus, während das Werk auf das Wort folgt. Dies war eine Unterweisung für die vernünftigen und unsichtbaren Naturen über den, der durch seinen Befehl die Schöpfung schuf. Darum hat er über diese Dinge, die zuerst geschaffen wurden, kein Wort auferlegt, noch hat er über die Dinge, die am Ende existierten, nicht zu sprechen aufgehört, denn hier war (das Wort) notwendigerweise erforderlich, da es eine Lehre (zu geben) gab für diejenigen, die lernen, aber dort gab es (noch) keinen, dem es zukam, belehrt zu werden.“[90]

Die menschliche Geschichte ist für Barḥadbšabba ʿArbaya eine Abfolge von Schulen. Das Erziehungshandeln Gottes durchtränkt alles.

In diesem Konzept wird Jesus Christus „unser Herr“, „der erleuchtete Verstand, der große Meister, der ewige Strahl, das lebendige Wort Gottes“[91], als derjenige gesehen, der die erste Schule seines Vaters erneuert, die von den

---

84 Vgl. *T. Hainthaler,* Die verschiedenen Schulen, SOKG 33 (Hamburg 2004) 184–191.
85 *Barḥadbšabba,* Cause: PO 4, 348–349.
86 *Cosmas Ind.,* Top. chr. III 28–49: SC 141, p. 464–485; vgl. Index, SC 197, p. 411. Zur *paideia* Gottes bei Cosmas vgl. *T. Hainthaler,* Jesus d. Chr. 2/4, p. 157.
87 *Narsai,* Hom. III, 110, PO 34, p. 591: „Il voulut par une parole, annoncer sa création aux anges.“ „Am Anfang schuf Gott Himmel und Erde“ (Gen 1,1); „am Anfang“ sind auch die Engel aus Nichts geschaffen worden (Hom. III, 105–106, p. 591). Als Gott die übrigen Substanzen schuf, tat er das mit einem begleitenden Wort, um die Schöpfung den Engeln anzuzeigen (Hom. III, 109–110).
88 *Narsai,* Hom. III 212, PO 34, p. 596–597.
89 *P. Gignoux,* Recherches sur les sources de la pensée de Narsaï, III. L'héritage de Théodore de Mopsueste, PO 34 (1968), 470–495, hier 480.
90 *Theodor. Mops.,* Comm. in Genesim I–II: ed. E. Sachau, Theodori Mopsuesteni fragmenta syriaca (Leipzig 1869), fol. 20b–21a, p. 4,13–5,5; lat. p. 3.
91 PO 4, p. 367.

Söhnen des Irrtums verdorben worden war. Jesus gründete eine Schule unter Führung von Johannes dem Täufer und mit Petrus als Verwalter. Paulus wählte er als Lehrer der Völker. Das Christusbild des Barḥadbšabba ʿArbaya ist ganz bestimmt von diesem Konzept, Jesus als Gründer und Wiederhersteller der ersten Schule seines Vaters zu sehen[92]. Was die philosophische Propädeutik angeht (PO 4, 333–347), so drückt Barḥadbešabba, Perkams[93] zufolge, sein eigenes philosophisches und systematisches Denken mit Hilfe griechischer Modelle aus, unterscheidet sich aber von ihnen besonders was die Ontologie betrifft.

1. Die Christologie der Traktate des Thomas von Edessa[94]

a) *De nativitate*

Wenn man von cap. I (Prolog) und cap. II (Index) absieht, dann umfasst der Hauptteil die cap. III–X, denn cap. XI enthält die obligatorische Paränese. Das längste Kapitel ist cap. V (16 fols.), gefolgt von cap. VII (10 fols.) und cap. IV (9 fols.). Der Exkurs über die Neigungen und die Sünde (cap. V), der freie Wille müssen für den Autor von besonderer Bedeutung gewesen sein.

Die Überschriften zeigen den Gedankengang[95]:

III. Weswegen wir dieses Fest feiern (Carr 16–19; 10–16; Possekel-Coakley 70–77)

IV. Welche Güter uns durch unseren Herrn Christus gegeben werden (Carr 19–24; 16–25; Possekel-Coakley 76–89)

V. Weswegen diese Güter erst jetzt offenbart worden sind (Carr 24–32; 25–41; Possekel-Coakley 90–111)

VI. Ein Mittler war nötig, durch den wir diese Güter von Gott empfangen konnten (Carr 32–34; 41–44; Possekel-Coakley 112–115)

VII. Weswegen Gott in dieser Zeit für seine Offenbarung einen Menschen aus uns nahm (Carr 34–39; 44–54; Possekel-Coakley 116–129)

---

92 Vgl. *T. Hainthaler,* Jesus als Lehrer bei Barḥadbšabba ʿArbaya, in: Jesus d. Chr. 2/3, 260–261.

93 *M. Perkams,* Ostsyrische Philosophie. Die Rezeption und Ausarbeitung griechischen Denkens in der Schule von Nisibis bis Barḥaḏbšabbā, in: M. Perkams, A. M. Schilling (hgg.), Griechische Philosophie und Wissenschaft bei den Ostsyrern (Berlin, Boston 2020) 49–76, befasst sich mit dem Einfluss der philosophischen Quellen und dem Philosophieverständnis bei den Autoren der causa-Literatur, auch insbesondere bei Barḥadbšabba, vgl. Fazit (72–73).

94 Ausführlicher zu Thomas von Edessa: *T. Hainthaler,* Thomas of Edessa, Causa de Nativitate. Some Considerations, ParOr 31 (2006) 63–85; hier wird ein kurzes Resumé des Artikels geboten. Seitenangaben in Klammern beziehen sich auf die Edition von Carr (siehe oben).

95 Die lateinischen Ziffern geben das Kapitel der Edition, die arabischen Zahlen die Seitenzahl in der lateinischen Übersetzung Carrs, gefolgt von der Seitenzahl des syrischen Textes.

VIII. Unser Herr Christus war nicht ein einfacher Mensch (ψιλὸς ἄνθρωπος) (Carr 40; 54–56; Possekel-Coakley 128–133)

IX. Weswegen der Mensch unseres Herrn nicht aus der Erde genommen wurde, sondern aus einer Jungfrau ohne den Akt eines Mannes (Carr 41–42; 56–59; Possekel-Coakley 132–137).

X. Weswegen Gott anordnete, dass der Mensch unseres Herrn in der Zeit des Frühlings empfangen wurde (Carr 43–44; 60–62; Possekel-Coakley 136–141).

Die Bezeichnung für Christus ist in der Regel „unser Herr Christus“ *(mrn mšyḥ')* (mehr als 20 mal) oder „unser Herr“, der Name „Jesus“ ist selten (5 mal) und wird praktisch nur in Bibelzitaten verwendet[96].

Von der Einheit in Christus heißt es an einer einzigen Stelle (III 5): Der Engel nannte ihn „Herr“ – in Auslegung von Lk 2,11 (heute ist euch der Retter geboren, Christus der Herr) –, weil er Herr aller Geschöpfe ist durch seine Verbindung[97] (*nqypwt'*, συνάφεια) mit Gott dem Logos (Carr 14,14: *'lh' mlṭ')*. Die Einheit in Christus wird nicht weiter entfaltet oder reflektiert.

Christologische Fachtermini kommen sonst nicht vor; einzig der ψίλος ἄνθρωπος, der zu einem Fachterminus geworden ist, aber auch in sich verständlich ist, wird in einem eigenen Kapitel (VIII) behandelt. *qnoma* erscheint (nur) im Rahmen der Trinitätslehre: drei *qnome* von Vater, Sohn und Heiliger Geist, die gleich in der Natur *(kyana)* sind (VII 7; Carr syr. 49,20–21, paribus in natura); die Gottheit, die in drei *qnome* (50,5.11.18)[98] erkannt wird bzw. existiert. *prṣwp'* (πρόσωπον) kommt in der christologischen Terminologie überhaupt nicht vor[99].

Es fällt auf, wie strikt der Verfasser seine Aussagen aus Stellen der Heiligen Schrift ableitet; darin ist sicher auch ein didaktisches Moment. Kap. III leitet er von der Verkündigung der Engel seine Aussagen ab, in Kap. IV ebenfalls. Die Ausführungen sind noch stärker von der Heiligen Schrift durchtränkt, als es die Ausgabe von Carr erkennen ließ.

---

96 Nur in Kap. VI und VII: VI, 42 (Joh 1,17); VII, 47; VII, 49 (1 Tim 2,5); VII, 50 (Apg 10,38); VII, 53 (Röm 2,16). Mit einer Ausnahme (47: der Mensch Jesus, der zweite Adam) kommt der Name Jesus nur in Bibelzitaten vor.

97 Carr, p. 14,13 (syr.): *nqypwth;* p. 18,27 (lat.): coniunctio. Bei Possekel-Coakley, p. 74,18, korrekt übersetzt als „conjunction“.

98 Von Carr jedesmal mit „persona“ übersetzt: (divinitatis naturam gloriosa …) in tribus personis cognoscitur, distinctionem personarum divinitatis, tripliciter in personis existit. – Ebenso bei Possekel-Coakley (syr. p. 122,19.23; 124,4) mit „person“ übersetzt (allerdings ist „person“ auch Übersetzung für *brnš'*, p 123,2).

99 In beiden Traktaten gibt es in der Edition Possekel-Coakley nur je einen Beleg: in Nat IV 9 in der Bedeutung „standpoint“, in Epiph VII 6 als „person of John“, Possekel-Coakley, p. 84,5 (bei Carr 21 fehlt *prṣwp'*) bzw. p. 188,21.

Als christologische Hoheitstitel werden in Kap. III erwähnt[100]: Herr, Christus, Erlöser *(prwq')* der von der Sünde, dem Tod, der Verderblichkeit und der Knechtschaft Satans erlöst (III 5, Carr 14). Auf Schriftzitate gestützt wird Christus auch Mittler (1 Tim 2,5) (VII 6, Carr 49) genannt.

Das Hauptinteresse des Verfassers der Causa aber richtet sich auf den Heilsplan Gottes insgesamt, auf die Güter, die durch Christus übermittelt werden. Durch ihn, Christus, unseren Herrn und unsere Hoffnung, werden die Heilsgüter allen Geschöpfen gegeben (III 6, Carr 15). Sein Kommen lehrt auch die Vollkommenheit des Wissens (V 8, Carr 30, *gmyrwṯ' dyd'ṯ')*.

Die Bedeutung Christi liegt darin, die Trinität zu lehren, Gott und seine Natur zu offenbaren (in der Weise etwa, wie sich die Seele durch die Sprache ausdrückt, so offenbart Christus die Natur Gottes). In Christus finden sie zum unsichtbaren Gott, denn so wie ein Bild zum Original hinführt, so führt er uns zu Gott, da er das Bild des unsichtbaren Gottes – Kol 1,15! – ist (VII 12, Carr 52). Daraus dass er Christus (Gesalbter) genannt wurde, erfuhren wir etwas über den Vater, der ihn gesalbt hat, und den Heiligen Geist, der ihn erfüllte anstatt Öl (Apg 10,38; Lk 4,18). Weil er Sohn genannt wird, verstehen wir den ewigen Sohn, der mit seinem Vater ist (VII 8, Carr 51). Diese Bezeichnung als Sohn schließe bereits aus, dass er ein Teil der Schöpfung sei (VII 9, Carr 51). Aus den Selbstaussagen Jesu in der Heiligen Schrift (vor allem im Joh-Evangelium) ergibt sich, dass in ihm der ewige Sohn verborgen ist, der aus dem Vater ist und durch ihn, Jesus von Nazareth, den angenommenen Menschen, die Taten wirkt.

Die Verheißungen der Auferstehung von den Toten und der Himmelfahrt an uns werden an ihm offenkundig; so soll unser Glaube gestärkt werden (VII 11, Carr 52).

Verstärkt kommen solche Aussagen in Kap. VIII, das begründen soll, weswegen Christus kein bloßer Mensch war: Im Unterschied zu allen Geschöpfen wurde in ihm der Gott-Logos offenbart mit seinem Vater und dem Heiligen Geist (VIII 1, Carr 54), in ihm wird Gott sichtbar, Gott ist in ihm. In gehäuftem Maße treten „in ihm"-Aussagen *(bh)* in Kap. VII–VIII auf. Einwohnung Gottes in Christus (VIII 3, Carr 56,5: *'mr bh)*.

Er ist das vernunftbegabte Bild, das mit göttlicher Herrlichkeit bekleidet ist (VII 12, Carr 53); er hat Macht über alle Geschöpfe, in ihm sehen sie den Unsichtbaren (VII 12, Carr 54). Er ist vollkommen, ohne Makel, gerechtfertigt durch den Geist (1 Tim 3,16)[101] (VIII 2, Carr 55). Er ist der Urheber

---

[100] III 5: Der Engel nannte ihn Herrn, weil er der Herr aller Geschöpfe ist wegen der *synapheia* mit dem Gott-Logos (III 5; mit Beleg Apg 2,36). Er ist Christus (Apg 3,25, cit. Gen 22,18), d.h. erwählt und ausgesondert (Apg 17,31), und der wahre Christus, da er durch den Heiligen Geist gesalbt wurde. Er ist Erlöser, da wir durch ihn von der Sünde, dem Tod, der Verderblichkeit und der Knechtschaft Satans erlöst sind.

[101] Die Bibelstelle ist bei Carr nicht notiert. Sie wird hier wörtlich zitiert.

(*mšryn*ʾ[102], Carr: initiator – ἀρχηγός, Hebr 2,10, des Heils; Apg 3,15, des Lebens) der künftigen Güter. So glauben und hoffen wir, dass wir Teilhaber sein werden unseres Herrn Christus (IX 3, Carr 58). Er ist die Sonne der Gerechtigkeit, die sich niemals verfinstert. Alles ist seiner Herrschaft unterworfen (cit. Phil 2,10) (XI, Carr 62). Durch ihn wird Gott alle Menschen richten (VII 11, Carr 52). Mit ihm fängt die neue Oikonomia an, die die Auferstehung der Toten bringt, die durch die Kraft des Geistes geschah (IX 5, Carr 59).

Der *Mensch unseres Herrn*

Die Formulierung vom *Menschen unseres Herrn (brnš ʾdmrn)* kommt sechsmal vor, wenn man von den Kapitelüberschriften absieht.

Der Mensch unseres Herrn, der allein gerecht und makellos war, starb wie ein ‚Löser' *(goel)* für uns (VII 4, Carr 47–48).

Die Annahme des *Menschen unseres Herrn* war notwendig, damit wir die vollständige Lehre über die Trinität empfingen (VII 7, Carr 49).

Es war keine Neuerung, dass *der Mensch unseres Herrn* Sohn Gottes genannt wird (vgl. Jes 1,2LXX; Ps 82,6). Die Zeitgenossen Jesu erkannten in seinen die Natur übersteigenden Taten und in seinen Worten (wie Joh 10,30; 14,9), dass der ewige Sohn in ihm verborgen war (VII 9; Carr 51).

Der *Mensch unseres Herrn* kann nicht als „bloßer (Mensch)" gedacht werden (VIII 1); dass *der Mensch unseres Herrn von* den Toten auferstehen und in den Himmel aufsteigen sollte, wäre unmöglich gewesen, wenn Gott nicht in ihm gewesen wäre, der allein die Auflösung des Todes bewirken konnte (VIII 3; Carr 56).

Hätte Gott *den Menschen unseres Herrn* aus der Erde genommen und nicht aus unserer Natur, dann hätte es für uns keine Hoffnung mehr gegeben (alle wären wir verzweifelt und ohne Hoffnung, weil wir angenommen hätten von Gott verworfen zu sein). Auf diese Weise lehrte er uns, dass das Leben in der Auferstehung unsterblich und unverderblich ist und unserem ganzen Geschlecht übermittelt wurde, da Christus derselben Natur ist wie wir (IX 2, Carr 57). (IX 1 Ankündigung)

Man kann den Ursprung für diesen Terminus im κυριακὸς ἄνθρωπος[103] sehen, eine Formulierung, die auf das 4. Jh. zurückgeht und noch im 6. Jh. in Gebrauch war, selbst bei Neuchalcedoniern wie Leontius von Jerusalem[104].

[102] IX 3: Possekel-Coakley, p. 134,11, originator.

[103] So L. Abramowski spontan (telefonisch, September 2004); *dmrn* als frühe Übersetzung von κυριακός wird bestätigt bei B. Aland, A. Juckel, Das Neue Testament in Syrischer Überlieferung II (Berlin, New York 1991), 409: im NT findet sich κυριακός in 1 Kor 11,20 und wird in der Pešitta mit *dmrn* übersetzt (Harklensis verwendet später schon *mʾrnytʾ*).

[104] Der Terminus findet sich im 4. Jh. Der früheste lateinische Beleg ist Papst Damasus in einem Brief an Paulinus von Antiochien, i.J. 375; im Osten ist der Terminus verbunden mit Eustathius von Antiochien und Markell. Belege bei *F. Loofs*, Theophilus von Antioch = TU

Die Formulierung findet sich auch bei Ps.-Athanasius. Narsai scheint die Formulierung *kyriake anthropotes,* „lordly manhood“[105] verwendet zu haben, wie in einer Apologie für Narsai steht[106]. Der „lordly man“ kommt zweimal vor in einem Text von Ps.-Isaak von Ninive, „Tract concerning the orthodox confession“, einem Text, der später als 539/40 sein muss, da er die syrische Übersetzung des Liber Heraclidis voraussetzt.

Wie Abramowski *oben (Exkurs zu Mensch unseres Herrn)* gezeigt hat, sind Severus von Antiochien die Ps.-Athanasiana vertraut, in denen κυριακὸς ἄνθρωπος vorkommt, und er setzt sich damit in seiner Polemik gegen Dyophysiten[107] auseinander. Es wundert nicht, dass die „Nestorianer“ von diesen Ps.-Athanasiana Gebrauch machen. Damit hätten wir einen Beleg für die Benutzung des Ps.-Athanasius (= Markell) durch die Vertreter des antiochenischen Dyophysitismus um das Jahr 500, die es auch unter griechisch sprechenden Theologen gegeben haben muß[108]. Die Originalität des Beitrags zur Christologie, die Possekel – Coakley[109] mit der Einführung dieses Terminus dem Thomas attestieren, dürfte doch nicht so groß gewesen sein, wie man an der Polemik des Severus gegen die „Nestorianer“ in Contra impium Grammaticum sehen kann.

Insgesamt ist die Theologie des Thomas antiochenisch, aber eingeschränkt auf elementare Konzepte, ohne tiefere Reflexion von christologischen oder trinitarischen Themen. Was Abramowski oben von Mar Aba schrieb, gilt auch für Thomas: nichts wird über die christologische Union und ihren Modus ausgesagt, die Einheit Christi wird als gegeben vorausgesetzt wie auch seine Gottheit und seine Menschheit.

---

46 (Leipzig 1930), Anm. 11, p. 138–141. Der Terminus war im 6. Jh. vielfach in Gebrauch, selbst bei Neuchalcedoniern wie Leontius von Jerusalem. Vgl. *A. Grillmeier,* ὁ κυριακὸς ἄνθρωπος, in: *ders., Fragmente zur Christologie,* hg. T. Hainthaler (Frankfurt 1997), 152–214, bes. 198–202; „der Nestorianismus scheidet als Entstehungsstätte aus“ für diesen Ausdruck, so *Grillmeier,* 212. Für die Bildung von *kyriakos anthropos* sei vielmehr „eine biblisch-heilsgeschichtlich arbeitende Theologie“ verantwortlich zu machen. Der *kyriakos* Begriff gründet christologisch gesehen auf der paulinischen Kyrios-Theologie (Phil 2,5–11; 1Kor 2,8 u.a.). Wir haben es hier mit einer patristischen Idee auf paulinischer Grundlage zu tun (ibid. 214).

105 Abramowski/Goodman, I 127,4 (syr.); II 73,8 (engl.).

106 Abramowski/Goodman, nr. V: Anonymous, p. 117–130 (T), excerpt from an apology for Narsai), vgl. Introduction, p. xxxv–xxxvii, bes. xxvii.

107 *Severus Ant.,* C. imp. Gram. III 17, CSCO 94, p. 210,23–30; C. imp. Gram. III 23, CSCO 102, p. 10,13–18. Den Gebrauch will Severus dann verbieten, um einen „Mißbrauch“ auszuschließen: CSCO 102, p. 10,9–13; p. 10,31–11,3. So *Grillmeier,* in: Fragmente, 153, Anm. 6.

108 Die zweite Stelle bei *Severus,* C. imp. Gram. III 23 (Übers. Lebon, CSCO 102, p. 10,13–18) soll sich „in prima oratione contra Arianos“ finden – ein Irrtum des Severus.

109 *Possekel, Coakley,* Introduction, 47–48.

b) *De epiphaniae*

Thomas verfasste diese *causa*, ebenso wie *De nativitate*, auf Befehl von Mar Mose. Er könne sie zwar nicht so niederschreiben, wie Mar Aba sie gehalten habe, aber wenigstens schreibe er hier nichts Gegenteiliges, allenfalls fehle etwas (I 1–2). Behandelt werden sieben Fragen (II), die in den Kapiteln III–X beantwortet werden.

III. Warum nennt man das Fest Epiphanie?
IV. Warum wartete Christus 30 Jahre von seiner Geburt bis zur Epiphanie?
V. Warum ist das Fest 12 Tage nach Weihnachten?
VI. Auf welche Weise wurde unser Herr offenbar und wodurch?
VII. Warum wurde die Taufe des Johannes verlangt?
VIII. Durch welche Taufe wurde unser Herr getauft?
IX. Warum Johannes ihn taufte, obwohl er nicht mit der Taufe des Johannes getauft wurde.

Die christologische Anrede ist meist Christus unser Herr, ferner Christus unsere Hoffnung, Sonne der Gerechtigkeit. Im Blick auf den gesamten Heilszusammenhang ist zu sagen, Christus war kein bloßer Mensch (ψίλος ἄνθρωπος), sondern Gott war in ihm, und das gelte immer (I 3).

Thomas verweist auch zu Beginn auf den Zusammenhang aller Feste, die geeint sind durch einen einzigen Zweck. Die Geburt ist nicht ohne die Taufe, die Taufe nicht ohne Fasten, noch dieses ohne Passion, Passion nicht ohne Auferstehung, Auferstehung nicht ohne Himmelfahrt, keines ohne die Sendung des Geistes. – Damit wird genau die Liste der Feste angeführt, über die Cyrus seine *Causae* verfasst hat; diese Liste wird nochmals in V 7 erwähnt. Wie Glieder eines Leibes (unserer Erlösung), hängen alle zusammen, alle zusammen vervollständigen den Leib der christlichen Erlösung.

Zur Erlösung war es notwendig, dass (Christus) den Ungehorsam Adams durch seinen eigenen Gehorsam annullierte, die Sünde auslöschte, den Tod abschaffte und uns Rechtschaffenheit ohne Neigung (158,20 *l' mzṭlynwt')* und ohne Übertretung verlieh. Er musste die Macht des Widersachers vernichten, das Gesetz der Liebe zum Nächsten erfüllen und uns so befreien. Naturgesetz erfüllen, indem er Vater und Mutter ehrte, das geschriebene Gesetz des Mose erfüllte (IV 5).

Das hätte er alles nicht als 12- oder 15-jähriger tun können – die Gesetze hätte er nicht alle erfüllen können, und so wäre kein Heilmittel da gewesen. Erst in diesem Alter zeigen sich alle Verlockungen, Unordnungen, der Ungehorsam; die Weisheit des Seglers zeigt sich nicht im Hafen, wo es keine Wellen gibt (IV 6). In IV 8 werden sehr anschauliche alltagspraktische Beispiele aufgezählt, die zeigen, es braucht einen vollkommenen Willen.

Der *Mensch unseres Herrn* (p. 162,13 *brnšh dmrn*) besaß den vollkommenen Willen mehr als irgendeiner, so empfing er das Einwohnen der Gottheit, durch die er Gerechtigkeit erfüllte über jeden anderen und ohne Sünde war (cit. 1 Petr 2,2 etc.), er konnte die Menschen zu Teilhabern an der Sündlosigkeit machen (IV 8). Zur Vervollkommnung und Erfüllung von allem Alten musste er 30 Jahre alt werden (IV 9). Erst dann konnte er Jünger auswählen, mit seiner Lehre beginnen; die Worte eines Kindes sind irrelevant (IV 10). Er hat sich so viel wie möglich an die Bräuche der Israeliten gehalten: 12 Jünger gleich den 12 Stämmen, 72 gleich den Ältesten in den Tagen des Mose; für den Dienst im inneren Tabernakel musste man mindestens 30 Jahre alt sein (Num 4,3) (IV 11).

Unterschied zwischen der Taufe des Johannes und der Taufe der Christen

Thomas sieht einen Unterschied zwischen der Taufe des Johannes und der Taufe der Christen: Die Taufe der Christen ist anders als die anderen (VIII 4), denn durch sie werden die, die ihrer würdig sind, Glieder des Haushalts *(bytywt')*[110] der heiligenTrinität, teilen die Ähnlichkeit des Todes Christi und empfangen die Gnade der Annahme als Kinder (VIII 4).

Jesus wurde nicht mit der Taufe des Johannes getauft, denn er beging keine Sünde (VIII 6). Johannes selbst sagt, dass er von Jesus getauft werden sollte (Mt 3,14) (VIII 7). Jesus ist also mit der Taufe der Christen getauft worden. Und dazu heißt es abschließend (in X): unser Herr wurde mit der Taufe getauft, die von ihm ihren Anfang nahm und mit der wir Christen getauft wurden – nicht mit der Taufe des Johannes.

Das christologische Kapitel IX

In diesem Kapitel werden die eigentlich christologischen Themen behandelt. Dabei wird die Inkarnation eingebettet in Gottes großer Erziehungstätigkeit an den Menschen, wenn es heißt (IX 7): Nachdem Gott uns durch verschiedene Offenbarungen und vielfältige Bilder über sein Wesen und darüber, was nützlich für unsere Erlösung ist, gelehrt hatte und so (am Ende der Zeiten) die menschliche Natur gelangt war zur vollen Statur der Fähigkeit, vollkommene Erkenntnis zu empfangen, nahm er von uns ein vollständiges menschliches Wesen, vollkommen an Leib und Seele. So konnte er durch ihn in uns vollkommene Erkenntnis über sein Wesen dämmern lassen, uns die künftige Welt offenbaren und zeigen, erfüllt mit allem geistlichen Segen, für die, die einmal gelernt hatten, was passend war. Und nachdem die ganze Oikonomia durch ihn auf Erden erfüllt war, weckte er ihn von den Toten auf, kleidete ihn mit Unsterblichkeit und Unveränderlichkeit, er ließ ihn aufsteigen und zu seiner Rechten sitzen im Himmel.

---

[110] Dazu die Erklärung von *Possekel-Coakley*, p. 38–40.

Hätte Gott mit dem *Menschen unseres Herrn* auch uns von den Toten auferweckt und so die Welt zu ihrem Ende gebracht, dann könnte man denken, dass Gott sich seiner Sache nicht so sicher gewesen sei, dass er also nicht vorher den Ausgang gekannt habe oder gar unfähig gewesen wäre, es auszuführen. Weil er aber nur unseren Herrn auferweckt hat, so ist klar, dass das nicht aus Schwäche geschah. Denn das, was er für ihn bewirkte, der aus uns genommen und uns der Natur nach gleich ist, hätte er zugleich auch für uns tun können (IX 8).

Er hätte unseren Herrn auch schon am Anfang erhöhen können. Aber das wäre nicht vorteilhaft für uns gewesen. Gott wirkt das, wie es für seine unbeschreibliche Weisheit passend und hilfreich für alle Geschöpfe ist (IX 9).

Der Herr wurde getauft und kam aus dem Wasser, später starb er und wurde von den Toten auferweckt, wie er es vorher in seiner Taufe bezeichnet hatte. Daraus glauben wir, dass das, was ihm geschehen ist, auch für uns vollendet werden wird (IX 14).

Die Taufe Jesu ist eine Zusicherung für uns, um unsere Taufe zu heiligen und zu bestätigen. Jesus brauchte sie nicht. Er wurde um unseretwillen getauft, wir aber werden um unseretwillen getauft (IX 15).

Die Einheit mit dem ewigen Sohn begann nicht mit der Stimme vom Himmel bei der Taufe Jesu (IX 16), sondern wir sollten Glauben und Überzeugung gewinnen, dass der Vater an uns Gefallen hat, wenn wir getauft sind, der Heilige Geist uns überschattet und der Annahme an Kindes Statt würdig gemacht werden.

Vergleich mit der Eucharistie (IX 17)

Der Mensch unseres Herrn würde nicht Sohn Gottes genannt werden, wenn der ewige Sohn nicht in ihm gewesen wäre, derselben Natur wie sein Vater. – So wie dieses Brot, dessen Natur aus Weizenkörnern ist, Leib Christi genannt wird, um anzuzeigen, dass es der Leib ist, der aus Maria genommen wurde, so war der, den Johannes taufte, ein Mensch von derselben Natur wie wir, aber er wurde Sohn Gottes genannt, um anzuzeigen, dass er der Gott Logos ist, der Sohn von Gott dem Vater.

Keine Zwei-Söhne-Lehre (IX 18)

Gegen die Anschuldigung, sie würden damit zwei Söhne lehren: Wir sagen nicht, Christus hat zwei Leiber, noch dass Gott zwei Söhne hat. Denn *der Mensch unseres Herrn* wird nicht neben Gott dem Wort, dem ewigen Sohn gezählt, und so zwei Söhne, wie auch das Brot nicht neben dem Leib unseres Herrn, der im Himmel ist, und so zwei Leiber sind. Das Wunder ist dies: Eines ist *der Mensch unseres Herrn* der Natur nach, und eines Gott das Wort der Natur nach, aber es gibt nicht zwei Söhne, wie auch das Brot aus Weizen eines ist. ... so wird auch *der Mensch unseres Herrn* geehrt, erhoben und verehrt zusammen mit Gott dem Wort, obgleich Gott das Wort nicht zusammen mit dem Menschen aus uns gebildet wurde, nicht geboren wurde, nicht wuchs, nicht litt und weder gestorben und auferstanden ist am dritten Tag.

Keine Verringerung der Eigenschaften (IX 19)

Gott das Wort wurde in keiner Weise verringert in den Eigenschaften seiner Natur im Menschen aus uns, sondern wurde nur voll offenbart in ihm und voll in ihr verehrt zusammen mit seinem Vater und dem Heiligen Geist – wieder Parallele zum eucharistischen Brot. – Denn wir glauben, dass *der Mensch unseres Herrn Macht* besass und fähig war an allen Aktivitäten von Gott dem Wort (teilzuhaben) wegen seiner Verbindung *naqiputha* – conjunction[111] ebenso wie wir bekräftigen, dass durch dieses Brot aus Weizen wir Vergebung der Sünden empfangen wegen des *ruhapa* des Heiligen Geistes über ihm.

Der *Mensch unseres Herrn* bleibt für immer, ohne Veränderung (IX 20)

Gegen die Vorstellung, dass der *Mensch unseres Herrn* einmal aufgelöst werde, argumentiert Thomas mit dem eucharistischen Vergleich wie folgt: Bei der Auferstehung der Toten werden wir unseren Herrn sehen, wie er ist. Das Brot, das ihn anzeigt, ist dann nicht mehr nötig. Weil aber Gott das Wort unsichtbar ist, werde der *Mensch unseres Herrn* unverändert immer bleiben und zusammen mit Gott dem Wort verehrt werden ohne Ende wie jetzt schon.

Herabkunft des Geistes in Gestalt einer Taube bzw. in Gestalt von Zungen (IX 21)

Dadurch sollte der Unterschied zwischen Jesus und den Jüngern deutlich werden. In unserem Herrn wohnte die Fülle des Geistes [vgl. Joh 3,34]. Die Zunge ist weniger als ein ganzer Leib. In Gestalt einer Taube ist ein Hinweis darauf, dass die Taube eine Opfergabe für Gott ist und weil sie den Frieden liebt.

Die Formulierung *Mensch unseres Herrn*

Auffallend oft kommt diese Formulierung in IX vor (8 mal: IX 8. 17. 18 (3 mal). 19. 20 (2 mal)), dazu noch einmal in IV 8, also insgesamt 9 mal in *De epiphaniae*. Man kann sagen, dass durch diese Formulierung gerade die eigentlich christologischen Aussagen markiert werden.

---

[111] Hier, Possekel-Coakley, p. 212,13, muss mit „conjunction", statt „affinity" übersetzt werden, d. h. mit dem Terminus technicus für *synapheia* und dem syr. Äquivalent *nqypwt'*. „Affinity" wäre wirklich „misleading".

2. *Die Christologie des Cyrus von Edessa – „Christus unser Herr, der Anführer unseres Heils"*[112]

Vorweg ist festzuhalten, dass Cyrus nicht von zwei *qnome* in Christus spricht[113]. Die christologische Perspektive des Cyrus lässt sich vielleicht am besten mit der Formulierung aus Heb 2,10 beschreiben, die fast am häufigsten unter den zitierten Bibelstellen vorkommt: Jesus Christus der Anführer, ἀρχηγός, *rēšā da-ḥnānan*) unseres Heils, nämlich insgesamt 11 mal[114], nur noch übertroffen von der Formulierung aus Hebr 12,22: das himmlische Jerusalem (12 mal). Damit ist bereits eine ausgeprägte eschatologische Orientierung der *causae* des Cyrus unterstrichen.

Was Christus in seiner Kirche hinterlegt hat, ist für unsere Führung gedacht (Fasten V 3); er hat „das Gesetz der Gebote durch seine Verordnungen vernichtet" (Eph 2,15) (Fasten V 6). Gott hat den Anführer unseres Heils durch Leiden vollendet (Passion VIII 5). Die *causa* über die Auferstehung bringt diese Wendung schon in der Einleitung (I 2); die wahre und bleibende Auferstehung hat er gebracht (II 3), allen Unveränderlichkeit und Sündelosigkeit verliehen (II 5) und Unsterblichkeit (VIII 8).
Die *causa* über die Himmelfahrt schließt (VII 3) mit der Feststellung: Unser Anführer ist im Himmel, wohin auch wir kommen sollen; und sie ermahnt dazu: wenn er offenbar wird, mögen wir würdig sein, auch mit ihm offenbar zu werden.

a) Über das Fasten

Aus der Erklärung über das Fasten möchte ich hervorheben, dass in Kap. V 4 die Rede von der Einsetzung der Eucharistie[115] ist und dann in V 5 von der Taufe. Der Leib Christi in der Eucharistie leitet uns zu dem, was im Himmel ist. Wir sollen „auf die Kraft des Heiligen Geistes, die in ihnen (den heiligen Mysterien) verborgen ist und in ihnen alles bewirkt" schauen. Der Typos

---

[112] Im Folgenden der etwas bearbeitete Abschnitt p. 50–56 von *T. Hainthaler*, Cyrus von Edessa und seine Erklärungen liturgischer Feste, in: R. Voigt (hg.) Akten des 5. Symposiums zur Sprache, Geschichte, Theologie und Gegenwartslage der syrischen Kirchen (V. Deutsche Syrologentagung), Berlin, 14.–15. Juli 2006 = Semitica et Semitohamitica Berolinensia 9 (Aachen 2010) 43–57.

[113] Das Register der Edition von *W. F. Macomber*, CSCO 355–356, Syr. 155–156 (Louvain 1974), bietet leider nicht die Stellen zu *qnome, ousia, kyana* auf, wohl aber zu *parṣopa*.

[114] 3 mal in Fasten (IV 20; V 3 und 6), Passion 2 mal (III 8; VIII 5), 4 mal Auferstehung (I 2; II 3 und 5; VIII 8), 2 mal Himmelfahrt.

[115] Bereits vorher in II 5 wird auf die Sakramente verwiesen. – Wenn *Macomber*, CSCO 356, p. 18, Anm. 8, hier eine Leugnung der Realpräsenz bei Cyrus konstatieren will („hard to avoid the impression that Cyrus is denying the Real Presence here and below"), dann verwundert diese Feststellung – ohnehin eine Fragestellung des Mittelalters – angesichts der Aussage: „we would consider that in reality we are embracing and kissing, as it were, the very substance [*qnwm'*] of his holy body".

(ṭwps') seines Leibes hat Leben von außen in sich selbst[116]. Wie Christus durch die Taufe einen Typos unseres Todes und unserer Auferstehung umrissen hat (V 5), so hat er durch die gegenwärtigen Dinge für uns wie in einem Bild einen Typos dieser himmlischen Dinge abgebildet. Das Fasten ist in gewisser Hinsicht eine Einübung in die himmlische Existenz (wo wir nicht essen und trinken).

Zwei Punkte unterstreicht Cyrus beim Fasten besonders: a) wir tun das, was der Herr tat. Nochmals in §6: es ist das Fasten unseres Herrn, das wir Christen halten – nicht das der Häretiker oder Juden (das nicht freiwillig sei). Und ferner b) im Himmel werden wir nicht essen und trinken.

Christus fastete, nicht weil er es für sich brauchte, sondern er tat es für uns und für unsere Erlösung. Er kämpfte mit dem Satan (VI 4), der „die Macht der Gottheit, die durch das Kleid der Menschheit unseres Herrn verborgen war," in ihm nicht erkannte. Der Satan hielt ihn für einen gewöhnlichen Menschen! Christus fastete 40 Tage und 40 Nächte wie Mose und Elija, der wirkliche Kampf aber begann erst am Ende, als er hungrig war (VI 6). Adam hielt das göttliche Gebot im Paradies 6 Std. lang, erst dann kam die Neigung zum Essen.

Die Versuchung Jesu wird dann in VII (1–20) breit diskutiert und entfaltet. Immer wieder stellt Cyrus dem ersten Adam den zweiten Adam, Christus, gegenüber, der Heilung an der Stelle bringt, wo der erste fiel (VII 4). Christus unser Herr ist durch göttliche Gnade als ein geistlicher Arzt gesandt worden. Auf zweifache Weise hat der Satan Tod über die menschliche Natur gebracht: für den Leib und für die Seele. Christus hat unsere Seele durch seine göttliche Unterweisung *(ywlpnh)* aufgerichtet und unseren schwachen Leib erneuert durch seine Auferstehung von den Toten. In den drei Versuchungen sind alle Krankheiten der Seele und des Leibes inbegriffen (VII 5).

Im Einzelnen diskutiert Cyrus dann die drei Versuchungen und jeweils die Konsequenzen aus den Ansinnen des Satans. Christus hat den Satan energisch zurechtgewiesen und blieb so siegreich.

In Fasten und Gebet sollen Leib und Seele gemeinsam auf Christus, den Krönenden, den Führer unseres Kampfes gerichtet sein. Fasten und Gebet sind wie zwei Soldaten gegen den Betrüger (Gebet stärkt die Seele, durch das

---

[116] V 4, CSCO 155, p. 21,23–24: *'lwl' bqnwmh*. Macomber meint, durch die Kraft des Heiligen Geistes, der bei der Epiklese auf die eucharistischen Elemente herabkommt, erhalten diese ihre Kraft, unsterbliches Leben zu schenken. In V 4 werden Theodors Worte in seiner Katechetischen Homilie 15,10 aufgegriffen, wo in gleicher Weise betont wird, dass Jesus beim Abendmahl nicht vom Typos seines Leibes und Blutes gesprochen hat. Zur Eucharistie-Lehre des Theodor von Mopsuestia vgl. *T. Hainthaler,* Perspectives on the Eucharist in the Nestorian Controversy, in: I. Perczel, R. Forrai, G. Geréby (eds.), The Eucharist in Theology and Philosophy. Issues of Doctrinal History in East and West from Patristic Age to the Reformation = Ancient and Medieval Philosophy Ser. 1, 35 (Leuven 2005) 3–21, hier 13–14.

Fasten wird dem Versucher keine Angriffsfläche geboten). Das Fasten ist nützlich nicht bloß für die künftige Welt, sondern schon jetzt (IX 5). Wir sollen auf das himmlische Jerusalem zugehen! (IX 7).

b) Über das Pascha (Gründonnerstag)

Eine wichtige Stelle ist in der *Causa* zum Pascha (Gründonnerstag) in V 6, wenn es heißt: „unser Erlöser hat durch die Kraft seiner Gottheit“ (syr. p. 56,10) bewirkt, dass ein Raum im Obergemach vom Hausherrn bereitet wurde.

Eine Stelle, die gerade von der Christologie her besondere Aufmerksamkeit anzieht, stellt das Dank-Gebet Jesu nach dem Abendmahlsbericht und den Einsetzungsworten dar (V 10).

„Würdig aller Glorie und aller Danksagung und Lobpreises ist die glorreiche Natur deiner erhabenen Gottheit, o Herr von allem, der du beständig in allen Zeiten verschiedene *Heilspläne* für die Menschen erfüllt hast. Und trotz der Tatsache, dass sie so undankbar waren, legst du ihnen immer wieder Zeichen der Erlösung vor. Jetzt aber hat es Deiner Milde gefallen, mich aus dem Menschengeschlecht anzunehmen und mich mit dir selbst zu verbinden *(nqp)* (p. 57,29), … und durch mich jene Erlösung zu offenbaren, die von Anfang an entworfen war auf typische Weise *(twpsn'yt)* mit jenen Männern aus alter Zeit. Denn weil ich gerechtfertigt worden bin und ohne Sünden gelebt habe, hast du Sündelosigkeit dem ganzen sündigen Menschengeschlecht durch mich verliehen. Und so sollt ihr, meine Jünger, wissen, dass dies mein Leib ist, der euretwegen, oder vielmehr der Erlösung der Welt wegen, gebrochen wird zur Vergebung der Sünden; d.h. durch mich werdet ihr immerwährendes Leben empfangen, das befreit von aller Sünde ist.“ [117]

Der Wortlaut des Gebets bei Cyrus ist, wie Macomber schon in einem kurzen Artikel 1964 auf wies[118], einem Text in der Homilie 35 (bzw. 17 in der Mingana Ausgabe der Narsai-Homilien) sehr ähnlich. Dort wird das sog. Gebet Jesu eingeleitet:

„Dass (Christus) Dank sagte und segnete, ist im rettenden Evangelium geschrieben; was er sagte, haben die auserwählten Apostel uns nicht bekannt gemacht. Der Meister, der Lehrer und Ausleger, Theodor, hat uns übermittelt, dass unser Herr so sprach, als er das Brot nahm.“ Damit wird das Gebet in der Narsai-Homilie als Zitat von Theodor von Mopsuestia gekennzeichnet.

Allerdings ist die erwähnte Narsai-Homilie nicht Narsai selbst zuzuschreiben, der Autor habe sich – um das Urteil von Luise Abramowski (1996) zu zitieren – bewusst und mit viel Erfolg in die Schule des Narsai begeben, verrate sich aber durch die Anachronismen der Wortbildung (Brock) als sehr

[117] CSCO 356, p. 49–50; CSCO 355, p. 57–58 (syr.).
[118] *W. Macomber*, An Anaphora Prayer composed by Theodore of Mopsuestia, ParOr 6–7 (1975–76) 341–347.

begabter Nachahmer[119]. Für die Nicht-Authentizität sprachen sich vor Abramowski bereits McLeod (1968), Brock (1990), Frishman (1992)[120] aus. – Hom. 35, in der Mingana-Ausgabe Nr. 17, fehlt auch in der Patriarchal Press Edition. – Als Verfasser der Homilie erwägt McLeod Mar Aba I, Ishoyahb I oder vielleicht sogar Ḥenana. Brock datiert sie „perhaps to the sixth century“[121].

Bei Cyrus ist diese Danksagung Jesu ohne Verweis auf Theodor angeführt, es heißt vielmehr: Damit habe er (Christus) uns gelehrt, wie wir Dank sagen sollen. (In der Ps.-Narsai Homilie fügt der Verfasser an, das Gebet sei an den Vater gerichtet). Anscheinend schreibt Cyrus das Gebet Jesus selbst zu, ohne wie es scheint die Möglichkeit zu erwägen, dass der Autor Theodor von Mopsuestia sein könnte.

Für Cyrus war der Text des Gebets anscheinend selbstverständlich (Anzeichen für eine spätere Hinzufügung sehe ich nicht). Für die Datierung der Ps.-Narsai Homilie scheint sich m. E. daraus zu ergeben, dass diese schon vorlag, als Cyrus seinen Text verfasste[122].

Dass es aber gar nicht so skandalös ist, wenn der *kyriakos anthropos* ein Gebet an den Logos richtet, kann man an dem Pss-Kommentar des Hesychius von Jerusalem aus der ersten Hälfte des 5. Jh.[123] sehen, der völlig unverdächtig ist, was nestorianische Neigungen betrifft. Hesychius zeigte alexandrinische Neigungen, neben manchen antiochenischen Formulierungen, und war vor allem ein scharfer Anti-Theodorianer. Dennoch findet man bei ihm im Kommentar zu Ps 68[69],7a (Wer auf dich hofft, Herr, du Herr der Heere, soll durch mich nicht scheitern) dazu: „Dies spricht der *kyriakos anthropos* zur Gottheit …“. Die Erklärung zu Ps 83[84],3b (Mein Herz und mein Leib jauchzen ihm zu, ihm dem lebendigen Gott) deutet diesen Vers als eine Anrede des *kyriakos anthropos* an seine Gottheit. Anscheinend waren solche Aussagen Allgemeingut und sind nicht bloß bei Theodor von Mopsuestia zu finden[124].

---

119 *L. Abramowski,* Die liturgische Homilie des Ps. Narses mit dem Meßbekenntnis und einem Theodor-Zitat, BJRL 78/3 (1996) 87–100, hier: 89.

120 *F. G. McLeod,* The Soteriology of Narsai (Rome 1968), hier: 37–51; *S. Brock*, Diachronic Aspects of Syriac word formation: an aid for dating anonymous texts, in: OCA 236 (Rom 1990) 321–330, hier: 327–328; *J. Frishman,* The Ways and Means of the Divine Economy. An Edition, Translation and Study of Six Biblical Homilies (Diss. Leiden 1992). Connolly diskutierte die Authentizität von Hom. 17 und kam zum Schluß, es sei „a genuine work of Narsai“. *R. H. Connolly,* The Liturgical Homilies of Narsai (Cambridge 1909), p. xv–xli (Authentizität), Text des Gebets: p. 16–17.

121 Die Ps.-Narsai Homilie 35/17 enthält ein Credo (als Bestandteil der Meßliturgie), was bei Narsai als Autor „erstaunlich früh“ erfolgt wäre, so *Abramowski*, BJRL 78/3 (1996), 90. Die liturgische Neuerung, das Credo in der Messe zu sprechen, liegt nicht allzu lange zurück (ebd. 91).

122 Kommentar Abramowski am 7. 2. 2008: „ich denke, dass Ps.Narsai und Cyrus eher eine gemeinsame Quelle haben“.

123 Er lebte mindestens bis 451, vgl. *A. Grillmeier,* in: Jesus d. Chr. 2/3, 54.

124 Vgl. Jesus d. Chr. 2/3, p. 58, Anm. 38.

Die Wendung (§ 6, p. 48) von der Kraft *seiner* Gottheit („power of his divinity") verweist auf die innige Verbindung von Gottheit und Christus als Mensch.

c) Über die Passion

Aus der Erklärung über die Passion seien aus der Einleitung, § 3, die christologischen Titel hervorgehoben: unser Heiland (*mḥynn*, Lebensspender, Heiland), durch seine Mittlerschaft *(byd mṣ'ywth)* (syr. p. 71,20), in § 4: Erlöser *(prwqn)* (syr. p. 72,9).

Cap. III geht der Frage nach, warum der Herr leiden mußte. Zunächst (III 3) kommen zentrale Vorstellungen des Theodor von Mopsuestia zum Ausdruck: der Mensch als Band der Schöpfung, Seele (alles Immaterielle und Unsichtbare), Körper (alle sichtbaren und körperlichen Naturen), der Mensch allein wird Gott und Sohn Gottes genannt (Ps 81,6). Gott hat ohne Zwang, ganz freiwillig den Menschen geschaffen. Gewiss findet man ähnliche Gedanken in der katechetischen Homilie 12 des Theodor, auf die Macomber verweist, doch ist das nicht im Sinne direkter Abhängigkeit zu verstehen.

In cap. IV ist sehr häufig von Christus als dem zweiten Adam die Rede, sein Gehorsam wird dem Ungehorsam Adams gegenübergestellt (70–71). Besonders eindrücklich ist hier, wie Cyrus die Stelle Joh 12,31–32 („Jetzt ist das Gericht dieser Welt – (jetzt wird der Fürst dieser Welt) hinausgeworfen. Und ich, wenn ich von der Erde erhöht bin, werde alle zu mir ziehen") durch eine Rede, die er Jesus anschließend in den Mund legt (§ 9–10, p. 71), entfaltet.

Nachdem der erste Mensch in seinem Ungehorsam gegenüber dem göttlichen Gebot aus seiner Würde vertrieben und versklavt wurde mit all seiner Nachkommenschaft, so dass das Leiden Tag für Tag zunahm, nahm Christus, da keiner fähig war, den Kampf mit dem Satan aufzunehmen, im Namen der gesamten Rasse, bewaffnet durch die Gnade des Geistes den Kampf mit ihm auf, vertrauend auf die göttliche Natur, die in ihm wohnt. Wenn er als unschuldig erwiesen sein wird in der Sicht der Engel und Menschen und den Tyrannen überführt habe, werde er ihm jene Gefangenen entreißen, die er ungerecht in seiner (Macht) hält. Da Adam in seinem Ungehorsam zum Tod verurteilt war zusammen mit all seiner Nachkommenschaft, werde er Gehorsam zeigen, das Leiden am Kreuz ertragen. So werde er Tod und Satan kreuzigen und in seinem Gehorsam jene Dokumente (der Verurteilung) Adams zerreißen, die er sich selbst durch seinen Ungehorsam zugezogen hat. Aus seinem Leiden werde er befreit werden mit großer Herrlichkeit und daraus Zuversicht und Vertrauen haben, für das gesamte Menschengeschlecht Fürbitte zu leisten. Die Rede Jesu endet mit einem Zitat von Joh 12,32 und 12,26.

Gründe, warum der Herr leiden mußte (6–7), sind: sein Sieg wäre nicht verkündet worden. Er hat dem Teufel seine Beute entrissen. Ferner: man hätte ihn für ein Phantom gehalten, wenn er sofort in den Status der Unveränderlichkeit erhoben worden wäre (7). Er hätte weiter (8) die Apostel nicht überzeugen können, den Tod zu verachten. Niemand hätte einen Nutzen gehabt (9). Wir wären immer noch in unseren Sünden. Henoch und Elija haben nur selbst Nutzen gehabt. Befreiung von der Herrschaft des Todes!

Mehrfach findet sich die Wendung von der göttlichen Natur, die in (ihm) wohnt (V 5, p. 85,2–3: *ʿmr b*) (IV 9: 82,12) oder ihm innewohnt. 6: Christus unser Erlöser *(prwqn,* 85,25). Die Wunder, die er tat.

Bei der Kreuzigung findet Cyrus wieder eine deutliche Parallele zum ersten Adam: dieser wurde am 6. Tag geschaffen (VI 3) und fiel am Mittag. Die Kreuzigung Christi fand am 6. Tag (5) statt und zwar zur selben Stunde wie der Sündenfall (6). Die Freiwilligkeit des Todes (7) ist betont, es war kein Zwang. Die Seele Christi ging ins Paradies ein, aus dem Adam wegging. Während nach dem Sünden fall Adam sterblich wurde, erlitt der andere (Adam) in seinem Gehorsam den Tod und bekam den Eintritt ins Paradies. An dem Schächer (8), der ins Paradies kam, zeigt sich die Veränderung der menschlichen Situation! Durch Reue und Glauben in der letzten Stunde – ein Geschenk göttlicher Gnade – kam er ins Paradies (9).

d) Über die Auferstehung

In der Erklärung zur Auferstehung ist besonders oft vom „prince of our salvation“ die Rede. Hinzuweisen ist auf das Thema des Lehrens und der Schule, das in dieser *Causa* angesprochen wird (VIII 5): die Schule dieser Welt, in der wir Gutes vom Bösen unterscheiden lernen sollen; ähnlich auch VIII 6, 7 und 8, wo von Bildung und Ausbildung in Trübnissen gesprochen wird.

Was Gott wesentlich und ewig hat, nämlich Unsterblichkeit, Unveränderlichkeit etc., hat Christus unser Herr aus Gnade erhalten. Seine wahre Sohnschaft, *synapheia* (*nqypwth*, p. 104,22) und Einheit sind in der Auferstehung bekannt gemacht worden. Durch die Auferstehung Christi übermittelte uns Gott die Unveränderlichkeit (II 5). Von der Würde der wahren Sohnschaft heißt es bereits in Passion IV 5, dass sie ihm durch *synapheia* (*nqypwth*, p. 79,28) mit dem Gott-Logos gegeben wird; dadurch wird er Herr über alles (Röm 9,5).

e) Über die Himmelfahrt und über Pfingsten

Auch in der *Causa* über die Himmelfahrt klingt das Schul-Motiv an (III 5): durch die Erscheinungen in den 40 Tagen nach Ostern führte Christus die Apostel nach und nach zur vollkommeneren Erkenntnis über das Reich Gottes und die Auferstehung. Das atl. Šmā Israel deutet er als verhüllte Rede über die Trinität (IV 7; 130,18). Die Auffahrt Christi in einer Wolke sei wie ein Siegeswagen, aber unsichtbar (Vergleich mit Elija und Henoch).

Das Thema der Belehrung findet sich auch in der *Causa* über Pfingsten (III 9): die Apostel hätten früher die Macht des Geistes nicht verstanden, die

Größe der Gabe. (IV 4–5): Christus passt sich der Auffassungsgabe der Jünger an. Die Jünger brauchten Zeit, deshalb kam der Geist nicht sofort (IV 6).

Wenn in cap. IV vom „Wink" des (göttlichen) Willens die Rede ist, dann erinnert das an ähnliche Stellen bei Narsai, wo vom Wink des Willens gesprochen wird, oder in Narsai, Hom IV (über die Geburt), dass der göttliche Wink die Magier treibt[125].

3. *Die* causa *des Išai über die Märtyrer*[126]

Diese *Causa*, bestehend aus 9 Kapiteln, behandelt die Feier des Freitags in der Osterwoche. Sie folgt dem strengen Schema, das von Thomas von Edessa und Cyrus von Edessa bekannt ist: Cap. I ist eine Widmung (an die Personen, die das Werk erbeten hatten, hier: der Priester Mar Qīrīs[127] und der *rabbaitā* Mar Yoḥannan, verbunden mit einem Lob ihrer Erkenntnis, Weisheit und ihres heiligen Lebens), gefolgt vom Ausdruck der persönlichen Unfähigkeit für die Aufgabe und der Bitte um das Gebet, das Werk zu unterstützen, das einzig aus Gehorsam getan werde. Išai zufolge wollte er eine Abhandlung erstellen in Übereinstimmung mit der Lehre des „heiligen *(qadīša*, 17,12), Mar Abraham". Entsprechend dem normalen Schema wird eine Liste von zu behandelnden Fragen angefügt (hier bereits in cap. I). Der Schluss des gesamten Werkes ist, wie immer, paränetisch.

Die Liste der Fragen folgt logisch einsichtig: Eine Erklärung der Termini Märtyrer *(shd', sahdā)* und Bekenner *(mwdyn')* (II), sowie Gedächtnis (commemoration, *dwkrn')* (III). Dann folgt die Frage, warum der Freitag nach Ostern der Tag des Gedächtnisses der Märtyrer ist (IV). Wo sind jetzt die Seelen der Gerechten? (V) Warum wurden einige der Bekenner in ihrem Kampf errettet und andere nicht (VI). Ist es nicht Götzendienst, die Reliquien (Gebeine, *grm'*) der Märtyrer zu verehren (VII). Jeder wird seine Belohnung entsprechend seinem guten Willen erhalten und nicht entsprechend seinen Erfolgen (VIII).

---

[125] Hom. IV: McLeod Nr. I, PO 40,1, p. 36–69, Wink in Z. 245, 321–324, 333, 457–458. „Jener Befehl, der der Erde einen Wink gab, und sie gebar Adam, / malte ein Bild in ihren (Marias) Gliedern in der Gestalt Adams" (457–458). Narsai beschreibt die daraus folgenden Heilswirkungen für den ersten, gefallenen Adam (Z. 459–476), um aus ihnen die richtige Bezeichnung für die „Reine" abzuleiten (477): „Mutter des Bildes, in dem gezeigt wird das Bild der Verborgenheit" (478). – Hom. XXXVI: McLeod Nr. III, PO 40,1, p. 106–135: Der Wink dessen, der alles lebendig macht (606–609). – Hom. XL: McLeod Nr. IV, PO 40,1, p. 136–161 (Auferstehung): 203. – Hom. XLV: Mc Leod Nr. V, PO 40,1, p. 162–187, Himmelfahrt: 67f. 70. Die Kraft des verborgenen Winks *(rmz')* bewirkt die Himmelfahrt.

[126] Ed. A. Scher, PO 7 (1909) 15–52.

[127] Es wäre naheliegend, in diesem Qīrīs *(qyrys)* zu vermuten, dass es sich um Cyrus von Edessa handelt, doch in den Mss heißt er Qiyorē *(qywr')*.

Wie man schon dieser Liste entnehmen kann, ist Išai stark von paulinischem Denken beeinflusst und zitierte aus Paulus-Briefen, doch ist er auch wohlvertraut mit biblischen Texten insgesamt einschließlich des Alten Testaments.

Išai will seine Hörerschaft ermutigen und stärken, damit sie diese berühmten Bekenner nachahmen können. – Sehr angemessen in einer Zeit der Verfolgung, die es tatsächlich in den 40ern des 6. Jh. in Persien gab.

Eher wenige christologische Besonderheiten kann man feststellen: die Ermutigung zur Hoffnung auf die Auferstehung, die von Christus eröffnet und erfüllt wurde (Kol 1,18) (26), auch eine Aufforderung, Christus zu lieben – christliche Spiritualität im allgemeinen. In Erwartung der Unsterblichkeit, Hoffnung auf Unverderblichkeit (26) – die spezifisch theodorianischen Gedanken. Die Märtyrer verkünden der ganzen Welt die Auferstehung Christi (28). Sie sind mit Christus.

Išai erwähnt nicht den Märtyrer Mar Šimon Bar Sabbaʿe, dessen Gedächtnis der Ursprung dieses Festes war[128].

Offenbar gab es eine Notwendigkeit, die Verehrung von Reliquien gegen den Vorwurf der Idolatrie zu verteidigen. Ähnliche Probleme sind mit der Kreuzverehrung verbunden. Schon Narsai schrieb, dass bei der Verehrung des Kreuzes nicht das Holz an sich verehrt werde. Aber auch Barḥadbšabba schrieb in seiner Kirchengeschichte über Abraham von Bet Rabban: „Once evil men of the so-called brethren accused him saying: ‚He adores the idols and sacrifices to the stars‘, because the holy man had an image of our Lord and a sign of the cross“[129]. Er hatte ein gemaltes Kreuz an der Eingangstür[130]. – Man kann auch an Narsais Homilie LIV (30) „Unser König Jesus“, der „gekreuzigte Mann“[131], denken, wo Narsai deutlich macht, dass die Kirche das Zeichen des gekreuzigten Königs verehrt, nicht das sichtbare Holz, das wie das Siegel eines Königs sei.

4. Die beiden causae *des Ḥenana*

Die *Causa* über den „Goldenen Freitag“[132] ist eine Erklärung über den Freitag nach Pfingsten, als Johannes und Petrus in den Tempel gingen (Apg 3) (cf. p. 61–62); es ist das erste Wunder, das von Aposteln (63) nach ihrer Taufe durch den Heiligen Geist vollbracht wurde (64). Dieser Freitag wird „golden“

---

128 Vgl. Hist. nest.: PO 4, p. 304; Breviarium Chaldaicum III, ed. P. Bedjan (Paris 1887), p. 232. Vgl. *Scher,* PO 7, Anm. 2 auf p. 29.

129 PO 9, p. 624.

130 PO 9, p. 625.

131 Mingana II, p. 114–130. Cf. die Analyse von *L. Abramowski,* in: FS W. Bienert, ed. von *P. Gemeinhardt, U. Kühneweg,* Patristica et Oecumenica (Marburg 2004) 157–166.

132 PO 7, p. 53–67. – Seitenzahlen aus dieser Edition in Klammern im Text.

genannt, weil Petrus sagte, ich habe weder Gold noch Silber. In dieser *Causa* hat Ḥenana auch ein Enkomium zu Beginn (53–55), an Isaak den Priester (nicht identifiziert).

Ḥenana's Leitmotiv in dieser *Causa* ist die Verbindung von Wort und Tat, beides geht zusammen. Das Evangelium wurde auf zwei Weisen gelehrt: durch Worte, die zu hören waren, und durch Taten, die man sehen konnte[133]. Ḥenana exemplifiziert diesen Gedanken im AT (prophetische Worte und sichtbare Taten), und im NT (die Worte Gabriels, die Prophezeiung von Zacharias, das Zeugnis von Simeon und Hanna, etc., und Taten, wie Taufe, Leiden, Tod, Auferstehung).

Am Ende lautet die Ermahnung (66): Wir müssen unsere Dankbarkeit in Glauben und guten Werken zeigen, gegen die Leidenschaften unserer Seele kämpfen. Je mehr Petrus, der Führer der Jünger, arm an sichtbaren Dingen wurde, desto reicher machte ihn sein Meister in den Gaben des Geistes (67).

Ḥenana folgt nicht dem strikten Schema, das bei Thomas, Cyrus und Išai feststellbar ist[134], und der (eher künstlichen) Struktur von Fragen und Kapiteln. Kein Paulus-Zitat lässt sich hier finden.

In seiner zweiten *Causa* über die Bitttage[135] erklärt er vier Arten des Gebets, ausgehend von 1 Tim 2,1 (gefolgt von Zitaten von 1 Tim 2,1–2; 6,9; Hebr 4,13). Die Wirkungen solch eines Gebets werden dann mit Belegen aus dem AT aufgezeigt. Am Ende mahnt er, dass wir in unserem Gebet nur unsere Sünden erinnern müssen, weil wir sie begangen haben. Unsere Tugenden aber sind die Wirkung von Gottes Gnade (81). Insgesamt zeigt er – in diesen Texten – eine Reserve gegenüber paulinischen Gedanken im Unterschied etwa zu Išai.

5. Die causa *über Maria*

Nach Reinink stammt die *causa* über Maria nicht von Michael Badoqa, wie Baumstark und Macomber vermuteten, sondern von einem unbekannten Lehrer der Schule von Nisibis, zu datieren bald nach dem Tode Babais, d. h. 628[136]. Der Text wurde bis heute nicht ediert[137].

Für die Christologie ist cap. 4 besonders wichtig. Auffallend ist nach Reinink, dass in dieser *causa* nie *parsopa* verwendet wird, um das Einheitsprosopon Christi zu bezeichnen[138], das unterscheidende Merkmal von Babais

---

133 Das könnte eine Besonderheit des Ḥenana gewesen sein.

134 So mit Recht *E. Riad,* Studies in the Syriac Preface (Uppsala 1988), 151.

135 PO 7, 68–81. Diese Bitt-Ṭage sind heute drei Wochen vor der Fastenzeit (p. 78, Anm. 1).

136 *Reinink,* The Cause, 524. In seinem Artikel diskutiert Reinink Autor, Datierung und die christologische Sicht des Autors (519).

137 *Baumstark,* Die nestorianischen Schriften, 333–334, teilt die Kapitelüberschriften mit.

138 *Reinink,* The Cause, 527.

Christologie. Hervorheben möchte ich aber auch, dass in dieser *causa* von *ousiai*, nicht aber wie im Bekenntnis von 612 von *kyana* gesprochen wird[139]. Auch ist nicht von *qnoma* bei den Naturen von Menschheit und Gottheit die Rede. Wohl wendet sich der Verfasser gegen eine hypostatische oder natürliche Union (was für einen Angehörigen der Kirche des Ostens selbstverständlich sein dürfte), aber er spricht nicht vom einen Prosopon der Sohnschaft.

Nach der Lektüre von Reinink würde ich eher eine Datierung zu Lebzeiten Babais erwägen.

SCHLUSS

Die *causae*, die sich von den Schülern des Mar Aba erhalten haben – verfasst in der Schule von Seleukia-Ktesiphon oder in der Schule von Nisibis (Thomas von Edessa, Cyrus von Edessa; Išai) um 540, folgen einem strengen Schema, das sehr genau eingehalten wurde. Davon unterscheiden sich die *causae* aus der Schule von Ḥenana (Ḥenana und Barḥadbešabba) mit geschmeidigerem Gedankengang.

Die erste Schule griff oft auf paulinische Schriften zurück, sie ermahnte zu Anstrengungen in guten Werken, die zweite verwendet wenig Paulus-Zitate. Der Gedanke der fortwährenden Erziehung ist bei Thomas und Barḥadbešabba sehr stark entfaltet, weniger bei Išai und noch weniger bei Ḥenana.

DIE *CAUSA*-LITERATUR UND THEODOR VON MOPSUESTIA

Immer wieder war auch in diesem Kapitel ein Einfluss des Theodor von Mopsuestia zu vermerken, nicht verwunderlich. Schon Baumstark[140] meinte in seinem ersten Aufsatz von 1901 zur *causa*-Literatur im Blick auf die Verwendung biblischer Bücher – Genesis, Isaias, Psalmen, Evangelien und Paulusbriefe (incl. Hebr): „Ganz besonders sind es paulinische Gedanken, zu welchen die Verfasser [scl. der *causae festorum*] mit Vorliebe immer wieder zurückkehren. Die Grundlage ihrer Exegese bildet natürlich Theodoros von Mopsuestia, der jedoch nur einmal ausdrücklich zitiert wird“[141].

Nach der starken Übersetzungstätigkeit der Schule von Edessa hinsichtlich der griechischen Werke des Theodor im 5. Jh.[142] – wobei der größte Teil nach

---

[139] *Reinink*, The Cause, 530.

[140] *Baumstark*, Die nestorianischen Schriften, 338.

[141] Ebd. Das Theodor-Zitat findet sich in der nicht edierten *causa* über Maria § 3 und betrifft eine Aporie bzgl. der Abstammung Christi (ebd. Anm. 5).

[142] Dazu vgl. *L. Van Rompay*, Quelques remarques sur la tradition syriaque de l'oeuvre ex-

dem Tode Theodors (428) entstand –, wird noch im 6. Jh. dem Elīšaʿ die Übersetzung des Samuel-Kommentars des Theodor zugeschrieben. Dass es sich bei dieser edessenischen Initiative, die Werke Theodors ins Syrische zu übersetzen, nicht um einen Wendepunkt in der Geschichte Edessas gehandelt hat, sondern um einen logischen und natürlichen Prozess, hat Van Rompay erläutert[143]. Zwischen antiochenischen und syrischen Texten in Exegese und Theologie lassen sich mehr und mehr organische Verbindungslinien aufzeigen, etwa die Analogie der exegetischen Methode und zahlreiche Entsprechungen in der Erklärung, so Van Rompay, der eine Nähe der beiden Welten, „grec et oriental", sieht[144]; allerdings scheint hier eine Differenzierung im Blick auf Ephraem nötig[145].

Unter Mar Aba gewinnt der Theodor-Einfluss eine besondere Gestalt. Als Katholikos legt er für die Bischöfe in can. 40 im Jahr 544 die Auslegung des Nicaenums in der Gesinnung Theodors fest[146]; die katechetischen Homilien werden damit maßgebend (Abramowski: „theologisches Grundbuch"[147]).

Die Schüler des Mar Aba – Thomas, Cyrus, Išai, und man müsste generell in diesem Kontext noch Cosmas Indicopleustes mit einbeziehen – arbeiten nicht mit einer besonderen christologischen Terminologie. Wie schon bei Mar Aba bleibt auch bei seinen Schülern die – von Abramowski oben (Kap. Mar Aba) konstatierte – „Enthaltsamkeit im Gebrauch von (christologischen) Fachtermini wirklich auffällig". Festzustellen sind aber Denkkategorien, die

égétique de Théodore de Mopsueste, in: H. J. W. Drijvers (ed.), IV Symposium Syriacum = OCA 229 (Rom 1987) 33–43, hier 35–37.

143 *Van Rompay,* Quelques remarques, 35–37.

144 Ebd. 34–35.

145 Was die „affinité entre Ephrem et les exégètes antiochiens, parmi lesquels Théodore de Mopsueste est le plus connu" – *Van Rompay,* ebd. 34 mit Verweis auf Hidal –, so hat *T. Kremer,* Mundus primus. Die Geschichte der Welt und des Menschen von Adam bis Noach im Genesiskommentar Ephräms des Syrers = CSCO 641, Subs. 128 (Louvain 2012) 431, auf die markanten Unterschiede zur antiochenischen Schule im Kommentar Ephräms hingewiesen (Ephräms Nähe zu rabbinischen Auslegungsprinzipien – Diodors Distinktionen zwischen Allegorie, Theorie, Tropologie; typologische Verbindung von AT und NT bei Ephräm – zwei Zeitalter bei Theodor; keine philologischen Spekulationen bei Ephräm aber Verwendung von haggadischem Material – abgelehnt von Antiochenern). „Diese Unterschiede zur antiochenischen Schule sind derart gravierend, dass es notwendig ist, Ephräms Exegese eine Sonderstellung einzuräumen und aufgrund ihrer semitischen Struktur von einer syrischen Exegese als einer eigenständigen Größe zu sprechen, die primär in Edessa beheimatet ist." Ephräm stehe so am Anfang einer Entwicklung, die zahlreiche syrische Schriftinterpreten beeinflusst, „wenngleich der von Theodor von Mopsuestia und den Kappadokiern eingetragene Einfluss die ephrämische Position häufig verdrängt." Zur „besondere(n) Rolle des Theodor von Mopsuestia" ebd. 489–490.

146 Mar Aba verlangt: „die Gesinnung von uns allen, der Bischöfe des gesamten Ostens hinsichtlich des Glaubens, der aufgesetzt wurde von den 318 Bischöfen … ist jene (Gesinnung), die aufgeschrieben wurde vom heiligen und gottliebenden seligen Mar Theodoros, Bischof und Lehrer der göttlichen Schriften" (can. 40). Vgl. oben *Abramowski,* Kapitel Mar Aba.

147 Oben Kapitel Mar Aba, p. 254.

auf Theodor zurückgehen, etwa folgende Vorstellungen: die Verheißung der zukünftigen Güter[148], schon bei Mar Aba; der Mensch als „Band" der Schöpfung (bei Thomas[149], vgl. Cyrus, Passion III 3, Cosmas Indicopleustes[150]); die Verschränkung von Heilsgeschichte und Heilspädagogik; die Offenbarung der Trinität durch Christus (cf. schon Narsai und alle folgenden Theologen); die „Menschheit" Christi als Offenbarung seiner Gottheit (cf. Narsai etc.); eine Gegnerschaft gegen die Vorstellung vom gekreuzigten Gott (cf. die Debatten des späten 5. Jh.). Der „Mensch des Herrn" (= κυριακὸς ἄνθρωπος) heißt Sohn Gottes, der ewige Sohn ist in ihm verborgen. Selbstverständlich wird von der Einwohnung gesprochen, der ψιλὸς ἄνθρωπος abgelehnt oder der Leib Christi als Tempel der Gottheit verstanden. Die Erwartung der Unsterblichkeit ist bezeugt bei Išai. Die Katastasen-Lehre Theodors findet sich bei Cosmas (auch die Teilhabe-Lehre), nicht bei Thomas.

Possekel konstatiert bei Thomas von Edessa „eine eigenständige Synthese von Theodors Theologie, in diesem Fall angewandt auf die liturgischen Feste, in zugänglicher und didaktisch brauchbarer Form präsentiert und mit einprägsamen Illustrationen versehen". In ihrem Artikel beschränkt sie die Diskussion „auf drei verschiedene Bereiche ..., die jeweils breitere Merkmale hervorheben, nämlich die Heilsgeschichte, die exegetische Technik und die Idee des Menschen als ‚Band der Schöpfung'"[151].

Für Cyrus von Edessa sind die Werke Theodors – die katechetischen Homilien aber auch andere Werke – die Hauptquelle, wenn man von der Heiligen Schrift absieht[152]. Cyrus übernimmt Gedanken aus Theodors katechetischen Homilien (*typos* der Eucharistie), vgl. auch das Dank-Gebet in der Anaphora, das Theodor zugeschrieben wird.

Wenn man Cosmas Indicopleustes kennt und dann Thomas und Cyrus von Edessa liest, fallen die Gemeinsamkeiten deutlich ins Auge; schon Wolska[153] vermerkte „étroites analogies" zwischen Thomas von Edessa und Cosmas und stellte deren Aussagen einander gegenüber. Insbesondere für V 58–64 der Topographia Christiana zeige sich ein „parallélisme frappant"[154]. Unbestreitbar seien Thomas von Edessa und Cosmas (dazu nimmt sie auch noch Giwargis) für die Substanz ihres Denkens von Theodors Lehren abhängig. Die Vereinfachung, Vulgarisation der Theorien des Theodor scheint anzuzeigen, dass

---

148 Dazu nun *U. Possekel,* Transmitting Theodore to the Church of the East: The Contribution of Thomas of Edessa, JEH (2020) 712–737, hier 720–722, 732.
149 *Possekel,* Transmitting Theodore, 733–735.
150 *Cosmas Ind.,* Top. Chr. III 35: SC 141, p. 473. Vgl. *T. Hainthaler,* Jesus d. Chr. 2/4, 156.
151 *Possekel,* Transmitting Theodore, 720.
152 *Macomber,* CSCO 356, p. XIV. Vgl. die Anmerkungen in der Übersetzung von Macomber.
153 *W. Wolska,* La Topographie Chrétienne de Cosmas Indicopleustès. Théologie et Science au VIe siècle (Paris 1962), 73–85.
154 *Wolska,* La Topographie Chrétienne, 74.

diese eine systematische Bearbeitung in einem bestimmten Milieu erfahren haben[155]. Ob diese vermittelnde Quelle in Mar Aba zu sehen ist, wie Wolska vermutete, oder schon in Narsai im 5. Jh. anzunehmen ist, wie Gignoux denkt[156]?

Van Rompay[157] fragt, ob der einfache und vulgarisierende Charakter der Exegese, den man bei Cosmas (Indicopleustes), Thomas, Narsai beobachtet, nicht vielmehr von der traditionellen Exegese, der alten *mašlmanuta* kommt? Man weiß nicht, wann sie schriftlich formuliert wurde, da uns erst ab dem 8. Jh. exegetische Kommentare vorliegen; dort hat man die *mašlmanuta* niedergeschrieben und Auszüge aus Theodor-Kommentaren u. a. eingefügt. Vermutlich habe man frühzeitig die Lehre des Theodor auf das Niveau der „Tradition der Schule", der *mašlmanuta,* gebracht und den Bedürfnissen der Exegese und pastoral angepasst. Diese Terminologie der *mašlmanuta* findet man bei Barḥadbeshabba, der klar unterscheidet zwischen dem Kommentar *(pwšq')* des Theodor, dem „Interpreten" *(mpwšqn'),* und der Tradition *(mšlmnwt'),* oder den Traditionen *(mašlmānutā)* der Schule[158] (die vielleicht mündlich überliefert wurden).

Der „große" Theodor wird behandelt von Barḥadbshabba (PO 4, 378–381), insbesondere ist aber auch der *paideia*-Gedanke entfaltet, der auf Theodor zurückgeht – so in der Form, dass die Schöpfung entstand in dauernder Unterweisung der vernünftigen Lebewesen[159].

In der Übernahme von theodorianischen Gedanken gibt es aber eine Entwicklung von Narsai bis zu Barhadbeschabba. So beschreibt etwa Narsai die Schöpfung „wie" eine Schulstunde mit Bücher, Stift etc., bleibt aber in der Form eines Vergleichs („wie"). Narsai macht damit deutlich, dass es sich um eine Metapher handelt[160]; sie enthält zwar theodorianische Gedanken, Narsai verwendet aber konkrete Schul-Metaphern. Die *causa* des Barrḥadbschabba aber geht noch einen Schritt weiter: „Il [Dieu] écrivit donc aux anges avec le doigt de sa puissance créatrice un rouleau de lumière intangible"[161] (So schrieb er [Gott] den Engeln mit dem Finger seiner Schöpferkraft eine Schriftrolle aus nicht greifbarem Licht"). Becker sieht in dem Wechsel vom Gebrauch einer Metapher hin zur Konstruktion von „spirituellen" Äquivalenten irdischer Größen eine kreative Weiterentwicklung in der ostsyrischen Schule[162].

155 *Wolska,* La Topographie Chrétienne, 84.
156 *P. Gignoux,* Introduction, PO 34 (1968), 510.
157 *Van Rompay,* Quelques remarques, hier 41–42.
158 Dazu vgl. schon oben p. 219 (Abramowki): „Die edessenische Unterrichtsweise der theodorianischen Fraktion wurde in Nisibis fortgeführt, nicht nur mit den Kommentaren des ‚Interpreten' (in syrischer Übersetzung) als Grundlage sondern auch in Fortsetzung der ‚Tradition der Schule'". Vgl. auch *Vööbus,* CSCO 266, p. 125.
159 Dazu *Becker,* Fear of God, 113–125, mit 245–249.
160 *Narsai,* Hom II: ed. Gignoux, PO 34 (1968), 352–357.
161 PO 4, p. 348,8–9.
162 Dazu im Einzelnen *Becker,* Fear of God, 113–125, bes. 124–125.

Thomas von Edessa, *De nativitate* 6–7, sieht Baumstark[163] als Beleg für die *henosis schetike*. Nun ist klar, dass der Schluss-Satz in *De nat.* 6 ganz theodorianisch geprägt ist: „Gott nahm aus uns einen vollkommenen Menschen für seine Offenbarung an uns, und lehrte uns [Paideia-Motiv] durch ihn das vollkommene Wissen über seine Natur und über seinen Willen, und versprach uns die himmlischen, nicht zu übertreffenden Güter.“ Dieser Satz leitet über zum christologischen Kapitel *De nat.* 7 mit dem „Menschen unseres Herrn“. Hier aber dieses Einheitskonzept einer nur *schetikos* verstandenen Einheit zu vermuten, ist nicht angebracht, wie sich aus der dogmengeschichtlich weit verwurzelten Geschichte dieses Begriffs ergibt, die Grillmeier (ὁ κυριακὸς ἄνθρωπος) und Abramowski (Exkurs: Der Mensch unseres Herrn) untersucht haben.

[163] *Baumstark*, Die nestorianischen Schriften, 341.

Liste der Sassaniden-Könige und der Oberhäupter der Kirche des Ostens

Zur Orientierung bieten wir hier eine Liste der Oberhäupter der Kirche des Ostens und der Sassanidenkönige von Paul Hindo in: Primats d'Orient ou Catholicos nestoriens et Maphriens syriens (Vatican 1936), XV, p. 105–127, die Jean Maurice Fiey, Pour un Oriens Christianus novus (1993), 17–27 abdruckt; sie ist nach Fiey wahrscheinlich die beste. Die Zahlen in der Liste im Beitrag von Garsoïan, die auf Chaumont, 42–47 beruht, unterscheiden sich davon.

LISTE DER SASSANIDEN-KÖNIGE

Ardašir I.	224(?)–240
Schāhpūr I.	240–270
Hormizd I.	270–271
Bahrām I.	271–274
Bahrām II.	274–293
Bahrām III.	293
Narseh	293–302
Hormizd II.	302–309
Schāhpūr II.	309–379
Ardašir II.	379–383
Schāhpūr III	383–388
Bahrām IV.	388–399
Yazdgerd I.	399–420
Bahrām V.	420–438
Yazdgerd II.	438–457
Hormizd III.	457–459(?)
Perōz	459–484
Balaš	484–488
Kawādh	488–496, 498–531
Zamasp	496–498
Chosrau I.	531–579
Hormizd IV.	579–590
Chosrau II.	590, 591–628

Bahrām VI. Č'obīn	590–591
Široe (Kawādh II.)	628
Ardašir III	630[1]
Šahrvarāz	630[1]
Bōrān	630–631
Yazdgerd III.	632–651

LISTE DER KATHOLIKOI DES OSTENS UNTER DEN SASSANIDEN

Papa bar Aggai	ca. 310 (?)
Šim'ūn bar Ṣabba'ē	ca. 340–341
Isḥaq	399–410
Aḥai	410–415
Yahbalaha	415–420
Farabokht	420
Dadīšō'	420–456
Babowai	457–484
Aqaq	485–495/6
Babai	497–502/3
Schīlā	505–523
Narsē und Elīše'	524–539
Paul	539
Mar Aba	540–552
Joseph	552–567
Ezechiel	570–581
Išo'yahb I.	582–595
Sabrīšō'	596–604
Gregor	604–608
⟨Vakanz	608–628⟩
Išo'yahb II.	628–645

In frühislamischer Zeit:

Mar Emmeh	646–649
Išo'yahb III.	649–659
Georg I.	661–680/1

[1] Nach *A. de Halleux,* Martyrios-Sahdona. La vie, 111, Anm. 2, mit der Datierung von Nöldeke und Pigulewskaja.

Bibliographie

1. QUELLEN

Ausgaben

Amphilochius von Iconium
C. Datema (ed.), Amphilochii Iconiensis opera = CCG 3 (Turnhout, Leuven 1978)

Aphrahat
R. Graffin, Aphraatis sapientis Persae demonstrationes, Patrologia Syriaca 1–2 (Paris 1894, 1907)
M.-J. Pierre, Aphraate le Sage Persan I–II = SC 349–350 (Paris 1988–1989) (French translation)
P. Bruns, Aphrahat. Unterweisungen. Aus dem Syrischen übers. und eingeleitet = FC 5,1–2 (Freiburg i. B. 1991)

Apollinaris von Laodicea
H. Lietzmann, Apollinaris von Laodicea und seine Schule. Texte und Untersuchungen (Tübingen 1904)

Babai der Große
A. Vaschalde (ed.), Babai Magni Liber de unione = CSCO 79, Syr. 34 (II 61 T); 80, Syr. 35 (II 61 V) (Louvain 1915)
Vita des Märtyrers Georg: P. Bedjan (ed.), Histoire de Mar-Jabalaha, de trois autres patriarches, d'un prêtre et de deux laïques nestoriens (Leipzig 1895) 416–571
O. Braun, Ausgewählte Akten persischer Märtyrer = BKV 22 (Kempten, München 1915) 221–277 (deutsche Teilübersetzung)

Barḥadbešabba ʿArbaïa
F. Nau (ed.), La seconde partie de l'Histoire de Barḥadbešabba ʿArbaïa, PO IX, 5 (Paris 1913)

Barḥadbšabba ʿArbaya ep. Ḥalwanensis
A. Scher (ed.), Cause de la fondation des écoles, PO IV 4 (Paris 1907)

Chronica minora
I. Guidi (ed.), Chronica minora = CSCO 1, Syr. 1 (= III 4, T); CSCO 2, Syr. 2 (= III 4, V), (Leipzig 1903), darin: Chronicon anonymum, Chronicon Edessenum

Chronique de Séert siehe Histoire nestorienne

Codex Theodosianus
Th. Mommsen, J. Rougé et al. (ed.), Les lois religieuses des empereurs romains de Constantin à Théodose II (312–438) = SC 497, 531 (Paris 2005, 2009)

Cosmas Indicopleustes
W. Wolska-Conus (ed.), Cosmas Indicopleustès, Topographie chrétienne I (livres I–IV) = SC 141 (Paris 1968); II (livre V) = SC 159 (Paris 1970); III (livres VI–XII, Index) = SC 197 (Paris 1973)

Cyrus von Edessa
W. F. Macomber, Six Explanations of the liturgical feasts by Cyrus of Edessa. An East Syrian Theologian of the Mid Sixth Century = CSCO 355, 356, Syr. 155, 156 (Louvain 1974)

Dadisho Qatraya
H. Ph. Schneider, De Vita Constantini = FC 83 (Turnhout 2007)
F. Winkelmann, L. Pietri, M.-J. Rondeau (ed.), Vie de Constantin = SC 559 (Paris 2013)
R. Draguet (éd. et trad.), Commentaire du livre d'Abba Isaïe (logoi I–XV) par Dadišo Qatṛaya (VIIe s.) = CSCO 326.327, Syr. 144.145 (Leuven 1972)

Euagrius Ponticus
W. Frankenberg (hg.), Euagrius Ponticus = AGWG.PH NF 13,2 (Berlin 1912)

Evagrius Scholasticus
A. Hübner, Evagrius Scholasticus. Historia ecclesiastica = Kirchengeschichte, übers. und eingel. = FC 57/1–2 (Turnhout 2007)

Euseb von Caesarea
K. Mras (ed.), Eusebius Werke 8, Die Praeparatio Evangelica = GCS 43,2 (Berlin 1956)
H. Ph. Schneider, De Vita Constantini = FC 83 (Turnhout 2007)
F. Winkelmann, L. Pietri, M.-J. Rondeau (ed.), Vie de Constantin = SC 559 (Paris 2013)

Gregorius Barhebraeus
J.-B. Abbeloos, Th. J. Lamy (ed.), Gregorii Barhebraei Chronicon ecclesiasticum I–III (Louvain 1872, 1874, 1877)

Histoire Nestorienne
A. Scher (ed.), Histoire nestorienne inédite (Chronique de Séert), Teil I,1 = PO 4,3 (Turnhout 1907), Teil I 2 = PO 5,2 (Turnhout 1910); Teil II 1 (Nr. I–XL) = PO 7, 2 (Turnhout 1909); Teil II 2 (Nr. XLI–CXII) = PO 13,4 (1918)

Ibn aṭ-Ṭaiyib
W. Hoenerbach, O. Spies (hgg.), Ibn-aṭ-Ṭaiyib, Abu-'l-Farağ 'Abdallāh, Recht der Christenheit = CSCO 161–162,167–168, Ar. 16–19 (Louvain 1956, 1957)

Īšō'denah von Basra, Liber castitatis
J.-B. Chabot, Le livre de la Chasteté composé par Jésusdenah, Évêque de Baçrah, publié et traduit, Mélanges de l'école française de Rome 16 (1896) 225–292

Īšō'yahb II de Gḏālā
L. R. M. Sako, Lettre christologique du patriarche syro-oriental Īšō'yahb II de Gḏālā (628–646). Étude, traduction et édition critique (Rom 1983)

Īšōʿyahb III
R. Duval (ed.), Išoyahb III patriarcha, Liber epistularum = CSCO Syr. 11–12 (= II 64 T, V) (Paris 1904, 1905)
J.-B. Chabot (ed.), Histoire de Jésus-Sabran écrite par Jésus-Yab d Adiabène, Nouvelles Archives des Missions scientifiques 7 (1897) 485–584

Jakob von Sarug
G. Olinder (ed.), Iacobi Sarugensis epistulae quotquot supersunt = CSCO Syr. II 45 (Paris 1937), Nachdruck CSCO 110, Syr. 57
P. Bedjan (ed.), Homiliae selectae Mar-Jacobi Sarugensis I–V (Paris 1905, 1906, 1907, 1908, 1910)

Johannes Bar Penkāyē
Liber summorum capitum historiae mundi (Ktābā d-rīš mellē) XIV, ed. A. Mingana, Sources syriaques II (Leipzig 1907)

Mar Mari
J.-B. Abbeloos, Acta Sancti Maris Assyriae Babyloniae ac Persidis Seculo I apostoli aramaice et latine, AnBoll 4 (1885) 43–138
C. Jullien, F. Jullien (eds.), Les Actes de Mar Mari = CSCO 602, Syr. 234 (T); CSCO 603, Syr. 235 (V) (Leuven 2003)
A. Harrak (ed.), The Acts of Mar Mari the Apostle (Atlanta GA 2005)

Mārī ibn Sulaimān, ʿAmr ibn Mattā, Ṣĕlībā ibn Yūḥannā
H. Gismondi, Maris Amri et Slibae De patriarchis Nestorianorum commentaria. Pars prior Maris versio latina; pars altera Amri et Slibae textus versio latina (Rom 1897, 1899), textus arabicus (Rom 1896, 1899)

Martyrius – Sahdona
P. Bedjan (ed.), S. Martyrii, qui et Sahdona, quae supersunt omnia (Paris, Leipzig 1902)
A. de Halleux (ed.), Martyrius (Sahdona). Œuvres spirituelles I–IV = CSCO 200–201.214–215, Syr. 86–87. 90–91 (Louvain 1960), CSCO 252–255, Syr. 110–113 (Louvain 1965)

Mārūtā of Maipherqaṭ
A. Vööbus (ed., transl.), The Canons Ascribed to Mārūtā of Maipherqaṭ and Related Sources = CSCO 439, 440, Syr. 191, 192 (Louvain 1982)

Michael Syrus
J. B. Chabot (ed.), Chronique de Michel le Syrien, patriarche Jacobite d'Antioche (1166–1199), I–IV (Bruxelles 1963)
M. Moosa, The Syriac Chronicle of Michael Rabo (the Great). A universal history from the creation. Translation and introduction (Teaneck, NJ 2014)

Narsai
A. Mingana, Narsai doctoris syri homiliae et carmina, vol. I–II (Mossul 1905) (syrischer Text);
Homilies of Mar Narsai. Vol. 1–2, published by the authority of His Holiness Mar Eshai Shimun XXIII, Patriarchal Press (San Francisco, California 1970)
F. Martin, Homélie de Narsès sur les trois docteurs nestoriens, Journal Asiatique, sér. 9, 14 (1899) 446–483; 15 (1900) 469–515 (syrischer Text und französische Übersetzung)
Ph. Gignoux, Homélies de Narsaï sur la création. Édition critique du texte syriaque, introduction et traduction française, PO 34, 3–4 (1968) 419–716 [1–298]

F. G. McLeod, Narsai's Metrical Homilies on the Nativity, Epiphany, Passion, Resurrection and Ascension. Critical edition of Syriac text, English translation. PO 40,1 = Nr. 182, 1979
E.-P. Siman, Narsaï. Cinq homélies sur les paraboles évangéliques. (Syrischer Text und) Introduction et traduction (Paris 1984)
J. Frishman, The Ways and Means of the Divine Economy. An Edition, Translation and Study of Six Biblical Homilies (Diss. Leiden 1992)
1. Hom. LIV [30]): Mingana II, p. 114–130
2. Hom. LVI: Patriarchal Press I, p. 581–598
3. Hom. LXXXI: Patriarchal Press II, p. 206–218
4. Hom. XI: F. Martin, JA, sér. 9, 14 (1899) 446–483 (Text); 15 (1900) 469–515 (Übersetzung)
5. Hom. XXVIII: Patriarchal Press I, p. 114–130
6. Hom. XLVII: Siman Nr. 4, p. 61–80
7. Hom. LVIII (31): Mingana II, p. 131–144
8. Hom. LXXII (42): Mingana II, p. 288–302
9. Hom. LXXVIII (45): Mingana II, p. 328–339
10. Hom. LXXIX (46): Mingana II, p. 340–352
11. Hom. IV: McLeod Nr. I, PO 40,1, 3 = fasc. 182, p. 36–69
12. Hom. VI: McLeod Nr. II, PO 40,1 = fasc. 182, p. 70–105
13. Hom. XXXVI: McLeod Nr. III, PO 40,1, 3 = fasc. 182, p. 106–135
14. Hom. XL: McLeod Nr. IV, PO 40,1 = fasc. 182, p. 136–161
15. Hom. XLV: McLeod Nr. V, PO 40,1 = fasc. 182, p. 162–187

Nestorius
P. Bedjan (ed.), Nestorius. Le livre d'Héraclide de Damas. Avec plusieurs appendices (Paris, Leipzig 1910)
F. Nau (trad.), Nestorius. Le livre d'Héraclide de Damas (Paris 1910)
G. R. Driver, L. Hodgson, Nestorius, The Bazaar of Heracleides, newly transl. from the Syriac (1925)

Philoxenus von Mabbug
A. de Halleux (ed.), Philoxène de Mabbog. Lettre aux moines de Senoun, CSCO 231, 232, Syr. 98, 99 (Louvain 1963)
– Philoxène de Mabbog. Commentaire du prologue johannique (Ms. Br. Mus. Add. 14,534), CSCO 380, Syr. 165 (T); 381, Syr. 166 (V) (Louvain 1977)
J. W. Watt (ed.), Philoxenus of Mabbug, Fragments of the Commentary on Matthew and Luke, Text/Version = CSCO 392–393, Syr. 171–172 (Louvain 1978)

Šubḥalmaran
D. Lane (ed.), Šubḥalmaran. The book of gifts = CSCO 612, Syr. 236 (T); 613, Syr. 237 (V) (2004)

Synodicon Orientale
J.-B. Chabot (ed.), Synodicon orientale ou Recueil de synodes nestoriens (Paris 1902)

Theodor von Mopsuestia
R. Tonneau, R. Devreesse, Les homélies catéchétiques de Théodore de Mopsueste = ST 145 (Città del Vaticano 1949)
J.-M. Vosté (ed.), Theodori Mopsuesteni Commentarius in evangelium Iohannis apostoli = CSCO 115, Syr. 62 (T); CSCO 116, Syr. 63 (V) (Paris 1940)
H. B. Swete, Theodori episcopi Mopsuesteni In epistolas B. Pauli commentarii II (Cambridge 1882)
E. Sachau, Theodori Mopsuesteni Fragmenta Syriaca (Leipzig 1869)

Theodor bar Koni
R. Hespel (ed.), Liber scholiorum. Livre des scolies. Recension de Séert = CSCO 431–432, Syr. 187–188 (Louvain 1981)

Theodoret von Cyrus
G. H. Ettlinger (ed.), Theodoret of Cyrus. Eranistes (Oxford 1975)
Theodoret, Historia ecclesiastica, ed. L. Parmentier/F. Scheidweiler, GCS 44 (19) (Berlin 1954)

Thomas von Edessa
S. J. Carr (ed.), Thomae Edesseni tractatus de Nativitate domini nostri Christi (Rom 1898)
U. Possekel, J. F. Coakley (eds.), Thomas of Edessa's Explanations of the Nativity and Epiphany = Oxford Early Christian Texts (Oxford 2021)

Thomas von Marga
E. A. Wallis Budge (ed.), The Book of Governors: The Historia Monastica of Thomas, Bishop of Marga A.D. 840, vol. 1–2 (London 1893)

Timotheus I.
O. Braun (ed.), Timothei Patriarchae I epistulae, CSCO 74, Syr. 30 (= II 67, T) (1914), 75 Syr. 31 (= II 67, V) (1915)
R. J. Bidawid, Les lettres du patriarche nestorien Timothée I. Étude critique, avec en appendice la lettre de Timothée I aux moines du Couvent de Mār Mārōn = ST 187 (Città del Vaticano 1956)
F. Briquel Chatonnet, F. Jullien, C. Jullien, C. Moulin Paliard, M. Rashed, Lettre du patriarche Timothée à Maranzek^{h}ā, évêque de Nineve, Journal Asiatique 288 (2000) 1–13
M. Heimgartner (hg.), Timotheus I., Disputation mit dem Kalifen Al-Mahdi, Einleitung, Übersetzung und Anmerkungen = CSCO 631, Syr. 244 (Leuven 2011)
– Die Briefe 42–58 des ostsyrischen Patriarchen Timotheos I. Einleitung, Übersetzung und Anmerkungen = CSCO 645, Syr. 249 (Leuven 2012)
– Die Briefe 30–39 des ostsyrischen Patriarchen Timotheos I. = CSCO 661–662, Syr. 256–257 (Leuven 2016)

Zacharias Rhetor
E. W. Brooks (ed.), Historia ecclesiastica Zachariae Rhetori vulgo adscripta = CSCO 83, Syr. 38 (= III 5T) (Louvain 1909); CSCO 87, Syr. 41 (= III 5V) (Louvain 1924)
K. Ahrens, G. Krüger, Die sogenannte Kirchengeschichte des Zacharias Rhetor (Leipzig 1899)
G. Greatrex, R. Phenix, The chronicle of Pseudo-Zachariah Rhetor. Church and war in late antiquity. Transl. from Syriac and Arabic sources (Liverpool 2011)

Weitere Editionen

L. Abramowski, A. E. Goodman (eds.), A Nestorian Collection of Christological Texts I–II (Cambridge 1972)

B. Aland, A. Juckel, Das Neue Testament in syrischer Überlieferung. II: Die Paulinischen Briefe. Teil 1: Römer- und 1. Korintherbrief. Hrsg. u. untersucht = ANTT 14 (Berlin, New York 1991)
– Teil 2: 2. Korintherbrief, Galaterbrief, Epheserbrief, Philipperbrief und Kolosserbrief. Hrsg. u. untersucht = ANTT 23 (Berlin, New York 1995)

– Teil 3: 1./2. Thessalonicherbrief, 1./2. Timotheusbrief, Titusbrief, Philemonbrief und Hebräerbrief. Hrsg. u. untersucht = ANTT 32 (Berlin, New York 2002)

P. Bedjan (ed.), Acta martyrum et sanctorum, Bd. I–VI (Leipzig 1890, 1891, 1892, 1894, 1895, 1896)
– Histoire de Mar-Jabalaha, de trois autres patriarches, d'un prêtre et de deux laïques nestoriens (Paris, Leipzig 1895)

R. P. Casey, The Armenian Version of the Pseudo-Athanasian Letter to the Antiochenes and of the Expositio Fidei = StD 15 (London, Philadelphia 1947)

J. Gwynn, Nicene and Post-Nicene Fathers, NS 13 (New York 1898, repr. 1983)

A. Hahn, L. Hahn, Bibliothek der Symbole und Glaubensregeln der alten Kirche (Breslau ³1897)

P. Harb, F. Graffin (eds.), Joseph Ḥazzāyā. Lettre sur les trois étapes de la vie monastique, in: PO 45,2 (1992) = Nr. 202

G. Hoffmann, Auszüge aus syrischen Akten persischer Märtyrer (Leipzig 1880)

A. Mai, Scriptorum veterum nova collectio, e Vaticanis codicibus edita X (Rom 1838)

H. Nordberg, Athanasiana Part I: The Texts = Soc. Scient. Fennica, Comm. Hum. Litt. 30,2 (Helsinki 1962)

P. E. Pusey, Sancti patris nostri Cyrilli archiepiscopi Alexandrini In D. Joannis evangelium I (Oxford 1872)

A. de Santos Otero, Los Evangelios apocrifas = BAC 148 (Madrid 1956)

M. Slusser, St. Gregory Thaumaturgus. Life and works, translated = The Fathers of the Church 98 (Washington 1998)

J.-M. Vosté, S. Congregazione per la chiesa orientale. Codificazione canonica orientale, Fonti II 15, Caldei – Diritto antico II: Ordo iudiciorum ecclesiasticarum a Mar ʿAbdišoʿ, latine interpretatus (Città del Vaticano 1940)

2. SEKUNDÄR-LITERATUR

J.-B. Abbeloos, Acta Sancti Maris Assyriae Babyloniae ac Persidis Seculo I apostoli aramaice et latine, AnBoll 4 (1885) 43–138
L. Abramowski, Das Konzil von Chalkedon in der Homilie des Narses über die drei nestorianischen Lehrer, ZKG 66 (1954/55) 140–143
– Der Streit um Diodor und Theodor zwischen den beiden ephesinischen Konzilien, ZKG 67 (1955/6) 252–287; englisch (L. Wickham) in: *dies.,* Formula and Context (1992), Nr. I
– Ein unbekanntes Zitat aus Contra Eunomium des Theodor von Mopsuestia, Mus 71 (1958) 97–104
– Zur Theologie Theodors von Mopsuestia, ZKG 72 (1961) 263–293; englisch: *dies.*, Formula and Context (Aldershot 1992), nr. II.

– Untersuchungen zum Liber Heraclidis des Nestorius = CSCO 242, Subs. 22 (Louvain 1963)
– Ps.-Nestorius und Philoxenus von Mabbug, ZKG 77 (1966) 122–125
– Die Christologie Babais des Grossen, OCA 197 (1974) 219–244
– Babai der Große: Christologische Probleme und ihre Lösungen, OCP 41 (1975) 289–343
– Die Schrift Gregors des Lehrers „Ad Theopompum“ und Philoxenus von Mabbug, ZKG 89 (1978) 273–290; engl.: Formula and Context (1992), nr. VIII.
– Trinitarische und christologische Hypostasenformeln, ThPh 54 (1979) 38–49; auch in: *dies.*, Formula and Context (1992), nr. IX
– συνάφεια und ἀσύγχυτος ἕνωσις als Bezeichnung für trinitarische und christologische Einheit, in: *dies.*, Drei christologische Untersuchungen = BZNW 45 (1981) 63–109
– Dionys von Rom († 268) und Dionys von Alexandrien († 264/5) in den arianischen Streitigkeiten des 4. Jahrhunderts, ZKG 93 (1982), 240–272; englisch: *dies.*, Formula and Context, 1992, nr. XI
– Ein nestorianischer Traktat bei Leontius von Jerusalem, in: III. Symposium Syriacum 1980, OCA 221 (Rom 1983), 43–55 = *dies.*, Formula and Context. Studies in early Christian thought (1992), Nr. X
– Zur geplanten Ausgabe von Brit. Mus. add. 12156, in: *J. Dummer et al.* (hg.), Texte und Textkritik = TU 133 (Berlin 1987) 23–28
– Dadisho Qatraya and his Commentary on the Book of the Abbas Isaiah, The Harp 4 (1991) 67–83
– Formula and Context. Studies in Early Christian Thought (Aldershot 1992)
– Was hat das Nicaeno-Constantinopolitanum (C) mit dem Konzil von Konstantinopel 381 zu tun?, ThPh 67 (1992) 481–513
– Die Reste der syrischen Übersetzung von Theodor von Mopsuestia, De incarnatione, in Add. 14.669, Aram 5 (1993) (= FS Sebastian Brock), 23–32
– On the fragments of Theodore of Mopsuestia in Brit. Libr. add. 12156 and the Christological Fragments in Double Tradition, The Harp 6 (1993) 199–206
– The History of Research into Nestorius, in: Syriac Dialogue 1, Vienna 1994, 54–65 = *dies.*, Neue christologische Untersuchungen (Berlin 2021), 363–374
– Über die Fragmente des Theodor von Mopsuestia in Brit. Libr. add. 12.156 und das doppelt überlieferte christologische Fragment, OrChr 79 (1995) 1–8
– Die liturgische Homilie des Ps. Narses mit dem Meßbekenntnis und einem Theodor-Zitat, BJRL 78 (1996) 87–100
– Zu den Schriften des Michael Malpana/Badoqa, in: FS H. W. Drijvers = OLA 89 (1999) 1–10
– Das theologische Hauptwerk des Athanasius: Die drei Bücher gegen die Arianer (Ctr. Arianos I–III), in: Communio Viatorum 42 (2000) 5–23
– Narsai, Ephräm und Kyrill über Jesu Verlassenheitsruf Matth. 27,46, in: H. J. Feulner (hg.), Crossroad of Cultures. Studies in liturgy and patristics in honor of G. Winkler, OCA 260 (Rom 2000) 43–67
– „Der Stupor, der das Gebet unterbricht“. Euagrius, Cent. Suppl. 30, in Übersetzung, Original (?) und Interpretation, in: M. Tamcke, A. Heinz (hg.), Zu Geschichte, Theologie, Liturgie und Gegenwartslage der syrischen Kirchen. Ausgewählte Vorträge des deutschen Syrologen-Symposiums vom 2.–4. Oktober 1998 in Hermannsburg = Studien zur Orientalischen Kirchengeschichte 9 (2000) 15–32
– Aus dem Streit um das „Unus ex trinitate passus est“: Der Protest des Ḥabib gegen die Epistula dogmatica des Philoxenus an die Mönche, in: A. Grillmeier †, Jesus der Christus im Glauben der Kirche 2/3, hg. T. Hainthaler (Freiburg 2002) 570–647
– Die Sitzung des Konzils von Ephesus am 22. Juli 431. „Über die Befestigung des Symbols der heiligen Väter in Nicäa und über den vom Presbyter Charisius übergebenen Libellus“, ZKG 115 (2004) 382–390

– Narsai (ca. 415? – 502), Hom. LIV (30) Mingana II, 114–130: „Unser König Jesus", der „gekreuzigte Mann", in: *P. Gemeinhardt, U. Kühneweg* (hg.), Patristica et Oecumenica = FS W. Bienert (Marburg 2004) 157–166
– Narsai, Homilie XI. „Über die Väter, die Lehrer", ed. F. Martin, Journal Asiatique 1899 (Text), 1900 (Übersetzung), in: The Harp 20 (2006) = FS Rev. Dr. Jacob Thekeparampil, 333–348
– Martyrius-Sahdona and Dissent in the Church of the East, in: Controverses des Chrétiens dans l'Iran sassanide. Textes réunis par Christelle Jullien = Cahiers de Studia Iranica 36 (Paris 2008) 13–27
– Die nachephesinische Christologie der edessenischen Theodorianer, in: L. Greisiger, C. Rammelt, J. Tubach (eds.), Edessa in hellenistisch-römischer Zeit: Religion, Kultur und Politik zwischen Ost und West. Beiträge des internationalen Edessa-Symposiums in Halle an der Saale, 14.–17. Juli 2005 = Beiruter Texte und Studien 116 (Würzburg 2009) 1–9.
– Der Bischof von Seleukia-Ktesiphon als Katholikos und Patriarch, in: D. Bumazhnov, H. R. Seeliger (hgg.), Syrien im 1.–7. Jahrhundert nach Christus: Akten der 1. Tübinger Tagung zum Christlichen Orient, 15.–16. Juni 2007 = Studien und Texte zu Antike und Christentum 62 (Tübingen 2011) 1–55
– Eine Notiz des 6. Jahrhunderts über die Schule von Nisibis, in: N. Jung, F. Machilek, S. Seit (hgg.), Fides – Theologia – Ecclesia, FS Grasmück (Frankfurt 2012) 45–54
– Neue christologische Untersuchungen, bearb. A. Schilling, hg. V. H. Drecoll, H. C. Brennecke, C. Markschies = TU 187 (Berlin, Boston 2021)
L. Abramowski, A. E. Goodman (eds.), A Nestorian Collection of Christological Texts I–II (Cambridge 1972)
L. Abramowski, A. Van Roey, Das Florileg mit den Gregor-Scholien aus Vatic. Borg. Syr. 82, OLP 1 (1970) 130–180
M. Albert (et alii), Christianismes orientaux (Paris 1993)
B. Aland / A. Juckel, Das Neue Testament in syrischer Überlieferung II 3 (Berlin, New York 2002)
P. Allen, Evagrius Scholasticus, the Church Historian (Leuven 1981)
– Zachariah Scholasticus and the Historia Ecclesiastica of Evagrius Scholasticus, JThS 31 (1980) 471–488
J. S. Assemani, Bibliotheca Orientalis Clementino-Vaticana 3,1 (Rom 1725)
J. Aßfalg, Zur Textüberlieferung der Chronik von Arbela. Beobachtungen zu Ms. or. Fol. 3126, OrChr 50 (1966) 19–36

O. Bardenhewer, Geschichte der altkirchlichen Literatur. 3. Das vierte Jahrhundert mit Ausschluß der Schriftsteller syrischer Zunge (Freiburg im Breisgau [u. a.] 1923)
– Geschichte der altkirchlichen Literatur. 4. Das fünfte Jahrhundert mit Einschluß der syrischen Literatur des vierten Jahrhunderts (Freiburg im Breisgau [u. a.] 1924)
G. Bardy, L',expositio fidei' attribuée à saint Ambroise) zur FS Mercati I = ST 121 (1946), 199–218
T. D. Barnes, Constantine and the Christians of Persia, JRS 75 (1985) 127–136
A. Baumstark, Die nestorianischen Schriften „de causis festorum", OrChr 1 (1901) 320–342.
– Geschichte der syrischen Literatur (Bonn 1922)
A. H. Becker, Fear of God and the beginning of wisdom. The School of Nisibis and Christian Scholastic Culture in Late Antique Mesopotamia (Philadelphia 2006)
– Sources for the Study of the School of Nisibis. Translated with an introduction and notes (Liverpool 2008)
P. Bedjan siehe Histoire de Mar-Jabalaha
siehe Martyrius – Sahdona
siehe Nestorius

V. Berti, Vita e studi di Timoteo I († 823), patriarca cristiano di Baghdad. Ricerche sull'epistolario e sulle fonti contigue (Paris 2009) = Cahiers de Studia Iranica 41, Chrétiens en terre d'Iran, vol. III
– Grazia, visione e natura divina in Nestorio di Nuhadra, solitario e vescovo siro-orientale († 800 ca.), Annali di Scienze Religiose 10 (2005) 219–257
P. Bettiolo, Scuola ed economia divina nella catechesi della Chiesa di Persia. Appunti su un testo di Tommaso di Edessa, in: S. Felici (ed.), Esegesi e catechesi nei Padri (Rom 1994) 147–157
– Un vescovo in una età di torbidi: Išoʿyahb III e la Chiesa Siro-orientale nel VII secolo, in: E. Vergani, S. Chialà (hg.), La grande stagione della mistica Siro-orientale (VI–VIII secolo). Atti del 5° Incontro sull'Oriente Cristiano di tradizione siriaca. Milano, Bibliotheca Ambrosiana, 26 maggio 2006 (Milano 2009) 71–90
– Le scuole nella Chiesa siro-orientale: status quaestions [sic] e prospettive della ricerca, in: C. Noce, M. Pampaloni, C. Tavolieri D'Andrea (hg.), Le vie del sapere in ambito siromesopotamico dal III al IX secolo. Atti del convegno internazionale tenuto a Roma nei giorni 12–13 maggio 2011 = OCA 293 (Rom 2013) 17–46
R. Beulay, Jean de Dalyatha et sa lettre XV, ParOr 2 (1971) 261–279
– Des centuries de Joseph Ḥazzaya retrouvés, ParOr 3 (1972) 5–44
– (ed.), La collection des lettres de Jean de Dalyatha, PO 39, 3 = Nr. 180 (Turnhout 1978)
– La Lumière sans forme. Introduction à l'étude de la mystique chrétienne syro-orientale (Chevetogne 1987)
– L'enseignement spirituel de Jean de Dalyatha. Mystique syro-oriental du VIIIe siecle = ThH 83 (Paris 1990)
R. J. Bidawid, Les lettres du patriarche nestorien Timothée I. Étude critique, avec en appendice la lettre de Timothée I aux moines du Couvent de Mār Mārōn = ST 187 (Città del Vaticano 1956)
G. G. Blum, Rabbula von Edessa. Der Christ, der Bischof, der Theologe = CSCO 300, Subs. 34 (Louvain 1969)
– Nestorianismus und Mystik. Zur Entwicklung christlich-orientalischer Spiritualität in der ostsyrischen Kirche, ZKG 93 (1982) 273–294
– Die enstatischen Konfessionen des Johannes von Dāljāṯā. Zur Hermeneutik von Zeugnissen mystischer Erfahrung, in: Syrisches Christentum weltweit. Studien zur syrischen Kirchengeschichte = FS Wolfgang Hage (Münster 1995) 202–219
T. Bou Mansour, La pensée symbolique de Saint Ephrem le Syrien (Kaslik 1988)
– Analyse de quelques termes christologiques chez Ephrem, ParOr 15 (1988/89) 3–19
– La théologie de Jacques de Saroug, t. II: Christologie, Trinité, Eschatologie, Méthode exégétique et théologique = BUSE 40 (Kaslik ^{2}2000)
– Zur syrischen Christologie vor Chalcedon, in: A. Grillmeier †, Jesus der Christus im Glauben der Kirche, 2/3: Die Kirchen von Jerusalem und Antiochien nach 451 bis 600, hg. T. Hainthaler (Freiburg 2002) 438–448
– Die Christologie des Jakob von Sarug, in: Jesus d. Chr. 2/3, 449–499
O. Braun, De sancta Nicaena synodo. Syrische Texte des Maruta von Maipherkat. Nach einer Handäschrift der Propaganda zu Rom = KGS IV, 3 (Münster i. W. 1898)
– Das Buch der Synhados. Nach einer Handschrift des Museo Borgiano übersetzt und erläutert (Stuttgart, Wien 1900)
– Der Briefwechsel des Katholikos Papa von Seleucia. Ein Beitrag zur Geschichte der ostsyrischen Kirche im vierten Jahrhundert, ZKTh 18 (1894) 163–182, 546–565
– Der Katholikos Timotheos I und seine Briefe, OrChr 1 (1901) 138–152
– Zwei Synoden des Katholikos Timotheos I., OrChr 2 (1902) 283–311
– (übers.), Ausgewählte Akten persischer Märtyrer = BKV 22 (Kempten, München 1915) siehe Timothei Patriarchae epistulae

H. C. Brennecke, Zum Prozeß gegen Paul von Samosata. Die Frage nach der Verurteilung des Homoousios, ZNW 75 (1984) 270–290; wiederabgedruckt in *ders.*, Ecclesia est in re publica = AKG 100 (Berlin 2007) 1–23

M. Breydy, Vestiges méconnus des pères cappadociens en syriaque. Lettre de Grégoire de Nysse au moine Philippe, ParOr 12 (1984/5) 239–251

M. Brière, Une lettre inédite d'Atticus patriarche de Constantinople (406–425), ROC 29 (1933/34) 378–424

F. Briquel Chatonnet, F. Jullien, C. Jullien, C. Moulin Paliard, M. Rashed, Lettre du patriarche Timothée à Maranzekha, évêque de Nineve, Journal Asiatique 288 (2000) 1–13

S. P. Brock, A further fragment of the Sinai Sahdona manuscript, Mus 81 (1968) 139–154

– Some Aspects of Greek Words in Syriac, in: A. Dietrich (hg.), Synkretismus im syrisch-persischen Kulturgebiet = AAWG.PH III 96 (1975), 80–108

– Christians in the Sasanian empire. A Case of Divided Loyalties, in: S. Mews (ed.), Religion and National Identity. Studies in Church History XVIII (Oxford 1982), 1–19 = *ders.,* Syriac Perspectives in Late Antiquity (London 1984), nr. VI

– The Christology of the Church of the East in the Synods of the fifth to early seventh centuries: Preliminary considerations and materials, in: G. Dragas (ed.), Aksum-Thyateira = FS Archbishop Methodios (London 1985), p. 125–142 = S. Brock, Studies in Syriac Christianity (Variorum) 1992, nr. XII

– A Monothelete Florilegium in Syriac, in: After Chalcedon = FS A. Van Roey, OLA 18 (1985) 35–45

– The Christology of the Church of the East in the Synods of the fifth to early seventh centuries: Preliminary considerations and materials, in: G. Dragas (ed.), Aksum-Thyateira = FS Archbishop Methodios (London 1985), 125–142

– Diachronic Aspects of Syriac word formation: an aid for dating anonymous texts, in: OCA 236 (Rom 1990) 321–330

– The Church of the East in the Sasanian Empire up to the sixth century and its absence from the councils in the roman empire, in: Pro Oriente, Syriac Dialogue 1. First Non-Official Consultation on Dialogue within the Syriac Tradition (Vienna 1994) 69–85

– The Christology of the Church of the East: some considerations, in: D. Afinogenov, A. Muraviev (eds.), Tradition and Heritage of the Christian East (Moskau 1996) 159–179

– The History of the Holy Mar Maʿin. With a Guide to the Persian Martyr Acts (Piscataway, NJ 2009)

– A Guide to Narsai's Homilies, Hugoye 12 (2009) 21–40

C. Brockelmann, Lexicon syriacum (Berlin 1895)

P. Bruns, Das Christusbild Aphrahats des Persischen Weisen = Hereditas 4 (Bonn 1990)

– Aphraates, Unterweisungen = FC 5,1–2 (Freiburg 1991)

– Theodor von Mopsuestia, Katechetische Homilien = FC 17,1 und 2 (Freiburg 1994)

– Art. Aphrahat, in: S. Döpp, W. Geerlings (ed.), Lexikon der antiken christlichen Literatur (1998) 37–38

– Art. Marutha von Maipherkat, in: LACL (Freiburg, i. B., 1998, 3. Aufl. [3]2002), 492–493

– Art. Narses von Edessa, in: LACL (1998) 447–448

– Art. Schubhalemaran, in: LACL (1998 resp. [3]2002) 546 resp. 624

– Art. Joseph der Seher (Hazzaya), in: LACL (1998 2. Aufl.) 359

– Finitum non capax infiniti – Ein antiochenisches Axiom in der Inkarnationslehre Babais des Großen († nach 628), OrChr 83 (1999) 46–71

– Bemerkungen zur Rezeption des Nicaenums in der ostsyrischen Kirche, AHC 32 (2000) 1–22

– Aristoteles-Rezeption und Entstehung einer syrischen Scholastik, in: P. Bruns (hg.), Von Athen nach Bagdad. Zur Rezeption griechischer Philosophie von der Spätantike bis zum Islam = Hereditas 22 (Bonn 2003), 29–39

G. Bunge, Rabban Jausep Ḥazzaya. Briefe über das geistliche Leben und verwandte Schriften. Ostsyrische Mystik des 8. Jahrhunderts = Sophia 21 (Trier 1982)

– Encore une fois: Hénade ou Monade? Au sujet de deux notions-clés de la terminologie technique d'Évagre le Pontique, Adamantius 15 (2009) 9–42

E. Caspar, Geschichte des Papsttums II (Tübingen 1933)
J.-B. Chabot, Narsai le docteur et les origines de l'école de Nisibe, d'après la chronique de Barḥadbešabba, JA X 6 (1905) 157–177
siehe Synodicon orientale
siehe Histoire de Jésus-Sabran
M.-L. Chaumont, La christianisation de l'empire iranien. Des origines aux grandes persécutions du IVe siècle = CSCO 499, Subs. 80 (Louvain 1988)
G. Chediath, The Christology of Mar Babai the Great (Kottayam, Paderborn 1982)
R. C. Chesnut, Three Monophysite Christologies: Severus of Antioch, Philoxenus of Mabbug, and Jacob of Sarug, (Oxford, London 1976)
J. F. Coakley, The Explanations of the Feasts of Moše bar Kepha, OCA 229 (1987) 403–410
siehe Thomas von Edessa
R. H. Connolly, The Liturgical Homilies of Narsai (Cambridge 1909)
W. C(ramer), Art. Bundessöhne und -töchter, in: Kleines Lexikon des Christlichen Orients (2007) 109–110

R. Devreesse, Essai sur Théodore de Mopsueste = StT 141 (Città del Vaticano 1948)
G. Diettrich, Bericht über neuentdeckte handschriftliche Urkunden zur Geschichte des Gottesdienstes in der nestorianischen Kirche, NGWG.PH (1909) 160–218
K. Dietz, C. Hannick, C. Lutzka, E. Maier (hgg.), Das Christusbild. Zu Herkunft und Entwicklung in Ost und West = ÖC 62 (Würzburg 2016)
C. Dietzfelbinger, Der Abschied des Kommenden. Eine Auslegung der johanneischen Abschiedsreden (Tübingen 1997)
E. R. Dodds, Proclus. The Elements of Theology (Oxford ²1963)
G. L. Dossetti, Il simbolo di Nicea e di Constantinopoli. Edizione critica (Rom 1967)

G. Endreß, Der Islam. Eine Einführung in seine Geschichte (München ³1997)
T. Engelmann, Annahme Christi und Gottesschau. Die Theologie Babais des Großen = GOF.S 42 (Wiesbaden 2013)

L. Fatica, Teodoro di Mopsuestia. Commentario al Vangelo di Giovanni apostolo libri VII (Rom 1991)
J.-M. Fiey, Tagrît. Esquisse d'histoire chrétienne, OrSyr 8 (1963) 289–342
– Les étapes de la prise de conscience de son identité patriarcale par l'église syrienne orientale, OrSyr 12 (1967) 3–22
– Auteur et date de la Chronique d'Arbèles, OrSyr 12 (1967) 265–302
– Assyrie chrétienne vol. III (Beyrouth 1968)
– Īšōʿyaw le Grand. Vie du catholicos nestorien Īšōʿyaw III d'Adiabène (580–659), OCP 35 (1969) 305–333; 36 (1970) 5–46
– Jalons pour une histoire de l'Église en Iraq = CSCO 310, Subs. 36 (Louvain 1970)
– Chrétientés syriaques du Ḫorāsān et Ségéstan, Mus 86 (1973), 75–104 = *ders.,* Communautés syriaques en Iran et Irak des origines à 1552 (Aldershot 1979), Nr. VI.
– Nisibe, métropole syriaque orientale et ses suffragants des origines à nos jours = CSCO 388, Subs. 54 (1977)
– Communautés syriaques en Iran et Irak des origines à 1552 (Aldershot 1979)
– Syriaques occidentaux du «Pays des Perses»: ré-union avec Antioche *et* „Grand Métropolitat" de Takrit en 628/629?, ParOr 17 (1992) 113–126
– Pour un Oriens Christianus novus. Répertoire des diocèses Syriaques orientaux et occidentaux (Stuttgart 1993)
J. Flemming, Art. Baum, in: LCI 1 (1968/1990) 258–268

J. Frishman, The Ways and Means of the Divine Economy. An Edition, Translation and Study of Six Biblical Homilies (Diss. Leiden 1992)
– Narsai's Christology According to His Homily „On the Word Became Flesh", The Harp 8/9 (1995/96) 289–303
G. Furlani, Il trattato di Yešōʿyahb d'Ārzōn sul τρισάγιον, RSO 7 (1916–1918) 687–715
– Estratti del Libro della Causa delle Cause in un manuscritto siriaco Vaticano, RSO 23 (1948), 37–45.

N. Garsoïan, Persien: Die Kirche des Ostens, in: L. Pietri (hg.), Die Geschichte des Christentums, Band 3: Der lateinische Westen und der byzantinische Osten (431–642) (Freiburg, Basel, Wien 2001) 1161–1186 (deutsche Übersetzung und wissenschaftliche Redaktion: T. H.)
– Quelques précisions préliminaires sur le schisme entre les Églises byzantine et arménienne au sujet du concile de Chalcédoine. III: Les évêchés méridionaux limitrophes de la Mésopotamie, REArm 23 (1992) 39–80
P. Géhin, Les développements récents de la recherche évagrienne, OCP 70 (2004) 103–125
– Nachruf auf A. und Claire Guillaumont, Adamantius 15 (2009) 85–92
– Un feuillet oublié de Martyrius/Sahdona à Milan (Ambr. A 296 inf., f. 87 = Chabot 51), in: F. Briquel-Chatonnet, M. Debié (eds.), Sur les pas des Araméens chrétiens = FS Alain Desreumaux (Paris 2010) 195–205
J. Gernet, Remarques sur le contexte chinois de l'inscription de la stèle nestorienne de Xi'an, in: Ch. Jullien (ed.), Controverses des chrétiens dans l'Iran sassanide = Studia Iranica 36 (Paris 2008) 227–243
S. Gero, Barsauma of Nisibis and Persian christianity in the fifth century = CSCO 426, Subs. 63 (Louvain 1981)
– The see of Peter in Babylon: Western influences on the ecclesiology of early Eastern christianity, in: N. G. Garsoïan, Th. F. Mathews, R. W. Thompson (eds.), East of Byzantium: Syria and Armenia in the formative period (Washington D.C. 1982), 45–51
P. Gignoux, Homélies de Narsaï sur la création. Édition critique du texte syriaque, introduction et traduction française, PO 34, 3–4 (1968) 419–716 [1–298]
– Art. Narsaï, in: DSp 11 (1982) 39–41
K. M. Girardet, Der Kaiser und sein Gott. Das Christentum im Denken und in der Religionspolitik Konstantins des Großen (Berlin 2010)
H. Goussen, Martyrius-Sahdona's Leben und Werke, nach einer syrischen Handschrift in Straßburg i.E. ein Beitrag zur Geschichte des Katholizismus unter den Nestorianern (Leipzig 1897)
J. Gribomont, Le symbole de foi de Séleucie-Ctésiphon (410), in: R. H. Fisher (ed.), A tribute to Arthur Vööbus. Studies in early Christian literature and its environment. Primarily in the Syrian East (1977) 283–294
A. Grillmeier, Jesus der Christus im Glauben der Kirche I (Freiburg [3]1990); English: Christ in Christian Tradition, vol. 1: From the Apostolic Age to Chalcedon (AD 451) (London, Oxford [2]1975)
– Jesus der Christus im Glauben der Kirche, Band 2/2: Die Kirche von Konstantinopel im 6. Jahrhundert. Unter Mitarbeit von *Theresia Hainthaler* (Freiburg, Basel, Wien 1989)
– Jesus der Christus im Glauben der Kirche, Band 2/4: Die Kirche von Alexandrien mit Nubien und Äthiopien nach 451. Unter Mitarbeit von *Theresia Hainthaler* (Freiburg, Basel, Wien 1990)
– Die Taufe Christi und die Taufe der Christen. Zur Tauftheologie des Philoxenus von Mabbug und ihre Bedeutung für die christliche Spiritualität, in: *ders.*, Fragmente zur Christologie, hg. T. Hainthaler (Freiburg 1997), 318–356
– Ὁ κυριακὸς ἄνθρωπος. Eine Studie zu einer christologischen Bezeichnung der Väterzeit, Trad 33 (1977) 1–63; durchgesehen, Angaben ergänzt, in: *ders.*, Fragmente zur Christologie, hg. T. Hainthaler (Freiburg i. B. 1997) 152–214

– Gottmensch. Sprachfeld und theologiegeschichtliche Problementfaltung, in: Fragmente zur Christologie. Studien zum altkirchlichen Christusbild, hg. von T. Hainthaler (Freiburg 1997) 215–267; zuerst publiziert: Art. Gottmensch III, in: RAC 12 (1982) 312–366
V. Grumel, Un théologien nestorien, Babai le Grand (VIe et VIIe s.), EOr 22 (1923) 153–181, 257–280
I. Guidi, La lettera di Filosseno ai monaci di Tell ʿAddâ = AANL III 12 (Rom 1884)
– Gli statuti della scuola di Nisibi, Giorn. Soc. Asiatica ital. 4 (1890) 165–185
A. Guillaumont, Les ‚Képhalaia gnostica' d'Évagre le Pontique et l'histoire de l'Origénisme chez les Grecs et chez les Syriens = PatSor 5 (Paris 1962)
– Justinien et l'Église de Perse, DOP 23/24 (1969/70) 39–66

W. Hage, Art. Nestorianische Kirche, in: TRE 24 (1994) 264–276
– Die syrisch-jakobitische Kirche in frühislamischer Zeit. Nach orientalischen Quellen (Wiesbaden 1966)
T. Hainthaler, Cosmas Indicopleustes, in: Jesus d. Chr. 2/4 (1990)
– (hg.), *Alois Grillmeier* †, Jesus der Christus im Glauben der Kirche, Band 2/3: Die Kirchen von Jerusalem und Antiochien nach 451 bis 600, mit Beiträgen von *Alois Grillmeier, Theresia Hainthaler, Tanios Bou Mansour, Luise Abramowski* (Freiburg, Basel, Wien 2002)
– Die „antiochenische Schule" und theologische Schulen im Bereich des antiochenischen Patriarchats, in: Jesus d. Chr. 2/3 (Freiburg i. B. 2002) 227–261; darin: Die Schule von Nisibis, 248–251; Die Schule der Perser, 252–256
– Die verschiedenen Schulen, durch die Gott die Menschen lehren wollte. Bemerkungen zur ostsyrischen Schulbewegung, in: M. Tamcke (hg.), Syriaca II. Beiträge zum 3. deutschen Syrologen-Symposium in Vierzehnheiligen 2002 = Studien zur Orientalischen Kirchengeschichte 33 (Hamburg 2004) 175–192
– Perspectives on the Eucharist in the Nestorian Controversy, in: I. Perczel, R. Forrai, G. Geréby (eds.), The Eucharist in Theology and Philosophy. Issues of Doctrinal History in East and West from Patristic Age to the Reformation = Ancient and Medieval Philosophy Ser. 1, 35 (Leuven 2005) 3–21
– Thomas of Edessa, Causa De nativitate. Some considerations, ParOr 31 (2006) 63–85
– A short analysis of the Definition of Chalcedon and some reflections, The Harp 20 (2006) 317–331
– Christliche Araber vor dem Islam (Leuven etc. 2007)
– The causes of the feast, a literary genre of the East Syriac Church, in the 6th century. A survey with some theological remarks, The Harp 23 (2008) 383–400
– Einige Überlegungen zum Titel „Patriarch des Westens", in: dies., F. Mali, G. Emmenegger (hgg.), Einheit und Katholizität der Kirche. Forscher aus dem Osten und Westen Europas an den Quellen des gemeinsamen Glaubens = Pro Oriente 32. Wiener Patristische Tagungen IV (Innsbruck, Wien 2009) 59–77
– Die Petrus-Idee bei Leo I. von Rom, in: dies., F. Mali, G. Emmenegger (hgg.), Heiligkeit und Apostolizität der Kirche (Innsbruck 2010) 211–234
– Cyrus von Edessa und seine Erklärungen liturgischer Feste, in: R. Voigt (hg.) Akten des 5. Symposiums zur Sprache, Geschichte, Theologie und Gegenwartslage der syrischen Kirchen (V. Deutsche Syrologentagung), Berlin, 14.–15. Juli 2006 = Semitica et Semitohamitica Berolinensia 9 (Aachen 2010) 43–57
– Christus im Fleisch, der Gott über alles ist (Röm 9,5) – Katholikos Timotheus I. (780–823) und sein Brief an die Mönche von Mar Maron, in: P. Bruns, H. O. Luthe (Hgg.), Orientalia Christiana. FS H. Kaufhold = Eichstätter Beiträge zum Christlichen Orient 3 (Wiesbaden 2013) 195–206.
A. de Halleux, La christologie de Martyrios-Sahdona dans l'évolution du nestorianisme, OCP 23 (1957) 5–32
– Martyrios-Sahdona. La vie mouvementée d'un „hérétique" de l'Église nestorienne, OCP 24 (1958) 93–128

– Philoxène de Mabbog. Sa vie, ses écrits, sa théologie (Louvain 1963)
– Un chapître retrouvé du Livre de la Perfection de Martyrius, Mus 88 (1975) 254–296
– Le symbole des évêques perses au synode de Séleucie-Ctésiphon (410), in: G. Wießner (hg.), Erkenntnisse und Meinungen II = GOF.S 17 (Wiesbaden 1978) 161–190
– Autonomy and centralization in the ancient Syrian Churches Edessa and Seleucia-Ctesiphon, in: WuW Supplementary Issue 4 (1978) 59–67
– La première session du concile d'Éphèse (22 Juin 431), EThL 69 (1993) 48–87
siehe Martyrius – Sahdona
siehe Philoxenus von Mabbug
P. Harb, Faut-il restituer à Joseph Ḥazzāyā la *Lettre sur les trois degrés de la vie monastique* attribuée à Philoxène de Mabboug?, Melto 4, 2 (1968) 13–36
A. v. Harnack, Die Mission und Ausbreitung des Christentums in den ersten drei Jahrhunderten (Leipzig 1902, 4. Aufl. 1924)
A. Harrak siehe Mar Mari
K. J. Hefele, Die Akten des ersten Concils zu Nicäa, TQ 33 (1851) 41–84
C. J. von Hefele, Conciliengeschichte I (Freiburg i. B. 1873 2. Aufl.)
K. J. Hefele, H. Leclercq, Histoire des conciles d'après les documents originaux 1.2 (Paris 1907)
– Histoire des conciles d'après les documents originaux 2.1 (Paris 1908)
M. Heimgartner siehe Timotheus I.
G. Herrmann, Early and Medieval Merw. A Tale of Three Cities, Fig. 7, in: Proceedings of the British Academy 94 (1996 Lectures and Memoirs, ausgeliefert Anfang 1998) 1–43
M. J. Higgins, Chronology of the Fourth-Century Metropolitans of Seleucia-Ctesiphon, Trad 9 (1953) 45–99
W. Hoenerbach, O. Spies siehe Ibn-aṭ-Ṭaiyib
G. Hoffmann, Auszüge aus syrischen Akten persischer Märtyrer (Leipzig 1880)
R. G. Hoyland, Seeing Islam as others saw it. A survey and evaluation of Christian, Jewish and Zoroastrian writings on early Islam (Princeton NJ 1997)
E. C. D. Hunter, The Church of the East in Central Asia, BJRL 78 (1996) 129–142
Th. R. Hurst, The Syriac Letters of Timothy I (727–823). A Study in Christian-Muslim Controversy (Ph.D. Diss. Washington D.C. 1986)
– The Epistle-Treatise: An Apologetic Vehicle. Letter 34 of Timothy I., in: IV Symposium Syriacum 1984 = OCA 229 (1987) 367–382
M. Hutter, Mār Abā and the impact of Zoroastrianism on Christianity in the 6th century, in: C. G. Cereti, M. Maggi, E. Provasi (eds.), Religious themes and texts of pre-Islamic Iran and Central Asia = FS Gherardo Gnoli (Wiesbaden 2003) 167–173

I. Ibrahim, La doctrine christologique de Narsai. Essai d'interprétation (Diss. Rom 1974–1975, Pont. Stud. Univ. A. S. Thoma Aq. in Urbe)
M. Illert, Doctrina Addai: de imagine Edessena = FC 45 (Turnhout 2007)
O. Ioan, Muslime und Araber bei Īšōʿyahb III. (649–659) = GOF.S 37 (Wiesbaden 2009)
– Martyrius-Sahdona. La pensée christologique, clé de la théologie mystique, in: A. Desreumaux (ed.), Les mystiques syriaques (Paris 2011) 45–61
– Überlegungen zur Auseinandersetzung zwischen Īšōʿjahb III. und Sahdōnā, in: M. Tamcke, S. Grebenstein (hg.), Geschichte, Theologie und Kultur des syrischen Christentums. Beiträge zum 7. Deutschen Syrologie-Symposium in Göttingen, Dezember 2011 = GOF.S 46 (Wiesbaden 2014) 93–101

Th. Jacob, Das Kloster Mar Mattai und seine Bedeutung für die Geschichte der Syrisch-Orthodoxen Kirche (von der Spätantike bis ins 13. Jh.). Mit Edition und quellengeschichtlicher Untersuchung der Mār Mattai-Legende (Halle 2012)
T. Jansma, The Credo of Jacob of Srūgh: A return to Nicea and Constantinople, NAKG 44 (1961) 18–36

– Die Christologie Jakobs von Serugh und ihre Abhängigkeit von der alexandrinischen Theologie und der Frömmigkeit Ephraems des Syrers, Mus 78 (1965) 5–46
– Encore le credo de Jacques de Saroug, OrSyr 10 (1965) 75–88. 193–236. 331–370. 475–510
– Étude sur la pensée de Narsai. L'homélie XXXIV, Essai d'interprétation, OrSyr 11 (1966) 147–168, 265–290, 393–430
– Rez. zu Abramowski/Goodman, JSSt 20 (1975) 93–109
M. Jugie, Theologia dogmatica christianorum orientalium ab ecclesia catholica dissidentium. V. De theologia dogmatica Nestorianorum et Monophysitarum (Paris 1935)
C. Jullien, Peines et supplices dans les actes des martyrs persans et droit sassanide: nouvelles prospections, Studia Iranica 33 (2004) 243–269
F. Jullien, Le monachisme en Perse. La réforme d'Abraham le Grand, Père des moines de l'Orient = CSCO 622, Subs. 121 (Leuven 2008)
– Réseaux monastiques en Mésopotamie. À propos du pacte de Bar Qaiṭi, OrChr 93 (2009) 28–40
C. Jullien, F. Jullien, La Chronique d'Arbèles. Propositions pour la fin d'une controverse, OrChr 85 (2001) 41–83
– Apôtres des confins. Processus missionnaires chrétiens dans l'empire iranien = Res Orientales 15 (Bures-sur-Yvette 2002)
siehe Mar Mari
J. A. Jungmann, Die Stellung Christi im liturgischen Gebet (1925)

H. Karpp, „Christus unser Gott". Erwägungen zu den Inschriften und dem Bildprogramm eines byzantinischen Goldmedaillons aus der Zeit um 600, in: O. Feld, U. Peschlow (hgg.), Studien zur spätantiken und byzantinischen Kunst. FS F. W. Deichmann, Teil III = Monogr. d. Röm. German. Zentralmuseums 10 (Mainz 1986) 121–136
H. Kaufhold, Die Rechtssammlung des Gabriel von Baṣra und ihr Verhältnis zu den anderen juristischen Sammelwerken der Nestorianer (Berlin 1976)
– (hg.), Kleines Lexikon des Christlichen Orients (Wiesbaden 2007) = 2., [veränd.] Aufl. des Kleinen Wörterbuches des Christlichen Orients
– Ebedjesus von Nisibis „Ordo iudiciorum ecclesiasticorum". Eine Zusammenstellung der kirchlichen Rechtsbestimmungen der ostsyrischen Kirche im 14. Jahrhundert. Herausgegeben, übersetzt und eingeleitet (Wiesbaden 2019)
N. Kavvadas, Verdächtiges Prestige: Die griechische Bildung, der Jargon der Logik und die Konflikte der ostsyrischen Eliten, in: M. Perkams, A. M. Schilling (hg.), Griechische Philosophie und Wissenschaft bei den Ostsyrern. Zum Gedenken an Mar Addai Scher (1867–1915) (Berlin, Boston 2020), 119–134
J. Kerschensteiner, Der altsyrische Paulustext = CSCO 315, Subs. 37 (Louvain 1970)
M. Kmoskó, S. Simeon Bar Sabbaé, Praefatio, in: PS I 2 (Paris 1907)
C. Korolevskij, Studi storici sulle fonti de diritto canonico orientale = Codificazione canonica orientale. Fonti Ser. 1, 8 (Rom 1932)
D. Krausmüller, Leontius of Jerusalem, a theologian of the seventh century, JThS 52 (2001) 637–657.
– Conflicting anthropologies in the christological discourse at the end of late antiquity: The case of Leontius of Jerusalem's Nestorian adversary, JThS 56 (2005) 415–449
T. Kremer, Mundus primus. Die Geschichte der Welt und des Menschen von Adam bis Noach im Genesiskommentar Ephräms des Syrers = CSCO 641, Subs. 128 (Louvain 2012)
P. Krüger, War Jakob von Serugh Katholik oder Monophysit?, OstKSt 2 (1953) 199–208
– Das Problem der Rechtgläubigkeit Jakobs von Serugh und seine Lösung, OstKSt 5 (1956) 158–176. 225–242
– Untersuchungen über die Form der Einheit in Christus nach den Briefen des Jakob von Serugh, OstKSt 8 (1959) 184–201

J. Labourt, Le christianisme dans l'empire perse sous la dynastie sassanide (224–632) (Paris 1904)
P. de Lagarde, Analecta Syriaca (Leipzig 1858)
G. W. H. Lampe, A Patristic Greek Lexicon (Oxford 1961)
D. J. Lane, Mar Šubḥalmaran's Book of Gifts. An Example of a Syriac literary genre, OCA 229 (1987) 411–417
– A Nestorian Creed. The Creed of Šubḥalmaran, in: V. Symposium Syriacum 1988 = OCA 236 (1990) 155–162
siehe Šubḥalmaran
U.-M. Lang, Zum Einsetzungsbericht bei ostsyrischen Liturgiekommentatoren, OrChr 89 (2005) 63–76
A. D. Lee, Evagrius, Paul of Nisibis and the Problem of Loyalties in the Mid-Sixth Century, JEH 44 (1993) 569–585
F. Loofs, Leontius von Byzanz und die gleichnamigen Schriftsteller der griechischen Kirche = TU 3, 1–2 (Leipzig 1887)

R. Macina, L'homme à l'école de Dieu. D'Antioche à Nisibe: Profil herméneutique, théologique et kérygmatique du mouvement scoliaste nestorien. Monographie programmatique, POC 32 (1982) 86–124. 263–301; 33 (1983) 39–103
W. F. Macomber, The Christology of the Synod of Seleucia-Ctesiphon, A.D. 486, OCP 24 (1958) 142–154
– The Theological Synthesis of Cyrus of Edessa, an East Syrian Theologian of the mid sixth century, OCP 30 (1964) 5–38. 363–384
– The Authority of the Catholicos Patriarch of Seleucia-Ctesiphon, in: I. Žužek (ed.), I patriarcati orientali nel primo millennio = OCA 181 (1968) 179–200
– The manuscripts of metrical homilies of Narsai, OCP 39 (1973) 275–306
– An anaphora prayer composed by Theodore of Mopsuestia, ParOr 6/7 (1975/1976) 341–347 = Mélanges Graffin
– A History of the Chaldean Mass, J. Assyrian Academic Studies 11 (1997) 70–81
siehe Cyrus von Edessa
P. Maraval, Die neuen Grenzen, in: C. & L. Pietri (hg.), Geschichte des Christentums, Band 2: Das Entstehen der einen Christenheit (250–430) (Freiburg i. B. 1996), 1076–1084
J. P. Margoliouth, Supplement to the Thesaurus Syriacus, collected and arranged (Oxford 1927)
C. Markschies, Art. Ambrosius, in: LACL (1998 resp. [3]2002)16
– Gnostische und andere Bilderbücher der Antike, ZAC 9 (2005) 100–121
J. Martikainen, Timotheos I. und der Messalianismus, in: ders., H.-O. Kvist (hgg.), Makarios-Symposium über das Gebet (Åbo 1989) 47–60
– Johannes I. Sedra = GOF.S 34 (Wiesbaden 1991)
F. Martin, Homélie de Narsès sur les trois docteurs nestoriens, Journal Asiatique, sér. 9, 14 (1899) 446–492; 15 (1900) 469–525
J. Mateos, Lelyā-Saprā. Essai d'interprétation des matines chaldéennes = OCA 156 (Rom 1959, 1972[2])
F. G. McLeod, The Soteriology of Narsai (Rome 1968) (Diss. Pont. Inst. Orient.)
– The Soteriology of Narsai. Excerpta ex dissertatione ad Lauream (Rom 1973)
– Narsai's Metrical Homilies on the Nativity, Epiphany, Passion, Resurrection and Ascension. Critical edition of Syriac text, English translation, PO 40,1 = Nr. 182 (Paris 1979)
– Man as the Image of God: Its Meaning and Theological Significance in Narsai, TS 42 (1981) 458–467
K. McVey, The Mēmrā of Narsai on the Three Nestorian Doctors as an example of forensic rhetoric, in: R. Lavenant (hg.), OCA 221 (Rom 1983) 87–96
J.-N. Mellon Saint Laurent, Missionary Stories and the Formation of the Syriac Churches (Oakland, Ca. 2015)

G. Mercati, A Study of the Paschal Chronicle, JThS 7 (1906) 397–412; wieder abgedruckt: *ders.,* Opere minori II = ST 77 (Città del Vaticano 1937) 462–479
– Codici latini … esistenti nell'Ottoboniana = ST 75 (Città del Vaticano 1938) 194–196
M. Metselaar, Defining Christ. The Church of the East and Nascent Islam = Late Antique History and Religion 19 (Leuven, Paris, Bristol 2019)
J. Michl, Art. Pilatus, II. P.-Schrifttum, in: LThK² 8 (1963) 505–506
A. Mingana, Narsai doctoris syri homiliae et carmina, vol. I–II (Mossul 1905)
– Sources syriaques II (Leipzig 1907)
– The early Spread of Christianity in Central Asia and the Far East. A new document, BJRL 9,2 (1925); Repr. with additions (Manchester 1925)
– Timothy's Apology for Christianity, in: Woodbrooke Studies 2 (Cambridge 1928) 1–162
R. Murray, Symbols of Church and Kingdom. A Study in Early Syriac Tradition (Cambridge 1975)
A. Mustafa, J. Tubach (hg.), Inkulturation des Christentums im Sasanidenreich (Wiesbaden 2007)

P. G. Nicolopoulos, Αἱ εἰς τὸν Ἰωάννην τὸν Χρυσόστομον ἐσφαλμένως ἀποδιδόμεναι ἐπίστολαι (Athen 1973)
M. Nin, Martyrios/Sahdona. Alcuni aspetti del suo insegnamento cristologico, in: La grande stagione della mistica Siro-orientale (VI–VIII secolo). Atti del 5. Incontro sull'Oriente Cristiano di tradizione siriaca, Milano, Biblioteca Ambrosiana, 26 maggio 2006 (Milano 2009), 29–69
Th. Nöldeke, Geschichte des Reichs der Sâsâniden, in: *ders.,* Aufsätze zur persischen Geschichte (Leipzig 1887) 86–134
R. A. Norris, Manhood and Christ. A study in the christology of Theodore of Mopsuestia (Oxford 1963)

I. Ortiz de Urbina, Patrologia Syriaca (Rom ²1965)
G. Ostrogorsky, Geschichte des byzantinischen Staates (München ³1963)

C. Pasquet, L'homme, image de Dieu, seigneur de l'univers. L'interprétation de Gn 1,26 dans la tradition syriaque orientale (Lille 2006) (Diss. theol.)
– L'homme, lien de l'univers, dans la tradition syro-orientale, StPatr 45 (2010) 203–210
R. E. Payne, A State of Mixture. Christians, Zoroastrians, and Iranian Political Culture in Late Antiquity (Oakland, Ca. 2015)
J. Payne Smith (Mrs. Margoliouth) (ed.), A Compendious Syriac Dictionary, founded upon the Thesaurus Syriacus of R. Payne Smith (Oxford 1903)
R. Payne Smith (ed.), Thesaurus Syriacus, vol. 1–2, Suppl. (Oxford 1879, 1901, 1927)
P. Peeters, S. Démétrianus évêque d'Antioche?, AnBoll 42 (1924) 288–314
– Jacques de Saroug appartient-il à la secte monophysite?, AnBoll 66 (1948) 134–198
– Observations sur la Vie syriaque de Mār Abā, catholicos de l'Église perse (540–552), in: Miscellanea G. Mercati = ST 125 (1946) 69–112; nachgedruckt: *P. Peeters,* Recherches d'histoire et de philologie orientales II = SubsHag 27 (Bruxelles 1951) 117–163
M. Perkams, Ostsyrische Philosophie. Die Rezeption und Ausarbeitung griechischen Denkens in der Schule von Nisibis bis Barḥaḏbšabbā, in: ders., A. M. Schilling (hgg.), Griechische Philosophie und Wissenschaft bei den Ostsyrern (Berlin, Boston 2020) 49–76
–, A. M. Schilling (hgg.), Griechische Philosophie und Wissenschaft bei den Ostsyrern. Zum Gedenken an Mār Addai Scher (1867–1915) = Transmissions 3 (Berlin, Boston 2020)
K. Pinggéra, Rabbula von Edessa, in: W. Klein (Hg.), Syrische Kirchenväter (Stuttgart 2004) 57–70
– John Chrysostom in East Syrian Theology of the Late Sixth Century, The Harp 18 (2005) 193–201

– Nestorianische Weltchronistik. Johannes Bar Penkaye und Elias von Nisibis, in: M. Wallraff (Hg.), Iulius Africanus und die christliche Weltchronistik = TU 157 (Berlin, New York 2006), 263–283
C.-S. Popa, Gīwargīs I. (660–680. Ostsyrische Christologie in frühislamischer Zeit = GOF.S 50 (Wiesbaden 2016).
U. Possekel, Thomas von Edessa über das Epiphaniefest: Erste Anmerkungen zu einer unveröffentlichten Handschrift, in: W. Kinzig (ed.), Liturgie und Ritual in der alten Kirche. Patristische Beiträge zum Studium der gottesdienstlichen Quellen der Alten Kirche (Studien der Patrist. Arbeitsgemeinschaft 11) (Leuven [u. a.] 2011) 153–176
– Transmitting Theodore to the Church of the East: The Contribution of Thomas of Edessa, JEH (2020) 712–737
siehe Thomas von Edessa
H. Putman, L'Église et l'Islam sous Timothée I (780–823). Étude sur l'église nestorienne au temps de premiers Abbāsides avec nouvelle édition et traduction du dialogue entre Timothée et al-Mahdi = Recherches 3 (Beirut 1975, ²1986)

R. Raabe, Die Geschichte des Dominus Mâri, eines Apostels des Orients (Leipzig 1893)
G. Rauschen, Jahrbücher der christlichen Kirche unter dem Kaiser Theodosius dem Großen (Freiburg 1897) 479–481
G. J. Reinink, ‚Edessa grew dim and Nisibis shone forth'. The School of Nisibis at the Transition of the Sixth-Seventh Century, in: J. W. Drijvers / A. A. MacDonald (ed.), Centres of Learning. Learning and Location in Pre-Modern Europe and the Near East (Leiden, New York, Köln 1995) 77–89
– Communal Identity and the Systematisation of Knowledge in the Syriac „Cause of All Causes", in P. Binkley (ed.), Pre-modern Encyclopaedic Texts. Proceeding of the Second COMERS Congress, Groningen, 1–4 July 1996 (Leiden 1997), 275–28S
– Babai the Great's Life of George and the propagation of doctrine in the late Sasanian empire, in: J. W. Drijvers, J. W. Watt (eds.), Portraits of spiritual authority (1999) 171–193
– Syriac Christianity and late Sassanian and early Islamic Rule (Variorum 2005)
– The Cause of the Commemoration of Mary: Author, Date, and Christology, in: G. A. Kiraz (ed.), Malphono w-Rabo d-Malphone. FS Brock = Gorgias Eastern Christian Studies 3 (Piscataway 2008) 517–534
– Tradition and the Formation of the ‚Nestorian' Identity in Sixth- to Seventh-Century Iraq, CHRC 89 (2009) 217–250
E. Riad, Studies in the Syriac Preface (Uppsala 1988)
M. Richard, La tradition des fragments du traité Περὶ τῆς ἐνανθρωπήσεως de Théodore de Mopsueste, Mus 46 (1943) 55–75 = Op. Min. II, nr. 41
– Léonce de Jérusalem et Léonce de Byzance, MSR 1 (1944), 35–88 = Op. Min. III (Turnhout 1977), nr. 59
– Opera minora I–III (Turnhout 1976, 1977)
A. M. Ritter, Das Konzil von Konstantinopel und sein Symbol. Studien zur Geschichte und Theologie des II. Ökumenischen Konzils = FKDG 15 (Göttingen 1965)

E. Sachau, Theodori Mopsuesteni Fragmenta Syriaca (Leipzig 1869)
– Die Chronik von Arbela (Berlin 1915)
– Zur Ausbreitung des Christentums in Asien = APAW.PH 1919,1 (Berlin 1919)
L. R. M. Sako, Lettre christologique du patriarche syro-oriental Īšōʿyahb II de Gḏālā (628–646). Étude, traduction et édition critique (Rom 1983)
– Le rôle de la hiérarchie syriaque orientale dans les rapports diplomatiques entre la Perse et Byzance aux Ve–VIIe siècles (Diss. Paris 1985)
– Le rôle de la hierarchie syriaque orientale dans les rapports diplomatiques entre la Perse et Byzance aux Ve–VIIe siècles = Textes et études sur l'Orient chrétien 2 (Paris 1986)
– Les sources de la Chronique de Séert, ParOr 14 (1987) 155–166

A. de Santos Otero, Los Evangelios apocrifas = BAC 148 (Madrid 1956)
C. Schäublin, Untersuchungen zu Methode und Herkunft der antiochenischen Exegese = Theophaneia 23 (Köln, Bonn 1974)
A. Scher, Joseph Hazzâyâ, écrivain syriaque du VIIIe siècle, Rivista degli studi orientali 3 (1910) 45–63
siehe Histoire Nestorienne (Chronique de Séert)
siehe Cause de la fondation des écoles
W. Schneemelcher, Neutestamentliche Apokryphen I (Tübingen [5]1987)
C. Scholten, Antike Naturphilosophie und christliche Kosmologie in der Schrift „De opificio mundi" des Johannes Philoponos = PTS 45 (Berlin etc. 1996)
– Weshalb wird die Schöpfungsgeschichte zum naturwissenschaftlichen Bericht?, ThQ 177 (1997) 1–15
– Johannes Philoponos. De opificio mundi. Über die Erschaffung der Welt = FC 23/1–3 (Freiburg etc. 1997)
W. Schwaigert, Das Christentum in Ḫūzistān im Rahmen der frühen Kirchengeschichte Persiens bis zur Synode von Seleukeia-Ktesiphon im Jahre 410 (Diss. Marburg 1989)
E. Schwartz, Die sog. Gegenanathematismen des Nestorius, SBAW 1922, 1 (München 1922) 3–29
– Der s.g. Sermo maior de fide des Athanasius = SBAW.PPH 1924,6 (München 1925)
L. I. Scipioni, Ricerche sulla cristologia del ‚Libro di Eraclide' di Nestorio (Fribourg 1956)
– Nestorio e il concilio di Efeso. Storia dogma critica (Milano 1974)
K. Seibt, Die Theologie des Markell von Ankyra = AKG 59 (Berlin 1994)
– Beobachtungen zur Verfasserfrage der pseudoathanasianischen „Expositio fidei", in: Logos. FS L. Abramowski = BZNW 67 (Berlin, New York 1993), 280–296
W. Selb, Orientalisches Kirchenrecht, Bd. I: Die Geschichte des Kirchenrechts der Nestorianer (von den Anfängen bis zur Mongolenzeit) = SÖAW.PH 388 (Wien 1981)
P. G. Sfair, L'ortodossia de Narsai rilevata dalla sua Omelia sui Dottori Greci, Bessarione 33 (1917) 313–327
M. E. Shirinian, Philo and the Book of Causes by Grigor Abasean, in: S. Mancini Lombardi, P. Pontani (hg.), Studies on the Ancient Armenian Versions of Philo's Works (Leiden, Boston 2011), 155–189
E.-P. Siman, L'expérience de l'esprit par l'église: d'après la tradition syrienne d'Antioche = ThH 15 (Paris 1971)
siehe Narsaï
M. Slusser siehe Gregor Thaumaturgus
K. Smith, Constantine and the Captive Christians of Persia. Martyrdom and religious identity in Late Antiquity (Oakland Ca. 2016)
– The Martyrdom and the History of Blessed Simeon bar Sabbaʿe (Piscataway, NJ 2014)
E. A. Sophocles, Greek Lexicon of the Roman and Byzantine Periods (New York 1887)
W. Speyer, Frühes Christentum im antiken Strahlungsfeld. Ausgewählte Aufsätze = WUNT 50 (Tübingen 1989)
– Art. Pilatus II. Apokryphe Schriften, in: LThK[3] 8 (1999) 298–299
W. Strothmann, Das syrische Fragment des Ecclesiastes-Kommentars von Theodor von Mopsuestia. Syrischer Text mit vollständigem Wörterverzeichnis = GOF.S 28 (Wiesbaden 1988)

M. Tamcke, Der Katholikos-Patriarch Sab̲rīšōʿ I. (596–604) und das Mönchtum (Frankfurt etc. 1988)
M. Tardieu, Le schème hérésiologique de désignation des adversaires dans l'inscription nestorienne chinoise de Xi'an, in: Ch. Jullien (ed.), Controverses des chrétiens dans l'Iran sassanide = Studia Iranica 36 (Paris 2008), 207–226
M. Tetz, Markellianer und Athanasios von Alexandrien. Die markellische Expositio fidei ad Athanasium des Diakons Eugenios von Ankyra, ZNW 64 (1973), 75–121

F. Thome, Historia contra Mythos. Die Schriftauslegung Diodors von Tarsus und Theodors von Mopsuestia im Widerstreit zu Kaiser Julians und Sallustius' allegorischem Mythenverständnis = Hereditas 24 (Bonn 2004)
E. Tisserant, Art. Marouta de Maypherqat (saint), in: DThC 10 (1928) 142–149
– Art. Narsai, in: DThC 11,1 (1931) 26–30
– Art. L'église nestorienne, in: DThC 11 (1931) 157–323
– Art. Timothée Ier, in: DThC 15,1 (1946) 1121–1139
R. Tonneau, R. Devreesse, Les homélies catéchétiques de Théodore de Mopsueste = ST 145 (Città del Vaticano 1949)
J. S. Trimingham, Christianity among the Arabs in pre-Islamic times (London 1979)

K.-H. Uthemann, Christus, Kosmos, Diatribe. Themen der frühen Kirche als Beiträge zu einer historischen Theologie = AKG 93 (Berlin, New York 2005)
– Kosmas Indikopleustes, Leben und Werk. Eine Übersicht, in: ebd. 497–551

S. Vailhé, Formation de l'église de Perse, EOr 13 (1910) 269–276
L. Van Rompay, Quelques remarques sur la tradition syriaque de l'oeuvre exégétique de Théodore de Mopsueste, in: H. J. W. Drijvers (ed.), IV Symposium Syriacum = OCA 229 (Rom 1987) 33–43
– Art. Synodicon Orientale, in: Gorgias Encyclopedic Dictionary of the Syriac Heritage, ed. S. P. Brock, A. M. Butts, G. A. Kiraz, L. Van Rompay (Piscataway, NJ 2011) 387–389
B. Varghese, East Syrian Liturgy during the Sasanid Period, in: A. Mustafa, J. Tubach (hg.), Inkulturation des Christentums im Sasanidenreich (Wiesbaden 2007) 269–280
A. Vööbus, The Statutes of the School of Nisibis = PETSE 12 (Stockholm 1961)
– History of the School of Nisibis = CSCO 266, Subs. 26 (Louvain 1965)
siehe Mārūtā of Maipherqat
W. de Vries, Antiochien und Seleucia-Ctesiphon. Patriarch und Katholikos?, ST 233 (1964) 429–450

J. Walker, A Saint and his Biographer in Late Antique Iraq. The History of St George of Izla (†614) by Babai the Great, in: A. Papaconstantinou (ed.), Writing ‚True Stories'. Historians and Hagiographers in the Late Antique and Medieval Near East (Turnhout 2010) 31–41.
M. Wallraff, Der Kirchenhistoriker Sokrates. Untersuchungen zu Geschichtsdarstellung, Methode und Person = FKDG 68 (Göttingen 1997)
J. H. Waszink, Art. Beseelung, in: RAC 2 (1954), 176–183.
J. W. Watt, Philoxenus and the Old Syriac Version of Evagrius' *Centuries,* OrChr 64 (1980) 65–81
– The Syriac Adapter of Evagrius' *Centuries,* in: E. A. Livingstone (ed.), StPatr 17,3 (1982) 1388–1395
siehe Philoxenus von Mabbug
G. Westphal, Untersuchungen über die Quellen und die Glaubwürdigkeit der Patriarchenchroniken des Mari ibn Suleiman, ʿAmr ibn Matai und Ṣaliba ibn Joḥannan (Kirchhain N.-L. 1901)
G. Wießner, Untersuchungen zur syrischen Literaturgeschichte I. Zur Märtyrerüberlieferung aus der Christenverfolgung Schapurs II. = AAWG.PH III 67 (Göttingen 1967)
– Zur Auseinandersetzung zwischen Christentum und Zoroastrismus in Iran, in: W. Voigt (hg.), ZDMG Supplementa I,2 (= XVII. Deutscher Orientalistentag, 21.–27. Juli 1968, Würzburg) (Wiesbaden 1969), 411–417
– Christlicher Heiligenkult im Umkreis eines sassanidischen Großkönigs, in: W. Eilers (hg.), Festgabe deutscher Iranisten zur 2500-Jahrfeier Irans (Stuttgart 1971), 141–155
D. W. Winkler, Die Christologie des ostsyrischen Katholikos Īšōʿyahb III. von Adiabene (580–659), StPatr 35 (2001) 516–526

– Ostsyrisches Christentum. Untersuchungen zu Christologie, Ekklesiologie und zu den ökumenischen Beziehungen der Assyrischen Kirche des Ostens = SOK 26 (Münster 2003)
– Narsai von Nisibis †503, in: W. Klein (hg.). Syrische Kirchenväter (Stuttgart 2004) 111–123
– Zur Rezeption „Ökumenischer Konzilien" am Beispiel der persischen und armenischen Kirche, in: P. Bruns / H. O. Luthe (Hg.), Orientalia Christiana. FS für H. Kaufhold zum 70. Geburtstag (Wiesbaden 2013) 615–636
E. Wirbelauer, Aberkios, der Schüler des Reinen Hirten, im Römischen Reich des 2. Jahrhunderts, Historia 51 (2002) 359–382
W. Wischmeyer, Die Aberkios-Inschrift als Grabepigramm, JAC 23 (1980) 22–47
W. Wolska, La Topographie chrétienne de Cosmas Indicopleustès. Théologie et science au VIe siècle (Paris 1962)
siehe Cosmas Indicopleustes
Ph. Wood, The Chronicle of Seert. Christian Historical Imagination in Late Antique Iraq (Oxford 2013)

J. Yaqoub, La reprise à Chypre en 1445 du nom de „Chaldéens" par les fidèles de l'Église de l'Orient, Istina 49 (2004), 378–390

Register

1. VERZEICHNIS DER STELLEN AUS DER HEILIGEN SCHRIFT

Altes Testament

Gen
1 194, 199, 483, 643
1,1 773
1,26 270, 643, 709, 712, 714, 726, 727, 746
1,27 137
2 199, 269, 464
2,7 467, 673, 712
2,9 675, 678
2,17 678
3 678
3,6 678
3,19 718
3,21 676
3,22 675–676
6,6 203
9,27 639
17,4 639
22,18 639, 776
32,30 (29 Pesẖ) 682
49,10 639

Ex
3,13 682
3,14 101, 127, 131, 682
3,15 101
12,21 ff. 209
15,26 683
19 208
21,32 677–678
33,20 488, 664, 693

Lev
12,2–4 461
12,6–8 461

Num
4,3 780
16 364

Deut
17,19 639

1 Sam
15,11 203

2 Kön
2 377

Ps
1,3 676
2,6 94, 196
8 270, 587, 733
8,2 270
8,3 270
17,27 87
22 158
24 165
24,7 166
34 663
44,8 248
45 587
45,8 470
51,10 (12) 663
59,14 364
63,2 683
68[69],7a 786
81,6 787
82,6 777
83[84],3b 786
110,1 94, 195

Ijob
38,7 643
38,17 LXX 165
40,14–24 373
40,25–41,26 373

Jes
1,2LXX 777
6 127, 270
6,1 128
9,5 587
9,6 445
38,9–20 265
42,1 715
44,6.8 15, 16
53,3 74

Ez
34,2 541
34,4 541
34,23 541
34,24 541

Amos
4,2 318

Mi
5,1 587

Joel
3,4 716

Spr
8,22 543, 549

Sir
44,17 76

Neues Testament

Mt	
1,18	136–137
1,21	136
2	140
2,1	10
2,2	79
2,12	140
3,2	476
3,14–15	476
3,14	479, 780
3,15	369, 480
4,4	162
4,7	167
4,10	162
4,11	162
5,6	480
5,8	466, 671, 691
5,10	480
5,20	480
5,37	318
6,1	480
6,6	684
6,8	667
6,33	480
8	668
8,26	364
10,26	696
10,28	322
11,11	480
11,27	425
11,29–30	76, 673
12,18	576
13,31–32	675
16,16	198, 441, 510
16,19	666
16,27–28	199
17,22–23	482
19,28	199
20,1	124
21	270, 541
21,5	79
21,9	270, 674
21,16	270
21,32	480
22,1–14	312
22,13	163
24,30	697
24,38	522
25,31	199
26,15	677
26,64	199
26,67	488
27	716
27,46	158
27,52–53	315
28	163, 226, 246, 270, 276
28,10	315
28,18	456, 469
28,19	248, 250, 258, 315, 443, 477
Mk	
1,1	479
1,13	162
3,17	560
16,17–18	17
Lk	
1	139, 197, 479
1,28–35	650
1,28	174
1,32	139, 318
1,32a	139, 143, 197
1,35	140, 162, 174, 247, 300, 318, 456, 464, 470, 530
1,68	139
1,78	139
2	197, 247
2,7	502
2,11	247, 249, 314, 368, 470, 775
2,21	141
2,28	648
2,40	474, 735
2,52	465, 474, 735–737
3,1–19	479
3,19–20	479
3,21–22	479
4,4	162
4,8	162
4,12	162
4,18	776
10,9	17
10,17	17
12,49	668
14,18	249
14,23	663
19,39	270
22,16	167
22,19	504
22,30	423–424
22,42	733
22,43	348
23,43	322
23,46	76
24	167, 670
24,12	498
24,32	661
24,39	167, 247, 697
Joh	
Prolog	101, 111, 188, 247, 248, 280, 453, 466, 479, 500, 516, 560
1	139
1,1	104, 111, 128, 269, 445, 500, 516, 648, 654
1,1–2	106, 516
1,3	106, 732
1,4	648
1,10	106, 166, 466
1,11	106, 139
1.12.13	648
1,14	90–91, 96, 99, 103–108, 110–111, 120, 141, 168, 179, 188, 190–191, 193, 203, 206, 247, 262, 269, 273, 314, 322, 335, 417, 422, 437, 445, 467, 503, 513, 517, 557, 591, 625–626, 648, 713, 732, 743, 758
1,16	140, 269
1,17	467, 775
1,32–33	194
1,32	475
1,33	478
1,34	478
2	341
2,15	221
2,16	221
2,19–21	625, 627

2,19	159, 247, 248, 315, 331, 443
2,21	247, 315, 331
2,29.22	646
3	479
3,13	332, 458, 503, 626, 748
3,18	472
3,22.26	476
3,34	782
3,35	425
4,1	476
4,2	476
5,26	690
6	504
6,13	248
6,38	733
6,41	481, 482
6,46	693, 697, 699
6,51	504
6,52	482
6,53	482, 483, 520
6,54	520
6,56	520
6,63	458, 482, 488, 503, 520, 748
10,9	663
10,18	721
10,30	777
10,38	524
11,1–46	123–124
11,33.38	210
12,26	787
12,31–32	787
12,32	493, 787
13	476
14,6	310, 691
14,9	524, 777
14,10	249
14,23	691
14,28	92, 435, 517
15	505
15,1	541–542
15,13–15	662
17,8	425
17,21	673
18,33–37	79
18,36	79
18,37	79
19,34	668
19,37	698
20,6–7	498
20,17	92
20,25	167
20,27	697
20,28	210, 698
21,1–14	679
21,5	167
21,9	498

Apg

1,1	276
1,3–8	165
1,6	165
1,11	111, 165, 171, 190, 247, 286, 315, 332, 436, 559, 698
1,13	355
2,5	10
2,9	10
2,20	716
2,22	75
2,23	75
2,36	160, 198, 420, 456, 470, 776
3	354
3,6	355
3,15	776
3,25	776
4,12	709
6,5	111
7,55	111
7,56	111
9,2	165
9,5	210
10,38	41, 470, 775, 776
11,26	22
13,23	672
13,32–34	472
17,7	79
17,31	41, 247, 776
18,24	477
18,25	477
19,1	477
19,2	477
19,3	477
19,4–6	477

Röm

1,3	315, 342, 493
1,4	342
1,19	419
2,16	775
4,17	639
6	477, 660
6,3–4	478
8,3	722
8,17	199, 576
8,20	354
8,24	522
8,29	321, 503
8,35	674
8,38	679
9,5	331, 335, 368, 417, 422, 424, 426, 434, 436–437, 450, 467, 493, 517, 539, 610, 715, 718, 740, 749, 788
9,21	165
10,8–10	649
10,10	696

1 Kor

1,10–17	477
1,12	477
1,13	477
1,15	477
1,17a	477
1,18–21	74
1,21	74
1,24	16, 689, 692
2	662
2,8	778
2,16	420, 667, 775
6,16	507
8,6	424, 689
9,24.26	173
11,20	504, 777
11,23–24	504
11,26	521
11,33.34	504
12	496
13,12	96, 159–160, 522
14,15	662
15	496, 497
15,20	617, 654
15,29	477
15,42–44	497
15,46	465
15,47	435, 490, 516
15,51–52	497
15,53	497

2 Kor
2,10 451
3,18 268–269
4,6 685
5,17 523
5,20 312
5,21 493

Gal
2,20 550
3,13 648
4,2 89
4,4–7 728
4,4 16, 89, 513, 517
4,7 667
4,29 667
6,10 356

Eph
1,5 89
1,7 503
1,9 89
1,19–23 456
2,2 158
2,6 660
2,14 206
3,10 500

Phil
2 93, 94, 139, 196, 197, 199, 205, 226, 269–270, 286, 301, 348, 369, 394, 423, 450, 501, 509, 551, 583, 588, 589, 591, 674, 733, 749
2,5–11 778
2,5–7 588, 649
2,6–7 270, 295, 502, 625, 714, 720, 727, 729
2,6 721, 729
2,7 204, 274, 467, 551, 588, 743
2,8 159, 274, 724
2,9–10 136, 274
2,9 93, 197, 450, 456, 472, 509, 589, 724, 733
2,10 777

Kol
1,9 467
1,12–15 472
1,13–15 503
1,14 503
1,15 321–322, 354, 499, 501–503, 585, 748, 750, 776
1,18 472, 502, 617, 654, 790
1,19 89, 140, 434
2,9 426, 434, 437, 510, 715, 755
2,12 660

1 Thess
4,16 660

1 Tim
2,1–2 791
2,1 791
1,5 520
2,5 93, 206, 207, 296, 775–776
2,6 93
3,16 776
4,1f. 225
6,9 791
6,16 693

2 Tim
2,8 547
4,8 664

Tit
2,13 522, 641

Hebr
1 335, 590, 725
1,1 246, 247
1,2 246, 247, 314, 494
1,3 16, 131, 204, 321–322, 494, 501, 714, 715, 727
1,6 354
1,13 669
2,9 92, 93, 449
2,10 158, 348, 449, 465, 494, 776, 783
2,16 743
2,17 625
3,1 552
4,13 791
4,15 336, 625
5,7–9 737
5,7 737
5,8 449
5,9.10 737
8,5 274
10,1 274
12,10 318
12,22 783
13,8 492, 506, 535, 548, 550–551

Offb
6,12 716

1 Petr
2,2 779
5,13 10

2 Petr
1,1 642

2. VERZEICHNIS ALTSPRACHLICHER WÖRTER

Syrisch

'ytwt', ithūthā 75, 79, 84, 100, 125, 129–132, 139, 143, 204, 501, 723
– *br 'ytwt', bar ituta* 23
'yty' 17, 79, 84–85, 90, 92, 93, 99–102, 107, 121–122, 130–132, 147, 154–156, 158–160, 162, 166, 195, 197
'lh' 84, 129–130, 143, 160, 416, 714, 720, 729, 745, 752, 775
'lhwt' 75, 84, 143, 175
'skm' 221, 503, 720–721
'skwl' 59, 767, 769
'tbrnš, etbarnaš 23
'tbsr, etbasar 23
'tgšm, etgašam 23, 455, 591

bwlbl' 225, 315

gwšm' 591
gnyz' 168

dmwt' 204, 301, 503, 591, 646, 649, 714, 720
dnḥ' 124

hw' 90, 93, 149, 246, 492, 502–503, 513, 516, 524, 754
– *hw' brnš', hwa barnaša* 23
hwy' 514, 516, 747

ḥd mdm 91, 511
ḥdnywt' 245, 402, 610
ḥwltn' 225

ywqn', yuqna 122, 709, 712, 740–742, 746, 749, 758
– *rš ywqn'* 717
yḥdy' 383, 385, 388, 661

kyn' 102, 245, 247, 300, 301, 363, 610, 612
– *bar kyana* 23
kyn' yt 728
knwšy' 259, 584
ktb 222

lbr 82
lbš pgr' 16, 17
lm 90

mwzg' 95, 131, 225

nqypwt' 273, 301, 538, 555, 775, 782, 788

swnhdws 115, 116, 279

'lt' 132, 218, 259, 316, 596, 762, 764, 767, 769

pgr' 16–17, 120, 591, 615, 754
pwšq' 596, 795
psq' 391
prwq' 775, 787–788
prṣwp', parṣopa 84, 120–121, 246, 298, 421, 444, 612, 613, 629, 653, 740–741, 775
pršgn' 225, 226
pšq 222

ṣbyn' 89, 97, 161, 457
ṣbyn' yt 206

qb' 75, 122, 727
qnwm' 16–17, 83, 107, 131, 142, 144, 146, 166, 206, 209, 246, 262, 297, 301, 310, 323, 353, 390, 408, 416–419, 485, 581–582, 610, 612, 623, 629, 637, 646, 741, 742, 753
qnwm' yt 205–206, 523

rbn' 85
rwkb' 341
rmz' 140, 203, 527, 789

šm' 94, 129–130, 137, 139
šrr' 128, 156
šwtpwt' 268

t' gwrt' 281
twdyt' 83

Griechisch

αἰτία 218, 259
ἀκράτως 508
ἀμίκτως 508
ἀνθρωποτόκος 399, 515
ἀσύγχυτος ἕνωσις 301, 408, 447, 452, 491, 506, 557
ἀσυγχύτως 447, 508
ἀσυνθέτως 508
αὐθυπόστατος 100, 485

γνωριζόμενον 301, 303
γνώρισμα 301

δικαιοσύνη 480

ἕξις 205
– καθ' ἕξιν 205
ἑκτικῶς 205
εὐδοκία 89, 135

θέλημα 89
Θεοτόκος 295, 329, 337, 369, 391, 399, 406, 515, 570, 730

κοινωνία 268
κυριακὸς ἄνθρωπος 262, 540, 545–546, 794, 794
κυριότης 145, 196, 225
κρᾶσις 225

μετάληψις 268
μετουσία 268
μετοχή 268
μῖξις 225
μορφή 204, 301, 503, 531, 646, 649, 674, 714, 720
μυστήριon 89, 122

ὅμοιος 543–544
ὁμοίωμα 503
ὁμοίωσις 714

πρᾶξις 205, 698
πρόσωπον 96, 177, 184–185, 187, 246, 272, 403, 405, 451, 487–488, 554, 556, 597, 610–611, 613, 758

σάρξ 120, 295, 551, 737
σαρκωθέντος 455
συγχέω 122
σύγχυσις 188, 225, 315, 501, 717

συνάφεια 225, 273, 301, 337, 393, 491, 506, 508, 627, 728, 775
σύνοδος 279
σχέσις 205, 455
– κατὰ σχέσιν 205, 455
– σχετικῶς 205
σχῆμα 468, 495, 503, 588, 590, 646, 720

ὑπόθεσις 764
ὑπόστασις 113, 131, 185, 203–205, 298, 336, 485, 526, 554, 556, 611–612, 742
– ὑπόστασις σύνθετος 297, 341, 395, 523, 561
– καθ' ὑπόστασιν 199, 205, 523

φύραμα 269
φύσις 184, 187, 317, 554
– μία φ. 402, 561

χριστοτόκος 399, 515

ψίλος ἄνθρωπος 262, 341, 461, 707, 744, 794

Lateinisch

adhaesio 443, 454–455, 506
assumptio 449, 463–464, 471, 488, 502, 506, 508–509, 546, 553, 557, 559, 561
– assumptio hominis 559, 561

coniunctio 301, 443, 454, 455, 491, 510, 516, 523, 527, 729, 745, 775

existentia 516, 731

habitatio 506, 508

infixus 710

nutus 140

unctio 464, 469–470
unio 205, 453–454, 461, 464, 467–468, 471, 506–509, 511, 515, 739, 754
– unio hypostatica 371, 523
– unio hypostatica et composita 371
– unio inconfusa 553
– unio personalis 508
– unio voluntaria 508

unitive 446, 464, 466–471, 481–482, 488–489, 491, 494–495, 497, 499, 500–504, 506, 508, 512, 515–519, 523, 524–527, 557–559, 725, 727, 736, 748

3. PERSONENVERZEICHNIS

Biblische Personen

Abraham 77, 127, 516, 639
Adam 123, 127, 135–138, 144–146, 191–194, 197, 199, 211, 267, 340, 342, 354, 464–465, 503–504, 713–714, 718, 727, 731, 746, 784, 787–789
Apollos 477

Bartholomaeus 9, 54

David 87, 107, 108, 139, 270, 273, 314, 336, 343, 423, 467, 482, 493, 499, 516, 534, 639, 644, 723
Didymus, siehe Thomas

Elija, Elia, Prophet 127, 166, 377, 408, 553, 784, 788
Elisa 377

Gabriel, Erzengel 431, 442, 486, 791

Hanna 150, 791
Henoch 354, 639, 788
Herodes 140, 151

Ijob 324, 325
Isaiah siehe Jesaja

Jakob 682
Jesaja 127–129, 195, 267
Johannes, Apostel 122, 179, 194, 355, 743, 790
Johannes der Täufer 146, 194–195, 473, 476, 478–480, 773
Josua 416
Judas (zelotes) 9
Judas Thoma siehe Thomas

Kain 354

Lazarus 123–124, 210
Lukas, Evangelist 122, 369, 394, 474, 479, 548

Magier *(magoi)* 10–11, 140, 193, 470–471, 789
Maria 90, 95, 99, 107–108, 120, 139, 142–144, 190–191, 194, 247, 318, 336–338, 393, 400, 406, 446, 449, 462, 482, 504, 515–516, 531, 535, 545, 547, 549, 570, 645, 649, 658, 696, 707, *744* 748–749, 751, 781
– causa über Maria 765, 768, 791–792
Martha 123
Matthaeus 9, 122
Michael, Erzengel 486
Mose 127, 129, 130, 210, 266, 267, 269, 324–325, 352, 364, 605, 643, 644, 682, 773, 779, 780, 784

Noah 76–77, 127, 644

Paulus, Apostel 33, 41, 54, 74–75, 121, 210–211, 522, 743, 773
Petrus, Apostel 40–41, 54, 156, 160, 355, 436, 477, 510, 608, 647, 666, 679, 773, 790–791
Philippus 9

Salomo 462
Simon (bar Jona) *siehe* Petrus
Simon Kananaeus 9
Stephanus 111
Symeon 686, 791

Thaddaeus, Thaddaios 5, 10
Thomas, Apostel 8–9, 50, 54, 210, 607, 697–698

Zacharias 791

Alte Autoren und Personen

ʿAbdīšōʿ, Abdisho 33, 42–43, 45, 47, 53–54, 243–244, 250, 278, 281, 320, 574, 600, 700, 702, 766–771
ʿAbdīšōʿ Ḥazzaya 623
ʿAbdišoʿ Bar ʿAqre 767
Aberkios v. Hierapolis 11–12
Abgar d. Gr., König 9–10
Abraham v. Kaškar, Großes Kloster 37, 384, 412, 438, 598, 600, 604
Abraham v. Beth Rabban 222–224, 288, 316, 325, 359–361, 765–766, 769–771, 790
Abraham v. Dair Gazerta 317
Abraham Beth Zabaye 281
Abraham v. Beth Madai 579–581, 583–588, 592–593
Abraham v. Mahoze 767
Abraham bar Dašāndād 623
Abraham (Schüler des Narsai) 285
Abraham, Sohn des Audmihr 31–32
Acacius, Katholikos *siehe* Aqaq
Acacius v. Amida 22, 53–54
Addai/Thaddaeus 5, 7–10, 13, 50, 54, 392
Agapet v. Beth Lapat, Bēt Lāpāṭ 38–43
Agathias 241
Aggai 7
Aḥadabui v. Seleukia-Ktesiphon 44–45, 53
Aḥādābūhi v. Nisibis 359, 360, 621
Aḥudemmeh, Bischof 602
Aitallaha, Mar 621
Alexander v. Hierapolis 221
ʿAmr ibn Mattā, Matai 6, 19, 43–44, 49–50, 240, 333–334, 414, 565, 574, 577, 637, 702, 767
Ambrosius v. Mailand 405, 650–651
Amphilochius v. Ikonium 28, 404, 650–651
Anastasius, Kaiser 439, 518
Andreas v. Samosata 221
Aphrahat 21, 244, 720
Apollinarius v. Laodicaea 280, 332, 452, 528, 538, 556, 627, 636, 693, 697, 737, 745, 748, 750–751
Aqaq, Katholikos 30–31, 36, 60, 213–214, 224–225, 227, 291, 770
Ardak, Bischof 5
Aristoteles 205, 318, 462
Arius 85, 92, 116, 153, 164, 321, 322, 452, 523, 538, 541, 614, 627, 693, 694, 724, 736, 739
Arkadius, Kaiser 47
Athanasius v. Alexandrien 186–187, 301, 322, 367, 402, 406, 509, 540–541, 543–547, 549–551, 582, 651, 693, 745, 755
Athanasius I. Gamala v. Antiochien 53, 602
Atticus v. Konstantinopel 404
Augustus, Kaiser 140

Babai, Baboi, Babowai, Katholikos 1, 30–32, 36, 53, 91, 213, 215, 224, 606, 798
Babai d. Große V, VI, VIII, 3, 91, 285, 287, 291, 306–307, 346, 351–352, 354, 357, 358, 366–380, 383–387, 389, 407, 412–476, 480–540, 546, 548, 551–561, 566, 569, 581, 582, 585, 596, 612, 618, 619, 621, 625, 629, 631–632, 636, 686–690, 698–699, 707, 712, 723, 730, 756, 767, 791–792
Babai v. Šigar 285
Babai, mon. 412–413
Bahrām II., König 7, 797
Bahrām V., König 37, 797

Bahrām VI. Č'obīn, König 315, 798
Bardesanes, Bardaisan 5, 12, 101
Bar 'Edta, Abt 280–281, 422, 620
Barḥadbšabba 'Arbaïa (Histoire, PO 9) 60, 65, 87–88, 117, 217–218, 222–223, 279, 288, 346, 770–772, 790
Barḥadbešabba 'Arbaya, Bischof von Ḥalwan (Causa, PO 4) 217–220, 223, 259, 350, 356–358, 364–365, 376, 566, 600, 767–774, 792, 795
Barhebraeus 9, 19, 42, 49–51, 603
Barṣauma v. Nisibis 6–7, 30, 36, 41, 52–53, 60, 82, 119, 212–217, 222, 224, 228, 250, 349–350, 361–362
Barṣauma v. Karka de Ledan (Susa) 568–574, 577
Barṣauma v. Ḥīra, Nisibis 597
Barṣauma v. Qard(o)u 285, 289
Bar Ṣauma, Bischof 616
Basilius v. Caesarea 27, 402, 406, 444, 487, 693, 735–737
Basilius v. Seleucia 625
Boethius 485–486, 528
Bōrān, Königin 567, 596, 598, 798

Candidianus, comes 73
Charisius, presb. 186
Chosrau I. Anūšīrvān, König 20, 233, 234, 238, 285, 290, 308, 310–312, 316, 319, 359, 439, 602
Chosrau II. Parvēz (Abharvez), König 20, 305, 315–316, 319, 340, 347–348, 379–380, 384–385, 387, 389, 392, 396, 401, 407, 412–414, 565, 601–602, 621
Chosroes, Ḫūsrō, Khusro *siehe* Chosrau
Christophoros v. Ator und Ninive 602
Cledonius 734, 737–739, 745, 750
Cosmas Indicopleustes 10, 25, 33, 36, 233, 235, 238, 255–256, 259, 263–271, 273, 280, 306, 644, 773, 793–795
Cyrill v. Alexandrien *siehe* Kyrill v. Alexandrien
Cyrus v. Edessa 211, 240, 255–257, 259–261, 271–278, 761–762, 765–767, 778, 783–789, 791–794

Dadīšō' Samuel, Katholikos 15, 30, 37–40, 42–43, 51, 54, 568, 798
Dadīšō' Qaṭrāyā 220, 412, 623, 640, 656, 687, 688, 694
Dadīšō', 2. Abt des Großen Klosters 375,412
Damasus v. Rom 402, 777
Daniel v. Maisan 49
Daniel Ibn Mariam 5
Demetrius/Demetrianus v. Antiochien 5, 6
Didymus der Blinde 430
Diodor v. Tarsus 28, 112, 113, 116, 118, 119, 121, 180, 184, 188, 201, 219–220, 239–240, 285, 287–288, 378, 532, 535, 569, 582, 693, 701, 702, 724, 767, 793
Dionys v. Rom 543
Dionys v. Telmahre 228
Dioskorus v. Alexandrien 452

Ebedjesu *siehe* 'Abdīšō'
Egeria 2
Elias v. Merv 767
Elias v. Nisibis 19
Elias, Mönch 579–580
Elīša' bar Qūzbāiē ('Arbaya bar Qôzbanê), Interpret 767–771, 793
Elīša', Elīše', Katholikos 31, 33, 233, 607, 770
Emmanuel bar Šaḥḥarē 99
Emmanuel, Rabban 65
Ephraem 50–51, 102, 131, 157, 200, 203–204, 209, 218–220, 329–330, 332, 467, 720, 793
Ephraem v. Antiochien 240
Epiphanius 8, 713
Euagrius Ponticus 372–374, 416–426, 428–431, 432, 434–438, 442, 495, 660, 664–665, 675–676, 684, 686–687, 689, 743
Euagrius Scholasticus 29, 292–293, 333
Eugenius v. Ankyra 544
Eunomius 186, 452, 523, 693, 739
Euseb v. Caesarea 5, 8–9, 18–19, 131, 188, 463, 543
Eusebius v. Rom 50
Eustathius v. Antiochien 542, 713, 777
Eutyches 114, 117, 139, 153, 155, 321, 429, 435, 452–453, 463, 538–539, 546
Ezechiel, Katholikos 309, 311–313, 315, 318–319, 337

Facundus v. Hermiane 545–550
Farrukhan 386, 387
Flavian v. Antiochien 252, 453
Flavian v. Konstantinopel 528

Gabriel v. Baṣra 3, 54
Gabriel, Rabban 65
Gabriel v. Karka de Bet Slok 413, 596
Gabriel, Metropolit 603, 616
Gabriel v. Beth Abe 620
Gabriel v. Beth Qale 698
Gabriel v. Šingar, Hofarzt 347, 377–380, 383–384, 386–388, 391, 396–397, 401, 406–407, 410, 602
Georg v. Kafra, Katholikos 228, 229, 599, 637–655
Georg, Märtyrer 374–380, 384–389, 391–392, 401,

407, 414, 416, 433, 532–538, 554, 566
Georg v. Nisibis 597
Gregor v. Antiochien 292, 333
Gregor I. (aus Phrat), Katholikos 347–348, 350, 378–379, 383, 396, 413–414
Gregorius Barhebraeus *siehe* Barhebraeus
Gregor/Grigor v. Kaškar, v. Nisibis 293, 345–347, 364, 374, 565, 599, 621
Gregor v. Nazianz 27, 402, 570, 586, 650–651, 734–739, 745, 750
Gregor v. Nazianz, d. Ä. 27
Gregor v. Nyssa 28, 81, 403, 570
Gregor v. Rev Ardashir 607
Gregor v. Šušter 767
Gregor Thaumaturgos 81
Gregor, Adressat Babais 371–373, 431

Ḥabib VI, 79, 80, 81, 85, 86, 89, 94, 96, 127, 139, 173–174, 177–183, 199–201, 211–213, 220, 228–229, 254, 262, 277, 291–292, 335–336, 408, 410–411, 435, 448, 486, 552, 578, 654, 718, 733
Ḥabib, Priester 438
Helena, Königin 50
Ḥelibazeka, Patriarch 740
Helladius v. Caesarea 28
Ḥenana VI, 119, 213, 218, 224, 271, 288, 293, 294, 306–307, 325, 328–329, 338, 341, 345–346, 349–350, 351–380, 383, 384, 391, 393, 395, 397, 398, 406, 407, 409–410, 413, 414, 416, 419, 425, 441–442, 454, 458, 459, 463, 471, 487, 488, 495, 496, 502, 510, 523, 524, 528, 529, 530, 535, 537, 552–554, 561, 565, 566, 570, 579, 580, 582, 597, 599, 621, 622, 631, 632, 633, 730, 731, 765, 766, 767, 769, 772, 786, 790–791, 792
Ḥenanišoʿ, Mönch 384, 387–389, 579–581, 600, 605, 612
Ḥenaniišoʿ II., Katholikos 40
Heraklius, Kaiser 286, 305, 333–334, 539, 565, 567, 570–572, 593, 596, 598, 601, 620, 622
Hiob, Interpret 319
Hormizd IV., König 315, 318–319, 797
Hormizd, Bischof 600, 613–614, 620
Hoshaʿ, Hošeʿ v. Nisibis 39, 770
Hypatius v. Ephesus 368

Ibas v. Edessa 59–60, 114, 221
Ibn aṭ-Ṭaiyib 41, 43, 47, 54, 605
Ignatius v. Antiochien 41, 650
Isaak, Isḥaq v. Seleukia-Ktesiphon, Katholikos 15, 22, 25, 35, 39, 47, 568, 606
Isaak v. Arzun 597
Isaak v. Ninive 656, 665–666
Isaak, Priester (Adressat Ḥenanas) 352, 791
Išaï, Lehrer 285, 289, 311, 319, 347, 765, 768, 789–793
Isaias, Jesaja v. Taḥal 600, 611
Ishobarnun, Išoʿ bar Nun, Katholikos 597, 598, 700–703, 767
Išoʿdad v. Merv 351, 761
Išoʿdnaḥ v. Baṣra 286, 346, 620–622
Ishosabran, Išoʿsaḇran, Märtyrer 598, 601, 604
Išoʿyahb I., v. Arzun, Katholikos 15, 36, 41, 285, 292, 300, 315–325, 327–336, 338, 341–342, 344, 357, 577, 689, 750, 767–768, 786
Išoʿyahb II., v. Balad (aus Gedala), Katholikos 286, 332, 346, 414, 565–593, 594, 596, 601
Išoʿyahb III., v. Adiabene, Katholikos V, VII, 566, 594–619, 620–623, 631–632, 637

Jakob Baradai 602
Jakob v. Nisibis 50–51
Jakob v. Sarug VI, 66, 67, 86–88, 200–212, 220
Jakob, Bischof 319
Jakob v. Darai 326–327, 336, 338
Jausep Moše (Lehrer, Mar Aba) 233, 236
Joḥannan v. Nisibis 698
Johannes Chrysostomus v. Konstantinopel 224, 324, 403, 406, 605, 617, 650–651, 693, 755
Johannes IV. Nesteutes v. Konstantinopel 333
Johannes v. Antiochien 73, 115, 117, 182, 626
Johannes I. Sedra v. Antiochien 53
Johannes v. Apamea 693–694
Johannes v. Beth Lapat 612
Johannes Grammaticus (v. Caesarea) 304
Johannes Bar Penkaye 44, 53, 657, 761
Johannes (Saba) v. Dalyatha V, VI, 223, 656–686, 688–695, 699
Johannes v. Damaskus 403
Johannes v. Ephesus 319
Johannes Maron 403
Johannes v. Persien 23
Johannes Philoponus 18, 263–264
Johannes Rufus 117
Johannes, Priester, Notar 313–315
Johannes, Mönch/Abt von Beth Abe 621
Johannes (Schüler des Narsai) 285
Johannes vom Kreuz 656
Jonadab v. Hdajab *siehe* Yonadab

Joṭanan der Perser 281
Joseph I., Jausep, Katholikos 42, 48, 51, 52, 127, 251, 285–286, 290, 308–309, 311, 337, 607
Joseph, Jasaph Ḥazzāyā 426–426, 623, 633, 636, 666, 687, 695, 767
Joseph Mose *siehe* Jausep Moše
Josue bar Nun *siehe* Ishobarnun
Jovinian, Kaiser 745
Juda Kyriakos v. Jerusalem 50
Julian, Kaiser 100
Julian v. Halikarnass 285, 453, 538
Justin I., Kaiser 602
Justin II., Kaiser 292
Justin d. Märtyrer 404, 755
Justinian, Kaiser 49, 223, 238, 285–292, 302, 305–307, 311, 313, 316, 328–329, 333, 334, 341, 351, 359, 366, 377, 395, 399, 409, 454–458, 485, 487, 529, 537, 553–556, 570, 580, 631

Kalandion v. Antiochien 80, 82, 83
Kartir, Mobed 7
Kawādh I., König 20, 771
Kawādh II. *siehe* Široe
Konstantin I., Kaiser 11, 19–20, 71, 116
Kosmas Indikopleustes *siehe* Cosmas Indicopleustes
Kosrau *siehe* Chosrau
Kosrau, Mar 244
Kyriakos v. Konstantinopel 333
Kyriakos v. Nisibis VI, 413–414, 595–597, 618
Kyrill v. Alexandrien 103, 107, 115–120, 123, 139, 147, 183, 188, 205, 206, 207, 254, 268, 279–280, 295, 306, 332, 367–368, 373, 452, 455, 463, 470–471, 505, 510, 513, 523, 525, 538–539, 613–615, 627–628, 641, 650, 652–654, 693–694, 734, 736–739, 745, 755

Lazarus, Abt v. Kloster Mar Bassus 202
Leo I. v. Rom, Papst 29, 40, 429, 452–453, 459, 573, 589
Leo XIII. v. Rom, Papst 11
Leontius v. Byzanz 100, 185, 277, 298, 304
Leontius v. Jerusalem 100, 304–306, 403, 629, 777
Libanios 764

Macedonius 116 323
al Mahdi, Kalif 704
Makkiha, Makkīkha v. Adiabene, v. Erbil 598, 604
Malka v. Darabgerd 308, 607
Maʿna v. Arzon/Arzun 233, 237
Mar Aba, Archidiakon 412 414
Mar Aba I., Katholikos VI, VII, 1, 16, 18, 25, 30–36, 42, 51, 52, 233–256, 258, 261–280, 288–290, 292, 309–311, 313–315, 342, 380, 536, 607, 629, 638–640, 761, 763, 765–768, 778, 786, 792–795
Mar ʿAbda 15
Mar Emmeh v. Beth Lapat, Katholikos 595–597, 604–606, 614, 622
Mar Maʿin 20
Mar Maron 203
Mara v. Ninive 601
Marcian, Kaiser 117
Māri, Mar 7–9, 13–18, 49, 54–55
Mari (Perser, Adressat des Ibas) 221
Māri v. Balad 285, 289
Mari b. Sulayman, Mārī Ibn-Sulaimān 6, 19, 44, 49, 240, 333, 607, 701–702, 770–771
Markell v. Ankyra 367, 463, 509, 540–546, 548, 551–552, 706, 777–778
Marmarius v. Marcianopolis 28
Martyrius *siehe* Sahdona
Marutha v. Maipherqat 22–23, 25–26, 47–48, 53, 55
Marutha v. Beth Arabaye, v. Tagrit 53, 228, 602
Maurikios, Kaiser 315, 319, 328–329, 331–333, 336, 577
Meletius v. Antiochien 28, 544, 755
Michael d. Syrer 52, 53, 228, 333, 602
Michael Badoqa 758, 791
Michael Malpana, Lehrer 566, 758, 791
Micha doctor 767
Miharšābōr, Märtyrer 59
Mihr-Mah-Gushnasp *siehe* Georg, Märtyrer
Miles, Mar 39, 44, 50
Mina, Chorbischof 228–229, 638–639, 641–642, 654–655
Mose, Bischof 600
Moses, B. v. Timana 698
Mose, Mar (Auftraggeber der causa) 258, 768, 778
Mose, Lehrer d. Ḥenana 352
Moses (Narsai), Arzt aus Nisibis 308
Moše bar Kepha 766
Muḥammad 574, 606

Nanai v. Pherat 212, 349
Narsai V, VI, 2, 59–176, 178–183, 187–188, 190–191, 193–195, 197–201, 203–204, 207–208, 211, 217–219, 222, 228, 233, 237, 247, 262, 269–270, 273, 275, 279, 285, 291–292, 298, 337, 359–360, 362, 370, 392, 394, 408, 410–411, 441, 486, 505, 552–553, 585, 625, 641–642, 654, 761, 769–770, 773, 778, 785–786, 789–790, 794–795
Narsai, Narsē, Katholikos 31, 33, 233, 607, 770

Narsai, Diakon 438, 441
Naṣr 368–369, 726, 728–732
Nektarius v. Konstantinopel 28
Nestorius v. Konstantinopel V, VI, 3, 28–29, 112–121, 174, 180, 183–185, 188, 201, 205, 213–214, 227, 239–240, 243, 278, 280–281, 288, 291–293, 307, 318, 338, 369, 377, 387–388, 399, 401–402, 405–406, 408–409, 421–422, 431, 444, 453, 459–460, 487–488, 490, 527–528, 532, 535, 538, 546, 550–551, 553, 569, 582, 605, 626–628, 630, 634, 646, 686, 693–694, 701–702, 724, 729, 735–739, 755
Nestorius v. Ator 698
Nestorius v. Nuhadra 693–695, 699, 705
Nuʿman b. Mundhir 319

Omar *siehe* ʿUmar
Optimus v. Antiochien 28
Origenes 8, 150, 372, 373, 375, 431, 432, 464, 495
Otreius v. Melitene 28
Oukhama v. Arzun 596

Pamphilus 265–267
Papa, Pāpā bar Aggai, v. Seleukia 6–7, 14, 22, 37, 39, 41, 43–44, 49–51, 53
Patrikios *siehe* Mar Aba
Paul I., Katholikos 31–32, 35, 278–279, 290
Paul v. Beit Lapat 32, 34
Paul v. Edessa 182–183
Paul v. Nisibis 285–294, 305–307, 311–313, 316, 328–329, 333–334, 345, 351, 359, 361, 399, 408–409, 569–570, 631
Paul d. Perser 287, 289, 294.
Paul, „Erklärer" im Kloster des Abimalek 566
Paul v. Adiabene, v. Erbil 596, 603
Paulinus v. Antiochien 544, 777
Paulinus v. Nola 9
Paulus v. Samosata 5, 153, 462–463, 696, 699, 736
Pelagius v. Laodicaea 28
Perōz, König 20, 65
Petros, Hagiograph 340
Petrus Fullo v. Antiochien 29, 80, 128, 439
Petrus v. Alexandrien 546
Petrus (Mongus) v. Alexandrien 29
Philippos, Schüler Bardaisans 12
Philoxenus v. Mabbug VI, 23, 79–83, 86, 119, 131, 150–151, 178–183, 200–201, 208, 212–213, 220, 226, 228, 252, 254, 277, 291–292, 299, 331, 335–336, 349, 395, 408, 410, 426–428, 435, 444, 448, 453, 462, 473, 476, 503, 509, 513, 517, 552, 556–557, 578, 580, 599, 615, 628, 638, 686, 733
Photeinos, Photin 294, 696, 699, 736
Photius v. Konstantinopel 263
Porphyrios v. Antiochien 26
Posi 765–766, 768
Procopius v. Caesarea 241, 290
Proklus 485
Ps.-Athanasius 546, 745, 751, 778
Ps.-Dionys. Areopagites 685
Ps.-Dorotheos v. Tyros 8, 264
Ps.-Gregor Thaumaturgus 697
Ps.-Hippolyt 8
Ps.-Isaak von Ninive 778
Ps.-Makarius 660
Ps.-Narsai 211, 275–276, 786
Ps.-Nestorius 185, 280, 422–423, 628–631, 634
Pulcheria, Kaiserin 117

Qamisoʿ 44–45
Qaša v. Nisibis 414
Qiorē (Leiter der Schule v. Edessa) 218–219
Qiswai, Hofarzt 286
Qura v. Edessa 60
Qusṭa Ibn Lūqā 286

Rabbula v. Edessa 119–222

Sabrišoʿ, Katholikos 293, 340–341, 344–348, 369, 396, 730, 772, 798
Sahdōnā v. Māḥōzē d'Arēwan VII, 307, 579, 595–596, 598, 600, 609–615, 618, 619–637
Ṣaliba, Sliba, Ṣaliba ibn Joḥannan, Ṣĕlībā ibn Yūḥannā 43, 240, 414, 605, 702
Šahdost v. Tarihan 391
Šahlufa 54
Šalliṭa v. Rešaina 767
Shapur, Schapor/Shāhpūr, Šāpūr I., König 5–7
Shapur, Shāpūr II., König 6, 19–20, 25, 44, 621
Scholasticus, Eunuch 115
Severus v. Antiochien 329–330, 429, 435, 453, 463, 545, 546, 549, 551, 615, 694, 708, 778
Sergius I. v. Konstantinopel 572–575
Sergius v. Rešaina 237, 428
Sergius v. Elam 703
Sergius v. Ḥīra 600
Sergius, Metropolit 709, 734, 736–737, 739
Šila, Katholikos 31, 32
Simeon/Šimʿūn bar Ṣabbaʿē 22, 25, 39, 790
Simeon v. Bēt Aršam 602
Simeon v. Anbar 308
Simeon/ Simon v. Nisibis 293, 345, 360
Simeon, Šimʿūn v. Rēw Ardašīr, Rev Ardashir 606–608
Simon de Ṭaibūtēh 623, 656
Širin, Königin 347

Široe (Kawādh II.), König 565
Sokrates, Kirchenhistoriker 27–29, 42, 293
Sophronius v. Jerusalem 573
Sozomenus, Kirchenhistoriker 11, 25
Šubḥalmaran v. Beth Seloq 384, 386, 389–390, 408, 553, 596
Symeon d. Neue Theologe 656

aṭ-Ṭabarī 18
Tatian 5
Terennius v. Scythia 28
Teresa v. Avila 656
Tertullian 185
Thekla 18, 220
Theodor bar Koni 275, 633, 761
Theodor v. Mopsuestia V, VI, VII, 3, 66, 91, 99, 112, 113, 118–122, 124, 135–137, 168, 174, 180, 183–188, 192, 205, 211–214, 217–222, 224, 225, 239, 240, 253–254, 264, 265, 268–270, 273–277, 287, 288, 298, 307, 310, 321, 324–325, 340, 341, 343, 344, 345, 349, 350, 355, 357–358, 369, 377–378, 417, 428, 429, 440, 443, 445, 455, 456, 460, 471, 472, 505, 507, 510, 511, 532–535, 538, 549, 551, 553, 561, 569, 575–576, 590, 591, 605, 632–636, 640, 641, 643, 646, 662, 676, 687, 688, 693, 699, 701, 702, 704, 707, 723, 724, 728, 729, 748, 761, 763–764, 767, 771, 773, 784–787, 792–795
Theodor v. Raithu/Pharan 302
Theodoret v. Cyrus 119, 226, 404–405, 545, 556, 651
Theodosius I., Kaiser 116, 186
Theodosius II., Kaiser 37, 116
Thomas v. Aquin 441
Thomas v. Edessa 233, 235, 239, 255–262, 265, 268, 271, 273, 275, 317, 639–640, 644, 763–765, 767, 768, 774–782, 789, 791–797
Thomas v. Marga 347, 413–415, 596, 598–599, 601, 620–622
Timotheus I., Katholikos V, VI, 1, 10, 30, 41, 48, 369–370, 595, 597, 615, 656, 657, 660, 666, 674, 682, 688, 690, 693–695, 697, 699–702, 703–759
Timotheus v. Alexandrien 28

ʿUmar I., Kalif 574, 594, 598
ʿUtmān, Kalif 598, 605

Valens, Kaiser 118
Valentinian, Kaiser 116
Valerian, Kaiser 5

Yahbalaha I., Katholikos 39, 606, 798
Yaʿqob, Mönch 598, 600, 621–622
Yaqut 47
Yazdgerd/Jazdagird I. 20, 22, 47
Yazdgerd II. 20
Yazdgerd III. 594
Yazdgard v. Balad 289
Yazdin, Schatzmeister 412, 413
Yonadab v. Adiabene, Jonadab v. Hdajab 413, 596

Zacharias v. Mitylene, Scholasticus, Rhetor 29, 60
Zeno, Kaiser 113, 213

Moderne Autoren

J.-B. Abbeloos 8, 13, 15
Abraham Ecchellensis 46
L. Abramowski V–IX, 1, 3, 24–27, 29–36, 38, 41–43, 49, 50, 52, 54, 62–63, 66, 81, 91, 114, 117, 119, 127, 135, 157, 173–174, 176–177, 183–186, 211, 220, 226, 234, 253, 255, 256, 268, 274–276, 278, 291–293, 304–308, 318, 320–321, 336, 339, 342, 370, 405, 409, 415, 422, 423, 438, 440, 448, 449, 453, 456, 459, 460, 461, 462, 464, 468, 470, 471, 473, 474, 476, 485, 488, 490, 495–498, 501, 506–512, 514, 523, 525, 527, 529–531, 535, 540, 543, 552, 566, 568, 579, 597, 607–608, 609, 618, 620, 623, 628–631, 633–635, 650, 651, 662, 665, 687, 689, 705, 713, 733, 734, 750, 758, 761, 767, 777, 778, 785, 786, 790, 793, 796
R. Abramowski 218, 337
K. Ahrens 29
B. Aland 92, 131, 204
M. Albert 67, 427
P. Allen 29, 293
É. Amann 292
J. A. Assemani 54
G. (J.) S. Assemani 10, 38, 47, 48, 150, 221, 598, 618, 693, 767, 769–770
J. Aßfalg 14, 18

O. Bardenhewer 403, 770
G. Bardy 405
T. D. Barnes 19, 20
A. Baumstark 14, 87, 150, 218, 233, 255, 257, 261, 287, 289, 316, 334, 375, 454, 529–530, 601, 604, 611, 703, 761–766, 768, 770, 772, 791, 792, 796

I. Bcheiry 594
A. H. Becker 234, 259–261, 762–763, 766–767, 769, 770, 772, 795
P. Bedjan 66, 207, 210, 233, 234, 279, 374–380, 383, 532, 619, 622, 629, 735, 790
V. Berti 695, 705, 710
P. Bettiolo 257, 595–598, 601, 768
R. Beulay 426–427, 656–663, 665–666, 668–669, 671–674, 676–677, 679–685, 687–695, 700
R. J. Bidawid 703, 705–706, 739–742, 744–756, 758
G. G. Blum 219–221, 656, 657, 664, 670, 686, 700
T. Bou Mansour 150, 200–212
O. Braun 36, 38, 43–44, 46–51, 215, 227, 233–238, 241, 346, 369, 374–375, 378, 383, 385–386, 413–414, 532–534, 695, 697, 698, 704–709, 712–717, 720, 722–723, 725–729, 731, 732–739, 756–757
H. C. Brennecke VIII, 24, 463
M. Breydy 403
M. Brière 404
F. Briquel Chatonnet 41, 710
S. P. Brock IX, 2, 4, 7, 13, 15, 16, 20, 21, 54, 61–63, 66, 67, 69, 83, 102, 107, 112, 117, 174, 213, 226, 228, 243, 245, 254, 256, 287, 310, 313, 320, 327–329, 332, 341, 342, 348, 411, 619, 621, 623–624, 785, 786
C. Brockelmann 75, 150, 205, 225, 373, 433, 454, 490, 713, 723
P. Bruns 9, 23, 47, 59, 253, 408, 427, 438, 441
E. A. Wallis Budge 413–415, 764
G. Bunge 426–427, 687
S. J. Carr 255–258, 764, 774–776
R. P. Casey 540, 541, 543, 546, 547–549, 551
E. Caspar 333
J. B. Chabot 23, 25–26, 32–33, 60, 213, 215–217, 224–225, 227–229, 233–234, 243–244, 246–252, 279, 300, 308, 311, 314, 320, 322–324, 326–328, 330–332, 336–337, 340, 342, 343, 347–348, 350, 374, 383, 390, 392, 394, 398–399, 402–405, 438, 581, 599, 604, 620, 637–638, 641–646, 648–652, 654, 700
M.-L. Chaumont 2, 4, 6, 8, 10, 13, 14, 15, 18, 19, 23
G. Chediath VIII, 174, 414, 438, 440, 631
R. C. Chesnut 201–202, 204
J. W. Childers 9
J.-M. Clément / R. Vander Plaetse 546
J. F. Coakley 257, 762, 765–766, 775–776, 778, 780, 782
R. H. Connolly 786
W. Cramer 12 236
F. Cumont 12

C. Datema 404
J. Dauvillier 54
A. Desreumaux 9
R. Devreesse 114, 253, 270, 275, 325, 575
G. Diettrich 762, 764
C. Dietzfelbinger 660
E. v. Dobschütz 15
E. R. Dodds 269
G. L. Dossetti 320–321
V. Drecoll VIII, 24
H. J. W. Drijvers 5, 8–9, 12–13
G. R. Driver 281
H. R. Drobner 10
L. Duchesne 12
R. Duval 14, 594, 601, 611, 616, 623, 769
G. Emmenegger 9
G. Endreß 594, 598
T. Engelmann 412, 414, 416, 419, 421, 438, 453, 486
M. van Esbroeck 629
G. H. Ettlinger 404–405, 545

L. Fatica 223
G. Ficker 12
J. M. Fiey 3–4, 7–8, 10, 15, 18–20, 22–25, 29–30, 33, 36–37, 44, 46, 240–241, 289–290, 292–293, 312–313, 333, 339, 344–347, 359–360, 414, 440, 594–607, 609, 611, 615–616, 618, 641, 797
W. Frankenberg 372, 373, 416–419, 421–422, 424–425, 430, 433, 435–437, 665–665, 686, 689–690
J. Frishman 59, 62–67, 69, 97–99, 100, 109, 786
G. Furlani 316–318, 758, 761–762, 767

P. Gallay 734, 735
N. G. Garsoïan 4, 11, 20–22, 24, 601–602, 797
P. Géhin 427, 432, 624
J. Gernet 567
S. Gero 7, 22, 37, 38, 41, 53, 60–61, 212–215, 217, 218, 224, 228
S. Giamil 764
Ph. Gignoux 61, 64, 99–102, 140, 375, 641, 773, 795
K. M. Girardet 19
H. Gismondi 49–50, 334, 577, 701
A. Goodman 173–174
H. Goussen 620
F. Graffin 427, 768–769
E.-L. Grasmück VIII
J. Gribomont 23
A. Grillmeier V, VII, VIII, IX, 3, 5, 150, 185, 263–264, 269–270, 302, 304, 306, 336, 368, 370, 403, 417, 473, 540–541, 545, 556, 573, 628, 634, 777–778, 786, 796

V. Grumel 441
I. Guidi 82, 347, 358, 379, 384, 386, 407–408, 412–413, 566, 568, 595, 597–598, 772
A. Guillaumont 286–288, 290–291, 294–297, 299–301, 304, 306, 316, 328, 351, 370–372, 416–417, 426–435, 437, 454–455, 495, 656, 675, 676, 686–687, 689–690, 698
C. Guillaumont 427
G. Guriel 68

W. Hage 4, 603
A. Hahn 540
T. Hainthaler VII, VIII, 1, 4, 6, 26, 27, 29, 30, 41, 67, 217–218, 240–241, 257–265, 306, 316, 352, 573, 594, 600, 602, 608–609, 616, 625–626, 761, 768, 771–774, 783–784, 794
A. de Halleux IX, 16, 23, 52, 54–55, 80–82, 86, 113, 116, 228, 426–427, 453, 462, 598, 601, 609, 619–624, 627, 631–633, 798
G. C. Hansen 1, 11, 25, 28
P. Harb 426–427
A. (v.) Harnack 4–6, 10, 12
A. Harrak 9, 13–14, 17
Hayes 770
K. (C.) J. (v.) Hefele 46, 47, 49
M. Heimgartner 704–705
Hermann 770
R. Hespel 633
M. J. Higgins 22
L. Hodgson 281
H.-J. Höhn 752
W. Hoenerbach 41, 54, 605
G. Hoffmann 532–533
R. G. Hoyland 44, 594, 621
A. Hübner 293
E. C. D. Hunter 753
M. Hutter 241
H. Hyvernat 764

I. Ibrahim 62, 65–70, 72, 75, 78, 83–84, 90, 95, 99, 114, 116, 118, 121, 123, 127, 129, 131, 134, 137, 174, 190, 203
M. Illert 9, 15
O. Ioan 594, 606, 615, 619–620

Th. Jacob 602
T. Jansma 101, 200, 201, 204, 220, 389, 391, 530
G. Jeremias 479
A. Juckel 92, 131, 204
M. Jugie 756–757
C. Jullien 20, 41, 287, 389, 710
F. Jullien 41, 343, 710
C. & F. Jullien 4–5, 8–9, 10, 13–18, 41, 54
J. A. Jungmann 539

H. Karpp 539
H. Kaufhold 3, 43, 51, 54, 236, 244, 250
N. Kavvadas 412, 599, 614
P. Kawerau 18, 213, 769
K. Kayser 766
J. N. D. Kelly 16
E. Kettenhofen 18
M. Kmoskó 19, 50
P. Knauer VIII
R. Köbert 185
C. Korolevskij 46
T. Krannich 12
D. Krausmüller 304–306
T. Kremer 793
G. Krüger 29
P. Krüger 200–201, 205

J. Labourt 4, 15, 22, 24, 37–38, 42, 51, 113–115, 117, 215–216, 234, 243, 245, 251–252, 293, 305, 308–309, 311, 316, 328–329, 340, 345, 347, 388–389, 392, 412–413, 565, 571, 594, 606
P. de Lagarde 633
G. H. W. Lampe 100, 205, 225, 301, 653
D. J. Lane 408, 553
U.-M. Lang 604
J. Lebon 545
H. Leclercq 29, 49
A. D. Lee 292
J. Lemarié 10
Leo XIII., Papst 11
Liddell/Scott 100, 205, 468
H. Lietzmann 745
F. Loofs 304–305, 460, 777
M. Luther 521, 668

M. R. Macina 218, 640–641
W. (F.) Macomber 2, 7, 38, 43–44, 51, 61, 63, 65–66, 211, 227, 255–257, 259–260, 270–278, 604–605, 762–765, 768, 783–785, 787, 791, 794
A. Mai 33, 43
Th. Mannooramparampil 13
G. D. Mansi 46
Mar Awa III. (David Royel) 316
P. Maraval 4, 28
C. Markschies VIII, 5, 24, 263, 405
J. Martikainen 53, 657, 686, 697
F. Martin 61–62, 68, 101, 112–113, 116–117, 120–123, 125
J. Mateos 575, 605
F. McGraw Donner 594
F. G. McLeod VIII, 59, 61, 62, 63, 64, 66, 67, 69, 70, 75, 89, 95, 99, 135–149, 152–156, 158, 160–168, 170–171, 174–175, 786
K. McVey 113, 115
J.-N. Mellon Saint Laurent 13
G. Mercati 266, 403
M. Metselaar 594–595, 603–604, 606, 618, 620
A. Mingana 18, 22, 44, 61–63, 65–71, 83, 101, 124, 174, 234, 253, 288, 704, 785–786
C. Moulin Paliard 41
S. Mratschek 9
A. Mustafa 22

F. Nau 12, 87, 217, 223, 279–281, 288, 452–453, 629–630
P. Nautin 286
P. G. Nicolopoulos 651
M. Nin 620, 625
Th. Nöldeke 20–21, 213, 258
H. Nordberg 540, 550, 552
R. A. Norris 355
P. Nothaim 68

G. Olinder 201
I. Ortiz de Urbina 13, 44, 47, 53, 218, 287, 316, 351, 427, 530, 577–578, 645–646, 700, 730
G. Ostrogorsky 305

A. Palmer 9
C. Pasquet 2
R. Payne Smith 76, 100, 102, 122, 131, 150, 162, 205, 225, 244, 301, 317, 467, 490, 531, 722, 730, 762
R. E. Payne 20
J. Payne Smith (Margoliouth) 89, 209, 365, 379, 515, 531, 584, 672, 713, 716, 727, 728, 762
P. Peeters 6, 18, 200, 233–241, 256
P. Périchon 28
M. Perkams 762, 774
L. Pietri 19
K. Pinggéra 44, 220, 221, 224, 695
C.-S. Popa 655
U. Possekel 257, 762, 765, 775–776, 778, 780, 782, 794
I. M. Pratelli 766
P. E. Pusey 652

R. Raabe 8, 9, 13, 15
R. Rabban 46
H. Rahner 573
I. Ramelli 13
M. Rashed 41
G. Rauschen 29
G. Reinink 218, 224, 351, 355, 357, 358, 374, 375, 378, 380, 384–387, 389, 407–408, 410, 602, 763–766, 772, 791–792
E. Riad 599, 604, 763, 791
M. Richard 183, 304–305, 633
R. Riesner 9
F. Rilliet 209
J. Rist 19
A. M. Ritter 28–29
G. B. de Rossi 12
E. Sachau 18, 21, 24, 633, 773

L. R. M. Sako 285–286, 289–291, 304, 316, 319, 332–334, 338, 565–568, 570, 572, 574–587, 589–592, 598
C. Schäublin 219, 220, 325, 641, 764
F. Scheidweiler 543
A. Scher 217–220, 224, 259, 285–288, 290, 332, 342, 352–353, 354–358, 378, 570, 765, 767–772, 790
Th. Schermann 8–9
A. M. Schilling 24, 311–312, 762
C. Scholten 263–264
W. Schwaigert 6, 7, 15, 38
E. Schwartz 117, 540–542, 545–548, 550–551, 735, 737
L. I. Scipioni 117, 409, 444, 525, 628
J. B. Segal 14
K. Seibt 540–544, 551
W. Selb 53, 252, 253
P. G. Sfair 68, 121
M. E. Shirinian 766
C. Silva-Tarouca 626
E. P. Siman 62–64, 67, 124–126
M. Slusser 81
K. Smith 19, 20, 21
B. Soro 67
O. Spies 54
P. Stein 12
W. Strothmann 764
A. Stülcken 546

M. Tamcke 340, 342–347, 351–352, 354, 370
M. Tardieu 567
M. Tetz 544
F. Thome 219, 223
E. Tisserant 4, 14, 18, 47, 68, 756
R. Tonneau 253, 254 575, 576
I. Toral-Niehoff 240
F. Torres (Turrianus) 46
J. S. Trimingham 37
J. Tubach 22

K.-H. Uthemann 263–264, 301, 302, 305, 336

M. Vahrenhorst 10
S. Vailhé 4
G. Van Belle IX
A. Van Roey 403, 650–651
L. Van Rompay VIII, 20, 30, 792–793, 795
B. Varghese VII, 604
A. Vaschalde 366, 437–459, 461–469, 471–476, 480–529, 540, 554–560
S. J. Voicu 651
A. Vööbus 23, 47, 55, 59–60, 87–88, 115, 128, 217, 219, 221–223, 258, 316–317, 345–346, 351, 358–366, 369, 378, 602, 621, 730, 765–766, 769–772
J.-M. Vosté 223, 244, 250
W. de Vries 7, 38, 52, 53

J. Walker 374, 389, 414
M. Wallraff 27–28
P. G. Walsh 9
J. Wasmuth 5
J. H. Waszink 462
J. W. Watt 427–428, 686
G. Westphal 15, 37, 38, 42–45, 48–49, 52
L. Wickham 81, 119, 185, 268
G. Wießner 2, 20, 22
D. W. Winkler VII, VIII, 23, 609, 617
E. Wirbelauer 11, 12
W. Wischmeyer 11, 12
W. Wolska(-Conus) 263–266, 268–270, 639–642, 644, 794–795

Ph. J. Wood 285, 621
W. Wright 8
J. Yaqoub 2
B. Zimmermann 764
H. Zwingli 521

4. SACHVERZEICHNIS

Aberkios-Inschrift 11–12
Abgar-Legende 5, 9, 14
Addai und Mari-Liturgie VII, 605
Akten von Miles 22
Acta Mari 8, 9, 13–18, 49
Aleppo (Beroea) 286, 333, 568–573
Alexandria, Alexandrien 29, 36, 47, 54, 182, 183, 233, 238, 263–264, 477
Anbar 571, 594
Anti-Chalcedonier, Anti-Chalcedonismus 18, 60, 213, 570, 581, 593, 599–603, 618, 632, 747
Antiochien 3, 6, 23–24, 26–27, 29, 36, 38, 45–48, 52–55, 80, 115, 119, 122, 128, 219, 238–240, 253, 279, 339, 341, 439, 518, 541–545, 567, 601, 768
Arbela 21, 24, 34, 288, 350, 601
Auferstehungsleib 497–499

Babylon 9, 10, 14, 54, 677, 753
Baḥrain 571, 594
Band der Schöpfung (Mensch) 261, 417, 727–728, 787, 794
Baṣra 594, 711, 726
Beseelung (des Embryo) 461–462, 464–465, 713, 745

Canones, arabische sog. nicaenische 23, 36, 46–48, 54
causa VII, 255–262, 271–272, 274, 276, 316–318, 338, 350–354, 356–358, 362, 369, 566, 596, 761–792, 795
Chalcedonier, Chalcedonismus VI, 46, 252, 287, 292, 294, 301, 303, 305, 310, 336, 460, 529, 570–571, 581, 584, 600, 618, 625, 628–630, 632–633, 653, 707, 756
China VIII, 2, 10, 567
Christus-Titel 79, 170, 200, 373–374, 409, 411, 437, 439, 555, 645
siehe auch Eingeborener, Erstgeborener, Mittler
- Arzt 626, 685, 786
- König 71–73, 76–79, 81, 82, 94, 96, 140, 141, 146, 147, 153, 161–162, 165–166, 192, 196, 199, 208, 344, 470–471, 510, 536, 624, 627, 647, 684, 718, 790
- Herr *passim*
- Menschensohn 111, 123, 189, 199, 202, 203, 332, 451, 458, 472, 482, 511, 520, 555, 559, 626, 697, 709, 710, 743, 748
- Sohn Gottes 15–16, 70, 77–78, 89, 121–123, 125, 127, 131, 152, 182, 188–189, 196, 199, 202–203, 208, 249, 262, 299, 331, 335, 393–394, 397, 400, 402, 471, 493, 551, 559, 561, 577, 580, 590, 626, 645, 647–650, 653, 601, 667, 696, 707, 710–711, 713, 715–716, 718–719, 721, 735, 746, 748, 750–751, 754, 777, 781, 787, 794
- Gottessohn 189, 482, 484, 511, 646, 743, 746
Chroniken:
- Chronicon anonymum 347, 595, 772
- Chronik von Arbela 18, 288–289, 769
- Chronik von Karkā ḏ-Bēṯ Slok 14, 19
- Chronicon Paschale 264, 266
- Chronik von Séert 5–6, 18, 285–286, 288, 311, 342, 346–347, 352, 360, 379–380, 384, 387, 389, 407, 413–414, 565–566, 568–570, 573, 595, 598, 600, 620–621, 769–770

De incarnatione (v. Theodor v. Mopsuestia) 89, 186, 254, 277, 298, 378, 440, 511, 538, 633–634, 636
divisio vocum 176, 456, 555
Doctrina Addai 9, 14
Dornbusch 449
Drei Kapitel 221, 223, 287, 291, 307, 454

Eingeborener 70, 94, 109–111, 147, 157, 164, 191, 196, 198, 202, 249, 321–322, 335, 348, 368, 372, 425, 471–472, 501, 590, 661, 678, 696, 735, 743, 751
Erlöser 159, 226, 257, 317, 392, 412, 590, 624, 645, 715, 722, 738, 748, 775–776, 785, 787–788
Erstgeborener 321, 354, 368, 372, 425, 471–472, 502–503, 510, 590, 751
Ephesus 36, 47, 48, 54, 115, 117, 477
- Bischofssitz 36, 47–48, 54
Eucharistie 122, 269, 272, 343, 457, 519–520, 689, 781, 783, 794
Eunomianer 153, 185–187, 420, 690

Fars 7, 21, 600, 607

Gottessohnschaft 478, 704

Henotikon 213
Hiob, Buch 325, 373
al-Ḥīra 37, *240–241* 316, 319, 534, 571, 594, 597, 599, 637
Huballat 711, 726
Huzistan, Khūzistān 6, 571, 594
Hypostase *passim*
– zusammengesetzte 293–294, 306–307, 367, 369, 379–370, 372–375, 377–378, 395, 397, 399–400, 406, 408–410, 419, 442, 455, 458–459, 525, 530–532, 537, 554, 570, 580, 582–583, 634, 655, 747, 753
hypostasis synthetos 487, 636

Imago dei 137, 451, 465, 499, 503
Indien 2, 4, 8–9
Iṣṭahr 594, 607

Julianisten 603

Karka de Beth Slok, Karḵā ḏ-Bēṯ Sloḵ 21, 24, 350, 385, 574
Kokhe, Kuke 36, 45, 51
Konstantinopel 27, 29, 36, 48, 183, 221, 228, 233, 238–240, 255, 286, 290, 292, 294, 316, 333, 395, 406, 409, 439, 487, 568, 572, 615, 629–631
Kreuz 15, 66, 71–80, 92, 134, 154, 158, 202–204, 211, 223, 247, 274, 328, 331, 337, 389, 412, 433, 494, 533, 536, 567, 589, 616, 658, 662, 676, 700, 713, 715, 721, 733–734, 751, 787, 790
– Zeichen 72–74, 223, 494, 533, 536
– Verehrung 72–74, 223, 790
– Kreuzigung 16, 45, 54, 73–78, 82, 156, 203, 389, 439, 492, 494, 498, 510, 536, 716, 753, 788

Liber Graduum 720
Liber Heraclides VI, 3, 112, 117, 185, 278–279, 281, 291–292, 307, 409, 421, 423, 431, 440, 450, 452–453, 457, 459–460, 487–488, 490, 527–528, 553–554, 561, 582, 592, 628–630, 712, 735, 737, 748, 756, 778
Liber legum regionum 12–13

Maḥōzē d'Erewan 609–611, 621
Makedonianer 122
Melkiten 46, 596, 707, 710
Meletianer 184, 544, 582
Mensch unseres Herrn 443, 450, 456–457, 465, 470, 474, 484, 493, 505, 538, 540–552, 555, 718, 724, 775–779, 781, 782, 796
Mesena 21, 571, 594
Messalianer, Messalianismus 343, 366–367, 377, 378, 413, 420, 421, 454, 466, 666, 688, 690, 694–696, 705
Mia-Physis-Formel 202
Miaphysiten 410
Mittler (Jesus) 93, 110, 122, 193, 196, 206, 296, 774, 776
Monophysiten, Monophysitismus 80, 82, 87, 113, 168, 187, 200, 213–216, 228, 238, 245, 287, 293–294, 305, 317–319, 328–329, 333, 338, 373, 379–380, 383, 386–387, 396, 406, 410, 413, 420–421, 425, 428–430, 435–436, 442, 444, 451, 513, 519, 522, 529–530, 556, 573, 581, 593, 598, 601, 604, 606, 641, 646, 650, 655, 739, 756
Mystik, Mystiker 656–657, 662, 665–667, 669–670, 672, 674, 678, 681, 685, 692, 695, 700–702

Name (christologisch) 94, 105, 120, 127, 136, 147–148, 149, 162, 168, 184, 186, 189, 192, 196, 198–199, 202, 208, 368, 422–423, 426, 450–451, 462, 470, 477, 482, 716, 718, 721, 726, 729, 733, 749, 751
– Name Jesus, Christus 160, 161, 165, 168, 184, 249, 262, 321, 326, 355, 677, 775
– Namen Christi 17, 249, 356, 368, 404, *499–506* (Christus, Jesus, Erstgeborener, Mensch, Menschensohn, Sohn des Höchsten, Menschensohn, Priester, Imago et forma dei, Brot, Weinstock, Weg, Tür, Lamm)
– Name (Gottes) 124–127, 128, 129, 130, 132–133, 137, 139, 143, 145, 148–149, 164, 169, 171, 192, 194, 197, 276, 301, 441, 445
– Name (des Königs) 73, 75, 85
– Name und Hypostase 178, 182, 301, 642, 654
Nehāwend 594
Nestorian Collection 135, 139–140, 173–176, 342, 389, 441, 523, 529, 566, 579, 634
Nestorianer, Nestorianismus 2–3, 7, 16, 22, 47, 53, 80, 88, 112, 114, 117, 150, *213* 214, 218, *227–228*, 243, 245, 252 254, 272, 287, 293, 295, 304–306, 320, 338, 380, 390, 391, 408, 457, 460, 549, 551, 598–599, 606, 632, 656, 686, 688, 695, 703, 704, 739, 755–758, 761, 763, 772, 777–778, 786
Neuchalcedonier, Neuchalcedonismus 294, 296, 301–302, 307, 336, 395,

409, 420, 459, 523, 529, 554, 570, 581, 593, 705–706, 747, 750, 777
Neunicänismus 88, 181, 303, 321, 544, 692
Nisibis *passim*
– Schule 59, 213, 217, 220, 233, 255–256, 279, 288, 293, 307, 316, 325, 327, 345–346, 350, 352, 356, 358–361, 366, 409, 414, 553, 565, 595, 598–600, 621–622, 762, 765–766, 768–769, 771–772, 791–792
– Statuten der Schule v. Nisibis 59, 346, 351, 358–360, 566, 621

Ordo iudiciorum ecclesiasticorum 250, 700

Pentarchie 36
Persis 2, 5, 8, 34, 233, 608, 619
Präexistenz der Seelen 464
Prosopon *passim*
– Prosopon der Sohnschaft 402, 418, 422, 424, 426, 447, 452, 466, 481, 483, 625, 629, 650, 653, 716, 718, 792
– Prosopon-Tausch 510, 748
– Ein-Prosopon-Zwei-Prosopa-Zwei-Hypostasen-Zwei-Naturen-Christologie 579

al-Qādisīya 594
Qaṭar 571, 594, 598, 606, 618, 637
Quaternität 125, 182, 189, 245–250, 294, 299, 302, 303, 318, 341, 399, 747

Regula fidei 226
Rom 36, 47–48, 50, 54, 67, 69, 333, 615

Salbung 146–147, 197, 300, 368, 425–426, 464, 470–471, 473, 665
Seele Christi 788
Segestan 36
Seleukia-Ktesiphon 2, 8, 13, 14, 24, 33, 45–46, 240, 415, 534, 536, 571, 574, 594, 607, 616
– Bischofssitz 10, 13–14, 21, 23–26, 35, 36, 38, 41, 43–44, 47–48, 50–54, 320, 339, 346, 349, 412, 565, 609
– Schule 233, 256, 289, 319, 347, 765, 768, 792
– Symbolon 23
Severianer 150, 330, 377, 380, 388, 390–391, 395–396, 454, 463, 537, 546, 561, 580, 603, 632, 696, 699, 706–707, 709–710
stupor 134, 666, 668–669, 672, 674
Susiana 243, 571, 594
Symbola:
– Antiochenum 137, 226, 326, 448, 590, 689, 750
– Nestorianum 253, 320, 448, 590, 689, 750
– Nicaeno-Constantinopolitanum 137, 226, 326, 335, 448, 509
– Nicaenum 23, 50, 137, 186, 226, 254, 509, 540, 556, 578
– Persicum 16, 23
synapheia 418, 420, 423–424, 426, 436, 448–449, 459, 462, 471–472, 495, 497, 499, *506–508*, 511, 525, 527, 782, 788
Synoden der Kirche des Ostens:
– 334 (?) Seleukia-Ktesiphon (gg. Papa) 49
– 399 Seleukia 47
– 410 (Isaak) 1, 21, 23, 25–26, 30, 35–36, 47, 52–53, 55, 253, 339, 350, 568, 606
– 420 (Yahbalaha I) 26, 30, 606
– 424 (Dadīšōʿ) 30, 37–42, 43, 51, 308–309, 568
– 484 Beth Lapat (Barsauma) 51, 61, 119, 212–214, 222, 250, 349–350
– 486 (Aqaq) 7, 26, 30, 60, 214, 225–228, 291
– 497 (Babai) 1, 26, 30, 36, 224, 606
– 544 (Mar Aba) 35, 244, 251, 253, 290
– 554 (Joseph) 26, 42–43, 251, 288, 290, 308–310
– 576 (Ezechiel) 288, 311–316 320, 702
– 585 (Išoʿyahb I.) 36, 41, 288, 300, 313, 318–319, 321, 324, 339, 345, 351, 357–358, 360, 364, 607, 689, 750
– 596 (Sabrišo I.) 340, 349, 360, 369, 393, 553, 599, 730, 772
– 605 (Gregor I.) 119, 213, 347–350, 356, 392, 396, 411, 419, 553, 772
– 612 (Versammlung) 41, 347, 374, 378–380, 383–410, 412–413, 416, 438, 441, 553, 792
– (Maremmeh) Simeonskloster 614, 622
– 676 (Georg I.) 637–638
– 775 (Ḥenanišoʿ II.) 40
– 786/7 (Timotheus I.) 621, 666, 690, 693–699
– 790 (Timotheus I.) 695
Synoden von
– Nicaea (325) 22–23, 35, 53, 55, 116, 310, 327, 348, 569, 590, 689, 750
– Sirmium (351) 367
– Konstantinopel I (381) 184, 252, 310, 348, 556, 750
– Konstantinopel (382) 226
– Ephesus (431) 37, 73, 115–117, 235, 279, 405, 694, 738
– Ephesus II (449) 59
– Chalcedon (451) 30, 35, 37, 46, 60, 69, 114–115, 117, 202, 252, 303, 315, 336, 395, 455, 459–460, 556, 568, 569, 571, 578–579, 581, 583–584, 593, 597, 611, 625, 651, 694, 696

- Konstantinopel (543) 370, 495
- Konstantinopel (553) VI, 221, 235, 287–288, 306–307, 324–325, 370, 429, 454, 459–460, 495
- Konstantinopel (587) 333
- Konstantinopel (681) 707

Synoden (westliche):
- Antiochien (268) 463
- Ankyra (314) 35, 53, 252
- Neocaesarea (315) 35, 53, 252
- Caesarea 35, 53, 252
- Gangra (c. 340/1) 35, 53
- Antiochien (341), Kirchweihsynode (Enkäniensynode) 35, 53, 542
- Alexandrien (362) 544
- Antiochien (485) 29

Synodicon Orientale 1, 23, 25, 30, 53, 212, 214, 228, 235, 243, 327, 350, 388–390, 406, 534, 578, 581, 637–638, 682

Taufe 72, 78, 93, 105, 122, 137, 138, 149, 153, 155, 161, 192, 194, 197–198, 247, 258, 268–269, 274, 312, 315, 321, 323, 327, 338, 355–356, 368–369, 443, 462, 465–466, 470–477, 505, 507, 533, 577, 648, 680, 705, 706, 710, 715, 730, 735, 779–781, 783–784, 790–791
- Taufe des Johannes, Johannes-Taufe 145, 257, 473–474, 477–480, 779–780
- Taufe der Christen, christliche Taufe 257, 476–479, 780
- Geisttaufe 478–479
- Taufe Jesu 145, 147–148, 152, 248, 257, 462, 473, 475–480, 492, 781
- Wieder-Taufe 705–706

Tempel (des Leibes) 79–80, 90, 98, 109, 111, 128, 139, 154, 156–158, 162, 170, 188, 192, 195–196, 248, 262, 315, 332, 341, 393, 417, 446, 471, 480, 484, 493–494, 510, 518, 538, 624–625, 627, 635, 646, 668, 679, 713, 721, 755

Theodorianer 61, 80, 86, 177, 182, 184, 200, 206–209, 226, 291, 306, 410, 546, 553, 630

Theopaschiten, Theopaschitismus 80, 82, 243, 318, 369, 374, 377–380, 388, 390, 395–396, 448, 452, 471, 473, 480, 501, 513, 522, 529, 533, 537, 538, 556, 578, 617, 706, 718, 755

Tibet 753

Trishagion, theopaschit. (Zusatz) 80, 82, 438–439, 518, 532, 556, 571

Theotokos-Titel 2, 748–750, 752, siehe Θεοτόκος

Thomas-Akten 8, 14

Tomus ad Antiochenos 540, 544, 546, 582

Tomus Leonis 117, 453, 459, 589, 626

Trishagion 80, 82, 128, 316–318, 338, 438–439, 444, 518, 532–533, 556, 571, 740, 752–753, 767

Tritheismus 17–18

Unio mystica 656

unus ex trinitate *180–181* 335–336, 410, 420–421, 444, 454, 464, 529, 556, 585, 718, 744
- *una hypostasis ex trinitate crucifixa est* 556
- eine Hypostase aus der Trinität 395, 556, 559, 578

Vergöttlichung 713

Vierheit (in der Trinität) 182, 298–299, 302, 310, 400

Vitae prophetarum 266

Werden ohne Veränderung 331, 733

Wink (Gottes) 140–141, 144, 163, 166–167, 679, 789, siehe *rmz'*

Zwei Energien 615

Zwei Hypostasen VI, 113–114, 190, 229, 277–278, 291–292, 294, 296–297, 299–300, 303–304, 378, 380, 387–388, 401–402, 405–406, 408–410, 416, 419, 451–452, 454, 459–460, 462, 486, 490, 492, 506, 508, 511, 513–514, 518, 527, 530–532, 535, 538, 569, 572, 577, 580, 583, 585, 614–619, 625, 629–631, 653–654, 694, 729, 746, 753–754, 757
- Zwei-Hypostasen-Christologie 291, 293, 303, 306–307, 342, 395, 401–402, 408–410, 456, 513–514, 531, 537, 557, 559, 570, 582, 615–616, 639
- Zwei-Hypostasen-Lehre 600, 619

Zwei Naturen *passim*
- Zwei-Naturen-Christologie 201, 303–304, 403, 487, 748, 757
- Zwei Naturen-Lehre 79, 92, 153, 187, 202, 226, 269, 291, 294, 416, 692, 707, 716, 722, 735

Zwei Prosopa V, 84, 93, 144, 185, 187, 189, 278, 298, 423, 457, 460, 527, 532, 561, 625, 627, 630, 636, 748, 757
- Zwei-Prosopa-Lehre 636
- Zwei-Prosopa-Ein-Prosopon-Christologie 654

Zwei *qnome* V, 113, 783

Zwei Söhne 84, 144, 187, 294, 303, 310, 341, 418, 456, 469, 480–484, 556, 590, 636, 708, 750, 781
- Zwei-Söhne-Lehre 484, 546, 781